한중연어사전

朴 文 子
서울대 국어교육과 교육학박사, 중앙민족대학 조선어(한국어)학부 교수

王 丹
서울대 국어교육과 교육학박사, 북경대학 조선(한국)언어문화학부 교수

丁 一
북경대학 조선(한국)언어문화학부 문학박사, 북경어언대학 한국어학부 조교수

李 民
북경대학 조선(한국)언어문화학부 박사 수료, 대련외국어대학 한국어학부 부교수

김 가 람
서울대학교 국어교육과 박사 수료, 서울대학교 국어교육연구소 연구원

한중연어사전 韩中搭配词典

초판 인쇄 2015년 12월 23일
초판 발행 2015년 12월 30일

지 은 이 朴文子 · 王丹 · 丁一 · 李民 · 김가람
펴 낸 이 박찬익
편 집 장 권이준

펴 낸 곳 ㈜박이정
주   소 서울시 동대문구 천호대로 16가길 4
전   화 (02)922-1192~3
팩   스 (02)928-4683
홈페이지 www.pjbook.com
이 메 일 pijbook@naver.com
등   록 2014년 8월 22일 제305-2014-00028호

ISBN 979-11-5848-100-1 91710

* 책값은 뒤표지에 있습니다.

서울대학교 국어교육연구소 연구총서_33

한중연어사전

朴文子·王丹·丁一·李民·김가람 지음

韩中搭配词典

(주)박이정

서언

　이 사전은 한국어를 배우고 있는 초·중급 중국인 학습자를 대상으로 실제 사용에서 손쉽게 이용할 수 있는 명사 중심의 연어 사전이다. 명사는 '사물의 이름을 나타내는 말'로 모든 언어에 있으며, 한국어의 명사는 동사나 형용사와 같은 형태적 변화를 보이지 않으므로 외국인 학습자가 이해하기 쉬운 특징을 가지고 있다. 또한 한국어 어휘의 품사별 사용에서 명사의 사용 비율이 가장 높게 나타나는 것으로 조사돼 명사로 시작하는 연어 형태를 습득한다면 보다 효율적으로 한국어를 구사할 수 있을 것이다.

　우리는 말을 하거나 글을 쓸 때 단어를 연결해서 일정한 의미를 표현한다. 이때, 한 단어와 다른 한 단어는 긴밀하고 규칙적인 결합 관계를 이루게 되는데, 이런 관계를 연어 관계 (搭配)라고 한다. 예컨대, 한국어의 "눈"이라는 명사는 조사 '-가/-이', '-를/-을', '-에'를 매개로 다른 단어와 결합하여 "눈이 + 높다/크다/작다/예쁘다/맑다", "눈을 + 뜨다/감다/맞추다", "눈에 + 익다/띄다/들다/나다" 로 실현된다. 외국인 학습자는 이러한 규칙적인 통사 관계를 숙지해야 단어를 자유롭게 모아서 쓸 수 있게 된다. 이 사전은 어휘의 의미나 문법의 기술보다 이러한 연어 형태에 초점을 두었다. 이 사전에 수록된 표제어는 한국어 학습용 어휘 선정 보고서, 상용 한국어 교재, 기존의 한국어 교육 관련 사전 등과 같은 선행 연구에서 제시한 필수 명사를 통합하여 1차 선정을 하였다. 그리고 한국어교육 현장에서 사용되는 어휘를 추가적으로 보충하는 2차 선정 과정을 거쳤으며, 집필과정에서 수정 보완하는 3차 과정을 거쳐 총 2550 개의 명사를 표제어로 수록하였다. 또한, 표제어로 나타나는 연어 형태를 부표제어로 수록하여 단어와 단어의 연결 학습에 도움을 주고자 하였다.

　이 사전은 코퍼스를 기반으로 표제어의 연어 형태 및 실제 용례를 선정하여 구체적으로 제시하는 것에 기술 원칙을 두었다. 또한 표제어의 의미뿐만 아니라 연어 형태의 뜻풀이를 일일이 중국어로 기술해 둠으로 중국인 한국어 학습자는 물론 한국인 중국어 학습자에게도 필요한 어휘 사전이 될 것으로 기대한다.

이 사전은 2012년~2013년도 서울대학교 국어교육연구소 공모사업으로 진행된 "한국어 어휘 결합 사전(韩国语搭配词典) 개발" 연구를 바탕으로 2년 여 간의 집필 과정을 거쳐 독자들과 만나게 되었다. 서울대학교 국어교육연구소가 이 기회를 주지 않았더라면 단언컨대, 이 사전은 이 세상에 나오지 못했을 것이다. 이 사전을 잉태시킨 서울대학교 국어교육연구소에 이 자리를 빌려 심심한 감사의 마음을 전한다. 또한 이 사전이 무사히 세상 밖으로 나올 수 있게 선뜻 출판을 승낙해 주신 박이정의 박찬익 사장님과 험난했던 교정 작업을 잘 이끌어 주신 권이준 편집장께도 깊은 감사의 마음을 전한다.

마지막으로 이 사업의 시작 단계에 노력을 아끼지 않은 刘小蕾 연구 보조원과 이슬비 연구 보조원에게 고마움을 전한다. 또한 엉성한 초고를 깐깐히 교정해 준 금지아 선생에게도 이자리를 빌어 고마움을 전한다. 일심전력으로 연구에 임했던 집필 팀의 노고가 작은 결실로 맺어져 한국어 학습자들에게 도움이 된다면 무한한 기쁨이 될 것이다.

2015년 12월

집필 팀 일동

序言

　　本词典是为中国初、中级韩国语学习者编撰的搭配词典，入选词条为实际使用中较为常见的名词。名词是"表示事物名称的词"，存在于世界上任何一种语言之中。韩国语的名词没有类似动词或形容词的形态变化，容易被外国人学习者理解和接受。据调查显示，在韩国语词汇中，名词的使用频率最高。因此，掌握由名词构成的搭配形式，可以大大提高韩国语的学习效果。

　　我们无论是说话，还是写作，都是将词连接起来，以表达一定的意思。此时，一个词和其他词便会形成紧密而有规则的结合关系，这种关系就叫做搭配(연어)。例如，韩国语中"눈(眼睛)"这个名词，通过"-가/-이"、"-를/-을"、"-에"等助词与其他词相结合，构成"눈이+높다/크다/작다/예쁘다/맑다"、"눈을+뜨다/감다/맞추다"、"눈에+익다/띄다/들다/나다"等搭配。作为外国语学习者来说，只有掌握了这种有规则的句法关系，才能自如地组词成句。本词典的重点是展现词语的这种搭配形式，而非词义亦或语法规则。鉴于此，在选取本词典的条目时，首先，从韩国语学习用词汇目录、常用韩国语教材，以及各种韩国语学习词典中提取必须掌握的名词。然后在这一基础上搜集韩国语教学过程中经常使用的词汇予以补充。此后，在编撰过程中又进行第三次补充和修订。经过三次筛选，共选取2550个名词作为条目，每个条目的搭配形为搭配条目，藉此帮助学习者理解与运用词与词的搭配。

　　本词典的基本编写原则是从大规模语料库中选取与各条目相关的搭配条目和例句。我们对每一个条目及搭配条目都提供了中文释义。这不仅有助于中国的韩国语学习者，对韩国的汉语学习者也将大有裨益。

　　本词典是"2012～2013年度首尔大学国语教育研究所资助科研项目"--"韩国语搭

配词典编撰研究"的最终成果，历时2年多的时间终于能够与广大读者见面。这本词典的问世离不开韩国国立首尔大学国语教育研究所的鼎力支持。借此机会，向对本词典的编撰给予大力支持与协助的韩国国立首尔大学国语教育研究所致以真挚的谢意。同时，也向欣然同意出版本词典的博而精出版社的朴赞益社长以及负责出版校对工作的權彝俊编辑表示诚挚的感谢。

最后，向在项目前期阶段对词典编撰工作予以积极协助的刘小蕾研究助理和I Seulbi研究助理表示衷心的感谢。同时向一丝不苟地为我们校对初稿的琴知雅老师表示感谢。本词典是编写组全体成员共同努力的结晶，如果我们的努力能够为韩国语学习者有所帮助，我们将感到无比欣慰。

2015年12月

编写组全体成员

추천의 글

우선 '한중연어사전'의 출간을 축하합니다.

이 책의 출간을 위해 그동안 박문자, 왕단, 이민, 김가람, 정일 선생님 고생 많이 하셨습니다.

이 사전은 한국어를 배우고 있는 중국인 학습자를 위한 명사 중심의 연어 사전으로, 중국의 한국어 학습자들에게 유용하게 사용될 수 있을 것입니다. 아울러 이 사전의 출간은 중국의 한국어교육 연구와 실제에도 크게 공헌할 수 있을 것입니다.

이 사전은 서울대학교 국어교육연구소 공모사업으로 추진되어 2012~2013년 동안 집중적으로 연구 집필되었고, 이후 2년 동안 집중적인 전문가 검토와 수정 보완 작업을 거쳤습니다. 이제 이러한 과정을 거쳐서 한국어교육의 기초 작업이자 실용적인 성과인 '한중연어사전'을 출간힐 수 있게 된 깃입니다.

거듭 이 사전이 한국과 중국의 한국어교육 및 연구에 공헌할 수 있기를 바라고, 이와 같은 기초적인 연구들이 더욱 활성화될 수 있는 계기가 되었으면 합니다.

그리고 서울대학교 국어교육연구소는 앞으로도 이러한 연구에 지속적인 지원을 아끼지 않을 것을 약속합니다.

2015년 12월

서울대학교 국어교육연구소

윤여탁

1. 사전의 구성

이 사전은 어휘에 관한 정보를 크게 ❶표제어, ❷발음 정보, ❸원어 정보, ❹뜻풀이 그리고 부표제어, ❺뜻풀이, ❻용례로 나누어 제시하였다. 부표제어는 다시 '표제어-N', '표제어+N', '표제어+V', 'A+표제어', '慣' 로 분류하였다. 이 중 '표제어-N'은 표제어와 다른 형태소가 결합한 합성어 구성을 표시하며, '표제어+N'은 표제어와 다른 명사가 결합한 명사구를 표시한다. '표제어+V' 구성은 표제어가 '-가/-이, -를/-을, -로/ -으로,-에, -에서'와 같은 조사를 매개로 뒤에 오는 동사나 형용사와 결합하는 연어 형태를 표시하며, 'A+표제어' 구성은 표제어 앞에 관형사, 관형사형이 나타나는 형태를 표시한다. 그리고 '慣'은 관용 표현으로 관용어, 관용구, 속담 등을 표시한다.

ㄱ

· 굴을 까다 剝牡蛎
한 알의 좋은 진주를 찾으려면 약 1톤가량의 굴을 까봐야 한다.
· 굴을 깨다 采集牡蛎
할머니들은 바다에서 굴을 땔 수 있는 마지막 세대가 될지도 모릅니다.
· 굴을 따다 采集牡蛎
그녀는 바다 속에서 굴을 따는 일을 하고 있었다.
· 굴을 캐다 挖牡蛎
마을 여성들은 바다에 나가 굴을 캐는 생활을 했다.

굴 + A

· 싱싱한 굴 新鮮的牡蛎
손으로 눌러봐서 탄력이 있으면 싱싱한 굴이다.

0331 **굴²** (窟)
洞穴, 隧道

굴 + V

굴을 ~
· 굴을 뚫다 打洞
고대 기독교인들은 바위에 굴을 뚫어 집을 지었다.
· 굴을 파다 挖洞
전쟁이 났을 때 아버지는 땅에 굴을 파고 지냈다고 합니다.

굴 + A

· 어두운 굴 漆黑的山洞
어두운 굴을 빠져나오니 거대한 호수가 나왔다.
· 캄캄한 굴 伸手不見五指的山洞
일부 승려들은 지금도 빛이 들어오지 않는 캄캄한 굴에서 수행한다.

0332 **굿** [굳]
神祭, 跳大神

굿 - N

· 굿거리 跳大神
· 굿당 巫師神堂

굿 + N

· 굿 구경 看跳大神

· 굿 소리 跳大神的声音

굿 + V

굿을 ~
· 굿을 하다 跳大神
요즘도 시골에서는 굿을 한다.

慣

· 굿 보다 看热闹
참견하지 말고 앉아서 굿이나 봐.

❶ 표제어
❷ 발음정보
0333 **궁리** [궁니] (窮理) ❸ 원어정보
盤算, 心思, 琢磨 ❹ 뜻풀이

궁리 + V ❺ 부표제어 및 뜻풀이

궁리가 ~
· 궁리가 나다 有盤算 ❻ 용례
무엇을 했으면 좋을지 궁리가 나지 않았다.
· 궁리가 많다 心思多
여러 가지로 궁리가 많았다.
· 궁리가 서다 琢磨出来
돈 밖에는 닭이 궁리가 서지 않습니다.
궁리를 ~
· 궁리를 하다 盤算
한참 동안 이리저리 궁리를 해보았습니다.

0334 **권력** [궐력] (權力)
权力

권력 - N

· 권력관계 权力关系
· 권력기관 权力机关
· 권력투쟁 权力斗争

권력 + N

· 권력 구조 权力结构
· 권력 기반 权力基础
· 권력 남용 濫用权力
· 권력 다툼 权力斗争

2. 표제어

1) 표제어 수록 범위

이 사전에는 명사와 명사의 연어 형태가 표제어로 수록되었다. 명사는 한국어 학습에 필요한 어휘를 중심으로 2550 개를 선정하여 주표제어로 제시하였으며, 이 중 특정한 연어 형태를 보이지 않는 '대명사, 의존명사' 등은 제외하였다. 부표제어는 해당 표제어와 긴밀하게 결합된 단어 형태와 규칙적인 결합 관계를 보이는 구 형태를 선정하여 수록하였다.

2) 표제어 배열

표제어와 부표제어 배열은 일반 사전의 기본 배열 순서를 따르되, 동음이의어의 경우 어깨번호로 구분하였다. 격조사를 매개로 이루어진 연어 형태의 경우, 주격조사, 목적격조사, 부사격조사 순서로 배열하였다.

3. 용례

이 사전은 SJ-RIKS Corpus에서 표제어의 결합 관계를 잘 보여 줄 수 있는 연어 형태의 예문을 선정하여 제시하였다. 또한 용례 집필 과정에서 학습자의 이해를 돕기 위해 쉽고 간단한 일상 문장으로 용례를 수정하였다.

4. 뜻풀이

표제어와 부표제어의 뜻을 모두 중국어로 쉽고 간략하게 제시하였다.

5. 부호

[ ]	표제어의 발음 정보 표시
/	발음의 상호 교체 표시
( )	표제어의 원어 정보 표시
+	선행어 및 후행어와 표제어의 결합 표시
~	후행 관계에서의 후행어 표시
,	뜻풀이에서 여러 개 의미를 구별하는 표시

1.词典的构成

本词典给出的词条信息❶条目、❷语音信息、❸词源信息、❹释义、❺释义和❻示例。各条目的搭配形式以搭配条目的形式给出，搭配条目又可分为"条目-N"、"条目+N"、"条目+V"、"A+条目"和"惯"等。其中，"条目-N"表示的是条目作为一个词根，与另一个词素一起构成的合成词。"条目+ N"表示的是条目与另一个名词一起构成的名词短语。"条目+ V"表示的是条目在与"–가/–이、–를/–을、–로/–으로、–에、–에서"等助词结合后，后面接谓词构成的搭配形式。"A + 条目"表示冠形词或冠形词形与条目结合构成的搭配形式。"惯"指包含条目的惯用表达方式，其中包括惯用语、惯用句和俗语等。

2. 条目

1）条目的收录范围

本词典所收录条目包括名词和名词的搭配形式。选取韩国语学习中必需掌握的2550个名词为主条目。难以形成特定搭配关系的代词、依存名词排除在外。搭配条目为与名词条目紧密结合的名词词组或体现出较为规律的组合关系的搭配词组。

2）条目的排序

本词典条目和搭配条目的排序方法与普通词典相同。对同音异义词用右上角的数字序号予以区别。若搭配关系凭借格助词予以实现的，通常按照主格助词、宾格助词和副词格助词的顺序排列。

3. 示例

本词典从SJ-RIKS Corpus中选取示例，所选示例力求较好地体现条目的搭配关系。考虑到学习者的实际情况，在编写示例时对原句进行了适当修改。

4. 释义

对词典中的名词条目和搭配条目均提供中文释义。

5. 符号

[ ]	用以标注条目的语音
/	用以表示发音可以替换
( )	用以标注条目的词源信息
+	用以表示先行词或后续词可与条目相结合
~	用以表示可接在后面的后续词
.	用以表示释义的分隔

한중연어사전

韩中搭配词典

0001 가게
店(铺), 铺子, 门面

가게 + Ⓝ

· 가게 문 店门
· 가게 주인 商店老板

가게 + Ⓥ

가게가 ~
· 가게가 생기다 新开了一家店
우리 동네에 새로운 가게가 생겼다.

가게를 ~
· 가게를 내다 开店
그는 돈을 모아 강남에 가게를 냈다.
· 가게를 열다 开店
가게를 연 지 석 달이 지났다.
· 가게를 운영하다 经营店铺
이 가게를 운영하는 부부는 언제나 똑같은 옷을 입는다.
· 가게를 차리다 开店
1년 후에 두 사람은 서울에 가게를 차리게 되었다.

가게에 ~
· 가게에 들르다 顺便去商店
저녁 무렵에 할아버지가 가게에 들르셨다.
· 가게에 들어가다 进商店
점원은 나를 데리고 그 가게에 들어갔다.

Ⓐ + 가게

· 조그만 가게 小商店
남편과 조그만 가게를 하고 있습니다.

0002 가격 (价格)
价格

가격 + Ⓝ

· 가격 경쟁 价格竞争
· 가격 경쟁력 价格竞争力
· 가격 인상 价格上涨
· 가격 인하 价格下调
· 가격 폭락 价格暴跌
· 가격 하락 价格下跌

가격 + Ⓥ

가격이 ~
· 가격이 내리다 价格下跌
생산량이 늘어나서 가격이 내려 갔다.
· 가격이 높다 价格高
쌀의 시장 가격이 너무 높아 시민들의 불만이 많았다.
· 가격이 떨어지다 价格下降
일부 강남 아파트는 강북 지역 아파트보다 가격이 떨어지고 있다.
· 가격이 비싸다 价格贵
가장 품종이 좋은 배는 신고배로 가격이 제일 비싸다.
· 가격이 싸다 价格便宜
이 매장은 가격이 싸기 때문에 많은 사람이 찾는다.
· 가격이 오르다 涨价
생산물의 가격이 올라 경쟁력이 떨어지게 된다.
· 가격이 올라가다 价格上涨
자꾸 가격이 올라가는 것이 소비자에게 좋은 이미지를 주지 못한다.
· 가격이 저렴하다 价格便宜
질이 좋고 가격이 저렴한 상품을 만드는 것은 우리들의 목표이다.

가격을 ~
· 가격을 낮추다 降价
가격을 낮추는 방법 외에 다른 방법이 없습니다.
· 가격을 올리다 提价
가격을 올리면 소비자는 돈을 더 내야 한다.
· 가격을 인상하다 提高价格
1년 동안 제품 가격을 인상하지 않겠다고 약속했다.
· 가격을 인하하다 下调价格
공산품 가격을 인하하는 조치를 취했습니다.

Ⓐ + 가격

· 높은 가격 高价
이런 약들은 높은 가격으로 팔린다.
· 비싼 가격 昂贵的价格
이번 경기의 입장권은 비싼 가격으로 팔렸다.
· 싼 가격 低价
이는 세일할 때보다도 다소 싼 가격이었다.
· 저렴한 가격 低廉的价格
전통 시장은 대형마트보다 저렴한 가격으로 판매하고 있다.

0003 가구¹ (家口)

家口, 住户

가구 + Ⓝ

· 가구 소득 家庭收入
· 가구 수 住户数

가구 + Ⓥ

가구가 ~

· 가구가 늘다 家庭增加
앞으로 저축 규모를 늘리겠다는 가구가 늘고 있다.

· 가구가 늘어나다 住户增加
이 지역에 사는 가구가 점점 늘어나고 있습니다.

0004 가구² (家具)

家具

가구 + Ⓥ

가구를 ~

· 가구를 구입하다 购买家具
가구를 구입하는 비용도 내가 담당하기로 하였다.

· 가구를 들여놓다 置办家具
부모님께서 주신 돈으로 가구를 새로 들여놓았다.

· 가구를 배치하다 摆放家具
가구를 이렇게 배치하면 보기 더 좋을 것 같다.

· 가구를 사다 买家具
난 지금 가구를 살 돈이 없다.

· 가구를 장만하다 置备家具
가구를 장만하려면 돈이 많이 든다.

0005 가난

贫穷, 贫困

가난 + Ⓥ

가난이 ~

· 가난이 싫다 讨厌贫穷
나는 가난이 싫어 집을 나갔다.

가난에 ~

· 가난에 시달리다 被贫穷折磨
아무리 가난에 시달려도 어머니는 결코 남의 것을 넘보는 법이 없었다.

· 가난에 쪼들리다 被贫穷困扰
이 풍요의 땅에서 주민들은 가난에 쪼들리고 있다.

· 가난에 쫓기다 被贫穷困扰
우리는 늘 가난에 쫓기고 있었다.

· 가난에 찌들다 被贫穷困扰
가난에 찌들어 이 눈치 저 눈치 보며 사는 인생이 싫다.

가난에서 ~

· 가난에서 벗어나다 脱离贫穷
나는 가난에서 벗어나고 싶었다.

惯

· 가난 구제는 나라(임금님)도 못한다 救急救不了穷
흔히 가난 구제는 임금님도 못한다고 한다.

0006 가능성 [가능썽](可能性)

可能, 可能性

가능성 + Ⓥ

가능성이 ~

· 가능성이 높다 可能性高
· 가능성이 많다 可能性大
· 가능성이 없다 没有可能
· 가능성이 있다 有可能
· 가능성이 크다 可能性大

가능성을 ~

· 가능성을 가지다 具有……的可能
젊은이들은 무한한 가능성을 가지고 있다.

· 가능성을 보이다 显示出……的可能性
몇 가지 부분에서는 성공 가능성을 보이고 있다.

Ⓐ + 가능성

· 무한한 가능성 无限的可能
어린이가 경험하는 자유로움은 무한한 가능성과 창의력의 원천이다.

0007 가로등 (街路燈)
路灯

· 가로등 불빛 路灯灯光
· 가로등 아래 路灯下

가로등이 ~
· 가로등이 꺼지다 路灯灭
마치 가로등이 꺼진 어두운 길을 걷고 있는 느낌이었다.
· 가로등이 밝혀지다 路灯亮起
황금빛 가로등이 밝혀져 있었다.
· 가로등이 서다 立着路灯
그때는 주차장에 가로등이 서 있었다.
· 가로등이 있다 有路灯
가로등이 있는 골목으로 접어들었습니다.
· 가로등이 켜지다 路灯亮着
가로등이 켜진 밤바다는 시원하고도 따스해 보였다.

가로등을 ~
· 가로등을 설치하다 安装路灯
가로등을 설치한 지 백 년이 지났죠?

가로등에 ~
· 가로등에 비치다 路灯映照
가로등에 비친 그의 얼굴에는 긴장하는 모습이 가득했다.

0008 가로수 (街路樹)
林荫树

· 가로수 길 林荫路
· 가로수 잎 林荫树叶

가로수를 ~
· 가로수를 들이받다 撞到林荫树上
도로변의 가로수를 들이받았다.

가로수에 ~
· 가로수에 기대다 倚着林荫树
가로수에 기댄 채 소리 죽여 울었다.

0009 가루
粉末

· 가루약 粉末状的药，药面儿

가루가 ~
· 가루가 되다 变成粉末
뼈가 불에 타서 결국 가루가 되었다.

가루를 ~
· 가루를 내다 弄成粉末
수삼을 그대로 가루를 내어 꿀과 함께 뜨거운 물에 타서 마신다.
· 가루를 넣다 放入粉末
파슬리 가루를 넣어 섞는다.
· 가루를 뿌리다 撒粉末
계속해서 하얀 가루를 뿌리고 있다.

가루로 ~
· 가루로 만들다 做成粉末
그것도 언젠가는 나를 가루로 만들어 날려버릴 것 같다.
· 가루로 빻다 碾成粉末
쑥을 말려서 가루로 빻아라.

0010 가르침
教诲，教导

가르침에 ~
· 가르침에 따르다 遵从教导
가르침에 따라 살기로 결심했다.

가르침을 ~
· 가르침을 받다 受教
새로운 가르침을 받아들이게 되었다.
· 가르침을 전하다 传达教义
여러 선지자의 가르침을 전하고 있다.
· 가르침을 주다 指教
죄송하지만 한 번만 더 가르침을 주십시오.

0011 가마
轿子

가마 + Ⓥ

가마를 ~
· 가마를 타다 坐轿子
예전에는 가마를 타고 시집을 갔다.

0012 가망 (可望)
希望，指望

가망 + Ⓥ

가망이 ~
· 가망이 없다 没有希望
의사는 살아날 가망이 없다고 말했다.
· 가망이 있다 有希望
알아보기는 하겠지만 가망이 있겠어?

0013 가뭄
干旱

가뭄 + Ⓥ

가뭄이 ~
· 가뭄이 계속되다 持续干旱
겨울 가뭄이 오랫동안 계속되어 왔다.
· 가뭄이 들다 干旱，天旱
가뭄이 들어 하천이 바닥을 드러냈다.
· 가뭄이 심하다 干旱严重
어느 가뭄이 심한 해였다.

Ⓐ + 가뭄

· 심한 가뭄 严重的干旱，亢旱之灾
고향 마을에 심한 가뭄이 들었다.
· 오랜 가뭄 长期干旱
오랜 가뭄 끝에 하늘에서 비가 내렸다.

惯

· 가뭄에 단비 久旱逢甘霖

아이들은 그 책을 보자 가뭄에 단비를 만난 듯 기뻐했다.

0014 가방
包

가방 + Ⓝ

· 가방 끈 包带
· 가방 밑바닥 包底
· 가방 속 包里
· 가방 안 包里

가방 + Ⓥ

가방을 ~
· 가방을 걸치다 挎包
그는 가방을 어깨에 걸치고 집을 나섰다.
· 가방을 둘러메다 挎包，背包
형은 가방을 둘러메고 대문을 나섰다.
· 가방을 뒤지다 翻包
아이는 가방을 뒤지기 시작했다.
· 가방을 들다 拎包，提包
그 학생은 빨간색 가방을 들고 있었다.
· 가방을 메다 背包
가방을 메고 학교에 갔다.
· 가방을 열다 打开包
오빠는 가방을 열고 흰 봉투 하나를 꺼냈다.
· 가방을 챙기다 收拾包
그들은 자기 가방을 챙기기 시작했다.

가방에 ~
· 가방에 넣다 放到包里
그녀는 책을 자신의 가방에 넣었다.

가방에서 ~
· 가방에서 꺼내다 从包里拿出来
나는 가방에서 종이와 만년필을 꺼냈다.

Ⓐ + 가방

· 무거운 가방 很重的包
그녀는 무거운 가방을 메고 닫힌 문 앞에 서 있었다.
· 작은 가방 小包
그는 바퀴가 달린 작은 가방을 끌고 다닌다.
· 커다란 가방 很大的包
노인은 커다란 가방을 어깨에 메고 있다.

0015 가사¹ (家事)
家务

가사 + ⓝ
· 가사 노동 家务劳动
· 가사 일 家务事

가사 + ⓥ
가사를 ~
· 가사를 돌보다 做家务
집에서 가사를 돌볼 사람이 없다.
· 가사를 돕다 帮做家务
딸은 자라면서 가사를 돕고 집에 도움을 준다.
· 가사를 분담하다 分担家务
여성과 남성이 가사를 분담하는 방법이 있다.

0016 가사² (歌詞)
歌词

가사 + ⓥ
가사를 ~
· 가사를 붙이다 作词
우리나라 말로 가사를 붙였다.
· 가사를 쓰다 写歌词
이 곡의 랩 가사를 썼다.

0017 가상 (假想)
假想，想象，虚拟

가상 - ⓝ
· 가상공간 虚拟空间
· 가상현실 虚拟现实

가상 + ⓝ
· 가상 세계 虚拟世界
· 가상 체험 虚拟体验
· 가상 학교 虚拟学校

가상 + ⓥ
가상에 ~
· 가상에 불과하다 不过是想象而已
폭로의 자유는 가상에 불과하다.
· 가상에 지나다 想象
모든 것은 가상에 지나지 않는다.

0018 가수 (歌手)
歌手

가수 + ⓥ
가수가 ~
· 가수가 되다 成为歌手
나는 세계적인 가수가 되고 싶다.
가수로 ~
· 가수로 데뷔하다 作为歌手出道
인기 배우였던 그녀는 작년에 가수로 데뷔하였다.

0019 가스 (gas)
煤气，瓦斯

가스 - ⓝ
· 가스관 煤气管道
· 가스레인지 煤气灶
· 가스통 煤气罐

가스 + ⓝ
· 가스 누출 煤气泄漏
· 가스 충전소 煤气站

가스 + ⓥ
가스가 ~
· 가스가 새다 煤气泄漏
유독 가스가 새고 있다.
· 가스가 폭발하다 瓦斯爆炸
가스가 폭발하는 사고가 일어났다.

0020 가시
刺儿

가시 + Ⓥ

가시가 ~

· 가시가 돋다 长刺儿
선인장은 온몸에 가시가 돋아 있었다.

· 가시가 돋치다 长刺儿
줄기와 잎에도 가시가 돋쳐 있었다.

· 가시가 박히다 扎刺儿
놀다가 다리에 가시가 박혔다.

가시를 ~

· 가시를 빼다 拔刺儿
남편은 손톱깎기로 가시를 빼내려고 했다.

· 가시를 뽑다 拔刺儿
선인장의 가시를 모두 뽑아 버렸다.

가시에 ~

· 가시에 찔리다 扎刺儿
가시에 찔려 피를 흘렸다.

慣

· 가시가 돋다 话里带着刺儿
우리 두 사람의 대화에는 늘 가시가 돋아 있었다.

· 가시가 박히다 话里带着刺儿
그는 가시가 박힌 말만 골라 했다.

0021 가슴
胸膛, 心脏, 胸襟

가슴 + Ⓥ

가슴이 ~

· 가슴이 내려앉다 心里一沉
저는 그 말을 듣고 가슴이 내려앉았습니다.

· 가슴이 답답하다 心里郁闷
이 암담한 상황 앞에서 가슴이 답답할 뿐이었다.

· 가슴이 두근거리다 心砰砰直跳
전화가 오면 항상 가슴이 두근거린다.

· 가슴이 따뜻하다 心里温暖
그는 가슴이 따뜻한 사람이다.

· 가슴이 떨리다 心里紧张
시립 병원에 도착했을 때 나는 다시 가슴이 떨렸다.

· 가슴이 뛰다 心跳
교수님 얼굴만 보면 가슴이 뛰고 불안하다.

· 가슴이 메마르다 心灵枯竭
꿈이 없는 사람은 가슴이 메마를 수밖에 없다.

· 가슴이 메어지다 伤心欲绝
나는 지금도 그때 일을 생각하면 가슴이 메어진다.

· 가슴이 미어지다 撕心裂肺
어머니에 대한 그리움으로 가슴이 미어지는 것 같다.

· 가슴이 무너지다 摧心
그 순간 난 정말 가슴이 무너지는 것만 같았다.

· 가슴이 뭉클해지다 心头一热
나는 이 사실을 알고서 가슴이 뭉클해졌다.

· 가슴이 부풀다 心里激动, 心里美
그 여자를 만날 생각에 벌써부터 가슴이 부풀기 시작했다.

· 가슴이 비다 心空
그리워하면 할수록 허전하고 가슴이 텅 비어버렸지요.

· 가슴이 뿌듯하다 心满意足
바르게 자라는 아들을 보면 가슴이 뿌듯하다.

· 가슴이 설레다 心情激动
고향에 가는 전날 그는 가슴이 설레 잠도 못 잤다.

· 가슴이 아프다 心痛
철없는 딸 때문에 아버지는 얼마나 가슴이 아프셨을까.

· 가슴이 저리다 心酸
점점 작아지는 할머니를 보면 가슴이 저립니다.

· 가슴이 찡하다 心痛不已
지치고 허탈해 하는 오빠를 보니 가슴이 찡했다.

· 가슴이 찢어지다 心碎
나는 편찮으신 아버지를 생각할 때마다 가슴이 찢어질 것 같다.

· 가슴이 철렁하다 心里一惊
나는 지갑을 열어 보고 가슴이 철렁했다.

· 가슴이 타다 心里焦急
그녀는 남편이 자정이 지나도 오지 않아 가슴이 탔다.

가슴을 ~

· 가슴을 두근거리다 心怦怦直跳
그는 가슴을 두근거리며 면접을 기다렸다.

· 가슴을 열다 敞开心扉
가슴을 활짝 열어라!

· 가슴을 울리다 扣人心弦
복도를 걸어가는 구두 소리가 가슴을 울렸다.

· 가슴을 졸이다 揪心
엄마는 가슴을 졸이며 전화를 받았다.

· 가슴을 진정하다 稳定情绪
마구 뛰는 가슴을 진정하고 라디오를 켰다.

· 가슴을 치다 捶胸顿足
그저 혼자서 막막해져 가슴을 치며 울 뿐이었다.

· 가슴을 태우다 心急如焚

우리는 가출한 동생을 기다리며 가슴을 태웠다.

· 가슴을 펴다 昂首挺胸

가슴을 펴고 당당하게 살아야 한다.

가슴에 ~

· 가슴에 끌어안다 抱在胸前

엄마는 내 머리를 가슴에 끌어안고 눈물을 닦아 주었다.

· 가슴에 남다 留在心里

어머님이 일깨워 주신 작은 행복이 오래오래 가슴에 남습니다.

· 가슴에 되새기다 在心中回味

그는 힘들 때마다 아버지의 가르침을 가슴에 되새기곤 했다.

· 가슴에 맺히다 郁结在心

그는 가난 때문에 공부를 못한 한이 가슴에 맺혔다.

· 가슴에 묻다 埋在心底

그들은 쓰라린 사연을 가슴에 묻고 노력을 했다.

· 가슴에 새기다 铭记在心

믿음이란 두 글자를 가슴에 새겼다.

· 가슴에 안다 抱在怀里

아들을 가슴에 안으면 절로 행복해졌다.

· 가슴에 와 닿다 说到心坎里

이 광고의 문구는 사람들의 가슴에 와 닿는다.

가슴으로 ~

· 가슴으로 느끼다 用心感受

나이가 들어가면서 인생의 깊은 맛을 가슴으로 느끼게 된다.

Ⓐ + 가슴

· 놀란 가슴 惊魂未定的心

여러 사람들이 놀란 가슴을 쓸어내렸다.

· 빈 가슴 空荡荡的心

빈 가슴을 채우기란 쉬운 일이 아니었습니다.

· 설레는 가슴 激动的心

나는 설레는 가슴을 안고 고향을 향해 달려갔다.

· 풍만한 가슴 丰满的胸部

분수대에는 풍만한 가슴을 가진 여인의 조각이 설치되어 있었다.

慣

· 가슴에 못을 박다 在心里留下创伤, 伤透心

내 가슴에 못을 박은 두 사람을 원망했다.

· 가슴 아픈 일 伤心的事

그는 가슴 아픈 일들을 많이 당했다.

· 가슴이 터질 것만 같다 心碎, 肝肠寸断

원통하고 분한 마음에 가슴이 터질 것만 같았다.

0022 가야금 (伽倻琴)

伽倻琴

가야금 + Ⓝ

· 가야금 병창 伽倻琴伴唱

· 가야금 소리 伽倻琴声

가야금 + Ⓥ

가야금을 ~

· 가야금을 뜯다 弹奏伽倻琴

가야금 병창이란 가야금을 뜯으면서 소리를 함께 하는 것이다.

· 가야금을 타다 弹奏伽倻琴

멀리서 가야금을 타는 소리가 은은하게 들린다.

0023 가요 (歌謠)

歌曲, 歌谣, 民谣

가요 + Ⓝ

· 가요 프로 歌曲节目

가요 + Ⓥ

가요가 ~

· 가요가 흘러나오다 传出歌声

경쾌한 가요가 흘러나오자 아이들이 춤을 추기 시작했다.

가요를 ~

· 가요를 듣다 听歌曲

그는 스마트 폰으로 가요를 듣는다.

· 가요를 부르다 唱歌曲

요새는 초등학생들도 가요를 즐겨 부른다.

0024 가운데

中间

가운데 + Ⓥ

가운데에 ~

· 가운데에 놓다 放在中间

유품을 가운데에 놓고 친척들이 빙 둘러 섰다.
· **가운데에 모이다** 聚在中间
학생들이 운동장 가운데에 모였다.

0025 **가위**
剪子

가위 + Ⓥ

가위를 ~
· **가위를 내다** (猜拳)出剪子
'가위바위보'에서 내가 가위를 내서 이겼다.
· **가위를 들다** 拿起剪子
가위를 들고 다니며 학생들을 위협했다.

가위로 ~
· **가위로 오리다** 用剪子剪
신문 기사를 가위로 오려 스크랩을 했다.
· **가위로 자르다** 用剪子剪
사과나무의 가지들을 가위로 잘랐다.

0026 **가을**
秋天

가을 + Ⓝ

· **가을 날씨** 秋天的天气
· **가을 내내** 整个秋天
· **가을 냄새** 秋天的气息
· **가을 소풍** 秋游
· **가을 정취** 秋意阑珊
· **가을 코트** 秋天穿的大衣
· **가을 하늘** 秋天的天空
· **가을 학기** 秋季学期
· **가을 햇살** 秋天的阳光

가을 + Ⓥ

가을이 ~
· **가을이 가다** 秋天过去
어느새 가을이 가고 겨울이 왔습니다.
· **가을이 깊다** 秋意浓，时至深秋
가출한 아들은 가을이 깊도록 돌아오지 않았다.

· **가을이 깊어지다** 秋意渐浓
나는 가을이 깊어지는 11월에 그를 처음 만났다.
· **가을이 끝나다** 秋天过去
그 청년은 가을이 끝나는 대로 결혼할 예정이다.
· **가을이 다가오다** 秋天来临
긴 여름이 끝나고 가을이 다가왔다.
· **가을이 되다** 秋天到
해마다 가을이 되면 노벨상이 이슈가 된다.
· **가을이 오다** 秋天到
가을이 오면 고향의 가을 하늘이 그립습니다.
· **가을이 지나가다** 秋天过去
그 숲 속에서 나는 가을이 지나갔다는 것을 깨달았다.
· **가을이 지나다** 秋天过去
어느덧 가을이 다 지나고 겨울이 왔다.

가을을 ~
· **가을을 느끼다** 感受秋天
빨갛게 물든 단풍잎에서 가을을 느낀다.
· **가을을 맞다** 迎来秋天
여름을 보내고 이제 가을을 맞는다.
· **가을을 보내다** 度过秋天
나는 소설책을 읽으며 가을을 보냈다.

Ⓐ + 가을

· **늦은 가을** 晚秋
나뭇잎이 다 떨어진 늦은 가을이다.
· **올 가을** 今年秋天
올 가을엔 또 어떤 색깔이 유행할까?
· **완연한 가을** 秋意盎然
완연한 가을인 10월에 사람들은 자주 등산을 간다.

0027 **가이드** (guide)
导游，指南

가이드 - Ⓝ

· **가이드북** 导游手册，旅游指南

가이드 + Ⓥ

가이드를 ~
· **가이드를 하다** 做导游
제가 서울 시내 가이드를 할게요.

0028 가입 (加入)

加入

가입 + Ⓝ

· 가입 국 加入国
· 가입 기간 加入期间
· 가입 대상 加入对象
· 가입 신청 申请加入

가입 + Ⓥ

가입에 ~

· 가입에 반대하다 反对加入
국회는 OECD 가입에 반대했다.
· 가입에 필요하다 需要加入
가입에 필요한 회원국의 동의를 받지 못했다.

가입을 ~

· 가입을 하다 加入
회원으로 가입을 하려다 깜짝 놀랐다

0029 가장 (家长)

家长

가장 + Ⓝ

· 가장 노릇 当家长

가장 + Ⓥ

가장이 ~

· 가장이 되다 成为家长
가장이 된 그는 집안 식구에게 무척 잘했다.

0030 가재

蝲蛄

가재 – Ⓝ

· 가재걸음 倒退着走, 原地踏步

惯

· 가재는 게 편 物以类聚，人以群分
가재는 게 편이라고, 옆에서 장사하는 사람들도 하나
같이 꽃게 파는 아주머니 편을 들었다.

0031 가전제품 (家電製品)

家电产品，家用电器

가전제품 + Ⓥ

가전제품을 ~

· 가전제품을 들여놓다 搬入家用电器
새 가전제품을 들여놓고 있었다.

0032 가정[1] (家庭)

家庭

가정 – Ⓝ

· 가정교사 家庭教师
· 가정교육 家庭教育
· 가정불화 家庭不和
· 가정생활 家庭生活
· 가정주부 家庭主妇
· 가정환경 家庭环境

가정 + Ⓝ

· 가정 방문 家访
· 가정 붕괴 家庭解体
· 가정 살림 操持家务
· 가정 폭력 家庭暴力
· 가정 형편 家庭条件

가정 + Ⓥ

가정이 ~

· 가정이 깨지다 家庭破裂
교통사고로 그 가정이 깨졌다.
· 가정이 무너지다 家庭破裂
가정이 무너지면 국가도 유지되기 어렵다.
· 가정이 소중하다 家庭重要
그는 그때서야 가정이 얼마나 소중한지를 알게 되었다.
· 가정이 파괴되다 家庭破裂

부모의 유산을 둘러싸고 가정이 파괴되는 경우가 많다.

· **가정이 화목하다** 家庭和睦
부부가 서로 존중해야 가정이 화목하지요.

가정을 ~

· **가정을 가지다** 有家庭
너는 이미 가정을 가진 사람이니까 일을 신중하게 처리해야 돼.

· **가정을 깨뜨리다** 破坏家庭
무엇보다 난 가정을 깨뜨리고 싶지 않아.

· **가정을 꾸미다** 建立家庭
그는 단란한 가정을 꾸미고 지방에서 교수 생활을 하고 있다.

· **가정을 꾸리다** 安家
그녀는 일찍 결혼을 해서 가정을 꾸리는 것이 꿈이다.

· **가정을 돌보다** 照顾家
그는 아내가 가정을 돌보지 않아 홧김에 가정 폭력을 휘둘렀다.

· **가정을 버리다** 抛弃家庭
아무래도 가정을 버리는 일은 피해야만 한다.

· **가정을 보살피다** 照顾家
그는 너무 바빠 가정을 보살필 시간도 없다.

· **가정을 위하다** 为了家庭
그는 자기의 가정을 위해 목숨도 바칠 수 있는 사람이다.

· **가정을 이루다** 组建家庭
지금은 가정을 이루어 예쁜 딸도 낳고 잘 기르고 있다.

· **가정을 지키다** 守护家庭
아내는 가정을 지키기 위해 모진 애를 쓰면서도 어쩔 수 없었다.

가정에 ~

· **가정에 보급되다** 被普及到家家户户
최근에는 디지털 TV가 일반 가정에도 보급되었다.

· **가정에 소홀하다** 对家庭漠不关心，疏于家务
그는 회사 일 때문에 가정에 소홀하다.

· **가정에 충실하다** 忠于家庭
그는 가정에 충실하지 못하다고 비난을 받았다.

가정에서 ~

· **가정에서 자라나다** 在……的家庭中成长
좋은 가정에서 자라난 그가 왜 그런 테러범이 되었을까?

· **가정에서 자라다** 在……的家庭中长大
이런 가정에서 자라는 애들은 훌륭한 사회인으로 자랄 것이다.

· **가정에서 태어나다** 出生在……的家庭
우리 교수님은 무척 부유한 가정에서 태어나셨다.

가정으로 ~

· **가정으로 돌아가다** 回到家庭中去，回归家庭
그 아저씨는 언젠가 자기의 가정으로 돌아갈 거야.

· **가정으로 돌아오다** 回归家庭
그녀는 직장과 남편의 압박에 밀려 결국 가정으로 돌아왔다.

Ⓐ + 가정

· **부유한 가정** 富裕的家庭
그는 매우 부유한 가정의 3남 2녀 중 막내로 태어났다.

· **불우한 가정** 不幸的家庭
불우한 가정의 아이들을 후원해 주고 있다.

· **안정된 가정** 稳定的家庭
그동안 안정된 가정을 이루고 살았다.

· **어려운 가정** 贫困的家庭
학용품조차 마음대로 살 수 없는 어려운 가정에서 살았다.

· **평범한 가정** 平凡的家庭
이 만화는 평범한 가정에서 일어나는 일을 이야기한다.

· **행복한 가정** 幸福的家庭
부디 행복한 가정을 꾸리기를 빈다.

· **화목한 가정** 和睦的家庭
화목한 가정을 만들기 위해 모두가 노력해야 한다.

0033 가정^2 (假定)
假定，假设

가정 + Ⓥ

가정을 ~

· **가정을 하다** 假定
그런 사람이 있다고 가정을 하자.

가정에 ~

· **가정에 불과하다** 不过是个假设
이것은 어디까지나 하나의 가정에 불과하다.

0034 가족 (家族)
家族，家人，家庭

가족 - Ⓝ

· **가족계획** 计划生育
· **가족사진** 全家福照片
· **가족회의** 家庭会议

가족 + ⓝ

· 가족 관계 家庭关系
· 가족 구성원 家庭成员
· 가족 동반 家属同行
· 가족 모임 家庭聚会
· 가족 제도 家族制度

가족 + ⓥ

가족이 ~

· 가족이 되다 成为家庭成员
그는 벌써 우리의 새 가족이 되었다.
· 가족이 생기다 有新的家庭成员
우리에게 새로운 가족이 생겼다.

가족을 ~

· 가족을 돌보다 照顾家人
동물을 돌보는 것은 가족을 돌보는 것과 마찬가지다.
· 가족을 버리다 抛弃家人
나는 가족을 버리고 고생만 시킨 아버지를 미워했었다.
· 가족을 부양하다 抚养家人
가장은 가족을 부양해야 한다.
· 가족을 사랑하다 爱护家人
가족을 사랑하는 마음이 필요하다.
· 가족을 위하다 为了家人
언니는 가족을 위해 무엇이든 할 것이다.
· 가족을 이루다 组建家庭
그는 나중에 사랑하는 사람과 가족을 이루어 행복하게 살 것이다.
· 가족을 지키다 守护家人
재산은 가족을 지킬 수 있는 수준에서 만족해야 한다.

가족같이 ~

· 가족같이 대하다 像对待家人一样对待……
화가 부부는 나를 가족같이 대해 주었다.
· 가족같이 여기다 把……当作家人
사장은 회사 구성원 모두를 가족같이 여겼다.
· 가족같이 지내다 像一家人一样生活
우리는 20년 간 가족같이 지냈다.

가족과 ~

· 가족과 떨어지다 同家人分开
가족과 떨어져 산다는 것은 너무나 괴로운 일이다.
· 가족과 만나다 与家人见面
저는 일단 가족과 만나 의논할 생각입니다.
· 가족과 헤어지다 与家人分别
사회 활동가로 활약하던 그는 가족과 헤어지게 되었다.

가족처럼 ~

· 가족처럼 대하다 像对待家人一样对待……

이웃을 가족처럼 대하라는 말씀에 공감합니다.
· 가족처럼 보살피다 像照顾家人一样照顾……
그는 가족처럼 보살펴 주는 사람들 속에서 병이 차츰 나아갔다.
· 가족처럼 생각하다 把……看做家人
나는 친구들을 가족처럼 생각하고 있다.
· 가족처럼 여기다 把……看做家人
가족처럼 여기는 애완견이라도 인간에게는 '키우는' 대상이다.
· 가족처럼 지내다 像一家人一样生活
우리는 그 사람과 한 가족처럼 지낸다.

ⓐ + 가족

· 온 가족 全家
설을 맞아 온 가족이 모여 앉아 함께 윷놀이를 했다.

0035 **가족계획** [가족꼐획/가족꼐획](家族計劃)
计划生育

가족계획 + ⓥ

가족계획을 ~

· 가족계획을 하다 实行计划生育
요즘은 가족계획을 해서 자녀를 낳는다.

0036 **가지**
树枝, 枝, 分支

가지 + ⓥ

가지가 ~

· 가지가 뻗다 树枝伸展
소나무의 가지가 하늘을 향해 뻗어 있다.
· 가지가 휘어지다 树枝弯曲
가지가 휘어지도록 감이 많이 열렸다.
· 가지가 흔들리다 树枝晃动
바람 때문에 가지가 흔들린다.

가지를 ~

· 가지를 꺾다 折枝
동네 아이들이 나무의 가지를 꺾고 놀았다.
· 가지를 뻗다 伸展枝杈
나무들은 가지를 뻗어 서로를 얼싸안고 있다.

가지에 ~

· 가지에 달리다 挂在枝头
나뭇가지에 달린 열매를 보고 하늘을 상상해 보라.
· 가지에 매달리다 悬挂在枝头
그는 가지에 매달린 석류를 쳐다보고 있었다.

🅐 + 가지

· 마른 가지 枯枝
그는 나무의 마른 가지들을 붙잡으면서 언덕의 정상으로 향했다.
· 앙상한 가지 光秃秃的树枝
겨울엔 앙상한 가지만 남은 가로수가 많았다.

0037 가책 (呵責)
谴责，内疚

가책 + 🅥

가책을 ~
· 가책을 느끼다 受到谴责
도박을 하고 나서 양심의 가책을 느낀 적이 있습니까?
· 가책을 받다 感到内疚
친구를 잃고 정신적 가책을 받았다.

0038 가출 (家出)
离家出走

가출 + 🅝

· 가출 청소년 出走青少年
· 가출 후 离家出走之后

가출 + 🅥

가출을 ~
· 가출을 하다 离家出走
어머니에게 야단을 맞은 뒤 나는 가출을 하고 말았다.

0039 가치 (價值)
价值

가치 - 🅝

· 가치중립 价值中立
· 가치체계 价值体系
· 가치판단 价值判断

가치 + 🅥

가치가 ~
· 가치가 없다 没有价值
이 제도는 아무런 가치가 없다.
· 가치가 있다 有价值
인생은 참으로 살 만한 가치가 있다.

가치를 ~
· 가치를 가지다 拥有价值
모든 국민은 인간으로서 절대적인 가치를 가진다.
· 가치를 두다 重视
요즘은 돈에 큰 가치를 두고 있다.
· 가치를 부여하다 赋予价值
현실 세계에 더 많은 가치를 부여했다.
· 가치를 지니다 拥有价值
더욱 큰 가치를 지녀야 한다.
· 가치를 추구하다 追求价值
새로운 가치를 추구하게 된다.

0040 가치관 (價值觀)
价值观

가치관 + 🅝

· 가치관 형성 价值观形成

가치관 + 🅥

가치관이 ~
· 가치관이 바뀌다 价值观发生变化
시간이 지나면서 그녀의 가치관이 점점 바뀌기 시작했다.
· 가치관이 형성되다 价值观形成
이혼한 가정에서 자란 청소년들은 바른 가치관이 형성되지 못하고 있다.
· 가치관이 확립되다 价值观确立
그들은 새로운 가치관이 확립되지 못한 혼돈의 시대를 살아왔다.

가치관을 ~
· 가치관을 가지다 有……的价值观
우리는 서로 다른 가치관을 가지고 있다고 생각한다.

· 가치관을 갖다 有……的价值观
그들은 독자적인 가치관을 갖고 행동으로 실천했다.

· 가치관을 세우다 树立价值观
이런 도덕적 혼돈은 새로운 가치관을 세우지 못했기 때문이다.

· 가치관을 심다 树立价值观
우리는 청소년들이 올바른 가치관을 심는 데에 도움을 주어야 한다.

· 가치관을 지니다 有……的价值观
건전한 가치관을 지니려면 늘 자기 자신을 들여다보아야 한다.

· 가치관을 확립하다 确立价值观
저는 제 자신의 가치관을 확립하지 못한 채 많은 갈등을 했습니다.

· 가치관을 형성하다 形成价值观
교육이 청소년들의 가치관을 형성하는 데 많은 공헌을 하고 있다.

0041 각오 [가고] (覺悟)
心理准备

각오 + Ⓥ

각오가 ~

· 각오가 되다 做好心理准备
감옥에라도 갈 각오가 되어 있다.

· 각오가 필요하다 需要心理准备
새로운 각오가 필요하다.

각오를 ~

· 각오를 다지다 做好心理准备
새로운 각오를 다지는 듯 했다.

· 각오를 하다 做好心理准备
단단히 각오를 해야 할 것이다.

0042 각자 [각짜] (各自)
各自

각자 + Ⓥ

각자에게 ~

· 각자에게 주어지다 赋予每个人
각자에게 주어진 임무를 수행한다.

0043 간¹ (肝)
肝

간 - Ⓝ

· 간암 肝癌
· 간염 肝炎
· 간장 肝脏

간 + Ⓝ

· 간 경변 肝硬变
· 간 경화 肝硬化
· 간 경화증 肝硬化症
· 간 기능 肝功能
· 간 이식 肝移植
· 간 질환 肝病

惯

· 간 떨어지다 吓死了
하마터면 간 떨어질 뻔했잖아!

· 간이 붓다 胆儿肥了
너 간이 부었어?

· 간에 붙었다 쓸개에 붙었다 하다 墙头草, 见风使舵
줏대 없이 간에 붙었다 쓸개에 붙었다 하는 사람 이 되어선 안 된다.

· 간을 빼먹다 压榨
그 여우가 남자 간을 빼먹었지.

· 간을 빼주다 倾其所有
그 사람에게는 간을 빼주어도 아깝지 않아.

· 간도 쓸개도 없다 没心没肺
간도 쓸개도 없는 놈아.

· 간이 콩알만 해지다 吓得魂飞魄散
나는 무슨 일이 날 것 같아 간이 콩알만 해졌다.

· 간이 크다 胆子大
20억을 횡령한 간이 큰 공무원이 있다.

0044 간²
腌渍的, 咸淡味儿

간 - Ⓝ

· 간고등어 腌鲅鱼

간 + Ⓥ

간이 ~
· 간이 맞다 咸淡味儿正合适
찌개가 간이 딱 맞네요.

간을 ~
· 간을 보다 品尝咸淡
국이 짠지 간을 봐 주세요.
· 간을 하다 调咸淡
육수로 간을 하면 국물이 시원하다.

0045 **간격** (間隔)
间距

간격 + Ⓥ

간격이 ~
· 간격이 넓다 间距宽
앞, 뒤로 간격이 크게 넓어졌다.
· 간격이 있다 有距离
상당한 시간적 간격이 있다.
· 간격이 좁다 间距窄
책상과 책상 사이의 간격이 좁아서 불편하다.

간격을 ~
· 간격을 두다 留间隔
일정한 기간의 간격을 두고 정기 검진을 받아야 한다.
· 간격을 메우다 缩小差距
간격을 메우기 위해 노력했다.
· 간격을 유지하다 保持间距
간격을 유지하면서 움직였다.
· 간격을 좁히다 缩小间隔
의자들 간의 간격을 좁히고 좌석 수를 늘렸다.

Ⓐ + 간격

· 일정한 간격 一定的间隔
군인들은 일정한 간격을 유지한 채 행군했다.

0046 **간담** (肝膽)
肝胆

慣

· 간담이 내려앉다(떨어지다) 心惊肉跳

갑자기 차가 달려드는 바람에 간담이 내려앉는 줄 알았다.
· 간담이 서늘하다 胆战心惊
그가 목숨을 잃을 수도 있었다고 생각하니 간담이 서늘해 졌다.

0047 **간섭** (干涉)
干涉

간섭 + Ⓥ

간섭을 ~
· 간섭을 받다 被干涉
정부로부터 별다른 간섭을 받지 않았다.
· 간섭을 하다 干涉
사사건건 간섭을 하기 시작했다.

0048 **간식** (間食)
间餐，零食

간식 + Ⓝ

· 간식 시간 间餐时间
· 간식 준비 准备间餐

간식 + Ⓥ

간식을 ~
· 간식을 만들다 做间餐
그 어머니는 아이들 간식을 직접 만들어 준다.
· 간식을 먹다 吃间餐
간식을 먹고 난 후에 이를 닦아야 한다.
· 간식을 제공하다 提供间餐
이 유치원은 오전과 오후에 한 번씩 간식을 제공한다.
· 간식을 주다 给零食
오후 3시에 항상 간식을 준다.
· 간식을 준비하다 准备间餐
이모는 매일 내 입맛에 맞는 간식을 준비해 주신다
· 간식을 챙기다 准备间餐
아버지는 아이들 간식을 챙겨 주는 일을 좋아하신다.

간식으로 ~
· 간식으로 먹다 当间餐吃
아들은 학교에서 간식으로 먹을 과자 몇 개를 가방에 넣었다.

· 간식으로 준비하다 准备做间餐的……
그들은 간식으로 준비한 떡을 나눠 주었다.

0049 **간접** (間接)
间接

간접 – N

· 간접화법 间接引语
· 간접경험 间接经验
· 간접투자 间接投资
· 간접흡연 吸二手烟

간접 + N

· 간접 인용 间接引用

0050 **간판** (看板)
招牌, 牌匾

간판 – N

· 간판스타 大牌明星

간판 + V

간판이 ~
· 간판이 걸리다 挂着招牌
나무 간판이 걸려 있다.
· 간판이 붙다 挂着招牌
안내 간판이 붙어 있다.

간판을 ~
· 간판을 내걸다 挂出招牌
새로운 간판을 내걸었다.
· 간판을 내리다 拆下招牌
마침내 간판을 내렸다.
· 간판을 바꾸다 更换招牌
그 가게가 또 간판을 바꾸었다.

0051 **간호** (看護)
看护, 护理

간호 + N

· 간호 대학 护理学院

간호 + V

간호가 ~
· 간호가 필요하다 需要护理
집중 치료와 간호가 필요하다.

간호를 ~
· 간호를 받다 受到护理
극진한 간호를 받고 회복되었다.
· 간호를 하다 护理
할머니 간호를 하느라 힘들겠어요.

0052 **간호사** (看護師)
护士

간호사 + N

간호사 자격증 护士资格证

간호사 + V

간호사가 ~
· 간호사가 되다 成为护士
간호사가 되는 게 좋을까?

간호사를 ~
· 간호사를 부르다 叫护士
그는 그 간호사를 부르러 밖으로 나갔다.

0053 **갈등** [갈뜽] (葛藤)
矛盾

갈등 + N

· 갈등 관계 矛盾关系
· 갈등 구조 矛盾结构

갈등 + V

갈등이 ~
· 갈등이 해소되다 消除矛盾
마침내 갈등이 해소되었다.

· 갈등이 빚어지다 产生矛盾
갈등이 빚어진 상황이 예사롭지 않다.
· 갈등이 생기다 出现矛盾
더 깊은 갈등이 생기기 시작했다.
· 갈등이 심하다 矛盾很深
갈수록 갈등이 심해진다.

갈등을 ~

· 갈등을 낳다 制造矛盾
심각한 세대 갈등을 낳을 수 있다.
· 갈등을 유발하다 引发矛盾
이 제안은 갈등을 유발할 우려가 있다.
· 갈등을 일으키다 引起矛盾
이러한 태도는 갈등을 일으키는 원인이 된다.
· 갈등을 조정하다 调解矛盾
사회적 갈등을 조정하면서 성장하게 된다.
· 갈등을 해소하다 消除矛盾
갈등을 해소하기 위한 자리를 마련하다.

갈등에 ~

· 갈등에 빠지다 陷入矛盾
언제나 똑같은 갈등에 빠진다.

Ⓐ + 갈등

· 첨예한 갈등 尖锐的矛盾
두 사람은 첨예한 갈등 끝에 결국 갈라섰다.

0054 **갈비탕** (갈비湯)

排骨汤

갈비탕 + Ⓥ

갈비탕을 ~

· 갈비탕을 끓이다 煮排骨汤
갈비탕을 몇 시간쯤 끓이는 게 맛있어요?

0055 **갈색** [갈쌕](褐色)

褐色，棕色

갈색 + Ⓝ

· 갈색 눈동자 棕色眼珠
· 갈색 머리 褐色头发

갈색 + Ⓥ

갈색으로 ~

· 갈색으로 변하다 变成褐色
나뭇잎끝이 갈색으로 변하면서 떨어지기 시작했다.

0056 **갈증** [갈쯩](渴症)

口渴

갈증 + Ⓥ

갈증이 ~

· 갈증이 나다 口渴
갈증이 나지 않아도 수시로 물을 마시는 게 좋다.
· 갈증이 심하다 口很渴
오히려 갈증이 심해졌다.

갈증을 ~

· 갈증을 느끼다 感到口渴
갈증을 느끼면 물을 마신다.
· 갈증을 해소하다 消除口渴
갈증을 해소하려는 듯 캔 맥주를 집어 들었다.

0057 **감**[1]

柿子

감 - Ⓝ

· 감나무 柿子树

감 + Ⓥ

감이 ~

· 감이 달다 柿子甜
감이 아주 달아요.
· 감이 열리다 结柿子
내년에는 맛있는 감이 열릴 거라고 하였다.

감을 ~

· 감을 따다 摘柿子
가을에 감을 딸 때 다 따지 않고 높은 가지에 몇 개 남
겨놓는다.

0058 감² (感)
感觉

감 + Ⓥ

감이 ~
· 감이 좋다 感觉好
마이크의 감이 좋아서 잘 들린다.
· 감이 있다 感觉到
늦은 감이 있지만 지금이라도 전화해야겠다.

감을 ~
· 감을 잡다 找感觉
그 사람의 생각이 무엇인지 감을 잡을 수 없다.

0059 감각 (感覺)
感觉

감각 - Ⓝ

· 감각기관 感觉器官

감각 + Ⓥ

감각이 ~
· 감각이 둔하다 感觉迟钝
어쩜 이렇게 감각이 둔할까?
· 감각이 뛰어나다 感受力超群
그는 미적 감각이 뛰어난 사람이다.
· 감각이 없다 没有感觉
감각이 없는 상태에 이르렀다.
· 감각이 예민하다 感觉灵敏
감각이 예민하고 주의력이 높다.
· 감각이 있다 有感觉
특별한 감각이 있다고들 한다.

감각을 ~
· 감각을 가지다 拥有……的感受力
그는 남다른 감각을 가진 사람이다.
· 감각을 익히다 熟悉感觉
새로운 감각을 익히는 것이 필요하다.
· 감각을 키우다 培养感觉
자연을 관찰하며 감각을 키운다.

0060 감기 (感氣)
感冒, 受凉

감기 + Ⓝ

· 감기 기운 感冒导致的浑身难受
· 감기 몸살 受风寒
· 감기 바이러스 感冒病毒
· 감기 약 感冒药
· 감기 예방 预防感冒
· 감기 증상 感冒症状
· 감기 환자 感冒患者

감기 + Ⓥ

감기가 ~
· 감기가 걸리다 患感冒
겨울철에는 감기가 잘 걸린다.
· 감기가 낫다 感冒痊愈
감기가 안 나으셨어요?
· 감기가 들다 患感冒
큰 일교차로 감기가 들었다.
· 감기가 떠나다 感冒痊愈
겨울 내내 감기가 떠날 날이 없었다.
· 감기가 떨어지다 感冒痊愈
난 1년 내내 감기가 떨어질 날이 없다.
· 감기가 유행하다 流行感冒
환절기에는 감기가 유행한다.

감기를 ~
· 감기를 앓다 患感冒
며칠 전부터 김 선생도 감기를 앓고 있었다.
· 감기를 예방하다 预防感冒
감기를 예방하기 위해서는 환기가 중요하다.
· 감기를 치료하다 治疗感冒
이 약은 감기를 치료하는 데 효과가 좋다.

감기에 ~
· 감기에 걸리다 得感冒
평소에 감기에 잘 걸립니까?
· 감기에 들다 患感冒
그는 내가 감기에 들까 봐 걱정한다.
· 감기에 좋다 对感冒有疗效
요즘 감기에 좋다는 생강차를 마시고 있어요.

감기로 ~
· 감기로 앓다 被感冒困扰
엄마는 감기로 앓는 동생에게 죽을 끓여 먹였다.

Ⓐ + 감기

· 가벼운 감기 轻感冒
콧물이 나는 가벼운 감기 정도예요.

· 지독한 감기 重感冒
며칠 동안 지독한 감기로 집에서 쉬었어요.

· 유행성 감기 流行性感冒
이런 날씨에 유행성 감기를 조심하셔야 합니다.

慣

· 감기를 달고 산다 感冒不断
여름에도 감기를 달고 살았어요.

0061 감독 (監督)
監督，导演

감독 – Ⓝ

· 감독관청 監督机关
· 감독님 教练，导演

감독 + Ⓥ

감독이 ~

· 감독이 되다 成为导演
그는 커서 영화 감독이 되었다.

감독을 ~

· 감독을 하다 監督
선생님은 학생들이 시험을 보는 동안 감독을 합니다.

0062 감동 (感動)
感动

감동 + Ⓥ

감동이 ~

· 감동이 있다 有感动
가슴에 맺히는 감동이 있을 것이다.

감동을 ~

· 감동을 느끼다 感到感动
재미와 감동을 느낄 수 있도록 작품을 구성해 보자.

· 감동을 받다 被感动
장기기증 소식에 감동을 받았다.

· 감동을 불러일으키다 让人感动
보는 이들로 하여금 감동을 불러일으켰다.

· 감동을 전하다 传达感动
배경 음악과 연기가 어우러져 감동을 전해 준다.

· 감동을 주다 带来感动
영화는 진한 감동을 주었다.

· 감동을 안기다 带来感动
그 책은 독자에게 큰 감동을 안겨 준다.

감동에 ~

· 감동에 젖다 被感动
가슴이 저려오는 감동에 젖었다.

Ⓐ + 감동

· 진한 감동 深深的感动
어린 시절 진한 감동을 안겨 준 그 소설이 다시 읽고
싶다.

0063 감사¹ (感謝)
感谢

감사 – Ⓝ

· 감사기도 谢恩祷告

감사 + Ⓝ

· 감사 인사 致谢
· 감사 카드 感谢卡片
· 감사 표시 表示感谢
· 감사 편지 感谢信

감사 + Ⓥ

감사를 ~

· 감사를 드리다 感谢
그 동안 저를 가르쳐 주신 선생님께 감사를 드리고 싶다.

· 감사를 전하다 转达感谢
말로 표현할 수 없는 사랑과 감사를 전합니다.

· 감사를 표하다 表示感谢
감사를 표하려 했지만 그녀와 대화를 나눌 기회가 없
었다.

· 감사를 하다 感谢
어떻게 감사를 해야 할지 모르겠습니다.

Ⓐ + 감사

· 깊은 감사 深深的谢意
원고를 잘 정리해 준 편집부 여러분께 깊은 감사를 드
린다.
· 무한한 감사 无限感激
지속적으로 저를 지켜봐 주신 여러분께 무한한 감사를
전해 드립니다.
· 뜨거운 감사 衷心的感谢
저를 아껴 주시고 성원해 주신 선생님께 뜨거운 감사
를 드립니다.
· 심심한 감사 深切的谢意
장시간 저희 공연을 관람해 주신 여러분께 심심한 감
사를 드립니다.

0064 감사² (監査)
監察

감사 + Ⓥ

감사를 ~

· 감사를 하다 監察
감사원이 감사를 하는 것인지 수사를 하는 것인지 모
르겠다.

감사에 ~

· 감사에 나서다 进行监督
교육청은 이 사건에 대한 특별 감사에 나섰다.
· 감사에 들어가다 开始监察
감사원은 오늘부터 이 기관에 대한 실제 감사에 들어
간다.

0065 감상¹ (感伤)
感伤, 伤感

감상 + Ⓥ

감상에 ~

· 감상에 빠지다 陷入感伤
가을이 되면 그녀는 늘 감상에 빠지곤 한다.
· 감상에 젖다 陷入感伤
음악을 들으며 감상에 젖어 들었다.

0066 감상² (鑑賞)
鉴赏, 欣赏

감상 + Ⓥ

감상을 ~

· 감상을 하다 欣赏
주위 풍경을 감상을 하였다.

0067 감소 (減少)
减少

감소 + Ⓝ

· 감소 영향 受减少影响
· 감소 추세 减少趋势

감소 + Ⓥ

감소로 ~

· 감소로 돌아서다 转向减少
큰 폭의 감소로 돌아섰다.
· 감소로 반전하다 转而减少
아파트 거래량이 증가에서 감소로 반전하였다.

0068 감옥 [가목] (監獄)
监狱

감옥에 + Ⓥ

감옥에 ~

· 감옥에 가다 去监狱
재판을 받고 감옥에 가야 한다.
· 감옥에 갇히다 被关在监狱里
8년 동안 감옥에 갇혀 있었다.
· 감옥에 들어가다 进监狱
감옥에 들어가 있는 동안 아내가 사라졌다.

감옥에서 ~

· 감옥에서 나오다 出狱
감옥에서 나오자마자 군대로 끌려갔다.
· 감옥에서 보내다 在监狱里度过

5개월을 감옥에서 보내게 되었다.

0069 감자
土豆, 红薯

감자 + N

· 감자 농사 种植土豆
· 감자 수확 收获土豆

감자 + V

감자를 ~
· 감자를 갈다 削土豆
나는 감자를 갈아서 감자전을 부쳤다.
· 감자를 삶다 烀土豆
감자를 삶아서 먹으면 아주 맛이 있다.
· 감자를 심다 种土豆
감자를 심었던 110여 농가가 모두 똑같은 결과가 났다.
· 감자를 찌다 蒸土豆
감자를 쪄서 먹으면 맛이 있다.
· 감자를 캐다 挖土豆
장님인 형을 위하여 아우는 매일 산에 가서 감자를 캐 왔다.

惯

· 뜨거운 감자 烫手的山芋
요새 그 문제가 뜨거운 감자가 되어 있는 상황이다.

0070 감정 (感情)
感情

감정 - N

· 감정이입 感情移入

감정 + N

· 감정 대립 感情对立
· 감정 변화 感情变化
· 감정 표현 表达感情

감정 + V

감정이 ~
· 감정이 메마르다 感情淡漠
요즘 사람들은 감정이 메말랐다.
· 감정이 상하다 伤感情
감정이 상하지 않도록 적당히 이야기하는 게 좋다.
· 감정이 생기다 产生感情
사랑의 감정이 생기는 것 같아요.
· 감정이 복받치다 情如泉涌
감정이 복받쳐 올라 울음이 터졌다.
· 감정이 풍부하다 感情丰富
비가 오는 날은 감정이 풍부해진다.

감정을 ~
· 감정을 느끼다 感到……
그는 아내의 반응에 서운한 감정을 느꼈다.
· 감정을 드러내다 显露感情
감정을 드러내지 않으려고 애를 썼다.
· 감정을 억제하다 抑制感情
전통 사회에서는 감정을 억제하며 살아야 했다.
· 감정을 조절하다 调节感情
감정을 조절하지 못한 채 얼굴에 그대로 드러냈다.
· 감정을 표현하다 表达感情
사람들은 종종 강한 감정을 표현한다.

감정에 ~
· 감정에 빠지다 陷入……的感情
그 사람을 보며 사랑이라는 감정에 빠졌다.
· 감정에 충실하다 对感情忠实
그녀에 대한 네 감정에 충실해 봐.
· 감정에 치우치다 偏重感情
너무 감정에 치우쳐서 판단하지 마라.
· 감정에 휩쓸리다 被感情所包围
아내는 감정에 휩쓸리지 말라고 당부했다.
· 감정에 호소하다 拉拢感情
논리적인 근거 없이 감정에 호소하는 것만으로는 부족하다.

A + 감정

· 미묘한 감정 美妙的感情
인간의 미묘한 감정을 표현해 주는 것은 눈뿐이다.
· 복잡한 감정 复杂的感情
복잡한 감정이 이 말 속에 들어 있는 것 같습니다.
· 불쾌한 감정 不愉快的感觉
불쾌한 감정을 다른 사람에게 드러내지 마라.
· 특별한 감정 特别的感情
나에게 특별한 감정이 있어서 그런 것 같지는 않다.

惯

· 감정을 잡다 找感觉
감정을 잡고 노래를 부르기 시작했다.

0071 값 [갑]
价钱，价值，代价

값 + Ⓥ

값이 ~

· 값이 나가다 值钱
그는 꽤 값이 나가는 도자기를 선물했다.

· 값이 내려가다 价格下跌
신제품은 시간이 지나면 값이 내려간다.

· 값이 내리다 价格下跌
쌀 값이 내려서 농촌 사람들이 힘들어 한다.

· 값이 떨어지다 价格下降
몇 달간 서울의 집 값이 떨어지지 않는다.

· 값이 뛰다 价格上涨
태풍으로 인해 농산물의 값이 크게 뛰었다.

· 값이 비싸다 价钱贵
명품 가방은 값이 워낙 비싸서 사기 힘들다.

· 값이 싸다 价格便宜
중국은 과일 값이 싸다.

· 값이 안 나가다 不值钱
그 물건은 요즘 값이 안 나간다.

· 값이 오르다 涨价
요새 땅 값이 너무 많이 올랐습니다.

· 값이 올라가다 价格上涨
며칠 더 기다리면 값이 올라갈 것이다.

· 값이 저렴하다 价格低廉
콩나물은 영양가가 높고 값이 저렴하다.

· 값이 폭등하다 写错了
한파와 폭설로 인해 배추 값이 폭등했다.

· 값이 폭락하다 价格暴跌
생산량이 늘어나서 값이 폭락했다.

값을 ~

· 값을 계산하다 结帐
나는 카운터에서 아침식사 값을 계산했다.

· 값을 깎다 释义前应有空格
독한 마음으로 값을 깎아야 한다.

· 값을 내리다 降价
집 값을 내려야 경기가 좋아진다.

· 값을 매기다 定价
그 가게 주인은 싸구려 향수에 비싼 값을 매겨 판다.

· 값을 부르다 要价

터무니없이 값을 부르지 마.

· 값을 알아보다 打听价格
그는 물건 값을 알아보기 위해 밖으로 나갔다.

· 값을 올리다 提价
쌀이 남기 때문에 값을 올릴 수도 없다는 것이다.

· 값을 치르다 付钱
그는 네 배나 비싼 값을 치르고도 그 책을 샀다.

값에 ~

· 값에 팔다 按……的价格出
대형 마트는 항상 물건을 싼 값에 판다.

· 값에 팔리다 按……的价格出售
유기농 산나물은 비싼 값에 팔린다.

값으로 ~

· 값으로 치다 折合成……钱
순금 3백 60kg이면 값으로 쳐서 4억 원쯤 된다.

· 값으로 팔다 以……的价格出售
유기농 과일은 일반 과일보다 비싼 값으로 팔 수 있다.

Ⓐ + 값

· 부르는 값 要价
부르는 값도 조금 전에 비해 많이 낮아져 있었다.

· 비싼 값 高价
그 물건을 사기 위해 비싼 값을 지불해야 한다.

· 싼 값 低价
설탕은 비교적 싼 값으로 구할 수 있다.

0072 강 (江)
江

강 - Ⓝ

· 강가 江边
· 강남 江南
· 강바닥 江底
· 강바람 江风
· 강북 江北

강 + Ⓥ

강이 ~

· 강이 범람하다 江水泛滥
장마철에 강이 범람하면 도시가 위험하다.

· 강이 흐르다 江水流淌
도시 가운데로 강이 흐르고 있다.

강을 ~
· 강을 건너다 过江
강을 건너 국경에 이르렀다.
· 강을 끼다 沿江
평야가 강을 끼고 양쪽에 펼쳐져 있다.

0073 강당 (講堂)
讲堂, 礼堂

강당 + Ⓥ

강당을 ~
· 강당을 메우다 坐满礼堂
참석자들이 강당을 가득 메웠다.

강당에 ~
· 강당에 모이다 聚集在礼堂
아침이 되자 학생들이 강당에 모였다.

강당에서 ~
· 강당에서 열리다 在礼堂中举行
강당에서 열린 세미나에 많은 사람이 참석했다.

0074 강도 (强盗)
强盗

강도 + Ⓥ

강도가 ~
· 강도가 들다 进强盗
이웃집에 강도가 들었다.

강도를 ~
· 강도를 당하다 遭抢劫
옆집이 강도를 당해서 주인이 다쳤다.

0075 강물 (江물)
江水

강물 + Ⓥ

강물이 ~
· 강물이 붇다 江水上涨

장마가 끝나고 강물이 불었다.
· 강물이 흐르다 江水流淌
계곡에는 깨끗한 강물이 흐르고 있었다.

강물을 ~
· 강물을 건너다 过江
그는 차마 강물을 건너지 못했다.

강물에 ~
· 강물에 흘려보내다 顺着江水流逝
지난 추억은 모두 강물에 흘려보냈다.

강물로 ~
· 강물로 뛰어들다 跳到江里
옷을 벗지도 않고 강물로 뛰어들었다.

강물처럼 ~
· 강물처럼 흐르다 像江水一样流逝
세월은 강물처럼 흐른다.

0076 강변 (江邊)
江边

강변 – Ⓝ

· 강변도로 江边道路

강변 + Ⓥ

강변을 ~
· 강변을 거닐다 在江边遛跶
두 사람은 말없이 강변을 거닐었다.
· 강변을 걷다 走在江边
강변을 걸으며 나는 잠시 생각했다.

강변에 ~
· 강변에 서다 站在江边
아무 말 없이 강변에 서서 바람을 맞았다.

0077 강사 (講師)
讲师

강사 + Ⓥ

강사를 ~
· 강사를 초청하다 邀请讲师
한국인 강사를 초청하여 세미나를 열었다.

강사로 ~

· 강사로 초빙되다 作为讲师被邀请
그는 강사로 초빙되어 기업에서 강연을 한다.

· 강사로 초청하다 作为讲师被邀请
덕망 있는 분을 특별 강사로 초청하여 특강을 실시했다.

0078 강수량 (降水量)
降水量

강수량 + Ⓥ

강수량이 ~

· 강수량이 많다 降水量多
올해는 작년보다 강수량이 많았다.

· 강수량이 적다 降水量少
이곳은 강수량이 적은 곳이다.

0079 강아지
小狗

강아지 + Ⓝ

· 강아지 새끼 小狗崽
· 강아지 이름 小狗名字
· 강아지 인형 小狗毛绒玩具

강아지 + Ⓥ

강아지가 ~

· 강아지가 꼬리치다 小狗摇尾巴
강아지가 꼬리치며 주인에게 안겼다.

· 강아지가 낑낑거리다 小狗叫
그때 어디선가 강아지가 낑낑거리는 소리가 들렸다.

· 강아지가 달려오다 小狗跑过来
귀엽게 생긴 강아지가 이쪽으로 달려왔다.

강아지를 ~

· 강아지를 기르다 养小狗
아이들과 남편이 강아지를 기르자고 조르고 있다.

· 강아지를 키우다 养小狗
강아지를 키우려면 넓은 공간이 있어야 한다.

Ⓐ + 강아지

· 귀여운 강아지 可爱的小狗

아버지는 귀여운 강아지를 사 주겠다고 그를 달랬다.

0080 강요 (強要)
强求

강요 + Ⓥ

강요를 ~

· 강요를 받다 被强求
종교는 타종교의 강요를 받아 아무런 이유가 없다.

· 강요를 하다 强求
우리에게 담배 시장을 개방하라고 강요를 했다.

0081 강의 (講義)
讲义，课

강의 + Ⓝ

· 강의 내용 上课内容
· 강의 도중 上课过程中
· 강의 시간 上课时间
· 강의 준비 上课准备
· 강의 평가제 课程评估制度

강의 + Ⓥ

강의가 ~

· 강의가 끝나다 下课
강의가 끝나고 교수님과 학생들은 차를 마시러 갔다.

· 강의가 시작되다 开始上课
강의가 시작되자 강의실에 침묵이 흘렀다.

· 강의가 없다 没有课
강의가 없는 시간을 이용해서 데이트를 즐겼다.

· 강의가 있다 有课
오후부터 강의가 있다.

강의를 ~

· 강의를 듣다 听课
강의를 들으러 학교에 가는 길이다.

· 강의를 맡다 担任课程
이번 학기에 어느 대학 강의를 맡으셨어요?

· 강의를 하다 讲课
당시 나는 이 대학에서 강의를 했다.

0082 강제 (强制)
强制

강제 + ⓝ

· 강제 노동 强制劳动
· 강제 노역 强制劳役
· 강제 동원 强制动员
· 강제 연행 强制带走
· 강제 징집 强制征集
· 강제 추방 强制驱逐

강제 + ⓥ

강제로 ~
· 강제로 끌려가다 被强制带走
학생들이 경찰에 강제로 끌려갔다.

0083 개
狗

개 + ⓝ

· 개 먹이 狗粮
· 개 주인 狗的主人

개 + ⓥ

개가 ~
· 개가 물다 狗咬
개가 물었다고 개한테 따지려나?
· 개가 짖다 狗叫
낯선 사람만 나타나면 온 동네 개가 다 같이 짖는다.

개를 ~
· 개를 기르다 养狗
우리는 아무 목적 없이 개를 기르기로 했다.
· 개를 잡다 宰狗
폐암에 걸린 아버지를 위해 그녀는 개를 잡아 탕을 끓였다.
· 개를 쫓다 在后面追狗
아이는 개를 쫓고 있었다.
· 개를 키우다 养狗
요즘은 애완을 목적으로 개를 키우는 집이 많아졌다.

慣

· 개 눈에는 개만 보인다 狗眼里见的就是屎
개 눈에는 개만 보인다더니 네 눈에는 이것이 개밥으로 보일지 몰라도, 우리한테는 진수성찬이다.

0084 개구리
青蛙

개구리 + ⓝ

· 개구리 울음소리 青蛙的叫声

개구리 + ⓥ

개구리가 ~
· 개구리가 울다 青蛙叫
논에서는 개구리가 개굴개굴 울고 있습니다.

개구리를 ~
· 개구리를 잡다 抓青蛙
아이들은 밤낮으로 개구리를 잡으러 다녔다.

慣

· 개구리 올챙이 적 생각 못하다(개구리 올챙이 시절 모르다) 好了伤疤忘了疼
아까 그 말씀을 들으면서, 개구리 올챙이 시절 모른다는 속담이 연상되었습니다.

0085 개나리
迎春花

개나리 - ⓝ

· 개나리꽃 迎春花

개나리 + ⓥ

개나리가 ~
· 개나리가 만발하다 迎春花盛开
학교에는 노란 개나리가 만발해 있었다.
· 개나리가 피다 迎春花开
벚꽃과 개나리가 피고 있습니다.

0086 개념 (槪念)
概念

概念

개념 + Ⓥ

개념을 ~

· 개념을 도입하다 引入概念
이러한 개념을 도입한 그의 연구는 성공적이었다.

· 개념을 만들다 提出概念
새로운 개념을 만들어 세상을 놀라게 했다.

· 개념을 적용하다 适用概念
경쟁이라는 새로운 개념을 적용하였다.

· 개념을 정의하다 定义概念
각각의 개념을 정의하는 것이 쉽지 않다.

· 개념을 제시하다 提出概念
그는 민주주의에 대한 새로운 개념을 제시하였다.

개념에 ~

· 개념에 따르다 根据……的概念
물리학의 개념에 따른 성질을 정의하고 있다.

개념에서 ~

· 개념에서 출발하다 从……的概念出发
그의 이론은 새로운 개념에서 출발하였다.

개념으로 ~

· 개념으로 사용하다 被作为……的概念使用
다양한 범위를 포괄하는 개념으로 사용하고 있다.

· 개념으로 쓰이다 被用作……的概念
논문에서는 두 개념을 동일한 개념으로 쓰였다.

· 개념으로 이해하다 被理解为……的概念
이 주장은 앞의 주장과 같은 개념으로 이해하면 된다.

0087 개미
蚂蚁

개미 + Ⓝ

· 개미 투자자 散户投资者

개미 + Ⓥ

개미처럼 ~

· 개미처럼 일하다 辛勤劳作
개미처럼 일해도 고작 한 달에 30만 원밖에 못 벌었다.

惯

· 개미 새끼 한 마리도 보지 못하다 连个人影都不见
사람은 커녕 개미 새끼 한 마리도 보지 못했다.

0088 개발 (開發)
开发，发展

개발 - Ⓝ

· 개발도상국 发展中国家
· 개발제한구역 限制开发区

개발 + Ⓝ

· 개발 계획 开发计划
· 개발 단계 开发阶段
· 개발 사업 开发事业

개발 + Ⓥ

개발이 ~

· 개발이 시급하다 急需开发
새로운 환경에 부합하는 프로그램 개발이 시급하다.

· 개발이 지지부진하다 发展停滞
개발이 지지부진하던 이 지역 일대가 활기를 띠고 있다.

개발을 ~

· 개발을 막다 阻止开发
무분별한 개발을 막아야 한다.

· 개발을 저지하다 阻止开发
개발을 저지하기 위해 여러 가지 노력을 하고 있다.

· 개발을 촉진하다 促进开发
중소기업의 기술 개발을 촉진하기 위해 노력하고 있다.

· 개발을 추진하다 推进开发
낙후 지역에 대한 개발을 추진하고 있다.

· 개발을 포기하다 放弃开发
결코 핵무기 개발을 포기하지 않을 것입니다.

· 개발을 허용하다 允许开发
가능한 개발을 허용한다는 방침이다.

개발에 ~

· 개발에 나서다 进行开发
선진국들도 앞다퉈 개발에 나서고 있다.

· 개발에 성공하다 成功开发
작년 3월 마침내 개발에 성공했다.

· 개발에 착수하다 着手开发
자체 프로그램 개발에 착수했다.

· 개발에 투자하다 投资开发
신기술 개발에 투자하십시오.

0089 개방 (開放)
开放

개방 + N

· 개방 계획 开放计划
· 개방 압력 开放压力
· 개방 저지 阻止开放
· 개방 정책 开放政策

개방 + V

개방이 ~
· 개방이 불가피하다 开放不可避免
전면 개방이 불가피할 것으로 예상된다.

개방을 ~
· 개방을 요구하다 要求开放
개방을 요구하며 시위를 계속했다.
· 개방을 추진하다 推行开放
시장 개방을 추진하도록 압력을 받고 있다.

개방에 ~
· 개방에 대비하다 应对开放
개방에 대비하여 구조 개선에 치중하였다.
· 개방에 반대하다 反对开放
개방에 반대하는 여론과 행동이 확산되고 있다.

0090 개별 (個別)
个别

개별 + N

· 개별 국가 个别国家
· 개별 언어 个别语言
· 개별 분야 个别领域
· 개별 학교 个别学校

0091 개선 (改善)
改善

개선 + N

· 개선 방안 改善方案

개선 + V

개선이 ~
· 개선이 시급하다 急需改善
교육 여건 개선이 시급한 상황이다.
· 개선이 이루어지다 得到改善
제도 개선이 이루어져야 한다고 강조했다.
· 개선이 필요하다 需要改善
여러 측면에서 개선이 필요하다.

0092 개성 (個性)
个性

개성 + N

· 개성 만점 富有个性

개성 + V

개성이 ~
· 개성이 강하다 个性强
가장 개성이 강한 캐릭터이다.
· 개성이 드러나다 凸显个性
말투에는 그 사람의 개성이 드러나는 법이다.
· 개성이 뚜렷하다 个性鲜明
그녀는 개성이 뚜렷해서 인기가 많다.
· 개성이 없다 没有个性
그의 글은 개성이 없다.
· 개성이 있다 有个性
그는 개성이 있고 활발해서 인기가 많다.

개성을 ~
· 개성을 가지다 拥有个性
독특한 개성을 가진 다양한 사람이 등장했다.
· 개성을 발휘하다 发挥个性
개성을 발휘할 수 있는 기회가 없다.
· 개성을 살리다 发挥个性
학생 개개인의 개성을 살려 주는 선생님이 되고 싶다.
· 개성을 상실하다 失去个性

개성을 상실한 현대인이 많다.
· 개성을 존중하다 尊重个性
다양한 개성을 존중하는 공동체 의식을 지녀야 한다.
· 개성을 표현하다 表达个性
옷을 통해 사람의 개성을 표현할 수 있다.

개성에 ~

· 개성에 맞다 符合个性
자신의 체질과 개성에 맞는 방법을 찾아야 한다.

0093 개인 (個人)
个人

개인 – N

· 개인연금 个人退休金
· 개인주의 个人主义
· 개인택시 个人出租车

개인 + N

· 개인 고객 个人客户, 散户
· 개인 교습 个别辅导
· 개인 금고 个人保险箱
· 개인 대출 个人贷款
· 개인 병원 私人医院
· 개인 사업자 个体经营者
· 개인 정보 个人信息
· 개인 지도 个别指导
· 개인 투자자 个人投资者

0094 개혁 (改革)
改革

개혁 + N

· 개혁 과제 改革课题
· 개혁 노선 改革路线
· 개혁 방안 改革方案
· 개혁 방향 改革方向
· 개혁 성향 改革倾向
· 개혁 세력 改革势力
· 개혁 정책 改革政策

· 개혁 조치 改革措施

개혁 + V

개혁이 ~

· 개혁이 이루어지다 实行改革
근본적인 개혁이 이루어져야 한다.
· 개혁이 필요하다 需要改革
선거제도의 개혁이 필요하다.

개혁을 ~

· 개혁을 단행하다 推行改革
결국 화폐 개혁을 단행하였다.
· 개혁을 시도하다 尝试改革
전면적인 구조조정과 개혁을 시도했다.
· 개혁을 주도하다 领导改革
대학생들이 개혁을 주도했다.
· 개혁을 주장하다 主张改革
개혁을 주장하는 세력들이 등장했다.
· 개혁을 추동하다 推动改革
개혁을 추동하는 것은 시민단체였다.
· 개혁을 추진하다 推行改革
개혁을 추진하는 세력이 거의 없었다.

개혁에 ~

· 개혁에 앞장서다 带头改革
일부만 개혁에 앞장서서는 결코 성공할 수 없다.
· 개혁에 착수하다 着手改革
본격적인 복지 개혁에 착수했다.

0095 거래 (去來)
交易

거래 – N

· 거래법 交易法

거래 + N

· 거래 관계 交易关系
· 거래 내역 交易明细
· 거래 대금 交易金额
· 거래 행위 交易行为

거래 + V

거래가 ~

· 거래가 이루어지다 达成交易

활발한 거래가 이루어지고 있다.
· **거래가 활발하다** 交易活跃
최근 들어 개인 투자자의 거래가 활발해지고 있다.

거래를 ~

· **거래를 계상하다** 计入交易
정부는 공사와 관련된 모든 거래를 계상하였다.
· **거래를 성사시키다** 成交
그는 거래처와의 거래를 성사시켰다.
· **거래를 시작하다** 开始交易
내달 1일부터 시장에서 거래를 시작한다.
· **거래를 트다** 开始交易
미국 회사와 거래를 튼다면 큰 도움이 될 것이다.

0096 거리¹
街道，街头，大街

거리 + Ⓝ

· **거리 구경** 逛街
· **거리 시위** 街道示威游行
· **거리 질서** 街道秩序
· **거리 풍경** 街上风景
· **거리 행진** 马路游行

거리 + Ⓥ

거리가 ~

· **거리가 깨끗하다** 街道干净
대청소가 금방 끝나서 거리가 몹시 깨끗하다.
· **거리가 복잡하다** 街道拥挤
주말인데도 거리가 복잡하지 않았다.
· **거리가 조용하다** 街道安静
밤이 되자 거리가 아주 조용했다.

거리를 ~

· **거리를 거닐다** 在街上遛跶
우리는 다시 거리를 거닐었다.
· **거리를 걷다** 在街上漫步
그는 아내와 텅 빈 거리를 걷고 있었다.
· **거리를 걸어가다** 在街上走着
낯선 거리를 걸어갈 때마다 고향이 그립다.
· **거리를 누비다** 走街串巷
거리를 누비는 인파 가운데는 그들이 섞여 있었다.
· **거리를 다니다** 在街上来往往
가로등 덕분에 밤에도 거리를 다닐 수 있다.
· **거리를 배회하다** 在街上闲逛

거리를 배회하는 남루한 옷차림의 그를 보았다.
· **거리를 오가다** 在街上来往
나는 거리를 분주히 오가는 사람들 틈에 섞여 있었다.
· **거리를 지나다** 过路
거리를 지나던 사람들이 빠르게 달리는 차의 속도에 놀랐다.
· **거리를 질주하다** 在街道上奔驰
그들은 텅 빈 거리를 질주했다.
· **거리를 헤매다** 在路上徘徊
나는 한 시간 동안 그 거리를 헤맸다.
· **거리를 활보하다** 在街上阔步而行
그들은 웃으며 신촌 거리를 활보했다.

거리에 ~

· **거리에 나가다** 来到大街上
거리에 나가 신문을 사가지고 돌아왔다.
· **거리에 나서다** 来到大街上
시민들이 거리에 나선 것은 누가 시켜서가 아니다.
· **거리에 나오다** 来到大街上
상쾌한 마음으로 거리에 나와 걸어다녔다.

거리로 ~

· **거리로 나가다** 到大街上
아침 일찍 거리로 나갔다.
· **거리로 나서다** 来到大街上
나는 재빨리 거리로 나섰다.
· **거리로 나오다** 来到大街上
나는 자리를 털고 일어나 거리로 나왔다.

Ⓐ + 거리

· **번화한 거리** 繁华的街道
번화한 거리를 향하여 걸어갔다.

0097 거리² (距離)
距离，间隔，距离

거리 + Ⓥ

거리가 ~

· **거리가 가깝다** 距离近
우리집에서 극장은 거리가 가깝다.
· **거리가 떨어지다** 离开一段距离
그 사람들과의 거리가 좀 떨어지자 형사가 귓속말로 말했다.
· **거리가 멀다** 距离远
그녀의 대답은 교수님의 기대와는 거리가 멀었다.
· **거리가 벌어지다** 拉开距离

두 선수는 달릴수록 거리가 벌어졌다.
· **거리가 있다** 有差距
우리의 현실은 자유 시장 경제와는 아직 거리가 있다.

거리를 ~

· **거리를 느끼다** 产生距离感
그는 형에 대해 이상한 거리를 느꼈다.
· **거리를 두다** 保持一定距离
나는 그녀의 차와 조금 거리를 두고 주차를 했다.
· **거리를 유지하다** 维持一定距离
장모는 언제나 내게 존칭을 써가며 미묘한 거리를 유지하고 있었다.
· **거리를 재다** 量距离
두 가게 사이의 거리를 재었다.
· **거리를 좁히다** 缩小距离
이 거리를 좁히려는 노력이 없었던 것은 아니다.

0098 거미
蜘蛛

거미 – Ⓝ

· **거미줄** 蜘蛛网
· **거미집** 蜘蛛窝

거미 + Ⓥ

거미에게 ~

· **거미에게 물리다** 被蜘蛛咬
거미에게 물린 상처 때문에 흉터가 생겼다.

0099 거실 (居室)
起居室

거실 + Ⓥ

거실을 ~

· **거실을 꾸미다** 装饰客厅
그는 언니와 함께 거실을 예쁘게 꾸몄다.
· **거실을 나서다** 走出客厅
시장에 가기 위해 거실을 나섰다.

거실에서 ~

· **거실에서 쉬다** 在客厅里休息
어머니는 거실에서 쉬고 계십니다.

0100 거울
镜子，榜样，镜鉴

거울 + Ⓥ

거울을 ~

· **거울을 보다** 照镜子
그녀는 거울을 보면서 화장을 하고 있다.

거울에 ~

· **거울에 비추다** 照镜子
그녀가 립스틱을 바른 입술을 거울에 비추어 보고 있다.
· **거울에 비치다** 镜子里照出来
엄마가 거울에 비친 아기 모습을 보며 웃었다.

0101 거짓 [거짇]
虚假

거짓 – Ⓝ

· **거짓말** 谎言

거짓 + Ⓝ

· **거짓 정보** 虚假信息

거짓 + Ⓥ

거짓을 ~

· **거짓을 행하다** 弄虚作假
진실의 이름으로 거짓을 행하는 것은 위선이다.

거짓으로 ~

· **거짓으로 꾸미다** 弄虚作假
없는 일을 거짓으로 꾸며서 사기를 쳤다.

0102 거짓말 [거진말]
谎话，谎言，撒谎

거짓말 + Ⓥ

거짓말을 ~

· **거짓말을 꾸미다** 编造谎言
그는 또 거짓말을 꾸미며 대기 시작했다.

· 거짓말을 늘어놓다 满嘴谎言
거짓말을 늘어놓지 마세요.
· 거짓말을 하다 说谎
할머니를 위해 선의의 거짓말을 해야 할 것 같다.

거짓말처럼 ~

· 거짓말처럼 낫다 神奇地痊愈
그는 밤새 아팠지만, 다음날 아침에 거짓말처럼 나았다.
· 거짓말처럼 사라지다 消失得无影无踪
답답한 기분이 거짓말처럼 사라져 버렸다.

❹ + 거짓말

· 새빨간 거짓말 弥天大谎
누가 그런 새빨간 거짓말을 해?

惯

· 거짓말을 밥 먹듯 하다 说谎就像家常便饭
그 친구는 평소에 거짓말을 밥 먹듯 하니 믿을 수 없다.

0103 거품

泡沫

거품 + ❶

· 거품 경제 泡沫经济

거품 + ❷

거품이 ~

· 거품이 나다 产生泡沫
이 비누는 거품이 많이 난다.
· 거품이 넘치다 泡沫溢出
맥주잔에 거품이 넘치고 있었다.
· 거품이 일다 起泡沫
파도가 치면서 흰 거품이 일었다.

거품을 ~

· 거품을 내다 弄出泡沫
거품을 내어 씻었다.
· 거품을 제거하다 清除泡沫
거품을 제거하고 경쟁력을 높이겠다는 발상이다.

惯

· 거품을 물다 满嘴吐沫横飞
군대 이야기가 나오자 그는 거품을 물며 흥분했다.

0104 걱정 [걱쩡]

担心，忧虑，惦念

걱정 – ❶

· 걱정거리 愁事，烦心事

걱정 + ❷

걱정이 ~

· 걱정이 대단하다 十分担心
그는 이 문제에 대한 걱정이 대단하다.
· 걱정이 되다 让人担心
이번 시험에서 떨어질까봐 걱정이 된다.
· 걱정이 들다 感到担心
오후에 비가 오지 않을까 하는 걱정이 들었다.
· 걱정이 사라지다 愁闷消除
취직한다고 해서 걱정이 사라질 일이 아니었다.
· 걱정이 앞서다 不胜担忧
무슨 일부터 해야 할 지 몰라 걱정이 앞섰다.

걱정을 ~

· 걱정을 끼치다 使人担心
걱정을 끼쳐 드려서 죄송합니다.
· 걱정을 덜다 减轻忧虑
이곳을 이용하면 숙박 시설의 걱정을 덜 수 있다.
· 걱정을 풀다 打消忧虑
오랫동안 고민하던 이 걱정을 풀 방법이 없습니다.
· 걱정을 하다 担心
난 그런 일에 대해서는 큰 걱정을 하지 않았다.

걱정에 ~

· 걱정에 사로잡히다 忧心忡忡
걱정에 사로잡혀 울음까지 나왔다.
· 걱정에 쫓기다 忧心忡忡
늘 집안일과 집안 걱정에 쫓기는 게 아내의 팔자였다.
· 걱정에 휩싸이다 被忧虑所笼罩
여행을 앞두고 나는 불안과 걱정에 휩싸였다.

걱정에서 ~

· 걱정에서 벗어나다 摆脱忧虑
아버지는 그 걱정에서 벗어나지 못하는 모양이었다.

❹ + 걱정

· 괜한 걱정 闲愁，杞人忧天
의학이 이렇게까지 발달한 것도 모르고 괜한 걱정을 한 것 같다.

惯

· 걱정도 팔자 杞人忧天
걱정도 팔자라더니 그걸 걱정이라고 해?
· 걱정이 태산이다 烦心事一箩车
게임만 하는 자녀를 둔 그녀는 요즘 걱정이 태산이다.
· 걱정이 태산 같다 烦事成堆
그림을 그려야 하는 숙제가 있어서 걱정이 태산 같았다.

0105 건강 (健康)
健康，健康状况

건강 - N

· 건강관리 保健
· 건강식품 健康食品

건강 + N

· 건강 검진 检查身体
· 건강 교실 健康讲座
· 건강 문제 健康问题
· 건강 상식 健康常识
· 건강 상태 健康状况
· 건강 습관 健康习惯
· 건강 음료 健康饮料
· 건강 증진 增强体质
· 건강 진단 检查身体
· 건강 체조 保健体操
· 건강 회복 恢复健康

건강 + V

건강이 ~

· 건강이 나빠지다 体质下降
갑자기 할아버지의 건강이 나빠졌다.
· 건강이 나쁘다 身体不好
건강이 나쁜 사람이 이가 건강한 경우는 별로 없다.
· 건강이 부실하다 体弱
건강이 부실한 사람에게 감기는 두려운 존재이다.
· 건강이 악화되다 健康情况恶化
그는 작년부터 건강이 극도로 악화되었다.
· 건강이 좋다 身体好
건강이 좋지 않은 상태에서 왜 저녁마다 술을 마시냐?
· 건강이 회복되다 恢复健康
건강이 조금 회복되었다.

건강에 ~

· 건강에 좋다 对健康有益
담배를 피우지 않는 것이 건강에 좋습니다.
· 건강에 해롭다 对健康有害
잦은 흡연은 건강에 해롭다.
· 건강에 해를 끼치다 有害健康
유전자 조작 식품이 건강에 해를 끼칠 것인가?

건강을 ~

· 건강을 돌보다 照顾身体
평생 내 건강을 돌봐 준 것만으로도 정말 감사할 일이지요.
· 건강을 되찾다 恢复健康
남편이 건강을 되찾게 되면서부터 아내는 더없이 행복했다.
· 건강을 빌다 祈求健康
여러분의 건강을 진심으로 빌겠습니다.
· 건강을 위하다 为了健康
부모님은 자식의 건강을 위해 신경을 많이 썼다.
· 건강을 유지하다 保持健康
70세를 넘어서도 건강을 유지하는 사람들이 나날이 늘고 있다.
· 건강을 잃다 失去健康
추운 날씨 탓에 겨울은 자칫하면 건강을 잃기 쉬운 계절이다.
· 건강을 지키다 保持身体健康
그것은 모든 시민의 건강을 지키기 위한 최선의 방법이다.
· 건강을 해치다 损害健康
아침식사를 거르면 건강을 해치기 쉽다.
· 건강을 회복하다 恢复健康
할머니는 다행히 건강을 회복하여 퇴원하셨다.

0106 건너편
对面

건너편 + N

· 건너편 건물 对面建筑物
· 건너편 길 对面的马路

건너편 + V

건너편에 ~

· 건너편에 있다 在对面
정문 건너편에 있는 식당은 언제나 손님이 많다.

0107 건물 (建物)
建筑, 建筑物

건물 + Ⓝ

· 건물 구입 买楼
· 건물 내부 建筑物内部
· 건물 매매 房屋买卖
· 건물 모퉁이 楼房拐角
· 건물 신축 盖新楼
· 건물 입구 建筑物入口
· 건물 주변 建筑物周围
· 건물 주위 建筑物周围
· 건물 지하 建筑物地下
· 건물 철거 拆除建筑物

건물 + Ⓥ

건물이 ~
· 건물이 낡다 楼陈旧
이 학교는 건물이 낡고 낙후되었다.
· 건물이 들어서다 建筑物落成
이 건물이 들어선 지는 15년도 훨씬 넘었죠.
· 건물이 보이다 可以看到建筑物
왼쪽으로 가면 하얀 건물이 보인다.
· 건물이 세워지다 建筑物落成
그 건물이 세워진 것은 15년 전쯤이었다.

건물을 ~
· 건물을 건설하다 盖楼
황무지에 건물을 건설하기 시작했다.
· 건물을 세우다 盖楼
그들을 건물을 세워서 승리를 기념했다.
· 건물을 신축하다 盖楼
이 대학은 건물을 신축할 계획으로 그동안 계속 돈을 모아왔다.
· 건물을 짓다 盖楼
세계의 많은 도시들이 앞다투어 높은 건물을 짓고 있다.
· 건물을 철거하다 拆除建筑物
내년에 이 건물을 철거하면 좋겠다는 의견이 많다.
· 건물을 헐다 拆除建筑物
이 건물을 헐고 공원을 조성할 계획이다.

건물에 ~
· 건물에 가리다 被楼房挡住
우리 집은 높은 건물에 가려 빛이 들지 않는다.
· 건물에 들어가다 进入楼内

사람들이 건물에 들어가기 시작했다.
· 건물에 들어오다 进到楼里
그동안 건물에 들어오는 사람이 없었다.

건물로 ~
· 건물로 이전하다 搬迁到……建筑里
우리 회사는 작년에 새 건물로 이전했다.

Ⓐ + 건물

· 큰 건물 大楼
이곳에 큰 건물을 새로 짓기란 거의 불가능한 일이다.

0108 건설 (建設)
建设

건설 + Ⓝ

· 건설 기술자 建筑技术人员
· 건설 사업 建设工作
· 건설 업체 建筑企业
· 건설 회사 建筑公司

건설 + Ⓥ

건설을 ~
· 건설을 반대하다 反对修建……
주민들은 쓰레기 매립장 건설을 반대했다.

건설에 ~
· 건설에 동참하다 共同参与建设……
건설에 동참하라고 적극 독려했다.
· 건설에 참여하다 参与建设……
신도시 건설에 참여한 업체들은 큰 돈을 벌었다.

0109 건축 (建築)
建筑

건축 - Ⓝ

· 건축법 建筑法
· 건축자재 建筑材料

건축 + Ⓝ

· 건축 규제 建筑规定

· 건축 기사 建筑技术人员
· 건축 문화 建筑文化
· 건축 업자 建筑企业人员
· 건축 사무소 建筑办公室
· 건축 허가 建筑许可
· 건축 현장 工程现场

0110 걸레
抹布

걸레 - Ⓝ

· 걸레쪽 破抹布片儿

걸레 + Ⓥ

걸레를 ~

· 걸레를 빨다 洗抹布
손 씻은 물로 걸레를 빨았다.

걸레로 ~

· 걸레로 닦다 用抹布擦
물기는 걸레로 닦아야 한다.

· 걸레로 훔치다 用抹布擦
엄마는 바닥을 걸레로 훔쳤다.

Ⓐ + 걸레

· 마른 걸레 干抹布
빗자루로 쓸고 난 후에 마른 걸레로 닦아야 한다.

· 젖은 걸레 湿抹布
젖은 걸레로 바닥을 닦지 마라.

0111 걸음 [거름]
脚步, 步幅

걸음 + Ⓥ

걸음이 ~

· 걸음이 느리다 步伐缓慢
그는 몸집이 작고 걸음이 느리다.

· 걸음이 빠르다 脚步匆忙
걸음이 빠른 그를 따라가기 힘들다.

· 걸음이 빨라지다 加快脚步

입을 다물고 있자니 걸음이 자꾸 빨라졌다.

걸음을 ~

· 걸음을 걷다 走路
하루에 만 걸음을 걷는 것이 건강에 좋다.

· 걸음을 내딛다 迈步
그 사내는 멈추었다가 다시 걸음을 내딛었다.

· 걸음을 멈추다 停下脚步
나는 걸음을 멈추고 뒤를 돌아보았다.

· 걸음을 빨리하다 加快脚步
약속 시간에 늦을까봐 걸음을 더 빨리했다.

· 걸음을 서두르다 加快脚步
그는 걸음을 서둘러 아버지와의 간격을 좁혔다.

· 걸음을 옮기다 挪动脚步
나는 약속 장소인 시계탑 쪽으로 급히 걸음을 옮겼다.

Ⓐ + 걸음

· 가벼운 걸음 轻快的脚步
남자는 가벼운 걸음으로 다시 방 안으로 들어갔다.

· 급한 걸음 急匆匆的脚步
나는 급한 걸음으로 어머니를 향하여 달려갔다.

· 느린 걸음 慢悠悠的脚步
내 앞에서 한 여자가 느린 걸음으로 걷고 있었다.

· 느릿한 걸음 缓慢的脚步
그는 느릿한 걸음으로 동상을 향하여 움직였다.

· 무거운 걸음 沉重的脚步
나는 그들을 향해 무거운 걸음을 옮기기 시작했다.

· 빠른 걸음 飞快的脚步
나는 빠른 걸음으로 옥상을 내려왔다.

· 힘찬 걸음 有力的步伐
그는 용기를 내고 힘찬 걸음을 내딛었다.

惯

· 걸음을 재촉하다 三步并两步
퇴근하고 집으로 걸음을 재촉했다.

· 걸음아 날 살려라 快跑啊
그는 걸음아 날 살려라 허둥지둥 도망치기 시작했다.

0112 검사¹ (檢査)
检查

검사 - Ⓝ

· 검사법 检查法

검사 + ⓝ

· 검사 결과 检查结果
· 검사 방법 检查方法

검사 + ⓥ

검사가 ~

· 검사가 필요하다 需要检查
정밀 검사가 반드시 필요하다.

검사를 ~

· 검사를 받다 接受检查
신체검사를 받고 군대에 입대했다.
· 검사를 시행하다 实行检查
공복 상태에서 검사를 시행해야 한다.
· 검사를 실시하다 实施检查
하루종일 병원에서 검사를 실시했다.
· 검사를 행하다 进行检查
학교 시설에 대한 검사를 행했다.

0113 검사² (檢事)

检察官

검사 + ⓥ

검사가 ~

· 검사가 되다 成为检察官
어린 시절 그의 꿈은 검사가 되는 것이었다.

0114 검색 (檢索)

检索，搜索

검색 – ⓝ

· 검색엔진 检索引擎

검색 + ⓝ

· 검색 결과 搜索结果
· 검색 프로그램 检索程序

검색 + ⓥ

검색을 ~

· 검색을 받다 被搜索
공항에서 짐 검색을 받는다.
· 검색을 하다 检索
인터넷을 통해 검색을 한다.

0115 검은색 [거믄색]

黑色

검은색 + ⓝ

· 검은색 선글라스 黑色墨镜
· 검은색 승용차 黑色轿车
· 검은색 양복 黑色西服

0116 검정

黑，黑色

검정 – ⓝ

· 검정색 黑色
· 검정콩 黑豆

검정 + ⓝ

· 검정 고무신 黑色的韩式胶鞋
· 검정 모자 黑帽子
· 검정 양복 黑西服
· 검정 치마 黑裙子

0117 검찰 (檢察)

检察机关

검찰 – ⓝ

· 검찰총장 检察长

검찰 + ⓝ

· 검찰 수뇌부 检察机关领导部门
· 검찰 수사 检察机关搜查
· 검찰 조사 检察机关调查

검찰 + Ⓥ

검찰에 ~

· 검찰에 고발하다 向检查机关告发
관련자 7명을 검찰에 고발하였다.

· 검찰에 구속되다 被检察机关拘留
국회의원 2명이 검찰에 구속되었다.

· 검찰에 나가다 去检察机关
당당히 검찰에 나가 진술할 예정이다.

· 검찰에 적발되다 向检察机关揭发
마약을 투여하다가 검찰에 적발되었다.

· 검찰에 제출하다 向检察机关提交
증거 자료를 검찰에 제출하였다.

0118 검토 (檢討)
检查, 审查, 验证

검토 + Ⓝ

· 검토 중 正在审查

검토 + Ⓥ

검토가 ~

· 검토가 끝나다 验证结束
이미 검토가 끝났고, 결과 발표만을 앞두고 있다.

· 검토가 필요하다 需要验证
평가 방법에 대한 검토가 필요하다.

검토를 ~

· 검토를 거치다 经过审查
충분한 논의와 검토를 거쳤다.

· 검토를 마치다 结束审查
10일 전에 이미 검토를 마쳤다.

0119 겁 (怯)
胆怯, 害怕

겁 + Ⓥ

겁이 ~

· 겁이 나다 害怕
형의 눈빛을 본 순간 덜컥 겁이 났다.

· 겁이 많다 胆小
우리 아이는 눈이 커서 그런지 겁이 많다.

· 겁이 없다 胆大
아내가 겁이 없다는 게 병이었어.

겁을 ~

· 겁을 내다 害怕
나는 아무 일도 아닌데 괜히 겁을 낸 것 같았다.

· 겁을 먹다 被惊吓
그녀는 큰 눈에 가득 겁을 먹고 있었다.

· 겁을 주다 吓唬
나는 친구에게 그저 겁을 주고 싶었다.

慣

· 겁에 질리다 吓坏
모두들 겁에 질린 얼굴들이다.

0120 겉 [걷]
外表

겉 – Ⓝ

· 겉껍질 外皮
· 겉멋 外在美
· 겉면 外面
· 겉모습 外面的样子
· 겉모양 外面的样子
· 겉보기 从外表看
· 겉봉 外皮
· 겉옷 外衣
· 겉절이 即食泡菜
· 겉치레 粉饰门面

겉 + Ⓝ

· 겉 포장 外包装

겉 + Ⓥ

겉만 ~

· 겉만 번지르르하다 徒有虚表
겉만 번지르르한 값싼 물건이다.

겉으로 ~

· 겉으로 내세우다 表面提出
겉으로 내세우는 주장과는 다르다.

· 겉으로 보다 从外表看
겉으로 보기에는 모두 비슷비슷하다.

惯

· 겉 다르고 속 다르다 阴一套阳一套，表里不一，两面三刀
사장은 솔직히 말해 겉 다르고 속 다른 사람이었다.

0121 게
螃蟹

게 + Ⓝ

· 게 요리 用螃蟹做的菜
· 게 찌개 螃蟹汤

0122 게시판 (揭示板)
告示板

게시판 + Ⓥ

게시판에 ~

· 게시판에 붙다 粘在告示板上
게시판에 붙은 전달 사항을 학생들이 확인했다.
· 게시판에 올리다 登到告示板上
공지사항을 정리해서 게시판에 올렸다.

0123 게임 (game)
游戏，娱乐

게임 + Ⓝ

· 게임 개발 开发游戏
· 게임 규칙 游戏规则
· 게임 소프트웨어 游戏软件
· 게임 프로그램 游戏程序
· 게임 플레이어 游戏机

게임 + Ⓥ

게임이 ~

· 게임이 끝나다 游戏结束
5대 3으로 게임이 끝났다.

· 게임이 벌어지다 进行游戏
방에서 제비뽑기 등의 게임이 벌어졌다.
· 게임이 열리다 举行……大型国际体育盛会
1990년에 북경에서 아시안 게임이 열렸다.

게임을 ~

· 게임을 개발하다 开发游戏
이 회사는 최근에 두 가지 새로운 게임을 개발 했다.
· 게임을 벌이다 展开角逐
인수합병을 놓고 이제부터 게임을 벌여야만 한다.
· 게임을 즐기다 尽情玩耍
그는 동생과 나란히 앉아 컴퓨터 게임을 즐기고 있었다.
· 게임을 펼치다 展开竞技
우리 선수는 완벽한 게임을 펼쳤다.
· 게임을 하다 玩游戏
'포커'는 카드 5장으로 게임을 한다.

게임에 ~

· 게임에 몰두하다 沉迷于游戏之中
아들은 공부는 안 하고 게임에 몰두한다.
· 게임에 몰입하다 沉浸在游戏之中
게임에 몰입한 친구는 합리적으로 행동하지 않았다.
· 게임에 열중하다 热衷游戏
게임에 열중하는 아이들의 돈을 훔치는 일도 많았다.
· 게임에 참여하다 参与游戏
어린이들은 행사장에서 다양한 게임에 참여할 수 있다.
· 게임에 출전하다 参赛
그는 건강이 회복되어 아시안 게임에 출전한다.

게임에서 ~

· 게임에서 이기다 在较量中取胜
그는 우리에게 어떻게 게임에서 이길 수 있는지를 말해 주었다.
· 게임에서 지다 在较量中败北
이번 게임에서 지고 말았다.

Ⓐ + 게임

· 신나는 게임 令人兴奋的游戏
저녁 시간에 신나는 게임 프로그램이 있었다.
· 재미있는 게임 有趣的游戏
재미있는 게임을 좀 추천해 주세요.

0124 겨레
民族，同胞

Ⓐ + 겨레

· 온 겨레 全民族

그 노래는 온 겨레의 사랑을 받고 있다.

0125 겨울 冬天

겨울 – Ⓝ

· 겨울나무 冬天的树木
· 겨울바람 冬天的风
· 겨울밤 冬天的夜晚

겨울 + Ⓝ

· 겨울 날씨 冬天的天气
· 겨울 바다 冬天的大海
· 겨울 준비 冬寒准备
· 겨울 추위 冬天的冷空气
· 겨울 철새 冬天的候鸟
· 겨울 코트 冬天穿的大衣
· 겨울 햇살 冬天的阳光

겨울 + Ⓥ

겨울이 ~

· 겨울이 가다 冬天过去
이제 겨울이 다 갔으니 농사일을 시작해야 한다.
· 겨울이 깊다 已至深冬
겨울이 깊을수록 추운 겨울밤의 운치가 있다.
· 겨울이 깊어가다 冬意渐浓
겨울이 깊어가자 혹한이 몰아치기 시작했다.
· 겨울이 다가오다 冬天到
그렇게 혼자 고민하는 사이에 겨울이 다가왔다.
· 겨울이 닥치다 冬天到
벌써 겨울이 닥치는구나.
· 겨울이 들다 入冬
겨울이 들고부터 나는 봄이 그리웠다.
· 겨울이 오다 冬天到
선생님, 고향에는 눈이 내리고 겨울이 왔다고 합니다.
· 겨울이 지나다 冬天过去
겨울이 지나고 어느새 봄이 왔다.
· 겨울이 찾아오다 冬天到
단풍이 제대로 들 사이도 없이 겨울이 찾아왔다.
· 겨울이 춥다 冬天冷
온난화 현상으로 겨울이 별로 춥지 않다.

겨울을 ~

· 겨울을 겪다 经历冬天
추운 겨울을 겪으면서 살이 부쩍 빠졌다.

· 겨울을 견디다 熬过冬天
나무들은 봄을 기다리며 춥고 시린 겨울을 견디고 있다.
· 겨울을 나다 过冬
겨울을 나는 동안 수초가 다 죽었다.
· 겨울을 넘기다 过冬
올 겨울을 넘기기 쉽지 않다.
· 겨울을 맞다 迎接冬天
이곳에서 세 번째 겨울을 맞고 있다.
· 겨울을 보내다 过冬
최근 몇 년간 겨울다운 겨울을 보낸 기억이 떠오르지 않는다.
· 겨울을 지내다 过冬
할머니 집에서 겨울을 지냈다.

Ⓐ + 겨울

· 긴 겨울 漫长的冬天
낮에도 자고, 밤에도 자고, 긴 겨울을 지냈습니다.
· 깊은 겨울 数九寒冬
이제 깊은 겨울이 시작되려나 봅니다.
· 올 겨울 今年冬天
저는 올 겨울에 여행을 떠나려고 합니다.
· 추운 겨울 寒冷的冬天
정말 추운 겨울이었다.

0126 겨자

芥末

겨자 – Ⓝ

· 겨자색 芥末颜色
· 겨자씨 芥菜子

겨자 + Ⓝ

· 겨자 먹기 吃芥末
· 겨자 소스 芥末调料

惯

· 울며 겨자 먹기 哑巴吃黄莲, 硬着头皮
울며 겨자 먹기로 그 제안을 받아 들였다.

0127 견해 (見解)

见解

견해 + Ⓥ

견해가 ~

· **견해가 우세하다** 见解占上风
낙관적인 견해가 우세하다.

· **견해가 지배적이다** 见解占绝对优势
경기가 회복될 것이라는 견해가 지배적이다.

견해를 ~

· **견해를 가지다** 拥有见解
대부분의 사람들은 비슷한 견해를 가지고 있다.

· **견해를 발표하다** 发表见解
부정적인 견해를 발표하기란 쉽지 않다.

· **견해를 밝히다** 阐明见解
전문가들은 문제가 없다는 견해를 밝혔다.

· **견해를 제시하다** 提出见解
결과보다는 과정이 중요하다는 견해를 제시하였다.

· **견해를 피력하다** 披沥见解
참석자들은 서로 다른 견해를 피력하였다.

견해와 ~

· **견해와 다르다** 和……见解不同
일반적인 견해와 다른 결과가 도출되었다.

Ⓐ + 견해

· **개인적인 견해** 个人见解
이 자리는 개인적인 견해를 밝히는 자리가 아닙니다.

· **공식적인 견해** 正式的见解
정부는 공식적인 견해를 곧 밝힐 예정입니다.

· **공통적인 견해** 共同的见解
이 사건에 대한 공통적인 견해는 타살이라는 것이다.

· **다른 견해** 别的见解
두 나라는 서로 다른 견해를 가지고 만났다.

· **비판적인 견해** 批判性的见解
비판적인 견해를 표명한 관계자들을 탄압했다.

· **정치적 견해** 政治见解
다음 주에 이번 사건에 대한 정치적 견해를 밝힐 것이다.

0128 **결과** (結果)
结果，结局

결과 + Ⓝ

· **결과 보고서** 总结报告

결과 + Ⓥ

결과가 ~

· **결과가 나쁘다** 结果不好
노력을 하지 않았기 때문에 결과가 나쁠 수밖에 없다.

· **결과가 나오다** 出结果
기대했던 결과가 나오지 않아 모두들 실망이 컸다.

· **결과가 나타나다** 出现……的结果
두세 번 투표를 거치자 이상한 결과가 나타나기 시작
했다.

· **결과가 발표되다** 公布结果
역시 들으나마나 한 결과가 발표되었다.

· **결과가 뻔하다** 结果显而易见
결과가 뻔한 내용을 왜 자꾸 보게 되는가를 생각해 봅
시다.

· **결과가 좋다** 结果很好
이번 프로젝트의 결과가 좋았다.

· **결과가 주목되다** 结果被关注
이번 투표에 대한 결과가 주목된다.

결과를 ~

· **결과를 기다리다** 等待结果
우리도 최선을 다한 만큼 좋은 결과를 기다려 보자.

· **결과를 가져오다** 带来结果
과학의 거듭된 발달은 놀라운 결과를 가져왔다.

· **결과를 나타내다** 显现结果
여자의 경우는 그와 상반되는 결과를 나타낼 것이다.

· **결과를 낳다** 产生结果
능력이 부족한 사람이 중책을 맡게 되면 좋지 않은 결
과를 낳게 된다.

· **결과를 내다** 制造结果
열심히 해서 꼭 좋은 결과를 내도록 할게요.

· **결과를 놓다** 针对结果
그는 평가위원회에서 발표한 결과를 놓고 자세히 따져
보았다.

· **결과를 발표하다** 公布结果
최근에 그 교수는 재미있는 연구 결과를 발표했다.

· **결과를 보다** 看结果
우리는 이 결과를 보고 많이 놀랐다.

· **결과를 보이다** 显示结果
이 환자는 수술 후 좋은 결과를 보이고 있습니다.

· **결과를 빚다** 导致……的结果
음주 운전은 비참한 결과를 빚었다.

· **결과를 알리다** 告知结果
회의 결과를 알리기 위해 기자들을 불렀다.

· **결과를 알아보다** 打听结果
나와 같이 이사회에 가서 선거 결과를 알아보자.

· **결과를 얻다** 获得……的结果
연습에 몰두하면 좋은 결과를 얻을 수 있을 것이다.

· **결과를 초래하다** 导致……的结果
정부의 이런 임금 정책이 부정적인 결과를 초래할 것

이다.

결과에 ~

· **결과에 대하다** 对于结果
이로써 학생은 자신의 작업 결과에 대해 커다란 자부심을 갖게 된다.

· **결과에 따르다** 根据结果
조사한 결과에 따르면 한국인이 가장 좋아하는 시인은 윤동주이다.

· **결과에 의하다** 依据结果
분석 결과에 의하면 방사선 치료는 이 병을 치료하는 데에 효과가 좋다.

Ⓐ + 결과

· **부정적인 결과** 负面结果
매사를 부정적으로 보면 부정적인 결과를 얻을 수밖에 없지요.

· **나쁜 결과** 不好的结果
이런 상태가 계속되면 나쁜 결과를 초래한다.

· **놀라운 결과** 惊人的结果
과학의 발달은 놀라운 결과를 가져왔다.

· **당연한 결과** 理所当然的结果
이 현상은 교육의 당연한 결과이다.

· **만족스러운 결과** 令人满意的结果
최선을 다했으나 만족스러운 결과를 얻지 못했다.

· **바람직한 결과** 期待的效果
시민 단체의 역량 확산에도 바람직한 결과를 가져올 것이다.

· **좋은 결과** 好结果
열심히 하면 좋은 결과를 얻을 수 있다.

· **필연적인 결과** 必然的结果
이런 현상은 환경 오염에 따른 필연적 결과이다.

0129 **결국** (結局)
结局，最后

결국 + Ⓥ

결국에 ~

· **결국에 가다** 到最后
결국에 가서는 사망하였다.

0130 **결론** (結論)
结局，最后

결론 + Ⓥ

결론을 ~

· **결론을 내리다** 下结论
그렇게 간단하게 결론을 내릴 문제가 아니다.

· **결론을 도출하다** 得出结论
결론을 도출하기까지는 오랜 시간이 걸렸다.

· **결론을 짓다** 下结论
고민 끝에 대학에 진학하기로 결론을 지었다.

결론부터 ~

· **결론부터 말하다** 总而言之
결론부터 말하면 컴퓨터는 만능이 아니다.

· **결론부터 이야기하다** 总而言之
결론부터 이야기하면 결국 그는 죽고 말았다.

결론에 ~

· **결론에 도달하다** 得出结论
결론에 도달하기까지 많은 착오를 겪었다.

· **결론에 이르다** 得出结论
결론에 이르는 것은 쉽지 않았다.

0131 **결석** [결썩](缺席)
缺席

결석 + Ⓝ

· **결석 사유** 缺席原因

결석 + Ⓥ

결석을 ~

· **결석을 하다** 缺席
결석을 하려면 진단서를 제출해야 한다.

0132 **결심** [결씸](決心)
决心

결심 + Ⓥ

결심이 ~

· **결심이 굳어지다** 心意已决
열심히 공부해야겠다는 결심이 더욱 굳어졌다.

· **결심이 단단하다** 心意已决
엄마는 이미 결심이 단단해 보였습니다.

· 결심이 서다 下决心
정말 가야겠다는 결심이 선 것은 아니었지만 상관없었다.
· 결심이 앞서다 已下决心
나 혼자서라도 찾아가야 한다는 결심이 앞섰던 것이다.
· 결심이 흔들리다 决心动摇
그녀가 절대로 울지 않겠다고 다짐했던 결심이 흔들렸다.

결심을 ~

· 결심을 굳히다 下定决心
그는 작가의 길을 택해야겠다는 결심을 굳혔다.
· 결심을 하다 下决心
그런 결심을 하고 나서 그는 생활 태도부터 바꾸었다.

Ⓐ + 결심

· 굳은 결심 坚定的决心
그는 스스로 담배를 끊겠다는 굳은 결심을 했다.
· 큰 결심 很大的决心
어느 날 선생님께서는 큰 결심을 하신 듯 말씀하셨다.

0133 결정 [결쩡](決定)
决定

결정 + Ⓝ

· 결정 사항 决定事项

결정 + Ⓥ

결정이 ~

· 결정이 나다 做出决定
아직 최종 결정이 나지 않은 상태이다.
· 결정이 나오다 做出决定
결국 배상 결정이 나왔다.
· 결정이 내려지다 做决定
과태료 부과 결정이 내려졌다.
· 결정이 되다 决定
의견을 받아들이기로 결정이 되었다.

결정을 ~

· 결정을 내리다 决定
누나는 결정을 내리지 못했다.
· 결정을 짓다 做出决定
언제나 자기 멋대로 결정을 짓곤 한다.

결정에 ~

· 결정에 따르다 根据决定
결정에 따르기로 마음을 먹었다.

0134 결제 [결쩨](決濟)
结算，清算

결제 + Ⓝ

· 결제 기일 清算日期
· 결제 자금 清算金额
· 결제 조건 清算条件

결제 + Ⓥ

결제를 ~

· 결제를 하다 结算
신용카드로 결제를 하면 10개월 무이자라고 한다.

0135 결혼 (結婚)
结婚，婚姻

결혼 – Ⓝ

· 결혼기념일 结婚纪念日
· 결혼반지 结婚戒指
· 결혼사진 结婚照

결혼 + Ⓝ

· 결혼 계획 结婚计划
· 결혼 날짜 结婚日期
· 결혼 문제 结婚问题
· 결혼 발표 宣布结婚
· 결혼 비용 结婚费用
· 결혼 상담 婚姻咨询
· 결혼 상대 结婚对象
· 결혼 생활 婚姻生活
· 결혼 선물 结婚礼物
· 결혼 소식 结婚消息
· 결혼 수속 结婚手续
· 결혼 신청 结婚申请
· 결혼 예물 结婚聘礼
· 결혼 적령기 适婚年龄
· 결혼 제도 结婚制度
· 결혼 조건 结婚条件
· 결혼 주례 证婚人

결혼 + Ⓥ

결혼이 ~

· 결혼이 깨지다 悔婚
결혼 직전에 아버지의 일로 결혼이 깨지게 되었다.

· 결혼이 늦다 結婚晚
자신의 일에 빠져 사느라 결혼이 늦었다.

· 결혼이 늦어지다 推迟结婚时间
최근 한국에서는 젊은 사람의 결혼이 늦어지고 있다.

결혼을 ~

· 결혼을 결심하다 决定结婚
나는 그녀와 결혼을 결심했다.

· 결혼을 꿈꾸다 梦想结婚
그녀는 사랑하는 사람과 결혼을 꿈꾸었어요.

· 결혼을 미루다 推迟结婚
그동안 일하느라 결혼을 계속 미루게 되었다.

· 결혼을 반대하다 反对结婚
부모님은 그들의 결혼을 강력하게 반대했다.

· 결혼을 서두르다 急着操办婚事
그가 방송국에 입사하자 처가에서 더 결혼을 서둘렀다.

· 결혼을 승낙하다 同意结婚
그는 어쩔 수 없이 딸의 결혼을 승낙했다.

· 결혼을 시키다 让……结婚
막내딸을 모 재벌의 장남과 결혼을 시켰다.

· 결혼을 축복하다 祝福新婚
우리는 두 사람의 결혼을 축복하기 위해 예식장에 갔다.

· 결혼올 하다 結婚
나는 주변 친구들에 비해 결혼을 일찍 한 편이다.

결혼에 ~

· 결혼에 골인하다 走入婚姻殿堂
오랜 연애 끝에 그들은 결혼에 골인했다.

· 결혼에 실패하다 婚姻失败
큰누님은 결혼에 실패하고 혼자서 살고 있다.

· 결혼에 이르다 走到婚姻这一步
아내와 만나서 결혼에 이르기까지의 일들을 영원히 잊을 수가 없다.

0136 결혼식 (結婚式)
婚礼

결혼식 + Ⓝ

· 결혼식 날 婚礼当天
· 결혼식 날짜 婚礼日期
· 결혼식 손님 婚礼上的来宾
· 결혼식 주례 婚礼上的证婚人
· 결혼식 초대장 婚礼请柬

결혼식 + Ⓥ

결혼식이 ~

· 결혼식이 열리다 举行婚礼
야외에서 결혼식이 열렸다.

· 결혼식이 있다 举行婚礼
오늘은 후배의 결혼식이 있는 날이다.

결혼식을 ~

· 결혼식을 올리다 举行婚礼
30년 전에 언니는 형부와 뉴욕에서 결혼식을 올렸다.

· 결혼식을 치르다 操办婚礼
두 사람은 오는 12월 30일에 결혼식을 치르기로 결정했다.

· 결혼식을 하다 举行婚礼
결혼식을 하기는 할 모양이었다.

결혼식에 ~

· 결혼식에 가다 参加婚礼
그가 직장 동료의 결혼식에 간다는 얘기를 들었다.

· 결혼식에 참석하다 参加婚礼
초등학교 동창들도 우리 결혼식에 참석했다.

0137 경계 [경계/경게](境界)
境界，界限

경계 + Ⓥ

경계를 ~

· 경계를 이루다 形成界限
이 산은 전라도와 경상도의 경계를 이룬다.

경계로 ~

· 경계로 하다 以……为界，以……为界限
이 곳을 경계로 남과 북이 갈라졌다.

0138 경고 (警告)
警告

경고 + Ⓝ

· 경고 누적 屡次警告
· 경고 방송 广播警告

경고 + Ⓥ

경고를 ~

· 경고를 무시하다 不顾警告
경고를 무시하고 운전을 계속했다.

· 경고를 받다 接受警告
더 이상 담배를 피우지 말라는 경고를 받았다.

· 경고를 보내다 做出警告
더 많은 비판과 경고를 보냈다.

· 경고를 주다 给予警告
선생님은 떠드는 학생에게 다시 한 번 경고를 주었다.

· 경고를 하다 警告
경찰은 집으로 찾아 와 경고를 했다.

경고에도 ~

· 경고에도 불구하다 不顾警告
교사의 경고에도 불구하고 학생들은 몰래 술을 마셨다.

0139 경기¹ (景氣)
景气，景况

경기 + Ⓝ

· 경기 과열 景气过热，经济过热
· 경기 변동 景气变动，经济波动
· 경기 부양 刺激景气
· 경기 부양책 景气刺激政策
· 경기 부진 景气萧条
· 경기 상황 景气情况
· 경기 전망 景气展望
· 경기 침체 景气萧条
· 경기 하락 景气不好
· 경기 호황 景气好
· 경기 활성화 搞活景气
· 경기 회복 恢复景气

경기 + Ⓥ

경기가 ~

· 경기가 나빠지다 景气越来越坏
경기가 나빠질 때는 소득 수준과 소비 수준도 낮아지는 편이다.

· 경기가 나쁘다 景气不好
요즘처럼 경기가 나쁠 때면 서로의 도움이 더 필요하다.

· 경기가 살아나다 景气好转
금년 들어 침체됐던 지역 경기가 살아나고 있습니다.

· 경기가 안정되다 景气稳定
정부의 노력으로 서서히 경기가 안정되고 있다.

· 경기가 어려워지다 景气变坏
최근 경기가 어려워지면서 도난 사례가 빈번해졌다.

· 경기가 어렵다 景气不好
요새 경기가 어렵긴 어렵나 봅니다.

· 경기가 위축되다 景气萧条
요즘 경기가 위축되어 있다는 말을 점점 체감하고 있네요.

· 경기가 좋다 景气好
정말 경기가 좋지 않다는 걸 다시 한 번 느꼈다.

· 경기가 좋아지다 景气变好
봄이 되어 만물이 살아나는데 경기가 좋아지겠지?

· 경기가 침체되다 景气萧条
요즘은 경기가 침체되어 손님들이 부쩍 줄었다.

· 경기가 풀리다 景气好转
올해부터 경기가 풀릴 것으로 예상된다.

· 경기가 회복되다 景气恢复
소비자들은 국내 경기가 회복될 것으로 기대하고 있다.

0140 경기² (競技)
比赛，竞赛

경기 + Ⓝ

· 경기 개최 举行比赛
· 경기 결과 比赛结果
· 경기 규칙 比赛规则
· 경기 대회 竞技大会
· 경기 도중 比赛过程中
· 경기 방법 比赛方法
· 경기 입장권 比赛入场券
· 경기 장면 比赛场面
· 경기 종료 比赛结束
· 경기 종목 比赛项目
· 경기 중계 转播比赛
· 경기 중반 比赛中场
· 경기 진행 比赛进行
· 경기 초반 比赛开始阶段
· 경기 후반 比赛后半场

경기 + Ⓥ

경기가 ~

· **경기가 끝나다** 比赛结束
경기가 끝난 뒤 아버지는 환하게 웃으셨다.

· **경기가 벌어지다** 举行比赛
경찰은 경기가 벌어질 경기장 주변을 순찰했다.

· **경기가 시작되다** 比赛开始
경기가 시작되자 대부분의 가게가 문을 닫았다.

· **경기가 열리다** 举行比赛
투우 경기가 열리는 원형 경기장에 사람들이 밀려왔다.

· **경기가 진행되다** 举行比赛
농구, 수영 등 모두 16개 종목에 걸쳐 경기가 진행된다.

· **경기가 취소되다** 取消比赛
경기가 취소되자 선수들이 짐을 싸 락커룸으로 향하고 있다.

· **경기가 펼쳐지다** 开始比赛
오후 5시에는 K대 팀과 Y대 팀의 경기가 펼쳐졌다.

· **경기가 흥미롭다** 比赛精彩
한국과 일본의 경기가 가장 흥미롭다.

경기를 ~

· **경기를 끝내다** 结束比赛
그는 최대한 빨리 경기를 끝냈으면 하는 생각뿐이었다.

· **경기를 마치다** 结束比赛
캐나다에서 주목받는 그는 3위로 경기를 마쳤다.

· **경기를 벌이다** 举行比赛
운동장에서 경기를 벌이는 선수들은 프로선수들인가요?

· **경기를 시작하다** 开始比赛
드디어 프로선수로서의 첫 경기를 시작하네요.

· **경기를 이기다** 在比赛中取胜
큰 점수 차로 경기를 이겨서 기분이 좋다.

· **경기를 지켜보다** 观看比赛
그 선수의 가족과 이웃 주민들이 경기를 지켜보았다.

· **경기를 치르다** 举行比赛
격렬한 경기를 치렀다.

· **경기를 펼치다** 展开比赛
개최국인 한국은 좋은 경기를 펼쳤다.

· **경기를 하다** 进行比赛
편을 나누어서 경기를 하였다.

경기에 ~

· **경기에 나가다** 参加比赛
이번 대회에서 나는 철인 3종 경기에 나가게 되었다.

· **경기에 나서다** 参与比赛
이런 현상은 경기에 나선 팀들이 심판 지시를 따르지 않는 것과 같다.

· **경기에 열광하다** 热衷比赛
사람들이 프로 야구팀의 경기에 열광하고 있다.

· **경기에 열중하다** 热衷比赛
경기에 열중했기 때문인지 관중은 전혀 그 사실을 모르고 있었다.

· **경기에 이기다** 赢得比赛
그 경기에 이기기 위해 많은 노력을 했다.

· **경기에 임하다** 参加比赛
경기에 임하는 누구도 자기 최고의 기록을 유지하기는 어렵다.

· **경기에 지다** 输掉比赛
우리가 다음 경기에 진다면 오늘의 승리는 의미가 없다.

· **경기에 참가하다** 参加比赛
이번에는 나도 경기에 참가할 계획이다.

· **경기에 출전하다** 出战
우리 형은 다쳐서 경기에 출전하지 못했다.

경기에서 ~

· **경기에서 지다** 在比赛中败北
마지막 경기에서 졌다.

· **경기에서 이기다** 在比赛中获胜
한국은 이날 경기에서 이겨야 16강에 진출 할 수 있다.

Ⓐ + 경기

· **대등한 경기** 实力相当的比赛
우리나라는 어떤 팀과 만나도 대등한 경기를 할 수 있다.

· **멋진 경기** 精彩的比赛
팬들에게 멋진 경기를 보여 주지 못해 죄송합니다.

· **첫 경기** 首场比赛
우리 팀은 22일 브라질과 첫 경기를 치른다.

· **힘든 경기** 艰难的比赛
이탈리아전은 매우 힘든 경기였다.

0141 경기장 (競技場)
赛场

경기장 + Ⓥ

경기장을 ~

· **경기장을 메우다** 坐满赛场
경기장을 가득 메운 관중의 함성 소리가 인상적이다.

· **경기장을 찾다** 到赛场观赛
경기장을 찾은 수많은 팬들을 실망시키지 않았다.

경기장에 ~

· **경기장에 가다** 去赛场
직접 권투 경기장에 가서 보는 것을 좋아한다.

경기장에서 ~

· **경기장에서 열리다** 在赛场举行
월드컵 경기장에서 열린 경기는 무척 재미있었다.

0142 **경력** [경녁](經歷)
经历，阅历

경력 + Ⓥ

경력이 ~
· **경력이 없다** 没有做过……
그는 아르바이트 경력이 없었다.
· **경력이 있다** 有做……的经历
풍부한 경력이 있는 그는 이 분야의 전문가이다.
· **경력이 화려하다** 阅历丰富
그 변호사는 이 분야의 경력이 화려하다.

경력을 ~
· **경력을 가지다** 拥有……的经历
오랜 경력을 가진 사람들이 대부분이다.
· **경력을 쌓다** 积累阅历
경력을 쌓기 위해 여기서 일하는 중이다.
· **경력을 인정받다** 经历得到认可
경력을 인정받아 바로 부장으로 진급했다.

경력에 ~
· **경력에 따르다** 根据阅历
경력에 따라 월급이 결정된다.

Ⓐ + 경력

· **풍부한 경력** 丰富的阅历
그는 풍부한 경력을 바탕으로 취업에 쉽게 성공했다.

0143 **경보** (警報)
路灯

경보 + Ⓝ

· **경보 장치** 报警装置

경보 + Ⓥ

경보가 ~
· **경보가 발령되다** 发放警报
오존 경보가 발령됐다.
· **경보가 울리다** 发出警报声
드디어 출항 경보가 울렸다.

경보를 ~
· **경보를 내리다** 发出警报

기상청은 폭풍 경보를 내렸다.

0144 **경비**[1] (經費)
经费

경비 + Ⓥ

경비가 ~
· **경비가 들다** 耗费经费
엄청난 경비가 드는 프로젝트를 시행하기가 어렵다.

경비를 ~
· **경비를 내다** 支付经费
아버지께서 경비를 내 주셨다.
· **경비를 절감하다** 削减经费
경비를 절감하기 위해 모두가 노력 중이다.

0145 **경비**[2] (警備)
警备

경비 + Ⓝ

· **경비 구역** 警备区域
· **경비 대원** 警备队员
· **경비 시스템** 警备系统
· **경비 아저씨** 保安大叔
· **경비 업체** 警备公司
· **경비 초소** 警备哨所

경비 + Ⓥ

경비가 ~
· **경비가 삼엄하다** 警备森严
경비가 삼엄해서 내부로 들어갈 수가 없다.

경비를 ~
· **경비를 맡다** 担任警备
인근 파출소에서 경비를 맡고 있다.
· **경비를 서다** 站岗
아파트는 교대로 경비를 선다.

0146 경연 (競演)

竞赛

경연 + ⓝ

· 경연 대회 竞赛大会

경연 + ⓥ

경연을 ~

· 경연을 벌이다 展开竞赛
이번 본선에는 신인들이 출연하여 열띤 경연을 벌입니다.

0147 경영 (經營)

经营

경영 + ⓝ

· 경영 개선 经营改善
· 경영 관리 经营管理
· 경영 기법 经营技巧
· 경영 능력 经营能力
· 경영 방식 经营方式
· 경영 성과 经营成果
· 경영 수업 经营课
· 경영 실적 经营业绩
· 경영 전략 经营战略
· 경영 혁신 经营改革

경영 + ⓥ

경영을 ~

· 경영을 맡다 负责经营
현재까지 회사 경영을 맡아 오고 있다.
· 경영을 하다 经营
이익을 극대화하는 경영을 해야 한다.

경영에 ~

· 경영에 나서다 经营起来
본격적으로 경영에 나서고 있다.
· 경영에 참여하다 参与经营
기업 경영에 참여하는 것을 제한하기로 했다.

0148 경우 (境遇)

情况，景况

경우 + ⓥ

경우가 ~

· 경우가 같다 情况相同
올해 피해는 작년과 경우가 같다.
· 경우가 다르다 情况不同
하지만 농산물은 경우가 다르다.
· 경우가 드물다 情况罕见
남녀 간의 사랑이 30개월 이상 지속되는 경우가 드물다.
· 경우가 많다 情况颇多
소심한 성격 탓에 좋은 기회를 놓치는 경우가 많다.
· 경우가 없다 没有……的情况
이전에는 이런 식으로 문제를 제기한 경우가 없었다.
· 경우가 있다 有……的情况
통증이 심해져 병원을 찾아오는 경우가 있다.
· 경우가 허다하다 ……的情况很多
요즘은 어렸을 때 과잉보호를 받고 자란 경우가 허다하다.
· 경우가 흔하다 ……的情况普遍
TV 드라마의 성공이 영화로 이어지는 경우가 흔한 건 아니다.

경우를 ~

· 경우를 가리키다 泛指……的情况
'인생만사 새옹지마'라는 말이 바로 이 경우를 가리키는 것이다.
· 경우를 들다 指……的情况
소극적 공격은 불평을 터뜨리거나 욕설을 하는 경우를 들 수 있다.
· 경우를 말하다 说的是……的情况
음주 운전은 술을 마시고 운전하는 경우를 말한다.
· 경우를 보다 看到……的情况
그녀처럼 빚보증을 섰다가 피해를 본 경우를 흔히 볼 수 있다.
· 경우를 살펴보다 观察……的情况
발생할 수 있는 모든 경우를 살펴보아야 한다.
· 경우를 생각하다 思考……的情况
그럼 싱가포르의 경우를 생각해 보자.
· 경우를 예로 들어보다 拿……的情况举例
경제학의 경우를 예로 들어보자.
· 경우를 제외하다 除了……的情况
전문용어의 경우를 제외하고 영어 사용을 피하고 있다.

경우에 ~

· 경우에 대하다 针对……的情况

우리 법은 이들 세 경우에 대해 모두 규정하고 있다.

· **경우에 따르다** 根据情况
경우에 따라서는 A회사의 경영권을 B회사가 행사할 수도 있다.

· **경우에 맞다** 说得过去
그래 물어봐라, 누구 얘기가 경우에 맞는지.

· **경우에 어긋나다** 说不通, 有违道理
아버지의 유언을 무시하는 것은 경우에 어긋납니다.

· **경우에 한하다** 只限于……的情况
이런 경우에 한해서 보증인 없이 대출을 받을 수 있다.

경우와 ~

· **경우와 같다** 和……的情况相同
인용 페이지의 명시는 단행본의 경우와 같다.

· **경우와 다르다** 和……的情况不同
사학의 상황은 철학의 경우와 달랐다.

· **경우와 마찬가지이다** 和……的情况一样
이러한 상태는 치매의 경우와 마찬가지로 인지 기능의 상실을 나타낸다.

· **경우와 비슷하다** 和……的情况相似
그 밖의 관리는 오이의 경우와 비슷하다.

· **경우와 유사하다** 和……的情况类似
복제 방법은 돌리의 경우와 유사하다.

Ⓐ + 경우

· **그러한 경우** 那样的情况
그러한 경우가 있는지도 궁금합니다.

· **그런 경우** 那种情况
그런 경우는 지각적 오류가 발생하는 것이다.

· **심한 경우** 严重的情况
심한 경우 단어 한 개를 반복하는 것도 어렵다.

· **어떤 경우** 有的情况下
어떤 경우는 방청석에서도 소리가 일어나곤 한다.

· **이 경우** 这种情况
하지만 이 경우는 큰 문제가 안 된다.

· **이러한 경우** 这样的情况
이러한 경우는 정밀 검사를 다시 시행하는 것이 좋습니다.

· **이런 경우** 这种情况
이런 경우는 매우 드물었다.

· **일반적인 경우** 一般情况下
그러나 이것은 일반적인 경우로 볼 수 있다.

· **특수한 경우** 特殊情况
한국어와 외국어와의 관계에 있어 한 가지 특수한 경우가 있다.

· **필요한 경우** 必要的情况
술이 우리의 일상생활에서 필요한 경우도 있다.

0149 경쟁 (競爭)
竞争

ㄱ

경쟁 + Ⓝ

· **경쟁 관계** 竞争关系
· **경쟁 상대** 竞争对象

경쟁 + Ⓥ

경쟁이 ~

· **경쟁이 되다** 成为竞争
너는 나에게 경쟁이 되지 않는다.

· **경쟁이 붙다** 开始竞争
두 제품이 경쟁이 붙자 값이 내려갔다.

· **경쟁이 심화되다** 竞争深化
갈수록 취업 경쟁이 심화되고 있다.

· **경쟁이 치열하다** 竞争激烈
경쟁이 점점 더 치열해 지고 있다.

경쟁을 ~

· **경쟁을 뚫다** 在竞争中脱颖而出
수백 대 일의 경쟁을 뚫어야 합격할 수 있다.

· **경쟁을 벌이다** 展开竞争
치열한 경쟁을 벌이고 있다.

· **경쟁을 촉진하다** 促进竞争
기업 간 경쟁을 촉진하는 효과를 가져왔다.

· **경쟁을 하다** 竞争
두 후보가 막판까지 치열하게 경쟁을 하고 있다.

경쟁에 ~

· **경쟁에 의하다** 凭借竞争
효율성은 경쟁에 의해 촉진된다.

경쟁에서 ~

· **경쟁에서 밀리다** 在竞争中被淘汰
경쟁에서 한 번 밀려나면 돌이킬 수 없다.

· **경쟁에서 살아남다** 在竞争中生存下来
경쟁에서 살아남기 위해서 열심히 공부했다.

· **경쟁에서 승리하다** 在竞争中取胜
경쟁에서 승리하도록 최선을 다해라.

· **경쟁에서 이기다** 在竞争中取胜
경쟁에서 이기기 위해 모든 방법을 총동원하였다.

· **경쟁에서 패하다** 在竞争中失败
경쟁에서 패하고 불리한 위치가 되었다.

Ⓐ + 경쟁

· **치열한 경쟁** 激烈竞争

치열한 경쟁 끝에 결국 그가 우승컵을 들었다.

0150 경제 (經濟)

经济

경제 - Ⓝ

· 경제개발 经济开发
· 경제개혁 经济改革
· 경제발전 经济发展
· 경제성장률 经济增长率
· 경제연구소 经济研究所
· 경제특구 经济特区

경제 + Ⓝ

· 경제 교류 经济交流
· 경제 구조 经济结构
· 경제 규모 经济规模
· 경제 논리 经济法则
· 경제 단체 经济团体
· 경제 대국 经济大国
· 경제 부처 经济部门
· 경제 분야 经济领域
· 경제 불안 经济不稳定
· 경제 불황 经济萧条
· 경제 사정 经济情况
· 경제 상황 经济状况
· 경제 위기 经济危机
· 경제 전쟁 经济战争
· 경제 정의 经济定义
· 경제 정책 经济政策
· 경제 제도 经济制度
· 경제 주체 经济主体
· 경제 협력 经济合作
· 경제 활동 经济活动
· 경제 회복 经济恢复

경제 + Ⓥ

경제가 ~
· 경제가 어렵다 经济困难
경제가 어려워지면서 실업자 수가 증가하고 있다.
· 경제가 흔들리다 经济波动

이 정도 위기에 경제가 흔들려서는 안 된다.

경제를 ~
· 경제를 살리다 振兴经济
경제를 살리기 위해 모든 노력을 기울여야 한다.

경제에 ~
· 경제에 의존하다 依赖经济
정치는 경제에 의존하기 마련이다.

경제와 ~
· 경제와 관련하다 与经济相关
경제와 관련한 신문기사를 항상 읽는다.

0151 경제학 (經濟學)

经济学

경제학 + Ⓥ

경제학을 ~
· 경제학을 전공하다 专攻经济学
저는 대학에서 경제학을 전공하고 있습니다.

0152 경찰 (警察)

警察

경찰 + Ⓝ

· 경찰 간부 警察干部
· 경찰 내부 警察内部
· 경찰 발표 警方公布
· 경찰 병력 警察兵力
· 경찰 조사 警察调查

경찰 + Ⓥ

경찰이 ~
· 경찰이 출동하다 警察出动
범죄 현장에 즉시 경찰이 출동했다.
· 경찰이 투입되다 派遣警察
즉각적으로 군사대나 경찰이 투입될 확률이 높았다.

경찰을 ~
· 경찰을 부르다 叫警察
경찰을 불러 도둑을 잡아가도록 해야 한다.

경찰에 ~

· 경찰에 고발하다 向警察检举
내일 회사에 나타나지 않으면 경찰에 고발할 거야.

· 경찰에 신고하다 向警察举报
피해자가 경찰에 신고해서 소년들은 현장에서 체포되었다.

· 경찰에 쫓기다 被警察追捕
그는 지금 경찰에 쫓기는 신세이다.

· 경찰에 체포되다 被警察逮捕
그는 두 사람이 만난 그 자리에서 경찰에 체포되었다.

경찰에게 ~

· 경찰에게 걸리다 让警察逮捕
무단횡단을 하다가 경찰에게 걸렸다.

· 경찰에게 잡히다 让警察抓住
경찰에게 잡히면 감옥에 가게 될 것이다.

경찰에서 ~

· 경찰에서 밝히다 警方宣布
자기 집에서 혼자 술을 마시다 범행을 결심했다고 경찰에서 밝혔다.

· 경찰에서 확인하다 在警方得到证实
그 증거는 경찰에서 이미 확인했다.

0153 경치 (景致)

景致，风景，景色

경치 + Ⓥ

경치가 ~

· 경치가 뛰어나다 景色优美
그는 경치가 뛰어난 시골에 살고 싶어 한다.

· 경치가 아름답다 景色秀丽
창밖의 경치가 그림같이 아름답다.

· 경치가 좋다 景色好
주변이 조용하고 경치가 좋아야 한다.

경치를 ~

· 경치를 감상하다 观赏风景
그녀는 경치를 감상하는 척 주위를 살폈다.

· 경치를 보다 观赏风景
카페에서 남산의 경치를 보며 차를 마셨다.

· 경치를 음미하다 领略风景
창 밖 경치를 음미하였다.

· 경치를 즐기다 欣赏风景
정신없이 바쁜 우리는 경치를 즐길 여유도 없었다.

경치에 ~

· 경치에 도취되다 被景色陶醉
그는 눈 아래 펼쳐진 장엄한 경치에 도취되었다.

· 경치에 놀라다 因景色而惊叹不已
너무도 아름다운 경치에 놀라지 않을 수 없을 것이다.

Ⓐ + 경치

· 뛰어난 경치 秀丽的风景
설악산은 계절마다 뛰어난 경치를 뽐낸다.

· 아름다운 경치 美丽的景色
스위스의 아름다운 경치를 감상했다.

· 좋은 경치 好风光
사방의 좋은 경치가 한눈에 들어온다.

0154 경향 (傾向)

倾向，趋势

경향 + Ⓥ

경향이 ~

· 경향이 강하다 倾向明显
여성들은 일반적으로 매너가 좋은 남성에게 끌리는 경향이 강하다.

· 경향이 나타나다 显示出……的倾向
소비자들은 이미지가 좋은 상품을 구매하는 경향이 나타났다.

· 경향이 높다 倾向性很高
노인들은 드라마와 현실을 동일시하는 경향이 높다.

· 경향이 두드러지다 倾向突显
최근 들어 시의 산문화 경향이 두드러지고 있다.

· 경향이 뚜렷하다 ……的倾向较明显
일본은 외국 문화를 수입하여 일본화 시키는 경향이 뚜렷하다.

· 경향이 많다 ……的倾向较明显
의료진은 대부분 환자에게 병명을 숨기는 경향이 많다.

· 경향이 보이다 显现出……的倾向
오늘날에는 언론조차 믿지 않는 경향이 보인다.

· 경향이 생기다 产生……的倾向
사람들이 서로의 단점에만 주목하는 경향이 생겼다.

· 경향이 있다 有……的倾向
우리는 이상하게도 '변화'를 곧 '변절'로 보는 경향이 있다.

· 경향이 짙다 ……的倾向很明显
우리는 정보화 사회를 너무 테크놀로지 중심으로 생각하는 경향이 짙다.

· 경향이 짙어지다 ……的倾向逐渐明显
최근에는 현관 인테리어를 중시하는 경향이 짙어진다.

경향을 ~

· 경향을 가지다 具有……的倾向

결과만 중시하는 경향을 가지는 것은 문제이다.

· **경향을 나타내다** 显示……的倾向
지방이 많은 음식을 먹은 사람들은 살이 쉽게 찌는 경향을 나타낸다.

· **경향을 띠다** 具有……的倾向
현대 건축물은 자연 친화적인 경향을 띠기 시작한다.

· **경향을 보이다** 显示出……的倾向
그의 소설들은 인간의 심리 상태를 중요시하는 경향을 보인다.

· **경향을 지니다** 具有……的倾向
현대인은 미래에 닥칠 문제를 비관하는 경향을 지닌다.

Ⓐ + 경향

· **그러한 경향** 那种倾向
그러한 경향은 물론 지금도 여전하다.

· **이러한 경향** 这种倾向
이러한 경향은 3·4분기 들어 다소 완화되었다.

· **이런 경향** 这种倾向
이런 경향은 주로 악역 연기자들 사이에 많다.

0155 **경험** (經驗)
经验，教训

경험 – Ⓝ

· **경험주의** 经验主义

경험 + Ⓥ

경험이 ~

· **경험이 되다** 成为经验
홈스테이는 한국어를 공부하는 데 귀중한 경험이 되었다.

· **경험이 많다** 经验丰富
그녀는 경험이 많은 여행 가이드처럼 보였다.

· **경험이 부족하다** 经验不足
그는 경험이 부족하여 첫 시험에서 실패하였다.

· **경험이 없다** 没有经验
아시겠지만 저는 아직 회사를 운영해본 경험이 없습니다.

· **경험이 있다** 有经验
이 선수는 지난 월드컵에도 출전한 경험이 있다.

· **경험이 적다** 经验少
이러한 실수는 대중 앞에서 연설한 경험이 적기 때문이다.

· **경험이 풍부하다** 经验丰富
그 사람은 영어에 능통하고 여행과 탐험 경험이 풍부한 사람이다.

경험을 ~

· **경험을 가지다** 有经验
그는 출판사에서 일한 경험을 가지고 저술 활동을 시작했다.

· **경험을 갖다** 有经验
그는 개인적으로 쓰라리게 아팠던 경험을 갖고 있다.

· **경험을 공유하다** 共享经验
그는 자기 학습 체험을 중심으로 우리와 경험을 공유했다.

· **경험을 나누다** 分享经验
한 편의 시를 통하여 모든 사람들과 경험을 나누었다.

· **경험을 쌓다** 积累经验
이 전문의는 풍부한 진료 경험을 쌓은 의사들이다.

· **경험을 살리다** 发挥经验
그는 그 동안의 건설 경험을 살려 새로운 업종에 본격 참여한다.

경험에 ~

· **경험에 근거하다** 根据……的经验
이 책은 그의 유학 경험에 근거하여 쓴 것이다.

· **경험에 기초하다** 在……经验的基础上
그는 자신의 경험에 기초하여 이 책을 썼다.

· **경험에 대하다** 对于……的经验
우리의 경험에 대한 주관적 느낌을 반영하는 것이 정서이다.

· **경험에 따르다** 根据经验
내 경험에 따르면 여행은 스스로 성장할 수 있는 기회였다.

· **경험에 비추다** 凭经验
내 경험에 비추어 보더라도 자세 교정은 어렸을 때부터 해야 한다.

경험에서 ~

· **경험에서 나오다** 来源于经验
그건 다 내 경험에서 나온 것이다.

· **경험에서 배우다** 从经验中学到
경험에서 배운 것을 잊지 말아야 한다.

· **경험에서 알다** 从经验中得知
이것은 우리의 쓰라린 경험에서 알게 된 것이다.

· **경험에서 얻다** 从经验中获得
경험에서 얻은 지식이 이론적인 지식보다 더 설득력 있는 것이었다.

경험으로 ~

· **경험으로 말하자면** 拿经验来说
내 경험으로 말하자면 그 회사에 안 가는 게 좋겠어.

· **경험으로 미루어** 从经验来推断
과거 경험으로 미루어 얘기해봐야 소귀에 경 읽기에 불과했다.

· **경험으로 보면** 从经验来看
선진국의 경험으로 보면 의사 수가 많을수록 의료의

질이 향상된다.

· **경험으로 볼 때** 从经验的角度来看
제 경험으로 볼 때, 20~30명 정도가 가장 적절한 것
같습니다.

Ⓐ + 경험

· **귀중한 경험** 宝贵的经验
학생들은 이러한 활동을 통해서 귀중한 경험을 할 수
있다.

· **다양한 경험** 丰富的经验
그러한 능력은 다양한 경험을 통해서 배양된다.

· **다른 경험** 不同的经验
한 친구는 다른 경험을 얘기해 주었다.

· **많은 경험** 丰富的经验
그는 많은 경험을 가지고 있었고 세상일에 대해서도
많이 알고 있었다.

· **비슷한 경험** 相似的经验
이 이야기의 내용과 비슷한 경험을 해본 일이 있는가?

· **새로운 경험** 新经验
난 새로운 경험을 하고 싶어.

· **소중한 경험** 宝贵的经验
환경 활동은 여성들에게 소중한 경험을 제공한다.

· **쓰라린 경험** 惨痛的经历
지난 이별의 쓰라린 경험을 떨쳐버릴 수가 없었다.

· **아픈 경험** 痛苦的经历
대부분의 사람은 누구나 한번은 머리가 아픈 경험이
있다.

· **좋은 경험** 好的经验
우리는 이와 같은 과정을 통해 좋은 경험을 쌓게 되었
다.

· **풍부한 경험** 丰富的经验
직원 대부분이 기업 지도 등에 대한 풍부한 경험을 갖
고 있다.

0156 곁 [견]
身边，侧面

곁 – Ⓝ

· **곁가지** 侧枝
· **곁눈** 侧目
· **곁다리** 枝节

곁 + Ⓥ

곁을 ~

· **곁을 지나가다** 从身边经过
자동차가 큰 소리를 내며 내 곁을 지나갔다.

· **곁을 지키다** 守护在身边
경호원이 언제나 대통령의 곁을 지키고 있었다.

· **곁을 떠나다** 离开身边
결국 그녀는 결혼을 하면서 가족 곁을 떠났습니다.

곁에 ~

· **곁에 눕다** 躺在身边
나는 어머니 곁에 누웠다.

· **곁에 두다** 放在身边
항상 카메라를 곁에 두고 사진을 찍었다.

· **곁에 머무르다** 停留在身边
어머니는 언제나 몸이 아픈 내 곁에 머물 수밖에 없었
다.

· **곁에 서다** 站在身边
동생은 형 곁에 서서 형이 하는 그대로 따라했다.

· **곁에 앉다** 坐在身边
책을 읽는 그녀 곁에 앉았다.

· **곁에 있다** 在身边
아버지는 언제나 어머니 곁에 있었다.

곁에서 ~

· **곁에서 돕다** 在身边帮助
언제나 말없이 곁에서 나를 도와주었다.

· **곁에서 지켜보다** 在身边关注
곁에서 나를 지켜보는 선생님의 눈길이 두려웠다.

곁으로 ~

· **곁으로 가다** 往身边去
책을 놓고 그녀 곁으로 갔다.

· **곁으로 다가가다** 走到身边
학생들이 선생님 곁으로 다가갔습니다.

· **곁으로 다가오다** 来到身边
누군가 살며시 내 곁으로 다가오고 있었다.

· **곁으로 돌아가다** 回到身边去
한 달 뒤면 사랑하는 부모님 곁으로 돌아갈 수 있다.

· **곁으로 돌아오다** 回到身边来
가족 곁으로 돌아온 그는 결국 울음을 터트렸다.

· **곁으로 오다** 来到身边
내 곁으로 와서 조용히 기대었다.

0157 계곡 [계곡/게곡](溪谷)
溪谷，山谷

계곡 – Ⓝ

· **계곡물** 溪谷水

계곡 + Ⓥ

계곡을 ~

· 계곡을 따르다 沿着溪谷
계곡을 따라 수많은 행락객이 몰렸다.

· 계곡을 흐르다 在溪谷中流淌
계곡을 흐르는 물소리가 시원하게 들렸다.

계곡으로 ~

· 계곡으로 내려가다 顺着溪谷下来
군인들은 계곡으로 내려가기 시작했다.

Ⓐ + 계곡

· 깊은 계곡 深谷
지리산에는 깊은 계곡이 많다.

· 맑은 계곡 清澈的溪水
맑은 계곡물에 발을 담가 보았다.

0158 계급 [계급/계급](階級)
阶级

계급 - Ⓝ

· 계급의식 阶级意识
· 계급투쟁 阶级斗争

0159 계기 [계기/계기](契機)
契机

계기 + Ⓥ

계기가 ~

· 계기가 되다 成为契机
사건 해결의 직접적인 계기가 되었다.

계기를 ~

· 계기를 마련하다 准备契机
정상 회담 성사를 위한 계기를 마련하였다.

· 계기를 만들다 制造契机
그분을 만날 수 있는 계기를 만들어 주셔서 감사합니다.

계기로 ~

· 계기로 삼다 当做契机
실패를 성공을 위한 계기로 삼아야 한다.

· 계기로 하다 作为契机

지난해 만남을 계기로 하여 협상이 마무리되었다.

0160 계단 [계단/게단](階段)
阶段，阶梯

계단 + Ⓥ

계단을 ~

· 계단을 내려가다 下楼梯
계단을 내려가는 그녀에게 소리쳤다.

· 계단을 밟다 踩楼梯
계단을 천천히 밟고 위로 올라갔다.

· 계단을 올라가다 上楼梯
계단을 빠르게 올라갔다.

계단에 ~

· 계단에 서다 站在楼梯上
계단에 서서 나를 기다리는 그녀를 보았다.

· 계단에 앉다 坐在楼梯上
계단에 앉아 커피를 마시곤 했다.

계단에서 ~

· 계단에서 구르다 从楼梯上滚下来
계단에서 굴러 떨어져 여러 곳을 다쳤다.

계단으로 ~

· 계단으로 올라가다 上楼梯
엘리베이터가 고장 나서 사람들은 계단으로 올라가다.

0161 계란 [계란/게란](鷄卵)
鸡蛋

계란 + Ⓝ

· 계란 프라이 煎鸡蛋

계란 + Ⓥ

계란을 ~

· 계란을 던지다 扔鸡蛋
그가 나타나자 사람들은 계란을 던지기 시작했다 .

Ⓐ + 계란

· 삶은 계란 煮鸡蛋
기차를 탈 때면 항상 삶은 계란을 먹었다.

0162 **계산** [계산/게산](計算)
计算

계산 + Ⓥ

계산이 ~

· **계산이 느리다** 算得慢
저는 계산이 느려서 항상 손해를 봐요.

· **계산이 나오다** 計算得出
일주일에 1번 이상 사건이 발생했다는 계산이 나옵니다.

· **계산이 틀리다** 計算错误
그는 상대방의 계산이 틀렸다고 믿었다.

계산에 ~

· **계산에 넣다** 考虑在内
계산에 넣지 못했다.

· **계산에 따르다** 根据计算
계산에 따르면 연평균 3%씩 증가한 것이다.

· **계산에 의하다** 根据计算
실험 계산에 의하면 앞으로 계속해서 온도가 상승할 것이다.

Ⓐ + 계산

· **간단한 계산** 简单的计算
그는 간단한 계산도 언제나 계산기를 사용했다.

· **복잡한 계산** 复杂的计算
복잡한 계산도 그는 암산으로 해결했다.

· **치밀한 계산** 缜密的计算
치밀한 계산 끝에 그는 결국 자수를 결심했다.

0163 **계약** [계약/게약](契約)
契约，合同

계약 + Ⓝ

· **계약 결혼** 协议婚姻
· **계약 관계** 合同关系
· **계약 기간** 合同期
· **계약 내용** 合同内容
· **계약 승인** 承认合同
· **계약 실적** 合同业绩
· **계약 위반** 违反合同
· **계약 이행** 履行合同
· **계약 조건** 合同条件

· **계약 체결** 缔结合同
· **계약 해지** 解除合同

계약 + Ⓥ

계약이 ~

· **계약이 갱신되다** 更新合同
실적이 나쁘면 계약이 갱신되지 않는다.

· **계약이 끝나다** 和约结束
1년의 계약이 끝났지만 재계약을 맺었다.

· **계약이 만료되다** 和约结束
그는 이 회사와 5년간의 계약이 만료되었다.

· **계약이 성사되다** 达成合同
계약이 성사된 다음 순차적으로 일이 진행되었다.

· **계약이 이루어지다** 合同完成
계약이 이루어졌으나 대출을 받지 못했다.

· **계약이 체결되다** 签定合同
서로에게 신뢰가 생기면 자연스럽게 계약이 체결된다.

· **계약이 해약되다** 解除合同
성과에 반영되기 때문에 계약이 해약되면 큰일이다.

계약을 ~

· **계약을 따내다** 获得订单
그는 계약을 따내기 위해 동분서주하고 있다.

· **계약을 따다** 获得订单
엄청난 계약을 땄는데 얼굴 표정이 왜 그러세요?

· **계약을 마치다** 字体不对
일본 회사와 계약을 마쳐 어느 연말보다 편안하다.

· **계약을 맺다** 签定合同
10년 전에 이 선수는 대학을 앞두고 우리 팀과 입단 계약을 맺었다.

· **계약을 받다** 获得订单
다음에 계약을 받아도 그는 또 이런 무리한 요구를 할 것입니다.

· **계약을 성사시키다** 顺利签订合同
관리자가 고객을 방문하여 계약을 성사시키는 것은 중요하다.

· **계약을 위반하다** 违约
전과자는 사회의 계약을 위반하고 사회의 효율성을 해친 사람이다.

· **계약을 어기다** 违约
사장님은 처음 나와의 계약을 어겼다.

· **계약을 체결하다** 缔结合同
이 회사는 미국의 한 회사와 계약을 체결했다.

· **계약을 취소하다** 取消合同
세제 회사 측은 일방적으로 대리점 계약을 취소해 버렸다.

· **계약을 파기하다** 毁约
어느 회사도 일방적으로 계약을 파기할 수는 없다.

· 계약을 하다 签合同
옆 동네에 마땅한 집이 생기면 즉시 계약을 할 것이다.

계약에 ~

· 계약에 어긋나다 违反合同
그건 계약에 어긋나는 일이야.

· 계약에 의존하다 依据合同
모든 거래는 계약에 의존해야 한다.

· 계약에 의하다 依据合同
사람과 사람의 만남이 계약에 의해서 이루어진다면 얼마나 많은 오해가 생길까?

계약에서 ~

· 계약에서 벗어나다 摆脱合同束缚
이제 드디어 그 불리한 계약에서 벗어나게 되었다.

계약으로 ~

· 계약으로 이루어지다 通过缔结合同的方式来实现
이런 곳에서는 모든 것이 계약으로 이루어진다.

· 계약으로 인하다 依据合同
계약으로 인해 약간의 수수료가 발생한다.

0164 계절 [계절/게절](季節)
季节

계절 – Ⓝ

· 계절상품 应季商品

계절 + Ⓝ

· 계절 감각 季节感
· 계절 변화 季节变化
· 계절 요리 应季料理
· 계절 학기 季节学期, 小学期

계절 + Ⓥ

계절이 ~

· 계절이 가다 季节过去
또한번 계절이 가고 새로운 계절이 오고 있다.

· 계절이 돌아오다 又到……的时节
다시 선거의 계절이 돌아왔다.

· 계절이 되다 到……的季节
이 계절이 되면 왠지 좋은 일이 생길 것만 같다.

· 계절이 바뀌다 季节变换
이불은 계절이 바뀔 때마다 어울리는 것으로 교체되었다.

계절을 ~

· 계절을 느끼다 感受季节
계절을 느끼는 인간의 감정은 누구나 비슷하다.

· 계절을 잊다 忘记季节
바쁜 생활에 쫓겨 계절을 잊고 있었다.

· 계절을 타다 有季节性
질병도 계절을 탄다.

계절에 ~

· 계절에 맞다 应季, 适应季节
옷을 계절에 맞게 골라 입어야 한다.

계절의 ~

· 계절의 변화 季节的变化
많은 사람은 계절의 변화에서 오는 그 즐거움을 모르고 지낸다.

· 계절의 순환 季节的循环
식물이 자라는 데에 계절의 순환은 매우 중요하다.

· 계절의 여왕 季节的女王
'5월은 계절의 여왕'이라고 어느 시인은 말했다.

Ⓐ + 계절

· 아름다운 계절 美丽的季节
공원에 나가 1년 중 가장 아름다운 계절을 만끽했다.

0165 계좌 [계좌/게좌](計座)
账户

계좌 + Ⓝ

· 계좌 잔고 账户余额
· 계좌 추적 账户追查

계좌 + Ⓥ

계좌를 ~

· 계좌를 개설하다 开设账户
후보 등록을 마친 후 후원금 계좌를 개설하였다.

· 계좌를 추적하다 追查账户
계좌를 추적하였으나 별다른 혐의를 발견하지 못했다.

계좌에 ~

· 계좌에 입금하다 往账户存钱
다른 은행 계좌에 입금할 것을 요청했다.

계좌에서 ~

· 계좌에서 인출하다 从账户中取钱
은행 계좌에서 천만 원을 인출하였다.

계좌로 ~

· 계좌로 이체하다 往账户中转账
돈을 다시 은행 계좌로 이체했다.

0166 계층 [계층/게층](階層)
阶层，阶级

계층 + Ⓝ

· 계층 갈등 各阶层间的矛盾
· 계층 구조 阶层结构

계층 + Ⓥ

계층을 ~

· 계층을 형성하다 形成阶层
그들은 새로운 사회의 지배 계층을 형성하였다.

계층에 ~

· 계층에 따르다 根据阶层
계층에 따라 세금을 달리 부과하고 있다.
· 계층에 의하다 依据阶层
지배 계층에 의해 만들어진 제도이다.

0167 계획 [계획/게훽](計劃/計畫)
企划，计划

계획 + Ⓥ

계획이 ~

· 계획이 깨지다 计划未能实施
그날 밤 연주하려던 계획이 깨지고 말았다.
· 계획이 서다 计划制定好
내부적으로는 공장을 정리할 계획이 다 섰다.
· 계획이 있다 有计划
물론 저는 나름대로의 계획이 있지요.
· 계획이 취소되다 计划取消
유럽 여행 계획이 취소되었어.
· 계획이 틀어지다 计划告吹
서울 갈 계획이 틀어졌다.

계획을 ~

· 계획을 가지다 有计划
이 일은 일정한 계획을 가지고 추진한 것이 아니었다.
· 계획을 꾸미다 策划
그는 남몰래 엉뚱한 계획을 꾸몄다.
· 계획을 내놓다 制定计划

지방 정부는 경제 발전 100일 계획을 내놓게 되었다.
· 계획을 마련하다 准备计划
벤처기업 전용 단지를 조성하는 계획을 마련하였다.
· 계획을 발표하다 公布计划
이 은행은 2년간 2천 명의 인원을 줄인다는 계획을 발표했다.
· 계획을 밝히다 宣布计划
그 회사는 새로운 계획을 밝혔다.
· 계획을 세우다 制定计划
새해 계획을 세우며 다부진 결심을 다지기도 한다.
· 계획을 수립하다 制定计划
정부에서 청소년 육성 계획을 수립하여 실시하고 있다.
· 계획을 실행하다 实行计划
예상치 못한 일이 생겨 계획을 실행하지 못했다.
· 계획을 짜다 制定计划
우리는 꼼꼼히 계획을 짰다.
· 계획을 추진하다 推行计划
정부는 주택 건물 구축 계획을 추진해 나갈 것이다.
· 계획을 하다 计划
계획을 하면 꼭 지켜야 직성이 풀린다.

Ⓐ + 계획

· 구체적인 계획 具体的计划
그녀는 자신의 수입액을 책정하고 구체적인 계획을 세우기로 했다.
· 거창한 계획 宏伟的计划
고등학교에 들어와서 처음 맞는 여름방학인지라 거창한 계획을 세웠다.
· 새로운 계획 新计划
이제부터는 새로운 계획으로 또 다른 한 해를 맞을 준비를 해야 하는 시간이다.
· 세밀한 계획 详细的计划
어느 정도 자산을 축적하기 위해서는 세밀한 계획이 필수이다.
· 세운 계획 既定计划
내년에는 무슨 일이 있어도 세운 계획은 꼭 이루고야 말겠다.
· 원대한 계획 远大的计划
위원장은 100년에 걸친 원대한 계획으로 이 건물을 짓자고 했다.
· 좋은 계획 好计划
처음부터 그건 별로 좋은 계획은 아니었어요.
· 치밀한 계획 缜密的计划
처음부터 끝까지 치밀한 계획을 세우고, 그대로 실천한다.

0168 고개¹
后颈，头

고개 + Ⓥ

고개가 ~

· 고개가 갸우뚱해지다 歪着脑袋
그것이 서울 올림픽에서도 가능할 것인지, 고개가 갸우뚱해졌다.

· 고개가 끄덕여지다 点头
나는 나도 모르게 고개가 끄덕여졌다.

· 고개가 떨궈지다 低下头
목이 부러진 새처럼 그녀의 고개가 떨궈졌다.

· 고개가 꼿꼿하다 脖子僵硬
컴퓨터 앞에서 오래 앉았더니 고개가 너무나 꼿꼿했다.

· 고개가 수그러지다 低下头
버럭 소리를 지른 아버지는 고개가 푹 수그러졌다.

· 고개가 숙여지다 垂下头
그는 얼굴이 발개져서 더욱 고개가 숙여졌다.

고개를 ~

· 고개를 갸우뚱하다 摇头
8년 전에 이 제의를 했을 때 고개를 갸우뚱하는 사람이 많았다.

· 고개를 돌리다 转头
그 소리를 듣고 고개를 돌렸다.

· 고개를 들다 抬头
동생은 엄마 앞에서 고개를 들지 못했다.

· 고개를 떨어뜨리다 低下头
그는 고개를 떨어뜨린 채 기차역 쪽으로 걸었다.

· 고개를 숙이다 垂头
그녀는 고개를 숙여 인사했다.

· 고개를 젓다 摇头
오빠는 고개를 절래절래 저었다.

· 고개를 흔들다 摇头
나는 고개를 흔들며 반문했다.

慣

· 고개를 끄덕이다 点头
나는 그의 말에 고개를 끄덕이며 수긍했다.

· 고개를 숙이다 低头
처음부터 상대편의 기에 눌려 고개를 숙이고 말았다.

0169 고개²
山岭，山梁

고개 + Ⓝ

· 고개 너머 山那边
· 고개 마루 山头

고개 + Ⓥ

고개를 ~

· 고개를 넘다 翻山
그는 이 고개를 넘어 한양으로 갔다.

· 고개를 넘어가다 翻过山
집에서 나와 오른쪽으로 돌아 고개를 넘어가면 시장이 있다.

0170 고객 (顧客)
顾客，客户

고객 + Ⓝ

· 고객 만족 顾客满足
· 고객 서비스 客户服务

고객 + Ⓥ

고객이 ~

· 고객이 늘다 顾客增加
백화점 고객보다 홈쇼핑 고객이 늘어나는 추세이다.

고객을 ~

· 고객을 만나다 见客户
고객을 만날 때에는 반드시 휴대전화를 꺼야 한다.

· 고객을 확보하다 争取客户
고객을 확보하기 위한 다양한 선물을 준비했다.

고객에 ~

· 고객에 대하다 对待顾客
단골 고객에 대한 서비스를 강화했다.

0171 고구마
地瓜，红薯

고구마 + Ⓝ

· 고구마 밭 地瓜地
· 고구마 줄기 地瓜茎

고구마 + Ⓥ

고구마를 ~
· 고구마를 삶다 炸地瓜
비가 오는 날이면 고구마를 삶아 먹었다.
· 고구마를 찌다 蒸地瓜
고구마를 쪄 먹으면 맛이 좋다.
· 고구마를 캐다 挖地瓜
어린 시절 고구마를 캐서 밥 대신 먹곤 했다.

0172 **고국** (故國)
祖国

고국 + Ⓝ

· 고국 땅 祖国的土地
· 고국 방문 祖国访问

고국 + Ⓥ

고국을 ~
· 고국을 떠나다 离开祖国
고국을 떠난 지 어느덧 3년이 지났다.
· 고국을 잃다 失去祖国
고국을 잃은 그들은 슬픔에 잠겼다.
· 고국을 찾다 重回祖国
고국을 찾은 교포들은 감회가 새로웠다.

고국에 ~
· 고국에 돌아오다 回到祖国
외국 생활을 정리하고 10년 만에 고국에 돌아왔다.

고국으로 ~
· 고국으로 돌아오다 回到祖国
오랜만에 휴가를 얻어 고국으로 돌아왔다.

0173 **고궁** (古宮)
古代宮殿

고궁 + Ⓥ

고궁을 ~
· 고궁을 산책하다 在古代宫殿散步
고궁을 산책하는 사람들이 늘어났다.

고궁에서 ~
· 고궁에서 데이트하다 在古代宫殿约会
가을이면 고궁에서 데이트하는 연인이 많다.

0174 **고급** (高級)
高级

고급 - Ⓝ

· 고급술 高级酒

고급 + Ⓝ

· 고급 공무원 高级公务员
· 고급 관료 高级官僚
· 고급 기술 高级技术
· 고급 승용차 高级轿车
· 고급 식당 高级饭店
· 고급 인력 高端人才
· 고급 주택 高级住宅
· 고급 호텔 豪华酒店

0175 **고기**[1]
肉

고기 - Ⓝ

· 고기반찬 肉菜

고기 + Ⓝ

· 고기 기름 肉名
· 고기 냄새 肉味 (嗅觉)
· 고기 덩어리 肉块
· 고기 맛 肉味 (味觉)
· 고기 요리 荤菜

고기 + Ⓥ

고기가 ~

· 고기가 연하다 肉嫩
한우는 수입산보다 고기가 연하다.
· 고기가 질기다 肉老、肉硬
고기가 질겨서 먹기 어려웠다.

고기를 ~

· 고기를 굽다 烤肉
우리는 그 곳에서 밤이 깊도록 고기를 구워 먹으면서
노래를 불렀다.
· 고기를 다지다 剁肉
만두를 빚기 위해 고기를 다져 양념을 했다.
· 고기를 볶다 炒肉
고기를 볶을 때도 있고 김치찌개를 끓일 때도 있었다.
· 고기를 삶다 炖肉
언니는 고기를 삶고 전도 부쳤다.
· 고기를 썰다 切肉
고기를 썰다가 손을 다쳤어요.
· 고기를 씹다 嚼肉
그는 고기를 씹는 맛에 거부감이 들어서 채식을 한다.
· 고기를 익히다 把肉弄熟
끓는 기름에 고기를 익혀서 여러 가지 소스를 발랐다.

Ⓐ + 고기

· 맛있는 고기 美味的肉
이가 좋지 않으면 맛있는 고기가 있어도 먹을 수 없다.
· 양념한 고기 调味的肉
양념한 고기를 바비큐 방식으로 구워 먹는다.

0176 고기²
鱼，鱼群

고기 - Ⓝ

· 고기비늘 鱼鳞

고기 + Ⓝ

· 고기 가시 鱼刺
· 고기 떼 鱼群

고기 + Ⓥ

고기가 ~

· 고기가 물리다 鱼上钩
오늘은 어쩐지 고기가 잘 물리더라
· 고기가 잡히다 捕到鱼
원래 낮에는 고기가 잘 안 잡힌다는 거야.

고기를 ~

· 고기를 낚다 钓鱼
처음으로 고기를 낚는 법을 배웠다.
· 고기를 잡다 抓鱼
큰 고기를 잡기 위해 그물을 던졌다.

0177 고대 (古代)
古代

고대 - Ⓝ

· 고대국가 古代国家
· 고대문학 古代文学
· 고대사회 古代社会

고대 + Ⓝ

· 고대 그리스 古代希腊
· 고대 문명 古代文明
· 고대 이집트 古代埃及

0178 고독 (孤獨)
孤独

고독 + Ⓥ

고독을 ~

· 고독을 달래다 排遣孤独
고독을 달래기 위해 술을 마셨다.
· 고독을 즐기다 享受孤独
예술가들은 고독을 즐기며 창작 활동에 매진한다.

고독에 ~

· 고독에 시달리다 被孤独所扰
매일 밤 고독에 시달리며 잠을 이루지 못했다.

0179 고등 (高等)
高等

고등 - Ⓝ

· 고등고시 高级考试

· 고등교육 高等教育
· 고등동물 高等动物
· 고등법원 高等法院
· 고등학교 高中
· 고등학생 高中生

0180 고등학교 [고등학꾜](高等學校)
高中

고등학교 + N

· 고등학교 동기 高中同年级同学
· 고등학교 동창 高中同学
· 고등학교 선배 高中学长学姐
· 고등학교 선생님 高中老师
· 고등학교 시절 高中时期
· 고등학교 입시 中考
· 고등학교 졸업 高中毕业
· 고등학교 친구 高中朋友
· 고등학교 학생 高中生
· 고등학교 후배 高中学弟学妹

고등학교 + V

고등학교를 ~
· 고등학교를 나오다 高中毕业
오빠는 70년대에 고등학교를 나와 군대에 갔다.
· 고등학교를 다니다 上高中
그는 뉴욕으로 가서 혼자 고등학교를 다녔다.
· 고등학교를 마치다 高中毕业
고등학교를 마쳤을 때 내 관심은 오토바이에만 있었다.
· 고등학교를 졸업하다 高中毕业
그는 전교 1등으로 고등학교를 졸업했다.
· 고등학교를 진학하다 升入高中
그가 고등학교를 진학할 무렵 집안이 어려워졌다.

고등학교에 ~
· 고등학교에 가다 上高中
많은 학생이 고등학교에 가면 성적이 떨어진다.
· 고등학교에 다니다 上高中
그가 고등학교에 다닐 때 일어난 일이었다.
· 고등학교에 들어가다 考上高中
이런 점수를 가지고 고등학교에 들어갈 수 없다.
· 고등학교에 보내다 送……上高中
어렵게 고등학교에 보내 줬더니 대체 뭘 한 거야?

· 고등학교에 올라가다 考上高中
아들이 고등학교에 올라간 뒤 반항심을 보인다.
· 고등학교에 입학하다 升入高中
내가 고등학교에 입학할 무렵 형은 회사에 입사했다.
· 고등학교에 진학하다 考上高中
얼마 지나 나는 다른 도시에 있는 고등학교에 진학했다.
· 고등학교에 합격하다 考上高中
제가 그토록 원하던 고등학교에 합격했습니다.

0181 고래
鲸鱼

고래 + V

고래를 ~
· 고래를 잡다 捕鲸
고래를 잡는 것은 금지되어 있다.

慣

· 고래 등 같다 高大
고래 등 같은 기와집을 쳐다보았다.
· 고래 싸움에 새우 등 터진다 城门失火，殃及池鱼
고래 싸움에 새우 등 터진다고 나쁜 선배들 싸움에 나만 고생했다.

0182 고름
脓

고름 + V

고름이 ~
· 고름이 나오다 出脓
염증이 심하면 고름이 나온다.

0183 고모 (姑母)
姑母，姑姑

고모 + N

· 고모 댁 姑姑家
· 고모 집 姑姑家

71

0184 고무신
胶鞋

고무신 + Ⓥ

고무신을 ~

· 고무신을 끌다 趿拉着胶鞋
검정 고무신을 끌고 대문을 나섰다.

· 고무신을 신다 穿胶鞋
항상 빨간 양말에 흰 고무신을 신었다.

Ⓐ + 고무신

· 검정 고무신 黑胶鞋
추억의 검정 고무신을 신고 뛰어 놀고 싶다.

· 하얀 고무신 白胶鞋
할머니는 언제나 하얀 고무신을 신고 계셨다.

惯

· 고무신을 거꾸로 신다 给戴绿帽子
남자친구가 군대에 가자마자 그녀는 고무신을 거꾸로 신었다.

0185 고무장갑
胶皮手套

고무장갑 + Ⓥ

고무장갑을 ~

· 고무장갑을 끼다 戴胶皮手套
고무장갑을 끼고 설거지를 하고 있었다.

0186 고민 (苦悶)
苦恼, 烦恼

고민 – Ⓝ

· 고민거리 烦心事

고민 + Ⓥ

고민이 ~

· 고민이 많다 非常苦恼
아이들 문제로 요즘 고민이 많습니다.

· 고민이 생기다 有苦恼
요즘 색다른 고민이 생겼다.

· 고민이 크다 极为苦恼
누구를 선택할지 고민이 크다.

고민에 ~

· 고민에 빠지다 陷入苦恼
아버지의 이야기를 듣고 그는 새로운 고민에 빠졌다.

0187 고생 (苦生)
受苦

고생 + Ⓥ

고생이 ~

· 고생이 많다 饱受苦难
아버지 그동안 얼마나 고생이 많으셨어요.

· 고생이 심하다 饱受苦难
취업난 때문에 요즘 대학생들은 고생이 심하다.

고생을 ~

· 고생을 하다 受苦
어머니는 젊었을 때부터 심한 고생을 했다.

고생만 ~

· 고생만 시키다 让……受苦
결혼 이후 아내에게 고생만 시킨 것 같아 미안하다.

Ⓐ + 고생

· 온갖 고생 各种苦难
아버지는 온갖 고생은 다 하고 돌아가셨다.

惯

· 고생 끝에 낙이 온다 苦尽甘来
고생 끝에 낙이 온다고 조금만 참아라.

· 고생을 밥 먹듯이 하다 受苦像家常便饭
그는 고생을 밥 먹듯이 하는 힘든 인생을 살았다.

· 고생을 사서 하다 自讨苦吃
가만히 있지 왜 고생을 사서 하고 그래?

0188 고속 (高速)
高速

고속 + Ⓝ

· 고속 성장 高速增长
· 고속 전철 高铁
· 고속 촬영 高速摄像

0189 **고속도로** [고속또로](高速道路)
高速公路

고속도로 + Ⓥ

고속도로를 ~
· 고속도로를 달리다 在高速公路上飞驰
시원한 바람을 맞으며 고속도로를 달렸다.
· 고속도로를 질주하다 在高速公路上飞驰
버스는 고속도로를 질주했다.

고속도로로 ~
· 고속도로로 진입하다 进入高速公路
복잡한 시내를 벗어나 고속도로로 진입했다.

0190 **고속버스** (高速bus)
长途汽车

고속버스 + Ⓝ

· 고속버스 터미널 长途汽车站

고속버스 + Ⓥ

고속버스를 ~
· 고속버스를 타다 乘坐长途汽车
고속버스를 타고 서울로 올라왔다.

0191 **고속철도** [고속철또](高速鐵道)
高铁

고속철도 + Ⓥ

고속철도를 ~
· 고속철도를 타다 乘坐高铁
이번 추석에는 고속철도를 타고 고향에 간다.

0192 **고아** (孤兒)
孤儿

고아 + Ⓥ

고아가 ~
· 고아가 되다 成为孤儿
10살에 고아가 된 그는 고아원에서 자랐다.
· 고아가 아니다 不是孤儿
그는 더 이상 고아가 아니었다.

고아로 ~
· 고아로 만들다 使……成为孤儿
멀쩡한 아이를 고아로 만들어서는 안 된다.
· 고아로 자라다 孤儿长大
저의 아버지는 고아로 자라셨어요.

0193 **고양이** [고양이]
猫

고양이 + Ⓝ

· 고양이 걸음 猫步
· 고양이 밥 猫食
· 고양이 방울 猫铃铛
· 고양이 비명소리 猫的尖叫声
· 고양이 새끼 猫崽
· 고양이 소리 猫叫
· 고양이 수염 小猫胡子
· 고양이 울음소리 猫叫

고양이 + Ⓥ

고양이를 ~
· 고양이를 기르다 养猫
고양이를 기르는 사람들은 이 사실을 다 안다.
· 고양이를 키우다 养猫
고양이를 키운 뒤부터 그는 더 이상 쥐들에게 시달리지 않았다.

惯

· 고양이 낯짝만 하다 巴掌大
방구석이 고양이 낯짝만 하구나!
· 고양이 이마빼기만 하다 不大点儿

고양이 이마빼기만한 마당이 있습니다.

0194 고장¹
地方, 故乡

고장 + Ⓝ

· 고장 명소 故乡名胜
· 고장 별미 故乡经典菜
· 고장 사람 家乡人
· 고장 산물 家乡特产
· 고장 음식 家乡饮食
· 고장 출신 ⋯⋯地方人
· 고장 특산물 ⋯⋯地方的特产

고장 + Ⓥ

고장을 ~

· 고장을 떠나다 离开家乡
그 사람이 어쩔 수 없이 나고 자란 고장을 떠났구나.
· 고장을 방문하다 探访⋯⋯的地方
집에서 먼 고장을 방문해 유적지를 보는 것도 의미가
있다.
· 고장을 찾아들다 找来⋯⋯地方
직년부터 수많은 사람이 이 고징을 찾아들기 시작했다.

고장에 ~

· 고장에 가다 去⋯⋯地方
남의 고장에 가면 언행을 주의해야 한다.
· 고장에 살다 在⋯⋯地方生活
그는 고향을 등지고 남의 고장에 살아야 했다.
· 고장에 오다 来⋯⋯地方
이 고장에 와 지내면서 비로소 여유를 알게 되었다.

0195 고장² (故障)
故障, 毛病

고장 + Ⓝ

· 고장 사고 故障事故
· 고장 상태 故障情况
· 고장 원인 故障原因
· 고장 횟수 故障次数

고장 + Ⓥ

고장이 ~

· 고장이 나다 出故障
나의 라디오가 고장이 났다.
· 고장이 생기다 出故障
고장이 생기면 언제든지 연락 주세요.
· 고장이 잦다 故障频出
전기, 수도 등 설비가 낡아 고장이 잦다.

고장을 ~

· 고장을 고치다 修理故障
아무리 해도 고장을 고칠 수 없었다.
· 고장을 내다 弄坏
컴퓨터를 함부로 사용하여 고장을 자주 내는 사람들도
있다.
· 고장을 일으키다 弄出故障
그녀의 낡은 자동차가 결국 고장을 일으켰다.

0196 고전 (古典)
古典, 经典

고전 - Ⓝ

· 고전문학 古典文学
· 고전주의 古典主义

고전 + Ⓝ

· 고전 물리학 古典物理学
· 고전 작품 古典作品, 经典之作
· 고전 역학 古典力学

고전 + Ⓥ

고전이 ~

· 고전이 되다 成为经典
결국 그 책은 고전이 되었다.

고전으로 ~

· 고전으로 남다 作为经典留存
그의 작품은 이 분야의 고전으로 남아 있다.

0197 고집 (固執)
固执, 倔强

고집 – Ⓝ

· 고집불통 老顽固

고집 + Ⓥ

고집이 ~

· 고집이 대단하다 十分固执
그는 고집이 대단해서 부모님의 반대를 꺾고 결혼했다.

· 고집이 세다 十分固执
그는 자존심이 강하고 고집이 센 편이다.

고집을 ~

· 고집을 꺾다 把倔脾气扳过来
엄마는 언니의 고집을 꺾지 못하고 결국 유학을 허락했다.

· 고집을 부리다 固执，执拗
아이는 학교를 가지 않겠다고 고집을 부렸다.

· 고집을 피우다 固执，执拗
고집을 피우는 아이들을 가르치는 것은 쉬운 일이 아니다.

0198 고추
辣椒

고추 – Ⓝ

· 고춧값 辣椒价钱
· 고추나무 省沽油，水条
· 고추냉이 辣根
· 고추잠자리 红蜻蜓

고추 + Ⓝ

· 고추 농사 种植辣椒

고추 + Ⓥ

고추가 ~

· 고추가 맵다 辣椒辣
고추가 맵지 않다.

고추를 ~

· 고추를 널다 晒辣椒
햇볕에 말리기 위해 고추를 마당에 널었다.

· 고추를 따다 摘辣椒
아이들과 함께 고추를 따러 밭으로 갔다.

Ⓐ + 고추

· 마른 고추 干辣椒
마른 고추를 갈아서 고춧가루를 만든다.

· 매운 고추 辣的辣椒
매운 고추를 넣지 않으면 맛이 없다.

· 붉은 고추 红辣椒
붉은 고추가 마당에 가득하다.

· 작은 고추 小辣椒
작은 고추가 얼마나 매운지 알았다.

慣

· 고추는 작아도 맵다(작은 고추가 더 맵다). 小辣椒更辣，人小更精明。
작은 고추가 맵다는 말을 다시 한번 실감했습니다.

0199 고춧가루 [고추까루/고춛까루]
辣椒面，辣椒粉

고춧가루 + Ⓥ

고춧가루를 ~

· 고춧가루를 넣다 放辣椒面
고춧가루를 많이 넣고 버무렸다.

· 고춧가루를 풀다 把辣椒面用水稀释
고춧가루를 풀고 찌개를 끓였다.

0200 고통 (苦痛)
痛苦

고통 + Ⓥ

고통을 ~

· 고통을 겪다 经受痛苦
에어컨 사용을 금지해 찜통더위 속에서 업무를 보느라 고통을 겪어야 했다.

· 고통을 받다 遭受痛苦
그는 늘 심장질환과 호흡기 장애로 고통을 받았다.

· 고통을 주다 带来痛苦
도박 때문에 가족에게 고통을 주었다.

· 고통을 참다 忍受痛苦
아버지의 얼굴은 고통을 참느라 일그러져 있었다.

고통에서 ~

· 고통에서 벗어나다 从痛苦中解脱
사람들을 질병의 고통에서 벗어나게 해야 한다.

0201 고함 (高喊)
高喊

고함 + N

· 고함 소리 高喊声

고함 + V

고함이 ~

· 고함이 터지다 爆发出高喊声
선생님의 입에서 고함이 터져 나왔다.

고함을 ~

· 고함을 지르다 大喊大叫
아버지는 다시 한 번 고함을 질렀다.

· 고함을 치다 大声喊叫
목이 터져라 고함을 쳤지만 도무지 반응이 없었다.

0202 고향 (故鄕)
故乡

고향 + N

· 고향 땅 故土
· 고향 마을 故乡山村
· 고향 방문 探访故乡
· 고향 생각 思念家乡
· 고향 선배 前辈老乡
· 고향 소식 故乡的消息
· 고향 집 老家
· 고향 친구 老家的朋友

고향 + V

고향이 ~

· 고향이 그립다 思念家乡
살아가기가 힘들 때마다 자꾸만 고향이 그리워요.

고향을 ~

· 고향을 그리워하다 想念家乡
아버지는 그동안 얼마나 고향을 그리워하셨을까?

· 고향을 다녀오다 回家乡
그녀의 낙은 1년에 두 번 고향을 다녀오는 일이었다.

· 고향을 등지다 背井离乡
그들은 고향을 등지고 서울에 올라와 살게 되었다.

· 고향을 떠나다 离开家乡
고향을 떠나 타향에서 살아온 지 30년이나 되었다.

· 고향을 버리다 逃离家乡
생활고를 못 이겨 고향을 버리고 도시로 떠나는 사람이 많았다.

· 고향을 벗어나다 逃离家乡
이들은 한 번도 고향을 벗어나 생활해 본 적이 없다.

· 고향을 잃다 失去家园
이는 고향을 잃은 것보다 더 슬픈 일이었다.

· 고향을 잊다 忘记家乡
우리가 아무리 떨어져 지내도 고향을 잊지 못한다.

· 고향을 찾다 回家乡
방학이 되자 아이들과 함께 고향을 찾았다.

· 고향을 찾아가다 去家乡
명절이면 사람들은 고향을 찾아간다.

· 고향을 향하다 朝向家乡
오전 10시에 우리는 드디어 고향을 향했다.

고향에 ~

· 고향에 가다 回老家
그는 고향에 갈 생각은 전혀 없었다.

· 고향에 계시다 在老家
매일 고향에 계시는 부모님께 안부 전화를 드린다.

· 고향에 남다 留在老家
고향에 남은 가족에게 불이익이 갈까 봐 신분을 밝히지 못했다.

· 고향에 내려가다 回老家
나는 고향에 내려가면 고등학교 동창을 만날 것이다.

· 고향에 내려오다 回一趟老家
그는 부모님께 고향에 내려와 살고 싶다는 의향을 전했다.

· 고향에 돌아가다 返乡
고향에 돌아가면 그 동안 부모님께 못한 효도를 해 드리겠다.

· 고향에 돌아오다 回到家乡
고향에 돌아온 그녀는 동생들과 함께 시집을 펴냈다.

· 고향에 살다 在老家生活
그는 고향에 사는 누나를 만나기 위해 기차를 탔다.

· 고향에 오다 回老家
저는 아버지를 너무 보고 싶어서 고향에 왔어요.

· 고향에 찾아오다 回到家乡
그는 유명한 화가가 되어 고향에 찾아왔다.

고향에서 ~

· 고향에서 떠나다 离开家乡
난 고향에서 떠난 적이 없네.

Ⓐ + 고향

· 그리운 고향 思念的家乡
그는 드디어 그리운 고향을 방문했다.

· 정든 고향 心爱的家乡
정든 고향을 등지고 이별해야 하는 아픔도 있었다.

0203 곡식 [곡씩](穀食)
谷物，粮食

곡식 + Ⓝ

· 곡식 가루 谷物粉
· 곡식 농사 种植粮食
· 곡식 뒤주 谷囤子
· 곡식 알 谷粒
· 곡식 재배 粮食栽培
· 곡식 종자 谷物种子
· 곡식 창고 粮仓
· 곡식 항아리 谷物缸

곡식 + Ⓥ

곡식이 ~
· 곡식이 나다 出产粮食
어떻게 하면 밭에서 곡식이 많이 날까?
· 곡식이 무르익다 谷物成熟
곡식이 무르익은 계절이었다.
· 곡식이 쌓이다 谷物堆积
그 곳간에는 엄청난 양의 곡식이 쌓여 있었다.
· 곡식이 여물다 谷物成熟
아, 곡식이 여물고 있구나!
· 곡식이 익다 谷物成熟
가을에 곡식이 익으리라.
· 곡식이 익어가다 谷物逐渐成熟
곡식이 익어가는 가을 소리가 들리는 것 같은데요.
· 곡식이 자라다 谷物成长
비료를 주지 않아도 곡식이 무럭무럭 자랄 수 있다.

곡식을 ~
· 곡식을 가꾸다 栽种粮食
시골에서 곡식을 가꾸느라 시간 가는 줄을 모른다.
· 곡식을 거두다 收获粮食
가을은 곡식을 거두어 들이는 계절이다.
· 곡식을 내다팔다 把粮食拿出来卖
흉년에는 곡식을 내다팔았다.

· 곡식을 심다 种粮食
곡식을 심어 식량을 준비했다.
· 곡식을 재배하다 栽培谷物
그는 산에 곡식을 재배하는 일을 성공했다.
· 곡식을 키우다 种植谷物
밭에서 곡식을 키우는 것이 좋다.

Ⓐ + 곡식

· 거둔 곡식 收获的粮食
가을에 거둔 곡식으로 겨울을 난다.

0204 곤경 (困境)
困境

곤경 + Ⓥ

곤경을 ~
· 곤경을 겪다 面临困境
경영적자로 곤경을 겪고 있다.

곤경에~
· 곤경에 빠뜨리다 使……陷入困境
주인공을 곤경에 빠뜨리는 악역을 맡았다.
· 곤경에 빠지다 陷入困境
곤경에 빠진 경제를 소생시키기 위한 방법이다.
· 곤경에 처하다 身处困境
곤경에 처한 친구를 도와준다.

곤경에서~
· 곤경에서 벗어나다 走出困境
남편의 도움으로 곤경에서 벗어날 수 있었다.

0205 골¹
脑子，脑袋

골 + Ⓥ

골이 ~
· 골이 쑤시다 脑袋像针扎一样
술이 깨기 시작하면서 골이 쑤시고 아팠다.
· 골이 비다 脑袋空空
이런 말을 하는 것을 보니 너도 골이 비었구나.

0206 골² (发)火

골 + Ⓥ

골이 ~

· 골이 나다 生气
내 동생은 골이 나면 밥을 안 먹는다.

골을 ~

· 골을 내다 发火
골을 내지 말고 내 이야기를 들어 봐.

0207 골³ (goal) 球

골 + Ⓥ

골이 ~

· 골이 터지다 进球
전반전에만 세 골이 터졌다.

골을 ~

· 골을 넣다 进球
그는 골을 넣자마자 관중석으로 뛰어 늘었다.
· 골을 먹다 被对方进球
우리나라가 그새 또 골을 먹었다.

0208 골목 [골:-] 胡同, 巷子

골목 + Ⓝ

· 골목 귀퉁이 胡同角
· 골목 모퉁이 胡同拐角
· 골목 어귀 巷口
· 골목 입구 胡同口儿, 巷子口儿

골목 + Ⓥ

골목이 ~

· 골목이 좁다 小巷逼仄
우리 동네는 골목이 좁아서 소방차도 들어오기 어렵다.

골목을 ~

· 골목을 기웃거리다 朝胡同里张望
할머니는 이 골목 저 골목을 기웃거리며 돌아다녔습니다.
· 골목을 누비다 走街串巷
발걸음이 경쾌하여 마치 발레를 하듯이 골목을 누비고 있다.
· 골목을 돌다 逛胡同
그는 여러 번 골목을 돌았다.
· 골목을 뒤지다 在胡同里四处找
우리는 그 사람을 찾기 위해 인사동 골목을 뒤지기 시작했다.
· 골목을 벗어나다 离开胡同
소년은 골목을 빠르게 벗어났다.
· 골목을 빠져나가다 从胡同中出去
그녀는 총총히 골목을 빠져나갔다.
· 골목을 빠져나오다 从胡同中出来
그는 낡은 승용차를 타고 골목을 빠져나왔다.
· 골목을 헤매다 在胡同中徘徊
비좁고 더러운 골목을 헤매고 다니는 고양이가 참 불쌍해 보인다.

골목에 ~

· 골목에 들어서다 进入胡同
스산한 골목에 들어설 때부터 그는 공포를 느꼈다.
· 골목에 다다르다 钻进胡同
세찬 비바람 속을 뚫고 비틀거리며 겨우 골목에 다다랐다.

골목으로 ~

· 골목으로 가다 往胡同里去
우리 여섯 명은 동대문 시장 헌 책방 골목으로 갔다.
· 골목으로 들어가다 进到胡同里
그녀는 남편을 따라 골목으로 들어갔다.
· 골목으로 들어서다 进入胡同里
나는 자전거를 끌고 시장 골목으로 들어섰다.
· 골목으로 접어들다 进到胡同里
나는 얼른 다른 골목으로 접어들었다.
· 골목으로 피신하다 藏在胡同里
형은 옆 사람의 부축을 받으며 간신히 골목으로 피신했다.

Ⓐ + 골목

· 막다른 골목 死胡同
막다른 골목이라서 지나가는 사람은 아무도 없었다.
· 비좁은 골목 窄巷子
비좁은 골목이 아현동 쪽으로 이어지고 있었다.
· 어두운 골목 昏暗的胡同
나는 좁고 어두운 골목을 들락거렸다.
· 으슥한 골목 阴森森的胡同

으슥한 골목에 접어든 그 앞에 갑자기 누군가 나타났다.
· **좁은 골목** 窄巷
좁은 골목을 따라 한옥들이 즐비하더군요.
· **컴컴한 골목** 昏暗的胡同
그는 컴컴한 골목을 지나 집 앞에 도착했다.
· **한적한 골목** 人迹稀少的胡同
우리는 한적한 골목을 따라 끝없이 걸었다.

0209 골목길 [골목낄]
胡同

골목길 + Ⓥ

골목길을 ~
· **골목길을 걷다** 在胡同里走
두 사람은 골목길을 걸으며 이야기를 나누었다.
· **골목길을 빠져나오다** 从胡同里出来
좁은 골목길을 빠져나오면 대로가 나옵니다.
· **골목길을 지나다** 穿过胡同
골목길을 지나다가 옆집 아주머니를 만났다.

골목길로 ~
· **골목길로 들어서다** 进到胡同里
어머니는 아이들 손을 잡고 골목길로 들어섰다.
· **골목길로 접어들다** 进到胡同里
이야기를 나누면서 골목길로 접어들었다.

Ⓐ + 골목길

· **좁은 골목길** 狭窄的胡同
좁은 골목길 끝에 그녀의 집이 있다.

0210 골짜기
山谷，深谷

골짜기 + Ⓥ

골짜기를 ~
· **골짜기를 내려다보다** 从山谷上俯视
골짜기를 내려다보며 만세를 불렀다.

골짜기로 ~
· **골짜기로 내려가다** 下到山谷底
골짜기로 내려가면 물을 실컷 마실 수 있다.

Ⓐ + 골짜기

· **깊은 골짜기** 深谷
깊은 골짜기를 지나 마을에 도착했다.
· **먼 골짜기** 遥远的深谷
먼 골짜기에서 짐승 소리가 들려왔다.

0211 골프 (golf)
高尔夫

골프 – Ⓝ

· **골프공** 高尔夫球
· **골프장** 高尔夫场
· **골프채** 高尔夫球杆

골프 + Ⓝ

· **골프 라운딩** 高尔夫巡回赛
· **골프 선수** 高尔夫选手
· **골프 클럽** 高尔夫俱乐部
· **골프 회원권** 高尔夫会员券

골프 + Ⓥ

골프를 ~
· **골프를 즐기다** 喜爱打高尔夫
일주일에 한두 차례 골프를 즐길 정도로 건강하다.
· **골프를 치다** 打高尔夫
주말에는 항상 골프를 치곤 한다.

0212 곰
熊

곰 – Ⓝ

· **곰쓸개** 熊胆

곰 + Ⓝ

· **곰 가죽** 熊皮
· **곰 새끼** 熊崽
· **곰 인형** 玩具熊

곰 + Ⓥ

곰을 ~

· 곰을 사냥하다 捕熊
한 사람이 어느 날 곰을 사냥하러 갔다.

· 곰을 사살하다 射杀熊
이 지점에서 그는 곰을 사살했다.

· 곰을 잡다 捕熊
살금살금 곰을 잡으러 걸어간다.

慣

· 곰 같다 迟钝，愚笨
그녀는 곰 같은 사내의 눈가에 맺힌 이슬을 보았다.

0213 곳 [곧]
地方，地点，场所

곳 + Ⓥ

곳을 ~

· 곳을 떠나다 离开……
부모님을 따라 정든 곳을 떠났다.

· 곳을 바라보다 朝……张望
그는 숨을 죽이고 문소리 나는 곳을 바라보았다.

· 곳을 보다 看……
그는 실제로는 어딘가 먼 곳을 보는 듯했다.

· 곳을 찾다 去……
시험이 끝나고 나면 우리는 친구끼리 기분 전환할 곳을 찾는다.

· 곳을 향하다 朝着……
우리는 버스가 있는 곳을 향하여 걷고 있었다.

곳에 ~

· 곳에 가다 去……
우리는 벚꽃 나무가 늘어선 곳에 가서 좋은 자리를 차지했다.

· 곳에 놓다 放在……
나는 그 유리병을 장식장 가장 잘 보이는 곳에 놓았다.

· 곳에 도착하다 到达……
우리는 한참을 헤맨 끝에야 그 곳에 도착했다.

· 곳에 두다 放到……
냉장고는 통풍이 잘 되는 곳에 둔다.

· 곳에 들르다 顺便去……
그는 여자 친구가 있는 곳에 들렀다가 서울로 올라갈 계획이다.

· 곳에 들어가다 进入……

조금 깊은 곳에 들어가니 내 발에 무엇이 탁 걸렸다.

· 곳에 머물다 停留在……
한 곳에 머물면서도 나는 많은 사람을 만날 수 있다.

· 곳에 모이다 在……集合
운동회가 끝난 뒤 한 곳에 모여 순위 발표를 기다리고 있다.

· 곳에 살다 住在……
서식 환경이 달라지면 그 곳에 사는 새의 종류도 달라진다.

· 곳에 서다 站在……
그 여자는 우체국에서 조금 떨어진 곳에 서 있다가 내게로 다가왔다.

· 곳에 앉다 坐在……
큰언니는 누워 있는 엄마에게서 세 발짝쯤 떨어진 곳에 앉았다.

· 곳에 오다 来到……
그는 생계를 유지하기 위해 낯선 곳에 와 있다.

· 곳에 옮기다 搬到……
솎아버린 화초를 볕이 안 드는 곳에 옮겨 심었다.

· 곳에 위치하다 位于……
멕시코시티는 세계에서 가장 높은 곳에 위치한다.

· 곳에 이르다 抵达……
그는 이미 음식점인지 술집인지 알 수 없는 곳에 이르렀다.

곳에서 ~

· 곳에서 살다 在……生活
누님은 결혼해서 10년 넘게 그 곳에서 살고 있었다.

Ⓐ + 곳

· 가까운 곳 近处
가까운 곳에 지하철역이 있어 교통이 편리하다.

· 갈 곳 要去的地方
나는 이미 갈 곳을 정해놓고 있었다.

· 구석진 곳 旮旯儿
우리는 구석진 곳으로 자리를 옮기고 맥주 두 병을 시켰다.

· 깊숙한 곳 很深的地方
적을 피해 산속 깊숙한 곳까지 도망갔다.

· 깊은 곳 深处
깊은 곳에는 들어가지 마라.

· 낯선 곳 陌生的地方
낯선 곳을 방문한다는 것은 언제나 두렵다.

· 넓은 곳 宽阔的地方
아이가 태어나면 좀 더 넓은 곳으로 이사를 가야 한다.

· 높은 곳 高处
저 높은 곳을 향하여 날마다 나아갑니다.

· 다른 곳 别处
이 자금을 다른 곳에 사용하려면 실명으로 거래해야

한다.

· **따뜻한 곳** 温暖的地方
따뜻한 곳에 누우면 잠이 솔솔 온다.

· **떨어진 곳** 距离远的地方
목포 공항에서 90여 킬로미터 떨어진 곳에 광주 공항이 있다.

· **머나먼 곳** 遥远的地方
무엇에 쫓겨 이 머나먼 곳에 와 있는 걸까.

· **먼 곳** 远处
노인은 말하고서 다시 먼 곳을 바라보았습니다.

· **아픈 곳** 疼的地方
의사는 아픈 곳을 누르기 시작했다.

· **안전한 곳** 安全的地方
안전한 곳으로 차를 유도했다.

· **어두운 곳** 黑暗的地方
어두운 곳을 밝힐 수 있도록 가로등을 설치해 주십시오.

· **여러 곳** 各个地方
이번 방학 동안 여러 곳을 여행했습니다.

· **외딴 곳** 偏远的地方
그의 집은 마을에서 한참 떨어진 외딴 곳에 있었다.

· **외진 곳** 偏僻的地方
예전에는 외진 곳이었는데 지금은 시내 한복판이 되고 말았다.

· **유명한 곳** 有名的地方
한국에서 가장 유명한 곳이 어디입니까?

· **조용한 곳** 安静的地方
조용한 곳에서 이야기를 나누기 위해 자리를 옮겼다.

· **좋은 곳** 好的地方
이렇게 좋은 곳을 본 적이 있어요?

· **태어난 곳** 出生的地方
제가 태어난 곳은 작은 시골입니다.

0214 공¹
球

공 – N

· **공차기** 踢球

공 + N

· **공 모양** 球状
· **공 크기** 球的大小

공 + V

공을 ~

· **공을 굴리다** 滚球
아이들은 운동장에서 공을 굴리면서 놀곤 했다.

· **공을 꺼내다** 把球取出来
공이 홀 컵에 들어가면 즉시 공을 꺼내야 한다.

· **공을 놓치다** 没接住球
중간에 공을 놓치면 다시 처음부터 시작해야 한다.

· **공을 다루다** 玩球
그는 공을 다루는 기술이 좋은 편이었다.

· **공을 던지다** 投球
공주는 혼자서 공을 던지고 받는 놀이를 하고 있었다.

· **공을 돌리다** 转球
선수들이 공을 돌릴 때 갖는 여유로움도 이전보다 많이 좋아졌다.

· **공을 받다** 接球
저는 공을 받다가 손가락이 삐어 무척 아팠습니다.

· **공을 차다** 踢球
그는 공휴일이면 슬그머니 학교로 가서 공을 차고 놀았다.

· **공을 치다** 打球
날씨가 조금 추웠지만 공을 치고 달리다 보니 하나도 춥지 않았다.

0215 공²
功, 功劳, 功夫

공 + V

공이 ~

· **공이 들다** 花费工夫
공이 들어가는 작품은 더 많은 값어치를 한다.

· **공이 크다** 贡献很大
그 사람이 회장으로 선출되는 데는 아내의 공이 컸다.

공을 ~

· **공을 돌리다** 归功于……
그는 회장이었을 때 항상 부하에게 공을 돌리곤 했다.

· **공을 들이다** 下功夫
어머니께서 손수 공을 들여 만드신 음식이에요.

· **공을 세우다** 立功
선조들이 공을 세운 땅에는 비석이라도 세우십시오.

· **공을 인정받다** 功绩得到认可
지점장은 회사에 오래 근무한 공을 인정받아 부임한 사람이었다.

惯

81

· 공을 쌓다 積累功绩
군사령관으로서 많은 공을 쌓은 그는 그만큼 정적도
많았다.

0216 공간 (空間)
空间

공간이 ~
· 공간이 부족하다 空间不够
아파트의 주차 공간이 부족하다.
· 공간이 생기다 有了空间
예정에 없던 뜻밖의 공간이 생겼다.
· 공간이 필요하다 需要空间
 자동차가 회전하기 위해서는 최소한의 공간의 필요하다.

공간으로 ~
· 공간으로 만들다 营造……的空间
세종로를 시민 공간으로 만들자고 제안했다.
· 공간으로 활용하다 用做……的空间
상설 문화 공간으로 활용할 계획이다.

· 넓은 공간 宽阔的空间
넓은 공간이 텅 비어 있다.
· 비좁은 공간 狭窄的空间
비좁은 공간이 건물로 가득 차 있어서 숨이 막힌다.
· 빈 공간 空着的地方
빈 공간에 탁자를 놓았다.
· 새로운 공간 新的空间
청소년을 위한 새로운 공간이 만들어졌다.
· 작은 공간 狭小的空间
작은 공간이라도 확보해야 한다.
· 좁은 공간 狭窄的空间
좁은 공간에 이 많은 사람이 다 살 수는 없다.

0217 공개 (公開)
公开

· 공개강좌 公开讲座

· 공개경쟁 公开竞争
· 공개서한 公开信
· 공개수사 公开调查，公开搜查

· 공개 방송 公开广播
· 공개 사과 公开道歉
· 공개 자료실 公开资料室
· 공개 토론회 公开讨论会

0218 공격 (攻擊)
攻击

공격이 ~
· 공격이 시작되다 开始攻击
정부군의 대대적인 공격이 시작되었다.

공격을 ~
· 공격을 감행하다 公然袭击
미사일 공격을 감행할 경우 전쟁이 발발할 것이다.
· 공격을 받다 遭到攻击
파출소 2곳이 화염병의 공격을 받았다.
· 공격을 펼치다 展开攻击
압도적인 공격을 펼치고도 골을 넣지 못했다.

공격에 ~
· 공격에 가담하다 参与进攻
수비수들이 여러 차례 공격에 가담했다.
· 공격에 나서다 参加攻击
표범처럼 선제공격에 나섰다.
· 공격에 대비하다 应对攻击
이라크의 공격에 대비해 경계 태세에 돌입했다.

0219 공공 (公共)
公共

· 공공건물 公共建筑
· 공공복리 公共福利
· 공공시설 公共设施

· 공공요금 公共费用
· 공공장소 公共场所
· 공공질서 公共秩序

공공 + N

· 공공 개혁 公共改革
· 공공 기관 公共机关
· 공공 도서관 公共图书馆
· 공고 부문 公共部门
· 공공 서비스 公共服务
· 공공 업무 公共事务
· 공공 의료 公共医疗

0220 공군 (空軍)
空军

공군 - N

· 공군사관학교 空军士官学校

공군 + N

· 공군 기지 空军基地
· 공군 참모총장 空军参谋总长

0221 공급 (供給)
供给，供应

공급 + N

· 공급 물량 供给量
· 공급 업체 供应商，供应厂家

공급 + V

공급이 ~
· 공급이 늘다 供给增加
우유와 계란의 공급이 늘어나서 가격이 내려갔다.
· 공급이 부족하다 供给不足
생필품의 공급이 부족한 상황이다.

0222 공기 (空氣)
空气，气氛

공기 + N

· 공기 오염 空气污染
· 공기 정화 空气净化
· 공기 정화기 空气净化器
· 공기 청정기 空气净化器
· 공기 흐름 空气流动

공기 + V

공기가 ~
· 공기가 감돌다 弥漫着……的气氛
아침부터 방송국에는 차가운 공기가 감돌았다.
· 공기가 건조하다 空气干燥
실내에 빨래를 널어 공기가 건조해지지 않도록 해야
한다.
· 공기가 깨끗하다 空气洁净
공기가 깨끗한 곳에 새로 집을 지었다.
· 공기가 나쁘다 空气不好
주위의 공장 매연때문에 아침에는 더욱 공기가 나쁘다.
· 공기가 더럽다 空气很脏
공기가 더럽고 안개가 심할 때 스모그현상이 생긴다.
· 공기가 맑다 空气清新
전망이 좋고 공기가 맑아 요양을 겸한 살림집으로 얻
은 것 같았다.
· 공기가 상쾌하다 空气清爽
'사랑'이라는 산소 때문에 우리들 인생의 공기가 상쾌
해진다.
· 공기가 서늘하다 空气凉
집밖을 나서니 밤공기가 서늘했다.
· 공기가 선선하다 空气凉爽
산촌의 계절은 빨라 얼굴에 와 닿는 공기가 제법 선선
하고 상쾌했다.
· 공기가 시원하다 空气清爽
바람이 불어서 공기가 참 시원하네요.
· 공기가 신선하다 空气新鲜
공기가 신선해서인지 기분은 상쾌하다.
· 공기가 차갑다 空气很凉
하늘은 여전히 흐렸고 공기가 차가웠다.
· 공기가 탁하다 空气浑浊
자동차 매연으로 공기가 탁하다.
· 공기가 통하다 空气流通
씻은 다음에 비닐 랩으로 싸서 공기가 통하지 않게 보
관해야 한다.

공기를 ~

· **공기를 넣다** 打气, 充气
공기 펌프를 이용해 자동차 바퀴에 공기를 넣으면 된다.

· **공기를 들이마시다** 吸气
맑은 공기를 맘껏 들이마시고 싶다.

· **공기를 마시다** 呼吸空气
바깥 공기를 마셔야 할 것 같아서 집을 나섰다.

· **공기를 불어넣다** 往里吹气
풍선에 공기를 불어넣어 보세요.

· **공기를 빼다** 放出里面的空气
진공청소기로 쓰레기봉투 안의 공기를 뺀다.

· **공기를 쐬다** 透气
밖에 나가 맑은 공기를 쐬고 싶었지만 그럴 시간 없었다.

· **공기를 정화시키다** 净化空气
이 나무가 주변 공기를 정화시킬 수 있다.

· **공기를 호흡하다** 呼吸空气
약수를 마시듯 그는 싸늘한 공기를 깊숙이 호흡했다.

Ⓐ + 공기

· **맑은 공기** 清新的空气
맑은 공기를 마시면 건강이 좋아질 것 같다.

0223 **공동** (共同)
共同

공동 - Ⓝ

· **공동대표** 共同代表
· **공동생활** 共同生活
· **공동선언** 共同宣言
· **공동성명** 共同声明
· **공동체** 共同体

공동 + Ⓝ

· **공동 개발** 共同开发
· **공동 개최** 共同举办
· **공동 구매** 共同购买
· **공동 대응** 共同应对
· **공동 연구** 共同研究
· **공동 이익** 共同利益
· **공동 작업** 共同工作
· **공동 조사** 共同调查
· **공동 주택** 公共住宅

· **공동 화장실** 公共卫生间

공동 + Ⓥ

공동으로 ~

· **공동으로 개최하다** 共同举办
2002년 월드컵은 한일 양국이 공동으로 개최했다.

· **공동으로 나누다** 共同分享
노동의 결과를 공동으로 나눠 생활하자.

· **공동으로 대처하다** 共同对付
위기에 공동으로 대처하기 위한 기구가 출범하였다.

· **공동으로 이용하다** 共同利用
마을에는 공동으로 이용하는 우물 한 곳이 있다.

0224 **공동묘지** (共同墓地)
公墓

공동묘지 + Ⓥ

공동묘지에 ~

· **공동묘지에 묻히다** 被埋葬在公墓
아버지는 공동묘지에 묻히셨다.

0225 **공부** (工夫)
学习

공부 - Ⓝ

· **공부벌레** 书呆子

공부 + Ⓝ

· **공부 방법** 学习方法
· **공부 시간** 学习时间
· **공부 욕심** 学习欲望

공부 + Ⓥ

공부가 ~

· **공부가 끝나다** 学习结束
마침내 하루의 공부가 다 끝났습니다.

· **공부가 되다** 成为一种学习
시를 쓰는 것은 평생을 살아가는 데 훌륭한 공부가 된다.

· **공부가 모자라다** 学习得不够

고등학교에 입학하려면 잠을 안 자고 공부해도 공부가
모자랐다.
· **공부가 즐겁다** 喜欢学习
공부가 즐겁지 않으면, 그만두는 것 외에 다른 방법이
없다.

공부를 ~

· **공부를 가르치다** 指导学习
그는 자선 학교를 열어 고아들을 모아 공부를 가르쳤다.
· **공부를 게을리하다** 疏于学习
나는 처음 불어를 시작할 때 발음 공부를 게을리했다.
· **공부를 계속하다** 继续学习
그는 공부를 계속하기 위해 매년 한 차례씩 체류 기간
을 연장했다.
· **공부를 때려치우다** 放弃学业
대학 졸업 후 하던 공부를 때려치우고 스튜어디스가
되었다.
· **공부를 마치다** 结束学习
오빠는 미국에서 공부를 마치고 작년에 귀국했다.
· **공부를 시작하다** 开始学习
실직한 형이 어느 날부터 자격증 공부를 시작했다.
· **공부를 시키다** 供……学习
아버지는 가장 중요한 것이 아이들 공부를 시키는 것
이라고 했다.
· **공부를 잘하다** 学习好
아버지는 내가 공부를 잘하는 줄로만 알고 계셨다.

공부에 ~

· **공부에 매달리다** 埋头学习
요즘 대학생들은 매일 공부에 매달려 있다.
· **공부에 몰두하다** 埋头学习
저는 요즘 영어 공부에 몰두하고 있다.
· **공부에 시달리다** 因学习而受苦
긴 세월 동안 어려운 공부에 시달리다가 이제 마지막
관문을 통과했다.

0226 **공사**[1] (工事)
工程，施工

공사 + Ⓝ

· **공사 기간** 施工期间
· **공사 현장** 施工现场

공사 + Ⓥ

공사를 ~

· **공사를 강행하다** 强制施工

주민들의 반대에도 불구하고 공사를 강행했다.
· **공사를 따내다** 工程中标
그는 대규모 공사를 따내는 능력을 발휘했다.
· **공사를 마치다** 结束施工
금년 안으로 공사를 마칠 예정입니다.
· **공사를 수주하다** 接受施工
대형 건설사에서 신축 공사를 수주했다.
· **공사를 시작하다** 开工，兴工
내일부터 공사가 시작되니까 다른 길로 다녀라.
· **공사를 중지하다** 中断施工
장마로 인해 공사를 당분간 중지하기로 했다.

0227 **공사**[2] (公私)
公与私，公事与私事

공사 + Ⓥ

공사를 ~

· **공사를 구별하다** 公私分明
사람이 공사를 구별할 줄 알아야지.

0228 **공식** (公式)
正式

공식 + Ⓝ

· **공식 기구** 正式机构
· **공식 석상** 正式场合，台面
· **공식 요청** 正式邀请
· **공식 일정** 正式日程
· **공식 행사** 正式活动
· **공식 홈페이지** 正式网站
· **공식 회의** 正式会议

0229 **공연** (公演)
公演，演出

공연 + Ⓝ

· **공연 기획** 演出计划
· **공연 단체** 演出团体

· 공연 무대 演出舞台
· 공연 문화 演出文化
· 공연 시설 演出设施
· 공연 실황 演出实况
· 공연 장소 演出场地
· 공연 준비 演出准备
· 공연 활동 演出活动

공연 + Ⓥ

공연이 ~

· 공연이 끝나다 演出结束
지난달 서울에서 있었던 공연이 성황리에 끝난 것을 축하합니다.

· 공연이 시작되다 演出开始
공연이 시작되면 담배를 삼가는 게 모두를 위한 예의이다.

· 공연이 열리다 举行演出
이 노천극장에서는 1990년 이래로 매년 여름밤 오페라 공연이 열린다.

공연을 ~

· 공연을 가지다 进行演出
여기서 예술 공연을 가질 장애인 예술단은 오늘 오후에 입국한다.

· 공연을 갖다 进行演出
러시아 발레단이 내한 공연을 갖는다.

· 공연을 관람하다 观看演出
얼마 전 이 실내악단의 내한 공연을 관람한 적이 있다.

· 공연을 구경하다 观看演出
친구는 실제 공연을 구경해 보지도 못한 사람이었다.

· 공연을 기획하다 策划演出
그때 그는 창작 공연을 기획한 이벤트 회사의 사원이었다.

· 공연을 마치다 演出结束
그는 뛰어난 실력을 발휘해 공연을 성공적으로 마칠 수 있었다.

· 공연을 벌이다 举办演出
그는 자선 공연을 벌인 적이 있을 정도로 노래 실력이 뛰어나요.

· 공연을 보다 观看演出
사람들은 공연을 보면서 예술가들과 같이 숨 쉬고 교감한다.

· 공연을 시작하다 开始演出
그는 벌써 다음 공연을 시작하고 있었다.

· 공연을 열다 举办演出
이 예술단은 내일부터 서울에서 한 달 동안 공연을 열 계획이다.

· 공연을 준비하다 准备演出

연극 반을 맡고 나서 첫 공연을 준비하고 있다.

· 공연을 즐기다 欣赏演出
이곳에선 음악과 연극 등 다양한 공연을 즐길 수 있다.

· 공연을 지켜보다 观看演出
무대 옆에서, 출연 장면이 끝난 배우들은 공연을 지켜보았다.

· 공연을 지휘하다 指挥演出
프랑스 예술 감독은 오늘부터 21일까지 전 공연을 지휘한다.

· 공연을 펼치다 举办演出
이 가수는 25일까지 문화예술회관에서 공연을 펼친다.

· 공연을 하다 演出
라이브 공연을 할 수 있는 무대를 지하 2층에 설치했다.

공연에 ~

· 공연에 매료되다 被演出所吸引
첫 공연에 매료된 그는 매년 이 공연을 찾는다.

· 공연에 출연하다 参加演出
축하 공연에 출연한 아내는 아직 연습 중이다.

0230 공원 (公園)

公园

공원 + Ⓝ

· 공원 녹지 公园绿化
· 공원 벤치 公园长椅
· 공원 입구 公园入口
· 공원 잔디 公园草坪

공원 + Ⓥ

공원이 ~

· 공원이 생기다 有了公园
우리동네에도 미니어처 공원이 생길 날이 멀지 않았다.

공원을 ~

· 공원을 거닐다 在公园里蹓跶
그는 공원을 거닐며 슬픔에 잠겼다.

· 공원을 만들다 修建公园
굳이 여기에 공원을 만들 필요가 없었을 것이다.

· 공원을 산책하다 在公园里散步
우리는 아침부터 공원을 산책하며 시내를 돌아다녔다.

· 공원을 조성하다 修建公园
그는 자투리땅에 나무를 심어 공원을 조성하자고 주장했다.

공원에 ~

· 공원에 가다 去公园
아버지는 그를 데리고 공원에 가서 눈사람을 만들었다.

· 공원에 모이다 在公园里集合
우리 가족은 집 근처의 공원에 모여 새해 분위기를 만끽하였다.

· 공원에 오다 来公园
그는 공원에 오는 사람들에게 꽃 한 송이를 주고 있다.

0231 공장 (工場)
工厂

· 공장부지 工厂用地

· 공장 건물 工厂建筑物
· 공장 견학 参观工厂
· 공장 라인 工厂生产线
· 공장 분위기 工厂气氛
· 공장 직원 工厂员工
· 공장 폐수 工厂废水

공장이 ~

· 공장이 가동되다 工厂开工
공장이 가동될 경우 대기 오염이 더욱 심해질 것이다.

· 공장이 돌아가다 工厂运营
그동안 쉬고 있던 공장이 다시 돌아가기 시작합니다.

· 공장이 들어서다 兴建工厂
공장이 들어서지 않았다면 이곳은 한적한 작은 포구였을 것이다.

· 공장이 만들어지다 工厂落成
드디어 공장이 만들어지고 공장 내부에 작업 체제가 확립되었다.

· 공장이 생기다 新建工厂
공장이 많이 생기면서 그들이 다시 공장 노동자로 일하게 되었다.

· 공장이 준공되다 工厂竣工
올 가을 울산 새 공장이 준공되면 매출이 급증할 전망이다.

공장을 ~

· 공장을 가동하다 工厂开工
연간 100만 톤을 생산할 능력을 갖춘 공장을 가동할

것이다.

· 공장을 가지다 拥有工厂
우리나라는 거대한 라면 공장을 가지고 있다.

· 공장을 건설하다 建设工厂
고품질의 승용차 생산을 위해 새로운 공장을 건설하였다.

· 공장을 견학하다 参观工厂
어제 도시 근교에 있는 치즈 공장을 견학했다.

· 공장을 경영하다 经营工厂
그는 대리점을 운영하면서 견직물 공장도 경영하고 있다.

· 공장을 다니다 在工厂工作
그녀는 고향을 따라 서울에서 공장을 다녔다고 한다.

· 공장을 세우다 创建工厂
새로운 사업을 위해 조그만 공장을 세웠다.

· 공장을 폐쇄하다 关闭工厂
그는 생산성이 떨어지는 공장을 계속 폐쇄했다.

· 공장을 옮기다 迁移工厂
요새 기업들은 임금이 싼 동구권으로 공장을 옮기는 추세이다.

· 공장을 운영하다 经营工厂
아버지는 소금 공장을 운영하고 있다.

· 공장을 인수하다 接手工厂
이 공장은 기존 공장을 인수하여 한 것이다.

· 공장을 짓다 建造工厂
새로 공장을 짓는 것보다 인수하는 편이 경비가 덜 든다.

· 공장을 차리다 办工厂
그는 최근에 멸치 가공품 생산 공장을 차리기도 했다.

공장에 ~

· 공장에 나가다 去工厂
그 근처 공장에 나가기 시작하면서 교회에도 다시 나가게 됐다.

· 공장에 다니다 在工厂上班
중학교를 졸업한 나는 도시로 올라가 열심히 공장에 다녔다.

· 공장에 들어가다 到工厂上班
그가 공장에 들어간 것은 학비를 마련하기 위해서이다.

· 공장에 취직하다 到工厂上班
공장에 취직해서 여기 오기 전까지는 거의 한 작품도 못 그렸다.

공장에서 ~

· 공장에서 근무하다 在工厂工作
제 동생은 신발 공장에서 근무하고 있습니다.

· 공장에서 나오다 工厂产出
그는 자신의 공장에서 나오는 물건을 직접 내다팔고 있다.

· 공장에서 만들다 在工厂里制造
도자기 공장에서 만든 옹기는 한 개에 2천원이다.

· 공장에서 생산되다 在工厂里生产
공장에서 생산된 물품은 시장에 나오게 된다.

· 공장에서 일하다 在工厂工作
지금은 누나들이 공장에서 열심히 일하고 있겠다.

0232 공중¹ (公衆)
公共, 公众

공중 - N
· 공중도덕 公共道德
· 공중전화 公共电话
· 공중화장실 公共卫生间

공중 + N
· 공중 보건 大众保健

0233 공중² (空中)
空中

공중 - N
· 공중그네 高空秋千
· 공중분해 空中分解
· 공중폭격 空中炮击

공중 + N
· 공중 공격 空中攻击

공중 + V
공중을 ~
· 공중을 날다 在空中飞
아무런 속박 없이 자유롭게 새처럼 공중을 날고 싶다.
공중에 ~
· 공중에 뜨다 飘在空中
새 한 마리가 공중에 떠 있었다.
· 공중에 매달리다 悬挂在空中
풍선이 공중에 매달려 있었다.
공중으로 ~
· 공중으로 떠오르다 升到空中
비행기가 공중으로 떠오르기 시작했다.
· 공중으로 치솟다 冲到空中
연이 바람을 안고 공중으로 치솟았다.

0234 공중전화 (公衆電話)
公用电话

공중전화 + N
· 공중전화 박스 公用电话亭
· 공중전화 부스 公用电话亭
· 공중전화 카드 公用电话卡

공중전화 + V
공중전화를 ~
· 공중전화를 걸다 打公用电话
과거에는 공중전화를 걸기 위해 줄을 서야 했다.
· 공중전화를 이용하다 用公用电话
범인들은 공중전화를 이용해 몇 차례 협박 전화를 걸었다.

0235 공짜 (空짜)
免费

공짜 + V
공짜가 ~
· 공짜가 아니다 不是免费
공짜처럼 보이지만 실제로는 공짜가 아니다.
· 공짜가 없다 没有免费
'세상에 공짜가 없다'는 교훈을 명심해라.
공짜로 ~
· 공짜로 얻다 免费获得
술을 공짜로 얻어 마시려고 1시간을 걸어왔다.
· 공짜로 제공하다 免费提供
주인이 공짜로 제공한 음식으로 파티를 벌였다.
· 공짜로 주다 免费提供
공짜로 주는 맥주를 마시고 가게 밖으로 나왔다.

慣
· 공짜라면 양잿물도 먹는다 贪便宜不要命
옆집 할아버지는 공짜를 좋아해서 공짜라면 양잿물도 먹을 것 같다.

0236 공책 (空冊)
笔记本

공책 + Ⓥ

공책을 ~
· 공책을 꺼내다 拿出笔记本
그는 자기 전에 꼭 공책을 꺼내 아빠에게 편지를 쓴다.
· 공책을 내려놓다 放下笔记本
공책을 내려놓으며 나는 생각한다.
· 공책을 덮다 合上笔记本
나는 공책을 덮고 책상에 엎드렸다.
· 공책을 뒤적거리다 翻阅笔记本
내 글을 써 놓은 공책을 뒤적거려 보고 있었다.
· 공책을 펴다 打开笔记本
초 한 토막에 불을 밝히고 공책을 폈다.
· 공책을 펼치다 打开笔记本
공책을 펼치고 거기에 적힌 문구들을 읽기 시작했다.

공책에 ~
· 공책에 남기다 记录在笔记本上
그는 방대한 분량의 원고를 10권의 공책에 남겼다.
· 공책에 쓰다 写在笔记本上
내일 할 일을 공책에 써보았다.
· 공책에 적다 写到本子上
그날 밤 읽은 시를 낡은 공책에 적었다.

Ⓐ + 공책

· 새 공책 新笔记本
딸은 새 공책을 갖고 학교에 갔다.

0237 공통 (共通)
共同

공통 - Ⓝ

· 공통분모 公分母

공통 + Ⓝ

· 공통 요소 共同要素

0238 공포 (恐怖)
恐怖，恐惧

공포 + Ⓝ

· 공포 분위기 恐怖气氛
· 공포 영화 恐怖电影

공포 + Ⓥ

공포가 ~
· 공포가 엄습하다 恐怖袭来
전염병에 대한 공포가 엄습해 왔다.
· 공포가 확산되다 恐怖扩散
중국 전역에 사스 공포가 확산되고 있다.

공포를 ~
· 공포를 갖다 感到恐惧
그녀는 임신에 대한 공포를 갖고 있었다.
· 공포를 느끼다 感到恐怖
그들은 밤이면 항상 공포를 느끼기 시작했다.

0239 공항 (空港)
机场

공항 - Ⓝ

· 공항버스 机场大巴

공항 + Ⓝ

· 공항 대합실 机场候机室
· 공항 직원 机场员工
· 공항 청사 候机楼
· 공항 택시 机场出租车

공항 + Ⓥ

공항을 ~
· 공항을 나서다 走出机场
그는 입국 심사대를 지나 공항을 나섰다.
· 공항을 떠나다 离开机场
그는 8명의 대원들과 함께 공항을 떠났습니다.
· 공항을 봉쇄하다 封闭机场
테러범들이 잡힐 때까지 공항을 봉쇄할 계획이다.
· 공항을 완공하다 机场竣工

우리 시는 최근에 새 공항을 완공하고 개통했다.
· 공항을 **이륙하다** 起飞离开机场
공항을 이륙한 비행기가 다시 착륙했다.
· 공항을 **이용하다** 利用机场
그는 극성팬 때문에 다른 공항을 이용할 수밖에 없었다.
· 공항을 **출발하다** 从机场出发
공항을 출발한 지 10분도 지나지 않았다.

공항에 ~

· 공항에 **가다** 去机场
설날마다 우리는 공항에 가서 할머니를 모시고 옵니다.
· 공항에 **나가다** 到机场去
출발 시간을 연락 받지 못해서 공항에 나가지 못했다.
· 공항에 **나오다** 来到机场
공항에 나와 있던 그는 울면서 손을 흔들었다.
· 공항에 **내리다** 抵达机场
저녁 7시 40분에 인천 공항에 내렸습니다.
· 공항에 **도착하다** 到达机场
어느덧 비행기는 공항에 도착했다.
· 공항에 **마중 나가다** 去机场迎接
공항에 마중 나가지 못해 죄송합니다.
· 공항에 **착륙하다** 着陆
비행기는 새벽에 되어야 공항에 착륙했다.

0240 **공해** (公害)
公害

공해 + N

· 공해 **물질** 公害物质
· 공해 **배출** 排放公害

공해 + V

공해가 ~

· 공해가 **심하다** 公害严重
창문을 열기 힘들 정도로 공해가 심했다.

공해를 ~

· 공해를 **유발하다** 引发公害
일부 기업들은 치명적인 공해를 유발했다.

공해로 ~

· 공해로 **인하다** 由于公害
공해로 인해 많은 사람이 두통을 앓고 있다.

0241 **공휴일** (公休日)
公休日

공휴일 + N

· 공휴일 **다음날** 公休日第二天
· 공휴일 **지정** 定公休日

공휴일 + V

공휴일을 ~

· 공휴일을 **보내다** 度过公休日
이번 공휴일을 어떻게 보냈어요?

공휴일로 ~

· 공휴일로 **삼다** 定为公休日
오는 7월 1일을 임시 공휴일로 삼기로 했다.
· 공휴일로 **정하다** 定为公休日
대통령 선거일은 공휴일로 정해져 있다고 들었다.
· 공휴일로 **지정하다** 指定为公休日
정부는 의회 선거일을 임시 공휴일로 지정했다.

0242 **과거**[1] (科擧)
科举考试

과거 + V

과거를 ~

· 과거를 **보다** 考科举
매년 많은 사람이 과거를 보기 위해 서울로 올라온다.

과거에 ~

· 과거에 **급제하다** 科举及第
과거에 급제하지 못하면 나의 아들이라고 하지 말거라.
· 과거에 **응시하다** 参加科举
과거에 응시할 자격을 박탈당했다.
· 과거에 **합격하다** 科举及第
그는 18세의 어린 나이에 과거에 합격했다.

0243 **과거**[2] (過去)
过去

과거 + V

과거를 ~

· 과거를 기억하다 记住过去
과거를 기억하려고 했지만 잘 떠오르지 않았다.

· 과거를 묻다 询问过去
결혼을 앞둔 그는 그녀에게 과거를 묻지 않을 수 없었다.

· 과거를 청산하다 清算过去
과거를 청산하고 미래를 준비해야 한다.

· 과거를 회고하다 回顾过去
그는 밤길을 걷는 내내 자신의 과거를 회고했다.

· 과거를 회상하다 回想过去
사진을 보면서 그는 과거를 회상했다.

과거로 ~

· 과거로 돌아가다 回到过去
과거로 돌아가는 것이 가능할까?

惯

· 과거가 있다 有心酸的或不光彩的过去
저같이 과거가 있는 여자를 누가 좋아하겠어요?

0244 **과목** (科目)
科目

과목 + Ⓥ

과목을 ~

· 과목을 가르치다 教课
학교에서는 무슨 과목을 가르치세요?

· 과목을 수강하다 听课
선택 과목을 수강하는 학생이 많아서 강의실을 옮겼다.

0245 **과외** (課外)
课外辅导

과외 – Ⓝ

· 과외수업 课外补习

과외 + Ⓝ

· 과외 공부 课外补习
· 과외 선생 课外辅导老师

과외 + Ⓥ

과외를 ~

· 과외를 받다 接受课外辅导
성적이 떨어지자 그는 과외를 받기 시작했다.

0246 **과일**
水果

과일 + Ⓝ

· 과일 가게 水果商店
· 과일 값 水果价格
· 과일 껍질 果皮
· 과일 나무 果树
· 과일 맛 水果味
· 과일 안주 果盘
· 과일 장수 水果商贩
· 과일 재배 水果栽培
· 과일 주스 果汁
· 과일 향기 果香

과일 + Ⓥ

과일이 ~

· 과일이 나오다 水果上市
날씨가 더워지면서 맛있는 과일이 많이 나왔다.

· 과일이 달다 水果甜
찬 과일이 더 단 이유가 무엇인가요?

· 과일이 담기다 盛水果
쟁반 위에 과일이 가득 담겨 있다.

· 과일이 맛있다 水果好吃
낮과 밤의 기온차가 커서 과일이 맛있다.

· 과일이 비싸다 水果贵
과일이 너무 비싸서 못 살겠다.

· 과일이 상하다 水果腐烂
우리들이 심어 놓은 과일들이 다 상했다.

· 과일이 시다 水果酸
과일이 너무 셔서 못 먹겠습니다.

· 과일이 썩다 水果腐烂
냉장고 안의 과일이 다 썩어 있었다.

· 과일이 열리다 结果子
나무에 탐스러운 과일이 열려 있다.

· 과일이 익다 水果成熟
우리 시골 과일이 정말 맛있게 익었다.

과일을 ~

· 과일을 먹다 吃水果
야채나 과일을 많이 먹으면 암을 예방할 수 있다.

Ⓐ + 과일

· 맛있는 과일 好吃的水果
그는 나에게 맛있는 과일을 갖다 주기도 했다.
· 신선한 과일 新鲜的水果
시장에서 신선한 과일을 저렴한 가격에 구입할 수 있다.

0247 **과자** (菓子)
点心, 饼干

과자 + Ⓝ

· 과자 가게 饼干商店
· 과자 공장 饼干工厂
· 과자 광고 饼干广告
· 과자 봉지 饼干袋子
· 과자 부스러기 饼干渣

과자 + Ⓥ

과자를 ~
· 과자를 굽다 烤饼干
엄마는 우리에게 맛있는 과자를 구워 주었다.
· 과자를 만들다 做饼干
엄마의 취미는 과자를 만드는 것이다.
· 과자를 먹다 吃饼干
휴식 시간에 두 사람은 마주 앉아 과자를 먹고 있었다.
· 과자를 사다 买饼干
나는 동생을 데리고 가게에 가서 과자를 사 주었습니다.
· 과자를 팔다 卖饼干
할아버지는 한 개에 1000원짜리 과자를 팔고 있었다.

Ⓐ + 과자

· 맛있는 과자 好吃的饼干
그는 아이들을 위해 늘 맛있는 과자를 구워 준다.

0248 **과장**[1] (課長)
科长

과장 + Ⓥ

과장이 ~
· 과장이 되다 成为科长
그는 3년 만에 과장이 되었다.

과장으로 ~
· 과장으로 승진하다 晋升为科长
그는 작년에 과장으로 승진했다.

0249 **과장**[2] (誇張)
夸张

과장 + Ⓝ

· 과장 보도 夸张报道

과장 + Ⓥ

과장이 ~
· 과장이 심하다 十分夸张
저 친구는 항상 과장이 심하다.

과장을 ~
· 과장을 하다 夸张
지나치게 과장을 해서는 안된다.

0250 **과정**[1] (課程)
课程

과정 + Ⓥ

과정을 ~
· 과정을 밟다 攻读……
미국에서 석사 과정을 밟고 있습니다.
· 과정을 마치다 结束课程
이번에 한국어 초급 과정을 마쳤습니다.

0251 **과정**[2] (过程)
过程

과정 + Ⓥ

과정을 ~

· 과정을 거치다 经过……过程
가설은 실증의 과정을 거쳐야 진실이 된다.
· 과정을 겪다 经历……过程
사춘기에는 성격이 변화하는 과정을 겪는다.

Ⓐ + 과정

· 복잡한 과정 复杂的过程
복잡한 과정을 마치고 마지막에 도장을 찍었다.
· 엄격한 과정 严格的过程
무대에 서기 위해서는 엄격한 과정을 거쳐야 한다.

0252 **과제** (課題)
课题，任务

과제 + Ⓝ

· 과제 해결 解决问题，解决任务，攻下课题

과제 + Ⓥ

과제를 ~
· 과제를 내다 交作业
선생님은 직접 조사하라는 과제를 내 주었다.
· 과제를 안다 有……课题
정부는 여전히 많은 과제를 안고 있다.
· 과제를 하다 写作业
어제 과제를 다 했어?
· 과제를 해결하다 解决……任务
역사적 과제를 해결하는 것은 쉬운 일이 아니다.

Ⓐ + 과제

· 시급한 과제 迫在眉睫的课题
시급한 과제부터 먼저 해결해야 합니다.
· 어려운 과제 艰巨的任务
두 사람 모두를 만족시키는 것은 어려운 과제입니다.
· 중요한 과제 重要的任务
무엇보다도 중요한 과제는 환경을 부호하는 일입니다.

0253 **과학** (科學)
科学

과학 – Ⓝ

· 과학기술 科学技术
· 과학수사 科学侦查
· 과학위성 科学卫星

과학 + Ⓝ

· 과학 고등학교 科技高中
· 과학 단체 科学团体
· 과학 영재 科学精英

과학 + Ⓥ

과학이 ~
· 과학이 발달하다 科技发达
과학이 발달함에 따라 사람들의 생활이 편리해졌다.

0254 **관객** (觀客)
观众

관객 + Ⓝ

· 관객 동원 动员观众

관객 + Ⓥ

관객이 ~
· 관객이 몰리다 观众聚集
공연에는 수많은 관객이 몰려 높은 관심을 반영했다.
관객을 ~
· 관객을 동원하다 动员观众
이 영화는 개봉 1주 만에 100만 관객을 동원했다.

Ⓐ + 관객

· 젊은 관객 年轻的观众
이번 작품에 대한 젊은 관객의 반응이 아주 좋았다.

0255 **관계** [관계/관게](觀係)
关系

관계 + Ⓥ

관계가 ~
· 관계가 깊다 关系深

특정 종교가 이번 사건과 관계가 깊은 듯하다.
· 관계가 없다 没关系
이번 일은 저와는 아무런 관계가 없습니다.
· 관계가 있다 有关系
이 문제는 그와 밀접한 관계가 있다.
· 관계가 좋다 关系好
요즘 두 사람 사이의 관계가 좋은 편이다.

관계를 ~
· 관계를 맺다 拉关系, 搭关系
친구들과 좋은 관계를 맺는 것이 중요하다.
· 관계를 유지하다 维持关系
관계를 맺는 것보다 관계를 유지하는 것이 더 어렵다.

관계로 ~
· 관계로 발전하다 发展为……关系
두 사람은 연인 관계로 발전했다.

Ⓐ + 관계
· 깊은 관계 很深的关系
언론에서는 두 사람이 깊은 관계를 맺고 있다고 했다.
· 밀접한 관계 密切的关系
두 사람은 여전히 밀접한 관계를 유지하고 있다.
· 특별한 관계 特别的关系
우리 두 사람은 어린 시절부터 특별한 관계이다.

0256 관광 (觀光)
观光, 旅游

관광 – Ⓝ
· 관광도시 旅游城市
· 관광산업 旅游产业
· 관광시설 旅游设施
· 관광자원 旅游资源

관광 + Ⓝ
· 관광 가이드 导游
· 관광 명소 旅游胜地
· 관광 상품 旅游商品
· 관광 수입 旅游收入
· 관광 안내소 旅游咨询处
· 관광 지도 旅游地图
· 관광 코스 旅游景点

관광 + Ⓥ
관광을 ~
· 관광을 다니다 去旅游
요즘은 날씨가 추워서 관광을 다니기 힘들다.
관광에 ~
· 관광에 나서다 去旅游
사람들은 배를 타고 금강산 관광에 나섰다.

0257 관광객 (觀光客)
游客

관광객 + Ⓥ
관광객이 ~
· 관광객이 몰리다 游客聚集
많은 관광객이 몰려서 주차할 곳이 없다.
관광객을 ~
· 관광객을 맞이하다 迎接游客
동네 주민들은 반갑게 관광객을 맞이했다.
관광객으로 ~
· 관광객으로 붐비다 游客人头攒动
이 공원은 언제나 관광객으로 붐빈다.
· 관광객으로 위장하다 假装游客
그들은 관광객으로 위장하여 동네를 둘러보았다.

0258 관광버스 (觀光bus)
旅游大巴

관광버스 + Ⓝ
· 관광버스 운전기사 旅游大巴司机

관광버스 + Ⓥ
관광버스를 ~
· 관광버스를 대절하다 包租旅游大巴
사람들은 관광버스를 대절해 결혼식에 참석했다.
· 관광버스를 타다 乘坐旅游大巴
사람들은 관광버스를 타고 시내를 구경했다.

0259 관광지 (觀光地)
旅游胜地

관광지 + Ⓥ

관광지를 ~

· 관광지를 둘러보다 参观名胜
박람회장을 관람하고 주변 관광지를 둘러보았다.

관광지로 ~

· 관광지로 개발하다 开发为旅游景点
정부는 그 지역을 세계적인 관광지로 개발할 예정이다.

Ⓐ + 관광지

· 유명한 관광지 名胜
이곳은 외국인들이 몰리는 유명한 관광지이다.

0260 관념 (觀念)
观念

관념 + Ⓥ

관념을 ~

· 관념을 가지다 持……观念
그는 국가에 대한 잘못된 관념을 가지고 있다.

관념에 ~

· 관념에 사로잡히다 被……观念所束缚
그의 부모님은 전통적인 성역할의 관념에 사로잡혀 있다.

관념에서 ~

· 관념에서 나오다 来自……观念
이러한 행동은 협소한 관념에서 나온 것이다.

· 관념에서 벗어나다 摆脱……观念
낡은 관념에서 벗어나지 못한 그는 항상 괴로워했다.

0261 관람 [괄람](觀覽)
观赏，观看

관람 + Ⓝ

· 관람 불가 禁止观赏
· 관람 시간 参观时间

0262 관련 (關聯)
关联，相关

관련 + Ⓝ

· 관련 기사 相关报道
· 관련 단체 相关团体
· 관련 법 相关法律
· 관련 부처 相关部门
· 관련 분쟁 相关纠纷
· 관련 산업 相关产业
· 관련 서적 相关书籍
· 관련 업계 相关业界
· 관련 업체 相关企业
· 관련 자료 相关资料
· 관련 정보 相关信息
· 관련 학과 相关学科

관련 + Ⓥ

관련이 ~

· 관련이 깊다 关系深
정부는 북한의 행동이 핵무기와 관련이 깊다고 보고 있다.

· 관련이 없다 没有关联
이번 사건은 대통령과는 관련이 없다.

· 관련이 있다 有关系
사람의 성격은 가정 환경과 큰 관련이 있기 마련이다.

관련을 ~

· 관련을 가지다 有关
철학과 문학은 항상 불가분의 관계를 가진다.

· 관련을 맺다 建立关系
두 가지 사건은 밀접한 관련을 맺고 있다.

· 관련을 지니다 有……关系
취업률과 경제 성장을 서로 밀접한 관련을 지닌다.

Ⓐ + 관련

· 밀접한 관련 密切的关系
식습관과 두뇌 발달은 밀접한 관련을 맺고 있는 것으로 밝혀졌다.

0263 **관리** [괄리](管理)
管理

관리 + ⓝ

· 관리 사무소 管理办公室
· 관리 소장 管理所长

ⓐ + 관리

· 철저한 관리 严格的管理
건강을 유지하기 위해서는 철저한 관리가 필수적이다.

0264 **관습** (慣習)
习俗

관습 + ⓥ

관습을 ~

· 관습을 따르다 根据习俗
요즘은 전통적인 관습을 따르지 않는다.

ⓐ + 관습

· 낡은 관습 陈旧的习俗
낡은 관습은 버리고 새로운 문화를 받아 들여야 한다.

0265 **관심** (關心)
关心, 兴趣

관심 + ⓝ

· 관심 모으기 引起关注
· 관심 분야 感兴趣的领域
· 관심 사항 关注事项
· 관심 영역 感兴趣的领域

관심 + ⓥ

관심이 ~

· 관심이 가다 感兴趣
가장 관심이 가는 뉴스는 경제 뉴스이다.
· 관심이 고조되다 兴趣高涨

중국에 대한 관심이 고조되었다.
· 관심이 깊다 有兴趣
난 음악에 관심이 깊지 않지만 그냥 듣는다.
· 관심이 낮다 不感兴趣
젊은이들은 정치에 대한 관심이 낮다.
· 관심이 높다 很感兴趣
시에 관심이 높은 그는 시를 직접 쓰기도 했다.
· 관심이 뜨겁다 兴趣极大
요새 대선에 대한 관심이 몹시 뜨겁다.
· 관심이 많다 很感兴趣
그녀는 연기자로 데뷔하기 전부터 영화에 관심이 많았다.
· 관심이 모아지다 引起关注
최근에서야 이 유적에 관심이 모아지게 되었다.
· 관심이 생기다 产生兴趣
공부에 관심이 생기지 않았다.
· 관심이 쏠리다 专注于……
경찰의 발표에 관심이 쏠리고 있다.
· 관심이 없다 不感兴趣
대표님은 이번 일에 별 관심이 없다.
· 관심이 있다 感兴趣
그는 한국 역사에 관심이 있다.
· 관심이 적다 不太关心
문화에 관심이 적은 사회는 발전하기 어렵다.
· 관심이 집중되다 倍受关注
한 기업의 혁신으로 재계의 관심이 집중되고 있다.
· 관심이 크다 十分感兴趣
요새 우리의 전통 식사법에 대한 관심이 커지고 있다.

관심을 ~

· 관심을 가지다 感兴趣
내가 축구에 관심을 가지게 된 것은 중학교에 들어간 이후다.
· 관심을 갖다 感兴趣
더불어 사는 삶에 더욱 관심을 갖게 되었습니다.
· 관심을 기울이다 非常关注
지역 분쟁에 관해서는 앞으로 계속해서 관심을 기울일 필요가 있을 것 같다.
· 관심을 끌다 引起关注
한국 아이돌이 중국인들의 관심을 끌고 있다.
· 관심을 나타내다 显示出兴趣
그는 주변의 모든 일에 관심을 나타냈다.
· 관심을 높이다 提高兴趣
그들은 한국 음식 및 한국 문화에 대한 관심을 높였다.
· 관심을 돌리다 转移兴趣
엄마는 만화영화로 아이의 관심을 돌렸다.
· 관심을 두다 关心
주부들은 환율 따위에 관심을 두지 않는다.
· 관심을 모으다 引起关注
이 상은 과학에 대한 관심을 모으기 위해 만든 것이다.

· **관심을 보이다** 关注
일반인들도 이번 사건에 높은 관심을 보이고 있다.
· **관심을 불러일으키다** 引起关注
해외 동포들에게 많은 관심을 불러일으켰다.
· **관심을 쏟다** 关注
한국은 물론 외국에서도 올림픽에 많은 관심을 쏟고 있다.
· **관심을 주다** 关心
그 후로 사람들은 불우이웃에게 크나큰 관심을 주었다.

A + 관심

· **각별한 관심** 格外的关注
그는 평소 한국에 각별한 관심을 가져왔다.
· **깊은 관심** 深切的关注
그는 무엇보다도 우리 역사에 깊은 관심을 갖고 있다.
· **남다른 관심** 不同寻常的关注
그는 우리 회사 제품에 남다른 관심을 보였다.
· **따뜻한 관심** 温暖的关爱
선생님의 따뜻한 관심과 사랑에 감사합니다.
· **지속적인 관심** 持续的关注
앞으로도 지속적인 관심 부탁드립니다.
· **큰 관심** 极大的兴趣
그는 평소에 문화 예술에 큰 관심을 가지고 있다.
· **특별한 관심** 特别的兴趣
요즘 청소년은 문학에 특별한 관심이 없다.

0266 **관점** [관쩜](觀點)
观点

관점 + V

관점이 ~
· **관점이 같다** 观点相似
그 사람과 나는 관점이 같다.
· **관점이 다르다** 观点不同
세대에 따라 결혼에 대한 관점이 다르다.

관점을 ~
· **관점을 제시하다** 提出观点
그는 언제나 균형 잡힌 관점을 제시하였다.
· **관점을 채택하다** 采用观点
여러 관점 중에 하나의 관점을 채택해야 한다.

관점에 ~
· **관점에 서다** 站在……观点上
그들은 서로 다른 관점에 서 있다고 볼 수 있다.
· **관점에 입각하다** 立足于……观点

언론은 언제나 특정한 관점에 입각해서 기사를 쓴다.

관점에서 ~
· **관점에서 보다** 从……观点来看
현대의 관점에서 볼 때 그의 주장은 잘못된 것이다.
· **관점에서 접근하다** 从……观点切入
철저하게 학습자의 관점에서 접근해야 한다.

관점으로 ~
· **관점으로 보다** 从……观点来看
생물학적 관점으로 볼 때 임신과 출산은 놀라운 자연의 섭리이다.

0267 **관찰** (觀察)
观察

관찰 + V

관찰을 ~
· **관찰을 통하다** 通过观察
경험적 관찰을 통해 과학적 진실이 밝혀졌다.

0268 **광경** (光景)
情景，场面

광경 + V

광경이 ~
· **광경이 떠오르다** 想起……的情
며칠 전 TV 화면에서 본 광경이 떠오른다.
· **광경이 벌어지다** 出现……一幕
어제와는 매우 대조적인 광경이 벌어졌었다.
· **광경이 보이다** 看到……的情景
창문으로 노을이 지는 광경이 보였다.
· **광경이 전개되다** 出现……的情景
그곳에 있었던 모든 사람을 놀라게 하는 광경이 전개되었다.

광경을 ~
· **광경을 구경하다** 看……景象
마을 사람들은 희한한 광경을 구경하려고 밖으로 왔다.
· **광경을 목격하다** 亲眼目睹……情景
사람들은 신기하고 재미있는 광경을 목격했다.
· **광경을 보다** 看到……场面
형도 그 광경을 보고 배꼽이 빠질듯이 웃었다.

· 광경을 상상하다 想象……的情景
그 광경을 상상하면 마음 편히 있을 수가 없었다.
· 광경을 지켜보다 看到……情景
아름다운 광경을 지켜보던 우린 멍하니 서 있을 수밖
에 없었다.

ⓐ + 광경

· 괴상한 광경 奇特的景象
아무도 이 괴상한 광경을 증언해 줄 사람이 없었다.
· 놀라운 광경 令人诧异的景象
그는 눈앞에 펼쳐진 놀라운 광경을 보는 순간 몸이 붕
뜨는 듯했다.
· 이상한 광경 奇怪的景象
법정으로 들어서던 나는 이상한 광경을 보게 되었다.
· 처참한 광경 凄惨的场面
그는 처참한 광경을 내려다보았다.
· 희한한 광경 罕见的情景
놀이 공원에 갔다가 희한한 광경을 구경하게 되었다.

0269 광고 (廣告)
广告，宣传

광고 – ⓝ

· 광고대행사 广告代理公司

관심 + ⓝ

· 광고 계약 广告合同
· 광고 공사 广告公司
· 광고 모델 广告模特
· 광고 사진 广告照片
· 광고 산업 广告产业
· 광고 수입 广告收入
· 광고 시장 广告市场
· 광고 유치 征集广告
· 광고 이미지 广告形象
· 광고 자본 广告资本
· 광고 전략 广告战略
· 광고 제작 广告制作
· 광고 출연 出演广告
· 광고 회사 广告公司
· 광고 효과 广告效果

광고 + ⓥ

광고가 ~

· 광고가 나가다 广告打出去
이 광고가 나간 후에 제품의 인지도가 높아졌다.
· 광고가 나다 出现……广告
최근에 이러한 광고가 많이 난다.
· 광고가 나오다 出现……广告
텔레비전을 보고 있는데, 마침 피자 광고가 나왔다.
· 광고가 등장하다 广告出现
1980년대 들어오면서 이런 광고가 등장했다.
· 광고가 붙다 张贴广告
벽면에 수많은 광고가 붙어 있어 지저분하다.
· 광고가 실리다 登载广告
작년 말에 많은 신문에 여행 광고가 실렸다.

광고를 ~

· 광고를 게재하다 刊登广告
그들은 신문에 타사를 비난하는 광고를 게재했다.
· 광고를 내다 打广告
교사의 결원이 생기면 교장은 신문에 교사 채용 광고
를 낸다.
· 광고를 만들다 制作广告
광고를 만드는 사람들은 창의성이 필요하다.
· 광고를 보다 观看广告
버스 정류장에서 콘서트 광고를 보았다.
· 광고를 싣다 刊登广告
우리 신문에 불법 대출 광고를 실어 주지 말아야 한다.
· 광고를 제작하다 制作广告
좋은 광고를 제작하는 것이 결코 쉬운 일은 아니다.
· 광고를 찍다 拍广告
콜라 광고를 찍다가 콜라를 열여덟 병이나 먹었다.
· 광고를 통하다 通过广告
일반 상품들이 광고를 통해서 기호화된다.

광고에 ~

· 광고에 나오다 上广告
텔레비전 광고에 나오는 물건들은 모두 좋아 보인다.
· 광고에 나타나다 上广告
대통령이 나라를 홍보하는 광고에 나타났다.
· 광고에 등장하다 上广告
저는 우연히 그가 맥주 광고에 등장한 것을 봤다.
· 광고에 실리다 刊登在广告上
그의 사진이 광고에 실렸다.
· 광고에 의존하다 依赖广告
신문사는 광고에 의존해서 운영하고 있다.
· 광고에 출연하다 出演广告
언니는 조카와 같이 광고에 출연했다.

0270 광장 (廣場)
广场

광장 + Ⓥ

광장에 ~
- 광장에 모이다 聚集在广场
수많은 인파가 광장에 모여 새해를 맞이했다.
- 광장에 서다 站在广场上
그는 오랫동안 광장에 서서 시위를 지켜보았다.

광장에서 ~
- 광장에서 열리다 在广场上举行
내일 시청 앞 광장에서 열리는 음악회에 가자.

광장으로 ~
- 광장으로 나오다 来到广场
광장으로 나온 그는 용기를 내어 질문을 했다.

Ⓐ + 광장
- 넓은 광장 宽阔的广场
넓은 광장이 수많은 인파로 가득 찼다.

0271 괴로움
痛苦

괴로움 + Ⓥ

괴로움을 ~
- 괴로움을 느끼다 感到痛苦
스트레스는 우리에게 괴로움을 느끼게 한다.
- 괴로움을 당하다 遭受苦痛
악몽으로 그는 밤마다 괴로움을 당했다.
- 괴로움을 주다 带来痛苦
어린 시절의 기억은 나에게 큰 괴로움을 주었다.
- 괴로움을 호소하다 倾诉痛苦
부모님께 가서 괴로움을 호소하고 도움을 받아야 한다.

0272 교과서 (教科書)
教科书，教材

교과서 + Ⓝ

- 교과서 집필 编写教材
- 교과서 채택 选用教材
- 교과서 편집 编辑教材

교과서 + Ⓥ

교과서가 ~
- 교과서가 되다 用作教材
인생의 교과서가 되는 사람을 만나는 것이 중요하다.

교과서를 ~
- 교과서를 개발하다 开发教材
교수님께서는 젊은 강사들을 데리고 교과서를 개발했다.
- 교과서를 공부하다 学习教材
저는 교과서를 중심으로 공부했습니다.
- 교과서를 구입하다 购买教材
교과서를 구입하기가 매우 어려운 시절이 있었다.
- 교과서를 사용하다 使用教材
교과서를 깨끗이 사용해야 한다.
- 교과서를 살펴보다 查看教材
교과서를 살펴보면 틀린 부분도 나온다.
- 교과서를 쓰다 编写教材
이 교과서를 쓰는 이유는 내용의 정확성 때문이다.
- 교과서를 외우다 背教材
교과서를 다 외울 필요가 없다.
- 교과서를 읽다 读教材
그녀는 부드러운 목소리로 교과서를 읽어 주었다.
- 교과서를 제작하다 制作教材
이 출판사는 한국어 교과서를 제작하였다.
- 교과서를 집필하다 编写教材
제 지도 교수님께서 교과서를 집필하셨다.
- 교과서를 채택하다 采用教材
교사와의 협의를 거치지 않고 교과서를 채택하는 경우가 많다.
- 교과서를 펼쳐놓다 翻开教材
언니는 밥상 위에 교과서를 펼쳐놓고 혼자 공부했다.
- 교과서를 펼치다 翻开教材
짝꿍은 학교에 와서 교과서를 펼치지도 않았다.

교과서에 ~
- 교과서에 나오다 出现在教材中
그 시가 중학교 3학년 교과서에 나온다.
- 교과서에 보이다 在教材中反映出
교과서에 보이는 여성의 역할은 인자한 어머니로 한정되어 있다.
- 교과서에 실리다 被编入教材
콜럼버스에 관한 이야기가 교과서에 실렸다.

교과서에서 ~
- 교과서에서 다루다 在教材中论及

ㄱ

과연 이렇게 작은 것까지 교과서에서 다룰 필요가 있을까?
· **교과서에서 배우다** 从教材中学习
협상 능력은 교과서에서 배운 것이 아니다.

Ⓐ + 교과서

· **새 교과서** 新教材
새 교과서 이렇게 달라졌어요!
· **좋은 교과서** 好教材
가장 좋은 교과서가 무슨 출판사의 교과서인가요?
· **헌 교과서** 旧教材
돈이 없는 애들은 헌 교과서를 사서 공부한다.

0273 **교류** (交流)
交流

교류 + Ⓝ

· **교류 증진** 增强交流
· **교류 협력** 交流合作
· **교류 확대** 扩大交流

교류 + Ⓥ

교류가 ~
· **교류가 뜸해지다** 交流减少
겨울이 되면 사람들 간에 교류가 뜸해진다.
· **교류가 빈번하다** 交流频繁
예전부터 두 나라 사이에 문화적 교류가 빈번하였다.
· **교류가 없다** 没有交流
평소 외국인과는 직접적인 교류가 없었다.
· **교류가 있다** 有交流
그와 교류가 있던 사람들은 모두 다 부자이다.
· **교류가 확대되다** 增进交流
두 나라 간의 문화적 교류가 그만큼 확대됐다.
· **교류가 활발하다** 交流活跃
교루가 활발해지면 더욱 친해질 것이다.

교류를 ~
· **교류를 가지다** 有往来
그녀는 많은 배우와 교류를 가졌다.
· **교류를 증진시키다** 增进交流
그는 양측 간의 교류를 증진시킬 것을 촉구했다.
· **교류를 촉진하다** 促进交流
하루빨리 민족의 화해와 교류를 촉진하는 방법을 마련해야 한다.

· **교류를 확대하다** 增进交流
동남 아시아 국가들이 우리나라와의 경제 교류를 확대하고 있다.

Ⓐ + 교류

· **문화적 교류** 文化交流
한국과 일본의 문화적 교류를 증명할 수 있는 중요한 자료를 찾았다.
· **물적 교류** 物质交流
최근 들어 두 나라 간의 물적 교류가 크게 확대되고 있다.
· **빈번한 교류** 频繁的交流
학자들과 빈번한 교류를 갖게 되었다.
· **인적 교류** 人员交流
인적 교류를 통해서 국제 친선을 도모할 수 있다.
· **폭넓은 교류** 广泛的交流
우리는 그들과 폭넓은 교류를 계속해야 한다.
· **활발한 교류** 活跃的交流
이번 방한을 계기로 좀 더 활발한 교류가 이뤄지기를 기대합니다.

0274 **교문** (校門)
校门

교문 + Ⓝ

· **교문 밖** 校门外
· **교문 안** 校门里
· **교문 앞** 校门前
· **교문 옆** 校门旁边

교문 + Ⓥ

교문을 ~
· **교문을 나서다** 出校门
수업이 끝난 후 나는 교문을 나섰다.
· **교문을 들어서다** 进校门
교문을 들어서니까 학생들의 웃음 소리가 들렸다.
· **교문을 열다** 开校门
수위 아저씨께서 아침 일찍 교문을 열었다.
· **교문을 지키다** 看校门
체육 선생님께서 노란 완장을 차고 교문을 지키고 계신다.

0275 교복 (校服)
校服

교복 + Ⓝ
· 교복 자율화 校服自愿化
· 교복 차림 穿着校服
· 교복 착용 穿着校服

교복 + Ⓥ
교복을 ~
· 교복을 입다 穿校服
옆 학교는 교복을 입지 않아도 된다.
· 교복을 벗다 脱校服
집에 오자마자 교복을 벗었다.

0276 교사 (教師)
教师

교사 + Ⓥ
교사가 ~
· 교사가 되다 成为教师
그는 부모님의 바람대로 초등학교 교사가 되었다.

교사로 ~
· 교사로 일하다 当老师
동생은 현재 중학교에서 교사로 일하고 있습니다.

0277 교수 (教授)
教授

교수 – Ⓝ
· 교수회의 教授会议

교수 + Ⓝ
· 교수 사회 教授界
· 교수 승진 升任教授
· 교수 식당 教授餐厅
· 교수 신분 教授身份
· 교수 임명 教授任命

· 교수 재임용 教授返聘
· 교수 집단 教授团体
· 교수 채용 聘任教授
· 교수 평가 教授评估
· 교수 협의회 教授协议会
· 교수 휴게실 教授休息室

교수 + Ⓥ
교수를 ~
· 교수를 채용하다 聘用教授
대학 측이 한국학 교수를 채용할 계획이다.
· 교수를 하다 做教授
아내는 피아노학과 교수를 하고 있다.

교수로 ~
· 교수로 있다 做教授
그는 박사 학위를 받고 지금은 대학 교수로 있다.
· 교수로 임용하다 被聘为教授
그분을 법학과 교수로 임용하는 절차를 진행 중이다.
· 교수로 재직하다 作为教授任教
그녀는 서울대 사범대학 교수로 재직하고 있다.

Ⓐ + 교수
· 훌륭한 교수 优秀的教授
훌륭한 교수에겐 연구와 강의의 정년이 없어야 한다.

0278 교실 (教室)
教室

교실 + Ⓝ
· 교실 구석 教室的角落
· 교실 뒤 教室后面
· 교실 뒤편 教室后面
· 교실 문 教室门
· 교실 밖 教室外面
· 교실 분위기 教室气氛
· 교실 수업 课堂授课
· 교실 안 教室里面
· 교실 안팎 教室内外
· 교실 입구 教室入口
· 교실 청소 打扫教室
· 교실 환경 教室环境

교실 + V

교실이 ~

· **교실이 떠들썩하다** 教室里喧闹
아이들의 함성으로 교실이 떠들썩하다.

교실을 ~

· **교실을 나서다** 走出教室
수업이 끝나자마자 교실을 나섰다.

· **교실을 나오다** 走出教室
수업이 끝나가 나도 교실을 나왔다.

· **교실을 열다** 开设课程
한글 교실을 열어 아이들에게 한글을 가르쳤다.

교실에 ~

· **교실에 가다** 去教室
선생님은 교실에 가서 학생들에게 시험 준비에 대해서
이야기해 주셨다.

· **교실에 들어가다** 进到教室里
학생들은 차례대로 교실에 들어갔다.

· **교실에 들어서다** 进到教室里
나는 반장과 나란히 교실에 들어섰다.

· **교실에 들어오다** 进到教室里
그날 오후 그가 울상을 하고 교실에 들어왔다.

· **교실에 모이다** 聚集在教室里
오후에 학생회 임원들이 한 교실에 모였다.

· **교실에 앉다** 坐在教室里
어머니는 아들과 함께 교실에 앉아 공부를 했다.

교실에서 ~

· **교실에서 공부하다** 在教室里学习
교실에서 공부하던 아이들이 운동장으로 나왔다.

· **교실에서 수업하다** 在教室里上课
교실에서 수업하다가 문득 그 그림을 보게 되었다.

교실로 ~

· **교실로 가다** 去教室
음악 수업을 듣기 위해서 다른 교실로 갔다.

· **교실로 들어가다** 进教室
체육 시간이 끝나고 교실로 들어갔다.

· **교실로 들어서다** 进教室
소년은 조회가 끝난 후에야 교실로 들어섰다.

· **교실로 뛰어들다** 跑进教室
두 남학생이 갑자기 교실로 뛰어들었다.

A + 교실

· **낡은 교실** 破旧的教室
1989년에 낡은 교실 5개를 철거하였다.

· **넓은 교실** 宽敞的教室
넓은 교실의 뒤쪽 자리에 한 여학생이 앉아 있었다.

· **더운 교실** 闷热的教室
학생들은 더운 교실에서도 수업을 듣는다.

· **비좁은 교실** 狭窄的教室
학생들은 비좁은 교실에서 노래 연습을 하였다.

· **작은 교실** 小教室
창문도 없고 에어컨도 없는 작은 교실이었다.

· **큰 교실** 大教室
우리 유치원에서 가장 큰 교실은 코끼리 방이다.

0279 **교양** (教養)
教养

교양 - N

· **교양과목** 公共科目
· **교양서적** 教养类书籍
· **교양소설** 教养类小说
· **교양학부** 公共专业

교양 + N

· **교양 강좌** 教养类讲座
· **교양 교육** 教养类教育
· **교양 프로그램** 教养类节目

교양 + V

교양이 ~

· **교양이 없다** 没有教养
그는 지식은 있지만 교양이 없다.

· **교양이 있다** 有教养
그 분은 교양이 있어 보였다.

교양을 ~

· **교양을 쌓다** 积累教养
대학생활을 통해 지식과 교양을 쌓아야 한다.

0280 **교외** [교외/교웨](郊外)
郊外, 郊区

교외 + V

교외에 ~

· **교외에 나가다** 去郊外

오늘 아침에 그는 아내와 아이들과 교외에 나갔다.

· 교외에 살다 在郊区生活
나는 공기 좋은 교외에 살고 싶어.

교외로 ~

· 교외로 나가다 去郊外
날씨도 좋은데 교외로 나가보면 어떨까요?

· 교외로 빠져나가다 到郊外去
데이트를 하러 교외로 빠져나갔다.

· 교외로 이주하다 搬到郊外
최근에 들어 중산층은 교외로 이주하는 경향이 강해졌다.

Ⓐ + 교외

· 가까운 교외 近郊
우리는 나중에 가까운 교외로 나가기로 했다.

· 먼 교외 远郊
난 먼 교외에 있는 집을 더 좋아한다.

· 한적한 교외 安谧的郊外
주말에 한적한 교외로 드라이브 가실래요?

0281 **교육** (教育)
教育

교육 - Ⓝ

· 교육공무원 教育公务员
· 교육과정 教学大纲
· 교육기관 教育机关

교육 + Ⓝ

· 교육 방법 教育方法
· 교육 현장 教育现场
· 교육 환경 教育环境

교육 + Ⓥ

교육을 ~

· 교육을 받다 接受教育
선진국일수록 교육을 받은 사람들 수가 많다.

· 교육을 시키다 让……受教育
대학에서는 전문적인 직업 교육을 시키고 있다.

· 교육을 실시하다 实施教育
이틀 동안 합숙 교육을 실시하였다.

0282 **교장** (校長)
校长

교장 + Ⓝ

· 교장 선생님 校长老师

교장 + Ⓥ

교장을 ~

· 교장을 지내다 担任校长
그는 초등학교 교장을 지내고 퇴직하였다.

0283 **교통** (交通)
交通

교통 - Ⓝ

· 교통수단 交通工具
· 교통안전 交通安全
· 교통정리 疏导交通
· 교통지옥 交通地狱 (形容交通极为混乱)

교통 + Ⓝ

· 교통 경찰관 巡警
· 교통 규칙 交通规则
· 교통 단속 交通管理
· 교통 대란 交通大混乱
· 교통 대책 交通对策
· 교통 문제 交通问题
· 교통 문화 交通文化
· 교통 법규 交通法规
· 교통 상황 交通状况
· 교통 시설 交通设施
· 교통 신호 交通信号
· 교통 체계 交通体系
· 교통 체증 交通阻塞
· 교통 카드 交通卡
· 교통 혼잡 交通混乱

교통 + Ⓥ

교통이 ~

· 교통이 나쁘다 交通状况差
고향은 경기도에서도 가장 교통이 나쁜 오지였다.
· 교통이 두절되다 交通中断
어제 폭설로 교통이 두절되었다.
· 교통이 마비되다 交通瘫痪
지상 교통이 마비되면 사람들은 지하철을 탄다.
· 교통이 막히다 交通阻塞
접촉 사고로 30여 분 동안 교통이 막혔다.
· 교통이 복잡하다 交通混乱
그때는 평소보다 교통이 복잡하고 숙박 시설을 예약하기도 힘들었다.
· 교통이 불편하다 交通不便
여기는 옛날에 교통이 매우 불편했던 지역이다.
· 교통이 차단되다 断绝交通
그날 도심 지역은 완전히 교통이 차단되었다.
· 교통이 통제되다 限行
모든 교통이 통제된 공항은 매우 혼잡했다.
· 교통이 편리하다 交通便利
이곳은 교통이 편리해서 찾는 사람이 많다.
· 교통이 혼잡하다 交通混杂
교통이 혼잡한 지역에 있으면 사고의 위험성이 있다.

Ⓐ + 교통

· 복잡한 교통 混杂的交通
여기는 복잡한 교통 때문에 사고가 많이 난다.
· 편리한 교통 便利的交通
이 호텔은 깔끔한 시설과 편리한 교통으로 인기가 많다.

0284 교통사고 (交通事故)
交通事故

교통사고 + Ⓥ

교통사고가 ~
· 교통사고가 나다 出交通事故
교통사고가 나는 바람에 학교에 지각했다.

교통사고를 ~
· 교통사고를 내다 肇事
술을 마시고 교통사고를 낸 그는 운전면허가 취소되었다.
· 교통사고를 당하다 遇上交通事故, 出交通事故
그 아이는 교통사고를 당해 수혈이 필요한 상황이다.

교통사고로 ~
· 교통사고로 죽다 死于交通事故
그녀의 아버지는 작년에 교통사고로 죽었다.

0285 교환 (交換)
交換

교환 - Ⓝ

· 교환가치 交换价值
· 교환교수 交换教授
· 교환학생 交换生

교환 + Ⓥ

교환이 ~
· 교환이 가능하다 可以交换
구매한 지 일주일 이내에는 교환이 가능하다.
· 교환이 이루어지다 交易达成
교환이 이루어지기 위해서는 상품의 질이 손상되어서는 안 된다.

0286 교회 [교회/교훼](敎會)
教会，教堂

교회 + Ⓝ

· 교회 건물 教堂建筑
· 교회 건축 修建教堂
· 교회 목사 教会牧师
· 교회 미술 教堂美术
· 교회 봉사 教会慈善活动

교회 + Ⓥ

교회가 ~
· 교회가 있다 有教堂
제일 높은 곳에는 교회가 있었다.

교회를 ~
· 교회를 다니다 去教堂
그는 아내와 결혼한 이후 교회를 다니기 시작했다.
· 교회를 세우다 盖教堂
우리는 작은 교회를 세웠다.
· 교회를 찾다 去教堂
그는 예전에 교회를 다녔지만 지금은 교회를 찾지 않는다.

교회에 ~
· 교회에 가다 去教堂

12월 24일에 성탄절 행사 준비로 교회에 갔다.
· **교회에 나가다** 去教堂
내가 처음 교회에 나간 건 중학교 2학년 때였다.
· **교회에 나오다** 来教堂
그는 다음 달부터 아내를 따라서 교회에 나오겠다고
했다.
· **교회에 다니다** 上教堂
나는 교회에 다니지 않는다.

A + 교회

· **작은 교회** 小教堂
세계에서 제일 작은 교회는 캐나다에 있다고 들었다.
· **큰 교회** 大教堂
이 근처에 제일 큰 교회가 어디 있나요?

0287 **교훈** (教訓)
教训

교훈 + V

교훈이 ~
· **교훈이 되다** 成为教训
그의 삶은 우리에게 큰 교훈이 된다.
교훈을 ~
· **교훈을 남기다** 留下教训
그는 우리 사회에 큰 교훈을 남기고 우리 곁을 떠났다.
· **교훈을 되새기다** 反省教训
이번 사건이 남긴 교훈을 되새겨야 할 때이다.
· **교훈을 얻다** 获得教训
우리는 역사적인 사건에서 교훈을 얻어야 한다.
교훈으로 ~
· **교훈으로 삼다** 当作教训
이번 사고를 교훈으로 삼아 앞으로 조심해야 한다.

A + 교훈

· **큰 교훈** 很大的教训
책에서 얻은 큰 교훈을 가슴에 새겼다.

0288 **구경**
观看, 观赏

구경 – N

· **구경거리** 看头儿, 可看的

구경 + V

구경을 ~
· **구경을 가다** 去观赏……
나는 친구들하고 설악산 구경을 가기로 했다.
· **구경을 나가다** 去参观
가족들과 함께 단풍 구경을 나갔다.
· **구경을 나서다** 去观看
나도 어머니의 손을 잡고 서커스 구경을 나섰다.
· **구경을 다니다** 看热闹
우리는 하루 종일 거리 구경을 다녔다.
· **구경을 시키다** 让……观看
언니는 영화 구경을 시켜 주었다.
· **구경을 하다** 观看
아이들은 물고기 앞에 붙어 앉아 구경을 했다.
구경에 ~
· **구경에 나서다** 去看
휴일은 아니었지만 단풍 구경에 나선 관광객이 많았다.

A + 구경

· **좋은 구경** 大开眼界
덕분에 좋은 구경 잘하고 왔습니다.

0289 **구두**[1]
皮鞋

구두 – N

· **구두닦이** 擦鞋匠

구두 + N

· **구두 가게** 皮鞋商店
· **구두 밑창** 皮鞋鞋底
· **구두 바닥** 皮鞋鞋底
· **구두 수선** 皮鞋修理
· **구두 제조** 制作皮鞋
· **구두 축** 皮鞋帮

구두 + V

구두가 ~

· **구두가 낮다** 皮鞋跟矮
구두가 너무 낮아서 자꾸 뒤로 자빠지는 것 같아.

· **구두가 맞다** 皮鞋合适
작년에 딸에게 사준 구두가 올해엔 딱 맞네요.

· **구두가 작다** 皮鞋小
구두가 작아서 교환해야 한다.

· **구두가 크다** 皮鞋大
구두가 크면 밑창을 깔면 된다.

구두를 ~

· **구두를 닦다** 擦皮鞋
나는 그곳에서 구두를 닦고 있었어요.

· **구두를 벗다** 脱皮鞋
그는 구두를 벗어 내던지고 싶었다.

· **구두를 사다** 买皮鞋
엄마는 내게 대학생이 된 기념으로 구두를 사 주셨다.

· **구두를 신다** 穿皮鞋
그녀는 예쁜 치마에 흰 구두를 신고 있었다.

Ⓐ + 구두

· **검은 구두** 黑皮鞋
검은 구두가 가로등 불빛에 반짝반짝 빛난다.

· **높은 구두** 高跟皮鞋
높은 구두를 신으면 걷기 불편하다.

· **빨간 구두** 红皮鞋
나의 빨간 구두가 화사하게 빛나고 있었다.

· **새 구두** 新皮鞋
새 구두를 신으면 발이 아프다.

· **헌 구두** 旧皮鞋
새 구두를 살 때까지 헌 구두를 버리지 말아라.

0290 **구두²** (口頭)
口头

구두 - Ⓝ

· **구두시험** 口试

구두 + Ⓝ

· **구두 경고** 口头警告
· **구두 계약** 口头合同
· **구두 약속** 口头约定
· **구두 발표** 口头公布
· **구두 설명** 口头说明
· **구두 조사** 口头调查

구두 + Ⓥ

구두로 ~

· **구두로 보고하다** 口头报告
시급한 경우에는 구두로 보고하면 된다.

· **구두로 신청하다** 口头申请
도서 대출은 전화나 구두로 신청할 수 있다.

· **구두로 약속하다** 口头约定
그는 다음 달에 돈을 갚겠다고 구두로 약속하였습니다.

· **구두로 예약하다** 口头预订
호텔 연회장은 구두로 예약할 수 없다.

· **구두로 지시하다** 口头指示
구두로 지시하더라도 이메일로 다시 알려주는 것이 좋다.

0291 **구름**
云，云彩

구름 + Ⓝ

· **구름 모양** 云形
· **구름 사이** 云层间
· **구름 속** 云层里
· **구름 위** 云彩上面

구름 + Ⓥ

구름이 ~

· **구름이 걷히다** 云散
구름이 걷히면서 보름달이 다시 얼굴을 내밀었다.

· **구름이 깔리다** 漫天云
옅은 구름이 깔린 겨울 하늘이 아름다웠다.

· **구름이 끼다** 天空多云
지금 하늘에 잠시 구름이 끼었을 뿐입니다.

· **구름이 덮이다** 白云覆盖
현재 전국에 구름이 잔뜩 덮여 있습니다.

· **구름이 뜨다** 白云浮动
파란 하늘에 구름이 떠 있었다.

· **구름이 몰려오다** 云层密布
멀리서 검은 구름이 몰려오고 있었다.

· **구름이 일다** 起云
비가 그치고 구름이 일기 시작했다.

· **구름이 흐르다** 云朵飘动
하늘에는 흰 구름이 흘러가고 있었다.

구름을 ~

· **구름을 몰다** 乌云密布
갑작스런 소나기는 구름을 몰고 왔다.

· 구름을 타다 腾云驾雾
손오공이 구름을 타고 하늘을 날았다.
· 구름을 헤치다 拨开云层
구름을 헤치고 나온 달빛으로 세상은 훤했다.

구름에 ~

· 구름에 가리다 被云层挡住
구름에 가려 해가 보이지 않는다.
· 구름에 덮이다 被云层笼罩住
나지막한 하늘은 늘 무거운 구름에 덮여 있었다.
· 구름에 뒤덮이다 被云层笼罩住
구름에 뒤덮여 수평선은 보이지 않았다.
· 구름에 싸이다 被云层包围
가는 길이 구름에 싸여 있어 멀리까지는 보이지 않았다.

慣

· 구름같이 떠돌다 像云一样四处漂浮流浪
그는 여기저기 구름같이 떠돌다가 고향에 닻을 내렸다.
· 구름같이 모여들다 云集
배를 타고 싶다는 젊은 선원들이 구름같이 모여들었다.
· 구름같이 모이다 人山人海
축제를 보기 위해 사람들이 구름같이 모였다.
· 구름같이 몰리다 潮水般涌过来
사람들이 소리를 지르면서 그쪽을 향해 구름같이 몰렸다.
· 구름같이 몰려들다 云集
뜻밖에도 사람들이 사방에서 구름같이 몰려들었다.

구름처럼 ~

· 구름처럼 떠돌다 像云一样四处漂浮流浪
그는 하늘과 더불어 구름처럼 떠도는 나그네였다.
· 구름처럼 모여들다 云集
사람들이 마을로 구름처럼 모여들었다.
· 구름처럼 모이다 人山人海
가수를 보기 위해 팬들이 구름처럼 모였다.
· 구름처럼 몰려오다 潮水般涌来
적들은 구름처럼 이쪽으로 몰려왔다.
· 구름처럼 몰려들다 摩肩擦踵
그날부터 학생들이 구름처럼 몰려들기 시작했다.
· 구름처럼 사라지다 消失得无影无踪
술에 취하면 근심이 구름처럼 사라진다.
· 구름처럼 피다 像云朵般绽放
철쭉꽃은 구름처럼 피어 소담스럽다.

Ⓐ + 구름

· 검은 구름 乌云
검은 구름이 몰려오자 곧 비가 내리기 시작했다.
· 흰 구름 白云
푸른 하늘과 흰 구름이 아름답게 조화를 이루었다.

0292 구리
铜

구리 - Ⓝ

· 구리거울 铜镜

구리 + Ⓝ

· 구리 반지 铜戒指

구리 + Ⓥ

구리로 ~

· 구리로 만들다 铜制
총알은 구리로 만들었다.

0293 구멍
小洞，小孔，漏洞

구멍 - Ⓝ

· 구멍가게 小卖店

구멍 + Ⓥ

구멍이 ~

· 구멍이 나다 破洞
양말에 구멍이 났다.
· 구멍이 생기다 出漏洞
옷에 작은 구멍이 생겼다.

구멍을 ~

· 구멍을 내다 钻洞
벽에 구멍을 내려면 전동 드릴이 필요하다.
· 구멍을 뚫다 穿孔
송곳으로 액자 중앙에 구멍을 뚫었다.
· 구멍을 파다 挖洞
개미는 땅속에 구멍을 파서 집을 짓는다.

0294 구별 (區別)
区別

구별 + ⓥ

구별이 ~

· **구별이 되다** 区別模糊
이제는 더 이상 영화와 현실의 구분되지 않는다.

· **구별이 어렵다** 难以区别
겉으로 봐서는 구별이 어렵다.

구별을 ~

· **구별을 짓다** 加以区分
두 이론을 명확히 구별을 지어야 한다.

0295 구분 (區分)
区分

구분 + ⓥ

구분이 ~

· **구분이 되다** 区分
이 책의 내용은 크게 세 부분으로 구분이 된다.

· **구분이 명확하다** 区分明确
한국은 사계절의 구분이 명확하다.

· **구분이 어렵다** 难以区分
기술의 발달로 진품과 모조품의 구분이 어렵다.

· **구분이 없다** 没有区别
청바지는 남녀 구분이 없이 입는 옷이다.

구분을 ~

· **구분을 짓다** 划分出来
현대사를 두 부분으로 구분을 지어 보자.

0296 구석
角落

구석 – ⓝ

· **구석구석** 角角落落，每个角落

구석 + ⓥ

구석에 ~

· **구석에 앉다** 坐在角落
언제나 그는 사무실 구석에 앉아서 일을 했다.

구석으로 ~

· **구석으로 가다** 去角落
그는 구석으로 가서 벽에 기대어 울기 시작했다.

· **구석으로 몰다** 赶到角落
어머니는 닭들을 구석으로 몰았다.

Ⓐ + 구석

· **빈 구석** 空地方
빈 구석이 없도록 가득 채워야 한다.

· **순진한 구석** 单纯的地方
보기와는 달리 그녀는 순진한 구석이 있었다.

· **엉뚱한 구석** 让人意想不到的地方
그는 가끔 엉뚱한 구석이 있어서 더욱 매력적이다.

惯

· **구석에 몰리다** 被逼到窘地
그는 사업 실패로 구석에 몰리고 있다.

0297 구성 (構成)
构成，组成

구성 + ⓝ

· **구성 비율** 构成比例
· **구성 성분** 构成成分
· **구성 요건** 构成条件
· **구성 요소** 构成要素
· **구성 작가** 策划人 (策划电视节目并写节目内容的人)

Ⓐ + 구성

· **치밀한 구성** 精细的构成
이 소설은 치밀한 구성으로 독자들의 사랑을 한 몸에 받았다.

0298 구속 (拘束)
管束，拘留

구속 – ⓝ

· **구속영장** 拘捕令

구속 + Ⓝ

· 구속 기간 拘留期间
· 구속 수감 拘押
· 구속 수사 拘留搜查

구속 + Ⓥ

구속이 ~
· 구속이 되다 被拘捕
살인죄로 그는 구속이 되었다.

구속을 ~
· 구속을 당하다 遭到拘捕
구속을 당한 자는 변호사와 자유로운 만남이 가능하다.

구속에서 ~
· 구속에서 벗어나다 摆脱束缚
부모님의 구속에서 벗어나야 진정한 독립이다.

0299 **구실**[1]
本分，分内的事

구실 + Ⓥ

구실을 ~
· 구실을 하다 做好分内的事
나도 이제 사람 구실을 하면서 살아야겠다.

0300 **구실**[2] (口實)
借口

구실 + Ⓥ

구실이 ~
· 구실이 되다 成为借口
정치 탄압의 구실이 되어서는 안 된다.

구실을 ~
· 구실을 만들다 托故，找借口
그럴듯한 구실을 만들어 외박을 했다.
· 구실을 붙이다 找借口
여러 가지 구실을 붙여 한국을 침략했다.

구실로 ~
· 구실로 삼다 当做借口

그는 해외 출장을 해외여행의 구실로 삼았다.

Ⓐ + 구실

· 그럴듯한 구실 冠冕堂皇的借口
세금을 올리려면 그럴듯한 구실이 있어야 한다.

0301 **구역** (區域)
区域

구역 + Ⓝ

· 구역 예배 居住在一个地区的信徒集中在一起做礼拜

구역 + Ⓥ

구역으로 ~
· 구역으로 나누다 分区
전국을 51개 구역으로 나누었다.
· 구역으로 나뉘다 被分区
한 층은 3 개 구역으로 나뉜다.

0302 **구조**[1] (構造)
结构，构造

구조 + Ⓝ

· 구조 개선 结构改善
· 구조 개혁 结构改革
· 구조 조정 结构调整

구조 + Ⓥ

구조가 ~
· 구조가 다르다 结构不同
남자와 여자의 뇌는 구조가 전혀 다르다.
· 구조가 복잡하다 结构复杂
메뉴 화면의 구조가 복잡해서 다루기 쉽지 않다.
· 구조가 비슷하다 结构相似
동물의 유전자는 인간과 구조가 비슷하다.

구조를 ~
· 구조를 가지다 具有……的结构
쌍둥이도 서로 다른 유전자 구조를 가지고 있다.
· 구조를 이루다 形成……的结构

이 소설은 특이한 구조를 이루고 있다.

A + 구조

· 복잡한 구조 复杂的结构
인간의 DNA는 복잡한 구조로 이루어져 있다.

0303 **구조²** (救助)
救助，救援

구조 – N

· 구조대원 救援人员

구조 + N

· 구조 대장 救助队队长
· 구조 요청 求救
· 구조 작업 救援工作
· 구조 작전 救援作业
· 구조 현장 救援现场

구조 + V

구조를 ~

· 구조를 기다리다 等待救助
움직이지 말고 그대로 구조를 기다려야 한다.
· 구조를 요청하다 请求救援
계곡에 갇힌 그들은 구조를 요청했다.

0304 **구청** (區廳)
区政府

구청 + N

· 구청 직원 区政府员工

0305 **국**
汤，汤水

국 – N

· 국거리 做汤的材料，汤料

· 국건더기 汤里的东西

국 + N

· 국 그릇 汤碗
· 국 냄새 汤味(嗅觉)

국 + V

국이 ~

· 국이 끓다 汤开锅
나는 국이 끓기를 기다리는 동안 콩나물을 다듬었다.
· 국이 시원하다 汤很爽口
잘게 손질한 북어를 넣어 끓인 국이 시원하고 담백하다.

국을 ~

· 국을 끓이다 煮汤
밥을 짓고 나서 쑥을 넣어 국을 끓였다.
· 국을 들이마시다 喝汤
후루룩 국을 들이마시는 소리가 들렸다.
· 국을 뜨다 盛汤
주방에 가 보니 언니는 국을 떠 국그릇에 담고 있었다.
· 국을 마시다 喝汤
어머니는 마루 끝에 앉아 국을 마셨다.

국에 ~

· 국에 넣다 放汤里
그는 무를 썰어 국에 넣었다.
· 국에 말다 泡在汤里
형과 나는 밥을 국에 말았다.

A + 국

· 뜨거운 국 热汤
그는 뜨거운 국을 그릇에 담았다.
· 맛있는 국 美味的汤
엄마는 맛있는 국을 끓여 주셨다.

0306 **국가¹** [국까](國家)
国，国家

국가 + N

· 국가 경쟁력 国家竞争力
· 국가 기관 国家机关
· 국가 발전 国家发展
· 국가 보안법 国家安全法

· 국가 예산 国家预算

국가 + Ⓥ

국가를 ~

· **국가를 건설하다** 建设国家
국가를 건설한 것은 손이 아니요 마음이었다.

· **국가를 다스리다** 治理国家
국가를 다스리기 위해서는 법이 필요하다.

· **국가를 만들다** 建造国家
그의 감옥 생활은 새 국가를 만들기 위한 최상의 준비
기간이 되었다.

· **국가를 사랑하다** 热爱国家
나는 여러분이 국가를 사랑하고 있다는 것을 알고 있
습니다.

· **국가를 위하다** 为了国家
국가를 위해 자신의 목숨도 아끼지 않는다.

· **국가를 이끌어가다** 领导国家
너희들은 앞으로 이 국가를 이끌어갈 주역이다.

· **국가를 이루다** 形成国家
한 민족이 여러 개의 국가를 이루어 사는 경우가 허다
하다.

· **국가를 형성하다** 形成国家
상이한 문화를 가진 여러 인간 집단이 하나의 국가를
형성할 수도 있다.

국가에 ~

· **국가에 봉사하다** 为国家服务
그때 불교는 국가에 봉사하고 있었다.

· **국가에 충실하다** 对国家忠诚
국가에 충실한 봉사자를 양성하는 것이 대학의 주목적
이다.

0307 **국가²** [국까](国歌)
国歌

국가 + Ⓥ

국가를 ~

· **국가를 부르다** 唱国歌
의원들은 의사당 앞에 모여 손을 잡고 국가를 불렀다.

· **국가를 연주하다** 奏国歌
군악대는 국가를 연주했다.

0308 **국기** [국끼](國旗)
国旗

국기 + Ⓝ

· **국기 게양대** 升旗仪式
· **국기 하강식** 降旗仪式

국기 + Ⓥ

국기가 ~

· **국기가 휘날리다** 国旗飘扬
광장에는 국기가 휘날리고 있었다.

국기를 ~

· **국기를 달다** 挂国旗
열 집 가운데 두 집만 국기를 달았다.

· **국기를 흔들다** 挥动国旗
국민들은 국기를 흔들면서 열심히 응원했다.

0309 국내 [궁내](國內)
国内

국내 - Ⓝ

· 국내총생산 国民生产总值

국내 + Ⓝ

· 국내 경제 国内经济
· 국내 기업 国内企业
· 국내 대회 国内比赛
· 국내 문제 国内问题
· 국내 시장 国内市场
· 국내 최초 国内最早
· 국내 학자 国内学者

국내 + Ⓥ

국내에 ~
· 국내에 머물다 留在国内
그는 다음 주까지 국내에 머물 예정이다.
· 국내에 진출하다 进驻国内
이미 많은 해외 은행이 국내에 진출하였다.
국내에서 ~
· 국내에서 개발되다 在国内开发
이 제품은 처음으로 국내에서 개발된 제품이다.
국내로 ~
· 국내로 들여오다 引入国内
해외에서 생산된 제품을 국내로 들여왔다.

0310 국내선 [궁내선](國內線)
国内航线

국내선 + Ⓝ

· 국내선 비행기 国内线飞机
· 국내선 여객기 国内线飞机
· 국내선 항공권 国内机票
· 국내선 항공편 国内航班

0311 국립 [궁닙](國立)
国立

국립 - Ⓝ

· 국립공원 国立公园
· 국립극장 国立剧场
· 국립대학 公立大学
· 국립묘지 国立墓地
· 국립미술관 国立美术馆
· 국립박물관 国立博物馆
· 국립학교 公立学校

0312 국물 [궁물]
汤

국물 + Ⓝ

· 국물 맛 汤的味道

국물 + Ⓥ

국물이 ~
· 국물이 끓다 汤沸
국물이 끓으면 불을 꺼라.
국물을 ~
· 국물을 마시다 喝汤
후후 불면서 뜨거운 국물을 마셨다.
국물에 ~
· 국물에 넣다 放到汤里
갖은 양념을 국물에 넣고 팔팔 끓였다.
· 국물에 말다 泡到汤里
국물에 밥을 말아서 먹었다.

Ⓐ + 국물

· 시원한 국물 爽口的汤
어머니가 끓여 주신 시원한 국물 맛을 잊을 수 없다.

0313 국민 [궁민](國民)
国民，人民

국민 + Ⓝ
· 국민 경제 国民经济
· 국민 기업 国民企业

0314 국산 [국싼](國産)
国产

국산 + Ⓝ
· 국산 담배 国产香烟
· 국산 영화 国产电影
· 국산 제품 国产货
· 국산 자동차 国产汽车

0315 국수 [국쑤]
面条

국수 – Ⓝ
· 국숫집 面条店

국수 + Ⓝ
· 국수 맛 面条味道

국수 + Ⓥ
국수를 ~
· 국수를 말다 泡面
의자에 걸터앉아 국수를 말았다.
· 국수를 먹다 吃面条
사람들과 어울려 국수를 먹었다.
· 국수를 삶다 煮面条
점심으로 간단하게 국수를 삶았다.

慣
· 국수를 먹다 喝喜酒
언제 국수를 먹게 해 줄래?

0316 국악 [구각](國樂)
国乐

국악 + Ⓝ
· 국악 공연 国乐演出
· 국악 연주 国乐演奏

0317 국어 [구거](國語)
国语

국어 – Ⓝ
· 국어교육 国语教育
· 국어사전 国语字典

국어 + Ⓝ
· 국어 교과서 国语教科书
· 국어 교사 国语教师
· 국어 과목 语文课
· 국어 선생님 国语教师
· 국어 시간 语文课

0318 국적 [국쩍](國籍)
国籍

국적 + Ⓥ
국적이 ~
· 국적이 다르다 国籍不同
두 사람은 서로 국적이 달랐다.
국적을 ~
· 국적을 갖다 拥有……国籍
다른 나라 국적을 갖기 위해 노력했다.
· 국적을 취득하다 获得国籍
결국 한국 국적을 취득했다.
· 국적을 포기하다 放弃国籍
군대를 피하기 위해 국적을 포기했다.
국적과 ~
· 국적과 관계없다 与国籍无关

국적과 관계없이 모두가 하나가 되었다.

0319 국제 [국쩨](國際)
国际

국제 – Ⓝ

· 국제공항 国际机场
· 국제기관 国际机构
· 국제단위 国际单位
· 국제도시 国际都市
· 국제회의 国际会议

국제 + Ⓝ

· 국제 가격 国际价格
· 국제 거래 国际交易
· 국제 경기 国际经济状况
· 국제 경쟁 国际竞争
· 국제 경쟁력 国际竞争力
· 국제 경제 国际经济
· 국제 관계 国际关系
· 국제 관광 国际旅游
· 국제 교류 国际交流
· 국제 뉴스 国际新闻
· 국제 대회 国际比赛
· 국제 망신 在国际社会出丑
· 국제 무역 国际贸易
· 국제 문제 国际问题
· 국제 분쟁 国际纠纷
· 국제 사회 国际社会
· 국제 상황 国际状况
· 국제 소포 国际邮件
· 국제 수지 国际收支
· 국제 시장 国际市场
· 국제 여론 国际舆论
· 국제 연맹 国际联盟
· 국제 연합 国际联合
· 국제 영화제 国际电影节
· 국제 전화 国际电话
· 국제 정세 国际形势
· 국제 정치 国际政治
· 국제 조직 国际组织

· 국제 질서 国际秩序
· 국제 평화 国际和平
· 국제 협력 国际合作
· 국제 환경 国际环境

0320 국제선 [국쩨선](國際線)
国际航线

국제선 + Ⓥ

국제선을 ~
· 국제선을 이용하다 乘坐国际航线
국제선을 이용하실 승객은 2층으로 올라가십시오.

0321 국제화 [국쩨화](國際化)
国际化

국제화 + Ⓝ

· 국제화 시대 国际化时代

0322 국화 [구콰](菊花)
菊花

국화 – Ⓝ

· 국화꽃 菊花
· 국화빵 菊花糕
· 국화차 菊花茶

국화 + Ⓥ

국화가 ~
· 국화가 피다 菊花盛开
가을에는 국화가 핀다.

Ⓐ + 국화

· 하얀 국화 白菊花
책상 위에 하얀 국화 한 송이가 놓여 있다.

0323 **국회** [구쾨/구퀘](國會)
国会

국회 – Ⓝ
· 국회도서관 国会图书馆
· 국회법 国会法
· 국회의사당 国会议事堂
· 국회의장 国会议长

국회 + Ⓝ
· 국회 동의 国会动议
· 국회 연설 国会演说
· 국회 청문회 国会听证会

국회 + Ⓥ
국회가 ~
· 국회가 열리다 召开国会
이번 달에도 국회가 열리지 못했다.

국회를 ~
· 국회를 통과하다 通过国会决议
교육 관련 법안이 드디어 국회를 통과했다.

국회에 ~
· 국회에 상정하다 向国会提交
법 개정안을 국회에 상정하였다.
· 국회에 제출하다 向国会提交
국회의원들이 법안을 국회에 제출하였다.
· 국회에 청원하다 向国会请愿
시민들의 서명을 받아 국회에 청원할 계획이다.

국회에서 ~
· 국회에서 처리하다 国会处理
야당의 반대로 법안을 국회에서 처리하지 못했다.
· 국회에서 통과되다 国会通过
국회에서 통과된 법안은 내년부터 시행된다.

0324 **국회의원** [구쾨의원/구퀘의원](國會議員)
国会议员

국회의원 + Ⓝ
· 국회의원 당선자 国会议员当选者

· 국회의원 보좌관 国会议员助理
· 국회의원 선거 国会议员选举
· 국회의원 회관 国会议员会馆
· 국회의원 후보 国会议员候选人

국회의원 + Ⓥ
국회의원이 ~
· 국회의원이 되다 成为国会议员
그는 처음으로 국회의원이 되었다.

국회의원을 ~
· 국회의원을 뽑다 选举国会议员
이번 선거는 국회의원을 뽑는 선거이다.
· 국회의원을 선출하다 选举国会议员
국회의원을 선출하기 위한 선거가 시작되었다.
· 국회의원을 하다 做国会议员
그는 국회의원을 하고 시장 선거에 출마했다.

국회의원에 ~
· 국회의원에 당선되다 被选为国会议员
그는 이번 선거에서 국회의원에 당선되었다.

0325 **군** (軍)
军队，部队

군 – Ⓝ
· 군부대 部队
· 군사령부 集团军司令部
· 군악대 军乐团

군 + Ⓝ
· 군 복무 服兵役
· 군 생활 军队生活
· 군 수뇌부 军队首脑层
· 군 입대 入伍
· 군 장병 军队将士

군 + Ⓥ
군에~
· 군에 가다 当兵
고등학교를 졸업하고 바로 군에 갔다.
· 군에 입대하다 入伍
얼마 전 아들이 군에 입대했다.

· 군에 있다 服兵役
오빠는 현재 군에 있다.

군에서 ~

· 군에서 제대하다 退伍
군에서 제대하자마자 시험 공부를 시작했다.

0326 군대 (軍隊)
军队

군대 + N

· 군대 동료 部队战友
· 군대 사회 军界
· 군대 생활 部队生活
· 군대 조직 部队组织

군대 + V

군대를 ~

· 군대를 다녀오다 退伍
학교를 졸업하고 군대를 다녀왔다.
· 군대를 보내다 派兵
국민들의 반대에도 불구하고 군대를 보내는 거예요.
· 군대를 주둔시키다 驻军
군대를 주둔시켜 계속 수색하도록 하였다.
· 군대를 출동시키다 出兵
정부는 이에 대응하여 군대를 출동시켰다.
· 군대를 투입하다 派兵
정부는 시위를 진압하기 위해 군대를 투입했다.

군대에 ~

· 군대에 가다 当兵
그러던 중 오빠가 군대에 가게 되었다.
· 군대에 다녀오다 服过兵役
아들이 장성해서 군대에 다녀오고 대학에도 들어갔다.
· 군대에 들어가다 服兵役
군대에 들어간 지도 반년이 지나갔습니다.
· 군대에 보내다 送……服兵役
그 의원은 자식들을 모두 군대에 보내지 않았다.

0327 군인 [구닌] (軍人)
军人

군인 + N

· 군인 가족 军人家属
· 군인 기질 军人气质
· 군인 복장 军人服装
· 군인 사회 军人社会
· 군인 시절 当兵的时候
· 군인 신분 军人身份
· 군인 연금 军饷
· 군인 정신 军人精神
· 군인 출신 曾经当过兵

군인 + V

군인이 ~

· 군인이 되다 成为军人
당시에는 매우 많은 젊은이가 군인이 되려고 지원을 하였다.
· 군인이 주둔하다 军队驻扎
우리나라에는 지금 미국 군인이 주둔하고 있다.

군인을 ~

· 군인을 보내다 派兵
월남전 때 한국이 미국을 도와 군인을 보냈다.

A + 군인

· 씩씩한 군인 英姿飒爽的军人
나는 지금 스물셋의 씩씩한 군인이 되어 있다.
· 용감한 군인 勇敢的军人
그때 용감한 군인 한 사람이 나타나 그를 구해 주었다.

0328 굴[1]
牡蛎，蚝

굴 - N

· 굴튀김 炸牡蛎

굴 + N

· 굴 껍데기 牡蛎壳
· 굴 양식 牡蛎养殖
· 굴 전 牡蛎饼

굴 + V

굴을 ~

· 굴을 까다 剝牡蛎
한 알의 좋은 진주를 찾으려면 약 1톤가량의 굴을 까
봐야 한다.
· 굴을 깨다 采集牡蛎
할머니들은 바다에서 굴을 깰 수 있는 마지막 세대가
될지도 모릅니다.
· 굴을 따다 采集牡蛎
그녀는 바다 속에서 굴을 따는 일을 하고 있었다.
· 굴을 캐다 挖牡蛎
마을 여성들은 바다에 나가 굴을 캐는 생활을 했다.

Ⓐ + 굴

· 싱싱한 굴 新鲜的牡蛎
손으로 눌러봐서 탄력이 있으면 싱싱한 굴이다.

0329 굴² (窟)
洞穴，隧道

굴 + Ⓥ

굴을 ~
· 굴을 뚫다 打洞
고대 기독교인들은 바위에 굴을 뚫어 집을 지었다.
· 굴을 파다 挖洞
전쟁이 났을 때 아빠는 땅에 굴을 파고 지냈다고 합니다.

Ⓐ + 굴

· 어두운 굴 漆黑的山洞
어두운 굴을 빠져나오니 거대한 호수가 나왔다.
· 캄캄한 굴 伸手不见五指的山洞
일부 승려들은 지금도 빛이 들어오지 않는 캄캄한 굴
에서 수행한다.

0330 굿 [굳]
神祭，跳大神

굿 - Ⓝ

· 굿거리 跳大神
· 굿당 巫师神堂

굿 + Ⓝ

· 굿 구경 看跳大神

· 굿 소리 跳大神的声音

굿 + Ⓥ

굿을 ~
· 굿을 하다 跳大神
요즘도 시골에서는 굿을 한다.

慣

· 굿 보다 看热闹
참견하지 말고 앉아서 굿이나 봐.

0331 궁리 [궁니] (窮理)
盘算，心思，琢磨

궁리 + Ⓥ

궁리가 ~
· 궁리가 나다 有盘算
무엇을 했으면 좋을지 궁리가 나지 않았다.
· 궁리가 많다 心思多
여러 가지로 궁리가 많았다.
· 궁리가 서다 琢磨出来
돈 밖에는 달리 궁리가 서지 않습니다.

궁리를 ~
· 궁리를 하다 盘算
한참 동안 이리저리 궁리를 해보았습니다.

0332 권력 [궐력] (權力)
权力

권력 - Ⓝ

· 권력관계 权力关系
· 권력기관 权力机关
· 권력투쟁 权力斗争

권력 + Ⓝ

· 권력 구조 权力结构
· 권력 기반 权力基础
· 권력 남용 滥用权力
· 권력 다툼 权力斗争

· 권력 분립 权力对立
· 권력 승계 权力继承

권력 + Ⓥ

권력이 ~

· **권력이 있다** 有权力
그는 권력이 있는 집안의 아들이다.
· **권력이 집중되다** 权力集中
대통령에게 권력이 집중되는 현상을 막아야 한다.

권력을 ~

· **권력을 가지다** 拥有权力
강력한 권력을 가진 지도자가 필요하다.
· **권력을 잡다** 掌握权力
그는 당내에서 엄청난 권력을 잡고 있다.
· **권력을 장악하다** 掌握权力
권력을 장악하기 위한 음모가 시작되었다.
· **권력을 쥐다** 掌握权力
그는 막강한 권력을 쥐고 있었다.
· **권력을 행사하다** 行使权力
마음대로 권력을 행사해서는 안 된다.
· **권력을 휘두르다** 行使权力
권력을 마음대로 휘두르면 자리에서 쫓겨 난다.

권력에 ~

· **권력에 굴종하다** 向权力屈服
그들은 어쩔수 없이 권력에 굴종했다.
· **권력에 맞서다** 与权贵对抗
권력에 맞선 사람들은 모두 사형에 처해졌다.
· **권력에 빌붙다** 趋炎附势
그는 권력에 빌붙어 자리만 지키는 사람이었다.

0333 **권리** [궐리](權利)
权利

권리 - Ⓝ

· 권리침해 侵犯权利

권리 + Ⓝ

· 권리 보호 权利保护
· 권리 의식 权利意识
· 권리 행사 行使权利

권리 + Ⓥ

권리가 ~

· **권리가 있다** 有权利
모든 사람은 행복하게 살 권리가 있다.
· **권리가 주어지다** 被赋予权利
모든 사람에게 동일한 권리가 주어져야 한다.

권리를 ~

· **권리를 가지다** 拥有权利
최근에서야 여성들이 투표할 수 있는 권리를 가지게 되었다.
· **권리를 누리다** 享受权利
다양한 권리를 누리면서 살아야 한다.

0334 **권위** [궈뉘](權威)
权威

권위 + Ⓝ

· 권위 의식 权威意识

권위 + Ⓥ

권위가 ~

· **권위가 떨어지다** 权威扫地
경찰은 이번 사건으로 권위가 크게 떨어졌다.
· **권위가 무너지다** 权威扫地
요즘은 가정에서 가장의 권위가 무너졌다.
· **권위가 서다** 有权威
그렇게 해서 가장의 권위가 서겠어요?
· **권위가 있다** 有权威
그는 심장병 분야에서 가장 권위가 있는 의사이다.

권위를 ~

· **권위를 가지다** 拥有权威
대단한 권위를 가진 그를 모두가 두려워했다.
· **권위를 내세우다** 摆官架子
그는 언제나 권위를 내세우며 사람들을 무시했다.
· **권위를 인정하다** 承认……的权威
사람들은 그의 권위를 인정했다.
· **권위를 행사하다** 行使权威
무조건적으로 권위를 행사해서는 안 된다.

0335 **귀**
耳朵

귀 + Ⓥ

귀가 ~

· **귀가 가렵다** 耳朵痒
얼마 전부터 왼쪽 귀가 너무 가려워요.

· **귀가 따갑다** 刺耳
담배 끊으라는 소리를 귀가 따갑도록 들었다.

· **귀가 뚫리다** 听懂话
그는 '기적'이란 말에 귀가 뻥 뚫리는 듯했다.

· **귀가 막히다** 耳朵被堵住了
높은 산에 올라가면 귀가 막히고 잘 안 들린다.

· **귀가 먹다** 耳聋
귀가 먹어서 안 들려요.

· **귀가 먹먹하다** 耳朵嗡嗡直响
비행기 엔진 소리 때문에 귀가 먹먹해질 정도였다.

· **귀가 멀다** 耳背
말년에는 귀가 멀어 공개적인 활동은 하지 못했다.

· **귀가 멍멍하다** 耳朵什么也听不见
기계 돌아가는 소리가 너무 커서 귀가 멍멍했다.

· **귀가 밝다** 耳朵灵
난 귀가 밝아서 작은 소리도 잘 듣는다.

· **귀가 솔깃하다** 侧耳倾听
도시로 떠난 친구의 소식에 귀가 솔깃했다.

· **귀가 어둡다** 耳背
귀가 어두워지기 전까지 음악을 들었다.

· **귀가 열리다** 听懂
영어로 된 노래를 자주 듣고 가까이 하다 보면 귀가 열린다.

· **귀가 트이다** 耳朵灵
갑자기 막혔던 귀가 트이는 것 같은 느낌이었다.

귀를 ~

· **귀를 기울이다** 侧耳倾听
그는 조용히 선생님의 말에 귀를 기울였다.

· **귀를 대다** 把耳朵贴在……
그는 환자의 가슴에 귀를 대고 심장 뛰는 소리를 들었다.

· **귀를 막다** 把耳朵堵住
이불 속에서 몸을 웅크린 채 귀를 막았다.

· **귀를 붙이다** 贴着耳朵
그 남자는 벽면에다 귀를 붙인 채 꼼짝하지 않았다.

· **귀를 잡아당기다** 揪耳朵
나는 그녀의 한쪽 귀를 잡아당겨 조용히 이름을 불렀다.

· **귀를 쫑긋거리다** 竖起耳朵
밖에서 들리는 소리에 귀를 쫑긋거렸다.

· **귀를 틀어막다** 捂住耳朵
총소리가 들리자 엄마는 아기의 귀를 틀어 막았다.

귀에 ~

· **귀에 거슬리다** 逆耳
먹는 소리가 귀에 거슬린 언니가 '소리 내지 말고 먹으

라고 했다.

· **귀에 걸다** 戴在耳朵上
그는 마스크를 하나 사서 귀에 걸었다.

· **귀에 꽂다** 插在耳朵上
동생은 이어폰을 귀에 꽂고 음악을 들었다.

· **귀에 대다** 靠在耳边
그 남자는 다시 수화기를 귀에 대고 말한다.

· **귀에 들리다** 传到耳朵里
목구멍으로 침 넘어가는 소리가 귀에 들렸다.

· **귀에 들어가다** 传到耳朵里
그 말이 아버지의 귀에 들어가지 않을 리 없었다.

· **귀에 들어오다** 听进去
그는 내 말이 거의 귀에 들어오지 않는 것 같았다.

· **귀에 속삭이다** 在耳边窃窃私语
사랑한다는 말을 아이의 귀에 속삭여 준다.

· **귀에 쟁쟁하다** 在耳边回荡
재판관의 음성이 귀에 아직도 쟁쟁했다.

· **귀에 익다** 耳熟
귀에 익은 어머니와 동생의 목소리가 들렸다.

· **귀가 가렵다** 耳朵发烧
이렇게 자기 이야기를 하고 있으니 그는 지금 귀가 가려울 거야.

· **귀가 닳도록 듣다** 耳朵磨出茧子
그 이야기들은 이미 귀가 닳도록 들은 것이었다.

· **귀가 따갑게 듣다** 刺耳
공부를 열심히 하라는 말을 귀가 따갑게 들었습니다.

· **귀가 번쩍 뜨이다** 耳朵一下子竖起来
그들이 주고받는 얘길 듣고 그녀는 귀가 번쩍 띄었다.

· **귀가 아프게 듣다** 耳朵磨出茧子
결혼에 대한 말은 귀가 아프게 들어온 말들이다.

· **귀가 얇다** 耳根软
리어왕은 아부에 약하고 귀가 얇은 까닭에 엄청난 비극을 스스로 초래했다.

· **귀를 세우다** 竖起耳朵
경기 결과를 듣지 못한 사람들이 라디오 방송에 귀를 세웠다.

· **귀를 의심하다** 怀疑自己的耳朵
나는 내 귀를 의심했다.

· **귀에 못이 박히다** 耳朵磨出茧子
나쁜 짓을 하지 말라고 부모님께서 귀에 못이 박히도록 말씀하셨다.

0336 귀가 (歸家)
回家

귀가 + ⓝ

· 귀가 시간 回家时间
· 귀가 시민 返乡市民
· 귀가 차량 返乡车辆

귀가 + ⓥ

귀가를 ~
· 귀가를 서두르다 着急回家
비가 온다는 소식을 듣고 귀가를 서둘렀다.
· 귀가를 하다 回家
지하철 고장으로 귀가를 하는 시민들이 불편을 겪었다.

0337 귀국 (歸國)
回国

귀국 + ⓝ

· 귀국 길 回国的路

귀국 + ⓥ

귀국을 ~
· 귀국을 하다 回国
오늘 아침 비행기로 귀국을 했다.

0338 귀신 (鬼神)
鬼，鬼神

귀신 + ⓝ

· 귀신 영화 鬼电影
· 귀신 이야기 鬼故事

귀신 + ⓥ

귀신을 ~
· 귀신을 물리치다 驱鬼
귀신을 물리치기 위해 그는 항상 기도를 했다.

· 귀신을 보다 看到鬼
그는 귀신을 볼 수 있는 초능력이 있다.
· 귀신을 쫓다 驱鬼
귀신을 쫓기 위해 굿을 했다.

귀신에 ~
· 귀신에 홀리다 中邪
귀신에 홀린 것처럼 혼잣말을 하는 사람을 보았다.

慣

· 귀신도 모르다 神不知鬼不觉
귀신도 모르게 물건을 훔쳐 갔다.
· 귀신 씻나락 까먹는 소리 胡说八道
귀신 씻나락 까먹는 소리하지 말고 일어나 똑바로 해.
· 귀신이 곡할 노릇 活见鬼
책상 위에 있던 안경이 없어졌으니 귀신이 곡할 노릇이네.
· 귀신이 씌다 鬼附身
귀신이 씌지 않고서는 사람이 그렇게 변할 리가 없다.

0339 귀천 (貴賤)
贵贱

귀천 + ⓥ

귀천이 ~
· 귀천이 없다 不分贵贱
직업에는 귀천이 없다.
· 귀천이 있다 有贵贱之分
직업이 다르다고 사람의 귀천이 있는 것은 결코 아니다.

0340 규모 (規模)
规模

규모 + ⓥ

규모가 ~
· 규모가 영세하다 规模小
규모가 영세한 기업들은 살아남기 힘들다.
· 규모가 작다 规模小
우리 회사는 규모가 작은 편이다.
· 규모가 줄다 规模缩小
이번 행사는 작년에 비해 규모가 줄었다.
· 규모가 크다 规模大

새로 지은 경기장은 규모가 엄청 크다.

규모를 ~

· **규모를 늘리다** 扩大规模
국내 기업들은 규모를 늘리기 위해 투자를 확대하고
있다.
· **규모를 줄이다** 缩小规模
행사의 규모를 줄여야 적자를 피할 수 있다.
· **규모를 축소하다** 缩小规模
올림픽 규모를 축소하는 것이 시급한 문제이다.

0341 **규정** (規定)
规定

· **규정 위반** 违反规定

규정을 ~

· **규정을 마련하다** 制定规定
새로운 규정을 마련해서 그를 보호해야 한다.
· **규정을 무시하다** 无视规定
절차와 규정을 무시하고 임의로 자료를 반출했다.
· **규정을 어기다** 违反规定
규정을 어긴 사람은 벌금을 내야 한다.
· **규정을 지키다** 遵守规定
발표 시간 규정을 지켜 주시기 바랍니다.

규정에 ~

· **규정에 따르다** 根据规定
두 팀은 규정에 따르기로 합의했다.
· **규정에 어긋나다** 违反规定
규정에 어긋난 행동을 삼가 주십시오.

0342 **규칙** [規則]
規則，規定

· **규칙 개정** 修订规则
· **규칙 개정안** 规则修订案
· **규칙 아래** 规定之下
· **규칙 위반** 违反规定

· **규칙 철회** 废除规定

규칙을 ~

· **규칙을 개정하다** 修订规定
5월 4일에 정부는 관세법 시행 규칙을 개정했다.
· **규칙을 따르다** 遵从规定
우리도 똑같은 규칙을 따라야 했다.
· **규칙을 만들다** 制定规定
어떠한 규칙을 만들어 내느냐에 따라 경제 활동의 내
용이 달라진다.
· **규칙을 모르다** 不懂规则
야구를 즐기고 싶은데, 규칙을 잘 몰라서요.
· **규칙을 바꾸다** 改变规定
게임의 규칙을 바꿔야만 승리를 거머쥘 수 있다.
· **규칙을 어기다** 违反规定
학교에서 기본적인 규칙을 어기면 안 된다.
· **규칙을 위반하다** 违反规定
고의적으로 규칙을 위반하는 일이 없어야 한다.
· **규칙을 정하다** 制定规定
게임하기 전에 미리 규칙을 정해 놓는 것이 좋다.
· **규칙을 지키다** 遵守规定
보는 사람이 없더라도 규칙을 잘 지켜야 한다.

규칙에 ~

· **규칙에 근거하다** 根据规定
교실 규칙에 근거하여 청소 당번을 정한다.
· **규칙에 따르다** 按照规定
그 규칙에 따르면 나는 그와 한 방에 마주 앉아 있을
수 없었다.
· **규칙에 얽매다** 被规矩所缚
규칙에 얽매이지 말고 자유롭게 행동해.
· **규칙에 의하다** 依据规定
규칙에 의하여 처벌이 가능하다.

· **공정한 규칙** 公正的规定
국가는 시장이 잘 작동하도록 공정한 규칙을 정해야
한다.
· **복잡한 규칙** 复杂的规定
단순한 규칙에서 복잡한 규칙으로 점차 범위를 넓혀
주세요.
· **새로운 규칙** 新的规定
논의를 통해 새로운 규칙을 정할 수도 있다.
· **엄격한 규칙** 严格的规定
개성을 살리지 못하는 이유는 학교의 엄격한 규칙 때
문이다.
· **일정한 규칙** 一定之规

사람은 누구나 일정한 규칙을 준수해야 한다.
· 정해진 규칙 制定的规定
정해진 규칙을 따라야지.
· 합리적인 규칙 合理的规定
합리적인 규칙은 아동이 따를 수 있는 규칙입니다.

0343 균형 (均衡)
均衡, 平衡

균형 + N

· 균형 감각 平衡感, 平衡能力
· 균형 발전 均衡发展
· 균형 상태 均衡状态

균형 + V

균형이 ~
· 균형이 깨지다 平衡被打破
갱년기에는 몸의 균형이 깨기 쉽다.
· 균형이 무너지다 平衡被破坏
작품 전체의 균형이 무너져 있어서 완성도가 떨어진다.
· 균형이 잡히다 匀称
균형이 잡힌 몸매를 가지셨네요.

균형을 ~
· 균형을 유지하다 维持平衡
몸의 균형을 유지하기 위해 노력했다.
· 균형을 이루다 形成均衡
두 나라는 힘의 균형을 이루며 발전했다.
· 균형을 잃다 失去平衡
나는 눈길에서 균형을 잃고 넘어졌다.
· 균형을 잡다 保持平衡
자전거를 탈 때는 균형을 잘 잡아야 한다.

0344 귤
桔子

귤 - N

· 귤껍질 橘子皮
· 귤나무 橘子树

귤 + N

· 귤 조각 橘子瓣
· 귤 차 橘子茶

귤 + V

귤이 ~
· 귤이 시다 橘子酸
귤이 너무 셔서 통조림처럼 만들어 먹었어요.

귤을 ~
· 귤을 까다 剥橘子
그는 외로울 때마다 귤을 까 먹는다.
· 귤을 따다 摘橘子
그에게 가장 큰 귤을 따 줬어요.
· 귤을 먹다 吃橘子
방금 전에 귤을 너무 많이 먹어서 배가 아프다.
· 귤을 사다 买橘子
그는 그 곳에서 사과와 귤을 조금 샀다.

A + 귤

· 맛있는 귤 好吃的橘子
맛있는 귤 고르는 방법을 좀 알려 주세요.
· 새콤새콤한 귤 酸酸的橘子
이번에 산 귤은 새콤새콤한 귤이다.

0345 그네
秋千

그네 + V

그네를 ~
· 그네를 뛰다 荡秋千
단옷날이 되면 그네를 뛰는 관습이 있다.
· 그네를 타다 荡秋千
남자와 여자는 흰 그네를 타고 있다.

0346 그늘
樹蔭, 蔭涼, 陰影

그늘 + N

· 그늘 밑 树荫底下
· 그늘 아래 树荫下

그늘 + Ⓥ

그늘이 ~

· **그늘이 깔리다** 一片灰暗
산 밑에는 언제나 그늘이 깔려 있다.

· **그늘이 드리우다** 暮色降临
저녁의 억새밭 속은 짙은 그늘이 드리워 컴컴했다.

· **그늘이 어리다** 眼圈发暗
사내의 얼굴에 짙은 그늘이 어리었다.

· **그늘이 없다** 没有树荫
고등학생 시절까지만 해도 어두운 그늘이 없는 아이였다.

· **그늘이 지다** 有阴凉
더위에 지쳐 그늘이 진 곳으로 갔다.

· **그늘이 짙다** 树荫浓密
평상 위의 떨쳐 등나무 그늘이 짙었다.

그늘에 ~

· **그늘에 가리다** 被树荫遮住
서쪽 관람석의 윗부분은 그늘에 가려 있었다.

그늘에서 ~

· **그늘에서 벗어나다** 从阴影中摆脱出来
가정환경의 그늘에서 벗어나고 싶습니다.

· **그늘에서 살다** 生活在阴影下
그는 가난의 그늘에서 살 수밖에 없었다.

0347 그룹 (group)
小组，集团

그룹 + Ⓝ

· **그룹 과외** 集体课外辅导
· **그룹 관계자** 集团相关人员
· **그룹 면접** 集体面试
· **그룹 토의** 集体讨论
· **그룹 회장** 集团会长

그룹 + Ⓥ

그룹을 ~

· **그룹을 이루다** 组成小队
선수들은 그룹을 이루어 반환점을 돌았다.

· **그룹을 짓다** 结成小组
아이들은 그룹을 지어 놀고 있었다.

그룹으로 ~

· **그룹으로 나누다** 分成组
참가자들을 세 그룹으로 나누어 면접을 진행했다.

Ⓐ + 그룹

· **새로운 그룹** 新组
확인 버튼을 누르면 새로운 그룹이 만들어진다.

0348 그릇 [그른]
器皿，碗

그릇 + Ⓥ

그릇이 ~

· **그릇이 깨지다** 碗碎
식당에서 그릇이 깨지고 주먹질이 오가고 있었다.

· **그릇이 작다** 碗小
그릇이 너무 작아서 다 담을 수가 없다.

· **그릇이 크다** 碗大
그릇이 너무 클 것 같아.

그릇을 ~

· **그릇을 깨다** 打碎碗
식탁에서 장난을 하다가 아이가 그릇을 깼다.

· **그릇을 닦다** 刷碗
그는 부드러운 수세미로 그릇을 닦았다.

· **그릇을 비우다** 把碗倒空
너무 맛이 있어서 국물 한 방울 남기지 않고 그릇을 비웠다.

· **그릇을 빚다** 制碗
그릇을 빚을 때 마음을 손끝에 모아야 한다.

· **그릇을 씻다** 刷碗
기름기가 많은 그릇을 씻을 때는 세제를 써야 한다.

그릇에 ~

· **그릇에 담기다** 盛在碗里
하얀 쌀밥이 그릇에 담겨 있다.

· **그릇에 담다** 盛在碗里
뜨거운 밥을 그릇에 담았다.

· **그릇에 담아내다** 装在碗里
할머니께서는 김치를 손수 썰어 그릇에 담아내셨다.

· **그릇에 덜다** 盛在碗里
음식을 그릇에 덜어 먹는 습관이 필요하다.

· **그릇에 붓다** 倒在碗里
나는 다시 찻잔의 물을 그릇에 부었다.

Ⓐ + 그릇

· **금이 간 그릇** 裂了的碗
금이 간 그릇에 먹지 말라.

· **깨진 그릇** 打碎的碗

깨진 그릇에 음식을 담아 먹으면 몸에 해롭다.
· **넓은 그릇** 宽口碗
먼저 넓은 그릇에 달걀을 넣고 잘 풀어요.
· **빈 그릇** 空碗
나는 빈 그릇에 끓는 물을 부었다.
· **이 빠진 그릇** 掉齿的碗
왜 이 빠진 그릇을 쓰면 안 된다고 할까요?
· **한 그릇** 一碗
국밥집에서 국밥을 한 그릇 사 먹은 후 집으로 돌아왔다.

慣

· **그릇이 크다** 大器
예로부터 큰 인물은 그릇이 크다고 했다.

0349 그림
画儿, 图画, 绘画

그림 + N

· **그림 공부** 学画画
· **그림 구경** 观赏画作
· **그림 그리기** 画画儿
· **그림 솜씨** 绘画水平
· **그림 전시회** 绘画展

그림 + V

그림이 ~
· **그림이 걸리다** 挂着画
벽에는 알 수 없는 꽃 그림이 걸려 있었다.
· **그림이 그려지다** 画画
그림이 다 그려지면 아이들과 같이 평가를 하면 좋겠다.
· **그림이 전시되다** 展出画
우리는 그림이 전시된 곳으로 찾아갔다.

그림을 ~
· **그림을 감상하다** 欣赏画
그림을 감상하던 그는 갑자기 기쁨의 탄성을 질렀다.
· **그림을 걸다** 挂画
눈에 띄는 자리에 좋은 그림을 걸어 두어라.
· **그림을 그리다** 画画
그는 컴퓨터로 그림을 그리고 있었다.
· **그림을 베끼다** 临摹画
가끔 그는 고흐의 그림을 베끼기도 했다.
· **그림을 붙이다** 贴画
벽에 그림을 붙여 놓았다.

· **그림을 수집하다** 收集画
주변에 그림을 수집하는 분이 계신가요?
· **그림을 좋아하다** 喜欢画
제가 그림을 매우 좋아합니다.
· **그림을 즐기다** 热爱绘画
진짜 그림을 즐기고 있어요.
· **그림을 팔다** 卖画
그는 그림을 팔아서 3억짜리 집을 샀다.

그림에 ~
· **그림에 나타나다** 画中出现
그의 그림에 나타난 인물은 대부분 실제 인물이다.
· **그림에 몰두하다** 埋头作画
화가들은 각자 성의를 다해 그림에 몰두했다.
· **그림에 문외한이다** 对绘画一无所知
그의 화품은 그림에 문외한인 사람도 쉽게 이해가 갔다.
· **그림에 미치다** 对绘画着迷
그는 그림에 미쳐 오로지 그림만 생각한다.
· **그림에 빠지다** 沉迷于绘画
그는 서서히 그림에 빠져들면서 화가의 길을 선택했다.

그림으로 ~
· **그림으로 그리다** 用画画出来
영화에서 본 것을 그림으로 그리거나 글로 쓰라고 했다.
· **그림으로 나타내다** 用画来体现
어제 일어난 사건을 그림으로 나타내면 다음과 같다.
· **그림으로 표현하다** 用画来表现
사람들은 자신의 역사를 그림으로 표현하기도 했다.

A + 그림

· **아름다운 그림** 美丽的图画
그는 세상에서 가장 아름다운 그림을 찾으러 여행을 떠났다.
· **예쁜 그림** 漂亮的画
어제 예쁜 그림을 선물 받았다!

慣

· **그림의 떡** 画饼充饥
환자인 그에게 이 음식은 그림의 떡이었다.
· **그림이 좋다** 好让人羡慕啊!
벤치에 앉아 있는 연인의 그림이 좋아 보였다.

0350 그림자
影子

그림자 + V

그림자가 ~

· **그림자가 드리워지다** 阴影笼罩
그의 몸에 죽음의 그림자가 드리워졌다.

· **그림자가 비치다** 影子倒映
저기, 사람 그림자가 비치네요.

· **그림자가 지다** 背阴
여기는 그림자가 많이 져서 채소가 잘 자라지 않아요.

그림자를 ~

· **그림자를 드리우다** 投下影子
한국 경제에 어두운 그림자를 드리우고 있다.

· **그림자를 밟다** 踩影子
커다란 나무 그림자를 밟으며 걷는다.

그림자처럼 ~

· **그림자처럼 따라다니다** 如影随行
동생은 언니를 그림자처럼 따라다녔다.

Ⓐ + 그림자

· **검은 그림자** 黑影
검은 그림자가 비치자 소녀는 소리를 질렀다.

· **어두운 그림자** 阴影
해가 지자 방안으로 어두운 그림자가 드리워졌다.

· **짙은 그림자** 阴影
서서히 죽음의 짙은 그림자가 그의 몸을 감싸기 시작했다.

慣

· **그림자조차 찾을 수 없다** 无影无踪
어디로 갔는지 그림자조차 찾을 수 없다.

· **그림자 하나 얼씬하지 않는다** 连一个人影都不见
산자락의 외딴집은 그림자 하나 얼씬하지 않는다.

0351 그물
网，渔网

그물 + Ⓥ

그물을 ~

· **그물을 거두다** 收渔网
어선들은 그물을 거두고 서둘러 항구로 움직였다.

· **그물을 당기다** 拉渔网
그물을 당기다 보면 으레 옷이 젖는다.

· **그물을 치다** 撒渔网
강에 그물을 쳐서 고기를 잡았다.

· **그물을 치다** 铺网

미리 그물을 치고 우리가 걸리기를 기다리고 있었죠.

그물에 ~

· **그물에 걸리다** 被渔网缠住
고래가 그물에 걸렸다.

0352 극¹ (極)
极，两极，极点

극 - Ⓝ

· **극동** 远东

극 + Ⓥ

극에 ~

· **극에 달하다** 至极
마지막 장면에서 배우들의 감정은 극에 달했다.

· **극에 서다** 站在顶点
우리 두 사람은 정반대의 극에 서 있다.

· **극에 이르다** 达到顶点
그의 분노는 이미 극에 이르렀다.

慣

· **극과 극을 달리다** 完全相反
아내와 남편의 성격은 극과 극을 달린다.

0353 극² (劇)
戏剧

극 - Ⓝ

· **극예술** 戏剧艺术
· **극작가** 剧作家

극 + Ⓥ

극을 ~

· **극을 공연하다** 演出戏剧
올해는 남녀 간의 사랑을 다룬 극을 공연했다.

ㄱ ㄴ ㄷ ㄹ ㅁ ㅂ ㅅ ㅇ ㅈ ㅊ ㅋ ㅌ ㅍ ㅎ

0354 극장 [극짱](劇場)

剧场, 剧院

극장 + Ⓝ

· 극장 간판 剧院牌匾
· 극장 개봉작 剧院首映作品
· 극장 건물 剧院建筑
· 극장 구경 参观剧院
· 극장 문화 剧院文化
· 극장 손님 剧院观众
· 극장 시설 剧院设施
· 극장 입구 剧院入口
· 극장 입장권 剧院入场券
· 극장 좌석 剧院座位

극장 + Ⓥ

극장이 ~

· 극장이 개관하다 剧院开张
우리 집 근처에 큰 극장이 개관했다.
· 극장이 만원이다 剧院座无虚席
그날 극장이 만원이어서 들어갈 틈도 없었다.
· 극장이 비다 剧院空空如也
영화가 재미없어서 극장이 비었다.
· 극장이 생기다 建成剧院
우리나라에도 상설 오페라 극장이 생겼다.

극장을 ~

· 극장을 세우다 修建剧院
그는 사설 극장을 세워 소인극단을 출범시켰다.
· 극장을 열다 开剧院
2017년까지 30여 개의 극장을 추가로 열 계획이다.
· 극장을 짓다 修建剧院
그는 1576년에 최초의 상설 대중 극장을 지었다.
· 극장을 찾다 去剧院
관객들은 언제나 좋은 극장을 찾는다.

극장에 ~

· 극장에 가다 去剧院
군이 극장에 가지 않더라도 PC 모니터를 통해 영화를
볼 수 있다.
· 극장에 들르다 顺便去剧院
먼저 극장에 들러서 티켓을 끊는 게 좋을 것 같아요.
· 극장에 들어가다 进剧院
그들은 마치 연인처럼 다정한 모습으로 극장에 들어갔다.

극장에서 ~

· 극장에서 개봉되다 在剧院首映
이 영화는 전국 100개 극장에서 개봉되었다.
· 극장에서 공연되다 在剧院演出
그의 작품은 이 극장에서 공연되었다.
· 극장에서 공연하다 在剧院演出
허름한 극장에서 공연하는 것이 보통의 일상이었다.
· 극장에서 관람하다 在剧院观看
시간이 있으면 꼭 오페라 극장에서 관람해 보세요.
· 극장에서 상영되다 在剧院上映
영화는 극장에서 상영된다.

Ⓐ + 극장

· 어두운 극장 昏暗的剧院
그 배우는 심지어 어두운 극장 안에서도 선글라스를
끼고 있다.
· 캄캄한 극장 漆黑的剧院
그녀는 어쩔 수 없이 캄캄한 극장으로 다시 들어갔다.

0355 근거 (根據)

根据, 依据

근거 + Ⓝ

· 근거 자료 证明材料

근거 + Ⓥ

근거가 ~

· 근거가 되다 成为根据
이 사진은 결정적인 근거가 될 수 있다.
· 근거가 빈약하다 证据不足
이러한 주장은 근거가 빈약합니다.
· 근거가 없다 没有根据
근거가 없는 말은 하지 마라.
· 근거가 있다 有根据
그 소문은 근거가 있는 거야?

근거를 ~

· 근거를 가지다 有根据
명확한 근거를 가지고 주장을 해야 한다.
· 근거를 두다 省略号形式错误
그의 주장은 헌법에 근거를 두고 있다.
· 근거를 마련하다 准备……的证据
공장을 건설할 수 있는 근거를 마련하였다.
· 근거를 제시하다 拿出证据
검찰은 결정적인 단서와 근거를 제시했다.

근거로 ~

· **근거로 삼다** 作为根据
아이들은 부모의 행동을 판단의 근거로 삼는다.

· **근거로 제시하다** 作为根据被提供
다양한 자료가 근거로 제시되었다.

· **근거로 하다** 以……为根据
물가 상승률을 근거로 하여 연봉이 상승되었다.

Ⓐ + 근거

· **결정적인 근거** 起决定性作用的依据
신문기사는 그 주장의 결정적인 근거가 되었다.

· **확실한 근거** 确切的根据
여기가 당신의 고향이라는 확실한 근거를 제시하세요.

0356 **근교** (近郊)
近郊

근교 + Ⓝ

· **근교 도시** 近郊城市

근교 + Ⓥ

근교에 ~

· **근교에 있다** 在近郊
서울 근교에 있는 회사에 취직했다.

0357 **근무** (勤務)
工作

근무 – Ⓝ

· **근무시간** 工作时间

근무 + Ⓝ

· **근무 경력** 工作经历
· **근무 교대** 轮班
· **근무 여건** 工作条件
· **근무 자세** 工作态度
· **근무 조건** 工作条件
· **근무 평정** 工作评估
· **근무 환경** 工作环境

근무 + Ⓥ

근무가 ~

· **근무가 끝나다** 工作结束
근무가 끝난 직원들끼리 회식을 했다.

근무를 ~

· **근무를 마치다** 结束工作
근무를 마치고 집에 돌아와 저녁을 먹었다.

· **근무를 서다** 值班
경찰들은 밤샘 근무를 서야 한다.

· **근무를 하다** 工作
중동에서 7년 동안 근무를 했다.

근무에 ~

· **근무에 들어가다** 开始工作
의사들은 비상 근무에 들어갔다.

0358 **근본** (根本)
根本

근본 – Ⓝ

· **근본정신** 根本精神

근본 + Ⓝ

· **근본 문제** 根本问题
· **근본 원인** 根本原因

근본 + Ⓥ

근본이 ~

· **근본이 되다** 成为根本
가장 근본이 되는 것은 사랑이다.

· **근본이 없다** 根底不好
그런 근본이 없는 사람과 결혼하는 건 반대다.

근본을 ~

· **근본을 따지다** 追本溯源
한의학의 근본을 따지면 중의학에서 시작되었다.

근본부터 ~

· **근본부터 바꾸다** 从根本上改变
스마트폰은 우리 생활을 근본부터 바꿔 놓았다.

0359 근육 [그뉵] (筋肉)
肌肉

근육 + Ⓝ

· 근육 마비 肌肉麻痹
· 근육 세포 肌肉细胞
· 근육 운동 肌肉运动

근육 + Ⓥ

근육이 ~

· 근육이 발달하다 肌肉发达
남자는 여자에 비해 근육이 발달했다.

0360 근처 (近處)
附近

근처 + Ⓝ

· 근처 병원 附近医院
· 근처 식당 附近食堂

근처 + Ⓥ

근처를 ~

· 근처를 거닐다 在附近遛跶
집 근처를 거닐면서 음악을 듣는 것이 그녀의 유일한 취미다.
· 근처를 배회하다 在附近徘徊
그는 언제나 말없이 그녀의 근처를 배회했다.
· 근처를 서성거리다 在附近踱来踱去
머리를 식히기 위해 공원 근처를 서성거렸다.

근처에 ~

· 근처에 살다 住在附近
나는 회사 근처에 살고 있다.
· 근처에 있다 在附近
우리 집은 학교 근처에 있다.

근처까지 ~

· 근처까지 가다 去附近
산 정상 근처까지 갔다가 내려왔다.
· 근처까지 오다 来附近
그녀의 집 근처까지 왔지만 그는 전화하지 않았다.

근처로 ~

· 근처로 옮기다 搬到附近
집을 회사 근처로 옮겼다.

0361 글
文章，稿子

글 – Ⓝ

· 글꼴 字体
· 글머리 序文
· 글방 学堂、私塾
· 글솜씨 文笔
· 글쓰기 写作

글 + Ⓝ

· 글 모음 文章集锦
· 글 쓰기 写作

글 + Ⓥ

글을 ~

· 글을 깨치다 识字
그는 스승 없이 혼자 글을 깨쳤다.
· 글을 배우다 学学问
아버지는 글을 배우지 못하셨다.
· 글을 보내다 寄稿
라디오 방송국에 글을 보냈다.
· 글을 싣다 刊登文章
그는 지역 신문에 내 글을 실어 주었어.
· 글을 쓰다 写文章
무슨 글을 쓰고 계세요?
· 글을 올리다 上传文章
게시판에 글을 올린 사람이 누구야?
· 글을 읽다 读稿
다음 글을 읽고 자기 생각을 말해 보세요.
· 글을 짓다 写作
가족에 대한 짧은 글을 지어 보세요.

0362 글씨
字体

글씨 + Ⓥ

글씨가 ~

· 글씨가 새겨지다 印字
멋진 글씨가 새겨진 티셔츠를 입고 있다.

글씨를 ~

· 글씨를 쓰다 写字
어머, 정말 글씨를 잘 쓰시네요.

Ⓐ + 글씨

· 삐뚤삐뚤한 글씨 歪歪扭扭的字
삐뚤삐뚤한 글씨로 사랑한다고 썼다.

0363 글자 [글짜]
文字，字

글자 + Ⓝ

· 글자 모양 文字模样

글자 + Ⓥ

글자가 ~

· 글자가 새겨지다 刻着字
벽면에 글자가 새겨져 있었다.

· 글자가 쓰이다 写着字
2층 유리창에 '안전'이라는 글자가 쓰여 있었다.

· 글자가 적히다 写着字
그 쪽지에는 잘 알아볼 수 없는 글자가 적혀 있었다.

글자를 ~

· 글자를 넣다 加入文字
기존의 동영상에 글자를 넣고 싶어요.

· 글자를 따다 选取字
아이의 이름은 태어난 곳의 글자를 따서 지었다.

· 글자를 배우다 学字
나는 아버지에게서 글자를 배웠다.

· 글자를 새기다 刻字
그는 나뭇가지로 땅바닥에 글자를 새겼다.

· 글자를 쓰다 写字
한자로 이 글자를 써 봅시다.

· 글자를 알다 认字
그는 만 2세 때부터 글자를 알았다.

· 글자를 읽다 读字
화면에 나오는 글자를 읽기가 힘들었다.

· 글자를 입력하다 打字
그는 검색 창에 글자를 입력했다.

· 글자를 치다 打字

어떤 타자수는 1분당 170 이상의 글자를 칠 수 있다.

0364 금 (金)
金子

금 – Ⓝ

· 금가락지 金戒指
· 금값 金价
· 금괴 金条
· 금메달 金牌
· 금반지 金戒指
· 금시장 黄金市场

금 + Ⓝ

· 금 목걸이 金项链

금 + Ⓥ

금을 ~

· 금을 캐다 采金
금을 캐기 위해 많은 사람이 모였다.

금으로 ~

· 금으로 만들다 用金子做
사람들에게 금으로 만든 선물을 주었다.

惯

· 금이야 옥이야 金枝玉叶
금이야 옥이야 키운 딸을 시집 보내려니 서운하다.

0365 금메달 (金medal)
金牌，金质奖章

금메달 + Ⓥ

금메달을 ~

· 금메달을 따다 取得金牌
올림픽에서 금메달을 땄습니다.

· 금메달을 목에 걸다 胸带金牌
금메달을 목에 걸고 단상에 섰다.

· 금메달을 획득하다 获得金牌
사상 처음으로 금메달을 획득했습니다.

0366 **금액** [그맥](金額)
金额

금액 + Ⓥ

금액이 ~
· 금액이 감소하다 金额减少
투자 금액이 감소했다.
· 금액이 증가하다 金额增加
이용 건수와 금액이 크게 증가했다.

Ⓐ + 금액

· 막대한 금액 巨大的金额
막대한 금액을 투자했지만 사업은 실패로 돌아갔다.
· 엄청난 금액 巨额
엄청난 금액을 상금으로 받았다.

0367 **금연** [그면](禁煙)
禁烟, 戒烟

금연 + Ⓝ

· 금연 구역 禁烟区
· 금연 운동 禁烟运动
· 금연 효과 戒烟效果

금연 + Ⓥ

금연을 ~
· 금연을 하다 戒烟
새해에는 꼭 금연을 하겠다.

0368 **금요일** [그묘일]
星期五

금요일 + Ⓝ

· 금요일 날 星期五
· 금요일 밤 星期五晚上
· 금요일 수업 星期五的课
· 금요일 아침 星期五早上

· 금요일 오전 星期五上午
· 금요일 오후 星期五下午
· 금요일 저녁 星期五晚上
· 금요일 점심 星期五中午
· 금요일 하루 종일 星期五一整天

0369 **금지** (禁止)
禁止

금지 – Ⓝ

· 금지명령 禁止令

금지 + Ⓝ

· 금지 구역 禁止区域

금지 + Ⓥ

금지를 ~
· 금지를 하다 禁止
야생동물 사냥을 법적으로 금지를 하였다.

0370 **급** (級)
级别

급 + Ⓥ

급이 ~
· 급이 낮다 级别低
급이 낮은 사람들하고 어울릴 수가 없다.
· 급이 높다 级别高
같은 반 학생들의 급이 높아서 따라갈 수 없다.
· 급이 다르다 级别不同
지금까지 가본 식당과는 급이 달랐다.

0371 **기** (氣)
气, 元气

기 + Ⓥ

기가 ~

· 기가 꺾이다 士气低落，垂头丧气
선생님의 말 한마디에 기가 꺾였다.

· 기가 막히다 呼吸不畅；不可思议；无可奈何
기가 막혀서 말이 안 나온다.

· 기가 세다 强悍
옆집 아주머니는 기가 세시다.

· 기가 죽다 颓丧
아무리 혼이 나도 기가 죽지 않고 대들었다.

· 기가 질리다 士气大落，沮丧
할아버지의 호통에 기가 질렸다.

기를 ~

· 기를 살리다 使……振作
아이들의 기를 살리기 위해 노력했다.

· 기를 죽이다 使……气馁
부모가 아이의 기를 죽이면 되겠습니까?

慣

· 기가 살다 不气馁
그렇게 혼이 나고도 기가 살았구나.

· 기를 쓰다 竭力，拼命
일등을 하려고 기를 쓰고 공부했다.

· 기가 차다 没办法，无可奈何
기가 차서 할 말이 없다.

· 기를 펴다 扬眉吐气
보통 사람들도 기를 펴고 사는 세상이 왔으면 좋겠다.

0372 기간 (期間)
期間，期限

기간 + Ⓝ

· 기간 내 期间内
· 기간 내내 整个一段时间内
· 기간 동안 ……期间
· 기간 뒤 期间后
· 기간 만료 时限结束
· 기간 연장 延长时间

기간 + Ⓥ

기간이 ~

· 기간이 걸리다 花费……时间
시험에 합격하기까지 오랜 기간이 걸렸다.

· 기간이 길다 时间长
숙성 기간이 긴 것은 조리용으로 쓰인다.

· 기간이 길어지다 时间变长
기다리는 기간이 너무 길어지지 않기를 바라겠소.

· 기간이 끝나다 期限结束
보험 계약 기간이 끝나고 1개월 내에 갱신해야 한다.

· 기간이 단축되다 时间被缩短
한약도 같이 복용하면 치료 기간이 단축될 수 있다.

· 기간이 만료되다 期限结束
2월 말일 기준으로 계약 기간이 만료됩니다.

· 기간이 줄다 时间缩减
여권 발급 기간이 크게 줄 전망이다.

· 기간이 지나다 时间过去
영화는 일정 기간이 지나면 극장에서 볼 수 없다.

· 기간이 짧다 期间短
함께 일한 근무 기간이 짧은 것이 아쉽다.

· 기간이 충분하다 时间充分
9급 공무원 시험 준비 기간이 충분합니다.

· 기간이 필요하다 需要……时间
흡연자의 경우 치료를 위한 오랜 기간이 필요하다.

· 기간이 흐르다 时间流逝
그러고도 2년 이상의 기간이 흘렀다.

기간을 ~

· 기간을 거치다 经历……时间
그들은 5년이라는 긴 연애 기간을 거쳐 결혼했다.

· 기간을 기다리다 等待期间
계약이 만료되는 기간을 기다리고 있다.

· 기간을 넘기다 超过时间
이 기간을 넘길 경우 처벌을 받게 된다.

· 기간을 늘리다 延长时间
공모전 기간을 늘리자는 의견이 나왔다.

· 기간을 단축하다 缩短期间
출고부터 판매까지의 기간을 단축하는 것이 이익이다.

· 기간을 마치다 结束……期间
언니는 짧은 연수 기간을 마치고 돌아왔다.

· 기간을 맞다 适逢……期间
바겐세일 기간을 맞아 백화점에 갔다.

· 기간을 맞추다 按时
계속 비가 오면 공사 기간을 맞추기 어려울 것이다.

· 기간을 연장하다 延长期间
자동차 회사는 무상 보증 수리 기간을 연장했다.

· 기간을 잡다 留出时间
1주일 정도의 투표 기간을 잡아 주셨으면 좋겠습니다.

· 기간을 줄이다 缩减时间
결제나 배송 기간을 줄여 주세요.

· 기간을 지나다 超过期限，逾期
이번 달 이벤트는 기간이 지나 버렸어요.

· 기간을 축소하다 缩短时间
군 복무 기간을 축소해야 한다.

Ⓐ + 기간

· 긴 기간 长时间
보장 기간의 경우에는 가장 긴 기간을 선택한다.
· 오랜 기간 长时间
우리는 이처럼 오랜 기간을 함께 생활하며 지냈다.
· 짧은 기간 短时间
5년이 안 된 짧은 기간에 그는 다양한 부서에서 많은
경험을 쌓았다.

0373 기계 [기계/기게](機械)
机器，机械

기계 + Ⓝ

· 기계 공장 机械工厂
· 기계 공업 机械工业
· 기계 부품 机器零部件
· 기계 설비 机器设备
· 기계 설치 机器安装
· 기계 소리 机器声
· 기계 수리 机器修理
· 기계 시설 机器设施
· 기계 이상 机器异常
· 기계 장비 机器装备
· 기계 장치 机器装置
· 기계 제도 机械制图
· 기계 제작 机器制作
· 기계 조립 机器组装
· 기계 조작 机器操作
· 기계 체조 器械体操

기계 + Ⓥ

기계가 ~

· 기계가 돌다 机器运转
공장이 밤늦도록 불을 밝히고 기계가 돌고 있다.
· 기계가 돌아가다 机器运转
기관실에서 기계가 돌아간다.
· 기계가 멈추다 机器停止
정전이 되어 기계가 멈추었다.
· 기계가 멎다 机器停止
버튼을 누르면
· 기계가 서다 机器停下来
물자 수송이 중지되자 공장의 기계가 섰다.

· 기계가 정지되다 机器停止
그가 발판을 꾹 눌렀다 놓으니 기계가 정지되었다.
· 기계가 움직이다 机器运转
기계가 움직이기 시작하면서 '탕' 하고 소리가 났다.

기계를 ~

· 기계를 고치다 修理机器
공장들이 낡은 기계를 고쳐 쓰고 있었다.
· 기계를 다루다 操作机器
빠르게 움직이는 기계를 다루는 직종은 피해야 한다.
· 기계를 돌리다 操作机器
전원을 켜고 다시 기계를 돌렸다.
· 기계를 만들다 制造机器
인간이 생활의 편리를 위해 기계를 만들었다.
· 기계를 만지다 使用机器
공부만 하느라 기계를 만져볼 기회가 없었다.
· 기계를 사용하다 使用机器
우리가 직접 그 기계를 사용해 본 것은 아니었다.
· 기계를 설치하다 安装机器
그는 공장의 한 귀퉁이에 기계를 설치하고 밤낮 없이
일했다.
· 기계를 쓰다 使用机器
이 기계를 쓸 수 있는지 궁금해요.
· 기계를 움직이다 开动机器
기계를 움직이는 힘은 무엇일까요?
· 기계를 이용하다 使用机器
그는 붕어빵 기계를 이용하여 붕어빵을 팔았다.
· 기계를 제작하다 制造机器
우리는 인간의 기능을 대체할 수 있는 기계를 제작하
기를 원한다.
· 기계를 제조하다 制造机器
저희 회사는 환경 관련 기계를 제조합니다.

기계에 ~

· 기계에 끼다 被机器夹
공장 직원이 기계에 끼어 심하게 다쳤다.
· 기계에 치이다 被机器碾，被机器轧
어린 노동자는 방직 기계에 치어 죽었다.

0374 기구 (器具)
器械，工具

기구 + Ⓥ

기구를 ~

· 기구를 쓰다 使用工具
기구를 써서 문을 열었다.

· 기구를 이용하다 使用器具
현미경이라는 기구를 이용해서 많은 것을 발견했다.

0375 기념 (記念·紀念)
纪念

기념 – ℕ

· 기념비 纪念碑
· 기념사업 纪念事业
· 기념사진 留影
· 기념상품 纪念商品
· 기념우표 纪念邮票
· 기념행사 纪念活动

기념 + ℕ

· 기념 공연 纪念演出
· 기념 대회 纪念赛
· 기념 촬영 合影留念

기념 + Ⓥ

기념으로 ~
· 기념으로 주다 作为纪念送……
대통령은 시계를 기념으로 주었다.
· 기념으로 사가 作为纪念买
졸업 기념으로 이 책을 샀다.

0376 기능 (機能)
机能，功能

기능 + Ⓥ

기능이 ~
· 기능이 강화되다 功能被强化
대통령의 기능이 더욱 강화되었다.
· 기능이 쇠퇴하다 功能衰退
오늘날 문학의 기능이 쇠퇴하고 있다.
· 기능이 약화되다 功能被弱化
가정의 기능이 점점 더 약화되고 있다.
· 기능이 저하되다 功能低下
소화 기능이 저하되어 항상 소화제를 먹는다.

기능을 ~
· 기능을 가지다 拥有……的功能
신제품은 새로운 기능을 가지고 있다.
· 기능을 담당하다 承担……的功能
광고는 소비자들의 관심을 끄는 기능을 담당한다.
· 기능을 발휘하다 发挥功能
최대한 기능을 발휘하기 위해 노력했다.
· 기능을 상실하다 丧失功能
그의 눈은 기능을 상실했다.
· 기능을 수행하다 行使功能
가족은 다양한 교육적 기능을 수행한다.
· 기능을 하다 拥有功能
약은 감기를 낫게 하는 기능을 한다.

Ⓐ + 기능

· 다양한 기능 各种功能
스마트폰은 다양한 기능을 가지고 있다.
· 새로운 기능 新功能
새로운 기능을 가진 신제품들이 인기가 많다.

0377 기대 (期待)
期待

기대 + ℕ

· 기대 수준 期待水平
· 기대 심리 期待心理

기대 + Ⓥ

기대가 ~
· 기대가 높다 期待高
그녀의 역할에 대한 기대가 높아졌다.
· 기대가 되다 期待, 指望
이번 경기는 정말 기대가 됩니다.
· 기대가 무너지다 期待落空
나를 향한 기대가 무너질까봐 걱정이 된다.
· 기대가 크다 期待高
친구들과 처음으로 가는 여행이라 기대가 크다.

기대를 ~
· 기대를 걸다 抱有期待
부모님은 나에게 큰 기대를 걸고 있다.
· 기대를 모으다 满怀期待
팬들은 이번 경기에 기대를 모았다.
· 기대를 저버리다 辜负期待

나는 부모님의 기대를 저버리고 싶지 않다.
· **기대를 품다** 抱有期待
잔뜩 기대를 품고 영화를 보러 갔다.

기대에 ~

· **기대에 미치다** 达到预期目标
선생님의 기대에 못 미쳐서 죄송합니다.
· **기대에 부풀다** 满怀期待
그를 다시 만난다는 기대에 부풀어 잠도 오지 않는다.
· **기대에 어긋나다** 辜负期待
선생님의 기대에 어긋나지 않도록 열심히 하겠습니다.

Ⓐ + 기대

· **큰 기대** 很大的期待
큰 기대는 하지 마라.

0378 **기도** (祈禱)
祈祷

기도 + Ⓝ

· **기도 소리** 祈祷声

기도 + Ⓥ

기도를 ~

· **기도를 드리다** 祈祷
저는 하루에 다섯 번 기도를 드립니다.
· **기도를 올리다** 祈祷
어머니는 동생을 위해 백일기도를 올리고 있다.
· **기도를 하다** 祈祷
아버지 병을 낫게 해 달라고 매일 기도를 했다.

0379 **기독교** [기독꾜](基督敎)
基督敎

기독교 + Ⓝ

· **기독교 단체** 基督敎团体
· **기독교 신앙** 基督敎信仰
· **기독교 신자** 基督敎信徒
· **기독교 학교** 基督敎学校

기독교 + Ⓥ

기독교를 ~

· **기독교를 믿다** 信仰基督敎
기독교를 믿어야만 천국에 갈 수 있다.
· **기독교를 받아들이다** 接受基督敎
기독교를 받아들인 후에 선교사를 초청했다.

0380 **기둥**
柱子

기둥 - Ⓝ

· **기둥구멍** 柱子孔
· **기둥뿌리** 柱子根部

기둥 + Ⓥ

기둥을 ~

· **기둥을 붙잡다** 抓住柱子
기둥을 붙잡고 울기 시작했다.
· **기둥을 세우다** 竖起柱子
건물을 짓기 위해 기둥을 세우기 시작했다.

기둥에 ~

· **기둥에 기대다** 倚着柱子
기둥에 기대 앉아 고향을 생각했다.

惯

· **기둥서방** 男妓, 皮条客
그는 그년의 기둥서방 노릇을 하며 지냈다.

0381 **기러기**
大雁

기러기 + Ⓝ

· **기러기 떼** 大雁群

惯

· **기러기 아빠** 候鸟爸爸, 留守爸爸, 指一个人在国内挣钱供妻子带着孩子在国外求学的爸爸
가족들이 모두 해외로 나간 그는 기러기 아빠로 외롭게 살고 있다.

0382 **기록** (記錄)

纪录，记录

· 기록문학 纪实文学
· 기록영화 纪录片

기록 + Ⓥ

기록이 ~

· 기록이 남다 留下记录
확실한 기록이 남아 있지 않다.

기록을 ~

· 기록을 깨다 打破纪录
이전의 기록을 깨고 새로운 기록을 세웠다.
· 기록을 남기다 留下记录
그는 사막을 탐험하여 방대한 양의 기록을 남겼다.
· 기록을 내다 创纪录
연습을 더하면 좋은 기록을 낼 수 있을 것이다.
· 기록을 세우다 创纪录
이번 대회에서 새로운 기록을 세웠다.

기록에 ~

· 기록에 남다 留在记录里
어제 작업한 내용이 기록에 남아 있다.

Ⓐ + 기록

· 새로운 기록 新纪录
그는 이번 대회에서 새로운 기록을 세웠다.

0383 **기름**

油，油脂，脂肪

기름 + Ⓥ

기름이 ~

· 기름이 끼다 渍油
말린 생선은 오래되면 기름이 끼어서 색깔이 변한다.
· 기름이 묻다 沾上油
기름이 묻은 그릇을 열심히 닦았다.
· 기름이 배다 渍油
그의 얼굴엔 언제나 검은 기름이 배어 있다.
· 기름이 흐르다 流油，有油光

김이 모락모락 나고 기름이 흐르는 따뜻한 밥이었다.

기름을 ~

· 기름을 끼얹다 浇油
누군가 기름을 끼얹고 불을 질렀다.
· 기름을 넣다 加油
그는 기름을 더 넣으려고 주유소에 들렀다.
· 기름을 두르다 倒入少许油
냄비에 기름을 두르고 호박을 넣어 볶았다.
· 기름을 먹다 耗油
이 차가 기름을 많이 먹는 편이지요?
· 기름을 먹이다 浸油，上油
기름을 먹여 투명하게 만든 기름종이에 밑그림을 그렸다.
· 기름을 붓다 浇油，上油
불에 기름을 부은 것처럼 싸움이 커졌다.
· 기름을 짜다 榨油
그때 너무 가난해서 기름을 짜고 난 콩의 찌꺼기까지
먹었다.
· 기름을 치다 刷油
기계에 기름을 쳤더니 기계가 잘 돌아간다.

기름에 ~

· 기름에 넣다 放入油中
마늘이나 생강 같은 재료를 뜨거운 기름에 넣어 향을
낸다.
· 기름에 볶다 用油炒
야채는 기름에 볶아서 먹는다.
· 기름에 지지다 用油煎
밀가루를 꿀과 기름에 반죽하여 기름에 지진다.
· 기름에 튀기다 用油炸
감자를 얇게 썰어 기름에 튀긴다.

0384 **기말** (期末)

期末

· 기말고사 期末考试
· 기말시험 期末考试

기말 + Ⓝ

· 기말 평가 期末评估

ㄱ

0385 기본 (基本)
基本

기본 - Ⓝ
· 기본설계 基本设计
· 기본예절 基本礼节
· 기본요금 基本费用
· 기본자세 基本姿势

기본 + Ⓝ
· 기본 개념 基本概念
· 기본 계획 基本计划
· 기본 골격 基本骨骼
· 기본 과제 基本课题
· 기본 관점 基本观点
· 기본 구조 基本结构
· 기본 노선 基本路线
· 기본 목표 基本目标
· 기본 방침 基本方针
· 기본 방향 基本方向
· 기본 원리 基本原理
· 기본 원칙 基本原则
· 기본 자료 基本资料

기본 + Ⓥ
기본이 ~
· 기본이 되다 成为基本
투표는 민주 사회의 기본이 되는 것이다.

기본으로 ~
· 기본으로 하다 以……为基本
설명문은 서론, 본론, 결론의 3단 구성을 기본으로 한다.

0386 기분 (氣分)
情绪, 心情, 心绪

기분 + Ⓝ
· 기분 전환 转换心情

기분 + Ⓥ

기분이 ~
· 기분이 가라앉다 情绪消沉
비 오는 날이면 기분이 가라앉는다.
· 기분이 가볍다 心情轻松
복잡하고 정신없는 월요일이지만 기분이 가볍다.
· 기분이 가시다 ……的心情一扫而光
그녀는 씁쓸한 기분이 가시지 않았다.
· 기분이 괜찮다 心情不错
기분이 괜찮은 모양이었다.
· 기분이 나다 有心情
그는 도무지 기분이 나지 않았다.
· 기분이 나쁘다 心情不好
나 때문에 기분이 나빴던 분들께 사과를 했다.
· 기분이 내키다 心里乐意
기분이 내키지 않아 답장을 쓰지 않았다.
· 기분이 들다 感觉……
그동안의 고생이 봄눈 녹듯 녹아 버리는 기분이 들었다.
· 기분이 뒤숭숭하다 心情乱糟糟
기분이 뒤숭숭한 모양인데 우리 술이나 한 잔 합시다.
· 기분이 무겁다 心情沉重
편지를 읽고 난 그는 새삼 기분이 무거웠다.
· 기분이 상쾌하다 心情舒畅
커피를 마시니까 기분이 상쾌해졌다.
· 기분이 상하다 心情不好
형과의 말다툼 때문에 기분이 몹시 상했다.
· 기분이 언짢다 心情不愉快
그는 자기의 권위가 침해당한 것 같아 기분이 언짢았다.
· 기분이 우울하다 心情忧郁
기분이 우울할 땐 동료들에게 커피를 사세요.
· 기분이 이상하다 感觉有些奇怪
아까 전화하는데 기분이 이상하더라.
· 기분이 잡치다 心里很扫兴
나는 이런 어이없는 글 때문에 기분이 잡쳤다.
· 기분이 좋다 心情好
시험에 합격해서 기분이 좋다.
· 기분이 풀리다 心情好转
노래를 듣다 보니 기분이 풀렸다.
· 기분이 홀가분하다 心情宽爽
그러나 이상하게도 기분이 영 홀가분해지지 않았다.
· 기분이 후련하다 心里轻松
털어놓고 나니 기분이 좀 후련한가?

기분을 ~
· 기분을 감추다 掩饰心情
그래도 여전히 굴욕적인 기분을 감출 수는 없었다.
· 기분을 내다 享受
추석이니 추석 기분을 내기 위해 한식을 먹자고 했다.
· 기분을 느끼다 感到……
나는 문득 으스스한 기분을 느꼈다.

· 기분을 달래다 抚慰心情
울적한 기분을 달래려고 음악을 틀었다.
· 기분을 돋우다 提升情绪
기분을 돋우는 것은 캐롤이 제일일 것 같다.
· 기분을 떨치다 振作精神
하지만 왠지 복잡한 기분을 떨칠 수가 없었다.
· 기분을 맛보다 体验心情
직장에서 무엇인가 색다른 기분을 맛보고 싶었다.
· 기분을 맞추다 迁就，讨好
나는 항상 남편의 기분을 잘 맞춰 준다.
· 기분을 바꾸다 改变心情
오빠는 내 기분을 바꾸기 위해 계속 노래를 불러 주었다.
· 기분을 숨기다 掩饰心情
그런 사람을 보면 역겨운 기분을 숨길 수가 없다.
· 기분을 풀다 心情好转
엄마의 기분을 풀어 드리기 위해 나는 안마를 해 드렸다.

기분에 ~

· 기분에 맞다 符合心情
쌉쌀한 차 맛이 그의 기분에 딱 맞았다.
· 기분에 맞추다 迎合，迁就
사진 찍어 주시는 분들이 아기 기분에 맞춰서 촬영했다.
· 기분에 들뜨다 情绪激动
나는 굉장한 사랑을 받고 있다는 기분에 들뜨기 시작했다.
· 기분에 따르다 根据心情
판단이 기분에 따라 달라진다.
· 기분에 빠지다 陷入……的情绪之中
그녀는 우울한 기분에 빠졌다.
· 기분에 사로잡히다 陷入……的情绪之中
나는 그 무렵 박탈당한 기분에 사로잡혀 있었다.
· 기분에 시달리다 被……情绪所折磨
그는 요새 계속해서 정체 모를 기분에 시달리고 있었다.
· 기분에 잠기다 陷入……的情绪之中
나는 그런 말을 들어 우울한 기분에 잠기게 되었다.
· 기분에 젖다 沉浸在……的情绪之中
나는 갑자기 외로운 기분에 젖었다.
· 기분에 휩싸이다 被……心情所包围
그는 우롱당한 듯한 기분에 휩싸였다.

Ⓐ + 기분

· 더러운 기분 坏心情
더러운 기분을 풀려 해도 풀지 못하고 있다.
· 들뜬 기분 激动的心情
내일이 소풍이라 들뜬 기분으로 잠을 잤다.
· 묘한 기분 奇妙的心情
왠지 형을 대할 때면 묘한 기분을 숨길 수가 없다.
· 불쾌한 기분 不愉快的心情
그날 내내 불쾌한 기분으로 있던 나는 집에 일찍 돌아

왔다.
· 상쾌한 기분 愉快的心情
그 말 때문에 상쾌한 기분마저 사라져 버렸다.
· 아찔한 기분 恍惚的心情
나는 현기증과도 같은 아찔한 기분을 느꼈다.
· 우울한 기분 忧郁的心情
우울한 기분을 날려 줄 수 있는 소중한 사람이었다.
· 유쾌한 기분 愉快的心情
오렌지색은 유쾌한 기분을 갖게 해 소화 기능을 돕는다.
· 이상한 기분 奇怪的感觉
나는 그때만큼 이상한 기분을 가져 보지 못했다.
· 찜찜한 기분 不舒服的心情
농담으로 마무리 짓기는 했지만 영 찜찜한 기분을 지울 수 없었다.
· 행복한 기분 幸福的心情
오랜만에 친구와 실컷 수다를 떨며 행복한 기분을 느끼기도 했다.
· 홀가분한 기분 轻松的心情
어수선한 꿈자리를 떨쳐버리는 홀가분한 기분이었다.
· 흐뭇한 기분 欣慰的心情
그 말을 들으면서 할아버지는 흐뭇한 기분에 젖었다.

0387 기쁨
喜悦

기쁨 + Ⓥ

기쁨이 ~

· 기쁨이 넘치다 充满欢声笑语
우리 집은 항상 기쁨이 넘쳤다.

기쁨을 ~

· 기쁨을 느끼다 感到喜悦
부모님은 자식들을 보면서 기쁨을 느낀다.
· 기쁨을 맛보다 感到喜悦
부모로서 참된 기쁨을 맛보았다.
· 기쁨을 주다 带来喜悦
그 편지는 나에게 큰 기쁨을 주었다.

기쁨에 ~

· 기쁨에 들뜨다 满怀欣喜
내일이 방학이라서 학생들이 기쁨에 들떠 있다.
· 기쁨에 차다 充满喜悦
합격 소식을 듣고 기쁨에 찬 미소를 지었다.

Ⓐ + 기쁨

· 큰 기쁨 巨大的喜悦

대학 합격은 내 인생의 가장 큰 기쁨이었다.

0388 기사¹ (記事)
报道

기사 + N

· **기사 내용** 报道内容
· **기사 방향** 报道方向
· **기사 본문** 报道正文
· **기사 수정** 修改报道
· **기사 유출** 报道泄露
· **기사 작성** 写报道
· **기사 제목** 报道题目

기사 + V

기사가 ~

· **기사가 게재되다** 刊登报道
신문에 우리 회사를 알리는 기사가 게재되었어요.
· **기사가 나가다** 登报
이런 기사가 나가게 된 것은 우리 부장의 실수였다.
· **기사가 나다** 刊登报道
신문에 그에 관한 짤막한 기사가 나 있었다.
· **기사가 나오다** 刊登报道
법률 개정에 대한 기사가 나온 뒤에 국민이 반발이 거세졌다.
· **기사가 보도되다** 刊登报道
연쇄 추돌 사고 관련 기사가 보도되었다.
· **기사가 실리다** 刊登报道
오늘 아침 신문에 환율 관련 기사가 실렸다.

기사를 ~

· **기사를 게재하다** 刊登报道
이 잡지는 회장의 사망 기사를 게재했다.
· **기사를 내다** 派发报道
지역 분쟁에 관심을 가지고 기사를 냈다.
· **기사를 내보내다** 派发报道
매체의 본분은 정확한 기사를 내보내는 것이다.
· **기사를 다루다** 报道……
우리 신문은 많은 지면을 할애해 스포츠 기사를 다뤘다.
· **기사를 보다** 看报道
그는 어떤 종교 잡지에서 한 기사를 봤다.
· **기사를 송고하다** 发报道
인터넷 기자들은 하루에 수십 개의 기사를 송고한다.
· **기사를 수정하다** 修改报道

기사를 수정해서 올려놓았어요.
· **기사를 싣다** 刊登报道
신문마다 그녀에 관한 기사를 실었다.
· **기사를 쓰다** 写报道
기자는 기사를 자유롭게 쓸 권리가 있습니다.
· **기사를 읽다** 读报道
나는 신문에서 월식에 대한 기사를 읽었다.
· **기사를 작성하다** 撰写报道
사실을 중심으로 기사를 작성한다.

0389 기사² (技士)
技士, 司机

기사 + N

· **기사 아저씨** 司机师傅
· **기사 양반** 司机师傅

0390 기숙사 [기숙싸](寄宿舍)
宿舍

기숙사 + N

· **기숙사 사감** 宿舍管理员
· **기숙사 사생** 宿舍住宿学生
· **기숙사 생활** 宿舍生活

기숙사 + V

기숙사를 ~

· **기숙사를 짓다** 盖宿舍
이 고등학교는 지금 새 기숙사를 짓고 있다.
· **기숙사를 운영하다** 经营宿舍
이 학교는 대형 기숙사를 운영하고 있습니다.

기숙사에 ~

· **기숙사에 가다** 去宿舍
딸마저 대학 기숙사에 가 있었다.
· **기숙사에 들어가다** 进到宿舍
성적에 밀리면 기숙사에 들어갈 수 없다.
· **기숙사에 살다** 住在宿舍
20여 명의 젊은 학생들이 그 기숙사에 살고 있다.

기숙사에서 ~

· **기숙사에서 보내다** 在宿舍里度过

그 해 겨울 방학을 기숙사에서 보내기로 했다.

· **기숙사에서 생활하다** 在宿舍里生活
저는 기숙사에서 생활하고 있습니다.

기숙사로 ~

· **기숙사로 돌아오다** 回宿舍
학원에서 기숙사로 돌아오는 길이었다.

· **기숙사로 들어가다** 进到宿舍
토요일 오후에 집에 갔다가 일요일 저녁에 다시 기숙사로 들어간다.

· **기숙사로 옮기다** 搬到宿舍
그는 그날부터 친구들이 있는 기숙사로 옮겼다.

0391 **기술** (技術)
技术

기술 – Ⓝ

· **기술이전** 技术转让
· **기술제휴** 技术合作

기술 + Ⓝ

· **기술 개발** 技术开发
· **기술 고시** 技能考试
· **기술 문명** 技术文明
· **기술 발전** 技术发展
· **기술 수준** 技术水平
· **기술 자격증** 技术资格证

기술 + Ⓥ

기술이 ~

· **기술이 개발되다** 技术开发
바닷물을 일반 물로 바꾸는 기술이 개발되었다.

· **기술이 뛰어나다** 技术精湛
그 사람은 다른 사람보다 배 만드는 기술이 뛰어나다.

· **기술이 발전하다** 技术发展
기술이 발전하면서 인간의 생활이 편리해졌다.

· **기술이 없다** 没有技术
기술이 없으면 취직하기 어렵다.

· **기술이 있다** 有技术
요즘은 기술이 있어도 취직이 힘들다.

기술을 ~

· **기술을 개발하다** 开发技术
기술을 개발하지 않고서는 살아남을 수 없다.

· **기술을 도입하다** 引进技术
새로운 기술을 도입한 후에 회사가 발전했다.

· **기술을 배우다** 学习技术
어머니의 권유로 미용 기술을 배웠다.

· **기술을 보유하다** 拥有技术
이러한 기술을 보유한 국가는 거의 없다.

· **기술을 익히다** 熟悉技术
열심히 기술을 익혀서 취직할 생각이에요.

· **기술을 팔다** 转让技术
기술을 팔아서 얻는 로열티로 많은 돈을 벌고 있다.

기술에 ~

· **기술에 의존하다** 依赖技术
외국 기술에 의존하는 이상 더 이상 발전은 없다.

Ⓐ + 기술

· **다양한 기술** 丰富的技术手段
이 제품은 다양한 기술이 적용된 최신 스마트폰이다.

· **새로운 기술** 新技术
새로운 기술을 개발하기 위한 노력이 진행 중이다.

0392 **기술자** [기술짜](技術者)
技术人员

기술자 + Ⓥ

기술자가 ~

· **기술자가 되다** 成为技术人员
훌륭한 기술자가 되기 위해 열심히 노력했다.

0393 **기억** (記憶)
記，記住，記憶

기억 + Ⓝ

· **기억 상실** 丧失记忆
· **기억 용량** 记忆容量
· **기억 장치** 记忆装置

기억 + Ⓥ

기억이 ~

· **기억이 가물가물하다** 记不清
잠들기 전의 기억이 가물가물했다.

· 기억이 끊기다 什么都想不起来
우리는 기억이 끊기도록 폭음을 했다.

· 기억이 나다 记得
그 사람의 얼굴이 지금도 기억이 나요.

· 기억이 남다 记住
동경을 떠나며 두 가지 기억이 남았다.

· 기억이 되살아나다 重新想起
그때마다 5년 전의 부끄러웠던 기억이 되살아난다.

· 기억이 떠오르다 想起
그가 새벽에 찾아왔던 기억이 떠올랐다.

· 기억이 새롭다 记忆犹新
오랜만에 만난 친구 덕분에 기억이 새롭다.

· 기억이 생생하다 记忆犹新
36년 전의 일이지만 아직도 기억이 생생하다.

· 기억이 없다 没有记忆
나는 그런 기억이 전혀 없어.

· 기억이 정확하다 清楚地记得
누가 범인인지 기억이 정확하지 않다.

· 기억이 희미하다 记不清
기억이 희미하여 언제였는지 확실하지는 않다.

기억을 ~

· 기억을 가지다 有记忆
나는 이 '우동 한 그릇'에 관하여 특별한 기억을 가지고 있다.

· 기억을 간직하다 珍藏记忆
아버지는 풍족함을 누렸던 어린시절의 기억을 간직하고 있었다.

· 기억을 남기다 留下……的记忆
가족과 함께 좋은 기억을 남겨 보세요.

· 기억을 더듬다 苦苦回想
내 말에 아우는 옛 기억을 더듬으며 웃었다.

· 기억을 되살리다 回想
형은 어려서 그를 만났던 기억을 되살렸다.

· 기억을 뒤지다 回想
그런 시인을 찾아, 그는 급히 기억을 뒤졌다.

· 기억을 떠올리다 想起
친구들과 숨바꼭질하던 기억을 떠올려 보곤 합니다.

· 기억을 못하다 记不起来
그대는 나를 알아도 나는 기억을 못합니다.

· 기억을 잊다 忘记
유년 시절의 아픈 기억을 잊을 수가 없습니다.

· 기억을 하다 记忆
메모는 기억을 하도록 도와준다.

기억에 ~

· 기억에 남다 留在记忆里
주인공이 헤어지는 장면이 기억에 남는다.

· 기억에 떠오르다 浮现在脑海里
그때 일이 기억에 떠오른다.

· 기억에 매달리다 纠缠在……的回忆中
헛된 기억에 매달리실 필요는 없습니다.

· 기억에 사로잡히다 ……的记忆挥之不去
처음 그를 본 순간, 어디선가 본 듯한 기억에 사로잡혔다.

· 기억에 새롭다 记忆犹新
친정어머니의 목소리가 기억에 새로웠다.

· 기억에 생생하다 记忆犹新
학창시절 일들은 아직도 기억에 생생하다.

· 기억에 선명하다 记忆犹新
부모님의 유언이 기억에 선명하다.

기억에서 ~

· 기억에서 벗어나다 从回忆中摆脱出来
남편은 옛 기억에서 벗어날 수 없을 것이다.

· 기억에서 사라지다 从记忆中消失
따뜻한 물결 같은 마음의 진동이 기억에서 사라졌다.

· 기억에서 지우다 从记忆中抹掉
평소에 기억에서 지우려고 노력한 것이 그런 결과를 빚은 것 같았다.

Ⓐ + 기억

· 부끄러운 기억 耻辱的记忆
나는 10년 전의 부끄러운 기억을 들키고 싶지 않았다.

· 뼈아픈 기억 惨痛的记忆
해마다 광복절이면 일제 식민 통치의 뼈아픈 기억을 되새긴다.

· 슬픈 기억 悲伤的记忆
그해 가을은 우리 가족에게 가장 슬픈 기억으로 남아 있습니다.

· 아련한 기억 依稀的记忆
나는 마치 아련한 기억을 더듬기라도 하는 듯이 말했다.

· 아름다운 기억 美好的回忆
아름다운 기억을 남겨 준 여러분께 감사를 올립니다.

· 아픈 기억 心痛的记忆
유년 시절의 아픈 기억을 잊을 수가 없습니다.

· 어두운 기억 黑暗的记忆
하루 빨리 어두운 기억을 털어 버리고 자기 자신을 사랑하도록 노력하세요.

0394 기업 (企業)
企业

기업 + Ⓝ

· 기업 경영 企业经营
· 기업 경쟁력 企业竞争力
· 기업 광고 企业广告

· 기업 문화 企业文化
· 기업 분석 企业分析
· 기업 설명회 企业说明会
· 기업 윤리 企业伦理

기업 + Ⓥ

기업을 ~

· 기업을 경영하다 经营企业
그는 자기 아들이 기업을 경영하기를 바라고 있다.
· 기업을 운영하다 经营企业
작은 가게에서 시작해서 지금은 큰 기업을 운영하고 있다.
· 기업을 이끌다 领导企业
그는 현재 글로벌 기업을 이끌고 있다.
· 기업을 인수하다 接手企业，兼并企业
경쟁 기업을 인수하면서 그 회사는 마침내 최고가 되었다.

기업과 ~

· 기업과 손잡다 与企业携手
많은 대학이 기업과 손잡고 취업률 향상을 위해 노력하고 있다.

0395 기온 (氣溫)

气温

기온 + Ⓝ

· 기온 변화 气温变化

기온 + Ⓥ

기온이 ~

· 기온이 낮다 气温低
오늘은 다른 날보다 기온이 낮다.
· 기온이 내려가다 气温下降
어제보다 기온이 내려갔다고 한다.
· 기온이 높다 气温高
올 여름은 예년에 비해 기온이 높았다.
· 기온이 떨어지다 气温下降
기온이 갑자기 떨어지면서 감기 환자가 늘었다.
· 기온이 올라가다 气温上升
이번 주말부터 기온이 올라갈 것이다.

0396 기운 (氣運)

劲头，精神

기운 + Ⓥ

기운이 ~

· 기운이 나다 来劲
옆에서 도와주니까 기운이 나네요.
· 기운이 넘치다 精力充沛
약 안 먹어도 기운이 넘치니까 걱정 마세요.
· 기운이 빠지다 没劲儿
기운이 빠져서 움직일 수도 없었다.
· 기운이 세다 劲儿大
어린 아이가 무슨 기운이 그렇게 센지 모르겠다.
· 기운이 솟다 精力旺盛
갑자기 기운이 막 솟는 것 같아요.
· 기운이 없다 无精打采
요즘 기운이 없어 보이네요.

기운을 ~

· 기운을 내다 振作精神
아이들 생각해서 기운을 내세요.
· 기운을 느끼다 感觉……
불안한 기운을 느끼면서 잠이 들었다.
· 기운을 차리다 打起精神
약 먹고 기운을 차리세요.

Ⓐ + 기운

· 따뜻한 기운 温暖的感觉
집에 들어서자 따뜻한 기운이 몸을 감쌌다.
· 맑은 기운 清新劲儿
집 뒤에는 맑은 기운을 가진 산이 우뚝 솟아 있다.

0397 기원¹ (祈願)

祈愿

기원 + Ⓥ

기원을 ~

· 기원을 하다 祈愿
부모들은 자식들이 잘되도록 기원을 한다.

0398 기원² (起源)
起源

기원 + Ⓥ

기원이 ~
· 기원이 되다 成为源头
당시 사건이 기원이 되어 오늘날까지 그날을 기념하고
있다.

기원을 ~
· 기원을 가지다 有……的起源
그 종교는 여러 가지 기원을 가지고 있다.
· 기원을 두다 来源于……
그 이론은 서구 이론에 기원을 두고 있다.
· 기원을 설명하다 说明起源
이번 발견은 우주 기원을 설명할 수 있는 증거가 된다.
· 기원을 밝히다 揭示起源
인류의 기원을 밝히기 위해 노력이 계속되고 있다.

0399 기자 (記者)
记者

기자 – Ⓝ

· 기자회견 记者见面会

기자 + Ⓝ

· 기자 생활 记者生活

기자 + Ⓥ

기자를 ~
· 기자를 만나다 见记者
취재를 위해 찾아온 기자를 만났다.

0400 기존 (既存)
现有, 现存

기존 + Ⓝ

· 기존 고객 现有的客户

· 기존 관념 现有的观念
· 기존 업체 现有的企业
· 기존 질서 现有的秩序

0401 기준 (基準)
基准, 标准

기준 – Ⓝ

· 기준가격 标准价格

기준 + Ⓝ

· 기준 금리 标准利率
· 기준 시가 标准市价

기준 + Ⓥ

기준이 ~
· 기준이 다르다 标准不同
현재와 과거의 미에 대한 기준이 다르다.
· 기준이 되다 成为标准
법은 판단의 분명한 기준이 된다.
· 기준이 없다 没有标准
일정한 기준이 없이 자유롭게 쓴 글이다.
· 기준이 있다 有标准
선과 악을 구분하는 합리적인 기준이 있다.

기준을 ~
· 기준을 따르다 遵照标准
정한 기준을 따르면 불만이 없다.
· 기준을 마련하다 制定标准
우리 회사에 맞는 새로운 기준을 마련해야 합니다.
· 기준을 삼다 作为标准
반장을 기준을 삼아서 줄을 맞춰 보세요.
· 기준을 세우다 制定标准
정확한 기준을 세워야 일을 시작할 수 있습니다.
· 기준을 적용하다 采用标准
새로운 기준을 적용하면 탈락자들이 많아진다.
· 기준을 정하다 制定标准
기준을 정하는 것은 무엇보다도 중요합니다.

기준으로 ~
· 기준으로 보다 从标准来看
예년 기준으로 보면 올해 점수가 매우 낮다.
· 기준으로 삼다 作为标准
작년 결과를 기준으로 삼고 있다.

· 기준으로 하다 当作标准
약은 치료 효과를 기준으로 해서 처방한다.

0402 기지개
懒腰

기지개 + Ⓥ

기지개를 ~
· 기지개를 켜다 伸懒腰
그는 기지개를 켜더니 일을 다시 시작했다.

0403 기차 (汽車)
火車

기차 – Ⓝ

· 기차역 火车站
· 기차표 火车票

기차 + Ⓝ

· 기차 시간 火车时刻
· 기차 여행 火车旅行
· 기차 칸 火车车厢
· 기차 편 火车车次

기차 + Ⓥ

기차가 ~
· 기차가 다니다 火车运行
1988년부터 기차가 다니기 시작했다.
· 기차가 달리다 火车行驶
기차가 느리게 춘천 쪽으로 달리고 있다.
· 기차가 닿다 火车抵达
이 기차역에는 기차가 닿았다가 다시 떠났습니다.
· 기차가 도착하다 火车到达
그들은 기차가 도착한 것도 모르고 TV를 보고 있었다.
· 기차가 들어오다 火车进站
플랫폼으로 기차가 들어왔다.
· 기차가 떠나다 火车出发
어느덧 기차가 떠나고 그때서야 참았던 눈물이 흘러내
렸다.
· 기차가 멈추다 火车停车

기차가 멈추었고, 형은 우리들을 돌아보았다.
· 기차가 서다 火车停车
기차가 정거장에 설 때마다 내렸다가 다시 탔다.
· 기차가 연착하다 火车晚点
오늘 기차가 또 연착했다.
· 기차가 움직이다 火车行驶
기차가 움직일 때마다 시끄러운 소리가 났다.
· 기차가 지나가다 火车驶过
기차가 지나가자 주위는 일시에 정적이 감돌았다.
· 기차가 출발하다 火车出发
역에 도착하자마자 기차가 막 출발하려 했다.

기차를 ~
· 기차를 갈아타다 换乘火车
부산에서 기차를 갈아타고 그곳으로 갔다.
· 기차를 기다리다 等候火车
기차를 기다리느라 대합실 나무 의자에 앉아 있었다.
· 기차를 내리다 下火车
그는 기차를 내린 뒤 이곳에서 버스로 갈아탔다.
· 기차를 놓치다 错过火车
길이 막혀서 기차를 놓쳤다.
· 기차를 타다 乘坐火车
지금 저는 서울행 기차를 타고 있습니다.

기차에 ~
· 기차에 오르다 上火车
나는 무작정 춘천행 기차에 올랐다.
· 기차에 싣다 装到火车上
새벽에 그는 첫 번째 기차에 몸을 실었다.
· 기차에 타다 坐火车
기차에 탈 땐 허겁지겁 뛰어서 간신히 올라탔다.

기차로 ~
· 기차로 가다 乘坐火车去
유럽까지 기차로 갈 수 있을 것이다.
· 기차로 갈아타다 换乘火车
서울역에서 내려 다른 기차로 갈아타고 가야 한다.
· 기차로 오다 乘坐火车来
그는 매일 아침 여덟 시 출근 기차로 도시에 온다.
· 기차로 이동하다 乘坐火车去
서울에서 부산까지는 기차로 이동했다.
· 기차로 통학하다 坐火车上下学
천안에서 3년째 기차로 통학하고 있었다.

0404 기초 (基礎)
基础

ㄴ ㄷ ㄹ ㅁ ㅂ ㅅ ㅇ ㅈ ㅊ ㅋ ㅌ ㅍ ㅎ

기초 – Ⓝ

· 기초화장 基础化妆

기초 + Ⓝ

· 기초 공부 基础学习
· 기초 공사 基础工程
· 기초 과목 基础科目
· 기초 과정 基础课程
· 기초 과학 基础科学
· 기초 산업 基础产业
· 기초 연구 基础研究
· 기초 자료 基础资料
· 기초 작업 基础工作
· 기초 조사 基础调查
· 기초 지식 基础知识
· 기초 질서 基础秩序
· 기초 체력 基础体力
· 기초 체온 基础体温
· 기초 학문 基础学科
· 기초 훈련 基础训练

기초 + Ⓥ

기초가 ~

· 기초가 놓이다 打基础
국내에는 70년대 초에야 그 기초가 놓이기 시작했다.
· 기초가 되다 成为基础
그것은 언어가 서로의 동질성을 인정하는 기초가 되기 때문이다.
· 기초가 잡히다 打下基础
그는 중학생 때부터 기초가 잘 잡혀 있다.
· 기초가 탄탄하다 基础扎实
기초가 탄탄한 영어 공부 이렇게 하세요!
· 기초가 튼튼하다 基础牢固
기초가 튼튼해야 나라가 튼튼하다.
· 기초가 확립되다 确立基础
언어학자에 의해 의미론의 기초가 확립되었다.
· 기초가 흔들리다 基础动摇
금융 사고가 너무 잦으면 신용 사회의 기초가 흔들린다.

기초를 ~

· 기초를 다지다 奠定基础
그는 경제 발전의 기초를 다졌다.
· 기초를 닦다 打基础
스님은 불교의 기초를 닦는 데 힘썼다.
· 기초를 두다 以……为基础

동물 실험에 기초를 두고 새로운 약이 개발되었다.
· 기초를 마련하다 打下……的基础
부모는 자녀들의 성공을 위한 기초를 마련해 주었다.
· 기초를 만들다 打下……的基础
그는 자기 나라를 경제 대국으로 성장할 수 있는 기초를 만들었다.
· 기초를 세우다 建立……的基础
그는 컴퓨터과학의 이론적 기초를 세워 주었다.
· 기초를 이루다 形成……的基础
제1분류는 우리 사회의 기초를 이루고 있는 분야라고 할 수 있다.

기초로 ~

· 기초로 삼다 作为基础
학문은 철학을 기초로 삼아 발전하였다.
· 기초로 하다 作为基础
예술은 기술을 기초로 한다.

Ⓐ + 기초

· 튼튼한 기초 牢固的基础
튼튼한 기초를 쌓아야 무너지지 않는다.

0405 기침

咳嗽

기침 + Ⓝ

· 기침 감기 咳嗽感冒
· 기침 소리 咳嗽声

기침 + Ⓥ

기침이 ~

· 기침이 그치다 停止咳嗽
언제부터인지 모르게 어머니의 기침이 그쳤다.
· 기침이 나다 开始咳嗽
다시 기침이 날까 봐 겁이 났다.
· 기침이 나오다 开始咳嗽
약간 숨이 차고 기침이 나오기는 하지만 기분은 상쾌하다.
· 기침이 멎다 停止咳嗽
약을 먹으면 기침이 좀 멎을 것 같다.
· 기침이 시작되다 开始咳嗽
자기 담배 연기에 기침이 시작되었다.
· 기침이 심하다 咳嗽严重
기침이 심할 때 따뜻한 물을 자주 마시면 효과가 좋다.

기침을 ~

· 기침을 내뱉다 忍不住咳嗽
나는 참고 있던 기침을 내뱉었다.
· 기침을 삼키다 忍住不咳
그는 온몸을 뒤틀며 나오는 기침을 삼켰다.
· 기침을 토하다 咳嗽
그녀는 계속해서 진한 기침을 토했다.
· 기침을 하다 咳嗽
동생은 3일째 기침을 심하게 했다.

A + 기침

· 심한 기침 严重的咳嗽
심한 기침을 일시적으로 멎게 하는 데 효과가 있죠.

0406 기타¹ (其他)

其他

기타 + N

· 기타 등등 其他等等
· 기타 사항 其他事项
· 기타 항목 其他项目

0407 기타² (guitar)

吉他

기타 – N

· 기타리스트 吉他演奏者

기타 + N

· 기타 줄 吉他弦

기타 + V

기타를 ~

· 기타를 들다 拿着吉他
기타를 들고 의자에 앉았다.
· 기타를 연주하다 演奏吉他
그는 노래를 하고 나는 기타를 연주했다.
· 기타를 치다 弹吉他
기타를 치면서 노래를 불렀다.

0408 기호 (記號)

记号，符号

기호 + N

· 기호 체계 符号体系

기호 + V

기호로 ~

· 기호로 나타내다 用符号显示
이것을 기호로 나타내면 다음과 같다.
· 기호로 표시하다 用符号标识
가끔 다른 기호로 표시하기도 한다.

0409 기혼 (旣婚)

已婚

기혼 + N

기혼 남성 已婚男性
기혼 남녀 已婚男女
기혼 여성 已婚女性

0410 기회 (機會)

机会，机遇，時机

기회 + V

기회가 ~

· 기회가 나다 有机会
하지만 나는 뉴욕에 갈 기회가 나지 않았다.
· 기회가 닿다 有机会
그런 일은 그 뒤로도 기회가 닿을 때마다 빚어졌다.
· 기회가 되다 有机会
언젠가 기회가 된다면 친구들과 함께 영화를 보고 싶다.
· 기회가 많다 机会多
외국어를 배울 기회가 많다.
· 기회가 보이다 机会显现
편견을 버리면 기회가 보인다.
· 기회가 생기다 有机会
어느 날 그 반에 수업 들어갈 기회가 생겼다.

145

· 기회가 없다 没有机会
요샌 그녀를 만날 기회가 없어서 안타깝습니다.

· 기회가 오다 机会到来
경제가 어려운 가운데 좋은 기회가 오고 있습니다.

· 기회가 있다 有机会
직장을 다시 나갈 수 있는 기회가 있어 고민 중이다.

· 기회가 적다 机会少
중국에서는 한국 문화를 접할 기회가 적다.

· 기회가 주어지다 给机会
다시 기회가 주어진다면, 그땐 잘 할게요.

· 기회가 줄다 机会减少
오히려 종전의 제도보다 실질적인 응시 기회가 줄었다.

· 기회가 찾아오다 机会来临
마침내 인생을 뒤바꿀 기회가 찾아왔다.

· 기회가 흔하다 机会多
요새 청소년에게는 '비행문화'를 접할 수 있는 기회가 흔하다.

기회를 ~

· 기회를 가지다 有机会
나는 독일에서 지낼 기회를 가졌다.

· 기회를 갖다 有机会
그러나 한 번도 그럴 기회를 갖지 못했다.

· 기회를 노리다 等待时机
규제가 심하지 않은 곳에서 기회를 노린다.

· 기회를 놓치다 错过机会
성격이 소심하기 때문에 좋은 기회를 놓치는 경우가 많다.

· 기회를 드리다 给机会
장애인에게 일자리 기회를 드리는 겁니다.

· 기회를 마련하다 准备机会
다음에 내가 한번 기회를 마련해 볼게.

· 기회를 만들다 制造机会
오늘은 이쯤에서 끝내고 다음에 또 이런 기회를 만듭시다.

· 기회를 보다 看机会
이번에 기회를 봐서 해외여행을 할까 생각중이다.

· 기회를 뺏다 抢走机会
열심히 봉사하고 싶었는데 그런 기회를 뺏겼다.

· 기회를 상실하다 失去机会
스스로 성공의 기회를 상실하게 되는 것이다.

· 기회를 얻다 获得机会
여름 방학 때 해외 여행의 기회를 얻었다.

· 기회를 엿보다 等待时机
다른 아이들처럼 외국으로 진출할 기회를 엿보고 있는 중이다.

· 기회를 잡다 抓住机会
우연하게 기회를 잡아 큰 부자가 되는 사람이 있다.

· 기회를 제공하다 提供机会

아동들에게 상상력을 펼 수 있는 기회를 제공해야 한다.

· 기회를 주다 给机会
대상과 금상 등 총 6명에게는 등단 기회를 주기로 했다.

· 기회를 타다 趁机
미리 준비했지만 쉽게 기회를 탈 수가 없었다.

· 기회를 포기하다 放弃机会
대통령은 스스로 재선의 기회를 포기했다.

· 기회를 활용하다 充分利用机会
마지막 기회를 활용하여 도전해 보세요.

Ⓐ + 기회

· 우연한 기회 偶然的机会
몇 해 전 우연한 기회에 그분을 알게 되었습니다.

· 좋은 기회 良机
정부는 민족 화합의 좋은 기회를 놓치지 말아야 한다.

0411 기후 (氣候)
气候

기후 + Ⓝ

· 기후 관측소 气象观测站
· 기후 변동 气候变化
· 기후 변화 气候变化
· 기후 조건 气候条件

기후 + Ⓥ

기후가 ~

· 기후가 나쁘다 气候不好
영국은 기후가 나빠서 흔히 안개가 끼고 흐립니다.

· 기후가 다르다 气候不同
기후가 다르다 하더라도 그 정도를 못 이겨내는 체력이 아니었다.

· 기후가 따뜻하다 气候温暖
기후가 따뜻하여 겨울에도 눈이 오지 않는다.

· 기후가 온난하다 气候温暖
여기는 기후가 온난하여 난방시설이 필요치 않다.

· 기후가 온화하다 气候温暖
이 도시는 연중 기후가 온화하다.

· 기후가 좋다 气候好
그곳은 기후가 좋아 요양지로도 알려져 있다.

Ⓐ + 기후

· 건조한 기후 干燥的气候

요새 들어 건조한 기후가 계속되어 산불이 자주 발생한다.
· 따뜻한 기후 溫暖的气候
곤명은 따뜻한 기후로 1년 내내 꽃이 피어 '꽃의 도시'라 부른다.
· 온화한 기후 溫暖的气候
남부 캘리포니아는 여름 내내 무덥지 않고 온화한 기후이다.

0412 긴급 (緊急)
紧急

긴급 - N

· 긴급구속 紧急拘捕
· 긴급사태 紧急事态
· 긴급조치 紧急措施
· 긴급체포 紧急逮捕
· 긴급회의 紧急会议

긴급 + N

· 긴급 구조 紧急救助
· 긴급 구호 紧急救助
· 긴급 뉴스 紧急新闻
· 긴급 상황 紧急状况
· 긴급 회동 紧急碰头会

0413 긴장 (緊張)
紧张

긴장 + N

· 긴장 관계 紧张的关系
· 긴장 국면 紧张的局面
· 긴장 상태 紧张状态
· 긴장 완화 紧张的状态

긴장 + V

긴장이 ~
· 긴장이 고조되다 高度紧张
주변 국가들의 긴장이 고조되기 시작했다.
· 긴장이 완화되다 紧张缓解

전쟁이 끝나자 긴장이 완화되었다.
· 긴장이 풀리다 紧张消除
긴장이 풀리면 다치기 쉽다.
· 긴장이 해소되다 紧张消除
두 나라 사이의 긴장이 해소되지 않았다.

긴장을 ~
· 긴장을 늦추다 放松警惕
긴장을 늦추지 말고 최선을 다하세요.
· 긴장을 풀다 消除紧张
긴장을 풀고 차분하게 문제를 푸세요.

0414 길¹
路，方法

길 - N

· 길모퉁이 路拐角

길 + N

· 길 가운데 路中间
· 길 건너 马路对面
· 길 끝 路尽头
· 길 안내 指路
· 길 위 路上
· 길 한복판 路中央

길 + V

길이 ~
· 길이 가파르다 路坡陡
오르는 길이 가파르고 울퉁불퉁하다.
· 길이 갈라지다 路分岔
숲 속에 두 갈래 길이 갈라져 있었다.
· 길이 고달프다 道路艰辛
하루하루 살아가는 생존의 길이 왜 이렇게 고달프냐?
· 길이 고단하다 道路艰辛
이 앞에 펼쳐진 길이 고단하고 힘들다.
· 길이 끊기다 路中断
길이 끊기고 다리가 끊겨 마을이 고립되었다.
· 길이 끊어지다 路中断
그런데 그 길이 이제 끊어지고 있다.
· 길이 끝나다 路中断
길이 끝나는 곳에는 산이 있었다.
· 길이 나다 有路
그 길은 아직 길이 나지 않은 완전한 사막이라 했다.

· 길이 나오다 出現路
숲으로 깊이 들어가자, 낯익은 길이 나왔습니다.

· 길이 넓다 路宽
두 소녀는 길이 조금 넓은 곳으로 나왔다.

· 길이 놓이다 开路
그 사람 앞에도 몇 갈래의 길이 놓여 있다.

· 길이 다르다 路不同
가고 싶은 길이 달랐다.

· 길이 뚫리다 路开通
몸 안에 뜨거운 길이 뚫리는 게 느껴졌다.

· 길이 막막하다 前路迷茫
행방불명된 아들을 찾을 길이 막막하다.

· 길이 막연하다 前路迷茫
공장에 안 나가면 먹고 살 길이 막연하였다.

· 길이 막히다 路被堵住
돈을 벌 수 있는 길이 막혔다.

· 길이 맞다 路对
나는 그에게 이 길이 맞는지 확인했다.

· 길이 멀다 路远
갈 길이 아무리 멀어도 갈 수 있습니다.

· 길이 미끄럽다 路滑
길이 미끄러워 출근길이 힘들어.

· 길이 보이다 看见出路
자꾸 읽다 보면 길이 보이던 걸요.

· 길이 복잡하다 路复杂
공항에서 시내로 들어오는 길이 복잡했다.

· 길이 뻗다 路延伸
몇 그루의 포플러나무가 서 있고 길이 뻗어 있다.

· 길이 생기다 出現路
이곳만 빠져나가면 살 길이 생길 것도 같구나.

· 길이 설다 路不熟
길이 설어서 어디가 어딘지 분간할 수가 없었다.

· 길이 순탄하다 路平坦
생각을 바꾸면 길이 순탄하다.

· 길이 없다 没有路
직장 생활의 스트레스를 풀 길이 없다.

· 길이 열리다 有出路
조건과 타협을 하면 새로운 길이 열린다.

· 길이 있다 有路
처음부터 길이 있었던 것은 아니다.

· 길이 좁다 路窄
길이 좁아 차를 멀리까지 가서 돌려 와야 했다.

· 길이 트이다 路开阔
관심을 갖고 참가하면 의외로 그 분야의 길이 훤하게 트이는 경우가 많다.

· 길이 틀리다 路出错
그 사람과 나는 처음부터 길이 틀렸다.

· 길이 험난하다 路险
비록 인생의 길이 험난하다 할지라도, 인생을 올바르게 살아야 한다.

· 길이 험하다 路险
참 멀고 길이 험한 골짜기였다.

길을 ~

· 길을 가다 走路
우리 인생은 한번 가면 돌아오지 못할 길을 가는 것이다.

· 길을 가로막다 挡住去路
육체는 언제나 정신의 길을 가로막는 수렁이다.

· 길을 가로지르다 穿过路
내가 기억하는 것은 길을 가로지르던 철로였다.

· 길을 가르치다 指路
그는 웃는 얼굴로 학교로 가는 길을 가르쳐 주었다.

· 길을 개척하다 开路
이제 우리는 스스로 살 길을 개척할 수밖에 없다.

· 길을 거닐다 在路上邂逅
나는 길을 거닐면서 꽃을 감상하는 꿈을 꾸었습니다.

· 길을 건너다 过马路
신호등이 빨간불인데도 길을 건너는 사람들이 있다.

· 길을 걷다 走路
작년 여름, 아들과 길을 걷다가 지갑을 주웠다.

· 길을 걸어가다 走路
우리는 어느 곳을 향하여 길을 걸어가면서도 망설입니다.

· 길을 고르다 选择路
난 옳다고 생각되는 길을 골랐다.

· 길을 꺾다 往……方向拐
나도 곧 청와대 방향으로 길을 꺾었다.

· 길을 나서다 上路
내가 다니던 학교에 가볼 생각으로 길을 나섰다.

· 길을 내다 开出一条路
마을 사람들이 갈라지면서 길을 내었다.

· 길을 내려가다 顺着路往下走
길을 내려가다 잠시 오른쪽으로 가봤다.

· 길을 넓히다 拓宽路
평화와 통일의 길을 넓혀 나가자.

· 길을 놓치다 错过路
30분도 더 올라와 그녀는 길을 놓쳤다.

· 길을 닦다 铺路
공사의 취지는 산허리를 깎아서 곧고 넓은 길을 닦는 것이었다.

· 길을 달려가다 在路上驰骋
사람들은 유유히 가던 길을 달려가기 시작했다.

· 길을 달리다 在路上飞奔
당장 흙먼지 날리는 길을 달려야 한다.

· 길을 돌아가다 拐到……路上
저 길을 돌아가면 더 아름다운 세상이 기다릴 것이다.

· 길을 돌이키다 回头看……路
내가 걸어왔던 길을 돌이켜 봤다.

· **길을 따르다** 順着路
언덕의 경사진 길을 따라 내려갔다.

· **길을 떠나다** 踏上征程
먼 길을 떠나는 낙타와 코끼리 떼를 만났다.

· **길을 마련하다** 准备出路
우리는 학생에게 고용과 취직의 길을 마련해 준다.

· **길을 막다** 堵住去路
내가 길을 막고 비켜주지 않았다.

· **길을 멈추다** 不再继续前行
그이는 가던 길을 멈추고 버스에서 내렸다.

· **길을 모르다** 不知道路
부산까지 자동차로 가야 하는데 길을 잘 몰라요.

· **길을 모색하다** 摸索出路
환경 변화에 적응해 생존의 길을 모색할 수 있다.

· **길을 묻다** 问路
서울역이나 종로에서 길을 묻는 사람을 만날 때가 많다.

· **길을 발견하다** 发现路
며칠 밤을 새우면서 생각을 해 본 결과 꼭 한 가지 길을 발견했다.

· **길을 버리다** 不走……路
그 여자는 길을 버리고 계곡의 물을 따라 걸었다.

· **길을 벗어나다** 离开……路
나는 소리가 이끄는 대로 길을 벗어나 아래로 내려갔다.

· **길을 비키다** 让路
길을 비켜주지 않자 그녀는 고개를 들고 나를 보았다.

· **길을 살피다** 查看路
눈을 옆으로 돌려 도망칠 길을 살폈다.

· **길을 알다** 知道路
나는 그곳까지 가는 길을 알고 있었다.

· **길을 열다** 打开……之路
그분은 바로 어린 나에게 문학의 길을 열어 주신 스승이셨다.

· **길을 오르다** 踏上……路
돌계단 길을 올랐다.

· **길을 이루다** 形成路
길은 길을 만나 길을 이루고 있었다.

· **길을 익히다** 熟悉路
집에 오는 길을 익혀야 한다.

· **길을 잃다** 迷路
사막에서 길을 잃으면 사막 전체를 길로 삼아라.

· **길을 잃어버리다** 迷路
설마 길을 잃어버린 건 아니겠지?

· **길을 잡다** 确定路
어젯밤 달려온 곳으로 짐작되는 방향으로 다시 길을 잡았다.

· **길을 재촉하다** 催促继续走
그는 친구의 생일 파티에 참석해야 한다며 가는 길을 재촉했다.

· **길을 제시하다** 指明出路

회장은 경쟁에서 이길 수 있는 길을 제시했다.

· **길을 지나가다** 路过
길을 지나가다가 문득 발길을 멈추었다.

· **길을 지나다** 路过
길을 지나다 눈에 띄는 빨간색 꽃을 발견했다.

· **길을 찾다** 寻找出路
더 이상 길을 찾아 헤매는 일이 없겠다.

· **길을 택하다** 选择出路
그는 아버지의 피를 이어받아 군인의 길을 택했다.

· **길을 타다** 顺着路
그는 돌계단 길을 타고 내려왔다.

· **길을 트다** 开路
외국 자본이 더 많이 국내에 유입되도록 길을 텄기 때문이다.

· **길을 포기하다** 放弃路
나는 내 길을 포기하지 않을 것이다.

· **길을 헤매다** 在路上徘徊
아득한 길을 헤매다 해가 뉘엿뉘엿할 때 돌아왔다.

길에 ~

· **길에 넘어지다** 在路上摔倒
빙판 길에 넘어져 시어머니는 거동이 불편하다.

· **길에 들어서다** 踏上……路
그는 연기자의 길에 들어선 지 이제 15년 되었다.

· **길에 접어들다** 踏上……路
학교를 졸업한 후에 화가의 길에 접어들었다.

길에서 ~

· **길에서 마주치다** 在路上碰见
길에서 마주쳐도 모른 척했다.

· **길에서 만나다** 在路上见到
길에서 우연히 그 아줌마를 만났다.

· **길에서 줍다** 在路上捡
길에서 지갑을 주웠다.

Ⓐ + 길

· **평탄한 길** 平坦的路
경기에 재미있다.

· **넓은 길** 宽广的路
탄탄대로의 넓은 길보다는 골목길을 나는 더 좋아한다.

· **먼 길** 遥远的路
그때 그 먼 길을 혼자 걸어오면서 얼마나 적적하고 힘드셨을까?

· **바른 길** 正确的路
학생들을 바른 길로 이끌어 주려고 고민하는 선생님이십니다.

· **비좁은 길** 狭窄的路
차 한 대가 간신히 다닐 수 있는 비좁은 길이었다.

· **살 길** 活路
그 어느 때보다도 독자적으로 살 길을 찾아야 할 형편

이다.

· 아득한 길 遥远的路
두 사람이 아득한 길을 걸어왔다.

· 어두운 길 漆黑的路
이렇게 그 어두운 길을 그 혼자 가도록 해서는 안 된다.

· 옳은 길 正确的路
네가 가려는 길이 옳은 길 같지는 않아.

· 유일한 길 唯一的路
행복을 찾는 유일한 길은 하고 싶은 일을 하는 것이다.

· 좁은 길 狭窄的路
넓은 길을 갈 때는 앞만 보지만 좁은 길을 갈 때는 옆도 볼 수 있다.

· 큰 길 大路
그는 나라를 구하기 위해 큰 길을 갔다.

· 한적한 길 偏僻的路
한적한 길을 따라 도착한 곳은 작은 포구 같았어요.

· 험난한 길 艰险的路
그분이 있었기에 우리는 험난한 길을 두렵지 않게 걸어 왔다.

· 힘든 길 艰难的路
어렵고 힘든 길을 외롭게 묵묵히 걸어갔다.

· 험한 길 险峻的路
학문의 길이 이렇게도 험한 길이라고는 상상도 하지 못했다.

0415 길²
馴，好使，順手

길 + Ⓥ

길이 ~

· 길이 나다 干熟练
나는 이런 일에는 이제 길이 났다.

· 길이 들다 被驯服
이 개는 아직 길이 들지 않았다.

길을 ~

· 길을 들이다 驯服
소도 길을 들이면 이렇게 사람 말을 따른다.

0416 길가 [길까](-街)
街边

길가 + Ⓥ

길가에 ~

· 길가에 늘어서다 在路边一字排开
길가에 늘어선 가로수가 예쁘다.

· 길가에 서다 站在街边
길가에 서서 버스를 기다렸다.

· 길가에 세우다 停在街边
길가에 세워진 자동차를 들이 받았다.

길가로 ~

· 길가로 나오다 来到街上
사람들은 길가로 나와 더위를 식혔다.

0417 길이 [기리]
长度

길이 + Ⓥ

길이가 ~

· 길이가 길다 长度长
바지 길이가 너무 길다.

· 길이가 짧다 长度短
요즘 치마 길이가 점점 짧아지고 있다.

길이로 ~

· 길이로 썰다 按照……长度切
오이를 같은 길이로 썰어야 한다.

· 길이로 자르다 按照……长度切开
고기를 일정한 길이로 자르십시오.

Ⓐ + 길이

· 일정한 길이 一定的长度
일정한 길이를 유지해야 보기에 좋다.

· 적당한 길이 合适的长度
적당한 길이로 잘라야 먹기 좋다.

0418 김
气，热气

김 + Ⓥ

김이 ~

· 김이 나다 出热气
뜨거운 김이 나는 국수를 먹었다.

· 김이 빠지다 跑气儿

맥주가 김이 빠져서 맛이 없다.
· 김이 서리다 蒙上雾气
집에 들어오자 안경에 김이 서렸다.
· 김이 새다 泄气
예쁜 여학생이 없다는 소리에 김이 샌 표정을 지었다.

김을 ~

· 김을 불다 吹气
아이들은 김을 불어 유리창에 낙서했다.
· 김을 빼다 放气
밥을 다 한 후에 김을 빼야 한다.

0419 **김밥**
紫菜包饭

김밥 + ⓥ

김밥을 ~

· 김밥을 말다 卷紫菜包饭
김밥을 말 때는 힘을 적당히 주어야 한다.
· 김밥을 싸다 卷紫菜包饭
김밥을 싸서 공원에 놀러 갔다.

0420 **김치**
泡菜

김치 + ⓝ

· 김치 냄새 泡菜味儿
· 김치 맛 泡菜味儿
· 김치 양념 泡菜调料
· 김치 전골 泡菜火锅
· 김치 종류 泡菜种类

김치 + ⓥ

김치가 ~

· 김치가 맛있다 泡菜好吃
라면보다 김치가 맛있다.
· 김치가 맵다 泡菜辣
김치가 너무 매워서 못 먹겠다.
· 김치가 시다 泡菜酸
김치가 시어서 먹을 만하지 않았다.
· 김치가 익다 泡菜腌熟

두 달 사이에 냉장고에서 김치가 맛있게 익었다.

김치를 ~

· 김치를 담그다 腌制泡菜
옆집 아주머니도 김치를 담그고 있었다.
· 김치를 먹다 吃泡菜
구수한 된장찌개나 맛깔스런 김치를 먹을 수 있다.
· 김치를 썰다 切泡菜
엄마가 묵은 김치를 썰어 넣고 부침개를 만들어 주셨다.

Ⓐ + 김치

· 맛없는 김치 不好吃的泡菜
맛없는 김치로 끓이는 김치찌개이다.
· 맛있는 김치 好吃的泡菜
맛있는 김치를 담기 위해서는 무엇보다 싱싱한 채소가 필요하다.
· 매운 김치 辣泡菜
매운 김치로 유명한 소머리 식당이다.
· 묵은 김치 陈年泡菜
콩비지는 맷돌에 간 뒤 묵은 김치를 넣기 때문에 구수하다.
· 덜 익은 김치 没腌好的泡菜
덜 익은 김치로 찌개를 끓이면 맛이 없다.
· 익은 김치 腌好的泡菜
잘 익은 김치를 꺼내 맛있게 먹는다.

0421 **김치찌개**
泡菜汤

김치찌개 + ⓥ

김치찌개를 ~

· 김치찌개를 끓이다 煮泡菜汤
김치찌개를 끓일 때 소금은 안 넣어도 돼요.

0422 **깃¹** (긷)
羽毛

깃 – ⓝ

· 깃털 羽毛

0423 **깃²** (긷)

衣领，领子

깃 + Ⓥ

깃을 ~
· 깃을 내리다 放下领子
엄마는 항상 내 옷의 깃을 내리라고 한다.
· 깃을 세우다 竖起领子
학교 교복은 깃을 세우면 안 된다.
· 깃을 올리다 竖起领子
나는 깃을 올려서 옷을 입는 것을 좋아한다.

0424 **까닭** [까닥]

理由

까닭 + Ⓥ

까닭이 ~
· 까닭이 없다 没有理由
혼자 집에 남아 있을 까닭이 없었다.
· 까닭이 있다 有理由
갑자기 변한 데에는 다 까닭이 있다.
까닭을 ~
· 까닭을 묻다 问理由
까닭을 묻자 말없이 눈물을 흘렸다.
· 까닭을 알다 知道理由
몇 년이 지난 후에 헤어진 까닭을 알았다.
까닭도 ~
· 까닭도 없다 连理由也没有
아무런 까닭도 없이 회사를 떠나야 했다.

0425 **까마귀**

乌鸦

까마귀 + Ⓝ

· 까마귀 떼 乌鸦群

까마귀 + Ⓥ

까마귀가 ~
· 까마귀가 울다 乌鸦叫
까마귀가 울면 나쁜 일이 생긴다고 한다.

慣

· 까마귀 고기를 먹다 得了健忘症
까마귀 고기를 먹었니? 자꾸 잊어버리게.
· 까마귀 날자 배 떨어진다 乌飞梨落，指彼此毫无
关联的两件事碰巧同时发生
까마귀 날자 배 떨어진다고 하필 나 혼자 있을 때 돈이
없어져.
· 까마귀 속 검다고 겉까지 검은 줄 아느냐 看人
不要只看外表
까마귀 속 검다고 겉까지 검은 줄 아니! 그 사람이 겉
으로는 차가워 보여도 마음은 따뜻한 사람이야.

0426 **까치**

喜鹊

까치 - Ⓝ

· 까치밥 留鸟食(摘果实时留下几颗给小鸟吃的果)
· 까치집 喜鹊窝

까치 + Ⓥ

까치가 ~
· 까치가 울다 喜鹊叫
까치가 울면 좋은 일이 생긴다고 한다.

0427 **깍두기** [깍뚜기]

萝卜泡菜

깍두기 + Ⓥ

깍두기를 ~
· 깍두기를 담그다 腌萝卜泡菜
깍두기를 담그려고 무를 샀다.

0428 깡패
地痞，黑社会

깡패 + Ⓥ

깡패가 ~
· 깡패가 되다 成为地痞流氓
그는 결국 깡패가 되었다.

0429 깨
芝麻

깨 - Ⓝ

· 깨강정 芝麻糖
· 깨소금 芝麻盐
· 깨알 芝麻粒

깨 + Ⓥ

깨를 ~
· 깨를 볶다 炒芝麻
깨를 볶으면 고소한 냄새가 난다.

慣

· 깨가 쏟아지다 生活甜蜜
신혼이어서 두 사람은 깨가 쏟아진다.

0430 껌 (gum)
口香糖

껌 + Ⓝ

· 껌 값 口香糖价格

껌 + Ⓥ

껌을 ~
· 껌을 뱉다 吐口香糖
껌을 뱉을 때는 종이에 싸서 휴지통에 버려야 한다.
· 껌을 씹다 嚼口香糖
소리 내서 껌을 씹으면 안 된다.

· 껌을 팔다 卖口香糖
그는 지하철에서 껌을 팔면서 지냈다.

0431 꼬리
尾巴

꼬리 - Ⓝ

· 꼬리표 标签

꼬리 + Ⓥ

꼬리를 ~
· 꼬리를 흔들다 晃尾巴
강아지가 꼬리를 흔들며 달려 왔다.

慣

· 꼬리가 길다 总做坏事
꼬리가 길면 잡히는 법이다.
· 꼬리가 길면 밟힌다 多行不义必自毙, 尾巴长总要露
꼬리가 길면 밟힌다고 모두가 그의 거짓말을 알게 되었다.
· 꼬리가 잡히다 被抓住把柄
공무원들이 뇌물을 받다가 꼬리가 잡혔다.
· 꼬리를 감추다 销声匿迹
경찰이 왔을 때 이미 범인은 꼬리를 감춘 뒤였다.
· 꼬리를 물다 接二连三
그에 관한 소문이 꼬리를 물었다.
· 꼬리를 밟다 尾随
범인의 꼬리를 밟던 경찰은 결국 모든 범인을 붙잡았다.
· 꼬리를 잇다 排成长龙
사람들이 꼬리를 잇고 산에 올라가고 있다.
· 꼬리를 잡다 揪住尾巴
어떻게 하면 그 도둑의 꼬리를 잡을 수 있을까?

0432 꼬마
小孩

꼬마 - Ⓝ

· 꼬마전구 小灯泡

꼬마 + Ⓝ
· 꼬마 아이 小孩儿
· 꼬마 요정 小精灵
· 꼬마 자동차 小汽车

0433 꼭대기 [꼭때기]
顶上，最高点

꼭대기 + Ⓝ
· 꼭대기 층 最顶层

꼭대기 + Ⓥ
꼭대기까지 ~
· 꼭대기까지 올라가다 上到最顶端
꼭대기까지 올라갔다 왔더니 피곤하다.

0434 꼴
样子

꼴 + Ⓥ
꼴이 ~
· 꼴이 되다 成为……样子
내 모습이 우스운 꼴이 되어 버렸다.
· 꼴이 우습다 样子可笑
내 꼴이 너무 우스워졌다.
꼴을 ~
· 꼴을 당하다 遇到……情况
다시는 이런 꼴을 당하면서 살 수 없다.
· 꼴을 보이다 显露出……样子
이런 꼴을 보여 드려 죄송합니다.

慣
· 꼴도 보기 싫다 见都不想见
내일이 시험이지만 책은 꼴도 보기 싫다.

0435 꽃 [꼳]
花，花朵

꽃 - Ⓝ
· 꽃목걸이 花项链
· 꽃무늬 花纹
· 꽃향기 花香

꽃 + Ⓝ
· 꽃 가게 花店
· 꽃 값 花价
· 꽃 그림 画花的画
· 꽃 냄새 花香
· 꽃 모양 花形
· 꽃 배달 送花
· 꽃 선물 送花做礼物
· 꽃 이름 花名
· 꽃 장식 用花装饰
· 꽃 종류 花的种类

꽃 + Ⓥ
꽃이 ~
· 꽃이 달리다 带花
그는 꽃이 달린 모자를 쓰고 있다.
· 꽃이 만개하다 花盛开
꽃이 만개한 과수원 길을 그와 함께 걸었다.
· 꽃이 만발하다 花盛开
계곡에는 아몬드 꽃이 만발했다.
· 꽃이 시들다 花凋谢
이 꽃이 시들기 전에 집으로 돌아가야 한다.
· 꽃이 아름답다 花很漂亮
꽃이 아름다운 것은 삶의 향기를 담고 있기 때문입니다.
· 꽃이 예쁘다 花很漂亮
꽃이 예쁜데 향기도 좋아.
· 꽃이 지다 花谢了
꽃이 지면 향기도 없어진다.
· 꽃이 피다 花开了
벌과 나비가 나무를 찾아오는 것은 꽃이 피었을 때다.
꽃을 ~
· 꽃을 가꾸다 拾掇花
씨앗을 뿌려 꽃을 가꿔 본 적 있으세요?
· 꽃을 기르다 养花
꽃을 길러서 선물해 주고 싶습니다.

· 꽃을 꺾다 折花
꽃을 꺾고 싶었으나 그만두고 다시 걷기 시작했다.

· 꽃을 꽂다 插花
그녀는 투명한 유리 꽃병에 꽃을 꽂았다.

· 꽃을 들다 拿着花
그는 꽃을 들어 여주인에게 보이며 살짝 미소를 지었다.

· 꽃을 따다 摘花
어디선가 꽃을 따서 머리를 장식한 신부도 있었다.

· 꽃을 말리다 晒花
가을에 꽃을 말려서 건화로 이용한다.

· 꽃을 심다 种花
봄에는 꽃을 심고, 여름에는 잔디를 깎았다.

· 꽃을 피우다 开花
대나무는 일생에 단 한 번 꽃을 피운다.

· 고운 꽃 漂亮的花
고운 꽃들이 네거리의 화단을 장식하고 있었습니다.

· 노란 꽃 黄花
탁자 위에는 노란 꽃이 꽂혀 있는 작은 화병 한 개가
놓여 있었다.

· 붉은 꽃 红花
붉은 꽃이 하단을 가득 매우고 있었다.

· 빨간 꽃 红花
동백나무는 겨울에 눈 속에서도 빨간 꽃을 피운다.

· 싱싱한 꽃 新鲜的花
꽃밭에는 싱싱한 꽃들이 웃고 있었다.

· 아름다운 꽃 美丽的花
저 꽃나무들은 아름다운 꽃을 피워내기 위해서 겨울
추위를 참고 견디었다.

· 예쁜 꽃 漂亮的花
그 예쁜 꽃이 오래오래 피어 주었으면 좋겠다.

· 하얀 꽃 白花
나무 가지마다 하얀 꽃이 빛났습니다.

· 흰 꽃 白花
사과나무는 봄에는 분분히 흰 꽃을 피운다.

0436 꽃잎 [꼰닙]
花瓣

꽃잎이 ~

· 꽃잎이 떨어지다 花叶萎落
비가 와서 꽃잎이 다 떨어졌다.

· 노란 꽃잎 黄色的花瓣
노란 꽃잎이 활짝 피었다.

· 빨간 꽃잎 红色的花瓣
빨간 꽃잎이 지붕 위에 쌓여 있다.

0437 꽃집 [꼳찝]
花店

· 꽃집 주인 花店老板

꽃집에 ~

· 꽃집에 들르다 顺便去花店
그녀는 아침마다 꽃집에 들러 꽃을 한 다발씩 사왔다.

0438 꾸중
责备

꾸중을 ~

· 꾸중을 듣다 挨骂
지각을 해서 선생님께 꾸중을 들었다.

· 꾸중을 하다 责备
부모님은 동생과 내가 싸우면 엄하게 꾸중을 하셨다.

0439 꿀
蜂蜜

· 꿀단지 蜜罐子
· 꿀맛 蜂蜜味儿
· 꿀물 蜂蜜水
· 꿀벌 蜜蜂

ㄱ

꿀 + Ⓥ

꿀을 ~

· 꿀을 넣다 放蜂蜜
설탕 대신 꿀을 넣어야 한다.

· 꿀을 따다 采蜜
일벌은 꿀을 따서 여왕벌에게 바친다.

· 꿀을 빨다 吃蜜
나비는 꽃밭에서 꿀을 빨았다.

· 꿀을 섞다 混合蜂蜜
달걀에 꿀을 섞어서 얼굴에 바르면 피부에 좋다.

· 꿀을 타다 泡蜂蜜
따뜻한 물에 꿀을 타서 마시면 좋다.

꿀에 ~

· 꿀에 재우다 用蜂蜜腌制
인삼을 꿀에 재워 먹기도 한다.

慣

· 꿀 먹은 벙어리 有话说不出，茶壶煮饺子--倒不出来
꿀 먹은 벙어리처럼 가만히 있지 말고 말 좀 해 봐.

0440 꿈
夢, 夢想

꿈 + Ⓥ

꿈이 ~

· 꿈이 깨다 梦醒
슬픈 꿈을 꿔서, 꿈이 깨어도 가슴이 아프다.

· 꿈이 깨지다 梦碎
그 순간 그의 꿈도 깨졌다.

· 꿈이 날아가다 梦破灭
최선을 다했지만 마지막 금메달의 꿈이 날아갔다.

· 꿈이 되다 成为梦想
이제는 모두 헛된 꿈이 되어버렸다.

· 꿈이 아니다 不是梦
그럼 그게 꿈이 아니라 진짜였단 말이지?

· 꿈이 없다 没有梦
꿈이 없는 사람의 삶은 사막과 같다.

· 꿈이 이루어지다 梦想实现
가슴에 품은 우리 모두의 꿈이 이루어지길 바란다.

· 꿈이 있다 有梦想
그 사람에게는 언제나 꿈이 있었다.

꿈을 ~

· 꿈을 가꾸다 经营梦想
하나의 꿈을 계속 가꾸어 가는 사람은 반드시 성공할 것이다.

· 꿈을 가지다 拥有梦想
꿈을 가지고 노력한다는 것은 한 단계 더 발전함을 의미한다.

· 꿈을 간직하다 珍藏梦想
나는 해석하지 못한 채 그 꿈을 간직하고 있다.

· 꿈을 갖다 拥有梦想
성공의 제1 조건은 꿈을 갖는 것이다.

· 꿈을 깨다 梦醒
뱀이 나에게 달려드는 찰나에 꿈을 깼다.

· 꿈을 꾸다 做梦
아이는 아이의 꿈을 꾸어야 합니다.

· 꿈을 버리다 放弃梦想
나는 아직 꿈을 버리지 않고 계속 도전하고 있다.

· 꿈을 실현하다 实现梦想
그는 하나의 꿈을 실현하기 위해 많은 것들을 포기했다.

· 꿈을 안다 怀抱梦想
그는 부푼 꿈을 안고 상경했으나 서울에서 제대로 학업을 할 수가 없었다.

· 꿈을 이루다 实现梦想
언젠가는 당신의 꿈을 이룰 거예요.

· 꿈을 잃다 失去梦想
남편은 여전히 꿈을 잃지 않았다.

· 꿈을 키우다 培育梦想
미래의 꿈을 키우는 문화탐방 행사가 펼쳐진다.

· 꿈을 펴다 实现梦想
당신의 꿈을 활짝 펴 보세요!

· 꿈을 펼치다 实现梦想
당당하게 내 꿈을 펼쳐 봐!

· 꿈을 품다 怀揣梦想
그는 영화 감독이 되고 싶다는 꿈을 품고 있었다.

꿈에 ~

· 꿈에 그리다 魂牵梦绕
꿈에 그리던 공부를 하게 되어 기뻤습니다.

· 꿈에 나타나다 在梦中出现
어린 시절에 당했던 교통사고가 자꾸 꿈에 나타났다.

· 꿈에 보이다 在梦中看到
지금도 그 얼굴이 가끔 꿈에 보인다.

· 꿈에 부풀다 充韧于梦
나는 진학의 꿈에 부풀어 있었다.

· 꿈에 젖다 沉浸在梦中
나는 잠시 그 황홀한 꿈에 젖어 있었다.

꿈에서 ~

· 꿈에서 깨다 从梦中醒来
그땐 가끔 밤중에 소스라치게 놀라 꿈에서 깨곤 했다.

· 꿈에서 깨어나다 从梦中醒来

꿈에서 깨어나면 온통 땀에 젖어 있다.
· **꿈에서 보다** 在梦中看见
나는 그를 꿈에서 본 적이 있었다.

꿈으로 ~

· **꿈으로 그치다** 成为曾经的一场梦
그녀에게 그 일을 꿈으로 그치게 한 것이 무엇보다 아쉬웠다.
· **꿈으로 끝나다** 化作泡影
어려운 집안 사정 때문에 중학교 진학은 꿈으로 끝나고 말았지요.
· **꿈으로 나타나다** 在梦中出现
꿈을 버리자 욕망은 다시 꿈으로 나타나기 시작했다.
· **꿈으로 남다** 成为曾经的一场梦
그의 꿈은 이루지 못한 꿈으로 남게 되었다.

꿈만 ~

· **꿈만 같다** 像一场梦
15년 전의 일이 정말 꿈만 같았다.

· **나쁜 꿈** 噩梦
나쁜 꿈을 꾸고 나니 기분이 안 좋아요.
· **뒤숭숭한 꿈** 乱七八糟的梦
잠잘 때마다 숙면을 하지 못하고 뒤숭숭한 꿈을 많이 꾼다.
· **무서운 꿈** 可怕的梦
어른도 무서운 꿈을 꾸냐고 작은딸이 물었다.
· **불길한 꿈** 不吉利的梦
요즘 항상 불길한 꿈을 꾼다.
· **생생한 꿈** 栩栩如生的梦
어제 밤에 생생한 꿈을 꾸었다.
· **아름다운 꿈** 美丽的梦
두 사람은 한없이 아름다운 꿈을 꾸는 몽상가처럼 보였다.
· **이상한 꿈** 奇怪的梦
왜 이렇게 이상한 꿈을 꾼 걸까요?
· **청운의 꿈** 平步青云的美梦
그는 청운의 꿈을 안고 유학을 떠났다.
· **허황한 꿈** 虚幻的梦
그러지 않으면 그는 죽는 날까지 허황한 꿈에서 헤어나지 못할 것이다.
· **헛된 꿈** 痴梦
짧았던 내 젊음도 헛된 꿈이 아니었으리.
· **흉한 꿈** 噩梦
그들은 지금 아버지 하는 이야기를 마치 흉한 꿈을 꾸듯 멍청히 듣고 있다.

· **꿈도 못 꾸다** 做梦都不敢想
삼 년 전만 해도 이 바닥에서 이런 장사가 되리라고는 꿈도 못 꾸었다.
· **꿈보다 해몽** 梦在圆而不在做
꿈보다는 해몽이라고 모든 일을 밝게 생각하고 좋게 말하는 습관을 들이자!
· **꿈에도 모르다** 做梦也没想到
그때가 형과의 마지막이라는 생각은 꿈에도 못 했다.
· **꿈에도 상상 못 하다** 做梦也没想到
이 사실은 그로선 꿈에도 상상 못 했던 일이었다.
· **꿈에도 생각 못 하다** 做梦也没想到
그가 이곳까지 나를 만나러 올 줄은 꿈에도 생각 못 했다.
· **꿈인지 생시인지** 不知道自己是不是在做梦
꿈인지 생시인지도 분별이 잘 안 갔다.

0441 **꿈속** [꿈쏙]
梦里

꿈속에 ~

· **꿈속에 나타나다** 在梦中出现
밤마다 꿈속에 나타나는 귀신 때문에 잠을 잘 수가 없다.

꿈속으로 ~

· **꿈속으로 들어가다** 进入梦乡
그녀의 꿈속으로 들어가고 싶었다.

0442 **꿩**
山鸡

· **꿩고기** 山鸡肉

· **꿩 대신 닭** 退而求其次
꿩 대신 닭이라고 꿀이 없으면 설탕이라도 넣어.
· **꿩 먹고 알 먹고** 一举两得
물건을 사고 선물까지 받았으니 꿩 먹고 알 먹은 셈이다.

0443 끈
带子, 绳子

끈 + Ⓥ

끈이 ~

· 끈이 달리다 有带子
가방에는 긴 끈이 달려 있다.

· 끈이 풀어지다 带子松开
운동화 끈이 풀어졌다.

끈을 ~

· 끈을 풀다 解开带子
신발 끈을 풀고 신발을 벗었다.

끈으로 ~

· 끈으로 묶다 用绳子绑起来
경찰이 범인을 끈으로 묶었다.

惯

· 끈이 떨어지다 断了生路
병이 들자 그는 끈이 떨어진 신세가 되었다.

0444 끝 [끋]
结束, 结尾

끝 + Ⓝ

· 끝 부분 结尾部分

끝 + Ⓥ

끝이 ~

· 끝이 나다 结束
두 사람의 관계는 1년도 채 못 돼 끝이 났다.

· 끝이 보이다 看到头
우리는 끝이 보이지 않는 절망에 빠졌다.

· 끝이 없다 没有边际
이들의 갈망은 끝이 없다.

끝을 ~

· 끝을 내다 结束
그의 인생은 불행하게 끝을 냈다.

· 끝을 맺다 终结
불꽃놀이는 한참만에야 끝을 맺었다.

끝까지 ~

· 끝까지 남다 留到最后
떠날 거라 생각했는데 끝까지 남아 있었다.

· 끝까지 버티다 坚持到最后
끝까지 버틸 수 있기를 기도했다.

· 끝까지 싸우다 奋斗到最后一刻
우리는 포기하지 않고 끝까지 싸울 겁니다.

Ⓐ + 끝

· 맨 끝 最后
그녀는 대여섯 명이 서 있는 줄의 맨 끝에 서서 기다렸다.

惯

· 끝을 보다 坚持到最后
시작을 했으면 끝을 봐야지.

0445 끼
(在演艺方面的)才能

끼 + Ⓥ

끼가 ~

· 끼가 많다 有才
내 동생은 끼가 많아서 노래를 잘 부른다.

· 끼가 발동하다 起兴
아이는 끼가 발동해서 장난을 치기 시작했다.

· 끼가 없다 没有演艺才能
끼가 없어서 다른 사람 앞에서 노래를 잘 못한다.

· 끼가 있다 有天分
엄마를 닮아서 노래에 끼가 있다.

끼를 ~

· 끼를 발휘하다 发挥才华
가만히 있지 말고 끼를 발휘해 봐.

0446 **나들이** [나드리]

外出, 郊游

나들이 + Ⓥ

나들이를 ~

· **나들이를 가다** 去郊游
오랜만에 공원으로 나들이를 갔다.

· **나들이를 나오다** 出来郊游
나들이를 나온 아이가 김밥을 먹고 있다.

· **나들이를 하다** 郊游
가족과 함께 나들이를 하고 돌아왔다.

나들이에 ~

· **나들이에 나서다** 出来郊游
나들이에 나선 사람들로 길이 복잡하다.

0447 **나라**

国家

나라 + Ⓝ

· **나라 경제** 国家经济
· **나라 사랑** 爱国
· **나라 살림** 国家生计
· **나라 상황** 国家状况
· **나라 안팎** 国家内外

나라 + Ⓥ

나라가 ~

· **나라가 넓다** 国家幅员辽阔
나라가 넓다 보니 지역에 따른 차이가 매우 크다.

· **나라가 망하다** 国家灭亡
전쟁 후에도 나라가 망하지 않은 것이 다행이다.

· **나라가 발전하다** 国家发展
중심이 튼튼해야 나라가 발전한다.

· **나라가 부강하다** 国家富强
인구가 너무 많으면 나라가 부강하지 못하다.

· **나라가 생기다** 国家出现
혼란스러운 시기에는 몇 개의 나라가 생겼다 멸망했다.

· **나라가 쇠하다** 国家衰败
어느 나라든지 나라가 쇠하면 자살이 빈번하다고 들었다.

· **나라가 위태롭다** 国家岌岌可危
그런 사람들이 나라를 다스리게 되면 그 나라가 위태

로워질 것이다.

· **나라가 흥하다** 国家兴盛
한 나라가 흥하고 망하는 것은 사람이 알 수가 없는 일이다.

나라를 ~

· **나라를 걱정하다** 忧国
나라를 걱정하는 사람이 참으로 동족을 사랑한다.

· **나라를 공격하다** 攻击国家
죄 없는 나라를 공격하는 것은 바르지 못합니다.

· **나라를 구하다** 救国
나라를 구하는 방책을 구하는 것이 학자의 도리다.

· **나라를 다스리다** 治理国家
그런 나약한 정신을 가지고 어떻게 나라를 다스렸는지 의심이 간다.

· **나라를 대표하다** 代表国家
선수들은 나라를 대표하는 민간 외교관이나 다름없다.

· **나라를 되찾다** 光复祖国
그 덕택으로 우리는 나라를 되찾은 것입니다.

· **나라를 떠나다** 离开自己的祖国
나는 이 나라를 떠나야겠다고 마음먹었다.

· **나라를 만들다** 建国
2,500~2,600년 전 그리스가 처음으로 도시를 중심으로 나라를 만들었다.

· **나라를 방문하다** 访问国家
남의 나라를 방문한다는 것은 남의 집에 가는 것과 같다.

· **나라를 버리다** 背弃祖国
우리들은 나라를 버리고 도망간 그들을 처벌할 수 있을까요?

· **나라를 빼앗기다** 国家被掠夺
나라를 빼앗겨 좌절과 실의에 빠져 있었다.

· **나라를 빼앗다** 掠夺国家
정치를 알지 못하는 무리들이 나라를 빼앗았다.

· **나라를 사랑하다** 热爱祖国
나라를 사랑하는 마음을 가집시다.

· **나라를 세우다** 建国
왕건이 나라를 세운 뒤 불교를 국교로 삼았다.

· **나라를 잃다** 失去祖国河山
나라를 잃은 국민들의 슬픔을 노래로 표현했다.

· **나라를 위하다** 为了祖国
한순간이라도 최선을 다하지 않으면 안 된다.

· **나라를 지키다** 守卫祖国
그는 나라를 지키기 위해서 이 땅에 왔다.

· **나라를 찾다** 收复河山
우리는 나라를 빼앗긴 고통 끝에 나라를 찾았다.

Ⓐ + 나라

· **다른 나라** 别的国家
다른 나라들도 이러한 개혁 요구를 느끼고 있었다.

· 새 나라 新的国家
그 해에 새 나라 조선이 세워졌다.
· 어느 나라 任何国家
어느 나라도 화폐 개혁은 섣불리 단행하지 못하고 있다.
· 온 나라 全国
전국적으로 쏟아진 폭우로 온 나라가 떠들썩했다.

0448 나무
樹，樹木，木頭

나무 – Ⓝ

· 나무다리 木桥
· 나무토막 木块

나무 + Ⓝ

· 나무 간판 木牌匾
· 나무 계단 木头楼梯
· 나무 그늘 树荫
· 나무 기둥 木头柱子
· 나무 널빤지 木板
· 나무 둥치 树桩
· 나무 못 木钉
· 나무 문 木头门
· 나무 상자 木头箱子
· 나무 울타리 木头栅栏

나무 + Ⓥ

나무가 ~
· 나무가 우거지다 树木茂盛
그의 집은 나무가 우거진 숲 속에 있었다.
· 나무가 울창하다 树木郁郁葱葱
주변을 둘러보니 나무들이 울창했다.
· 나무가 자라다 树木生长
마당에 한 그루 나무가 자라기 시작했다.

나무를 ~
· 나무를 가꾸다 修剪树枝
아버지의 취미는 나무를 가꾸는 것이다.
· 나무를 깎다 砍树
그는 낫을 가지고 나무를 깎기 시작하였다.
· 나무를 꺾다 折树枝
아이들에게는 나무를 꺾지 말라고 가르쳤다.
· 나무를 밀다 刨木头

그는 대패로 통나무를 밀고 있다.
· 나무를 베다 砍树
인부 두세 명이 나무를 베고 있었다.
· 나무를 뽑다 拔树
함부로 나무를 뽑으면 안된다.
· 나무를 심다 栽树
그는 전 재산을 털어 황무지에 나무를 심기 시작했다.
· 나무를 자르다 砍树
나무를 자르는 데에 편한 도끼를 만들게 되었다.
· 나무를 쪼개다 劈木头
나무를 쪼개서 책상을 만드는 일을 생각해 봅시다.
· 나무를 찍다 劈木柴
그는 엄마가 건네 준 도끼로 나무를 찍었다.
· 나무를 치다 砍树
도끼로 나무를 쳐서 넘어뜨렸다.
· 나무를 키우다 培育树木
나무를 어떻게 키워야 할지 모르겠네요.
· 나무를 타다 上树
아이들이 나무를 타고 놀았다.
· 나무를 팔다 卖木柴
그는 산속에 살며 나무를 팔아 생계를 이어간다.
· 나무를 패다 劈木头
맨손으로 나무를 패서 원목 50개를 얻었다.

나무에 ~
· 나무에 걸다 挂在树上
그들은 밥통을 나무에 걸어 놓고 밥을 지어 먹었다.
· 나무에 기대다 倚在树上
두 사람은 나무에 기대어 선 채 바람을 쐬고 있었다.
· 나무에 달리다 悬挂在树上
나무에 달려 있는 무궁화 꽃은 백 일 동안 끊임없이 피었다 졌다 한다.
· 나무에 매다 绑在树上
범인을 나무에 매어 놓았다.
· 나무에 오르다 上树
그녀는 구두와 양말을 벗고 나무에 오르기 시작했다.
· 나무에 올라가다 上树
토끼는 나무에 올라갈 수 없었다.

나무로 ~
· 나무로 만들다 用木头做
이 상자는 나무로 만든 것입니다.
· 나무로 짜다 用木头做
한옥은 나무로 짜서 만든 집이다.

Ⓐ + 나무

· 굵은 나무 粗壮的树
굵은 나무의 줄기 부분을 뭐라고 하죠?
· 무성한 나무 茂盛的树木

햇빛이 잘 들어가지 못 할 정도로 무성한 나무들이다.
· 큰 나무 大树
집안 뜰에 큰 나무가 있었다.

0449 나물
野菜

나물 + Ⓥ

나물을 ~
· 나물을 데치다 焯野菜
나물을 데친 후에 양념을 해야 한다.
· 나물을 무치다 拌野菜
산에서 캐온 나물을 무쳐서 먹었다.
· 나물을 캐다 挖野菜
산에 나물을 캐러 갔다.

0450 나뭇가지 [나무까지/나묻까지]
树枝

나뭇가지 + Ⓥ

나뭇가지를 ~
· 나뭇가지를 꺾다 折树枝
나뭇가지를 꺾어서 집을 지었다.
· 나뭇가지를 줍다 捡树枝
불을 피우기 위해 나뭇가지를 주워 왔다.
· 나뭇가지를 흔들다 摇晃树枝
강한 바람이 나뭇가지를 흔들었다.

0451 나뭇잎 [나문닙]
树叶

나뭇잎 + Ⓥ

나뭇잎이 ~
· 나뭇잎이 떨어지다 树叶飘落
강한 바람에 나뭇잎이 모두 떨어졌다.
· 나뭇잎이 쌓이다 树叶堆积
도로에는 나뭇잎이 수북하게 쌓여 있다.

나뭇잎을 ~

· 나뭇잎을 흔들다 摇晃树叶
그녀는 나뭇잎을 흔들며 다가왔다.

0452 나비
蝴蝶

나비 – Ⓝ

· 나비넥타이 蝴蝶结
· 나비효과 蝴蝶效应

나비 + Ⓥ

나비가 ~
· 나비가 날아오다 蝴蝶飞来
나비가 나에게 날아왔다.
· 나비가 되다 成为蝴蝶
시간이 지나자 애벌레는 나비가 되었다.

나비를 ~
· 나비를 잡다 捕蝴蝶
아이들은 나비를 잡으며 놀았다.

나비처럼 ~
· 나비처럼 날다 像蝴蝶一样飞
나비처럼 날아 벌처럼 쏜다.

Ⓐ + 나비

· 흰 나비 白蝴蝶
흰 나비의 몸짓이 아름답다.

0453 나이
年龄, 年纪

나이 + Ⓥ

나이가 ~
· 나이가 되다 到了……的年龄
그 아이가 벌써 시집갈 나이가 다 되어 간다.
· 나이가 들다 上岁数
그녀는 이제 꽤 나이가 들었지만 여전히 아름답다.
· 나이가 듬직하다 上了年纪
나이가 듬직해 보이는 여인이다.
· 나이가 많다 岁数大
그는 나보다 나이가 많다.

· 나이가 비슷하다 岁数相仿
우리들과 나이가 비슷한 아이들은 어떤 삶을 살아갈까?

· 나이가 아깝다 白活了这么大岁数
그것도 모르다니 나이가 아깝다.

· 나이가 어리다 年龄小
그는 나이가 어려서 그런지 긴장을 많이 했다.

· 나이가 젊다 年轻
나이가 젊었을 때 흡연을 시작하면 건강에 더 해롭다.

· 나이가 지긋하다 年纪一大把
몇 달 전 문을 연 식당의 주인은 나이가 지긋하다.

· 나이가 차다 到了该……的年龄
학교 갈 나이가 찼는데 왜 안 받아 줘?

나이를 ~

· 나이를 따지다 计较年纪
한국인은 사람을 대할 때 유난히 나이를 따진다.

· 나이를 먹다 上岁数
나이를 먹으면 예전보다 체력이 떨어지게 된다.

· 나이를 묻다 问年纪
돌 전 아기의 나이를 물으면 서양의 부모는 대부분 정확히 달수를 밝힌다.

· 나이를 어림하다 推测年纪
나는 속으로 그녀의 나이를 어림해 보았다.

· 나이를 짐작하다 猜测年纪
그의 아들도 나이를 짐작할 수가 없었어요.

나이에 ~

· 나이에 걸맞다 与年龄相符
그녀는 나이에 걸맞지 않게 편안한 옷차림을 좋아한다.

· 나이에 맞다 与年龄相符
나이에 맞는 운동을 택해서 해야 돼.

· 나이에 비하다 和年龄相比
그 아주머니는 나이에 비해 민첩하고 영리해 보였다.

· 나이에 어울리다 与年龄相符
나는 그에게서 나이에 어울리지 않는 성실함을 느꼈다.

· 나이에 이르다 到了……的年纪
일정한 나이에 이르면 퇴직해야 한다.

Ⓐ + 나이

· 꽃 같은 나이 如花的年龄
그녀는 스물하나 꽃 같은 나이에 세상을 떠났다.

· 꽃다운 나이 如花的年龄, 芳年
엄마는 꽃다운 나이에 열 살이나 차이 나는 아버지께 시집 오셨다.

· 새파란 나이 年纪轻轻
새파란 나이에 건망증이라니?

· 아까운 나이 年纪轻轻
윤동주는 일본의 감옥에서 28세의 아까운 나이로 옥사했다.

· 어린 나이 小小年纪
그는 어린 나이에 승진에 성공했다.

· 젊은 나이 年纪轻轻
젊은 나이에 이런 영화를 만든 김 감독이 기대된다.

· 철없는 나이 不懂事的年纪
두 사람은 철없는 나이에 서로 많이 싸웠다.

0454 나이트클럽 (night club)
夜总会

나이트클럽 + Ⓥ

나이트클럽에 ~

· 나이트클럽에 가다 去夜总会
나이트클럽에 가서 춤을 추고 놀았다.

0455 나침반 (羅針盤)
指南针

나침반 + Ⓥ

나침반을 ~

· 나침반을 보다 看指南针
그 배는 나침반을 보고 육지로 향했다.

0456 낙엽 [나겹](落葉)
落叶

낙엽 + Ⓥ

낙엽이 ~

· 낙엽이 떨어지다 落叶飘落
바람이 불자 낙엽이 떨어졌다.

· 낙엽이 쌓이다 落叶堆积
도로에는 낙엽이 수북하게 쌓여 있어요.

· 낙엽이 지다 落叶落下来
어젯밤 비로 낙엽이 다 졌어요.

낙엽을 ~

· 낙엽을 밟다 踩落叶
사람들이 낙엽을 밟으며 지나갔다.

0457 낚시 [낙씨]

魚鉤，垂釣

낚시 + Ⓝ

· 낚시 가방 钓鱼包
· 낚시 도구 钓鱼工具
· 낚시 바늘 鱼钩
· 낚시 밥 鱼饵
· 낚시 여행 钓鱼旅行
· 낚시 의자 钓鱼椅子
· 낚시 전문가 钓鱼专家
· 낚시 철 钓鱼时节
· 낚시 추 钓坠儿

낚시 + Ⓥ

낚시를 ~
· 낚시를 가다 去钓鱼
나는 한국에 오자마자 낚시를 가기로 마음을 먹었지.
· 낚시를 넣다 下竿
나는 낚시를 물속에 넣기가 바빴다.
· 낚시를 다니다 去钓鱼
할아버지는 겨울에도 낚시를 다니신다.
· 낚시를 던지다 抛竿
그는 물 위에 낚시를 휙 던졌다.
· 낚시를 드리우다 垂钓
아이들은 바다에 낚시를 드리운 채 즐거운 시간을 보냈다.
· 낚시를 즐기다 喜欢钓鱼
바닷가에서 물놀이와 낚시를 즐길 수 있다.

낚시에 ~
· 낚시에 걸리다 上钩
왜 저런 큰 물고기가 내 낚시에 걸리지 않을까?

0458 난관 (難關)

难关

난관 + Ⓥ

난관을 ~
· 난관을 극복하다 克服难关
난관을 극복하고 훌륭한 사람이 되었다.

· 난관을 뚫다 冲破难关
그 회사는 난관을 뚫고 세계적인 기업이 되었다.

난관에 ~
· 난관에 봉착하다 碰到难关
정부는 큰 난관에 봉착했다.
· 난관에 부딪치다 遇到难关
그의 계획은 처음부터 난관에 부딪쳤다.

0459 난로 [날로] (煖爐)

炉子，火炉

난로 - Ⓝ

· 난롯불 炉火

난로 + Ⓥ

난로를 ~
· 난로를 끄다 熄灭炉火
나가실 때는 난로를 꺼 주세요.
· 난로를 켜다 生炉子
추우면 난로를 켜세요.
· 난로를 피우다 生炉子
난로를 피워서 방이 따뜻해졌다.

0460 난리 [날리] (亂離)

混乱

난리 - Ⓝ

· 난리굿 胡闹，闹剧
· 난리판 乱局，兵荒马乱

난리 + Ⓝ

· 난리 법석 乱成一片

난리 + Ⓥ

난리가 ~
· 난리가 나다 乱成一团
아이가 돌아오지 않자 집은 난리가 났다.

난리를 ~
· 난리를 부리다 哭闹

아이는 약을 먹지 않겠다고 난리를 부렸다.
· **난리를 치다** 大闹一番
지갑이 없어져서 한바탕 난리를 쳤다.
· **난리를 피우다** 胡乱吵闹
이렇게 난리를 피운다고 해결될 일이 아니에요.

0461 **난방** (煖房)
暖气

난방 – N

· **난방시설** 供暖设施
· **난방장치** 供暖装置

난방 + V

난방이 ~
· **난방이 되다** 有暖气
이 방은 겨울에는 난방이 되지 않는다.
· **난방이 들어오다** 来暖气
교실에는 난방이 들어오지 않아 무척 춥다.

난방을 ~
· **난방을 하다** 供暖
3월부터는 전체적으로 난방을 하지 않는다.

0462 **날**[1]
天，天气，日期，時候

날 + V

날이 ~
· **날이 갈수록** 日益
실업 상태와 빈곤은 날이 갈수록 심해졌다.
· **날이 가물다** 干旱
날이 가물어 천지가 타오른다.
· **날이 개다** 天晴
어서 날이 개었으면 좋겠다.
· **날이 넘다** 超过……天
스무 날이 넘도록 거의 한숨도 못 잤다.
· **날이 다가오다** ……的日子临近
드디어 결전의 날이 다가왔다.
· **날이 덥다** 天热
날이 더웠지만 그는 두꺼운 옷을 입고 있었다.

· **날이 돌아오다** 到了……的日子
무슨 날이 돌아올 때마다 뭘 선물할까가 고민이었죠.
· **날이 들다** 天放晴
며칠 흐렸다가 날이 들고 따뜻해졌다.
· **날이 따뜻하다** 天暖和
1월 중순인데도 의외로 날이 따뜻했다.
· **날이 많다** 时常……
저는 죄책감에 시달리는 날이 많습니다.
· **날이 멀다** 为时尚早
우리 동네에도 놀이 공원이 생길 날이 멀지 않았다.
· **날이 밝다** 天亮
깨어나 보니 날이 밝아 오고 있었다.
· **날이 새다** 天亮
두 사람은 날이 새도록 술을 마셨다.
· **날이 어둡다** 天黑
고요와 적막 속에서 날이 어두워졌다.
· **날이 없다** 没有……的时候
여름 내내 감기가 떠날 날이 없었다.
· **날이 오다** ……的日子到来
마침내 권력이 시민의 눈치를 보는 날이 왔다.
· **날이 잡히다** 定日子
오늘 회의는 미리 날이 잡혀 있던 것이다.
· **날이 저물다** 日落西山
서서히 날이 저물고 있었다.
· **날이 정해지다** 确定日子
제주도로 이사 가는 날이 정해졌다.
· **날이 줄어들다** ……的日子减少
학교 일이 바빠지자 운동하는 날이 줄어들게 되었다.
· **날이 지나다** 日子过去
그러나 여러 날이 지나도록 아무 소식이 없었다.
· **날이 지나가다** 日子过去
어쩌다 보니 이렇게 날이 지나가 버렸네요.
· **날이 짧아지다** 天变短
가을에 날이 짧아졌다.
· **날이 차다** 足月
날이 차서 부인이 아이를 낳았다.
· **날이 찾아오다** 日子临近
8월 15일에는 심판의 날이 찾아온다.
· **날이 춥다** 天冷
날이 추워서 세탁기가 얼었네요.
· **날이 풀리다** 天气转暖
요즘에는 포근함을 느낄 정도로 날이 풀렸다.
· **날이 훤하다** 天亮
한여름이라 저녁을 먹은 뒤까지도 날이 훤했다.
· **날이 흐리다** 天阴
그 이튿날은 날이 많이 흐렸다.

날을 ~
· **날을 기다리다** 等待……的日子

나는 햇살 가득한 날을 손꼽아 기다려 본다.

· **날을 기약하다** 约好……的日子
다시 만날 날을 기약한 이별은 얼마나 가슴 설레는 일인가.

· **날을 맞다** 迎接……的日子
그는 드디어 대학생으로서 첫날을 맞았다.

· **날을 맞이하다** 迎来……的日子
그들은 드디어 해방의 날을 맞이했다.

· **날을 받다** 定日子, 择日
해마다 좋은 날을 받아 고사를 바친다.

· **날을 보내다** 度日
이렇게 마냥 날을 보내고 있었다면 사태가 어떻게 되었을지 모르겠다.

· **날을 새우다** 熬夜
그는 어두운 밤을 홀로 지키며 날을 새우며 일한다.

· **날을 잡다** 定日子
이왕 그 댁에 가려거든 명절 전으로 날을 잡아라.

· **날을 정하다** 定日子
동네별로 날을 정해 일제히 쥐약을 놓기도 했다.

· **날을 지새우다** 熬夜
그런 날은 울면서 날을 지새우곤 합니다.

· **날을 택하다** 选日子
사람들은 일 년 가운데 가장 좋은 날을 택해 결혼을 하려고 했다.

Ⓐ + 날

· **같은 날** 同一天
우리는 같은 날에 회사에 들어왔다.

· **다른 날** 改日, 改天
모자라는 근무 시간은 다른 날에 채우기로 미리 허락을 받았다.

· **어느 날** 某一天
1월의 어느 날에 언니와 함께 마술 공연을 봤어요.

· **좋은 날** 好日子
언젠가 좋은 날이 오겠지.

· **특별한 날** 特别的日子
그는 친구들의 생일 등 특별한 날도 잘 챙겨 주었다.

慣

· **날이면 날마다** 每天
날이면 날마다 있는 기회가 아니랍니다.

0463 날²
刃, 刀刃

날 + Ⓥ

날이 ~
· **날이 날카롭다** 刀刃锋利
칼의 날이 무척 날카롭다.

· **날이 무디다** 刀刃钝
오랫동안 사용하지 않아서 칼날의 날이 무뎠다.

· **날이 서다** 刀刃锋利
연마기로 한참을 갈아서 날이 예리하게 서 있다.

· **날이 시퍼렇다** 刀刃锋利
날이 시퍼런 낫으로 벼를 벤다.

· **날이 잘 들다** 刀很锋利
눈썹 칼은 날이 잘 들어서 초보가 사용하기엔 다소 위험하다.

날을 ~
· **날을 갈다** 磨刀
오빠는 날마다 아빠의 면도기 날을 갈아 드린다.

· **날을 세우다** 开刃
채칼에서 칼날을 빼서 날을 세워 봤습니다.

0464 날개
翅膀

날개 – Ⓝ

· **날개옷** 羽翼衣

날개 + Ⓥ

날개가 ~
· **날개가 달리다** 添翼
호랑이에 날개가 달린 격이다.

· **날개가 있다** 有翅膀
아이의 어깨 밑에 날개가 있었다.

날개를 ~
· **날개를 접다** 收起翅膀
날개를 접고 나뭇가지에 앉았다.

· **날개를 파닥이다** 煽动翅膀
날개를 파닥이며 서서히 날아올랐다.

· **날개를 펴다** 展开翅膀
날개를 활짝 펴고 하늘을 날았다.

慣

· **날개 돋친 듯 팔리다** 十分畅销
신발이 날개 돋친 듯 팔렸다.

· 날개를 펴다 展翅飞翔
그는 상상의 날개를 펴는 것을 좋아했다.

0465 날씨
天气

날씨 + ℕ

· 날씨 이야기 有关天气的故事

날씨 + Ⅴ

날씨가 ~

· 날씨가 개다 天晴, 放晴
아침까지 흐리던 날씨가 갰다.
· 날씨가 궂다 天气不好
날씨가 궂을 때 아버지 걱정을 많이 한다.
· 날씨가 나쁘다 天气不好
날씨가 나쁠수록 고기가 잘 잡히는 것 같았다.
· 날씨가 덥다 天气热
요즘 날씨가 무척 덥다.
· 날씨가 따뜻하다 天气暖和
오늘은 날씨가 따뜻해서 쑥과 달래를 캐러 갔다.
· 날씨가 맑다 天气晴朗
날씨가 맑아서 드라이브하기에 아주 좋은 날이었다.
· 날씨가 무덥다 天气闷热
요즘 날씨가 무더워서 머리가 띵하고 어지러울 때가 있다.
· 날씨가 변덕스럽다 天气变化无常
영국은 날씨가 변덕스러운 것으로 유명하다.
· 날씨가 변하다 变天
한 순간에 날씨가 갑자기 변해버렸다.
· 날씨가 서늘하다 天气凉爽
날씨가 서늘한 시월의 어느 가을밤이었다.
· 날씨가 선선하다 天气凉爽
날씨가 선선해지면 모기는 저절로 사라진다.
· 날씨가 시원하다 天气凉快
오늘은 유난히 날씨가 시원해요.
· 날씨가 쌀쌀하다 天凉飕飕
초겨울 날씨가 매우 쌀쌀하였다.
· 날씨가 좋다 天气好
날씨가 좋은 날은 남산이 보인다.
· 날씨가 차갑다 天凉
날씨가 차가워서 입에서 김이 났다.
· 날씨가 차다 天凉
손이 시릴만큼 날씨가 몹시 찼다.

· 날씨가 추워지다 天变冷
날씨가 추워지면 가족이 더 그립다.
· 날씨가 춥다 天冷
날씨가 추워서 그랬는지 회의 참석률도 저조했다.
· 날씨가 포근하다 天气暖和
날씨가 겨울답지 않게 아주 포근하다.
· 날씨가 풀리다 天气变好
요새 날씨가 풀리고 해가 길어졌다.
· 날씨가 화창하다 天气晴朗
해가 밝게 비치고 날씨가 화창했다.
· 날씨가 후덥지근하다 天气闷热
날씨는 또 왜 이렇게 후덥지근한 거야.
· 날씨가 흐리다 天阴
날씨가 흐리고 비마저 내리기 시작했다.

날씨에 ~

· 날씨에 따르다 随着天气
내가 날씨에 따라 변할 사람 같소?
· 날씨에 맞다 与天气相符
그는 날씨에 맞지 않는 얇은 옷을 입었다.
· 날씨에 민감하다 对天气很敏感
나이 먹을수록 날씨에 민감한 것 같다.

Ⓐ + 날씨

· 궂은 날씨 坏天气
궂은 날씨로 인해 운동장이 미끄럽다.
· 나쁜 날씨 坏天气
세상에 나쁜 날씨란 없습니다.
· 더운 날씨 热天气
더운 날씨에 고생들 많으십니다.
· 음산한 날씨 阴冷的天气
이날은 아침부터 비가 부슬부슬 내리는 음산한 날씨였다.
· 좋은 날씨 好天气
오늘은 소풍 가기에 딱 좋은 날씨이다.
· 추운 날씨 冷天
추운 날씨에 따뜻한 차를 마시면 행복하다.
· 후텁지근한 날씨 闷热的天气
요즈음 장마가 시작되면서 후텁지근한 날씨만 지속되네요.

0466 날짜
日期, 日子

날짜 + ℕ

· 날짜 계산 算日子

· 날짜 조정 调整日子

날짜가 ~

· **날짜가 가다** 日子过去
날짜가 감에 따라 증상이 완화된다.

· **날짜가 남다** 剩下日子
막상 날짜가 얼마 안 남다 보니까 여러 가지 고민이 많은데요.

· **날짜가 다가오다** 日子临近
개학 날짜가 다가오면서 조금씩 예전의 모습을 찾아가고 있었다.

· **날짜가 바뀌다** 日期变更
갑자기 약속 날짜가 바뀌었다.

· **날짜가 잡히다** 日子被定下来
나는 군에 입대할 날짜가 잡혀 있었다.

· **날짜가 적히다** 写着日期
탑에는 1985년 12월 20일이라는 날짜가 적혀 있다.

· **날짜가 정해지다** 日期被确定下来
해외 유학 날짜가 정해졌다.

· **날짜가 지나다** 过期
반납 날짜가 지난 것도 많았다.

· **날짜가 찍히다** 印着……日期
봉투에 6월 11일 날짜가 찍혀 있었다.

· **날짜가 확정되다** 日期确定
면접 날짜가 아직 확정되지 않았습니다.

날짜를 ~

· **날짜를 계산하다** 算日子
우리는 공사에 걸릴 날짜를 대략 계산했다.

· **날짜를 기다리다** 等日子
나는 해외 연수 출발 날짜를 손꼽아 기다리고 있었다.

· **날짜를 기억하다** 记住日子
나는 아직까지 그 날짜를 정확하게 기억하고 있다.

· **날짜를 꼽다** 翘首企盼那一天
입주를 앞둔 사람들은 새집으로 이사할 날짜를 꼽고 있을 것이다.

· **날짜를 맞추다** 核对日期
날짜를 맞추다 보니 시간이 이렇게 늦어졌다.

· **날짜를 명시하다** 明确标记日子
이번에는 이례적으로 날짜를 명시했다.

· **날짜를 받다** 选日子
그녀가 이미 결혼 날짜를 받아 놓은 처지다.

· **날짜를 발표하다** 公布日子
선생님께서 시험 날짜를 발표하셨다.

· **날짜를 밝히다** 宣布日子
비석 위에 글씨를 새겨 제조 날짜를 밝혔다.

· **날짜를 세다** 数日子

그는 아직도 그 날짜를 세고 있을까?

· **날짜를 잡다** 定日子
집에서는 남자 성실함에 흡족하여 서둘러 결혼 날짜를 잡았다.

· **날짜를 적다** 写下日子
날짜를 적는 것은 후일에 좋은 참고가 될 수 있다.

· **날짜를 정하다** 定日期
그날로 문화제 날짜를 정한 겁니다.

· **날짜를 지키다** 遵守日期
우리 사장님은 약속 날짜를 어김없이 지키신다.

· **날짜를 잊다** 忘记……的日期
약속된 날짜를 잊고 넘겼을 뻔했다.

날짜에 ~

· **날짜에 맞추다** 定期
지금도 시골에서는 날짜에 맞춰 장이 서곤 한다.

· **날짜에 임박하다** 临近……的日子
예약 날짜에 임박해 취소된 객실이 있다.

· **길한 날짜** 吉日
길한 날짜를 선택해 출산하는 것은 순전히 미신이다.

· **좋은 날짜** 好日子
좋은 날짜를 잡아 보려고 한다.

0467 남
別人

남이 ~

· **남이 되다** 成为旁人
싸운 뒤로 우리 둘은 남이 되었다.

남을 ~

· **남을 대하다** 对待他人
그는 언제나 남을 대할 때면 최선을 다한다.

· **남을 속이다** 欺骗他人
남을 속이는 거짓말을 하지 마라.

· **남을 해치다** 伤害他人
말 한 마디가 남을 해칠 수도 있다.

남에게 ~

· **남에게 보이다** 展示给他人看
남에게 보이는 모습이 전부는 아니다.

· 남부럽지 않다 不比别人差
가진 재산이 남부럽지 않다.
· 남의 떡이 더 커 보인다 这山望着那山高, 隔墙果
子分外甜
남의 떡이 더 커 보인다고 다른 사람 옷만 멋져 보인다.
· 남의 장단에 춤추다 委曲求全
남의 장단에 춤추지 말고, 네가 하고 싶은 대로 해.
· 남의 제사에 감 놓아라 배 놓아라 한다 狗拿耗
子多管闲事
남의 제사에 감 놓아라 배 놓아라 하지 말고 네 일이나
잘해.
· 남 좋은 일을 시키다 光为别人做嫁衣
밤새도록 고생하더니 결국 남 좋은 일을 시켰네.
· 남의 밑에 들어가다 在别人手下
어려서부터 남의 밑에 들어가 갖은 고생을 했다.

0468 남녀 (男女)
男女

남녀 – N

· 남녀공학 男女同校
· 남녀노소 男女老少
· 남녀평등 男女平等

남녀 + N

· 남녀 관계 男女关系
· 남녀 사이 男女之间
· 남녀 차별 性别歧视
· 남녀 학생 男女学生

0469 남매 (男妹)
兄妹

남매 + V

남매를 ~
· 남매를 두다 扔下兄妹俩
어린 남매를 두고 엄마 혼자 집을 나섰다.

0470 남자 (男子)
男子, 男人

남자 + N

· 남자 고등학교 男子高中
· 남자 분 男士
· 남자 역할 男性角色
· 남자 친구 男朋友

남자 + V

남자를 ~
· 남자를 만나다 遇见男人
결혼하고 싶은 남자를 아직 못 만났어요.
· 남자를 사귀다 交男朋友
나는 대학을 졸업할 때까지 남자를 사귀지 않았다.
· 남자를 사랑하다 爱男人
그런 남자를 사랑하는 여자는 상처를 받을 수밖에 없다.
· 남자를 유혹하다 诱惑男人
그녀는 돈 많은 가문의 남자를 유혹해 결혼할 계획을
세웠다.
남자로 ~
· 남자로 태어나다 生来是个男儿身
그는 남자로 태어난 것이 행복하다고 말했다.

A + 남자

· 낯선 남자 陌生男子
낯선 남자가 성큼 그들 앞에 섰다.
· 매력적인 남자 有魅力的男子
그런 남자는 이제 더 이상 매력적인 남자가 아니다.
· 멋있는 남자 帅气的男子
그녀는 유능하고 멋있는 남자를 만나 결혼했다.
· 멋진 남자 潇洒的男子
미녀의 키스와 포옹을 통해 야수가 멋진 남자로 변신
했다.
· 잘생긴 남자 长得帅的男子
여자들은 잘생긴 남자를 좋아하는 법이다.
· 젊은 남자 年轻男子
젊은 남자가 아이의 손에 초콜릿을 쥐어 주었다.

0471 남쪽 (南쪽)
南邊, 南方

ㄴ

남쪽 + ⓝ

· 남쪽 끝 南边尽头
· 남쪽 바다 南方的大海
· 남쪽 바닷가 南方的海边
· 남쪽 방향 南向
· 남쪽 사람 南方人
· 남쪽 지역 南方地区
· 남쪽 하늘 南面的天空

남쪽 + ⓥ

남쪽을 ~

· 남쪽을 바라보다 往南边看
정상에서 남쪽을 바라보고 있었다.
· 남쪽을 향하다 朝着南边
고속버스는 남쪽을 향해 달린다.

남쪽으로 ~

· 남쪽으로 나다 朝南
아이는 남쪽으로 난 넓은 창문을 조금만 열어놓는다.
· 남쪽으로 내려가다 往南走
다음날 그는 남쪽으로 내려갔다.
· 남쪽으로 달리다 往南跑
서울을 출발한 택시는 줄곧 남쪽으로 달리고 있었다.
· 남쪽으로 떠나다 朝南方去
몇몇 성급한 사람들은 벌써 남쪽으로 떠나기도 했다.
· 남쪽으로 흐르다 往南流
강물은 남쪽으로 잔잔하게 흐르고 있다.

0472 **남편** (男便)
丈夫

남편 + ⓝ

· 남편 곁 丈夫身边
· 남편 구실 丈夫的本分
· 남편 노릇 丈夫的责任
· 남편 눈치 丈夫的脸色
· 남편 뒷바라지 丈夫的内助
· 남편 복 丈夫运
· 남편 분 丈夫（称别人的丈夫，表尊敬）
· 남편 역할 丈夫的作用

남편 + ⓥ

남편을 ~

· 남편을 내조하다 做丈夫的贤内助
그녀는 생계를 책임지는 남편을 열심히 내조하고 있었다.
· 남편을 대하다 对待丈夫
그 여자는 남편한테 막 대하는 때도 많아요.
· 남편을 두다 有……丈夫
그녀는 특별한 직업을 가진 남편을 두었다.
· 남편을 따르다 跟随丈夫
언니는 교환교수로 파견된 남편을 따라 독일에 갔다.
· 남편을 만나다 遇见丈夫
그녀는 대학 시절 남편을 만나 결혼했다.
· 남편을 믿다 相信丈夫
아내는 하늘처럼 남편을 믿고 의지하며 살잖아요.
· 남편을 붙들다 抓住丈夫
그녀는 밤늦게 들어온 남편을 붙들고 이야기를 나누고 싶었다.
· 남편을 사랑하다 爱丈夫
그 친구는 남편을 참 많이 사랑하고 있는 것 같았어요.
· 남편을 섬기다 伺候丈夫
옛날에 남편을 섬기고 남편이 죽으면 아들을 섬기는 것이 여자의 본분이었다.
· 남편을 얻다 得到丈夫
그녀는 새로운 남편을 얻어 살고 있었다.
· 남편을 여의다 失去丈夫
그녀는 남편을 여의고 남은 자식을 키우는 여자입니다.
· 남편을 잃다 失去丈夫
그는 남편을 잃은 슬픔에 거의 음식을 먹지 않았다.

남편에게 ~

· 남편에게 감사하다 感谢丈夫
반대로 아내도 남편에게 항상 감사해야 한다.
· 남편에게 맞다 遭丈夫打
그녀처럼 남편에게 맞고 상담을 해오는 경우가 많다.
· 남편에게 미안하다 感到很对不起丈夫
남편에게 미안해서 어쩔 줄을 몰랐습니다.
· 남편에게 의지하다 依赖丈夫
오랫동안 남편에게 의지하는 데 길들여져 왔다.

남편으로 ~

· 남편으로 대하다 作为丈夫来对待
오빠로 대하던 남자와 남편으로 대하는 남자의 격차가 너무 심하다.
· 남편으로 두다 有……丈夫
병원 원장을 남편으로 둔 부인이 창업했다.
· 남편으로 맞다 嫁给……
그녀는 끝내 연인을 기다려 그를 남편으로 맞았다.
· 남편으로 삼다 当作丈夫
그는 남편으로 삼을 만한 사람이다.

Ⓐ + 남편

· 따뜻한 남편 体贴的丈夫
아내에게 따뜻한 남편이 되십시오.
· 무능한 남편 无能的丈夫
그녀는 무능한 남편만 보면 울화가 끓어올랐다.
· 자상한 남편 细心的丈夫
자상한 남편은 아내에게 핸드폰 사용법도 자세히 알려
주었다.
· 훌륭한 남편 优秀的丈夫
훌륭한 남편이 훌륭한 아내를 만든다.

0473 낫 [낟]
镰刀

낫 + Ⓥ

낫을 ~
· 낫을 들다 拿起镰刀
갑자기 낫을 들고 나타났다.
낫으로 ~
· 낫으로 베다 用镰刀砍
낫으로 풀을 베다가 손을 다쳤다.

惯

· 낫 놓고 기역 자도 모른다 目不识丁
처음에는 낫 놓고 기역 자도 몰랐는데 이제는 익숙하다.

0474 낭비 (浪費)
浪费

낭비 - Ⓝ

· 낭비벽 浪费癖

낭비 + Ⓝ

· 낭비 요인 浪费的原因

낭비 + Ⓥ

낭비가 ~
· 낭비가 심하다 浪费严重
그는 낭비가 심한 사람이다.

낭비를 ~
· 낭비를 초래하다 导致浪费
막대한 낭비를 초래할 것이다.
· 낭비를 하다 浪费
시간 낭비를 하지 마라.

0475 낮 [낟]
白天，白昼

낮 + Ⓝ

· 낮 근무 白天上班
· 낮 기온 白天气温

낮 + Ⓥ

낮이 ~
· 낮이 가다 白天过去
어떻게 낮이 오고 낮이 가는지 알 수가 없는 것이다.
· 낮이 기울다 白天即将过去
초여름의 긴 낮이 기울기 시작한 늦은 오후였다.
· 낮이 길다 天长
여름에 낮이 왜 길어요?
· 낮이 길어지다 天变长
2월 중순이 되자 차츰 낮이 길어졌다.
· 낮이 되다 白天到来
해가 뜨고 낮이 되었는데도 기온은 오르지 않았다.
· 낮이 오다 白天到来
밤이 지나면 낮이 오고 낮이 가면 밤이 온다.
· 낮이 짧다 天短
겨울철에는 낮이 짧다 하여 점심밥을 굶기 일쑤였다.
· 낮이 짧아지다 天变短
겨울이 점점 다가와 낮이 짧아졌다.
낮에 ~
· 낮에 일하다 白天工作
낮에 일해야 하는 사람을 위해 야간 수업도 운영했다.
· 낮에 자다 白天睡觉
낮에 자는 잠은 잔 것 같지도 않다.

惯

· 낮과 밤을 잊다 不舍昼夜
학생들은 낮과 밤을 잊은 채 열심히 시험공부를 한다.
· 낮과 밤이 따로 없다 没黑天没白天的
이곳은 낮과 밤이 따로 없는 일만 하는 회사다.
· 낮이고 밤이고 废寝忘食

나는 낮이고 밤이고 줄곧 일만 한다.

0476 낮잠 [낟짬]
午觉

낮잠 + Ⓥ

낮잠을 ~
· 낮잠을 자다 睡午觉
휴일에는 낮잠을 자거나 영화를 본다.
· 낮잠을 즐기다 睡午觉
오랜만에 낮잠을 즐겼다.

慣

· 낮잠 자다 四平八稳
장롱에는 낮잠 자고 있는 보석이 한가득이다.

0477 내과 [내꽈](內科)
内科

내과 + Ⓝ

· 내과 교수 内科教授
· 내과 의사 内科医生
· 내과 전문의 内科医生

0478 내부 (內部)
内部

내부 + Ⓝ

· 내부 거래 内部交易
· 내부 공간 内部空间
· 내부 구조 内部结构
· 내부 사정 内部情况, 底细
· 내부 자료 内部资料

내부 + Ⓥ

내부에 ~
· 내부에 있다 在内部

실패의 가장 큰 원인은 자신의 내부에 있다.
· 내부에 존재하다 在内部存在
내부에 존재하던 갈등이 드디어 터졌다.

내부로 ~
· 내부로 들어가다 进到内部
이 문은 집 내부로 들어가는 문이다.

0479 내외간 [내외간/내웨간](內外間)
夫妻之间

내외간 + Ⓥ

내외간이 ~
· 내외간이 되다 成为夫妻
그들은 결혼식을 하고 내외간이 되었다.

慣

· 내외간 싸움은 칼로 물 베기 夫妻没有隔夜仇
내외간 싸움은 칼로 물 베기라고 하니 걱정하지 마라.

0480 내용
内容

내용 + Ⓝ

· 내용 가운데 内容中
· 내용 소개 内容介绍

내용 + Ⓥ

내용이 ~
· 내용이 간결하다 内容简单
이 글은 내용이 간결해서 읽기 편하다.
· 내용이 다르다 内容不同
같은 사건이라도 신문사마다 기사 내용이 다르다.
· 내용이 달라지다 内容变得不一样
시청자들의 의견을 반영해 결론 내용이 달라졌다.
· 내용이 담기다 包含……内容
이 책에는 사람들을 깜짝 놀라게 하는 내용이 많이 담겨져 있다.
· 내용이 들다 有……内容
거기에는 이와 같은 내용이 들어 있었다.
· 내용이 맞다 内容正确

보도된 내용이 맞습니다.

· 내용이 바뀌다 内容改变
이 드라마는 시청자 의견에 따라 내용이 바뀌었다.

· 내용이 복잡하다 内容复杂
전해야 할 내용이 복잡하다면 본문 내용이 길어질 수밖에 없다.

· 내용이 비슷하다 内容相似
신문 기사 내용이 비슷하면서도 무척 다르다.

· 내용이 뻔하다 内容很明显
그러나 그렇게 쓴 것은 내용이 뻔할 것이다.

· 내용이 쉽다 内容容易
이번 시험은 내용이 너무 쉬워.

· 내용이 실리다 刊登着……内容
오늘의 기사에서 이와 같은 내용이 실려 있다.

· 내용이 자세하다 内容详细
이 조항 후단에서는 내용이 상당히 자세하다.

· 내용이 적히다 写着……的内容
그의 일기에는 그런 내용이 적혀 있었다.

· 내용이 평범하다 内容平常
아무리 질문 내용이 평범하더라도 대답은 충실해야 한다.

· 내용이 풍부하다 内容丰富
우리 선생님의 수업은 내용이 풍부했다.

내용을 ~

· 내용을 가지다 有……内容
이것 역시 독창적인 내용을 가지고 있다.

· 내용을 담다 包含……内容
게시판에는 이런 과격한 내용을 담은 글이 올라왔다.

· 내용을 바꾸다 改变内容
제작진의 어려움은 매주 게임의 내용을 바꾸는 것이다.

· 내용을 발표하다 发表……内容
지난 수업 시간에 배운 내용을 발표했다.

· 내용을 분석하다 分析内容
이 말의 내용을 분석해 보면 이러하다.

· 내용을 살펴보다 仔细看内容
위와 같은 내용을 살펴보았다.

· 내용을 수정하다 修改内容
처음에 구상했던 논문의 내용을 과감히 수정하는 것이 좋다.

· 내용을 알다 了解内容
물론 나도 그것에 대해 많은 내용을 알고 있지는 않았다.

· 내용을 알리다 通知内容
그는 가장 친한 친구에게 오늘 회의 내용을 알렸다.

· 내용을 옮기다 抄写内容
형사는 수첩에 대자보 내용을 옮기면서 말했다.

· 내용을 요약하다 总结内容
내용을 요약하면 이렇게 되어 있었다.

· 내용을 이해하다 理解内容
먼저 희곡을 함께 읽고 내용을 이해해야 한다.

· 내용을 인용하다 引用内容
이 책의 내용을 인용하면 금방 이해가 될 것 같네요.

· 내용을 적다 写下内容
그는 두서없이 그날 본 내용을 적었다.

· 내용을 전달하다 传达内容
그는 전화로 동료에게 그 내용을 전달했다.

· 내용을 파악하다 掌握内容
단어가 어려워서 책의 내용을 파악하기가 어렵다.

· 내용을 확인하다 核实内容
방송 내용을 확인한 뒤 취재팀은 움직이기 시작했다.

Ⓐ + 내용

· 구체적인 내용 具体的内容
교육의 개선 등에 대한 구체적인 내용을 포함하고 있다.

· 자세한 내용 详细的内容
자세한 내용은 나중에 말씀해 드릴게요.

· 중요한 내용 重要的内容
1988년 법안의 중요한 내용을 종합해 보았다.

0481 냄비
锅

냄비 + Ⓝ

· 냄비 뚜껑 锅盖
· 냄비 우동 锅烧乌冬面

냄비 + Ⓥ

냄비를 ~

· 냄비를 달구다 把锅烧热
냄비를 달군 후에 기름을 넣고 볶아야 한다.

냄비에 ~

· 냄비에 끓이다 在锅里煮
라면은 냄비에 끓여야 맛있다.

0482 냄새
气味，味道

냄새 + Ⓥ

냄새가 ~

· 냄새가 나다 有气味

남동생 몸에서 담배 냄새가 났다.

· **냄새가 배다** 滲进气味
방안에 기분 나쁜 냄새가 배어 있었다.

냄새를 ~

· **냄새를 맡다** 闻气味
꽃잎에 코를 대 냄새를 맡았다.

· **냄새를 풍기다** 散发味道
삶은 보리가 구수한 냄새를 풍겼다.

Ⓐ + 냄새

· **구수한 냄새** 香喷喷的味道
고기의 구수한 냄새가 입맛을 돋우었다.

· **퀴퀴한 냄새** 霉湿的味道
장마철 빨래의 퀴퀴한 냄새를 없애 줍니다.

0483 **냇물** [낸물]
溪水

냇물 + Ⓥ

냇물이 ~

· **냇물이 흐르다** 溪水流淌
집 앞으로 냇물이 흐른다.

0484 **냉동** (冷凍)
冷冻

냉동 – Ⓝ

· **냉동건조** 冷冻干燥
· **냉동식품** 冷冻食品

냉동 + Ⓝ

· **냉동 만두** 冷冻水饺
· **냉동 인간** 冷冻人
· **냉동 피자** 冷冻比萨

냉동 + Ⓥ

냉동이 ~

· **냉동이 되다** 被冷冻
어부들이 잡은 고기는 배 위에서 바로 냉동이 된다.

냉동을 ~

· **냉동을 하다** 冷冻
남은 피자는 냉동을 해 두면 다음에 먹을 수 있다.

0485 **냉방** (冷房)
冷气

냉방 – Ⓝ

· **냉방병** 空调病
· **냉방장치** 冷气装置

냉방 + Ⓝ

· **냉방 기구** 冷气器具
· **냉방 기기** 冷气机器
· **냉방 시설** 冷气设施

0486 **냉장고** (冷藏庫)
冰箱

냉장고 + Ⓥ

냉장고를 ~

· **냉장고를 뒤지다** 在冰箱里翻找
냉장고를 뒤져 빵을 찾았다.

· **냉장고를 열다** 打开冰箱
냉장고를 열고 물을 마셨다.

냉장고에 ~

· **냉장고에 넣다** 放到冰箱里
남은 음식을 냉장고에 넣어 두었다.

· **냉장고에 보관하다** 在冰箱里保管
여름에는 항상 음식을 냉장고에 보관해야 한다.

냉장고에서 ~

· **냉장고에서 꺼내다** 从冰箱里拿出来
냉장고에서 맥주를 꺼내 마셨다.

0487 **녀석**
家伙, 小子

녀석을 ~

· 녀석을 바라보다 看那个家伙
건너편에 있는 녀석을 바라보았다.

· 큰 녀석 大小伙子
다 큰 녀석이 왜 이렇게 겁이 많아?

0488 노동 (勞動)
劳动

· 노동강도 劳动强度
· 노동계급 劳动阶级
· 노동법 劳动法
· 노동생산성 劳动生产性
· 노동시간 劳动时间
· 노동시장 劳动市场
· 노동운동 劳动运动
· 노동조합 劳动组合

· 노동 공급 劳动供给
· 노동 단체 劳动团体
· 노동 문제 劳动问题
· 노동 문학 劳动文学

노동을 ~

· 노동을 하다 劳动
육체적인 노동을 한 후에는 휴식이 필요하다.

노동에 ~

· 노동에 시달리다 被劳动困扰
장시간 노동에 시달린 그는 결국 병에 걸렸다.
· 노동에 종사하다 从事劳动
과거에는 많은 여성이 가사 노동에 종사했다.

0489 노란색 (노란色)
黄色

노란색 국화 黄菊花
노란색 셔츠 黄色衬衫

노란색으로~

노란색으로 변하다 变成黄色
봄이 되면 잎 색깔이 노란색으로 변한다.

0490 노래 (价格)
歌

· 노래 가사 歌词
· 노래 공연 歌曲演出
· 노래 소리 歌声
· 노래 솜씨 唱歌水平
· 노래 실력 唱歌实力
· 노래 연습 练习唱歌

노래가 ~

· 노래가 끝나다 歌曲结束
그녀가 듣고 있던 노래가 끝났다.
· 노래가 나오다 歌声响起
어머니는 아는 노래가 나오면 따라 불렀다.
· 노래가 들리다 听到歌曲
아이들의 목소리로 부른 노래가 들린다.
· 노래가 들려오다 传来歌曲
그 노래가 안개 속에서 메아리처럼 들려왔다.
· 노래가 아름답다 歌曲很美
슬픈 노래가 아름답다.
· 노래가 흘러나오다 传来歌曲声
보호실로 내려오자 노래가 흘러나오고 있었다.

노래를 ~

· 노래를 그치다 停止唱歌
그는 노래를 그치고 소주잔을 들었다.

· 노래를 듣다 听歌
그 노래를 듣고 있자니 슬며시 웃음이 나왔다.
· 노래를 부르다 唱歌
사람들은 모두 노래를 한 곡씩 불렀다.
· 노래를 짓다 写歌
선생님께서는 노래를 지어 학생들에게 가르쳤다.
· 노래를 틀다 播放歌曲
그는 일어나자마자 핸드폰으로 노래를 틀었다.
· 노래를 하다 唱歌
그녀가 노래를 하는 걸 들어 본 적이 없었다.
· 노래를 흥얼거리다 哼歌
그녀는 제목도 모르는 노래를 흥얼거리고 있었다.

노래에 ~

· 노래에 맞추다 伴着歌曲
아이들은 노래에 맞춰 신나게 춤을 추었다.
· 노래에 젖다 被歌曲所感染
그녀는 그 노래에 젖어 차를 마시고 있다.
· 노래에 취하다 被歌曲所陶醉
음악을 들을 때면 노래에 취하곤 했다.

Ⓐ + 노래

· 신나는 노래 欢快的歌曲
신나는 노래가 나오자 사람들은 춤을 추기 시작했다.

0491 노래방 (노래房)
练歌房

노래방 + Ⓝ

· 노래방 기기 练歌房机器
· 노래방 기능 练歌房功能
· 노래방 시스템 练歌房系统
· 노래방 입구 练歌房入口

노래방 + Ⓥ

노래방에 ~

· 노래방에 가다 去练歌房
노래방에 가서 악을 쓰고 노래를 불렀다.
· 노래방에 들르다 顺便去练歌房
그는 노래방에 들러 평소 좋아하던 노래를 마음껏 부른다.

0492 노력 (努力)
努力

노력 + Ⓥ

노력이 ~

· 노력이 있다 努力
과학자들의 노력이 있어야 과학 발전이 가능하다.
· 노력이 필요하다 需要努力
국민 모두의 노력이 필요하다.

노력을 ~

· 노력을 경주하다 付出努力
수출을 늘리는 데에 노력을 경주해야 한다.
· 노력을 기울이다 付出努力
실수하지 않기 위해서 노력을 기울였다.
· 노력을 쏟다 付出努力
성공은 얼마나 노력을 쏟느냐에 달려 있다.
· 노력을 하다 努力
사람들은 성공하기 위해 노력을 한다.

노력에도 ~

· 노력에도 불구하다 尽管很努力
수많은 노력에도 불구하고 실패로 끝이 났다.

Ⓐ + 노력

· 모든 노력 全部的努力
국가 발전을 위해서는 모든 노력을 쏟아야 한다.
· 온갖 노력 各种努力
온갖 노력을 기울였지만 해결하기가 쉽지 않다.

0493 노릇 [노른]
事儿, 活儿, 处境

노릇 + Ⓥ

노릇을 ~

· 노릇을 하다 充当……, 干……的活儿
형은 아버지 노릇을 하면서 나를 키웠다.

Ⓐ + 노릇

· 딱한 노릇 可怜的处境
부모와 떨어져 지내는 것은 딱한 노릇이다.
· 비참한 노릇 悲惨的处境
이런 비참한 노릇을 당하면서 살아야 하는지 모르겠다.

175

0494 **노선** (路線)
路线

노선 + Ⓥ

노선을 ~

· 노선을 고수하다 坚守……的路线
그들은 타협은 없다는 노선을 고수했다.

· 노선을 취하다 采取……的路线
노동자들은 강경 노선을 취했다.

· 노선을 택하다 选择……的路线
두 나라는 서로 다른 독자 노선을 택했다.

0495 **노인** (老人)
老人

노인 – Ⓝ

· 노인복지 老人福利

노인 + Ⓝ

· 노인 대학 老年大学
· 노인 문제 老人问题
· 노인 부양 赡养老人
· 노인 의료비 老人医疗费

노인 + Ⓥ

노인이 ~

· 노인이 되다 成为老人
갑자기 노인이 되어 버렸다.

노인을 ~

· 노인을 돌보다 照顾老人
노인을 돌보는 것이 큰 사회적 문제가 되었다.

0496 **노트** (note)
笔记，笔记本

노트 + Ⓝ

· 노트 필기 笔记

노트 + Ⓥ

노트를 ~

· 노트를 찢다 撕笔记
화가 난 그는 노트를 찢기 시작했다.

· 노트를 펴다 打开笔记
조금 전에 산 노트를 폈다.

· 노트를 하다 做笔记
잊어버리지 않게 중요한 내용은 노트를 해라.

노트에 ~

· 노트에 쓰다 写在笔记本上
노트에 쓴 내용을 외웠다.

· 노트에 적다 记在笔记本上
들은 내용을 노트에 적었다.

0497 **노트북** (notebook)
笔记本电脑

노트북 + Ⓝ

· 노트북 컴퓨터 笔记本电脑

노트북 + Ⓥ

노트북을 ~

· 노트북을 구입하다 购买笔记本
노트북을 새로 구입했다.

0498 **녹색** [녹쌕](綠色)
绿色

녹색 + Ⓝ

· 녹색 가게 绿色商店
· 녹색 마케팅 绿色经营
· 녹색 연합 绿色联合
· 녹색 운동 绿色运动
· 녹색 혁명 绿色革命

녹색 + Ⓥ

녹색을 ~

· 녹색을 띠다 呈绿色
봄이 되자 산과 들이 녹색을 띠기 시작했다.

0499 **녹음** [노금](錄音)
录音

> 녹음 – Ⓝ

· 녹음테이프 录音带

> 녹음 + Ⓥ

녹음이 ~
· 녹음이 되다 被录音
전화 통화가 녹음이 되고 있다.

녹음을 ~
· 녹음을 하다 录音
직접 부른 노래를 테이프에 녹음을 했다.

0500 **녹차** (綠茶)
绿茶

> 녹차 + Ⓥ

녹차를 ~
· 녹차를 끓이다 煮绿茶
뜨거운 물로 녹차를 끓여야 한다.
· 녹차를 마시다 喝绿茶
녹차를 마시면 소화가 잘 됩니다.

0501 **녹화** [노콰](錄畵)
录像

> 녹화 – Ⓝ

· 녹화방송 录播

> 녹화 + Ⓝ

· 녹화 중계 录像转播
· 녹화 현장 实录现场

> 녹화 + Ⓥ

녹화가 ~
· 녹화가 되다 被录像

결혼식이 녹화가 된 테이프를 잃어버렸다.

녹화를 ~
· 녹화를 하다 录像
드라마 녹화를 해 주세요.

0502 **논**
水田

> 논 – Ⓝ

· 논길 水田埂
· 논농사 种植水稻
· 논두렁 地头儿
· 논둑 地头儿
· 논둑길 水田埂
· 논밭 田地

> 논 + Ⓥ

논을 ~
· 논을 갈다 耕水田
논을 갈고 농사 준비를 한다.
· 논을 매다 给水田除草
오늘은 논을 매야 한다.

논에 ~
· 논에 가다 到田里去
그는 매일 아침이면 논에 갔다.

논에서 ~
· 논에서 일하다 在田里干活
논에서 일하던 아버지를 만났다.

0503 **논리** [놀리](論理)
逻辑，法则

> 논리 – Ⓝ

· 논리기호 逻辑符号

> 논리 + Ⓝ

· 논리 구조 逻辑结构

논리 + Ⓥ

논리를 ~

· **논리를 갖추다** 有逻辑
논리를 갖추지 않은 논문은 인정할 수 없다.
· **논리를 내세우다** 提出……法则
대통령은 경제 논리를 내세워 국민들을 설득했다.
· **논리를 적용하다** 采用逻辑
외국의 논리를 적용해 자신의 주장을 뒷받침했다.
· **논리를 펴다** 展开论述
논문에서 자신의 논리를 펴 보세요.
· **논리를 펼치다** 展开论述
아무런 근거 없이 자신의 논리를 펼치기만 하네.

Ⓐ + 논리

· **치밀한 논리** 缜密的逻辑
치밀한 논리를 가진 그의 논문이 최우수 논문으로 선정되었다.

0504 **논문** (論文)
论文

논문 + Ⓝ

· **논문 발표** 发表论文
· **논문 작성** 撰写论文
· **논문 제목** 论文题目

논문 + Ⓥ

논문을 ~

· **논문을 발표하다** 发表论文
그는 지금까지 30여 편의 논문을 발표했다.
· **논문을 심사하다** 审查论文
이 논문을 심사하실 분이 누구세요?
· **논문을 쓰다** 写论文
이 논문을 쓰는 데 2년이 걸렸다.
· **논문을 작성하다** 撰写论文
논문을 작성하기 위해서는 수많은 책을 읽어야 한다.
· **논문을 제출하다** 提交论文
언제까지 논문을 제출해야 합니까?

논문에서 ~

· **논문에서 밝혀지다** 在论文中被阐明
이 기사는 논문에서 밝혀진 내용을 토대로 하였다.

0505 **논쟁** (論爭)
争论

논쟁 + Ⓥ

논쟁이 ~

· **논쟁이 벌어지다** 展开争论
종교 문제로 두 사람 사이에 논쟁이 벌어졌다.
· **논쟁이 일어나다** 起争议
술집에서 격렬한 논쟁이 일어났다.

논쟁을 ~

· **논쟁을 벌이다** 展开争论
두 사람은 그 문제에 대해 논쟁을 벌였다.
· **논쟁을 불러일으키다** 引起争议
그의 주장은 큰 논쟁을 불러일으키기에 충분했다.
· **논쟁을 유발하다** 引发争论
세금 문제는 치열한 논쟁을 유발하였다.
· **논쟁을 피하다** 躲避争论
논쟁을 피하기 위해 결과를 공개하지 않았다.
· **논쟁을 하다** 争论
나는 아버지와 자주 논쟁을 했다.

논쟁에 ~

· **논쟁에 휘말리다** 被卷入争论
불필요한 논쟁에 휘말릴 필요가 없다.

Ⓐ + 논쟁

· **격렬한 논쟁** 激烈的争论
정치 문제는 항상 격렬한 논쟁을 유발한다.
· **치열한 논쟁** 激烈的争论
두 사람은 오늘도 치열한 논쟁을 벌였다.

0506 **놀이** [노리]
游戏

놀이 + Ⓝ

· **놀이 공원** 游乐场
· **놀이 규칙** 游戏规则
· **놀이 기구** 游乐器具
· **놀이 문화** 游戏文化
· **놀이 방법** 游戏方法
· **놀이 시설** 游戏设施

ㄴ

놀이 + Ⓥ

놀이가 ~

· 놀이가 끝나다 游戏结束
보물찾기 놀이가 끝났습니다.

· 놀이가 재미있다 游戏有意思
이 놀이가 정말로 재미있네.

· 놀이가 한창이다 游戏正玩得热火朝天
경품을 주는 재미있는 놀이가 한창이다.

놀이를 ~

· 놀이를 좋아하다 喜欢游戏
이 소녀는 놀이를 좋아한다.

· 놀이를 즐기다 喜爱游戏
겨울이면 아이들은 이 놀이를 즐겼다.

· 놀이를 하다 做游戏
공부를 다 한 아이들은 운동장에서 놀이를 하고 있다.

놀이에 ~

· 놀이에 몰두하다 只顾玩
애들은 놀이에 몰두해서 추위도 아랑곳하지 않았다.

· 놀이에 빠지다 沉迷游戏
아들은 숙제 대신에 놀이에 흠뻑 빠져들었다.

· 놀이에 열중하다 热衷游戏
참새는 은행잎 놀이에 열중해 있었습니다.

0507 놀이터 [노리터]
游乐场

놀이터 + Ⓥ

놀이터에서 ~

· 놀이터에서 놀다 在游乐场玩
아이가 놀이터에서 놀다가 돌아왔다.

0508 놈
家伙

慣

· 똥 싼 놈이 성낸다 恶人先告状
똥 싼 놈이 성낸다고 왜 네가 화를 내?

· 뛰는 놈 위에 나는 놈 있다 天外有天
뛰는 놈 위에 나는 놈 있다고 도둑의 물건을 훔쳐가는
사람이 있네.

· 미운 놈 떡 하나 더 준다 孬孩儿多吃奶
미운 놈 떡 하나 더 준다고 이거까지 다 먹어라.

0509 농구 (籠球)
篮球

농구 – Ⓝ

· 농구공 篮球

농구 + Ⓝ

· 농구 경기 篮球比赛
· 농구 골대 篮板
· 농구 대회 篮球比赛
· 농구 선수 篮球运动员
· 농구 시합 篮球比赛
· 농구 중계 篮球转播
· 농구 코트 篮球场

농구 + Ⓥ

농구를 ~

· 농구를 좋아하다 喜欢篮球
학생들은 농구를 무척 좋아한다.

· 농구를 하다 打篮球
오빠는 수업이 끝난 뒤에 항상 농구를 한다.

0510 농담 (弄談)
玩笑，笑话

농담 + Ⓥ

농담이 ~

· 농담이 나오다 说了一句玩笑
생각지도 않은 농담이 나와서 웃음이 났다.

· 농담이 아니다 不是开玩笑
그녀는 농담처럼 말했지만 단순한 농담이 아니었다.

· 농담이 오가다 互相开玩笑
식사 시간에는 재미있는 농담이 오고간다.

· 농담이 유행하다 ……的玩笑很流行
이 차에 대해 이런 농담이 유행했지요.

농담을 ~

· 농담을 건네다 对……开玩笑
누군가 금발 여자에게 농담을 건네고 있다.
· 농담을 걸다 对……开玩笑
아주머니들을 붙잡고 농담을 거는 사람도 있다.
· 농담을 나누다 开……的玩笑
외국인들은 커피를 마시며 농담을 나누기도 한다.
· 농담을 던지다 对……开玩笑
그녀는 주변 사람들에게 가벼운 농담을 던졌다.
· 농담을 섞다 夹杂着玩笑
그는 웃음과 농담을 섞어 가며 이야기했다.
· 농담을 주고받다 互相开玩笑
그 친구와 재미있는 농담을 주고받기도 했지요.
· 농담을 즐기다 喜欢开玩笑
우리 남자들은 흔히 이런 농담을 즐긴다.
· 농담을 하다 开玩笑
그는 결코 그런 농담을 할 사람이 아니었다.

Ⓐ + 농담

· 야한 농담 黄色笑话
그는 여직원들 앞에서 야한 농담을 자주했다.

0511 **농민** (農民)
农民

농민 - Ⓝ

· 농민운동 农民运动
· 농민전쟁 农民战争
· 농민조합 农民互助会

농민 + Ⓝ

· 농민 단체 农民团体
· 농민 문학 农民文学
· 농민 봉기 农民起义
· 농민 항쟁 农民抗争

0512 **농사**
农活儿

농사 + Ⓥ

농사를 ~

· 농사를 망치다 庄稼歉收
태풍 때문에 우리 집은 모든 농사를 망쳤다.
· 농사를 버리다 收成不好
금년에는 고추 농사를 아주 버렸다고 한다.
· 농사를 짓다 干农活儿
부모님은 고향에서 농사를 짓고 계신다.
· 농사를 포기하다 放弃农活儿
농사를 포기하는 농민들이 부쩍 늘고 있다.
· 농사를 하다 耕种
지금은 밭이란 밭은 거의 담배 농사를 한다.

농사에 ~

· 농사에 이용하다 用于耕种
음식물을 농사에 이용하기 시작했다.

0513 **농산물** (農産物)
农产品

농산물 + Ⓝ

· 농산물 시장 农产品市场

농산물 + Ⓥ

농산물을 ~

· 농산물을 먹다 吃农产品
제철 농산물을 먹어야 건강에 좋다.
· 농산물을 수입하다 进口农产品
우리나라는 모든 농산물을 수입해서 먹고 있다.

0514 **농업** (農業)
农业

농업 - Ⓝ

· 농업경제 农业经济
· 농업기술 农业技术
· 농업용수 农业用水

농업 + Ⓝ

· 농업 경영 农业经营
· 농업 문제 农业问题
· 농업 사회 农业社会

· 농업 용지 农业用地

농업에 ~
· 농업에 종사하다 从事农业
농업에 종사하는 사람 수가 줄어들고 있다.

0515 농장 (農場)
农场, 农庄

· 농장 직영 经营农场

농장을 ~
· 농장을 일구다 开垦农场
부모님은 시골에서 농장을 일구며 지내신다.

0516 농촌 (農村)
农村

· 농촌 마을 农庄
· 농촌 문제 农村问题
· 농촌 사회 农村社会
· 농촌 생활 农村生活
· 농촌 인구 农村人口

농촌을 ~
· 농촌을 떠나다 离开农村
젊은이들이 농촌을 떠나고 노인들만 남았다.

0517 높임말 [노핌말]
敬语

높임말을 ~
· 높임말을 쓰다 用敬语
어른들께는 항상 높임말을 써야 합니다.

0518 뇌 (腦)
大脑

· 뇌경색 脑梗塞
· 뇌종양 脑肿瘤
· 뇌출혈 脑溢血
· 뇌혈관 脑血管

· 뇌 기능 脑功能

뇌를 ~
· 뇌를 다치다 伤到大脑
아이는 교통사고로 뇌를 다쳤다.

0519 뇌물 (賂物)
贿赂

· 뇌물 수수 收受贿赂

뇌물을 ~
· 뇌물을 받다 接受贿赂
국회의원들이 뇌물을 받았다.
· 뇌물을 쓰다 行贿
구청에 뇌물을 써서 허가를 받았다.
· 뇌물을 주다 行贿
그 사람이 공무원에게 뇌물을 주었다.

0520 누룽지

锅巴

누룽지를 ~

· **누룽지를 끓이다** 煮锅巴汤
부엌에서 누룽지를 끓이는 고소한 냄새가 난다.

· **누룽지를 만들다** 做锅巴
어머니는 항상 간식으로 누룽지를 만들어 주셨다.

· **누룽지를 먹다** 吃锅巴
아침에는 밥 대신 누룽지를 끓여 먹는다.

0521 눈¹

眼睛, 眼神, 眼光

· **눈앞** 眼前

눈이 ~

· **눈이 까다롭다** 眼光挑剔
아내는 물건을 보는 눈이 몹시 까다로운 여자였다.

· **눈이 나쁘다** 视力不好
눈이 나빠 어릴 때부터 안경을 썼다.

· **눈이 따갑다** 眼睛灼痛
눈이 따가워 선글라스를 쓰고 있을 수밖에 없었다.

· **눈이 마주치다** 对视
나와 눈이 마주치자 살짝 웃었다.

· **눈이 맑다** 眼睛清澈
그녀는 눈이 맑다.

· **눈이 멀다** 蒙蔽了双眼
두 사람은 만나자마자 사랑에 눈이 멀었다.

· **눈이 무섭다** 在意世人的目光
사람들 눈이 무서워서 도움을 줄 수 없다.

· **눈이 반짝거리다** 眼睛闪烁
강의를 듣는 학생들의 눈이 반짝거렸다.

· **눈이 밝다** 眼睛雪亮
그녀는 눈이 밝고 빛나서 인기가 많았다.

· **눈이 벌겋다** 眼红
밤새도록 공부를 해서 그녀는 눈이 벌겋다.

· **눈이 부시다** 刺眼
아침 강물은 눈이 부시게 빛난다.

· **눈이 붓다** 眼睛肿
심할 경우 눈이 퉁퉁 붓고 눈물이 나온다.

· **눈이 빛나다** 眼睛发光
순간 그의 눈이 반짝 빛나는 것 같았다.

· **눈이 빨갛다** 眼睛红
오랫동안 컴퓨터를 해서 그는 눈이 매우 빨갛다.

· **눈이 시리다** 眼睛酸痛
그는 햇살에 눈이 시려 종종 눈을 깜박였다.

· **눈이 아프다** 眼睛疼
하루 종일 모니터를 봤더니 눈이 아프다.

· **눈이 어둡다** 眼睛不好使
그는 모르는 것이 생기면 눈이 어둡다고 핑계 댔다.

· **눈이 아리다** 眼睛刺痛
가슴이 저리고 눈이 아렸다.

· **눈이 예쁘다** 眼睛很漂亮
눈이 예쁜 여자 연예인 중에서 그녀가 최고입니다.

· **눈이 작다** 眼睛小
우리 아들은 나 닮아서 눈이 작아요.

· **눈이 정확하다** 看得准
역시 애들 눈이 정확하네.

· **눈이 젖다** 眼睛湿润
그녀의 두 눈이 축축하게 젖어 있었다.

· **눈이 좋다** 视力好
최근 들어 그의 눈이 좋지 않다.

· **눈이 차갑다** 眼神冷漠
네가 날 보는 눈이 너무 차가워.

· **눈이 초롱초롱하다** 眼睛亮晶晶
아이의 눈이 초롱초롱하네요.

· **눈이 충혈되다** 眼睛充血
술에 취한 몇몇 술꾼들이 눈이 충혈된 채 앉아 있었다.

· **눈이 침침하다** 眼睛模糊
눈이 많이 침침해진 엄마는 이제 바느질도 못 하신다.

· **눈이 크다** 眼睛大
사진에서 보는 대로 우리 언니는 눈이 크다.

· **눈이 트이다** 眼前豁然开朗
시간이 지나면서 눈이 트이었다.

· **눈이 팔리다** 全神贯注, 被迷住
아내는 이 프로그램에 눈이 팔렸다.

· **눈이 피곤하다** 眼睛疲劳
책을 오래 봐서 그런지 눈이 피곤하구나.

· **눈이 흐리다** 眼睛模糊
책을 읽을 때 가끔씩 눈이 흐려서 잘 안 보여요.

· **눈이 휘둥그레지다** 目瞪口呆
영문을 모르는 그녀의 눈이 휘둥그레질 수밖에 없었다.

눈을 ~

· **눈을 가리다** 捂住眼睛
그녀는 손으로 눈을 가렸다.

· **눈을 감다** 闭上眼睛

그는 한숨을 길게 쉬며 눈을 꾹 감았다.

· **눈을 깜박이다** 眨眼睛
그녀는 눈을 깜박이며 나를 바라보았다.

· **눈을 내리깔다** 垂下眼皮
눈을 내리깔고 있었다.

· **눈을 돌리다** 把目光转向……, 关注
우선 이 문제에 눈을 돌려 보자.

· **눈을 떼다** 转移视线
아기는 잠시도 빵에서 눈을 떼지 않았다.

· **눈을 뜨다** 睁开眼睛
감았던 눈을 번쩍 떴다.

· **눈을 맞추다** 对视
두 사람은 눈을 맞추며 이야기를 했다.

· **눈을 부릅뜨다** 虎眼圆睁
남자가 눈을 부릅뜨고 소리를 질렀다.

· **눈을 붙이다** 合眼
그는 대합실 의자에 앉아 눈을 붙였다.

· **눈을 비비다** 搓眼睛
졸린 눈을 비비며 전화를 받았다.

· **눈을 속이다** 瞒过……的眼睛
새의 눈을 속일 만큼 감쪽같은 그림 솜씨였다.

· **눈을 씻고 보다** 擦亮眼睛看
다시 눈을 씻고 보아도 그런 것은 없다.

· **눈을 의심하다** 怀疑眼睛
나는 내 눈을 의심하지 않을 수 없었다.

· **눈을 찡긋하다** 挤眼睛
그녀는 큰 눈을 한번 장난스럽게 찡긋했다.

· **눈을 피하다** 避开……的眼神
그는 종종 선생님들 눈을 피해 담장을 넘어 조퇴한다.

· **눈을 흘기다** 瞥一眼, 睥睨
그녀는 내게 눈을 흘겼다.

惯

· **눈 가리고 아웅** 掩耳盗铃
눈 가리고 아웅하지 말고 사실대로 말해.

· **눈 깜짝할 사이** 眨眼功夫
그는 눈 깜짝할 사이에 밥 한 공기를 먹었다.

· **눈 빠지게 기다리다** 翘首企盼
엄마는 눈이 빠지게 나를 기다리고 있었다.

· **눈 코 뜰 새 없이 바쁘다** 忙得不可开交
오늘도 눈 코 뜰 새 없이 바쁜 하루를 보냈다.

· **눈 하나 깜짝 안 하다** (撒谎)不眨眼
너는 어떻게 눈 하나 깜짝 안 하고 그런 거짓말을 하니?

· **눈이 낮다** 眼光低
난 눈이 낮아서 아무 여자나 다 괜찮아.

· **눈이 높다** 眼光高
그녀는 눈이 높아서 아무 남자나 만나지 않는다.

· **눈이 뒤집히다** (见钱)眼开, 昏了头, 鬼迷心窍
큰돈을 보자마자 그는 눈이 뒤집혔다.

· **눈이 맞다** 对上眼
두 사람은 처음 만나자마자 눈이 맞았다.

· **눈이 부시다** 耀眼
눈이 부시게 빛나네.

· **눈이 시퍼렇게 살아 있다** 健康地活着
아내가 눈이 시퍼렇게 살아 있는데 다른 여자에 반했다니?

· **눈을 붙이다** 合眼
잠깐 눈을 붙이고 나니까 피로가 풀렸다.

· **눈도 깜짝 안 하다** 眼睛都不眨一下, 不以为然
그는 사람들의 비판에 눈도 깜짝 안 했다.

· **눈에 불을 켜다** 眼里冒火
그는 눈에 불을 켜고 날 노려봤다.

· **눈에 불을 켜다** 眼前一亮
먹을 거라면 눈에 불을 켜고 대든다.

· **눈에 아른거리다** 在眼前晃动
고향의 모습이 지금도 눈에 아른거린다.

0522 눈²
雪

눈 - N

· **눈사람** 雪人
· **눈싸움** 打雪仗

눈 + N

· **눈 구경** 观雪

눈 + V

눈이 ~

· **눈이 그치다** 雪停了
펑펑 내리던 눈이 드디어 그쳤다.

· **눈이 내리다** 下雪
밖에는 눈이 펑펑 내리고 있었다.

· **눈이 녹다** 雪融化
따뜻한 햇살에 눈이 녹고 있었다.

· **눈이 덮이다** 被雪覆盖
집집마다 지붕에 눈이 하얗게 덮여 있어요.

· **눈이 쌓이다** 雪堆起来, 积雪
거리의 나뭇가지마다 켜켜이 눈이 쌓여 있다.

· **눈이 쏟아지다** 大雪纷飞
밖은 아직도 눈이 쏟아지고 있었다.

ㄴ

· 눈이 오다 下雪
눈이 오지 않는 겨울이었다.

눈을 ~

· 눈을 쓸다 扫雪
내 집 앞 눈은 내가 쓸어요.

· 눈을 치다 除雪
엄마는 새벽에 일어나 밤새 내린 눈을 쳤다.

· 눈을 치우다 除雪
폭설 때문에 오전 내내 눈을 치웠다.

Ⓐ + 눈

· 흰 눈 白雪
아이들은 흰 눈이 쌓이자 눈사람을 만들기 시작했다.

0523 눈가 [눈까]
眼角

눈가 + Ⓥ

눈가를 ~

· 눈가를 훔치다 擦拭眼角
손수건으로 몰래 눈가를 훔쳤다.

눈가에 ~

· 눈가에 맺히다 眼角挂着（泪珠）
눈물이 눈가에 맺혔다.

0524 눈길¹ [눈낄]
目光

눈길 + Ⓥ

눈길이 ~

· 눈길이 가다 目光接触
자꾸 그 아이에게 눈길이 가요.

· 눈길이 마주치다 对视
그녀는 나와 눈길이 마주치자 미소를 지었다.

눈길을 ~

· 눈길을 끌다 吸引目光
그녀는 지나가는 사람들의 눈길을 끌만큼 미인이다.

· 눈길을 돌리다 转移视线
그는 사고 장면을 차마 보지 못하고 눈길을 돌렸다.

· 눈길을 피하다 躲避目光

그들은 사람들의 눈길을 피해 집으로 들어갔다.

눈길로 ~

· 눈길로 바라보다 用……的眼神看
엄마는 아이를 따뜻한 눈길로 바라보았다.

Ⓐ + 눈길

· 따뜻한 눈길 温暖的目光
그녀는 항상 따뜻한 눈길로 나를 바라보았다.

0525 눈길² [눈낄]
雪路

눈길 + Ⓥ

눈길을 ~

· 눈길을 걷다 走在雪地上
두 사람은 손을 잡고 눈길을 걸었다.

· 눈길을 달리다 在雪地里飞驰
눈길을 달려 학교에 도착했다.

· 눈길을 헤치다 在雪地里趟出一条路
군인들이 눈길을 헤치고 앞으로 나아갔다.

눈길에 ~

· 눈길에 미끄러지다 在雪地里滑倒
아버지는 눈길에 미끄러져서 다치셨다.

0526 눈물
眼泪

눈물 – Ⓝ

· 눈물바다 泪海
· 눈물샘 泪腺

눈물 + Ⓥ

눈물이 ~

· 눈물이 나다 流眼泪
슬픈 영화를 볼 때 계속 눈물이 났다.

· 눈물이 많다 爱哭
눈물이 많은 아이를 울보라고 놀렸다.

· 눈물이 쏟아지다 泪如泉涌
엄마를 보자마자 눈물이 쏟아지기 시작했다.

· 눈물이 흐르다 流眼泪

눈에서 뜨거운 눈물이 흘렀다.

눈물을 ~

· **눈물을 거두다** 止住眼泪
엄마를 보자 아이는 눈물을 거두었다.

· **눈물을 글썽이다** 泪水在眼眶中打转
눈물을 글썽이며 엄마를 바라보았다.

· **눈물을 닦다** 擦眼泪
휴지로 눈물을 닦으세요.

· **눈물을 머금다** 噙着泪水
눈물을 머금으면서 작별 인사를 전했다.

· **눈물을 삼키다** 把眼泪咽在肚子里
울고 싶었지만 사람들 앞이라 눈물을 삼켰다.

· **눈물을 흘리다** 流泪
김치가 너무 매워서 눈물을 흘렸다.

慣

· **눈물이 없다** 无情无义，铁石心肠
그는 눈물도 없는 사람이다.

· **눈물을 짜다** 哭哭啼啼，（故意）挤眼泪
죽은 아내를 생각하면서 하루 종일 눈물을 짰다.

· **눈물이 앞을 가리다** 泪流满面
자꾸 눈물이 앞을 가려서 운전을 못하겠다.

0527 **눈병** [눈뼝]
眼病

눈병 + Ⓥ

눈병이 ~

· **눈병이 나다** 得眼病
수영장에 갔다가 눈병이 났다.

· **눈병이 옮다** 传染上眼病
눈병이 옮지 않게 조심하세요.

눈병에 ~

· **눈병에 걸리다** 得眼病
눈병에 걸리지 않도록 손을 잘 씻어라.

0528 **눈빛** [눈삗]
目光

눈빛 + Ⓥ

눈빛을 ~

· **눈빛을 던지다** 投来……的目光
나를 의심하는 듯한 눈빛을 던졌다.

· **눈빛을 반짝이다** 目光炯炯
아이는 눈빛을 반짝이며 선생님을 쳐다보았다.

· **눈빛을 보내다** 投以……的目光
그녀는 부모님께 원망의 눈빛을 보냈다.

눈빛으로 ~

· **눈빛으로 바라보다** 用……的眼光看
그는 따뜻한 눈빛으로 그녀를 바라보았다.

Ⓐ + 눈빛

· **따뜻한 눈빛** 温暖的目光
엄마의 따뜻한 눈빛이 그립다.

· **싸늘한 눈빛** 冰冷的目光
갑자기 선생님은 싸늘한 눈빛으로 나를 바라보았다.

0529 **눈사람** [눈싸람]
雪人

눈사람 + Ⓥ

눈사람을 ~

· **눈사람을 만들다** 堆雪人
아이들이 눈으로 눈사람을 만들었다.

0530 **눈썹**
眉毛

눈썹 + Ⓥ

눈썹이 ~

· **눈썹이 짙다** 眉毛浓密
그 남자는 눈썹이 짙더라.

눈썹을 ~

· **눈썹을 치켜 세우다** 竖起眉毛
화를 내면서 눈썹을 치켜세웠다.

慣

· **눈썹도 까딱하지 않다** 面不改色心不跳，泰然自若
보통 일에는 눈썹도 까딱하지 않던 그녀가 이번에는
눈물을 흘렸다.

0531 눈앞 [누납]
眼前

눈앞 + Ⓥ

눈앞이 ~

· 눈앞이 아찔하다 目眩
순간 눈앞이 아찔했다.

· 눈앞이 흐려지다 视线模糊
눈앞이 점점 흐려졌다.

눈앞에 ~

· 눈앞에 두다 迫在眉睫
올림픽을 눈앞에 두고 분위기가 달아올랐다.

· 눈앞에 떠오르다 浮现在眼前
부모님의 모습이 눈앞에 떠올랐다.

· 눈앞에 보이다 映入眼帘
눈앞에 보이는 놀라운 풍경에 입이 다물어지지 않았다.

· 눈앞에 펼쳐지다 一览无余
믿기 어려운 장면이 눈앞에 펼쳐졌다.

눈앞에서 ~

· 눈앞에서 사라지다 在眼前消失
갑자기 아이가 눈앞에서 사라졌다.

惯

· 눈앞에 아른거리다 浮现在眼前
아이의 얼굴이 눈앞에 아른거린다.

· 눈앞이 캄캄하다 头晕目眩
시험지를 보자 눈앞이 캄캄해졌다.

0532 눈치
眼力见儿

눈치 - Ⓝ

· 눈치작전 见机行事

눈치 + Ⓥ

눈치가 ~

· 눈치가 빠르다 有眼力见儿
눈치가 빨라서 비서 일이 잘 맞는다.

· 눈치가 아니다 看样子好像不是……
계획대로 일이 잘 풀리는 눈치가 아니었다.

· 눈치가 없다 没眼力见儿
눈치가 없어서 어머니 마음을 잘 몰랐어요.

· 눈치가 있다 有眼力见儿
눈치가 있는 사람과 일을 하면 편하다.

· 눈치가 보이다 碍于……
부모님께 눈치가 보여서 더 이상 미룰 수 없다.

눈치를 ~

· 눈치를 보다 看眼色, 察言观色
사람들의 눈치를 보지 말고 행동해라.

· 눈치를 살피다 察言观色
주변 사람들의 눈치를 살피기 시작했다.

· 눈치를 주다 使眼色
집에 가자고 남편에게 살짝 눈치를 주었다.

· 눈치를 채다 察觉到
사람들이 우리 둘의 관계를 눈치를 채면 곤란하다.

0533 뉴스 (news)
新闻

뉴스 + Ⓝ

· 뉴스 속보 新闻快报

· 뉴스 시간 新闻报道时间

· 뉴스 진행 播送新闻

· 뉴스 채널 新闻频道

· 뉴스 프로그램 新闻节目

뉴스 + Ⓥ

뉴스가 ~

· 뉴스가 나가다 在新闻中播出
뉴스가 나가고 그를 알아보는 사람이 많아졌다.

· 뉴스가 흘러나오다 播出新闻
두 사람의 스캔들에 관한 뉴스가 흘러나왔다.

뉴스를 ~

· 뉴스를 듣다 听新闻
뉴스를 들으면서 운전을 했다.

· 뉴스를 보다 看新闻
저녁을 먹고 나서 뉴스를 봅니다.

· 뉴스를 시청하다 收看新闻
사람들은 둘러 앉아 텔레비전 뉴스를 시청했다.

· 뉴스를 전달하다 报道新闻
기자는 뉴스를 전달하는 사람이다.

· 뉴스를 진행하다 播报新闻
뉴스를 진행하는 아나운서의 목소리가 좋다.

뉴스에 ~

· 뉴스에 나오다 在新闻中播出
그 식당은 뉴스에 나온 이후로 손님이 많아졌다.

0534 느낌

感觉

느낌 - ⓝ

· 느낌표 感叹号

느낌 + ⓥ

느낌이 ~

· 느낌이 들다 觉得……
갑자기 이상한 느낌이 들었다.

느낌을 ~

· 느낌을 갖다 拥有……的感觉
오랜만에 평화로운 느낌을 갖게 되었다.
· 느낌을 받다 获得……的感觉
집에 온 것 같은 편안한 느낌을 받았다.
· 느낌을 주다 带来……的感觉
이 식당은 세련된 느낌을 주었다.

느낌마저 ~

· 느낌마저 들다 甚至感到……
안 좋은 일이 생길 것 같은 느낌마저 들었다.

느낌도 ~

· 느낌도 없다 连……的感觉没有
이성에 대한 아무런 느낌도 없다.

느낌에 ~

· 느낌에 사로잡히다 被……感觉所包围
시험에 합격할 거라는 행복한 느낌에 사로잡혔다.

Ⓐ + 느낌

· 섬뜩한 느낌 阴森森的感觉
문이 열리자 갑자기 섬뜩한 느낌이 들었다.
· 편안한 느낌 舒服的感觉
내 집처럼 편안한 느낌이 들었다.

0535 능력 [능녁](能力)

能力

능력 + ⓝ

· 능력 계발 开发能力

능력 + ⓥ

능력이 ~

· 능력이 떨어지다 能力下降
그 아이는 읽기 능력이 떨어진다는 평가를 받았다.
· 능력이 뛰어나다 能力突出
그녀는 남자보다 운동 능력이 뛰어나다.
· 능력이 부족하다 能力不足
능력이 부족하기 때문에 면접에서 탈락했다.
· 능력이 없다 没有能力
그때 나는 옳고 그름을 판단할 능력이 없었다.
· 능력이 있다 有能力
우리 회사는 능력이 있는 사람을 뽑습니다.
· 능력이 필요하다 需要能力
· 다양한 측면을 볼 수 있는 능력이 필요하다.

능력을 ~

· 능력을 가지다 具备……的能力
그는 엄청난 능력을 가지고 있다.
· 능력을 갖추다 具备……的能力
그 일을 해결할 만한 충분한 능력을 갖추고 있다.
· 능력을 기르다 培养能力
한국어 능력을 기르려면 어떻게 해야 합니까?
· 능력을 발휘하다 发挥能力
제게도 능력을 발휘할 기회를 주세요.
· 능력을 키우다 培养能力
영어 능력을 키울 수 있는 방법이 있을까?
· 능력을 향상시키다 提高能力
한국어 능력을 향상시키기 위해 노력했다.

0536 늦잠 [늗짬]

懒觉

늦잠 + ⓥ

늦잠을 ~

· 늦잠을 자다 睡懒觉
늦잠을 자는 바람에 지각을 했다.

0537 다람쥐
松鼠

| 惯 |

· 다람쥐 쳇 바퀴 돌듯 松鼠走筛筐，原地打转。比喻不见进展，踏步不前。
다람쥐 쳇 바퀴 돌듯이 반복되는 일상생활이 지겹다.

0538 다리¹
腿

| 다리 + Ⓥ |

다리가 ~
· 다리가 가늘다 腿细
다리가 가늘어서 넘어질 것 같다.
· 다리가 굵다 腿粗
그녀는 다리가 유난히 굵다.
· 다리가 길다 腿长
이 옷을 입으면 다리가 길어 보인다.
· 다리가 부러지다 腿骨折
이번 사고로 다리가 부러졌다.
· 디리가 짧다 腿短
아이가 다리가 짧아요.

다리를 ~
· 다리를 꼬다 跷二郎腿
다리를 꼬고 앉는 게 편하다.
· 다리를 다치다 弄伤腿
아이가 넘어져서 다리를 다쳤다.
· 다리를 들다 抬腿
자면서 아들이 나에게 다리를 들어 올렸다.
· 다리를 벌리다 叉腿
다리를 벌릴 때 다치지 않게 조심해라.
· 다리를 절다 跛脚
교통사고로 그는 오른쪽 다리를 절게 되었다.
· 다리를 주무르다 揉腿
다리를 주무르고 있을 때 아내가 들어왔다.

| 惯 |

· 다리를 쭉 뻗고 자다 放心，高枕无忧
사업 때문에 요즘 다리를 쭉 뻗고 잘 수가 없어요.

0539 다리²
桥

| 다리 + Ⓥ |

다리를 ~
· 다리를 건너다 过桥
이 다리를 건너면 바로 서울이다.
· 다리를 놓다 架桥
정부는 두 도시를 잇는 다리를 놓았다.
· 다리를 세우다 建桥
그들은 마을과 마을을 연결하는 다리를 세웠다.

| 惯 |

· 다리를 놓다 搭建桥梁
네가 그 사람과 나 사이에 다리를 놓아 줄래?

0540 다리미
熨斗

| 다리미 + Ⓥ |

다리미로 ~
· 다리미로 다리다 用熨斗熨烫
다리미로 와이셔츠를 다렸다.

0541 다방 (茶房)
茶馆

| 다방 + Ⓝ |

· 다방 마담 茶馆老板娘
· 다방 아가씨 茶馆女服务员
· 다방 종업원 茶馆服务员
· 다방 주인 茶馆老板

| 다방 + Ⓥ |

다방이 ~
· 다방이 시끄럽다 茶馆很吵
그들은 다방이 시끄러워서 밖으로 나왔다.

다방을 ~

· 다방을 차리다 开茶馆
그는 회사를 그만두고 다방을 차렸다.

다방에 ~

· 다방에 가다 去茶馆
다방에 가서 커피를 마셨다.

다방에서 ~

· 다방에서 기다리다 在茶馆里等待
그는 여자 친구를 다방에서 기다렸다.

· 다방에서 만나다 在茶馆里见面
두 사람은 다방에서 만났다.

0542 다음
下一个，以后

다음 + Ⓝ

· 다음 기회 下次机会
· 다음 단계 下一阶段
· 다음 달 下个月
· 다음 문제 下一个问题
· 다음 순서 下个顺序
· 다음 시간 下一堂课
· 다음 시험 下一次考试
· 다음 이야기 下一个故事
· 다음 주말 下周末
· 다음 주일 下周
· 다음 질문 下一个问题
· 다음 차례 接下来轮到……
· 다음 학기 下一学期
· 다음 학년 下一学年
· 다음 해 明年
· 다음 호 下一期
· 다음 휴가 下一次休假
· 다음 휴일 下一个休息日

다음 + Ⓥ

다음에 ~

· 다음에 만나다 下次见
두 사람은 다음에 만나기로 약속하고 헤어졌다.

다음으로 ~

· 다음으로 미루다 推到下次

결국 회의를 다음으로 미루었다.

0543 다이어트 (diet)
减肥

다이어트 + Ⓝ

· 다이어트 식품 减肥食品

다이어트 + Ⓥ

다이어트를 ~

· 다이어트를 하다 减肥
살이 쪄서 다이어트를 해야겠어요.

0544 단계 (段階)
阶段

단계 + Ⓥ

단계를 ~

· 단계를 거치다 经历……阶段
이 단계를 거쳐야 자격증을 받을 수 있다.

· 단계를 밟다 经历……阶段
그는 한국어 초급 단계를 밟고 있다.

단계로 ~

· 단계로 구분하다 分成……阶段
학생 수준을 세 단계로 구분하였다.

· 단계로 접어들다 进入……阶段
경제발전의 새로운 단계로 접어들었다.

단계에 ~

· 단계에 머무르다 停留在……阶段
여전히 발전의 초기 단계에 머무르고 있다.

· 단계에 불과하다 仅仅……阶段
이직 초급 단계에 불과하다.

· 단계에 이르다 到达……阶段
연구가 마무리 단계에 이르렀다.

· 단계에 진입하다 进入……阶段
국가 경제가 회복 단계에 진입하였다.

Ⓐ + 단계

· 새로운 단계 新的阶段
중국 경제는 새로운 단계로 올라섰다.

0545 단골
老主顾，老顾客

단골 – Ⓝ

· 단골손님 老主顾
· 단골집 常去的店

단골 + Ⓝ

· 단골 가게 常去的店
· 단골 고객 老主顾
· 단골 메뉴 常点的饭菜

단골 + Ⓥ

단골이 ~
· 단골이 되다 成为老主顾
학교 앞 서점의 단골이 되었다.
· 단골이 많다 老主顾很多
그 가게는 단골이 많아서 장사가 잘 된다.

단골을 ~
· 단골을 만들다 拉主顾
사장은 단골을 만들기 위해 노력했다.

단골로 ~
· 단골로 삼다 当做老主顾
어머니는 그 가게를 단골로 삼았다.

0546 단군 (檀君)
檀君

단군 – Ⓝ

· 단군신화 檀君神话

단군 + Ⓝ

· 단군 시대 檀君时代
· 단군 왕검 檀君王俭

0547 단독 (單獨)
单独，独立

단독 – Ⓝ

· 단독주택 独门独户

단독 + Ⓝ

· 단독 범행 单独犯罪
· 단독 선두 单独领先

단독 + Ⓥ

단독으로 ~
· 단독으로 해결하다 独立解决
이 문제를 단독으로 해결하기는 힘들다.

0548 단어 [다너](單語)
单词

단어 + Ⓝ

· 단어 사전 单词字典
· 단어 카드 单词卡片

단어 + Ⓥ

단어가 ~
· 단어가 많다 单词多
새로운 단어가 많다.

단어를 ~
· 단어를 사용하다 运用单词
다양한 단어를 사용해서 문장을 만들어야 한다.
· 단어를 외우다 背单词
한국어 단어를 외우는 것이 어렵다.
· 단어를 찾다 查单词
사전에서 단어를 찾아서 외워야 한다.

0549 단오 [다노](端午)
端午

ㄱ
ㄴ
ㄷ
ㄹ
ㅁ
ㅂ
ㅅ
ㅇ
ㅈ
ㅊ
ㅋ
ㅌ
ㅍ
ㅎ

단오 - ⓝ

· 단옷날 端午节

0550 **단점** [단쩜](短點)
缺点

단점 + ⓥ

단점이 ~
· 단점이 없다 没有缺点
단점이 없는 사람은 없다.
· 단점이 있다 有缺点
모든 사람이 다 단점이 있다.

단점을 ~
· 단점을 가지다 有缺点
신제품은 너무 비싸다는 단점을 가지고 있다.
· 단점을 고치다 改掉缺点
자신의 단점을 고치기 위해 노력했다.
· 단점을 극복하다 克服缺点
단점을 극복하기 위해 새 제품을 개발했다.
· 단점을 깨닫다 认识到缺点
이번 일로 나의 단점을 깨달았다.
· 단점을 들추다 揭……的短
상대방의 단점을 들추지 마라.
· 단점을 보완하다 弥补缺点
작년 제품의 단점을 보완해서 신제품을 만들었다.

0551 **단지** (團地)
小区, 园区

단지 + ⓥ

단지가 ~
· 단지가 크다 小区大
단지가 커서 주차 걱정을 할 필요가 없다.

단지를 ~
· 단지를 벗어나다 离开园区
산업 단지를 벗어나자 공기가 상쾌해졌다.
· 단지를 이루다 形成园区
그곳은 여러 공장이 큰 단지를 이루고 있다.
· 단지를 조성하다 打造园区
이곳에 아파트 단지를 조성할 계획입니다.

0552 **단체** (團體)
团体

단체 + ⓝ

· 단체 관광 团体观光
· 단체 관람 团体参观
· 단체 사진 集体照
· 단체 생활 集体生活
· 단체 손님 团体客人
· 단체 여행 团体旅行
· 단체 행동 集体行动
· 단체 활동 集体活动

단체 + ⓥ

단체를 ~
· 단체를 결성하다 组成团队
시민 주도로 단체를 결성하여 정책에 반대하였다.
· 단체를 구성하다 组成团体
학생들 스스로 단체를 구성하여 활동하고 있다.
· 단체를 만들다 结成团队
봉사 단체를 만들어 이웃을 돕고 있다.
· 단체를 조직하다 组织团体
그는 독립 운동 단체를 조직해서 상해에서 활동했다.

단체에 ~
· 단체에 가입하다 加入团体
아버지는 시민 단체에 가입하셨다.

0553 **단추**
纽扣, 按钮

단추 + ⓝ

· 단추 구멍 纽扣眼儿

단추 + ⓥ

단추가 ~
· 단추가 떨어지다 纽扣掉了
단추가 떨어진 옷은 없는지 잘 확인하세요.

단추를 ~
· 단추를 끼우다 扣纽扣

이 옷은 단추를 끼우기가 어렵다.
· **단추를 누르다** 按按钮
인터폰 단추를 누르니까 대문이 열렸다.
· **단추를 달다** 钉纽扣
할머니께서 옷에 단추를 달아 주셨다.
· **단추를 잠그다** 扣纽扣
단추를 잠그니 옷이 단정해 보인다.
· **단추를 채우다** 扣纽扣
날씨가 쌀쌀하니까 단추를 꼭 채워서 입어라.
· **단추를 풀다** 解开扣子
더워서 단추를 풀고 다녔다.

0554 **단풍** (丹楓)
枫叶, 红叶

단풍 – Ⓝ
· 단풍놀이 赏枫叶

단풍 + Ⓝ
· 단풍 구경 赏枫叶
· 단풍 인파 赏枫叶的人群

단풍 + Ⓥ
단풍이 ~
· 단풍이 곱다 枫叶很美
올해는 설악산의 단풍이 곱다.
· 단풍이 들다 枫叶红了
이번 주말이면 산에 단풍이 들 것이다.
· 단풍이 지다 枫叶落了
단풍이 지면서 나뭇잎이 떨어졌다.
단풍으로 ~
· 단풍으로 물들다 被枫叶染红
학교 안이 단풍으로 물들었다.

0555 **달**
月亮, 月色

달 – Ⓝ
· 달구경 赏月

달 + Ⓥ
달이 ~
· 달이 뜨다 月亮升起
달이 뜨자 길이 환해졌다.
· 달이 밝다 月色明亮
정월대보름은 1년 중에 달이 제일 밝은 날이다.
· 달이 지다 月亮落下
달이 지고 해가 떠올랐다.
· 달이 차다 月圆
보름이 가까워지면서 달이 찼다.

惯
· 달이 차다 足月
달이 차서 아이가 나올 때까지 잘 쉬어야 한다.

0556 **달걀**
鸡蛋

달걀 – Ⓝ
· 달걀노른자 鸡蛋黄
· 달걀말이 鸡蛋卷
· 달걀흰자 鸡蛋清

달걀 + Ⓝ
· 달걀 껍질 鸡蛋壳
· 달걀 프라이 煎鸡蛋

달걀 + Ⓥ
달걀을 ~
· 달걀을 깨다 打鸡蛋
달걀을 깨서 반죽에 넣어라.
· 달걀을 삶다 煮鸡蛋
나는 아침마다 달걀을 삶아서 먹는다.
· 달걀을 풀다 打散鸡蛋
북어 국에는 달걀을 풀어야 제 맛이다.

惯
· 달걀로 바위 치기 以卵击石
이번 일은 달걀로 바위 치기니까 포기하는 게 좋겠다.

0557 **달러** (dollar)
美金

달러를 ~
· 달러를 사다 买美金
그는 오랫동안 달러를 사서 모았다.
· 달러를 투자하다 投资美金
이번 사업에 1억 달러를 투자했다.

달러로 ~
· 달러로 바꾸다 换成美金
백만 원을 달러로 바꿔 주세요.

0558 **달력** (달曆)
日历, 挂历

달력을 ~
· 달력을 걸다 挂挂历
내년 달력을 벌써 걸었다.
· 달력을 넘기다 翻挂历
달력을 넘겨 가며 기념일을 표시했다.

0559 **달빛** [달삗]
月光

달빛이 ~
· 달빛이 밝다 月光明亮
보름달이 떠서 달빛이 밝다.

달빛을 ~
· 달빛을 받다 沐浴着月光
달빛을 받으면서 산책을 하니까 기분이 좋다.
· 달빛을 바라보다 望着月光
창가에서 달빛을 바라보는 것이 내 취미다.

0560 **닭** [닥]
鸡

· 닭갈비 鸡排
· 닭고기 鸡肉
· 닭다리 鸡腿
· 닭똥 鸡屎
· 닭백숙 白条鸡
· 닭살 鸡皮疙瘩
· 닭장 鸡窝

· 닭 가슴살 鸡胸脯肉

닭이 ~
· 닭이 울다 鸡叫
해가 뜨기 전에 닭이 먼저 울었다.

닭을 ~
· 닭을 삶다 炖鸡
엄마가 닭을 삶아 주셨다.
· 닭을 잡다 宰鸡
마당에서 닭을 잡아서 닭백숙을 했다.
· 닭을 키우다 养鸡
할머니는 마당에서 닭을 키우신다.

· 닭 잡아먹고 오리발 내민다 装蒜
닭 잡아먹고 오리발 내밀지 말고 사실대로 말해.
· 닭 쫓던 개 지붕 쳐다본다 心不在焉
프로포즈에서 실패한 제 심정이 닭 쫓던 개 지붕 쳐다
보는 꼴이에요.

0561 **담**[1]
围墙

· 담벼락 墙
· 담장 围墙

담 + Ⓥ

담을 ~

· 담을 넘다 翻墙
도둑은 담을 넘어 집으로 들어 왔다.

· 담을 뛰어넘다 跳墙
열쇠를 두고 와서 담을 뛰어넘어 집으로 들어갔다.

· 담을 쌓다 砌墙
장마로 무너져 내린 담을 다시 쌓았다.

· 담을 타다 骑墙
아이들이 담을 타면서 놀고 있다.

· 담을 허물다 拆墙
기울어진 담을 허물었다.

· 담을 헐다 拆墙
아저씨는 담을 헐고 주차장을 만드셨다.

惯

· 담을 지다 与……相隔绝
요즘 일이 바빠서 취미 생활과 담을 지고 산다.

0562 담² (膽)
胆, 胆子

담 - Ⓝ

· 담석 胆结石

담 + Ⓥ

담이 ~

· 담이 크다 胆子大
그녀는 담이 커서 밤에도 혼자 다닌다.

0563 담요 [담뇨](毯요)
毯子

담요 + Ⓥ

담요를 ~

· 담요를 깔다 铺毯子
바닥이 차니까 담요를 깔고 주무세요.

· 담요를 덮다 盖毯子
그는 겨울에도 담요를 덮지 않고 잔다.

· 담요를 뒤집어쓰다 蒙上毯子
담요를 뒤집어쓰고 텔레비전을 보고 있다.

0564 답 (答)
答案

답 - Ⓝ

· 답변 回答
· 답안 答案
· 답안지 答题纸
· 답장 回信

답 + Ⓥ

답이 ~

· 답이 나오다 说出答案
학생들 입에서 답이 나오지 않았다.

· 답이 맞다 答案正确
확인해 봐. 내 답이 맞을 거야.

· 답이 없다 没有答案
이 문제는 답이 없다.

· 답이 있다 有答案
여기에 또 다른 답이 있다.

· 답이 틀리다 答案错误
선생님께서 답이 틀린 곳에 표시하셨다.

답을 ~

· 답을 고르다 选择答案
잘 듣고 맞는 답을 고르십시오.

· 답을 듣다 听答案
결혼에 대해서 확실한 답을 듣고 싶습니다.

· 답을 맞추다 猜答案
시험이 끝나고 쉬는 시간에 답을 맞춰 보았다.

· 답을 쓰다 写答案
정확하게 답을 써 내려갔다.

· 답을 얻다 得到答案
답을 얻기 전까지는 돌아갈 수 없습니다.

· 답을 찾다 找到答案
맞는 답을 찾으십시오.

· 답을 하다 回答
질문에 대해서 빨리 답을 해 주세요.

惯

· 답이 안 나온다 没有对策
제가 준비를 해 봤는데 답이 안 나오네요.

0565 답장 [답짱](答狀)
回信

답장 + Ⓥ

답장이 ~
· 답장이 오다 来到回信, 收到回信
드디어 부모님께 답장이 왔다.

답장을 ~
· 답장을 받다 收到回信
답장을 받으니 기분이 좋다.
· 답장을 보내다 发送回信
정성스럽게 답장을 보냈다.
· 답장을 쓰다 写回信
친구에게 답장을 써서 부쳤다.

0566 당근
胡萝卜

당근 + Ⓝ

· 당근 주스 胡萝卜汁
· 당근 즙 胡萝卜汁

惯

· 당근을 주다 给好处
혼내기만 하지 말고 당근을 주면서 이야기해라.

0567 대¹
竹子

대 – Ⓝ

· 대나무 竹子

0568 대² (代)
代，香火

대 + Ⓥ

대가 ~
· 대가 끊기다 香火断了
자식이 없어 그 집은 대가 끊겼다.

대를 ~
· 대를 잇다 传宗接代
우리 집은 대를 이어 냉면집을 하고 있다.

0569 대가¹ [대까](代價)
代价，报酬

대가 + Ⓥ

대가를 ~
· 대가를 바라다 希望得到回报
그는 언제나 대가를 바라지 않고 남을 도와주었다.
· 대가를 받다 得到报酬
그 신문 기자는 대가를 받고 기사를 써서 비난을 받았다.
· 대가를 지불하다 支付报酬
수고한 일에 대해 현금으로 대가를 지불했다.
· 대가를 치르다 付出代价
꿈을 이루기 위해서는 대가를 치러야 한다.

0570 대가² [대가](大家)
大家

대가 + Ⓥ

대가가 ~
· 대가가 되다 成为大家
그는 자기 분야에서 최고의 대가가 되었다.

0571 대기¹ (大氣)
大气，空气

대기 + Ⓝ

· 대기 상태 空气状况
· 대기 순환 空气循环
· 대기 오염 空气污染

| 대기 + Ⓥ |

대기가 ~

· 대기가 오염되다 空气被污染
대기가 오염되어 지구 온난화가 심각하다.

0572 대기² (待機)
等候，待命

| 대기 + Ⓝ |

· 대기 발령 等待命令
· 대기 시간 待机时间
· 대기 장소 等候的场所
· 대기 태세 待命状态

| 대기 + Ⓥ |

대기를 ~

· 대기를 시키다 让……随时待命
군인들에게 대기를 시키고 명령을 기다리도록 했다.
· 대기를 하다 等候
면접을 보기 위해 학생들이 대기를 하고 있다.

0573 대답 (對答)
回答，答复

| 대답 + Ⓥ |

대답이 ~

· 대답이 나오다 得到回答
여러 학생들의 입에서 대답이 나왔다.
· 대답이 없다 没有回答
왜 아무런 대답이 없는 거니?

대답을 ~

· 대답을 기다리다 等待答复
대답을 기다리고 있었지만 입을 열지 않았다.
· 대답을 듣다 听到答复
그녀는 결국 헤어지자는 대답을 들었다.
· 대답을 망설이다 犹豫不知道怎么答复
그녀는 결혼해달라는 말에 대답을 망설였다.
· 대답을 피하다 回避作答
그는 기자들의 질문에 대답을 피했다.

· 대답을 하다 答复
선생님이 출석을 부르자 학생들이 대답을 했다.

0574 대량 (大量)
大量

| 대량 - Ⓝ |

· 대량생산 大量生产

| 대량 + Ⓝ |

· 대량 고용 大量雇佣
· 대량 공급 大量供应
· 대량 구매 大量购买
· 대량 소비 大量消费
· 대량 주문 大量订货
· 대량 학살 大批屠杀

| 대량 + Ⓥ |

대량으로 ~

· 대량으로 만들다 大量制造
제품을 대량으로 만들 수 있는 기술을 개발했다.
· 대량으로 생산하다 大量生产
대량으로 생산하게 되면 가격이 내려간다.

0575 대립 (對立)
对立

| 대립 + Ⓝ |

· 대립 관계 对立关系
· 대립 구도 对立格局
· 대립 노선 对立路线
· 대립 양상 对立情况

| 대립 + Ⓥ |

대립이 ~

· 대립이 나타나다 出现对立
두 사람 사이에 미묘한 감정 대립이 나타났다.
· 대립이 생기다 产生对立
새로운 정치적 대립이 생겼다.

· 대립이 심하다 对立严重
두 집단 간의 대립이 점점 심해서 걱정이다.

대립을 ~

· 대립을 일으키다 挑起对立, 制造对立
학교는 학생들과 첨예한 대립을 일으켰다.
· 대립을 하다 对立
서로 대립을 해서는 아무 것도 할 수 없다.

Ⓐ + 대립

· 첨예한 대립 尖锐的对立
정부와 국회는 첨예한 대립 양상을 보이고 있다.

0576 대문 (大門)
大门

대문 + Ⓥ

대문이 ~

· 대문이 닫히다 大门关着
대문은 굳게 닫혀 있었다.
· 대문이 열리다 大门开着
대문이 열리자 사람들이 들어가기 시작했다.

대문을 ~

· 대문을 나서다 出大门
그는 혼자 대문을 나섰다.
· 대문을 닫다 关大门
대문을 닫고 들어오세요.
· 대문을 두드리다 敲大门
갑자가 누군가 대문을 두드리는 소리가 들렸다.
· 대문을 밀다 推大门
대문을 밀고 집안으로 들어갔다.
· 대문을 열다 开大门
대문을 활짝 열어 놓아라.

0577 대비 (對備)
准备

대비 + Ⓥ

대비를 ~

· 대비를 하다 为……做准备
추운 겨울을 이겨내기 위한 대비를 했다.

Ⓐ + 대비

· 철저한 대비 周密的准备
이번 경기에서 이기도록 철저한 대비를 했다.

0578 대사 (臺詞)
台词

대사 + Ⓝ

· 대사 연습 台词练习

대사 + Ⓥ

대사가 ~

· 대사가 길다 台词长
대사가 길면 배우들이 실수를 자주 한다.
· 대사가 많다 台词多
대사가 많아서 배우들이 외우기가 힘들다.
· 대사가 좋다 台词好
이 영화는 대사가 좋아서 인기가 많다.

대사를 ~

· 대사를 쓰다 写台词
이 분이 이 영화의 대사를 쓰신 작가입니다.
· 대사를 외우다 背台词
대사를 외우기가 쉽지 않았다.
· 대사를 잊어버리다 忘记台词
남자 주인공이 대사를 잊어버렸다.

0579 대사관 (大使館)
大使馆

대사관 + Ⓝ

· 대사관 관계자 大使馆有关人员
· 대사관 영사 人使馆领事
· 대사관 직원 大使馆职员

대사관 + Ⓥ

대사관을 ~

· 대사관을 방문하다 访问大使馆
대통령이 대사관을 방문했다.

대사관에 ~

197

· 대사관에 가다 去大使馆
비자를 발급하기 위해 대사관에 갔다.

0580 대상 (對象)
对象

대상 + Ⓥ

대상이 ~
· 대상이 되다 成为……对象
학생들이 이번 실험의 연구 대상이 되었다.

0581 대입 (大入)
高考

대입 + Ⓝ

· 대입 시험 高考
· 대입 제도 高考制度
· 대입 준비 准备高考

0582 대접 (待接)
接待，招待

대접 + Ⓥ

대접이 ~
· 대접이 소홀하다 招待不周
대접이 소홀해서 그는 실망했다.

대접을 ~
· 대접을 받다 受到招待
오늘 음식 대접 잘 받았습니다.
· 대접을 하다 招待
이번에는 제가 대접을 하겠습니다.

0583 대조 (對照)
对比，对照

대조 + Ⓝ

· 대조 분석 对比分析
· 대조 작업 对照工作

대조 + Ⓥ

대조를 ~
· 대조를 보이다 显示出反差
정부 정책은 민심과 큰 대조를 보였다.
· 대조를 이루다 形成对比
두 사람의 성격은 대조를 이룬다.
· 대조를 하다 对照
원본과 대조를 해 보세요.

0584 대중 (大衆)
大众

대중 – Ⓝ

· 대중문화 大众文化
· 대중소설 通俗小说
· 대중음악 大众音乐

0585 대책 (對策)
对策

대책 + Ⓝ

· 대책 본부 指挥中心
· 대책 회의 应对会议

대책 + Ⓥ

대책이 ~
· 대책이 시급하다 急需对策
근본적인 대책이 시급한 상황입니다.
· 대책이 없다 没有对策
아직까지 아무런 대책이 없습니다.
· 대책이 있다 有对策
문제를 해결할 수 있는 좋은 대책이 있습니다.
· 대책이 절실하다 急需对策
대책이 절실하지만 뚜렷한 대책이 없다.

대책을 ~

· 대책을 강구하다 迫切寻求对策
긴급회의를 소집해 대책을 강구해야 한다.
· 대책을 마련하다 准备对策
이 위기를 극복할 대책을 마련해 봅시다.
· 대책을 세우다 制定对策
차근차근 대책을 세워야 합니다.

Ⓐ + 대책

· 뚜렷한 대책 明确的对策
아직까지 뚜렷한 대책이 없는 상황이다.
· 마땅한 대책 合适的对策
마땅한 대책을 아직 못 내놓고 있다.

0586 대추 (大棗)
大枣

대추 - Ⓝ

· 대추나무 枣树
· 대추차 大枣茶

대추 + Ⓝ

· 대추 씨 枣核
· 대추 열매 枣的果实

대추 + Ⓥ

대추가 ~
· 대추가 열리다 结枣
가을이면 대추나무에 대추가 열린다.
대추를 ~
· 대추를 따다 摘枣
대추를 따서 대추차 끓었다.

0587 대학 (大學)
大学

대학 - Ⓝ

· 대학교수 大学教师

대학 + Ⓝ

· 대학 강사 大学讲师
· 대학 공부 大学学习
· 대학 도서관 大学图书馆
· 대학 문화 大学文化
· 대학 병원 大学医院
· 대학 사회 大学社会
· 대학 생활 大学生活
· 대학 시절 大学期间
· 대학 신문 校报
· 대학 입시 高考
· 대학 진학 考入大学
· 대학 평가 大学评估

대학 + Ⓥ

대학을 ~
· 대학을 가다 读大学
대학을 가기 위해 공부했지만 떨어졌다.
· 대학을 나오다 大学毕业
그는 집안에서 유일하게 대학을 나온 사람이다.
· 대학을 졸업하다 大学毕业
두 사람은 대학을 졸업하자마자 결혼을 했다.
대학에 ~
· 대학에 다니다 上大学
그는 현재 대학에 다니고 있다.
· 대학에 들어가다 进入大学
대학에 들어가기 위해 열심히 공부했다.
· 대학에 떨어지다 高考落榜
대학에 떨어진 그는 큰 상처를 받았다.
· 대학에 입학하다 考上大学
내가 대학에 입학했을 때는 경기가 좋았다.
· 대학에 진학하다 考上大学
대학에 진학하기란 쉬운 일이 아니다.

0588 대학교 [대학꾜](大學校)
大学

대학교 + Ⓝ

· 대학교 과정 大学阶段
· 대학교 동창 大学同学
· 대학교 시절 大学时光
· 대학교 졸업 大学毕业

대학교를 ~

· 대학교를 나오다 大学毕业
대학교를 나왔지만 아직 취직을 못 했다.
· 대학교를 다니다 上大学
대학교를 다니는 동안 열심히 공부했다.
· 대학교를 졸업하다 大学毕业
대학교를 졸업하고 회사에 취직했다.

대학교에 ~

· 대학교에 가다 上大学
부모님이 반대했지만 그는 대학교에 갔다.
· 대학교에 입학하다 上大学
대학교에 입학하자마자 아르바이트를 시작했다.

대학교에서 ~

· 대학교에서 가르치다 在大学任教
그는 대학교에서 한국어를 가르친다.

0589 **대학생** [대학쌩](大學生)
大学生

대학생이 ~

· 대학생이 되다 成为大学生
고등학교를 졸업하고 대학생이 되었다.

0590 **대학원** [대하권](大學院)
研究生院，研究生

· 대학원 과정 研究生阶段
· 대학원 수업 研究生课程
· 대학원 시험 研究生考试
· 대학원 입학 研究生入学
· 대학원 정원 研究生招生名额
· 대학원 졸업 研究生毕业
· 대학원 진학 考上研究生

대학원을 ~

· 대학원을 다니다 读研究生
그는 현재 대학원을 다니는 중이다.
· 대학원을 마치다 研究生毕业
대학원을 마치고 결혼할 계획이다.
· 대학원을 졸업하다 研究生毕业
대학원을 졸업한 후에 교수가 되고 싶다.

대학원에 ~

· 대학원에 다니다 上研究生
그는 대학원에 다니는 여자 친구가 있다.
· 대학원에 들어가다 考上研究生
그는 대학교를 졸업하고 대학원에 들어갔다.
· 대학원에 입학하다 考上研究生
대학원에 입학하기 위해 영어 공부를 했다.
· 대학원에 진학하다 考上研究生
한국에 있는 대학원에 진학하는 것은 쉽지 않다.

대학원에서 ~

· 대학원에서 공부하다 读研
우리집 형편에 대학원에서 공부하는 것은 사치다.

0591 **대형** (大型)
大型

· 대형 교회 大型教会
· 대형 냉장고 大型冰箱
· 대형 백화점 大型百货商店
· 대형 버스 大巴
· 대형 사고 大型事故
· 대형 서점 大型书店
· 대형 아파트 大型公寓
· 대형 참사 大型惨案
· 대형 트럭 大型货车
· 대형 할인 매장 大型折扣卖场
· 대형 화면 巨幅画面

0592 **대화** (對話)
对话

· 대화 내용 对话内容

· 대화 채널 对话渠道

대화 + Ⓥ

대화가 ~

· 대화가 오가다 进行交谈
대화가 오가면서 분위기가 좋아졌다.
· 대화가 통하다 沟通顺畅
나는 부모님과 대화가 잘 통한다.
· 대화가 필요하다 需要沟通
문제를 해결하기 위해서는 대화가 필요하다.

대화를 ~

· 대화를 나누다 交谈
커피를 마시면서 대화를 나누었다.
· 대화를 주고받다 交谈
그들은 대화를 주고받으며 웃음을 지었다.
· 대화를 하다 谈话
그녀는 언제나 엄마와 대화를 했다.

대화에 ~

· 대화에 끼어들다 插话
대화에 끼어들 사이도 없이 그들은 계속 대화를 했다.
· 대화에 참여하다 参与谈话
대화에 참여할 수 있도록 분위기를 이끌었다.

0593 **대회** (大會)
大会，比赛

대회 + Ⓝ

· 대회 기간 比赛期间

대회 + Ⓥ

대회가 ~

· 대회가 열리다 举行比赛
2012년 북경에서 올림픽 대회가 열렸다.
· 대회가 끝나다 比赛结束
대회가 끝나는 대로 시설을 점검하기로 했다.

대회를 ~

· 대회를 가지다 举行大会
마지막 날에는 결의 대회를 가졌다.
· 대회를 열다 开大会，举行比赛
월드컵 대회를 열기로 결정했다.
· 대회를 개최하다 召开大会，组织比赛
대회를 개최하기 위해 많은 노력을 했다.

대회에 ~

· 대회에 나가다 参加比赛
대회에 나간 선수들이 좋은 성적을 거두었다.
· 대회에 참가하다 参加比赛
이번 대회에 참가할 학생은 이야기하세요.
· 대회에 출전하다 参赛
대회에 출전하는 것이 결정되었다.

0594 **댁**
府上

댁 + Ⓥ

댁에 ~

· 댁에 찾아가다 去府上
스승의 날에 선생님 댁에 찾아갔다.

댁으로 ~

· 댁으로 가다 去府上
댁으로 가서 교수님을 만나 뵈었다.
· 댁으로 찾아가다 去府上
제가 직접 댁으로 찾아가겠습니다.

0595 **댐** (dam)
大坝

댐 + Ⓝ

· 댐 건설 建造大坝

댐 + Ⓥ

댐을 ~

· 댐을 건설하다 建造大坝
전기를 생산하기 위해 댐을 건설할 것이다.
· 댐을 쌓다 砌人坝
홍수를 예방하기 위해 댐을 쌓았다.

0596 **더위**
热，暑热

더위 + ⓥ

더위가 ~

· 더위가 가시다 暑热消退
빨리 더위가 가시고 가을이 왔으면 좋겠다.

더위를 ~

· 더위를 이기다 战胜炎热
더위를 이기기 위해 운동을 열심히 했다.

· 더위를 식히다 乘凉, 解暑, 消暑
더위를 식히기 위해 가족들과 바다에 갔다.

· 더위를 타다 怕热
그는 남들보다 더위를 많이 탄다.

더위에 ~

· 더위에 시달리다 因酷暑而受苦
아침부터 더위에 시달렸더니 하루종일 힘이 없다.

· 더위에 약하다 怕热
더위에 약한 노인들은 여름에 조심해야 한다.

· 더위에 지치다 因暑热而困乏
더위에 지친 소들이 움직이지 않는다.

慣

· 더위를 먹다 中暑
여름에 밖에서 오랫동안 일을 하면 더위를 먹는다.

0597 덕 (德)
德行, 品德

덕 + ⓥ

덕이 ~

· 덕이 있다 有德望
요즘은 덕이 있는 사람을 찾기 힘들다.

덕을 ~

· 덕을 쌓다 积德
지식도 중요하지만 먼저 덕을 쌓아야 한다.

慣

· 덕이 되다 惠及
나 같은 사람도 너에게 덕이 된다면 기쁘겠다.

· 덕을 보다 沾光
네 덕을 보려고 도와준 게 아니었다.

0598 덕담 [덕땀](德談)
拜年话, 吉祥话

덕담 + ⓥ

덕담을 ~

· 덕담을 나누다 说拜年话
부모 웃어른께 세배 드리고 덕담을 나눈다.

· 덕담을 하다 说吉祥话
손님들이 한 마디씩 덕담을 했다.

0599 덕분 [덕뿐](德分)
多亏, 承蒙

慣

· 덕분에 多亏了
선생님 덕분에 학교 생활을 잘 마쳤습니다.

0600 덩어리
块儿

덩어리 + ⓥ

덩어리가 ~

· 덩어리가 되다 结成块
배가 고파서 덩어리가 된 찬밥을 먹었다.

0601 데모 (demo)
游行

데모 + ⓥ

데모를 ~

· 데모를 하다 游行
수많은 대학생들이 데모를 했다.

데모에 ~

· 데모에 가담하다 参加游行
데모에 가담한 그는 경찰에 붙잡혔다.

· 데모에 참가하다 参加游行
점점 더 많은 사람들이 데모에 참가했다.

0602 **데이트** (date)
约会

데이트 + Ⓥ

데이트를 ~
· **데이트를 신청하다** 邀约……
그녀에게 데이트를 신청했다.
· **데이트를 즐기다** 享受约会
우리는 저녁마다 데이트를 즐겼다.
· **데이트를 하다** 约会
데이트를 할 때는 주로 어디에서 해요?

0603 **도** (度)
度

도 + Ⓥ

도가 ~
· **도가 지나치다** 过度, 过头
편하게 지내는 건 좋지만 도가 지나치면 안 된다.

도를 ~
· **도를 넘다** 超过一定的度
도를 넘는 행동은 하지 마라.

0604 **도구** (道具)
工具

도구 + Ⓥ

도구를 ~
· **도구를 만들다** 制造工具
인간은 도구를 만들어서 사용하는 동물이다.
· **도구를 이용하다** 使用工具
도구를 이용해서 작업을 해라.
· **도구를 사용하다** 使用工具
도구를 사용하는 방법을 먼저 배워야 한다.
· **도구를 쓰다** 用工具

도구를 쓰면 안 된다.

도구로 ~
· **도구로 사용하다** 当工具用
과거에는 돌을 사냥 도구로 사용했다.

0605 **도덕** (道德)
道德

도덕 – Ⓝ

· **도덕규범** 道德规范

도덕 + Ⓝ

· **도덕 교육** 道德教育

도덕 + Ⓥ

도덕을 ~
· **도덕을 지키다** 遵守道德
아이들이 도덕을 지키도록 가르쳐야 한다.

도덕에 ~
· **도덕에 어긋나다** 违反道德
도덕에 어긋난 행동을 해서는 안 된다.

0606 **도둑**
小偷

도둑 – Ⓝ

· **도둑고양이** 野猫
· **도둑놈** 小偷

도둑 + Ⓥ

도둑이 ~
· **도둑이 들다** 进小偷
집에 도둑이 들어 지갑을 훔쳐갔다.

도둑을 ~
· **도둑을 맞다** 被盗
집에 있는 보석이 모두 도둑을 맞았다.
· **도둑을 잡다** 抓小偷
경찰이 도둑을 잡았다.

慣
· 도둑이 제 발 저린다 做贼心虚
도둑이 제 발 저린다고 어젯밤에 한숨도 못 잤다.

0607 도로 (道路)
道路

도로 - Ⓝ
· 도로교통법 道路交通法

도로 + Ⓥ
도로가 ~
· 도로가 나다 新开了一条路
동네 앞으로 도로가 났다.
도로를 ~
· 도로를 놓다 铺路
도로를 놓기 위해 공사를 시작했다.
· 도로를 닦다 铺路
험난한 산길에 도로를 닦았다.
· 도로를 타다 顺着路
도로를 타고 가다 보면 학교가 보인다.
· 도로를 포장하다 铺路
먼지가 날리는 도로를 포장했다.

0608 도리 (道理)
道理，本分

도리 + Ⓥ
도리를 ~
· 도리를 다하다 尽到本分
그는 자식으로서 도리를 다했다.

0609 도마
砧板

慣
· 도마 위에 오르다 成为被批判的对象

그의 비리가 비판의 도마 위에 올랐다.

0610 도망
逃走

도망 + Ⓥ
도망을 ~
· 도망을 가다 逃走，逃跑
그는 다른 나라로 도망을 갔다.
· 도망을 치다 逃走，逃跑
도둑이 도망을 쳤지만 경찰에게 잡혔다.

0611 도서 (圖書)
图书，书

도서 + Ⓝ
· 도서 대출 借书
· 도서 목록 图书目录
· 도서 상품권 图书券
· 도서 전시회 书展
· 도서 출판 图书出版

0612 도서관 (圖書館)
图书馆

도서관 + Ⓝ
· 도서관 건물 图书馆建筑物
· 도서관 사서 图书管理员
· 도서관 열람실 图书馆阅览室

도서관 + Ⓥ
도서관을 ~
· 도서관을 이용하다 利用图书馆
도서관을 이용하는 사람들이 많다.
도서관에 ~
· 도서관에 가다 去图书馆
시험 기간에 공부하러 도서관에 갔다.

· 도서관에 다니다 经常去图书馆
도서관에 다니는 학생들이 많다.
· 도서관에 들어가다 进图书馆
도서관에 들어가려면 학생증이 있어야 한다.

도서관에서 ~

· 도서관에서 공부하다 在图书馆学习
도서관에서 공부하는 학생들이 많다.
· 도서관에서 대출하다 在图书馆借书
도서관에서 대출하려면 학생증이 있어야 한다.
· 도서관에서 빌리다 在图书馆借
도서관에서 책을 빌려서 읽었다.

0613 도시락
盒饭，饭盒

도시락 + Ⓝ

· 도시락 반찬 盒饭

도시락 + Ⓥ

도시락을 ~

· 도시락을 꺼내다 拿出盒饭
점심시간이 되자 학생들은 도시락을 꺼냈다.
· 도시락을 싸다 带饭
내일은 도시락을 싸서 오세요.

0614 도심 (都心)
城市中心

도심 + Ⓝ

· 도심 지대 市中心地带

도심 + Ⓥ

도심을 ~

· 도심을 벗어나다 离开市中心
도심을 벗어나니 공기가 맑아졌다.
· 도심을 빠져나가다 出市中心
길이 복잡해서 도심을 빠져나가기 어렵다.

0615 도움
帮助

도움 + Ⓥ

도움이 ~

· 도움이 되다 对……有帮助
외국어가 취직에 많은 도움이 되었다.
· 도움이 필요하다 需要帮助
도움이 필요하면 언제든지 연락하세요.

도움을 ~

· 도움을 받다 得到帮助
이번에 선생님께 많은 도움을 받았습니다.
· 도움을 주다 给予帮助
사장님께서 어려운 사람에게 도움을 주셨다.
· 도움을 청하다 求助
도움을 청했지만 아무도 도와주지 않았다.

0616 도자기 (陶瓷器)
瓷器

도자기 + Ⓝ

· 도자기 전시회 瓷器展

도자기 + Ⓥ

도자기를 ~

· 도자기를 굽다 烤制瓷器
도자기를 구워 선물로 주었다.
· 도자기를 빚다 制作瓷器
그의 취미는 도자기를 빚는 것이다.

0617 도장 (圖章)
图章

도장 + Ⓥ

도장을 ~

· 도장을 받다 得到同意
부모님의 도장을 받아야 등록할 수 있다.
· 도장을 찍다 盖章

여기에 도장을 찍어 주세요.
· 도장을 파다 刻章
도장을 파는 데 얼마예요?

慣

· 도장을 찍다 相中, 看中
그 옷은 내가 이미 도장을 찍어 놓았다.
· 도장이 찍히다 被认定为……
그는 범죄자로 도장이 찍혀 있었다.

0618 도전 (挑戰)
挑战

도전 + V

도전을 ~
· 도전을 받다 接到挑战
챔피언은 도전자의 도전을 받기로 했다.
· 도전을 하다 挑战
좀 늦기는 했지만 대학원에 도전을 할 생각이다.
도전에 ~
· 도전에 실패하다 挑战失败
그는 이번 도전에 실패하고 좌절했다.
· 도전에 직면하다 面对挑战
앞으로 나라는 새로운 도전에 직면할 것이다.

A + 도전

· 심각한 도전 严峻的挑战
정부의 정책은 심각한 도전에 직면하고 있다.
· 커다란 도전 巨大的挑战
이번 발표는 내부로부터 커다란 도전을 받고 있다.

0619 도중 (途中)
途中, 中途

도중 - N

· 도중하차 中途放弃

0620 도착 (到着)
到达

도착 + N

· 도착 시간 到达时间

도착 + V

도착을 ~
· 도착을 알리다 通知到达
도착을 알리는 안내 방송이 나왔다.
· 도착을 하다 到达
결국 목적지에 도착을 했다.

0621 독¹
缸

독 + V

독을 ~
· 독을 묻다 埋缸
김장을 마치고 마당에 독을 묻었다.

慣

· 독 안에 든 쥐 瓮中之鳖
넌 독 안에 든 쥐야. 잡히는 것은 시간 문제다.

0622 독² (毒)
毒

독 - N

· 독가스 毒气
· 독거미 毒蜘蛛
· 독약 毒药

독 + V

독이 ~
· 독이 들다 有毒
독이 든 술을 마시고 그는 사망했다.

· 독이 오르다 火冒三丈
화가 나서 잔뜩 독이 올라 있다.
· 독이 퍼지다 毒性扩散
독이 퍼지기 전에 병원에 갔다.

독을 ~

· 독을 품다 居心叵毒
그녀는 독을 품은 눈으로 나를 바라보았다.

0623 독감 [독깜](毒感)
重感冒，流行感冒

독감 + Ⓝ

· 독감 증세 重感冒症状

독감 + Ⓥ

독감이 ~

· 독감이 낫다 感冒好转
약을 먹고 독감이 나았다.
· 독감이 유행이다 感冒流行
요즘은 독감이 유행이다.
· 독감이 지독하다 感冒严重
독감이 지독해서 무조건 병원에 가야 한다.

독감을 ~

· 독감을 앓다 患感冒
그는 독감을 앓고 있다.

독감에 ~

· 독감에 걸리다 得感冒
그는 독감에 걸려서 학교에 못 갔다.

0624 독립 [동닙](獨立)
独立

독립 – Ⓝ

· 독립국가 独立国家
· 독립기관 独立机构
· 독립기념관 独立纪念馆
· 독립선언 独立宣言
· 독립운동 独立运动
· 독립운동가 独立运动家

독립 + Ⓝ

· 독립 기구 独立机构
· 독립 영화 独立电影
· 독립 전쟁 独立战争

독립 + Ⓥ

독립을 ~

· 독립을 선언하다 宣告独立
그는 부모님께 독립을 선언하고 집을 나섰다.
· 독립을 승인하다 承认独立
UN은 이들 국가의 독립을 승인했다.
· 독립을 하다 独立
일본이 전쟁에서 지면 우리나라도 독립을 할 것이다.

0625 독서 [독써](讀書)
读书

독서 + Ⓝ

· 독서 감상문 读后感
· 독서 교실 读书班
· 독서 모임 读书小组
· 독서 목록 读书目录
· 독서 삼매경 看书全神贯注
· 독서 습관 读书习惯
· 독서 시간 看书时间
· 독서 인구 阅读人群
· 독서 주간 读书周
· 독서 지도 导读
· 독서 클럽 读书俱乐部
· 독서 토론회 读书讨论会

독서 + Ⓥ

독서를 ~

· 독서를 즐기다 喜欢读书
가을이면 독서를 즐기는 사람이 많다.

독서에 ~

· 독서에 열중하다 专心读书
그는 독서에 열중해서 사람이 오는 줄 몰랐다.
· 독서에 전념하다 专心读书
그는 요즘 독서에 전념하고 있다.

ᄃ

0626 돈 (价格)
钱

돈 - Ⓝ

· 돈주머니 钱袋子

돈 + Ⓝ

· 돈 가방 钱包
· 돈 냄새 铜臭
· 돈 봉투 装钱的信封
· 돈 지갑 钱包

돈 + Ⓥ

돈이 ~

· 돈이 급하다 着急用钱
그는 돈이 급하다며 돈을 빌려달라고 했다.

· 돈이 남다 剩钱
저녁을 먹고 돈이 남았다.

· 돈이 돌다 钱周转
돈이 돌아야 경제가 발전한다.

· 돈이 들다 花钱
외식을 하면 돈이 많이 든다.

· 돈이 들어가다 花钱
자식을 키우기 위해서는 많은 돈이 들어간다.

· 돈이 들어오다 赚钱
신제품을 개발하면 많은 돈이 들어온다.

· 돈이 떨어지다 钱花光
요즘 돈이 떨어져서 여행도 못 간다.

· 돈이 마르다 钱用完
서울은 돈이 마르지 않는 곳이다.

· 돈이 많다 钱多
그는 돈이 많은 사람이다.

· 돈이 모이다 资金汇集
시장은 돈이 모이는 곳이다.

· 돈이 생기다 有钱了
그는 돈이 생기면 항상 도박을 한다.

· 돈이 아깝다 舍不得钱
부모님은 돈이 아까워서 외식을 안 하신다.

· 돈이 없다 没有钱
돈이 없어서 점심을 굶는다.

· 돈이 있다 有钱
돈이 있지만 집을 사기 위해 쓰지 않는다.

· 돈이 충분하다 钱很充裕
집을 살 돈이 충분하다.

· 돈이 필요하다 需要钱
유학을 가려면 돈이 필요하다.

돈을 ~

· 돈을 가지다 有钱
돈을 가진 사람들이 더 아낀다.

· 돈을 갚다 还钱
빌린 돈을 모두 갚았다.

· 돈을 걸다 押钱
그들은 경주에 많은 돈을 걸었다.

· 돈을 꺼내다 拿出钱
지갑에서 돈을 꺼내서 나에게 주었다.

· 돈을 꾸다 借钱
친구에게 돈을 꾸어서 밥을 먹었다.

· 돈을 나누다 分钱
번 돈을 직원들과 나누었다.

· 돈을 내다 交钱
불우이웃을 돕기 위해 사람들이 돈을 냈다.

· 돈을 넣다 存钱
은행에 매달 돈을 넣는다.

· 돈을 대다 给……出钱
부모님께서 내 사업에 돈을 대셨다.

· 돈을 따다 赢钱
도박판에서 돈을 따기란 불가능하다.

· 돈을 마련하다 筹钱
돈을 마련하기 위해 집을 나섰다.

· 돈을 모으다 攒钱
빚을 갚기 위해 열심히 돈을 모았다.

· 돈을 받다 拿到钱
식당에서 일을 하고 돈을 받았다.

· 돈을 벌다 挣钱
요즘 외국에서 돈을 버는 사람이 많다.

· 돈을 보내다 汇钱
고향에 계신 부모님께 돈을 보냈다.

· 돈을 부치다 寄钱
부모님께 돈을 부치고 나니 남은 게 없다.

· 돈을 빌리다 借钱
은행에서 돈을 빌리는 것이 쉽지 않다.

· 돈을 빼앗다 抢钱
선배들이 후배들의 돈을 빼앗았다.

· 돈을 뿌리다 大把大把地花钱
그는 친구들에게 돈을 뿌리는 것으로 유명하다.

· 돈을 사용하다 用钱
그는 돈을 사용해서 회사에 취직했다.

· 돈을 세다 数钱
일을 끝내고 번 돈을 셌다.

· 돈을 쓰다 花钱
돈을 쓰면 무슨 일이든 쉽게 할 수 있다.

· 돈을 잃다 丢钱

그는 도박판에서 돈을 잃고 절망했다.

· 돈을 잃어버리다 丢钱
돈을 잃어버린 그는 왔던 길로 되돌아갔다.

· 돈을 절약하다 省钱
돈을 절약하기 위해 자전거를 타고 다닌다.

· 돈을 주다 给钱
그는 불쌍한 사람을 보면 항상 돈을 준다.

· 돈을 줍다 捡钱
학교 가는 길에 돈을 주웠다.

· 돈을 지불하다 付钱
그는 돈을 지불해서 상대방의 피해를 보상해 주었다.

· 돈을 찾다 取钱
선물을 사기 위해 은행에서 돈을 찾았다.

· 돈을 챙기다 拿走钱，拿钱
경찰이 들어오자 그들은 돈을 챙겨서 자리를 떠났다.

돈으로 ~

· 돈으로 따지다 用钱来计算
돈으로 따질 수 없는 경험이다.

· 돈으로 사다 用钱买
결코 돈으로 살 수 없는 일이다.

· 돈으로 환산하다 用金钱计算
이러한 경험은 돈으로 환산할 수 없는 것이다.

돈만 ~

· 돈만 알다 只认钱
그는 돈만 아는 사람이다.

돈밖에 ~

· 돈밖에 모르다 只认钱
그는 돈밖에 모르는 사람이다.

慣

· 돈을 굴리다 放钱滚利
어머니는 돈을 굴려서 큰돈을 만들었다.

· 돈을 만지다 和钱打交道
그는 새로운 상품의 개발로 돈을 만지게 되었다.

· 돈을 먹다 贪污
공무원이 돈을 먹고 처벌을 받았다.

· 돈을 찌르다 塞钱
그는 도와달라는 의미로 담당 공무원에게 돈을 찔렀다.

0627 돌^1
石头

돌 + Ⓥ

돌이 ~

· 돌이 많다 石头多
땅에 돌이 많아서 공사를 하기가 어렵다.

돌을 ~

· 돌을 깎다 凿石头
그의 직업은 돌을 깎아서 조각을 하는 것이다.

· 돌을 던지다 扔石头
아이들은 돌을 던지며 놀았다.

· 돌을 쌓다 垒石头
돌을 쌓아서 탑을 만들었다.

· 돌을 줍다 捡石头
아이들이 다치지 않도록 운동장의 돌을 주웠다.

· 돌을 집어던지다 扔石子
그는 도망가는 도둑을 향해 돌을 집어던졌다.

돌에 ~

· 돌에 걸리다 被石头绊倒
걷다가 돌에 걸려서 넘어졌다.

· 돌에 맞다 被石头砸到
아이들이 던진 돌에 맞았다.

· 돌에 새기다 刻到石头上
그의 이름을 돌에 새겼다.

돌로 ~

· 돌로 쌓다 用石头砌
마을 앞에 돌로 쌓아서 탑을 만들었다.

· 돌로 치다 用石头打
사람들이 그녀를 돌로 쳐서 죽였다.

돌처럼 ~

· 돌처럼 딱딱하다 像石头一样硬
그는 몸이 돌처럼 딱딱하게 굳었다.

慣

· 돌을 던지다 责骂
최선을 다한 사람에게 돌을 던질 사람은 아무도 없다.

0628 돌^2
周岁，周年

돌 - Ⓝ

· 돌잔치 周岁宴

돌 + Ⓝ

· 돌 반지 周岁戒指

ㄷ

| 돌 + Ⓥ |

돌을 ~

· 돌을 기념하다 纪念周岁
돌을 기념해서 아이에게 돌 반지를 선물했다.
· 돌을 맞이하다 周岁到了
돌을 맞이해서 돌잔치를 했다.

0629 동 (東)
东

| 동 – Ⓝ |

· 동서남북 东西南北

| 동 + Ⓥ |

동이 ~

· 동이 트다 破晓
새벽이 되자 동이 트기 시작했다.

| 惯 |

· 동에 번쩍 서에 번쩍 东一下西一下
동에 번쩍 서에 번쩍하는 걸 보면 매우 바쁜 것 같다.

0630 동기 (動機)
动机

| 동기 + Ⓝ |

· 동기 부여 激励
· 동기 유발 激发动力

| 동기 + Ⓥ |

동기가 ~

· 동기가 단순하다 动机单纯
그는 한국어를 전공한 동기가 단순하다.
· 동기가 없다 没有动机
그는 돈을 벌어야 할 동기가 없다.
· 동기가 있다 有动机
열심히 공부해야 할 동기가 있는 학생들이 공부를 더 잘한다.

동기를 ~

· 동기를 밝히다 说出动机
그는 자신이 이 학과를 선택한 동기를 교수님들 앞에서 밝혔다.
· 동기를 부여하다 使……产生动机
선생님은 학생들에게 동기를 부여하기 위해 노력했다.
· 동기를 유발하다 使……产生动机
수업 시간에는 항상 학생들의 동기를 유발해야 한다.

0631 동네 (洞네)
社区，小区

| 동네 – Ⓝ |

· 동네잔치 全村喜宴

| 동네 + Ⓝ |

· 동네 골목 社区里的小胡同
· 동네 근처 社区附近
· 동네 놀이방 社区托儿所
· 동네 도서관 社区图书馆
· 동네 목욕탕 社区浴池
· 동네 사람들 社区的人们
· 동네 슈퍼마켓 社区超市
· 동네 어른 社区的长辈们
· 동네 입구 村口
· 동네 장사 在社区做的小本生意
· 동네 주민 社区的住户，社区的居民
· 동네 친구 住在家附近的朋友
· 동네 행사 社区活动

| 동네 + Ⓥ |

동네가 ~

· 동네가 깨끗하다 社区干净
이 동네가 깨끗해서 마음에 든다.
· 동네가 뒤집히다 村子乱成一团
그 사건으로 인해 동네가 뒤집혔다.
· 동네가 시끄럽다 家附近嘈杂
요즘 살인 사건 때문에 동네가 시끄럽다.
· 동네가 조용하다 家附近很安静
밤이면 동네가 조용하다.

동네를 ~

· 동네를 가꾸다 美化社区
마을 주민 모두 다 함께 동네를 가꿉시다.

· 동네를 돌다 在社区里遛弯
아침이면 개를 데리고 동네를 돌았다.
· 동네를 돌아다니다 在社区里转悠
동네를 돌아다니는 아이들이 많다.
· 동네를 떠나다 离开社区
정들었던 동네를 떠나게 되어 슬프다.
· 동네를 벗어나다 离开村子
동네를 벗어나면 번화가가 나온다.
· 동네를 빠져나가다 离开村子
이 동네를 빠져나가는 사람이 많아졌다.
· 동네를 이루다 形成一个社区
친척들이 모여서 한 동네를 이루었다.
· 동네를 헤매다 在社区中徘徊
동네를 헤매는 고양이 한 마리를 발견했다.

동네에 ~

· 동네에 나타나다 出现在社区中
오랜만에 그가 동네에 나타났다.
· 동네에 살다 住在……社区
그녀와 나는 같은 동네에 살았다.
· 동네에 소문나다 在社区里传开
두 사람의 이혼 소식이 동네에 소문났다.

동네로 ~

· 동네로 옮기다 搬到……社区
식당을 우리 동네로 옮겼다.

0632 동료 [동뇨](同僚)
同事

동료 + Ⓝ

· 동료 교수 学院同事
· 동료 선생 学校同事
· 동료 직원 公司同事

동료 + Ⓥ

동료가 ~

· 동료가 되다 成为同事
그들은 친한 동료가 되었다.

동료에게 ~

· 동료에게 털어 놓다 向同事倾诉
자신의 과거를 동료에게 털어 놓았다.

0633 동물 (動物)
动物

동물 + Ⓝ

· 동물 병원 宠物医院
· 동물 실험 动物实验

동물 + Ⓥ

동물을 ~

· 동물을 기르다 饲养动物
많은 사람들이 집에서 동물을 기르고 있다.
· 동물을 잡아먹다 捕杀动物
호랑이는 다른 동물을 잡아먹고 산다.

0634 동생 (同生)
弟弟, 妹妹

동생 + Ⓝ

· 동생 내외 弟弟（妹妹）夫妻俩
· 동생 방 弟弟（妹妹）的房间
· 동생 집 弟弟（妹妹）的家
· 동생 친구 弟弟（妹妹）的朋友

동생 + Ⓥ

동생이 ~

· 동생이 귀엽다 弟弟（妹妹）很可爱
내 동생이 무척 귀엽다.
· 동생이 생기다 有了弟弟（妹妹）
나도 이제 동생이 생겼다.
· 동생이 없다 没有弟弟（妹妹）
그는 동생이 없고 형만 있다.
· 동생이 있다 有弟弟（妹妹）
나는 동생이 있다.
· 동생이 태어나다 弟弟（妹妹）出生了
동생이 태어나서 기분이 좋다.

동생을 ~

· 동생을 가르치다 教弟弟（妹妹）
부모님을 대신하여 동생을 가르쳤다.
· 동생을 때리다 打弟弟（妹妹）
동생을 때려서 부모님께 혼이 났다.

· 동생을 만나다 见弟弟（妹妹）
동생을 만나기 위해 학교 앞에서 기다렸다.
· 동생을 보다 看到弟弟（妹妹）
오랜만에 동생을 보니까 무척 반가웠다.
· 동생을 보살피다 照顾弟弟（妹妹）
그녀는 남동생을 어머니처럼 보살폈다.
· 동생을 업다 背着弟弟（妹妹）
할머니는 언제나 동생을 업고 다녔다.
· 동생을 챙기다 照顾弟弟（妹妹）
매일 아침 엄마는 동생을 챙기느라 정신이 없었다.

동생에게 ~
· 동생에게 주다 给弟弟（妹妹）
나는 동생에게 과자를 주었다.

동생보다 ~
· 동생보다 못하다 不如弟弟（妹妹）
누나의 영어 실력이 동생보다 못하다.

0635 동아리
社团

동아리 + N
· 동아리 활동 社团活动

동아리 + V

동아리에 ~
· 동아리에 들다 参加社团
우리 연극 동아리에 들자.

0636 동요 (童謠)
童谣

동요 + V

동요를 ~
· 동요를 부르다 唱童谣
어른들 앞에서 동요를 불렀다.

0637 동작 (動作)
动作

동작 + V

동작이 ~
· 동작이 굼뜨다 动作迟缓
식당 종업원들의 동작이 굼뜨다.
· 동작이 느리다 动作慢
군대에서 동작이 느린 그는 혼이 났다.
· 동작이 빠르다 动作快
그들의 춤은 동작이 빠르고 정확했다.

동작을 ~
· 동작을 멈추다 停止动作
모두 동작을 멈추고 그를 바라보았다.
· 동작을 반복하다 反复做动作
계속해서 같은 동작을 반복했다.
· 동작을 취하다 做动作
이 동작을 취한 후에 10초 동안 버티세요.

0638 동전 (銅錢)
硬币

동전 + N
· 동전 지갑 硬币包

동전 + V

동전을 ~
· 동전을 넣다 放硬币
버스에 올라 동전을 넣었다.
· 동전을 던지다 抛硬币
행운을 빌면서 동전을 던졌다.
· 동전을 모으다 攒硬币
동전을 모으기 위해 저금통을 샀다.
· 동전을 세다 数硬币
동전을 세어 보니 큰돈이었다.
· 동전을 투입하다 投币
기계에 동전을 투입했다.

동전으로 ~
· 동전으로 바꾸다 换成硬币
지폐를 모두 동전으로 바꾸었다.

0639 **동창** (同窓)
同学

동창 + Ⓝ

· 동창 모임 同学聚会

동창 + Ⓥ

동창을 ~
· 동창을 만나다 见到同学
명절이면 고향에서 동창을 만났다.

동창과 ~
· 동창과 친하다 和同学关系好
어른이 되었지만 그는 여전히 초등학교 동창과 친하다.

0640 **동화** (童話)
童话

동화 + Ⓝ

· 동화 구연 口述童话
· 동화 작가 童话作家

동화 + Ⓥ

동화를 ~
· 동화를 쓰다 撰写童话
재미있는 동화를 써서 큰 돈을 벌었다.
· 동화를 읽다 阅读童话
동화를 많이 읽으면 상상력이 풍부해진다.

동화에 ~
· 동화에 나오다 出现在童话故事中
그녀는 동화에 나오는 공주처럼 예뻤다.

0641 **돼지**
猪

돼지 - Ⓝ

· 돼지갈비 猪排
· 돼지기름 猪油

· 돼지머리 猪头

돼지 + Ⓥ

돼지를 ~
· 돼지를 기르다 养猪
우리 집은 돼지를 10마리 기른다.
· 돼지를 잡다 杀猪
돼지를 잡아서 큰 잔치를 벌였다.

惯

· 돼지 멱따는 소리 像杀猪一样的声音
그런 돼지 멱따는 소리로 어떻게 대회에 나간다고 하는 거야.
· 돼지 목에 진주 목걸이 猪脖子上挂珍珠项链，糟蹋了好东西
너한테 이런 자동차는 돼지 목에 진주 목걸이야.

0642 **된장** (된醬)
大酱

된장 - Ⓝ

· 된장국 大酱汤

된장 + Ⓥ

된장을 ~
· 된장을 담그다 酿造大酱
된장을 담가서 햇볕에 두는 게 좋다.
· 된장을 풀다 稀释大酱
된장을 풀어서 국을 끓이면 국물 맛이 좋다.

된장에 ~
· 된장에 찍다 蘸大酱
고추를 된장에 찍어 먹으면 맛있다.

0643 **두려움**
害怕，恐惧

두려움 + Ⓥ

두려움이 ~
· 두려움이 생기다 产生恐惧

교통사고가 난 뒤로 운전에 두려움이 생겼어요.
· 두려움이 앞서다 先感到害怕
고향에 간다는 기쁨보다는 부모님을 만나야 한다는 두
려움이 앞섰다.

두려움을 ~
· 두려움을 감추다 掩饰恐惧
두려움을 감추기 위해 눈을 감았다.
· 두려움을 갖다 有恐惧感
그녀는 남자에 대한 두려움을 갖고 있다.
· 두려움을 느끼다 感到恐惧
혼자 살면서 두려움을 느낀 적은 없어요?
· 두려움을 떨치다 摆脱恐惧
두려움을 떨치지 못한 채 집으로 들어왔다.

두려움에 ~
· 두려움에 떨다 惊惶恐惧, 因恐惧而战战兢兢
그는 밤새도록 두려움에 떨었다.
· 두려움에 질리다 受到惊吓
아이는 두려움에 질린 표정을 짓고 있었다.

0644 두부 (豆腐)
豆腐

두부 + Ⓥ

두부를 ~
· 두부를 넣다 放豆腐
두부를 넣고 찌개를 끓였다.
· 두부를 썰다 切豆腐
두부를 썰어서 찌개에 넣었다.

0645 두통 (頭痛)
头痛

두통 - Ⓝ

· 두통약 头痛药

두통 + Ⓥ

두통이 ~
· 두통이 생기다 头痛
요즘 두통이 자주 생기는 편이다.
· 두통이 오다 头痛

이야기를 듣자마자 두통이 왔다.

두통을 ~
· 두통을 호소하다 哭诉头痛, 说头疼
많은 환자들이 두통을 호소했다.

두통에 ~
· 두통에 시달리다 被头痛困扰
두통에 시달려서 밤새도록 잠을 못 잤다.

慣

· 두통을 앓다 头疼
동생 때문에 부모님은 항상 두통을 앓고 계신다.

0646 둘레
周围, 周长

둘레 + Ⓝ

· 둘레 길 环形散步路

둘레 + Ⓥ

둘레를 ~
· 둘레를 돌다 环绕
지구는 태양의 둘레를 돈다.
· 둘레를 재다 量周长
배의 둘레를 자주 재면서 건강을 관리해야 한다.

0647 뒤
后面

뒤 + Ⓥ

뒤를 ~
· 뒤를 따르다 跟在后面
그의 뒤를 따르는 부하들이 많다.
· 뒤를 밟다 跟踪
누군가가 내 뒤를 밟고 있다는 생각이 들었다.
· 뒤를 잇다 接班
그는 아버지의 뒤를 이어 식당을 하고 있다.
· 뒤를 조심하다 小心身后
밤에는 항상 뒤를 조심해야 한다.
· 뒤를 쫓다 在后面追
경찰이 범인의 뒤를 쫓았다.

뒤에 ~

· 뒤에 나타나다 出现在后面
사장님은 맨 뒤에 나타났다.
· 뒤에 따라붙다 跟在后面
경찰이 범인 뒤에 따라붙었다.
· 뒤에 따라오다 跟在后面
내 뒤에 따라오던 사람들이 갑자기 뛰기 시작했다.
· 뒤에 서다 站在后面
그는 항상 내 뒤에 서서 나를 지켜준다.
· 뒤에 숨다 藏在后面
그들은 자동차 뒤에 숨어 있었다.
· 뒤에 앉다 坐在后面
그녀는 남자친구의 자전거 뒤에 앉아 있었다.
· 뒤에 오다 跟在……后边来
뒤에 오는 버스를 타자.
· 뒤에 위치하다 位于……后面
우체국은 병원 뒤에 위치하고 있다.
· 뒤에 있다 在后面
식당은 강의실 뒤에 있다.

뒤에서 ~

· 뒤에서 돕다 在背后帮助, 暗地里帮助
부모님은 항상 뒤에서 나를 돕고 있었다.

뒤로 ~

· 뒤로 넘어가다 往后倒
이야기가 너무 재미있어서 그는 뒤로 넘어갔다.
· 뒤로 넘어지다 往后倒
재수가 없으면 뒤로 넘어져도 코가 깨진다.
· 뒤로 다가서다 走近……的后面
조용히 그녀의 뒤로 다가섰다.
· 뒤로 돌다 往后转
학생들은 뒤로 돌아 집으로 향했다.
· 뒤로 물러나다 倒退
학생들은 누구도 뒤로 물러나지 않고 자리를 지켰다.
· 뒤로 물러서다 退后
부모님은 나를 뒤로 물러서게 하셨다.
· 뒤로 미루다 推迟
오늘 할 일을 뒤로 미루지 말아라.
· 뒤로 밀리다 被推后
내 차례가 뒤로 밀렸다.
· 뒤로 사라지다 消失在后面
그는 조용히 무대 뒤로 사라졌다.
· 뒤로 하다 离开
고향 집을 뒤로 하고 도시로 떠났다.

0648 등¹
背

등 - Ⓝ

· 등뼈 脊梁
· 등줄기 脊梁, 脊背
· 등짝 后背

등 + Ⓝ

· 등 뒤 背后

등 + Ⓥ

등이 ~

· 등이 굽다 背驼了
할머니의 등이 굽었다.

등을 ~

· 등을 긁다 挠后背
아내가 등을 긁어 주었다.
· 등을 지다 背叛
조국을 등을 지고 외국으로 나갔다.
· 등을 지다 背对着
나는 벽을 등을 지고 서 있었다.

등에 ~

· 등에 업다 背在背上
엄마가 아이를 등에 업고 병원으로 갔다.

惯

· 등을 돌리다 转过身去
결국 그는 등을 돌리고 우리 곁을 떠났다.
· 등을 떠밀다 鼓动
사람들이 등을 떠밀어서 결국 무대에 올랐다.

0649 등² (燈)
灯

등 - Ⓝ

· 등불 灯火
· 등잔 灯

등 + Ⓥ

등을 ~

· 등을 끄다 关灯
어두운데 왜 등을 끄고 계세요?

· 등을 달다 安灯
등을 달아 마당을 환하게 비추었다.

· 등을 켜다 点灯
남편이 아직 안 들어와서 등을 켜 놓았다.

0650 **등기** (登記)
登记, 挂号

등기 – Ⓝ

· 등기우편 挂号信

등기 + Ⓝ

· 등기 소포 挂号包裹
· 등기 서류 挂号文件

등기 + Ⓥ

등기를 ~

· 등기를 마치다 完成注册
구청에서 무사히 등기를 마쳤다.

· 등기를 이전하다 过户
내 이름으로 집의 등기를 이전했다.

등기로 ~

· 등기로 부치다 用挂号信邮寄
중요한 편지니까 등기로 부쳐 주세요.

0651 **등록** [등녹](登錄)
注册

등록 + Ⓝ

· 등록 기간 注册时间
· 등록 마감 注册截止
· 등록 비용 注册费
· 등록 서류 注册材料

등록 + Ⓥ

등록이 ~

· 등록이 되다 被注册
제 이름이 등록이 되어 있는지 확인해 주세요.

등록을 ~

· 등록을 마치다 完成注册
등록을 마치고 영수증을 받았다.

· 등록을 하다 注册
한국어 수업에 등록을 하려고 왔어요.

0652 **등록금** [등녹끔](登錄金)
学费

등록금 + Ⓝ

· 등록금 고지서 学费缴纳通知书
· 등록금 납부 缴纳学费
· 등록금 인상 学费上涨

등록금 + Ⓥ

등록금이 ~

· 등록금이 오르다 学费上涨
작년에 비해 등록금이 크게 올랐다.

등록금을 ~

· 등록금을 내다 交学费
비싼 등록금을 내고 왜 학교에 안 다녀요?

· 등록금을 마련하다 筹措学费
등록금을 마련하기 위해 아르바이트를 했다.

0653 **등산** (登山)
登山, 爬山

등산 + Ⓝ

· 등산 대회 爬山比赛
· 등산 모임 登山团体
· 등산 모자 登山帽
· 등산 배낭 登山背包
· 등산 양말 登山袜
· 등산 용품 登山用品

· 등산 장비 登山裝备
· 등산 코스 登山路线

등산 + Ⓥ

등산을 ~
· 등산을 가다 去登山
그는 주말이면 등산을 간다.

0654 등장 (登場)
登场，出现

등장 - Ⓝ

· 등장인물 出场人物

등장 + Ⓥ

등장을 ~
· 등장을 하다 登场，出面
대통령이 행사장에 등장을 했다.

0655 딸기
草莓

딸기 + Ⓝ

· 딸기 밭 草莓田
· 딸기 우유 草莓牛奶
· 딸기 잼 草莓酱

딸기 + Ⓥ

딸기를 ~
· 딸기를 따다 摘草莓
딸기를 따서 먹었다.
· 딸기를 먹다 吃草莓
요즘은 겨울에도 딸기를 먹을 수 있다.

0656 땀
汗

땀 + Ⓥ

땀이 ~
· 땀이 나다 出汗
30분쯤 걷자, 등에서 땀이 나기 시작했다.
· 땀이 맺히다 沁出汗珠
이마에 땀이 맺히도록 뛰었다.
· 땀이 흐르다 流汗
그냥 서 있어도 온몸에서 땀이 흐르는 날씨다.

땀을 ~
· 땀을 닦다 擦汗
그는 손수건을 꺼내어 이마의 땀을 닦았다.
· 땀을 내다 发汗
가벼운 운동으로 땀을 내자.
· 땀을 식히다 消汗，落汗
막 점심을 먹고 흘러내리는 땀을 식히려던 참이었다.
· 땀을 씻다 擦汗
그는 모자로 해를 가리며 이마의 땀을 씻었다.
· 땀을 흘리다 流汗
그녀는 비 오듯 땀을 흘리고 있었다.

땀에 ~
· 땀에 젖다 被汗浸湿
격렬한 운동을 하고 난 직후처럼 그의 온몸은 땀에 젖어 있었다.

땀으로 ~
· 땀으로 젖다 被汗浸湿
눈을 뜨니 온몸이 땀으로 흥건히 젖어 있었다.
· 땀으로 흥건하다 大汗淋漓
손바닥이 땀으로 흥건하다.

惯

· 땀을 쥐다 捏了一把汗
모두 손에 땀을 쥐게 한 명승부였다.
· 땀을 흘리다 挥洒汗水，辛勤努力
그는 단원 1백여 명과 함께 막바지 연습에 땀을 흘리고 있다.

0657 땅
地

땅 + Ⓝ

· 땅 밑 地底下
· 땅 속 地里
· 땅 아래 地下面

· 땅 위 地上面

땅 + Ⓥ

땅이 ~

· 땅이 갈라지다 土地龟裂
엄청난 소리와 함께 땅이 갈라지기 시작했다.

· 땅이 굳어지다 土地变硬
비 온 뒤에 땅이 더 굳어지게 된다.

· 땅이 꺼지다 地陷下去
그는 땅이 꺼지도록 한숨을 내쉬었다.

· 땅이 넓다 土地广阔
워낙 땅이 넓어 볼 만한 곳이 많다.

· 땅이 뒤흔들리다 地动山摇
나는 땅이 뒤흔들리는 것을 느끼고 잠에서 깨어났다.

· 땅이 비옥하다 土地肥沃
땅이 비옥하다 해서 옥구(沃溝)라는 이름을 지었다.

· 땅이 좁다 土地狭小
우리나라는 땅이 좁은 대신 넓은 바다를 끼고 있다.

· 땅이 척박하다 土地贫瘠
여기는 땅이 척박해서 아무 것도 할 수 없다.

· 땅이 흔들리다 大地摇晃, 地动山摇
땅이 흔들리자 사람들은 도망치기 시작했다.

땅을 ~

· 땅을 갈다 垦地
봄철인데 땅을 갈 사람이 아직 없다.

· 땅을 경작하다 耕种土地
그 땅을 경작하는 사람은 한 명뿐이다.

· 땅을 고르다 耧地
땅을 평평하게 고른 다음에야 파종할 수 있다.

· 땅을 떠나다 离开……
전쟁으로 고국 땅을 떠날 수밖에 없었다.

· 땅을 뚫다 挖地
나무는 두꺼운 땅을 뚫고 뿌리를 깊이 내렸다.

· 땅을 밟다 跎地, 踏上土地
맨발로 땅을 밟는 것이 건강에 좋다.

· 땅을 잃다 失去土地
할아버지는 집과 땅을 잃었다.

· 땅을 적시다 滋润大地
그날 아침은 봄비가 부슬부슬 땅을 적시고 있었다.

· 땅을 지키다 守护土地
병사들은 목숨을 걸고 싸우면서 이 땅을 지키고 있다.

· 땅을 차지하다 占据土地, 占领土地
결국 이 자가 땅을 차지할 것이다.

· 땅을 일구다 耕地
나는 오늘 텃밭에 나가 땅을 일구었다.

· 땅을 파다 挖地
그는 교실에서 뭔가 땅을 파는 소리 같은 걸 들었다.

· 땅을 팔다 卖地
그는 이 땅을 팔려고 내놨으나 팔리지 않았다.

땅에 ~

· 땅에 닿다 碰到地面
그 학생은 코가 땅에 닿도록 절을 했다.

· 땅에 대다 贴着地
머리를 땅에 대기만 하면 잠을 잔다.

· 땅에 떨어지다 掉到地上
땅에 떨어진 가을 낙엽들이 왠지 내 마음과 같다.

· 땅에 묻다 埋到地里
시체를 땅에 묻는 일이란 살아남은 자의 몫이다.

· 땅에 묻히다 被埋到地下
인간은 결국 죽으면 땅에 묻히는 존재이다.

· 땅에 박히다 被插到地里
그의 두 다리는 땅에 단단히 박혀 있었지.

· 땅에 뿌리다 撒到地里
희망의 씨앗을 땅에 뿌린다.

· 땅에 살다 生活在……
이 땅에 사는 사람들의 역사를 보는 시각이 달라지기 시작했다.

· 땅에 심다 种到地里
척박한 땅에 심은 포도가 어느새 최고급 와인으로 변했다.

Ⓐ + 땅

· 기름진 땅 肥沃的土地
기름졌던 땅은 황무지로 변해버리고 말았다.

· 낮은 땅 低洼的土地
낮은 땅 위로는 넓은 하늘이 펼쳐져 있었다.

· 낯선 땅 陌生的地方
고향을 떠나 낯선 땅에서 일하고 있었다.

· 넓은 땅 宽广的大地
그 넓은 땅을 빼앗긴 사람들은 지금 어디서 무엇을 하고 사는가?

· 드넓은 땅 宽阔的土地
불모지나 다름없는 드넓은 땅을 개간할 필요가 있다.

· 좁은 땅 狭小的土地
그 좁은 땅을 한 노부부가 열심히 가꾸기 시작했습니다.

· 척박한 땅 贫瘠的土地
척박한 땅에서도 각고의 인내 끝에 고운 꽃을 피울 것이다.

· 촉촉한 땅 湿润的土地
촉촉한 땅에 건강한 열매가 자랍니다.

慣

· 땅을 치다 呼天抢地
부인이 땅을 치며 통곡을 했다.

· 땅에 떨어지다 一落三尺, 威风扫地
그렇게 되면 아버지의 권위는 땅에 떨어진다.

0658 땅바닥
地面

땅바닥 + Ⓥ

땅바닥에 ~

· 땅바닥에 내려놓다 放到地上
짐을 땅바닥에 내려놓고 이야기했다.

· 땅바닥에 쓰러지다 倒在地上
갑자기 땅바닥에 쓰러졌다.

· 땅바닥에 주저앉다 一屁股坐在地上
땅바닥에 주저앉아 눈물을 흘렸다.

0659 땅콩
花生

땅콩 + Ⓥ

땅콩을 ~

· 땅콩을 까다 剥花生
땅콩을 까다 심심해서 까놓은 땅콩으로 하트를 만들었어요.

Ⓐ + 땅콩

· 볶은 땅콩 炒熟的花生
볶은 땅콩에서 고소한 향기가 났다.

0660 때¹
时候，时机

때 + Ⓥ

때가 ~

· 때가 되다 到时候, 时机成熟
때가 되면 사실을 이야기해 줄게.

· 때가 아니다 不是时候
지금은 때가 아니니까 조금만 기다려 보자.

· 때가 오다 时候到了

법을 수정해야 할 때가 왔다.

· 때가 있다 适时
모든 일에는 때가 있는 법이다.

때를 ~

· 때를 기다리다 等待时机
당장은 어려울 것 같으니 때를 기다립시다.

· 때를 놓치다 错过时机
때를 놓치면 수술해도 소용이 없습니다.

· 때를 만나다 遇到机会, 正逢吉时
때를 잘 만나서 좋은 회사에 취직했다.

· 때를 맞다 遇到机会
인생에서 가장 좋은 때를 맞이하고 있다.

0661 때²
污垢

때 - Ⓝ

· 때수건 搓澡巾

때 + Ⓥ

때가 ~

· 때가 끼다 沾上污垢
창틀에 때가 끼어 있다.

· 때가 묻다 沾满污垢
학교에서 돌아온 아이 옷에 때가 묻어 있다.

· 때가 묻다 沾染恶习
그녀는 때가 묻지 않은 순수한 사람이다.

· 때가 타다 易脏
흰색 옷은 때가 잘 탄다.

때를 ~

· 때를 밀다 搓澡
목욕탕에 가서 때를 밀었다.

· 때를 빼다 去除污垢
옷에 묻은 때를 빼기가 어렵다.

· 때를 벗기다 搓泥儿
아버지는 아들의 때를 벗겨 주었다.

慣

· 때 빼고 광내다 把身子洗得干干净净
아침부터 때 빼고 광내고 집을 나섰다.

0662 떡
糕

떡 - Ⓝ

· 떡가루 糕粉
· 떡갈비 圆形牛排肉饼
· 떡방아 打糕碓
· 떡집 年糕店

떡 + Ⓥ

떡을 ~

· 떡을 빚다 做年糕
추석을 맞이해서 가족 모두가 함께 떡을 빚었다.
· 떡을 찌다 蒸年糕
명절이면 항상 떡을 쪄서 먹었다.
· 떡을 하다 做糕饼
이사를 한 후에 떡을 해서 이웃집에 돌렸다.

慣

· 떡이 되다 烂醉如泥
삼촌은 밤늦게 술에 떡이 되어 들어왔다.
· 떡 본 김에 제사 지낸다 顺便
떡 본 김에 제사 지낸다고 지금 당장 회의 시작합니다.
· 떡 줄 사람은 꿈도 안 꾸는데 김칫국부터 마신다 自作多情
떡 줄 사람은 꿈도 안 꾸는데 김칫국부터 마시지 말고 기다려라.

0663 떡국 [떡꾹]
年糕汤

떡국 + Ⓥ

떡국을 ~

· 떡국을 끓이다 煮年糕汤
설날 아침에 떡국을 끓여서 먹었다.

慣

· 떡국을 먹다 吃年糕汤
떡국을 먹으면 올해 나이가 몇 살이지?

0664 떼
群

떼 - Ⓝ

떼거지 成群的叫花子, 丐帮

떼 + Ⓥ

떼를 ~

· 떼를 짓다 成群
사람들이 떼를 지어 어디론가 가고 있다.

떼로 ~

· 떼로 몰려오다 一窝蜂涌入
사람들이 떼로 몰려오면 어떻게 할까요?

0665 똥
屎

똥 - Ⓝ

· 똥개 小破狗
· 똥구멍 屁股眼儿
· 똥물 大粪水
· 똥오줌 大小便
· 똥통 粪桶

똥 + Ⓝ

· 똥 냄새 粪便味道

똥 + Ⓥ

똥이 ~

· 똥이 마렵다 着急解大手
똥이 마려우면 화장실에 가야 한다.

똥을 ~

· 똥을 누다 大便
똥을 누는 동안 화장실 밖에서 기다렸다.
· 똥을 싸다 拉屎
개가 공원에서 똥을 쌌다.

慣

· 똥 묻은 개가 겨 묻은 개 나무란다 半斤八两,

五十步笑百步
똥 묻은 개가 겨 묻은 개 나무란다더니 네 방이 더 더러워.

· **똥 싼 놈이 성낸다** 做坏事还嘴硬
똥 싼 놈이 성낸다더니 왜 네가 화를 내?

· **똥을 밟다** 踩了一脚屎
그냥 똥을 밟았다고 생각하고 잊어 버려.

0666 뚜껑
盖子

뚜껑 + Ⓥ

뚜껑을 ~

· **뚜껑을 닫다** 盖上盖子
뚜껑을 닫아서 냉장고에 넣어야 한다.

· **뚜껑을 덮다** 盖上盖子
주전자 뚜껑을 덮고 물을 끓였다.

· **뚜껑을 따다** 撬开盖子
어렵게 통조림 뚜껑을 땄다.

· **뚜껑을 열다** 打开盖子
물이 끓으면 뚜껑을 열어라.

慣

· **뚜껑을 열다** 看到真实面目
뚜껑을 열어 봐야 결과를 알 수 있다.

· **뚜껑이 열리다** 火冒三丈
그 말을 들은 후 우리들은 모두 뚜껑이 열렸다.

0667 뜻
意思, 意图, 志向

뜻 - Ⓝ

· **뜻풀이** 释义

뜻 + Ⓥ

뜻이 ~

· **뜻이 담기다** 蕴含……意思
그 책에는 돌아가신 선생님의 뜻이 담겨 있다.

· **뜻이 없다** 无意于……
나는 공부에 별 뜻이 없었다.

뜻을 ~

· **뜻을 거스르다** 违背意志
선생님의 뜻을 거슬러서 죄송합니다.

· **뜻을 두다** 立志于……
그는 어려서부터 학문에 뜻을 두었다.

· **뜻을 모으다** 统一意见
회의를 통해 다시 시작하자는 뜻을 모았다.

· **뜻을 밝히다** 阐明主张
그는 모임에 참석하고 싶다는 뜻을 여러 차례 밝혔다.

· **뜻을 전하다** 传达意图
도움을 준 사람들에게 감사의 뜻을 전했다.

· **뜻을 펴다** 施展抱负
그는 뜻을 펴기 위해 유학을 결심했다.

· **뜻을 헤아리다** 揣摩意图
돌아가신 부모님의 뜻을 헤아려 책을 출판했다.

뜻에 ~

· **뜻에 따르다** 根据……的意图, 根据……的愿望
부모님의 뜻에 따라 의사가 되기로 결심했다.

慣

· **뜻이 맞다** 志同道合
뜻이 맞는 사람들끼리 모여서 일을 해야 한다.

0668 띠
带子

띠 + Ⓥ

띠를 ~

· **띠를 두르다** 系带子
사람들은 머리에 모두 붉은색 띠를 두르고 있다.

· **띠를 매다** 系带子
씨름을 할 때 허리에 띠를 맨다.

· **띠를 풀다** 解带子
띠를 풀면 쉽게 옷을 벗을 수 있다.

0669 라디오 (radio)
收音机，广播

라디오 + N

- 라디오 광고 收音机广告
- 라디오 뉴스 广播新闻
- 라디오 방송 广播
- 라디오 방송국 广播电台
- 라디오 음악 广播音乐
- 라디오 소리 收音机声音
- 라디오 스튜디오 电台录音棚
- 라디오 스피커 收音机喇叭
- 라디오 카세트 收录机
- 라디오 프로그램 广播节目

라디오 + V

라디오가 ~

- 라디오가 낡다 收音机陈旧
라디오가 낡아서 잡음이 많았다.

라디오를 ~

- 라디오를 끄다 关收音机
라디오를 끄려는 순간 감미로운 목소리가 들려왔다.
- 라디오를 꺼버리다 把收音机关掉
그녀는 시끄러운 라디오를 꺼버렸다.
- 라디오를 듣다 听收音机
라디오를 듣고 싶으면 우리 집에 오너라.
- 라디오를 켜다 打开收音机
습관적으로 FM 라디오를 켰다.
- 라디오를 통하다 通过广播
대통령의 대국민담화는 TV와 라디오를 통해 전국에 방송될 예정이다.
- 라디오를 틀다 打开收音机
오랜만에 라디오를 틀었다.

라디오에 ~

- 라디오에 나오다 上广播
이 두 사람이 라디오에 나오는 건 정말 드문 일이잖아요.
- 라디오에 매달리다 总听收音机
그 아나운서의 목소리를 듣기 위해 청소년들이 라디오에 매달렸다.

라디오에서 ~

- 라디오에서 나오다 收音机播出
라디오에서 나오는 유행가를 흥얼거렸다.

- 라디오에서 들려오다 从收音机里传出
라디오에서 들려오는 노래를 따라 불렀다.
- 라디오에서 듣다 在收音机里听到
나는 지난 여름에 그의 목소리를 라디오에서 들었다.
- 라디오에서 흘러나오다 从收音机里传出
라디오에서 흘러나오는 음악을 듣고 있었어.

0670 라면 (라面)
方便面

라면 + N

- 라면 봉지 方便面袋子
- 라면 상자 方便面箱子

라면 + V

라면이 ~

- 라면이 붇다 方便面坨了
라면이 불어서 맛이 없다.

라면을 ~

- 라면을 끓이다 煮方便面
라면을 끓일 때는 물의 양이 중요하다.

0671 라이벌 (rival)
竞争对手

라이벌 + N

- 라이벌 관계 竞争关系
- 라이벌 의식 竞争意识

라이벌 + V

라이벌이 ~

- 라이벌이 되다 成为竞争对手
그 두 사람은 결국 라이벌이 되었다.

0672 라이터 (lighter)
打火机

라이터 +

· 라이터 불 打火机火

라이터 +

라이터를 ~

· 라이터를 꺼내다 拿出打火机
호주머니에서 라이터를 꺼냈다.

· 라이터를 끄다 关掉打火机
뚜껑을 닫아야 라이터를 끌 수 있다.

· 라이터를 켜다 打开打火机
담배에 불을 붙이기 위해 라이터를 켰다.

0673 레이저 (laser)
激光

레이저 +

· 레이저 쇼 激光表演
· 레이저 프린트 激光打印机

레이저 +

레이저를 ~

· 레이저를 쏘다 发射激光
레이저를 쏘아 피부를 깨끗하게 만들었다.

0674 레저 (leisure)
休闲

레저 +

· 레저 생활 休闲生活
· 레저 스포츠 休闲体育
· 레저 시설 休闲设施
· 레저 활동 休闲活动

0675 렌즈 (lens)
隐形眼镜

렌즈 +

렌즈를 ~

· 렌즈를 끼다 戴隐形眼镜
렌즈를 끼고 수영하면 눈병에 감염될 수 있다.

· 렌즈를 맞추다 配隐形眼镜
눈이 나빠져서 렌즈를 맞추었다.

· 렌즈를 빼다 取下隐形眼镜
렌즈를 뺄 때에는 손을 깨끗하게 씻어야 한다.

· 렌즈를 착용하다 戴隐形眼镜
선글라스를 쓰려고 렌즈를 착용했다.

0676 리듬 (rhythm)
节奏

리듬 -

· 리듬체조 韵律操

리듬 +

리듬이 ~

· 리듬이 깨지다 节奏被打破
방학이 되면서 생활 리듬이 깨졌다.

리듬을 ~

· 리듬을 깨다 打破节奏
열심히 공부하고 있는데 왜 리듬을 깨?

· 리듬을 잃다 失去节奏
생활 리듬을 잃지 않도록 규칙적으로 생활하세요.

· 리듬을 타다 跟着节奏
몸으로 리듬을 타 보세요.

리듬에 ~

· 리듬에 맞추다 合着节奏
리듬에 맞춰 노래를 부릅시다.

0677 **마늘**
大蒜

마늘 – Ⓝ

· 마늘빵 蒜味面包
· 마늘장아찌 酱蒜

마늘 + Ⓝ

· 마늘 냄새 大蒜味儿
· 마늘 밭 蒜地，蒜田

마늘 + Ⓥ

마늘을 ~

· 마늘을 까다 剥大蒜
나는 항상 엄마 옆에서 마늘을 깠다.
· 마늘을 넣다 放大蒜
국에 마늘을 넣어야 맛이 좋다.
· 마늘을 다지다 捣蒜
국에는 마늘을 다져서 넣어야 한다.

0678 **마디**
节，关节

마디 – Ⓝ

· 마디마디 一节一节

마디 + Ⓥ

마디가 ~

· 마디가 가늘다 骨节细
그녀는 손가락 마디가 가늘고 길다.
· 마디가 굵다 骨节粗
우리 어머니는 손가락 마디가 굵으시다.

0679 **마라톤** (marathon)
马拉松

마라톤 + Ⓝ

· 마라톤 대회 马拉松比赛
· 마라톤 선수 马拉松运动员
· 마라톤 회의 马拉松会议（形容会议时间长）

마라톤 + Ⓥ

마라톤을 ~

· 마라톤을 하다 跑马拉松
마라톤을 하기 전에는 준비 운동을 해야 한다.

0680 **마루**
地板

마루 – Ⓝ

· 마룻바닥 地板地面

마루 + Ⓥ

마루를 ~

· 마루를 깔다 铺地板
대리석으로 마루를 다시 깔았다.
· 마루를 닦다 擦地板
더러워진 마루를 깨끗하게 닦았다.

마루에 ~

· 마루에 눕다 躺在地板上
여름이면 마루에 누워 잠을 자곤 했다.
· 마루에 앉다 坐在地板上
마루에 앉아 담배를 피웠다.

0681 **마무리**
收尾

마무리 + Ⓝ

· 마무리 단계 收尾阶段
· 마무리 작업 收尾工作
· 마무리 투수 救援投手（棒球）
· 마무리 훈련 最后的训练

마무리 + Ⓥ

마무리가 ~

· 마무리가 되다 结束
결국 모든 일이 좋게 마무리가 되었다.

마무리를 ~

· 마무리를 짓다 了结
제가 시작한 일이니까 제가 마무리를 짓겠습니다.
· 마무리를 하다 了结
시간이 다 되었으니 마무리를 합시다.

0682 **마사지** (massage)
按摩

마사지 + Ⓥ

마사지를 ~

· 마사지를 받다 接受按摩
마사지를 받고 나니 몸이 좋아졌다.
· 마사지를 하다 按摩
어깨 마사지를 해 주세요.

0683 **마약** (痲藥)
毒品

마약 – Ⓝ

· 마약중독 吸毒上瘾

마약 + Ⓝ

· 마약 사범 毒品犯罪

마약 + Ⓥ

마약을 ~

· 마약을 복용하다 吸毒
청소년 시절부터 그는 마약을 복용했다.
· 마약을 하다 吸毒
그는 마약을 하다가 경찰에 붙잡혔다.

마약에 ~

· 마약에 중독되다 毒品中毒
그는 마약에 중독된 후 목숨을 끊었다.

0684 **마을**
村子

마을 + Ⓝ

· 마을 사람 村民
· 마을 주민 村民
· 마을 회관 乡村会馆

마을 + Ⓥ

마을을 ~

· 마을을 떠나다 离开家乡
그는 돈을 벌기 위해 마을을 떠났다.

마을로 ~

· 마을로 내려오다 回村
산에서 머물다가 한 번씩 마을로 내려왔다.
· 마을로 들어서다 进村子
차를 몰고 마을로 들어서자 모두가 그를 쳐다보았다.

Ⓐ + 마을

· 작은 마을 小山村
산을 넘으면 작은 마을이 보인다.

0685 **마음**
心

마음 + Ⓥ

마음이 ~

· 마음이 가다 意识到, 有意
그 분이 아직 미혼이라는 사실에 마음이 가기 시작했습니다.
· 마음이 가라앉다 心情平静下来
공포가 사라지면서 차분하게 마음이 가라앉았다.
· 마음이 가벼워지다 心情变得轻松
그 말 한 마디에 무겁던 내 마음이 가벼워졌다.
· 마음이 간절하다 心情迫切
요즘처럼 비를 기다리는 마음이 간절한 때도 없다.
· 마음이 개운하다 心情愉快
그 소식을 듣고는 내내 마음이 개운하지 않았습니다.
· 마음이 곱다 心灵美
마음이 고운 사람과 만나고 싶습니다.
· 마음이 급하다 心急

마음이 급하면 실수를 할 수 있다.

· **마음이 끌리다** 被吸引
그는 그녀에게 묘하게 마음이 끌렸다.

· **마음이 내키다** 心里乐意
이런 일에는 마음이 영 내키지 않는다.

· **마음이 넓다** 心胸宽广
우리 아버지는 마음이 무척 넓으셔서 딸들에게 화를
내신 적이 없다.

· **마음이 놓이다** 心里踏实，放心，安心
병원 일을 알아서 잘하기 때문에 그녀가 있으면 마음
이 놓였다.

· **마음이 담기다** 饱含心意
마음이 담긴 선물을 준비했다.

· **마음이 답답하다** 心情郁闷
마음이 무겁고 답답하면 친구에게 이야기를 해 보세요.

· **마음이 덜컥하다** 心里一咯噔
농담인데도 나는 마음이 덜컥해서 화를 내고 말았다.

· **마음이 든든하다** 心里踏实
어머니가 옆에 있어서 마음이 든든한 것 같았다.

· **마음이 들다** 满意
우리의 장난으로 당황했을 그 남학생에게 미안한 마음
이 들었다.

· **마음이 따뜻하다** 热心肠
용기 있고 마음이 따뜻한 사람을 기다립니다.

· **마음이 돌아서다** 回心转意
그의 말을 듣고서 마음이 돌아섰다.

· **마음이 무겁다** 心情沉重
요즘도 가끔 할머니 생각이 나서 마음이 무거워진다.

· **마음이 변하다** 变心
남자친구에 대한 마음이 점점 변했어요.

· **마음이 변해버리다** 变心
사람 마음이 그렇게 변해버릴 수가 있을까.

· **마음이 불안하다** 心里不安
그는 마음이 불안하고 초조했다.

· **마음이 불편하다** 心里不舒服
어머니가 혼자 계시다는 사실에 마음이 불편했다.

· **마음이 뿌듯하다** 欣慰
오랫동안 준비해 온 모임이 잘 끝나서 마음이 뿌듯해요.

· **마음이 상쾌하다** 心情舒畅
여행을 떠나니 마음이 상쾌했다.

· **마음이 생기다** 起了……心，起了……意
나도 양보할 마음이 생기지 않았다.

· **마음이 쓰이다** 在意
나는 그런 데에는 별로 마음이 쓰이지 않았다.

· **마음이 쓸쓸하다** 心里孤单
어쩐지 마음이 쓸쓸하고 섭섭한 생각이 든다.

· **마음이 아프다** 心疼
지금 정말 서럽고 마음이 아프네요.

· **마음이 안정되다** 内心平静
한동안 울고 나니까 마음이 좀 안정되었다.

· **마음이 약하다** 心软
우리 농민들은 항상 마음이 약하다.

· **마음이 약해지다** 心变软
그의 불쌍한 모습을 보고 나는 그만 마음이 약해졌다.

· **마음이 어지럽다** 心烦意乱
그렇게 믿지 않으면 마음이 괴롭고 어지러워.

· **마음이 없다** 没有……的想法
나는 이익을 추구하는 마음이 없다.

· **마음이 우울하다** 心情忧郁
하루 내내 마음이 우울했다.

· **마음이 있다** 有……的想法
그 무엇보다 예술을 사랑하는 마음이 있어야한다.

· **마음이 조급하다** 心里着急
외국인 회사에 다닐 무렵 그녀는 마음이 늘 조급했다.

· **마음이 잡히다** 定下心来
그 일 때문에 마음이 잡히지 않았다.

· **마음이 잔잔하다** 心情平静
음악을 듣고 있으니까 마음이 잔잔하고 투명해졌다.

· **마음이 조마조마하다** 提心吊胆，忐忑不安
몰래 컴퓨터 하는 것을 들킬까 봐 마음이 조마조마해.

· **마음이 좋다** 心里舒服
외로움을 느끼고 있구나 생각하니 마음이 좋지 않았다.

· **마음이 차분하다** 心情平静
간호사는 환자들의 마음이 차분해지도록 도와준다.

· **마음이 착잡하다** 心乱如麻
그를 생각하면 마음이 착잡하다.

· **마음이 통하다** 心灵相通
오랜만에 만나는 친구들이었지만 서로 마음이 잘 통했다.

· **마음이 편하다** 心里很舒服
여자 의사라서 치료받는 내내 마음이 편했어요.

· **마음이 편안하다** 心情舒畅
그 사람과 사이가 좋아져서 요즘 마음이 편안합니다.

· **마음이 포근하다** 心里温暖
어머니란 말만 들어도 마음이 포근해진다.

· **마음이 푸근하다** 心里温暖
비행기가 서서히 서울 상공으로 날아들자 마음이 푸근
해졌다.

· **마음이 풀리다** 心结被打开
몸을 움직이니 마음이 좀 풀리기 시작했다.

· **마음이 혼란스럽다** 心绪纷乱
마음이 혼란스럽고 괜히 화가 났다.

· **마음이 흔들리다** 动心
그녀의 말을 듣자 갑자기 마음이 흔들렸다.

마음을 ~

· **마음을 가다듬다** 静心，收心
그는 마음을 가다듬고 컴퓨터 앞에 앉았다.

· 마음을 가라앉히다 沉下心来, 静下心来
조용한 음악이 마음을 가라앉히는 데 도움이 될 것이다.

· 마음을 가지다 拥有一颗……的心
더 넓은 가슴과 따뜻한 마음을 가진 사람이 되고 싶습
니다.

· 마음을 고쳐먹다 回心转意
그러나 그는 곧 마음을 고쳐먹고 자리에서 일어섰다.

· 마음을 끌다 吸引人
그는 왠지 사람의 마음을 끄는 매력이 있다.

· 마음을 다스리다 控制心情
자신의 마음을 잘 다스릴 수 있는 사람이 성공하게 될
것이다.

· 마음을 다잡다 收心
흔들리는 마음을 다잡으면서, 그는 헛기침을 했다.

· 마음을 다지다 下定决心
소비 충동을 일으키지 않도록 단단히 마음을 다져야
한다.

· 마음을 다하다 倾注全部心血
아버지는 마음을 다해 가족을 사랑했다.

· 마음을 닦다 净化心灵
절은 역시 마음을 닦는 곳이다.

· 마음을 달래다 抚慰心灵
괴로운 마음을 달래기 위해 그는 음악에 심취하였다.

· 마음을 두다 在意, 上心
그는 재산과 명예에 마음을 두지 않는다.

· 마음을 바꾸다 改变心意
여론의 압력 때문인지 그 배우는 마음을 바꿔 출연을
고사했다.

· 마음을 배반하다 违背心意
친절한 그 마음을 배반할 수 없어 결국 사실대로 다 말
하고 말았다.

· 마음을 빼앗기다 被迷住
나는 완전히 그녀에게 마음을 빼앗겼다.

· 마음을 사로잡다 吸引人, 迷人
그 시의 제목과 내용은 제 마음을 사로잡았다.

· 마음을 수습하다 收心
마음을 수습했는지 어느새 그녀는 침착하게 가라앉아
있었다.

· 마음을 쏟다 倾注心血
저는 나라를 다스리는 데 온 마음을 쏟고 있습니다.

· 마음을 쓰다 用心
남편은 아내에게 더욱더 마음을 써 주었다.

· 마음을 알다 了解心里的想法
어떻게든 당장 돌아오고 싶다는 너의 마음을 잘 안다.

· 마음을 열다 敞开心扉
처음 보는 사람에게 마음을 여는 것은 쉽지 않은 일이다.

· 마음을 움직이다 打动
곱고 착한 마음씨가 그 남자의 마음을 움직였지요.

· 마음을 울리다 动人心弦

그것이 오히려 우리의 마음을 울리는지도 모른다.

· 마음을 이해하다 理解心情
나는 아들의 마음을 이해하지 못했다.

· 마음을 읽다 解读心意
단지 마음을 읽는 방법을 모르기 때문이다.

· 마음을 잡다 收心
이런 생각을 하다 보면 마음을 잡다가도 다시 술집으
로 가게 돼요.

· 마음을 전하다 转达心意
나를 믿고 열심히 따라 준 선수들에게 감사의 마음을
전하고 싶다.

· 마음을 정하다 打定主意
망설이다가 그는 마음을 정했다.

· 마음을 졸이다 揪心, 焦心
마음을 졸이며 최종 결과를 기다렸다.

· 마음을 주다 交心, 掏心窝子
이들은 친해지면 아무런 계산 없이 마음을 준다.

· 마음을 표현하다 表达心意
몸짓으로 마음을 표현하는 제스처도 발달했다.

· 마음을 풀다 宽怀, 宽心
사소한 오해로 헤어진 사람은 꼭 만나서 마음을 풀도
록 하자.

· 마음을 헤아리다 理解……的心情
나는 그분의 마음을 헤아릴 수 있었다.

마음에 ~

· 마음에 걸리다 挂念
아무래도 아이들이 제일 마음에 걸린다.

· 마음에 남다 留在心里
마음에 남아 있는 의심과 상처들이 그 기억들을 놓지
못한다.

· 마음에 내키다 心里乐意
이젠 이런 모임은 별로 마음에 내키지 않았다.

· 마음에 담다 放在心上
내가 마음에 담고 있었던 그녀는 다른 사람을 좋아하
고 있었다.

· 마음에 달리다 取决于心
불교의 근본 이치는 마음에 달려 있는 것이다.

· 마음에 두다 放在心上
그가 무슨 말을 해도 마음에 둘 필요가 없다.

· 마음에 들다 满意
여러 종류가 있으니까 마음에 드는 것을 고를 수 있다.

· 마음에 맞다 符合心意, 中意
장차 마음에 맞는 여자를 만나 결혼할 수 있었으면 좋
겠다.

· 마음에 새기다 铭记在心
26일은 투표일임을 마음에 새겨야 한다.

· 마음에 짚이다 心里掂量
왜 화가 났는지 도무지 마음에 짚이는 구석이 없다.

A + 마음	을까요?

A + 마음

· 걱정하는 마음 担心的心
며느리가 될 사람이라니 걱정하시는 마음 이해가 갑니다.

· 그리워하는 마음 思念的心
그리워하는 마음 때문에 병을 얻어 몇 달 만에 세상을 떠났다.

· 넓은 마음 宽广的心
유머는 넓은 마음에서 생겨난 것이다.

· 따뜻한 마음 温暖的心
그는 따뜻한 마음을 가진 사람이다.

· 따스한 마음 温暖的心
아저씨가 나눠 주신 따스한 마음 잊지 않을게요.

· 미안한 마음 歉意
이제는 미안한 마음 접고, '사랑한다', '고맙다'라고 말하면 어떨까요?

· 밝은 마음 开朗的心态
밝은 마음을 가진 사람을 좋아해요.

· 불안한 마음 不安的心
그는 동생의 얼굴에서 불안한 마음을 읽었다.

· 사랑하는 마음 热爱之心, 喜爱之心
미안한 생각이 드는 것은 사랑하는 마음 때문이지요.

· 서운한 마음 依依不舍的心情
졸업을 앞두고 생각하니 서운한 마음이 든다.

· 안타까운 마음 遗憾的心情
유가족이 겪은 고통과 슬픔에 대해 안타까운 마음 금할 길 없습니다.

· 예쁜 마음 善良的心
아가야, 지금처럼 그런 예쁜 마음 잃지 말고 건강하게 자라 주렴.

· 죄송한 마음 歉意
여러분들을 자주 찾아뵙지 못해 죄송한 마음입니다.

慣

· 마음에 와 닿다 感同身受
넘치는 것은 모자람만 못하다는 말이 마음에 와 닿는다.

· 마음은 굴뚝같다 心意已决
영어를 잘하고 싶은 마음은 굴뚝같다.

· 마음을 놓다 放心
무슨 날벼락이 떨어질지 몰라 도무지 마음을 놓을 수가 없었다.

· 마음을 돌리다 回心转意
어머니 마음을 돌리느라 정말 힘들었어요.

· 마음을 먹다 下定决心
그 일 뒤에 나는 마음을 더욱 단단히 먹었다.

· 마음을 비우다 去掉杂念, 去除欲求
마음을 비워야 편안해진다.

· 마음의 문을 열다 敞开心扉
어떻게 해야 마을 사람들의 닫힌 마음의 문을 열 수 있

0686 마음씨
心地, 心灵

마음씨 + V

마음씨가 ~

· 마음씨가 곱다 心灵美
그녀는 마음씨가 곱고 얼굴도 예쁘다.

· 마음씨가 나쁘다 心地不好
그 할머니는 마음씨가 나쁘기로 유명하다.

· 마음씨가 좋다 心地好
아내는 마음씨가 좋은 여자이다.

A + 마음씨

· 착한 마음씨 好心肠
그는 어려운 이웃을 도와주는 착한 마음씨를 가졌다.

0687 마이크 (mike)
话筒, 麦克风

마이크 + N

· 마이크 소리 麦克风声音

마이크 + V

마이크를 ~

· 마이크를 들다 拿着话筒, 拿着麦克风
마이크를 들고 노래를 불렀다.

· 마이크를 잡다 拿着话筒, 拿着麦克风
선생님은 방송을 하려고 마이크를 잡았다.

0688 마중
迎接

마중 + V

마중을 ~

· 마중을 나가다 去迎接

기차역으로 친구 마중을 나갔다.

· 마중을 나오다 出来迎接
공항까지 마중을 나와 주셔서 감사합니다.

· 마중을 하다 迎接
누구를 마중을 하러 오셨습니까?

0689 **마지막**
最后

마지막 + Ⓝ

· 마지막 날 最后一天
· 마지막 단락 最后一段
· 마지막 말 最后一句话
· 마지막 모습 最后的样子
· 마지막 밤 最后一晚
· 마지막 소망 最后的愿望
· 마지막 손님 最后一位客人
· 마지막 수업 最后一课
· 마지막 순간 最后的瞬间
· 마지막 승부　最后的胜利
· 마지막 시간 最后的时间
· 마지막 장면 最后的场面

마지막 + Ⓥ

마지막이 ~

· 마지막이 되다 成为最后
오늘 이 자리가 여러분을 보는 마지막이 될지도 몰라요.

· 마지막이 아니다 不是最后
이번이 마지막이 아니기를 바랍니다.

마지막으로 ~

· 마지막으로 남다 最后剩下
이제 마지막으로 남은 한 곳이 서울이다.

· 마지막으로 덧붙이다 最后再补充
마지막으로 덧붙이고 싶은 말이 있습니다.

· 마지막으로 보다 最后一次看到
그들이 마지막으로 본 것은 95년 성탄절이었다.

마지막에 ~

· 마지막에 가다 到了最后
마지막에 가서 이 글을 쓴 이유를 이제 알 것 같습니다.

· 마지막에 나오다 最后出现，最后出来
영화 마지막에 나오는 대사가 인상적이다.

마지막까지 ~

· 마지막까지 남다 留到最后
그는 마지막까지 남아 있다가 가방을 들고 일어났다.

0690 **마찬가지**
一样，相同，同样

마찬가지 + Ⓝ

· 마찬가지 결과 同样的结果
· 마찬가지 경우 同样的情况
· 마찬가지 느낌 同样的感受
· 마찬가지 방법 同样的方法
· 마찬가지 생각 同样的想法
· 마찬가지 이유 同样的理由
· 마찬가지 이치 同样的道理

0691 **마찰** (摩擦)
摩擦

마찰 + Ⓥ

마찰이 ~

· 마찰이 되다 摩擦
기차 바퀴가 철로에 마찰이 되면서 불꽃을 일으켰다.

· 마찰이 심하다 摩擦严重
두 나라는 무역 마찰이 심하다.

마찰을 ~

· 마찰을 빚다 闹摩擦
사소한 일로 친구와 마찰을 빚었다.

· 마찰을 일으키다 引起摩擦
사람들과 마찰을 일으키지 말고 참아라.

· 마찰을 하다 摩擦
두 물체가 마찰을 하면서 불이 났다.

0692 **막걸리** [막껄리]
韩国传统米酒

막걸리 + Ⓝ

ㄱ
ㄴ
ㄷ
ㄹ
ㅁ
ㅂ
ㅅ
ㅇ
ㅈ
ㅊ
ㅋ
ㅌ
ㅍ
ㅎ

· 막걸리 병 米酒瓶

막걸리 + ⓥ

막걸리를 ~

· 막걸리를 마시다 喝米酒
그들은 막걸리를 마시면서 이야기를 계속했다.
· 막걸리를 빚다 酿米酒
막걸리를 빚을 때 무엇이 필요해요?

0693 **막내** [망내]
最小的孩子, 老幺

막내 - ⓝ

· 막내딸 小女儿
· 막내아들 小儿子

막내 + ⓝ

· 막내 동생 最小的弟弟/妹妹

0694 **막차** (막車)
末班车

막차 + ⓝ

· 막차 시간 末班车时间

막차 + ⓥ

막차를 ~

· 막차를 놓치다 错过末班车
막차를 놓쳐 친구 집에서 잤다.
· 막차를 타다 乘末班车
나는 대전으로 가는 막차를 탔다.

惯

· 막차를 타다 赶末班车
동기들 중엔 벌써 승진한 놈들이 많은데, 나만 막차를
탄 셈이지요.

0695 **만두** (饅頭)
饺子

만두 - ⓝ

· 만둣국 汤饺子, 馄饨, 饺子汤
· 만두피 饺子皮

만두 + ⓥ

만두를 ~

· 만두를 빚다 包饺子
설날에는 만두를 빚어 먹는다.
· 만두를 찌다 蒸饺子
시장에는 만두를 쪄서 파는 가게가 있다.

0696 **만족** (滿足)
满足, 满意

만족 + ⓥ

만족을 ~

· 만족을 느끼다 感到满足
쇼핑으로 결코 만족을 느낄 수 없었나.
· 만족을 얻다 获得满足
남을 도와주면서 만족을 얻습니다.
· 만족을 추구하다 追求满足
그는 지금까지 자신의 이익과 만족을 추구하며 살았다.
· 만족을 표시하다 表示满意
손님들은 서비스에 만족을 표시했다.
· 만족을 하다 满足
작은 일에 만족을 하면서 살아라.

0697 **만화** [마놔](漫畫)
漫画

만화 - ⓝ

· 만화방 漫画屋
· 만화영화 漫画电影
· 만화책 漫画书

만화 + ❤

만화를 ~

· 만화를 그리다 画漫画
그는 한국을 소개하는 만화를 그렸다.

0698 말¹ [말]
话，语言

말 – ❤

· 말다툼 吵架
· 말실수 说错话
· 말장난 耍嘴皮子

말 + ❤

· 말 끝 话尾
· 말 뜻 话的意思

말 + ❤

말이 ~

· 말이 끊기다 话被打断
중요한 이야기를 하려고 할 때, 사람이 와서 말이 끊겼다.
· 말이 나오다 说出……话
이웃 사람들에게서 말이 나오지 않도록 조심해라.
· 말이 되다 像话
계장이 수사를 지휘한다는 것이 말이 돼?
· 말이 들려오다 传来……话
마침내 왕의 말이 들려왔다.
· 말이 들리다 听清……话
누나가 하는 말이 잘 들리지 않았다.
· 말이 떠오르다 想起……话
'남자는 다 애'라는 말이 떠오르면서 웃음이 나왔다.
· 말이 떨어지다 话音一落
형은 말이 떨어지자마자 달려갔다.
· 말이 막히다 说不出话
처음으로 쓰는 연애 감정의 편지에 말이 막혔다.
· 말이 많다 话多
너한테 하고 싶은 말이 많다.
· 말이 새어나오다 说出……的话
나는 입안에서 이런 말이 새어나왔다.
· 말이 서투르다 口才不好
말이 서툴러서 손해를 보는 경우가 참으로 많다.
· 말이 옳다 说得对

비난의 말이 아프게 다가온다면 아마 그 말이 옳기 때문일 것이다.
· 말이 아니다 不像话，没样子
이제 와서 돈을 갚지 못하겠다는 것은 말이 아니다.
· 말이 적다 话少
부유한 사람일수록 말이 적다.
· 말이 통하다 话很投机
취미가 같아서 말이 서로 잘 통한다.
· 말이 튀어나오다 说出……话
둘의 입에서 동시에 같은 말이 튀어나왔다.
· 말이 틀리다 说错话
그는 그녀의 말이 틀렸다고 생각한다.

말을 ~

· 말을 건네다 搭话
그런 아내에게 남편은 이렇게 말을 건넨다.
· 말을 걸다 搭话
옆에 앉아 있던 남자가 우리에게 슬며시 말을 걸었다.
· 말을 꺼내다 说起，提起话头
어려운 경제 상황에 대해 먼저 말을 꺼낸 것도 그들이었다.
· 말을 끊다 停止说话
어머니는 짧게 대답한 다음 말을 끊었다.
· 말을 남기다 留下……的话
그는 부족한 공부를 더 하고 싶다는 말을 남겼다.
· 말을 내뱉다 说出……的话
그러나 나는 차마 이 말을 내뱉을 수 없었다.
· 말을 더듬다 结巴
그는 긴장해서 말을 더듬었다.
· 말을 덧붙이다 补充一句
그리고는 이 말을 덧붙였다.
· 말을 던지다 开口说话
나는 그 관리인으로 보이는 사람을 향하여 말을 던졌다.
· 말을 돌리다 转换话题
그가 얼버무리면서 말을 돌렸다.
· 말을 되풀이하다 反复说
그는 혼자 말을 되풀이했다.
· 말을 듣다 听话
오빠가 내 말을 듣고 있는 것일까?
· 말을 따르다 听从……的话
빙수는 착실하게 그 말을 따랐다.
· 말을 막다 打断……的话
그가 자르듯이 그 말을 막았다.
· 말을 맺다 结束发言
그는 중얼거리듯이 말을 맺었다.
· 말을 멈추다 停止说话
아저씨가 다시 말을 멈추고 들고 있던 술을 마셨다.
· 말을 받다 接茬儿
내 말을 받아 동생도 여러 가지 불평을 늘어놓기 시작

했다.

· 말을 배우다 学语
그 아이가 말을 배우기 시작할 때였다.

· 말을 뱉다 说出……的话
나도 모르게 내 속마음이 담긴 말을 뱉어 버리고는 어쩔 줄 몰라 하고 있었다.

· 말을 붙이다 搭话
나는 어떻게 그녀에게 말을 붙여야 할지 도무지 알 수가 없었다.

· 말을 삼키다 把……的话咽了回去
하고 싶은 말이 많았지만 말을 삼키고 다른 화제로 이야기를 돌렸다.

· 말을 새기다 用心听
너희들, 내 말을 새겨들어라.

· 말을 시키다 搭话
그 남자가 여자 옆자리에 앉더니 말을 시켰다.

· 말을 쓰다 说……话
그분은 서울말을 쓰고 있었다.

· 말을 알아듣다 听懂……话
너는 내 말을 알아듣지 못하는구나.

· 말을 옮기다 传话
아들은 또 엄마에게 달려가 아빠의 말을 그대로 옮겼다.

· 말을 이해하다 理解……话
자기 말을 이해할 때까지 설명한다.

· 말을 잃다 说不出话
친구의 교통사고 소식을 듣고 한동안 말을 잃었다.

· 말을 잇다 继续讲
그들은 한동안 말을 잇지 못하고 서 있었다.

· 말을 자르다 打断……的话
자꾸 내 말을 자르고 자기가 하고 싶은 말만 하고 있었다.

· 말을 잘하다 嘴甜, 会说话
그녀는 참 말을 잘한다.

· 말을 전하다 传话, 过话
아들은 이 말을 아빠에게 전했다.

· 말을 중얼거리다 自言自语
그는 창가에 붙어 서서 가끔 이런 말을 중얼거린다.

· 말을 토하다 说出, 说出口
형은 갑자기 생각지도 않은 말을 토해버리고 말았다.

Ⓐ + 말

· 고운 말 文明用语
고운 말을 써야 한다.

· 나쁜 말 脏话
내가 지금 좋은 말 나쁜 말 골라서 할 수가 있나?

· 다정한 말 亲切的话语
그 방문객 중 누구와도 다정한 말 한마디 나눌 수가 없었다.

· 달콤한 말 甜言蜜语

달콤한 말에 속은 그녀는 더 이상 남자를 믿지 않게 됐다.

· 따스한 말 暖人的话
어머니한테는 따스한 말 한마디도 듣지 못했다.

· 따뜻한 말 暖人的话
아무리 바빠도 하루에 한 번 따뜻한 말 한마디를 건네자.

· 모호한 말 模糊不清的话语
많은 오해들이 애매하고 모호한 말 때문에 생긴 것 같습니다.

· 바른 말 准确的话
곱고 바른 말을 써야 한다.

· 변변한 말 像样的话
그녀는 지난번 술자리에서도 변변한 말 한마디 꺼내지 못했다.

· 별다른 말 別的话
그때 그는 별다른 말이 없다.

· 불필요한 말 没有必要的话
불필요한 말을 하지 마.

· 어려운 말 很难的话
꽤 어려운 말 같지만, 알고 보면 별것 아니다.

· 엉뚱한 말 摸不着头脑的话
엉뚱한 말이 튀어나왔다.

· 옳은 말 正确的话
그 말은 옳은 말 같았다.

· 쓸데없는 말 废话
쓸데없는 말을 왜 해?

· 좋은 말 好话
이럴 때 곁에 좋은 말로 위로해 주는 사람이 있었으면 좋겠다.

· 장난스런 말 玩笑话
난 장난스런 말 같은 것은 잘 하지 않는다.

· 친절한 말 亲切的话语
친절한 말 한마디가 분위기를 밝게 바꾸어 놓을 수 있다.

惯

· 말도 안 되다 不像话
여기까지 얼마나 고생하며 왔는데 돌아가라니, 말도 안 되는 소리다.

· 말이 끝나기가 무섭게 话音刚落
말이 끝나기 무섭게 교장 선생님이 소리쳤다.

· 말이 떨어지기 무섭게 话音刚落
말이 떨어지기 무섭게 여자 아나운서가 옆으로 쓰러졌다.

· 말이 나오다 说出来
말이 나와서 말이지 음식을 손으로 먹다니 말도 안 된다.

· 말이 아니다 没法说
김 총장은 고집이 말이 아닐 정도로 셌다.

0699 말²
马

말 − Ⓝ

· 말고삐 马缰
· 말먹이 马饲料
· 말안장 马鞍

말 + Ⓝ

· 말 등 马背
· 말 위 马上

말 + Ⓥ

말이 ~
· 말이 쓰러지다 马倒下
무더위로 말이 쓰러졌다.

말을 ~
· 말을 갈아타다 换马骑
옛날 관리들이 먼 길을 갈 때 이곳에서 말을 갈아탔다.
· 말을 기르다 养马
그 할아버지는 말을 기르며 혼자 살았다.
· 말을 길들이다 驯马
말을 길들이고 싶으면 먹이를 제대로 주어야 한다.
· 말을 달리다 纵马驰骋
나는 말을 달려 개성으로 갈 수밖에 없었다.
· 말을 몰다 赶马
아저씨는 노래를 부르며 말을 몰고 있었다.
· 말을 세우다 让马停下来
길 가던 사람들은 말을 세우고 주위를 살폈다.
· 말을 타다 骑马
난생 처음 말을 타고 초원을 달려 보았다.

말에서 ~
· 말에서 내리다 从马上下来
말에서 내려 항복했다.
· 말에서 떨어지다 从马上掉下来
그녀는 말에서 떨어지는 사고를 당했다.

Ⓐ + 말

· 건장한 말 健壮的马
두 필의 건장한 말이 마차를 끌고 있었다.
· 검은 말 黑马
검은 말이 달려 왔습니다.
· 날랜 말 快马

그들은 날랜 말을 타고 도망갔습니다.
· 하얀 말 白马
하얀 말이 끌고 가는 하얀 마차가 있었으면 좋겠다.

惯

· 말을 갈아타다 走马上任
이듬해 아버지가 다른 부서로 옮겨 말을 갈아탔다.

0700 말미
假，假期

말미 + Ⓥ

말미를 ~
· 말미를 내다 请假
내가 말미를 내서 내려가 보겠습니다.
· 말미를 받다 请假
잠시 말미를 받아 어렵게 내려왔어요.
· 말미를 얻다 被准假
한 달의 말미를 얻었습니다.
· 말미를 주다 被准假
3일 간만 말미를 주십시오.

0701 말씀
话语（敬语）

말씀 + Ⓥ

말씀이 ~
· 말씀이 끝나다 话说完
사장님의 말씀이 끝나자 우레 같은 박수소리가 들렸다.
· 말씀이 나오다 说到……的话题
말씀이 나왔으니까 말씀인데, 경제라는 것은 한계가 있어요.
· 말씀이 떠오르다 想起……的话
이런저런 생각 끝에 옛 은사님의 말씀이 떠올랐습니다.
· 말씀이 생각나다 想起……的话
갑자기 선생님의 말씀이 생각난다.
· 말씀이 옳다 话正确
엄마의 말씀이 다 옳습니다.

말씀을 ~
· 말씀을 나누다 谈话

오 반장님이라고 계시는데 그분하고 말씀을 나누시죠.
· **말씀을 되풀이하다** 反复说
우리 어머니 말씀을 딸에게 똑같이 되풀이하는 나를
발견하고 깜짝 놀란다.
· **말씀을 드리다** 稟告
나도 그렇게 마음먹고 직접 만나 말씀을 드리기로 했
습니다.
· **말씀을 듣다** 听到……的话
방금 돌아오다가 두 분의 말씀을 들었지.
· **말씀을 떠올리다** 想起……的话
어머니의 말씀을 떠올리며 고개를 가로저었다.
· **말씀을 어기다** 违背……的话
어머니의 말씀을 어기고 우리는 오후 비행기를 탔다.
· **말씀을 올리다** 进言, 稟告
장관님께 도대체 무슨 말씀을 올리겠다는 겁니까?
· **말씀을 전하다** 留言, 留口信
말씀을 전하는 일은 그 다음이라도 늦지 않다.

Ⓐ + 말씀

· **유익한 말씀** 有益的话
선생님께서 오늘 참 유익한 말씀 많이 해 주셨다.
· **좋은 말씀** 吉言
좋은 말씀 부탁 드리겠습니다.

0702 **말투**
语气, 口吻

말투 + Ⓥ

말투가 ~
· **말투가 거칠다** 语气粗鲁
그는 말투가 거칠어서 오해를 많이 받는다.
· **말투가 차분하다** 语气平和
그녀는 말투가 아주 차분하다.

Ⓐ + 말투

· **무심한 말투** 漠不关心的语气
그녀는 무심한 말투로 한마디 툭 던졌다.
· **빈정거리는 말투** 嘲笑的口吻
그는 빈정거리는 말투로 그들을 비웃었다.

0703 **맛** [맏]
味道

맛 + Ⓥ

맛이 ~
· **맛이 가다** 味道变了
요즘 날씨엔 하루만 지나면 맛이 가서 먹질 못해.
· **맛이 구수하다** 味道香
여기의 된장찌개는 맛이 참 구수하다.
· **맛이 나다** 好吃
잘 익은 열매도 때맞추어 따야 제 맛이 나는 법이다.
· **맛이 담백하다** 味道清淡
이 감자는 맛이 담백해서 다양하게 요리해 먹을 수 있다.
· **맛이 달다** 味甜
찹쌀을 많이 넣어 고소하면서도 맛이 달더라.
· **맛이 덜하다** 不够味
겨울에 먹는 수박은 여름보다 맛이 덜하다.
· **맛이 독하다** 味道浓烈
담배 맛이 조금 독하고 쓰라렸다.
· **맛이 들다** 入味
간간하게 맛이 들어 더욱 좋다.
· **맛이 떨어지다** 味道不好
외국산은 가격이 저렴하지만 국산에 비해 맛이 떨어진다.
· **맛이 변하다** 味道变了
여러 번 쪘더니 맛이 좀 변한 것 같구나.
· **맛이 부드럽다** 味道柔和
넣지 않은 것보다 훨씬 맛이 부드럽다.
· **맛이 있다** 好吃
옛날 가마솥에 한 밥이 더 맛이 있다.
· **맛이 좋다** 味道好
소금을 발라 구우면 깨끗하고 맛이 좋단다.

맛을 ~
· **맛을 내다** 调味, 提味
앙금을 넣어 주면 죽이 더 부드러운 맛을 낸다.
· **맛을 더하다** 提味儿
참기름과 깨소금을 뿌려 맛을 더한다.
· **맛을 돋우다** 提味儿
조금씩 담아낸 반찬들이 맛을 돋우는 법이다.
· **맛을 들이다** 喜欢……口味
그 후로 치즈에 맛을 들여 매 식사 때마다 꼭 시켜 먹
곤 했다.
· **맛을 모르다** 不知道味道
밥을 먹어도 아무 맛을 모르겠다.
· **맛을 버리다** 破坏味道
묵은 냄새가 나는 기름은 맛을 버려 놓는다.

· 맛을 보다 品尝
전부 맛을 봐서 와인의 특성을 파악해야 한다.
· 맛을 보여주다 体现……的韵味
생활의 기록으로서 수필의 맛을 보여주는 작품이다.
· 맛을 살리다 保留……味道
된장의 구수하고 짭짤한 맛이 담백한 나물의 맛을 살려 준다.
· 맛을 알다 知道……的味道
나는 뒤늦게 공부의 맛을 알게 되었다.
· 맛을 잃다 失去味道
설탕같이 맛을 잃는 사람이 되지 말고 소금같이 맛을 얻는 사람이 되도록 합시다.
· 맛을 지니다 有……味道
이 음식은 독특하고 상쾌한 맛을 지니고 있다.

Ⓐ + 맛

· 고소한 맛 香喷喷的味道
이 아이가 고소한 맛의 과자를 잘 먹는다.
· 달짝지근한 맛 甜味
달짝지근한 맛 때문에 오히려 갈증이 심해졌다.
· 매운 맛 辣味
겨자는 매운 맛에 먹는 거 아냐?
· 짠 맛 咸味
마치 바닷물의 짠 맛 같은 것이다.

惯

· 맛을 보다 尝……的滋味
누군가 따끔한 맛을 보여줘야 한다고요.
· 맛이 나다 有滋味
사람 사는 맛이 나는 마을을 만들고 싶다.

0704 망신
出丑

망신 + Ⓥ

망신을 ~
· 망신을 당하다 出丑
이렇게 망신을 당하긴 생전 처음입니다.
· 망신을 시키다 使……出丑
잘못되면 나라 망신을 시키는 수도 있으니 조심해야 되겠다.
· 망신을 주다 让……出丑
가족들 앞에 공개해 놓고 망신을 주는 방법도 있다.

0705 맞벌이 [맏뻐리]
双职工

맞벌이 + Ⓝ

· 맞벌이 가정 双职工家庭
· 맞벌이 부모 双职工父母
· 맞벌이 부부 双职工夫妻

맞벌이 + Ⓥ

맞벌이를 ~
· 맞벌이를 하다 夫妻两人都工作
부모님은 내가 어릴 적부터 맞벌이를 하셨다.

0706 맞춤법 [맏춤뻡](맞춤法)
拼写规则

맞춤법 + Ⓥ

맞춤법이 ~
· 맞춤법이 틀리다 拼写错误
할머니의 편지는 맞춤법이 틀렸지만 감동적이었다.
맞춤법에 ~
· 맞춤법에 맞다 符合拼写规则
맞춤법에 맞게 글을 써야 한다.
· 맞춤법에 어긋나다 不符合拼写规则
맞춤법에 어긋나는 인터넷 언어 사용을 자제해야 한다.

0707 매
棍棒

매 + Ⓥ

매를 ~
· 매를 때리다 用棍子打
아빠는 거짓말을 한 아이에게 매를 때렸다.
· 매를 맞다 挨棍子
아이는 매를 맞고 눈물을 흘렸다.

惯

· 매도 먼저 맞는 놈이 낫다 什么事都是赶早不赶晩

매도 먼저 맞는 놈이 낫다고 제가 먼저 하겠습니다.

· 매를 들다 惩罚

선생님은 학생들에게 매를 들었다.

0708 매력 (魅力)

魅力

매력 + Ⓥ

매력이 ~

· 매력이 없다 没有魅力

모든 걸 다 가진 자는 매력이 없다.

· 매력이 있다 有魅力

그녀는 참 매력이 있는 사람이다.

매력을 ~

· 매력을 느끼다 迷住

그는 친구에게 매력을 느꼈다.

· 매력을 지니다 有魅力

그는 강한 매력을 지니고 있었다.

매력에 ~

· 매력에 끌리다 被……的魅力所吸引

보는 사람마다 그녀의 매력에 끌렸다.

Ⓐ + 매력

· 강한 매력 很大的魅力

그는 한 번 만나면 잊지 못할 강한 매력을 가지고 있다.

· 묘한 매력 微妙的魅力

그녀는 사람을 끌어들이는 묘한 매력이 있다.

0709 매스컴 (mass communication)

大众传媒

매스컴 + Ⓝ

· 매스컴 기피증 大众传媒逃避症

매스컴 + Ⓥ

매스컴을 ~

· 매스컴을 타다 被媒体报道

그 식당은 매스컴을 탄 후에 유명해졌다.

매스컴에 ~

· 매스컴에 오르내리다 经常出现在媒体上

그는 자신의 사생활이 매스컴에 오르내리는 것을 싫어했다.

0710 매일 (每日)

每天

매일 + Ⓝ

· 매일 밤 每天晚上

· 매일 새벽 每天凌晨

· 매일 아침 每天早上

0711 맥주 [맥쭈](麥酒)

啤酒

맥주 + Ⓝ

· 맥주 거품 啤酒泡沫

· 맥주 깡통 啤酒桶

· 맥주 냄새 啤酒味

· 맥주 맛 啤酒味道

· 맥주 병 啤酒瓶

· 맥주 캔 啤酒罐

· 맥주 컵 啤酒杯

맥주 + Ⓥ

맥주를 ~

· 맥주를 권하다 劝喝啤酒

선생님은 방문한 손님에게 대접할 물이 없다며 맥주를 권했다.

· 맥주를 꺼내다 拿出啤酒

그녀는 의자 밑에서 캔 맥주를 꺼내 뚜껑을 땄다.

· 맥주를 들다 喝啤酒

편한 자세로 앉으셔서 맥주를 들고 계세요.

· 맥주를 들이키다 喝啤酒

형은 맥주를 단숨에 들이켰다.

· 맥주를 따르다 倒啤酒

나는 그 여자의 빈 잔에 맥주를 따라 준다.

· 맥주를 마시다 喝啤酒

기자는 일주일에 평균 10병 가량의 맥주를 마신다.

· 맥주를 홀짝거리다 呲喽呲喽地喝啤酒
맥주를 홀짝거리며 나는 바다를 바라보고 있었다.

Ⓐ + 맥주

· 차가운 맥주 冰镇啤酒
냉장고에는 언제나 차가운 맥주가 준비되어 있었다.

0712 맨손
徒手

맨손 – Ⓝ

· 맨손체조 徒手体操

맨손 + Ⓥ

맨손으로 ~
· 맨손으로 만지다 徒手摸
맨손으로 만지면 위험하다.
· 맨손으로 시작하다 白手起家
맨손으로 시작해서 지금은 부자가 되었다.

0713 맷돌 [맫똘]
磨石

맷돌 + Ⓥ

맷돌을 ~
· 맷돌을 돌리다 转动磨石
물레방아로 맷돌을 돌렸다.
맷돌에 ~
· 맷돌에 갈다 用磨石磨
콩을 맷돌에 갈았다.

0714 머리
头，头发

머리 + Ⓝ

· 머리 길이 头发长度
· 머리 꼭대기 头顶

· 머리 끝 头顶
· 머리 모양 发型
· 머리 방향 头的方向
· 머리 부분 开头部分
· 머리 색깔 头发颜色
· 머리 스타일 发型
· 머리 염색 染发
· 머리 위 头上面

머리 + Ⓥ

머리가 ~
· 머리가 길다 头发长
그는 머리가 긴 여자를 좋아한다.
· 머리가 깨지다 头裂
머리가 깨질 듯한 아픔에 나는 눈을 떴다.
· 머리가 나쁘다 脑子不聪明
나 머리가 나빠서 그런 어려운 문자는 못 알아들어.
· 머리가 돌다 脑瓜转得快
난 아침에 머리가 잘 돈다.
· 머리가 돌다 精神失常
그녀는 교통사고로 머리가 돌았다.
· 머리가 핑 돌다 头晕
내가 막 일어나려는 순간 머리가 핑 돌았다.
· 머리가 멍해지다 大脑一片空白
이걸 한 번 타고 나면 하루 종일 머리가 멍해진다.
· 머리가 비다 脑子空空的
머리가 빈 여자에게서는 아무것도 기대할 수 없다.
· 머리가 빠지다 掉头发
어떤 남성들은 머리가 빠지지 않도록 많은 돈을 쓰며
노력한다.
· 머리가 뽑히다 头发被拔掉
이마 위로 머리가 뽑혀 나간 자국이 허옇게 드러나 있
었다.
· 머리가 아프다 头疼
종일 글짓기에 관한 원고를 쓰느라 머리가 아팠다.
· 머리가 어지럽다 头晕
시내에 들어와서 맡는 공기는 머리가 어지러울 정도로
나쁘다.
· 머리가 좋다 脑子聪明
머리가 좋아야만 그렇게 할 수 있는 것도 아니다.
· 머리가 짧다 头发短
머리가 짧은 청년 하나가 그 옆에 앉아 있었다.
· 머리가 크다 头大
엄마를 닮아 머리가 큰 편이다.
· 머리가 터지다 脑子炸开
그녀는 이 꼴을 다시 보니까 머리가 터질 것 같았다.
· 머리가 하얗다 头发白

우리 아버지는 저 분들 중에서 머리가 하얀 분입니다.

· **머리가 혼란스럽다** 脑子很混乱
머리가 혼란스럽고 다리가 휘청거리며 숨이 가쁘다.

머리를 ~

· **머리를 감다** 洗头
머리를 감는 동안만 물을 잠가도 사용량이 적어진다.

· **머리를 굴리다** 动脑筋
나는 머리를 한참 굴려 보았지만 마땅한 대답을 찾을 수가 없었다.

· **머리를 긁다** 挠头
그가 적절한 말을 찾지 못해 손가락을 들어 머리를 긁었다.

· **머리를 기르다** 留头发
군대에서 남자가 머리를 길게 기르지 못한다.

· **머리를 감싸다** 把头包起来
이상한 막막함이 내 머리를 감쌌다.

· **머리를 깎다** 剃头
머리를 짧게 깎고 싶었다.

· **머리를 끄덕이다** 点头
그는 머리를 끄덕이며 그의 말에 찬성했다.

· **머리를 끊다** 剪头
나와 언니들은 늘 고모네 가서 머리를 끊는다.

· **머리를 대다** 把头靠在⋯⋯地方
그녀는 식탁 의자에 앉아 식탁에 머리를 대고 있다.

· **머리를 들다** 抬头
머리를 들고 옆자리의 친구를 돌아보았다.

· **머리를 맞대다** 头对头
두 사람이 머리를 맞대고 책을 읽는다.

· **머리를 모으다** 集中智慧
그들은 머리를 모으고 소곤소곤 상의를 한다.

· **머리를 묶다** 把头发扎起来
엄마는 아침마다 아이들 머리를 묶어 주느라 바쁘다.

· **머리를 묻다** 埋头
동생은 내 어깨에다 머리를 묻으며 종알거렸다.

· **머리를 빗다** 梳头
그녀가 머리를 빗으면서 거울 너머로 눈웃음을 쳤다.

· **머리를 숙이다** 低头
우리는 머리를 숙여 인사하고는 그 집을 나왔다.

· **머리를 스치다** 在脑海中闪过
순간 나도 모르게 잘 됐다는 생각이 머리를 스쳤다.

· **머리를 싸매다** 把头包起来
아버지가 붕대로 머리를 싸맨 채 눈을 감고 누워 있었다.

· **머리를 쓰다** 用脑子
글은 책을 통해서, 머리를 써서 배우는 것이다.

· **머리를 쓰다듬다** 抚摸头
아버지의 두꺼운 손이 내 머리를 쓰다듬었다.

· **머리를 쓸다** 捋头发
손을 들어 바람이 부는 쪽으로 머리를 쓸어 넘겼다.

· **머리를 염색하다** 染发
그는 한 달에 한 번씩 어머니 머리를 염색해 드렸다.

· **머리를 자르다** 剪发
미장원에 가서 머리를 잘랐다.

· **머리를 조아리다** 叩头
그는 일어선 자리에서 몇 번이나 머리를 조아렸다.

· **머리를 쥐어박다** 敲打脑袋
형은 툭하면 동생의 머리를 쥐어박는다.

· **머리를 치다** 打头
그는 그 아이의 머리를 툭 치고 지나갔다.

· **머리를 헹구다** 冲洗头发
오 분 후의 머리를 헹구면 된다.

· **머리를 흔들다** 摇头
그는 조용히 머리를 흔들었다.

머리에 ~

· **머리에 그리다** 印在脑海里
그녀의 모습이 머리에 그려졌다.

· **머리에 꽂다** 插在头上
새빨간 꽃을 따서 머리에 꽂았습니다.

· **머리에 남다** 留在脑海里
교도관의 이 말이 두고두고 내 머리에 남았다.

· **머리에 떠오르다** 浮现在脑海里
그 모습이 머리에 떠오르면 밤에도 잠이 오질 않는다.

· **머리에 박히다** 印在脑子里
한마디 한마디가 머리에 쏙쏙 박혔지.

· **머리에 쓰다** 戴在头上
머리에 쓰는 것으로 화관과 족두리가 있다.

· **머리에 얹다** 放在头上
우리는 다시 책가방을 머리에 얹고 빗속으로 달려 나갔다.

· **머리에 이다** 顶在头上
난 그걸 받아서 머리에 이고 갔다.

Ⓐ + 머리

· **좋은 머리** 聪明的脑袋
좋은 머리를 썩히는 이 사람이 대체 누구입니까?

· **짧은 머리** 短发
짧은 머리를 하면 친구들이 남자라고 놀려요.

· **커다란 머리** 大脑袋
커다란 머리를 흔들며 긴장을 털어낸다.

慣

· **머리가 크다** 长大成人
이제 머리가 컸다고 엄마 말도 안 듣는구나.

· **머리가 하얗다** 大脑一片空白
순간 나는 머리가 하얘졌다.

· **머리가 돌아버리다** 疯了

이곳에서 더 이상 살다가는 머리가 돌아버릴 것 같아.
· 머리를 맞대다 头碰头，面对面
남편과 아내가 머리를 맞대고 일을 꾸려 나간다.
· 머리를 싸매다 绞尽脑汁
머리를 싸매고 고민했지만 해결책이 없다.
· 머리를 식히다 清醒头脑
머리를 식히러 여행을 떠났다.

0715 머리카락
头发

머리카락이 ~
· 머리카락이 빠지다 掉头发
스트레스 때문에 머리카락이 많이 빠졌다.

머리카락을 ~
· 머리카락을 만지다 摸头发
머리카락을 만지자 아기는 금방 잠이 들었다.
· 머리카락을 매만지다 抚摸头发
그는 대답 대신 손으로 머리카락을 매만졌다.
· 머리카락을 쓰다듬다 抚摸头发
나는 이마에 흘러내린 머리카락을 쓰다듬어 올렸다.
· 머리카락을 쓸어 넘기다 捋头发
그녀는 흘러내리는 머리카락을 쓸어 넘기면서 말했다.

0716 먼지
尘土

· 먼지 덩어리 尘土块儿
· 먼지 냄새 尘土的味道
· 먼지 속 尘土里

먼지가 ~
· 먼지가 끼다 落满灰土
책장에는 먼지가 잔뜩 끼었다.
· 먼지가 나다 起尘土
우리 집 앞길은 차가 지나다니면 먼지가 난다.
· 먼지가 날리다 尘土飞扬

하루 종일 먼지가 날렸다.
· 먼지가 날아오르다 尘土飘上来
지붕이 내려앉을 때 먼지가 날아올라 숨을 쉴 수가 없었다.
· 먼지가 덮이다 被灰尘覆盖
먼지가 덮인 방충망 너머로 매끈한 고층 건물이 보였다.
· 먼지가 묻다 沾满灰尘
책장의 책에는 먼지가 덮여 있다.
· 먼지가 뽀얗다 一片灰蒙蒙的尘土
마루 한쪽에 놓아두신 할머니의 고무신엔 먼지가 뽀얗다.
· 먼지가 쌓이다 积尘
액자 뒷면에 먼지가 뽀얗게 쌓여 있었다.
· 먼지가 앉다 落了一层尘土
텔레비전 위에 여전히 먼지가 뽀얗게 앉아 있었다.
· 먼지가 일다 起尘土
찻길이 막히고 사람들이 지나간 자리에는 먼지가 뽀얗게 일었다.
· 먼지가 일어나다 起尘土
침대를 털며 방 청소를 하면 하얀 먼지가 일어난다.

먼지를 ~
· 먼지를 닦다 擦尘土
휴지를 뽑아 액자 위에 앉은 먼지를 닦아낸다.
· 먼지를 뒤집어쓰다 落满尘土，蒙尘
먼지를 뒤집어쓰다 보니 사진을 찍을 엄두도 못 냈습니다.
· 먼지를 불다 吹尘土
나는 창문을 열고 입으로 먼지를 불어버렸다.
· 먼지를 쓸다 扫尘土
계단 구석구석에 쌓인 먼지를 쓸고 깨끗하게 청소를 했다.
· 먼지를 일으키다 卷起灰尘，扬尘
포구 쪽에서 버스가 먼지를 뽀얗게 일으키며 달려왔다.
· 먼지를 털다 掸尘土
그래서 책의 먼지를 털고 한장 한장 넘겼습니다.

0717 멋 [멛]
美姿，风姿

멋이 ~
· 멋이 있다 漂亮
넥타이가 참 멋이 있네요.

멋을 ~
· 멋을 내다 打扮

그녀는 한껏 멋을 내고 집을 나섰다.
· 멋을 부리다 赶时髦
여자아이는 어릴 때부터 멋을 부리기 시작한다.
· 멋을 풍기다 散发美
그는 중후한 멋을 풍기고 있다.

0718 메뉴 (menu)
菜单，菜肴

메뉴 - ⓝ

· 메뉴판 菜单

ⓐ + 메뉴

· 다양한 메뉴 多样的菜品
이 음식점은 다양한 메뉴가 있어서 좋다.

0719 메모 (memo)
留言，记录，留字条

메모 + ⓝ

· 메모 내용 留言内容
· 메모 형식 留言形式

메모 + ⓥ

메모를 ~
· 메모를 건네주다 把留言字条递过去
호텔 직원이 내 여권을 확인하고 메모를 건네주었다.
· 메모를 남기다 留字条
자취방으로 돌아오면서 나는 동생한테 메모를 남겼다.
· 메모를 보다 看字条
이 학생들의 메모를 보면 무언가 아쉬움을 느낀다.
· 메모를 작성하다 做记录
기억하고 싶은 내용은 메모를 작성하세요.
· 메모를 하다 留言. 记录
읽은 후에 필요한 것이 있으면 메모를 해 둬야 한다.

0720 메시지 (message)
信息，短信

메시지 + ⓥ

메시지를 ~
· 메시지를 남기다 留言
부재중이니 메시지를 남겨 주세요.
· 메시지를 받다 收到短信
그는 메시지를 받자마자 출발했다.
· 메시지를 보내다 发送短信
메시지를 보냈지만 아직까지 답이 없다.
· 메시지를 전달하다 转达信息
그녀는 사장님의 메시지를 전달했다.
· 메시지를 전하다 转达信息
대통령의 메시지를 기자들에게 전했다.

0721 메일 (mail)
邮件

메일 + ⓥ

메일을 ~
· 메일을 받다 收到邮件
중국에 있는 친구에게서 메일을 받았다.
· 메일을 보내다 发送邮件
유학을 간 친구에게 메일을 보냈다.
· 메일을 쓰다 写邮件
요즘은 편지보다 메일을 쓰는 경우가 많다.
· 메일을 하다 发邮件
귀찮아서 메일을 하지 않고 전화를 한다.

0722 메주
豆酱饼，酱块，酱曲

메주 + ⓥ

메주를 ~
· 메주를 띄우다 发酵酱块
방에 메주를 띄워 놓아서 냄새가 많이 난다.
· 메주를 만들다 做豆酱饼
요즘은 메주를 만들지 않고 기계로 된장을 만든다.
· 메주를 쑤다 做豆酱饼
콩을 갈아서 메주를 쑨다.

0723 며칠
几天

며칠 + N

· 며칠 동안 几天时间
· 며칠 뒤 几天后
· 며칠 만에 隔了几天
· 며칠 안 几天内
· 며칠 사이 几天之间
· 며칠 전 几天前
· 며칠 후 几天后

며칠 + V

며칠이 ~
· 며칠이 걸리다 花几天时间
며칠이 걸리더라도 저는 기다리겠습니다.
· 며칠이 지나다 过了几天
그로부터 며칠이 지났는지 나는 모른다.
· 며칠이 지나가다 过了几天
석 달하고도 며칠이 더 지나갔다.
· 며칠이 되다 有几天了
이 빵은 산 지 며칠이 된 것이다.
· 며칠이 흐르다 过了几天
며칠이 흘렀는지도 알 수 없었다.

며칠을 ~
· 며칠을 가다 过了几天
배를 타고 며칠을 가면 무인도가 나온다.
· 며칠을 기다리다 等了几天
며칠을 기다리다 못해 그 애 집에 찾아갔다.
· 며칠을 두다 放了几天
불 탄 자리에 며칠을 두고 연기가 끊어지지 않았다.
· 며칠을 보내다 度过了几天
거기서 나는 우울하고 서글픈 며칠을 보냈다.
· 며칠을 지내다 过了几天
며칠을 지냈을까?

0724 면담 (面談)
面谈

면담 + N

· 면담 시간 面谈时间

· 면담 요청 请求面谈

면담 + V

면담을 ~
· 면담을 거절하다 拒绝面谈
면담을 신청했지만 그는 면담을 거절했다.
· 면담을 하다 面谈
부모님이 선생님과 면담을 했다.

0725 면적 (面積)
面积

면적 + V

면적이 ~
· 면적이 넓다 面积大
주차장 면적이 꽤 넓군요.
· 면적이 좁다 面积小
그 나라는 인구에 비해 면적이 좁다.
· 면적이 줄다 面积减小
주차할 수 있는 면적이 줄었다.

0726 면접 (面接)
面试

면접 – N

· 면접시험 面试

면접 + N

· 면접 대상자 面试对象
· 면접 조사 面试调查

면접 + V

면접을 ~
· 면접을 보다 参加面试
내일 회사 면접을 본다.
· 면접을 치르다 进行面试
입학시험 면접을 무사히 치렀다.

0727 면허증 [머너쯩](免許證)

驾驶执照

면허증 + Ⓥ

면허증을 ~

· 면허증을 따다 考取驾驶执照
면허증을 따기 위해 운전학원에 다닌다.

· 면허증을 제시하다 出示驾驶执照
면허증을 제시해 주십시오.

0728 멸치

鳀鱼

멸치 + Ⓝ

· 멸치 국물 鳀鱼汤
· 멸치 볶음 炒鳀鱼
· 멸치 액젓 鳀鱼露

멸치 + Ⓥ

멸치를 ~

· 멸치를 넣다 放鳀鱼
멸치를 넣고 국을 끓였다.

· 멸치를 잡다 捕捞鳀鱼
그 배는 바다에서 멸치를 잡는다.

0729 명 (命)

寿命

명 + Ⓥ

명이 ~

· 명이 길다 寿命长
그 집안 사람들은 대부분 명이 길다.

· 명이 짧다 寿命短
명이 짧아서 꿈을 모두 이루지 못했다.

0730 명령 [명녕](命令)

命令

명령 + Ⓥ

명령을 ~

· 명령을 거부하다 违抗命令
명령을 거부한 그는 벌을 받았다.

· 명령을 내리다 下命令
드디어 장군이 명령을 내렸다.

· 명령을 받다 接到命令
군사들은 이동하라는 명령을 받았다.

· 명령을 어기다 违抗命令
명령을 어긴 군인들은 휴가를 못 받았다.

· 명령을 하다 命令
밖으로 나오라고 명령을 했다.

명령에 ~

· 명령에 따르다 服从命令
명령에 따르지 않으면 처벌할 것이다.

· 명령에 복종하다 服从命令
군인은 무조건 명령에 복종해야 한다.

0731 명성 (名聲)

名声

명성 + Ⓥ

명성이 ~

· 명성이 높다 名声大
일출봉이 새로 뜨는 해를 보는 곳으로 명성이 높다.

· 명성이 자자하다 声名远扬
그는 서예 쪽에도 명성이 자자했다.

명성을 ~

· 명성을 날리다 扬名
해외 특파원으로 명성을 날리고 있는 사람도 있습니다.

· 명성을 떨치다 驰名
우리 잡지는 그들의 열정과 정신을 대변하는 잡지로
명성을 떨치게 되었다.

· 명성을 얻다 成名, 得名
그는 해외 영화제에서 호평 받으면서 명성을 얻었다.

0732 명예 (名譽)
名誉, 声誉

· 명예 교수 名誉教授
· 명예 기자 名誉记者
· 명예 회복 恢复名誉
· 명예 회장 名誉会长
· 명예 훼손 损害名誉

명예가 ~
· 명예가 손상되다 名誉受损
이 명예가 손상되지 않도록 노력하였다.

명예를 ~
· 명예를 걸다 以名誉担保
선수들은 우리 나라의 명예를 걸고 경기를 했다.
· 명예를 더럽히다 玷污名誉
우리 집안의 명예를 더럽혔어.
· 명예를 높이다 提高声誉
경기에서도 꼭 금메달을 따서 학교의 명예를 높여 주세요.
· 명예를 손상시키다 使名誉受损
가문의 명예를 손상시키지 않도록 노력해야 한다.
· 명예를 실추시키다 使名誉扫地
이번 보도는 회사와 경영진의 명예를 실추시켰다.
· 명예를 얻다 获得名誉
그 영화를 통해 부와 명예를 얻었다.
· 명예를 잃다 丧失名誉
그 추문으로 그동안 쌓은 명예를 잃어버렸다.
· 명예를 지키다 维护名誉
자기 고향의 명예를 지킨다는 것은 거의 본능과도 같은 일이다.
· 명예를 찾다 重获声誉
잃어버린 명예를 찾기는 쉽지 않다.
· 명예를 추구하다 求名, 争名
나는 돈보다 명예를 추구하며 살고 싶다.
· 명예를 회복하다 恢复名誉
아버지의 실추된 명예를 회복하는 방안을 찾고 있다.
· 명예를 훼손하다 损害名誉
처음부터 그분의 명예를 훼손할 의도는 없었다.

명예에 ~
· 명예에 먹칠하다 玷污名誉
그런 행동으로 우리 학교의 명예에 먹칠하다니!

· 실추된 명예 蒙羞的声誉
실추된 명예가 오히려 회복되었다.

0733 명절 (名節)
节日

· 명절날 节日当天

· 명절 연휴 节日休假
· 명절 음식 节日食物

명절을 ~
· 명절을 맞다 适逢节日
명절을 맞아 아이들의 옷을 샀다.
· 명절을 쇠다 过节
명절을 쇠러 온 사람들로 집안이 가득하다.

0734 명찰 (名札)
胸牌, 名牌

명찰을 ~
· 명찰을 달다 戴胸牌, 戴名牌
가슴에 명찰을 달고 있었다.

0735 명함 (名銜)
名片

· 명함 지갑 名片夹

명함을 ~
· 명함을 건네다 递名片
그는 명함을 건네고 자리를 떠났다.
· 명함을 돌리다 分发名片
새로 만난 사람들에게 명함을 돌렸다.
· 명함을 주고받다 交换名片
두 사람은 명함을 주고받았다.
· 명함을 찍다 印名片
처음으로 명함을 찍으니 기분이 좋다.

惯

· 명함을 내밀다 介绍, 推介(自己)
학계에 처음으로 명함을 내밀었다.

0736 모
棱角

모 + ⓥ

모가 ~
· 모가 나다 有棱角
그는 성격이 모가 나지 않아서 친구가 많다.

0737 모금 (募金)
募捐

모금 + ⓝ

· 모금 단체 募捐组织
· 모금 방송 募捐广播
· 모금 액수 募捐额度

모금 + ⓥ

모금을 ~
· 모금을 하다 募捐
불우 이웃을 돕기 위해 모금을 했다.

0738 모기
蚊子

모기 + ⓝ

· 모기 소리 蚊子声

모기 + ⓥ

모기를 ~
· 모기를 잡다 抓蚊子
모기를 잡아야 잠을 잘 수 있다.

모기에 ~
· 모기에 물리다 被蚊子咬
모기에 물린 곳이 간지럽다.

0739 모니터 (monitor)
监视器

모니터 + ⓝ

· 모니터 스크린 监视器屏幕

모니터 + ⓥ

모니터를 ~
· 모니터를 하다 监控, 监视, 查看
그 배우는 항상 자신의 영화를 모니터를 했다.

0740 모델 (model)
模特, 样本, 榜样

모델 + ⓥ

모델로 ~
· 모델로 삼다 以……为榜样
나는 김 교수님을 모델로 삼고 공부하고 있다.

0741 모래
沙子

모래 + ⓝ

· 모래 길 沙子路
· 모래 먼지 沙尘

· 모래 바닷가 沙滩
· 모래 바람 夹杂着沙子的风
· 모래 속 沙子里
· 모래 언덕 沙丘
· 모래 위 沙子上面
· 모래 폭풍 沙尘暴

모래 + Ⓥ

모래를 ~

· 모래를 넣다 放沙子
온 동네 사람들이 가마니에 모래를 넣어 둑을 쌓았다.
· 모래를 뿌리다 撒沙子
해수욕장에서 모래를 뿌리며 장난을 쳤다.
· 모래를 쌓다 堆沙子
바닷가에서 모래를 쌓으며 놀았다.
· 모래를 섞다 掺沙子
흙과 모래를 섞어 쌓았다.
· 모래를 파다 挖沙子
모래를 파내자 물이 나왔다.

0742 **모범** (模範)
模范

모범 - Ⓝ

· 모범상 模范奖
· 모범택시 模范出租车（韩国的一种高级出租车）

모범 + Ⓝ

· 모범 답안 标准答案
· 모범 학급 模范年级

모범 + Ⓥ

모범이 ~
· 모범이 되다 成为模范
반장은 모범이 되는 행동을 해야 한다.

모범을 ~
· 모범을 보이다 做表率
어른들이 먼저 모범을 보여야 한다.

0743 **모습**
模样，面目，面貌

모습 + Ⓥ

모습이 ~
· 모습이 그려지다 模样勾画出来
아버지의 모습이 눈에 선하게 그려졌다.
· 모습이 나타나다 模样显现
UFO의 모습이 나타났다.
· 모습이 달라지다 模样改变
시대를 따라 범죄의 모습이 달라지기도 한다.
· 모습이 떠오르다 模样浮现出来
놀이터 앞을 지나다 문득 어릴 적 내 모습이 떠올랐다.
· 모습이 변하다 面容改变
딸의 모습이 어디가 변했는지 살펴보았다.
· 모습이 보이다 看见……的模样
멀리서 엄마의 모습이 보이기 시작했다.
· 모습이 비추다 映出……的模样
그의 모습이 거울에 여러 번 비추었다.
· 모습이 아른거리다 ……的模样在眼前晃动
그의 모습이 아른거리다가 사라졌다.
· 모습이 아름답다 模样很漂亮
두 사람이 화해하면서 악수하는 모습이 아름답다.
· 모습이 어른거리다 模样影影绰绰
그의 머릿속에는 아버지의 모습이 어른거렸다.
· 모습이 어리다 浮现……的模样
형의 태도에는 어쩐지 아버지의 모습이 어려 있었다.
· 모습이 역력하다 模样历历在目
경기에 지지 않으려고 노력하는 모습이 역력했다.

모습을 ~
· 모습을 가리다 掩盖……的面目
이런 영화관에는 사물의 진짜 모습을 가리는 허상만
있을 뿐이다.
· 모습을 갖추다 具有……的形态
미래의 컴퓨터는 과연 어떤 모습을 갖추게 될까.
· 모습을 그리다 描绘……的模样
책상에 앉아서 이 편지를 읽을 너의 모습을 그려본다.
· 모습을 닮다 长得像
어머님의 모습을 닮아가는 것이 내 목표이다.
· 모습을 드러내다 显露……的模样
거대한 배가 서서히 모습을 드러내기 시작했다.
· 모습을 바꾸다 改变模样
영상 속의 캐릭터가 끊임없이 모습을 바꾼다.
· 모습을 보이다 显示……的样子模样
컴퓨터와 통신이 펼치는 정보화 사회의 모습을 보여주

고 있다.

· 모습을 상상하다 想象……的样子
여자들은 예쁜 모습을 상상하며 병원에 간다.

· 모습을 지니다 具有……的模样
우리의 삶도 다양한 모습을 지닌다.

· 모습을 읽다 解读……的模样
그래도 나는 그들의 솔직한 모습을 읽어 냈다.

· 모습을 훔쳐보다 偷看……的模样
상대방의 모습을 잘 훔쳐보기 위해 거울을 잘 닦아 두었다.

모습으로 ~

· 모습으로 나타나다 以……的面貌显现
현실 세계에서 과연 어떤 모습으로 나타날까?

· 모습으로 다가오다 以……的面貌走近
그는 늘 그런 진정한 선비의 모습으로 다가온다.

· 모습으로 돌아오다 以……的面貌回来
딸은 2년 만에 풀이 죽은 모습으로 돌아왔다.

· 모습으로 바뀌다 变成……的模样
아버지는 어떤 모습으로 바뀌었을까.

· 모습으로 변하다 变成……的模样
결혼식을 마친 후에 그는 성숙한 모습으로 변해 있었다.

모습에 ~

· 모습에 놀라다 被……的模样吓了一跳
선생님의 변화된 모습에 주변에서 놀라고 있다.

· 모습에 반하다 被……的模样迷住了
아까 춤추는 그녀의 모습에 반했습니다.

· 모습에 실망하다 因为……的样子而感到失望
그녀는 남편의 무책임한 모습에 실망했다.

Ⓐ + 모습

· 꿋꿋한 모습 刚毅的形象
남자라서 꿋꿋한 모습 보이느라 언제나 외로움을 참았구나.

· 당당한 모습 堂堂正正的形象
늘 당당한 모습으로 힘차게 앞을 향해 나가는 당신을 정말 사랑해.

· 새로운 모습 新形象
그동안 독자 분들이 보내 주신 응원에 새로운 모습으로 보답하겠습니다.

· 아름다운 모습 美丽的姿态
이 건물은 세계에서 가장 규모가 크고 아름다운 모습으로 태어났다.

· 약한 모습 柔弱的样子
엄마에게 이렇게 약한 모습을 보여 줘서는 안 된다는 생각이 들었다.

0744 모양 (模樣)
样子，样态

모양 + Ⓥ

모양이 ~

· 모양이 나다 漂亮
조금도 모양이 나지 않는다.

· 모양이 다양하다 形状多样
구름의 모양이 매우 다양하다.

· 모양이 다르다 外形不同
다른 무덤들과는 조금 모양이 달랐다.

· 모양이 똑같다 样子完全一样
CD-ROM은 우리가 흔히 보는 음악 CD와 모양이 똑같다.

· 모양이 변하다 样子发生改变
달 모양은 매일 조금씩 변한다.

· 모양이 좋다 样子好
귀고리는 크지 않고 단순한 모양이 좋다.

모양을 ~

· 모양을 갖다 有……的样子
지문(指紋)은 사람마다 고유한 모양을 갖고 있다.

· 모양을 갖추다 有……的样子
우리들의 마음도 조금씩 다른 모양을 갖추고 있다.

· 모양을 고치다 变换……的造型
가기 전에 그녀는 머리 모양을 몇 번 고쳐보았다.

· 모양을 내다 打扮漂亮
당신도 예쁜 옷을 차려 입고 모양을 내고 싶을 때가 있나요?

· 모양을 바꾸다 改变模样
어떤 것은 없어지는 것이 아니라 다만 모양을 바꿀 뿐이다.

· 모양을 잡다 确定形状，塑型
이것을 랩으로 모양을 잡은 뒤 냉동실에 넣어 얼린다.

Ⓐ + 모양

· 단순한 모양 简单的模样
문제의 핵심은 단순한 모양 갖추기가 아니다.

· 예쁜 모양 漂亮的模样
얼마나 신기하고 예쁜 모양입니까?

0745 모임
聚会

공식적인 모임에는 정장을 입고 가는 것이 좋다.

모임 + ⓥ

모임이 ~

· **모임이 결성되다** 组织聚会
이산가족 모임이 처음으로 결성됐다.

· **모임이 끝나다** 聚会结束
모임이 끝나자 우리는 휴가를 떠났다.

· **모임이 시작되다** 聚会开始
올해 3월부터 이 모임이 시작되었다.

· **모임이 열리다** 举行聚会
지방 곳곳에서 추모 모임이 열린다.

· **모임이 이루어지다** 组织聚会
고등학교 동창 모임이 이루어졌다.

· **모임이 있다** 有聚会
부부 동반 모임이 있었던 모양이다.

모임을 ~

· **모임을 가지다** 聚会
첫 가족 모임을 가졌다.

· **모임을 갖다** 聚会
목표를 같이하는 사람들과 일주일에 한 번씩 모임을
갖는다.

· **모임을 구성하다** 组成……集会
이들은 시민사회지도자 모임을 구성했다.

· **모임을 끝내다** 结束聚会, 结束会议
결국 그가 이날의 모임을 끝낼 수밖에 없었다.

· **모임을 열다** 举行聚会
오는 8월에도 같은 모임을 열기로 합의했다.

· **모임을 운영하다** 举办……聚会
친구들과 독서 모임을 운영하려고 합니다.

모임에 ~

· **모임에 가다** 参加聚会
나도 승리 축하 모임에 꼭 가고 싶었다.

· **모임에 나가다** 去参加聚会
2년째 모임에 꼬박꼬박 나가고 있다.

· **모임에 나오다** 来参加聚会
다시는 이런 모임에 나오지 말아야지 하고 생각했다.

· **모임에 참가하다** 参加聚会
이 모임에 참가하고 있는 회원 모두가 한 가족이다.

· **모임에 참석하다** 参加聚会
신입생 모임에 참석하기 위해 밖으로 나갔다.

· **모임에 참여하다** 参加聚会
동창회 모임에 적극 참여해야만 한다.

· **모임에 초대하다** 邀请参加聚会
그들은 나도 모임에 초대해 주었다.

ⓐ + 모임

· **공식적인 모임** 正式聚会

0746 **모자**[1] (帽子)

帽子

모자 + ⓝ

· **모자 챙** 帽檐儿
· **모자 통** 帽筒

모자 + ⓥ

모자를 ~

· **모자를 걸다** 挂帽子
모자를 못에 건다.

· **모자를 눌러쓰다** 压低帽子
평소대로 야구 모자를 눌러쓰고 밖으로 나갔다.

· **모자를 벗다** 摘帽子
그는 열이 나는지 운동복에 달린 모자를 벗었다.

· **모자를 쓰다** 戴帽子
어머니는 분홍색 모자를 썼다.

· **모자를 씌우다** 给……戴帽子
일어나자마자 모자를 씌워 내보냈다.

ⓐ + 모자

· **빨간 모자** 红帽子
산타 할아버지가 빨간 모자를 쓰고 있다.

· **헌 모자** 旧帽子
헌 모자 있으시면 잠깐 좀 빌리십시오.

0747 **모자**[2] (母子)

母子

모자 + ⓝ

· **모자 건강 교육** 母子健康教育
· **모자 보건** 母子保健
· **모자 사이** 母子之间

0748 **모집** (募集)

募集, 招募

모집 + N

· 모집 광고 招募广告
· 모집 단위 招聘单位
· 모집 요강 招聘简章
· 모집 인원 招募的人员
· 모집 정원 募集人数

모집 + V

모집을 ~

· 모집을 하다 招募
직원 모집을 하는 광고를 보았다.

0749 모퉁이
拐角

모퉁이 + V

모퉁이를 ~

· 모퉁이를 돌다 拐弯
모퉁이를 돌아 직진하면 집이 나온다.

0750 목
脖子, 嗓子, 生命

목 - N

· 목둘레 领围, 领口
· 목주름 颈部皱纹

목 + N

· 목 안 嗓子里面
· 목 언저리 脖子周围

목 + V

목이 ~

· 목이 길다 脖子长
그녀는 기린처럼 목이 길다.
· 목이 달아나다 丢脑袋, 丢命
그 중의 서너 명은 목이 달아났다.
· 목이 달리다 人命关天, 性命攸关

우리한테는 목이 달린 일이다.
· 목이 떨어지다 掉脑袋
사장님이 알면 내 목이 떨어집니다.
· 목이 마르다 嗓子干
짠 음식을 먹어서인지 목이 마르다.
· 목이 막히다 嗓子说不出话来
대답을 해야 하는데 목이 막혔다.
· 목이 메다 哽咽
목이 메어 말을 할 수 없었다.
· 목이 부러지다 脖子断了
목이 부러진 새처럼 그녀는 고개를 숙였다.
· 목이 붓다 嗓子肿了
하루 종일 말을 했더니 목이 부어서 그래.
· 목이 뻣뻣하다 脖子僵硬
멀어져 가는 마을을 그는 목이 뻣뻣해질 때까지 뒤돌아보았다.
· 목이 쉬다 嗓子哑了
그날 밤 나는 목이 쉬도록 노래를 불렀다.
· 목이 아프다 嗓子疼
감기로 인해 목이 아픈 것이다.
· 목이 잠기다 嗓子哑了
목이 잠겨서 말이 안 나온다.
· 목이 졸리다 脖子被勒住
소년은 목이 졸려 숨졌다고 경찰은 말한다.
· 목이 찢어지다 喊破嗓子
할머니가 목이 찢어지도록 손자 이름을 불러 봤습니다.
· 목이 짧다 脖子短
그 남자는 얼굴이 네모나고 유난히 목이 짧다.
· 목이 칼칼하다 嗓子冒烟
작업장에 들어서자 매연으로 목이 칼칼해진다.
· 목이 터지다 喊破嗓子
학생들은 목이 터져라 응원했다.
· 목이 텁텁하다 嗓子干涩
눈이 아프고 목이 텁텁하고 숨쉬기가 어렵다.
· 목이 파이다 露脖子
그녀는 목이 파인 스웨터를 입고 있었다.
· 목이 풀리다 脖子不疼了
목이 풀린 것 같다.

목을 ~

· 목을 가다듬다 清嗓子
입술에 침을 발라 목을 가다듬었다.
· 목을 가누다 挺脖子
아기는 목을 잘 가누지 못한다.
· 목을 낮추다 降低嗓音
그는 말꼬리를 흐리며 목을 낮추었다.
· 목을 내밀다 伸脖子
물 밖으로 목을 내밀고 숨을 쉬었다.
· 목을 늘어뜨리다 垂下头

사람들 턱 밑에까지 가서 목을 늘어뜨리고 슬프게 울었어요.
· **목을 돌리다** 声音恢复过来
수술 후 아직 목을 제대로 돌리기가 힘들다.
· **목을 매다** 上吊
목을 매어 자살했다.
· **목을 매달다** 上吊, 吊脖子
최근에 목을 매달아 자살한 사례가 많다.
· **목을 베다** 砍头
마지막 병사가 그 남자의 목을 베어 죽였다.
· **목을 비틀다** 扭断脖子
닭의 목을 비틀어도 새벽은 온다.
· **목을 빼다** 伸长脖子
기린이 나뭇잎들을 먹기 위해 목을 빼다 보니까 목이 점점 길어졌다.
· **목을 뽑다** 伸出脖子
달팽이는 언제나 목을 뽑아 주위를 두리번거린다.
· **목을 움츠리다** 缩脖子
겨울이 되면 사람들은 몸을 움츠리고 걷는다.
· **목을 자르다** 斩首
장군은 손으로 목을 자르는 시늉을 했다.
· **목을 조르다** 卡脖子, 扼喉
잘 때에 목을 졸라버려라.
· **목을 조이다** 让人窒息
불안이 목을 조여 왔다.
· **목을 죄다** 勒脖子
그의 목을 죄는 손이 끈질기다.
· **목을 축이다** 润嗓子
목을 축이기 위해 냉장고로 달려갔다.
· **목을 치다** 砍头
적군의 목을 쳐서 죽였다.

목에 ~
· **목에 가시가 걸리다** 嗓子里扎了根刺
점심을 먹다가 목에 가시가 걸렸다.

· **목을 매다** 拴住, 缠住
그녀는 그에게 매일 전화를 하고 선물을 줄 정도로 목을 매고 있다.
· **목을 놓다** 放声
'불쌍한 내 딸아!' 하고 어머니는 목을 놓아 통곡을 한다.
· **목이 타다** 嗓子冒烟
땀을 많이 흘렸더니 목이 탄다.
· **목이 빠지도록(빠지게) 기다리다** 望穿秋水
목이 빠지도록 기다리다 지쳐서 포기했다.
· **목에 핏대를 세우다** 脸红脖子粗
정치 이야기를 하면서 목에 핏대를 세운다.

0751 **목걸이** [목꺼리]
项链

목걸이 + Ⓥ

목걸이를 ~
· **목걸이를 걸다** 戴项链
그녀는 목걸이를 목에 걸었다.
· **목걸이를 하다** 戴项链
그리고 너 남자가 무슨 목걸이를 하고 다니니?

Ⓐ + 목걸이

· **예쁜 목걸이** 漂亮的项链
이것은 학생들 사이에서 유행하는 예쁜 목걸이다.

0752 **목록** [몽녹](目錄)
目录

목록 + Ⓥ

목록을 ~
· **목록을 만들다** 列清单
다양한 자료 목록을 만들어서 일을 처리했다.
· **목록을 작성하다** 制作目录, 编目
필요한 물건의 목록을 작성해 주세요.
· **목록을 확인하다** 核对目录
빠진 것이 없는지 목록을 확인하세요.

0753 **목소리** [목쏘리]
声音

목소리 + Ⓥ

목소리가 ~
· **목소리가 나오다** 出声
목소리가 나오지 않았다.
· **목소리가 높다** 声音高
목소리가 높다 보니 목에도 무리가 많이 갑니다.
· **목소리가 높아지다** 调门提高
나도 모르게 목소리가 높아졌다.
· **목소리가 들리다** 声音传来

문 밖에서 엄마의 목소리가 들렸다.

· **목소리가 들려오다** 声音传过来
전화 저편에서 울음 섞인 목소리가 들려왔다.

· **목소리가 떨리다** 声音颤抖
내 목소리가 떨려 나왔다.

· **목소리가 밝다** 声音宏亮
아내의 목소리가 한결 밝아졌다.

· **목소리가 변하다** 变声
어느 날 자신의 목소리가 변해 있음을 발견했다.

· **목소리가 정답다** 声音亲切
본사 여직원의 맑은 목소리가 정답다.

· **목소리가 좋다** 声音好听
목소리가 좋기만 하던데요.

· **목소리가 크다** 声音大
응원을 할 때는 목소리가 큰 사람이 유리하다.

· **목소리가 흘러나오다** 声音传来
방문 저쪽에서 무심한 목소리가 흘러나왔다.

목소리를 ~

· **목소리를 가다듬다** 清嗓子
노래를 시작하기 전에 목소리를 가다듬었다.

· **목소리를 가지다** 拥有……的嗓音
사람들은 서로 다른 목소리를 가지고 있다.

· **목소리를 낮추다** 压低声音
그녀는 목소리를 낮추어 말했다.

· **목소리를 내다** 出声
아이가 작은 목소리를 냈다.

· **목소리를 높이다** 提高嗓音
그는 화가 나도 목소리를 높이지 않는다.

· **목소리를 돋우다** 提高嗓音
그가 목소리를 돋우어 노래를 신나게 불렀다.

· **목소리를 듣다** 听声音
자신의 목소리를 주의 깊게 들어 보아라.

· **목소리를 죽이다** 压低声音
도서관에 있는지 그가 목소리를 죽이고 대답했다.

Ⓐ + 목소리

· **굵은 목소리** 粗嗓音
안에서 남자의 굵은 목소리가 흘러나왔다.

· **나직한 목소리** 低声
나직한 목소리가 앞을 가로막았습니다.

· **낮은 목소리** 低沉的声音
등 뒤로 남자들의 낮은 목소리가 들려왔다.

· **낯선 목소리** 陌生的声音
웬 낯선 목소리가 나를 깨운다.

· **낯익은 목소리** 熟悉的声音
어디선가 낯익은 목소리가 들려서 쳐다보니 바로 엄마였다.

· **떨리는 목소리** 颤抖的声音
떨리던 목소리가 선을 긋듯 명료해졌다.

· **쉰 목소리** 沙哑的声音
쉰 목소리로 나에게 말했다.

· **큰 목소리** 大声
그저 보통에서 조금 큰 목소리 축에 들어설 정도이다.

· **탁한 목소리** 浑浊的声音
손님의 탁한 목소리가 이어졌다.

· **흥분한 목소리** 激动的声音
아나운서가 흥분한 목소리로 말했다.

慣

· **목소리에 귀 기울이다** 洗耳恭听
인간은 양심의 목소리에 귀 기울여야 한다.

· **목소리가 크다** 说话有力度
그들은 소수이면서도 목소리가 컸다.

· **목소리가 높다** 呼声高
지구를 살리자는 목소리가 높아지고 있다.

0754 **목숨** [목쑴]
生命

목숨 + Ⓥ

목숨이 ~

· **목숨이 다하다** 走完生命的最后一程
그는 결국 오늘 아침에 목숨이 다했다.

목숨을 ~

· **목숨을 건지다** 逃生, 获救
구조대원 덕분에 아이가 목숨을 건졌다.

· **목숨을 걸다** 搭上性命
별것 아닌 일에 목숨을 거는 사람이 많다.

· **목숨을 빼앗다** 夺去生命
화재가 가족의 소중한 목숨을 빼앗았다.

· **목숨을 아끼다** 珍惜生命
소방대원들은 자신의 목숨을 아끼지 않고 사람들을 구했다.

· **목숨을 잃다** 丧命
전쟁으로 많은 사람들이 목숨을 잃었다.

慣

· **목숨을 거두다** 去世
선생님께서 어제 목숨을 거두셨습니다.

· **목숨을 끊다** 结束生命
그는 스스로 목숨을 끊었다.

· 목숨을 바치다 献出生命
군인들은 나라를 위해 목숨을 바쳤다.
· 목숨을 버리다 一死了之，了结生命
그는 스스로 강물에 목숨을 버렸다.
· 목숨이 왔다 갔다 하다 性命堪忧
목숨이 왔다 갔다 하는 판에 돈이 중요합니까?

0755 **목욕** [모곡](沐浴)
洗澡

목욕 – N

· 목욕물 洗澡水
· 목욕탕 洗澡堂

목욕 + N

· 목욕 용품 洗浴用品

목욕 + V

목욕을 ~
· 목욕을 가다 去洗澡
매주 일요일마다 목욕을 갑니다.
· 목욕을 시키다 给……洗澡
하루에 한번 목욕을 시켜야 건강하게 자란다.
· 목욕을 하다 洗澡
땀을 많이 흘려서 목욕을 해야겠어요.

0756 **목욕탕** [모곡탕](沐浴湯)
澡堂

목욕탕 + N

· 목욕탕 때밀이 澡堂搓澡
· 목욕탕 문화 澡堂文化
· 목욕탕 물 澡堂水
· 목욕탕 청소 清扫澡堂

목욕탕 + V

목욕탕에 ~
· 목욕탕에 가다 去洗澡堂
목욕탕에 가면 참 많은 사람들을 만난다.

· 목욕탕에 들어가다 进洗澡堂
일층의 목욕탕에 들어가 뜨거운 물에 몸을 담갔다.
목욕탕에서 ~
· 목욕탕에서 나오다 从澡堂出来
몸을 씻고 목욕탕에서 나왔다.
· 목욕탕에서 목욕하다 在澡堂洗澡
일주일에 한 번씩 목욕탕에서 목욕을 한다.

0757 **목적** [목쩍](目的)
目的，目标

목적 – N

· 목적의식 目标意识

목적 + N

· 목적 달성 实现目标
· 목적 지향 追求目标

목적 + V

목적이 ~
· 목적이 달성되다 达到目的
금메달을 따겠다는 목적이 달성되었다.
· 목적이 되다 成为目标
자격증은 그 자체가 목적이 되어서는 안 된다.
· 목적이 분명하다 目标明确
목적이 분명한 일이니까 양쪽이 잘 협의해 나가면 별
일이 없을 거야.
· 목적이 아니다 不是目的
돈은 목적이 아니라 수단이다.
· 목적이 없다 没有目标
뚜렷한 목적이 없잖아.
· 목적이 있다 有目的
말에는 반드시 목적이 있다.
목적을 ~
· 목적을 가지다 有的目的
도대체 무슨 목적을 가지고 있는 거야?
· 목적을 갖다 有的目的
무엇이든 목적을 갖고 해야 한다.
· 목적을 달성하다 达到目的
무슨 일이든 돈만 가지고는 목적을 달성할 수 없다.
· 목적을 두다 目标在于……
법은 사회의 정의를 구현하는 데 그 목적을 두고 있다.
· 목적을 띠다 有……的目标

그 곳은 아마도 특수한 목적을 띤 어떤 학교 같았다.

· **목적을 세우다** 树立目标
어떤 학교도 정치적 목적 이상의 목적을 세울 수 없다.

· **목적을 실현하다** 达到目的
모든 광고는 그 목적을 실현하기 위한 도구이다.

· **목적을 이루다** 达成目标
흔히 행복감은 목적을 이루었을 때 온다고 한다.

· **목적을 잊다** 忘记目标
언제나 목적을 잊지 말아야 한다.

· **목적을 잃다** 失去目标
나는 언제부터인가 인생의 목적을 잃어버리고 있었다.

목적에 ~

· **목적에 도달하다** 达到目的
그 목적에 도달하기까지 멈추지 말고 노력하라.

· **목적에 사용하다** 用于……的目的
정부는 이 영화를 정치적인 목적에 사용했다.

· **목적에 종속하다** 从属于……的目的
1980년대 운동 경기는 정치적인 목적에 종속했다.

· **목적에 이바지하다** 为……的目的服务
우리 동아리는 공공의 목적에 이바지하는 동아리이다.

목적으로 ~

· **목적으로 만들다** 以……为目的而做
신발은 원래 발을 보호하기 위한 목적으로 만들어진 것이다.

· **목적으로 사용하다** 出于……的目的而使用
본 조사 연구는 이 방법을 두 가지 목적으로 사용하였다.

· **목적으로 삼다** 作为目的
의학은 질병의 예방과 처방을 목적으로 삼고 있다.

· **목적으로 설립되다** 以……为目的而设立
이 기관은 가난한 사람을 도울 목적으로 설립된 것이다.

· **목적으로 하다** 以……为目的
조선시대 학문은 주로 과거 합격을 목적으로 한 것이었다.

0758 **목표** (目標)
目标

목표 + Ⓝ

· **목표 달성** 实现目标

목표 + Ⓥ

목표를 ~

· **목표를 달성하다** 实现目标
올해 목표를 달성했다.

· **목표를 설정하다** 设定目标
인생의 목표를 설정하고 노력해라.

· **목표를 세우다** 设定目标
목표를 세웠다면 끝까지 최선을 다해라.

· **목표를 정하다** 设定目标
새해 아침에 한해의 목표를 정하니 뿌듯하다.

0759 **몫** [목]
份儿

몫 + Ⓥ

몫을 ~

· **몫을 나누다** 分份儿
몫을 정확하게 나눠서 가져라.

· **몫을 차지하다** 占一定份额
봉사 활동은 교육에서 큰 몫을 차지한다.

· **몫을 챙기다** 拿（自己的）那份儿
모두들 자기 몫을 챙기기에 바쁘다.

0760 **몸**
身体

몸 - Ⓝ

· **몸단장** 打扮
· **몸수색** 搜身
· **몸조심** 小心身体

몸 + Ⓝ

· **몸 관리** 照顾身体
· **몸 속** 体内
· **몸 전체** 整个身体
· **몸 안** 身体里面
· **몸 위** 身体上面

몸 + Ⓥ

몸이 ~

· **몸이 가볍다** 身体轻快
이 약을 오래 복용하면 몸이 가벼워지고 장수한다.

· **몸이 건강하다** 身体健康

252

그녀는 몸은 건강한 편이지만 술에 약한 편이다.

· **몸이 굳다** 身体僵硬
오래 있으면 몸이 딱딱하게 굳어 버릴 거야.

· **몸이 떨리다** 身体颤抖
너무 긴장돼서 나도 모르게 몸이 저절로 떨렸다.

· **몸이 뚱뚱하다** 身体肥胖
요즘 몸이 뚱뚱한 사람들이 늘고 있다.

· **몸이 마비되다** 身体麻痹
온 몸이 마비된 사람이 입에 붓을 물고 그림 그린다.

· **몸이 무겁다** 身体发沉
잠을 자도 피곤하고 몸이 무거워요.

· **몸이 불편하다** 身体不舒服
몸이 불편한 남편은 어려서부터 음악을 좋아했다.

· **몸이 붓다** 身体浮肿
임신 7개월 정도가 되면 얼굴과 몸이 붓기 시작한다.

· **몸이 쏠리다** 身体向一侧倾斜
차에 타고 있던 사람들의 몸이 이쪽저쪽으로 쏠렸다.

· **몸이 쑤시다** 浑身酸痛
나는 밤이면 몸이 쑤시고 고통스럽다.

· **몸이 아프다** 身体不舒服
제가 지금 몸이 아파 우는 게 아니에요.

· **몸이 약하다** 身体弱
사람이 몸이 약해지면, 마음도 약해질 수밖에 없다.

· **몸이 여위다** 身体瘦弱
병에 걸린 그는 몸이 여위었다.

· **몸이 이상하다** 身体异常
그런데 어느 날부턴가 몸이 좀 이상했습니다.

· **몸이 작다** 个头小
열네 살 나이에 비해서 아이는 몸이 작은 편이다.

· **몸이 좋다** 身体好
그날 몸이 좋지 않아 일찍 퇴근했다.

· **몸이 튼튼하다** 身体结实
마음대로 공놀이를 하려면 먼저 몸이 튼튼해야 한다.

· **몸이 편하다** 身体舒服
발이 편해야 몸이 편하다.

· **몸이 풀리다** 身体放松
피로해진 몸이 순간적으로 풀리는 듯하였다.

· **몸이 피곤하다** 身体疲倦
몸이 피곤해서 하루 종일 잠만 잤다.

· **몸이 허약하다** 身体虚弱
그 할머니는 몸이 허약하여 돌아가셨다.

몸을 ~

· **몸을 가누다** 撑住身子
몸을 가눌 수 없을 정도로 기력이 떨어졌다.

· **몸을 기대다** 倚靠
그는 벌떡 일어나 벽에 몸을 기대었다.

· **몸을 가리다** 挡住身体
야자나무가 그녀의 몸을 가렸다.

· **몸을 감싸다** 包住身体
이불로 그의 몸을 감싸 주었다.

· **몸을 낮추다** 低下身子
그들은 몸을 낮추고서 집 안의 동정을 살폈다.

· **몸을 닦다** 擦洗身体
젖은 수건으로 그 환자의 몸을 닦아 주었다.

· **몸을 담그다** 浸泡身体
목욕탕에 가서 따뜻한 물에 몸을 담갔다.

· **몸을 던지다** 纵身跳
내 방으로 돌아와서 침대에 몸을 던졌다.

· **몸을 데우다** 暖身子
이 약은 몸을 데워 주는 작용을 한다.

· **몸을 돌리다** 转过身子
몸을 돌려 언덕길을 걸어 내려간다.

· **몸을 떨다** 浑身战栗, 浑身颤抖
그녀는 이제 혼자 지내야 하는 세월 앞에 몸을 떨었다.

· **몸을 맡기다** 委身, 托身
어서 마음 푹 놓으시고 저희들한테 몸을 맡기세요.

· **몸을 붙이다** 贴靠在……
나는 벽 쪽으로 몸을 바싹 붙인다.

· **몸을 비키다** 闪躲
형은 얼른 몸을 비켜 피했다.

· **몸을 사리다** 脱身
결정적인 순간에 그 여자가 몸을 사렸던 것은 사실이다.

· **몸을 숨기다** 藏身
그는 사진관 모퉁이에서 몸을 숨겼다.

· **몸을 싣다** 乘坐……
무작정 고향으로 가는 표를 끊어 열차에 몸을 싣고 싶다.

· **몸을 씻다** 洗澡
몸을 씻지도 않은 채였다.

· **몸을 움직이다** 移动身体
일어나려고 몸을 움직이다가 손목을 삐었다.

· **몸을 아끼다** 爱惜身体
기름 아낄 생각 말고 몸을 아껴라.

· **몸을 움츠리다** 蜷缩身体
그녀는 갑작스런 그의 행동에 놀라 몸을 움츠렸다.

· **몸을 일으키다** 起身
간신히 몸을 일으켜 나왔네요.

· **몸을 조절하다** 调节身体
온도의 변화로 몸을 조절하는 방법은 얼마든지 있다.

· **몸을 지탱하다** 支撑身体
그 몸을 지탱해주고 있는 팔이 떨렸다.

· **몸을 틀다** 扭转身体
몸을 약간 틀어 작은 거울에 등을 비춰 보았다.

· **몸을 풀다** 放松身体
축구선수들이 운동장에서 몸을 풀고 있었다.

몸에 ~

· **몸에 끼다** 箍着身子

전보다 살이 쪄서 옷이 몸에 꽉 끼었다.

· **몸에 나쁘다** 对身体有害
담배는 역시 몸에 나쁘다.

· **몸에 달라붙다** 贴在身上
몸에 달라붙는 스웨터가 그녀의 몸매와 어울린다.

· **몸에 맞다** 大小合适
몸에 맞지 않은 옷은 누가 보아도 보기 싫은 겁니다.

· **몸에 맞추다** 量身
그녀가 옷을 쳐들어 그의 몸에 맞춰 보았다.

· **몸에 묻다** 粘在身上
그는 몸에 묻은 먼지를 털어냈다.

· **몸에 붙다** 紧贴在身上
옷이 몸에 붙으면 활동하기 불편하다.

· **몸에 유익하다** 对身体有益
과연 하루 두 끼 식사가 우리 몸에 유익한 것일까?

· **몸에 이롭다** 对身体有好处
몸에 이로운 약은 입에 쓰다는 것을 마음 속에 새긴다.

· **몸에 익히다** 熟悉
여성은 어려서부터 순종을 몸에 익히는 경우가 많다.

· **몸에 좋다** 对身体有好处
몸에 좋다니까 꼭꼭 씹어 먹었다.

· **몸에 지니다** 随身
언제부터인가 그는 사전을 몸에 지니고 다녔다.

· **몸에 해롭다** 对身体有害
사람들은 커피가 몸에 해롭다고 한다.

慣

· **몸 둘 바를 모르다** 不知所措
너무 감사해서 몸 둘 바를 모르겠네요.

· **몸에 배다** 习惯，熟悉
좋은 습관이란 자라면서 몸에 배도록 해야 한다.

· **몸을 더럽히다** 卖身
나는 절대로 내 몸을 더럽히지 않을 것이다.

· **몸을 풀다** 分娩
산후 조리원에서 몸을 풀었다.

· **몸이 나다** 长胖
결혼하더니 몸이 나고 얼굴이 많이 좋아졌다.

0761 **몸매**
身材

몸매 + Ⓝ

· **몸매 관리** 保持身材

몸매 + Ⓥ

몸매가 ~

· **몸매가 날씬하다** 身材苗条
그녀는 얼굴도 예쁘고 몸매도 날씬하다.

· **몸매가 좋다** 身材好
모델이 되려면 몸매가 좋아야 한다.

몸매를 ~

· **몸매를 가꾸다** 塑造好身材
그녀는 운동으로 몸매를 가꾼다.

· **몸매를 유지하다** 保持身材
몸매를 유지하기 위해 운동을 꾸준히 해야 한다.

Ⓐ + 몸매

· **날씬한 몸매** 苗条的身材
그녀는 날씬한 몸매를 유지하기 위해 열심히 운동한다.

0762 **몸무게**
体重

몸무게 + Ⓥ

몸무게가 ~

· **몸무게가 늘다** 体重增加
며칠 잘 먹었더니 몸무게가 많이 늘었다.

· **몸무게가 줄다** 体重减轻
감기에 걸린 후에 몸무게가 줄었다.

몸무게를 ~

· **몸무게를 재다** 量体重
그는 일주일에 한 번씩 몸무게를 잰다.

0763 **몸살**
浑身难受，感冒

몸살 - Ⓝ

· **몸살감기** 重感冒

몸살 + Ⓝ

· **몸살 기운** 感冒的苗头，感冒迹象

몸살 + Ⓥ

몸살이 ~

· **몸살이 걸리다** 浑身难受
몸살이 걸려서 움직일 수가 없다.

· **몸살이 나다** 浑身难受
그녀는 몸살이 나서 결석했다.

· **몸살이 심하다** 感冒很严重
몸살이 심해서 하루 종일 누워 있었다.

· **몸살이 나다** 要发疯了
그녀가 보고 싶어서 몸살이 날 지경이다.

0764 못¹ [몯]
钉子

못 + ⓥ

못을 ~

· **못을 박다** 钉钉子
벽에 못을 박아 그림을 걸었다.

· **못을 빼다** 拔钉子
못을 빼도 못 자국이 남는다.

· **못을 뽑다** 拔钉子
못을 뽑는 도구가 없어요.

· **못을 치다** 钉钉子
뚜껑에 못을 치는 소리 같다.

못에 ~

· **못에 걸다** 挂在钉子上
옷을 벗어서 못에 걸어 놓았다.

· **못에 걸리다** 被钉子勾住
그녀는 못에 걸린 옷을 들고 나갔다.

· **못에 매달리다** 挂在钉子上
무거운 것은 작은 못에 매달리지 못한다.

· **못에 찔리다** 让钉子扎了
못에 찔렸을 때 피가 나는 곳에 소금을 바르는 것이 좋다.

못으로 ~

· **못으로 고정시키다** 把……用钉子固定
벽에다 포스터를 못으로 고정시킨다.

· **못으로 고정되다** 被钉子固定住
방문이 못으로 고정돼서 열 수 없다.

· **못을 박다** 敲定
혹시라도 그녀가 엉뚱한 생각을 품는 일은 없도록 못

을 박아두어야 한다고 생각했다.

· **(가슴에) 못을 박다** 使……伤心
이제 네가 나쁜 짓을 해서 이 애비 가슴에 못을 박아?

0765 못² [몯]
茧子

못 + ⓥ

· **못이 박이다** 磨出茧子
손에 못이 박이도록 일했다.

0766 못³ [몯]
池塘

못 + ⓥ

못을 ~

· **못을 메우다** 填池塘
하룻밤 사이에 못을 메워 평지로 만들었다.

· **못을 파다** 挖池塘
궁내에 못을 파고 화초를 심었다.

Ⓐ + 못

· **깊은 못** 深潭
깊은 못에 이르지 않고서야 물에 빠지는 환란을 어찌 알 수 있으랴.

· **넓은 못** 大池塘
넓은 못에 연꽃이 활짝 피었다.

· **푸른 못** 碧绿的池塘
그 못이 바로 저기 내려다 보이는 푸른 못이다.

0767 무게
重量

무게 + ⓥ

무게가 ~

· **무게가 나가다** 重量上了……, 压秤
가방은 무게가 5kg이나 나간다.

무게를 ~

· 무게를 달다 称重
상자의 무게를 달아 봅시다.
· 무게를 재다 称重
수화물의 무게를 잰 후에 실어야 합니다.

惯

· 무게를 잡다 玩儿深沉, 装腔作势
그는 무게를 잡고 아무 말도 하지 않았다.

0768 무궁화 (無窮花)
木槿花

무궁화 + ℕ

· 무궁화 꽃 木槿花

0769 무기 (武器)
武器

무기 + ℕ

· 무기 거래 武器交易
· 무기 체계 武器体系

무기 + Ⓥ

무기로 ~
· 무기로 삼다 当做武器
권력을 무기로 삼아 폭력을 휘둘렀다.
· 무기로 하다 作为武器
돈을 무기로 해서 게임에서 승리했다.

Ⓐ + 무기

· 새로운 무기 新型武器
그 회사는 새로운 무기를 개발했다.

0770 무늬 [무니]
花纹, 纹路, 纹理

무늬 + Ⓥ

무늬가 ~
· 무늬가 그려지다 画着花纹
남자는 나뭇잎 무늬가 그려진 셔츠를 입었다.
· 무늬가 새겨지다 刻有花纹
그 자리에서 연꽃무늬가 새겨진 기와 조각들이 많이
나왔다.
· 무늬가 선명하다 纹理鲜明
이 여인은 무늬가 선명한 코트를 즐겨 입었다.
· 무늬가 없다 没有纹路
세상에 무늬가 없는 돌은 없을 것이다.
· 무늬가 있다 有花纹
무늬가 있는 내의를 즐겨 입었다.

무늬를 ~
· 무늬를 넣다 用花纹装饰
그 중에 무늬를 넣은 비단을 입고 있는 자가 있었다.
· 무늬를 만들다 绘制花纹
오색의 영롱한 무늬를 만들어낸다.
· 무늬를 새기다 雕刻花纹
교실 유리창에 요란한 무늬를 새겨놓고 있었다.
· 무늬를 수놓다 绣花纹
옷감에 다양한 무늬를 수놓아 아름다움을 더해 주었다.
· 무늬를 이루다 形成花纹
얼어붙은 눈이 무늬를 이룬다.

0771 무대 (舞臺)
舞台

무대 - ℕ

· 무대감독 舞台导演
· 무대미술 舞台美术
· 무대장치 舞台装置
· 무대조명 舞台照明

무대 + ℕ

· 무대 경험 舞台经验
· 무대 매너 舞台风度, 台风
· 무대 장식 舞台装饰
· 무대 체질 擅长表演, 有表演天赋

무대 + Ⓥ

무대에 ~
· 무대에 등장하다 登上舞台
그가 무대에 등장하자 박수가 터져 나왔다.

· 무대를 밟다 登台
무대를 밟을 수는 없었지만 열심히 준비했다.

· 무대에 서다 上台, 参演
그 가수가 무대에 서는지 궁금하다.

· 무대에 오르다 上台, 登台
유명한 배우들과 함께 무대에 올랐다.

· 무대에 올리다 演出
준비한 공연을 무대에 올렸다.

0772 무덤
坟墓

무덤 + Ⓝ

· 무덤 건축 建造坟墓
· 무덤 자리 墓地

무덤 + Ⓥ

무덤을 ~

· 무덤을 발굴하다 挖掘坟墓
고대 왕들의 무덤을 발굴하였다.

· 무덤을 파헤치다 毁坏坟墓
그들은 무덤을 파헤쳐서 보물을 훔쳤다.

무덤에 ~

· 무덤에 묻히다 被埋在坟墓里
그는 결국 무덤에 묻히고 말았다.

慣

· 무덤을 파다 自掘坟墓
제 손으로 무덤을 판 꼴이 됐습니다.

0773 무료 (無料)
免费

무료 + Ⓝ

· 무료 강좌 免费讲座
· 무료 개방 免费开放
· 무료 급식 免费供餐
· 무료 급식소 免费供餐处

· 무료 배달 免费送货
· 무료 셔틀버스 免费班车
· 무료 점검 免费检查

무료 + Ⓥ

무료로 ~

· 무료로 개방하다 免费开放
일주일에 한 번은 무료로 개방하고 있다.

· 무료로 들어가다 免费进入
나는 그를 따라 극장에 무료로 들어갈 수 있었다.

· 무료로 배포하다 免费分发
지침서를 전국 초등학교에 무료로 배포하고 있다.

· 무료로 보내다 免费送
나의 목표는 사람들에게 책을 무료로 보내 주는 것입니다.

· 무료로 빌려주다 免费租用
입구에서 유모차를 무료로 빌려주고 있다.

· 무료로 사용하다 免费使用
공공기관의 건물을 무료로 사용하였다.

· 무료로 이용하다 免费使用
그 데이터를 무료로 이용할 수 있다.

· 무료로 제공하다 免费提供
생일이라고 하면 샴페인도 무료로 제공됩니다.

· 무료로 주다 免费给
백포도주와 샴페인은 무료로 준다.

0774 무릎 [무릅]
膝盖

무릎 - Ⓝ

· 무릎관절 膝盖关节

무릎 + Ⓝ

· 무릎 부상 膝盖受伤
· 무릎 통증 膝盖疼痛

무릎 + Ⓥ

무릎을 ~

· 무릎을 굽히다 弯曲膝盖
무릎을 굽혔다가 다시 펴세요.

· 무릎을 꿇다 跪下
저는 무릎을 꿇고 앉는 것이 불편해요.

慣

· 무릎을 꿇다 屈膝，屈膝投降
그들은 결국 적군에게 무릎을 꿇었다.
· 무릎을 치다 拍大腿
할아버지는 내 소식을 듣고 무릎을 치셨다.

0775 **무술** (武術)
武术

무술 + N

· 무술 경기 武术比赛
· 무술 시합 武术比赛
· 무술 연습 练武术
· 무술 영화 武打片
· 무술 유단자 武术有段位的人
· 무술 훈련 武术训练

무술 + V

무술을 ~

· 무술을 배우다 学武术
아버지로부터 무술을 배웠다.
· 무술을 연마하다 练武术
어릴 적부터 그곳에서 무술을 연마하였지요.

0776 **무역** (貿易)
贸易

무역 – N

· 무역수지 贸易收支
· 무역자유화 贸易自由化

무역 + N

· 무역 거래 贸易往来
· 무역 분쟁 贸易纠纷
· 무역 적자 贸易赤字
· 무역 회사 贸易公司

무역 + V

무역을 ~

· 무역을 하다 做贸易
우리 회사는 주로 외국 회사와 무역을 합니다.

0777 **무용** (舞踊)
舞蹈

무용 + N

· 무용 의상 舞蹈服
· 무용 학원 舞蹈学校，舞蹈班

무용 + V

무용을 ~

· 무용을 하다 跳舞
학교에 다닐 때 무용을 했어요.

0778 **무지개**
彩虹

무지개 + N

· 무지개 빛 七彩光
· 무지개 빛깔 七彩斑斓

무지개 + V

무지개가 ~

· 무지개가 걸리다 彩虹挂在……
산 위에 예쁜 무지개가 걸려 있다.
· 무지개가 나타나다 出现彩虹
구름 사이로 무지개가 나타났다.
· 무지개가 뜨다 出现彩虹
비가 그친 뒤 무지개가 떴다.

0779 **묵**
凉粉

묵 – N

· 묵사발 凉粉碗，焦头烂额，一塌糊涂，完败

묵 + Ⓥ

묵을 ~
· 묵을 쑤다 熬凉粉
할머니께서 녹두로 묵을 쑤셨다.

0780 문 (門)
门

문 + Ⓝ

· 문 밖 门外
· 문 안 门里
· 문 앞 门前

문 + Ⓥ

문이 ~
· 문이 넓다 门宽
우리 학교의 문이 넓은 편이다.
· 문이 닫히다 门关着
그런데 어찌 된 일인지 쇼핑센터는 문이 닫혀 있었다.
· 문이 달리다 有门
부엌 뒤쪽으로 작은 문이 하나 달려 있었다.
· 문이 덜컹거리다 门哐啷哐啷作响
바람에 문이 덜컹거려서 시끄럽다.
· 문이 열리다 门开着
시끄러운 소리가 들려 보니 교실 문이 열려 있었다.
· 문이 잠기다 门锁着
작업장은 문이 굳게 잠겨 있었다.

문을 ~
· 문을 걸다 扣上门
나는 문을 걸어 잠그고 그 쪽지를 읽었습니다.
· 문을 나서다 出门
잠시 뒤 그는 인사를 꾸벅 하더니 가게 문을 나섰다.
· 문을 노크하다 敲门
동생이 목욕탕 문을 노크하면서 물었습니다.
· 문을 닫다 关门
그가 문을 닫고 그녀를 향해 돌아섰다.
· 문을 두드리다 敲门
나는 용기를 내어 학원 문을 두드렸다.
· 문을 들어서다 进门
30대 초반의 주부가 진료실 문을 들어섰다.
· 문을 따다 开门
도둑이 문을 따고 집으로 들어왔다.
· 문을 밀다 推门

문 앞에 서서 슬쩍 문을 민다.
· 문을 붙잡다 抓住门
나는 택시 문을 붙잡았다.
· 문을 세우다 修造门
대학은 학교 입구에 큰 문을 세웠다.
· 문을 잠그다 锁门
엄마가 가고 나면 문을 잠글 거다.
· 문을 지키다 看门, 把门
천국의 문을 지키는 신은 두 개의 얼굴을 가졌다.
· 문을 열다 开门
나는 문을 열고 가게 안으로 들어갔다.

Ⓐ + 문

· 거대한 문 巨大的门
나는 꿈속에서 거대한 문 안으로 들어갔다.

慣

· 문을 열다 开业
우리나라에서 제일 큰 백화점이 내일 문을 연다.
· 문이 열리다 拉开序幕
새로운 시대의 문이 열렸다.
· 문을 닫다 关门停业
결국 일 년 반 만에 식당 문을 닫고야 말았다.

0781 문서 (文書)
文件

문서 + Ⓝ

· 문서 작성 撰写文件

문서 + Ⓥ

문서를 ~
· 문서를 작성하다 撰写文件
요즘은 컴퓨터로 문서를 작성한다.

0782 문자 [문짜] (文字)
文字

慣

· 문자를 쓰다 使用文字
어려운 문자를 쓰지 말고 쉬운 말로 해라.

· 문자 그대로 名符其实
문자 그대로 이 지구의 문화는 각양각색이다.
· 문자 메시지 文字短信
친구한테 문자 메시지를 보냈다.

0783 문장 (文章)
句子

문장 - ⓝ
· 문장부호 标点符号

문장 + ⓥ
· 문장 구조 句子结构
· 문장 유형 句子类型

ⓐ + 문장
· 틀린 문장 错句
선생님께서 틀린 문장을 고쳐 주셨다.

0784 문제 (問題)
问题

문제 - ⓝ
· 문제의식 问题意识

문제 + ⓝ
· 문제 대책 问题对策
· 문제 유형 问题类型
· 문제 제기 提出问题
· 문제 풀이 解题
· 문제 해결 解决问题

문제 + ⓥ
문제가 ~
· 문제가 나오다 出现问题
문제가 나왔으니까 한 말씀 더 드리지요.
· 문제가 나타나다 出现问题
또 한 가지 복잡한 문제가 나타났다.
· 문제가 되다 成为问题

습관이 되어 버리면 문제가 된다.
· 문제가 발생하다 出问题
새로운 문제가 발생했다.
· 문제가 복잡하다 问题复杂
문제가 복잡해 전화로 충분한 상담을 해 주지 못했다.
· 문제가 생기다 出问题
언어가 안 되기 때문에 문제가 생긴다.
· 문제가 심각하다 问题严重
한국에서는 저출산 문제가 매우 심각하다.
· 문제가 아니다 不是问题
이건 종업원들의 문제가 아닙니다.
· 문제가 없다 没有问题
우리의 결혼에는 아무런 문제가 없어 보였다.
· 문제가 일어나다 出现问题
또 다른 문제가 일어났다.
· 문제가 있다 有问题
영어 문장구조에 대한 접근에도 문제가 있다.
· 문제가 적다 问题小
이번 개선안만 해도 문제가 적지 않다.
· 문제가 풀리다 问题被解决
그의 이 한마디로 모든 문제가 풀렸다.
· 문제가 해결되다 问题被解决
음량을 조절한다고 해서 문제가 해결되는 것은 아니었다.

문제를 ~
· 문제를 거론하다 讨论问题
회의에서 중요한 문제를 거론하지는 않았다.
· 문제를 검토하다 讨论问题
이제는 본질적인 문제를 검토할 때입니다.
· 문제를 극복하다 克服问题, 解决问题
삶의 질로써 죽음의 문제를 극복하려는 것이다.
· 문제를 끄집어내다 揭发问题
노는 아이들 시각에서 문제를 끄집어내기로 했다.
· 문제를 남기다 留下问题
이런 현상 우리 현대 사회에 무슨 문제를 남겼는가?
· 문제를 낳다 引发问题
주재원 자녀들의 증가는 또 다른 문제를 낳고 있었다.
· 문제를 내다 出题
학생들 수준에 맞춰서 문제를 내야 한다.
· 문제를 논의하다 讨论问题
다음으로 언론의 상업화 문제를 논의하기로 하자.
· 문제를 다루다 处理问题
지나치게 큰 문제를 다루면 작은 것을 놓치기 쉽다.
· 문제를 던지다 提出问题
어쩔 수 없이 나는 현실적인 문제를 던져본다.
· 문제를 드러내다 出现问题
법의 규정은 실제 그 실행 과정에서도 문제를 드러낸다.
· 문제를 안다 存在问题
현대인은 환경, 인간관계 등 많은 문제를 안고 있다.

· 문제를 야기하다 引发问题, 招惹是非
탈출은 더욱 심각한 문제를 야기한다.
· 문제를 유발시키다 引发问题
환경 오염은 우리 생활에 큰 문제를 유발시킨다.
· 문제를 일으키다 引起问题
그 선수는 음주운전으로 또 문제를 일으켰다.
· 문제를 제기하다 提出问题
문제를 제기하는 사람이 필요하다.
· 문제를 출제하다 出题
교사들이 시험 문제를 출제한다.
· 문제를 풀다 解题, 解决问题
시간이 우리의 어려운 문제를 풀어 줄 것이다.
· 문제를 확산시키다 使问题扩大化
정부의 대책이 문제를 확산시켰다는 의견이 많다.
· 문제를 해결하다 解决问题
문제를 해결하는 간단한 방법이 있다.

문제에 ~
· 문제에 그치다 只限于……问题
이번 사건은 개인적인 문제에 그치는 것은 아니다.
· 문제에 부딪히다 碰到问题
누구나 살아가는 과정에서 어려운 문제에 부딪힌다.
· 문제에 직면하다 面对……问题
어떤 문제에 직면했을 때 포기하지 마세요.

문제에서 ~
· 문제에서 출발하다 从……问题出发
우리가 이런 문제에서 출발해서 세계 학문을 다시 검토해야 한다.

Ⓐ + 문제
· 당면한 문제 面临的问题
이는 세계 각국이 공통으로 당면한 문제다.
· 복잡한 문제 复杂的问题
그렇게 복잡한 문제는 아니다.
· 심각한 문제 严重的问题
당시에는 외국인 노동자 문제가 가장 심각한 문제였다.
· 중요한 문제 重要的问题
어떤 방향으로 나갈 것이냐 하는 것이 사실상 중요한 문제입니다.

0785 **문학** (文學)
文学

문학 – Ⓝ
· 문학비평 文学批评

· 문학작품 文学作品

문학 + Ⓝ
· 문학 교육 文学教育
· 문학 이론 文学理论
· 문학 평론가 文学评论家

문학 + Ⓥ

문학을 ~
· 문학을 하다 搞文学, 从事文学创作
김 교수님은 취미로 문학을 한다.

0786 **문화** (文化)
文化

문화 – Ⓝ
· 문화유산 文化遗产

문화 + Ⓝ
· 문화 교류 文化交流
· 문화 교육 文化教育
· 문화 변동 文化变革
· 문화 비판 文化批评
· 문화 상황 文化状况
· 문화 상품 文化商品
· 문화 속 文化中
· 문화 수용 文化接受
· 문화 식민주의 文化殖民主义
· 문화 시설 文化设施
· 문화 영역 文化领域
· 문화 유적 文化遗迹
· 문화 전통 文化传统
· 문화 차이 文化差异
· 문화 창조 文化创造
· 문화 캠프 文化夏令营
· 문화 텍스트 文化文本
· 문화 행사 文化活动
· 문화 해석 文化解析
· 문화 현상 文化现象

문화가 ~

· 문화가 낙후되다 文化落后
우리나라는 장신구 문화가 너무 낙후돼 있어.

· 문화가 발달되다 文化发达
의사소통이 활발하고, 공동체 문화가 발달되어 있다.

· 문화가 파괴되다 文化被破坏
요즘은 전통 문화가 대부분 파괴되었다.

· 문화가 탄탄하다 有文化底蕴, 文化积淀深厚
문화가 탄탄하지 않으면 이 바람을 막아내지 못한다.

문화를 ~

· 문화를 낳다 产生……的文化
르네상스에는 인간에 대한 관심을 통해 훌륭한 문화를
낳았습니다.

· 문화를 받아들이다 接受文化
섬나라이기 때문에 문화를 받아들이는 데 이점도 있었다.

· 문화를 수용하다 接受文化
다양한 문화를 수용하는 자세를 지녀야 한다.

· 문화를 전승하다 传承文化
아직도 우리는 우수한 문화를 많이 전승하고 있다.

· 문화를 접하다 接触文化
대학교에 입학한 후 새로운 문화를 접했다.

· 문화를 파괴하다 破坏文化
서양 문화가 전통적 가족 단위의 문화를 파괴하고 있다.

· 문화를 이해하다 理解文化
언어는 한 민족과 국가의 문화를 이해하는 가장 중요
한 '키'가 된다고 한다.

· 문화를 익히다 熟悉文化
언어를 익히는 데 빼놓을 수 없는 것이 그 나라의 문화
를 익히는 것이다.

문화에 ~

· 문화에 친숙하다 对文化很熟悉
중국인들은 한국 문화에 친숙한 편이다.

· 문화에 이바지하다 为文化做贡献
한국 드라마는 한류 문화의 이바지했다.

· 찬란한 문화 灿烂的文化
우리나라는 찬란한 문화에 가지고 있다.

0787 **문화재** (文化財)
文化遗产

· 문화재 관리국 文化遗产管理局

문화재를 ~

· 문화재를 보호하다 保护文化遗产
우리 모두는 문화재를 보호해야 한다.

0788 **물**[1]
水

· 물컵 水杯

· 물 관리 水治理
· 물 냄새 水的味道
· 물 속 水中
· 물 오염 水污染
· 물 위 水上

물이 ~

· 물이 고이다 积水
이 웅덩이에는 늘 물이 고여 있었다.

· 물이 괴다 积水
땅을 파보니 물이 괴어 있었다

· 물이 끓다 水开了
커피 물이 끓은 모양이다.

· 물이 나오다 出水
뜨거운 물이 나오려면 보일러를 켜야 한다.

· 물이 넘치다 水溢出来
비가 많이 와서 강물이 넘쳤다.

· 물이 따뜻하다 水温热
물이 따뜻할 때 씻어야 한다.

· 물이 미지근하다 水温不凉不热
물이 뜨겁지 않고 미지근하다.

· 물이 맑다 水很清澈
이 개천 물이 그때는 참 맑았었는데.

· 물이 불다 水位上涨
강의 물이 불어 있었다.

· 물이 새다 漏水

악취도 예방하고 물이 새는 것도 막을 수 있다.

· **물이 새어들다** 渗水
바닥 밑에서 물이 새어들고 있었다.

· **물이 스며들다** 渗水
그런데 우리의 배는 망가져 물이 스며들었다.

· **물이 식다** 水凉
목욕탕의 물이 식은 듯했다.

· **물이 얼다** 水结冰
영하로 떨어지는 겨울에는 물이 언다.

· **물이 차다** 水凉
고무풍선 속에는 뜨뜻한 물이 가득 차 있었다.

· **물이 차오르다** 水涨高了
괜찮던 거실에도 이제 물이 차오르기 시작했다.

· **물이 흐르다** 水流淌
어디선가 물이 흐르는 소리가 들렸다.

· **물이 흐리다** 水浑浊
환경 오염으로 계곡 물이 흐려졌다.

물을 ~

· **물을 건너다** 涉水, 蹚水
나는 당신을 안고 물을 건너갑니다.

· **물을 긷다** 挑水
두 손이 빨갛게 얼도록 그는 물을 길었다.

· **물을 끌어올리다** 提水
풍차로 물을 끌어올린다.

· **물을 끓이다** 烧水
나는 물을 끓이면서도 기분이 좋았다.

· **물을 넣다** 加水
냄비에 쌀과 물을 넣고 끓인다.

· **물을 내리다** 放水
계속해서 물을 내리지 않으면 변기가 넘친다.

· **물을 닦다** 擦干水
수건으로 얼굴의 물을 닦았다.

· **물을 담다** 装水
유리병에 물을 담아 꽃을 꽂는다.

· **물을 데우다** 加热水
나는 일단 전기 포트에 물을 데우기로 했다.

· **물을 뜨다** 盛水
나는 바가지에 물을 떠서 발등 위에다 부었다.

· **물을 마시다** 喝水
술 마시기 전 가능하면 물을 많이 마시는 것이 좋다.

· **물을 먹다** 喝水
이 물을 먹으려면 줄을 서서 기다려야 한다.

· **물을 먹이다** 喂水
내가 말에게 물을 먹인다.

· **물을 붓다** 倒水
나는 그릇에 뜨거운 물을 부었다.

· **물을 뿌리다** 洒水
더위가 심할 때는 지붕에 물을 뿌려야 한다.

· **물을 뿜다** 喷水
창을 열고 밖을 보니 소방차가 물을 뿜어 대고 있었다.

· **물을 삼키다** 喝水
아이는 물 컵을 들어 물을 삼켰다.

· **물을 섞다** 把水混合起来
바닷물과 강물을 섞었다.

· **물을 쏟다** 倒水, 泼水
새로 산 옷에 물을 쏟았다.

· **물을 쓰다** 用水
공중목욕탕에서 물을 함부로 쓴 적도 없었다.

· **물을 적시다** 浸湿
그녀는 꽃다발에 물을 적시기 위해 부엌으로 갔다.

· **물을 주다** 浇水
한 주에 한 번씩 화초에 물을 주면 된다.

· **물을 퍼내다** 舀水
나는 다른 신발을 벗어서 또 물을 퍼냈다.

· **물을 틀다** 打开龙头放水
욕실의 불을 켜고, 더운 물을 틀었습니다.

· **물을 튀기다** 溅水
물을 튀기며 냇물로 뛰어든다.

· **물을 흐리다** 把水弄浑浊
생활하수가 한강 상류의 물을 흐리고 있다.

물에 ~

· **물에 끓이다** 放水里煮
생강은 물에 끓여서 차로 마신다.

· **물에 넣다** 放到水里
상추를 끓는 물에 넣고 얼른 데쳐낸다.

· **물에 녹다** 溶于水
좋지 않은 김은 물에 잘 녹지 않는다.

· **물에 담그다** 泡在水里
커피 잔을 뜨거운 물에 담가 따뜻하게 만들어 놓는다.

· **물에 데치다** 用水焯一下
돼지고기는 썰어 끓는 물에 살짝 데쳐 낸다.

· **물에 떠내려가다** 顺水漂流下去
수박이 둥둥 물에 떠내려간다.

· **물에 뜨다** 浮在水上
이건 물에 뜰 수 있어.

· **물에 말다** 把……泡在水里
그는 밥을 물에 말아서 먹다.

· **물에 부풀다** 浸水后肿胀
손끝은 물에 부풀어서 허옇게 되었다.

· **물에 불리다** 用水泡开
미역을 물에 불려 미역국을 끓인다.

· **물에 빠지다** 掉到水里
그는 정신 이상이 되어 물에 빠져 죽었다.

· **물에 어리다** 倒映在水中
그녀는 물에 어린 스스로의 자화상을 보고 눈물을 흘렸다.

ㄱ
ㄴ
ㄷ
ㄹ
ㅁ
ㅂ
ㅅ
ㅇ
ㅈ
ㅊ
ㅋ
ㅌ
ㅍ
ㅎ

· 물에 잠기다 浸泡在水里, 淹水
나는 이미 물에 잠겨 있는 것 같은 기분이었다.
· 물에 젖다 被水弄湿
옷이 물에 젖어서 몸이 무거웠다.
· 물에 풀다 用水溶解
주방용 세제를 물에 풀어 표면을 닦아낸다.
· 물에 타다 用水冲泡
그것을 좀 갖다가 물에 타서 먹게 하여라.
· 물에 헹구다 用水冲洗
오징어는 집에 와서 물에 헹구기만 하면 된다.

물에서 ~

· 물에서 건지다 从水里捞出来
물에서 건져낸 듯 온 얼굴엔 땀이 흘렀다.

Ⓐ + 물

· 검은 물 漆黑的水
달빛이 검은 물 위에 번진다.
· 고인 물 积水, 积潦
고인 물은 정말 썩나요?
· 끓인 물 开水
두 번 끓인 물은 커피에는 맞지 않는다.
· 마실 물 饮用水
우리 아이들이 마실 물이 없다고 생각하니 너무나도 끔찍하네요.
· 맑은 물 清澈的水, 清水
산속 계곡에는 맑은 물이 흘렀다.
· 따뜻한 물 温水
따뜻한 물속에 발을 담갔다.
· 뜨거운 물 热水
뜨거운 물속에 들어가니 온 몸에서 땀이 났다.
· 차가운 물 凉水
나는 다시 차가운 물을 틀어서 손을 씻었다.
· 푸른 물 蓝色的水, 绿色的水
넋이 나간 듯 푸른 물 바닥만 들여다보고 있다.
· 흐르는 물 流淌的水
흐르는 물은 썩지 않는다.
· 흘려버린 물 倒掉的水
흘려버린 물만 아껴도 수도세를 줄일 수 있다.

慣

· 물 건너가다 指机会错过, 事情过去
그 문제는 이미 물 건너간 일이다.
· 물 만난 고기 如鱼得水
이 드라마에서 그 여자 배우는 '물 만난 고기' 같았다.
· 물(을) 먹다 失败, 未能如愿
이번 인사에도 그는 물을 먹었다.
· 물(을) 뿌린 듯이 鸦雀无声

정각 10시 건물 안은 물을 뿌린 듯이 조용하다.
· 물(을) 쓰듯 (花钱) 如流水
사촌동생은 돈을 물 쓰듯 한다.
· 물을 흐리다 搞坏风气
요즘 불량 학생들이 학교 물을 흐리고 있다.
· 물 찬 제비 亭亭玉立
한복을 입은 모습은 물 찬 제비 같았다.

0789 물²
颜色

물 + Ⓥ

물이 ~

· 물이 들다 染色
그녀의 얼굴에도 붉은 물이 들었다.
· 물이 떨어지다 掉色
시뻘건 물이 뚝뚝 떨어졌다.
· 물이 빠지다 掉色
염색한 지 오래되었더니 물이 거의 빠졌다.

0790 물³
水质

물 + Ⓥ

물이 ~

· 물이 좋다 水质好
싱싱한 생선을 보고 물이 좋다고 한다.

0791 물가 [물까] (物價)
物价

물가 + Ⓝ

· 물가 불안 物价不稳定
· 물가 상승률 通货膨胀率

물가 + Ⓥ

물가가 ~

· 물가가 내리다 物价下降
많은 사람들이 물가가 내리기를 바라고 있다.

· 물가가 뛰다 物价暴涨
최근 몇 달 사이에 물가가 갑자기 뛰었다.

· 물가가 비싸다 物价昂贵
일본이 한국보다 물가가 비싸다.

· 물가가 싸다 物价便宜
중국이 한국보다 물가가 싸다.

· 물가가 오르다 物价上涨
물가가 석 달째 계속 오르고 있다.

0792 물건 (物件)
物品, 东西

· 물건 값 东西的价格

물건이 ~

· 물건이 나오다 上新货
이달엔 어떤 물건이 나왔을까?

· 물건이 담기다 装着东西
한 손에 물건이 담긴 자루를 들고 있었다.

· 물건이 딸리다 东西不够
손님은 많은데 물건이 딸리는 것이 걱정이었다.

· 물건이 떨어지다 东西没有了
팔 물건이 다 떨어졌다.

· 물건이 들다 里面装着东西
그 속에 알 모양의 물건이 하나 들어 있다.

· 물건이 실리다 载着东西
배 아래 칸에는 물건이 잔뜩 실려 있다.

· 물건이 튼튼하다 东西很结实
물건이 보기에 매우 튼튼하다.

· 물건이 팔리다 东西被销售
어떤 물건이 잘 팔리는가?

물건을 ~

· 물건을 거래하다 交易商品
선생님께서는 중국제 물건을 많이 거래하신다고 들었습니다.

· 물건을 건지다 捞东西
강물에 떠내려가는 물건을 건지기 위해서였다.

· 물건을 고르다 挑东西
멋진 물건을 골라도 내겐 어울리지 않을 때가 있다.

· 물건을 구입하다 购买东西
물건을 구입할 현금을 마련해야 한다.

· 물건을 꺼내다 掏出东西
그는 봉투 안에서 물건을 꺼냈다.

· 물건을 들다 拿起东西
물건을 들 때에는 양손을 모두 사용하는 것이 좋다.

· 물건을 떨어뜨리다 把东西弄掉
물건을 떨어뜨리지나 않았나 살펴보았다.

· 물건을 만들다 制作物品
이제는 물건을 만드는 일만 열심히 하면 안 된다.

· 물건을 배달하다 送货
그 남자는 물건을 배달하다가 그 여자를 만났다.

· 물건을 싣다 载物
아저씨는 공장에서 물건을 잔뜩 싣고 나왔습니다.

· 물건을 쌓다 堆积东西
길 위에 함부로 물건을 쌓아 두지 마시오.

· 물건을 쓰다 用东西
언니가 자꾸 제 물건을 써요.

· 물건을 잡다 抓东西
돌잔치에서 아이가 어떤 물건을 잡을까요?

· 물건을 주문하다 订货
인터넷 홈페이지에 들어가 편리하게 물건을 주문한다.

· 물건을 줍다 捡东西
땅에 떨어진 물건을 줍지 않았다.

· 물건을 집다 挟东西
주인의 허락도 없이 남의 물건을 집어 가면 안 된다.

· 물건을 챙기다 装东西, 收拾东西
도둑은 방 안을 뒤져 물건을 챙기기 시작하였습니다.

· 물건을 팔다 卖东西
물건을 팔다 보면 별꼴을 다 당하게 된다.

· 물건을 훔치다 偷东西
남의 물건을 훔치는 건 정말 나쁜 일이다.

· 물건을 흥정하다 讨价还价
물건을 흥정할 때 일정 거리를 두면 성과가 크다고 했다.

물건에 ~

· 물건에 손대다 碰东西
동생이 내 물건에 손대지는 않았을 것이다.

· 소중한 물건 珍贵的东西
그것이 형에게 가장 소중한 물건이다.

· 예쁜 물건 漂亮的东西
그 가게는 독특하고 예쁜 물건만 팔아요.

· 특이한 물건 奇特的东西
특이한 물건을 어디에서 사셨나요?

0793 물결 [물껼]
波浪

물결 – N
· 물결무늬 波纹

물결 + N
· 물결 표시 波浪线

물결 + V
물결이 ~
· 물결이 일다 起浪
물결이 높게 일다 낮아지겠습니다.
· 물결이 일다 起变化
사회에 큰 변화의 물결이 일고 있다.
· 물결이 잔잔하다 微波荡漾
바다 물결이 잔잔하게 밀려온다.
· 물결이 출렁이다 波涛起伏
물결이 출렁이는 바다 위에서 헤엄을 쳤다.

0794 물고기 [물꼬기]
鱼

惯
· 물고기는 물을 떠나 살 수 없다 鱼儿离不开水
물고기는 물을 떠나 살 수 없듯이 너도 축구를 그만둘 수 없을 거야.

0795 물질 [물찔](物質)
物质

물질 – N
· 물질문명 物质文明

물질 + N
· 물질 만능주의 物质万能主义

물질 + V
물질을 ~
· 물질을 탐내다 贪恋物质生活
관직에 오르려면 물질을 탐내서는 안된다.

0796 미래 (未來)
未来

미래 + N
· 미래 문제 未来问题
· 미래 사회 未来社会
· 미래 산업 未来产业
· 미래 세계 未来世界
· 미래 예측 预测未来

미래 + V
미래가 ~
· 미래가 밝다 前途光明
우리 사회의 미래는 밝다.
· 미래가 다가오다 未来将至
우리가 예상했던 미래와 전혀 다른 미래가 다가오고 있다.
· 미래가 보이다 预见未来
과거를 버리면 미래가 보인다.
· 미래가 불투명하다 前景不明朗
대학원에 진학해도 미래가 불투명하다.
· 미래가 어둡다 前途灰暗
그렇다고 미래가 어두운 것은 아니다.
· 미래가 없다 没有未来
투자가 없는 경제는 미래가 없다.
· 미래가 열리다 开创未来
미래가 열리기 위해서는 모험을 해야 한다.
· 미래가 있다 有未来
어린이에겐 우리의 미래가 있다.
· 미래가 시작되다 开启未来
해방과 더불어 미래가 시작된 것이다.

미래를 ~
· 미래를 가꾸다 开创未来
아름다운 미래를 가꾸어 나가기 위해 스스로의 경험을 되새겨야 한다.
· 미래를 개척하다 开拓未来
미래를 개척하기 위해 새로운 도전을 해야 한다.
· 미래를 걱정하다 担忧未来

진정으로 이 땅의 미래를 걱정하는 마음일까?

· **미래를 그리다** 描绘未来
'계획'을 통해서 미래를 그려본다.

· **미래를 꿈꾸다** 梦想未来
사람들은 누구나 미래를 꿈꾸며 산다.

· **미래를 내다보다** 展望未来
먼 미래를 내다보며 계획을 세우고 그것을 실천해 나
간다.

· **미래를 밝히다** 点亮未来
마침내 내 미래를 밝혀 줄 커다란 시련이 왔다.

· **미래를 설계하다** 设计未来
나는 이제 미래를 설계할 것이다.

· **미래를 열다** 开启未来
스마트폰은 사람들에게 새로운 미래를 열어 주었다.

· **미래를 예견하다** 预见未来
미래를 예견할 수 있는 마음의 눈.

· **미래를 예측하다** 预测未来
다른 나라를 잘 모르면 우리의 미래를 예측할 수 없는
것이다.

· **미래를 읽다** 预见未来
현재 상황을 바탕으로 미래를 읽는 눈이 있어야 한다.

· **미래를 전망하다** 展望未来
과거의 사실을 통해 현재와 미래를 전망한다.

· **미래를 준비하다** 为未来做准备
우리는 항상 미래를 준비해야 한다.

· **미래를 창조하다** 创造未来
사람은 자신의 미래를 창조할 수 있다.

Ⓐ + 미래

· **맑은 미래** 光明的未来
그런 사회가 우리에게 맑은 미래를 약속한다.

· **밝은 미래** 光明的未来
학생들의 모습에서 우리의 밝은 미래를 보는 것 같아.

· **불투명한 미래** 不明朗的未来
성공하는 사람들은 누구나 다 불투명한 미래를 지나왔
음을 알 수 있다.

· **새로운 미래** 崭新的未来
우주 개발을 통해 새로운 미래를 꿈꾸기 시작했다.

0797 미소 (微笑)
微笑, 笑容

미소 + Ⓥ

미소가 ~

· **미소가 감돌다** 笑容浮现

사내의 눈빛에 미소가 감돌았다.

· **미소가 떠오르다** 笑容浮现
그녀의 입술에 환한 미소가 떠올랐다.

· **미소가 번지다** 笑容绽开
그녀의 입가에 미소가 번졌다.

· **미소가 어리다** 露出笑容
그분의 눈에는 잔잔한 미소가 어려 있었다.

· **미소가 스치다** 笑容一闪即逝
그의 얼굴에 미소가 약간 스쳤다.

· **미소가 흐르다** 流露出一丝笑容
신혼부부들의 얼굴엔 기쁨의 미소가 흐를 것이다.

미소를 ~

· **미소를 던지다** 报以微笑
그녀를 향해 미소를 던진다.

· **미소를 띠다** 带着微笑
그는 미소를 띠며 손을 내밀어 악수를 청했다.

· **미소를 머금다** 面带微笑
그녀는 미소를 머금으며 나를 따라했다.

· **미소를 보내다** 给……微笑, 朝着……微笑
과연 행운의 여신이 그 여자에게 미소를 보냈을까.

· **미소를 잃다** 失去笑容
나는 긴장했지만 겉으로는 미소를 잃지 않았다.

· **미소를 짓다** 微笑
아기의 모습을 보며 엄마가 미소를 지었다.

· **미소를 흘리다** 露出笑容
아줌마가 희미하게 미소를 흘리면서 크게 고개를 끄덕
였다.

Ⓐ + 미소

· **따뜻한 미소** 亲切的笑容
아이의 얼굴에 따뜻한 미소가 피어났다.

· **따스한 미소** 温暖的笑容
손님들에게 따스한 미소를 건네야 한다.

· **밝은 미소** 明朗的笑容
그때부터 밝은 미소를 지으면서 삶이 펼쳐집니다.

· **엷은 미소** 淡淡的微笑
그녀는 두 아이의 엄마라며 엷은 미소를 지었다.

· **온화한 미소** 和蔼的微笑
선생님은 온화한 미소를 짓고 있었다.

· **은은한 미소** 淡淡的笑容
어릴 적 일을 회상하며 얼굴에 은은한 미소를 짓기도
했다.

· **수줍은 미소** 腼腆的微笑
그 사람은 나를 보면서 수줍은 미소를 던지기도 했다.

· **잔잔한 미소** 淡淡的笑容
여전히 입가에는 잔잔한 미소를 머금고 있었다.

· **흐뭇한 미소** 满意的微笑
입가에 흐뭇한 미소가 아련히 번지고 있었다.

0798 미술 (美術)
美术

미술 + N

· 미술 교사 美术教师
· 미술 교육 美术教育
· 미술 대학 美术大学
· 미술 대회 美术比赛
· 미술 시간 美术课
· 미술 시장 美术市场
· 미술 작품 美术作品
· 미술 전시회 美术展览会，美展

미술 + V

미술을 ~
· 미술을 전공하다 主修美术
대학에서 미술을 전공했습니다.
· 미술을 하다 作画，绘画
그는 미술을 하는 사람입니다.

0799 미술관 (美術館)
美术馆

미술관 + V

미술관을 ~
· 미술관을 관람하다 参观美术馆
미술관을 관람하고 감상문을 써 오라고 하셨어요.
· 미술관을 둘러보다 参观美术馆
미술관을 다 둘러보고 밖으로 나왔다.
· 미술관을 보유하다 有美术馆
그곳은 훌륭한 미술관을 보유하고 있다.

미술관에 ~
· 미술관에 가다 去美术馆
그의 취미는 미술관에 가는 것이다.
· 미술관에 소장되다 被美术馆收藏
그 미술품은 미술관에 소장돼 있다.
· 미술관에 전시되다 在美术馆中展出
미술관에 전시된 그림을 도단 당했다.

0800 미역국 [미역꾹]
裙带汤

미역국 + V

미역국이 ~
· 미역국이 오르다 端上裙带汤，摆上裙带汤
밥상에 오랜만에 미역국이 올랐다.

미역국을 ~
· 미역국을 끓이다 煮裙带汤
아침에 어머니께서 미역국을 끓이셨다.
· 미역국을 먹다 喝裙带汤
한국에서는 생일에 미역국을 먹는다.

惯

· 미역국을 먹다 落榜，（考试）不及格
작년에 이어 올해도 대학 시험에서도 미역국을 먹었다.

0801 미인 (美人)
美女

미인 + N

· 미인 대회 选美大赛

미인 + V

미인을 ~
· 미인을 뽑다 选美
그 축제에는 미인을 뽑는 행사도 있었다.
· 미인을 좋아하다 喜欢美女
모든 남자는 미인을 좋아한다.
· 미인을 얻다 得到美女
용감한 자만이 미인을 얻을 수 있다.

A + 미인

· 전형적인 미인 典型的美女
그녀는 전형적인 미인은 아니지만 인기가 많았다.

0802 미팅 (meeting)
聚会, 会见, 见面

미팅 + Ⓥ

미팅을 ~
· 미팅을 하다 见面, 聚会
대학생이 된 후 처음으로 미팅을 했다.

0803 민간 (民間)
民间

민간 - Ⓝ

· 민간단체 民间团体
· 민간신앙 民间信仰
· 민간요법 民间疗法

민간 + Ⓝ

· 민간 교류 民间交流
· 민간 기업 民营企业, 民企
· 민간 부문 民营机构

0804 민박 (民泊)
家庭旅馆, 家庭旅店

민박 + Ⓝ

· 민박 집 家庭旅馆, 家庭旅店

민박 + Ⓥ

민박을 ~
· 민박을 잡다 预订家庭旅馆
휴가철에는 민박을 잡기가 쉽지 않다.
· 민박을 하다 投宿家庭旅馆
올 여름 휴가 때는 동해에서 민박을 하려고 해.

0805 민속 (民俗)
民俗

민속 - Ⓝ

· 민속놀이 民俗游戏
· 민속박물관 民俗博物馆
· 민속음악 民俗音乐
· 민속자료 民俗资料
· 민속학자 民俗学者

민속 + Ⓝ

· 민속 마을 民俗村
· 민속 문화 民俗文化
· 민속 씨름 民俗摔跤
· 민속 의상 民俗服装
· 민속 행사 民俗活动

0806 민요 [미뇨] (民謠)
民谣

민요 + Ⓝ

· 민요 가락 民谣曲调, 民歌调

민요 + Ⓥ

민요를 ~
· 민요를 부르다 唱民谣
우리 조상들은 많은 민요를 불렀다.

0807 민주 (民主)
民主

민주 - Ⓝ

· 민주주의 民主国家

민주 + Ⓝ

· 민주 사회 民主社会
· 민주 시민 民主市民

· 민주 정권 民主政权
· 민주 정부 民主政府

0808 믿음 [미듬]
信任, 信仰

· 믿음 아래 信任之下

믿음이 ~
· 믿음이 가다 信任
어쩐지 그 사람에 대한 믿음이 갔다.
· 믿음이 강하다 信仰很坚定
그녀의 믿음이 워낙 강했기 때문이었다.
· 믿음이 깊다 深信
그 사람에 대한 고마움과 믿음이 깊어.
· 믿음이 깨지다 信任破裂
믿음이 깨지면 오해가 생긴다.
· 믿음이 넘치다 充满信任
우리 학교는 사랑과 믿음이 넘치는 곳이다.
· 믿음이 생기다 产生信任感
그 친구와 가까워지면서 서로에 대한 믿음이 생겼다.
· 믿음이 없다 缺乏信任
두 사람은 서로에 대한 믿음이 없어서 헤어졌다.
· 믿음이 있다 信任, 深信
미래에 대한 믿음이 있어야 함께 살 수 있다.
· 믿음이 필요하다 需要信任
좋은 사회를 만들기 위해서는 사람에 대한 믿음이 필요하다.

믿음을 ~
· 믿음을 버리다 不再信任, 不再相信
인터넷 쇼핑이 무조건 싸다는 믿음을 버려야 한다.
· 믿음을 가지다 有信仰, 相信
대통령은 국민들에게 믿음을 가지라고 말했다.
· 믿음을 주다 给人信任感
남자는 여자의 이야기에 귀 기울이면서 혼자가 아니라는 믿음을 주어야 한다.
· 믿음을 전하다 传承信仰
자녀들에게 이 믿음을 전해 주기 바랍니다.
· 믿음을 지니다 有信仰
그는 특별한 믿음을 지녔다.

· 막연한 믿음 盲目的信任
그 두 사람만은 끝까지 성공할 것 같은 막연한 믿음이 생겼다.

0809 밀가루 [밀까루]
面, 面粉

· 밀가루 반죽 和面
· 밀가루 음식 面食

밀가루를 ~
· 밀가루를 반죽하다 和面
어머니는 밀가루를 반죽해서 빵을 만드셨다.

0810 밑 [믿]
下面, 底下

· 밑거름 底肥, 基肥
· 밑그림 底画, 画稿
· 밑바탕 底子, 基础
· 밑반찬 （可以长期存放随时取用的）酱菜

· 밑 빠진 독에 물 붓기 往漏了的水缸里倒水, 填不满的无底洞
밑 빠진 독에 물 붓기라고 열심히 공부해도 다 잊어버린다.
· 밑도 끝도 모르다 不知内情, 不知底细
그는 밑도 끝도 모르면서 모든 일에 항상 참견한다.
· 밑도 끝도 없다 莫名其妙, 突如其来
밑도 끝도 없이 갑자기 결혼 언제 하냐고 물었다.

0811 **밑바닥** [믿빠닥]
底，底部，底层

밑바닥 + Ⓝ

· 밑바닥 인생 最底层的生活

밑바닥 + Ⓥ

밑바닥이 ~

· 밑바닥이 드러나다 见底儿, 黔驴技穷
이야기를 시작한 지 10분 만에 밑바닥이 드러났다.

· 밑바닥이 떨어지다 掉底儿
구두의 밑바닥이 떨어졌다.

밑바닥에서 ~

· 밑바닥에서 시작하다 从底层起步
그는 밑바닥에서 시작해서 지금의 자리에 올랐다.

0812 **바가지**
瓢

바가지 + Ⓥ

바가지로 ~

· 바가지로 뜨다 用瓢舀，用瓢盛
바가지로 물을 떠서 물통을 채웠다.

· 바가지로 푸다 用瓢舀，用瓢盛
쌀통에서 바가지로 쌀을 퍼서 밥을 지었다.

慣

· 바가지를 긁다 唠唠叨叨，絮絮叨叨
아침부터 아내가 바가지를 긁어서 기분이 나쁘다.

· 바가지를 쓰다 花冤枉钱，挨宰，被坑骗
주인의 말에 바가지를 쓰고 이 물건을 샀다.

· 바가지를 씌우다 坑人，宰人，骗人
휴가철을 맞이해서 장사꾼들은 관광객들에게 바가지를 씌웠다.

0813 **바구니**
篮子

바구니 + Ⓥ

바구니를 ~

· 바구니를 끼다 挎着篮子
바구니를 끼고 시장에 갔다.

바구니에 ~

· 바구니에 담다 装进篮子
바구니에 나물을 담았다.

0814 **바깥** [바깥]
外边，外面

바깥 - Ⓝ

· 바깥세상 外面的世界
· 바깥양반 男主人，当家的
· 바깥쪽 外面，外侧

바깥 + Ⓝ

· 바깥 공기 室外的空气
· 바깥 날씨 室外的天气
· 바깥 풍경 外面的风景

바깥 + Ⓥ

바깥을 ~

· 바깥을 보다 看外面
수업 시간에 창문 너머로 바깥을 보았다.

0815 **바늘**
针

바늘 - Ⓝ

· 바늘구멍 针眼儿，针眼大的孔
· 바늘귀 针鼻儿
· 바늘방석 针毡

바늘 + Ⓥ

바늘에 ~

· 바늘에 찔리다 被针扎
손끝이 바늘에 찔려 피가 났다.

바늘로 ~

· 바늘로 꿰매다 用针缝补
어머니는 구멍 난 양말을 바늘로 꿰매셨다.

慣

· 바늘 가는 데 실 간다 秤杆离不开秤铊，形影不离
바늘 가는 데 실 간다고 그녀는 언제나 남편과 함께 다닌다.

· 바늘 도둑이 소 도둑 된다 小时偷针，大时偷金，越偷贼胆越大
바늘 도둑이 소 도둑 된다고 어릴 때 잘못을 하면 혼을 내야 해.

· 바늘과 실 秤杆离不开秤铊，形影不离
두 사람은 바늘과 실처럼 늘 붙어 다닌다.

0816 바다
大海

바다 - ⓝ

· 바다낚시 海钓

바다 + ⓝ

· 바다 고기 海鱼
· 바다 공기 海边的空气
· 바다 구경 看海
· 바다 냄새 海的味道(嗅觉)
· 바다 맛 海的味道(味觉)
· 바다 밑 海底
· 바다 바람 海风
· 바다 위 海上
· 바다 풍경 海景

바다 + ⓥ

바다가 ~
· 바다가 잔잔하다 海面平静，海面微波荡漾
오늘은 바다가 잔잔했다.
· 바다가 펼쳐지다 大海一望无际
눈앞에 바다가 펼쳐졌다.

바다를 ~
· 바다를 가르다 乘风破浪
바다를 가르고 배가 지나간다.
· 바다를 건너다 过海
제주도를 가려면 바다를 건너야 한다.
· 바다를 끼다 靠海
차는 왼쪽 바다를 끼고 도로를 달렸다.
· 바다를 내다보다 俯视大海
그녀는 탁자 앞에 앉아 바다를 내다보고 있었다.
· 바다를 이루다 形成大海
그리움이 쌓여 눈물이 바다를 이룬다.
· 바다를 향하다 朝向大海
그는 버스에서 내리자마자 바다를 향해 뛰어가며 소리쳤다.

바다에 ~
· 바다에 가다 去海边
그 해 여름에도 나는 바다에 갔다.
· 바다에 나가다 到海边去
같은 배를 타고 바다에 나갈 사람들이었다.
· 바다에 던지다 投到海里

돌을 묶어 바다에 던졌다.
· 바다에 뜨다 浮在海上
두 척의 배가 바다에 떠 있습니다.
· 바다에 버리다 扔到海里
폐수를 바다에 버려 바닷물이 오염되었다.

ⓐ + 바다

· 고요한 바다 寂静的大海
고요한 바다 건너 섬 두 개가 보입니다.
· 깊은 바다 深邃的大海
깊은 바다 속에 살고 있는 물고기를 잡았다.
· 깜깜한 바다 漆黑的海面
그 보물들은 깜깜한 바다 깊은 곳에서 잠자고 있다.
· 넓은 바다 广阔的大海
세상에서 제일 넓은 바다는 태평양이다.
· 잔잔한 바다 平静的海面
잔잔한 바다 위로 갈매기들이 서서히 모여들기 시작했다.
· 푸른 바다 碧蓝的大海
보트는 푸른 바다 위로 나는 듯이 달렸다.

0817 바닥
地面，地板

바닥 + ⓝ

· 바닥 난방 地热
· 바닥 밑 地底下
· 바닥 생활 席地而坐的生活方式
· 바닥 신세 睡地上的处境，社会底层

바닥 + ⓥ

바닥이 ~
· 바닥이 나다 见底，光了
돼지고기 한 접시가 금방 바닥이 났다.
· 바닥이 드러나다 见底
점점 바닥이 드러나고 있다.
· 바닥이 딱딱하다 表面硬
바닥이 딱딱해서 잠을 자는 것이 불편하다.
· 바닥이 미끄럽다 地面很滑
목욕탕의 바닥이 미끄러워 어린이가 쉽게 넘어질 수 있다.
· 바닥이 흔들리다 地面在晃动
내가 딛고 서 있는 바닥이 흔들리는 것 같았다.

바닥을 ~

· 바닥을 구르다 在地上滚
체육시간에 학생들이 바닥을 구른다.
· 바닥을 깔다 铺地面
대리석으로 바닥을 깔았다.
· 바닥을 두드리다 敲地面
목발로 바닥을 두드리기 시작했다.
· 바닥을 드러내다 见底
각종 일용품이 바닥을 드러내기 시작했다.
· 바닥을 보이다 见底
소주 한 병이 금방 바닥을 보였다.
· 바닥을 쓸다 扫地
그는 말없이 바닥을 쓸었다.
· 바닥을 짚다 撑着地面
여자의 두 주먹이 바닥을 짚고 있었다.
· 바닥이 좁다 领域很狭窄
게임업계는 바닥이 정말 좁다.
· 바닥을 치다 跌到谷底
요즘 주식 시장도 바닥을 치고 올라가고 있다.

0818 바닷가 [바닫까/바다까]
海边

바닷가 + Ⓝ

· 바닷가 마을 海边渔村
· 바닷가 모래 海边的沙子
· 바닷가 모래밭 海边的沙滩
· 바닷가 바위 海边的岩石
· 바닷가 자갈밭 海边的砾石路
· 바닷가 조개 海边的贝类
· 바닷가 풍경 海边的风景

바닷가 + Ⓥ

바닷가를 ~
· 바닷가를 달리다 沿着海边跑
멋진 말을 타고 저 바닷가를 달릴 거예요.
· 바닷가를 떠나다 离开海边
우리는 그 바닷가를 떠났다.
· 바닷가를 오가다 往来于海边
이 바닷가를 오가는 사람들이 많다.
· 바닷가를 산책하다 在海边散步
그분과 바닷가를 산책했다.
바닷가로 ~
· 바닷가로 가다 去海边

해가 지고 바닷가로 갔습니다.
· 바닷가로 나가다 去海边
사람들은 손에 그물을 들고 바닷가로 나갔다.
바닷가에 ~
· 바닷가에 가다 去海边
나는 바닷가에 가서 고기를 잡고 싶어!
· 바닷가에 나가다 去海边
여기까지 왔는데 바닷가에 나가봐야지 않겠어?
· 바닷가에 닿다 到达海边
이윽고 버스는 바닷가에 닿았다.
· 바닷가에 살다 住在海边
고모는 그때 바닷가에 살고 있었다.
· 바닷가에 이르다 抵达海边
이윽고 바닷가에 이르렀을 때였다.

Ⓐ + 바닷가

· 고요한 바닷가 幽静的海边
고요한 바닷가에 놀라운 일이 일어났습니다.
· 시원한 바닷가 凉爽的海边
너무 더워서 시원한 바닷가 생각이 나네요.
· 넓은 바닷가 一望无际的海边
넓은 바닷가를 보면 속이 후련하다.

0819 바둑
围棋

바둑 - Ⓝ

· 바둑돌 围棋子
· 바둑판 围棋盘

바둑 + Ⓝ

· 바둑 실력 围棋水平

바둑 + Ⓥ

바둑을 ~
· 바둑을 두다 下围棋
너 바둑 둘 줄 아니?

0820 **바람**¹
风

바람이 ~

· **바람이 거세다** 风猛烈
바람이 너무 거세서 눈을 제대로 뜰 수 없어요.

· **바람이 그치다** 风停了
세찬 바람이 그쳤다.

· **바람이 나오다** 风吹出来
더운 바람이 나와 난방 효과도 거둘 수 있다.

· **바람이 불다** 刮风
낮에는 비가 오고 바람이 불었습니다.

· **바람이 불어오다** 风刮来
선선한 바람이 불어와 가을의 시작을 알린다.

· **바람이 많다** 常刮风
제주도에는 바람이 많다.

· **바람이 몰려가다** 猛地刮来一阵风
밖에 세찬 바람이 몰려가며 비를 뿌리고 있었다.

· **바람이 새다** 漏风
곳곳에 비가 새고 바람이 샌다.

· **바람이 서늘하다** 风很凉
바람이 서늘하고 찬 이슬이 내리기 시작했습니다.

· **바람이 세다** 风很大
17층이라 바람이 센 편이야.

· **바람이 스쳐가다** 掠过一阵风
바람이 스쳐가는 소리가 사나이의 귀를 울렸다.

· **바람이 시원하다** 风很凉快
머리칼을 스치는 바람이 시원하다.

· **바람이 일어나다** 起风
사막에 바람이 일어나면 기온이 급격히 떨어진다.

· **바람이 일다** 起风
저녁이 되자 바람이 일기 시작했다.

· **바람이 잔잔하다** 微风徐徐
하늘엔 구름이 흐르고, 호수엔 바람이 잔잔합니다.

· **바람이 차다** 风凉
출입문을 열고 나가니 바람이 차다.

· **바람이 차갑다** 风凉
바람이 유난히 차가웠다.

· **바람이 통하다** 通风
바람이 통하지 않아서 안은 더웠다.

· **바람이 휘몰아치다** 狂风劲吹
그때 갑자기 바람이 휘몰아쳤다.

바람을 ~

· **바람을 막다** 挡风

바람을 막을 방법이 없다.

· **바람을 등지다** 背风
갈매기 떼는 바람을 등지고 날아올랐다.

· **바람을 넣다** 打气, 充气
자전거 바람이 많이 빠져서 바람을 넣어야 합니다.

· **바람을 불어넣다** 往里吹气
인공호흡으로 입안에 바람을 불어 넣었다.

· **바람을 불다** 吹气
촛불이 바람을 불면 꺼지는 이유가 궁금합니다.

· **바람을 빼다** 放气
풍선이나 타이어에서 바람을 뺀다.

· **바람을 타다** 乘风
불은 바람을 타고 춤추듯 달려갔다.

· **바람을 쐬다** 兜风
저녁을 먹고 바람을 쐬러 밖으로 나왔다.

· **바람을 피하다** 避开风
그들은 둘 다 고개를 숙이며 바람을 피했다.

· **바람을 안다** 顶着风
연이 바람을 안고 공중으로 치솟았다.

· **바람을 일으키다** 吹风
비행기가 날아오면서 운동장에 큰 바람을 일으켰다.

바람에 ~

· **바람에 나부끼다** 在风中飘摇, 在风中摇曳
그녀의 머리카락이 바람에 나부꼈다.

· **바람에 날리다** 随风飘舞
하얀 꽃잎이 바람에 날렸다.

· **바람에 휘날리다** 随风飘扬
국기가 바람에 휘날리고 있다.

· **바람에 흔들리다** 在风中摇曳
나무가 바람에 흔들린다.

· **거센 바람** 猛烈的风
거센 바람 탓에 그녀의 머리가 양 볼을 때렸다.

· **매서운 바람** 凛冽的风
매서운 겨울바람이 불어와요.

· **매운 바람** 凛冽的寒风
매운 바람 때문에 귀가 떨어져 나가는 듯하다.

· **세찬 바람** 罡风, 疾风
늦가을 세찬 바람을 맞으며 공원을 걸었다.

· **서늘한 바람** 凉风
서늘한 바람 같은 게 등골을 스쳤다.

· **시원한 바람** 凉爽的风
영화를 같이 보고 시원한 바람 속을 걸어 나갔다.

· **신선한 바람** 清新的风
신선한 바람이 솔솔 분다.

· **쓸쓸한 바람** 凄凉的风

그의 등 위로 쓸쓸한 바람이 감겨든다.
· 차가운 바람 冷风
그는 차가운 바람 속에서 가만히 앉아 있었다.
· 찬 바람 凉风
찬바람이 부는 날.

慣

· 바람이 나다 有外遇
남편이 바람을 피운 것도 아니요, 내가 바람이 난 것도 아니었다.
· 바람이 불다 掀起一股热潮
시골의 학교인데도 조기 영어교육의 바람이 불고 있다.
· 바람이 일어나다 出现新变化
그의 사임을 계기로 정치에 새 바람이 일어날 것으로 기대된다.
· 바람을 맞다 被放鸽子
그는 오늘 친구한테 바람을 맞았다.
· 바람을 불어넣다 注入新鲜血液
새로운 바람을 불어넣는다는 것은 아주 좋은 일이라 생각됩니다.
· 바람을 잡다 当托儿
한 사람이 바람을 잡자 그도 넘어갔다.
· 바람을 피우다 有外遇
보나마나 그녀의 남편은 바람을 피웠으리라.
· 바람을 일으키다 掀起热潮
그 그룹은 다시 한 번 혁신의 바람을 일으켰다.

0821 **바람²**
期望, 希望

바람 + Ⓥ

바람이 ~
· 바람이 있다 有期望
미래에 대한 바람이 있어야 하는 것이다.
· 바람이 간절하다 殷切希望
더 많은 생존자가 나왔으면 하는 바람이 간절하다.
바람을 ~
· 바람을 가지다 拥有期望
멋진 삶을 살았으면 하는 바람을 가져 보았다.
· 바람을 말하다 说出期望
많은 중국인들이 한국어를 배우면 좋겠다는 바람을 말했다.
· 바람을 이야기하다 说出期望
선생님이 더 많은 외국인이 왔으면 한다는 바람을 이야기했다.

Ⓐ + 바람

· 간절한 바람 殷切的希望
우리의 간절한 바람은 그가 무사히 돌아오는 것이다.
· 소박한 바람 朴素的愿望
사람답게 살고 싶다는 것이 그의 소박한 바람이다.

0822 **바이러스** (virus)
病毒

바이러스 + Ⓝ

· 바이러스 백신(vaccine) 病毒疫苗

바이러스 + Ⓥ

바이러스를 ~
· 바이러스를 막다 控制病毒, 防治病毒
바이러스를 막기 위해 컴퓨터에 백신을 설치했다.
바이러스에 ~
· 바이러스에 감염되다 感染病毒
면역력이 약한 아이들은 바이러스에 감염되기 쉽다.

0823 **바이올린** (violin)
小提琴

바이올린 + Ⓝ

· 바이올린 독주회 小提琴独奏音乐会
· 바이올린 연주 小提琴演奏
· 바이올린 협주곡 小提琴协奏曲

바이올린 + Ⓥ

바이올린을 ~
· 바이올린을 연주하다 演奏小提琴
그녀의 취미는 바이올린을 연주하는 것이다.
· 바이올린을 켜다 拉小提琴
어디서 바이올린을 켜는 소리가 들린다.

0824 바지
裤子

바지 + Ⓝ

· 바지 길이 裤子长度
· 바지 밑단 裤脚
· 바지 아랫단 裤腿
· 바지 위 裤子上面
· 바지 저고리 裤褂
· 바지 주머니 裤兜
· 바지 지퍼 裤子拉链
· 바지 차림 裤装
· 바지 통 裤筒

바지 + Ⓥ

바지가 ~
· 바지가 젖다 裤子湿了
바지가 흠뻑 젖었다.
· 바지가 짧다 裤子短
바지가 유난히 짧다.
· 바지가 찢어지다 裤子撕破了
춤추다 바지가 찢어졌다.

바지를 ~
· 바지를 걷다 卷起裤腿
그는 바지를 걷고 물속으로 들어갔다.
· 바지를 내리다 脱裤子
화장실에 들어가서 바지를 내렸다.
· 바지를 벗다 脱裤子
그는 바지를 벗고 새 옷으로 갈아입었다.
· 바지를 올리다 把裤子提上去
어머니의 손이 무릎까지 내려온 동생의 바지를 천천히 올려 주었다.
· 바지를 입다 穿裤子
그는 두꺼운 바지를 입고 있었다.
· 바지를 입히다 给……穿裤子
아이에게 바지를 입혔다.
· 바지를 추스르다 提裤子
그는 화장실에서 바지를 추스르고 있다.
· 바지를 추키다 提裤子
아저씨는 벗겨진 바지를 추켜 허리띠를 단단히 졸라맸다.

0825 바퀴벌레
蟑螂

바퀴벌레 + Ⓝ

· 바퀴벌레 약 蟑螂药

바퀴벌레 + Ⓥ

바퀴벌레를 ~
· 바퀴벌레를 잡다 抓蟑螂
아빠가 바퀴벌레를 잡았다.

0826 바탕
基础，根本

바탕 + Ⓥ

바탕이 ~
· 바탕이 되다 成为基础
그녀와의 추억이 시의 바탕이 되었다.

바탕을 ~
· 바탕을 두다 以……为基础
모두가 동화적 상상력에 바탕을 둔 성과이다.
· 바탕을 이루다 成为……的根本
도전하는 자세는 제 삶의 바탕을 이루고 있습니다.

바탕에 ~
· 바탕에 깔다 在……基础上
이런 소설은 도덕적 문제에 대한 성찰을 바탕에 깔고 구성되는 것이다.
· 바탕에 두다 以……为基础
이런 생각을 바탕에 두고 우선 첫째 단계의 경우를 좀 더 살펴보자.
· 바탕에 흐르다 是……的根本
종교의 정신적인 의미가 예술의 바탕에 흐르고 있는 것이다.

0827 박물관 [방물관] (博物館)
博物馆

박물관 + Ⓝ

- 박물관 개장 博物馆开馆
- 박물관 건물 博物馆大楼
- 박물관 건립 建博物馆
- 박물관 견학 参观博物馆
- 박물관 직원 博物馆职员

박물관 + Ⓥ

박물관이 ~

- 박물관이 개관하다 博物馆开馆
이번 추석에 박물관이 개관하나요?
- 박물관이 세워지다 博物馆落成
프랑스에선 수백만 달러의 예산을 들여 만화 박물관이
세워졌다.
- 박물관이 휴관하다 博物馆闭馆
매주 월요일은 박물관이 휴관한다.

박물관을 ~

- 박물관을 건립하다 建博物馆
우리는 새로 박물관을 건립할 것이다.
- 박물관을 구경하다 参观博物馆
박물관을 구경하고 우리는 집으로 돌아왔다.
- 박물관을 돌아보다 参观博物馆
첫날 일정은 국립 박물관을 돌아보는 것이었다.
- 박물관을 둘러보다 参观博物馆
박물관을 둘러보다 보니 저녁이 되었습니다.
- 박물관을 방문하다 参观博物馆
연간 25만 여 명이 박물관을 방문한다.
- 박물관을 세우다 建博物馆
이 박물관을 세운 지 24년 만에 철거 되었다.
- 박물관을 짓다 建博物馆
역사를 기록하기 위해 박물관을 지었다.

박물관에 ~

- 박물관에 가다 去博物馆
언젠가 그가 덴마크 박물관에 간 적이 있었다.
- 박물관에 들어가다 进博物馆
박물관에 들어가 보니 선사시대의 유물들을 모아놓았다.
- 박물관에 보관되다 在博物馆保存
지난번에 발견된 대부분의 유물들은 이 박물관에 보관
되어 있다.
- 박물관에 소장되다 收藏在博物馆
다행히 이때에 발굴된 유물들이 우리 박물관에 소장되
어 있다.
- 박물관에 전시되다 在博物馆中展出
박물관에 전시되어 있는 온갖 신기한 동물 표본.
- 박물관에 진열되다 在博物馆陈列
이 유물들은 현재 박물관에 진열되어 있다.

0828 **박사** [박싸](博士)
鼓士

박사 – Ⓝ

- 박사과정 博士阶段

박사 + Ⓝ

- 박사 학위 博士学位

박사 + Ⓥ

박사가 ~

- 박사가 되다 成为博士, 取得博士学位
그는 공학 박사가 되었다.

0829 **박수** [박쑤]
鼓掌

박수 – Ⓝ

- 박수갈채 鼓掌喝彩

박수 + Ⓝ

- 박수 부대 拉拉队 (演出中专门负责鼓掌的人)
- 박수 소리 掌声

박수 + Ⓥ

박수가 ~

- 박수가 쏟아지다 掌声四起
공연 도중에 박수가 쏟아져 나왔다.
- 박수가 터지다 爆发出雷鸣般的掌声
다시 한 번 박수가 터졌습니다.

박수를 ~

- 박수를 받다 获得掌声
우리는 공연 도중 서너 차례 박수를 받았다.
- 박수를 보내다 致以掌声
국민들은 그에게 아낌없는 박수를 보냈다.
- 박수를 치다 鼓掌
나는 손이 아프도록 박수를 쳤습니다.

박수로 ~

- 박수로 맞이하다 用掌声迎接

새로운 선생님을 큰 박수로 맞이합시다.
· **박수로 축하하다** 用掌声祝贺
금메달 획득을 모두 박수로 축하해 줍시다.
· **박수로 환영하다** 用掌声欢迎
대통령이 입장할 때 사람들이 박수로 환영했다.

Ⓐ + 박수

· **열렬한 박수** 热烈的掌声
경기장으로 입장하는 선수들에게 열렬한 박수를 보냈다.
· **뜨거운 박수** 热烈的掌声
뜨거운 박수로 환영해 주십시오.

0830 **밖** [박]
外面

밖 + Ⓥ

밖이 ~
· **밖이 깨끗하다** 外面干净
여기는 안과 밖이 모두 깨끗한 곳이다.
· **밖이 소란하다** 外面吵
자다가 밖이 소란하여 잠이 깨었다.
· **밖이 어둡다** 外面黑
밖이 어두워서 아무것도 보이지 않는다.
· **밖이 춥다** 外面冷
밖이 추우므로 실내에 머무른 시간이 더 많다.
· **밖이 훤하다** 外面亮
한참을 자고 일어났는데도 밖이 훤하다.

밖을 ~
· **밖을 나가다** 到外面去
소녀는 대꾸도 하지 않고 문 밖을 나갔다.
· **밖을 나서다** 出去
대문 밖을 나선 그는 뒤를 돌아보았다.
· **밖을 내다보다** 往外看
문틈으로 밖을 내다보았다.
· **밖을 보다** 看外面
이제 좀 밖을 보며 시를 써야겠다.
· **밖을 살피다** 往外看
공장장은 문을 열고 밖을 살폈다.
· **밖을 향하다** 朝向外面
그녀는 돌연 밖을 향해 소리를 질렀다.

밖으로 ~
· **밖으로 나가다** 到外面去
결국 아이는 대답 듣기를 포기하고 밖으로 나갔다.
· **밖으로 나오다** 到外面来

그녀도 밖으로 나왔다.
· **밖으로 내던지다** 扔到外面
나는 쓰레기를 창밖으로 내던졌다.
· **밖으로 끌어내다** 拖到外面
우리는 어머니가 싸놓은 짐을 하나하나 밖으로 끌어냈다.
· **밖으로 뛰다** 跑到外面
그 남자는 뭘 훔쳐서 달아나듯 밖으로 뛰었습니다.
· **밖으로 뛰쳐나가다** 跳到外面
경찰관은 창 밖으로 뛰쳐나가 목숨을 건졌다.
· **밖으로 쫓겨나다** 被赶到外面
그녀는 엄마의 액자 사진을 들고 건물 밖으로 쫓겨났다.
· **밖으로 퍼져나가다** 传到外面
그 소문은 조금씩 마을 밖으로 퍼져나갔습니다.
· **밖으로 튀어나오다** 窜到外面
심장이 밖으로 튀어나올 것 같았다.
· **밖으로 향하다** 朝向外面
나는 시선을 차창 밖으로 향했다.

밖에 ~
· **밖에 나가다** 到外面去
밖에 나가고 싶은가 봐요.
· **밖에 나오다** 到外面来
너 오늘 밖에 좀 나와라.
· **밖에 다니다** 在外面转悠
이런 날씨에 밖에 다니고 싶지 않아.
· **밖에 있다** 在外面
네가 나가고 싶어 하는 세상이 바로 밖에 있어.

밖에서 ~
· **밖에서 기다리다** 在外面等
한참 밖에서 기다린 것 같던데?
· **밖에서 놀다** 在外面玩
밖에서 놀아서 감기에 걸렸다.
· **밖에서 일하다** 在外面工作
우리 엄마는 밖에서 일하는 사람이다.

0831 **반**[1] (班)
班级

반 + Ⓝ

· **반 아이들** 班级里的孩子们

반 + Ⓥ

반을 ~
· **반을 나누다** 分班

한국어 수준에 맞게 반을 나누었다.

0832 반² (半)
一半

반 + Ⓥ

반이 ~
· 반이 가다 过了一半
내 인생의 반이 간 것이다.
· 반이 되다 成为一半
어려움을 나누면 반이 돼요.
· 반이 넘다 超过一半
이는 정부 1년 예산의 반이 넘는 돈이다.

반을 ~
· 반을 가르다 分成两半
그는 칼을 들어 반을 갈랐다.
· 반을 자르다 切一半
이빨로 반을 잘라서 반은 먹고 반은 남겨놓았다.
· 반을 쪼개다 掰一半
나도 먹으라고 반을 쪼개어 주셨다.

반으로 ~
· 반으로 가르다 分成两半
배는 반으로 갈라 씨 있는 부분은 먹지 않는다.
· 반으로 갈라지다 被分成两半
한 나라가 반으로 갈라져 있는 것은 슬픈 일이에요.
· 반으로 자르다 切成两半
감자를 반으로 자른다.
· 반으로 접다 折成一半
그는 신문을 반으로 접어 내 얼굴을 때렸다.
· 반으로 줄이다 减少为原来的一半
샤워 시간을 반으로 줄이는 것도 좋은 방법이다.

0833 반대 (反對)
反对，相反

반대 – Ⓝ

· 반대급부 回偿，反给付
· 반대쪽 对方，相反的一侧
· 반대편 对方，反方

반대 + Ⓝ

· 반대 방향 相反方向
· 반대 시위 示威反对
· 반대 여론 反对舆论
· 반대 의견 反对意见
· 반대 입장 反对立场
· 반대 진영 反方阵营

반대 + Ⓥ

반대를 ~
· 반대를 무릅쓰다 不顾反对
그들은 부모들의 반대를 무릅쓰고 결혼을 했다.
· 반대를 하다 反对
아버지가 반대를 했지만 그는 미술을 선택했다.

반대로 ~
· 반대로 가다 往反方向走
왜 반대로 가니? 그쪽 아니야.

0834 반말 (半말)
非敬语，卑称

반말 + Ⓥ

반말을 ~
· 반말을 쓰다 用非敬语
어머니한테 반말을 쓰지 마라.
· 반말을 하다 说非敬语
어른들에게 반말을 하면 안 된다.

0835 반발 (反撥)
抵制，抗拒，反抗

반발 + Ⓥ

반발이 ~
· 반발이 심하다 反抗很厉害
최근 교통 정책에 대한 반발이 심하다.

반발을 ~
· 반발을 불러일으키다 引起反抗
버스 요금 인상은 국민들의 반발을 불러일으켰다.

· 반발을 하다 抵制
사원들은 새로운 사장의 정책에 반발을 했다.

반발에 ~

· 반발에 부딪치다 受到反抗
등록금 인상 정책은 학생들의 반발에 부딪쳤다.

Ⓐ + 반발

· 거센 반발 强烈抵制
새로운 정책은 국민들의 거센 반발을 불러일으켰다.

0836 **반성** (反省)

反省，反思

반성 + Ⓥ

반성을 ~

· 반성을 하다 反省，反思
반성을 하는 것 같으니 용서해 줍시다.

0837 **반응** [바능](反應)

反应，反响

반응 + Ⓥ

반응을 ~

· 반응을 보이다 出现……的反应
화장품을 바꾸면 알레르기 반응을 보이는 경우가 있다.
· 반응을 얻다 得到……的反响
신제품이 사람들에게 좋은 반응을 얻었다.

Ⓐ + 반응

· 긍정적인 반응 良好的反应
이번 호 잡지에 대해 독자들이 긍정적인 반응을 보이고 있다.
· 민감한 반응 敏感的反应
엄마 이야기만 나오면 그는 민감한 반응을 보였다.

0838 **반장** (班長)

班长

반장 + Ⓝ

· 반장 선거 班长选举

반장 + Ⓥ

반장을 ~

· 반장을 뽑다 选举班长，推选班长
오늘 우리 반 반장을 뽑았다.

반장으로 ~

· 반장으로 선출되다 被推选为班长
그녀가 이번 학기에도 반장으로 선출되었다.

0839 **반죽**

和面，和好的面

반죽 + Ⓝ

· 반죽 상태 面和好的状态

반죽 + Ⓥ

반죽이 ~

· 반죽이 되다 和好面
반죽이 잘 되어서 빵이 잘 만들어질 것 같다.

반죽을 ~

· 반죽을 하다 和面
밀가루에 물을 넣어 반죽을 했다.

0840 **반지** (班指)

戒指

반지 + Ⓥ

반지를 ~

· 반지를 끼다 戴戒指
반지를 낀 걸 보니까 선생님은 결혼하신 것 같아요.
· 반지를 받다 收到戒指
결혼 선물로 반지를 받았다.
· 반지를 빼다 摘掉戒指
샤워할 때 반지를 빼 두었다가 잃어버렸어요.

0841 반찬 (飯饌)
饭菜

반찬 + ⓝ

· 반찬 가게 小菜铺，小菜店
· 반찬 값 菜肴价格
· 반찬 그릇 装菜的碗
· 반찬 배달 配送菜肴
· 반찬 재료 做菜的材料
· 반찬 투정 挑食

반찬 + ⓥ

반찬이 ~
· 반찬이 싱겁다 菜很淡
반찬이 싱거우면 먹는 양이 많아지는 것은 당연하다.
· 반찬이 없다 没有菜
배가 고프면 반찬이 없어도 밥이 맛있다.
· 반찬이 오르다 上菜
밥상 위엔 여러 가지 나물 반찬이 푸짐하게 올라 있었다.
· 반찬이 적다 菜不够
반찬이 적어서 더 시켰다.
· 반찬이 좋다 菜好
반찬이 좋고 맛있어서 남기지 않고 잘 먹는다.

반찬을 ~
· 반찬을 담그다 腌菜
반찬을 담그느라 하루 종일 쉴 틈이 없었다.
· 반찬을 만들다 做菜
아침에 도시락 반찬을 만들려면 일찍 일어나야 한다.
· 반찬을 먹다 吃菜
밥은 조금만 먹고 반찬을 골고루 먹어.
· 반찬을 배달하다 送菜
이 모임에서는 노인들에게 무료로 반찬을 배달해 주는 봉사 활동을 하고 있다.
· 반찬을 싸오다 带菜来
내일은 네가 반찬을 싸올게.
· 반찬을 준비하다 准备菜
매일 여러 가지 반찬을 준비해야 한다.
· 반찬을 집다 夹菜
한국 사람들은 젓가락으로 반찬을 집는다.
· 반찬을 하다 做菜
양념이 있어야 반찬을 해 먹을 거 아냐?

ⓐ + 반찬

· 맛있는 반찬 好吃的菜肴

엄마한테 맛있는 반찬 만들어 달라고 해.

0842 반칙 (反則)
犯规

반칙 + ⓥ

반칙을 ~
· 반칙을 저지르다 犯规
이기기 위해 반칙을 저질러서는 안 된다.
· 반칙을 하다 犯规
그는 심한 반칙을 해서 퇴장 당했다.

0843 받침
垫子，底托

받침 - ⓝ

· 받침돌 底座儿，石墩儿

받침 + ⓥ

받침을 ~
· 받침을 받치다 垫底座儿
화분에 받침을 받쳐 놓으면 물이 흘러내리지 않아요.

0844 발
脚

발 - ⓝ

· 발가락 脚趾
· 발굽 蹄
· 발끝 脚尖
· 발놀림 脚法
· 발동작 脚部动作
· 발뒤꿈치 脚后跟
· 발바닥 脚掌，脚底板
· 발버둥 蹬脚，蹬腿
· 발자취 脚印，足印

발 + Ⓝ

· 발 고린내 脚臭
· 발 냄새 脚臭

발 + Ⓥ

발이 ~

· 발이 저리다 脚麻了
오랫동안 앉아 있어서 발이 저린다.

발을 ~

· 발을 밟다 踩脚
지하철에서 모르는 사람이 내 발을 밟았다.

발로 ~

· 발로 밟다 用脚踩, 用脚踏
바퀴벌레를 발로 밟아서 죽였다.
· 발로 차다 用脚踢
축구공을 발로 찼다.

발에 ~

· 발에 맞다 合脚
새로 산 신발이 발에 꼭 맞는다.

慣

· 발 벗고 나서다 全力以赴
그는 옳다고 생각하는 일에 대해서 항상 발 벗고 나서
는 성격이다.
· 발 들여놓을 자리 하나 없다 没处下脚, 摩肩接踵
어제 모임에는 발 들여놓을 자리 하나 없을 정도로 사
람이 많이 왔다.
· 발 디딜 틈이 없다 没处下脚, 摩肩接踵
버스 안은 발 디딜 틈이 없었다.
· 발 없는 말이 천리 간다 话无脚传千里, 说话要谨
慎
발 없는 말이 천리 간다고 항상 말 조심해.
· 발이 넓다 交际广
그는 발이 넓어서 알고 지내면 좋을 거야.
· 발이 묶이다 被困, 被束缚
태풍으로 제주도에 발이 묶였다.
· 발이 닳다 全力以赴
그는 가족 일이라면 발이 닳도록 뛰어다닌다.
· 발이 떨어지지 않다 不想离开, 留恋
아픈 어머니가 걱정이 되어 발이 떨어지지 않는다.
· 발이 뜸하다 人迹罕至, 门可罗雀
무슨 일인지 그는 요즘 동아리 모임에 발이 뜸하다.
· 발이 손이 되도록 빌다 虔诚祈祷, 苦苦哀求
어머니는 아들을 용서해 달라고 발이 손이 되도록 빌
었다.

· 발을 구르다 急得直跺脚, 心急火燎
그녀는 기차표를 구하기 위해 발을 굴렀다.
· 발을 끊다 断交, 断绝来往
그는 결혼한 뒤 술집에 발을 끊고 가정에 충실하기로
결심했다.
· 발을 디디다 涉足
그녀는 사범대를 졸업하고 교육계에 발을 디뎠다.
· 발을 빼다 抽身, 洗手不干
도박에 한번 빠지면 발을 빼기 어렵다고 한다.
· 발 뻗고 자다 睡安稳觉, 安心
모든 일이 해결되었으니 발 뻗고 잘 수 있겠다.

0845 발걸음 [발꺼름]
脚步, 步伐

발걸음 + Ⓥ

발걸음이 ~

· 발걸음이 빠르다 步伐快, 走得快
그는 발걸음이 빠른 사람이다.

발걸음을 ~

· 발걸음을 돌리다 向另一方向走
학교로 향하던 발걸음을 집으로 돌렸다.
· 발걸음을 옮기다 迈步, 出发
사람들이 서서히 발걸음을 옮기기 시작했다.

Ⓐ + 발걸음

· 힘찬 발걸음 有力的步伐
군인들이 힘찬 발걸음으로 앞으로 나갔다.

慣

· 발걸음을 재촉하다 加快脚步
해가 저물자 발걸음을 재촉했다.
· 발걸음이 떨어지지 않다 不想离开, 留恋
편찮으신 부모님을 두고 집을 떠나려니 발걸음이 떨어
지지 않는다.

0846 발견 (發見)
发现

발견 + Ⓥ

발견이 ~

· 발견이 되다 被发现
역사 유물이 드디어 발견이 되었다.

발견을 ~

· 발견을 하다 发现
그는 역사에 기록될 만한 발견을 했다.

0847 **발길** [발낄]
脚，脚步，来往

발길 + Ⓥ

발길이 ~

· 발길이 뜸하다 人迹罕至，门可罗雀
그는 요즘 술집에 발길이 뜸하다.

발길을 ~

· 발길을 끊다 断绝来往，绝交
그는 도박판에 발길을 끊었다.

· 발길을 돌리다 调转脚步，改变方向
발길을 돌려 집으로 돌아갔다.

惯

· 발길이 내키지 않다 不情愿去，不愿走
집으로 가는 발길이 내키지 않는다.

· 발길이 떨어지지 않다 不想离开，留恋
아이의 울음소리 때문에 회사로 가는 발길이 떨어지지
않는다.

0848 **발달** [발딸](發達)
发达，发展，发育

발달 – Ⓝ

· 발달단계 发达阶段，发育阶段

발달 + Ⓝ

· 발달 과정 发展过程
· 발달 장애 发育性残疾

발달 + Ⓥ

발달이 ~

· 발달이 되다 发达

한국은 IT 기술이 크게 발달이 되었다.

발달에 ~

· 발달에 좋다 有利于……发育
호두는 두뇌 발달에 좋다.

0849 **발등** [발뜽]
脚背

발등 + Ⓥ

발등을 ~

· 발등을 밟다 踩脚
지하철에서 어떤 사람이 내 발등을 밟았다.

惯

· 발등을 찍다 背叛，背信弃义
그는 결국 자신의 발등을 찍고 말았다.

· 발등을 찍히다 遭到背叛
믿었던 친구에게 결국 발등을 찍히고 말았다.

· 발등에 불이 떨어지다 火烧眉毛
그는 무슨 일이든 발등에 불이 떨어져야 시작한다.

0850 **발명** (發明)
发明

발명 + Ⓥ

발명을 ~

· 발명을 하다 发明
에디슨은 전기를 발명을 했다.

0851 **발목**
脚腕，脚脖子

발목 + Ⓥ

발목이 ~

· 발목이 부러지다 脚腕骨折
발목이 부러져서 깁스를 했다.

발목을 ~

· 발목을 삐다 扭伤脚，崴脚脖子
계단에서 넘어져서 발목을 삐었다.

· 발목을 잡다 拖后腿
그 사람은 늘 내가 하는 일에 발목을 잡는다.

· 발목을 잡히다 被……事缠身，被抓住把柄
선배에게 발목이 잡혀서 어쩔 수 없이 도와주어야 했다.

0852 **발생** [발쌩](發生)

发生

발생 + Ⓝ

· 발생 가능성 发生的可能性
· 발생 변화 发生变化
· 발생 빈도 发生频率
· 발생 요인 产生的因素
· 발생 원인 产生因素
· 발생 위험 发生危险
· 발생 지역 发生地区
· 발생 확률 发生的概率

발생 + Ⓥ

발생을 ~

· 발생을 막다 阻止……的发生
이러한 분쟁의 발생을 막을 수는 없을 것으로 판단된다.

· 발생을 방지하다 防止……的发生
금융 사고의 발생을 방지하기 위한 종합적인 대책을 마련해야 한다.

· 발생을 줄이다 减少……的发生
화재 발생을 줄이기 위해 공동 노력이 필요하다.

· 발생을 억제하다 抑制……的发生
A유전자는 당뇨 발생을 억제하는 기능을 갖는 것으로 추정할 수 있다.

발생에 ~

· 발생에 대비하다 以防……的发生
위기 상황 발생에 대비한 대응방안이 필요하다.

0853 **발음** [바름](發音)

发音

발음 + Ⓝ

· 발음 연습 发音练习

발음 + Ⓥ

발음이 ~

· 발음이 나쁘다 发音不好
그는 영어 발음이 나쁘다.

· 발음이 어렵다 发音难
한국 사람에게 중국어는 발음이 어렵다.

· 발음이 정확하다 发音准确
그는 한국어 발음이 정확하다.

· 발음이 좋다 发音好
아나운서는 발음이 좋다.

Ⓐ + 발음

· 서툰 발음 蹩脚的发音
그는 서툰 발음으로 천천히 이야기를 했다.

· 정확한 발음 准确的发音
그녀는 정확한 발음으로 뉴스를 전했다.

0854 **발자국** [발짜국]

脚印，足迹

발자국 + Ⓝ

· 발자국 소리 脚步声

발자국 + Ⓥ

발자국이 ~

· 발자국이 나다 出现脚印
거실에 발자국이 나 있었다.

발자국을 ~

· 발자국을 남기다 留下脚印，留下足迹
그들은 눈이 쌓인 길 위를 걸으며 발자국을 남겼다.

0855 **발전**[1] [발쩐](發展)
发展

발전 + N

· 발전 가능성 发展的可能性
· 발전 계획 发展计划
· 발전 과정 发展过程
· 발전 과제 发展课题
· 발전 기금 发展基金
· 발전 기반 发展的基础
· 발전 단계 发展阶段
· 발전 모델 发展模式
· 발전 방안 发展方案
· 발전 방향 发展方向
· 발전 속도 发展速度
· 발전 전략 发展战略
· 발전 정도 发展程度
· 발전 양상 发展走势

발전 + V

발전이 ~

· 발전이 늦다 发展迟缓
이 지역의 경제 발진이 늦다.
· 발전이 필요하다 需要发展
한국은 경제 발전이 필요하다.
· 발전이 없다 没有发展
이 기름진 땅에 어찌 고대문화의 발전이 없었겠는가!
· 발전이 이루어지다 取得发展
춘추전국시대는 생산력의 눈부신 발전이 이루어졌던 시대이다.
· 발전이 있다 有发展
이젠 좀 발전이 있길 바란다.

발전을 ~

· 발전을 가로막다 阻止发展
유생 출신 관료들은 과학의 발전을 가로막았다.
· 발전을 가져오다 带来发展
그 과정이 논리의 발전을 가져왔습니다.
· 발전을 거듭하다 得到不断的发展
기술은 나날이 발전을 거듭해 소비자들의 마음을 사로잡는다.
· 발전을 기대하다 期待发展
시각이 바뀌지 않는 한 우리 만화의 발전을 기대하기 어렵다.

· 발전을 도모하다 谋求发展
여성 회원들도 대표자가 되어야 자신의 발전을 도모할 수 있는 것이다.
· 발전을 꾀하다 谋求发展
이를 도구로 해서 인간의 비약적인 발전을 꾀할 수 있을 것이다.
· 발전을 저해하다 阻碍发展
남북 분단이 우리 나라의 발전을 저해하고 있다.
· 발전을 촉진시키다 促进发展
거꾸로 갈등이 또한 새로운 발전을 촉진시킬 수도 있다.
· 발전을 추구하다 追求发展
정보통신공학은 또 다른 새로운 공학적 발전을 추구한다.
· 발전을 위하다 为了发展
사회 발전을 위해 복지 제도의 획기적인 개선이 필요하다.
· 발전을 이루다 取得发展
각 분야의 학문이 균형적 발전을 이룰 수 있도록 해야 한다.
· 발전을 이룩하다 实现发展
한국은 어떻게 경제 발전을 이룩했는가?

발전에 ~

· 발전에 기여하다 对发展做出贡献
그는 한국 과학 발전에 큰 기여를 했다.

A + 발전

· 급격한 발전 飞速发展
기술의 급격한 발전으로 인해 대부분의 노동력이 기계로 대체되었다.
· 건전한 발전 健全的发展
대중문화의 건전한 발전 방안도 마련해야 한다.
· 균형적 발전 均衡的发展
다른 지역과 균형적 발전을 이루어야 한다.
· 빠른 벌전 迅速的发展
중국 경제의 빠른 발전은 전 세계적인 주목을 받고 있다.
· 눈부신 발전 令人瞩目的发展
눈부신 발전도 있었으나 아직도 해결해야 할 과제가 많이 남아 있다.
· 새로운 발전 新的发展
국제 안보 환경에 대처하기 위해 새로운 발전 방향을 모색하고 있다.
· 큰 발전 长足的发展
중국은 최근 큰 발전을 이루었다.
· 튼튼한 발전 坚实的发展
농업의 튼튼한 발전 없이 나라의 주권을 올바로 지켜 낼 수 없다.

0856 **발전²** [발쩐](發電)
发电

발전 + ⓝ

· 발전 기지 发电站
· 발전 방식 发电方式
· 발전 시설 发电设备

0857 **발톱**
脚趾甲

발톱 + ⓥ

발톱을 ~

· 발톱을 깎다 剪脚趾甲
목욕을 하고 발톱을 깎았다.

발톱에 ~

· 발톱에 칠하다 涂脚趾甲
요즘 여자들은 발톱에 색깔을 칠하는 경우가 많다.
· 발톱에 할퀴다 被脚趾甲划破
개 발톱에 할퀴었다.

0858 **발표** 發表
发表, 公布, 发言

발표 + ⓝ

· 발표 내용 发言内容
· 발표 시간 发言时间
· 발표 예정 准备发表, 准备公布
· 발표 이후 公布以后
· 발표 자료 发言材料
· 발표 장소 发言场所
· 발표 직전 公布前, 发言前
· 발표 직후 公布后, 发言后
· 발표 차례 发言顺序

발표 + ⓥ

발표가 ~

· 발표가 끝나다 发言结束
발표가 끝난 후 각자 느낌을 이야기했다.
· 발표가 나다 公布名单
한 달 후 합격자 발표가 났다.
· 발표가 나오다 公布结果
결과는 발표가 나와 봐야 알 것 같습니다.
· 발표가 있다 公布名单
각 참가자의 연설이 끝난 후 입상자 발표가 있었다.
· 발표가 시작되다 开始发言
50여 분쯤 지나 발표가 시작됐다.
· 발표가 진행되다 进行发言
강연에 앞서 사례 발표가 진행되었다.

발표를 ~

· 발표를 기다리다 等待宣布
운동회가 끝난 뒤 한 곳에 모여 순위 발표를 기다리고 있다.
· 발표를 끝내다 结束发言
발표를 끝낸 후, 각자 질문은 3개씩 준비한다.
· 발표를 듣다 听发言
이 글을 쓰는 도중에 나는 대통령의 발표를 들었다.
· 발표를 맡다 负责发言
그 사람이 이번 학회에서 주제 발표를 맡았다.
· 발표를 미루다 暂缓公布
의견 조정이 완전히 끝나지 않아 일단 공식 발표를 미루기로 했다.
· 발표를 시키다 让……发言
이 수업에서는 본문을 나가기 전에 발표를 시킨다.
· 발표를 연기하다 延期公布
검찰은 15일로 예정된 수사 결과 발표를 연기했다.
· 발표를 하다 进行公布
다음 주말쯤 종합적인 발표를 할 수 있을 것이다.

발표에 ~

· 발표에 나서다 进行发言
최 교수가 첫 주제 발표에 나섰다.
· 발표에 대하다 对公布的情况
이 사건의 수사 발표에 대해 반신반의했다.
· 발표에 따르다 根据公布的内容
발표에 따르면 교육을 받고 있는 장애자는 9만 명에 불과하다.
· 발표에 의하다 依据公布的情况
이 숫자는 국립병원의 발표에 의한 것이다.

0859 **밤¹**
晚上, 黑夜

· 밤 공사 夜间施工
· 밤 열차 夜车
· 밤 촬영 夜晚拍摄

밤이 ~
· 밤이 가다 黑夜过去
밤이 가고 아침이 왔다.
· 밤이 깊다 夜深
우리는 밤이 깊도록 그 동안의 여행 이야기를 나누었다.
· 밤이 되다 到了晚上
밤이 되어도 경기는 끝나지 않았다.
· 밤이 길다 夜长
한겨울에는 4시만 되면 어두워질 정도로 밤이 길다.
· 밤이 내리다 夜幕降临
한강엔 어느새 밤이 내려 있었다.
· 밤이 새다 熬夜
밤이 새도록 이야기를 들었다.
· 밤이 지나다 黑夜过去
밤이 지나면 낮이 오고 낮이 가면 밤이 온다.
· 밤이 오다 天黑
밤이 오기 전에 서둘러 옷을 껴입고 밖으로 나갔다.
· 밤이 캄캄하다 黑夜伸手不见五指
손목시계가 없어 밤이 더욱 캄캄하고 아득했다.

밤을 ~
· 밤을 보내다 过夜
그날은 아들과 번갈아 가며 병원에서 밤을 보냈다.
· 밤을 새우다 熬通宵
그날 밤 무서움에 떨며 꼬박 밤을 새웠습니다.
· 밤을 지내다 度过夜晚
고아원으로 돌아온 그는 또 잠을 이루지 못하고 밤을 지냈습니다.
· 밤을 타다 趁天黑
어두운 밤을 타 먼 길을 나섰다.

· 고요한 밤 寂静的夜晚
오랜만에 맞이하는 고요한 밤이었다.
· 깜깜한 밤 漆黑的夜晚
깜깜한 밤에는 앞이 보이지 않는다.
· 긴 밤 漫长的黑夜
겨울에는 긴 밤이 더 외롭다.
· 깊은 밤 深夜
깊은 밤 연구실에 앉아서 학생들의 감상문을 읽는다.
· 캄캄한 밤 黑夜

밖으로 나왔을 때는 완전히 캄캄한 밤이었다.
· 늦은 밤 深更半夜
그는 모두가 잠든 늦은 밤에만 일을 했다.

0860 밤²
栗子

밤이 ~
· 밤이 여물다 栗子成熟
가을에는 밤이 여물어 간다.

밤을 ~
· 밤을 굽다 烤栗子
화로가 있어 밤이나 고구마를 구워 먹기 좋았다.
· 밤을 따다 摘栗子
밤을 따서 동생에게 주었다.
· 밤을 까다 剥栗子
동생에게는 삶은 밤을 까서 주었습니다.
· 밤을 깎다 削栗子
가끔 엄마가 밤을 깎는 부업을 한다.
· 밤을 삶다 煮栗子
어머님이 밤은 삶아서 먹는 게 좋다고 하셨다.

0861 밤낮 [밤낟]
昼夜

밤낮으로 ~
· 밤낮으로 일하다 昼夜工作, 夜以继日地工作
그는 밤낮으로 일하다가 병이 생겼다.

· 밤낮을 가리지 않다 不分昼夜, 夜以继日, 没日没夜, 不舍昼夜
그는 밤낮을 가리지 않고 한국어를 연습해서 이제 유창하다.
· 밤낮이 따로 없다 不分昼夜, 夜以继日, 没日没夜, 不舍昼夜
그가 일을 할 때는 밤낮이 따로 없다.

0862 밥
饭, 米饭

밥 + ⓥ

밥이 ~

· 밥이 남다 饭剩下
그의 식판에는 이제 밥이 더 이상 남아 있지 않았다.

· 밥이 넘어가다 饭咽下去
나는 그 이야기를 듣고 목이 메어 도저히 밥이 넘어가지 않았다.

· 밥이 맛있다 饭好吃
동생들이 밥이 맛있다고 많이 먹었다.

· 밥이 질다 饭软, 饭稀软
김밥 쌀 때 밥이 질면 맛이 없나요?

· 밥이 타다 饭糊了
부엌으로 와 보니 밥이 탔다.

밥을 ~

· 밥을 굶다 饿肚子
그녀는 살을 빼기 위해 밥을 굶고 있다.

· 밥을 남기다 剩饭
요즘 식당에서 밥을 남기고 가시는 분들이 많다고 합니다.

· 밥을 담다 盛饭
컵에 밥을 담아서 저렴한 가격에 파는 컵밥이 요즘 인기입니다.

· 밥을 대접하다 招待饭菜
언제라도 오시면 맛있는 밥을 대접해 드려요.

· 밥을 덜다 把饭盛出来
최 노인은 밥을 덜어 소년에게 먹으라고 했다.

· 밥을 뜨다 盛饭
그는 조그만 숟가락으로 혼자 밥을 떠 먹었다.

· 밥을 먹다 吃饭
저녁에는 한 가족처럼 손을 잡고 밥을 먹으러 갔다.

· 밥을 사다 买饭
주말에는 밖에서 밥을 사 먹는다.

· 밥을 안치다 把饭下锅
밥을 안치고 냉장고에서 생선을 꺼냈다.

· 밥을 주다 喂饭
제가 요즘 동네 길고양이들에게 밥을 주고 있습니다.

· 밥을 짓다 做饭
그 다음 물을 부어 밥을 지으면 된다.

· 밥을 차리다 准备饭菜
내일은 특별히 내가 밥을 차려 볼까 해요.

· 밥을 챙기다 弄饭吃
혼자서도 밥을 챙겨 먹을 수 있어야 한다.

· 밥을 태우다 饭烧糊了
항상 그런 건 아니지만 오늘 밥을 완전히 태웠다.

· 밥을 푸다 盛饭
주걱으로 밥을 푼다.

· 밥을 하다 做饭
나도 이젠 밥을 할 줄 안다.

慣

· 밥이 되다 当饭吃
오늘의 시가 과연 밥이 될 수 있는가?

· 밥 먹듯 하다 如家常便饭
아내가 거짓말을 밥 먹듯 해요.

0863 밥맛 [밥맏]
饭的味道, 胃口, 食欲

밥맛 + ⓥ

밥맛이 ~

· 밥맛이 떨어지다 倒胃口, 没胃口
시험 성적을 알고 나니 밥맛이 떨어졌다.

· 밥맛이 없다 倒胃口, 没胃口
너무 피곤해서 그런지 밥맛이 없다.

· 밥맛이 좋다 饭好吃
쌀이 좋아서 밥맛이 좋다.

밥맛을 ~

· 밥맛을 잃다 厌食, 没胃口
감기에 걸려서 밥맛을 잃었다.

慣

· 밥맛이 떨어지다 令人生厌
그런 추태를 보이다니 정말 밥맛이 떨어지네.

0864 방 (房)
房间

방 - ⓝ

· 방구석 房间角落
· 방주인 房子主人

방 + ⓝ

- 방 문 房门
- 방 번호 房间号码
- 방 벽 房间的墙
- 방 안 房间里面
- 방 열쇠 房间钥匙
- 방 정리 整理房间
- 방 창문 房间的窗户

방 + Ⓥ

방이 ~

- **방이 깨끗하다** 房间干净
그녀의 방이 너무도 깨끗하고 아담했다.
- **방이 나가다** 房子租出去
한 달이 지났지만 아직 방이 나가지 않았다.
- **방이 넓다** 房间宽敞
방이 넓어서 2명이 같이 생활해도 된답니다.
- **방이 달리다** 带房间
이 집은 방이 세 개 달려 있었다.
- **방이 더럽다** 房间脏
이제 슬슬 방이 더러워지고 있다.
- **방이 덥다** 房间热
방이 더워 옷 좀 벗어야겠네.
- **방이 따뜻하다** 房间暖和
방이 전혀 따뜻해지지 않았더군요.
- **방이 비다** 房间是空的
언니가 결혼을 해서 방이 비어 있다.
- **방이 비좁다** 房间狭小
큰 가구를 사서 방이 비좁아 보인다.
- **방이 어둡다** 房间暗
날씨가 흐린 탓으로 방이 어두웠다.
- **방이 없다** 没有房间
죄송하지만 방이 없는데요.
- **방이 있다** 有房间
방금 방이 있다고 했잖아요?
- **방이 좁다** 房间小
우리 집은 방이 너무 좁다.
- **방이 차갑다** 房间冷
방이 차가워서 잠이 올지 모르겠다.
- **방이 차다** 房间挤得满满的
다섯 명이 작은 방에 앉으니 방이 꽉 찼다.
- **방이 춥다** 房间冷
불편한 점이라면 우선 방이 좀 춥다는 것입니다.
- **방이 필요하다** 需要房间
여행에 지친 몸을 쉬기 위한 방이 필요했던 것 같았다.

방을 ~

- **방을 구하다** 找房子

방을 구할 생각이 없어졌다.
- **방을 꾸미다** 装饰房子
아이들의 방을 꾸밀 때 이 점을 꼭 기억해 두기 바란다.
- **방을 나가다** 离开房间
편지 읽기가 끝나면 나는 얼른 방을 나갔다.
- **방을 나서다** 走出房间
그때 친구가 "난 차에서 잘게" 하며 방을 나섰다.
- **방을 나오다** 从房间里出来
나는 그 자리에 서 있기가 민망해서 방을 나왔다.
- **방을 내놓다** 腾房子
그는 바로 복덕방에 방을 내놓겠다 했다.
- **방을 비우다** 把房子空出来
나는 주인에게 방을 비우겠다는 말을 했다.
- **방을 빌리다** 租房子
우리는 시내에 있는 여관에다 방을 빌려서 의논을 했다.
- **방을 세내다** 出租房子
너네 집 방 세냈지?
- **방을 쓰다** 使用房子
우리는 이미 같은 방을 쓰고 있다.
- **방을 얻다** 租到房子
그는 삼층에다 방을 얻어 놓고 자취를 하고 있었다.
- **방을 예약하다** 预订房间
방을 예약했는데요.
- **방을 옮기다** 换房间
방을 옮길 수 있을까요?
- **방을 잡다** 订房间
어쨌든 방을 잡을 수 있어 다행이다.
- **방을 찾다** 找房子
그의 방을 찾는 것은 어려운 일이 아니었다.
- **방을 청소하다** 清扫房间
매일 아침에 이불을 개고 방을 청소한다.
- **방을 치우다** 收拾房间
새벽 3시부터 일어나 방을 치운다.

방에서 ~

- **방에서 나가다** 从房间里出去
아내가 방에서 나가자, 그는 다시 게임을 시작했다.
- **방에서 나오다** 从房间里出来
아이가 잠이 든 다음에 방에서 나오세요.

Ⓐ + 방

- **빈 방** 空房间
빈 방이 있으면 하나 주십시오.
- **따뜻한 방** 暖和的房间
화분은 따뜻한 방에서 키워야 한다.
- **큰 방** 大房间
거실하고 작은방은 따뜻한데 큰방만 난방이 안 된다.

0865 방문¹ (訪問)
访问

방문 + Ⓝ

· 방문 계획 访问计划
· 방문 결과 访问结果
· 방문 기간 访问期间
· 방문 목적 访问目的
· 방문 예정 访问计划
· 방문 일정 访问日程
· 방문 조사 走访调查
· 방문 중 正在进行访问

방문 + Ⓥ

방문이 ~
· 방문이 끊이다 停止参观访问
정품을 구입하려는 소비자들의 방문이 끊이지 않고 있다.
· 방문이 잦아지다 访问频繁
최근 제주도에 중국인들의 방문이 부쩍 잦아졌다.

방문을 ~
· 방문을 미루다 推迟拜访
나는 그에게 친정 방문을 미루자고 달랬다.
· 방문을 마치다 结束访问
대통령은 8박 9일의 동남아 방문을 마치고 25일 오후 귀국했다.
· 방문을 받다 受访
병원에 입원한 그는 대통령의 방문을 받았다.

0866 방문² (房門)
房门，门

방문 + Ⓝ

· 방문 고리 门栓
· 방문 손잡이 门把手

방문 + Ⓥ

방문이 ~
· 방문이 닫히다 门被关上
방문이 닫히는 소리가 났다.

· 방문이 열리다 门被打开
방문이 열리며 아빠가 들어왔다.
· 방문이 잠기다 门被锁上
방문이 잠겼는데 여분의 열쇠가 있습니까?

방문을 ~
· 방문을 나서다 走出门
나는 코트를 걸치고 방문을 나섰다.
· 방문을 노크하다 敲门
방문을 노크하는 소리가 들린다.
· 방문을 두드리다 敲门
어머니가 다급한 목소리로 방문을 두드렸다.
· 방문을 두들기다 砸门
집주인 아줌마가 우리 방문을 두들겼다.
· 방문을 밀치다 推开门
아이 이름을 부르면서 아이의 방문을 밀쳤다.
· 방문을 열다 开门
나는 방문을 열고 밖으로 나갔습니다.
· 방문을 밀다 推门
나는 온 힘을 다해 방문을 밀었다.

Ⓐ + 방문

· 닫힌 방문 被关着的门
나는 굳게 닫힌 방문만 쳐다보면서 밤새 잠을 설쳤다.
· 열린 방문 开着的门
그는 잠시 열린 방문 틈으로 방안을 살펴보았다.

0867 방바닥 [방빠닥] (房바닥)
房间地面，地板

방바닥 + Ⓥ

방바닥이 ~
· 방바닥이 따뜻하다 地板暖和
보일러를 틀어서 방바닥이 따뜻하다.
· 방바닥이 차다 地板凉
방바닥이 차니까 이불을 덮어라.

방바닥을 ~
· 방바닥을 닦다 擦地，擦地板
어머니가 방을 쓸고 방바닥을 닦으셨다.

0868 **방법** (方法)
方法，办法

방법 + Ⓥ

방법이 ~
· **방법이 다양하다** 办法多种多样
치료 방법이 매우 다양하다고 한다.
· **방법이 떠오르다** 想出……办法
좋은 방법이 떠올랐다.
· **방법이 없다** 没有办法
그 문제를 해결할 수 있는 방법이 없었다.
· **방법이 있다** 有办法
목적을 달성하는 데는 여러 가지 방법이 있다.
· **방법이 좋다** 办法好
혼자서 자꾸 읽는 방법이 좋아요.
· **방법이 필요하다** 需要……的办法
이럴 때는 특별한 방법이 필요하다.

방법을 ~
· **방법을 가르치다** 讲授……的办法
연락할 방법을 가르쳐 주시죠.
· **방법을 강구하다** 寻找办法
그들을 지원하기 위해 모든 방법을 강구하기로 했다.
· **방법을 개발하다** 寻找办法
예전보다 더 빨리 목표를 달성할 수 있는 다양한 방법을 개발했다.
· **방법을 고려하다** 想办法
최소의 노력으로 최대의 효과를 거두기 위한 방법을 고려한다.
· **방법을 모색하다** 摸索办法
함께 의논하고 방법을 모색해 보자고 결론을 내렸다.
· **방법을 배우다** 学习……的方法
미래의 정부는 사회를 건설하는 건축가가 되는 방법을 배워야 한다.
· **방법을 빌리다** 借用……的方法
또 예술은 자연에서 표현 수단과 방법을 빌려 온다.
· **방법을 생각하다** 想办法
가장 적절한 방법을 생각하지 않으면 안 된다.
· **방법을 쓰다** 用……的办法
자금이 없으니까 원시적인 방법을 써야겠어요.
· **방법을 알다** 知道……的办法
그는 정말 사람을 난처하게 만드는 방법을 알고 있었다.
· **방법을 익히다** 了解……的办法
혈압을 낮추는 방법을 익혀 두세요.
· **방법을 택하다** 选择……的方法
나 역시 그 방법을 택할 수밖에 없다는 생각이 들었다.

· **방법을 찾다** 找到……的办法
그들은 마침내 그 방법을 찾았습니다.
· **방법을 취하다** 采取……的办法
잠이 안 올 때는 이러한 방법을 취해 보세요.
· **방법을 활용하다** 采用……的方法
다양한 방법을 활용해야 한다.

Ⓐ + 방법

· **간단한 방법** 简单的办法
문제를 해결하는 간단한 방법이 있다.
· **같은 방법** 一样的办法
같은 방법으로 이 문제를 풀 수 없다.
· **다른 방법** 不一样的办法
다른 방법은 없어요?
· **다양한 방법** 各种各样的办法
학습은 다양한 방법으로 이루어진다.
· **쉬운 방법** 容易的办法
보다 단순하고 쉬운 방법으로 이야기하기 바란다.
· **어떤 방법** 怎样的办法
어떤 방법으로 그것을 배우는가 하는 것은 아무런 문제가 안 된다.
· **이런 방법** 这样的办法
모든 운동을 이런 방법으로 설명할 수 있을까요?
· **좋은 방법** 好的办法
외로움을 해결하는 데는 역시 결혼이 제일 좋은 방법이다.
· **특별한 방법** 特别的办法
외로움을 달래는 특별한 방법이 있다.

0869 **방석** (方席)
坐垫，席垫

방석 + Ⓥ

방석을 ~
· **방석을 깔다** 垫上坐垫
바닥이 차니까 방석을 깔고 앉으세요.

0870 **방세** [방쎄](房貰)
房租

방세 + Ⓥ

방세가 ~

· 방세가 밀리다 拖欠房租
세 달치 방세가 밀렸다.
· 방세가 비싸다 房租贵
이 집은 방세가 비싸다.
· 방세가 오르다 房租提高了
이번 달에 갑자기 방세가 올라서 걱정이다.

방세를 ~

· 방세를 내다 交房租
방세를 내기 위해 아르바이트를 하고 있다.

0871 **방송** (放送)
广播，播放

· 방송기자 广播记者

· 방송 매체 广播媒体
· 방송 시간 广播时间
· 방송 프로그램 广播节目

방송을 ~

· 방송을 타다 上电视，上广播
나 오늘 방송을 타니까 텔레비전 꼭 봐라.

방송에 ~

· 방송에 나오다 上电视，上广播
그 가수는 요즘 자주 방송에 나온다.
· 방송에 출연하다 在广播电视节目中演出
그는 방송에 출연한 이후 유명해졌다.

0872 **방송국** (放送局)
广播电台，电视台

· 방송국 경영자 电视台/广播电台管理者
· 방송국 관계자 电视台/广播电台相关人员
· 방송국 기자 电视台/广播电台记者

· 방송국 아나운서 电视台/广播电台播音员
· 방송국 운영 经营电视台/广播电台
· 방송국 직원 电视台/广播电台员工
· 방송국 스튜디오 电视台录影棚，广播电台录音棚

방송국을 ~

· 방송국을 나서다 走出电视台
일을 끝내고 천천히 방송국을 나섰다.

방송국에 ~

· 방송국에 가다 去电视台
얼마 전 방송국에 한번 가 봤는데요.
· 방송국에 근무하다 在电视台工作
그 친구가 방송국에 근무하거든요.
· 방송국에 들어가다 进电视台
방송국에 들어가서 일하려면 어떻게 해야 하지요?
· 방송국에 들어서다 走进电视台/广播电台
그가 방송국에 들어섰을 때 국장은 이미 나와 있었다.
· 방송국에 입사하다 在电视台/广播电台就职
졸업을 하고 나서 방송국에 입사하게 되었다.
· 방송국에 전달하다 转达给电视台/广播电台
보도 자료를 본인이 직접 방송국에 전달하도록 하세요.

방송국에서 ~

· 방송국에서 일하다 在电视台/广播电台工作
12년 동안 같은 방송국에서 일했다.

0873 **방식** (方式)
方式，方法

방식이 ~

· 방식이 다르다 方式不同，方法不同
두 사람이 일을 하는 방식이 다르다.

방식을 ~

· 방식을 바꾸다 改变方式，改变方法
선생님은 수업 방식을 바꾸고 난 후에 인기가 많아졌다.

0874 **방안** (方案)
方案

방안 + Ⓥ

방안을 ~

· **방안을 강구하다** 积极寻求方案
방안을 강구해 봤지만 좋은 방법이 떠오르지 않는다.

· **방안을 모색하다** 寻求方案
해결 방안을 모색해야 합니다.

· **방안을 세우다** 制定方案, 拟定方案
빨리 방안을 세워야 합니다.

· **방안을 찾다** 寻求方案
다른 방안을 찾아서 시도해 보세요.

Ⓐ + 방안

· **새로운 방안** 新方案
새로운 방안을 찾아봅시다.

0875 **방울**
铃铛

방울 – Ⓝ

· **방울뱀** 响尾蛇
· **방울토마토** 小西红柿, 圣女果

0876 **방학** (放學)
放假, 假期

방학 + Ⓝ

· **방학 계획표** 假期计划表
· **방학 기간** 放假期间
· **방학 내내** 整个假期内
· **방학 동안** 放假期间
· **방학 숙제** 假期作业
· **방학 전** 放假前
· **방학 중** 假期当中
· **방학 후** 放假后

방학 + Ⓥ

방학이 ~

· **방학이 길다** 假期很长
방학이 길다 보니 숙제도 많구나.

· **방학이 끝나다** 假期结束
벌써 방학이 끝났다.

· **방학이 되다** 放假了
방학이 되어 나는 친구와 함께 중국으로 여행을 갔다.

· **방학이 시작되다** 假期开始
방학이 시작된 지도 벌써 10일이 지났다.

· **방학이 지나다** 假期过去
겨울 방학이 지났으니까 학교로 돌아가야 한다.

방학을 ~

· **방학을 마치다** 假期结束
짧은 방학을 마치고 아이들이 학교로 돌아왔다.

· **방학을 맞다** 迎来假期
휴가도 시작되고 학생들은 방학을 맞게 된다.

· **방학을 맞이하다** 假期来临
여름 방학을 맞이하여 여행지로 선택한 곳이 중국이었다.

· **방학을 보내다** 度过假期
아무 것도 하지 않고 방학을 보냈다.

· **방학을 지내다** 度过假期
식구들이 딴 곳에 있어서 방학을 거의 혼자 지냈어요.

· **방학을 이용하다** 利用假期
그녀는 방학을 이용하여 꼭 한번 들르라고 하였다.

Ⓐ + 방학

· **짧은 방학** 短暂的假期
이 짧은 방학 동안 해외 여행을 다녀왔다.

0877 **방향** (方向)
方向

방향 + Ⓝ

· **방향 감각** 方向感
· **방향 전환** 改变方向
· **방향 조정** 调整方向
· **방향 지시** 指示方向
· **방향 지시등** 方向指示灯

방향 + Ⓥ

방향이 ~

· **방향이 같다** 方向一致
방향이 같으니 같이 갑시다.

· **방향이 다르다** 方向不同
거리가 멀 뿐 아니라 방향이 아주 다르다.

· 방향이 바뀌다 方向改变
이는 계절에 따라 바람의 방향이 바뀌기 때문이다.

· 방향이 변하다 方向改变
맨 처음의 방향이 변했을지도 모르잖아?

· 방향이 정해지다 方向固定
현장에서 인생의 방향이 정해지는 사건들을 겪게 되었다.

방향을 ~

· 방향을 가리키다 指示方位
남자는 손으로 방향을 가리키고 사라져 버렸다.

· 방향을 결정하다 决定方向
방향을 결정해 주는 나침반이 있기에 그들은 불안에 떨지 않는다.

· 방향을 돌리다 转变方向
즉각 북쪽으로 방향을 돌려 주기 바란다.

· 방향을 바꾸다 改变方向
자동차가 방향을 바꾸다 사고가 났다.

· 방향을 상실하다 失去方向
요즘 독서의 숲에서 방향을 상실했다.

· 방향을 설정하다 设定方向
선장은 배가 가야 할 방향을 설정하는 사람이다.

· 방향을 알다 可以分辨方向
아무리 어둡고 파도가 높다 해도 방향을 알 수 있다.

· 방향을 잃다 失去方向
방향을 잃고 너무 오래 방황을 했지.

· 방향을 잡다 确定方向
연말까지 좀 더 생각해 보고 방향을 잡아야 할 것이다.

· 방향을 제시하다 指示方向
이 주장은 정보화 시대의 교육이 추구해야 할 방향을 제시해 준다.

· 방향을 찾다 寻找方向
자신이 나아갈 방향을 찾아 고심하는 모양이다.

· 방향을 틀다 拐弯, 转向
그녀가 갑자기 좁은 길로 방향을 틀었다.

방향으로 ~

· 방향으로 가다 往……方向走
목표를 정했으면 무조건 그 방향으로 가면 된다.

· 방향으로 꺾다 往……方向转
운전기사는 차를 경찰서 방향으로 꺾었다.

· 방향으로 끌다 往……方向拖
그의 죽음은 그녀의 인생을 예상치 않은 방향으로 끌고 갔다.

· 방향으로 나가다 往……方向前行
어떤 방향으로 나가야 될지 고민하고 있습니다.

· 방향으로 나아가다 往……方向前进
방황하지 않으려면 확실한 방향으로 나아가야 한다.

· 방향으로 달리다 往……方向跑
지하철은 그가 있는 곳과 반대 방향으로 달린다.

· 방향으로 움직이다 往……方向移动

결국 시장은 소비자가 원하는 방향으로 움직여 왔다.

· 방향으로 이끌다 往……方向引领
교육도 그런 방향으로 이끌어 나갔다.

· 방향으로 흘러가다 往……方向发展
토론이 너무 일방적인 방향으로 흘러가고 있다.

Ⓐ + 방향

· 뚜렷한 방향 明确的方向
뚜렷한 방향을 갖고 목적을 위해 집중하라.

· 새로운 방향 新方向
그는 현대 미술의 새로운 방향을 제시했다.

0878 밭 [받]
田地

밭 + Ⓥ

밭을 ~

· 밭을 갈다 耕地
우물을 파고 밭을 갈아 터전을 일구었다.

· 밭을 놀리다 让地荒着
차라리 1년 밭을 놀려 볼까 하는 생각도 해 봅니다.

· 밭을 매다 锄地
왜 겨울에 밭을 매십니까?

· 밭을 부치다 耕种土地
얼마 안 되는 밭을 부쳐 먹고 산다.

· 밭을 일구다 开垦土地
호미 없으면 어떻게 밭 일구겠어?

밭에 ~

· 밭에 가다 到地里去
어머니께서 밭에 가셨다.

· 밭에 나가다 下田
날이 더워도 부모님은 밭에 나가셨다.

· 밭에 들어가다 进地里
나는 더워서 밭에 들어갈 수 없었다.

· 밭에 뿌리다 往地里撒
농사를 지을 밭에 거름을 뿌린다.

밭에서 ~

· 밭에서 나다 地里产
밭에서 나는 감자와 옥수수가 식량이다.

· 밭에서 따오다 从地里摘
저희 밭에서 따오는 것이 돼서 싸게 드립니다.

· 밭에서 일하다 在地里干活
그분께서는 밭에서 일하시기를 매우 좋아하신다.

· 밭에서 재배하다 在地里种植

ㅂ

쌀과 야채 등 음식 재료를 논과 밭에서 직접 재배해 쓴다.

0879 배¹
肚子

배 + Ⓥ

배가 ~
· 배가 고프다 肚子饿
하루 종일 아무것도 안 먹어서 배가 고팠다.
· 배가 나오다 肚子凸出来
나이를 먹으면 배가 나와요.
· 배가 아프다 肚子疼
갑자기 배가 아파 화장실에 갔다.
· 배가 부르다 肚子饱
배가 부를 정도로 많이 먹었다.
· 배가 차다 肚子饱饱
비가 차서 식당을 나왔다.
· 배가 출출하다 肚子有点儿饿
배가 출출해 식당에 들어가 밥을 먹었다.
· 배가 터지다 肚子撑破了
배가 터지도록 먹었다.

배를 ~
· 배를 곯다 饿肚子
배를 곯아 본 적이 있습니까?
· 배를 내밀다 腆着肚子
배를 불룩하게 내밀어 보세요.
· 배를 불리다 填饱肚子
그는 자신의 배를 불리기 위해 남을 속이는 사람이다.
· 배를 채우다 填饱肚子
고기로 배를 채우면 병에 걸리기 쉽다.
· 배를 앓다 肚子疼
심하게 배를 앓았다.

Ⓐ + 배

· 고픈 배 饥肠辘辘的肚子
고픈 배는 나중에 채울 수 없다.
· 부른 배 隆起的肚子
그 여자는 부른 배를 내밀고 해변가로 걸어 나갔다.

惯

· 배가 아프다 嫉妒
똑같이 노력했는데도 남이 나보다 나은 결과를 얻으면 당연히 배가 아프다.
· 배를 내밀다 理直气壮

그가 사 모은 귀중품을 다시 상인에게 넘길 때는 배를 내밀고 흥정을 할 수 있었다.

0880 배²
船

배 + Ⓝ

· 배 안 船里面

배 + Ⓥ

배가 ~
· 배가 뜨다 出海
파도가 너무 심해서 오늘은 배가 못 뜬다.
· 배가 침몰하다 船沉没
정말로 배가 그대로 침몰해 바닷속에 있습니다.

배를 ~
· 배를 끌다 拖船
어떻게 해야 배를 부두로 끌고 갈 수 있을까요?
· 배를 매다 缆船, 泊船
배를 매어 두기 위하여 부두에 기둥을 세워 놓아야 한다.
· 배를 몰다 开船
그 섬을 향해 배를 몰았다.
· 배를 젓다 划船
배를 저어 호수를 건넜다.
· 배를 타다 乘船
배를 타고 상류로 올라갔다.

배에 ~
· 배에 타다 坐在船上
이제 나와 당신은 한 배에 탄 운명이다.
· 배에 실리다 装船
이 짐들은 인천에서 큰 배에 실려 외국으로 나갈 것이다.
· 배에 올라오다 上船
출발 시간이 되었지만 사람들이 배에 올라오지 않았다.
· 배에 오르다 上船
배에 오르니 외국인들로 가득 차 있었다.

0881 배³
梨

배 + Ⓝ

· 배 맛 梨的味道

· 배 즙 梨汁

배 + Ⓥ

배가 ~

· 배가 달다 梨甜
사과보다 배가 달다.
· 배가 열리다 结梨
배나무에 배가 열려 있는 꿈을 꾸었다.

배를 ~

· 배를 깎다 削梨
누나는 벌써 그의 앞에 마주 앉아서 배를 깎는다.
· 배를 따다 摘梨
배 향기가 가득한 밭에서 배를 따서 엄마께 드린다.

0882 배⁴ (倍)
倍

배 + Ⓥ

배가 ~

· 배가 넘다 超过……倍
전국 관객 규모는 작년의 두 배가 넘었다.
· 배가 높다 高出……倍
이 타워는 저것보다 두 배가 높다.
· 배가 늘다 提高……倍
지금까지 이미 배가 늘어 놀라운 규모다.
· 배가 되다 成倍
가족과 함께 봉사를 하면 감사한 마음이 배가 돼요.

배에 ~

· 배에 이르다 达到……倍
이는 올해 수출 증가율의 세 배에 이르는 수치이다.
· 배에 가깝다 接近……倍
집 값이 작년의 배에 가깝게 올랐다.
· 배에 달하다 达到……倍
비만일 경우 당뇨병에 걸릴 위험은 정상 여성의 약 8배에 달한다.

0883 배경 (背景)
背景, 靠山

배경 - Ⓝ

· 배경음악 背景音乐

배경 + Ⓝ

· 배경 설화 背景传说

배경 + Ⓥ

배경이 ~

· 배경이 든든하다 有靠山, 有后台
그는 배경이 든든해서 쉽게 성공할 수 있을 것이다.
· 배경이 좋다 背景好
이곳은 배경이 좋아서 사진이 잘 나온다.
· 배경이 좋다 有靠山
그 회사는 배경이 좋은 사람을 선택했다.

0884 배구 (排球)
排球

배구 - Ⓝ

· 배구공 排球

배구 + Ⓝ

· 배구 경기 排球比赛
· 배구 선수 排球选手

배구 + Ⓥ

배구를 ~

· 배구를 하다 打排球
수요일마다 회사원들끼리 배구를 한다.

0885 배꼽
肚脐

배꼽 - Ⓝ

· 배꼽시계 根据肚子饿的程度推测时间
· 배꼽티 露脐装

惯

· 배꼽을 잡다 捧腹（大笑）
배꼽을 잡고 웃었더니 스트레스가 풀렸다.

· 배꼽을 쥐다 捧腹 (大笑)
오랜만에 배꼽을 쥐면서 웃었다.
· 배꼽이 빠지다 捧腹 (大笑)
영화를 보면서 배꼽이 빠지게 웃었다.

0886 배낭 (背囊)
行囊, 背包

배낭 – N

· 배낭여행 背包旅行

배낭 + N

· 배낭 속 背包里面

배낭 + V

배낭을 ~

· 배낭을 꾸리다 整理行囊, 收拾背包
나는 식구들 몰래 배낭을 꾸렸다.
· 배낭을 들다 提着行囊 (背包)
나도 서둘러 배낭을 들고 뛰기 시작했다.
· 배낭을 메다 背着行囊 (背包)
배낭을 메고 아프리카에 갔을 때였다.
· 배낭을 벗다 放下行囊 (背包)
젊은이들이 배낭을 벗고 땀을 닦으며 숨을 돌렸다.
· 배낭을 지다 捧背包
버스가 목적지에 도착했을 때 나는 배낭을 지고 일어섰다.
· 배낭을 짊어지다 背着行囊 (背包)
언젠가는 배낭을 짊어지고 홀로 찾아가리라.
· 배낭을 챙기다 收拾行囊 (背包)
나는 배낭을 챙겨 들고 자리에서 일어났다.

배낭에 ~

· 배낭에 넣다 放到行囊 (背包) 里
물통을 신문지에 싸서 작은 배낭에 넣었다.
· 배낭에 싸주다 装到行囊 (背包) 里
어머니는 쌀과 사탕, 과자 등을 배낭에 싸주었다.

A + 배낭

· 무거운 배낭 沉重的行囊
곳곳에서 무거운 배낭을 짊어지고 돌아다니는 여행자들과 만난다.
· 작은 배낭 小背包
작은 배낭을 꽉 채워 다니면 짐을 넣고 빼는 것부터 불

편한 것이 많다.

0887 배달 (配達)
派送, 投递

배달 + N

· 배달 음식 派送餐, 外卖食品
· 배달 지역 派送地区

배달 + V

배달을 ~

· 배달을 시키다 点外卖
수업 시간에 배달을 시켜서 먹었다.
· 배달을 하다 派送, 投递
눈이 와서 빨리 배달을 할 수 없다.

0888 배드민턴 (badminton)
羽毛球

배드민턴 + V

배드민턴을 ~

· 배드민턴을 치다 打羽毛球
공원에 가서 배드민턴을 칩시다.

0889 배우 (俳優)
演员

배우 + N

· 배우 지망생 影视考生
· 배우 출신 演员出身
· 배우 캐스팅 选演员

배우 + V

배우가 ~

· 배우가 되다 成为演员
나는 배우가 되기로 작정하고 고등학교를 중퇴했다.
· 배우가 뜨다 演员走红

배우가 떠야 드라마가 뜬다.

배우를 ~

· **배우를 그만두다** 放弃演艺事业
그녀는 결혼한 뒤 배우를 그만두었다.

· **배우를 꿈꾸다** 梦想当演员
나는 어릴 때부터 배우를 꿈꾸었다.

Ⓐ + 배우

· **유명한 배우** 名演员
유명한 배우가 등장했다.

· **좋아하는 배우** 喜欢的演员
내가 좋아하는 배우를 중심으로 영화를 보았다.

0890 **배웅**
送行

배웅 + Ⓥ

배웅을 ~

· **배웅을 나가다** 去送行
공항에는 어머니와 나 두 사람만 배웅을 나갔다.

· **배웅을 나오다** 来送行
배웅 나와 주셔서 감사해요.

· **배웅을 하다** 送行
서울로 가는 날, 동네 사람들이 나와 배웅을 해 주었다.

0891 **배추**
白菜

배추 – Ⓝ

· **배추김치** 白菜泡菜
· **배추속대** 白菜心

배추 + Ⓝ

· **배추 농사** 种植白菜
· **배추 뿌리** 白菜根
· **배추 산지** 白菜产地
· **배추 속** 白菜心
· **배추 쌈** 白菜包
· **배추 잎** 白菜叶
· **배추 잎사귀** 白菜叶

배추 + Ⓥ

배추를 ~

· **배추를 다듬다** 收拾白菜
아줌마가 배추를 다듬으면서 혼자 말을 했다.

· **배추를 담다** 装白菜
땅을 파고 독을 묻은 후 그 안에 배추를 차곡차곡 담는
다.

· **배추를 뽑다** 收白菜
밭에서 배추를 뽑아 나른다.

· **배추를 재배하다** 种白菜
배추를 재배하려면 매우 번거롭고 비용이 많이 든다.

· **배추를 절이다** 腌白菜
김장을 하기 위해 배추를 절이기 시작했습니다.

Ⓐ + 배추

· **실한 배추** 棵大且包心紧实的白菜
좀 더 실한 배추를 고르기 위해서 새벽에 시장에 갔어요.

· **절인 배추** 腌制的白菜
절인 배추를 사다가 김치를 담갔는데 너무 짜요.

0892 **배추김치**
白菜泡菜

배추김치 + Ⓥ

배추김치가 ~

· **배추김치가 익다** 白菜泡菜腌透了
며느리가 담가 놓은 배추김치가 잘 익었다.

배추김치를 ~

· **배추김치를 담그다** 腌白菜泡菜
배추김치를 담그려면 무엇이 필요해요?

0893 **배탈**
腹泻, 闹肚子

배탈 + Ⓥ

배탈이 ~

· **배탈이 나다** 腹泻, 闹肚子
여름에 찬 것을 먹으면 쉽게 배탈이 납니다.

0894 **백** (bag)
包，背包

백 + ⓥ

백을 ~
· 백을 메다 背背包
이 백을 어깨에 메고 가세요.

Ⓐ + 백

· 검은 백 黑色背包
이 옷에는 검은 백이 잘 어울릴 것 같아요.

0895 **버릇** [버른]
习性，习气，规矩

버릇 + ⓥ

버릇이 ~
· 버릇이 되다 养成坏习惯
밤에 간식을 먹는 것이 버릇이 되었다.
· 버릇이 들다 形成习惯
나쁜 버릇이 들면 고치기가 어렵다.
· 버릇이 없다 没礼貌, 没教养, 不懂规矩
요즘 아이들은 버릇이 없어서 인사를 안 한다.
버릇을 ~
· 버릇을 고치다 改掉坏习惯, 改掉毛病
나쁜 버릇을 빨리 고쳐야 합니다.
· 버릇을 들이다 养成（好）习惯
아이에게 좋은 버릇을 들이려면 매가 필요할 때도 있다.

Ⓐ + 버릇

· 나쁜 버릇 坏习惯, 坏毛病
나쁜 버릇은 빨리 고쳐야 한다.

0896 **버선**
布袜

버선 - ⓝ

· 버선발 只穿袜子, 光穿袜子

· 버선코 袜尖儿

버선 + ⓥ

버선을 ~
· 버선을 벗다 脱掉布袜
버선을 벗고 양말을 신었다.
· 버선을 신다 穿上布袜
한복을 입을 때는 주로 버선을 신습니다.

0897 **버섯** [버섣]
蘑菇

버섯 + ⓝ

· 버섯 요리 蘑菇菜, 蘑菇料理

버섯 + ⓥ

버섯을 ~
· 버섯을 따다 采蘑菇
할아버지는 버섯을 따러 산에 가셨다.

0898 **버터** (butter)
黄油

버터 + ⓥ

버터를 ~
· 버터를 바르다 涂黄油
빵에 버터를 발라서 먹으면 맛있다.

0899 **버튼** (button)
按钮，纽扣

버튼 + ⓥ

버튼을 ~
· 버튼을 누르다 按按钮
불을 켜려면 버튼을 누르세요.
· 버튼을 채우다 系扣子
사무실에 들어가기 전에 양복의 버튼을 채웠다.

0900 번개
闪电

번개 + ⓥ

번개가 ~
· 번개가 치다 闪电, 打闪
갑자기 하늘에서 번개가 쳤다.

번개를 ~
· 번개를 동반하다 伴着闪电
번개를 동반한 비가 내렸다.

0901 번역 [버녁](飜譯)
翻译

번역 + ⓝ

· 번역 출판 翻译出版

번역 + ⓥ

번역을 ~
· 번역을 하다 翻译
중국어 책을 한국어로 번역을 했다.

0902 번호 (番號)
番号, 号码

번호 - ⓝ

· 번호판 号码板
· 번호표 号码票, 号码卡

번호 + ⓥ

번호를 ~
· 번호를 매기다 编号
앞에 있는 것부터 차례대로 번호를 매겨 주세요.
· 번호를 부르다 叫号
선생님이 학생들의 이름 대신 번호를 불렀다.

0903 벌¹
蜜蜂

벌 - ⓝ

· 벌꿀 蜂蜜
· 벌집 蜂窝
· 벌침 蜂针

벌 + ⓝ

· 벌 떼 蜂群

벌 + ⓥ

벌에 ~
· 벌에 쏘이다 被蜂蛰
산에 갔다가 벌에 쏘였어요.

0904 벌² (罰)
罚, 惩罚

벌 + ⓥ

벌을 ~
· 벌을 내리다 给予惩罚
임금은 죄인에게 엄한 벌을 내렸다.
· 벌을 받다 挨罚, 受罚
잘못했으니까 벌을 받아야겠지?
· 벌을 서다 受罚
저는 수업 시간에 떠들어서 벌을 섰습니다.
· 벌을 세우다 给予惩罚
선생님은 떠든 아이들에게 벌을 세우셨다.
· 벌을 주다 给予惩罚
아버지는 거짓말을 한 아이에게 벌을 주셨다.

ⓐ + 벌

· 엄한 벌 严罚
그는 엄한 벌을 받았다.

0905 벌금 (罰金)

罚金，罚款

벌금 + Ⓥ

벌금을 ~

· 벌금을 내다 交罚款，交罚金
그는 벌금을 냈다.

· 벌금을 물다 交罚款，交罚金
회사에 지각을 하면 벌금을 물어야 한다.

· 벌금을 물리다 罚款，课以罚金
결석한 학생들에게 벌금을 물리기로 했다.

· 벌금을 부과하다 罚款，处以罚款
경찰이 신호를 위반한 사람에게 벌금을 부과했다.

벌금에 ~

· 벌금에 처하다 处以罚金
과속을 하면 500만 원 이하의 벌금에 처한다.

0906 벌레

虫，昆虫

벌레 + Ⓥ

벌레가 ~

· 벌레가 끓다 虫子成群结队
여름 밤 공원에는 벌레가 끓는다.

벌레에 ~

· 벌레에 물리다 被虫咬
산에 갔다가 벌레에 물렸다.

惯

· 벌레도 밟으면 꿈틀한다 虫子被踩也会动弹，兔子急了也咬人
벌레도 밟으면 꿈틀한다고 친구를 괴롭히지 말아라.

0907 범위 [버뮈](範圍)

范围

범위 + Ⓥ

범위가 ~

· 범위가 제한되다 范围受限
움직일 수 있는 범위가 제한되었다.

· 범위가 좁혀지다 范围缩小
경찰 수사의 범위가 점점 좁혀지고 있다.

0908 범인 [버민](犯人)

犯人

범인 + Ⓝ

· 범인 은닉 窝藏犯人
· 범인 추적 追踪逃犯

범인 + Ⓥ

범인을 ~

· 범인을 검거하다 拘捕犯人
경찰은 범인을 검거했다.

· 범인을 체포하다 逮捕犯人
범인을 체포해서 경찰서로 이송했다.

0909 법 (法)

法，法律

법 + Ⓥ

법을 ~

· 법을 어기다 犯法
법을 어기면 벌을 받는 것이 당연하다.

· 법을 위반하다 违法
법을 위반하지 맙시다.

· 법을 제정하다 制定法律
외국인을 차별하지 않는 법을 제정했다.

· 법을 준수하다 遵守法律
그 나라에 가면 그 나라 법을 준수해야 한다.

· 법을 지키다 遵守法律
국민들은 반드시 법을 지켜야 합니다.

법에 ~

· 법에 따르다 依照法律
법을 위반하면 법에 따라 처벌을 받는다.

· 법에 호소하다 诉诸法律
말로 안 되면 법에 호소해 보세요.

· **법 없이 살다** 自觉守法，一贯守法
그 사람 의심하지 마. 법 없이 살 사람이야.
· **법은 멀고 주먹은 가깝다** 王法远，拳头近；山高
皇帝远，拳头执县官。
법은 멀고 주먹은 가깝다는 말 알지? 죽기 싫으면 내
말 잘 들어.

0910 **벗** [벋]
朋友，友人

벗 + Ⓥ

벗을 ~
· **벗을 사귀다** 结交朋友
대학에 와서 새로운 벗을 많이 사귀었다.
벗으로 ~
· **벗으로 삼다** 以……为友
음악을 벗으로 삼아 주말을 보냈다.

Ⓐ + 벗

· **오래된 벗** 老朋友
오래된 벗만큼 좋은 것이 없다.

慣

· **벗 따라 강남 간다** 随友不辞行万里，为朋友豁出
去，碍于情面
벗 따라 강남 간다고 나는 아무 생각도 없이 친구를 따
라 대학에 왔다.

0911 **벚꽃** [벋꼳]
樱花

벚꽃 + Ⓝ

· **벚꽃 나무** 樱树
· **벚꽃 놀이** 赏樱花
· **벚꽃 축제** 樱花节

벚꽃 + Ⓥ

벚꽃이 ~

· **벚꽃이 지다** 樱花凋谢
비가 오고 난 후 벚꽃이 졌다.
· **벚꽃이 피다** 樱花开放
3월 초순부터 벚꽃이 피기 시작한다.
벚꽃으로 ~
· **벚꽃으로 유명하다** 因樱花而闻名
진해는 벚꽃으로 유명한 도시다.

0912 **베개**
枕头

베개 – Ⓝ

· **베갯잇** 枕套

베개 + Ⓥ

베개를 ~
· **베개를 베다** 枕枕头
어떤 베개를 베고 주무세요?
· **베개를 적시다** 沾湿枕头
눈물이 흘러 베개를 적셨다.

0913 **벤치** (bench)
长椅，长凳

벤치 + Ⓥ

벤치에 ~
· **벤치에 앉다** 坐在长椅上
공원 벤치에 앉아서 이야기를 했다.

0914 **벨트** (belt)
带子，腰带

벨트 + Ⓥ

벨트를 ~
· **벨트를 매다** 系腰带
바지가 너무 커서 벨트를 맸다.
· **벨트를 하다** 系腰带

이 치마는 벨트를 하고 입어야 예쁘다.

0915 벼
稻子

· 벼농사 种稻子

· 벼 이삭 稻穗

벼가 ~
· 벼가 익다 稻子成熟
벼가 익어서 들판이 황금빛으로 물들었다.

벼를 ~
· 벼를 베다 割稻子
농부들이 벼를 베고 있다.

· 벼는 익을수록 고개를 숙인다 越是成熟的稻穗越
低下头，越是有能力的人越谦虚
벼는 익을수록 고개를 숙인다고 배운 사람일수록 겸손
해야지요.

0916 벼락
霹雳，雷电

· 벼락부자 暴发户

벼락이 ~
· 벼락이 치다 打雷，雷击
밖에는 비가 오고 벼락까지 치고 있다.

벼락을 ~
· 벼락을 맞다 遭雷劈
비가 올 때 우산을 쓰면 벼락을 맞을 수 있다.

· 벼락을 맞다 遭报应，遭天谴
남의 눈에 피눈물 나게 하다가는 벼락을 맞지.
· 벼락이 내리다 大发雷霆
늦게 들어왔다고 아버지한테 벼락이 내리겠다.
· 벼락이 떨어지다 祸从天降，大祸临头
부모님께 성적표를 보이면 당장에 벼락이 떨어질 것이다.
· 벼락치기 临阵磨枪
그는 늘 벼락치기로 시험공부를 한다.
· 벼락 치듯 突击
그는 귀찮은 일을 벼락 치듯 해치웠다.

0917 벽 (壁)
墙壁，隔阂，壁垒

벽이 ~
· 벽이 높다 隔阂很深
양자 간에 불신의 벽이 높다.
· 벽이 무너지다 城墙倒塌
베를린의 벽이 무너지자마자 서독의 기업이 동독에 쏟
아져 들어갔다.

벽을 ~
· 벽을 깨다 打破障碍
월드컵대회에 참가한 이래 첫 승의 벽을 깼다.
· 벽을 넘다 消除隔阂
그 부분에서 나는 이해의 벽을 넘지 못했다.
· 벽을 허물다 打破隔阂
편견의 벽을 허물고 싶었다.

벽에 ~
· 벽에 걸다 挂在墙上
수건을 다시 벽에 걸어 두었다.
· 벽에 걸리다 挂在墙上
아내는 벽에 걸린 시계를 보면서 말했다.
· 벽에 기대다 靠在墙上
그는 지친 몸을 벽에 기대었다.
· 벽에 부딪치다 碰壁
상상력은 이내 한계의 벽에 부딪치곤 했다.
· 벽에 붙다 贴在墙上
합격자 명단이 벽에 붙었다.
· 벽에 붙이다 贴在墙上
포스터를 구해 벽에 붙여 놓았다.

· 벽을 쌓다 断绝关系
그는 친척들과 벽을 쌓고 지낸 지가 꽤 오래되었다.

0918 **변경** (變更)
变更，改变

변경이 ~
· 변경이 되다 变更，改变
갑자기 일정이 변경이 되었습니다.
· 변경이 생기다 有变动
계획에 변경이 생기면 이야기해 주세요.

변경을 ~
· 변경을 하다 变更，更改
비가 와서 여행 일정을 변경을 했다.

0919 **변동** (變動)
变动，变化

· 변동 과정 变化过程
· 변동 금리 利率浮动
· 변동 내역 变动明细

변동이 ~
· 변동이 되다 有变动，有变化
스케줄이 변동이 되면 연락하세요.

변동을 ~
· 변동을 하다 变动，更改
회의 시간을 변동을 하겠습니다.

0920 **변명** (辨明)
辨明，辩解，申辩

변명을 ~
· 변명을 늘어놓다 不断辩白
자꾸 변명을 늘어놓지 마세요.
· 변명을 하다 辩解，申辩
제 잘못이니까 변명을 하지 않겠습니다.

변명처럼 ~
· 변명처럼 들리다 听起来像是辩解
변명처럼 들리겠지만 사실입니다. 믿어 주세요.

0921 **변화** [벼놔](變化)
变化，变革

· 변화 추세 变化趋势

변화가 ~
· 변화가 생기다 产生变化，出现变化
대통령이 바뀐 후에 사회에 큰 변화가 생겼다.

변화를 ~
· 변화를 겪다 经历变革
부모님 세대는 큰 변화를 겪었다.
· 변화를 꾀하다 寻求变革
그들은 새로운 변화를 꾀하고 있다.
· 변화를 주다 改变
헤어스타일에 변화를 주니까 사람이 달라 보여요.

변화에 ~
· 변화에 적응하다 适应变化
변화에 적응하기 위해 노력해야 한다.

· 갑작스러운 변화 骤变
갑작스러운 변화에 그는 깜짝 놀랐다.
· 큰 변화 巨变
큰 변화에 당황하지 말고 적응하도록 노력해라.

0922 **별**
星，星星

별 – Ⓝ
· 별나라 （儿童）星空，星星世界
· 별빛 星光

별 + Ⓝ
· 별 모양 星形，星状

별 + Ⓥ
별이 ~
· 별이 뜨다 星星升起
하늘에 별이 많이 떴다.
· 별이 반짝이다 星光闪烁
밤하늘에 아름다운 별이 반짝이고 있다.
· 별이 빛나다 星光熠熠
밤하늘에 달과 별이 빛난다.
별을 ~
· 별을 달다 受勋
그는 이번 전쟁의 승리로 별을 달았다.

惯
· 별이 보이다 眼冒金星
집안이 망했다는 소식을 듣고 별이 보이더니 정신이
없었다.

0923 별명 (別名)
別名，绰号，外号

별명 + Ⓥ
별명이 ~
· 별명이 붙다 有了外号
그녀는 키가 작아서 '꼬마'라는 별명이 붙었다.
별명을 ~
· 별명을 부르다 叫外号
그는 친구들의 이름 대신 항상 별명을 불렀다.
· 별명을 붙이다 起外号，起绰号
무슨 별명을 붙여 줄까?
· 별명을 짓다 起外号，起绰号
그는 친구들의 별명을 지어 주었다.

0924 병 (病)
病，疾病

병 + Ⓥ
병이 ~
· 병이 깊다 病重
치료를 받지 못해 병이 더 깊어 졌죠.
· 병이 나다 发病
병이 나기 전에 예방해야 한다.
· 병이 낫다 病愈
제발 어머니 병이 낫게 해주세요.
· 병이 들다 患病
병이 들어서 죽기도 하죠.
· 병이 생기다 生病
그날 이후 나에게 병이 생겼다.
· 병이 중하다 病重
넌 아직 병이 중해.
병을 ~
· 병을 고치다 治病
병을 고치는 수많은 약이 개발되었다.
병에 ~
· 병에 걸리다 得病
병에 걸리면 마음은 약해지게 마련이다.

惯
· 병 주고 약 주다 给病又给药，比喻打一巴掌，揉三
揉
나에게 병 주고 약 줄 셈인가?

0925 별일 [별릴](別일)
特別的事，怪事

별일 + Ⓥ
별일이 ~
· 별일이 아니다 没什么事，没啥大事
별일이 아니니까 신경 쓰지 마세요.
· 별일이 없다 平安无事
저녁에 별일이 없으면 영화 보러 갈까요?
· 별일이 있다 什么怪事都有
세상에 별일이 다 있네요.

ᄇ

0926 **보고** (報告)
报告

보고 + ⓝ

· 보고 내용 报告内容
· 보고 자료 报告资料
· 보고 회의 报告会议

보고 + ⓥ

보고를 ~

· 보고를 드리다 汇报
현재 상황에 대해 보고를 드리겠습니다.
· 보고를 받다 听取报告
사장님은 직원의 보고를 받고 화를 냈다.
· 보고를 하다 汇报, 报告
회의가 끝나면 보고를 하겠습니다.

0927 **보관** (保管)
保管

보관 + ⓝ

· 보관 방법 保管方法
· 보관 상태 保管状态
· 보관 시설 保管设施
· 보관 장소 保管场所, 保管地点

보관 + ⓥ

보관이 ~

· 보관이 편리하다 便于保管
이 제품은 크기가 작아서 보관이 편리하다.

보관을 ~

· 보관을 하다 保管
상하지 않도록 냉장고에 보관을 하세요.

보관에 ~

· 보관에 주의하다 注意保管
잃어버리지 않도록 보관에 주의하세요.

0928 **보너스** (bonus)
奖金，额外收入

보너스 + ⓥ

보너스를 ~

· 보너스를 받다 领奖金
추석 보너스를 받았어요.
· 보너스를 타다 领奖金
보너스를 타면 여행을 갈 거예요.

0929 **보도**[1] (步道)
人行道

보도 – ⓝ

· 보도블록 人行道花砖

보도 + ⓝ

· 보도 공사 人行道工程

0930 **보도**[2] (報道)
报道

보도 + ⓝ

· 보도 기사 新闻报道
· 보도 내용 报道内容
· 보도 매체 报道媒体
· 보도 자료 报道资料

보도 + ⓥ

보도를 ~

· 보도를 접하다 得到消息, 看到（听到）报道
자신과 관련된 보도를 접하고 깜짝 놀랐다.
· 보도를 하다 报道
신문에서는 범인이 잡혔다고 보도를 했다.

0931 보름달 [보름딸]

十五的月亮，满月

보름달 + Ⓥ

보름달이 ~
· 보름달이 뜨다 满月升起，皓月当空
저기 보름달이 떠 있다.
· 보름달이 지다 月落
보름달이 벌써 졌네.

보름달을 ~
· 보름달을 보다 赏月，望月
추석에는 보름달을 보면서 소원을 빈다.

0932 보리차 (보리茶)

大麦茶

보리차 + Ⓥ

보리차를 ~
· 보리차를 끓이다 煮大麦茶
여름에는 보리차를 끓여서 마신다.
· 보리차를 마시다 喝大麦茶
배탈이 났을 때 보리차를 마시면 좋다.

0933 보상¹ (報償)

补偿，回报

보상 + Ⓥ

보상을 ~
· 보상을 받다 得到回报
내 노력을 누구에게서 보상을 받을까?
· 보상을 하다 补偿
그는 이번에 도와주면 보상을 하겠다고 약속했다.

0934 보상² (補償)

补偿，赔偿

보상 + Ⓝ

· 보상 대책 赔偿措施
· 보상 방법 赔偿方法
· 보상 신청 赔偿申请
· 보상 청구 赔偿请求

보상 + Ⓥ

보상을 ~
· 보상을 받다 得到赔偿
상품으로 인해 피해를 입으면 회사에서 보상을 받을 수 있다.
· 보상을 하다 予以赔偿
홍수로 피해를 입은 농민들에게 정부에서 보상을 하기로 했다.

0935 보수¹ (報酬)

报酬，酬谢，酬金

보수 + Ⓥ

보수를 ~
· 보수를 받다 取得报酬
그 일을 하고 보수를 얼마나 받기로 했어요?
· 보수를 지급하다 支付酬金
회사는 직원들에게 정당한 보수를 지급해야 한다.
· 보수를 요구하다 索取报酬，索酬
회사에 정당한 보수를 요구해라.

보수가 ~
· 보수가 박하다 报酬微薄
그 회사는 보수가 박하다.

Ⓐ + 보수

· 정당한 보수 正当的报酬
직원들은 사장에게 정당한 보수를 요구했다.

0936 보수² (補修)

维修，修缮，修复

보수 - Ⓝ

· 보수공사 维修工程

보수 + **N**

· 보수 작업 修补工作，维修工作

보수 + **V**

보수가 ~

· 보수가 필요하다 需要维修
건물이 낡아서 보수가 필요하다.

보수를 ~

· 보수를 하다 维修，修缮
담장 보수를 해야겠어요.

0937 **보약** (補藥)

补药

보약 + **V**

보약을 ~

· 보약을 달이다 熬补药，煎补药
어머니께서 마당에서 보약을 달이고 계신다.

· 보약을 먹다 吃补药
보약을 먹고 기운 내라.

· 보약을 짓다 开补药
아이에게 보약을 지어서 먹여야겠어요.

0938 **보자기** (褓자기)

包袱，包袱皮儿

보자기 + **V**

보자기를 ~

· 보자기를 풀다 打开包袱
속에 뭐가 있는지 보자기를 풀어 보자.

보자기로 ~

· 보자기로 덮다 用包袱皮儿盖
상을 보자기로 덮어 두세요.

· 보자기로 싸다 用包袱皮儿包
책을 보자기로 쌌다.

0939 **보장** (保障)

保障，保证

보장 + **N**

· 보장 보험 保障保险

보장 + **V**

보장을 ~

· 보장을 받다 得到保障
수익성을 보장을 받는 상품을 선택하세요.

· 보장을 하다 保障
학생들의 안전은 제가 보장을 하겠습니다.

0940 **보조**[1] (補助)

补助，补充，辅助

보조 – **N**

· 보조기억장치 辅助性存储装置

보조 + **N**

· 보조 요원 辅助人员
· 보조 장치 辅助装置

보조 + **V**

보조를 ~

· 보조를 받다 得到补助，得到补贴
그는 정부 보조를 받아서 학교를 다녔다.

· 보조를 하다 辅佐，帮助
내가 보조를 할 테니까 걱정하지 마.

보조가 ~

· 보조가 끊어지다 资助中断
보조가 끊어져서 살기가 힘들어졌다.

0941 **보조**[2] (步調)

步调，步伐，脚步

보조 + **V**

보조를 ~

· **보조를 같이하다** 统一步调
동료들과 보조를 같이해 일을 끝냈다.

· **보조를 맞추다** 使步调一致
옆 사람과 보조를 맞춰서 걸으세요.

0942 보조개
酒窝

보조개 + Ⓥ

보조개가 ~

· **보조개가 들어가다** 出现酒窝
그녀는 웃을 때 보조개가 들어간다.

· **보조개가 있다** 有酒窝
보조개가 있는 얼굴이 귀엽다.

0943 보증금 (保證金)
保证金, 押金

보증금 + Ⓝ

· **보증금 환불** 返还保证金, 返还押金

보증금 + Ⓥ

보증금이 ~

· **보증금이 높다** 保证金（押金）多
보통 방을 구할 때 보증금이 높으면 월세가 싸다.

· **보증금이 많다** 保证金（押金）多
보증금이 많으면 월세가 적고, 월세가 많으면 보증금이 적다.

· **보증금이 크다** 保证金（押金）多
큰 회사의 컴퓨터 대리점은 안전한 만큼 보증금이 컸다.

· **보증금이 적다** 保证金（押金）少
보증금이 적다 보니 월세가 비싼 것 같습니다.

보증금을 ~

· **보증금을 걸다** 交保证金（押金）
보증금을 걸고 일을 시작했는데 급여가 맞지 않아 그만두었습니다.

· **보증금을 내다** 交保证金（押金）
수술 보증금을 내지 않으면 수술을 할 수 없다.

· **보증금을 떼먹다** 私吞保证金（押金）
전세 보증금을 떼먹고 달아나는 사기를 당한 적이 있었다.

· **보증금을 돌려받다** 返还保证金（押金）
가게에 빈병을 가지고 가면 공병 보증금을 돌려받을 수 있다.

· **보증금을 마련하다** 准备保证金（押金）
월세 보증금을 마련하기 위해 대출을 알아보고자 합니다.

· **보증금을 받다** 拿到保证金（押金）
하루라도 빨리 보증금을 받고 싶습니다.

0944 보통 (普通)
普通, 一般

보통 + Ⓝ

· **보통 관계** 一般关系
· **보통 때** 平常的时候
· **보통 문제** 一般问题
· **보통 사진기** 一般的照相机
· **보통 사람** 普通人
· **보통 수준** 一般水平
· **보통 방법** 一般方法
· **보통 이상** 超乎寻常
· **보통 이하** 极其普通
· **보통 일** 平常的小事

보통 + Ⓥ

보통이 ~

· **보통이 넘다** 超乎寻常, 不一般
이 아저씨의 영업 전략이 보통이 넘는다.

惯

· **보통이 아니다** 非同寻常
노래를 좋아하는 마음이 보통이 아니다.

0945 보험 (保險)
保险

보험 + Ⓝ

· **보험 감독원** 保险监督院
· **보험 계약** 保险合同
· **보험 권유** 推销保险

· 보험 업계 保险业
· 보험 영업 经营保险
· 보험 제도 保险制度
· 보험 증권 保险单, 保险证券
· 보험 회사 保险公司

보험 + Ⓥ

보험이 ~

· 보험이 실시되다 适用保险
의료 보험이 실시되어 병원비가 줄었다.

· 보험이 없다 没有保险
자동차를 샀지만 아직 운전자 보험이 없다.

· 보험이 필요하다 需要保险
화재 보험이 필요한 이유를 모르는 사람은 없을 것입니다.

· 보험이 적용되다 由保险金来支付
이 약은 의료 보험이 적용되는 약품이다.

보험을 ~

· 보험을 가입하다 加入保险
보험을 가입하고 나서는 어디를 가든 마음이 놓여 일도 더 잘된다.

· 보험을 들어주다 上保险
보험 일을 하는 친구의 부탁으로 보험을 하나 들어주었다.

· 보험을 받다 拿到保险
고용 보험 받으려면 어떻게 해야 되나요?

· 보험을 권유하다 推销保险
당시 그 사장에게는 두 명의 직원이 보험을 권유하고 있었다.

보험에 ~

· 보험에 가입하다 加入保险
장애인들은 보험에 가입해도 일반인보다 많은 보험료를 물고 있다.

· 보험에 들다 上保险
보험에 들면 돈을 계속 넣어야 한다.

0946 보호 (保護)
保护

보호 + Ⓝ

· 보호 대상 保护对象
· 보호 범위 保护范围

보호 + Ⓥ

보호가 ~

· 보호가 필요하다 需要保护
아이들은 부모의 보호가 필요하다.

보호를 ~

· 보호를 받다 被保护
어린이는 왜 보호를 받아야 하나?

· 보호를 하다 保护
우울증, 불면증을 치료하려면 자기 보호를 해야 한다.

Ⓐ + 보호

· 특별한 보호 特别的保护
여성 임산부 근로자에 대한 특별한 보호가 필요하다.

0947 복 (福)
福气, 福分

복 + Ⓥ

복이 ~

· 복이 나가다 折福
어른들이 다리를 떨면 복이 나간다고 한다.

· 복이 되다 转祸为福
어려운 환경이 오히려 복이 된다.

· 복이 많다 很有福气
이런 인재들을 보유하고 있는 이 회사는 참로 복이 많다.

· 복이 없다 没有福气
나에겐 아무래도 자식 복이 없나 보다.

· 복이 오다 福气到
웃으면 복이 온다.

· 복이 있다 有福气
마음이 깨끗한 사람은 복이 있다.

· 복이 터지다 福从天降, 鸿福大发
요즘 제가 복이 터져납니다.

복을 ~

· 복을 기원하다 祈福
서로 복을 기원하고 복 받기를 축원한다.

· 복을 내리다 赐福
하느님께서는 그들에게 복을 내려 주시며 말씀하셨다.

· 복을 누리다 享福
할머니는 장수의 복을 누리고 계신다.

· 복을 받다 纳福
착한 사람은 결국에 복을 받게 되어 있다.

· 복을 빌다 祈福
사람들은 절에 가서 복을 빈다.
· 복을 주다 賜福
하늘은 그저 하늘이 아니라 내게 복을 주는 하늘이요.
· 복을 타고나다 天生有福气
그는 하늘의 복을 타고난 사람이다.

복에 ~

· 복에 겹다 福气多
일상의 소소한 행복 또한 복에 겹다.

복으로 ~

· 복으로 여기다 觉得是福气
집 안에 우물이 있으면 큰 복으로 여겼다.

0948 복권¹ [복꿘](福券)
彩票，奖券

복권 + Ⓝ

· 복권 당첨 彩票中奖
· 복권 당첨금 彩金
· 복권 발행 发行彩票
· 복권 추첨 彩票抽奖

복권 + Ⓥ

복권을 ~

· 복권을 구입하다 买彩票
복권을 구입하자마자 그 자리에서 당첨 여부를 확인할 수 있다.
· 복권을 발매하다 销售彩票
복권을 발매하고 있는 나라도 많다.
· 복권을 발행하다 发行彩票
정부는 왜 복권을 발행할까요?
· 복권을 사다 买彩票
나는 로또 복권을 샀다.
· 복권을 팔다 卖彩票
올해 2조 원 가량의 복권을 팔았다.

복권에 ~

· 복권에 당첨되다 彩票中奖
그는 복권에 당첨되어 부자가 되었다.

0949 복권² [복꿘](復權)
复权，恢复权利

복권 + Ⓝ

· 복권 대상 复权对象
· 복권 법안 复权法案
· 복권 운동 复权运动

복권 + Ⓥ

복권이 ~

· 복권이 되다 权力恢复
대통령이 바뀌면서 그는 복권이 되었다.

복권을 ~

· 복권을 꾀하다 图谋复权
그는 복권을 꾀해서 권력을 잡았다.

0950 복숭아 [복쑹아]
桃子

복숭아 + Ⓝ

· 복숭아 꽃 桃花
· 복숭아 냄새 桃子味儿
· 복숭아 농사 种植桃树
· 복숭아 맛 桃味
· 복숭아 살 桃子果肉
· 복숭아 씨 桃核
· 복숭아 씨앗 桃核
· 복숭아 즙 桃汁
· 복숭아 잼 桃酱
· 복숭아 털 桃毛

복숭아 + Ⓥ

복숭아를 ~

· 복숭아를 깎다 削桃子
어머니는 복숭아를 깎으면서 여전히 이야기를 나누고 있었다.
· 복숭아를 따다 摘桃子
며칠 전에 올해 마지막 복숭아를 땄다.
· 복숭아를 먹다 吃桃子

복숭아를 다 먹고 난 뒤에도 아주머니는 대답이 없었다.

· 복숭아를 자르다 切桃子
낯선 아가씨가 복숭아를 잘라 접시에 놓았다.

0951 본성 (本性)
本性, 本质

본성 + Ⓝ

· 본성 자체 本性本身

본성 + Ⓥ

본성이 ~
· 본성이 다르다 本性不同
사람과 짐승의 본성이 다르다.
· 본성이 선하다 本性善良
인간은 타고난 본성이 선하다.
· 본성이 착하다 本性善良
그는 본성이 착한 사람이다.
· 본성이 악하다 本性恶毒
본성이 악한 범죄자들도 있다.

본성을 ~
· 본성을 감추다 掩盖本性
결혼 후에는 본성을 감출 수 없다.
· 본성을 되찾다 恢复本性
이것은 잃었던 인간의 본성을 되찾아 가는 길이다.
· 본성을 지니다 拥有……的本性
인간은 자유를 원하는 본성을 지닌다.
· 본성을 알다 了解本性
난 인간의 본성을 알아요.

본성에 ~
· 본성에 알맞다 符合本性
여자는 애를 낳고 키우는 것이 본성에 알맞아.

0952 볼¹
面颊, 脸蛋儿

볼 + Ⓥ

볼이 ~
· 볼이 미어지다 （嘴里塞得满满的）脸鼓起来
아이가 볼이 미어지게 빵을 먹고 있다.

· 볼이 붓다 脸肿
볼이 부을 때에는 그 원인을 찾는 것이 무엇보다 중요합니다.
· 볼이 통통하다 脸胖
그 여자애는 볼이 통통했다.

볼을 ~
· 볼을 만지다 摸脸
좋아하는 남자애가 내 볼을 만지고 싶어해요.
· 볼을 비비다 贴脸, 耳鬓厮磨
지금 아이와 볼을 비비고 사랑한다고 말해 보세요.
· 볼을 쓰다듬다 抚摸脸
나는 나도 모르는 새에 그녀의 볼을 쓰다듬고 있었다.

0953 볼²
鞋尖, 鞋头的宽度

볼 + Ⓥ

볼이 ~
· 볼이 넓다 鞋头宽
발의 볼이 넓어 신발 사기가 어렵네요.
· 볼이 좁다 鞋头窄
신어 보니 볼이 좁아 불편했다.

0954 볼³ (ball)
球

볼 + Ⓥ

볼을 ~
· 볼을 던지다 投球
그는 왼쪽 발을 살짝 들어 올린 뒤 높은 볼을 던졌다.
· 볼을 차다 踢球
저녁에 아이들과 볼을 차고 놀았습니다.

0955 볼륨 (volume)
音量

볼륨 + Ⓥ

볼륨이 ~

· 볼륨이 높다 音量高
음악 소리의 볼륨이 높아요.
· 볼륨이 크다 音量大
볼륨이 큰 스피커를 추천해 주세요.

볼륨을 ~

· 볼륨을 높이다 提高音量
소리가 작으니 동영상 볼륨을 높여 주세요.
· 볼륨을 줄이다 减小音量
시끄러우니까 볼륨을 줄이세요.

0956 **볼링** (bowling)
保龄球

볼링 + ⓝ

· 볼링 솜씨 保龄球技术

볼링 + ⓥ

볼링을 ~

· 볼링을 즐기다 喜欢打保龄球
요즘은 볼링을 자주 즐겨요.
· 볼링을 치다 打保龄球
볼링을 쳐서 손가락에 멍이 들었습니다.
· 볼링을 하다 打保龄球
볼링을 하다 보니 손가락이 붓더라구요.

볼링에 ~

· 볼링에 빠지다 沉迷于打保龄球
저도 요즘 다시금 볼링에 빠져서 살고 있습니다.

0957 **볼일**[1] [볼릴]
要做（办）的事

볼일 + ⓥ

볼일이 ~

· 볼일이 남다 剩下要做的事
개인적인 볼일이 남아서 두 달에 한 번은 한국에 가야
합니다.
· 볼일이 없다 没有要做的事
특별한 볼일이 없으면 집 밖으로 나가지 않는다.
· 볼일이 있다 有要做的事
볼일이 있어서 밖으로 나갔다.

· 볼일이 생기다 发生要处理的事
급한 볼일이 생겨서 먼저 일어서겠습니다.

볼일을 ~

· 볼일을 보다 办事
오늘은 모처럼 볼일을 보러 시내로 나갔어요.

0958 **볼일**[2] [볼릴]
如厕

볼일 + ⓥ

볼일을 ~

· 볼일을 보다 大小便
그는 화장실에서 볼일을 볼 때도 스마트폰을 사용한다.

0959 **볼펜** (ballpen)
圆珠笔

볼펜 + ⓝ

· 볼펜 끝 圆珠笔尖
· 볼펜 껍질 圆珠笔壳
· 볼펜 찌꺼기 圆珠笔里漏出的油
· 볼펜 잉크 圆珠笔油

볼펜 + ⓥ

볼펜을 ~

· 볼펜을 꺼내다 拿出圆珠笔
필통에서 볼펜을 꺼내 공부를 했다.
· 볼펜을 쥐다 握圆珠笔
그는 떨리는 손으로 볼펜을 쥐었다.

볼펜으로 ~

· 볼펜으로 그리다 用圆珠笔画画
누나는 볼펜으로 그림을 그렸다.
· 볼펜으로 쓰다 用圆珠笔写
나는 일기를 볼펜으로 쓴다.

0960 봄
春天

봄 - Ⓝ

· 봄가을 春天秋天
· 봄기운 春天的气息
· 봄빛 春光

봄 + Ⓝ

· 봄 가뭄 春旱
· 봄 경치 春天的景色
· 봄 날씨 春天的天气
· 봄 냄새 春天的味道
· 봄 방학 春假
· 봄 소풍 春天郊游
· 봄 풍경 春天的风景
· 봄 축제 春天里举办的庆典
· 봄 학기 春季学期
· 봄 햇볕 春天的阳光
· 봄 햇살 春天的阳光

봄 + Ⓥ

봄이 ~

· 봄이 가다 春天过去
봄이 가고 여름이 오고 있다.
· 봄이 돌아오다 春回
봄이 돌아오면 벗꽃이 핀다.
· 봄이 되다 开春, 入春
봄이 되고 농사철이 다가왔다.
· 봄이 지나가다 春天过去
진달래가 피는 봄이 지나갔습니다.
· 봄이 오다 春回大地
봄이 오면 흙냄새도 달라진다.

봄을 ~

· 봄을 기다리다 等待春天
봄을 기다리는 마음이 간절하다.
· 봄을 맞다 迎接春天
봄을 맞아 백화점들이 다양한 행사를 마련한다.
· 봄을 맞이하다 迎接春天
봄을 맞이하고 있을 무렵 내게 좋은 소식이 날아왔다.
· 봄을 타다 春乏
봄을 타서 그런지 기분이 울적하고 밤에 잠이 잘 오지 않았다.

Ⓐ + 봄

· 따뜻한 봄 温暖的春天
빨리 따뜻한 봄이 왔으면 좋겠어요.
· 따사로운 봄 煦暖的春天
따사로운 봄이 되어 남쪽에서는 꽃소식이 들려오네요.

0961 봉사 (奉事)
服务, 志愿服务, 侍奉

봉사 + Ⓝ

· 봉사 단체 志愿者团体
· 봉사 모임 志愿者聚会
· 봉사 사업 志愿服务事业
· 봉사 정신 服务精神
· 봉사 활동 服务活动

봉사 + Ⓥ

봉사가 ~

· 봉사가 필요하다 需要志愿服务
어려운 이웃을 돕기 위한 더 많은 봉사가 필요하다.

봉사를 ~

· 봉사를 중시하다 重视志愿服务
언론인은 대중에 대한 봉사를 중시한다.
· 봉사를 하다 进行志愿者服务
짧은 시간이라도 봉사를 할 수 있어 감사하다.

0962 봉지 (封紙)
纸袋, 袋子

봉지 + Ⓝ

· 봉지 안 纸袋里
· 봉지 속 纸袋里

봉지 + Ⓥ

봉지가 ~

· 봉지가 들리다 拿着袋子
그가 산에서 내려올 때는 두 손에 항상 쓰레기 봉지가 들려 있다.
· 봉지가 터지다 袋子破了

잡지가 너무 무거워서 봉지가 터졌어요.

봉지를 ~

· **봉지를 꺼내다** 拿出袋子
할머니가 봉지를 꺼내 부추를 담았다.

· **봉지를 건네다** 递过袋子
동생은 빵 조각을 입에 넣고 옆자리의 언니에게 빵 봉지를 건넸다.

· **봉지를 들다** 拎袋子
과자 봉지를 들고 비행기를 타면 안 돼요?

· **봉지를 뜯다** 拆开袋子
봉지를 뜯어 곧바로 먹을 수 있는 식품이 인기가 많다.

· **봉지를 열다** 打开袋子
과자 봉지를 열어놓으면 맛이 없어진다.

· **봉지를 찢다** 撕破袋子
봉지를 찢어서 버리지 마십시오.

봉지에 ~

· **봉지에 넣다** 放到袋子里
과일을 봉지에 넣어 놓으면 색깔이 변한다.

· **봉지에 담다** 装到袋子里
저희 엄마가 사과를 봉지에 담는 꿈을 꾸셨다.

· **봉지에 싸다** 用袋子包
떡을 봉지에 싸 주시면 돼요.

봉지로 ~

· **봉지로 싸다** 用袋子包起来
콩나물은 왜 검은 봉지로 싸서 기르죠?

0963 **봉투** (封套)
信封

봉투 + N

· **봉투 겉면** 信封外面
· **봉투 뒷면** 信封背面
· **봉투 안** 信封里
· **봉투 앞면** 信封正面
· **봉투 속** 信封里

봉투 + V

봉투를 ~

· **봉투를 건네다** 递过信封
그는 그녀에게 돈이 들어 있는 봉투를 건네주었다.

· **봉투를 개봉하다** 打开信封
봉투를 개봉해야 안에 있는 것을 꺼낼 수 있다.

· **봉투를 꺼내다** 拿出信封

어머님은 주머니에서 작고 예쁜 봉투를 꺼내 내게 주셨다.

· **봉투를 내밀다** 拿出信封
생일 전날 엄마가 작은 봉투를 내밀었다.

· **봉투를 들다** 拿着信封
그는 손에 초청장 봉투를 들고 있었다.

· **봉투를 뜯다** 撕开信封
봉투를 뜯고 어머니는 웃었다.

· **봉투를 받다** 接过信封
나는 떨리는 손으로 그 봉투를 받았다.

· **봉투를 열다** 打开信封
봉투를 열어 보니 정성스럽게 쓴 편지가 들어 있었다.

봉투에 ~

· **봉투에 넣다** 放到信封里
편지를 봉투에 넣고 우체국으로 갔다.

· **봉투에 담다** 装到信封里
쓰레기를 봉투에 담아서 버렸다.

· **봉투에 적히다** 被写在信封上
봉투에 적힌 집 주소를 보고 찾아갔다.

봉투에서 ~

· **봉투에서 꺼내다** 从信封里拿出来
그는 손에 들고 있는 봉투에서 내용물을 꺼냈다.

0964 **부담** (負擔)
负担

부담 + N

· **부담 금액** 负担金额
· **부담 능력** 负担能力

부담 + V

부담이 ~

· **부담이 가다** 很有负担
저소득층에는 보다 적은 부담이 가도록 해야 한다.

· **부담이 가중되다** 负担加重
고령화 사회에서 젊은 세대의 부담이 가중되었다.

· **부담이 과중하다** 负担过重
학부모들의 부담이 과중해진다.

· **부담이 늘어나다** 负担不断增加
정부 지출의 증가는 바로 국민 부담이 늘어나는 것을 의미한다.

· **부담이 되다** 成为负担
대학 등록금은 가정 경제에 큰 부담이 된다.

· **부담이 아니다** 不是负担

요즘처럼 어려울 때는 보험료를 지불하는 것도 부담이 아닐 수 없다.

· **부담이 없다** 没有负担
글로 쓰기에 부담이 없을까?

· **부담이 오다** 带来负担
혈압이 오르고 심장에 부담이 온다.

· **부담이 있다** 有负担
독자는 이 책을 읽는 데 약간의 부담이 있을 것이다.

· **부담이 적다** 负担少
생각보다 간단했던 수술과 빠른 퇴원으로 심리적 부담이 적다.

· **부담이 적어지다** 负担变少
손님이 한 사람 줄어들면 집주인은 그만큼 부담이 적어질 것이다.

· **부담이 제거되다** 负担消除
수험 횟수가 줄어든다고 해서 수험생의 부담이 완전히 제거되는 것은 아니다.

· **부담이 줄다** 负担减少
암 환자의 의료비 부담이 줄었다.

· **부담이 줄어들다** 负担减少
기업의 금리 부담이 줄어들면 제품의 가격이 내려간다.

· **부담이 커지다** 负担变重
맞벌이 부모는 사교육비 부담이 더 커진다.

· **부담이 크다** 负担大
그 때는 의료비 부담이 커서 수술을 받기가 어려운 상황이었다.

부담을 ~

· **부담을 가중시키다** 加重负担
지방 관리들의 부패로 농민의 부담을 가중시켰다.

· **부담을 감수하다** 承受负担
남들은 하지 않은 위험 부담을 감수해야 한다.

· **부담을 갖다** 有负担
이들은 부단히 노력을 해야 하는 부담을 갖고 있다.

· **부담을 늘리다** 增加负担
노인 의료비에서 본인 부담을 늘리고 있다.

· **부담을 느끼다** 感到有负担
학습에 지나친 부담을 느끼게 하지는 마십시오.

· **부담을 덜다** 减轻负担
어떻게 하면 그 두려움과 부담을 덜어버릴 수 있을까?

· **부담을 주다** 带来负担
네게 더 부담을 주고 싶지 않다.

· **부담을 줄이다** 减少负担
선배의 도움으로 일의 부담을 줄였다.

· **부담을 지우다** 使……承担负担
이러한 조치는 젊은이들에게 큰 부담을 지우는 일이다.

· **부담을 안다** 背负负担
그는 경제적 부담을 안고 결혼을 결심했다.

· **부담을 안기다** 造成负担

고금리는 모든 기업체에게 커다란 부담을 안겨 줄 수밖에 없다.

· **부담을 해소하다** 解除负担
남자들은 이러한 부담을 어떻게 해소하는가?

부담으로 ~

· **부담으로 남다** 成为……的负担
현재 재정적자는 고스란히 시민들의 부담으로 남았다.

· **부담으로 돌아가다** 又转嫁为……的负担
이런 운동에 드는 비용도 농민의 부담으로 돌아가기 마련이다.

· **부담으로 되돌아오다** 又转嫁为……的负担
이 비용은 전체 소비자의 부담으로 되돌아온다.

· **부담으로 떠넘기다** 转嫁为……的负担
결국 정부의 재정 적자를 국민 부담으로 떠넘긴다.

· **부담으로 전가되다** 被转嫁为负担
그 낭비는 고스란히 시민들의 부담으로 전가된다.

부담에 ~

· **부담에 시달리다** 被负担所折磨
어린이는 시간적 부담에 시달릴 필요가 없다.

Ⓐ + 부담

· **과중한 부담** 过重的负担
학생들은 과중한 부담에 시달리고 있다.

· **무거운 부담** 沉重的负担
양반을 먹여 살리기 위해 백성들은 무거운 부담을 져야 하였다.

· **큰 부담** 大的负担, 沉重的负担
자재의 가격 상승은 생산자에게는 큰 부담이 된다.

0965 **부록** (附錄)
副刊, 附录

부록 + Ⓝ

· **부록 참조** 参照附录

부록 + Ⓥ

부록을 ~

· **부록을 달다** 加附录
부록을 달 때는 보통 참고문헌 앞에 넣는다.

· **부록을 덧붙이다** 加附录
책의 말미에 부록을 덧붙이면 이해를 도울 수 있다.

· **부록을 발행하다** 发行附刊
요즘은 신문에서도 매주 새로 나온 책을 소개하는 부록을 발행하고 있다.

0966 부모 (父母)
父母

부모 + N

· 부모 사랑 父母的爱
· 부모 세대 父母那一代人
· 부모 역할 父母的作用
· 부모 자식 父母与子女
· 부모 형제 父母兄弟姐妹

부모 + V

부모가 ~

· 부모가 돌아가시다 父母去世
자식은 부모가 돌아가셨을 때 가장 많은 눈물을 흘린다.
· 부모가 되다 成为父母
난 부모가 된다는 게 겁나.

부모를 ~

· 부모를 닮다 长得像父母
갓난아기가 부모를 닮는 것은 당연한 일이다.
· 부모를 돌보다 照顾父母
생물계에서 자식이 부모를 돌보는 것은 인간뿐이다.
· 부모를 따르다 跟随父母
그 후 나도 우리 부모를 따라 미국으로 갔다.
· 부모를 떠나다 离开父母
자식은 18세가 되면 부모를 떠난다.
· 부모를 모시다 侍奉父母
늙어가는 부모를 모신다는 것은 어려운 일이다.
· 부모를 부양하다 赡养父母
자식이 부모를 부양해도 아주 짧은 기간에 지나지 않았다.
· 부모를 존경하다 尊敬父母
이렇게 되면 아이들이 과연 이 부모를 존경할까?
· 부모를 원망하다 怨恨父母
결혼을 앞두고 그는 처음으로 부모를 원망했다.
· 부모를 잃다 失去父母
나는 어려서 부모를 잃고 동생과 어렵게 성장했다.

A + 부모

· 늙은 부모 年迈的父母
늙은 부모를 둔 자식들은 문안 전화를 하루에 한두 차례는 해야 한다.
· 부유한 부모 富裕的父母
부유한 부모 밑에서 자란 그는 외국 유학을 다녀왔다.
· 평범한 부모 平凡的父母

평범한 부모 밑에서 정상적으로 태어난 아이였다.

0967 부부 (夫婦)
夫妇，夫妻

부부 + N

· 부부 간 夫妻之间
· 부부 갈등 夫妻矛盾
· 부부 관계 夫妻关系
· 부부 사이 夫妻关系，夫妻之间
· 부부 사랑 夫妻情
· 부부 생활 夫妻生活
· 부부 싸움 夫妻吵架

부부 + V

부부가 ~

· 부부가 되다 成为夫妻
그 여자는 왜 하필 이 녀석하고 부부가 되었을까.
· 부부가 싸우다 夫妻争吵
부부도 가끔 싸운다.

부부를 ~

· 부부를 합장하다 夫妻合葬
과거에는 주로 부부를 합장하는 경우가 많았다.

A + 부부

· 결혼한 부부 结婚的夫妻
모든 사람들의 축복 속에 결혼한 부부들이 3년 안에 이혼하는 경우가 많다.
· 늙은 부부 年迈的夫妻
깊은 산속에 늙은 부부가 살았다.
· 젊은 부부 年轻夫妻
젊은 부부의 결혼 생활은 쉽지 않다.
· 이혼한 부부 离婚的夫妻
이혼한 부부가 가장 친한 친구가 될 수 있다는 것이 그녀의 생각이었다.

0968 부분 (部分)
部分

부분 + N

· 부분 발작 部分发作
· 부분 참조 部分参考
· 부분 파업 部分罢工

부분 + V

부분을 ~

· 부분을 이루다 组成……的部分
한자어가 우리말에서 큰 부분을 이루고 있다.

· 부분을 차지하다 占……部分
이때는 식사량을 줄이는 것이 치료의 중요한 부분을 차지한다.

부분으로 ~

· 부분으로 구성되다 由……部分组成
본 연구는 다음과 같은 다섯 부분으로 구성되어 있다.

· 부분으로 나누다 分成……部分
이 글은 앞의 시를 제외하면 크게 세 부분으로 나누어 볼 수 있다.

· 부분으로 나뉘다 被分成……部分
머리말과 맺음말을 제외하면 본문 내용은 두 부분으로 나뉜다.

· 부분으로 되다 由……部分组成
잎은 대개 잎자루와 잎몸의 두 부분으로 돼 있다.

· 부분으로 이루어지다 由……部分组成
이 글은 전부 여섯 부분으로 이루어져 있다.

· 부분으로 쪼개다 分为……部分
세계를 그렇게 단순한 두 부분으로 쪼갤 수 없다.

A + 부분

· 많은 부분 大部分
그 책의 많은 부분이 내가 쓴 것이었다.

· 미진한 부분 不足的部分
연구 논문이나 강의 내용 중 미진한 부분을 보충하겠습니다.

· 상당한 부분 相当多的部分
이 사건으로 편찬 중이던 책 원고의 상당한 부분이 없어졌다.

· 잘못된 부분 错误的部分
용기를 내서 다른 사람의 잘못된 부분을 바로잡는다.

0969 부상 (負傷)
負伤, 伤势

부상 + N

· 부상 후유증 受伤后遗症

· 부상 부위 受伤部位

부상 + V

부상이 ~

· 부상이 잦다 受伤频繁
비타민D가 부족하면 근육 부상이 잦다.

· 부상이 재발되다 伤势复发
부상이 재발하는 것을 예방해야 한다.

· 부상이 회복되다 伤势恢复
부상이 잘 회복되고 있어요.

부상을 ~

· 부상을 당하다 负伤
전투에서 부상을 당하는 것은 당연했다.

· 부상을 막다 防止受伤
스키장에서 부상을 막으려면 어떻게 해야 하나요?

· 부상을 예방하다 防止受伤
운동할 때 부상을 예방해야 한다.

· 부상을 유발시키다 引起伤病
지나친 운동은 오히려 부상을 유발시킬 수 있다.

· 부상을 유발하다 引发负伤
준비 운동을 하지 않고 운동을 하는 것은 부상을 유발할 수 있다.

· 부상을 입다 负伤
그 선수는 훈련 중 부상을 입어 출전하지 못했다.

부상에 ~

· 부상에 시달리다 被伤病所折磨
그는 무릎 부상에 시달려 1년간 쉬고 있습니다.

부상에서 ~

· 부상에서 회복하다 从伤病中恢复
그 선수는 여전히 부상에서 회복하지 못했습니다.

A + 부상

· 가벼운 부상 轻伤
어쨌든 가벼운 부상이라니 다행이다.

· 심각한 부상 重伤
이 선수는 경기에서 심각한 부상을 당해 뛸 수 없게 됐다.

· 심한 부상 重伤
그도 아주 심한 부상을 입고 있었습니다.

· 큰 부상 重伤
이번 사고로 큰 부상을 당했다.

0970 부인 (否認)
否认

부인 + Ⓥ

부인을 ~
· 부인을 하다 否认
범인이 범행 사실에 대해 부인을 했다.

0971 부자¹ (父子)
父子

부자 + Ⓝ

· 부자 관계 父子关系
· 부자 사이 父子之间
· 부자 도리 父子伦常

0972 부자² (富者)
富人, 富豪

부자 + Ⓝ

· 부자 꿈 发财梦
· 부자 소리 被称作有钱人
· 부자 나라 富裕的国家
· 부자 동네 富人区

부자 + Ⓥ

부자가 ~
· 부자가 되다 成为有钱人
이렇게 천천히 일해서 언제 부자가 될 수 있어?

부자로 ~
· 부자로 만들다 把……变成有钱人
전쟁은 그들을 부자로 만들었어요.
· 부자로 살다 过有钱人生活
그것만 가지고서도 부자로 살수가 있지 않습니까?
· 부자로 태어나다 生来就是有钱人, 衔着金汤匙出生
그는 부자로 태어나서 쉽게 성공했다.

Ⓐ + 부자

· 큰 부자 大富翁
우연하게 기회를 잡아 큰 부자가 되는 사람이 있다.

0973 부작용 [부자공](副作用)
副作用, 负面影响

부작용 + Ⓝ

· 부작용 발생가능성 产生副作用的可能性
· 부작용 방지 防止副作用
· 부작용 증세 副作用症状
· 부작용 초래 导致副作用
· 부작용 여부 是否有副作用

부작용 + Ⓥ

부작용이 ~
· 부작용이 나타나다 出现副作用
이 약은 여러 부작용이 나타난다.
· 부작용이 많다 副作用很大
부작용이 많다면 우리가 굳이 이 약을 사용해야 하는지 의심해 봐야 한다.
· 부작용이 빚어지다 引发副作用
새로운 제도로 많은 부작용이 빚어졌다.
· 부작용이 생기다 产生副作用
수술 후 부작용이 생겨서 힘드네요.
· 부작용이 심각하다 副作用严重
다이어트 열풍의 부작용이 심각하다.
· 부작용이 심하다 副作用严重
이 약은 부작용이 심해서 쉽게 먹을 수 없다.
· 부작용이 없다 没有副作用
걱정했지만 아무 부작용이 없었다.
· 부작용이 일어나다 产生副作用
여러 부작용이 일어났고 현재 이모는 다른 병원으로 옮겼습니다.
· 부작용이 있다 有副作用
어느 약이든 부작용이 있다.

부작용을 ~
· 부작용을 낳다 产生副作用
우리나라의 고속성장은 많은 부작용을 낳았다.
· 부작용을 초래하다 导致副作用
이 화장품은 부작용을 초래할 수 있다는 점 잊지 말아 주세요.
· 부작용을 줄이다 减少副作用

환자의 고통을 덜고 부작용을 줄여 주는 새로운 치료법이 개발되었다.

· **부작용을 예방하다** 预防副作用
치아 미백 부작용을 예방하기 위해 어떠한 다이어트 방법이 있나요?

· **부작용을 일으키다** 引发副作用
전에 다이어트약을 먹다가 부작용을 일으켜서 고민이 많았거든요.

· **부작용을 우려하다** 担心有副作用
부작용을 우려하는 목소리가 많다.

· **부작용을 유발하다** 引发副作用
이 약이 얼마나 강한 부작용을 유발합니까?

· **부작용을 최소화하다** 将副作用降低到最小程度
개발에 따른 부작용을 최소화해야 한다.

부작용에 ~

· **부작용에 시달리다** 被副作用所折磨
사회 곳곳에서 인터넷으로 인한 부작용에 시달리고 있다.

Ⓐ + 부작용

· **많은 부작용** 很多副作用
많은 부작용을 가진 식품도 있다.

· **사소한 부작용** 轻微的副作用
의사와의 충분한 상담을 통해 사소한 부작용까지도 예방이 가능하다.

· **심각한 부작용** 严重的副作用
건강 기능 식품은 심각한 부작용을 유발할 수 있다.

· **큰 부작용** 很大的副作用
컴퓨터의 가장 큰 부작용은 게임 중독이다.

0974 **부정**[1] (不正)
不正当，腐败

부정 - Ⓝ

· **부정부패** 腐败
· **부정사건** 腐败事件
· **부정행위** 腐败行为

부정 + Ⓝ

· **부정 스캔들** 腐败丑闻
· **부정 정치인** 腐败政治家
· **부정 축재** 非法敛财
· **부정 입학** 以不正当手段入学

부정 + Ⓥ

부정이 ~

· **부정이 드러나다** 出现腐败问题
갖가지 부정이 드러나 그는 스스로 사임했다.

0975 **부정**[2] (否定)
否定，否认

부정 + Ⓥ

부정이 ~

· **부정이 되다** 被否认
무신론은 유신론에 대한 부정이 될 수 없다.

0976 **부채**[1]
扇子

부채 + Ⓝ

· **부채 모양** 扇形
· **부채 바람** 扇子风
· **부채 장사** 扇子生意

부채 + Ⓥ

부채가 ~

· **부채가 흔들리다** 扇子摇动
부채가 흔들릴 때마다 소주 냄새가 풍겨 왔다.

부채를 ~

· **부채를 들다** 拿起扇子
그는 다시 부채를 들었다.

· **부채를 부치다** 扇扇子
부채를 부쳐보며 시원한 바람을 느껴봤어요.

· **부채를 접다** 收起扇子
부채를 접었다 폈다 했다.

· **부채를 펴다** 打开扇子
의자에 걸터앉아서 부채를 쭉 편다.

부채로 ~

· **부채로 부치다** 用扇子扇
숯불 위에서 끓고 있는 냄비를 부채로 부친다.

0977 부채² (負債)
负债

부채 + ⓝ

· 부채 규모 负债规模
· 부채 문제 负债问题
· 부채 상환 偿还负债
· 부채 액수 负债额度

부채 + ⓥ

부채가 ~

· 부채가 늘다 负债增加
부채가 느는 것은 과소비 때문이다.

· 부채가 늘어나다 负债增加
생활 형편은 점점 어려워져서 해마다 부채가 늘어났다.

부채를 ~

· 부채를 갚다 还债
부채를 갚다 보니 저희 사정은 더 힘들어질 수밖에 없었습니다.

· 부채를 지다 欠款
국민들에게 부채를 지지 말라는 말은 빚을 갚지 말라는 뜻이다.

부채에 ~

· 부채에 시달리다 债台高筑
에너지 기업들이 막대한 액수의 부채에 시달리고 있다.

0978 부탁 (付託)
委托，嘱托

부탁 + ⓝ

· 부탁 내용 拜托的内容
· 부탁 말씀 拜托的话
· 부탁 편지 拜托的信件

부탁 + ⓥ

부탁이 ~

· 부탁이 아니다 不是拜托
부탁이 아니라 명령이라고요.

· 부탁이 있다 有事相托
부탁이 있어서 이렇게 글을 남깁니다.

부탁을 ~

· 부탁을 거절하다 拒绝……的拜托
한 번도 누구의 부탁을 거절해 본 적이 없다.

· 부탁을 남기다 嘱托
언니는 죽기 바로 직전에 내게 부탁을 남겼다.

· 부탁을 드리다 拜托……(上司或长辈)
최 기자님께 한 가지 부탁을 드릴 일이 있습니다.

· 부탁을 들어주다 应许……的托付
나는 어쩔 수 없이 그의 부탁을 들어주었다.

· 부탁을 받다 受人之托
결혼식 때 사진을 찍어달라는 부탁을 받았어요.

· 부탁을 하다 拜托
그에게 한 가지 부탁을 했다.

부탁에 ~

· 부탁에 응하다 答应……的拜托
부탁에 응해 주셔서 감사합니다.

ⓐ + 부탁

· 간곡한 부탁 恳切的嘱托
괴로워하는 아버지의 간곡한 부탁을 거절할 수 없었다.

· 간절한 부탁 殷切的嘱托
저의 이 간절한 부탁을 부디 들어주세요.

0979 부피
体积

부피 + ⓝ

· 부피 증가 体积增加

부피 + ⓥ

부피가 ~

· 부피가 작다 体积小
이 텐트는 부피가 작아 보관이 용이하다.

· 부피가 줄어들다 体积减小
물과 얼음이 만나 얼음의 부피가 줄어든다.

· 부피가 팽창하다 体积膨胀
모든 액체는 열을 가하면 가할수록 점점 부피가 팽창하죠.

· 부피가 크다 体积大
부피가 큰 것을 가지고 다니기가 불편하다.

부피를 ~

· 부피를 줄이다 减少体积
여행 가방을 쌀 때 부피를 줄이는 방법을 알려주세요.

<table>
<tr><td align="center">Ⓐ + 부피</td></tr>
</table>

· 작은 부피 小体积
좀 더 작은 부피를 가진 텐트가 있을까요?
· 일정한 부피 一定的体积
공기가 일정한 부피를 차지하는 것을 증명할 수 있다.

0980 북
鼓

<table>
<tr><td align="center">북 + Ⓝ</td></tr>
</table>

· 북 소리 鼓声

<table>
<tr><td align="center">북 + Ⓥ</td></tr>
</table>

북을 ~

· 북을 치다 敲鼓
우리 아이는 사물놀이에서 북을 칩니다.

0981 북쪽 (北쪽)
北边，北面，朝鲜

<table>
<tr><td align="center">북쪽 + Ⓝ</td></tr>
</table>

· 북쪽 기슭 北边山脚
· 북쪽 동포 朝鲜同胞
· 북쪽 어린이 朝鲜小孩儿
· 북쪽 방향 朝北
· 북쪽 사람 北方人，北朝鲜人
· 북쪽 선수단 朝鲜选手团
· 북쪽 하늘 北方的天空
· 북쪽 해안 北方海岸

<table>
<tr><td align="center">북쪽 + Ⓥ</td></tr>
</table>

북쪽을 ~

· 북쪽을 향하다 朝着北方
여자의 시선이 북쪽을 향해 있지 않습니까?
· 북쪽을 바라보다 遥望北方
그는 바다 쪽으로 걸어가면서 북쪽을 바라봤다.

북쪽에 ~

· 북쪽에 남다 留在朝鲜
북쪽에 남아 계신 어머니가 생각난다.

· 북쪽에 남겨두다 留在朝鲜
북쪽에 남겨둔 가족이 보고 싶다.
· 북쪽에 위치하다 位于北方
다음날 나는 오토바이를 타고 북쪽에 위치한 해변으로 갔다.
· 북쪽에 있다 在北面
학교는 병원의 북쪽에 있다.
· 북쪽에 자리잡다 位于北面
우리 집은 도시의 북쪽에 자리잡고 있다.

북쪽으로 ~

· 북쪽으로 가다 往北走
이 길만 따라 북쪽으로 가면 개성이다.
· 북쪽으로 돌리다 往北转
그 포를 그대로 북쪽으로 돌려서 쐈습니다.
· 북쪽으로 올라가다 北上
북쪽으로 올라가면 공원이 나온다.
· 북쪽으로 이동하다 往北方移动
태풍은 북쪽으로 이동하는데 왜 그러죠?
· 북쪽으로 향하다 朝向北方
'봄기러기'는 북쪽으로 향해 가는 철새이다.

0982 분¹ (分)
尺度，分寸

<table>
<tr><td align="center">분 + Ⓥ</td></tr>
</table>

분에 ~

· 분에 넘치다 过分，过逾
나한테는 분에 넘치는 선물이다.
· 분에 만족하다 知足
자기의 분에 만족할 줄을 알아야 행복하다.
· 분에 맞다 适当，适中
분에 맞는 생활을 해라.

0983 분² (粉)
粉

<table>
<tr><td align="center">분 + Ⓝ</td></tr>
</table>

· 분 냄새 粉味儿

<table>
<tr><td align="center">분 + Ⓥ</td></tr>
</table>

분을 ~

323

· 분을 갈다 磨成粉
카카오 분을 갈아 물에 녹이면 코코아가 된다.
· 분을 바르다 擦粉
외출할 때면 얼굴에 분을 바른다.
· 분을 칠하다 涂粉
나는 예복을 입고 분을 칠해 곱게 단장하고 기다렸다.

0984 분³ (憤)
憤怒

분 + ⓥ

분이 ~
· 분이 사그라지다 气消了
그는 분이 사그라졌는지, 총을 내려놓았다.
· 분이 차다 生气
성급함과 분이 가득 찬 얼굴로 나를 바라보았다.
· 분이 치밀다 气上心头
그는 어젯밤 일을 생각하며 분이 왈칵 치밀었다.
· 분이 풀리다 气消了
난 분이 풀릴 때까지 발길질을 했다.

분을 ~
· 분을 삭이다 使消气
아버지께서는 아직까지 분을 삭이지 못하신다.
· 분을 이기다 忍不住怒火
그녀는 분을 이기지 못해 방바닥을 쳤다.
· 분을 참다 忍住怒火
분을 참지 못한 아이가 울면서 소리쳤다.
· 분을 풀다 消气
그녀는 오빠의 죽음에 대해 아직도 분을 풀지 못한다.

분에 ~
· 분에 못 이기다 愤怒到极点
할머니는 분에 못 이겨 마침내 눈물을 흘리고 말았다.

0985 분⁴ (盆)
花盆

분 + ⓥ

분에 ~
· 분에 옮기다 移到花盆里
꽃을 분에 옮겨 심다.

0986 분노 (憤怒)
憤怒

분노 + Ⓝ

· 분노 속 憤怒中

분노 + ⓥ

분노가 ~
· 분노가 솟아오르다 义愤填膺, 怒气冲天
분노가 울컥 솟아올라 소리를 지르고 말았다.
· 분노가 솟구치다 怒气冲天
나는 그를 보자 갑자기 분노가 솟구쳐 올랐다.
· 분노가 치밀다 怒发冲冠
이 영화를 본 뒤 분노가 치밀었다.
· 분노가 폭발하다 暴怒
참을 만큼 참았던 분노가 폭발해 버렸다.
· 분노가 일어나다 愤怒
분노가 불처럼 일어나 아무도 말릴 수 없었다.

분노를 ~
· 분노를 가라앉히다 平息愤怒
그 화가는 그림을 통해 분노를 가라앉힌다.
· 분노를 금하다 抑制住愤怒
이번 사건을 보고 분노를 금할 수 없었다.
· 분노를 느끼다 感受到愤怒
나는 그의 말에 분노를 느꼈다.
· 분노를 참다 忍住愤怒
나는 끓어오르는 분노를 참을 수 없었다.
· 분노를 이기지 못하다 无法抑制愤怒
그녀는 분노를 이기지 못하고 이를 갈았다.
· 분노를 터뜨리다 发泄愤怒
아저씨는 주먹으로 책상을 내리치며 분노를 터뜨렸다.

분노에 ~
· 분노에 젖다 沉浸在愤怒之中
형은 분노에 젖어 술을 급하게 들이켰다.
· 분노에 차다 满怀愤怒
나는 분노에 찬 그의 눈빛을 보고 겁에 질렸다.

분노로 ~
· 분노로 일그러지다 由于愤怒而脸色难看
그의 얼굴은 괴로움과 분노로 일그러졌다.
· 분노로 타오르다 怒火炽盛, 怒火中烧
그녀의 맑은 눈동자가 오늘은 왠지 분노로 타오른다.

Ⓐ + 분노

· 격한 분노 强烈的愤怒
이 광고는 그의 마음 속에 격한 분노를 일으키게 했다.
· 깊은 분노 深深的愤怒
깊은 분노가 치밀어 오릅니다.

0987 분단 (分斷)
分裂

| 분단 + N |

· 분단 문제 分裂问题
· 분단 상황 分裂状况
· 분단 시대 分裂的时代
· 분단 이후 分裂以后

| 분단 + V |

분단이 ~
· 분단이 되다 分裂
한국 전쟁으로 인해 우리나라는 분단이 되었습니다.
· 분단이 지속되다 持续分裂
분단이 길게 지속될수록 손해가 점점 커질 것이다.

분단을 ~
· 분단을 극복하다 克服分裂
분단을 극복한 나라가 어디인지 알려주세요.
· 분단을 넘다 超越分裂
분단을 넘어 평화를 노래한다.
· 분단을 막다 阻止分裂
분단을 막아 보려고 부단히 애썼다.

0988 분류 [불류](分類)
分类

| 분류 + N |

· 분류 기준 分类标准
· 분류 방법 分类方法
· 분류 방식 分类方式
· 분류 체계 分类体系

| 분류 + V |

분류가 ~

· 분류가 되다 分类
좋은 분류가 되기 위해서는 기준이 중요하다.

분류를 ~
· 분류를 하다 分类
받은 선물을 종류별로 분류했다.

분류에 ~
· 분류에 따르다 根据分类
이 분류에 따르면 한국어는 우랄-알타이 어족에 속한다.
· 분류에 의하다 依据分类
이 분류에 의하면 국내 석탄은 무연탄에 해당된다.

| A + 분류 |

· 다양한 분류 多种多样的分类
언어의 종류는 그 기준과 방법에 따라 다양한 분류가
가능하다.

0989 분리 [불리](分離)
分离，分开，拆分

| 분리 – N |

· 분리수거 分类回收

| 분리 + N |

· 분리 문제 拆分问题
· 분리 수술 分离手术
· 분리 조건 拆分条件
· 분리 방안 拆分方案
· 분리 운영 分开经营
· 분리 원칙 分类原则

| 분리 + V |

분리가 ~
· 분리가 되다 被分开
기름은 위층, 물은 아래층으로 분리가 된다.
· 분리가 불가능하다 一体，不可分
이 폰은 배터리 일체형이라 분리가 불가능합니다.
· 분리가 쉽다 容易拆开
이 휴대폰은 배터리와 분리가 쉽다.

분리를 ~
· 분리를 하다 分立，分离开
쓰레기를 그렇게 모은 후에 다시 분리를 했어요.

0990 분석 (分析)

分析

분석 + N

· 분석 결과 分析结果
· 분석 과정 分析过程
· 분석 능력 分析能力
· 분석 대상 分析对象
· 분석 방법 分析方法
· 분석 방식 分析方式

분석 + V

분석이 ~

· 분석이 나오다 分析显示
내년에는 경기가 좋아질 것이라는 분석이 나왔다.

· 분석이 있다 有分析
중국 경제 발전에 대한 여러 분석이 있다.

· 분석이 이루어지다 进行分析
복잡한 상황을 파악하기 위해서는 다양한 차원의 분석이 이루어져야 한다.

· 분석이 필요하다 需要分析
금융 사산 투자 성향 분석이 왜 필요할까?

분석을 ~

· 분석을 받다 接受分析
정신 분석을 받고 환자들의 상태가 더 나빠졌다.

· 분석을 통하다 通过分析
통계적 분석을 통하여 인원수를 예측하려 합니다.

· 분석을 하다 进行分析
상권이나 입지의 조사 분석을 하지 않고도 성공한 분들은 많습니다.

분석에 ~

· 분석에 근거하다 根据分析
분석에 근거해서 결론을 내린다.

· 분석에 따르다 根据分析
분석에 따르면 가을부터 가격이 내릴 거라고 합니다.

분석으로 ~

· 분석으로 밝히다 经过分析被阐明
이는 몇 대학의 분석으로 밝혀졌다.

A + 분석

· 면밀한 분석 缜密的分析
과학자는 어떤 대상이든지 면밀한 분석을 한다.

· 상세한 분석 详细的分析

두 제품을 사용해 보신 분들의 상세한 분석을 부탁드립니다.

· 치밀한 분석 细致入微的分析
치밀한 분석은 문제에 대해 사전에 대비하게 해 준다.

0991 분수¹ (分數)

事理, 分寸

분수 + V

분수를 ~

· 분수를 모르다 不知深浅, 没有分寸
어떤 사람들이 분수를 모르고 함부로 행동한다.

· 분수를 지키다 守本分
분수를 지켜 만족할 줄 아는 사람은 항상 즐겁다.

분수에 ~

· 분수에 넘치다 过分, 非分
자기 분수에 넘치는 과소비를 피해야 한다.

· 분수에 맞다 适合尺度
그는 분수에 맞지 않게 많은 빚을 졌다.

慣

· 분수 없다 不明事理
분수 없는 짓을 한다.

0992 분수² (噴水)

喷泉

분수 + N

· 분수 밑 喷泉下面
· 분수 장치 喷泉装置

분수 + V

분수가 ~

· 분수가 가동되다 喷泉开始喷水
그 분수 공원은 매년 여름에 분수가 가동된다.

· 분수가 있다 有喷泉
공원에 시원한 분수가 있어서 너무 좋아요.

분수를 ~

· 분수를 설치하다 安装喷泉
저희 집 정원을 만들면서 분수를 설치하려고 합니다.

0993 분위기 [부뉘기](雰圍氣)
气氛，氛围

분위기 + Ⓝ

· 분위기 속 气氛里
· 분위기 전환 转换氛围，转换气氛
· 분위기 파악 了解氛围，察言观色
· 분위기 확산 气氛弥漫开来

분위기 + Ⓥ

분위기가 ~

· 분위기가 깨지다 气氛被破坏
남자가 계산할 때 할인 카드를 내밀면 분위기가 깨진다.
· 분위기가 나쁘다 气氛不好
분위기가 나쁘면 바꿀 생각을 해야죠.
· 분위기가 달라지다 气氛发生变化
결혼한 이후 그는 분위기가 달라졌다.
· 분위기가 무겁다 气氛凝重
드라마 초반에 분위기가 너무 무겁다.
· 분위기가 바뀌다 气氛改变
새집으로 이사하면서 집안 분위기가 바뀌었다.
· 분위기가 밝다 气氛活跃
학생들이 많이 타서 그런지 배의 분위기가 밝았다.
· 분위기가 밝아지다 气氛变得活跃
무거운 숙제가 풀린 듯 분위기가 갑자기 밝아졌다.
· 분위기가 이상하다 气氛奇怪
갑자기 분위기가 이상해졌다.
· 분위기가 어색하다 气氛尴尬
처음이라서 두 사람의 분위기가 어색하다.
· 분위기가 조성되다 营造气氛
전문가를 육성하는 분위기가 조성되어야 한다.
· 분위기가 좋다 气氛好
분위기가 좋아 술을 많이 마셨다.

분위기를 ~

· 분위기를 가지다 有……的气氛
좀더 자유분방한 분위기를 가진 학교를 만들 것이다.
· 분위기를 깨다 打破……的气氛
나도 오랜만에 만난 이 자리의 분위기를 깨고 싶지 않아요.
· 분위기를 내다 有……的气氛
연말이 가까워지자 거리에는 연말 분위기를 내기 시작했다.
· 분위기를 돋우다 提升气氛
학교 측은 상품을 내걸어 분위기를 돋웠다.

· 분위기를 맞추다 迎合气氛，应景儿
술잔을 받아서 분위기를 맞추는 지혜가 필요하다.
· 분위기를 자아내다 制造气氛
화려한 조명이 크리스마스 분위기를 자아냈다.
· 분위기를 조성하다 制造气氛
우린 그냥 분위기를 조성하기만 하면 되는 거야.
· 분위기를 타다 迎合着气氛
저도 분위기를 타서 춤을 췄어요.
· 분위기를 파악하다 了解氛围，察言观色
나는 분위기를 파악하고 입을 다물었다.
· 분위기를 풍기다 散发……的气氛
까만색은 무언가 어둡고 음침한 분위기를 풍긴다.

Ⓐ + 분위기

· 무거운 분위기 凝重的气氛
이 무거운 분위기 속에서도 그는 일을 열심히 한다.
· 초조한 분위기 焦躁的气氛
초조한 분위기 속에서 시간은 흘러 6시가 됐다.
· 장엄한 분위기 庄严的气氛
그 장엄한 분위기에 모두 고개를 숙였다.

0994 분포 (分布)
分布

분포 + Ⓝ

· 분포 상태 分布状态，分布情况
· 분포 범위 分布范围
· 분포 비율 分布比例
· 분포 지역 分布地区
· 분포 현황 分布情况

분포 + Ⓥ

분포가 ~

· 분포가 넓다 分布广
중국어의 각 방언들 가운데 북방방언의 분포가 가장넓다.

분포를 ~

· 분포를 살펴보다 查看分布
20대 아르바이트 소득 분포를 살펴보면 '20만 ~ 40만원'이 가장 많았다.

0995 불
火, 灯

불 - N
· 불구경 观火

불 + N
· 불 속 火中
· 불 위 火上

불 + V

불이 ~
· 불이 꺼지다 火熄灭
담배꽁초는 불이 완전히 꺼진 후 휴지통에 넣으세요.
· 불이 나다 起火
어제 동생 집에서 불이 났어요.
· 불이 나가다 灯灭
전등이 깜빡거리더니 불이 나가 버렸어요.
· 불이 들어오다 来电
불이 들어오자 기분이 한결 나아졌다.
· 불이 붙다 起火
길 중앙에서 자동차에 불이 붙었다.
· 불이 켜지다 灯亮着
저녁이 되면 작은 창문들에 불이 하나씩 켜집니다.

불을 ~
· 불을 끄다 灭火, 熄灯
소방관들이 목숨 걸고 간신히 불을 껐다.
· 불을 놓다 纵火, 放火
불을 놓아 산을 태우다.
· 불을 당기다 点火
그는 담배에 불을 당기며 물었다.
· 불을 밝히다 点灯
밤에는 집안 구석구석에 불을 밝혀 놓고 날을 새운다.
· 불을 붙이다 点火
향에 불을 붙여 향로에 꽂다.
· 불을 뿜다 喷火
용이 빨간 불을 뿜어댄다.
· 불을 지피다 生火
불을 지피자 방이 따뜻해졌다.
· 불을 피우다 点火
나무 조각으로 불을 피운다.
· 불을 켜다 点灯
어두우니까 불을 좀 켜 주십시오.

불에 ~

· 불에 굽다 用火烤
생선을 불에 구워 먹었다.
· 불에 데다 被火烫
이 흉터는 불에 덴 상처다.
· 불에 타다 被火烧着
이불은 이미 불에 탄 상태였다.
· 불에 태우다 用火烧
돌아가신 할아버지의 옷을 불에 태웠다.

A + 불
· 붉은 불 红灯
붉은 불은 3초 동안 지속되었다.
· 빨간 불 红灯
빨간 불을 보고 멈추었다.
· 파란 불 绿灯
신호등에 파란 불이 들어왔다.
· 큰 불 大火
최근에 보기 드문 큰 불이었어요.

惯
· 불이 나다 口干舌燥
나는 목구멍에 불이 나는 걸 참으며 계속 술을 마셨다.
· 불이 붙다 唇枪舌战
논쟁이 드문 연극계에 모처럼 불이 붙었다.
· 불을 끄다 处理急事
누구든 내 발등에 떨어진 불을 끄는 게 더 시급한 법이다.

0996 불고기
烤肉

불고기 + N
· 불고기 냄새 烤肉味儿
· 불고기 잔치 烤肉宴
· 불고기 양념 烤肉调料

불고기 + V

불고기가 ~
· 불고기가 익다 烤肉熟了
불고기가 익는 소리다.

불고기를 ~
· 불고기를 굽다 烤肉
그들은 불고기를 구워 먹으러 갔다.
· 불고기를 먹다 吃烤肉

저녁에는 둘이 불고기를 먹었다.
· **불고기를 사먹다** 买烤肉吃
점심으로 한 접시의 불고기를 사먹고 기운을 차렸다.
· **불고기를 장만하다** 准备烤肉
불고기를 장만해 왔어요.
· **불고기를 하다** 烤肉
불고기를 해서 식지 않게 꼭꼭 쌌어요.

0997 **불꽃** [불꼳]
焰火，火焰

불꽃 – ⓝ

· **불꽃놀이** 焰火游戏

불꽃 + ⓝ

· **불꽃 모양** 焰火的样子
· **불꽃 속** 焰火中
· **불꽃 축제** 焰火节

불꽃 + ⓥ

불꽃이 ~
· **불꽃이 타다** 焰火点燃
불꽃이 타면 주변이 환해졌다.
· **불꽃이 타오르다** 焰火绽放
오색찬란한 불꽃이 타올랐다.
· **불꽃이 터지다** 焰火绽放
승리를 알리는 신호음과 함께 불꽃이 터졌다.
· **불꽃이 튀다** 焰火绽放，火花迸飞
TV에서 불꽃이 튀기 시작했다.
· **불꽃이 피다** 焰火绽放
여름밤 하늘에 불꽃이 핀다.

불꽃을 ~
· **불꽃을 뿜다** 喷出火焰
거대한 불꽃을 뿜어 사방의 모든 것을 태워 버린다.
· **불꽃을 피우다** 点燃火焰
희망의 불꽃을 피워주시길 바랍니다.
· **불꽃을 태우다** 燃烧火焰
다시 한 번 열정의 불꽃을 태워야 한다.

불꽃에 ~
· **불꽃에 휩싸이다** 被火焰包围
그는 욕망의 불꽃에 휩싸이다.

ⓐ + **불꽃**

· **붉은 불꽃** 红色的焰火
푸른 불꽃과 붉은 불꽃은 어떻게 다른가요?
· **엄청난 불꽃** 巨大的火焰
위성이 발사할 때는 엄청난 불꽃이 발생합니다.
· **화려한 불꽃** 华丽的焰火
하늘이 벌써 화려한 불꽃으로 뒤덮이고 있는데요.

慣

· **불꽃을 튀기다** 火花四溅，比喻竞争激烈
불꽃을 튀기는 무대가 펼쳐졌다.

0998 **불만** (不滿)
不满意，不满足

불만 + ⓝ

· **불만 내용** 不满意的内容
· **불만 사항** 不满意的事项
· **불만 폭발** 爆发不满情绪
· **불만 해소** 消除不满

불만 + ⓥ

불만이 ~
· **불만이 높다** 不满情绪高涨
이용자들의 불만이 높다.
· **불만이 많다** 非常不满
사실은 교육에 불만이 많다.
· **불만이 있다** 有不满
불만이 있으면 언제든지 이야기하세요.
· **불만이 크다** 非常不满
직원들이 더운 데서 일하면 불만이 커요.
· **불만이 폭발하다** 不满情绪爆发
그동안 쌓였던 국민의 불만이 폭발할 수도 있다.

불만을 ~
· **불만을 갖다** 有不满
소비자들은 요금 인상에 대해 불만을 갖고 있다.
· **불만을 쏟아내다** 倾诉不满，发泄不满
이날 방송에서 그 연예인은 각종 불만을 쏟아냈다.
· **불만을 터뜨리다** 发火，闹情绪
교사들은 여기저기서 불만을 터뜨렸다.
· **불만을 토로하다** 表露不满
김 사장은 자택에서 강한 불만을 토로했다.

· 불만을 털다 发泄不满
불만을 털다 보면 욕이 나오는 경우가 있더라.
· 불만을 품다 心怀不满
그는 마음에 늘 불만을 품고 있는 사람이다.

불만에 ~

· 불만에 차다 满怀不满
누나의 불만에 찬 물음에 그는 대답이 없었다.

Ⓐ + 불만

· 작은 불만 小意见
병원은 환자의 작은 불만도 모두 들어주어야 한다.
· 큰 불만 大意见
가장 큰 불만은 갑자기 요금을 두 배로 올렸다는 것이다.

0999 **불법** [불뻡](不法)
非法

불법 + Ⓝ

· 불법 단체 非法团体
· 불법 대여 非法借贷
· 불법 이민자 非法移民者
· 불법 용도 非法用途
· 불법 사냥 非法狩猎
· 불법 수렵 非法狩猎
· 불법 시위 非法示威
· 불법 적발 非法揭发
· 불법 집회 非法集会
· 불법 체류 非法滞留
· 불법 투기 非法投机
· 불법 행위 不法行为

불법 + Ⓥ

불법이 ~

· 불법이 난무하다 不法横行
이번 선거는 부정과 불법이 난무하는 선거가 되었다.
· 불법이 되다 违法
저작권법 개정안이 통과되면 다운로드도 불법이 된다.

불법을 ~

· 불법을 저지르다 犯法
그는 불법을 저지르지 않고 당선되었다.

불법으로 ~

· 불법으로 규정하다 被定性为不法行为
그 나라에서 집회를 왜 불법으로 규정하는 거예요?

1000 **불이익** [불리익](不利益)
损失，亏损，吃亏

불이익 + Ⓝ

· 불이익 계층 遭受损失的阶层
· 불이익 집단 亏损集团

불이익 + Ⓥ

불이익이 ~

· 불이익이 많다 损失很大
여자가 당하는 불이익이 너무 많아요.
· 불이익이 없다 没有损失
이 제도로 인하여 회사에 불이익이 없으면 좋겠습니다.
· 불이익이 있다 有损失
학교에 결석하면 아이에게 어떤 불이익이 있나요?

불이익을 ~

· 불이익을 당하다 遭受损失
이번에는 나의 나태함에 의하여 불이익을 당하였다.
· 불이익을 받다 受到损失
신입 사원을 채용하지 않으면 불이익을 받을 수 있다.
· 불이익을 주다 带来损失
정부는 여성 차별이 심한 기업들에게 불이익을 주어야 한다.

1001 **불편** (不便)
不便，不适

불편 + Ⓝ

· 불편 초래 带来不便
· 불편 해소 消除不便

불편 + Ⓥ

불편이 ~

· 불편이 없다 没有不方便
활동하시기에 불편이 없으신지요?
· 불편이 있다 有不方便
내용이 어려워서 읽는 데 많은 불편이 있었다.

· 불편이 크다 有很多不方便
해당 지역 주민의 불편이 크니까 빨리 개선해야 한다.
· 불편이 줄어들다 减少不便
아는 사람에게 병원을 소개 받으면 불편이 줄어든다.

불편을 ~

· 불편을 감수하다 忍受不便
불편을 감수해서라도 전기를 절약해야 한다.
· 불편을 겪다 造成不便
엘리베이터가 고장나서 큰 불편을 겪었다.
· 불편을 끼치다 带来不便
여러분께 불편을 끼쳐 드려서 죄송합니다.
· 불편을 느끼다 感到不便
실제로 임산부들이 노약자 임산부 좌석을 이용하는 데
큰 불편을 느낍니다.
· 불편을 덜다 减轻不便
돈은 물물 교환의 불편을 덜기 위해 나온 것이다.
· 불편을 주다 带来不便
안개가 자주 끼어 교통에 불편을 주기도 한다.

Ⓐ + 불편

· 많은 불편 很多不便
집이 멀어서 많은 불편을 느끼고 있습니다.
· 큰 불편 非常大的不便
출근 시간에 전철이 고장 나 출근길 시민들이 큰 불편
을 겪었다.

1002 **불평** (不平)
不满, 牢骚

불평 − Ⓝ

· 불평불만 牢骚, 抱怨

불평 + Ⓝ

· 불평 거리 抱怨的事
· 불평 소리 抱怨的声音

불평 + Ⓥ

불평이 ~

· 불평이 나오다 怨声载道
이어진 소집단 활동 중에 많은 불평이 나왔다.
· 불평이 없다 没有不满
지하철 공사가 시민들 처지를 외면한다는 불평이 없지
않았다.

· 불평이 잇따르다 抱怨连连
절차가 복잡하다는 불평이 잇따랐다.
· 불평이 터지다 不满情绪爆发
며칠이 지나 병사들의 불평이 터졌다.
· 불평이 크다 强烈不满
대통령에 대한 불평이 커졌다.

불평을 ~

· 불평을 늘어놓다 倾诉不满
어부들은 바다에 못 나가자 불평을 늘어놓았다.
· 불평을 쏟다 表示不满, 倾诉不满
대회의 참가자들이 첫날부터 불평을 쏟았다.
· 불평을 터뜨리다 怨声载道
표를 구하지 못한 사람들이 불평을 터뜨렸다.
· 불평을 하다 抱怨
손님들이 음식 맛이 없다고 늘 불평을 합니다.

1003 **불합격** [불합껵](不合格)
不合格, 不及格

불합격 + Ⓝ

· 불합격 처리 按不及格处理
· 불합격 판정 被认定为不合格

불합격 + Ⓥ

불합격이 ~

· 불합격이 되다 不合格
불합격이 되면 문자나 메일로 통보해 주나요?

1004 **불행** (不幸)
不幸运, 不幸福

불행 + Ⓝ

· 불행 속 不幸中
· 불행 앞 不幸面前
· 불행 의식 不幸意识

불행 + Ⓥ

불행이 ~

· 불행이 닥치다 遭遇不幸
그 사람에게는 불행이 닥치지 않을 것이다

· 불행이 없다 没有不幸
돌이켜보면, 나에게는 불행이 없었다.

· 불행이 있다 有不幸
눈앞의 이익 뒤에는 불행이 있다.

· 불행이 찾아오다 出现不幸
우리 집에 불행이 찾아왔습니다.

불행을 ~

· 불행을 극복하다 克服不幸
유머에서 우리는 불행을 극복하고 현재의 고통을 참아
내는 효과를 볼 수가 있다.

· 불행을 겪다 经历不幸
2년 전 나는 개인적인 불행을 겪게 되었다.

· 불행을 당하다 遭到不幸
아이들이 불행을 당하면 더욱 마음이 아프다.

· 불행을 막다 阻止不幸的发生
이것이 고혈압으로 인한 불행을 막는 열쇠가 된다.

불행에 ~

· 불행에 빠지다 陷入不幸
그는 아버지가 저지른 죄 때문에 불행에 빠질 것이다.

· 불행에 빠뜨리다 使……陷入不幸
과학 기술의 발전이 도리어 인간을 불행에 빠뜨렸다.

Ⓐ + 불행

· 모든 불행 所有的不幸
화는 모든 불행의 근원이다.

· 무서운 불행 恐怖的不幸
나쁜 운전 습관이 무서운 불행을 가져옵니다.

· 큰 불행 巨大的不幸
현명한 사람은 큰 불행도 작게 처리한다.

1005 **불효** (不孝)
不孝

불효 - Ⓝ

· 불효자 不孝顺的孩子
· 불효자식 不孝顺的子女

불효 + Ⓝ

불효를 ~

· 불효를 저지르다 犯下不孝之罪
큰 불효를 저지르고 있는 것 같다는 생각이 듭니다.

1006 **붓** [붇]
毛笔

붓 + Ⓝ

· 붓 끝 毛笔尖儿
· 붓 자국 毛笔痕迹

붓 + Ⓥ

붓을 ~

· 붓을 놓다 放下毛笔
시인들이 잠시 붓을 놓고 주걱을 들었다.

· 붓을 들다 拿起毛笔
붓을 들어 별을 그린다.

· 붓을 잡다 拿着毛笔
한동안 손도 못 대다가 간만에 붓을 잡아 봤습니다.

· 붓을 쥐다 握着毛笔
말은 비록 서툴지만, 붓을 쥐면 그 뜻을 잘 써 냈다.

붓으로 ~

· 붓으로 그리다 用毛笔画
붓으로 그린 듯 선명하다.

· 붓으로 쓰다 用毛笔写
나는 붓으로 글을 쓰면 더 잘 써진다.

慣

· 붓을 꺾다 辍笔
나는 이 때 붓을 꺾어 버려야겠다고 마음먹었다.

· 붓을 놀리다 耍笔杆
이런 풍경을 수묵화로 그리자면 아마 붓을 놀리는 손
목이 꽤나 아플 듯싶다.

1007 **블라우스** (blouse)
女式衬衫

블라우스 + Ⓝ

· 블라우스 단추 女士衬衫扣子
· 블라우스 차림 穿着女士衬衫

블라우스 + Ⓥ

블라우스가 ~

· 블라우스가 찢어지다 女式衬衫被撕

블라우스가 찢어진 채로 명동을 다녔어요.

블라우스를 ~

· 블라우스를 걸치다 穿着女士衬衫
그녀는 노란색 블라우스를 걸치고 등장했다.

· 블라우스를 입다 穿着女士衬衫
그녀는 분홍색 블라우스를 입고 있다.

· 블라우스를 벗다 脱下女式衬衫
블라우스를 벗고 새 티셔츠로 갈아입었다.

Ⓐ + 블라우스

· 흰 블라우스 白色的女士衬衫
흰 블라우스가 여성스러워요.

1008 비¹
扫帚

비 + Ⓥ

비를 ~

· 비를 들다 拿起扫帚
눈이 오면 그는 비를 들고 밖으로 나간다.

비로 ~

· 비로 쓸다 用扫帚扫
아이는 비로 마당을 쓸었다.

1009 비²
雨

비 - Ⓝ

· 비바람 风雨

비 + Ⓝ

· 비 속 雨中
· 비 피해 雨灾
· 비 한 방울 一滴雨

비 + Ⓥ

비가 ~

· 비가 개다 天晴
빨리 비가 개었으면 좋겠다.

· 비가 그치다 雨停
날씨가 안 좋아서 걱정했는데 다행히도 비가 그쳤다.

· 비가 내리다 下雨
대낮부터 억수 같은 비가 내리기 시작했다.

· 비가 멈추다 雨停
가려고 일어났는데 비가 멈추질 않았다.

· 비가 멎다 雨停
오전에 한 줄기 비가 내리고 오후에 비가 멎었다.

· 비가 뿌리다 大雨瓢泼
밖에 세찬 바람이 몰려가며 비가 뿌리고 있었다.

· 비가 쏟아지다 大雨倾盆而下
밖에는 여전히 비가 세차게 쏟아지고 있었다.

· 비가 잦다 雨水多
올 여름 유난히 비가 잦았다.

· 비가 오다 下雨
집을 나서던 누나는 비가 올까 봐 걱정을 했다.

· 비가 퍼붓다 大雨倾盆
어찌나 세찬 비가 퍼붓던지 앞을 분간할 수 없는 거야.

· 비가 흩뿌리다 雨水飞溅
저녁이 되자 비가 흩뿌리기 시작했다.

비를 ~

· 비를 가리다 挡雨
그 여자는 가방으로 비를 가리며 뛰기 시작한다.

· 비를 맞다 淋雨
언니는 비를 맞고 감기 걸렸다.

· 비를 뿌리다 降雨
하늘은 초여름을 알리는 비를 뿌렸다.

· 비를 피하다 避雨
사람들이 비를 피하러 건물 안으로 들어왔다.

비에 ~

· 비에 젖다 让雨淋湿了
그의 옷은 아침부터 내린 비에 흠뻑 젖었다.

비로 ~

· 비로 취소되다 因下雨而被取消
프로 야구 경기가 비로 취소됐다.

· 비로 촉촉해지다 让雨淋得湿漉漉的
비로 촉촉해진 땅과 나무들이 아름다워 보인다.

· 비로 연기되다 因下雨而被延期
축구 경기는 비로 연기됐다.

Ⓐ + 비

· 작은 비 小雨
셋째 날은 작은 비가 오고 다섯째 날은 큰 비가 온다.

· 잦은 비 频繁的雨水
잦은 비 덕분에 올해 모내기 물은 걱정이 없다.

· 큰 비 大雨
큰 비가 오거나 태풍이 올 때 밖에 나가면 위험하다.

1010 **비교** (比較)
比较，核对

비교 + Ⓝ

· 비교 기준 比较的标准
· 비교 대상 比较的对象
· 비교 분석 比较分析
· 비교 연구 比较研究

비교 + Ⓥ

비교가 ~
· 비교가 가능하다 可以比较
인터넷을 이용하면 가격 비교가 가능하다.
· 비교가 되다 相比较
그런 녀석이 어떻게 나하고 비교가 됩니까?
· 비교가 어렵다 难以比较
계급 연구는 국가 간 비교가 어렵다.

비교를 ~
· 비교를 통하다 通过比较
다른 상품과의 비교를 통해 결정해야 한다.
· 비교를 하다 比较
다른 애들하고 비교를 해도 너는 아주 멋있어.

비교에 ~
· 비교에 의하다 根据比较
가치는 비교에 의해 생성된다.

1011 **비극** (悲劇)
悲剧

비극 + Ⓝ

· 비극 속 悲剧中
· 비극 작가 悲剧作家

비극 + Ⓥ

비극이 ~
· 비극이 되풀이되다 悲剧重演
아버지의 비극이 되풀이될 수 있다.
· 비극이 생기다 悲剧上演
오직 사랑이 없는 곳에서만 비극이 생긴다.
· 비극이 일어나다 悲剧发生

다시는 전쟁 같은 비극이 일어나지 않아야겠어요.

비극을 ~
· 비극을 막다 阻止悲剧发生
운전사의 차분한 대응이 비극을 막았습니다.
· 비극을 낳다 酿成悲剧
비극이 비극을 낳고 죄가 죄를 낳는다.
· 비극을 피하다 避免发生悲剧
그 가족들 역시 죽음의 비극을 피하지 못했다.
· 비극을 초래하다 酿成悲剧
환경 오염은 비극을 초래할 것이다.

비극으로 ~
· 비극으로 끝나다 以悲剧而告终
그러한 사랑이 비극으로 끝날 것은 명백한 일이다.

1012 **비난** (非難)
非难，指责

비난 + Ⓝ

· 비난 논평 指责评论
· 비난 여론 指责言论
· 비난 속 指责声中
· 비난 전화 指责电话

비난 + Ⓥ

비난이 ~
· 비난이 높다 指责很多
전쟁에 대해서 국제 사회의 비난이 높다.
· 비난이 쏟아지다 纷纷指责
대통령에 대한 국민들이 비난이 쏟아졌다.

비난을 ~
· 비난을 듣다 听到指责
현명한 사람은 비난을 듣고 난 후에 행동을 고친다.
· 비난을 면하다 避免被责难
어떻게 해야 비난을 면할 수 있나요?
· 비난을 받다 遭到指责
그는 사람들에게 굴욕적인 비난을 받았다.
· 비난을 피하다 躲避指责
비난을 피해서 자신의 마음을 지켜라.
· 비난을 사다 遭到指责
그의 태도는 모두에게 비난을 샀다.
· 비난을 하다 指责
자주 비난을 하면 아이는 자신감을 잃을 것이다.

비난에 ~

· 비난에 시달리다 被指责所折磨
연예인들은 인터넷을 통해 비난에 시달린다.

· 비난에 직면하다 面对指责
사장은 직원들의 비난에 직면해서 결국 물러났다.

1013 비녀
簪子

비녀가 ~

· 비녀가 꽂히다 插着簪子
비녀가 꽂혀 있는 여자가 아름답다.

· 비녀가 끼워지다 插着簪子
할머니 머리에 비녀가 끼워져 있었다.

비녀를 ~

· 비녀를 꽂다 插簪子
누나가 머리에 비녀를 꽂고 돌아왔다.

1014 비누
肥皂

· 비누 거품 肥皂泡沫
· 비누 냄새 肥皂味道
· 비누 제조 制造肥皂
· 비누 향기 肥皂香味

비누를 ~

· 비누를 만들다 做肥皂
오늘은 집에서 천연 비누를 만들었다.

· 비누를 사용하다 用肥皂
비누를 사용하면 피부가 좋아진다.

비누로 ~

· 비누로 닦다 用肥皂擦
비누로 닦아도 지워지지 않는다.

· 비누로 세수하다 用肥皂洗漱
비누로 세수하면 피부가 좋아지나요?

· 비누로 씻다 用肥皂洗
목욕을 시킬 때마다 비누로 씻는다.

1015 비닐 (vinyl)
塑料, 塑料布, 塑料袋

· 비닐봉지 塑料袋
· 비닐우산 塑料雨伞
· 비닐커버 塑料盖子
· 비닐팩 塑料膜
· 비닐하우스 塑料大棚

· 비닐 가방 塑料包
· 비닐 덮개 塑料盖子
· 비닐 랩 塑料保鲜膜
· 비닐 백 塑料袋
· 비닐 봉투 塑料信封
· 비닐 옷장 塑料衣柜
· 비닐 주머니 塑料口袋
· 비닐 포장 塑料包装

비닐이 ~

· 비닐이 덮이다 被盖了一层塑料布
트럭의 짐칸은 빨간색 방수용 비닐이 덮여 있었다.

비닐을 ~

· 비닐을 걷다 收起塑料布
할머니는 무언가에 덮여 있는 검은 비닐을 걷어냈다.

· 비닐을 깔다 铺塑料布
모래놀이 할 땐 바닥에 비닐을 깔아 주세요.

· 비닐을 덮다 盖塑料布
붉은색 방수 비닐을 덮은 트럭은 한 대도 없었디.

· 비닐을 벗기다 把塑料布揭下来
제품 사용 전 비닐을 벗겨 주세요.

· 비닐을 씌우다 蒙上塑料布
비닐을 씌워서 보관해야 한다.

비닐로 ~

· 비닐로 가리다 用塑料布挡住
감자는 검은 비닐로 가려서 보관해야 한다.

· 비닐로 덮다 用塑料布盖起来

오늘 오후에는 참외 씨를 뿌리고 비닐로 덮었다.
· 비닐로 싸이다 被塑料封起来
이미 11월인데도 그 달걀은 비닐로 싸인 새것이었다.
· 비닐로 포장하다 用塑料包装
택배를 비닐로 포장해서 보내도 되나요?

비닐에 ~

· 비닐에 넣다 放到塑料袋里
엄마는 옷장 안에서 비닐에 넣어둔 물건들을 꺼냈다.
· 비닐에 담다 装到塑料袋里
껍질 벗긴 생강을 잘 다져서 비닐에 담아 냉동한다.
· 비닐에 싸이다 被用塑料捆起来
잘린 나무는 비닐에 꽁꽁 싸였다.

1016 비디오 (video)
录像

비디오 - N

· 비디오카메라 摄像机
· 비디오테이프 录像带

비디오 + N

· 비디오 감상 看录像
· 비디오 게임 录像游戏
· 비디오 시청 看录像
· 비디오 자료 录像资料
· 비디오 작품 录像作品
· 비디오 촬영 拍摄录像
· 비디오 아트 录像艺术
· 비디오 앨범 视频相册

비디오 + V

비디오를 ~

· 비디오를 감상하다 看录像
밥을 먹으면서 비디오를 감상한다.
· 비디오를 갖다 拥有录像
전 비디오를 갖고 싶어 잠도 안 와요.
· 비디오를 구입하다 购买录像
얼마 전에 새로 나온 비디오를 구입했다.
· 비디오를 보다 看录像
밤이면 비디오를 봐요.
· 비디오를 찍다 拍录像
친구들과 뮤직 비디오를 찍었어요.

비디오에 ~

· 비디오에 담다 拍到录像里
한 사진작가가 멋진 광경을 비디오에 담았다.

비디오로 ~

· 비디오로 찍다 拍成录像
그녀는 미술관의 미술품들을 비디오로 찍고 있었다.

1017 비만 (肥滿)
肥胖

비만 + N

· 비만 대책 减肥对策
· 비만 방지 防止肥胖
· 비만 부위 肥胖部位
· 비만 체형 肥胖体型
· 비만 치료 治疗肥胖
· 비만 아동 肥胖儿童
· 비만 해소 消除肥胖

비만 + V

비만에 ~

· 비만에 시달리다 被肥胖所困扰
그는 어릴 때부터 비만에 시달렸다.

1018 비명 (悲鳴)
悲鸣，惊叫

비명 + N

· 비명 소리 尖叫声

비명 + V

비명이 ~

· 비명이 들리다 传来悲鸣声，传来惊叫声
갑자기 비명이 들렸다.
· 비명이 새어나오다 传来悲鸣声，传来惊叫声
순간 여자의 입에서 흐느낌 같은 비명이 새어나왔다.
· 비명이 터지다 发出悲鸣声，发出惊叫声
그녀의 입에서 비명이 터져 나왔다.
· 비명이 울리다 响起悲鸣声，响起惊叫声

순간 공장에서 여자의 비명이 울려 나왔다.

비명을 ~

· **비명을 남기다** 留下一声悲鸣, 留下一声惊叫
총소리와 함께 비명을 남기고 그는 쓰러졌다.

· **비명을 삭이다** 忍住惊叫
그녀는 이를 악물고 고통스런 비명을 삭였다.

· **비명을 삼키다** 强忍惊叫
나는 낮은 비명을 삼켰다.

· **비명을 지르다** 发出惊叫
여직원들은 놀라 비명을 지르고 울기 시작했다.

1019 비밀 (秘密)
秘密

비밀 – Ⓝ

· 비밀문서 秘密文件

비밀 + Ⓝ

· 비밀 결사 秘密结社
· 비밀 누설 泄露秘密
· 비밀 무기 秘密武器
· 비밀 방문 密访
· 비밀 번호 密码
· 비밀 엄수 严守秘密
· 비밀 이야기 私房话, 悄悄话
· 비밀 수사 秘密侦查
· 비밀 장소 秘密场所
· 비밀 정보 秘密情报
· 비밀 집회 秘密集会
· 비밀 촬영 秘密拍摄
· 비밀 통화 秘密通话
· 비밀 투표 秘密投票
· 비밀 협약 秘密协约
· 비밀 협정 秘密协定

비밀 + Ⓥ

비밀이 ~

· **비밀이 누설되다** 泄露秘密
비밀이 누설되지 않게 조심해야 한다.

· **비밀이 밝혀지다** 公开秘密
첨단 과학 기기의 발달로 그 비밀이 밝혀지고 있다.

· **비밀이 벗겨지다** 公开秘密
조금씩 그 커튼의 비밀이 벗겨지기 시작했습니다.

· **비밀이 보장되다** 保守秘密
전자 화폐는 사용자들의 비밀이 보장된다.

· **비밀이 숨다** 隐藏着秘密
여기에도 우리 민족의 비밀이 숨어 있다.

· **비밀이 새다** 秘密泄露
이런 곳에선 비밀이 새지 않게 조심했어야지.

· **비밀이 생기다** 有秘密
나에게도 비밀이 생겼다.

· **비밀이 있다** 有秘密
아내에게 밝힐 수 없는 비밀이 있는가?

· **비밀이 지켜지다** 保密
배에서는 비밀이 지켜질 수 없다.

· **비밀이 풀리다** 被解密
우주 창조의 비밀이 풀렸다.

비밀을 ~

· **비밀을 가지다** 拥有秘密
나는 엄청난 비밀을 가지고 있다.

· **비밀을 가르쳐주다** 告之秘密
마침내 나는 그 애에게 내 비밀을 가르쳐 주리라 마음 먹었다.

· **비밀을 간직하다** 坚守秘密
혼자만의 비밀을 간직한 사람처럼.

· **비밀을 감추다** 隐藏秘密
어떤 비밀을 감추고 있는지 궁금하지 않으신가요?

· **비밀을 누설하다** 泄露秘密
개인정보에 대해 비밀을 누설하면 안 된다.

· **비밀을 담다** 蕴含着秘密
우주의 비밀을 담고 있는 신비의 책이다.

· **비밀을 들키다** 秘密被发现
비밀을 들키자 그녀는 당황스러워 했다.

· **비밀을 만들다** 制造秘密
우리 둘만 아는 비밀을 하나 만들면 어때요?

· **비밀을 말하다** 说出秘密
나는 엄청난 비밀을 말할 사람처럼 목소리를 낮췄다.

· **비밀을 밝히다** 揭露秘密
경찰이 결국 사건의 비밀을 밝혔다.

· **비밀을 숨기다** 隐藏秘密
그는 평생 비밀을 숨기고 살았다.

· **비밀을 알다** 知道秘密
이 비밀을 아는 자가 어디에 있으랴.

· **비밀을 지키다** 保守秘密
이번에는 입을 꾹 다물어 둘만의 비밀을 지켰다.

· **비밀을 캐다** 打探秘密
내가 그 비밀을 캐려고 60년을 참고 기다렸다.

· **비밀을 털어놓다** 吐露秘密
나는 자기의 비밀을 털어놓을 용기는 없었다.

· **비밀을 파헤치다** 揭秘

그들이 노트에 담긴 비밀을 파헤쳤다.
· **비밀을 폭로하다** 暴露秘密
마침내 4년째 되던 해 그가 그녀의 비밀을 폭로했다.
· **비밀을 풀다** 解开秘密
제목은 그 작품이 지닌 비밀을 푸는 암호와 같다.

비밀에 ~

· **비밀에 붙이다** 作为秘密
그간 비밀에 붙여 왔던 정보가 오늘 공개되었다.
· **비밀에 싸이다** 被蒙上神秘的面纱
그의 진짜 모습은 비밀에 싸여 있다.

비밀로 ~

· **비밀로 덮어두다** 被当做秘密掩盖
그가 당한 불행을 비밀로 덮어두어야 한다고 말했다.
· **비밀로 두다** 当做秘密
그 여자는 자신의 외도를 혼자만의 비밀로 두기로 했다.
· **비밀로 해두다** 作为秘密
좋은 아내란 남편이 비밀로 해두고 싶어하는 사소한 일을 항상 모르는 체한다.

1020 비빔밥 [비빔빱]
拌饭

비빔밥 + Ⓥ

비빔밥을 ~

· **비빔밥을 만들다** 做拌饭
남은 반찬으로 비빔밥을 만들어 먹는다.
· **비빔밥을 먹다** 吃拌饭
근처의 절을 찾아 오르다가 산채 비빔밥을 먹었다.
· **비빔밥을 비비다** 搅拌拌饭
비빔밥을 비비는 방법은 쉽다.
· **비빔밥을 시키다** 点拌饭
친구와 셋이 식당에서 비빔밥을 시켜 먹었습니다.

1021 비상 (非常)
紧急

비상 – Ⓝ

· **비상근무** 紧急值班
· **비상계단** 应急楼梯, 太平梯
· **비상사태** 紧急事态
· **비상수단** 紧急手段

· **비상벨** 紧急铃

비상 + Ⓝ

· **비상 대책** 紧急对策
· **비상 대피소** 紧急避难所
· **비상 상황** 紧急状况
· **비상 버튼** 紧急按钮
· **비상 태세** 紧急态势

비상 + Ⓥ

비상이 ~

· **비상이 걸리다** 遇到紧急情况
세계 곡물 시장에 비상이 걸렸다.

비상에 ~

· **비상에 걸리다** 告急
남부지방 곳곳이 가뭄 비상에 걸렸다.

1022 비용 (費用)
费用

비용 + Ⓝ

· **비용 급증** 费用剧增
· **비용 문제** 费用问题
· **비용 발생** 产生费用
· **비용 부담** 负担费用
· **비용 절감** 费用降低
· **비용 증가** 费用增加
· **비용 지불** 支付费用

비용 + Ⓥ

비용이 ~

· **비용이 나가다** 花钱
오늘 비용이 많이 나갔다.
· **비용이 늘어나다** 费用增加
연명 의료는 우선 비용이 지나치게 늘어나 문제다.
· **비용이 들다** 花钱
컴퓨터 프로그램은 그 제작에 비용이 많이 든다.
· **비용이 들어가다** 需要······费用
동남아로 여행을 가려면 비용이 어느 정도 들어가요?
· **비용이 부족하다** 经费不足
실험 비용이 부족해 빚을 내야 하는 경우도 있었다.

· 비용이 비싸다 费用昂贵
첨단 장비를 이용하고 있어 비용이 비싼 것도 흠이다.
· 비용이 소요되다 需要……费用
추천하신 물건을 사려면 어느 정도의 비용이 소요돼요?
· 비용이 엄청나다 费用惊人
비용이 엄청나 감당할 수가 없다.
· 비용이 저렴하다 费用低廉
비용이 저렴해 장기 수익률 측면에서도 유리하다.
· 비용이 커지다 费用增加
유지 비용이 너무 커지면 곤란하다.

비용을 ~
· 비용을 감수하다 承担费用
반품 비용을 감수하더라도 반품하고 싶다.
· 비용을 깎다 削减费用
비용을 깎아 달라는 손님이 제일 난감하다.
· 비용을 들이다 花钱
결혼식에 많은 비용을 들이지 말아라.
· 비용을 부담하다 承担费用
우리 집은 그만한 비용을 부담할 능력이 안 된다.
· 비용을 절감하다 降低费用
햇볕을 이용해 난방의 비용을 절감한다.
· 비용을 절약하다 节约费用
어떻게 하면 결혼에 드는 비용을 절약할 수 있을까?
· 비용을 줄이다 减少支出，减少费用
결혼 비용을 줄여야 한다.
· 비용을 지불하다 支付费用
외국인들도 비용을 지불하면 이곳을 이용할 수 있다.
· 비용을 지출하다 支付费用
고객 유치를 위해 많은 비용을 지출했다.

A + 비용
· 많은 비용 高额费用
광고에 많은 비용을 지출했다.
· 막대한 비용 庞大的开销
우주 개발에 막대한 비용이 들어요.
· 엄청난 비용 巨额经费
시기를 놓치면 엄청난 비용과 어려움이 따른다.

1023 비율 (比率)
比例

비율 + N
· 비율 상향 比例上升

· 비율 축소 比例缩小

비율 + V
비율이 ~
· 비율이 낮다 比例低
영어를 못하는 사람 비율이 낮다.
· 비율이 높다 比例高
저희 학교엔 젊은 교사들의 비율이 높은 편이에요.
· 비율이 늘다 比例增加
일하지 않는 노인들의 비율이 점차 늘고 있어.

비율을 ~
· 비율을 낮추다 降低比例
학교에서 외국인 유학생 비율을 낮추고 있다.
· 비율을 높이다 提高比例
나이가 들수록 금융 자산의 비율을 높여야 한다.
· 비율을 조정하다 调整比例
신입생 남녀 비율을 조정했다.

비율로 ~
· 비율로 섞다 按照……的比例混合
설탕과 소금을 1대 1 비율로 섞으면 된다.

A + 비율
· 많은 비율 高比例
발사된 인공위성 가운데 가장 많은 비율을 차지하는 것은 과학 위성이다.

1024 비자 (visa)
签证

비자 + N
· 비자 신청 申请签证
· 비자 신청자 签证申请人
· 비자 발급 签发签证
· 비자 연장 延长签证
· 비자 획득 取得签证

비자 + V
비자가 ~
· 비자가 나오다 签证签下来
3개월짜리 비자가 나와서 한 달 동안 여행을 갔다.
· 비자가 연장되다 签证延期
9학점을 신청해야 외국인 학생의 비자가 연장됩니다.

비자를 ~

· **비자를 받다** 拿到签证
어제 비자를 신청하고 오늘 비자를 받았다.

· **비자를 발급하다** 签发签证
영사관에서 비자를 발급하는 일을 한다.

· **비자를 신청하다** 申请签证
한국 비자를 신청해 보신 적이 있습니까?

1025 **비중** (比重)
比重

비중 + N

· **비중 감소** 比重减少
· **비중 확대** 比重扩大

비중 + V

비중이 ~

· **비중이 낮다** 比重低
소득이 낮을수록 주식 보유 비중이 낮다.

· **비중이 높다** 比重高
우리 학교는 중국인 학생 비중이 높다.

· **비중이 늘다** 比重增加
요즘 수입 자동차의 비중이 늘고 있다고 하던데요.

· **비중이 커지다** 比重变大
업무에서 인터넷이 차지하는 비중이 커지고 있다.

· **비중이 크다** 比重大
광고비 비중이 가장 크다.

· **비중이 증가하다** 比重增加
중국이 한국 경제에서 차지하는 비중이 증가했다.

비중을 ~

· **비중을 두다** 占……比重
수험생들이 가장 비중을 두고 공부하는 과목은 '영어'이다.

· **비중을 차지하다** 占……比重
가장 많은 비중을 차지하고 있는 원소는 산소이다.

1026 **비판** (批判)
批评

비판 + N

· **비판 과정** 批评过程

· **비판 내용** 批评内容
· **비판 능력** 批评能力
· **비판 대상** 批评对象
· **비판 정신** 批评精神
· **비판 여론** 批评言论
· **비판 요지** 批评要点
· **비판 의식** 批评意识

비판 + V

비판이 ~

· **비판이 많다** 批评多
요즘 국민의 여가 활동에 대해 비판이 많다.

· **비판이 나오다** 有……的批评
이 손실을 두고 정부에 대해 많은 비판이 나왔다.

· **비판이 일다** 引发批评
최근에 해외 여행 증가에 대한 비판이 일고 있다.

· **비판이 제기되다** 被批评
희생만을 요구하는 것은 문제가 있다는 비판이 제기되었다.

비판을 ~

· **비판을 가하다** 予以批评
저의 계획에 더 좋은 대안이나 비판을 가해 주시면 감사하겠습니다.

· **비판을 당하다** 遭到批评
공사 진행 속도가 느리다고 호된 비판을 당했다.

· **비판을 면하다** 免除批评
그 부장은 엄격한 비판을 면했다.

· **비판을 받다** 遭到批评
나는 많은 비판을 받았다.

· **비판을 하다** 批评
그녀는 비판을 하는 데 있어서 인정사정없다.

비판에 ~

· **비판에 직면하다** 面对指责
우리나라 교육은 주입식 교육이라는 비판에 직면하고 있습니다.

A + 비판

· **거센 비판** 强烈的批判
소설은 대단한 성공을 거두었지만 작가는 거센 비판을 받았다.

· **격렬한 비판** 激烈的批判
이 카페는 격렬한 비판도 허용되는 곳입니다.

1027 **비행** (飛行)
飞行

비행 – Ⓝ

· 비행 시간 飞行时间

비행 + Ⓝ

· 비행 고도 飞行高度
· 비행 금지 구역 禁飞区域
· 비행 기록 飞行记录
· 비행 노선 飞行路线
· 비행 속도 飞行速度
· 비행 스케줄 飞行日程
· 비행 시각 飞行时刻

비행 + Ⓥ

비행이 ~
· 비행이 가능하다 可以飞行
이 시간에는 비행이 가능하다.

비행을 ~
· 비행을 시도하다 试飞
비가 오는 날씨에 비행을 시도했습니다.
· 비행을 마치다 结束飞行
시험 비행을 성공적으로 마쳤다.

1028 **비행기** (飛行機)
飞机

비행기 + Ⓝ

· 비행기 길 飞机跑道
· 비행기 노선 飞机飞行路线
· 비행기 안 飞机内
· 비행기 요금 飞机票价
· 비행기 사고 飞机失事，空难
· 비행기 조종사 飞机驾驶员
· 비행기 조종석 飞机驾驶舱
· 비행기 착륙 飞机着陆
· 비행기 추락사고 飞机坠毁事故，坠机惨案
· 비행기 탑승객 飞机乘客

· 비행기 탑승권 登机牌
· 비행기 티켓 机票
· 비행기 표 机票
· 비행기 조종 驾驶飞机

비행기 + Ⓥ

비행기가 ~
· 비행기가 도착하다 飞机到达
비행기가 도착할 시간에 차를 내보냈습니다.
· 비행기가 뜨다 飞机起飞
하늘에 비행기가 떠 있다.
· 비행기가 떨어지다 飞机坠机
비행기가 떨어져서 많은 사람들이 죽었다.
· 비행기가 날다 飞机飞行
비행기가 날 수 있는 원리가 궁금하다.
· 비행기가 이륙하다 飞机起飞
비행기가 이륙하자 그녀는 눈물이 흘렀다.
· 비행기가 착륙하다 飞机着陆
공항에 비행기가 착륙했다.
· 비행기가 출발하다 飞机起飞
첫 비행기가 출발하는 시각은 아침 6:35입니다.

비행기를 ~
· 비행기를 갈아타다 换乘飞机
인천에서 비행기를 갈아타고 제주도로 갔다.
· 비행기를 놓치다 错过飞机
공항에 늦게 도착해서 비행기를 놓쳐 버렸어요.
· 비행기를 운전하다 驾驶飞机
동생의 꿈은 비행기를 운전하는 기장이 되는 것이다.
· 비행기를 타다 乘坐飞机
비행기를 오래 타서 몹시 피곤하거든요.

비행기로 ~
· 비행기로 떠나다 乘飞机离开
내일 새벽 비행기로 떠난다면서?

비행기에 ~
· 비행기에 앉다 坐在飞机上
우리 일행은 일본으로 향하는 비행기에 앉아 있었다.
· 비행기에 오르다 登上飞机
나는 기쁜 마음으로 비행기에 올랐다.
· 비행기에 실리다 被载上飞机
많은 짐이 비행기에 실렸다.
· 비행기에 타다 上机，乘机
이 편지를 보실 때면 전 뉴질랜드행 비행기에 타고 있을 겁니다.
· 비행기에 탑승하다 搭乘飞机
무사히 부산행 비행기에 탑승할 수 있었다.

1029 **비행기표** (飛行機票)
机票

비행기표를 ~

· **비행기표를 구하다** 购买机票
비행기표를 어디서 구하는지 아십니까?

· **비행기표를 구입하다** 购买机票
비행기표를 싸게 구입하는 방법을 알려 주세요.

· **비행기표를 끊다** 购买机票
공항으로 가서 제주도행 비행기표를 끊었다.

· **비행기표를 예약하다** 预订机票
항공권 예약 사이트에서 비행기표를 예약할 수 있다.

1030 **빌딩** (building)
大厦, 高楼

· **빌딩 꼭대기** 大楼顶部
· **빌딩 밑** 大楼下面
· **빌딩 사이** 大楼之间
· **빌딩 숲** 楼群
· **빌딩 로비** 大厦大厅
· **빌딩 앞** 楼前
· **빌딩 옥상** 大厦屋顶
· **빌딩 임대** 租住大厦
· **빌딩 현관** 大厦玄关

빌딩이 ~

· **빌딩이 무너지다** 大楼倒塌
빌딩이 무너져 내려서 많은 사람들이 다쳤다.

· **빌딩이 완공되다** 大楼竣工
그 빌딩은 언제 완공돼요?

· **빌딩이 세워지다** 大楼建成
빌딩이 세워지자 교통이 더 복잡해졌다.

빌딩을 ~

· **빌딩을 가지다** 拥有楼产
저 남자는 시내 요지에 여러 채의 빌딩을 가지고 있다.

· **빌딩을 건설하다** 建楼

지상에 주차 빌딩을 건설하는 방안 등을 제시했다.

· **빌딩을 세우다** 建楼
하늘을 찌를 듯 빌딩을 높이 세웠죠.

· **빌딩을 신축하다** 新建大楼
도서관 빌딩을 신축할 계획이다.

· **빌딩을 올리다** 加盖大楼
주차 빌딩을 올리고 있는 중입니다.

· **빌딩을 짓다** 盖大楼
그들은 다 어디로 가서 또 높다란 빌딩을 짓고 있을까.

· **빌딩을 파괴하다** 毁坏大楼
테러리스트는 세계무역센터 쌍둥이 빌딩을 파괴했다.

빌딩에 ~

· **빌딩에 들어서다** 进到楼内
그는 빌딩에 들어서며 광고 전단 한 장을 받았다.

· **높은 빌딩** 高楼
이 건물이 현재 국내에서 가장 높은 빌딩이다.

· **맞은편 빌딩** 对面的大楼
맞은편 빌딩에는 전광판이 걸려 있었다.

· **큰 빌딩** 大厦
저 큰 빌딩 속에는 어떤 사람들이 살고 있을까?

1031 **빗** [빋]
梳子

· **빗으로 빗다** 用梳子梳
빗으로 머리를 빗었다.

1032 **빗방울** [빋빵울]
雨滴

· **빗방울 소리** 雨滴声

빗방울이 ~

· **빗방울이 굵다** 雨点大
밤이 깊어지면서 빗방울이 조금씩 굵어지는 듯했다.

· 빗방울이 떨어지다 雨点落下
번개 소리와 함께 굵은 빗방울이 떨어집니다.

· 빗방울이 퍼붓다 大雨倾盆
굵은 빗방울이 퍼붓기 시작했다.

빗방울을 ~

· 빗방울을 맞다 淋着雨
차가운 빗방울을 맞으며 그대와 걷고 싶어요.

· 빗방울을 훔치다 擦拭雨水
그는 머리카락에서 흘러내리는 빗방울을 훔쳤다.

빗방울에 ~

· 빗방울에 젖다 被雨水打湿
빗방울에 젖은 안경을 닦았다.

Ⓐ + 빗방울

· 굵은 빗방울 大雨点
오늘 오전부터 굵은 빗방울이 세차게 내립니다.

1033 **빗자루** [빋짜루]

· 扫帚

빗자루 + Ⓝ

· 빗자루 자국 扫帚痕迹
· 빗자루 털 扫帚毛

빗자루 + Ⓥ

빗자루를 ~

· 빗자루를 들다 拿起扫帚
주인 여자가 빗자루를 들고 마당을 쓸기 시작했다.

· 빗자루를 쥐다 握着扫帚
그는 손에 빗자루를 쥐고 있다.

· 빗자루를 타다 乘坐扫帚
마녀는 지금 빗자루를 타고 하강하고 있다.

1034 **빚** [빋]

债, 债务

빚 + Ⓝ

· 빚 걱정 担心债务
· 빚 관리 管理债务
· 빚 독촉 催债

빚 + Ⓥ

빚이 ~

· 빚이 늘어나다 债务增加
빚이 늘어나면 소비가 줄어든다.

· 빚이 많다 债务多
대체 너희 사장은 뭐 하느라고 빚이 그렇게 많아?

· 빚이 불어나다 债务越滚越多
빚이 눈덩이처럼 불어나고 있다.

· 빚이 쌓이다 债台高筑
공공부문 곳곳에 빚이 쌓이고 있지만 정부는 아직 여유롭다

· 빚이 있다 有欠债
빚이 있어서 신용 카드를 만들 수 없다.

빚을 ~

· 빚을 갚다 还债
빚을 갚을 기회는 의외로 빨리 찾아왔다.

· 빚을 내다 借债
빚을 내다가 이자를 물었다.

· 빚을 무서워하다 担心债务
은행 빚을 무서워하지 않는 사람들이 있다.

· 빚을 물다 还债
이봐요, 내가 빚을 안 물겠답니까?

· 빚을 지다 欠债
우리 집은 빚을 많이 졌다.

· 빚을 짊어지다 承担债务
나 하나를 살리기 위해 모든 가족들이 빚을 짊어졌다.

빚에 ~

· 빚에 몰리다 被债务所逼
빚에 몰린 사람들이 자살을 선택하곤 한다.

· 빚에 시달리다 债务缠身
많은 분들이 요즘 빚에 시달리고 있습니다.

· 빚에 쪼들리다 被债务所困扰
그 남자는 빚에 쪼들려 그만 자살을 하고 말았습니다.

Ⓐ + 빚

· 묵은 빚 陈年旧账
연말이면 묵은 빚을 갚고 새해를 맞아야 한다.

1035 **빛** [빋]

光, 光芒, 神色

빛 - Ⓝ

· 빛줄기 光线

· 빛 속 光中
· 빛 에너지 光能

빛이 ~

· 빛이 감돌다 光线环绕
그 가난한 학생을 내려다보는 김 선생님의 눈에 연민의 빛이 감돌았다.
· 빛이 나다 发光
남자 피부가 그렇게 빛이 나면 여자들은 어떡하냐?
· 빛이 돌다 泛光
그는 빨간 빛이 도는 넥타이를 매고 있었다.
· 빛이 들어오다 光线照射进来
밤에 잘 때 빛이 들어오면 잘 수가 없다.
· 빛이 떠오르다 浮现出光彩
박 서방의 얼굴에 기묘한 빛이 떠올랐다.
· 빛이 바래다 光色暗淡, 褪色, 减色
진주는 오래가면 빛이 바랜다.
· 빛이 새다 漏光
창에서 빛이 새어 나오고 있었다.
· 빛이 어리다 带着……的神色
선생님의 얼굴에 감탄의 빛이 어렸습니다.
· 빛이 역력하다 显示出……的神色
다가앉은 그녀의 얼굴에 걱정하는 빛이 역력했다.
· 빛이 흐르다 流光溢彩
실내에는 따뜻한 빛이 흐른다.

빛이 ~

· 빛을 가리다 挡光
나는 한 손을 들어 빛을 가렸다.
· 빛을 감추다 遮光
빛을 감추고 어둠 속에서 힘을 기른다.
· 빛을 내다 发光
태양처럼 스스로 빛을 내는 별을 항성이라고 한다.
· 빛을 내뿜다 发出光亮
비행기는 붉은 빛을 내뿜으면서 날아갔다.
· 빛을 던지다 投射……光线
태양은 땅 위에 빛을 던진다.
· 빛을 띠다 带有……光彩（神色）
그의 아버지는 얼굴에 만족한 빛을 띠었다.
· 빛을 머금다 蕴含光彩
하늘은 푸른 빛을 머금고 있었다.
· 빛을 발하다 发光
그의 눈이 사납게 빛을 발했다.
· 빛을 비추다 照射光亮, 引领方向
형은 우리 집에 빛을 비추는 존재였다.

· 빛을 뿌리다 放射光芒
해가 떠올라 빛을 뿌리고 있었다.
· 빛을 뿜다 发光
사내의 눈길이 갑자기 싸늘한 빛을 뿜기 시작한다.
· 빛을 잃다 失去光芒
그는 시험에서 떨어진 이후 얼굴에 빛을 잃었다.
· 빛을 쬐다 射光
식물은 빛을 쬐면 더 잘 자란다.

· 눈부신 빛 耀眼的光芒
별은 눈부신 빛으로 그곳을 비추었어요.
· 밝은 빛 亮光
밝은 빛 속에서 그를 본 것은 처음이었다.
· 은은한 빛 淡淡的光
상점들 앞에 켜놓은 등불들은 은은한 빛을 내고 있었다.
· 희미한 빛 微弱的光
밖에서 비쳐 드는 희미한 빛 속으로 언니가 누워 있다.

1036 빨래
要洗的衣物

· 빨래집게 洗衣夹子

· 빨래 건조대 晾衣架
· 빨래 바구니 洗衣篮子
· 빨래 비누 洗衣皂
· 빨래 줄 晾衣绳

빨래가 ~
· 빨래가 마르다 洗好的衣物干了
장마철이라서 빨래가 안 말라요.
· 빨래가 밀리다 脏衣服攒了一大堆
며칠째 빨래가 밀려 냄새나요.
· 빨래가 쌓이다 脏衣服堆积如山
아이들이 많아서 빨래가 잔뜩 쌓여 있다.

빨래를 ~
· 빨래를 개다 叠衣服
대답 없이 고모는 다시 빨래를 개기 시작했다.
· 빨래를 걷다 收衣服

비가 오는가 싶어 빨래를 걷었다.

· **빨래를 널다** 晒衣服
빨래를 널고 있는데 싸우는 소리가 들렸다.

· **빨래를 말리다** 晾干衣服
그는 햇볕에 빨래를 말리고 싶다.

· **빨래를 빨다** 洗衣服
아내는 검은 빨래를 눈처럼 희게 빨았다.

· **빨래를 짜다** 拧衣服
세탁기가 없을 때에는 빨래를 짜서 줄에 널었다.

· **빨래를 하다** 洗衣服
어머니는 집 앞 개울가에서 빨래를 하고 있었다.

· **빨래를 헹구다** 漂洗衣服
앉아서 빨래를 헹구고 있다.

1037 **빵**
面包

빵 + Ⓝ

· **빵 가게** 面包店
· **빵 냄새** 面包味儿
· **빵 봉지** 面包袋子
· **빵 조각** 面包块儿

빵 + Ⓥ

빵이 ~

· **빵이 구워지다** 面包被烤好
색이 참 예쁜 빵이 구워졌어요.

· **빵이 딱딱하다** 面包变硬
시간이 갈수록 빵이 딱딱해지는 이유는 뭔가요?

빵을 ~

· **빵을 굽다** 烤面包
우리 어머니가 오늘 빵을 구웠어.

· **빵을 뜯어먹다** 啃面包
사람들은 빵을 뜯어 먹기 시작했다.

· **빵을 만들다** 做面包
빵을 만드는 실습 교육이 진행된다.

· **빵을 씹다** 嚼面包
그들은 빵을 씹으며 서로 인사를 했다.

· **빵을 자르다** 切面包
갓 구운 기다란 빵을 잘라 주었다.

빵으로 ~

· **빵으로 때우다** 吃点儿面包充饥
점심을 기차 안에서 빵으로 때웠다.

· **빵으로 연명하다** 靠面包充饥
태풍 피해로 국민들은 빵으로 연명했다.

Ⓐ + 빵

· **구운 빵** 烤好的面包
카페에서 갓 구운 빵을 먹을 수 있다.

· **딱딱한 빵** 硬邦邦的面包
어떻게 하면 딱딱한 빵을 말랑하게 만드나요?

· **발효된 빵** 发酵的面包
그들은 발효된 빵을 만들었던 최초의 인류이다.

1038 **뺨**
脸，脸颊

뺨 + Ⓝ

· **뺨 위** 脸上

뺨 + Ⓥ

뺨이 ~

· **뺨이 부풀다** 脸肿
코피가 터지고 뺨이 부풀어 올랐다.

· **뺨이 화끈거리다** 脸颊热辣辣的，脸滚烫
맞은 내 뺨이 화끈거렸다.

뺨을 ~

· **뺨을 맞다** 挨耳光
뺨을 맞아서 아팠지?

· **뺨을 때리다** 打耳光
교사가 여학생의 뺨을 때렸다.

· **뺨을 비비다** 搓脸，贴脸
그는 아침이면 뜨거운 물로 뺨을 비빈다.

· **뺨을 스치다** 掠过脸颊
따뜻한 봄바람이 뺨을 스친다.

· **뺨을 쓰다듬다** 抚摸脸颊
어머니가 나의 뺨을 쓰다듬었다.

· **뺨을 치다** 扇耳光
어머니는 손바닥으로 세게 내 뺨을 쳤다.

· **뺨을 타다** 顺着脸颊
눈물이 뺨을 타고 흘러내렸다.

· **뺨을 후려치다** 扇耳光
그는 화가 나서 손바닥으로 아들의 뺨을 후려쳤다.

뺨에 ~

· **뺨에 대다** 放在脸上
언니가 두 손을 뺨에 대고 탄식했다.

Ⓐ + 뺨

· 통통한 뺨 圆鼓鼓的脸颊
할머니는 누나의 통통한 뺨을 잡고 뽀뽀를 하셨다.

1039 뿌리
根, 根部

뿌리 + Ⓝ

· 뿌리 근처 根部附近
· 뿌리 밑 根底下
· 뿌리 부분 根部

뿌리 + Ⓥ

뿌리가 ~

· 뿌리가 깊다 根深
나무는 뿌리가 깊어야 가지와 잎이 잘 자란다.
· 뿌리가 썩다 根腐烂
침엽수는 너무 습하면 뿌리가 썩는다.
· 뿌리가 얕다 根浅
풀밭은 그 뿌리가 얕다.

뿌리를 ~

· 뿌리를 내리다 植根
나무는 두꺼운 땅을 뚫고 뿌리를 깊이 내렸다.
· 뿌리를 박다 植根
나무가 대지에 뿌리를 박는다.
· 뿌리를 뽑다 拔根
그는 뿌리를 뽑기 위해 땅을 단단히 딛고 힘을 쓴다.
· 뿌리를 흔들다 使根部动摇
폭풍과 같은 바람이 와서 뿌리를 흔들 수도 있다.

慣

· 뿌리가 깊다 根深蒂固
분쟁의 역사는 30여 년 전으로 거슬러 올라갈 만큼 뿌리가 깊다.
· 뿌리가 되다 成为根基
과거는 현재의 뿌리가 된다.
· 뿌리가 박히다 根深蒂固
신앙에도 뿌리가 깊이 박혀 있어야 한다.
· 뿌리가 없다 没有根基
아무리 그들이 잘난 척해 봐도 뿌리가 없다.
· 뿌리가 있다 有根基
모든 혁신 운동의 밑에는 새 정신의 뿌리가 있습니다.
· 뿌리를 내리다 植根

이러한 신종 사업이 뿌리를 내리고 있다.
· 뿌리를 박다 扎根
그 사람은 지방에서 뿌리를 박고 꾸준히 봉사해 왔다.
· 뿌리를 뽑다 连根拔掉
부정부패의 뿌리를 뽑아야 한다.

1040 뿔
角

뿔 + Ⓝ

· 뿔 위 角上

뿔 + Ⓥ

뿔이 ~

· 뿔이 돋다 长出角来
사슴은 머리에 뿔이 돋아 있습니다.
· 뿔이 생기다 长角
소는 뿔이 언제 생겨요?

뿔을 ~

· 뿔을 자르다 剪角
뿔을 자르면 다시 나나요?
· 뿔을 잡다 抓住角
아이가 우리집 염소의 둥근 뿔을 잡고 흔들었다.

뿔로 ~

· 뿔로 받다 用角顶人
황소가 뿔로 받으려고 달려들었다.

慣

· 뿔이 나다 不高兴
오늘은 또 무슨 일로 이렇게 뿔이 나서 오셨나?

1041 **사거리** (四거리)
十字路口

사거리 + N

· 사거리 앞 十字路口前面
· 사거리 주변 十字路口周围
· 사거리 쪽 十字路口那边

사거리 + V

사거리를 ~
· 사거리를 건너다 过十字路口
사거리를 건너면 그 건물이 보일 거야.
· 사거리를 지나다 过十字路口
사거리를 지나면 회사입니다.

사거리에 ~
· 사거리에 위치하다 位于十字路口
인사동 사거리에 위치한 미술관은 1992년에 개관하였다.

1042 **사건** (事件)
事件，案件

사건 + N

· 사건 당사자 案件当事人
· 사건 발생 事件发生
· 사건 보도 事件报道
· 사건 소식 事件消息
· 사건 수사 案件搜查
· 사건 조사 案件调查
· 사건 처리 处理案件
· 사건 취재 采访案件（事件）
· 사건 전개 事件发展，故事情节
· 사건 해결 破案
· 사건 현장 案件现场

사건 + V

사건이 ~
· 사건이 나다 发生案件
우리 동네에서 살인 사건이 났어요.
· 사건이 발생하다 案件发生

인류에게 커다란 충격을 준 엄청난 사건이 발생했다.
· 사건이 벌어지다 事件发生
지난달에 드디어 사건이 벌어졌다.
· 사건이 생기다 事件发生
오늘 낮 4시경 사망 사건이 생겼습니다.
· 사건이 일어나다 事件发生
그해에는 내 인생에 별다른 사건이 일어나지 않았다.
· 사건이 터지다 事件爆发
사흘 뒤인 5일에 광주에선 살인 사건이 터졌다.

사건을 ~
· 사건을 다루다 处理事件
우리는 오늘 살인 사건을 다루려고 합니다.
· 사건을 보도하다 报道事件
언론기관에서는 이 사건을 크게 보도하기 시작했다.
· 사건을 수사하다 调查事件
이렇게 큰 사건을 수사하려면 일주일 이상 걸릴 것이다.
· 사건을 조사하다 调查案件
우리는 이 살인 사건을 조사하는 경찰이 아니다.
· 사건을 종결짓다 终结案件
정부는 경찰관 두 명을 구속함으로써 사건을 종결지었다.
· 사건을 취재하다 采访案件
강도 사건을 취재하던 기자가 살해되었다.
· 사건을 일으키다 挑事，挑衅
이 사건을 일으켜서 누가 이익을 볼 수 있을까?
· 사건을 해결하다 解决案子，破案
그 사람이 사건을 해결할 열쇠다.

사건에 ~
· 사건에 연루되다 涉案，被案件牵连
이 사건에 연루되었던 많은 사람들이 해외로 도주했다.
· 사건에 휘말리다 卷进案子
그 남자는 핸드폰 도난 사건에 휘말렸다.

A + 사건

· 큰 사건 大事件
저희 학교 6학년에 큰 사건이 일어났어요.
· 엄청난 사건 巨大的事件
어제 밤에 엄청난 사건이 터졌습니다.

1043 **사계절** [사계절/사게절] (四季節)
四季

사계절 + N

· 사계절 변화 四季变化

사계절 + **V**

사계절이 ~

· **사계절이 뚜렷하다** 四季分明
우리나라는 사계절이 뚜렷하다.

· **사계절이 분명하다** 四季分明
한국은 사계절이 분명하다.

· **사계절이 있다** 有四季
봄이 가면 여름이 오듯 인생에도 사계절이 있다.

A + 사계절

· **뚜렷한 사계절** 分明的四季
우리나라는 뚜렷한 사계절이 있어서 좋다.

1044 **사고**[1] (事故)
事故

사고 + **N**

· **사고 건수** 事故数
· **사고 당일** 事故当天
· **사고 발생시** 事故发生当时
· **사고 방지** 防止事故
· **사고 사망자** 事故死亡人数
· **사고 소식** 事故消息
· **사고 예방** 事故预防
· **사고 위험** 事故危险
· **사고 원인** 事故原因
· **사고 직후** 事故发生后
· **사고 현장** 事故现场

사고 + **V**

사고가 ~

· **사고가 나다** 出事, 出事故
앞서 가던 차들이 사고가 나 멈추어 있었다.

· **사고가 빈번하다** 事故频发
자전거 도난사고가 빈번해 사람들이 불안해하고 있다.

· **사고가 발생하다** 发生事故
겨울철만 되면 가스 때문에 많은 사고가 발생한다.

· **사고가 생기다** 发生事故
사고가 생겨서 급하게 대출을 하려고 합니다.

· **사고가 일어나다** 事故发生
그날 집으로 가는 도중 접촉 사고가 일어났다.

· **사고가 잦다** 事故频发

교통 사고가 잦은 곳입니다.

사고를 ~

· **사고를 당하다** 遭遇事故
심각한 사고를 당해서 얼굴에 큰 흉터가 생겼다.

· **사고를 일으키다** 闯祸, 闯乱子
승용차가 역방향으로 주행해서 대형 사고를 일으켰다.

· **사고를 내다** 肇事
신호등도 안 보고 달리다가 사고를 냈어요.

· **사고를 부르다** 导致事故发生
도로 중앙에 서있는 것은 사고를 부르는 행위다.

· **사고를 저지르다** 闯祸
큰 사고를 저질러 엄청 죄책감을 느끼고 있습니다.

· **사고를 치다** 闯祸
사고를 치고 도망갔다.

A + 사고

· **큰 사고** 大事故
방심한 주차가 큰 사고로 이어질 수 있다.

1045 **사고**[2] (思考)
思考

사고 - **N**

· **사고방식** 思维方式

사고 + **N**

· **사고 과정** 思考过程
· **사고 능력** 思考能力
· **사고 체계** 思维体系
· **사고 패턴** 思维模式
· **사고 활동** 思维活动

사고 + **V**

사고가 ~

· **사고가 바뀌다** 思维发生变化
사고가 바뀌면 행동과 습관도 바뀐다.

사고를 ~

· **사고를 가지다** 拥有……的思维
적극적인 사고를 가질 필요가 있었다.

· **사고를 넓히다** 拓展思维
사고를 넓히는 데 도움이 된다.

ⓐ + 사고

· 건전한 사고 健全的思维
사람이 건전한 사고를 갖는다는 것은 매우 중요합니다.
· 고정된 사고 定势思维
고정된 사고를 버리고 개방적인 생각을 해야 한다.
· 다양한 사고 多样的思路
독서를 통해서 다양한 사고를 접해야 한다.
· 새로운 사고 崭新的思维
새로운 시대에 적응하기 위해서는 우선 새로운 사고를
가져야 한다.

1046 **사과¹** (謝過)
道歉

사과 + ⓥ

사과를 ~

· 사과를 드리다 赔礼道歉
제가 대신 사과를 드립니다.
· 사과를 받다 接受道歉
그 친구한테 사과를 받았어요.
· 사과를 요구하다 要求道歉
나는 사과를 요구할 생각이 없다.
· 사과를 하다 道歉
실수나 잘못을 저지르면 사과를 해야 한다.

1047 **사과²** (沙果)
苹果

사과 - ⓝ

· 사과나무 苹果树

사과 + ⓝ

· 사과 과수원 苹果园
· 사과 껍질 苹果皮
· 사과 냄새 苹果味儿
· 사과 맛 苹果味儿
· 사과 모양 苹果形状
· 사과 반쪽 半个苹果
· 사과 밭 苹果林
· 사과 속살 苹果果肉

· 사과 식초 苹果醋
· 사과 잼 苹果酱
· 사과 주스 苹果汁

사과 + ⓥ

사과가 ~

· 사과가 달다 苹果甜
가뭄이 든 해에는 사과가 달다.
· 사과가 열리다 结苹果
낮과 밤의 기온 차이가 크면 더욱 맛있는 사과가 열린다.

사과를 ~

· 사과를 깎다 削苹果
그녀는 고개를 숙이고 사과를 깎았다.
· 사과를 따다 摘苹果
누가 몰래 저희 집의 사과를 따 갔어요.
· 사과를 자르다 切苹果
사과를 손으로 잘 자르면 연애를 잘한다.
· 사과를 쪼개다 瓣苹果
아버지는 사과를 두 손으로 쪼갰습니다.

ⓐ + 사과

· 상한 사과 腐烂的苹果
하나의 상한 사과가 한 통의 사과를 상하게 한다.
· 싱싱한 사과 新鲜的苹果
싱싱한 사과에서 새콤한 과즙이 나온다.
· 탐스러운 사과 诱人的苹果
형은 내 손에다 탐스러운 사과 하나를 쥐어 주었다.

1048 **사기** (詐欺)
欺骗，欺诈

사기 + ⓝ

· 사기 사건 诈骗事件
· 사기 행각 诈骗活动
· 사기 행위 欺诈行为
· 사기 혐의 诈骗嫌疑

사기 + ⓥ

사기를 ~

· 사기를 당하다 上当受骗
난 오늘 엄청난 사기를 당했다.
· 사기를 치다 诈骗，欺诈

나는 사기를 친 적이 없다.

1049 **사냥**
捕猎

사냥 + N

· 사냥 기술 捕猎技术
· 사냥 도구 捕猎工具

사냥 + V

사냥이 ~

· 사냥이 벌어지다 捕猎
이 산은 사냥이 벌어지는 곳이다.

사냥을 ~

· 사냥을 하다 捕猎
사냥꾼이 산에서 토끼 사냥을 한다.

사냥에 ~

· 사냥에 나서다 出去捕猎
사냥꾼이 총을 들고 사냥에 나섰다.
· 사냥에 열중하다 沉迷于捕猎
사냥에 열중하다가 길을 잃고 말았다.

1050 **사돈** (査頓)
亲家

사돈 + N

· 사돈 댁 亲家府上
· 사돈 관계 亲家关系
· 사돈 식구 亲家家人

사돈 + V

사돈이 ~

· 사돈이 되다 成为亲家
우리는 서로 사돈이 되기로 약속했다.

사돈을 ~

· 사돈을 맺다 结成亲家
부잣집과 사돈을 맺었다.

慣

· 사돈 남 말 하듯 하다 说的话好像跟自己不沾边似的
사돈 남 말 하듯 하지 말고 자신의 책임을 잘 져야 한다.
· 사돈의 팔촌 八竿子打不到的亲戚
집안에 무슨 사돈의 팔촌의 빽이라도 있었으면 좋겠네.

1051 **사람**
人

사람 + N

· 사람 욕심 人的贪心，人的贪欲

사람 + V

사람이 ~

· 사람이 많다 人多
이민으로 국적이 바뀌면 이름도 바꾸는 사람이 많다.
· 사람이 모이다 人聚集
버스 정류장에는 역시 여러 종류의 사람이 모여 있다.
· 사람이 변하다 人发生变化
세월이 흘렀는데 사람이 변하지 않았다.

사람을 ~

· 사람을 끌다 吸引人
웃음에는 사람을 끄는 매력이 있다.
· 사람을 뽑다 选人
능력 있는 사람을 뽑는 것이 중요하다.
· 사람을 살리다 救人
죽은 사람을 어떻게 살립니까?
· 사람을 잡다 抓人
드디어 쓰레기를 집앞에 버린 사람을 잡았다.
· 사람을 죽이다 杀人
그는 교통사고로 사람을 죽였다.

A + 사람

· 낯선 사람 陌生人
낯선 사람에게 말을 거는 것은 어려운 일이다.
· 못난 사람 没出息的人
잘난 사람은 잘난 대로 살고 못난 사람은 못난 대로 산다.
· 평범한 사람 平凡的人
제 장래 희망이 평범한 사람이 되는 것입니다.
· 젊은 사람 年轻人
젊은 사람이 걸음걸이가 빨랐다.
· 친한 사람 亲近的人

친한 사람 중에 시를 쓰는 사람이 있다.
· **훌륭한 사람** 了不起的人
열심히 공부해서 훌륭한 사람이 돼야 한다.

1052 사랑
爱, 爱情

사랑 + N

· 사랑 고백 爱情告白
· 사랑 편지 情书
· 사랑 타령 爱情小调
· 사랑 이야기 爱情故事

사랑 + V

사랑이 ~
· 사랑이 가득하다 充满了爱
부모의 얼굴에는 사랑이 가득하다.
· 사랑이 깊어지다 感情变深
사랑이 깊어지면 슬픔도 깊어진다.
· 사랑이 깨지다 感情破裂
사랑이 깨지면 눈물이 난다.
· 사랑이 넘치다 爱心爆满
그는 사랑이 넘치는 사람이다.

사랑을 ~
· 사랑을 갈구하다 渴求爱情
그녀는 언제나 뜨거운 사랑을 갈구한다.
· 사랑을 고백하다 表白爱情
그는 용기를 내어 그녀에게 사랑을 고백했다.
· 사랑을 깨닫다 感悟到爱, 感受到爱
사랑이 떠나가야 사랑을 깨닫는 법이다.
· 사랑을 되찾다 重拾爱情
그는 자신의 사랑을 되찾기 위해 파리행을 결심한다.
· 사랑을 나누다 分享爱
이곳에는 장애인 가족들이 사랑을 나누며 살고 있다.
· 사랑을 느끼다 感受爱情
기쁨을 나누고 사랑을 느낀다.
· 사랑을 받다 接受爱情
이러한 정책으로는 국민의 신뢰와 사랑을 받을 수 없다.
· 사랑을 베풀다 给予爱
아낌없는 사랑을 베풀어 주셨어요.
· 사랑을 실천하다 践行爱情
보험에 가입하면 사망 시 가족에게 사랑을 실천할 수 있다.
· 사랑을 키우다 培养感情

둘은 서로를 바라보며 사랑을 키워 갔다.
· 사랑을 의심하다 怀疑爱情
이제 그는 그녀에 대한 사랑을 의심하지 않는다.

사랑에 ~
· 사랑에 굶주리다 渴望得到爱
사랑에 굶주린 아이는 늘 사랑을 얻기 위하여 노력한다.
· 사랑에 눈멀다 因为爱情迷失双眼
그는 사랑에 눈멀어서 다른 건 보이지도 않아요.
· 사랑에 목마르다 渴望爱情
사랑에 목말라 죽어가는 영혼들을 보살펴야 한다.
· 사랑에 빠지다 陷入爱河
너도 이런 사랑에 빠져 본 적이 있니?
· 사랑에 집착하다 对爱情很执着
사랑에 집착하는 사람은 삶이 힘들다.
· 사랑에 의지하다 依赖爱情
그녀는 가족의 사랑에 의지해 어려움을 이겨냈다.

A + 사랑

· 간절한 사랑 刻骨铭心的爱情
간절한 사랑은 죽은 사람도 다시 살립니다.
· 순수한 사랑 纯粹的爱情
이토록 순수한 사랑이 또 어디에 있는가?
· 진정한 사랑 真正的爱情
외모가 좋아서 사랑하는 것은 진정한 사랑이 아니다.
· 애절한 사랑 缠绵悱恻的爱情
그녀의 눈동자에 애절한 사랑이 촉촉히 묻어 있었다.

1053 사무실 (事務室)
办公室

사무실 + N

· 사무실 건너편 办公室对面
· 사무실 근처 办公室附近
· 사무실 문 办公室门
· 사무실 바닥 办公室地面
· 사무실 밖 办公室外面
· 사무실 부근 办公室附近
· 사무실 분위기 办公室氛围
· 사무실 생활 办公室生活
· 사무실 안 办公室里面
· 사무실 위치 办公室位置
· 사무실 운영비 办公室运营经费
· 사무실 창문 办公室窗户

사무실을 ~

· **사무실을 나서다** 走出办公室
나는 전화를 끊고 곧바로 사무실을 나섰다.

· **사무실을 나오다** 从办公室出来
사무실을 나온 그는 카운터로 갔다.

· **사무실을 내다** 设立办公室
우리 기업들은 하나둘씩 베이징에 사무실을 냈다.

· **사무실을 들르다** 顺便去办公室
오전 수업을 마치고 사무실에 들렀다.

· **사무실을 마련하다** 设立办公室
2층에는 3개의 사무실을 마련했다.

· **사무실을 얻다** 搞到一间办公室
그는 사무실을 얻어 독립하였다.

· **사무실을 열다** 开设办公室
그 변호사는 개인 사무실을 열었다.

· **사무실을 옮기다** 搬迁办公室
얼마 뒤 광화문으로 사무실을 옮겼다.

· **사무실을 지키다** 看守办公室
나는 오전 내내 사무실을 지켰다.

· **사무실을 차리다** 设立办公室
그는 작은 사무실을 차려 사업을 시작했다.

사무실에 ~

· **사무실에 나가다** 去办公室
삼십분 전에 사무실에 나갔다.

· **사무실에 나오다** 来办公室
우리는 오후에 모두 사무실에 나왔다.

· **사무실에 도착하다** 到办公室
사무실에 도착해 보니, 오늘도 내가 제일 먼저 왔다.

· **사무실에 들르다** 顺便去办公室
언제 저희 사무실에 꼭 들르세요.

· **사무실에 들어서다** 进办公室
그는 사무실에 들어서자마자 커피를 마셨다.

· **사무실에 출근하다** 去办公室上班
어제 그 직원은 사무실에 출근하지 않았다.

1054 **사물** (事物)
事物

· **사물 묘사** 事物描写
· **사물 자체** 事物本身

사물을 ~

· **사물을 관찰하다** 观察事物
그림을 그리기 위해 사물을 관찰해야 한다.

· **사물을 바라보다** 看待事物
사람들은 실용적인 가치로만 사물을 바라본다.

· **사물을 보다** 看事物
사물을 보는 눈을 새롭게 해야 한다.

1055 **사물놀이** [사물로리](四物놀이)
四物游戏

· **사물놀이 공연** 四物游戏演出
· **사물놀이 연주** 四物游戏演奏

사물놀이를 ~

· **사물놀이를 배우다** 学习四物游戏
사물놀이를 배우기 위해 한국인 강사를 초청했다.

· **사물놀이를 하다** 表演四物游戏
젊은이 몇 명이 사물놀이를 하고 있었다.

1056 **사방** (四方)
周围

· **사방팔방** 四面八方

· **사방 천지** 大千世界

사방이 ~

· **사방이 깜깜하다** 周围漆黑一片
오후 일곱 시가 안 됐는데 사방이 깜깜하다.

· **사방이 밝아지다** 四周变得明亮
구름이 걷히니 사방이 밝아졌다.

· **사방이 어둡다** 四周昏暗

사방이 어두워지자 그들도 얘기를 그쳤다.

· **사방이 어둑하다** 四周昏暗
하늘을 가린 먹구름으로 사방이 어둑하다.

사방을 ~

· **사방을 두리번거리다** 四处张望
옆에 있던 후배가 사방을 두리번거렸다.

· **사방을 둘러보다** 环视四周
나는 갑자기 사방을 둘러보았다.

사방에 ~

· **사방에 흩어지다** 散布在四处
약병이 사방에 흩어져 있었어요.

사방으로 ~

· **사방으로 퍼지다** 四处散开
햇살이 사방으로 퍼지고 있었다.

· **사방으로 흩어지다** 散布到四处
바람에 나뭇가지가 사방으로 흩어져 날린다.

1057 **사상** (思想)
思想

사상 + N

· **사상 문제** 思想问题
· **사상 체계** 思想体系
· **사상 창조** 思想创造
· **사상 통일** 统一思想
· **사상 투쟁** 思想斗争
· **사상 형성** 思想形成

사상 + V

사상이 ~

· **사상이 나타나다** 思想产生
맹자의 사상이 잘 나타나 있는 책이 『맹자』입니다.

· **사상이 생기다** 思想产生
불교의 영향을 받아서 새로운 사상이 생겼다.

· **사상이 유행하다** 思想流行
그 시대는 불교와 노장(老莊) 사상이 널리 유행했다.

· **사상이 태어나다** 思想诞生
자유주의 사상이 어떻게 태어나고 발전해왔습니까?

· **사상이 퍼지다** 思想蔓延
공자의 사상이 중국 각지로 퍼져 갔습니다.

· **사상이 형성되다** 思想形成
우리 나라에는 일찍 불교 사상이 형성되었다.

사상을 ~

· **사상을 가지다** 拥有思想
소설은 독특한 개성과 사상을 가진 작가의 작품이다.

· **사상을 계승하다** 继承……思想
맹자는 공자의 사상을 계승한 사람이다.

· **사상을 나타내다** 体现……思想
이 일화는 묵자의 사상을 잘 나타내 줍니다.

· **사상을 담다** 蕴含……思想
이 책은 그분의 사상을 담고 있습니다.

· **사상을 되살리다** 重拾思想
무조건 전통 사상을 되살리자고 주장하면 안된다.

· **사상을 반영하다** 反映思想
전설이나 민담은 생활 사상을 반영한 것이다.

· **사상을 받아들이다** 接受思想
서구 사상을 받아들여 새로운 사회를 건설하였다.

· **사상을 발전시키다** 发展思想
역사상의 모든 시대에 피지배 계급은 자기의 사상을 발전시킬 수가 없었다.

· **사상을 버리다** 放弃思想
전통적인 자연 존중의 사상을 버려서는 안 된다.

· **사상을 유포하다** 散布思想
그 선생은 정말 남녀차별 사상을 유포했는가?

· **사상을 이해하다** 理解思想
오늘의 한국 사상을 어떻게 이해해야 할 것인가?

· **사상을 전달하다** 传达思想
문학은 사상을 효과적으로 전달하기 위한 수단이다.

· **사상을 전파하다** 传播思想
그 나라에서는 마음대로 사상을 전파할 수 있어?

· **사상을 정립하다** 树立思想
성숙하고 올바른 사상을 정립해야 한다.

· **사상을 창조하다** 创造思想
그렇게 해야만 지금 우리에게 필요한 새로운 사상을 창조할 수 있다.

· **사상을 퍼뜨리다** 散布思想
몇몇 사상가들이 앞장서서 새로운 사상을 널리 퍼뜨리고 있었다.

· **사상을 펼치다** 弘扬思想
묵자는 자기 사상을 펼쳐 보려고 여러 나라를 돌아다녔습니다.

· **사상을 확립하다** 确立思想
공산주의의 사상을 확립한 독일 사람이 누구인가요?

사상에 ~

· **사상에 근거하다** 依据思想
흔한 유행어도 사실은 특정한 사상에 근거한다.

· **사상에 심취하다** 醉心于……思想
그는 동양의 노자, 장자, 공자의 사상에 심취하였다.

· **사상에 의하다** 依据……的思想
그 나라의 새 질서는 불교의 사상에 의해 확립된 것이다.

· **사상에 입각하다** 立足……的思想
마르크스 사상에 입각해 나라를 세웠다.

· **사상에 젖다** 受……的思想影响
우리나라는 아직도 유교 사상에 젖어 있다.

· **사상에 지배되다** 被……思想支配
불교는 철두철미 인과응보 사상에 지배되어 있다.

Ⓐ + 사상

· **깊은 사상** 深邃的思想
필자의 글을 이해하려면 그의 깊은 사상을 먼저 이해
하여야 한다.

· **낡은 사상** 陈旧的思想
왜 지나치게 낡은 사상을 버리지 못하는가?

· **새로운 사상** 新思想
새로운 사상을 받아들인 사람이 많아지면서 세상이 달
라진다.

· **잘못된 사상** 错误的思想
잘못된 사상을 비판하지 않으면 안 된다.

· **위대한 사상** 伟大的思想
위대한 문학가들은 위대한 사상을 가지고 있다.

1058 **사생활** (私生活)
私生活，隐私

사생활 + Ⓝ

· **사생활 방해** 妨碍私生活
· **사생활 보호** 保护隐私
· **사생활 침해** 侵犯隐私
· **사생활 폭로** 暴露隐私

사생활 + Ⓥ

사생활이 ~

· **사생활이 문란하다** 私生活放荡
그는 사생활이 문란한 사람이다.

· **사생활이 복잡하다** 私生活复杂
사생활이 복잡한 사람이 인기가 있을 리 없다.

· **사생활이 침해되다** 侵犯隐私
이게 바로 여러분의 인터넷 사생활이 언제든 침해될
수 있다는 단적인 증거다.

사생활을 ~

· **사생활을 감시하다** 监视私生活
부모님은 늘 내 사생활을 감시하고 싶어한다.

· **사생활을 갖다** 有私生活
결혼을 하면 사생활을 갖기 힘들다.

· **사생활을 들추다** 曝光私生活
상대방의 사생활을 들추고 싶지는 않았다.

· **사생활을 보장하다** 保护隐私
사춘기 아들의 사생활을 보장해야 한다.

· **사생활을 보호하다** 保护隐私
대부분의 병원은 환자들의 사생활을 보호한다.

· **사생활을 존중하다** 尊重隐私
그게 서로의 사생활을 존중해 주어야 한다.

· **사생활을 침범하다** 侵犯隐私
인터넷의 발달은 개인의 사생활을 침범한다.

· **사생활을 침해하다** 侵犯隐私
신문 기자들은 연예인의 사생활을 침해한다.

사생활에 ~

· **사생활에 간섭하다** 干涉私生活
아이의 사생활에 간섭하지 말자.

· **사생활에 얽히다** 牵扯私生活
연예인들의 사생활에 얽힌 이야기들이 많다.

Ⓐ + 사생활

· **지저분한 사생활** 混乱不堪的私生活
그 선수는 지저분한 사생활로 인해 축구팬들을 실망시
켰다.

· **음란한 사생활** 淫乱的私生活
가수들의 음란한 사생활이 대부분 사실인 것으로 밝혀
졌다.

1059 **사실** (事實)
事实

사실 + Ⓝ

· **사실 자체** 事实本身
· **사실 확인** 确认事实

사실 + Ⓥ

사실이 ~

· **사실이 드러나다** 事实显露
재판 과정에서 놀라운 사실이 드러났다.

· **사실이 뚜렷하다** 事实明朗
그가 범인이 아니라는 사실이 뚜렷하다.

· **사실이 밝혀지다** 事实被揭露
지구가 둥글다는 사실이 밝혀졌다.

· **사실이 적발되다** 事实被揭发
공무원들의 비리 사실이 적발되었다.

· **사실이 증명되다** 事实被证明

경제 성장이 도움을 준다는 사실이 증명 되었다.

· **사실이 알려지다** 事实公布于世
그 마을에서는 이 사실이 알려지자 소동이 벌어졌다.

· **사실이 아니다** 不是事实
그것은 사실이 아닐 거라고 나는 고쳐 생각했다.

· **사실이 왜곡되다** 事实被歪曲
그 신문은 사실을 왜곡해서 완전 다르게 보도했다.

사실을 ~

· **사실을 깨닫다** 意识到……
숙소로 돌아와 나는 그 사실을 깨달았다.

· **사실을 깨우치다** 领悟到……
나는 그 때 '내가 죄인'이란 사실을 깨우쳤다.

· **사실을 말하다** 说出事实
그는 아내에게도 이 사실을 말하지 않았다.

· **사실을 모르다** 不知道事实
어머니는 아직도 이 사실을 모르고 계신다.

· **사실을 발견하다** 发现事实
과학자는 새로운 사실을 발견했다.

· **사실을 밝히다** 阐明事实
나는 그 여학생에게 모든 사실을 밝히는 편지를 보냈다.

· **사실을 부인하다** 否认事实
이 사실을 어떻게 부인할 수 있을까?

· **사실을 털어놓다** 吐露事实
나는 너무 속상한 나머지 모든 사실을 털어놓았다.

· **사실을 상기하다** 想起事实
그가 사람을 죽인 적이 있다는 사실을 나는 상기했다.

· **사실을 알다** 知道事实
그리스인들은 지구가 둥글다는 사실을 알고 있었다.

· **사실을 알리다** 告诉事实
전 그 사실을 세상에 널리 알릴 책임이 있습니다.

· **사실을 이야기하다** 说出事实
누나는 그에게 결혼했다는 사실을 이야기하지 않았다.

· **사실을 인정하다** 承认事实
나는 내가 잘못한 사실을 인정한다.

· **사실을 잊다** 忘记事实
내가 엘리베이터를 무서워한다는 사실을 잊은 것일까?

· **사실을 전하다** 传达事实
종종 잘못된 사실을 전하는 사이트가 있다.

· **사실을 확인하다** 核实事实
죽지는 않았다는 사실을 확인한 그녀는 한숨을 내쉬었다.

사실에 ~

· **사실에 근거하다** 依据事实
그들은 같은 교육을 받는다는 사실에 근거하여 집단의식을 갖는다.

· **사실에 기초하다** 以事实为基础
제가 쓴 것은 어디까지나 객관적인 사실에 기초한 것이다.

· **사실에 기하다** 根据事实

어떤 회사는 사실에 기한 사항을 편집하기 위해 귀중한 시간과 돈을 허비한다.

· **사실에 주목하다** 关注事实
수사팀은 특히 두 가지 사실에 주목했다.

· **사실에 입각하다** 立足事实
논문은 객관적인 관점에서 사실에 입각한 기술이 되어야 한다.

· **사실에 의지하다** 依据事实
나는 정확한 사실에 의지할 거예요.

사실로 ~

· **사실로 나타나다** 成为事实
그들은 끝내 장관을 만날 수 없었고 소문은 사실로 나타났다.

· **사실로 드러나다** 成为事实
따지고 보면 그러한 소문이 이번에야 사실로 드러난 셈이다.

· **사실로 받아들이다** 作为事实被接受
단군조선에 대해서는 역사적 사실로 받아들였다.

· **사실로 밝혀지다** 作为事实被公开
소문으로만 나돌던 교수직매매가 드디어 사실로 밝혀졌다.

· **사실로 확인되다** 被查明为事实
그녀의 불안은 사실로 확인되었다.

사실과 ~

· **사실과 다르다** 和事实不一致
나는 이런 해석은 전혀 사실과 다르다고 생각한다.

· **사실과 어긋나다** 与事实相悖
해석은 사실과 어긋난다.

Ⓐ + 사실

· **분명한 사실** 明确的事实
해가 떴으면 지는 것도 분명한 사실이다.

· **알려진 사실** 众所周知的事实
사람들이 늙어지면 뼈가 약해지고 치아가 약해진다는 것은 잘 알려진 사실이다.

· **엄연한 사실** 无可争辩的事实
엄연한 사실이 진짜 사실이 되려면 사실로 인정받아야만 한다.

· **정확한 사실** 准确的事实
지방 교회에 대해 정확한 사실을 알고 싶습니다.

· **확정된 사실** 被确定的事实
내년에 공무원시험과목은 변경된다는 게 확정된 사실인가요?

1060 사업 (事業)
事业, 工作, 生意

사업 + Ⓝ

· 사업 기금 事业基金
· 사업 계획 工作计划
· 사업 계획서 工作计划书
· 사업 발전 事业发展
· 사업 성취 事业成就
· 사업 설명회 工作说明会
· 사업 실패 事业失败, 生意失败
· 사업 조합 事业合作
· 사업 진출 开展事业
· 사업 추진 推进事业

사업 + Ⓥ

사업이 ~

· 사업이 끝나다 工作结束
농촌주택개량 사업이 끝나고 나면 건축기술자들이 많아질 것입니다.
· 사업이 망하다 生意失败
나는 사업이 망한 집 아이 같지 않게 옷차림이 말끔했다.
· 사업이 번창하다 生意兴隆
그의 사업이 번창해 더 큰 부자가 되었지만 그는 끝내 비참하게 죽었다.
· 사업이 부진하다 生意萎靡
현 시점은 사업이 부진해서 추가 구매가 어렵습니다.
· 사업이 성공하다 事业成功
무조건 규모가 크다고 사업이 성공하는 건 아니랍니다.
· 사업이 실패하다 事业失败
사업이 실패해 집을 팔아야 할 상황이 왔을 때 어떤 식으로 대처할 것인가?
· 사업이 잘되다 生意好, 工作发展得好
사업이 잘되기를 빌었다.
· 사업이 탄탄하다 事业稳固
그의 사업이 더욱 탄탄해진 것이다.

사업을 ~

· 사업을 기획하다 规划工作
행사 기간 중 5가지 중점 사업을 기획하고 있다.
· 사업을 그만두다 放弃事业
현재 하고 있는 사업을 그만두려고 합니다.
· 사업을 맡다 承担工作
제가 이 사업을 맡아서 해보고 싶어요.
· 사업을 벌이다 开展工作
백화점을 인수하면서 새로운 분야로 사업을 벌여 나갔다.
· 사업을 수행하다 履行工作
그 연구원은 조사 연구 사업을 수행하고 있다.
· 사업을 시작하다 开始工作
그 그룹을 창업한 선생은 '인화(仁和)'를 실천하기 위해 사업을 시작했다고 한다.
· 사업을 일으키다 开创事业
그 사업을 일으키는 입지조건이 가장 중요하다.
· 사업을 전개하다 开展工作
철저하게 브랜드 제품 위주로 사업을 전개한다.
· 사업을 접다 放弃事业
충격을 받은 그는 사업을 접고 고향으로 갔다.
· 사업을 중단하다 中断工作
그쯤에서 그는 미련 없이 사업을 중단했다.
· 사업을 추진하다 推进工作, 推动事业发展
외국인 교수 초빙지원 사업을 추진하였다.
· 사업을 펴다 开展工作
사업을 펴다 보면 피해를 주기도 한다.
· 사업을 펼치다 开展工作
다양한 사업을 펼쳐 큰 돈을 벌었다.
· 사업을 포기하다 放弃工作, 放弃事业
그는 사업을 포기할 생각은 꿈에도 하지 않았다.
· 사업을 하다 做生意
자본도 없이 무슨 힘으로 사업을 하겠냐?

사업에 ~

· 사업에 나서다 出面参与……工作
그는 새로운 사업에 나섰다.
· 사업에 몰두하다 埋头于工作
낮에는 사업에 몰두하고 밤에는 혼자 글을 쓴다.
· 사업에 손을 대다 着手开展事业
그는 새로운 사업에 손을 댔지만 실패했다.
· 사업에 실패하다 生意失败
아버지가 사업에 실패하면서 가장 노릇을 해왔다.
· 사업에 종사하다 从事……工作
대부분의 주민들은 자동차 관련 사업에 종사하고 있었다.
· 사업에 진출하다 涉足……工作
석탄 공사가 경영난 악화를 타개하기 위해 해외 자원 개발 사업에 진출한다.
· 사업에 참여하다 参与……工作
유민들은 앞 다투어 황무지 개간 사업에 참여했다.

Ⓐ + 사업

· 거대한 사업 庞大的事业
공항 건설은 정부의 거대한 사업이다.
· 새로운 사업 新工作
새로운 사업을 시작하려고 한다.
· 조그마한 사업 小生意
그가 조그마한 사업을 하나 시작하였다.

· 크고 작은 사업 大大小小的生意
큰 부자들은 모두 크고 작은 사업을 한다.

1061 **사용** (使用)
使用

사용 + N

· 사용 가능 可用
· 사용 가치 使用价值
· 사용 계획 使用计划
· 사용 금지 禁止使用
· 사용 기간 使用期间
· 사용 능력 使用能力
· 사용 목적 使用目的
· 사용 방법 使用方法
· 사용 범위 使用范围
· 사용 빈도 使用频率
· 사용 설명서 使用说明书
· 사용 실태 使用情况
· 사용 안내서 使用指南
· 사용 요금 使用费用
· 사용 전 使用前
· 사용 제한 使用限制
· 사용 중단 使用中断
· 사용 허가 使用许可
· 사용 허락 使用许可
· 사용 현황 使用现状
· 사용 환경 使用环境
· 사용 후 使用后

사용 + V

사용이 ~

· 시용이 가능하다 可以使用
휴대전화는 어디에서나 사용이 가능하다.
· 사용이 금지되다 禁止使用
승강기 사용이 금지되었다.
· 사용이 늘다 使用增加
날씨가 더워지면서 에어컨 사용이 늘고 있다.
· 사용이 늘어나다 使用增多
여름이 다가오면서 에어컨 사용이 늘어났다.
· 사용이 불가능하다 不可以使用
오늘 회사에서 컴퓨터 사용이 불가능합니다.

· 사용이 편리하다 使用便利
전자 제품의 공통점은 사용이 편리하다는 데 있다.
· 사용이 제한되다 使用受限
도서관에서는 휴대폰 사용이 제한된다.
· 사용이 허용되다 被允许使用
강의실에서는 노트북 사용이 허용된다.

사용을 ~

· 사용을 금지하다 禁止使用
정부는 총기 사용을 금지하였다.
· 사용을 기피하다 避免使用
상당수 치과 의원들이 신용카드의 사용을 기피한다.
· 사용을 꺼리다 不喜欢用
요즘 살이 찌는 버터 사용을 꺼리고 소스 원래의 맛에 치중하는 경향이 짙다.
· 사용을 자제하다 克制使用
폭죽 따위의 부상을 유발할 위험이 있는 도구는 사용을 자제해야 한다.
· 사용을 절제하다 有节制地使用
전자파를 내는 제품 사용을 절제할 필요가 있다.
· 사용을 중단하다 停止使用
3월부터 시내버스 종이 승차권 사용을 중단합니다.
· 사용을 줄이다 减少使用
컴퓨터 용지의 사용을 줄여야 한다.
· 사용을 허가하다 允许使用
학교 내에서 mp3의 사용을 허가해야 한다.
· 사용을 허용하다 允许使用
미국은 국민들의 총기 사용을 허용한다.

1062 **사원** (社員)
员工

사원 + N

· 사원 총회 员工大会
· 사원 교육 员工教育
· 사원 모집 招聘员工
· 사원 연수 员工培训
· 사원 일동 全体员工
· 사원 주택 员工住宅
· 사원 채용 录用员工

사원 + V

사원이 ~

· 사원이 되다 成为员工

영업 사원이 되고 싶습니다.

사원을 ~

· 사원을 모집하다 招聘员工
거리에 아르바이트 사원을 모집하는 안내문이 걸렸다.

· 사원을 뽑다 选拔员工
그 출판사는 계속 사원을 뽑는다.

· 사원을 채용하다 录用员工
요즘에는 사원을 채용할 때 반드시 면접을 본다.

사원으로 ~

· 사원으로 근무하다 作为员工工作
그는 회사에서 임시 사원으로 근무하고 있었다.

1063 **사위**
女婿

사위 + Ⓝ

· 사위 노릇 女婿的责任
· 사위 사랑 疼爱女婿

사위 + Ⓥ

사위가 ~

· 사위가 되다 成为女婿
그는 돈 많은 집의 사위가 되나.

사위를 ~

· 사위를 맞다 嫁女儿
사위를 맞을 때 사람됨을 보고 결정한다.

· 사위를 얻다 有了女婿
그 할머니는 3명의 한국인 사위를 얻었다.

사위로 ~

· 사위로 맞아들이다 招……做女婿
외국인 사위로 반갑게 맞아들였다.

· 사위로 삼다 招……做女婿
그는 자기 딸의 병을 고쳐 준 의사를 사위로 삼았다.

· 사위로 인정하다 认可……为女婿
아버지가 남편을 사위로 인정하는 데 삼년이 걸렸다.

1064 **사이**
距离

사이 + Ⓥ

사이가 ~

· 사이가 가깝다 距离近
아파트 동과 동 사이가 너무 가깝다.

· 사이가 가깝다 关系好
별명을 부르면 친구 사이가 가까워질까?

· 사이가 나쁘다 关系不好
그와 나는 과히 사이가 나쁘지 않았다.

· 사이가 멀어지다 关系变得疏远
차츰 그 친구와 사이가 멀어졌다.

· 사이가 벌어지다 决裂, 闹翻
한두 마디 말실수로 사이가 벌어지기도 한다.

· 사이가 좋다 关系好
두 분의 사이가 아주 좋다.

사이를 ~

· 사이를 두다 相隔
몇 발걸음 사이를 두고 그와 마주 섰다.

Ⓐ + 사이

· 가까운 사이 密切的关系
이때의 인연으로 그와는 아주 가까운 사이가 되었다.

· 절친한 사이 非常亲密的关系
어느새 우리는 절친한 사이가 되었다.

· 친한 사이 亲密的关系
우리는 친한 사이가 되었다.

1065 **사이즈** (size)
尺寸

사이즈 + Ⓥ

사이즈가 ~

· 사이즈가 다르다 尺寸不同
왜 브랜드마다 사이즈가 조금씩 달라요?

· 사이즈가 크다 尺寸大
박스 사이즈가 너무 커서 가방에 안 들어가요.

Ⓐ + 사이

· 맞는 사이즈 合适的尺寸
꼭 맞는 사이즈의 옷을 입으세요.

1066 사인 (sign)
签名，暗号，手势

사인 + ℕ

· 사인 요청 请……签名

사인 + Ⅴ

사인을 ~
· 사인을 보내다 给手势
감독이 선수들에게 사인을 보냈다.
· 사인을 받다 得到签名
그녀의 사인을 받자마자 가버렸다.
· 사인을 하다 签字
이것도 계약이니 노트에 사인을 해라.
· 사인을 하다 打暗号
같이 밥을 먹자고 사인을 했다.

1067 사장 (社長)
（公司）社长

사장 + ℕ

· 사장 부인 社长夫人
· 사장 자리 社长职位
· 사장 출신 社长出身
· 사장 역할 社长的作用
· 사장 일행 社长一行
· 사장 후보 社长候选人

사장 + Ⅴ

사장으로 ~
· 사장으로 부임하다 就任社长
그는 오늘 사장으로 부임했다.
· 사장으로 선임하다 选……为社长
원래 같이 일하던 매니저를 사장으로 선임했다.
· 사장으로 취임하다 就任社长
그가 사장으로 취임한 것은 32세 때의 일이다.
· 사장으로 임명되다 被任命为社长
그는 회사의 2대 사장으로 임명되었다.
· 사장으로 일하다 在……担任社长
지금 그는 인쇄소의 사장으로 일하고 있다.

1068 사전[1] (事前)
事先，预先

사전 + ℕ

· 사전 검열 事先审查
· 사전 경고 事先警告
· 사전 계획 初步计划
· 사전 교육 预先教育
· 사전 구속 영장 紧急拘捕令
· 사전 규제 预先规则
· 사전 누출 预先泄露
· 사전 답사 事先考察
· 사전 대비 未雨绸缪
· 사전 동의 事先同意
· 사전 신고 事先申报
· 사전 심의 事先审议
· 사전 연락 事先联系
· 사전 예약 事先预约
· 사전 유출 事先泄露
· 사전 작업 准备工作
· 사전 접촉 事先接触
· 사전 조사 事前调查
· 사전 준비 事前准备
· 사전 지식 背景知识
· 사전 협의 事前协商

사전 + Ⅴ

사전에 ~
· 사전에 계획하다 事前计划
사전에 계획한 것보다 일찍 끝났다.
· 사전에 마련하다 事前预备
이 상처의 치료법은 반드시 사전에 마련돼야 한다.
· 사전에 막다 预先阻止
모든 사고는 사전에 막을 수 있다.
· 사전에 방지하다 防患于未然
사전에 방지할 장치를 마련해야 할 것이다.
· 사전에 알다 事先知道
창업 시 사전에 알아야 할 기본상식이 많다.
· 사전에 알리다 事先告知
무슨 일이 생기면 사전에 알려주세요.
· 사전에 예방하다 事先预防
범죄를 사전에 예방하는 것이 가장 중요하다.

· 사전에 점검하다 事先检查
골프에 필요한 장비를 사전에 잘 점검해야 한다.
· 사전에 조정하다 事先调整
그것을 사전에 조정할 수는 없었을까?
· 사전에 준비하다 事先准备
우승축하행사를 사전에 준비해야 하나 말아야 하나?
· 사전에 차단하다 事先阻止
범죄가 일어나는 것을 사전에 차단해야 한다.
· 사전에 해소하다 事前解除
무엇보다도 불안요소를 사전에 해소해야 한다.

1069 사전² (辞典)
辞典，词典

사전 + ⓝ

· 사전 뜻풀이 词典释义
· 사전 주석 词典注释
· 사전 편찬 词典编撰
· 사전 풀이 词典释义

사전 + ⓥ

사전을 ~
· 사전을 뒤적이다 翻词典
잘못된 표기가 없는지 사전을 뒤적여 보았다.
· 사전을 뒤지다 查词典
사전을 뒤져도 머릿속에 남는 게 없다.
· 사전을 만들다 编词典
여력이 있다면 서양 고사성어 사전을 만들고 싶다.
· 사전을 참조하다 参照词典
학습 능력은 사전을 참조하는 빈도와 일치한다.
· 사전을 찾다 查词典
확실하게 익히고 싶으면 사전을 찾아서 확인하자.
· 사전을 찾아보다 查词典
모르는 단어가 있으면 사전을 찾아봐야 한다.
· 사전을 편찬하다 编撰词典
사전을 편찬하는 것을 가장 긴요한 과제로 삼았다.

사전에 ~
· 사전에 실리다 收录在词典中
새로운 단어가 사전에 실렸다.

사전에서 ~
· 사전에서 찾다 在词典里查找
어휘의 의미를 사전에서 찾아보세요.

1070 사정 (事情)
事情，情况

사정 + ⓥ

사정이 ~
· 사정이 나쁘다 情况不好
그때는 사정이 워낙 나빴어요.
· 사정이 달라지다 情况有变
'애초에 이야기하던 것과는 사정이 많이 달라졌군요.'
· 사정이 딱하다 处境艰难
사정이 딱한 아이들을 도와주었다.
· 사정이 바뀌다 情况有所变化
현지의 사정이 바뀌어 책자 내용과 다르다.
· 사정이 변하다 情况发生变化
하반기에는 이러한 사정이 변할 가능성이 있다.
· 사정이 생기다 出事
급한 사정이 생기면 119에 도움을 청하도록 한다.
· 사정이 좋다 情况好
퇴근 시간에는 도로 사정이 좋지 못하다.
· 사정이 어렵다 情况困难
현재 자금 사정이 매우 어려운 상태입니다.
· 사정이 있다 有情况
여기에는 그럴만한 사정이 있다.

사정을 ~
· 사정을 감안하다 鉴于……的情况
이런 사정을 감안하여 논의를 진행해야 한다.
· 사정을 고려하다 考虑……情况
물가 등 경제 사정을 고려하지 않을 수 없다.
· 사정을 모르다 不了解情况
현대의 우리가 어째서 이런 사정을 잘 모르고 있는가?
· 사정을 묻다 讯问情况
그녀는 내 원고료 수입 사정을 물었다.
· 사정을 보다 查看情况
제 사정을 봐서라도 최대한 빨리 집을 빼주세요.
· 사정을 보도하다 报道……的情况
언론들이 이런 사정을 보도할 수는 없었다.
· 사정을 설명하다 说明情况
전화를 받고 현재 사정을 설명했다.
· 사정을 알다 了解情况
나는 그의 사정을 정확하게 알고 있었다.
· 사정을 알아보다 打听情况
각 가정을 방문하여 가정의 사정을 알아보았다.
· 사정을 이해하다 了解情况
나는 내 사정을 이해하는 남자와 결혼할 것이다.

사정에 ~

· 사정에 따르다 根据情况
투표 방식의 대학의 사정에 따라야 한다.

· 사정에 밝다 了解情况
현지 사정에 밝은 안내자를 찾습니다.

· 사정에 의하다 根据情况
부득이한 사정에 의해서 제주도에 못 가게 되었어요.

· 사정에 어둡다 不了解情况
최근 귀국한 탓으로 국내 사정에 좀 어두워서요.

A + 사전

· 급한 사정 急事
급한 사정이 생겨서 고향에 가게 됐어요.

· 딱한 사정 为难的事情，棘手的事情
거기엔 딱한 사정이 있었지요.

· 불가피한 사정 不可避免的事情
불가피한 사정으로 모임에 불참하는 사람들도 있다.

1071 사주 (四柱)
生辰，四柱（出生年月日时的四个干支）

사주 - N

· 사주팔자 生辰八字

사주 + N

· 사주 궁합 生辰合婚

사주 + V

사주가 ~

· 사주가 나쁘다 生辰不好
타고난 사주가 나쁘면 아무리 노력해도 성공할 수 없을까?

· 사주가 좋다 四柱好
사주가 좋아서 올해는 모든 일이 잘 풀릴 것이다.

사주를 ~

· 사주를 보다 看生辰八字
사주를 볼 때는 생년월일과 함께 생시도 말해야 한다.

사주에 ~

· 사주에 부합되다 四柱相合
사주에 부합되는 좋은 이름을 지으면 좋아요.

1072 사진 (寫眞)
相片，照片

사진 - N

· 사진작가 摄影作家

사진 + N

· 사진 기사 图片摄影师
· 사진 기자 摄影记者
· 사진 기술 照相技术
· 사진 솜씨 照相技术
· 사진 액자 相框
· 사진 자료 图片资料
· 사진 작업 图片工作
· 사진 작품 摄影作品
· 사진 촬영 摄影
· 사진 취재 摄影采访
· 사진 필름 胶卷
· 사진 현상 洗照片

사진 + V

사진이 ~

· 사진이 걸리다 挂着照片
중학교 학생들의 방에는 연예인들의 사진이 걸려 있다.

· 사진이 나오다 照片洗出来
사진이 나오면 큰 액자에 놓을 것이다.

· 사진이 실리다 刊登着照片
신문에 그녀의 사진이 실려 있었다.

· 사진이 잘 나오다 照片照得好
요즘 핸드폰이 좋아서 사진이 잘 나와요.

사진을 ~

· 사진을 꺼내다 拿出照片
그녀는 지갑 옆에 끼워둔 사진을 꺼냈다.

· 사진을 끼우다 镶照片
사진을 끼운 액자.

· 사진을 보다 看照片
그의 사진을 본 적이 있다.

· 사진을 보이다 把照片给……看
어머니는 할머니 사진을 꺼내 보여 주셨다.

· 사진을 뽑다 打印照片
그 자리에서 사진을 뽑아 주는 기계가 생겼어요.

· 사진을 인화하다 洗照片
필름을 현상하고 사진을 인화했다.

· 사진을 전시하다 展览照片
중국을 여행하며 찍은 사진을 전시하였다.
· 사진을 찍다 拍照片
형은 필름을 사서 사진을 찍고 인화를 했다.
· 사진을 촬영하다 拍摄照片
그는 최근 여섯 달 동안 총 2만 장의 사진을 촬영했다.
· 사진을 현상하다 洗照片
사진을 현상하려면 일주일간의 시간이 걸린다고 했다.

Ⓐ + 사진

· 낡은 사진 旧照片
그 낡은 사진을 보면서 눈물을 흘렸다.
· 마땅한 사진 合适的照片
마땅한 사진이 없어 고민 중이었거든.
· 멋진 사진 好看的照片
그냥 찍기만 해도 멋진 사진들이 많이 나오는 듯해요.
· 야한 사진 性感的照片, 妖艳的照片
야한 사진이 붙어 있는 어두컴컴한 생맥주집을 찾았다.
· 좋은 사진 好照片
좋은 사진을 찍기 위해서는 시간이 오래 걸린다.

1073 사진기 (寫眞機)
照相机

사진기 + Ⓝ

· 사진기 산업 照相机产业
· 사진기 플래시 照相机闪光灯

사진기 + Ⓥ

사진기를 ~
· 사진기를 다루다 使用照相机
사진기를 다루는 솜씨가 제법이구나.
· 사진기를 들다 拿着照相机
형은 내가 사준 사진기를 들고 있었다.
사진기에 ~
· 사진기에 담기다 被拍下来
우리의 모습이 사진기에 담겼다.
· 사진기에 담다 把……拍下来
나는 멀리서 그들의 모습을 사진기에 담았다.
사진기로 ~
· 사진기로 담다 用照相机拍下来
그들의 모습을 사진기로 담았다.
· 사진기로 찍다 用照相机拍下来

나는 호텔방에서 뉴욕의 야경을 사진기로 찍었다.

1074 사촌 (四寸)
堂兄弟, 堂姐妹

사촌 + Ⓝ

· 사촌 관계 堂亲关系
· 사촌 동생 堂亲弟弟或妹妹
· 사촌 언니 堂亲姐姐
· 사촌 오빠 堂亲哥哥
· 사촌 형 堂亲哥哥
· 사촌 형제 堂亲兄弟姐妹

1075 사춘기 (思春期)
青春期

사춘기 + Ⓝ

· 사춘기 소녀 青春期少女
· 사춘기 소년 青春期少年
· 사춘기 시절 青春期时期
· 사춘기 아이 青春期孩子

사춘기 + Ⓥ

사춘기가 ~
· 사춘기가 되다 到了青春期
사춘기가 되면 성격이 좀 까칠해진다고 했어요.
· 사춘기가 시작되다 青春期开始
걷잡을 수 없는 나의 사춘기가 시작되었다.
· 사춘기가 지나다 度过青春期
사춘기가 지난 후에도 왜 여드름이 나는 걸까요?
사춘기를 ~
· 사춘기를 겪다 经历青春期
나는 중학교 때 사춘기를 겪었다.
· 사춘기를 맞다 迎来青春期
동생이 요즘 사춘기를 맞아 많이 힘들어 하고 있다.
사춘기에 ~
· 사춘기에 들다 进入青春期
제가 요즘 사춘기에 들다 보니 좀 고민이 많아요.
· 사춘기에 들어서다 进入青春期

사춘기에 들어선 이후 나는 한 번도 울지 않았다.
· **사춘기에 접어들다** 进入青春期
아이인 줄 알았던 나의 아기가 어느덧 사춘기에 접어
들었다.

1076 **사태** (事態)
事态

사태 + N

· **사태 대처** 应对事态
· **사태 발생** 事态发生
· **사태 발전** 事态发展
· **사태 변화** 事态变化
· **사태 수습** 事态处理
· **사태 진전** 事态进展
· **사태 추이** 事态发展趋势
· **사태 악화** 事态恶化
· **사태 여파** 事态余波
· **사태 이후** 事态发生后
· **사태 해결** 事态解决
· **사태 호전** 事态好转

사태 + V

사태가 ~
· **사태가 발생하다** 事态发生
갑자기 엘리베이터가 정지되는 사태가 발생했다.
· **사태가 벌어지다** 事态展开
날마다 어디선가 유혈 사태가 벌어져 있다.
· **사태가 심각하다** 事态严重
전쟁으로 식량과 물 부족 사태가 심각해졌다.
· **사태가 일어나다** 事态发生
그에게는 돌발적인 사태가 좀처럼 일어나지 않습니다.
· **사태가 터지다** 事态爆发
정전 사태가 터지면 사회의 모든 것이 멈춘다.

사태를 ~
· **사태를 겪다** 经历……的事态
많은 지역에서는 전력 공급 중단 사태를 겪고 있다.
· **사태를 막다** 阻止事态
인간이 과학기술의 노예가 되는 사태를 막아야 한다.
· **사태를 분석하다** 分析事态
피해가 커도 차분하게 사태를 분석할 필요가 있다.
· **사태를 파악하다** 掌握事态
사태를 파악해낼 수 있는 능력이 필요하다.

· **사태를 예상하다** 预测事态
그 회사는 이런 사태를 예상해 대비 해왔다.

사태에 ~
· **사태에 직면하다** 面临事态
갑자기 예기치 못한 긴급 사태에 직면하게 됐다.
· **사태에 처하다** 处于……的形势
국가 경제가 어려운 사태에 처해 있다.

1077 **사투리**
方言

사투리 + N

· **사투리 구사** 说方言
· **사투리 억양** 方言语调

사투리 + V

사투리가 ~
· **사투리가 심하다** 方言重
사투리가 심해 친구들과 말을 안 하고 지낸다.
· **사투리가 나오다** 说出方言
서울에서 태어났는데 자꾸 경상도 사투리가 나와요.

사투리를 ~
· **사투리를 쓰다** 使用方言
그녀는 전라도 사투리를 쓴다.
· **사투리를 없애다** 消除方言
저학년 아이들은 사투리를 없애면 말이 안 돼요.
· **사투리를 익히다** 熟悉方言
나는 부산 사투리를 조금도 익히지 못했다.

A + 사투리

· **투박한 사투리** 土气的方言
그는 투박한 사투리로 인기가 많다.

1078 **사표** (辭表)
辞呈

사표 + N

· **사표 수리** 受理辞呈
· **사표 제출** 提交辞呈
· **사표 처리** 处理辞呈

ㅅ

사표 + Ⓥ

사표가 ~

· 사표가 수리되다 辞呈被受理
사표를 냈지만 사표가 수리되지 않았다.

사표를 ~

· 사표를 내다 交辞呈
형이 떠난 다음 주에 나는 사표를 냈다.

· 사표를 꺼내다 拿出辞呈
나는 조용히 서랍을 열어 사표를 꺼내주었다.

· 사표를 던지다 交辞呈
원장보다 먼저 그녀가 사표를 던졌다.

· 사표를 수리하다 受理辞呈
그의 사표를 수리하고 바로 후임을 임명했다.

· 사표를 제출하다 提交辞呈
결국 사표를 제출하고 연말에는 유럽여행을 떠났다.

1079 사형 (死刑)

死刑

사형 + Ⓝ

· 사형 구형 判处死刑
· 사형 선고 宣布死刑
· 사형 제도 死刑制度
· 시형 집행 执行死刑
· 사형 집행관 死刑执行官
· 사형 폐지론 废除死刑论
· 사형 존치론 保留死刑论

사형 + Ⓥ

사형이 ~

· 사형이 구형되다 被判处死刑
범인에게 사형이 구형되었다.

사형을 ~

· 사형을 받다 被判处死刑
한번 사형을 받으면 절대로 살 수 없는 건가요?

· 사형을 선고하다 宣布死刑
판사가 사형을 선고하고 퇴장했다.

· 사형을 당하다 被处以死刑
그는 죄가 없는데, 오해로 인해 사형을 당했다.

· 사형을 집행하다 执行死刑
한국은 10년 동안 사형을 집행하지 않았다.

사형에 ~

· 사형에 처하다 被处以死刑
이 경우 사형에 처하거나 외국으로 추방한다.

1080 사회[1] (社會)

社会

사회 – Ⓝ

· 사회관계 社会关系
· 사회단체 社会团体
· 사회생활 社会生活
· 사회의식 社会意识

사회 + Ⓝ

· 사회 개발 社会开发
· 사회 개혁 社会改革
· 사회 경험 社会经验
· 사회 계급 社会阶级
· 사회 계층 社会阶层
· 사회 과학 社会科学
· 사회 교육 社会教育
· 사회 구성원 社会成员
· 사회 구조 社会结构
· 사회 규범 社会规范
· 사회 문제 社会问题
· 사회 문화 社会文化
· 사회 발전 社会发展
· 사회 변화 社会变化
· 사회 보장 社会保障
· 사회 복지 社会福利
· 사회 분위기 社会氛围
· 사회 안정 社会稳定
· 사회 운동 社会运动
· 사회 윤리 社会伦理
· 사회 전반 整个社会
· 사회 정책 社会政策
· 사회 제도 社会制度
· 사회 조직 社会组织
· 사회 지도층 社会领导层
· 사회 진출 步入社会
· 사회 질서 社会秩序
· 사회 집단 社会集团

人

- 사회 체계 社会体系
- 사회 체제 社会体制
- 사회 풍토 社会风气
- 사회 캠페인 社会活动
- 사회 현상 社会现象
- 사회 형태 社会形态
- 사회 환경 社会环境

사회 + Ⓥ

사회가 ~

- **사회가 건강하다** 社会健康
복지 체계가 건강해져야 사회가 건강하다.
- **사회가 나아가다** 社会前进
사회가 나아갈 방향을 정해야 한다.
- **사회가 다양해지다** 社会变得丰富多彩
과거와 달리 오늘날에는 사회가 다양해지고 있다.
- **사회가 발달하다** 社会发达
사회가 발달하면서 빈부 격차가 줄어든다.
- **사회가 바뀌다** 社会发生变化
사회가 바뀌는 것은 자연스러운 일이다.
- **사회가 발전하다** 社会发展
사회가 발전할수록 인적 자원이 더욱 중요하다.
- **사회가 변하다** 社会变化
인간 사회가 변하면 언어도 변하게 된다.
- **사회가 변화하다** 社会变化
사회가 변화하고 대학이 변화하고 있다.
- **사회가 복잡하다** 社会复杂
사회가 복잡해지고 지구환경에 이상이 생긴다.
- **사회가 부패하다** 社会腐败
그 나라는 공직 사회가 부패해 있다.
- **사회가 안정되다** 社会稳定
여성들이 더 많이 사회에 진출해야 사회가 안정된다.
- **사회가 혼란하다** 社会混乱
사회가 혼란할수록 사회 계층 사이의 이동이 심하다.
- **사회가 흔들리다** 社会动摇
정치가 흔들리면 사회가 흔들리고 민심이 불안해진다.

사회를 ~

- **사회를 개혁하다** 改革社会
그는 소설을 써서 사회를 개혁하려고 하였다.
- **사회를 건설하다** 建设社会
어떤 사회를 건설할 것인지 고민해야 한다.
- **사회를 떠나다** 脱离社会
인간은 사회를 떠나서는 살 수 없다.
- **사회를 만들다** 构建社会
살기 좋은 사회를 만들기 위해 노력해야 한다.
- **사회를 바라보다** 看待社会

정보화 사회를 바라보는 시각들이 다양하다.
- **사회를 발전시키다** 使社会发展
질문을 던지는 사람이 사회를 발전시킨다.
- **사회를 변화시키다** 使社会发生变化
스마트폰은 사회를 변화시켰다.
- **사회를 알다** 了解社会
범죄를 보면 사회를 알 수 있다고 한다.
- **사회를 운영하다** 管理社会
과거의 법으로 사회를 운영하기에는 한계가 있다.
- **사회를 움직이다** 左右社会
대학교는 우리 사회를 움직여 온 커다란 힘이다.
- **사회를 이끌다** 引领社会
긍정적인 믿음이 사회를 이끌어 가고 있다.
- **사회를 이루다** 组建社会
교육을 통하여 발전된 사회를 이룬다.
- **사회를 정화하다** 净化社会
예술은 인간을 정화하고 사회를 정화한다.
- **사회를 지배하다** 支配社会
돈이 많은 기업들이 사회를 지배하고 있지요.
- **사회를 창조하다** 创造社会
우리는 새로운 사회를 창조해 나갈 것이다.
- **사회를 형성하다** 形成社会
농촌은 가족 중심의 사회를 형성하고 있다.

사회에 ~

- **사회에 기여하다** 为社会做贡献
대중문화는 사회에 어떻게 기여할 수 있을까?
- **사회에 나가다** 步入社会
사회에 나가면 내가 잘 살 수 있을까?
- **사회에 만연되다** 在社会中蔓延
잘못된 결혼 문화가 사회에 만연되었다.
- **사회에 봉사하다** 为社会服务
우리는 일을 통하여 사회에 봉사한다.
- **사회에 이바지하다** 为社会做贡献
아버지는 스스로 공부해서 사회에 이바지 하셨다.
- **사회에 적응하다** 适应社会
나중에 커서 사회에 적응하는 데 문제가 있지 않을까 걱정도 된다.
- **사회에 진출하다** 进入社会
올해 대학을 졸업하고 사회에 진출한 직장인입니다.
- **사회에 파급하다** 波及社会
가해자들은 사회에 파급되는 위협감을 노린다.
- **사회에 퍼지다** 蔓延到社会
작가는 과장된 이러한 유머가 사회에 퍼지는 것을 우려한다.
- **사회에 해롭다** 对社会有害
범죄는 무조건 사회에 해로운 것이다.

사회에서 ~

- **사회에서 나타나다** 在社会中出现

365

정보화 사회에서 나타나는 새로운 사회 문제를 알려
주세요.

· **사회에서 벗어나다** 脱离社会
내성적인 사람들은 늘 어느 정도는 사회에서 벗어나
있다.

· **사회에서 살다** 在社会中生活
지역 사회에서 혼자 살 수는 없다는 것이죠.

· **사회에서 살아남다** 在社会中生存
내가 이 사회에서 잘 살아남을 수 있을까요?

· **사회에서 요구되다** 为社会所要求
고령화 사회에서 요구되는 노인복지정책을 실시해야
한다.

사회로 ~

· **사회로 가다** 走向社会
밝은 사회로 가는 원동력이다.

· **사회로 나가다** 步入社会
어쨌거나 사회로 나가야 하고 가족을 부양해야 한다.

· **사회로 나아가다** 发展为……社会
건전한 사회로 나아가기 위해서는 건전한 이념의 성숙
이 반드시 필요하다.

· **사회로 넘어가다** 进入……社会
전통 사회에서 현대 사회로 넘어가는 현상이 산업화
및 도시화입니다.

· **사회로 변질되다** 沦落为……社会
지금 사회는 모든 것을 돈으로 살 수 있다고 하는 시장
사회로 변질되고 있다.

· **사회로 접어들다** 进入……社会
정보 통신 사회로 접어들면서 나날이 발전해 이제 지
구촌이란 말이 낯설지 않다.

· **사회로 진입하다** 进入……社会
고령화 사회로 진입하기 전에 그런 것들이 적절히 시
행되어야 한다.

Ⓐ + 사회

· **건강한 사회** 健康的社会
양보는 건강한 사회를 만든다.

· **다양해진 사회** 多元的社会
오늘날처럼 다양해진 사회에서 광범위한 영역에 대한
기초적인 지식은 필수적이다.

· **새로운 사회** 崭新的社会
새로운 사회를 건설하기 위해 평화롭게 살 수 있는 방
법을 찾아야 합니다.

· **안정된 사회** 稳定的社会
민중들은 무엇보다 안정된 사회를 건설하기를 원한다.

· **올바른 사회** 公正廉明的社会
올바른 교육이 올바른 사회를 만든다고 생각한다.

· **복잡한 사회** 复杂的社会
현대 사회는 매우 복잡한 사회다.

· **부유한 사회** 富足的社会
부유한 사회만이 행복한 사회가 아니다.

· **평등한 사회** 平等的社会
평등한 사회가 건강한 사회다.

1081 **사회²**(司會)
司仪，（会议）主持人

사회 + Ⓥ

사회를 ~

· **사회를 맡다** 担任主持人
그는 이번 회의에서 사회를 맡았다.

· **사회를 보다** 主持
나는 친구 결혼식의 사회를 보았다.

1082 **사흘**
三天

사흘 + Ⓝ

· **사흘 낮** 三个白天
· **사흘 내** 三天内
· **사흘 동안** 三天期间
· **사흘 뒤** 三天后
· **사흘 밤** 三天晚上
· **사흘 밤낮** 三天三夜
· **사흘 전** 三天前
· **사흘 후** 三天后

사흘 + Ⓥ

사흘이 ~

· **사흘이 걸리다** 花三天时间
한글을 익히는 데는 사흘이 걸렸어요.

· **사흘이 남다** 剩三天时间
월요일까지는 앞으로 사흘이 남아 있다.

· **사흘이 되다** 到了第三天
처음에는 좋았는데 사흘이 되자 지루해졌다.

· **사흘이 지나다** 过了三天
그가 떠난 지 이제 겨우 사흘이 지났을 뿐이다.

· **사흘이 흐르다** 过了三天
그렇게 사흘이 흘렀다.

사흘을 ~

· 사흘을 가다 过三天
그의 결심은 사흘을 가지 못한다.

· 사흘을 굶다 饿了三天
아기는 사흘을 굶어서 울 힘도 없어 보인다.

· 사흘을 머물다 待了三天
나는 그 집에서 사흘을 머물렀다.

1083 산 (山)
山

· 산그늘 山北坡, 山阴
· 산길 山路
· 산사태 泥石流

· 산 구경 欣赏山色
· 산 너머 山那边
· 산 밑 山脚下
· 산 속 山里
· 산 아래 山下
· 산 위 山上
· 산 정상 山顶

산이 ~

· 산이 높다 山高
산이 높을수록 골은 깊다.

· 산이 많다 山多
우리에겐 넘을 산이 많다.

· 산이 솟다 群山耸立
멀리 높은 산이 솟아 있었다.

· 산이 푸르다 山青
산이 푸르고 물도 푸르다.

· 산이 험하다 山势陡峭
산이 험해 오르기가 쉽지 않다.

산을 ~

· 산을 깎다 开山
산을 깎아 농지로 만들었다.

· 산을 내리다 下山
산을 내려온 그녀는 밤새도록 걸었다.

· 산을 넘다 翻山
산을 넘어 돌아왔다.

· 산을 바라보다 眺望远山
창가에 앉아서 산을 바라보았다.

· 산을 오르다 上山
안개 속에서 우리는 그 늦가을의 산을 올랐었다.

· 산을 타다 爬山
산을 타다 보면 장엄한 일출을 만날 수 있다.

산에 ~

· 산에 가다 上山
산에 가면 기분이 좋다.

· 산에 들어가다 进到山里
방학 동안에 산에 들어가서 공부하고 싶습니다.

· 산에 오르다 爬山
아름다운 산에 오르는 대가가 너무나도 컸다.

· 산에 올라가다 爬山
할아버지는 매일 약초를 캐러 산에 올라갔습니다.

산으로 ~

· 산으로 가다 上山
마을 젊은이들은 산으로 가기로 결정하였습니다.

· 산으로 올라가다 爬山
우리는 더 좋은 광경을 보기 위해 산으로 올라갔다.

· 낮은 산 矮山
이 산은 세계의 높은 산에 비하면 낮은 산에 불과하다.

· 높은 산 高山
높은 산에 오를 때는 두꺼운 옷을 입어야 한다.

· 작은 산 小山
오전에 집 앞 작은 산에 올랐어요.

· 커다란 산 大山
그럴 즈음 우리 앞에 커다란 산이 나타났다.

· 큰 산 大山
이 곳은 큰 산이 별로 없어요.

· 험한 산 险峻的山
험한 산에 오르기 위해서는 많은 준비가 필요하다.

1084 산골 [산꼴](山골)
山村, 山沟

· 산골 마을 山村
· 산골 사람 山里人
· 산골 집 山村里的房子

· 산골 학교 乡村学校

A + 산골

· 깊은 산골 深山
저는 산과 계곡이 있는 깊은 산골에서 살고 싶습니다.

1085 산소¹ (山所)
坟墓

산소 + V

산소에 ~
· 산소에 가다 去扫墓
추석에 온 가족이 산소에 갔다.

1086 산소² (酸素)
氧气

산소 - N

· 산소마스크 氧气罩
· 산소요구량 氧气需求量

산소 + N

· 산소 공급 氧气供应
· 산소 부족 氧气不足
· 산소 분자 氧气分子
· 산소 원자 氧气原子
· 산소 함유량 氧气含量
· 산소 호흡기 氧气呼吸机

산소 + V

산소가 ~
· 산소가 나오다 产生氧气
이것과 저것을 섞으면 산소가 나온다.
· 산소가 발생하다 产生氧气
전기를 통하면 산소가 발생한다.
· 산소가 부족하다 氧气不足
그는 산소가 부족한 어항 속의 물고기 같았다.
· 산소가 희박하다 氧气稀薄
높은 산으로 올라가면 왜 산소가 희박해지나요?

산소를 ~
· 산소를 공급하다 供氧, 输氧
호흡에 의해서 혈액에 산소를 공급한다.
· 산소를 내뿜다 释放氧气
나무는 이산화탄소를 흡수하고 산소를 내뿜는다.
· 산소를 뿜다 呼出氧气
나무는 쉬지 않고 산소를 뿜어 댄다.
· 산소를 함유하다 含氧气
숲은 도시보다 더 많은 산소를 함유하고 있다.

1087 산업 [사넙] (産業)
产业

산업 - N

· 산업도시 工业城市

산업 + N

· 산업 발달 产业发达
· 산업 발전 产业发展
· 산업 사회 产业社会
· 산업 성장 产业增长
· 산업 쓰레기 工业垃圾
· 산업 피해 产业损失

산업 + V

산업이 ~
· 산업이 낙후되다 产业落后
금융 산업이 낙후된 이유는 과연 무엇일까요?
· 산업이 발달하다 产业发达
지역의 자연환경에 따라 그에 맞는 산업이 발달한다.
· 산업이 발전하다 产业发展
산업이 발전하면 수익이 늘어난다.

산업을 ~
· 산업을 개발하다 开发……产业
그 나라 경제는 첨단 산업을 개발하며 성장했다.
· 산업을 발전시키다 发展……产业
산업을 발전시켜야 균등한 분배를 할 수 있다.
· 산업을 육성하다 扶持……产业
정부는 10개 산업을 육성하기로 했다.

산업에 ~
· 산업에 종사하다 从事……产业
각국이 제각기 가장 유리한 산업에 종사하면 된다.

Ⓐ + 산업

· 거대한 산업 巨大的产业
요즘은 자동차 산업이 가장 거대한 사업이다.

1088 산책 (散策)
散步，遛弯儿

산책 + ⓝ

· 산책 길 散步路
· 산책 도중 散步途中
· 산책 시간 散步时间
· 산책 코스 散步路线

산책 + ⓥ

산책을 ~

· 산책을 가다 去散步
저녁을 먹고 뒷동산으로 산책을 갔다.
· 산책을 나가다 出去散步
어느 날 두 사람은 함께 산책을 나갔다.
· 산책을 나서다 外出散步
나는 몸을 닦고 새벽 산책을 나섰다.
· 산책을 나오다 出来散步
어머니는 내 손을 잡고 산책을 나오곤 하셨다.
· 산책을 다니다 散步
이 길은 아파트 주민들이 산책을 다니는 길이다.
· 산책을 하다 散步
밤늦은 시간에 산책을 하러 집을 나섰다.

Ⓐ + 산책

· 가벼운 산책 慢走
자전거를 타고 가벼운 산책을 나섰다.
· 멋진 산책 带劲儿的散步, 感觉美妙的散步
캠프를 둘러싼 큰 정원에서 멋진 산책도 즐길 수 있다.

1089 살
肉，肌肉

산책 – ⓝ

· 굳은살 茧子

살 + ⓥ

살이 ~

· 살이 단단하다 肉结实
저는 운동을 꾸준히 해온 사람이라서 살이 단단해요.
· 살이 닿다 肌肤接触
서로 살이 닿다 보면 평화를 느끼지요.
· 살이 마르다 掉肉
살이 마르면 더위에는 잘 견디나 추위에 약하대요.
· 살이 부드럽다 肉嫩
고기 살이 부드러워서 아이들이 쉽게 먹을 수 있다.
· 살이 붓다 肿了
단번에 입술이 터져서 피가 흐르고 살이 부었다.
· 살이 붙다 长肉
마라톤 선수는 허벅다리에 살이 붙으면 안 된다.
· 살이 빠지다 瘦了
그는 공부하느라 살이 많이 빠졌다.
· 살이 없다 没有肉
홍게는 살이 없어 먹을 게 없네요.
· 살이 연하다 肉嫩
연어는 참치보다 살이 연하다.
· 살이 오르다 长肉
지금 찬찬히 보니 그녀는 예전보다 무척 살이 올라 있다.
· 살이 질기다 肉老
문어는 살이 질기기 때문에 먹기 어렵다.
· 살이 찌다 长胖
욕심이 많은 사람이 살이 찐다는 얘기가 있다.
· 살이 터지다 皮开肉绽
왜 종아리는 항상 살이 터져 있을까?

살을 ~

· 살을 깎다 挖心头肉
제 살을 깎아먹는 논쟁들은 하지 마라.
· 살을 꼬집다 掐肉
살을 꼬집어 주면 살이 빠지는 데 도움이 된다고 해요.
· 살을 도려내다 剜肉
계속해서 살을 도려내다 보면 결국 뼈만 남는다.
· 살을 찌우다 增肥
그 여배우는 역할을 하기 위해 애써 살을 찌웠어요.
· 살을 찌르다 刺肉
바늘에 잉크를 묻혀 살을 찌르면 문신이 되나요?
· 살을 에다 刺骨
살을 에는 추운 아침.

Ⓐ + 살

· 부드러운 살 细皮嫩肉
만지면 터질 것 같이 부드러운 살을 가지고 있다.
· 익은 살 熟肉

불속에서 짐승의 익은 살을 꺼내 먹었다.
· **팽팽한 살** 结实的肉
오랫동안 넣어두면 닭의 팽팽한 살이 없어져 버린다.

惯

· **살이 끼다** 鬼上身
사주에 살이 껴있다는데 좀 봐주세요.
· **살을 맞대다** 朝夕相处
살을 맞대다 보니 이젠 모든 직원이 한 가족이나 마찬가지다.
· **살을 섞다** 性交
다방과 술집을 돌며 여러 남자와 살을 섞었지요.

1090 살림
过日子, 家务

살림 + Ⓝ

· **살림 걱정** 生活烦恼, 生计烦恼
· **살림 도구** 生活用具
· **살림 밑천** 生活本钱
· **살림 지혜** 生活智慧
· **살림 형편** 生活条件

살림 + Ⓥ

살림이 ~
· **살림이 넉넉하다** 生活富裕
뜻밖에 행운이 찾아와 집안 살림이 넉넉해졌다.
· **살림이 어렵다** 生活艰难
집안 살림이 어려워져 학교를 그만두었다.
· **살림이 쪼들리다** 生活窘迫
살림이 쪼들려서 옷 사는 것도 쉽지 않다.

살림을 ~
· **살림을 꾸리다** 生活, 过日子
혼자 살림을 꾸리다 보면 상당한 비용이 든다.
· **살림을 차리다** 过日子
저는 아예 회사에다가 제 살림을 차렸으면 합니다.
· **살림을 맡다** 操持家务
살림을 맡다보니 자연스레 요리도 익히게 됐죠.
· **살림을 살다** 过日子
남편의 월급을 받아 살림을 살아 보니 남는 게 없네요.
· **살림을 장만하다** 购置家什, 购置生活用品
결혼했을 때는 살림을 장만할 여유가 없었다.
· **살림을 하다** 做家务

회사를 그만두고 집에서 살림을 하고 있다.

살림에 ~
· **살림에 보태다** 贴补家用
그 친구도 식당 일을 하면서 살림에 보태고 있다.

1091 살인 [사린](殺人)
杀人

살인 + Ⓝ

· **살인 기계** 杀人机器
· **살인 누명** 杀人罪名
· **살인 도구** 杀人工具
· **살인 사건** 杀人案件
· **살인 용의자** 杀人嫌疑人
· **살인 충동** 杀人冲动
· **살인 행위** 杀人行为

살인 + Ⓥ

살인이 ~
· **살인이 벌어지다** 发生杀人事件
여기는 살인이 자주 벌어지는 곳입니다.

살인을 ~
· **살인을 당하다** 被杀害
근무 중에 살인을 당하면 업무상 재해로 인정됩니다.
· **살인을 저지르다** 犯下杀人罪行
살인을 저지르고 스스로 신고를 했다.
· **살인을 하다** 杀人
질투는 사람들이 살인을 하도록 내몬다.

1092 삶 [삼]
生活, 生存

삶 + Ⓥ

삶이 ~
· **삶이 곤고하다** 生活困难
그들의 삶이 곤고하다고만 말할 수는 없을 것입니다.
· **삶이 아름답다** 生活幸福
시간이 지날수록 내 삶이 아름답다는 것을 깨달았다.
· **삶이 자유롭다** 生活自由自在

삶이 자유로워야 하듯 문학도 자유로워야 합니다.

· **삶이 즐겁다** 生活快乐
생각을 바꾸면 삶이 즐겁다.

삶을 ~

· **삶을 가꾸다** 打造生活
그는 절망하지 않고 삶을 아름답게 가꿨다.

· **삶을 그리다** 规划生活
그녀의 소설은 대부분 대학생들의 삶을 그린다.

· **삶을 꾸리다** 营造生活
보람이 있는 삶을 꾸려 나가야 한다.

· **삶을 꿈꾸다** 梦想生活
이들은 언제나 새로운 삶을 꿈꾼다.

· **삶을 누리다** 享受生活
돈이 있어도 편안한 삶을 누리기는 어렵다.

· **삶을 되찾다** 找回生活
그 작가는 기억을 통하여 그의 삶을 되찾았다.

· **삶을 마감하다** 结束……的生活
그는 불꽃같은 삶을 마감하고 세상을 떠났다.

· **삶을 보내다** 度过……的岁月
많은 예술가들이 불우한 삶을 보냈다.

· **삶을 사랑하다** 热爱生活
나는 주부로서의 내 삶을 사랑해요.

· **삶을 살다** 过着……的生活
우리는 정말로 비극적인 삶을 살고 있는 것일까?

· **삶을 살아가다** 过着……的生活
서로를 격려하는 삶을 살아가요.

· **삶을 시작하다** 开始生活
자신감 넘치는 새로운 삶을 시작하자.

· **삶을 영위하다** 过……的生活
열정이 없는 사람도 좋은 삶을 영위할 수 있습니다.

· **삶을 유지하다** 维持生活
그는 계속해서 소설가로서의 삶을 유지해왔다.

· **삶을 즐기다** 享受生活
진실의 강에 발을 담그고 삶을 즐겨보세요.

삶에 ~

· **삶에 만족하다** 对生活感到满足
나는 조용한 생활을 하며 내 삶에 만족해 왔다.

· **삶에 서툴다** 生活能力差
나는 언제나 삶에 서툴다는 생각을 하며 살아간다.

Ⓐ + 삶

· **고달픈 삶** 疲惫的生活
모두들 고달픈 삶을 살아간다.

· **느린 삶** 慢节奏的生活
시골 사람들은 느린 삶을 추구한다.

· **새로운 삶** 崭新的生活
새로운 삶을 시작하려는데 어떻게 하면 좋을지?

· **빡빡한 삶** 繁忙的生活，紧张的生活
도시의 빡빡한 삶을 떠나고 싶다.

· **자유로운 삶** 自由自在的生活
여유로운 것이 바로 자유로운 삶의 길이다.

· **진지한 삶** 真挚的生活
성실하고 진지한 삶의 자세가 필요하다.

· **평범한 삶** 平凡的生活
평범한 삶이 가장 좋은 삶이다.

· **풍요로운 삶** 富裕的生活
국민들이 편안하고 풍요로운 삶을 누리도록 해야 한다.

· **아름다운 삶** 美好的生活
사람은 누구나 아름다운 삶을 원하기 마련이다.

· **행복한 삶** 幸福的生活
행복한 삶은 항상 감사하는 삶이다.

· **힘겨운 삶** 艰难的生活
얼마나 힘겨운 삶을 이겨내야 성공할 수 있을까?

1093 **삼겹살** [삼겹쌀](三겹살)
五花肉

삼겹살 + Ⓝ

· **삼겹살 집** 烤五花肉店
· **삼겹살 안주** 五花肉下酒菜

삼겹살 + Ⓥ

삼겹살을 ~

· **삼겹살을 굽다** 烤五花肉
야외에서 삼겹살을 구워 먹기도 한다.

1094 **삼촌** (三寸)
叔叔，叔父

삼촌 + Ⓝ

· **삼촌 댁** 叔叔家
· **삼촌 집** 叔叔家

삼촌 + Ⓥ

삼촌이 ~

· **삼촌이 오다** 叔叔来
삼촌이 오셔서 마중을 나갔다.

· 삼촌이 있다 有叔叔
사실 그에게는 삼촌이 있다.

삼촌을 ~

· 삼촌을 닮다 长得像叔叔
남동생은 신기하게도 가족보다는 삼촌을 닮았다.

1095 상¹ (床)
桌子, 饭桌

상 + ❤

상이 ~

· 상이 차려지다 摆好饭菜
돗자리를 깔고 간단하게 상이 차려졌다.
· 상이 푸짐하다 饭菜丰盛
돌상이 푸짐해서 넉넉해 보여요.

상을 ~

· 상을 놓다 摆放桌子
동쪽에 상을 놓고 그 위에 술병을 올려놓는다.
· 상을 들다 端着桌子
누나는 말하면서 상을 들고 일어섰다.
· 상을 물리다 撤桌子
동생은 밥을 반도 먹지 않고 상을 물려 버렸다.
· 상을 보다 准备饭桌
상 다리가 부러지게 상을 보았다.
· 상을 차리다 摆好饭菜
안마당에 상을 차리자 사람들이 모여 들었다.
· 상을 치우다 收拾饭桌
깨끗한 행주로 상을 치웠다.
· 상을 펴다 摆放餐桌
아이들을 피해 안방의 상을 폈다.
· 상을 펼치다 摆放餐桌
둘은 방에 가서 상을 펼치고 마주 앉았다

Ⓐ + 상

· 푸짐한 상 丰盛的饭菜
추석을 맞이해 푸짐한 상을 차렸다.

1096 상² (賞)
奖, 奖品

상 + ❤

상을 ~

· 상을 내리다 行赏, 颁奖
그의 선행에 대해 상을 내렸다.
· 상을 받다 获奖
상을 받고 싶은 생각이 전혀 없는 모양이었다.
· 상을 수상하다 得奖
지금까지 모두 18명이 이 상을 수상했다.
· 상을 주다 奖励, 行赏
성적이 우수한 학생에게 상을 주었다.
· 상을 타다 领奖, 获奖
나는 평생 단 한 번도 상을 탄 적이 없다.

Ⓐ + 상

· 과분한 상 过高的奖赏
저에게 너무 과분한 상을 주신 것 같아요.
· 받은 상 获得的奖
이 상은 학창 시절에 받은 상이에요.
· 특별한 상 特别的奖励
이 상은 나에게 너무 특별한 상이다.
· 영예로운 상 光荣的奖项
가장 영예로운 상으로 노벨상을 들 수 있다.
· 큰 상 大奖
나는 태어나서 처음으로 큰 상을 받아보았다.

1097 상³ (相)
相貌, 样子

상 + ❤

상을 ~

· 상을 찌푸리다 皱眉, 蹙蹙
그는 그녀의 얼굴을 바라보며 상을 찌푸려 보였다.
· 상을 찡그리다 皱眉, 蹙蹙
그는 술잔을 기울이며 상을 찡그렸다.

1098 상⁴ (喪)
丧事

상 + ❤

상을 ~

· 상을 당하다 服喪
상을 당한 상갓집에 가서 부의금을 냈다.
· 상을 치르다 办丧事
할머니의 상을 치르러 고향에 내려 왔다.

1099 상관 (相關)
关系，关联

상관 – Ⓝ

· 상관관계 关联，相关关系

상관 + Ⓥ

상관이 ~
· 상관이 있다 有关系
그 분이 나하고 무슨 상관이 있는가?
· 상관이 없다 没有关系
이 작가는 그 노신사와 아무런 상관이 없다.

상관을 ~
· 상관을 하다 管，插手
난 그런 것에 상관을 안 해.

1100 상금 (賞金)
奖金

상금 + Ⓝ

· 상금 지급 支付奖金

상금 + Ⓥ

상금이 ~
· 상금이 걸리다 有奖金
이 대회에 큰 상금이 걸려 있다.

상금을 ~
· 상금을 걸다 有奖金
백 만 원의 우승 상금을 걸었다.
· 상금을 받다 拿到奖金
일등해서 상금을 받았다.
· 상금을 주다 给奖金
이번 행사에서 1등을 하면 상금을 줘요.
· 상금을 타다 领奖金

백 만 원의 상금을 탔다.

1101 상담 (相談)
洽谈，咨询

상담 + Ⓝ

· 상담 내용 咨询内容
· 상담 시간 咨询时间
· 상담 전화 咨询电话
· 상담 창구 咨询窗口

상담 + Ⓥ

상담을 ~
· 상담을 받다 接受咨询
전문의의 상담을 받는 것이 좋다.
· 상담을 하다 咨询
전화를 하면 전문 상담인과 상담을 할 수 있다.

1102 상대 (相對)
相对，对手，对象

상대 + Ⓝ

· 상대 가치 相对价值
· 상대 국가 对方国家
· 상대 선수 对方选手
· 상대 수비 对方守卫
· 상대 습도 相对湿度
· 상대 편 对方
· 상대 팀 对方代表队

상대 + Ⓥ

상대가 ~
· 상대가 되다 是对手，成为对手
나는 그 사람의 상대가 되지 않는다.
· 상대가 있다 有对象
언니는 결혼할 상대가 있다.

상대를 ~
· 상대를 만나다 遇到对象
멋진 상대를 만나고 싶다.

· 상대를 찾다 找对象
좀 말이 통하는 상대를 찾아야겠어.

상대로 ~

· 상대로 하다 以……为对象
신세대를 상대로 한 매장은 분위기도 다르다.

1103 상대방 (相對方)
对方，对手

상대방 + Ⓥ

상대방을 ~

· 상대방을 무시하다 无视对方
상대방을 무시하는 태도는 좋지 않다.
· 상대방을 비난하다 责难对方
결별 후 상대방을 비난해서는 안 된다.
· 상대방을 설득하다 说服对方
상대방을 설득하기 위해 노력해야 한다.

상대방에게 ~

· 상대방에게 강요하다 强求对方
자신의 의견을 상대방에게 강요해서는 안 된다.
· 상대방에게 굴복하다 向对方屈服
상대방에게 굴복할 필요가 없다.
· 상대방에게 송달하다 送达给对方
판결문이 상대방에게 송달되어야 한다.
· 상대방에게 전달하다 传达给对方
목소리가 상대방에게 전달되지 않았다.

Ⓐ + 상대방

· 좋은 상대방 好的对象
좋은 상대방을 만나기 위해 노력해야 한다.

1104 상류 [상뉴](上流)
上流

상류 + Ⓝ

· 상류 계급 上流阶级
· 상류 계층 上流阶层
· 상류 문화 上流文化
· 상류 사회 上流社会
· 상류 지배층 上流统治阶层

1105 상상 (想象)
想象

상상 + Ⓝ

· 상상 공간 想象空间
· 상상 속 想象中
· 상상 세계 想象世界

상상 + Ⓥ

상상이 ~

· 상상이 가다 可以想象
내가 승무원이었다면 얼마나 불쾌했을지 상상이 간다.
· 상상이 되다 可以想象到
지금은 생선의 형태만 봐도 어떤 맛인지 상상이 돼요.
· 상상이 펼쳐지다 浮想联翩
넓은 밤하늘을 바라보면 무한한 상상이 펼쳐진다.

상상을 ~

· 상상을 뛰어넘다 超越想象
상상을 뛰어넘는 동물들의 모습이 신기하다.
· 상상을 접다 不再想入非非
아이는 상상을 그만 접고 이불을 펴고 눕는다.
· 상상을 초월하다 超乎想象
그의 재산은 상상을 초월할 정도이다.
· 상상을 하다 想象
우리는 자료를 토대로 몇 가지 상상을 해볼 수 있다.

상상에 ~

· 상상에 맡기다 任凭想象
그 뒤 상황은 상상에 맡긴다.
· 상상에 빠지다 陷入想象
누나는 결혼 생활에 대한 상상에 빠져 있다.
· 상상에 의지하다 依靠想象
상상에 의지해서 쓴 소설이다.
· 상상에 의하다 依靠想象
소설은 작가의 상상에 의해 창조되는 세계이다.

Ⓐ + 상상

· 쓸데없는 상상 没用的空想
이번에도 쓸데없는 상상을 해버렸다.
· 지나친 상상 过分的联想
일어나지도 않은 일에 대한 지나친 상상으로 인해 내 스스로를 괴롭히기도 한다.
· 아름다운 상상 美好的幻想
그는 연인과 영원히 함께하는 아름다운 상상을 했다.
· 허황된 상상 虚无缥缈的幻想

하늘을 나는 일은 더 이상 허황된 상상이 아니다.

1106 **상상력** [상상녁](想像力)
想象力

상상력 + Ⓝ

· 상상력 연습 想象力练习
· 상상력 속 想象力中
· 상상력 증진 增强想象力

상상력 + Ⓥ

상상력이 ~
· 상상력이 뛰어나다 想象力出色
그 아이는 상상력이 뛰어났다.
· 상상력이 풍부하다 想象力丰富
상상력이 풍부한 우리나라 삭가의 만화는 없을까요?

상상력을 ~
· 상상력을 키우다 培养想象力
여기는 아이들의 상상력을 키워 주는 곳입니다.

Ⓐ + 상상력

· 빈약한 상상력 贫乏的想象力
나는 항상 영화의 빈약한 상상력이 아쉽다.
· 풍요로운 상상력 丰富的想象力
보라색은 아이들의 풍요로운 상상력을 길러 줍니다.

1107 **상식** (常識)
常识

상식 + Ⓝ

· 상식 공부 学习常识
· 상식 세계 常识世界
· 상식 수준 常识水平

상식 + Ⓥ

상식이 ~
· 상식이 되다 成为常识
요즘 이런 생각이 당연한 상식이 되었다.
· 상식이 부족하다 常识不足

상식이 부족하다면 책을 읽어라.
· 상식이 풍부하다 常识丰富
공부하면 상식이 풍부해져요.
· 상식이 없다 没有常识
제가 기본 상식이 없어서 드리는 질문인데요.

상식이 ~
· 상식을 깨다 打破常识
상식을 깨면 영화가 더욱 영화스러워진다.
· 상식을 갖추다 具备常识
요즘은 상식을 갖추고 있지 않으면 취직할 수 없다.
· 상식을 벗어나다 离谱儿，超出常识
선거 분위기가 상식을 벗어나 있다.

상식에 ~
· 상식에 맞다 符合常识
이런 행동이 상식에 맞는 행동인가요?
· 상식에 어긋나다 违背常识
상식에 어긋나는 행동은 피해라.

1108 **상자** (箱子)
箱子

상자 + Ⓝ

· 상자 뚜껑 箱子盖
· 상자 밑 箱子底儿
· 상자 바닥 箱子底
· 상자 속 箱子里
· 상자 안 箱子里
· 상자 크기 箱子大小

상자 + Ⓥ

상자를 ~
· 상자를 열다 打开箱子
어머니는 약 상자를 열고 소독제를 꺼냈다.
· 상자를 풀다 拆开箱子
언니는 조심스런 손길로 작은 상자를 풀었다.

상자에 ~
· 상자에 담기다 装到箱子里
과일이 예쁜 상자에 담겨서 배달이 되어 왔어요.
· 상자에 담다 装到箱子里
나는 그 책들을 조심스럽게 상자에 담았다.
· 상자에 들다 装进箱子
편지는 두 번째 상자에 들어 있었다.

· 상자에 넣다 放到箱子里
중요한 자료를 상자에 넣어 집으로 보냈다.

🅐 + 상자

· 두꺼운 상자 厚箱子
조금 두꺼운 상자들은 주위에서 구하기 쉽다.
· 커다란 상자 大箱子
커다란 상자 안에 뭐가 있을까?
· 예쁜 상자 漂亮的箱子
테이블 위에는 작고 예쁜 상자 하나만 있었다.

1109 상점 (商店)
商店

상점 + 🅝

· 상점 주인 商店主人, 老板
· 상점 점원 商店店员
· 상점 안 商店里
· 상점 앞 商店前面
· 상점 안 商店里
· 상점 유리문 商店玻璃门
· 상점 이름 商店名字
· 상점 입구 商店入口
· 상점 판매원 商店售货员

상점 + 🅥

상점을 ~
· 상점을 경영하다 经营商店
부모님이 상점을 경영하는 방식은 낡았다.

상점에 ~
· 상점에 들르다 顺便去商店
TV를 사겠다고 마음먹고 세 군데 상점에 들렀다.

1110 상처 (傷處)
伤口, 创伤

상처 + 🅝

· 상처 부위 受伤部位
· 상처 자국 伤痕

· 상처 치료 疗伤
· 상처 치유 疗伤

상처 + 🅥

상처가 ~
· 상처가 가볍다 伤势较轻
상처가 가벼워서 병원에 가지 않았다.
· 상처가 깊다 伤口深, 伤势重
영혼의 상처가 깊은 거야.
· 상처가 나다 受伤
잇몸에 상처가 나기 십상이었다.
· 상처가 남다 留下伤疤
여전히 내 안에 상처가 남아 있다.
· 상처가 낫다 伤口痊愈
약을 바르면 상처가 빨리 낫는다.
· 상처가 느껴지다 感受到创伤
전쟁의 상처가 느껴졌다.
· 상처가 덧나다 伤势加重
깊게 베인 상처가 또 덧나고 말았다.
· 상처가 새겨지다 留有伤疤
그의 손등에는 상처가 새겨져 있었다.
· 상처가 생기다 出现伤痕
그 일로 마음의 상처가 생겼다면 용서하세요.
· 상처가 아물다 伤口愈合
상처가 아물 때까지 씻으면 안된다.
· 상처가 크다 受伤重
너무 많은 것을 알게 되면 상처가 더 크다.

상처를 ~
· 상처를 건드리다 触动伤痛
서로 건드리지 말아야 할 상처를 건드리고 말았다.
· 상처를 견디다 强忍伤痛
조그만 어려움이나 마음의 상처를 견디지 못했다.
· 상처를 기르다 养伤
쓸쓸히 나는 이 상처를 기르고 있다.
· 상처를 남기다 留下伤痕
당신은 그때 내게 지울 수 없는 상처를 남겼다.
· 상처를 내다 弄伤
손이 덜덜 떨려서 그만 손님 손에 상처를 내고 말았다.
· 상처를 받다 受伤
그 여자는 그 동안 너무 많은 상처를 받아왔다.
· 상처를 안다 抚慰伤痛
너의 상처를 안아 주지 못해서 미안하다.
· 상처를 입다 受伤
그는 전쟁에서 큰 상처를 입었다.
· 상처를 입히다 给……带来伤害
폭력은 아이에게 큰 상처를 입힌다.
· 상처를 주다 给……带来伤害

당신에게 상처를 주려고 하는 일은 아닙니다.
· 상처를 치료하다 治疗伤口
상처를 치료하고 주사를 놓고 나서 의사는 가버렸다.

상처로 ~

· 상처로 남다 成为伤痛留下
추억은 어느덧 상처로 남았다.

상처에 ~

· 상처에 바르다 涂在伤口上
베인 상처에 뭘 발라줘야 할까요?

Ⓐ + 상처

· 가벼운 상처 轻伤
가벼운 상처는 쉽게 낫는다고 생각하고 살아왔죠.
· 꿰맨 상처 缝合的伤口
배에는 빨간 실로 꿰맨 상처가 있어요.
· 작은 상처 小伤口
손가락 끝에는 작은 상처가 나 있었다.
· 아픈 상처 疼痛的伤口
그때 일이 어머니 가슴에 아픈 상처로 남아 있다.
· 입힌 상처 给……带来的伤痛
그 남자가 내게 입힌 상처가 아직 낫지 않았다.
· 커다란 상처 巨大的伤口, 深深的伤痛
삼촌의 턱에 커다란 상처가 나 있었다.
· 큰 상처 大伤口
무릎에 큰 상처가 났다.

1111 상태 (狀態)
状态, 状况

상태 + Ⓝ

· 상태 검사 状况检查
· 상태 변화 状况变化
· 상태 양호 状况良好, 状态良好
· 상태 완화 状况缓解
· 상태 유지 维持状况
· 상태 파악 了解状况

상태 + Ⓥ

상태가 ~

· 상태가 계속되다 状况持续
얼마 동안 어지러운 상태가 계속되었다.
· 상태가 나빠지다 状况变坏
영양 상태가 나빠지면 얼굴 살이 빠진다.

· 상태가 나쁘다 状况不好
영양 상태가 나쁠 때도 탈모와 함께 머리가 희어진다.
· 상태가 다르다 状况不一样
두 눈의 쌍꺼풀 상태가 달라 고민입니다.
· 상태가 심각하다 状况严重
실은 형의 상태가 심각해요.
· 상태가 심하다 状况严重
다른 아이들은 저보다 상태가 더 심했습니다.
· 상태가 악화되다 状况恶化
상태가 많이 악화되어서 더이상 치료할 수 없다.
· 상태가 양호해지다 状况变好
요즘 아기의 영양 상태가 양호해졌다.
· 상태가 좋다 状况好
그의 상태가 생각보다 좋았다.
· 상태가 좋아지다 状况变好
상태가 좋아진다면 다음 주에 퇴원해도 좋다.
· 상태가 지속되다 状况持续
감기약을 먹은 탓인지 몽롱한 상태가 지속되네요.
· 상태가 호전되다 状况好转
매일 강도 높은 훈련을 통해 발목 상태가 호전됐다.

상태를 ~

· 상태를 개선하다 改善……的状况
이러한 상태를 개선하기 위해 정부의 도움이 필요하다.
· 상태를 관찰하다 观察……的状况
며칠 후에 두 식물의 상태를 관찰해 보자.
· 상태를 반영하다 反映……的状况
부패는 한 사회의 불건전한 상태를 반영해 주는 거울이다.
· 상태를 벗어나다 摆脱……的状况
그런 예속의 상태를 벗어나기 위한 과감한 시도를 전개해야 한다.
· 상태를 변화시키다 使状况发生变化
리듬은 몸의 상태를 변화시킨다.
· 상태를 보다 看情况
사람들의 겉모습 상태를 보고 건강 상태를 짐작하는 사람들이 있다.
· 상태를 보이다 显示出……的状况
전세 시장의 수요가 소강 상태를 보였다.
· 상태를 살피다 观察……的状况
문을 열고 나가 차 상태를 살펴야 한다는 생각이 들었다.
· 상태를 악화시키다 使状况恶化
금연 운동은 담배 회사의 경영 상태를 악화시킨다.
· 상태를 유지하다 维持……状态
그는 음악을 들으면서 집중된 상태를 유지하려고 애썼지요.
· 상태를 진정시키다 使状况得以稳定
칼슘은 사람의 정신 상태를 진정시키는 효과가 있다.
· 상태를 초래하다 导致……的状况

사회적 변화는 주민들에게 정신적 공황 상태를 초래했다.

· **상태를 회복하다** 恢复……的状态
소중한 피부 상태를 회복하기 위해 화이트닝 제품을
써 보았다.

상태로 ~

· **상태로 가다** 维持……状态
비록 지금 우울하고 혼란스럽지만 편안한 상태로 가고
싶은 마음이 보인다.

· **상태로 남다** 一直处于……状态
그 사람들은 계속 가난한 상태로 남았다.

· **상태로 돌아가다** 回到……状态
결국은 아무것도 없는 상태로 돌아간다.

· **상태로 돌아오다** 恢复到……状态
서서히 정상 상태로 돌아온다.

· **상태로 되돌리다** 恢复到……状态
다시 원래 상태로 되돌리고 싶다.

· **상태로 되돌아가다** 恢复到……状态
소풍을 가면 원시적인 상태로 되돌아가 자연을 느낀다.

· **상태로 두다** 让……保持……状态
우리는 물고기를 살아있는 상태로 두었다.

· **상태로 들어가다** 进入……状态
어떤 동물들은 겨울이 되면 동면 상태로 들어간다.

· **상태로 만들다** 弄成……状态
욕실은 건조한 상태로 만들고 평소 문을 열어두는 것
이 좋다.

· **상태로 머물다** 停留在……状态
1년 넘게 실업 상태로 머물다 보면 당연히 줄어드는
급여를 인정할 수밖에 없다.

· **상태로 빠지다** 陷入……状态
그녀는 더 깊은 무의식 상태로 빠져 들어갔다.

· **상태로 변하다** 变成……状况
1일1식을 하면 몸의 독소가 빠지면서 몸이 이상적인
상태로 변합니다.

· **상태로 존재하다** 以……状况存在
이산화탄소도 산소처럼 상온에서 기체 상태로 존재한다.

· **상태로 회복시키다** 恢复到……状态
오직 그 분만이 우리를 올바른 상태로 회복시켜 주실
수 있다.

상태에 ~

· **상태에 들어가다** 进入……状态
고요한 상태에 들어가 귀 기울여라.

· **상태에 빠지다** 陷入……状态
누나는 치명상을 입고 위독한 상태에 빠졌다.

· **상태에 있다** 维持……状态
세 사람은 죽고 둘은 위독한 상태에 있다.

Ⓐ + 상태

· **멍청한 상태** 傻乎乎的状态，愣愣的状态

멍청한 상태로 앉아서 허공을 쳐다본다.

· **심각한 상태** 严重的情况
다리에 고름도 나고 심각한 상태입니다.

· **안정된 상태** 稳定的状态
혈압은 안정된 상태에서 재어야 한다.

· **어려운 상태** 艰难的状况
대출이 어려운 상태입니다.

1112 **상표** (商標)
商标

상표 + Ⓝ

· **상표 개발** 商标开发
· **상표 딱지** 标签

상표 + Ⓥ

상표가 ~

· **상표가 붙다** 挂有商标
아직 상표가 붙어 있는 새 옷이다.

· **상표가 달리다** 挂有商标
그는 유명 상표가 달린 옷만 입으려고 한다.

상표를 ~

· **상표를 달다** 挂商标
이것들은 모두 가짜 상표를 단 모조품들이다.

· **상표를 떼다** 撕掉商标
상표를 떼고 입어 봤는데 작아서 교환하려고 해요.

· **상표를 붙이다** 贴上商标
가짜 조미료에 유명 상표를 붙여 판매한다.

1113 **상품** (商品)
商品

상품 + Ⓝ

· **상품 가격** 商品价格
· **상품 가치** 商品价值
· **상품 개발** 商品开发
· **상품 광고** 商品广告
· **상품 교역** 商品交易
· **상품 교환** 商品交换
· **상품 구매** 商品购买

· 상품 구입 商品购买
· 상품 생산 商品生产
· 상품 수출 商品出口
· 상품 시장 商品市场
· 상품 판매 商品销售
· 상품 정보 商品信息
· 상품 유통 商品流通

상품을 ~

· 상품을 개발하다 开发商品
그 회사는 대중의 기호에 맞추어 상품을 개발하였다.

· 상품을 구매하다 购买商品
고객은 경계하는 마음 없이 그에게서 비교적 고가의 상품을 구매했다.

· 상품을 생산하다 生产商品
상품을 생산하기 전에 치밀한 계획을 세워야 한다.

· 상품을 선택하다 选择商品
자신에게 맞는 상품을 선택해야 한다.

· 상품을 전시하다 展示商品
판매자들은 가장 경쟁력이 있는 상품을 전시한다.

· 상품을 주문하다 订购商品
사이트에서 상품을 주문했다.

· 상품을 팔다 销售商品
은행은 보험회사의 상품을 대신 판다.

1114 **상황** (狀況)
狀況, 情况

· 상황 변화 情况变化
· 상황 설명 情况说明
· 상황 설정 设定情况
· 상황 속 在……的情况里
· 상황 적응 适应形势
· 상황 적응성 适应能力
· 상황 전개 情节发展
· 상황 파악 了解情况
· 상황 판단 判断情况
· 상황 평가 评价情况
· 상황 아래 情况下

상황이 ~

· 상황이 개선되다 状况得以改善
전년과 비교할 때 상황은 개선되었다.

· 상황이 계속되다 情况得以持续
이 일을 둘러싸고 혼란스러운 상황이 계속되고 있다.

· 상황이 나아지다 情况变好
내일은 이 모든 상황이 더 나아졌으면 좋겠다.

· 상황이 다르다 情况不同
지난번과는 상황이 많이 달랐다.

· 상황이 닥치다 遇到……情况
언제 어떤 상황이 닥칠지 모른다.

· 상황이 달라지다 情况发生改变
요즘 들어서는 상황이 달라졌다.

· 상황이 뒤바뀌다 情况发生改变
갑자기 두 사람의 상황이 뒤바뀌었다.

· 상황이 바뀌다 情况发生改变
생각이 바뀐 게 아니라 상황이 바뀐 것이다.

· 상황이 벌어지다 出现……情况
두 사람이 만나 실력을 겨루는 상황이 벌어졌다.

· 상황이 변하다 情况发生变化
경제 상황이 변하면 정책적 대응도 마땅히 달라져야 한다.

· 상황이 불리하다 情况不利
그들은 상황이 불리하다 싶으면 쉽사리 포기한다.

· 상황이 불안정하다 情况不稳定
정치 상황이 불안정해 사업을 중단할 수밖에 없었다.

· 상황이 생기다 出现……情况
더 나쁜 상황이 생겨도 의무를 다할 생각이다.

· 상황이 시작되다 开始……情况
과거와는 다른 전혀 새로운 상황이 시작된다.

· 상황이 악화되다 情况恶化
나라의 경제 상황이 악화되면 범죄가 늘어난다.

· 상황이 어렵다 处境艰难
영화계 상황이 어려운 건 사실이다.

· 상황이 역전되다 情况发生转变
상황이 극적으로 역전되었다.

· 상황이 일어나다 发生……情况
작년에 ㄱ 나라에서도 비슷한 상황이 일어났다.

· 상황이 좋아지다 情况变好
시간이 지날수록 상황이 좋아진다.

· 상황이 지속되다 情况持续
세계경제의 어려운 상황이 지속되고 있다.

· 상황이 초래되다 发生……情况
외환위기와 같은 상황이 생기면 위험하다.

상황을 ~

· 상황을 감안하다 考虑到……情况

최근의 어려운 경제 상황을 감안하여 과거의 잘못을 깊이 반성해야 한다.

· **상황을 개선하다** 改善情况
현재 상황을 개선하기 위한 아이디어.

· **상황을 고려하다** 考虑情况
정부는 시장 상황을 고려하여 주식을 발행하는가?

· **상황을 극복하다** 克服情况
힘든 상황을 어떻게 극복할까?

· **상황을 막다** 阻止情况发生
국민들이 나서서 어려운 상황을 막았다.

· **상황을 만들어내다** 导致情况发生
그런 결정의 결과는 일자리를 구하거나 유지하기 어려운 상황을 만들어낸다.

· **상황을 맞다** 遇到情况
지난밤에 꿈속에서 위급한 상황을 맞아 도망가는 꿈을 꾸었습니다.

· **상황을 묘사하다** 描写情况
스포츠 중계방송은 그만큼 빠른 속도로 현장 상황을 묘사해야 하는 것이다.

· **상황을 바꾸다** 改变情况
우리 스스로 상황을 바꿀 수 있어야 한다.

· **상황을 반영하다** 反映情况
당시의 정치동향은 사회변동기적 상황을 반영하였다.

· **상황을 보다** 看情况
언제 목욕을 시킬 것인가는 아기의 상황을 보아 정한다.

· **상황을 상상하다** 想象情况
최악의 상황을 상상하며 이를 악물었다.

· **상황을 살펴보다** 观察情况
CCTV로 교통 상황을 살펴보고, 좀 더 빠른 길을 찾아가세요.

· **상황을 설명하다** 说明情况
지금까지 진행된 작업 상황을 설명해 주세요.

· **상황을 알다** 了解情况
그 당시의 시대적 상황을 아는 데에도 도움이 된다.

· **상황을 알리다** 告诉情况
만약 차질이 생겨서 예약이 어렵게 되면 즉시 고객에게 상황을 알려야 한다.

· **상황을 알아보다** 打探情况
사고 당시 상황을 좀 더 자세히 알아볼 필요를 느꼈다.

· **상황을 예상하다** 预想情况
뇌는 앞으로의 상황을 예상할 수 있다고 한다.

· **상황을 이해하다** 理解情况
어머니가 상황을 이해하는 입장은 다르다.

· **상황을 읽다** 解读情况
복잡한 경제 상황을 읽는 방법.

· **상황을 재연하다** 重现情况
발표자를 제외한 제3의 참여자 2명이 상황을 재연했다.

· **상황을 재현하다** 再现情况
시뮬레이터란 실제와 똑같은 상황을 재현해주는 장치

를 말한다.

· **상황을 지켜보다** 亲眼目睹……情况
조기 교육을 할 때에는 아이의 상황을 지켜보면서 진행하는 것이 중요하다.

· **상황을 짐작하다** 推测情况
나는 상황을 짐작했다.

Ⓐ + 상황

· **비슷한 상황** 相似的情况
여행을 다니면서 종종 영화와 비슷한 상황을 상상했다.

· **어려운 상황** 艰难的情况
어린 선수들이 어려운 상황에서 잘 이겨내는 좋은 경험을 했다.

· **위급한 상황** 危急的情况
스마트폰은 위급한 상황에서 사용하기가 쉽다.

· **새로운 상황** 新情况
새로운 상황을 만나게 되면 당황하지 말아라.

· **특별한 상황** 特别的情况
특별한 상황이 생기면 반드시 연락해라.

· **힘든 상황** 艰难的情况
힘든 상황이 닥쳤지만 잘 극복해낼 수 있을 것이다.

1115 새
鸟

새 - Ⓝ

· **새둥지** 鸟巢
· **새소리** 鸟叫声

새 + Ⓝ

· **새 깃** 鸟毛, 羽毛
· **새 날개** 鸟翅膀
· **새 노랫소리** 鸟鸣声
· **새 둥우리** 鸟窝

새 + Ⓥ

새가 ~

· **새가 날다** 鸟儿飞
아침에 새가 날기 전에 날갯짓을 한다.

· **새가 날아가다** 鸟儿飞走
지붕위로 멋진 새가 날아가요.

· **새가 날아다니다** 鸟儿飞翔
산에 새가 날아다니고 있었다.

· **새가 날아오다** 鸟儿飞来

한 마리의 새가 또 날아왔어요.
· 새가 노래하다 鸟儿歌唱
새가 노래하듯 꽃이 춤추듯 아름답게 살자.
· 새가 울다 鸟鸣
새가 울며 날아갔다.

새를 ~

· 새를 관찰하다 观察鸟
새를 관찰할 때는 오랜 시간이 필요하다.
· 새를 잡다 抓鸟
저는 꼭 숲에서 직접 새를 잡아 보고 싶습니다.

Ⓐ + 새

· 날아가는 새 飞走的鸟
그녀는 날아가는 새를 보면서 새처럼 가볍게 말했다.
· 늙은 새 老鸟
새장으로부터 튀어나온 늙은 새는 자유를 찾았습니다.
· 병든 새 生病的鸟
조류독감은 병든 새를 통해 감염된다.

1116 새끼
崽儿, 小

새끼 – Ⓝ

· 새끼손가락 小拇指

새끼 + Ⓝ

· 새끼 고양이 小猫
· 새끼 부화 孵小崽
· 새끼 사랑 疼爱孩子
· 새끼 자랑 炫耀子女

새끼 + Ⓥ

새끼가 ~

· 새끼가 생기다 有小崽了
새끼가 생기면 배가 나온다.
· 새끼가 자라다 小崽长大
고양이는 자기 새끼가 자라면 새끼를 두고 떠나나요?
· 새끼가 작다 小崽小
새끼를 보니까 지난번에 낳은 새끼보다 이번에 낳은
새끼가 더 작았다.
· 새끼가 크다 小崽长大
새끼가 크면 먼저 둥지에서 깃털들을 없애버린다.
· 새끼가 태어나다 小崽出生

새둥지에 새끼가 태어났다.

새끼를 ~

· 새끼를 가지다 怀小崽
우리 집 고양이가 새끼를 가졌다.
· 새끼를 거느리다 带着小崽
어미는 새끼를 거느리고 이동했다.
· 새끼를 기르다 养小崽
어미가 새끼를 기르는 일은 쉽지 않다.
· 새끼를 까다 抱窝
까치도 까마귀도 가을에는 새끼를 까지 않는다.
· 새끼를 낳다 下崽
새끼를 낳느라고 얼마나 고생을 하였느냐?
· 새끼를 돌보다 照顾小崽
사자들은 어미가 새끼를 돌본다.
· 새끼를 두다 留下小崽
어미 길고양이는 새끼를 두고 떠났다.
· 새끼를 먹이다 喂小崽
비둘기는 어떻게 새끼를 먹여 기르나요?
· 새끼를 배다 怀小崽
해마의 수컷들은 포유류 암컷들처럼 새끼를 밴다.
· 새끼를 부화하다 孵化小崽
새는 둥지를 틀어 새끼를 부화한다.
· 새끼를 잉태하다 怀上小崽
다람쥐는 새끼를 세 마리나 잉태했다.
· 새끼를 잃다 失去孩子
새끼를 잃은 마음이 오죽 원통하고 처절했을까?
· 새끼를 치다 下崽
아까 본 그놈의 거미가 새끼를 친 모양이야.
· 새끼를 키우다 养小崽
고래는 어떻게 새끼를 키워요?

Ⓐ + 새끼

· 갓난 새끼 刚出生的小崽
갓난 새끼는 눈을 감고 있다.
· 어린 새끼 小崽
어린 새끼 고양이를 발견했어요.

1117 새벽
凌晨, 清晨

새벽 – Ⓝ

· 새벽달 清晨的月亮
· 새벽바람 晨风
· 새벽안개 清晨的雾

人

· 새벽하늘 清晨的天空

새벽 + Ⓝ

· 새벽 등산 清晨登山
· 새벽 별 晨星
· 새벽 산책 清晨散步
· 새벽 예배 清晨礼拜
· 새벽 첫차 清晨首班车

새벽 + Ⓥ

새벽이 ~
· 새벽이 가깝다 黎明将近
밤이 깊을수록 새벽이 가깝다.
· 새벽이 되다 到了清晨
새벽이 되기 전에 누이는 병원에 실려 갔다.
· 새벽이 밝다 天亮，破晓
새벽이 밝을 때까지 나는 밤을 꼬박 새웠다.
· 새벽이 오다 天亮，黎明到来
어둠이 다하고 나면 반드시 새벽이 오고야 맙니다.

새벽을 ~
· 새벽을 맞다 新晨到了
새벽을 맞아 우리 모두 잠에서 깨어납시다.
· 새벽을 알리다 报晓
닭은 새벽을 알리는 알람 역할도 하지요.
· 새벽을 열다 开启黎明
그는 매일 운동으로 새벽을 연다.

새벽에 ~
· 새벽에 나가다 清晨出去
어머니는 새벽에 나가서 밤에 들어와요.
· 새벽에 떠나다 清晨动身
내일 새벽에 떠나 버릴까?
· 새벽에 오다 一大清早来
무슨 일로 이 새벽에 왔니?
· 새벽에 일어나다 清早起床
새벽에 일어나 물을 마시러 부엌으로 갔다.
· 새벽에 찾아오다 清晨寻访
선생님이 새벽에 집으로 찾아오셨다.

새벽부터 ~
· 새벽부터 나가다 一大早出去
그는 새벽부터 나가 사무실을 청소했다.
· 새벽부터 일어나다 一大早起床
새벽부터 일어나 지하철을 타고 일터로 나간다.

Ⓐ + 새벽

· 고요한 새벽 寂静的清晨

고요한 새벽에 잔잔히 흐르는 물결의 아름다움을 보았다.
· 껌껌한 새벽 漆黑的凌晨
껌껌한 새벽에 귀가하는 사람들과 어깨를 스치며 출근하는 기분이란 묘하다.
· 푸른 새벽 湛蓝的清晨
푸른 새벽이 밝아 오고 있었다.
· 어두운 새벽 昏暗的清晨
나팔꽃은 어두운 새벽에만 핀다.
· 이른 새벽 一大早
그 동물은 해질 녘과 이른 새벽에 가장 활동적이다.
· 컴컴한 새벽 漆黑的清晨
아버지는 매일 컴컴한 새벽에 남산에 올랐다.

1118 새우
虾

새우 - Ⓝ

· 새우튀김 炸虾
· 새우젓 虾酱

새우 + Ⓝ

· 새우 양식장 虾养殖场

새우 + Ⓥ

새우를 ~
· 새우를 기르다 养虾
집에서 작은 새우를 길러요.
· 새우를 잡다 抓虾
동생과 함께 새우를 잡아 큰돈을 모으게 됐다.

1119 새해
新年

새해 + Ⓝ

· 새해 결심 新年决心
· 새해 계획 新年计划
· 새해 달력 新年挂历
· 새해 벽두 新年伊始
· 새해 선물 新年礼物
· 새해 소망 新年愿望

382

- 새해 아침 新年清晨
- 새해 예산안 新年预算方案
- 새해 인사 新年问候
- 새해 첫날 新年第一天
- 새해 풍습 新年风俗

새해 + Ⓥ

새해가 ~

- 새해가 되다 新年到
새해가 되면 사람들은 일 년 계획을 세운다.
- 새해가 밝다 新年到
새 밀레니엄을 여는 새해가 밝았다.
- 새해가 시작되다 新一年开始
새해가 시작되는 첫날에 해돋이를 보러 갔다.
- 새해가 오다 新年到
다시 한 해가 가고 새해가 왔다.

새해를 ~

- 새해를 맞다 新年来临
새해를 맞아 무한한 영광이 깃들기를 빕니다.
- 새해를 맞이하다 迎接新年
새해를 맞이하면서 각 기관별로 신년모임을 갖는다.

새해에 ~

- 새해에 들다 到了新年
새벽에 들어 날씨가 더 추워졌다.
- 새해에 들어서다 到了新年
새해에 들어서는 날.
- 새해에 접어들다 到了新年
새해에 접어들면서 추위도 풀리겠습니다.

Ⓐ + 새해

- 힘찬 새해 充满朝气的新年
힘찬 새해를 위해 날개를 펴 본다.

1120 색 (色)
颜色, 彩色

색 - Ⓝ

- 색연필 彩笔, 彩色铅笔

색 + Ⓥ

색이 ~

- 색이 검다 颜色黑

해조류는 색이 검고 살이 두꺼운 게 좋다.
- 색이 곱다 颜色漂亮
봄꽃은 색이 곱고 화려하다.
- 색이 바래다 掉色
보자기는 색이 바래고 곳곳에 구멍이 나 있었다.
- 색이 밝다 颜色鲜亮
염색한 뒤 머리를 자주 감으면 색이 밝아지나요?
- 색이 번지다 颜色晕染
손으로 자주 만지면 색이 번진다.
- 색이 변하다 变色
입술 주위가 색이 변하고 간지러워요.
- 색이 선명하다 色彩鲜明
야채를 데칠 때 소금을 넣으면 색이 선명해지나요?
- 색이 요란하다 颜色艳丽
독이 있는 버섯은 왜 색이 요란하고 화려한 것일까?
- 색이 어둡다 颜色暗
앞니 한 개가 색이 어두워요.
- 색이 어울리다 颜色很适合
이 연령대에는 이런 색이 어울려요.
- 색이 엷다 颜色浅
새끼 펭귄은 어른 펭귄보다 색이 엷다.
- 색이 있다 有颜色
어린이의 의복은 색이 있는 노랑 저고리와 치마다.
- 색이 진하다 颜色深
저는 입술 색이 진해서 립스틱을 바르지 않아요.
- 색이 짙다 颜色深
색이 짙은 채소가 건강에 좋다.
- 색이 흐리다 颜色暗
어린 오리는 성숙한 오리에 비해 몸 색이 흐리다.

색을 ~

- 색을 가지다 有颜色
모든 물체는 각기 고유한 색을 가지고 있다.
- 색을 구별하다 区分颜色
우리 눈은 어떻게 색을 구별할까요?
- 색을 내다 弄出颜色
무지개는 서로 다른 7가지의 색을 낸다.
- 색을 띠다 带颜色
하늘이 붉은 색을 띠었다.
- 색을 입히다 涂颜色
종이꽃에 예쁜 색을 입혀요.
- 색을 칠하다 涂颜色
화분에 색을 칠해줬어요.

Ⓐ + 색

- 고유한 색 固有的颜色
우리가 먹는 과일은 각각 고유한 색을 가지고 있다.
- 다양한 색 各种各样的颜色

국화는 정말 다양한 색의 꽃이 많습니다.
· **새하얀 색** 雪白的颜色
둥그런 돌은 햇볕에 바래서 새하얀 색이 되어 있었다.
· **선명한 색** 鲜明的颜色
기분이 우울한 날에는 선명한 색을 입어야 좋다.
· **은근한 색** 淡淡的颜色
색이 있는 의복을 입고자 할 때는 은근한 색을 취한다.
· **화려한 색** 华丽的颜色
화려한 색을 보면 기분이 좋아진다.

1121 **색깔** (色깔)
颜色

색깔 + Ⓝ

· **색깔 변화** 颜色变化
· **색깔 분석** 颜色分析

색깔 + Ⓥ

색깔이 ~
· **색깔이 변하다** 颜色改变
사과는 쪼개서 놔 두면 색깔이 변해요.
· **색깔이 선명하다** 颜色鲜明
생선류는 색깔이 선명한 것이 싱싱하다.
· **색깔이 연하다** 颜色浅
벽지 색깔이 연하다.
· **색깔이 진하다** 颜色深
가을에는 나뭇잎의 색깔이 진하다.
색깔을 ~
· **색깔을 구별하다** 区分颜色
소들은 색깔을 구별할 수 없다.

Ⓐ + 색깔

· **다채로운 색깔** 多姿多彩的色彩
화단에 다채로운 색깔의 꽃이 피었다.
· **진한 색깔** 深色
신발은 옷의 색깔보다 진한 색깔을 신는 것이 좋다.
· **화려한 색깔** 鲜艳的颜色
아이들은 화려한 색깔을 사용한 그림을 좋아한다.

1122 **샌드위치** (sandwich)
三明治

샌드위치 + Ⓝ

· **샌드위치 소스** 三明治酱

샌드위치 + Ⓥ

샌드위치를 ~
· **샌드위치를 먹다** 吃三明治
장 선생과 산 정상에서 샌드위치를 먹었다.
· **샌드위치를 만들다** 做三明治
오늘은 아이들과 함께 샌드위치를 만들어 보겠습니다.
샌드위치로 ~
· **샌드위치로 때우다** 吃三明治对付，用三明治填饱肚子
늦은 점심을 샌드위치로 때웠다.

1123 **생** (生)
生命

생 + Ⓥ

생이 ~
· **생이 끝나다** 生命结束
생이 끝나는 날까지 당신을 사랑합니다.
생을 ~
· **생을 마감하다** 结束生命
언니는 우울증이 너무 심해 스스로 생을 마감했다.
· **생을 마치다** 结束生命
나도 건강하게 생을 마치고 싶다.
· **생을 영위하다** 经营人生
생을 영위하다 보면 힘들 때도 있다.
· **생을 의지하다** 赖以生存
우리는 생을 의지할 든든한 기둥이 필요하다.
· **생을 살다** 度过人生
그는 30년이라는 짧은 생을 살았다.
· **생을 포기하다** 放弃生命
스스로 생을 포기하지 않아야 한다.

Ⓐ + 생

· **짧은 생** 短暂的人生

스물다섯 살의 젊은이는 그렇게 짧은 생을 마감했다.
· **어려운 생** 艰难的人生
누구나 들춰 보면 한 많고 어려운 생을 살았을 것이다.
· **행복한 생** 幸福的人生
사랑이 없는 생은 결코 행복한 생이 아니다.

1124 생각
思维，思考，头脑

· 생각 끝 思考后
· 생각 속 想法中
· 생각 중 正在考虑

생각이 ~

· **생각이 간절하다** 渴望
이들에게 무언가라도 해주고 싶다는 생각이 간절하다.
· **생각이 깊다** 有想法，有心计
아이가 신중하고 생각이 깊어 보였다.
· **생각이 나다** 想念，想起
필자는 별을 보면 가장 먼저 고향 생각이 난다.
· **생각이 나타나다** 产生……的想法
부정적인 생각이 나타나는 가장 큰 이유는 무엇일까?
· **생각이 다르다** 想法不一样
사람마다 생각이 다 다르니까.
· **생각이 단순하다** 想法单纯
왜 이렇게 생각이 단순해요?
· **생각이 들다** 想到
살면서 그런 생각이 든 것은 처음이었다.
· **생각이 떠오르다** 浮现……想法
갑자기 이런 생각이 떠올랐다.
· **생각이 막히다** 思路滞塞
독후감을 쓰는데 계속 생각이 막혀요.
· **생각이 바뀌다** 想法改变
생각이 바뀐 게 아니라 상황이 바뀐 것이나.
· **생각이 비슷하다** 想法相似
둘은 생각이 비슷해 친구로 계속 친하게 지낸다.
· **생각이 사라지다** 想法消失
경제 발전 덕분에 낡은 생각이 사라졌다.
· **생각이 스치다** 想法掠过脑际，灵光一闪
이러한 상황에서는 여러 가지 생각이 스쳐갑니다.
· **생각이 얕다** 欠考虑
제가 생각이 얕았습니다.

· **생각이 어리다** 想法幼稚
그 여자는 나이가 어린 게 아니라 생각이 어려요.
· **생각이 없다** 不想……
그녀는 더 이상 설명할 생각이 없는 것이 분명했다.
· **생각이 엷다** 想法浅薄
돈에 대한 저의 생각이 엷어졌어요.
· **생각이 옳다** 想法正确
자신의 생각이 옳다면 굽히지 마라.
· **생각이 있다** 有……的想法
제작이나 연출을 해보고 싶은 생각이 있나?
· **생각이 자유롭다** 想法自由
우리 아이는 남달리 생각이 자유로워요.
· **생각이 잘못되다** 想法错误
생각이 잘못되면 열심히 노력해도 소용없다.

생각을 ~

· **생각을 가지다** 有……的想法
본인도 같은 생각을 가지고 있다.
· **생각을 가다듬다** 整理思绪
그는 수화기를 내려놓고 생각을 가다듬었다.
· **생각을 갖다** 有……的想法
그는 아내에게 늘 미안한 생각을 갖고 있다.
· **생각을 공유하다** 分享想法
가끔은 생각을 공유하고 싶을 때가 있다.
· **생각을 떨치다** 摆脱……的想法
무서운 생각을 좀 떨쳐 버릴 수 없을까요?
· **생각을 못하다** 没想到
실패한 사람들은 생각을 못해서 실패한 게 아니다.
· **생각을 바꾸다** 改变想法
누나는 생각을 바꾸고 결혼을 포기했다.
· **생각을 버리다** 丢掉……的想法
부정적인 모든 생각을 버려 주세요.
· **생각을 뿌리치다** 抛弃……的想法
나는 얼른 그 불길한 생각을 뿌리쳤다.
· **생각을 알리다** 告知想法
나는 내 생각을 알리고 싶은 마음이 없었다.
· **생각을 열다** 打开思路
생각을 열고 시를 읽어야 한다.
· **생각을 움직이다** 触动想法
생각을 움직이는 미술교육이 중요하다.
· **생각을 읽다** 领会意图
생각을 읽으면 마음을 사로잡을 수 있다.
· **생각을 전달하다** 传达想法
자신의 생각을 전달하는 게 힘들다.
· **생각을 접다** 放弃想法
억울한 생각을 접고 집을 나섰다.
· **생각을 정리하다** 梳理思路
자신의 생각을 정리해 보고서로 작성한다.
· **생각을 지우다** 打消……的念头，摒除……的想法

나는 곧 그런 생각을 지워 버렸다.
· **생각을 짜내다** 绞尽脑汁
생각을 짜내서 상품을 만들어야 한다.
· **생각을 짜다** 绞尽脑汁想
제 생각을 짜고 또 짜서 만든 리포트입니다.
· **생각을 키우다** 培养思维
지혜와 생각을 키우는 철학동화를 읽어야 한다..
· **생각을 포기하다** 放弃……的想法
피아노를 치지 않겠다는 생각을 포기해라.
· **생각을 표현하다** 表达……的想法
자기의 생각을 표현하다가 막힐 때가 많습니다.
· **생각을 하다** 想
아마 그분도 그런 생각을 하실 거예요.
· **생각을 해내다** 想出
생각을 해내고 그것들을 정리하는 데 어려움이 많았다.

생각보다 ~
· **생각보다 쉽지 않다** 没有想象那么简单
선물 고르기가 생각보다 쉽지 않다.
· **생각보다 어렵다** 比想象难
초기 시장 진입은 생각보다 어렵다.

Ⓐ + 생각
· **같은 생각** 同样的想法
저와 같은 생각을 가진 분이 또 있으신지 궁금해요.
· **별다른 생각** 特别的想法
별다른 생각 없이 함부로 말을 하지 마라.
· **불길한 생각** 不祥之感
불길한 생각 때문에 다리에 힘이 빠졌다.
· **좋은 생각** 好主意
행운을 부르는 좋은 생각이 필요하다.
· **오랜 생각** 长时间思考, 深思熟虑
나는 오랜 생각 끝에 결혼하기로 결심했다.

1125 생김새
长相

생김새 + Ⓥ
생김새가 ~
· **생김새가 다르다** 长相不同
세상 모든 사람들은 생김새가 다르다.
· **생김새가 비슷하다** 长相相似
그 형제 둘은 생김새가 비슷하다.

1126 생명 (生命)
生命

생명 + Ⓝ
· **생명 과학** 生命科学
· **생명 구원** 救助生命
· **생명 연관** 性命攸关
· **생명 유지** 维持生命
· **생명 창조** 创造生命

생명 + Ⓥ
생명이 ~
· **생명이 길다** 寿命长
이 화초는 생명이 길다.
· **생명이 끝나다** 生命结束
생명이 끝나는 순간 공포를 느끼게 된다.
· **생명이 짧다** 生命短暂
자연의 꽃은 아름답지만 생명이 짧다.
· **생명이 탄생하다** 生命诞生
지구상에는 오래전에 생명이 탄생했다.

생명을 ~
· **생명을 걸다** 拿性命担保, 豁出性命
제 생명을 걸고 약속드릴 수 있어요.
· **생명을 구하다** 挽救生命
다른 사람의 생명을 구하기 위해 장기를 기증했다.
· **생명을 바치다** 献出生命
국가를 위해 생명을 바치면 국립묘지에 안치된다.
· **생명을 지키다** 守护生命
소중한 엄마의 생명을 지킬게요.
· **생명을 유지하다** 维系生命
산소 호흡기는 생명을 유지하는 장치이다.
· **생명을 잃다** 失去生命
전쟁에서 수많은 선열들이 소중한 생명을 잃었다.

Ⓐ + 생명
· **새로운 생명** 新的生命
새로운 생명이 태어난 건 축하할 일이다.

1127 생방송 (生放送)
直播

· 생방송 경험 直播经历
· 생방송 중 正在直播
· 생방송 진행 进行直播
· 생방송 프로그램 直播节目

생방송이 ~
· 생방송이 끝나다 直播结束
생방송이 끝나면 녹화방송으로 재시청이 가능하다.

생방송을 ~
· 생방송을 하다 直播
생방송을 하던 중에 비가 막 쏟아졌다.

생방송으로 ~
· 생방송으로 진행되다 被直播
이 뉴스 쇼는 일부 생방송으로 진행될 것입니다.
· 생방송으로 중계하다 实况转播
북경올림픽을 생방송으로 중계하고 있다.

1128 생산 (生産)
生产

· 생산 감소 生产减少
· 생산 공장 生产工厂
· 생산 과정 生产过程
· 생산 과잉 生产过剩
· 생산 관계 生产关系
· 생산 구조 生产结构
· 생산 기술 生产技术
· 생산 노동 生产劳动
· 생산 능력 生产能力
· 생산 단가 单位生产成本
· 생산 단계 生产阶段
· 생산 방식 生产方式
· 생산 비용 生产费用
· 생산 설비 生产设备
· 생산 수단 生产手段
· 생산 시설 生产设施
· 생산 업체 生产企业

· 생산 요소 生产要素
· 생산 체제 生产体制
· 생산 활동 生产活动

생산이 ~
· 생산이 되다 生产
먹거리는 농사를 지어야 생산이 된다.
· 생산이 증가하다 产量增加, 增产
올해 과일은 5배 이상 생산이 증가하였다.

생산을 ~
· 생산을 중단하다 中断生产, 停产
모든 공해물질의 생산을 중단해야 한다.
· 생산을 줄이다 减少生产, 减产
농산물 가격을 올리기 위해 생산을 줄인다.
· 생산을 하다 生产
지금은 부업 생산을 할 여력이 없다.
· 생산을 확대하다 扩大生产
그 공장은 올해 생산을 확대할 계획이다.

생산에 ~
· 생산에 필요하다 生产所需
토지는 생산에 필요한 장소를 제공한다.

1129 생선 (生鮮)
鲜鱼, 鱼

· 생선 가게 鲜鱼店
· 생선 가시 鱼刺
· 생선 구이 烤鱼
· 생선 궤짝 鱼柜子
· 생선 냄새 鱼味儿
· 생선 매운탕 辣鱼汤
· 생선 비늘 鱼鳞
· 생선 비린내 鱼腥
· 생선 살 鱼肉
· 생선 알 鱼籽
· 생선 요리 用鱼做的料理
· 생선 장수 鱼贩子
· 생선 조림 红烧鱼
· 생선 초밥 鱼肉寿司
· 생선 통조림 鱼罐头

생선 + ⓥ

생선을 ~

· 생선을 굽다 烤鱼
저녁에는 조개나 생선을 구워 먹었으면 해요.
· 생선을 말리다 晒鱼
윗집에서 생선을 말려요.
· 생선을 먹다 吃鱼
생선을 먹지 않기로 결심했거든.
· 생선을 바르다 剔鱼刺
손자들에게 생선을 발라 주는 일도 즐겁다.
· 생선을 사다 买鱼
시장에서 생선을 사면 그 자리에서 먹을 수 있나요?
· 생선을 자르다 剁鱼
여기에서는 생선을 잘라 포장해 팝니다.
· 생선을 잡다 抓鱼
생선을 잡아서 오래 두면 신선한 맛이 없어진다.
· 생선을 팔다 卖鱼
여름철에 생선을 팔고 남은 것은 버린다.

Ⓐ + 생선

· 싱싱한 생선 新鲜鱼
싱싱한 생선을 보고 '물이 좋다'고 말한다.
· 팔팔한 생선 活蹦乱跳的鱼
팔팔한 생선을 직접 골라서 바로 회로 드시면 맛있다.

1130 생신 (生辰)
生日（敬语，指称长辈的生日）

생신 + ⓝ

· 생신 때 生日的时候
· 생신 날 生日那天
· 생신 선물 生日礼物
· 생신 잔치 生日宴

생신 + ⓥ

생신이 ~

· 생신이 다가오다 生日临近
얼마 전에 돌아가신 시아버님 생신이 다가와요.

생신을 ~

· 생신을 맞다 迎来生日
우리 외할머니는 올해 90회 생신을 맞았다.
· 생신을 축하드리다 祝贺生日

엄마, 생신을 축하드려요.

1131 생일 (生日)
生日

생일 – ⓝ

· 생일잔치 生日宴会

생일 + ⓝ

· 생일 날 生日那一天
· 생일 때 生日的时候
· 생일 모임 生日聚会
· 생일 선물 生日礼物
· 생일 축하 祝贺生日
· 생일 카드 生日贺卡
· 생일 케이크 生日蛋糕
· 생일 파티 生日宴会

생일 + ⓥ

생일이 ~

· 생일이 늦다 生日小
나는 우리 반에서 생일이 가장 늦다.
· 생일이 빠르다 生日大
그는 나보다 생일이 4개월이나 빠르다.

생일을 ~

· 생일을 맞다 迎来了……生日
오늘 뜻깊은 생일을 맞았다.
· 생일을 맞이하다 生日来临
생일을 맞이한 남자 친구에게 케이크를 주었다.
· 생일을 묻다 询问生日
이름과 생일을 물었다.
· 생일을 보내다 过生日
나 얼마 전에 마흔 살 생일을 보냈어요.
· 생일을 챙기다 给……过生日
제 생일 챙겨줘서 너무너무 고마워요.
· 생일을 축하하다 祝贺生日
당신의 생일을 진심으로 축하합니다.
· 생일을 앞두다 生日来临
생일을 앞두고 나는 엄마를 생각한다.

1132 생활 (生活)
生活

생활 – Ⓝ

· 생활양식 生活方式
· 생활환경 生活环境

생활 + Ⓝ

· 생활 가운데 生活中
· 생활 경험 生活经验
· 생활 규칙 生活规则
· 생활 모습 生活面貌
· 생활 방식 生活方式
· 생활 상담 生活咨询
· 생활 습관 生活习惯
· 생활 쓰레기 生活垃圾
· 생활 정보 生活信息
· 생활 조건 生活条件
· 생활 철학 生活哲学
· 생활 태도 生活态度
· 생활 풍습 生活习俗
· 생활 한복 改良韩服

생활 + Ⓥ

생활이 ~

· 생활이 건강하다 生活健康
생활이 건강해야 피부도 건강해져요.
· 생활이 괴롭다 生活痛苦
지금 생활이 괴롭지만 나는 희망을 잃지 않는다.
· 생활이 깨지다 生活破碎
결혼 생활이 깨지면 아내는 가난해질 가능성이 높다.
· 생활이 답답하다 生活郁闷
요즘 들어 생활이 참 답답해요.
· 생활이 바쁘다 生活繁忙
예전과 달리 생활이 바빠졌다.
· 생활이 시작되다 生活开始
이때부터 고양이같이 숨어사는 생활이 시작된 거야.
· 생활이 어렵다 生活艰难
생활이 어려운 어촌사람들이 도시로 빠져나갔다.
· 생활이 익숙하다 熟悉……的生活
이런 생활이 익숙하지 않은 나는 슬픈 생각이 들었다.
· 생활이 외롭다 生活孤独
도시 생활이 외롭고 힘들어서 집으로 돌아왔다.

· 생활이 즐겁다 生活愉快
친구와도 잘 어울리면 생활이 즐거워지는 것 같다.
· 생활이 풍요롭다 生活富饶
생활이 풍요로워져 여행도 쉽게 떠날 수 있다.
· 생활이 행복하다 生活幸福
결혼 생활이 행복합니까?

생활을 ~

· 생활을 개선하다 改善生活
서민 생활을 개선하기 위한 노력이 필요하다.
· 생활을 경험하다 经历……生活
직장 생활을 경험해본 사람들은 돈 벌기가 어렵다는 것을 안다.
· 생활을 계속하다 继续……生活
여자가 결혼하면 직장 생활을 계속하기가 어렵다.
· 생활을 고치다 改变生活
불규칙적인 생활을 고쳐야 한다.
· 생활을 규제하다 规定……生活
학교장은 학생들의 생활을 규제하기 마련이다.
· 생활을 그리다 勾画……生活
가끔 산골 생활을 그려 본다.
· 생활을 그만두다 放弃……生活
내 아이들이 10살이 되면 연기 생활을 그만둘 계획이다.
· 생활을 꾸리다 营造……生活
그녀는 결혼하여 안정된 생활을 꾸리고 싶어 한다.
· 생활을 꿈꾸다 梦想……生活
달콤한 결혼 생활을 꿈꿨다.
· 생활을 누리다 享受……生活
혼자만의 즐거운 생활을 누려보세요.
· 생활을 돕다 帮助……生活
집으로 찾아가서 학생들의 한국 생활을 도와주세요.
· 생활을 되돌아보다 回顾……生活
자신의 생활을 되돌아보고 반성하는 것이 필요하다.
· 생활을 되풀이하다 反复……生活
같은 생활을 되풀이하는 인생이 지루하다.
· 생활을 마감하다 结束……生活
13년 결혼 생활을 마감하고 싶다.
· 생활을 마치다 结束……生活
큰 부상 없이 선수 생활을 마쳐 고맙다.
· 생활을 바꾸다 改变……生活
우리의 생활을 바꿔줄 미래.
· 생활을 반성하다 反省……生活
스스로 자기의 생활을 반성해야 합니다.
· 상활을 변모시키다 使生活发生改变
산업 혁명은 많은 면에서 인간의 생활을 변모시켰다.
· 생활을 변화시키다 使生活发生改变
결혼은 그녀의 생활을 어느 정도 변화시켰다.
· 생활을 벗어나다 摆脱……生活
복잡한 생활을 벗어나서 해외여행을 떠난다.

· 생활을 보내다 度过……生活
선수 생활을 보내다 그는 미국으로 유학을 떠났다.

· 생활을 시작하다 开始……生活
이제 나는 고향을 떠나 홀로 서울 생활을 시작한다.

· 생활을 영위하다 构建……生活
아이들끼리 자신들의 생활을 영위하며 지냈다.

· 생활을 유지하다 维持……生活
그는 자신감이 있고 자신의 독립된 생활을 유지한다.

· 생활을 정리하다 结束生活
이러한 생활을 정리하고 우리는 고향을 떠났다.

· 생활을 즐기다 享受生活
평등한 부부만이 행복한 결혼 생활을 즐길 수 있다.

· 생활을 지배하다 支配生活
양식(糧食)이 생활을 지배한다.

· 생활을 청산하다 结束生活
그는 회사 생활을 청산하고 새로운 삶을 시작했다.

· 생활을 추구하다 追求生活
행복한 결혼 생활을 추구한다.

· 생활을 하다 生活
신입생들의 경우는 1년간의 공동체 생활을 해야 한다.

생활에 ~

· 생활에 간섭하다 干涉生活
내 생활에 간섭하지 마.

· 생활에 만족하다 满足于生活
어떻게 이런 생활에 만족할 수 있는 것일까?

· 생활에 시달리다 被生活所折磨
오랜 직장 생활에 시달려 잠깐 휴식을 취하는 중이다.

· 생활에 유용하다 在生活中有用
냉장고는 TV보다 생활에 유용하다.

· 생활에 익숙하다 对……生活熟悉
이미 도시 생활에 익숙해졌다.

· 생활에 적응하다 适应……的生活
나는 조금씩 이곳 생활에 적응해 갔다.

· 생활에 젖다 融入……的生活
그는 도시 생활에 젖어 있다.

· 생활에 지치다 因生活而心力交瘁
도시 생활에 지쳐서 고향으로 내려왔다.

· 생활에 쪼들리다 生活拮据
그렇게 생활에 쪼들리다 보니 도둑질도 해봤다.

· 생활에 쫓기다 被生活所迫
직장 생활에 쫓겨 아이들과 잘 놀아 주지도 못한다.

· 생활에 찌들다 被生活所折磨
생활에 찌들어 고민이 이만 저만이 아니네요.

생활에서 ~

· 생활에서 나오다 来自生活
행운은 성실하고 근면한 생활에서 나온다.

· 생활에서 드러나다 在生活中体现
무술을 수련함으로써 생긴 집중력은 그 사람의 일상생활에서 드러난다.

· 생활에서 벗어나다 摆脱……的生活
도시 생활에서 벗어나 이제는 시골에 가고 싶다.

· 생활에서 실천하다 在生活中实践
계획된 것을 실제 생활에서 실천해 본다.

· 생활에서 쌓이다 在生活中积累
생활에서 쌓인 스트레스를 잘 풀어야 한다.

· 생활에서 쓰이다 用于生活
생활에서 쓰이고 있는 비속어를 사용하지 마라.

· 생활에서 오다 来自生活
생활에서 오는 어려움은 사람들마다 다를 것이다.

· 생활에서 중요하다 在生活中很重要
언어가 인간 생활에서 가장 중요하다.

· 생활에서 찾다 在生活中寻找
지혜가 있으면 일과 생활에서 기쁨을 찾을 수 있어.

· 생활에서 해방되다 从……生活中解放
감옥 같은 생활에서 해방된 기분이 들었다.

생활로 ~

· 생활로 돌아가다 回到……的生活
내일이면 다시 서울의 복잡한 생활로 돌아가야 한다.

· 생활로 되돌아가다 返回……的生活
어머니들이 하던 생활로 되돌아가고 만다.

· 생활로 바뀌다 生活发生改变
유목 생활이 농경 생활로 바뀌자 농경지가 생겼다.

· 생활로 변하다 变为……的生活
규칙적인 생활로 변해가고 있어요.

Ⓐ + 생활

· 건강한 생활 健康的生活
어린이가 건강한 생활을 하기 위해서 일찍 자야 한다.

· 바쁜 생활 忙碌的生活
현대인은 누구나 바쁜 생활을 하고 있어요.

· 분방한 생활 自由奔放的生活
밤에는 분방한 생활을 즐긴다.

· 비참한 생활 悲惨的生活
비참한 생활을 보내던 그 시기.

· 빡빡한 생활 拮据的生活
빡빡한 생활을 하는 사람은 건강이 나빠진다.

· 평범한 생활 平凡的生活
평범한 생활 속에서 행복을 만들어야 한다.

· 행복한 생활 幸福的生活
정직한 생활을 하면 행복한 생활을 할 수 있다.

1133 **생활비** (生活費)
生活費

· 생활비 부족 生活费不够
· 생활비 지원 赞助生活费

생활비가 ~
· 생활비가 들다 花生活费
생활비가 적게 드는 시골에 가서 살아야겠다.

생활비를 ~
· 생활비를 벌다 赚生活费
그는 혼자서 학비와 생활비를 벌면서 공부를 했다.
· 생활비를 보태다 补贴生活费
취직후에 집에 생활비를 보탰다.
· 생활비를 부치다 寄生活费
아들이 생활비를 부쳐 준다.
· 생활비를 지원하다 赞助生活费
그 부부는 가난한 학생에게 생활비를 지원하고 있다.

1134 **샤워** (shower)
淋浴

· 샤워 꼭지 淋浴喷头
· 샤워 시간 淋浴时间
· 샤워 시설 淋浴设施

샤워를 ~
· 샤워를 마치다 淋浴完
샤워를 마치고 욕실에서 나왔다.
· 샤워를 하다 淋浴
나는 샤워를 하고 곧바로 잠자리에 들었다.

1135 **서랍**
抽屉

· 서랍 속 抽屉里
· 서랍 안 抽屉里
· 서랍 열쇠 抽屉钥匙
· 서랍 위 抽屉上面
· 서랍 정리 整理抽屉

서랍이 ~
· 서랍이 닫히다 抽屉被关上
서랍이 잘 안 닫혀요.
· 서랍이 비다 抽屉空着
책상 서랍이 비어 있었다.
· 서랍이 열리다 抽屉被打开
서랍이 열리면서 무언가가 떨어졌다.
· 서랍이 차다 抽屉满了
서랍이 꽉 차서 마땅히 정리할 곳이 없어요.

서랍을 ~
· 서랍을 닫다 关抽屉
그녀는 먼저 조심스럽게 서랍을 닫고 나갔다.
· 서랍을 당기다 拉抽屉
나는 천천히 서랍을 당겼습니다.
· 서랍을 뒤지다 翻抽屉
누가 내 서랍을 뒤져봤을까?
· 서랍을 열다 开抽屉
나는 조용히 서랍을 열어 돈을 꺼내주었다.
· 서랍을 잠그다 锁抽屉
평소에는 형이 서랍을 잠그고 다녔다.
· 서랍을 채우다 把抽屉装满
화장품이 서랍을 가득 채웠다.

서랍에 ~
· 서랍에 넣다 放到抽屉里
도구는 화장품과 분리해서 서랍에 넣고 쓴다.
· 서랍에 들다 装在抽屉里
서류는 처음부터 아래 서랍에 들어 있었던 것입니다.

1136 **서류** (書類)
文件，文书

서류 + N

· 서류 가방 文件包
· 서류 검토 文件查阅
· 서류 뭉치 成沓的文件，成捆的文件
· 서류 보관함 文件保管柜
· 서류 봉투 文件袋
· 서류 심사 资料审查
· 서류 심의 文件审核
· 서류 작성 撰写文件
· 서류 전형 根据申请材料选拔
· 서류 접수 接收材料

사류 + V

서류가 ~

· 서류가 복잡하다 文件复杂
대학 입학 서류가 복잡하다.

서류를 ~

· 서류를 갖추다 备齐文件
서류를 갖춘 후에 신청해야 한다.
· 서류를 꾸미다 撰写文件
그는 뒤늦게 서류를 꾸며 불법 대출을 받았다.
· 서류를 뒤적이다 翻找文件
남자가 서류를 뒤적이며 물었다.
· 서류를 보내다 送文件
소송 서류를 보내고 변호사님과 통화하였습니다.
· 서류를 작성하다 撰写文件
서류를 이 양식에 따라 작성하세요.
· 서류를 접다 折文件
김 대리는 서류를 잘 접어 가방에 소중하게 넣는다.
· 서류를 접수하다 接收文件
부부가 동시에 이혼 서류를 접수했다.
· 서류를 정리하다 整理文件
주말에 책상 위의 서류를 정리했습니다.
· 서류를 준비하다 准备文件
여권사진을 찍고 서류를 준비하여 여권을 신청했다.
· 서류를 제출하다 提交文件
배우자와 같이 법원에 모든 서류를 제출했습니다.
· 서류를 챙기다 收拾文件
몇 가지 질문이 오간 뒤 그는 서류를 챙겨 들었다.
· 서류를 올리다 呈交文件

오늘 결재 서류를 올렸어요.
· 서류를 읽다 阅读文件
나는 서류를 꼼꼼히 읽고 또 읽었다.
· 서류를 확인하다 确认文件
현재 증빙 서류를 확인하고 있다.

서류에 ~

· 서류에 서명하다 在文件上签字
둘은 현재 이혼 서류에 서명했다.

서류로 ~

· 서류로 작성하다 以文件形式撰写
이력서를 서류로 작성하여 보냈다.

A + 서류

· 송부된 서류 提交的文件
법원으로 송부된 서류는 신청인의 증거 자료가 되었다.
· 필요한 서류 需要的文件
필요한 서류가 있다면 알려주세요.

1137 **서리**
霜

서리 + V

서리가 ~

· 서리가 끼다 一片阴沉
얼굴에 서리가 끼어 있었다.
· 서리가 내리다 下霜
머지않아 서리가 내리고 추운 겨울이 올 것이다.
· 서리가 오다 上霜
백로 전에 서리가 오면 농작물이 시들고 말라버린다.

서리를 ~

· 서리를 맞다 遭霜打
채소가 서리를 맞고 누렇게 말라 버렸다.

A + 서리

· 찬 서리 冷霜
찬 서리가 내려 잎이 모두 떨어졌습니다.

慣

· 서리가 내리다 （头发）斑白
어머니 머리에도 서리가 내리기 시작했다.
· 서리를 맞다 遭殃
이번 세무 감사로 그 회사는 크게 서리를 맞았다.

1138 서명 (署名)
签名，署名

서명 + Ⓝ

· 서명 내용 签名内容
· 서명 파일 签名文件
· 서명 운동 签名运动

서명 + Ⓥ

서명이 ~

· 서명이 필요하다 需要签名
소액결제는 서명이 필요하지 않다.

서명을 ~

· 서명을 받다 得到签名
10만 명의 서명을 받아야 한다.
· 서명을 하다 签名
확신이 들기 전엔 서명을 쉽게 하지 않는다.

1139 서비스 (service)
服务

서비스 + Ⓝ

· 서비스 강화 加强服务
· 서비스 개선 改善服务
· 서비스 경쟁 服务竞争
· 서비스 업체 服务企业
· 서비스 요금 服务费
· 서비스 부문 服务业
· 서비스 산업 服务产业
· 서비스 시장 服务市场
· 서비스 제공 提供服务
· 서비스 회사 服务公司

서비스 + Ⓥ

서비스가 ~

· 서비스가 필요하다 需要服务
소비자를 왕처럼 모시는 서비스가 필요하다.
· 서비스가 중단되다 服务被中断
해커의 공격으로 뉴스 사이트의 서비스가 중단됐다.

서비스를 ~

· 서비스를 개선하다 改善服务
은행이 고객들을 위해 서비스를 개선하였다.
· 서비스를 제공하다 提供服务
최근 양질의 서비스를 제공하는 병원이 많다.
· 서비스를 이용하다 利用服务
이 서비스를 이용하기 위해서는 어떻게 해야 할까요?
· 서비스를 받다 接受服务
급전이 필요해서 현금서비스를 받으려고 합니다.

1140 서양 (西洋)
西方

서양 + Ⓝ

· 서양 과학 西方科学
· 서양 나라 西方国家
· 서양 명절 西方节日
· 서양 문명 西方文明
· 서양 문물 西方文物
· 서양 문학 西方文学
· 서양 문화 西方文化
· 서양 악기 西方乐器
· 서양 요리 西餐
· 서양 이론 西方理论
· 서양 음악 西方音乐
· 서양 의술 西方医术
· 서양 사상 西方思想
· 서양 사람 西方人
· 서양 세계 西方世界

1141 서적 (書籍)
书籍，图书

서적 + Ⓝ

· 서적 간행 图书发行
· 서적 도매상 图书批发商
· 서적 매출 图书销售
· 서적 발간 图书发行
· 서적 판매대 图书销售台

· 서적 판매량 图书销量
· 서적 코너 图书角
· 서적 출판 图书出版

서적 + ⓥ

서적을 ~

· 서적을 탐독하다 嗜读书籍
전문 서적을 탐독하고 싶다.
· 서적을 펴내다 发行图书
사람들이 쉽게 읽을 수 있는 서적을 펴내고 싶다.
· 서적을 출간하다 发行图书
그는 여행 서적을 많이 출간했다.
· 서적을 읽다 读书
외국 서적을 읽다 보니까 영어 실력이 좋아졌다.

1142 서점 (書店)
书店

서점 – ⓝ

· 서점주인 书店主人

서점 + ⓝ

· 서섬 경영 经营书店
· 서점 관리 管理书店
· 서점 종업원 书店工作人员
· 서점 직원 书店员工
· 서점 안 书店里
· 서점 운영 经营书店

서점 + ⓥ

서점이 ~

· 서점이 없다 没有书店
집 근처에 서점이 없다.
· 서점이 있다 有书店
도심지 곳곳에는 대형 서점이 있다.
· 서점이 작다 书店小
서점이 작아서 내가 원하는 지도나 책을 살 수가 없다.
· 서점이 크다 书店大
서점이 커서 어디부터 봐야 할지 모르겠다.

서점을 ~

· 서점을 방문하다 去书店
책을 사러 서점을 방문했다.

· 서점을 열다 开书店
서점을 열어볼까도 생각했다.
· 서점을 차리다 开书店
이런 동네에 서점을 차리고 싶다.
· 서점을 찾다 去书店
책을 사기 위해 서점을 찾았다.

서점에 ~

· 서점에 가다 去书店
서점에 갔다가 소매치기를 당했습니다.
· 서점에 나오다 （图书）上架
그런 책은 서점에 나와 있지 않았다.
· 서점에 들르다 顺便去书店
나는 밤이 되어 서점에 들렀다.

서점으로 ~

· 서점으로 가다 去书店
돈이 생기면 서점으로 가서 책을 사곤 했다.
· 서점으로 들어가다 进书店
주인은 서점으로 들어갔다.

1143 석사 (석싸)(碩士)
硕士

석사 + ⓝ

· 석사 과정 硕士阶段
· 석사 코스 硕士课程
· 석사 학위 硕士学位

석사 + ⓥ

석사를 ~

· 석사를 마치다 结束硕士学习
저는 석사를 마쳤습니다.

1144 석유 (서규)(石油)
石油

석유 – ⓝ

석유파동 石油危机

석유 + ⓝ

· 석유 가스 石油气

· 석유 개발 石油开发
· 석유 공급 石油供应
· 석유 공급원 石油供应来源
· 석유 냄새 石油味儿
· 석유 매장량 石油储量
· 석유 등잔 煤油灯
· 석유 사업 石油生意
· 석유 수입 石油进口
· 석유 제품 石油产品
· 석유 에너지 石油能源
· 석유 위기 石油危机
· 석유 화학 石油化学

석유 + Ⓥ

석유가 ~

· 석유가 나다 出产石油
러시아는 석유가 나는 나라입니다.

1145 선 (線)
线

선 + Ⓥ

선이 ~

· 선이 가늘다 线细
컴퓨터와 연결되는 선이 가늘다.

· 선이 선명하다 线明显
누나는 눈이 크고 입술의 선이 선명하다.

선을 ~

· 선을 그리다 画线
그는 그림자 선을 그리는 붉은 잉크를 꺼냈다.

· 선을 긋다 划线
자를 대고 선을 그으세요.

· 선을 넘다 过线
취업자 수는 처음으로 1천만 명 선을 넘었다.

慣

· 선이 가늘다 柔弱
그녀는 섬세하고 선이 가는 사람이다.

· 선이 굵다 粗线条
성격이 강하고 고집이 센 사람은 그림의 선이 굵다.

· 선을 긋다 划清界限
과거의 문학과 선을 확실히 긋고 새로운 문학을 개척

할 것이다.

· 선을 넘다 越过雷池
아무리 가까운 사이라도 선을 넘지 않는 것이 좋다.

1146 선거 (選擧)
选举

선거 + Ⓝ

· 선거 과정 选举过程
· 선거 결과 选举结果
· 선거 공약 竞选承诺，选举纲领
· 선거 기간 选举期间
· 선거 비용 选举费用
· 선거 자금 选举资金
· 선거 절차 选举程序
· 선거 제도 选举制度
· 선거 연설 选举演说
· 선거 활동 选举活动
· 선거 후보 选举候选人

선거 + Ⓥ

선거가 ~

· 선거가 끝나다 选举结束
선거가 끝나고 나니 바쁜 농사철이다.

선거를 ~

· 선거를 마무리하다 结束选举
정정당당하게 선거를 마무리하자.

· 선거를 치르다 进行选举
우리나라는 내일 대통령 선거를 치른다.

· 선거를 앞두다 选举临近
정치권도 대통령 선거를 앞두고 불안정한 분위기다.

· 선거를 하다 进行选举
오늘 학교에서 반장 선거를 했다.

선거에 ~

· 선거에 나가다 参加选举
나는 요즘 선거에 나갈 준비로 바쁘다.

· 선거에 나서다 参加选举
제 친구가 국회의원 선거에 나섭니다.

· 선거에 출마하다 参加选举
삼촌은 선거에 출마하여 낙선한 적이 있다.

선거에서 ~

· 선거에서 낙선하다 选举中落选

선거에서 낙선하신 분들의 모습이 궁금하다.
· **선거에서 당선되다** 在选举中当选
지방 선거에서 당선되면 교수직을 그만두는 건가요?
· **선거에서 이기다** 在选举中获胜
돈과 조직이 있어야 선거에서 이길 수 있다.

Ⓐ + 선거

· **평등한 선거** 公平的选举
평등한 선거가 되도록 노력해야 한다.

1147 선물 (膳物)
礼物

선물 + Ⓝ

· 선물 가게 礼品店
· 선물 공세 礼物攻势
· 선물 교환 交换礼物
· 선물 꾸러미 礼品包
· 선물 보따리 大礼包
· 선물 상자 礼品盒
· 선물 세트 礼品套装
· 선물 주머니 礼品袋
· 선물 포장 礼品包装

선물 + Ⓥ

선물이 ~

· **선물이 되다** 成为礼物
좋은 선물이 됐으면 좋겠다.

선물을 ~

· **선물을 가져오다** 带礼物来
학생들이 선물을 가져왔다.
· **선물을 고르다** 挑选礼物
외국인 친구를 위해 어떤 선물을 고르면 좋을까요?
· **선물을 교환하다** 交换礼物
선물을 교환해 서로 결혼 4주년을 축하했다.
· **선물을 꺼내다** 拿出礼物
나는 가방에서 선물을 꺼냈다.
· **선물을 나눠주다** 分享礼物
성탄절에 아이들에게 선물을 나눠줬다.
· **선물을 드리다** 给礼物
늦었지만 선물을 드리고 싶습니다.
· **선물을 받다** 收礼物
남자친구한테 생일 선물을 받았다.

· **선물을 보내다** 送礼物
나는 아내에게 생일 선물을 보냈다.
· **선물을 사다** 买礼物
공연이 끝나고 감사의 표시로 선물을 사기로 했다.
· **선물을 싸다** 包礼物
노란 포장지로 선물을 쌌다.
· **선물을 장만하다** 置备礼物
친구들에게 줄 좋은 추석 선물을 장만했어요.
· **선물을 전하다** 转交礼物
생일 선물 겸 감사의 선물을 전하고 싶습니다.
· **선물을 주고받다** 互赠礼物
각종 기념일에 선물을 주고받습니까?
· **선물을 주다** 给礼物
동생은 그에게 커다란 선물을 하나 주었다.
· **선물을 준비하다** 准备礼物
아버지 생신 선물을 준비해 드리려고요.
· **선물을 증정하다** 赠送礼物
회원에게 선물을 증정한다.
· **선물을 포장하다** 包装礼物
선물을 포장할 때 다음 사항을 고려한다.
· **선물을 풀다** 打开礼物
선물을 풀면서 가슴이 따뜻해졌어요.
· **선물을 하다** 送礼物
나도 동생에게 선물을 하나 하고 싶었다.

선물로 ~

· **선물로 받다** 收到……礼物
남편으로부터 자동차를 선물로 받았다.
· **선물로 보내다** 送……作为礼物
너에게 신발과 모자를 선물로 보냈다.
· **선물로 적당하다** 作为礼物合适
이 정도면 아이들 선물로 적당할 것이다.
· **선물로 전하다** 作为礼物转交……
기자는 서울 친지가 보내준 멸치를 선물로 전했다.
· **선물로 주다** 给……作为礼物
여자 친구에게 반지를 선물로 주었다.
· **선물로 준비하다** 准备……作为礼物
꽃씨를 선물로 준비했는데 손님들의 반응이 좋아요.

Ⓐ + 선물

· **귀한 선물** 宝贵的礼物
생일 날 딸에게 귀한 선물을 받았다.
· **받은 선물** 收到的礼物
받은 선물은 그 자리에서 풀어 보아도 괜찮다.
· **작은 선물** 小礼物
작은 선물을 준비했습니다.
· **포장된 선물** 包装的礼物
예쁘게 포장된 선물이 나에게 배달되었다.

· 큰 선물 重要的礼物
외국인으로부터 큰 선물 하나를 받았다.

1148 선배 (先輩)
前輩, 学长

선배 + Ⓝ

· 선배 대접 学长待遇
· 선배 언니 学姐, 师姐
· 선배 형 学兄, 师兄

선배 + Ⓥ

선배로 ~

· 선배로 모시다 视作前辈追随
김 의장을 나는 정치 선배로 모셔 왔다.

선배에게 ~

· 선배에게 구하다 向前辈求教
자기가 하던 업무에 대해 선배에게 의견을 구했다.

Ⓐ + 선배

· 숭배하던 선배 崇拜的学长（前輩）
숭배하던 선배와 같은 무대에 서게 되었다.
· 절친한 선배 非常亲密的学长（前輩）
절친한 선배에게 고민을 털어놓았다.
· 존경하는 선배 尊敬的学长（前輩）
그녀가 존경하는 선배가 누구인지 궁금해요.

1149 선생님 (先生님)
老师

선생님 + Ⓝ

· 선생님 댁 老师家
· 선생님 말씀 老师的话
· 선생님 성함 老师的尊姓大名

선생님 + Ⓥ

선생님이 ~

· 선생님이 계시다 有老师在
사람이 모여 있는 곳에는 어디에나 선생님이 계시지.

· 선생님이 돌아가시다 老师去世
몇 년 전에 선생님이 돌아가셨다는 소식을 들었다.
· 선생님이 되다 成为老师
부모는 우선 훌륭한 선생님이 되어야 한다.

선생님을 ~

· 선생님을 뵈다 拜见老师
길에서 우연히 선생님을 뵈었다.
· 선생님을 모시다 迎接老师
제가 선생님을 모시러 댁으로 가겠습니다.
· 선생님을 찾다 去见老师
그녀는 선생님을 찾으러 교무실로 들어갔습니다.

선생님께 ~

· 선생님께 감사드리다 感谢老师
어머니께서는 먼저 선생님께 감사드리라고 하셨다.
· 선생님께 드리다 给老师
마지막 부탁은 바로 선생님께 드리고 싶은 거예요.
· 선생님께 빌다 祈求老师
철모르는 어린이들이지만 선생님께 잘못을 빌었다.
· 선생님께 여쭈다 向老师请教
궁금한 점은 선생님께 여쭤보세요.
· 선생님께 올리다 呈给老师
선생님께 글을 올려서 궁금한 점을 물어보겠습니다.

선생님으로 ~

· 선생님으로 계시다 做老师
우리 학교에는 미국인 선교사들이 선생님으로 계셔서
영어회화를 가르쳐주셨다.

Ⓐ + 선생님

· 공평한 선생님 公平的老师
그분은 언제나 공평한 선생님이다.
· 자상한 성생님 慈祥的老师
그녀는 학생들을 집으로 초대하는 자상한 선생님이었다.
· 좋아했던 선생님 曾经喜欢的老师
중학교 시절 좋아했던 선생님을 다시 만났다.
· 좋은 선생님 好老师
좋은 선생님을 만나보면 공통점을 발견하게 돼요.
· 훌륭한 선생님 优秀的老师
세상에서 가장 훌륭한 선생님은 어머니다.

1150 선수 (選手)
选手, 运动员

선수 + Ⓝ

· 선수 관리 运动员管理

· 선수 교체 替换运动员
· 선수 명단 运动员名单
· 선수 생활 运动员生活
· 선수 선발 选拔运动员
· 선수 시절 运动员时期
· 선수 육성 培养运动员

선수 + Ⓥ

선수가 ~

· 선수가 되다 成为运动员
팀 승리에 기여하는 선수가 되고 싶습니다.
· 선수가 이기다 运动员获胜
그 선수가 어떻게 매번 이길 수 있나요?
· 선수가 입장하다 运动员入场
선수들이 아이들의 손을 잡고 경기장에 입장한다.
· 선수가 참가하다 运动员参加
이번 경기에 모두 7명의 선수가 참가한다고 한다.
· 선수가 출전하다 运动员参赛
독일 대회에는 18명의 선수가 출전할 예정이다.

선수를 ~

· 선수를 교체하다 替换运动员
연장전에서 한 명의 선수를 교체할 수 있다.
· 선수를 빼앗기다 运动员被抢走
상대팀에게 좋은 선수를 빼앗겼다.
· 선수를 뽑다 选拔运动员
이번에는 외국인 선수를 뽑았다.
· 선수를 선발하다 选拔运动员
최고의 팀은 최고의 선수를 선발한다.
· 선수를 응원하다 为运动员呐喊助威
길가에는 선수를 응원하는 이들로 복잡합니다.
· 선수를 이기다 战胜……运动员
경기를 할 때 상대 선수를 이기고 싶은 것은 당연하다.
· 선수를 충원하다 增补运动员
젊은 선수를 충원할 계획이다.
· 선수를 파견하다 派遣运动员
이번 대회에 3명의 선수를 파견할 계획이다.

선수로 ~

· 선수로 나가다 作为运动员参赛
나는 운동회 때 달리기 선수로 나간다.
· 선수로 뛰다 作为运动员活跃在赛场上
그는 아직 농구 선수로 뛰고 있다.
· 선수로 뽑히다 被选为运动员
어머니가 배구 선수로 뽑혔다.
· 선수로 참가하다 作为选手参加
그녀의 꿈은 올림픽에 선수로 참가하는 것이다.
· 선수로 출전하다 作为选手参赛

그는 대표팀 선수로 출전해 금메달을 땄다.
· 선수로 활약하다 作为选手活跃在赛场上
아버지는 젊었을 때 씨름 선수로 활약하셨습니다.

Ⓐ + 선수

· 뛰어난 선수 出色的运动员
그는 그 뛰어난 선수를 만나기 위해 해외로 떠났다.
· 우수한 선수 优秀的运动员
좋은 성적을 거두기 위해 우수한 선수를 길러내야 한다.
· 훌륭한 선수 出色的运动员
그는 훌륭한 선수였다고 생각합니다.

1151 선전 (宣傳)
宣传

선전 + Ⓝ

· 선전 광고 宣传广告
· 선전 기관 宣传机构
· 선전 문구 宣传口号
· 선전 도구 宣传工具
· 선전 자료 宣传资料
· 선전 전략 宣传战略
· 선전 활동 宣传活动
· 선전 효과 宣传效果

선전 + Ⓥ

선전을 ~

· 선전을 과신하다 过于相信宣传
사람들은 항상 상품 선전을 과신하는 경향이 있다.
· 선전을 하다 宣传
기업은 광고 선전을 하는 것이 일반적이다.

1152 선진 (先進)
发达，先进

선진 + Ⓝ

· 선진 강대국 发达国家
· 선진 국가 发达国家
· 선진 국민 优秀公民
· 선진 공업국 发达工业国家

· 선진 기술 先进技术
· 선진 문화 先进文化
· 선진 업체 先进企业
· 선진 사회 发达社会
· 선진 산업국 发达工业国家
· 선진 세계 先进世界
· 선진 지역 发达地区

1153 선택 (選擇)
选择

선택 – N

· 선택과목 选修课

선택 + N

· 선택 가능성 选择的可能性
· 선택 과정 选择过程
· 선택 기준 选择标准
· 선택 기회 选择机会
· 선택 방안 选择方案
· 선택 범위 选择范围
· 선택 조건 选择条件
· 선택 폭 选择幅度
· 선택 품목 选择项目
· 선택 행위 选择行为

선택 + V

선택이 ~

· 선택이 중요하다 选择重要
합자기업의 파트너 선택이 매우 중요하다.
· 선택이 없다 没有选择
현재로선 다른 선택이 없기 때문이다.
· 선택이 옳다 选择正确
여전히 그는 자신의 선택이 옳다고 믿는다.
· 선택이 필요하다 需要选择
오늘날과 같이 복잡한 사회에서는 지식의 선택이 필요하다.

선택을 ~

· 선택을 존중하다 尊重选择
엄마는 아이의 선택을 존중해야 한다.
· 선택을 받아들이다 接受选择
내 선택을 받아들인다면 내게 입맞춰주렴.

· 선택을 하다 选择
일을 제대로 하려면 올바른 선택을 해야 한다.

선택에 ~

· 선택에 달리다 取决于选择
모든 것은 나의 선택에 달려있다.
· 선택에 임하다 进行选择
소비자들은 가격을 비교해서 선택에 임한다.
· 선택에 의하다 根据选择
우리 모두는 각자의 선택에 의해서 살고 있습니다.
· 선택에 직면하다 面对选择
그 나라는 어려운 선택에 직면해 있다.

A + 선택

· 다양한 선택 各种各样的选择
다양한 선택은 행복과 자유의 필수적인 요건인가?
· 수많은 선택 无数的选择
우리는 살면서 수많은 선택의 순간에 직면하게 된다.
· 잘못된 선택 错误的选择
그녀는 끝내 잘못된 선택을 하고 말았다.
· 중요한 선택 重要的选择
중요한 선택을 할 때 충분히 고민해야 한다.
· 어려운 선택 艰难的选择
이제 그녀는 가족을 위해 어려운 선택을 앞두고 있다.
· 올바른 선택 正确的选择
일을 제대로 하려면 올바른 선택을 해야 한다.
· 현명한 선택 明智的选择
현명한 선택을 해야 실패하지 않는다.

1154 선풍기 (扇風機)
电风扇

선풍기 + N

· 선풍기 바람 电风扇吹出的风
· 선풍기 소리 电风扇声音

선풍기 + V

선풍기가 ~

· 선풍기가 돌다 电风扇运转
밀폐된 공간에서 홀로 선풍기가 돌면 위험하다.
· 선풍기가 돌아가다 电风扇运转
선풍기가 돌아가는데도 방 안은 더웠다.

선풍기를 ~

· 선풍기를 끄다 关电风扇

잠잘 때는 에어컨이나 선풍기를 끄는 것이 좋습니다.
· 선풍기를 돌리다 开电风扇
가능하면 약한 바람으로 선풍기를 돌리세요.
· 선풍기를 켜다 开电风扇
어제 선풍기를 켜 놓고 잤어요.
· 선풍기를 틀다 开电风扇
하루 종일 선풍기를 틀어 놓았다.

1155 선호 (選好)
偏爱

선호 + N

· 선호 경향 偏爱的倾向
· 선호 사상 偏爱……的思想
· 선호 심리 偏爱心理
· 선호 추세 偏爱趋势
· 선호 의식 偏爱意识
· 선호 현상 偏爱现象

선호 + V

선호에 ~
· 선호에 따르다 根据喜好
개인적 능력과 선호에 따라 직업을 정해야 한다.

1156 설
春节

설 + N

· 설 명절 春节
· 설 연휴 春节休假
· 설 차례 春节祭祀
· 설 선물 春节礼物
· 설 풍습 春节风俗

설 + V

설을 ~
· 설을 맞다 春节到了
설을 맞아 선생님께 세배를 드렸다.
· 설을 쇠다 过春节

우리 마을에서는 음력 설을 쇤다.
· 설을 앞두다 临近春节
설을 앞두고 과일과 야채 값이 올랐다.

1157 설거지
刷碗

설거지 + N

· 설거지 그릇 要刷的碗
· 설거지 물 刷碗水
· 설거지 비누 洗涤灵，洗洁精
· 설거지 통 刷碗盆

설거지 + V

설거지가 ~
· 설거지가 끝나다 刷完碗
설거지가 끝나자 아버지는 안방으로 나를 불렀다.
설거지를 ~
· 설거지를 끝내다 刷完碗
나는 설거지를 끝내고 방으로 들어갔다.
· 설거지를 다하다 碗都刷完
누나는 설거지를 다하고 방안에 들어가서 쉬었다.
· 설거지를 돕다 帮忙刷碗
엄마가 너무 바빠서 내가 설거지를 도와드렸다.
· 설거지를 마치다 刷完碗
아침 설거지를 마치고 전화 한통을 받았다.
· 설거지를 하다 刷碗
저녁을 먹고 설거지를 하고 있을 때 전화벨이 울렸다.

1158 설날 [설랄]
春节

설날 + N

· 설날 전날 春节前一天
· 설날 아침 春节早上
· 설날 연휴 春节休假

설날 + V

설날이 ~

· 설날이 다가오다 临近春节
눈보라와 함께 설날이 다가왔습니다.
· 설날이 오다 春节到来
해가 바뀌어 설날이 왔다.

설날을 ~
· 설날을 기다리다 等待春节
아이들은 항상 설날을 기다린다.

1159 설명 (說明)
说明, 解释

설명 + Ⓝ

· 설명 능력 解释能力
· 설명 대상 说明的对象
· 설명 방식 说明方式
· 설명 원리 说明原理

설명 + Ⓥ

설명이 ~
· 설명이 길다 解释很长
설명이 길어 듣기가 어려웠다.
· 설명이 끝나다 说明结束
드디어 아내의 긴 설명이 끝났다.
· 설명이 뒤따르다 附有说明
해외 소식에는 배경에 대한 설명이 뒤따라야 한다.
· 설명이 부족하다 说明不足
설명이 부족해서는 안 된다.
· 설명이 자세하다 说明详细
설명이 자세하면 쉽게 이해할 수 있다.
· 설명이 필요하다 需要说明
그의 설명이 더 필요했다.

설명을 ~
· 설명을 경청하다 倾听说明
학부모들은 학교 입학처장의 설명을 경청했다.
· 설명을 곁들이다 附加说明
그 호수에 대해 설명을 곁들일 필요가 있다.
· 설명을 덧붙이다 补充说明
글 마지막 부분에 설명을 덧붙였다.
· 설명을 듣다 听取说明, 听讲解
학생들은 선생님의 설명을 듣지 않았다.
· 설명을 늘어놓다 进行冗长的说明
'정치적 현실'에 대해 복잡한 설명을 늘어놓았다.
· 설명을 붙이다 添加说明

이 사진에 간단한 설명을 붙여 봅니다.
· 설명을 제공하다 提供解释说明
어린이들을 위해 동물해설사의 설명을 제공한다.
· 설명을 통하다 通过说明
작가가 직접적인 설명을 통해 인물의 성격을 제시한다.
· 설명을 하다 解释
아무리 설명을 해도 아이는 이해하지 못했다.

설명에 ~
· 설명에 귀를 기울이다 侧耳倾听……的说明
신입생들은 선생님의 설명에 귀를 기울이고 있었다.
· 설명에 따르다 根据说明
나는 설명에 따라서 간단한 그림을 그렸다.
· 설명에 의하다 依据说明
누나의 설명에 의하면 그는 이제 대학 2학년생이다.

Ⓐ + 설명

· 구구한 설명 啰嗦琐碎的说明
워낙 유명한 인물이므로 구구한 설명은 생략한다.
· 분명한 설명 明确的说明
회의를 취소한 이유에 대한 분명한 설명이 필요하다.
· 자세한 설명 详细的说明
자세한 설명과 따뜻한 커피까지 너무 감사드려요.
· 적절한 설명 恰如其分的说明
글을 이해하기 위해서 적절한 설명이 필요하다.
· 충분한 설명 充分的说明
수술 전에 환자에게 충분한 설명을 주어야 한다.

1160 설비 (設備)
设备

설비 + Ⓥ

설비를 ~
· 설비를 갖추다 配置设备
최근에 세운 노인 시설은 호텔 못지않은 설비를 갖추었다.

1161 설사 [설싸]
腹泻

설사 + Ⓝ

· 설사 증세 腹泻症状

설사 + Ⓥ

설사가 ~

· 설사가 멎다 腹泻停止
보리차를 마시면 설사가 멎는다.

· 설사가 심하다 腹泻严重
설사가 심할 때는 물을 끓여 마시는 것이 좋다.

· 설사가 잦다 频繁腹泻
대장암의 경우 설사가 잦다.

설사를 ~

· 설사를 막다 止泻
표고버섯도 설사를 막는 데 효과가 있다고 한다.

· 설사를 멈추다 止泻
설사를 멈추기 위해 항생제를 먹었다.

· 설사를 하다 腹泻
새벽에 자주 설사를 한다.

1162 **설탕** (雪糖, 屑糖)

糖，砂糖

설탕 + Ⓝ

· 설탕 가루 绵白糖
· 설탕 그릇 盛糖的碗
· 설탕 덩어리 糖块
· 설탕 맛 糖味儿
· 설탕 물 糖水

설탕 + Ⓥ

설탕이 ~

· 설탕이 가미되다 加糖
설탕이 가미되지 않은 천연과즙이 건강에 좋다.

· 설탕이 들다 含糖
음료수에는 설탕이 들어 있다.

· 설탕이 함유되다 含糖
설탕이 함유된 음식을 줄이는 것이 건강에 좋다.

설탕을 ~

· 설탕을 넣다 放糖
컵에 설탕을 넣고 뜨거운 커피를 부어 젓는다.

· 설탕을 먹다 吃糖
평소 이가 좋지 않은 사람은 설탕을 먹지 말아야 한다.

· 설탕을 묻히다 蘸糖
예전에는 신 귤에 설탕을 묻혀 먹곤 했다.

· 설탕을 뿌리다 撒糖

딸기에 설탕을 뿌려 먹으면 더 맛있다.

· 설탕을 치다 撒糖
과일에 설탕을 쳐서 먹으면 더욱 달콤하고 맛도 좋다.

· 설탕을 타다 放糖
약에 설탕을 타면 약효가 떨어지거나 변하지 않나요?

설탕에 ~

· 설탕에 재우다 用糖腌制
어렸을 때 토마토를 설탕에 재워서 많이 먹었다.

· 설탕에 찍다 蘸糖
토마토는 설탕에 찍어 먹으면 더 맛있다.

Ⓐ + 설탕

· 정제된 설탕 精制糖, 提炼的糖
우리 조상들은 정제된 설탕은 먹지 않았다.

· 흰 설탕 白糖
흰 설탕을 가열하면 노랗게 변한다.

1163 **성**¹ (性)

性，本性

성 – Ⓝ

· 성관계 性关系
· 성폭행 性暴力
· 성행위 性行为

성 + Ⓝ

· 성 개방 性开放
· 성 경험 性经验
· 성 관념 性观念
· 성 도덕 性道德
· 성 범죄 性犯罪
· 성 윤리 性伦理
· 성 폭력 性暴力

惯

· 성에 눈을 뜨다 开始对性有所了解
막 성에 눈을 뜰 사춘기에 접어들었다.

1164 **성**² (城)

城

성 + N

- 성 밑 城下
- 성 밖 城外
- 성 안 城里
- 성 옆 城旁边
- 성 주변 城周围

성 + V

성을 ~

- 성을 빼앗다 攻夺城池
상대방의 성을 빼앗아야 승리할 수 있다.
- 성을 쌓다 砌城墙
조선은 서울 주변에 성을 쌓았다.
- 성을 지키다 守卫城墙
군인들이 성을 지키고 있다.

1165 성³
火儿

성 + V

성이 ~

- 성이 나다 生气
잔뜩 성이 난 남편의 목소리가 들렸다.

성을 ~

- 성을 내다 发火
그는 얼굴이 다 벌겋게 되도록 성을 내었다.
- 성이(에) 차다 心满意足
그래도 성이 차지 않아 그는 도박장 주인에게 돈을 꿔
달라고 했다.

1166 성격 [성격](性格)
性格, 性情, 特点

성격 + N

- 성격 검사 性格测试
- 성격 규명 查明性格
- 성격 묘사 性格描写
- 성격 변화 性格变化
- 성격 분석 性格分析
- 성격 유형 性格类型
- 성격 이상 性格异常
- 성격 장애 性格障碍
- 성격 차이 性格差异
- 성격 특성 性格特点
- 성격 형성 性格形成

성격 + V

성격이 ~

- 성격이 강하다 个性强
두 사람의 성격이 너무 강해서 자주 싸운다.
- 성격이 거칠다 性格粗鲁
남자는 성격이 거칠고 활동적이다.
- 성격이 급하다 性子急
보기와 달리 그는 성격이 급하다.
- 성격이 나쁘다 性格不好
성격이 나빠서 자주 화를 낸다.
- 성격이 꼼꼼하다 性格仔细
그는 성격이 꼼꼼한 편이다.
- 성격이 낙천적이다 性格开朗
성격이 낙천적이고 적극적인 사람이 오래 산다.
- 성격이 다르다 性格不同
이 둘은 근본적으로 성격이 다르다.
- 성격이 달라지다 性格改变
애가 그 일이 있은 후 성격이 너무 많이 달라졌어.
- 성격이 답답하다 性格不开朗, 死脑筋
성격이 답답해서 친구가 없어요.
- 성격이 모나다 性格有棱角
성격이 모나서 타협을 잘 하지 않는 편이다.
- 성격이 민감하다 性格敏感
나는 성격이 민감한 편이어서 자주 화를 낸다.
- 성격이 밝다 性格开朗
성격도 밝아서 무슨 일이든지 열심히 할 수 있습니다.
- 성격이 변하다 性格大变
시도 때도 없이 성격이 변하는 인간을 어떻게 믿나요?
- 성격이 별나다 性格古怪
우리 둘 다 성격이 좀 별나지요?
- 성격이 분명하다 性格鲜明
나는 성격이 분명한 사람이다.
- 성격이 불같다 性格火爆
부부는 성격이 서로 불같아서 자주 싸운다.
- 성격이 비슷하다 性格相似
가족들은 대부분 성격이 비슷하다.
- 성격이 순하다 性格温顺
성격이 순하고 여리면 험난한 삶을 살 수 없다고 한다.
- 성격이 시원하다 性格爽朗
자기소개를 보니 성격이 시원할 것 같다.

· 성격이 어둡다 性格忧郁
동생은 왕따를 당해서 성격이 좀 어두워요.
· 성격이 온화하다 性格温和
그 고양이는 성격이 온화해서 키우기 쉽다.
· 성격이 예민하다 性格敏感
나는 성격이 예민한 탓에 잠을 쉽게 자지 못한다.
· 성격이 있다 有个性
사람은 누구나 성격이 있다.
· 성격이 좋다 性格好
그는 성격이 좋다고 칭찬을 자주 듣는다.
· 성격이 활발하다 性格活泼
그는 성격이 활발해서 주위에 친구가 많다.

성격을 ~

· 성격을 고치다 改变性格
그녀의 성격을 고쳐주려고 노력했다.
· 성격을 규정짓다 决定性格
혈액형이 성격을 규정짓는 것은 아니다.
· 성격을 닮다 性格相像
난 아버지의 성격을 닮았다.
· 성격을 띠다 具有……的特点
서양 근대 문학은 이런 의미에서 인간 탐구의 성격을 띤다고 할 수 있다.
· 성격을 바꾸다 改变性格
저는 가끔씩 성격을 바꿔볼까 하는 생각을 합니다.
· 성격을 지니다 具有……的性格
저는 밝은 성격을 지녀 사람들을 만나는 것을 좋아합니다.
· 성격을 파악하다 了解性格
자신의 성격을 파악해 업종을 고려해야 한다.

성격에 ~

· 성격에 맞다 符合性格
성격에 잘 맞는 직업을 선택해야 한다.

Ⓐ + 성격

· 독특한 성격 独特的性格
그는 독특한 성격으로 유명하다.
· 명랑한 성격 明朗的性格
명랑한 성격은 인생에 기쁨을 안겨준다.
· 밝은 성격 开朗的性格
밝은 성격은 건강에 도움이 된다.
· 소심한 성격 谨小慎微的性格
소심한 성격을 창조적으로 바꾸도록 노력하세요.
· 솔직한 성격 率直的性格
제 생각에는 솔직한 성격이 좋습니다.
· 조용한 성격 安静的性格
그는 평소 소극적이고 조용한 성격의 소녀이다.

1167 성경 (聖經)
圣经

성경 + Ⓝ

· 성경 공부 学习圣经
· 성경 구절 圣经语句
· 성경 말씀 圣经语句
· 성경 암송 背诵圣经
· 성경 이야기 圣经故事
· 성경 해석 解读圣经

성경 + Ⓥ

성경을 ~
· 성경을 이해하다 理解圣经
유아들도 어느 정도는 성경을 이해할 겁니다.
· 성경을 읽다 读圣经
나는 우연히 성경을 읽게 되었다.

성경에 ~
· 성경에 기록되다 圣经中记载着
천국에 대해서는 성경에 기록되어 있다.
· 성경에 나오다 圣经中出现
아담의 사과라는 말은 성경에 나온다.

1168 성공 (成功)
成功

성공 + Ⓝ

· 성공 가능성 成功的可能性
· 성공 모델 成功模式
· 성공 방식 成功方式
· 성공 비결 成功秘诀
· 성공 비법 成功秘诀
· 성공 사례 成功事例
· 성공 소식 成功消息
· 성공 여부 成功与否
· 성공 요인 成功的因素

성공 + Ⓥ

성공을 ~

· 성공을 거두다 取得成功
이런 전략은 큰 성공을 거뒀다.
· 성공을 기대하다 期待成功
행복한 마음으로 성공을 기대해야 한다.
· 성공을 기원하다 祈祷成功
성공을 기원해 주시는 여러분께 감사를 드립니다.
· 성공을 빌다 祈求成功
학생부 선생님들은 나의 성공을 빌어 주셨다.
· 성공을 좌우하다 左右成功
설명 능력의 유무가 성공을 좌우했다.
· 성공을 이끌다 引领成功
자신의 생각에 대한 확고한 신념이 성공을 이끈다.
· 성공을 이루다 取得成功
실수를 계기로 해서 더 큰 성공을 이루어낼 수도 있다.
· 성공을 하다 成功
난 성공을 하고 싶은데 능력이 너무 없다.

Ⓐ + 성공

· 작은 성공 小小的成功
작은 성공이 큰 성공을 부릅니다.
· 진정한 성공 真正的成功
진정한 성공은 단순히 돈만 많이 버는 것이 아닙니다.
· 커다란 성공 巨大的成功
커다란 성공은 많은 실패를 통해서 가능하다.
· 큰 성공 很大的成功
큰 성공은 쉽게 오지 않는다.

1169 성과 [성꽈](成果)
成果

성과 + Ⓝ

· 성과 극대화 成果最大化
· 성과 배분 成果分配

성과 + Ⓥ

성과가 ~
· 성과가 많다 硕果累累
올해 우리 부서는 성과가 많았다.
· 성과가 부진하다 成果平平
성과가 부진하면 보조금을 받지 못한다.
· 성과가 적다 成果少
노력을 많이 해도 성과가 적다.
· 성과가 크다 成果大
일찍 일어나는 것이 더 성과가 크다.

· 성과가 없다 没有成果
엄포를 놓았지만 별 성과가 없다.
· 성과가 있다 有成果
제2차 정상회담에서도 큰 성과가 있어야 한다.

성과를 ~
· 성과를 거두다 取得成果
경제개혁에서도 큰 성과를 거두고 있다.
· 성과를 얻다 取得成果
기대 이상의 성과를 얻어 기쁩니다.
· 성과를 올리다 取得成果
적은 노력으로 많은 성과를 올렸다.

성과에 ~
· 성과에 만족하다 满足于……成果
현재의 성과에 만족하지 말고 더 노력합시다.

Ⓐ + 성과

· 뚜렷한 성과 显著的成果
작년에는 경제적으로 뚜렷한 성과를 거두었다.
· 조그마한 성과 微不足道的成果
내가 얻은 것은 조그마한 성과에 지나지 않는다.
· 큰 성과 显著成果
에너지 절감에 큰 성과를 거두고 있다.

1170 성냥
火柴

성냥 + Ⓝ

· 성냥 공장 火柴工厂
· 성냥 재떨이 火柴烟灰缸

성냥 + Ⓥ

성냥이 ~
· 성냥이 없다 没有火柴
성냥이 없어서 불을 피우지 못했다.

성냥을 ~
· 성냥을 긋다 划火柴
그는 성냥을 긋더니 담배에 불을 붙였다.
· 성냥을 켜다 点着火柴
그는 담배를 물고 성냥을 켰다.

1171 성당 (聖堂)
圣堂，教堂

성당 + Ⓝ

· 성당 건물 教堂建筑物
· 성당 건축 教堂建筑
· 성당 마당 教堂院子
· 성당 밑 教堂下面
· 성당 내부 教堂内部
· 성당 안 教堂里面
· 성당 앞 教堂前面
· 성당 입구 教堂入口
· 성당 주위 教堂周围
· 성당 천장 教堂天棚

성당 + Ⓥ

성당이 ~
· 성당이 있다 有教堂
같은 구내에 성당이 있었다.

성당을 ~
· 성당을 짓다 盖教堂
성당을 짓기 위해 돈을 모았다.

성당에 ~
· 성당에 다니다 去教堂
남편은 성당에 다닌다.

1172 성묘 (省墓)
扫墓

성묘 + Ⓝ

· 성묘 때 扫墓的时候

성묘 + Ⓥ

성묘를 ~
· 성묘를 가다 去扫墓
추석을 맞아 성묘를 간다.
· 성묘를 하다 扫墓
추석에는 가족이 함께 만나 성묘를 한다.

1173 성별 (性別)
性别

성별 + Ⓝ

· 성별 구분 性别区分
· 성별 차이 性别差异
· 성별 특성 性别特点

성별 + Ⓥ

성별이 ~
· 성별이 같다 性别相同
그 쌍둥이는 성별이 같다.
· 성별이 다르다 性别不同
나와 오빠는 성별이 다른 쌍둥이 남매로 태어났어요.

성별을 ~
· 성별을 구별하다 区分性别
사진만 보면 그 아이의 성별을 구별하기가 어렵다.

1174 성인 (成人)
成人，成年人

성인 + Ⓝ

· 성인 남녀 成年男女
· 성인 남성 成年男性
· 성인 남자 成年男子
· 성인 사회 成人社会
· 성인 시민 成人市民
· 성인 시청자 成人观众
· 성인 여성 成年女性
· 성인 옷 成人服装

성인 + Ⓥ

성인이 ~
· 성인이 되다 成为成年人
성인이 되면 더이상 키가 크지 않는다.

1175 성장 (成長)
成长，增长，发展

성장 + N

· 성장 가능성 成长的可能性，发展的可能性
· 성장 과정 成长过程
· 성장 기간 成长期间
· 성장 단계 成长阶段
· 성장 배경 成长背景
· 성장 속도 成长速度
· 성장 수준 成长水平
· 성장 시기 成长时期
· 성장 요소 成长要素
· 성장 장애 成长障碍
· 성장 저하 成长缓慢
· 성장 환경 成长环境
· 성장 후 成长后

성장 + V

성장이 ~
· 성장이 정지되다 成长停止
성인이 되면 성장이 정지됩니다.

성장을 ~
· 성장을 가로막다 阻碍发展
정부의 규제가 기업의 성장을 가로막고 있다.
· 성장을 가져오다 带来发展
문학은 정서적인 성장을 가져온다.
· 성장을 거듭하다 反复取得增长
그 동안에 나라 경제는 눈부신 성장을 거듭해 왔다.
· 성장을 기록하다 记录成长
매일매일 아이의 성장을 기록한다.
· 성장을 돕다 有助于成长
교사는 학생의 성장을 돕는다.
· 성장을 멈추다 停止成长
겨울철에는 모든 식물이 잠시 성장을 멈춘다.
· 성장을 방해하다 妨碍成长
지나친 영양분이 오히려 아이들의 성장을 방해한다.
· 성장을 유지하다 维持增长
어떻게 높은 경제 성장을 유지할 수 있을 것인가 ?
· 성장을 이루다 实现增长
현재 휴대폰 시장은 폭발적인 성장을 이루고 있습니다.
· 성장을 이룩하다 取得增长
인류는 끊임없는 경제 성장을 이룩해 왔다.

· 성장을 저해하다 妨碍生长
보행기가 아기 성장을 저해한다.
· 성장을 촉진시키다 促进成长
모든 시련이 나 자신의 인간적 성장을 촉진시켜 준다.
· 성장을 추구하다 追求增长
경제 능력 이상의 성장을 추구하다 무리가 따른 것입니다.
· 성장을 하다 增长
우리 경제는 최소한 연간 4~ 5%의 성장을 해야 한다.

A + 성장

· 급속한 성장 急速的成长
청소년기 이후에는 급속한 성장을 보인다.
· 빠른 성장 快速发展
우리나라는 빠른 성장을 했습니다.
· 큰 성장 显著成长
인생에 한 번쯤 큰 성장을 이루는 시기가 있습니다.

1176 성적 (成績)
成绩

성적 + N

· 성적 우수자 成绩优秀者
· 성적 부진 成绩停滞不前
· 성적 불량 成绩不好
· 성적 순위 成绩排名
· 성적 평점 成绩评分
· 성적 향상 成绩提高

성적 + V

성적이 ~
· 성적이 나쁘다 成绩不好
나는 수학을 좋아하지만 성적이 나빠요.
· 성적이 낮다 成绩差
머리는 좋은데 공부를 열심히 하지 않아 성적이 낮다.
· 성적이 높다 成绩好
토익 성적이 높으면 취직 가능성이 높아진다.
· 성적이 떨어지다 成绩下降
성적이 떨어져 많이 속상하다.
· 성적이 좋다 成绩好
열심히 공부하는 사람이 성적이 좋다.
· 성적이 오르다 成绩提高
공부방을 만들어 주면 성적이 오를 거예요.

성적을 ~

· 성적을 거두다 取得成绩
이번 시험에서 좋은 성적을 거뒀다.

· 성적을 높이다 提高成绩
성적을 높이기 위해 꼭 학원을 다닐 필요는 없다.

· 성적을 받다 取得成绩
이번 시험에서 높은 성적을 받았다.

· 성적을 올리다 提高成绩
마음 놓고 공부하여 성적을 올리고 싶다.

· 성적을 조회하다 查询成绩
지난 성적은 어떻게 조회할 수 있죠?

Ⓐ + 성적

· 좋은 성적 好成绩
이번에 우리나라는 정말 좋은 성적을 거뒀다.

· 우수한 성적 优异的成绩
그는 우수한 성적으로 어려운 시험을 통과하였다.

1177 성질 (性質)
性格，性子，性质

성질 + Ⓥ

성질이 ~

· 성질이 급하다 性子急
그는 성질이 대단히 급한 사람이었다.

· 성질이 다르다 性质不同
육류와 해산물이 지닌 단백질은 성질이 다르다.

· 성질이 나쁘다 脾气不好
그녀는 얼굴이 예쁘지만 성질이 나빠요.

· 성질이 온화하다 性格温和
한국 사람들은 대체로 성질이 온화하다.

· 성질이 부드럽다 性质温和
이 약재는 성질이 부드럽다.

· 성질이 사납다 性情粗暴
저희 집 개가 성질이 사나워요.

성질을 ~

· 성질을 가지다 具有……的特点
식용유는 무슨 성질을 가지고 있나요?

· 성질을 내다 发脾气
요즘 남자 친구가 자주 성질을 내서 힘드네요.

· 성질을 부리다 耍性子
아이는 졸리면 계속 성질을 부려요.

· 성질을 지니다 有……的性格
담배는 몸에 해로운 성질을 지니고 있다.

Ⓐ + 성질

· 다른 성질 不一样的特性
약품은 식품과는 전혀 다른 성질을 갖고 있다.

· 좋은 성질 好的特性
우유는 몸에 나쁘거나 좋은 성질이 있나요?

1178 성함 (姓衔)
尊姓大名

성함 + Ⓥ

성함을 ~

· 성함을 말씀하다 告诉姓名
저에게 성함을 말씀해 주시겠어요?

· 성함을 모르다 不知道尊姓大名
며느리 되시는 분이 시아버지 성함을 몰라요?

· 성함을 적다 写下大名
작품 사진들마다 작가분의 성함을 적었다.

1179 세 (貰)
租

세 + Ⓥ

세를 ~

· 세를 내다 租下来，租赁
운동장을 세를 내서 주차장으로 이용하고 있었다.

· 세를 놓다 出租
여기 세를 놓을 방이 없나요?

· 세를 들다 租下来，租赁
이 집에 세를 들어 살았다.

1180 세계 [세게](世界)
世界

세계 + Ⓝ

· 세계 각국 世界各国
· 세계 각지 世界各地
· 세계 경제 世界经济

· 세계 곳곳 世界各地
· 세계 대전 世界大战
· 세계 대회 世界级比赛
· 세계 무역 世界贸易
· 세계 문화 世界文化
· 세계 역사 世界历史
· 세계 인구 世界人口
· 세계 전역 全世界
· 세계 제일 全世界第一
· 세계 지도 世界地图
· 세계 질서 世界秩序
· 세계 평화 世界和平

세계 + Ⓥ

세계가 ~

· 세계가 넓다 世界很大
정말 세계가 넓어 모르는 나라도 참 많습니다.
· 세계가 변하다 世界变化
하루가 다르게 세계가 변하고 있다.
· 세계가 펼쳐지다 世界展现在眼前
이제 21세기라는 미지의 세계가 펼쳐집니다.
· 세계가 열리다 世界敞开大门
마음이 열리면 세계가 열린다.

세계를 ~

· 세계를 개척하다 开拓世界
실패를 두려워하지 않고 세계를 개척한다.
· 세계를 건설하다 建设……的世界
새로운 세계를 건설하는 능력이 필요하다.
· 세계를 경험하다 体验……的世界
새로운 세계를 경험할 수 있는 기회를 갖고 싶다.
· 세계를 구축하다 构建……的世界
우리는 새로운 세계를 구축해야 한다.
· 세계를 돌아보다 环视世界
나는 세계를 돌아보고 싶은 꿈을 갖고 있다.
· 세계를 돌아다니다 周游世界
세계를 돌아다닌 후에 우리나라를 더 사랑하게 되었다.
· 세계를 바라보다 展望世界
각자가 세계를 바라보는 눈은 모두 다르다.
· 세계를 만들다 创造世界
조물주는 무엇을 원료로 세계를 만들었나요?
· 세계를 변화시키다 改变世界
그 책은 세계를 변화시킬 수 있는 힘을 갖고 있다.
· 세계를 알다 了解世界
자기 고장을 모르고는 세계를 안다 할 수 없다.
· 세계를 여행하다 去全世界旅行
그는 세계를 여행하며 여러 도시를 거쳤다.

· 세계를 연결하다 连接全世界
음악은 세계를 연결하는 언어이다.
· 세계를 일주하다 环球世界
그는 65세의 나이에 요트로 세계를 일주했다.
· 세계를 정복하다 征服世界
로마는 세계를 세 번 정복했다.
· 세계를 지배하다 支配世界
중국이 세계를 지배하는 시대가 왔다.
· 세계를 창조하다 创造世界
과연 신이 이 세계를 창조했을까?
· 세계를 탐구하다 探索世界
인간은 다양한 방법과 도구로 세계를 탐구한다.
· 세계를 휩쓸다 席卷世界
대중문화는 왜 세계를 휩쓰나?

세계에 ~

· 세계에 빠지다 陷入……的世界
인간은 정의 세계에 빠지면 주관적이 되기 쉽다.
· 세계에 살다 居住在世界上
당신은 어떤 세계에 살고 계십니까?
· 세계에 소개하다 向世界介绍
태권도를 세계에 소개하는 광고문을 써 주세요.
· 세계에 알리다 告之全世界
자랑스러운 우리나라를 세계에 알려 봐요.

세계로 ~

· 세계로 들어가다 进入……的世界
웃음은 아이들 세계로 들어가는 관문입니다.
· 세계로 퍼져나가다 蔓延到全世界
K-POP은 한국에서 세계로 퍼져나갔다.
· 세계로 확산되다 扩散到全世界
한류 열풍은 세계로 확산되었다.

세계와 ~

· 세계와 다르다 和……的世界不同
아이들의 세계는 우리들의 세계와 다르다.
· 세계와 대화하다 和世界对话
요즘은 인터넷을 이용해 세계와 대화한다.
· 세계와 마주하다 和世界相遇
난 오늘 드디어 현실 세계와 마주했다.
· 세계와 만나다 和世界相逢
그는 유학을 가서 새로운 세계와 만났다.
· 세계와 연결되다 和世界相连
독서야말로 세계와 연결된 내 유일한 마지막 끈이다.

Ⓐ + 세계

· 복잡한 세계 复杂的世界
나는 이런 복잡한 세계가 싫다.
· 새로운 세계 崭新的世界
전쟁 이후 새로운 세계가 나타났다.

1181 세금 (稅金)
税款

· 세금 감면 减免税额
· 세금 경감 减税
· 세금 면제 免税
· 세금 납부 交税
· 세금 부담 纳税
· 세금 수수료 税款手续费
· 세금 제도 税收制度
· 세금 징수 收税，征税
· 세금 포탈 偷税漏税
· 세금 인상 提高税额
· 세금 혜택 税收优惠

세금이 ~

· 세금이 많다 税费高
세금이 많으면 살아가는 데 지장이 있어요.
· 세금이 늘어나다 税金上调
세금이 늘어나면 살기가 힘들다.
· 세금이 부과되다 被征税
상품을 받으면 세금이 부과되나요?
· 세금이 오르다 税金上涨
월급보다 세금이 더 빨리 올라요.
· 세금이 낮다 税低
세금이 낮으면 사람들이 집을 더 많이 살 것이다.

세금을 ~

· 세금을 납부하다 交税
모든 국민은 세금을 납부해야 합니다.
· 세금을 내다 交税
많은 영국 사람들은 정직하게 세금을 낸다고 했다.
· 세금을 매기다 上税
술과 담배에 많은 세금을 매긴다.
· 세금을 물리다 征税
부자에게 무거운 세금을 물려 가난한 사람들을 도와야
한다.
· 세금을 바치다 缴税
우리가 세금을 바치면 국가는 뭘 해 주는데요?

· 무거운 세금 沉重的课税

무거운 세금으로 경제가 잘 될 수는 없다.

1182 세대 (世代)
世代，代

· 세대 갈등 两代人之间的矛盾
· 세대 차이 代沟

· 새로운 세대 新一代
한 세대가 저물면 새로운 세대가 뜨는 것은 당연하다.
· 젊은 세대 年轻一代
젊은 세대들의 취업이 어렵다.

1183 세력 (勢力)
势力

· 세력 강화 加强势力
· 세력 균형 势力均衡
· 세력 다툼 势力争斗
· 세력 확장 扩充势力

세력이 ~

· 세력이 강하다 势力强大
나라가 어려워 군인들의 세력이 강하다.
· 세력이 약하다 势力弱
장마전선의 세력이 약할 때는 가뭄이 든다.
· 세력이 크다 势力大
세력이 커지면 인재들도 몰려들겠지?

세력을 ~

· 세력을 넓히다 扩展势力
온라인 마케팅은 점점 세력을 넓히고 있습니다.
· 세력을 떨치다 扩大势力
그들은 한동안 강력한 세력을 떨쳤다.
· 세력을 잃다 失去势力
그 사람들은 거의 세력을 잃어 가고 있어요.
· 세력을 형성하다 形成势力

해외 한류 팬들이 큰 세력을 형성하고 있다.
· 세력을 확장하다 扩张势力
태풍이 올 여름에 세력을 확장할 가능성이 높다.

1184 세배 [歲拜]
拜年

세배 - Ⓝ

· 세뱃돈 压岁钱

세배 + Ⓥ

세배를 ~

· 세배를 다니다 去拜年
사람들은 설날에 세배를 다닌다.
· 세배를 드리다 给……拜年
아버님께 세배를 드린다.
· 세배를 받다 接受拜年
어린이들의 세배를 받고 즉시 돈을 준다.
· 세배를 올리다 给……拜年
설날에 부모님께 세배를 올린다.
· 세배를 하다 拜年
설날에 세배를 하면 어른들은 세뱃돈을 주신다.

1185 세상 (世上)
世上，世界，社会

세상 - Ⓝ

· 세상인심 世道人心

세금 + Ⓝ

· 세상 구경 看世界
· 세상 끝 世界的尽头
· 세상 물정 人情世故
· 세상 사람 世上的人
· 세상 형편 世道

세상 + Ⓥ

세상이 ~

· 세상이 각박해지다 人情淡漠

세상이 각박해져서 살기가 어렵다.
· 세상이 끝나다 世界终结
세상이 끝나는 날이 있을까요?
· 세상이 넓다 世界很大
마음을 비우면 세상이 넓어 보인다.
· 세상이 달라지다 世界发生变化
정치가 변해야 세상이 달라지고 개인의 삶이 바뀐다.
· 세상이 되다 成为……的世界
좋은 세상이 되어야 공부도 의미가 있는 거야.
· 세상이 무섭다 社会很可怕
세상이 무섭다 보니 아이 혼자 놀이터에 보낼 수 없다.
· 세상이 바뀌다 社会发生变化
세상이 바뀌니 인심도 변하고 있다.
· 세상이 변하다 社会变了
참으로 세상이 많이 변했다.
· 세상이 복잡하다 社会很复杂
너도 이 세상이 매우 복잡하다는 건 인정하지?
· 세상이 삭막하다 人情淡漠
세상이 이렇게 삭막하면 어떻게 살아요?
· 세상이 시끄럽다 社会一片乌烟瘴气
요즘 흉악 범죄 발생으로 세상이 시끄럽다.
· 세상이 어둡다 社会阴暗
마음이 어두우면 세상도 어둡다.
· 세상이 어지럽다 世界混乱
세상이 이렇게 어지러운데, 앞으로 어떻게 살까?
· 세상이 오다 世界到来
멀지 않은 장래에 훌륭한 새 세상이 올 것이다.
· 세상이 좋아지다 世道变好
처벌이나 복수로 세상이 좋아지는 건 아니에요.
· 세상이 환해지다 世界变得光明
희망을 나누면 세상이 환해져요.

세상을 ~

· 세상을 고치다 改变世界
희망이 세상을 고친다.
· 세상을 구하다 拯救世界
누가 세상을 구한 영웅 같은 삶을 살고 싶지 않을까？
· 세상을 다스리다 统治世界
시간을 다스리는 사람이 세상을 다스릴 수 있다.
· 세상을 돌아다니다 周游世界
이곳을 벗어나 넓은 세상을 돌아다녀 보고 싶어요.
· 세상을 등지다 与世隔绝
세상을 등지고 스님이 되었다.
· 세상을 떠나다 离世，辞世
그의 아버지가 세상을 떠나신 지 벌써 한 달이 되었다.
· 세상을 뜨다 离世，辞世
그 친구의 아버지는 몇 년 전에 세상을 뜨셨다.
· 세상을 만나다 见到世界
명상을 통해 마음의 눈으로 세상과 만난다.

· 세상을 만들다 创造世界
평등한 세상을 만들어야 한다.

· 세상을 모르다 不了解世界
세상을 모르고 살아가는 삶은 무지한 삶입니다.

· 세상을 바꾸다 改变世界
20세기 말에 등장한 인터넷이 세상을 바꾸고 있다.

· 세상을 버리다 辞世, 撒手人寰
그럼에도 불구하고 세상을 버릴 생각은 나지 않았다.

· 세상을 보다 看世界
그는 사진을 통해 세상을 본다.

· 세상을 사랑하다 爱世界
네가 세상을 사랑하면 세상도 너를 사랑할 것이다.

· 세상을 살다 活在世上
당신은 왜 그렇게 답답하게 세상을 살려고 해요?

· 세상을 살아가다 活在世界上
사람은 목적 없이 세상을 살아가서는 안 된다.

· 세상을 알다 了解世界
직장 생활을 하면서 점차 세상을 알게 되었다.

· 세상을 인식하다 认识世界
사람이 세상을 인식하는 데는 다양한 방법이 있어요.

· 세상을 포기하다 抛弃世界
나 역시 어린 시절에 세상을 포기한 적이 있었어.

· 세상을 파악하다 掌握世界
사람들은 신문을 통해 세상을 파악한다.

· 세상을 하직하다 辞世
할머니는 세상을 하직하셨다.

· 세상을 향하다 朝向世界
일행은 세상을 향해 함성을 질렀다.

세상에 ~

· 세상에 나오다 来到世上
내가 세상에 나와서 들은 가장 슬픈 소식이었다.

· 세상에 남기다 留在世上
내가 죽으면 세상에 남길 것이 과연 무엇인가?

· 세상에 내놓다 公布于世
선생님은 학생들의 이야기를 세상에 내놓았다.

· 세상에 알려지다 广为人知
사라졌던 전통 악기가 다시 세상에 알려지고 있다.

· 세상에 알리다 广而告之
자신이 쓴 이야기를 출판해 세상에 알리고 싶다.

· 세상에 없다 世界上不存在
창의란 세상에 없던 것을 새로 만들어내는 힘이다.

· 세상에 존재하다 存于世
특이한 건강법은 이 세상에 존재하지 않는다.

· 세상에 태어나다 生到这个世上
내가 세상에 태어나 처음 만난 사람은 너였어.

· 세상에 퍼지다 四处蔓延
잘못된 정보가 세상에 퍼지면, 혼란스러워진다.

세상과 ~

· 세상과 만나다 和世界相遇
아기는 오감을 통해서 세상과 만난다.

· 세상과 싸우다 和世界战斗
아직도 남편은 세상과 싸울 준비가 되어 있지 않다.

Ⓐ + 세상

· 독한 세상 狠毒的社会
어찌 그리 독한 세상이 다 있었을까요?

· 무서운 세상 恐怖的社会
무서운 세상에서 아이를 키우는 것이 어렵다.

· 좋은 세상 美好的世界
묵묵히 참고 기다리면 반드시 좋은 세상이 온다.

· 한심한 세상 令人心寒的社会
사람의 목숨보다 돈이 더 소중한 한심한 세상이다.

· 험한 세상 险恶的社会
험한 세상을 밝히며 살고 싶습니다.

1186 세수 (洗手)
洗脸，洗手，洗漱

세수 + Ⓥ

세수를 ~

· 세수를 마치다 洗漱完毕
세수를 마치고 방으로 돌아왔다.

· 세수를 하다 洗漱
두 사람은 세수를 한 다음 근처 식당으로 나갔다.

1187 세월 (歲月)
岁月，日数

세월 + Ⓥ

세월이 ~

· 세월이 가다 岁月流逝
세월이 가는지 오는지도 모르고 살았지요.

· 세월이 걸리다 花时间
건강을 회복하는 데에 10년의 세월이 걸린다.

· 세월이 빠르다 岁月飞逝
세월이 빨라서 결혼한 지 벌써 1년이 되었습니다.

· 세월이 지나다 岁月流逝
벌써 오랜 세월이 지난 것처럼 여겨졌다.

· 세월이 흐르다 岁月流逝
몇 년의 세월이 흘러 나는 그의 아내가 되었다.

세월을 ~

· 세월을 거스르다 时光倒流，追溯
그 인연은 오랜 세월을 거슬러 올라간다.

· 세월을 견디다 坚持走过……岁月
이들 부부는 서로 이해하며 험한 세월을 견뎠다.

· 세월을 기다리다 等待岁月
박물관 신축 논의는 좀더 세월을 기다려야 한다.

· 세월을 보내다 度过岁月
세월을 보내다 보니 어느덧 서른이 넘었더라고요.

· 세월을 살다 生活了……岁月
우리는 그렇게 40여년 세월을 살아 왔다.

Ⓐ + 세월

· 많은 세월 漫长的岁月
얼마나 많은 세월 동안 이곳에 있었니?

· 오랜 세월 悠久的岁月
우리가 대학을 졸업한 지두 오랜 세월이 흘렀다.

· 적막한 세월 寂寞的岁月
이 적막한 세월을 어떻게 살아가야 하나?

· 험난한 세월 艰难的岁月
꿈을 위해 험난한 세월을 헤쳐왔다.

· 힘든 세월 艰苦的岁月
세월이 힘든 이유는 모든 과정을 혼자 견뎌야 했기 때문이다.

1188 세제 (洗劑)
洗洁剂

세제 + Ⓝ

· 세제 사용 使用洗洁剂
· 세제 사용량 洗洁剂使用量

세제 + Ⓥ

세제가 ~

· 세제가 남다 洗洁剂存留
식기에 세제가 남지 않도록 몇 번씩 헹구어 준다.

세제를 ~

· 세제를 붓다 倒洗洁剂
세제를 붓고 빠니까 거품이 많이 나네요.

· 세제를 사용하다 使用洗洁剂
화장실 청소가 어려우면 세제를 사용해 보세요.

· 세제를 쓰다 用洗洁剂
요즘 친구들이 대부분 친환경 세제를 쓰고 있어요.

1189 세탁 (洗濯)
洗涤

세탁 – Ⓝ

· 세탁비누 洗衣皂

세탁 + Ⓝ

· 세탁 방법 洗涤方法
· 세탁 시간 洗涤时间
· 세탁 시설 洗涤设施
· 세탁 효과 洗涤效果

세탁 + Ⓥ

세탁을 ~

· 세탁을 맡기다 送到洗衣店洗
세탁을 맡기다 보니 비용이 만만치 않다.

· 세탁을 하다 洗涤，洗衣
그녀의 옷이 세탁을 해서 줄어들었다.

1190 세탁기 [세탁끼](洗濯機)
洗衣机

세탁기 + Ⓝ

· 세탁기 광고 洗衣机广告
· 세탁기 뚜껑 洗衣机盖

세탁기 + Ⓥ

세탁기를 ~

· 세탁기를 닦다 刷洗衣机
세탁기를 쓰지 않는 날은 세탁기를 닦아 둔다.

· 세탁기를 돌리다 转动洗衣机
그녀는 설거지를 하고 세탁기를 돌렸다.

· 세탁기를 쓰다 用洗衣机
세탁기를 쓰면 옷이 빨리 망가진다.

세탁기로 ~

· 세탁기로 빨다 用洗衣机洗

ㅅ

스웨터는 세탁기로 빨아도 된다.

1191 세탁소 [세탁쏘](洗濯所)
洗衣店

세탁소 + Ⓝ

· 세탁소 주인 洗衣店主人
· 세탁소 옆 洗衣店旁边

세탁소 + Ⓥ

세탁소를 ~

· 세탁소를 운영하다 经营洗衣店
그는 세탁소를 운영하고 있다.
· 세탁소를 차리다 开洗衣店
결혼하고 나서 남편은 세탁소를 차렸다.
· 세탁소를 하다 开洗衣店
형은 고등학교를 졸업하고 세탁소를 했다.

세탁소에 ~

· 세탁소에 맡기다 拿到洗衣店洗
남편이 청소도 하고 세탁물도 세탁소에 맡긴다.

1192 세트 (set)
套

세트 + Ⓝ

· 세트 상품 套装商品

1193 셋집 [세찝/셋찝](貰집)
租的房子

셋집 + Ⓥ

셋집을 ~

· 셋집을 얻다 租房
방 둘 짜리 셋집을 얻어 이사를 했다.
· 셋집을 놓다 出租房
빈터에는 가게를 여러 채 지어서 셋집을 놓았다.

셋집에서 ~

· 셋집에서 살다 租房子住
우리 식구는 여전히 셋집에서 살았다.

1194 셈
数数，计算

셈 + Ⓥ

셈이 ~

· 셈이 맞다 计算准确
그는 거스름돈을 받으면 셈이 맞는지 확인한다.
· 셈이 빠르다 计算快
나는 셈이 빠르니까 수학 성적이 좋았다.
· 셈이 틀리다 计算错误
이건 셈이 틀린 것 같은데.

셈을 ~

· 셈을 하다 计算
손가락을 꼽아 가며 셈을 한다.

1195 셔츠 (shirt)
衬衫

셔츠 + Ⓝ

· 셔츠 깃 衬衫领子
· 셔츠 단추 衬衫扣子
· 셔츠 소매 衬衫袖子
· 셔츠 주머니 衬衫口袋
· 셔츠 차림 身着衬衫

셔츠 + Ⓥ

셔츠를 ~

· 셔츠를 벗다 脱衬衫
셔츠를 벗어 놓고 내려왔다.
· 셔츠를 입다 穿衬衫
그는 셔츠를 즐겨 입는다.

셔츠에 ~

· 셔츠에 묻다 沾到衬衫上
셔츠에 묻은 먼지를 털어냈다.

1196 소

牛

소 - Ⓝ

· 소고기 牛肉
· 소꼬리 牛尾

소 + Ⓝ

· 소 떼 牛群
· 소 새끼 小牛，牛犊

소 + Ⓥ

소를 ~

· 소를 끌다 牵牛
나는 소를 끌고 이모 집으로 갔습니다.
· 소를 먹이다 喂牛
얼른 소를 먹이러 나가야지.
· 소를 몰다 赶牛
아저씨는 소를 몰고 장으로 갔습니다.
· 소를 타다 骑牛
아이들은 소를 타고 놀았다.

Ⓐ + 소

· 큰 소 大牛
우리 집에 엄청나게 큰 소가 있었습니다.

慣

· 소귀에 경 읽기 对牛弹琴
하이힐의 부작용은 많지만 여성들에게는 소귀에 경 읽기처럼 들릴 것이다.
· 소 먹듯 하다 狼吞虎咽
점심 때 소 먹듯 했더니 사람들이 아침 안 먹었느냐고 물었다.
· 소 닭 보듯이 心不在焉，漠不关心
서로 소 닭 보듯이 바라보는 그런 사이였다.
· 소(를) 잃고 외양간 고친다 亡羊补牢
사람들은 늘 소를 잃고 외양간을 고치고 삽니다.

1197 소개 (紹介)

介绍

소개 + Ⓥ

소개를 ~

· 소개를 받다 经别人介绍
여자를 소개 받아서 만나기로 했습니다.
· 소개를 시키다 介绍给……
친구들에게 소개를 시켜 주고 싶은 영화이다.
· 소개를 하다 介绍
내가 너한테 꼭 소개를 해 주어야 할 사람이 있다.

소개로 ~

· 소개로 만나다 经过介绍认识
친구의 소개로 만난 그 남자는 아주 작고 말랐다.

Ⓐ + 소개

· 간단한 소개 简单的介绍
면접관은 간단한 소개를 요청했다.
· 간략한 소개 简单的介绍
이번 작품에 대한 간략한 소개를 부탁드립니다.

1198 소금

盐

소금 - Ⓝ

· 소금물 盐水

소금 + Ⓝ

· 소금 가루 盐面儿
· 소금 냄새 盐味儿
· 소금 덩어리 盐块儿
· 소금 섭취 摄取盐
· 소금 섭취량 盐分摄取量
· 소금 수입 进口盐
· 소금 알갱이 盐粒
· 소금 장수 盐商

소금 + Ⓥ

소금을 ~

· 소금을 굽다 烤盐
우리 선조들도 옛날부터 소금을 구워 사용했다.
· 소금을 넣다 放盐
채소를 데칠 때는 냄비에 소금을 넣고 끓인다.
· 소금을 뿌리다 撒盐

눈이 내리면 길에 소금을 뿌린다.

· 소금을 섭취하다 摄取盐
소금을 많이 섭취하게 되면 건강에 안 좋다.

· 소금을 찍다 蘸盐
삶은 달걀은 소금을 찍어 먹어야 한다.

소금에 ~

· 소금에 절이다 用盐腌
깻잎을 소금에 절여서 먹는 방법을 알려 주세요.

소금으로 ~

· 소금으로 간하다 用盐调味儿
색이 옅고 투명한 나물은 주로 소금으로 간한다.

Ⓐ + 소금

· 굵은 소금 大粒盐
굵은 소금은 김치를 담글 때 주로 사용한다.

1199 소나기
阵雨

소나기 + Ⓝ

· 소나기 소리 阵雨声
· 소나기 속 阵雨中

소나기 + Ⓥ

소나기가 ~

· 소나기가 그치다 阵雨停歇
소나기가 그치고 해가 나왔다.

· 소나기가 내리다 下阵雨
소나기가 내리고 나면 시원하게 느껴진다.

· 소나기가 쏟아지다 阵雨倾盆而下
창밖에는 소나기가 마구 쏟아지고 있다.

· 소나기가 오다 下阵雨
소나기가 오기 전에 주위가 어두워진다.

· 소나기가 지나가다 阵雨下过
소나기가 지나간 숲은 늘 향기로웠다.

· 소나기가 퍼붓다 阵雨倾盆而下
낮에 한동안 소나기가 퍼붓기 시작했다.

소나기를 ~

· 소나기를 만나다 赶上阵雨
소나기를 만나서 몸이 흠뻑 젖었다.

· 소나기를 맞다 被阵雨淋到
갑자기 쏟아지는 소나기를 신나게 맞아 본 적 있는가?

· 소나기를 피하다 躲避阵雨

안전한 장소에서 소나기를 피해 가야 해요.

Ⓐ + 소나기

· 강한 소나기 强阵雨
어젯밤에 엄청나게 강한 소나기가 내렸다.

· 세찬 소나기 疾风骤雨
장마철 이후로는 가끔 세찬 소나기가 온다.

· 시원한 소나기 凉爽的阵雨
더위를 식혀주는 시원한 소나기가 오고 있어요.

1200 소득 (所得)
收入

소득 + Ⓝ

· 소득 격차 收入差距
· 소득 분배 收入分配
· 소득 수준 收入水平
· 소득 증가 收入增加
· 소득 증대 收入提高
· 소득 총액 收入总额
· 소득 확대 收入增加

소득 + Ⓥ

소득이 ~

· 소득이 낮다 收入低
농촌 지역은 소득이 낮아요.

· 소득이 늘다 收入增加
소득이 늘면 지출이 늘어난다.

· 소득이 많다 收入多
소득이 많은 사람은 세금을 많이 내야 한다.

· 소득이 없다 没有收入
이 달에는 소득이 없어서 걱정입니다.

· 소득이 있다 有收入
소득이 있으면 세금이 있습니다.

소득을 ~

· 소득을 높이다 提高收入
산나물 재배로 농가 소득을 높였다.

· 소득을 얻다 获得收入
높은 소득을 얻기를 바란다.

· 소득을 올리다 提高收入
소득을 올리기 위해 도시로 이사했다.

ⓐ + 소득

· 많은 소득 高收入
짧은 시간에 많은 소득을 올릴 수 있는 방법은 없다.
· 일정한 소득 一定的收入
일정한 소득이 생겼다.

1201 소리
声音

소리가 + ⓥ

소리가 ~

· 소리가 거세다 声音猛烈
수화기 저쪽에서 바람 소리가 거세지고 있었다.
· 소리가 곱다 声音甜美
가야금 소리가 참 곱다.
· 소리가 그치다 声音停止
소란하던 수수잎 소리가 뚝 그쳤다.
· 소리가 나다 出声音
뭔가 깨지는 소리가 났다.
· 소리가 나오다 声音出来
말하고 싶었지만 소리가 나오지 않았다.
· 소리가 낮다 声音低
컴퓨터 소리가 어느 날부터 너무 낮아졌어요.
· 소리가 높다 声音高
언론이 달라져야 한다는 소리가 높다.
· 소리가 드높다 声音很高
인터넷 게임 중독을 우려하는 소리가 드높다.
· 소리가 들려오다 声音传来
부엌 쪽에서 그릇 부딪치는 소리가 들려왔다.
· 소리가 들리다 声音传来
밖에서 나를 부르는 소리가 들렸다.
· 소리가 멎다 声音停止
이윽고 바이올린 소리가 멎고 온 집안이 조용해졌다.
· 소리가 사라지다 声音消失
시끄러운 소리가 사라진 후에 잠이 들었다.
· 소리가 새어나오다 声音传出
이어폰에서 음악 소리가 새어나왔다.
· 소리가 시끄럽다 声音嘈杂
저 소리가 시끄러워서 잠을 잘 수 없다.
· 소리가 요란하다 声音嘈杂
계곡에서 흘러내려오는 물소리가 요란하다.
· 소리가 울리다 声音响起
녹음 시작을 알리는 삐 소리가 울렸다.
· 소리가 작다 声音小

소리가 너무 작아서 스피커를 샀다.
· 소리가 터지다 声音爆发出来
젊은이들 속에서 큰 소리가 터져 나왔다.
· 소리가 크다 声音大
그 나라 사람들은 소리가 크고 제스처가 큽니다.
· 소리가 흘러나오다 声音传出来
수화기에서 음악 소리가 흘러나왔다.

소리를 ~

· 소리를 낮추다 降低声音
누나는 컴퓨터에서 나오는 소리를 낮췄다.
· 소리를 내다 发出声音
그녀는 항상 우는 소리를 내면서 지냈습니다.
· 소리를 높이다 提高声音
봄날에 개구리는 왜 소리를 높여 울까요?
· 소리를 듣다 听到声音
그는 그 소리를 들으며 눈을 감았다.
· 소리를 지르다 喊叫
앞으로는 함부로 소리를 지르지 말거라.
· 소리를 치다 喊叫
어른께 무슨 소리를 그리 치나?

소리에 ~

· 소리에 놀라다 被声音惊醒
그 소리에 놀라 잠이 깨었다.
· 소리에 맞추다 和着声音
그들은 그 소리에 맞춰 무슨 노래인지 슬프게 부른다.

ⓐ + 소리

· 떠들썩한 소리 吵闹的声音
골목길에서 떠들썩한 소리를 들었다.
· 묘한 소리 奇妙的声音
두 소리가 서로 잘 어울려 마침내 묘한 소리를 이룬다.
· 요란한 소리 嘈杂的声音
요란한 소리가 어제 밤부터 나기 시작했습니다.
· 이상한 소리 奇怪的声音
부엌에서 이상한 소리가 들려온다.
· 소란스러운 소리 嘈杂的声音
밖에서 무언가 소란스러운 소리가 들려왔다.
· 큰 소리 大声
위험을 피하는 첫 번째 방법은 큰 소리를 내는 것이다.

1202 소매
袖子

소매 + ⓝ

- 소매 길이 袖子长度
- 소매 끝 袖头
- 소매 부분 袖子部分

소매 + Ⓥ

소매가 ~

- 소매가 길다 袖子长
피부 보호를 위해서는 소매가 긴 옷을 입는 것이 좋다.
- 소매가 좁다 袖子窄
저고리의 소매가 좁다.
- 소매가 짧다 袖子短
소매가 짧은 티일수록 어깨가 넓어 보여요.

소매를 ~

- 소매를 걷다 挽起袖子
그는 소매를 걷어 올리고 요리를 준비한다.
- 소매를 걷어붙이다 挽起袖子
소매를 걷어붙이면 팔뚝이 드러난다.
- 소매를 잡다 抓住袖子
언니는 말없이 내 소매를 잡았다.
- 소매를 줄이다 把袖子剪短
이런 옷도 소매를 줄일 수 있나요?

소매에 ~

- 소매에 묻다 粘在袖子上
소매에 묻은 먼지를 털어내며 말했다.

Ⓐ + 소매

- 넓은 소매 宽袖
요즘은 넓은 소매 옷은 거의 입지 않는다.
- 짧은 소매 短袖
그녀는 짧은 소매에 주름 장식이 있는 블라우스를 좋아한다.

慣

- 소매를 걷다 挺身而出, 当仁不让
그는 직장을 그만두고 소매를 걷고 사업에만 매달렸다.
- 소매를 걷어붙이다 摩拳擦掌, 奋袖出臂
그가 소매를 걷어붙이면 안 되는 일이 없다.

1203 소문 (所聞)
传闻

소문 + Ⓝ

- 소문 속 传闻中

소문 + Ⓥ

소문이 ~

- 소문이 나다 有传闻
저에 대한 안 좋은 소문이 났어요.
- 소문이 돌다 传闻四起
소문이 돌면서 점점 더 커졌다.
- 소문이 들리다 听到传闻
이런 저런 소문이 들리다 보면 정말 피곤하다.
- 소문이 자자하다 议论纷纷
그는 평소에는 말수가 없기로 소문이 자자해요.
- 소문이 퍼지다 传闻传开
이 소문이 퍼지자 학생들이 들뜨기 시작했다.

소문을 ~

- 소문을 내다 张扬
친구가 소문을 내어 화가 많이 났어요.
- 소문을 듣다 听到传闻
나도 그 소문을 들어 잘 알고 있다.
- 소문을 퍼뜨리다 散播传闻
사람들이 나에 관한 소문을 퍼뜨리면 어떡하지?

Ⓐ + 소문

- 어처구니없는 소문 荒唐的传闻
어처구니없는 소문에 사촌이 화가 났다.
- 허황된 소문 荒唐的传闻, 不靠谱的传闻
전 그런 허황된 소문은 믿지 않습니다.

慣

- 소문난 잔치에 먹을 것 없다 盛名之下, 其实难副
소문난 잔치에 먹을 것 없다고 실상 나는 별로 가진 게 없다.

1204 소비 (消費)
消费

소비 - Ⓝ

- 소비문화 消费文化
- 소비생활 消费生活

소비 + Ⓝ

- 소비 감소 消费减少
- 소비 계획 消费计划
- 소비 급증 消费激增

· 소비 수준 消费水平
· 소비 습관 消费习惯
· 소비 심리 消费心理
· 소비 절약 节约消费
· 소비 지출 消费支出
· 소비 패턴 消费模式
· 소비 활동 消费活动

소비 + Ⓥ

소비가 ~

· 소비가 늘어나다 消费增加
위축되었던 소비가 늘어나는 것은 바람직한 일이다.

· 소비가 많다 消费多
우리 나라는 석유 소비가 많다.

· 소비가 적다 消费少
요즘은 쌀 소비가 적다.

소비를 ~

· 소비를 늘리다 增加消费
쌀 소비를 늘려 농민을 살리자.

· 소비를 절감하다 节约开支
에너지 소비를 절감하는 일에 동참해야 한다.

· 소비를 줄이다 减少支出
전기 소비를 많이 줄여야 한다.

· 소비를 하다 消费，支出
필요없는 소비를 하면 안 된다.

Ⓐ + 소비

· 과대한 소비 高消费
요즈음 우리는 너무 과대한 소비에 빠져 있다.

· 적절한 소비 适当的消费
적절한 소비는 경제를 원활하게 한다.

1205 **소설** (小說)
小说

소설 - Ⓝ

· 소설책 小说(书)

소설 + Ⓝ

· 소설 소재 小说素材
· 소설 작품 小说作品
· 소설 전집 小说全集

· 소설 주인공 小说主人公
· 소설 창작 小说创作

소설 + Ⓥ

소설을 ~

· 소설을 쓰다 写小说
소설을 쓰는 것은 새로운 일이다.

· 소설을 읽다 读小说
나는 그의 소설을 읽은 적이 있다.

· 소설을 출간하다 出版小说
요즘 인터넷 소설을 출간하기가 힘들어요.

1206 **소스** (sauce)
酱料，调汁

소스 + Ⓥ

소스를 ~

· 소스를 끼얹다 放酱料
빵에 소스를 끼얹어 먹는다.

· 소스를 뿌리다 撒酱料
채소를 얹은 뒤 소스를 뿌려 먹는다.

· 소스를 치다 放酱料
소스를 좀 더 치시겠습니까?

1207 **소식**[1] (消息)
消息，音讯

소식 + Ⓥ

소식이 ~

· 소식이 감감하다 杳无音讯
외국에 나간 그의 소식이 감감하다.

· 소식이 궁금하다 想知道消息
그의 소식이 궁금해 오늘도 신문 기사를 검색했다.

· 소식이 끊기다 失去音讯
벌써 2주일째 동생의 소식이 끊겼다.

· 소식이 끊어지다 联系中断
그 친구는 웬 도시로 간 이후 소식이 끊어졌다.

· 소식이 날아오다 消息传来
봄을 맞이하고 있을 무렵 내게 좋은 소식이 날아왔다.

· 소식이 들리다 消息传来

그에 대한 좋지 않은 소식이 들렸다.
· **소식이 빠르다** 消息灵通
그 친구는 항상 소식이 빨라요.
· **소식이 알려지다** 消息传开
그 배우의 결혼 소식이 알려져 큰 화제가 되었다.
· **소식이 없다** 没有消息
아직까지도 아무 소식이 없습니다.
· **소식이 오다** 消息传来
6월 초가 되어 경찰이 나를 찾는다는 소식이 왔다.
· **소식이 있다** 有消息
기쁜 소식이 있어 알려드리러 왔습니다.
· **소식이 전해지다** 消息传来
그녀에게 불행한 소식이 전해졌다.

소식을 ~
· **소식을 기다리다** 等待消息
하루하루 피가 마르도록 그의 소식을 기다렸다.
· **소식을 끊다** 中止联系
둘은 서로 소식을 끊고 지낸 것이 거의 10년이 되었다.
· **소식을 듣다** 听到消息
이 소식을 들으니 너무 기뻤다.
· **소식을 묻다** 询问消息
요즘도 너희들한테 소식을 묻는 사람들이 있니?
· **소식을 받다** 接到消息
그는 최근에 더 큰 기쁜 소식을 받았다.
· **소식을 알리다** 告诉消息
나는 동생에게 이 좋은 소식을 알렸다.
· **소식을 전하다** 传达消息
우리는 좋은 소식을 전하기 위해 열심히 살고 있다.
· **소식을 접하다** 得到消息
매년 가을이면 노벨상 관련 소식을 접하게 된다.
· **소식을 주고받다** 互通消息
때때로 소식을 주고받으면서 지내자.

소식에 ~
· **소식에 놀라다** 被……消息所震惊
선생님의 수술 소식에 놀랐다.
· **소식에 빠르다** 消息灵通
아버지는 이런 소식에 빨랐다.

Ⓐ + 소식
· **기쁜 소식** 喜讯
왜 까치가 울면 기쁜 소식이 온다고 해요?
· **끔찍한 소식** 可怕的消息
부모님이 돌아가셨다는 끔찍한 소식을 들었다.
· **반가운 소식** 高兴的消息
가슴을 설레게 하는 반가운 소식을 들었다.
· **새로운 소식** 新消息
새로운 소식이 들어오는 대로 보도해 드리겠습니다.

· **좋은 소식** 好消息
좋은 소식 한 가지 알려드릴게요.

1208 소식² (小食)
少吃

소식 + Ⓥ

소식을 ~
· **소식을 하다** 少吃
소식을 하다 보면 소화도 잘 되고 몸도 가벼워진다.

1209 소용 (所用)
用处

소용 + Ⓥ

소용이 ~
· **소용이 없다** 没有用
후회해도 소용이 없는 거야.
· **소용이 있다** 有用
이제 그런 말들이 무슨 소용이 있겠는가?

1210 소원 (所願)
願望

소원 + Ⓝ
· **소원 성취** 愿望实现

소원 + Ⓥ

소원이 ~
· **소원이 성취되다** 愿望实现
취직을 하고 싶은 그의 소원이 성취됐다.
· **소원이 이루어지다** 愿望实现
간절히 기도하면 언젠가는 소원이 이뤄진다고 했어.
· **소원이 있다** 有愿望
무엇이든 소원이 있으면 말해 봐.

소원을 ~
· **소원을 들어주다** 满足愿望

제 소원을 꼭 들어주세요.

· **소원을 빌다** 许愿
사람들은 달님을 향해 소원을 빌었다.

· **소원을 이루다** 实现愿望
늦게나마 소원을 이룰 수 있어서 너무 행복해요.

· **소원을 풀다** 了却心愿
과연 이들이 소원을 풀 수 있을까?

Ⓐ + 소원

· **간절한 소원** 殷切的愿望
저에게는 정말 간절한 소원이 하나 있습니다.

· **큰 소원** 最大的愿望
빨리 취업하는 게 가장 큰 소원이다.

1211 **소유** (所有)
拥有，所有

소유 + Ⓝ

· **소유 관계** 所有关系
· **소유 권한** 所有权

소유 + Ⓥ

소유가 ~

· **소유가 되다** 成为……的所有
이 집은 김 씨의 소유가 되었다.

소유를 ~

· **소유를 포기하다** 放弃所有权
모든 소유를 포기하는 순간에 자유로움을 얻는다.

· **소유를 하다** 拥有
소유를 하면 할수록 생활에 얽매이게 된다.

1212 **소음** (騷音)
噪音

소음 + Ⓝ

· **소음 공해** 噪音公害
· **소음 기준치** 噪音标准
· **소음 발생** 产生噪音
· **소음 속** 噪音中
· **소음 차단** 阻截噪音

· **소음 피해** 噪音灾害

소음 + Ⓥ

소음이 ~

· **소음이 나다** 出噪音
동영상은 24초 부분부터 소음이 납니다.

· **소음이 들리다** 听到噪音
어디서 시끄러운 소음이 들려왔다.

· **소음이 심하다** 噪音严重
이 제품은 성능은 좋으나 소음이 심하다.

· **소음이 적다** 噪音小
소음이 적으면 적을수록 좋은 제품이다.

· **소음이 크다** 噪音大
자동차 소음이 커서 대화를 할 수 없다.

소음을 ~

· **소음을 내다** 出噪音
기계가 엄청난 소음을 내며 움직이기 시작했다.

· **소음을 일으키다** 产生噪音
아기 방에서는 소음을 일으키는 일이 없어야 한다.

· **소음을 줄이다** 减少噪音
공사로 인한 소음을 줄이기 위해 신경을 써야 한다.

· **소음을 피하다** 躲避噪音
직업의 특성상 소음을 피하기 힘든 분들이 많다.

Ⓐ + 소음

· **시끄러운 소음** 嘈杂的噪音
2층의 시끄러운 소음 때문에 잠을 못 잔다.

· **큰 소음** 大的噪音
소음을 잡으려다 더 큰 소음이 생겼다.

1213 **소재** (素材)
素材

소재 + Ⓥ

소재가 ~

· **소재가 되다** 成为素材
오늘 하루가 소재가 되는 소설을 써 볼까?

소재를 ~

· **소재를 선택하다** 选择素材
주제에 합당한 소재를 선택하도록 해야 한다.

소재로 ~

· **소재로 다루다** 以……为素材创作

이 영화는 가족을 소재로 다루었다.
· 소재로 삼다 当做素材
어머니는 가족을 소재로 삼은 소설을 좋아한다.
· 소재로 하다 作为素材
그 교사의 작품은 자신의 경험을 소재로 하고 있다.

Ⓐ + 소재

· 다양한 소재 各种各样的素材
이 책은 다양한 소재가 뒤섞여 있다.
· 풍부한 소재 丰富的素材
풍부한 소재가 글쓰기의 바탕이다.

1214 소주 (燒酒)
烧酒

소주 - Ⓝ

· 소주병 烧酒瓶

소주 + Ⓥ

· 소주 값 烧酒价格
· 소주 공장 烧酒工厂

소주 + Ⓥ

소주를 ~
· 소주를 드시다 喝烧酒
몇 종류의 소주를 드셔 보셨나요?
· 소주를 들이켜다 大口喝烧酒
사내는 소주를 벌컥벌컥 들이켰다.
· 소주를 따르다 斟烧酒
내가 그녀의 빈 잔 속에 소주를 따랐다.
· 소주를 마시다 喝烧酒
나는 방에서 혼자 소주를 마셨다.

1215 소지품 (所持品)
随身物品

소지품 + Ⓝ

· 소지품 검사 检查随身物品
· 소지품 목록 随身物品目录

소지품 + Ⓥ

소지품이 ~
· 소지품이 없어지다 随身物品不见了
개인 소지품이 없어지지 않도록 주의해라.

소지품을 ~
· 소지품을 가지다 携带随身物品
간단한 소지품을 항상 가지고 다니세요.
· 소지품을 챙기다 带上随身物品
외출할 때 필수 소지품을 꼭 잘 챙겨야 한다.

1216 소질 (素質)
素养，天分

소질 + Ⓥ

소질이 ~
· 소질이 대단하다 素养高，很有天分
그의 문학적인 소질이 대단하다.
· 소질이 없다 没有天分
남편은 청소에는 소질이 없었다.
· 소질이 있다 有天分
나는 그림에 꽤 소질이 있었다.

소질을 ~
· 소질을 계발하다 开发天分
아이들의 잠재되어 있는 소질을 계발해야 한다.

Ⓐ + 소질

· 건전한 소질 良好素质
건전한 소질을 가진 자를 발굴할 필요가 있다.
· 뛰어난 소질 出众的天分
누구에게나 뛰어난 소질 한 가지는 있다.
· 타고난 소질 天生的才华，天禀
천재는 타고난 소질이 있어야 합니다.

1217 소파 (sofa)
沙发

소파 + Ⓝ

· 소파 귀퉁이 沙发角
· 소파 밑 沙发下面

· 소파 커버 沙发套

소파 + Ⓥ

소파에 ~

· 소파에 눕다 躺在沙发上
소파에 누워 감자튀김을 먹으며 TV를 시청한다.
· 소파에 앉다 坐在沙发上
직접 소파에 앉아본 뒤에 구매했어요.

1218 소포 (小包)
包裹

소포 + Ⓝ

· 소포 겉봉 包裹外包装
· 소포 발송 托寄包裹
· 소포 포장 包装包裹

소포 + Ⓥ

소포가 ~

· 소포가 배달되다 包裹送达
부모님으로부터 소포가 배달되었다.
· 소포가 오다 包裹到了
고향에서 소포가 왔다.

소포를 ~

· 소포를 뜯다 打开包裹
친구가 보내준 소포를 뜯으니 아이들 책이었다.
· 소포를 받다 收到包裹
오늘 낯선 이름이 적힌 소포를 받았다.
· 소포를 배달하다 配送包裹
집배원들이 늘어난 소포를 배달하느라 분주하다.
· 소포를 보내다 送包裹
중국으로 가버린 오빠한테 오늘 소포를 보냈다.
· 소포를 부치다 邮寄包裹
그를 대신하여 우체국에 소포를 부치러 갔다.
· 소포를 풀다 打开包裹
소포를 풀어 보고 실망했다.

소포로 ~

· 소포로 부치다 用包裹寄
선물을 소포로 부쳐 볼까 해요.

Ⓐ + 소포

· 작은 소포 小包裹

그 곳에는 작은 소포가 하나 있었다.

1219 소풍 (消風, 逍風)
郊游, 野游

소풍 + Ⓝ

· 소풍 계획 郊游计划
· 소풍 장소 郊游场所
· 소풍 준비 郊游准备
· 소풍 코스 郊游路线

소풍 + Ⓥ

소풍을 ~

· 소풍을 가다 去郊游
친구들끼리 모여 소풍을 가기로 하였습니다.
· 소풍을 나오다 来郊游
오랜만에 주말에 친구들과 소풍을 나와서 즐거웠다.
· 소풍을 떠나다 动身去郊游
사랑하는 사람과 함께 즐거운 소풍을 떠나 보세요.
· 소풍을 오다 来郊游
스승의 날에 선생님들과 같이 공원으로 소풍을 왔다.

1220 소형 (小型)
小型

소형 + Ⓝ

· 소형 녹음기 小型录音机
· 소형 라디오 小型收音机
· 소형 선박 小型船舶
· 소형 승용차 小型轿车
· 소형 아파트 小型公寓
· 소형 오피스텔 小型写字楼
· 소형 자동차 小型汽车
· 소형 제품 小型产品

1221 소화 (消化)
消化, 理解

소화 + Ⓝ

· 소화 기관 消化器官
· 소화 기능 消化功能
· 소화 능력 消化能力
· 소화 문제 消化问题
· 소화 불량 消化不良
· 소화 장애 消化障碍

소화 + Ⓥ

소화가 ~

· 소화가 되다 被消化
우유와 약을 같이 먹으면 소화가 잘 된다.
· 소화가 빠르다 消化快
역시 과일은 소화가 빨라요.

소화를 ~

· 소화를 도와주다 帮助消化
소화를 도와주는 음식은 뭐가 있을까요?
· 소화를 돕다 帮助消化
물은 음식의 소화를 돕는다.
· 소화를 시키다 促进消化
나는 소화를 시키려고 운동을 했다.
· 소화를 하다 理解
그는 책 내용을 소화를 못 한다.

1222 속
里面

속 – Ⓝ

· 속마음 内心

속 + Ⓥ

속이 ~

· 속이 검다 里面是黑色的
속이 검은 나무가 있나요?
· 속이 깊다 城府深
속이 깊으면 얼굴에서도 향기가 나요.
· 속이 넓다 心胸宽广
그는 자기가 대단히 속이 넓은 성격이라고 생각했다.
· 속이 든든하다 肚子吃饱
속이 든든해야 공부가 잘 된다.
· 속이 뒤틀리다 反胃
속이 뒤틀려서 토가 나올 것 같아요.

· 속이 마르다 里面干了
고구마는 캐낸 지 오래돼서 속이 말랐어요.
· 속이 비다 空心
저 나무는 속이 텅 비어 있다.
· 속이 상하다 伤心
속이 상해서 남편에게 화를 냈다.
· 속이 시원하다 胃里舒服
화장실에서 토를 해서 속이 시원해졌어요.
· 속이 썩다 伤心欲绝
아내는 남편 때문에 속이 썩어서 자리에 눕고 말았다.
· 속이 쓰리다 胃疼
녹차를 많이 먹으면 속이 쓰리다.
· 속이 아프다 胃疼
속이 아파서 밥을 못 먹어요.
· 속이 없다 没有内在修养
사람이 속이 없으면 외모에만 신경을 쓴다.
· 속이 좁다 小心眼
저는 욕심도 많고 속도 좁아요.
· 속이 안 좋다 胃不好
전날 밤 마신 술 때문에 속이 안 좋다.
· 속이 타오르다 心里愤怒
갑자기 속이 활활 타올랐고 욕이 튀어나왔다.
· 속이 터지다 心里着急
팀원들을 보면서 수시로 속이 터졌다.
· 속이 편하다 心里舒服
나는 동생이 저렇게 사는 게 속이 편한지 물었다.
· 속이 풀리다 胃舒服一些
해장국을 먹으니 속이 좀 풀려요.
· 속이 후련하다 心里痛快
진실을 고백하고 나니 속이 후련해졌다.

속을 ~

· 속을 감추다 掩盖内心
언니가 뭔가 속을 감추고 있는 것 같아요.
· 속을 뒤집다 让……恼火
동생이 내 속을 뒤집기 위해 긁어 대는 소리를 냈다.
· 속을 드러내다 袒露内心
형은 좀처럼 그 깊은 속을 드러내지 않았다.
· 속을 들여다보다 窥视内心
나는 멍하게 거울 속을 들여다보았다.
· 속을 썩이다 让……伤心
자녀들의 부모의 속을 썩이는 시기는 지났다.
· 속을 태우다 让……着急
어머니는 동생 일로 늘 속을 태웠다.

惯

· 속이 검다 心黑
그 남자는 속이 검은 사람이니 조심해라.

· 속이 끓다 心里着急
조바심과 걱정으로 속이 끓는다.

· 속이 뒤집히다 恼火
그를 보자 속이 뒤집힐 지경이었다.

· 속이 떨리다 心悸
너무 두려워 속이 떨린다.

· 속이 보이다 暴露心迹
그런 말 하면 속이 보인다.

· 속이 시원하다 心里痛快
이사를 하고 나서는 속이 다 시원했다.

· 속이 타다 心里着急
대학수학능력시험을 코앞에 둔 수험생들은 속이 탄다.

· 속이 트이다 心胸开阔
그는 속이 트인 사람이다.

· 속이 풀리다 消气
내가 어떻게 하면 속이 풀리겠니?

· 속을 긁다 让人糟心
남편은 한 술 더 떠서 남의 속을 더 긁어 놓는다.

· 속을 끓이다 着急上火
요즘 속을 끓이는 일이 너무 많아요.

· 속 빈 강정 外强中干, 华而不实
요즘은 속 빈 강정 같은 책이 많다.

1223 속도 [속또](速度)
速度

속도 + Ⓝ

· 속도 감각 速度感
· 속도 경쟁 速度竞争
· 속도 조절 调整速度
· 속도 측정기 速度测量表

속도 + Ⓥ

속도가 ~

· 속도가 느리다 速度慢
물건을 손으로 만들면 속도가 느리다.

· 속도가 늦어지다 速度缓慢
중국 경제 발전 속도가 늦어지고 있다.

· 속도가 둔화되다 速度迟缓
요즘은 인구 증가 속도가 둔화되고 있다고 한다.

· 속도가 떨어지다 速度下降
살찐 아이들은 키 크는 속도가 떨어져요.

· 속도가 빠르다 速度快
입력 속도가 빠르면 오타가 많이 난다.

· 속도가 빨라지다 速度变快
자동차 대수의 증가 속도가 점점 빨라지고 있다.

속도를 ~

· 속도를 계산하다 计算速度
인구의 증가 속도를 계산하면 미래를 알 수 있다.

· 속도를 내다 加速
나는 속도를 내서 앞 차를 추월했다.

· 속도를 높이다 提高速度
정보 수집 속도를 높이기 위한 컴퓨터 시스템을 개발해야 한다.

· 속도를 늦추다 放慢速度
불꽃놀이는 속도를 늦추다가 드디어 끝을 맺었다.

· 속도를 올리다 提高速度
느려진 컴퓨터 속도를 올려보자.

· 속도를 조절하다 调节速度
교사는 상황에 따라 이야기 속도를 조절해야 한다.

· 속도를 줄이다 减速
사람이 지나가자 자동차 속도를 줄이고 있다.

· 속도를 측정하다 测速
경찰이 자동차 속도를 측정했다.

속도로 ~

· 속도로 가다 以……速度前行
왜 빛의 속도로 가면 시간이 거꾸로 가나요?

· 속도로 낙하하다 以……速度下落
가벼운 물체나 무거운 물체나 같은 속도로 낙하한다.

· 속도로 달려가다 以……速度飞奔
그는 여전히 같은 속도로 달려가고 있었다.

· 속도로 달리다 以……速度奔跑
차는 제 속도로 잘 달리고 있다.

· 속도로 뛰다 以……速度跳动
심장이 빠른 속도로 뛰고 있습니다.

· 속도로 변하다 以……速度变化
아이가 놀라운 속도로 변해 가더라.

· 속도로 변화하다 以……速度变化
빠른 속도로 변화해 가는 도시의 무질서가 어지럽다.

· 속도로 이동하다 以……速度移动
소리는 얼마나 빠른 속도로 이동할 수 있는 걸까요?

· 속도로 증가하다 以……速度增加
중국인 관광객 수가 빠른 속도로 증가하고 있다.

· 속도로 진행하다 以……速度进行
그 연구는 계획보다 빠른 속도로 진행하고 있다.

· 속도로 퍼지다 以……速度蔓延
새로운 바이러스들이 빠른 속도로 퍼져 나가고 있다.

Ⓐ + 속도

· 느린 속도 慢速
가장 느린 속도를 가진 동물은 거북이다.

· 빠른 속도 快速
자동차가 빠른 속도로 달린다.
· 일정한 속도 一定的速度
그들은 일정한 속도로 보조를 맞춰 걸었다.

1224 속옷 [소곧]
内衣

속옷 + N

· 속옷 가게 内衣店
· 속옷 빨래 洗内衣
· 속옷 차림 身着内衣

속옷 + V

속옷을 ~

· 속옷을 갈아입다 換内衣
전 하루에 두 번 속옷을 갈아입어요.
· 속옷을 벗다 脱内衣
안경을 벗으면 속옷을 벗은 것과 같다.
· 속옷을 입다 穿内衣
잘 때 속옷을 입어요?

1225 손
手, 人手

손 - N

· 손동작 手的动作
· 손등 手背
· 손바닥 手掌

손 + N

· 손 모델 手模
· 손 모양 手型
· 손 안 手里

손 + V

손이 ~
· 손이 가다 费力
그 일은 손이 많이 간다.

· 손이 닿다 够着
아기 손이 닿는 곳에 약을 두지 않는다.
· 손이 많다 人手多
손이 많으면 일도 쉽다.
· 손이 모자라다 人手不够
지금도 손이 모자라서 주문을 다 못 받는데요.
· 손이 부족하다 人手不够
손이 부족하면 언제든지 불러 주세요.

손을 ~
· 손을 내밀다 伸手
작별하기 위해 나는 그에게 손을 내밀었다.
· 손을 놓다 松手
풍선을 손으로 잡고 있다가 손을 놓으면 어떻게 되나?
· 손을 들다 举手
우리들이 손을 들면 운전자는 차를 멈추나요?
· 손을 빌리다 借助……的力量
다른 사람의 손을 빌리면 안 되나요?
· 손을 쓰다 采取措施
힘이 더 커지기 전에 손을 써야겠다.
· 손을 잡다 拉手
나는 그녀의 손을 잡아 주었다.
· 손을 흔들다 挥手
손을 흔들어 작별 인사를 해 보세요.

손에 ~
· 손에 넣다 放到手里
이것만 손에 넣으면 행복해질 수 있을 거야.
· 손에 쥐다 握在手里
우리는 돈을 손에 쥐는 것을 중요하게 생각하지.

慣

· 손이 닿다 够得着, 接触上
그들은 지하 조직과 손이 닿아 있어요.
· 손이 맵다 手狠
그는 손이 매워서 한번 시작한 일은 빈틈없이 해낸다.
· 손이 크다 大手大脚
난 자네가 손이 커서 부자로 살 줄 알았지.
· 손을 끊다 洗手不干
저는 그 일에서 완전히 손을 끊었습니다.
· 손을 놓다 放手
그 일에서는 이미 손을 놓았어요.
· 손을 대다 着手
어디서부터 손을 대야 할지 모르겠다.
· 손을 떼다 放手, 放下
이 책은 한 번 읽으면 손을 뗄 수 없다.
· 손을 벌리다 伸手求援
염치없이 왜 또 손을 벌리니?
· 손을 보다 修改

맞춤법은 약간 손을 보는 것이 좋다.
· **손을 쓰다** 采取措施
나는 손을 쓰지 못하고 지켜보기만 했다.
· **손을 씻다** 洗手不干
지금은 손을 씻은 지 오래야.
· **손에 잡히다** 上手
시험 직전이 되면 아무 것도 손에 잡히지 않는다.

1226 **손가락** [손까락]
手指

· 손가락 끝 手指尖
· 손가락 사이 手指间

손가락이 ~
· **손가락이 가늘다** 手指细
그녀는 손가락이 매우 가늘다.
· **손가락이 떨리다** 手指颤抖
핸드폰 번호를 누르는 손가락이 떨리고 있었다.

손가락을 ~
· **손가락을 걸다** 拉钩
그는 망설이지도 않고 손가락을 걸어 약속을 했다.
· **손가락을 꼽다** 扳手指头
누나는 손가락을 꼽아가며 계산을 했다.
· **손가락을 다치다** 伤到手指
그는 손가락을 다쳐 연주자로서의 희망은 좌절되었다.
· **손가락을 따다** 用针扎手指放血
체했을 때 손가락을 따면 효과가 있나요?
· **손가락을 물다** 咬手指
꽃게가 손가락을 물었다.
· **손가락을 빨다** 吮指
아기였을 때부터 손가락을 빨고 잤거든요.
· **손가락을 움직이다** 动手指
아기가 자기 의사를 나타낼 때는 손가락을 움직인다.
· **손가락을 펴다** 伸开手指
가운데 손가락을 펴는 것은 욕이다.
· **손가락을 펼치다** 伸开手指
오른손 다섯 손가락을 펼치고 차례로 숫자를 세어 본다.

손가락에 ~
· **손가락에 끼다** 戴在手指上
금반지를 손가락에 끼었지만 마음이 불편하다.

· **손가락에 맞다** 和手指大小合适
보통 19호반지는 여자의 몇 번째 손가락에 맞을까요?

손가락으로 ~
· **손가락으로 가리키다** 用手指
사내는 이마 위에 생긴 흉터를 손가락으로 가리켰다.
· **손가락으로 건드리다** 用手指头拨弄
한국에서 머리를 손가락으로 건드리면 불쾌하다.
· **손가락으로 만지다** 用手指头摸
스크린은 결코 손가락으로 만져서는 안 된다.
· **손가락으로 집다** 用手指头夹
음식을 손가락으로 집어 먹는 민족도 있다.
· **손가락으로 찌르다** 用手指头扎
상처를 손가락으로 찌르지 마세요.

· **긴 손가락** 长长的手指
나는 긴 손가락을 가지고 있다.
· **다친 손가락** 受伤的手指
다친 손가락을 치료하기 위해 병원에 갔습니다.
· **떨리는 손가락** 颤抖的手指
그는 떨리는 손가락으로 방을 가리켰다.
· **잘린 손가락** 被切断的手指
잘린 손가락을 붙이는 수술이 진행되었다.

1227 **손길** [손낄]
手

손길이 ~
· **손길이 닿다** 触及, 碰触
사랑의 손길이 닿지 않은 곳이 없다.
· **손길이 바쁘다** 繁忙
고기를 낚아 올리는 어부들의 손길이 바쁘다.
· **손길이 필요하다** 需要援手
현재 아프리카에서 절실한 도움의 손길이 필요하다.

· **손길을 내밀다** 伸出……之手
고통을 받는 지구촌을 돕기 위해 봉사의 손길을 내밀었다.
· **손길을 뻗다** 伸出……之手
다문화가정을 위해 여러 도움의 손길을 뻗고 있다.
· **손길을 뿌리치다** 甩开……的手
그가 사과하며 용서를 구했을 때, 난 그 손길을 뿌리치고 말았다.

1228 손님
客人, 顾客

손님 + N

· 손님 대접 待客
· 손님 예약 顾客预约
· 손님 접대 款待客人
· 손님 초대 招待客人

손님 + V

손님이 ~
· 손님이 가득하다 客人爆满
항상 식당에는 손님이 가득하다.
· 손님이 늘다 客人增加
요즘 그 가게에는 50~ 60대 손님이 늘고 있다.
· 손님이 떨어지다 客人减少
간판을 자주 바꾸면 손님이 다 떨어져 나간다.
· 손님이 뜸하다 客人少
가을보다 여름에 손님이 뜸해요.
· 손님이 많다 客人多
저녁 공연을 했지만 손님이 별로 많지 않았다.
· 손님이 몰리다 客人聚集
주말에 손님이 몰리면 종업원이 실수를 많이 한다.
· 손님이 붐비다 客人拥挤
항상 손님이 붐비니 미리 예약하셔야 해요.
· 손님이 없다 没有客人
손님이 없어서 조용했습니다.
· 손님이 오다 来客人
반가운 손님이 올 모양이야.
· 손님이 있다 有客人
단골 손님이 있어서 다행이죠.
· 손님이 줄다 客人减少
올해는 경기가 안 좋아서 손님이 조금씩 준다.
· 손님이 차다 客人满满的
점포에 손님이 꽉 차서 좌석이 없다.
· 손님이 찾아오다 客人到来
결혼식 날에 뜻밖의 손님이 찾아왔다.

손님을 ~
· 손님을 기다리다 等待客人
새벽에 손님을 기다리는 택시가 많았다.
· 손님을 끌다 吸引客人
가게 주인들은 너도나도 손님을 끌기 위해 애쓴다.

· 손님을 대접하다 招待客人
어떻게 손님을 대접해야 할까요?
· 손님을 맞다 迎接客人
손님을 맞으면 활짝 웃으십시오.
· 손님을 맞이하다 迎接客人
그녀는 언제나 친절한 태도로 손님을 맞이한다.
· 손님을 모시다 陪伴客人
저희는 정직한 가격으로 손님을 모시고 있습니다.
· 손님을 배웅하다 送客人
그는 손님을 배웅하러 밖으로 나왔다.
· 손님을 접대하다 接待客人
정성들여 손님을 접대하는 것은 바람직한 일이다.
· 손님을 초대하다 招待客人
그는 손님을 초대해 맛있는 음식을 대접했다.
· 손님을 초청하다 邀请客人
손님을 초청할 때는 상당히 신경을 쓴다.
· 손님을 치르다 招待客人
많은 손님을 치를 경우 숙박이 가장 큰 문제이다.

A + 손님

· 귀한 손님 尊贵的客人
귀한 손님이 오면 문 밖에서 손님을 맞이한다.
· 까다로운 손님 挑剔的客人
일을 하다 보면 까다로운 손님이 종종 오시곤 합니다.
· 낯선 손님 陌生的客人
낯선 손님을 환대하는 것은 어디서나 공통적이다.
· 무례한 손님 没有礼貌的客人
나는 무례한 손님이 싫다.
· 반가운 손님 受欢迎的客人
까치를 보면 반가운 손님이 찾아온다고 한다.
· 새로운 손님 新的客人
우리 집은 새로운 손님을 맞이할 준비로 바쁘다.
· 예절 바른 손님 彬彬有礼的客人
예절 바른 손님은 매사에 '고맙습니다'라고 인사한다.

1229 손맛 [손맏]
厨艺, 手感

손맛 + N

손맛이 ~
· 손맛이 뛰어나다 厨艺高超
고추장 손맛이 뛰어난 할머니가 사업가로 변신했다.
· 손맛이 좋다 厨艺好
할머니는 손맛이 좋아서 하시는 음식은 다 맛있다.

· 손맛이 있다 厨艺好
사람들은 내 음식에는 손맛이 있다고 했다.

· 짜릿한 손맛 刺激的手感
짜릿한 손맛을 느껴보지 못한 사람은 절대로 낚시의
매력을 알지 못한다.

1230 **손바닥** [손빠닥]
手掌

손바닥 + Ⓝ

· 손바닥 도장 手掌印
· 손바닥 안 手掌里
· 손바닥 위 手掌上
· 손바닥 크기 手掌大小

손바닥 + Ⓥ

손바닥을 ~

· 손바닥을 때리다 打手板
선생님은 그 애의 손바닥을 때렸다.
· 손바닥을 비비다 搓手掌
손바닥을 비벼서 뜨겁게 한다.
· 손바닥을 펴다 张开手掌
우리 아가는 손바닥을 펴고 있을 때가 많다.
· 손바닥을 펼치다 张开手掌
아이가 소리치면서 손바닥을 펼쳤다.

慣

· 손바닥을 뒤집듯이 易如反掌
사람 마음이 손바닥을 뒤집듯이 그렇게 쉽게 바뀔 수
있어요?
· 손바닥 들여다보듯 了解得一清二楚, 一目了然
시민들에 대한 동태 파악이 손바닥 들여다보듯 쉬웠다.

1231 **손발**
手脚, 手足

손발 + Ⓥ

손발이 ~

· 손발이 시리다 手脚发凉
손발이 시려서 잠을 잘 수가 없어요.
· 손발이 차다 手脚冰凉
어렸을 때는 손발이 차다는 것에 걱정을 안 했다.

손발을 ~

· 손발을 묶다 绑住手脚
도둑이 그의 손발을 묶었다.
· 손발을 움직이다 活动手脚
냉증을 없애기 위해서는 손발을 자주 움직여야 한다.

慣

· 손발이 닳도록 빌다 苦苦求饶
손발이 다 닳도록 빌겠습니다.
· 손발이 따로 놀다 分崩离析
리더와 직원의 손발이 따로 놀면 제대로 이뤄낼 수 있
는 일이 없다.
· 손발이 맞다 合拍
우리는 손발이 척척 맞아.
· 손발을 걷다 积极参与
창업여성농업인을 위해 여성 기업인이 손발을 걷었다.
· 손발을 맞추다 配合
팀을 꾸려 손발을 맞춰 본 시간이 너무 짧았다.

1232 **손뼉**
巴掌

손뼉 + Ⓝ

· 손뼉 소리 巴掌声

손뼉 + Ⓥ

손뼉을 ~

· 손뼉을 치다 拍巴掌, 鼓掌
관중들이 흥분해서 소리치며 손뼉을 쳤다.

慣

· 손뼉을 치다 欢迎, 赞成
네가 우리 모임에 들어온다고 하면 모두가 손뼉 치며
환영할 거야.

1233 손수건 [손쑤건](손手巾)
手绢，手帕

손수건 + Ⓥ

손수건을 ~
· 손수건을 꺼내다 拿出手绢
나는 손수건을 꺼냈다.
· 손수건을 흔들다 挥动手绢
사람들이 우르르 일어나 손수건을 흔들었다.

손수건으로 ~
· 손수건으로 닦다 用手绢擦
손수건으로 닦아낸 부분은 더욱 맑고 투명했다.

Ⓐ + 손수건

· 작은 손수건 小手绢
그녀는 작은 손수건을 주워 주머니에 넣었다.

1234 손잡이 [손자비]
把手，扶手

손잡이 + Ⓝ

· 손잡이 덮개 把手盖
· 손잡이 부분 把手部分

손잡이 + Ⓥ

손잡이가 ~
· 손잡이가 달리다 有把手
나는 손잡이가 달린 냄비를 샀다.

손잡이를 ~
· 손잡이를 당기다 拽把手
아무 생각 없이 그냥 손잡이를 당겨 본다.
· 손잡이를 돌리다 转动把手
문 손잡이를 돌리자 스르르 문이 열렸다.
· 손잡이를 밀다 推把手
손잡이를 밀어 창문을 닫았다.
· 손잡이를 잡다 抓住把手
나는 휠체어 뒤에서 손잡이를 잡았다.

손잡이에 ~
· 손잡이에 걸다 挂在把手上
큰 가방들을 손잡이에 걸었다.

1235 손톱
手指甲

손톱 + Ⓝ

· 손톱 끝 手指甲尖
· 손톱 밑 手指甲下面

손톱 + Ⓥ

손톱이 ~
· 손톱이 길다 手指甲长
손톱이 길어 손이 불결했다.
· 손톱이 망가지다 手指甲坏了
손톱을 매일 물어뜯어서 손톱이 많이 망가졌다.
· 손톱이 자라다 手指甲长长
손톱이 자라면 바로 깎아야 한다.
· 손톱이 짧다 手指甲短
손톱이 짧아서 포장이 잘 안 뜯어졌다.

손톱을 ~
· 손톱을 기르다 留手指甲
대부분의 여자들이 손톱을 기른다.
· 손톱을 깎다 剪手指甲
할머니는 늘 내게 손톱을 깎아 달라신다.
· 손톱을 다듬다 修手指甲，美甲
최근에 손톱을 다듬어 주는 네일 숍이 많이 생겼다.
· 손톱을 물어뜯다 啃手指甲
아이들이 자주 손톱을 물어뜯는다.
· 손톱을 손질하다 修手指甲
손톱을 손질해 주나요?
· 손톱을 자르다 剪手指甲
손톱을 자르다 아기가 움직여서 상처가 났다.

손톱으로 ~
· 손톱으로 긁다 用手指甲挠
손톱으로 머리를 긁었다.

慣

· 손톱도 안 들어가다 铁公鸡一毛不拔
손톱도 안 들어갈 사람은 친구가 있을 수 없어요.

1236 손해 (損害)
损害，损失

손해 + Ⓝ

· 손해 배상 赔偿损失
· 손해 보험 损失保险

손해 + Ⓥ

손해가 ~

· 손해가 나다 遭受损失
손해가 나서 참 속상하다.

· 손해가 많다 损失很大
하는 일마다 예상외로 손해가 많다.

· 손해가 크다 损失严重
손해가 커서 어떻게 해야 좋을지 모르겠습니다.

손해를 ~

· 손해를 가져오다 带来损失
이는 장기적으로 손해를 가져오는 상품입니다.

· 손해를 감수하다 承担损失
손해를 감수하고 약속을 지켜 주시니 감사해요.

· 손해를 끼치다 造成损失
다른 사람의 이익에 손해를 끼치면 안 좋다.

· 손해를 보다 遭受损失
지난해에는 증시 침체로 모두가 손해를 봤다.

· 손해를 입다 遭受损失
너 때문에 손해를 입었잖아.

1237 솜씨
手艺

솜씨 + Ⓥ

솜씨가 ~

· 솜씨가 뛰어나다 手艺出众
그는 음식 솜씨가 뛰어난 사람이다.

· 솜씨가 능숙하다 手艺娴熟
밭에서 배추를 뽑는 솜씨가 능숙해요.

· 솜씨가 서투르다 手艺生疏
평소에도 화장은 하지만 솜씨가 서투르다.

· 솜씨가 없다 没有手艺
그림 솜씨가 전혀 없다.

· 솜씨가 있다 有手艺
음식 솜씨가 있는 줄 몰랐어요.

· 솜씨가 좋다 手艺好
솜씨가 좋은 요리사일수록 모자의 길이가 길어진다.

솜씨를 ~

· 솜씨를 갖다 有手艺
그녀는 좋은 요리 솜씨를 갖고 있습니다.

· 솜씨를 갖추다 有手艺
작가가 되려면 글 솜씨를 갖춰야 한다.

· 솜씨를 겨루다 较量手艺
이 두 사람이 드디어 그림 솜씨를 겨루게 되었다.

· 솜씨를 발휘하다 发挥手艺
아버지께서 솜씨를 발휘하셔서 예쁜 개집을 만드셨다.

· 솜씨를 보이다 展示手艺
부끄러운 솜씨를 보여 드리겠습니다.

1238 송별회 [송별회/송별훼](送別會)
送别会，欢送会

송별회 + Ⓝ

· 송별회 날 欢送会那天
· 송별회 자리 欢送会

송별회 + Ⓥ

송별회가 ~

· 송별회가 있다 举行欢送会
우리 학교에서는 졸업생들을 위한 송별회가 있었다.

송별회를 ~

· 송별회를 열다 召开欢送会
정원에서 송별회를 열었다.

· 송별회를 하다 举行欢送会
유학가는 친구를 위해 송별회를 하려고 했다.

송별회에 ~

· 송별회에 참석하다 参加欢送会
많은 졸업생이 송별회에 참석했다.

1239 송편 (松편)
松饼（中秋节吃的一种月亮形状的糕）

송편 + Ⓝ

· 송편 모양 松饼模样
· 송편 크기 松饼大小
· 송편 속 松饼馅

송편 + Ⓥ

송편을 ~

· **송편을 만들다** 制作松饼
추석에는 햇곡식으로 송편을 만든다.
· **송편을 빚다** 制作松饼
추석에는 햅쌀로 송편을 빚고 차례를 지낸다.
· **송편을 찌다** 蒸松饼
송편을 찌다 보면 몇 개씩은 꼭 터지죠?

1240 쇼 (show)
演出，秀

쇼 + Ⓥ

쇼가 ~

· **쇼가 벌어지다** 演出正在进行
무대에서 패션 쇼가 벌어지고 있었다.
· **쇼가 시작되다** 演出开始
아직 패션 쇼가 시작되지 않아 장내는 조용했다.

쇼를 ~

· **쇼를 관람하다** 观看演出
동물원에서 동물 쇼를 관람했다.
· **쇼를 보다** 看演出
쇼를 보려면 예약을 먼저 해 두는 것이 좋다.
· **쇼를 즐기다** 喜欢看演出
이날 경기장엔 많은 관중이 운집해 축구 쇼를 즐겼다.
· **쇼를 하다** 演出
난 쇼를 할 때가 제일 행복해요.

쇼에 ~

· **쇼에 참가하다** 参加演出
이 쇼에 참가하려면 5만원의 참가비를 내야 한다.
· **쇼에 참석하다** 参加演出
그 스타가 쇼에 참석해서 화제가 되었더라구요.
· **쇼에 출연하다** 参加演出
가수들이 쇼에 출연했다.

1241 쇼핑 (shopping)
购物

쇼핑 - Ⓝ

· **쇼핑몰** 购物中心
· **쇼핑백** 购物袋

· **쇼핑센터** 购物中心

쇼핑 + Ⓥ

· **쇼핑 봉투** 购物袋
· **쇼핑 봉지** 购物袋
· **쇼핑 시즌** 购物季
· **쇼핑 장소** 购物场所

쇼핑 + Ⓥ

쇼핑을 ~

· **쇼핑을 즐기다** 喜欢购物
우리 부부는 데이트하는 기분으로 쇼핑을 즐겨요.
· **쇼핑을 하다** 购物
주말에 쇼핑을 하러 백화점에 갔다.

1242 수^1 (數)
数

수 + Ⓥ

수를 ~

· **수를 세다** 数数
여러 가지 언어로 수를 세는 법 좀 알려 주세요.

1243 수^2 (數)
运气

수 + Ⓥ

수가 ~

· **수가 나쁘다** 运气不好
올해는 수가 나빠서 좀 조심해야 할 것 같다.
· **수가 좋다** 运气好
그는 수가 좋아 하는 일마다 잘된다.
· **수가 트이다** 时来运转
고진감래라고 드디어 그 사람도 수가 트였다.

1244 수^3
方法，手段

수 + Ⓥ

수를 ~

· 수를 쓰다 使用手段
그는 무서운 수를 썼다.

Ⓐ + 수

· 뾰족한 수 绝妙的办法, 好办法
사장님과 대책을 논의했지만 뾰족한 수는 없었다.
· 좋은 수 好办法
밤새 생각을 해 보았지만 좋은 수가 없었다.

1245 **수건** (手巾)
手巾, 毛巾, 头巾

수건 + Ⓥ

수건을 ~

· 수건을 걸다 挂毛巾
수건을 옷걸이에 걸었다.
· 수건을 꺼내다 拿出毛巾
땀을 닦으라고 수건을 꺼내 주었다.
· 수건을 덮다 盖毛巾
왜 면도를 하고 나서 뜨거운 수건을 덮어 주나요?
· 수건을 두르다 围毛巾
그녀는 수건을 두른 채 화장실에서 나왔다.
· 수건을 빨다 洗毛巾
수건을 빨면 빨수록 수건이 딱딱하고 거칠어진다.
· 수건을 쓰다 戴头巾
외할머니는 항상 머리에 수건을 쓰고 계셨다.

수건으로 ~

· 수건으로 닦다 用毛巾擦
그는 안경을 벗어 수건으로 닦고는 다시 썼다.
· 수건으로 막다 用毛巾堵住
한 놈이 아이의 입을 수건으로 막았다.

수건에 ~

· 수건에 묻다 沾在毛巾上
수건에 묻은 염색 약을 어떻게 지우나요?

Ⓐ + 수건

· 낡은 수건 旧毛巾
낡은 수건을 재활용하여 주방 수건으로 변신시켰다.
· 뜨거운 수건 热毛巾
뜨거운 수건을 얼굴에 얹으면 마사지 효과가 있다.

· 차가운 수건 凉毛巾
열이 나서 차가운 수건을 이마에 올렸다.
· 흰 수건 白毛巾
할머니는 머리에 흰 수건을 쓰고 계셨다.

1246 **수고**
辛苦

수고 + Ⓥ

수고가 ~

· 수고가 많다 很辛苦
먼 길 오시느라 수고가 많으셨습니다.

수고를 ~

· 수고를 끼치다 让……辛苦
여러 가지로 수고를 끼쳐 죄송합니다.
· 수고를 덜다 分担
이후로는 엄마의 수고를 덜어 느낄 거예요.
· 수고를 하다 辛苦
우리를 돌봐주시느라 그동안 수고를 많이 하셨다.

惯

· 수고를 아끼지 않다 不辞辛苦
성공적인 출발을 위해 수고를 아끼지 않으셨습니다.

1247 **수단** (手段)
手段, 方法

수단 + Ⓝ

· 수단 방법 手段方法
· 수단 선택 选择手段

수단 + Ⓥ

수단이 ~

· 수단이 되다 成为手段
남편은 자신의 행복을 얻기 위한 수단이 되어 버렸다.
· 수단이 필요하다 需要手段
새로운 시작에는 새로운 수단이 필요하다.

수단을 ~

· 수단을 마련하다 准备……的手段
접속 불량에 대비한 수단을 마련해 두어야 한다.

· 수단을 부리다 运用手段
사내들은 여자 환심을 사려고 수단을 부릴 것이다.

· 수단을 사용하다 使用……的手段
목적을 위해 잘못된 수단을 사용하면 안 된다.

· 수단을 쓰다 使用……的手段
옳지 않은 수단을 써서 성공하려 하면 안 된다.

· 수단을 이용하다 利用……的手段
우리는 매일 대중교통 수단을 이용한다.

· 수단을 찾다 寻找方法
경제 당국은 새로운 수단을 빨리 찾아야 한다.

수단으로 ~

· 수단으로 보다 看做是……的手段
교육을 사회발전의 수단으로 본다.

· 수단으로 사용하다 作为工具使用
처음에 컴퓨터는 계산을 빨리 하기 위한 수단으로 사용했다.

· 수단으로 삼다 当做手段
인터넷을 하나의 수단으로 삼고 죄를 짓기도 하지.

· 수단으로 악용하다 作为手段滥用
골프장을 더 이상 돈벌이 수단으로 악용해서는 안 될 것이다.

· 수단으로 이용하다 作为手段使用
그는 자전거를 출퇴근 수단으로 이용했다.

Ⓐ + 수단

· 좋은 수단 好方法
표현의 가장 좋은 수단은 글쓰기다.

· 중요한 수단 重要的方法
아이가 그린 그림은 현재 아이의 생각과 감정을 이해하는 중요한 수단이다.

1248 수도¹ (首都)
首都

수도 + Ⓝ

수도를 ~

· 수도를 보호하다 保护首都
군인들이 수도를 보호하고 있다.

· 수도를 정하다 定都
각 나라가 수도를 정하는 기준은 무엇입니까?

· 수도를 옮기다 迁都
수도를 옮기면 지금 표준말은 사투리가 되는 건가요?

수도로 ~

· 수도로 정해지다 被定为首都

서울이 수도로 정해졌다.

1249 수도² (水道)
下水道，（自来水）管道，水龙头

수도 + Ⓝ

· 수도 공사 自来水管道施工
· 수도 시설 自来水设施
· 수도 요금 自来水费

수도 + Ⓥ

수도가 ~

· 수도가 끊기다 停水
수도가 끊겨서 불편하다.

· 수도가 막히다 下水道堵塞
한 달 전에 수도가 막혀서 물을 못 내렸었거든요.

수도를 ~

· 수도를 고치다 修下水道
집주인이 수도를 고쳐 주려고 하지 않는다.

· 수도를 놓다 安装自来水管道
어디에 수도를 놓으면 좋을지 잘 모르겠어요.

· 수도를 잠그다 关水龙头
퇴근할 때는 수도를 잠그고 가야 한다.

· 수도를 틀다 打开水龙头
그녀는 수도를 틀고 양껏 냉수를 들이마셨다.

1250 수도꼭지 [수도꼭찌](水道꼭지)
水龙头

수도꼭지 + Ⓝ

· 수도꼭지 손잡이 水龙头把手

수도꼭지 + Ⓥ

수도꼭지를 ~

· 수도꼭지를 잠그다 关水龙头
그는 수도꼭지를 잠그고 목욕탕에서 나왔다.

· 수도꼭지를 비틀다 拧水龙头
엄마가 일어나 수도꼭지를 비틀었다.

· 수도꼭지를 틀다 开水龙头
더운 물이 나오는 수도꼭지를 틀어 보았다.

1251 수리 (修理)
修理

수리 + Ⓝ

· 수리 기술 维修技术
· 수리 센터 维修中心
· 수리 업소 维修店

수리 + Ⓥ

수리가 ~
· 수리가 끝나다 修理完毕
자동차는 일주일 후에나 수리가 끝난다고 했다.

수리를 ~
· 수리를 끝내다 结束修理
오후에 자동차 수리를 끝낼 것이다.
· 수리를 마치다 结束修理
예정대로 정기 수리를 마쳤다.
· 수리를 맡기다 拿到……修理
컴퓨터가 고장나면 어디에 수리를 맡겨야 할까요?
· 수리를 받다 受理维修
스마트폰은 전국 어디서나 빠른 수리를 받을 수 있다.
· 수리를 의뢰하다 委托修理
수리를 의뢰하면 돈이 든다.
· 수리를 하다 修理
그는 자동차 수리를 하는 사람이다.

1252 수면 (睡眠)
睡眠

수면 + Ⓝ

· 수면 부족 睡眠不足
· 수면 상태 睡眠状态
· 수면 습관 睡眠习惯
· 수면 시간 睡眠时间
· 수면 장애 睡眠障碍

수면 + Ⓥ

수면을 ~
· 수면을 취하다 睡上一觉
운동한 후 수면을 취해 보세요.

Ⓐ + 수면

· 적당한 수면 适当的睡眠
적당한 수면이 건강에 중요하다.

1253 수명 (壽命)
寿命

수명 + Ⓝ

· 수명 연장 延长寿命

수명 + Ⓥ

수명이 ~
· 수명이 길다 寿命长
여성들이 남성들보다 수명이 길다.
· 수명이 늘다 寿命延长
평균 수명이 많이 늘었다.
· 수명이 다하다 到寿
7년간 써 온 MP3의 수명이 다해 갑니다.
· 수명이 연장되다 寿命被延长
우리의 수명이 연장된 것이 사실이다.
· 수명이 짧다 寿命短
세포는 수명이 짧다.

수명을 ~
· 수명을 가지다 拥有寿命
동물들마다 다양한 수명을 가지고 있다.
· 수명을 늘리다 提高寿命
휴대폰 배터리 수명을 늘리는 기술이 필요하다.
· 수명을 단축시키다 缩短寿命
담배는 수명을 단축시키는 나쁜 습관이다.
· 수명을 마치다 结束生命
수명을 마치고 죽은 강아지가 불쌍하다.
· 수명을 연장시키다 使寿命延长
작은 습관의 변화로 수명을 연장시켜 봅시다.
· 수명을 연장하다 延长寿命
태양 빛은 건강에 이롭고 수명을 연장해준다.

Ⓐ + 수명

· 짧은 수명 短暂的生命
남성이 여성에 비해 짧은 수명을 가진다.
· 오랜 수명 长寿
오랜 수명을 누리는 텔레비전 스타들도 있다.
· 일정한 수명 一定的寿命
모든 세포는 일정한 수명을 가지고 있다.

1254 **수상** (受賞)
获奖

수상 + Ⓝ

· 수상 소감 获奖感言
· 수상 후보 获奖候选人

수상 + Ⓥ

수상을 ~
· 수상을 하다 获奖
선생님은 이미 여러 전시회에서 수상을 한 바 있다.

1255 **수석** (首席)
首席，榜首

수석 - Ⓝ

· 수석대표 首席代表

수석 + Ⓝ

· 수석 비서관 首席秘书官
· 수석 연구원 首席研究员

수석 + Ⓥ

수석을 ~
· 수석을 차지하다 位居榜首
그는 3년 만에 조기졸업하면서 문과대 수석을 차지했다.
· 수석을 하다 名列榜首
나는 한 번도 수석을 한 적은 없었다.
수석으로 ~
· 수석으로 졸업하다 以名列榜首的成绩毕业
셋째오빠는 고등학교를 수석으로 졸업했다.
· 수석으로 합격하다 以名列榜首的成绩合格
그는 결국 신학대에 원서를 냈고, 수석으로 합격했다.

1256 **수술** (手術)
手术

수술 + Ⓝ

· 수술 결과 手术结果
· 수술 과정 手术过程
· 수술 날짜 手术日期
· 수술 방법 手术方法
· 수술 부위 手术部位
· 수술 비용 手术费用

수술 + Ⓥ

수술이 ~
· 수술이 끝나다 手术结束
이 병은 수술이 끝나면 재발도 없다.
수술을 ~
· 수술을 거부하다 拒绝手术
그는 수술을 거부한다.
· 수술을 받다 接受手术
그는 정도가 심해서 대형 병원에서 수술을 받았다.
· 수술을 하다 做手术
초기이기 때문에 수술을 하라는 겁니다.

Ⓐ + 수술

· 큰 수술 大手术
처음으로 큰 수술을 받았어요.

1257 **수업** (受業, 授業)
授课，讲课，听课

수업 + Ⓝ

· 수업 계획 讲课计划
· 수업 내용 上课内容
· 수업 도중 上课途中
· 수업 방식 授课方式
· 수업 분위기 课堂气氛
· 수업 시간 上课时间
· 수업 연한 授课年限
· 수업 진도 学习进度
· 수업 활동 课堂活动

수업 + Ⓥ

수업이 ~

· **수업이 끝나다** 下课
수업이 끝날 즈음 비가 내리기 시작했다.
· **수업이 시작되다** 开始上课
종소리와 함께 1교시 수업이 시작되었다.
· **수업이 재미없다** 上课没意思
수업이 재미없고 지루하였다.

수업을 ~

· **수업을 끝내다** 讲完课
수업을 끝내고 나니 홀가분했다.
· **수업을 마치다** 上完课
1교시 수업을 마치고 그는 교장실에 불려 갔다.
· **수업을 듣다** 听课
학교에서 정해진 수업을 듣는다.
· **수업을 받다** 听课
학생들은 날마다 6시간씩 수업을 받아야 한다.
· **수업을 빼먹다** 逃课
야구 해도 수업은 안 빼먹어요.
· **수업을 시작하다** 开始上课
이제 수업을 시작해 볼까?
· **수업을 중단하다** 中断讲课
박 선생이 수업을 중단하고 복도로 나왔다.
· **수업을 하다** 上课
학생들의 흥미를 이끌어 내는 수업을 해야 한다.

Ⓐ + 수업

· **동일한 수업** 同一门课
모든 학생은 동일한 수업을 받는다.
· **첫 수업** 第一节课
오늘 첫 수업이 1시부터 있어요.

1258 **수염** (鬚髯)
胡须

수염 + Ⓥ

수염이 ~

· **수염이 나다** 长出胡须
꿈에서 수염이 많이 나서 매일 면도해요.

수염을 ~

· **수염을 기르다** 蓄胡须
오랜 전부터 수염을 길러 보고 싶은 마음이 있었다.
· **수염을 깎다** 剃胡须
한번 수염을 다 깎아 봤습니다.

Ⓐ + 수염

· **하얀 수염** 白胡子
난 늙으면 하얀 수염을 길게 기르고 다닐 거야.

1259 **수영** (水泳)
游泳

수영 + Ⓝ

· **수영 강사** 游泳教练
· **수영 강습** 游泳培训
· **수영 경기** 游泳比赛
· **수영 모자** 泳帽
· **수영 선수** 游泳运动员
· **수영 실력** 游泳水平
· **수영 팬티** 泳裤

수영 + Ⓥ

수영을 ~

· **수영을 가르치다** 教游泳
딸아이에게 수영을 가르쳐 볼까 합니다.
· **수영을 못 하다** 不会游泳
수영장이 공사에 들어가서 보름간 수영을 못해요.
· **수영을 배우다** 学游泳
제가 이번 여름 방학에 수영을 배워 보려고 하는데요.
· **수영을 잘 하다** 擅长游泳
그 사람은 수영을 아주 잘 했어.
· **수영을 즐기다** 喜欢游泳
해변에서 수영을 즐기는 사람들이 많았다.
· **수영을 하다** 游泳
의사 선생님이 수영을 하면 안 된다고 했다.

1260 **수요** (需要)
需求

수요 + Ⓝ

· **수요 감소** 需求减少
· **수요 감퇴** 需求减退
· **수요 관리** 需求管理
· **수요 급증** 需求激增

· 수요 증가 需求增加

수요가 ~

· 수요가 감소하다 需求减少
최근 이 상품의 소비자 수요가 감소하고 있다.
· 수요가 넘치다 需求过剩
중국어를 잘하는 사람의 수요가 넘치고 있다.
· 수요가 늘다 需求增加
대형 가전 제품의 수요가 갈수록 늘고 있다.
· 수요가 많다 需求大
수요가 많아 배송이 늦어졌다.
· 수요가 줄어들다 需求减少
국내 수산물 수요가 줄어들었다.
· 수요가 증가하다 需求增加
석유 수요가 증가하자 원료가 부족하게 되었다.

수요를 ~

· 수요를 늘리다 增加需求
커피 광고가 커피 시장의 수요를 늘렸다.
· 수요를 줄이다 减少需求
자금 수요를 줄이기 위한 자구 노력을 실시하고 있다.
· 수요를 창출하다 创造需求
공급이 수요를 창출한다.
· 수요를 충족시키다 满足需求
맥심을 통해 고급 커피에 대한 수요를 충족시켰다.

1261 **수요일** (水曜日)

星期三

· 수요일 날 星期三那天
· 수요일 밤 星期三晚上
· 수요일 새벽 星期三凌晨
· 수요일 저녁 星期三傍晚
· 수요일 아침 星期三早上
· 수요일 오전 星期三上午
· 수요일 오후 星期三下午

1262 **수입**[1] (收入)

收入

수입이 ~

· 수입이 늘다 收入增加
가계 수입이 늘어서 여유롭게 살 수 있다.
· 수입이 많다 收入高
맞벌이 부부는 수입이 많다.
· 수입이 없다 没有收入
일정한 수입이 없는 그는 생활에 어려움이 많다.
· 수입이 적다 收入低
수입이 적은 사람들의 심정을 모른다.
· 수입이 좋다 收入可观
만화가가 수입이 좋다면서요?
· 수입이 줄다 收入减少
수입이 줄다 보니 마음 놓고 못 쓰겠어요.

수입을 ~

· 수입을 얻다 获得收入
더 많은 수입을 얻기 위해서 더 열심히 일해야 돼요.
· 수입을 올리다 取得收益, 创收
이 영화는 개봉 첫날 많은 수입을 올렸다.

· 일정한 수입 一定的收入
사람들은 일한 대가로 일정한 수입을 얻는다.

1263 **수입**[2] (輸入)

进口

수입이 ~

· 수입이 개방되다 进口开放
쌀 수입이 개방되면 논 농사의 보호 기능이 파괴된다.
· 수입이 급증하다 进口激增
올 들어 고가의 골동품 수입이 급증하고 있다.
· 수입이 되다 进口
신 모델은 7월에 수입이 될 예정이에요.
· 수입이 늘다 进口增长
수입이 늘면 가격이 떨어진다.

수입을 ~

· 수입을 줄이다 减少进口
우리나라는 원유 수입을 줄이기 시작하였다.
· 수입을 하다 进口
그 나라로부터 석유를 수입했다.

1264 수저
匙筷，勺子和筷子

수저 + V

· 수저를 ~
· 수저를 내려놓다 放下匙筷
형이 수저를 내려놓고 단호하게 말했다.
· 수저를 놓다 放下匙筷
김 씨는 수저를 놓고 주인을 바라보았다.
· 수저를 들다 拿起匙筷
어른보다 먼저 수저를 들지 않는다.

· 수저로 ~
· 수저로 먹다 用勺子筷子吃
우리는 각자의 밥과 국을 자기의 수저로 먹는다.

1265 수정 (修正)
修改

수정 + N
· 수정 결의안 修改决议案
· 수정 내용 修改内容
· 수정 작업 修改工作
· 수정 제안 修改提案

수정 + V

· 수정이 ~
· 수정이 불가피하다 修改不可避免
이 보고서는 수정이 불가피하다.
· 수정이 필요하다 需要修改
그의 논문은 약간의 수정이 필요한 정도다.

· 수정을 ~
· 수정을 거듭하다 反复修改
수정에 수정을 거듭하면 좋은 글이 될 것이다.
· 수정을 요구하다 要求修改
이메일로 수정을 요구했다.
· 수정을 하다 修改
입력을 한 다음에 수정을 할 수 없다.

1266 수정과 (水正果)
柿饼茶，生姜桂皮茶（韩国传统饮料）

수정과 + V

· 수정과를 ~
· 수정과를 마시다 喝柿饼茶，喝生姜桂皮茶
그는 수정과를 한 모금 마셨다.

1267 수준 (水準)
水准，水平

수준 + N
· 수준 개선 改善水平
· 수준 이하 水平以下
· 수준 저하 水平低下
· 수준 제고 提高水平
· 수준 향상 提高水平

수준 + V

· 수준이 ~
· 수준이 다르다 水平不一样
같은 반의 학생이라도 수준이 다 달라요.
· 수준이 낮다 水平低
우리보다 생활 수준이 낮은 나라가 많다.
· 수준이 높다 水平高
학생들의 영어 수준이 매우 높다.
· 수준이 높아지다 水平提高
해커의 수준이 높아지고 있어요.
· 수준이 맞다 水平相近
동화책이 나한테는 딱 수준이 맞다.

· 수준을 ~
· 수준을 넘다 超过……水平
그의 탁구 실력은 아마추어 수준을 넘는다.
· 수준을 높이다 提高水平
우리 삶의 문화적 수준을 높여야 한다.
· 수준을 유지하다 维持水平
올해 물가는 작년 수준을 유지할 것이다.

A + 수준
· 뛰어난 수준 突出的水平

그 박물관의 소장품은 뛰어난 수준으로 평가 받는다.
· **낮은 수준** 低水平
전망치보다 낮은 수준이다.
· **높은 수준** 高水平
더 높은 수준의 연주를 하시려면 많이 배워야 한다.

1268 **수집** (收集)
收集

수집 + Ⓝ
· 수집 능력 收集能力

수집 + Ⓥ
수집을 ~
· 수집을 하다 收集
자료 수집을 할 수 있는 기간은 2~3주 정도가 알맞다.

1269 **수첩** (手帖)
手册

수첩 + Ⓝ
· 수첩 갈피 手册封皮

수첩 + Ⓥ
수첩을 ~
· 수첩을 꺼내다 拿出手册
나는 수첩을 꺼내 메모를 했다.
· 수첩을 뒤지다 翻看手册
그는 수첩을 뒤져 전화번호를 찾아냈다.
수첩에 ~
· 수첩에 기록하다 记在手册上
나는 그녀의 일과를 수첩에 꼼꼼히 기록해 놓았다.
· 수첩에 메모하다 记在手册上
그는 강의 내용을 수첩에 메모했다.
· 수첩에 적다 记在手册上
아까 수첩에 적은 게 뭐였죠?

Ⓐ + 수첩
· 손바닥 만한 수첩 巴掌大的手册
그가 손바닥 만한 수첩에 제 전화번호를 적었습니다.

· **작은 수첩** 小手册
제가 오늘 작은 수첩을 하나 샀는데요.

1270 **수출** (輸出)
出口

수출 + Ⓝ
· 수출 감소 出口减少
· 수출 계약 出口合同
· 수출 관세 出口关税
· 수출 금액 出口金额
· 수출 기업 出口企业
· 수출 대금 出口贷款
· 수출 상품 出口商品
· 수출 신고 出口申报
· 수출 증가율 出口增加率
· 수출 총액 出口总额

수출 + Ⓥ
수출이 ~
· 수출이 늘다 出口增加
환율이 오르면 수입이 줄고 수출이 는다.
· 수출이 줄다 出口减少
올해 하반기 수출이 줄었어요.
· 수출이 중단되다 出口中断
수출이 중단되면 우리나라의 경제가 어려워진다.
· 수출이 증가하다 出口增加
대외 수출이 급격히 증가하였다.
수출을 ~
· 수출을 하다 出口
우리 나라는 수출을 많이 한다.
· 수출을 확대하다 扩大出口
수출을 확대해야 경제가 발전한다.

1271 **수표** (手票)
支票

수표 + Ⓝ
· 수표 교환 换支票

· 수표 발행 发行支票
· 수표 번호 支票号码
· 수표 조회 支票查询

수표 + Ⓥ

수표가 ~
· 수표가 유통되다 支票被流通
요즘 위조 수표가 유통되고 있다고 하네요.

수표를 ~
· 수표를 교부하다 交付支票
일반적으로는 수표의 발행자가 수취인에게 직접 수표
를 교부한다.
· 수표를 끊다 开支票
그 사람은 수표를 끊어 가게를 샀다.
· 수표를 바꾸다 换支票
이 여행자 수표를 현금으로 바꾸고 싶은데요.
· 수표를 받다 拿到支票
수표를 받고 조회했을 때 정상수표로 나왔습니다.
· 수표를 발행하다 发行支票
수표를 발행하고 서명을 해야 한다.
· 수표를 사용하다 使用支票
편의점에서도 수표를 사용할 수 있다.

수표로 ~
· 수표로 바꾸다 换成支票
회사 앞 은행에서 수표로 바꿔 왔습니다.
· 수표로 발행하다 用支票发行
천만 원짜리도 수표로 발행할 수 있다.
· 수표로 인출하다 用支票提取
수표로 인출한 뒤 또다시 현금으로 바꿨다.

Ⓐ + 수표

· 발행한 수표 发行的支票
타행에서 발행한 수표는 사용할 수 없습니다.

1272 **수필** (隨筆)
随笔

수필 + Ⓥ

수필을 ~
· 수필을 쓰다 写随笔
그는 경쾌한 수필을 쓴다.
· 수필을 읽다 读随笔
수필을 읽다 보면 금세 편안해지고 여유로워진다.

1273 **수학여행** [수항녀행](修學旅行)
修学旅行

수학여행 + Ⓥ

수학여행을 ~
· 수학여행을 가다 去修学旅行
학생들을 인솔하여 수학여행을 갔다.
· 수학여행을 떠나다 动身去修学旅行
아이와 함께 재미난 수학여행을 떠나자!

1274 **수화기** (受話器)
话筒

수화기 + Ⓝ

수화기를 ~
· 수화기를 내려놓다 放下话筒
그 질문을 한 뒤에 곧바로 수화기를 내려놓았다.
· 수화기를 놓다 挂上话筒
수화기를 놓고 잠시 기다려 주세요.
· 수화기를 들다 拿起话筒
그녀는 수화기를 들고 전화번호를 누르기 시작했다.

1275 **숙박** [숙빡](宿泊)
住宿

숙박 + Ⓝ

· 숙박 설비 住宿设施
· 숙박 시설 住宿设施

숙박 + Ⓥ

숙박을 ~
· 숙박을 하다 住宿
사람들이 숙박을 하려고 체크인하고 있다.

1276 **숙소** [숙쏘](宿所)

住处

숙소 + Ⓝ

· 숙소 부근 住处附近

숙소 + Ⓥ

숙소를 ~

· 숙소를 잡다 找到住处
예약 없이 숙소를 잡았다.
· 숙소를 정하다 订住处
아는 선배 한 명이 미리 숙소를 정해 주셨다.
· 숙소를 옮기다 搬住处
인근 호텔로 숙소를 옮겼다.

숙소에 ~

· 숙소에 묵다 住在……住处
우리는 제주도의 서쪽 끝에 위치한 숙소에 묵었다.

1277 **숙제** [숙쩨](宿題)

(课外)作业，课题

숙제 + Ⓝ

· 숙제 검사 检查作业

숙제 + Ⓥ

숙제가 ~

· 숙제가 끝나다 作业完成
숙제가 끝나고 집에 돌아올 때는 기분이 좋았다.
· 숙제가 많다 课题多
현대 우주론은 아직 풀어야 할 숙제가 많다.
· 숙제가 밀리다 作业拖延积攒
방학 숙제가 많이 밀려서 짜증납니다.
· 숙제가 풀리다 问题解决
요즘에야 그 숙제가 풀립니다.
· 숙제가 있다 有作业
숙제가 있어서 걱정이 태산 같았다.

숙제를 ~

· 숙제를 끝내다 完成作业
방학 숙제를 빨리 끝내야겠다.
· 숙제를 내다 留作业

오늘 국어 시간에 선생님이 엉뚱한 숙제를 냈다.
· 숙제를 마치다 做完作业
숙제를 마친 뒤 일기를 쓰고 잠을 자려고 했다.
· 숙제를 봐 주다 检查作业
애 숙제를 봐 주면서 여러 생각이 스쳤다.
· 숙제를 풀다 解答作业，解决问题
나는 매일 그 애의 수학 숙제를 풀어 준다.
· 숙제를 하다 做作业
오랜만에 나는 글짓기 숙제를 하러 친구 집에 갔다.

숙제로 ~

· 숙제로 남다 有待解决
이 문제는 지금도 여전히 숙제로 남아 있다.
· 숙제로 내다 作为作业提交
숙제로 내는 일기는 다섯 줄도 쓰기 싫어한다.
· 숙제로 내주다 留作业
선생님은 단어 외우기를 매일 숙제로 내준다.

Ⓐ + 숙제

· 제출할 숙제 要提交的作业
내일 제출할 숙제를 했다.
· 어려운 숙제 很难的作业
어려운 숙제를 하고 나니 머리가 아파요.
· 엄청난 숙제 很大的难题，很多作业
오늘 저희 선생님께서 엄청난 숙제를 주셨습니다.

1278 **순간** (瞬間)

瞬间

Ⓐ + 순간

· 짧은 순간 短暂的瞬间
짧은 순간에 무고한 시민들이 목숨을 잃었다.

1279 **순서** (順序)

顺序，次序

순서 + Ⓥ

순서가 ~

· 순서가 있다 有顺序
모든 일에는 순서가 있는 법이다.
· 순서가 바뀌다 顺序颠倒
모든 일의 순서가 바뀌었다.

· 순서가 **틀리다** 顺序错乱
카드를 배열하는 순서가 틀렸다.

순서를 ~

· 순서를 **기다리다** 排号, 挨班
사람들이 줄을 서서 입장 순서를 기다리고 있다.

· 순서를 **뒤집다** 打乱顺序
발표 순서를 뒤집었다.

· 순서를 **매기다** 排序
일의 순서를 매겨 작업을 실행시켜 나가고 있습니다.

· 순서를 **바로잡다** 重新订正顺序
순서를 바로잡고 결혼식을 잘 진행해야 한다.

· 순서를 **밟다** 依照顺序
꼭 순서를 제대로 밟고서야 일을 처리한다.

· 순서를 **정하다** 排序
순서를 정해서 중요한 일을 먼저 한다.

· 순서를 **지키다** 遵照次序, 顺次
음식을 먹는 순서를 지키면 다이어트에 효과가 있어요.

순서에 ~

· 순서에 **맞다** 按顺序
화장품을 순서에 맞게 발라야 한다.

1280 **순위** [수뉘] (順位)
排名

순위 + Ⓝ

· 순위 **설정** 设置排名

순위 + Ⓥ

순위가 ~

· 순위가 **바뀌다** 排名发生变化
미국 최고층 건물 순위가 바뀌었다.

순위를 ~

· 순위를 **결정하다** 决定排名
우선 순위를 결정하는 능력을 익혀라.

· 순위를 **매기다** 进行排名
우리나라 국립대 순위를 매기면 대충 어떻게 될까요?

· 순위를 **정하다** 排名
이를 빈도로 분석하여 순위를 정했다.

1281 **숟가락** [숟까락]
勺, 勺子

숟가락 + Ⓥ

숟가락을 ~

· 숟가락을 **놓다** 放下勺子
그가 일찍 숟가락을 놓다.

· 숟가락을 **들다** 拿起勺子
나는 그녀와 마주앉아 숟가락을 들었다.

· 숟가락을 **쓰다** 用勺子
한국 사람들은 숟가락을 써서 음식을 먹는다.

숟가락으로 ~

· 숟가락으로 **뜨다** 用勺盛
조밥은 숟가락으로 뜰 수도 없이 흩어져 버린다.

1282 **술**
酒

술 – Ⓝ

· 술**집** 小酒馆

술 + Ⓝ

· 술 **냄새** 酒味儿
· 술 **생각** 想喝酒
· 술**통** 酒桶

술 + Ⓥ

술이 ~

· 술이 **깨다** 酒醒
커피를 마시면 술이 빨리 깬다.

· 술이 **과하다** 喝多
당신도 술이 너무 과했어요.

· 술이 **늘다** 酒量增加
요즘 술이 늘어서 아무리 마셔도 취하지 않는다.

· 술이 **달다** 酒甜
인생이 쓰면 술이 달고 인생이 달면 술이 쓴 법입니다.

· 술이 **독하다** 酒烈
술이 너무나 독해서 먹기가 힘들어요.

· 술이 **돌다** 推杯换盏
몇 잔의 술이 돌고 나서 그가 얘기를 꺼냈다.

· 술이 **들어가다** 酒下肚

술이 계속 들어가다 보니 시간이 늦어졌다.

· **술이 떨어지다** 酒喝光
그녀는 집에 술이 떨어지지 않도록 항상 신경을 썼다.

· **술이 세다** 酒量大
만화가들은 대부분 술이 세다.

· **술이 약하다** 不胜酒力
나는 술이 약한 편이었다.

· **술이 오르다** 酒酣
술이 적당히 오르자 나는 일어섰다.

· **술이 익다** 酒酿好了
이제 향기로운 냄새를 풍기며 술이 익습니다.

· **술이 채워지다** 倒满酒
저마다의 잔에 술이 채워졌다.

· **술이 취하다** 喝醉酒
술이 취해 큰 소리로 떠드는 아버지가 싫었다.

술을 ~

· **술을 권하다** 劝酒
아버지께서 나에게 술을 권한다.

· **술을 끊다** 戒酒
술을 끊고 치료를 받는다면 지방간은 호전될 수 있다.

· **술을 담그다** 酿酒
오늘 새벽 4시에 일어나 술을 담그고 출근을 했다.

· **술을 따르다** 倒酒
박 선생이 자기의 빈 잔에 또 술을 따랐다.

· **술을 마시다** 喝酒
우리는 물 대신 술을 마신다.

· **술을 먹다** 喝酒
술을 자주 먹으면 피부가 안 좋아지나요?

· **술을 배우다** 学喝酒
처음엔 아버지 밑에서 술을 배웠다.

· **술을 붓다** 倒酒
그는 잔에 술을 부어 그녀에게 건넸다.

· **술을 비우다** 喝掉杯里的酒
동생은 한 잔의 술을 단숨에 비웠다.

· **술을 빚다** 酿酒
취미로 술을 빚지만 자신이 마시지는 않습니다.

· **술을 시키다** 点酒
술을 시켜 마시고 경찰에 걸리면 어찌되나요?

· **술을 쏟다** 倒酒
양복 바지에 술을 쏟았는지 술내가 후끈후끈 끼쳤다.

· **술을 좋아하다** 喜欢喝酒
어머니를 닮아서인지 그도 무척이나 술을 좋아한다.

· **술을 즐기다** 喜欢喝酒
이런 직업을 가진 사람들은 99% 정도가 술을 즐긴다.

· **술을 팔다** 卖酒
청소년에게 술을 팔아 벌금을 내게 됐습니다.

Ⓐ + 술

· **강한 술** 烈性酒
강한 술을 마시면 빨리 취한다.

· **달콤한 술** 甜酒
이런 달콤한 술은 다른 술에 비해 살이 더 찌나요?

· **맑은 술** 清酒
맑은 술이 술잔을 가득 채웠다.

· **좋은 술** 好酒
오랜 연구 끝에 좋은 술을 개발하는 데 성공했다.

1283 **술자리** [술짜리]
酒席

술자리 + Ⓝ

· 술자리 문화 酒席文化

술자리 + Ⓥ

술자리가 ~

· **술자리가 벌어지다** 摆酒席
녹음실에서 술자리가 벌어졌다.

· **술자리가 끝나다** 酒席散了
술자리가 끝난 다음 곧장 집으로 갔다.

술자리를 ~

· **술자리를 가지다** 喝酒
얼마 전 나는 뉴욕에서 그를 만나 술자리를 가졌다.

· **술자리를 마련하다** 办酒席
선배들이 후배들을 위해 술자리를 마련해 주었다.

· **술자리를 벌이다** 摆酒席
공원에서 술자리를 벌이면 안 된다.

술자리에 ~

· **술자리에 나가다** 参加酒宴
몸이 안 좋으면 술자리에 나가지 마라.

1284 **술잔** [술짠](술盞)
酒杯

술잔 + Ⓥ

술잔을 ~

· **술잔을 기울이다** 饮酒
그들은 감상에 젖어 함께 술잔을 기울였다.

· 술잔을 건네다 推杯換盞
술잔을 받고 그에 대한 답례로 술잔을 건넸다.
· 술잔을 나누다 推杯換盞
즐거운 분위기에서 술잔을 나눈다.
· 술잔을 돌리다 轮流喝酒
술잔을 돌리다 보면 각종 병균에 감염될 수도 있다.
· 술잔을 들다 拿起酒杯
사람들은 건배를 외치며 술잔을 들었다.
· 술잔을 비우다 喝干
아저씨가 술잔을 단숨에 비웠다.
· 술잔을 올리다 敬酒
우리집을 대표해서 동생이 술잔을 올렸다.

1285 숨
呼吸

숨 + Ⓥ

숨이 ~
· 숨이 막히다 喘不上气
자다가 숨이 막혀 죽는 줄 알았어요.
· 숨이 차다 气喘吁吁
조금만 움직여도 쉽게 숨이 찬다.

숨을 ~
· 숨을 내쉬다 呼气
숨을 내쉬면 심장이 느리게 뛰어요?
· 숨을 들이쉬다 吸气
나는 하늘을 쳐다보고 숨을 들이쉬었다.
· 숨을 쉬다 呼吸
공기가 나빠서 숨을 쉬기조차 어렵다.
· 숨을 죽이다 屏气
숨을 죽이고 그 장면을 바라보았다.

惯

· 숨이 가쁘다 喘不上气, 紧迫
산에 오르자 숨이 가빠졌다.
· 숨이 끊어지다 断气, 咽气
어머니는 숨이 끊어진 아들을 보고 통곡했다.
· 숨이 넘어가다 咽气, 停止呼吸
의사가 오기 전에 숨이 넘어가고 말았다.
· 숨이 막히다 让人窒息
풀 한 포기 보이지 않는 거리는 너무나 숨이 막힌다.
· 숨이 막히다 让人透不过气, 紧张
앞에 나가서 발표할때면 항상 숨이 막힌다.
· 숨이 죽다 (蔬菜等) 发蔫, 停止, （气势）减弱

양파가 숨이 죽으면 볶음 양념을 넣고 가볍게 볶는다.
· 숨을 거두다 断气
한날 한시에 너와 같이 숨을 거두고 싶다.
· 숨을 돌리다 缓口气
잠시 앉아서 숨을 돌려 보는 게 어때?
· 숨이 넘어가는 소리 尖叫声
아이는 숨이 넘어가는 소리로 "아저씨!"라고 말했다.

1286 숫자 [수짜/숟짜](數字)
数字

숫자 + Ⓥ

숫자를 ~
· 숫자를 세다 计数
서양에서는 천 단위로 숫자를 세고 있다.

1287 숲 [숩]
树林

숲 + Ⓝ

· 숲 속 树林里

숲 + Ⓥ

숲을 ~
· 숲을 이루다 林立
한강 주변은 아파트 숲을 이루고 있다.

Ⓐ + 숲

· 무성한 숲 茂密的树林
무성한 숲만이 온갖 새들을 다 품을 수 있습니다.
· 우거진 숲 茂密的树林
우기진 숲이 절경을 이루고 있다.
· 울창한 숲 茂盛的树林
울창한 숲 속에서 맑은 공기를 마신다.

1288 슈퍼마켓 (supermarket)
超市

슈퍼마켓 + N

· 슈퍼마켓 안 超市里面
· 슈퍼마켓 앞 超市前面
· 슈퍼마켓 입구 超市入口

슈퍼마켓 + V

슈퍼마켓에 ~
· 슈퍼마켓에 가다 去超市
컵라면이랑 과자를 사러 슈퍼마켓에 갔어요.
· 슈퍼마켓에 들르다 顺便去超市
저녁 준비를 위해 슈퍼마켓에 들렀다.
· 슈퍼마켓에 들어가다 进超市
집에서 아기를 데리고 슈퍼마켓에 들어갔다.

슈퍼마켓에서 ~
· 슈퍼마켓에서 사다 在超市里买
슈퍼마켓에서 산 고기가 시장에서 산 것보다 싸다.
· 슈퍼마켓에서 팔다 在超市里卖
슈퍼마켓에서 파는 야채에 요란한 포장은 필요없다.

1289 스승
老师

스승 + V

스승이 ~
· 스승이 되다 成为老师
공자는 동양인들의 정신적인 스승이 되었다.

A + 스승

· 좋은 스승 好老师
나는 너희들에게 좋은 스승이었는지 모르겠구나.
· 훌륭한 스승 优秀的老师
훌륭한 스승 아래에서 훌륭한 제자가 나온다.

1290 스웨터 (sweater)
毛衣

스웨터 + V

스웨터를 ~
· 스웨터를 걸치다 披毛衣

두터운 스웨터를 걸치고 있다.
· 스웨터를 입다 穿毛衣
이제 좀 더 추워지면 스웨터를 입어야겠다.

A + 스웨터

· 낡은 스웨터 旧毛衣
그는 낡은 스웨터를 입고 있습니다.

1291 스위치 (switch)
开关

스위치 + V

스위치를 ~
· 스위치를 누르다 按开关
스위치를 누르면 불이 켜진다.
· 스위치를 끄다 关掉开关
언니는 라디오의 스위치를 껐다.
· 스위치를 내리다 拉下开关
퇴근 시 꼭 전기 스위치를 내려 주세요.
· 스위치를 켜다 打开开关
지금도 집안의 조명 스위치를 켜는 데 서투르다.

1292 스케이트 (skate)
滑冰

스케이트 - N

· 스케이트보드 滑板

스케이트 + N

· 스케이트 강습 滑冰培训
· 스케이트 선수 滑冰运动员

스케이트 + V

스케이트를 ~
· 스케이트를 신다 穿滑冰鞋
동생은 새 스케이트를 신어 보았다.
· 스케이트를 즐기다 喜欢滑冰
얼음판 위에서 스케이트를 즐긴다.
· 스케이트를 타다 滑冰
아이들이 스케이트를 타면서 놀고 있었다.

1293 스케줄 (schedule)
日程

스케줄 + Ⓝ
· 스케줄 관리 日程管理
· 스케줄 표 日程表

스케줄 + Ⓥ
스케줄이 ~
· 스케줄이 빡빡하다 日程紧张
스케줄이 빡빡해서 숙제할 시간이 없어요.

스케줄을 ~
· 스케줄을 잡다 安排日程
스케줄을 잡다 보니 너무 빡빡해졌네요.
· 스케줄을 짜다 制定计划
공부할 때 스케줄을 어떻게 짜야 하나요?

1294 스키 (ski)
滑雪

스키 - Ⓝ
· 스키복 滑雪服
· 스키장 滑雪场
· 스키장갑 滑雪手套

스키 + Ⓝ
· 스키 경기 滑雪比赛

스키 + Ⓥ
스키를 ~
· 스키를 신다 穿滑雪鞋
난생 처음 스키를 신어 보았다.
· 스키를 즐기다 喜欢滑雪
그들은 겨울이면 스키를 즐긴다.
· 스키를 타다 滑雪
그는 스키를 타다 다리를 크게 다쳤다.

1295 스타 (star)
明星

스타 + Ⓥ
스타가 ~
· 스타가 되다 成为明星
연극 선생은 그녀가 스타가 될 것임을 확신했다.

Ⓐ + 스타
· 화려한 스타 耀眼的明星
화려한 스타들을 한자리에서 다 볼 수 있다.

1296 스타일 (style)
形象，风格，样式

스타일 + Ⓥ
스타일이 ~
· 스타일이 비슷하다 风格相近
일하는 스타일이 비슷하다.
· 스타일이 좋다 喜欢……类型
섹시하고 청순한 사람보다는 귀여운 스타일이 좋다.

스타일을 ~
· 스타일을 파악하다 了解风格
상대의 스타일을 파악한 후 허물없이 대하라.

Ⓐ + 스타일
· 새로운 스타일 新款式
새로운 스타일을 찾아봐야겠습니다.

慣
· 스타일(을) 구기다 有损形象
그는 안경을 끼라고 권해도 스타일 구긴다며 마다한다.

1297 스트레스 (stress)
压力

스트레스 + Ⓝ

· 스트레스 처리 处理压力
· 스트레스 해소 解除压力

스트레스 + Ⓥ

스트레스가 ~

· 스트레스가 많다 压力大
회사원은 스트레스가 많다.
· 스트레스가 쌓이다 有压力
스트레스가 쌓이면 운동을 한다.

스트레스를 ~

· 스트레스를 받다 有压力
스트레스를 받아서 살이 찌는 체질이 있어요.
· 스트레스를 주다 施加压力
짧게 스트레스를 주면 일을 더 잘한다.
· 스트레스를 줄이다 减轻压力
원두커피 향기는 스트레스를 줄여 준다.
· 스트레스를 풀다 解除压力
주말에 친구를 만나서 스트레스를 풀었다.
· 스트레스를 해소하다 解除压力
태권도 수련으로 스트레스를 해소해요.

스트레스에 ~

· 스트레스에 시달리다 被压力困扰
연일 스트레스에 시달려서 피곤해 죽겠습니다.

1298 스포츠 (sports)
体育

스포츠 + Ⓝ

· 스포츠 경기 体育比赛
· 스포츠 대회 体育赛事
· 스포츠 분야 体育领域
· 스포츠 신문 体育报纸
· 스포츠 정신 体育精神
· 스포츠 종목 体育项目

스포츠 + Ⓥ

스포츠를 ~

· 스포츠를 보다 看体育比赛
나는 스포츠를 보는 것을 좋아한다.
· 스포츠를 하다 做体育运动
어떤 스포츠를 하고 있습니까?

1299 슬픔
悲伤

슬픔 + Ⓥ

슬픔이 ~

· 슬픔이 사라지다 悲伤消失
시간이 흐르면 슬픔은 사라진다.

슬픔을 ~

· 슬픔을 나누다 分忧解愁
당신의 슬픔을 함께 나누고 싶습니다.
· 슬픔을 이기다 战胜悲伤
슬픔을 이겨 내고 앞으로 계속 전진하라.
· 슬픔을 참다 忍住悲伤
슬픔을 참지 못하고 눈물을 흘리며 자리를 피했다.

슬픔에 ~

· 슬픔에 빠지다 陷入悲伤
슬픔에 빠져 있는 사람을 위로해주어야 한다.
· 슬픔에 잠기다 陷入悲伤
우리는 큰아버지를 잃은 슬픔에 잠겨 있었다.
· 슬픔에 젖다 沉浸在悲伤之中
짙은 슬픔에 젖어 있는 그녀의 손을 꼭 잡았다.
· 슬픔에 차다 满怀悲伤
슬픔에 차서 운 적이 많습니다.

Ⓐ + 슬픔

· 깊은 슬픔 深深的悲伤
그 소식을 듣고 깊은 슬픔에 빠졌다.
· 커다란 슬픔 巨大的悲痛
그는 커다란 슬픔에 잠겼다.

1300 습관 [습꽌](習慣)
习惯

습관 + Ⓝ

· 습관 형성 习惯养成

습관 + Ⓥ

습관이 ~

· 습관이 되다 成为习惯
해야 할 일이 많아 바쁘게 살던 것이 습관이 되었다.

· 습관이 들다 养成习惯
습관이 들고 시간이 지나면 바꾸기가 어렵다.
· 습관이 바뀌다 习惯发生改变
사고가 바뀌면 행동과 습관이 바뀐다.
· 습관이 붙다 养成习惯
어느덧 일찍 일어나는 습관이 붙었다.
· 습관이 생기다 产生习惯
밤에 걸려오는 전화를 받지 않는 습관이 생겼다.
· 습관이 있다 有习惯
아버지는 건강을 해치는 생활습관이 있다.

습관을 ~
· 습관을 가지다 有习惯
학창 시절부터 나는 메모하는 습관을 가졌다.
· 습관을 고치다 纠正习惯
이 책은 나쁜 습관을 고쳐주는 데 도움이 된다.
· 습관을 기르다 养成习惯
아이와 눈을 맞추며 대화하는 습관을 기른다.
· 습관을 들이다 养成习惯
글은 가능하면 짧게 쓰도록 습관을 들여야 한다.
· 습관을 바꾸다 改变习惯
생활 습관을 바꾸어서 새 생명을 얻었어요.
· 습관을 버리다 改掉习惯
나쁜 습관을 버리고 좋은 습관을 가져라.

습관에 ~
· 습관에 젖다 浸淫于……的习惯中
좋지 않은 습관에 젖으면 평생 그대로 살게 된다.

Ⓐ + 습관

· 나쁜 습관 坏习惯
나쁜 습관이 물들지 않도록 늘 경계하십시오.
· 좋은 습관 好习惯
좋은 습관으로 성공하는 인생이 되기 바란다.

1301 습기 [습끼](濕氣)
湿气, 潮气

습기 + Ⓥ

습기가 ~
· 습기가 많다 潮气大
해안의 낮은 지대는 습기가 많다.
· 습기가 적다 潮气少
전자 제품은 습기가 적은 곳에 보관해야 한다.
· 습기가 차다 受潮
습기가 많이 차게 되면 곰팡이가 생긴다.

습기를 ~
· 습기를 막다 防潮
습기를 막아주는 벽지도 있나요?
· 습기를 빨아들이다 吸潮
숯은 습기를 빨아들이는 기능이 있다.
· 습기를 제거하다 祛除潮气
습기를 제거할 수 있는 식물을 샀다.
· 습기를 흡수하다 吸收潮气
실내 습기를 흡수할 수 있는 습기 제거제가 없나요?

1302 승낙 (承諾)
同意, 答应

승낙 + Ⓥ

승낙이 ~
· 승낙이 떨어지다 得到同意
결혼 승낙이 떨어졌다.
· 승낙이 없다 没有得到同意
그의 승낙이 없이는 못하는 일이오.
· 승낙이 있다 得到许可
가족의 승낙이 있어야 수술을 할 수 있다.

승낙을 ~
· 승낙을 받다 得到同意
나는 아직 부모님으로부터 승낙을 받지 못했다.
· 승낙을 얻다 得到同意
언제쯤 부모님의 승낙을 얻을 수 있을까?
· 승낙을 하다 答应
그는 흔쾌히 출연 승낙을 했다.

1303 승리 [승니](勝利)
胜利

승리 + Ⓥ

승리를 ~
· 승리를 가져오다 带来胜利
이번 경기에서 승리를 가져왔다.
· 승리를 거두다 取得胜利
우리 팀은 승리를 거두었다.
· 승리를 얻다 获得胜利
결과적으로 승리를 얻어서 기쁘다.
· 승리를 이루다 取得胜利

결국 위대한 승리를 이루었다.
· 승리를 하다 胜利
우리가 드디어 승리를 했어요.

A + 승리

· 큰 승리 大的胜利
마음의 승리가 가장 큰 승리다.

1304 승부 (勝負)
胜负

승부 + V

승부가 ~
· 승부가 나다 决出胜负
연장전에서 작은 차이로 승부가 났다.

승부를 ~
· 승부를 가리다 分出胜负
양쪽 군대가 교전하였으나 승부를 가리지 못했다.
· 승부를 걸다 决胜负
그는 마라톤에 인생의 승부를 걸겠다고 결심했다.
· 승부를 겨루다 较量胜负
단 두 사람이 승부를 겨루었다.
· 승부를 결정하다 决出胜负
3판 2승제로 승부를 결정한다.
· 승부를 내다 分出胜负
초반전에 승부를 내야 이길 수 있다.

1305 승용차 (乘用車)
轿车, 汽车

승용차 + N

· 승용차 뒷좌석 轿车后座
· 승용차 배기량 轿车排气量
· 승용차 운전석 轿车驾驶席
· 승용차 조수석 轿车副驾驶席
· 승용차 트렁크 轿车后备箱

1306 승진 (昇進, 陞進)
晋升

승진 + N

· 승진 가능성 晋升的可能性
· 승진 경쟁 晋升竞争
· 승진 기준 晋升的标准
· 승진 기회 晋升机会
· 승진 누락 晋升失败
· 승진 발령 升职任命
· 승진 시험 晋升考试
· 승진 제도 晋升制度

승진 + V

승진이 ~
· 승진이 늦다 晋升晚
출산 때문에 여자들은 승진이 늦다.
· 승진이 되다 晋升
여자는 왜 승진이 안 되는 거야!
· 승진이 빠르다 晋升快
그는 승진이 빠른 편이었다.

승진을 ~
· 승진을 가로막다 阻碍晋升
권위적인 풍토가 여교사의 승진을 가로막고 있다.
· 승진을 거듭하다 不断高升
그는 지난 10년 동안 무려 5번의 승진을 거듭했다.
· 승진을 시키다 提拔升迁
승진 요건을 갖춘 사람들은 승진을 시켜야 합니다.
· 승진을 하다 晋升
얼마 전에 승진을 해서 팀장이 됐어요.

승진에서 ~
· 승진에서 누락되다 晋升失败
승진에서 그만 누락되고 말았습니다.
· 승진에서 떨어지다 晋升失败
출산했다는 이유로 승진에서 떨어졌는데요.

A + 승진

· 빠른 승진 快速晋升
어린 나이에도 불구하고 나는 빠른 승진을 거듭했다.

1307 시각¹ (時刻)

时刻，时候

Ⓐ + 시각

· 좋은 시각 好时候，好时机
식물 키우는 좋은 시각이 언제예요?

慣

· 시각을 다투다 争分夺秒
해결해야 할 문제가 시각을 다툴 만큼 급한 것이다.

1308 시각² (視角)

视角，眼光

시각 + Ⓝ

· 시각 장애인 盲人
· 시각 차이 观点的差异

시각 + Ⓥ

시각으로 ~

· 시각으로 바라보다 以……眼光看待
비판적인 시각으로 바라본 영화였다.

Ⓐ + 시각

· 다양한 시각 不同的视角
다양한 시각으로 문제를 해결해 봅시다.
· 올바른 시각 正确的视角
선입관을 버리고 올바른 시각을 가져야 한다.

1309 시간 (時間)

时间

시간 - Ⓝ

· 시간관념 时间观念
· 시간제한 时间限制

시간 + Ⓝ

· 시간 강사 时间讲师
· 시간 낭비 浪费时间
· 시간 사용 使用时间
· 시간 약속 约定时间
· 시간 엄수 严格遵守时间

시간 + Ⓥ

시간이 ~

· 시간이 가다 时间过了
의견을 교환하다 보니 시간이 다 갔다.
· 시간이 걸리다 花费时间
아빠를 기다리는 시간이 꽤 오래 걸렸다.
· 시간이 급하다 时间紧
정말 시간이 급하고 더 이상 허비할 시간이 없다.
· 시간이 길다 时间长
사람이 많아서 그런지 대기 시간이 너무 길었다.
· 시간이 나다 有空
시간이 나면 놀러 오세요.
· 시간이 남다 有富余时间
공연 시간이 아직 남아 있었다.
· 시간이 늘다 时间增多
사람들이 가족과 함께 지내는 시간이 늘고 있다.
· 시간이 늘어나다 时间增多
과제를 미리 해결하면 자유 시간이 늘어나요.
· 시간이 들다 花时间
여행 첫째 날, 이동에만 엄청난 시간이 들었다.
· 시간이 많다 时间多
난 시간이 많으니까 서두를 거 없어.
· 시간이 맞다 时间合适
원하는 영화는 표가 없거나 시간이 맞지 않는다.
· 시간이 멈추다 时间停止
그녀와 함께 왔을때 나는 시간이 멈추기를 바랐다.
· 시간이 비다 时间空出来
나는 오전 11시부터 2시까지 시간이 비었다.
· 시간이 빠르다 时间快
놀 때는 시간이 빠르고 공부할 때는 시간이 느리다.
· 시간이 없다 没时间
지금은 시간이 없으니 나중에 말씀 드릴게요.
· 시간이 있다 有时间
오늘 저녁에 시간이 있으면 우리 집에 오세요.
· 시간이 적다 时间少
우리 식구들은 공유하는 시간이 너무 적었다.
· 시간이 정확하다 时间准确
KTX는 운행 시간이 정확하다.
· 시간이 줄다 时间减少
일이 바빠서 운동 시간이 줄었다.
· 시간이 지나가다 时间流逝

3개월이란 시간이 지나가자 그는 나에게 말했다.

· **시간이 지나다** 时间流逝
시간이 지날수록 옛 친구들과 멀어지게 되었다.

· **시간이 필요하다** 需要时间
누구나 가끔은 혼자만의 시간이 필요하다.

· **시간이 흐르다** 时间流逝
시간이 흐를수록 상황은 나빠졌다.

시간을 ~

· **시간을 기다리다** 等待……的时候
나는 모든 것이 명확해지는 그 시간을 기다리고 있다.

· **시간을 끌다** 拖延时间
이사가 결정되면 시간을 끌지 말고 즉시 해야 한다.

· **시간을 낭비하다** 浪费时间
하루 업무 시간 중 50% 이상의 시간을 낭비하고 있다.

· **시간을 내다** 抽时间
오늘은 시간을 내서 친구를 만나야겠다.

· **시간을 들이다** 花费时间
많은 학생들이 수학 공부에 많은 시간을 들이고 있다.

· **시간을 맞추다** 定时
이 사진기는 시간을 맞춰 두면 자동으로 찍힌다.

· **시간을 벌다** 争取时间
그는 공부할 시간을 벌기 위해 학교 근처로 이사했다.

· **시간을 보내다** 度过时间
가족과 함께 시간을 보낸다.

· **시간을 빼앗다** 耽误时间
우리는 얼마나 남의 시간을 빼앗고 있는가?

· **시간을 쓰다** 花时间
헛된 것에 시간을 쓰지 마라.

· **시간을 아끼다** 节省时间
젊을 때 시간을 아껴 써야 한다.

· **시간을 절약하다** 节约时间
교재를 잘 선택하면 공부 시간을 절약할 수 있지요.

· **시간을 정하다** 约时间
나는 그와 만날 시간을 정했다.

· **시간을 주다** 给时间
눈을 감고 잠시 생각할 수 있는 시간을 준다.

· **시간을 지키다** 守时
대인관계에서 시간을 지키는 것이 중요하다.

· **시간을 쪼개다** 挤时间
그는 시간을 쪼개서 영어 공부를 했다.

· **시간을 허비하다** 虚度时间
어리석은 자는 일생동안 시간만 허비하다 떠난다.

시간에 ~

· **시간에 맞다** 按时
정해진 시간에 맞게 학교에 가야 된다.

· **시간에 맞추다** 赶上时间
비행기 시간에 맞추기 위해 일찍 출발했다.

Ⓐ + 시간

· **긴 시간** 长时间
걸작은 긴 시간에 걸쳐 만들어진다.

· **남은 시간** 剩下的时间
남은 시간이 하루뿐이라면 무엇을 하겠어요?

· **많은 시간** 很多时间
내가 원하는 역할을 고르기까지 많은 시간이 걸렸다.

· **바쁜 시간** 繁忙的时候
바쁜 시간에 꼭 이걸 해야겠니?

· **좋은 시간** 美好的时光
주말을 맞이하여 부모님과 좋은 시간을 보냈다.

· **짧은 시간** 短暂的时光
외국어 공부를 짧은 시간에 할 수 있나요?

· **충분한 시간** 充分的时间
운동할 수 있는 충분한 시간이 있었으면 좋겠어요.

· **오랜 시간** 很长时间
오랜 시간 창문을 열어 놨는데 아직도 냄새가 난다.

1310 **시계** [시계/시게](時計)
表

시계 + Ⓝ

· **시계 바늘** 表针
· **시계 방향** 顺时针方向
· **시계 소리** 钟表声
· **시계 종소리** 钟声

시계 + Ⓥ

시계가 ~

· **시계가 늦다** 表慢
내 시계가 많이 늦다.

· **시계가 멈추다** 表停了
그이가 떠난 지 며칠 뒤에 이 시계가 멈춰 버렸어.

· **시계가 빠르다** 表快
그 시계가 빠르네요.

· **시계가 서다** 表停了
시계가 서 있어 몇 시인지 모르겠다.

· **시계가 자다** 表停了
시계가 자고 있으니 시간을 알 수 없다.

· **시계가 죽다** 表停了
시계가 죽어서 건전지를 갈아 넣으려고요.

시계를 ~

· **시계를 걸다** 挂表

집 화장실에 시계 걸어도 될까요?

· 시계를 고치다 修表
고장이 난지 3개월 만에 비로소 시계를 고쳤다.

· 시계를 꺼내다 拿出表
나는 주머니에서 시계를 꺼내어 들여다본다.

· 시계를 들여다보다 看表
마음이 초조해진 나는 자꾸만 시계를 들여다보았다.

· 시계를 보다 看表
아침에 눈을 뜨자마자 시계를 보았다.

· 시계를 차다 戴表
요즘은 사람들이 시계를 차지 않는다.

· 시계를 쳐다보다 看表
저는 계속 시계를 쳐다보면서 그를 기다렸다.

· 시계를 풀다 把表摘下来
좀 전에 시계를 풀어서 어디다 뒀지?

시계처럼 ~

· 시계처럼 정확하다 像表一样分毫不差，极为准时
시계처럼 정확한 규칙적인 생활.

Ⓐ + 시계

· 예쁜 시계 漂亮的表
이게 당신이 본 것 중에서 제일 예쁜 시계예요?

· 커다란 시계 大钟
벽에 커다란 시계가 걸려 있다.

1311 시골
乡下

시골 – Ⓝ

· 시골구석 山沟

시골 + Ⓝ

· 시골 동네 乡下村子
· 시골 노인 乡下老人
· 시골 마을 乡下小村庄
· 시골 사람 乡下人
· 시골 젊은이 乡下年青人

시골 + Ⓥ

시골에 ~

·시골에 내려가다 到乡下去，下乡
시골에 내려가야 하는데 시간이 안 나네.

시골에서 ~

·시골에서 올라오다 从乡下回来
시골에서 올라오다 무지개를 보았어요.

1312 시금치
菠菜

시금치 + Ⓝ

· 시금치 국 菠菜汤
· 시금치 나물 菠菜

시금치 + Ⓥ

시금치를 ~

· 시금치를 데치다 焯菠菜
시금치를 데쳐 먹을 때 왜 꼭 소금 물에 데치나요?

1313 시기 (時機)
时机，时候

시기 + Ⓥ

시기를 ~

· 시기를 가리다 区分时候
장난도 시기를 가려서 해야 했다.

· 시기를 놓치다 错过时机
그 가치를 깨달았을 땐 이미 시기를 놓친 후였다.

Ⓐ + 시기

· 바쁜 시기 繁忙的时候
가장 바쁜 시기는 언제입니까?

· 중요한 시기 重要的时候
올해는 저희 부부에게 중요한 시기입니다.

1314 시내 (市內)
市区

시내 – Ⓝ

· 시내버스 市区汽车

· 시내 거리 市内街道
· 시내 곳곳 市内各地
· 시내 관광 市区观光
· 시내 구경 市区参观
· 시내 중심가 市中心
· 시내 한복판 市区正中心

시내를 ~

· 시내를 구경하다 参观市区
수업 후에 시내를 구경하기로 했다.
· 시내를 돌아다니다 逛市区
나는 그녀를 따라 온 시내를 돌아다녔다.
· 시내를 둘러보다 逛市区
시내를 둘러보기 위해 호텔을 나섰다.
· 시내를 벗어나다 离开市区
버스는 십분 만에 시내를 벗어났다.
· 시내를 지나다 经过市区
오늘 제가 시내를 지나서 이 곳에 왔는데요.
· 시내를 통과하다 通过市区
학생들은 시내를 통과하여 저수지로 갔다.

시내에 ~

· 시내에 가다 去市区
아침에 약을 사러 시내에 갔다.
· 시내에 나가다 到市区去
나도 마침 시내에 나가는 길이에요.
· 시내에 들르다 顺便去市区
오후에 시내에 들렀다가 이 신발을 샀어.
· 시내에 살다 住在市区
나는 시내에 살아서 농사를 직접 지어본 적은 없다.

1315 시대 (時代)
时代

· 시대감각 时代感
· 시대정신 时代精神
· 시대착오 过时

· 시대 구분 时代划分

· 시대 말 时代末
· 시대 말기 时代末期
· 시대 문화 时代文化
· 시대 변화 时代变化
· 시대 연구 时代研究
· 시대 요구 时代要求
· 시대 중기 时代中期
· 시대 초 时代初
· 시대 초기 时代初期

시대가 ~

· 시대가 끝나다 时代结束
모던 시대가 끝났다고 주장하는 사람들이 많다.
· 시대가 달라지다 时代不同了
스마트폰으로 시대가 달라졌다.
· 시대가 도래하다 时代到来
첨단 과학의 시대가 도래할 날도 머지 않았다.
· 시대가 되다 成为……时代
21세기는 과학 기술의 시대가 될 전망이다.
· 시대가 바뀌다 时代改变
그는 시대가 바뀌고 있다는 것도 몰랐다.
· 시대가 변하다 时代变化
시대가 변하고 가치관도 계속 변하고 있다.
· 시대가 열리다 时代开启
휴대전화로 물건 값을 치르는 시대가 열렸다.
· 시대가 오다 时代到来
창의력이 곧 경쟁력이 되는 시대가 온다.
· 시대가 요구하다 时代要求
시대가 요구하는 생각은 결코 막아낼 수 없다.

시대를 ~

· 시대를 거치다 经过……时代
청동기 시대를 거치면서 국가가 형성되었다.
· 시대를 구분하다 划分时代
시대를 구분하려고 한다면 적절한 명칭을 사용해야 한다.
· 시대를 대비하다 为……时代做准备
고령화 시대를 대비해야 한다.
· 시대를 뛰어넘다 超越时代
좋은 노래는 시대를 뛰어넘고 소통으로 연결된다.
· 시대를 맞다 迎接……时代
새 시대를 맞아, 좋은 정치가 이루어지길 빈다.
· 시대를 맞이하다 迎接……时代
우리 나라는 고령화 시대를 맞이하고 있다.
· 시대를 살다 生活在……时代
우리들의 할아버지는 힘든 시대를 사셨다.
· 시대를 앞서다 引领时代

시대를 앞서 가는 기술이 필요하다.

· **시대를 열다** 开启时代
아이디어와 창의력으로 새로운 시대를 열어야 한다.

· **시대를 초월하다** 超越时代
그는 시대를 초월한 천재이다.

시대에 ~

· **시대에 걸맞다** 适应时代
노령화 시대에 걸맞게 연금을 많이 줘야 한다.

· **시대에 대비하다** 为……时代做准备
앞으로 저성장 시대에 대비해야 한다.

· **시대에 뒤떨어지다** 落后于时代
교육수준이 시대에 뒤떨어지고 있다.

· **시대에 뒤지다** 落后于时代
그는 시대에 뒤진 생각을 갖고 있다.

· **시대에 들어서다** 进入……时代
완전히 기술지배의 시대에 들어서고 있는 것이다.

· **시대에 맞다** 符合时代要求
똑같은 작품도 늘 시대에 맞게 바뀐다.

· **시대에 살다** 生活在……时代
우리는 황금만능 시대에 살고 있다.

· **시대에 속하다** 属于……时代
옛 시대에 속하면 옛 사람입니다.

· **시대에 접어들다** 进入……时代
세상은 개인주의 시대에 접어들고 있다.

🅐 + 시대

· **새로운 시대** 新时代
새로운 시대가 요구하는 사명을 다 하겠다.

· **어려운 시대** 艰难的时代
이들은 어려운 시대를 지내온 세대들이다.

· **위대한 시대** 伟大的时代
위대한 시대가 위대한 개인을 만든다.

· **혼란스러운 시대** 混乱的时代
혼란스러운 시대를 겪으면서 그는 성장했다.

1316 **시도** (試圖)
尝试

시도 + 🆅

시도를 ~

· **시도를 거듭하다** 反复尝试
시도에 시도를 거듭하다 포기했어요.

· **시도를 거부하다** 拒绝尝试
그들은 책의 배포를 현대화하려는 시도를 거부했다.

· **시도를 하다** 尝试
그들은 시민의 의식 구조를 바꾸려는 시도를 하였다.

1317 **시력** (視力)
視力

시력 + 🅝

· **시력 검사** 检查视力

· **시력 장애** 视力障碍

시력 + 🆅

시력이 ~

· **시력이 나쁘다** 视力不好
시력이 나빠 불편한 점이 많아요.

· **시력이 떨어지다** 视力下降
아침에 일어나면 시력이 떨어져 있는 것 같아요.

· **시력이 약하다** 视力弱
쌍꺼풀 수술 후 눈의 시력이 약해졌어요.

· **시력이 좋다** 视力好
정말로 시력이 좋아지는 방법이 있어요?

시력을 ~

· **시력을 교정하다** 矫正视力
수술 없이도 시력을 교정할 수 있다.

· **시력을 보호하다** 保护视力
이 안경은 시력을 보호하기 위해 쓰는 것이다.

· **시력을 유지하다** 维持视力
시력을 유지하는 방법을 알려주세요.

· **시력을 잃다** 失明
할머니는 시력을 잃고 고생하셨다.

· **시력을 재다** 测视力
시력을 재면 얼마나 나오나요?

· **시력을 측정하다** 测视力
우선 시력을 측정해 봅시다.

1318 **시민** (市民)
市民

시민 + 🅝

· **시민 계급** 市民阶级

· **시민 생활** 市民生活

· 시민 의식 市民意识
· 시민 투쟁 市民斗争
· 시민 혁명 市民革命

1319 시범 (示範)
示范

시범 + Ⓝ

· 시범 경기 示范表演

시범 + Ⓥ

시범을 ~

· 시범을 보이다 示范
먼저 내가 시범을 보이겠다.

1320 시부모 (媤父母)
公婆

시부모 + Ⓥ

시부모를 ~

· 시부모를 모시다 侍奉公婆
시부모님을 모시고 살아요?
· 시부모를 봉양하다 侍奉公婆
30년 동안 시부모님을 봉양했다.

1321 시선 (視線)
视线, 关注, 目光

시선 + Ⓥ

시선이 ~

· 시선이 끌리다 被吸引
이 문구에 시선이 끌려 이 책을 읽게 되었다.
· 시선이 따갑다 目光犀利
혼전 동거에 대해 사회의 시선이 따갑다.

시선을 ~

· 시선을 끌다 吸引眼球
어떤 사진이길래 시선을 끌고 있는 건가요?

· 시선을 던지다 投以视线, 注视
흔한 우리 주변의 꽃들에 시선을 던져 보세요.
· 시선을 돌리다 转移视线
난 시선을 돌려 창밖을 바라보았다.
· 시선을 마주치다 目光相碰
시선을 마주치며 고맙다는 인사를 전하는 것이 좋다.
· 시선을 받다 受到关注
연예인은 수많은 사람의 시선을 받고 있다.
· 시선을 보내다 投以目光
그들은 나를 보면서 연민의 시선을 보냈다.
· 시선을 피하다 躲避目光
그 여자는 내 시선을 피했다.

Ⓐ + 시선

· 따뜻한 시선 温暖的目光
어려운 사람들을 따뜻한 시선으로 바라본다.
· 차가운 시선 冰冷的目光
견딜 수 없는 것은 사회의 냉대와 차가운 시선이다.

1322 시설 (施設)
设施, 设备

시설 + Ⓝ

· 시설 개선 改善设备
· 시설 건설 设备建设
· 시설 관리 设备管理
· 시설 미비 设备不全
· 시설 설치 安装设备
· 시설 완비 设备齐全
· 시설 투자 设备投资
· 시설 확충 扩充设备

시설 + Ⓥ

시설이 ~

· 시설이 나쁘다 设施不好
우리 학원은 오래되어 시설이 나쁘다.
· 시설이 낙후되다 设施落后
시설이 낙후된 공장을 폐쇄해야 한다.
· 시설이 낡다 设施陈旧
그 수영장은 시설이 낡아 손님이 적다.
· 시설이 많다 设施多
놀이터에는 놀이 기구 시설이 많아서 재미있다.
· 시설이 부족하다 设施不足

장애인 시설이 부족하다.
· **시설이 없다** 没有设施
시골은 수도 시설이 없어 불편하다.
· **시설이 완비되다** 设施齐全
텐트 시설이 완비되어 있는 캠핑장이 어디 있나요?
· **시설이 좋다** 设施好
이곳은 시설이 좋아 손님이 많은 곳이다.

시설을 ~
· **시설을 가지다** 有设施
좋은 시설을 가지고 있는 학교가 어디 있나요?
· **시설을 갖추다** 具备设施
골프장들은 대부분 좋은 시설을 갖추고 있다.
· **시설을 늘리다** 增加设施
최근 들어 노인을 위한 무료 시설을 늘려가고 있다.
· **시설을 만들다** 制造设施
체육 시설을 만들면 좋을 것 같아요.
· **시설을 설치하다** 安装设施
장애인 복지 시설을 설치하려면 어떻게 해야 하나요?
· **시설을 운영하다** 管理设施
제 꿈이 사회 복지 시설을 운영하는 것이에요.
· **시설을 이용하다** 使用设施
학원 시설을 이용하면서 느낀 것은 무엇입니까?
· **시설을 자랑하다** 炫耀设施
최상의 시설을 자랑하는 골프장이 생겼다.
· **시설을 파괴하다** 破坏设施
시설을 파괴하면 결국 비용이 그만큼 더 필요해져요.

Ⓐ + 시설
· **낡은 시설** 陈旧的设备
그 공장은 낡은 시설을 고치는 데 많은 비용을 들였다.
· **새로운 시설** 新设备
새로운 시설을 통해서 에너지를 절약할 수 있다.
· **좋은 시설** 好设备
좋은 시설을 갖춘 도서관이 생기고 있다.
· **편리한 시설** 便利的设施
서울에서 가장 편리한 시설을 갖춘 극장은 어딘가요?

1323 **시야** (視野)
视野，视线，目光

시야 + Ⓥ
시야가 ~
· **시야가 밝아지다** 视野开阔
이 안경을 쓰면 시야가 밝아진다.

· **시야가 넓다** 视野开阔
높은 차량일수록 시야가 넓다.
· **시야가 좁다** 视野狭窄
이런 날은 시야가 좁아 운전하기 어렵다.
· **시야가 좁다** 目光短浅，鼠目寸光
가난한 아빠는 교육을 받았지만 시야가 좁다.
· **시야가 트이다** 视野开阔
고개를 넘자 시야가 트이며 바다가 보였다.

시야를 ~
· **시야를 가리다** 挡住视线
오늘은 안개가 시야를 많이 가릴 것이다.
· **시야를 넓히다** 开拓视野
그는 여러 곳을 다니며 시야를 넓혔다.

시야에 ~
· **시야에 들어오다** 映入眼帘
운전할 때 횡단보도가 시야에 들어오면 멈춰야 한다.

시야에서 ~
· **시야에서 벗어나다** 走出视线
나는 사람들의 시야에서 벗어나 있었다.
· **시야에서 사라지다** 从视线中消失
기차가 시야에서 사라졌다.

Ⓐ + 시야
· **넓은 시야** 宽广的视野
우리는 넓은 시야를 가진 학생을 키워야 한다.
· **좁은 시야** 狭窄的视野
많은 사람이 좁은 시야로 세상을 바라보곤 한다.

1324 **시외** (市外)
郊外，郊区

시외 – Ⓝ
· **시외버스** 市郊公共汽车

시외 + Ⓝ
· **시외 지역** 城市周边，郊区

1325 **시위** (示威)
示威，游行

시위 – Ⓝ

· 시위운동 示威运动

시위 + Ⓝ

· 시위 대장 示威头目
· 시위 행렬 示威游行队伍

시위 + Ⓥ

시위가 ~
· **시위가 벌어지다** 示威游行
시위가 벌어져 수만 명이 참여했다.
· **시위가 일어나다** 发生示威游行
그때 크고 작은 시위가 많이 일어났다.

시위를 ~
· **시위를 막다** 阻止示威游行
무장 경찰까지 나서서 시위를 막았다.
· **시위를 벌이다** 展开示威游行
학생들이 거리에서 항의 시위를 벌이고 있다.
· **시위를 하다** 示威游行
시위를 하다가 체포되었다.

1326 시일 (時日)
时日, 时间

시일 + Ⓥ

시일이 ~
· **시일이 걸리다** 花费时日
그것은 오랜 시일이 걸리는 일이다.

시일을 ~
· **시일을 끌다** 拖延时日
시일을 끌다 보면 점점 잡생각들만 더 많아질 것 같다.

Ⓐ + 시일

· **많은 시일** 很多时日
새로운 점을 찾는 데 많은 시일이 걸렸다.
· **빠른 시일** 早日
빠른 시일 내에 해결해 주세요.
· **오랜 시일** 很长时间
복구에 오랜 시일이 걸렸다.

1327 시작 (始作)
开始

시작 – Ⓝ

· 시작종 开始铃

시작 + Ⓝ

· 시작 단계 开始阶段
· 시작 시간 开始时间
· 시작 신호 开始信号
· 시작 전 开始前

시작 + Ⓥ

시작이 ~
· **시작이 되다** 开始
오늘 재판은 오후 2시에 시작이 됩니다.

시작을 ~
· **시작을 알리다** 宣告开始
종을 쳐서 시작을 알린다.
· **시작을 하다** 开始
이제 돈을 벌기 시작을 해서 저축을 하려고 한다.

Ⓐ + 시작

· **새로운 시작** 新的开始
실패는 새로운 시작이기도 하다.

1328 시장¹
饥

惯

· **시장이 반찬** 饥不择食
시장이 반찬이라고 다 맛있어요.

1329 시장² (市場)
市场

시장 – Ⓝ

· 시장바구니 菜篮子

· 시장 가격 市场价格
· 시장 개방 市场开放
· 시장 경제 市场经济
· 시장 골목 市场胡同
· 시장 규모 市场规模
· 시장 부근 市场附近
· 시장 분석 市场分析
· 시장 상황 市场状况
· 시장 앞 市场前面
· 시장 옆 市场旁边
· 시장 입구 市场入口
· 시장 점유율 市场占有率
· 시장 조사 市场调查
· 시장 질서 市场秩序

시장이 ~

· 시장이 개방되다 市场开放
자본 시장이 개방되면 어느 자본이 들어올까 ?
· 시장이 넓어지다 市场变大
시장이 넓어지고 경제 구조도 복잡해지고 있다.
· 시장이 복잡하다 市场拥挤
내일 모레가 추석이라 시장이 복잡했다.
· 시장이 없다 没有市场
시장이 없어서 불편하다.
· 시장이 있다 有市场
우리 동네에는 작은 시장이 있다.
· 시장이 커지다 市场扩大
작년에 비해 인터넷 쇼핑몰 시장이 커졌다.
· 시장이 형성되다 市场形成
자동차 산업은 아직도 시장이 형성되지 못하고 있다.

시장을 ~

· 시장을 갖다 拥有市场
텔레비전은 영화에 비해 훨씬 더 큰 시장을 갖고 있다.
· 시장을 개척하다 开拓市场
새로운 시장을 개척해야 한다.
· 시장을 겨냥하다 瞄准市场
해외 시장을 겨냥한 마케팅 전략이 필요하다.
· 시장을 넓히다 拓宽市场
시장을 넓히기 위한 좋은 방법이 필요하다.
· 시장을 돌다 逛市场
엄마는 시장을 몇 바퀴나 돌면서 싼 것을 찾았다.

· 시장을 돌아다니다 逛市场，走遍市场
나는 아이를 찾기 위해 정신없이 시장을 돌아다녔다.
· 시장을 돌아보다 逛市场
시장을 돌아봐도 살 만한 물건이 없었어요.
· 시장을 지배하다 支配市场
세계의 시장을 지배하는 것은 세계의 대자본가들이다.
· 시장을 휩쓸다 席卷市场
K-POP이 아시아 시장을 휩쓸고 있다.

시장에 ~

· 시장에 가다 去市场
어렸을 때 항상 어머니의 손을 잡고 시장에 갔다.
· 시장에 나오다 投放到市场
이런 작품은 시장에 나오면 순식간에 팔린다.
· 시장에 내놓다 投放到市场
아끼던 물건을 중고 시장에 내놓게 되었습니다.
· 시장에 다녀오다 去了一趟市场
예전에 동대문 시장에 다녀온 적이 있었다.
· 시장에 진출하다 打入市场
여성도 노동 시장에 진출할 수 있게 되었다.
· 시장에 팔다 在市场上销售
할아버지는 농사를 지은 뒤 그 농작물을 시장에 판다.

시장에서 ~

· 시장에서 거래되다 在市场上交易
부동산도 시장에서 거래되는 상품이다.
· 시장에서 구입하다 在市场上购买
시장에서 구입한 살아 있는 해물로 만든 해물탕.
· 시장에서 사다 在市场上买
마트에서 산 고기가 시장에서 산 것보다 더 싸다.

시장으로 ~

· 시장으로 몰리다 聚集到市场上
주식 시장으로 돈이 몰리고 있다.

· 새로운 시장 新市场
기업은 기존의 제품을 새로운 시장에 판매함으로써 성장을 추구할 수 있다.
· 중요한 시장 重要的市场
그 지역은 장래 중요한 시장이 될 것이다.

1330 시장³ (市長)
市长

· 시장 선거 市长选举

시장 + Ⓥ

시장을 ~

· 시장을 모시다 陪市长
그는 시장을 모시고 현장 확인을 했다.

· 시장을 뽑다 选拔市长
제비뽑기로 시장 뽑는 마을이 있다는데요.

시장으로 ~

· 시장으로 당선되다 当选为市长
그해 그는 시장으로 당선되었다.

· 시장으로 선출되다 被选作市长
그는 새 시장으로 선출되었다.

1331 시절 (時節)
时节, 时代, 岁月

시절 + Ⓥ

시절이 ~

· 시절이 그립다 思念……时代
옛날 사진을 보니까 학창 시절이 그립다.

· 시절이 떠오르다 脑海中浮现……时代
너를 보면 내 고등학교 시절이 떠올라.

· 시절이 생각나다 想起……时代
이 곡을 들으면 고등학교 시절이 많이 생각나요.

· 시절이 오다 ……时节到来
벚꽃이 피는 시절이 오네요.

· 시절이 있다 有……时期
한때 거의 매일 편지를 부치던 시절이 있었다.

· 시절이 좋다 时机好
지금은 시절이 좋아서 과일 값이 싸다.

시절을 ~

· 시절을 기억하다 记得……时代
꿈이 많은 대학생 시절을 기억하고 계신가요?

· 시절을 돌이키다 回首……时代
그는 대학원 시절을 돌이키면서 눈물을 흘렸다.

· 시절을 떠올리다 想起……时代
고교 시절을 떠올려 보니 많은 일들이 생각이 난다.

· 시절을 보내다 度过……时代
시골에서 학창 시절을 보냈다.

· 시절을 생각하다 想到……时代
저는 초등학교 시절을 생각하면 눈물이 난다.

· 시절을 회상하다 回想……时代
동창회에서 친구들과 학창 시절을 회상했다.

Ⓐ + 시절

· 꽃다운 시절 花季
누구에게나 꽃다운 시절이 있다.

· 젊은 시절 年轻的岁月
그들도 우리와 별다르지 않은 젊은 시절을 보냈다.

· 어려운 시절 艰难的岁月
인생에는 좋은 시절과 어려운 시절이 있다.

· 어린 시절 幼年时代
어린 시절에 받은 상처일수록 더 오래 남는다.

· 힘든 시절 艰难的岁月
내게도 힘든 시절이 많았다.

1332 시중 (市中)
市场上

시중 + Ⓥ

시중에 ~

· 시중에 나오다 在市面上出现
이런 책은 시중에 많이 나와 있다.

1333 시집¹ (媤집)
婆家

시집 + Ⓝ

· 시집 식구 婆家人

시집 + Ⓥ

시집을 ~

· 시집을 가다 出嫁
시집을 가면 남편의 성을 따라야 한다.

· 시집을 보내다 把女儿嫁出去
딸이 커서 시집을 보내면 어떤 마음일까?

· 시집을 오다 嫁过来
엄마는 19세 꽃다운 나이에 시집을 왔다.

시집에 ~

· 시집에 가다 去婆家
남편과 함께 시집에 갔다.

1334 시집² (詩集)
诗集

시집 + Ⓥ

시집을 ~

· 시집을 내다 出版诗集
시인은 11년 만에 시집을 냈다.

· 시집을 읽다 阅读诗集
오늘 처음으로 아들에게 시집을 읽어 주었다.

시집으로 ~

· 시집으로 묶다 汇编诗集
우리는 그가 생전에 쓴 시들을 모아 시집으로 묶었다.

1335 시청¹ (視聽)
收视

시청 + Ⓝ

· 시청 대상 收视对象
· 시청 습관 收视习惯
· 시청 시간 收视时间
· 시청 태도 收视态度

1336 시청² (市廳)
市政府

시청 + Ⓝ

· 시청 건물 市政府大楼
· 시청 공무원 市政府公务员
· 시청 부근 市政府附近
· 시청 앞 市政府前面
· 시청 직원 市政府员工

1337 시합 (試合)
比赛

시합 + Ⓝ

· 시합 방식 比赛方式
· 시합 전 赛前
· 시합 중 比赛中

시합 + Ⓥ

시합을 ~

· 시합을 갖다 比赛
오늘 큰아들이 출전하여 시합을 갖는 날입니다.

· 시합을 관람하다 观看比赛
경기가 끝날 때까지 시합을 관람했다.

· 시합을 벌이다 展开比赛
두 사람은 술 마시기 시합을 벌였다.

· 시합을 청하다 邀请比赛
서울 팀이 시합을 청했습니다.

· 시합을 하다 比赛
어느 날 토끼와 거북이가 달리기 시합을 했다.

1338 시험 (試驗)
考试，考验

시험 - Ⓝ

· 시험공부 复习考试
· 시험지 考试卷

시험 + Ⓝ

· 시험 결과 考试结果
· 시험 과목 考试科目
· 시험 기간 考试期间
· 시험 규칙 考试规则
· 시험 날짜 考试日期
· 시험 단계 考试阶段
· 시험 답안지 考试答题纸
· 시험 당일 考试当天
· 시험 문제 试题
· 시험 문항 考试题项
· 시험 생산 试生产
· 시험 성적 考试成绩
· 시험 스트레스 考试压力
· 시험 시간 考试时间
· 시험 점수 考试分数

· 시험 준비 考试准备
· 시험 중 正在考试
· 시험 채점 阅卷
· 시험 출제 出考题
· 시험 합격자 考试合格者

시험 + Ⓥ

시험이 ~

· 시험이 끝나다 考试结束
어서 시험이 끝났으면 좋겠다.
· 시험이 쉽다 考试容易
시험이 쉬워서 점수가 잘 나올 것 같은데요.
· 시험이 어렵다 考试难
제게는 이런 시험이 너무 어려워요.
· 시험이 없다 没有考试
시험이 없는 나라로 날아가고 싶어요.
· 시험이 있다 有考试
한 달간의 전체 연수를 끝내고 작은 시험이 있었다.

시험을 ~

· 시험을 끝내다 结束考试
시험을 끝내고 나니 굉장히 허무하고 허탈하다.
· 시험을 받다 接受考验
우리는 시험을 받을 때에 용기를 잃어서는 안 됩니다.
· 시험을 보다 考试
처음 시험을 봤는데 좋은 점수를 얻었다.
· 시험을 실시하다 实施考试
두 학교는 비슷한 시기에 시험을 실시하고 있다.
· 시험을 준비하다 准备考试
시험을 준비하기 위해 기출 문제를 풀어봤다.
· 시험을 치다 考试
시험을 치고 싶어 하는 사람은 없을 것이다.
· 시험을 치르다 考试
취직하기 위해서 영어 시험을 치러야 한다.
· 시험을 앞두다 面临考试
'대학 수학 능력 평가'라는 큰 시험을 앞두고 있다.
· 시험을 통과하다 考试合格
졸업 시험을 통과하면 졸업을 할 수 있다.

시험에 ~

· 시험에 나오다 试题中出现
가르쳐주지도 않은 내용이 시험에 나왔어요.
· 시험에 내다 出题
선생님은 배우지도 않은 내용을 시험에 냈다.
· 시험에 들다 接受考验
시험에 들면 흔들리게 됩니다.
· 시험에 떨어지다 考试不合格
이번에도 시험에 떨어져서 실망하고 있다.

· 시험에 붙다 考上
아들이 이번 시험에 붙어서 너무 기뻤다.
· 시험에 응시하다 应试
시험에 응시하기 위해서 미리 등록을 해야 한다.
· 시험에 합격하다 考试合格
나는 그 말을 믿고 열심히 공부해서 시험에 합격했다.

시험에서 ~

· 시험에서 떨어지다 考试落第
서류는 합격했으나 시험에서 떨어졌어요.

1339 식 (式)
仪式

식 + Ⓥ

식을 ~

· 식을 거행하다 举行仪式
오후 5시에 식을 거행할 예정입니다.

1340 식구 [식꾸](食口)
家庭人口, 家人

식구 + Ⓥ

식구가 ~

· 식구가 늘다 家庭人口增加
식구가 늘다 보니 비용도 만만치 않다.
· 식구가 되다 成为一家人
그는 우리 집의 새로운 식구가 되었다.
· 식구가 많다 家庭人口多
식구가 많으니 이래저래 조용한 날이 드물었다.
· 식구가 모이다 全家人聚在一起
명절에 온 식구가 모여 식사했다.

Ⓐ + 식구

· 모든 식구 所有的家人
저녁에 모든 식구가 모였다.

1341 식당 [식땅](食堂)
食堂, 饭店

식당 + ℕ

· 식당 메뉴 饭店菜谱
· 식당 문 饭店门
· 식당 손님 饭店客人
· 식당 안 饭店里
· 식당 종업원 饭店服务员
· 식당 주방 饭店厨房
· 식당 주인 饭店老板

식당 + 𝕍

식당이 ~

· 식당이 많다 饭店多
주변에 식당이 많아서 피로연을 하는 데 유리하다.

식당을 ~

· 식당을 경영하다 经营饭店
그는 외곽 지역에서 꽤 큰 식당을 경영하고 있습니다.
· 식당을 나오다 从饭店里出来
그들은 식당을 나와 작별 인사를 했다.
· 식당을 소개하다 介绍饭店
신문에 이 식당을 맛집으로 소개했다.
· 식당을 열다 开饭店
고향에서 식당을 열 계획이다.
· 식당을 이용하다 在饭店吃饭
그녀는 주로 학생 식당을 이용한다고 했다.
· 식당을 차리다 开饭店
어렸을 때부터 식당을 차리고 싶었다.
· 식당을 찾다 去饭店
두 사람은 아침을 해결하기 위해 식당을 찾았다.
· 식당을 찾아가다 去饭店
이렇게 가만히 앉아 있지 말고 그 식당을 찾아가 보자.
· 식당을 하다 开饭店
식당을 하려면 돈이 필요했다.

식당에 ~

· 식당에 가다 去饭店
아내가 나 모르게 식당에 가서 아르바이트를 했다.
· 식당에 들어가다 进饭店
식당에 들어가 국밥을 먹었다.
· 식당에 들어서다 进饭店
식당에 들어서자 맛있는 냄새가 났다.

식당에서 ~

· 식당에서 기다리다 在饭店里等
식당에서 기다릴 테니 점심 시간에 그리로 오십시오.
· 식당에서 나오다 从饭店里出来
식당에서 나온 뒤로 그녀는 다시는 입을 열지 않았다.
· 식당에서 만나다 在饭店里见面

꼭대기에 있는 식당에서 만나요.
· 식당에서 식사하다 在饭店里吃饭
그 식당에서 식사할 때 이 카드를 사용하면 됩니다.
· 식당에서 주문하다 在饭店里订餐
식당에서 주문한 음식이 나왔다.
· 식당에서 일하다 在饭店里工作
식당에서 2년 간 일했어요.

𝔸 + 식당

· 작은 식당 小饭店
작은 식당이라서 항상 자리가 없다.
· 이름난 식당 有名的饭店
음식 맛이 좋기로 이름난 식당이랍니다.
· 큰 식당 大饭店
여긴 세계에서 가장 큰 식당이다.

1342 식량 [싱냥](食糧)
粮食

식량 + ℕ

· 식량 공급 粮食供应
· 식량 문제 粮食问题
· 식량 부족 粮食不足
· 식량 생산 粮食生产
· 식량 자원 粮食资源

식량 + 𝕍

식량이 ~

· 식량이 모자라다 粮食不足
식량이 모자라서 많은 어려움이 생겼다.
· 식량이 부족하다 粮食不足
왜 지구의 식량이 부족해지는가?

식량을 ~

· 식량을 구하다 弄到粮食
식량을 구하러 나섰나.
· 식량을 준비하다 准备粮食
엄마가 우리를 위해 겨울 식량을 준비하셨다.

𝔸 + 식량

· 부족한 식량 不够的粮食
부족한 식량은 누구부터 먹어야 할까요?

1343 식물 [싱물](食物)
植物

식물 – N

· 식물색소 植物色素

식물 + N

· 식물 기름 植物油
· 식물 성장 植物生长
· 식물 세포 植物细胞
· 식물 뿌리 植物根

식물 + V

식물이 ~
· 식물이 무성하다 植物茂盛
이 곳은 식물이 무성하다.
· 식물이 자라다 植物生长
들에 온갖 식물이 자란다.

식물을 ~
· 식물을 가꾸다 栽种植物
실내에서 식물을 가꾸면 어떤 점이 좋을까요?
· 식물을 기르다 培植植物
식물을 기를 때 물과 햇빛이 중요하다.
· 식물을 심다 种植植物
작은 화분에 식물을 심었다.
· 식물을 재배하다 栽培植物
농지에 모든 식물을 재배할 수 있어.
· 식물을 키우다 养植物
전에 저는 많은 식물을 키웠습니다.

A + 식물

· 진귀한 식물 珍贵的植物
우리 나라에는 진귀한 식물이 많다.

1344 식빵 (食빵)
方面包

식빵 + N

· 식빵 조각 面包片

식빵 + V

식빵을 ~
· 식빵을 굽다 烤面包片
식빵을 구워서 딸기잼을 발라 우유와 함께 먹었다.
· 식빵을 만들다 做面包
저희 집은 식빵을 만들어 먹습니다.
· 식빵을 팔다 卖面包
그 때부터 이곳에서 쭉 식빵을 팔고 있습니다.

1345 식사 [식싸](食事)
用餐

식사 + N

· 식사 방법 用餐方法
· 식사 시간 用餐时间
· 식사 전 饭前
· 식사 준비 用餐准备
· 식사 후 饭后

식사 + V

식사가 ~
· 식사가 끝나다 用餐完毕
저녁 식사가 끝나고 잠시 산책을 다녀왔습니다.

식사를 ~
· 식사를 제공하다 提供餐饮
좋은 환경과 편안한 식사를 제공해 드립니다.
· 식사를 준비하다 准备饭菜
맛있는 저녁 식사를 준비해 보았어요.
· 식사를 하다 用餐
집에서 저녁 식사를 한다.

1346 식생활 [식쌩활](食生活)
饮食生活

식생활 + N

· 식생활 개선 改善饮食生活
· 식생활 습관 饮食习惯
· 식생활 양식 饮食生活方式

식생활 + Ⓥ

식생활을 ~

· 식생활을 바꾸다 改变饮食习惯
행복한 미래를 원한다면 식생활을 바꿔야 한다.

1347 식욕 [시곡](食慾)
食欲

식욕 + Ⓝ

· 식욕 감퇴 食欲减退
· 식욕 억제 抑制食欲
· 식욕 증대 食欲增加
· 식욕 증진 食欲大振
· 식욕 촉진 促进食欲

식욕 + Ⓥ

식욕이 ~

· 식욕이 감퇴하다 食欲减退
식욕이 감퇴하여 거의 식사를 하지 못한다.
· 식욕이 나다 有食欲
식욕이 날 때 물을 많이 마시면 일시 식욕이 줄어든다.
· 식욕이 떨어지다 食欲下降
요즈음 내 식욕이 얼마나 떨어졌는지 아십니까?
· 식욕이 생기다 产生食欲
자꾸 식욕이 생겨서 다이어트가 힘들어요.
· 식욕이 없다 没有食欲
나는 식욕이 없어서 밥을 먹고 싶은 생각이 없었다.
· 식욕이 없어지다 没有食欲
요즘 식욕이 없어지고 몸에 힘도 없어요.
· 식욕이 왕성하다 食欲旺盛
임신 4,5개월이 되면 식욕이 왕성해진다.

식욕을 ~

· 식욕을 느끼다 产生食欲
갑자기 식욕을 느끼고 과식을 했다.
· 식욕을 돋우다 增加食欲
매실은 식욕을 돋우고 소화시키는 힘도 강하다.
· 식욕을 억제하다 控制食欲
석류는 식욕을 억제하는 데 효과가 있다.
· 식욕을 없애다 消除食欲
식욕을 없애야 살을 뺄 수 있다.
· 식욕을 잃다 丧失食欲
아기는 영양 과잉이 되면 식욕을 잃는다.

· 식욕을 자극하다 刺激食欲
구수한 냄새가 식욕을 자극했다.

Ⓐ + 식욕

· 왕성한 식욕 旺盛的食欲
동생의 왕성한 식욕은 아무도 못 말린다.

1348 식용유 [시굥뉴](食用油)
食用油

식용유 + Ⓥ

식용유에 ~

· 식용유에 튀기다 用食用油炸
요즘 한과는 대부분 식용유에 튀겨서 만들어요.

1349 식초 (食醋)
醋

식초 + Ⓝ

· 식초 냄새 醋味儿

식초 + Ⓥ

식초를 ~

· 식초를 넣다 放醋
식초를 넣어 씻으면 깨끗해요.
· 식초를 치다 点醋
샐러드에 소금과 식초를 친다.

1350 식탁 (食卓)
餐桌

식탁 + Ⓝ

· 식탁 매너 用餐礼仪
· 식탁 예절 用餐礼仪
· 식탁 위 餐桌上
· 식탁 의자 餐椅
· 식탁 커버 餐桌布

식탁 + Ⓥ

식탁이 ~

· **식탁이 풍성하다** 饭菜丰盛
지금 농촌은 봄나물로 식탁이 풍성해요.

· **식탁이 차려지다** 摆餐桌
저희 집은 채식보단 육식 위주로 식탁이 차려집니다.

식탁을 ~

· **식탁을 놓다** 放餐桌
나는 방 가운데 조그만 식탁을 놓았다.

· **식탁을 빛내다** 让餐桌增色
쇠고기는 늘 다양한 모습으로 우리 식탁을 빛내 주죠.

· **식탁을 차리다** 摆餐桌
식탁을 차리고 있는데 전화벨이 울렸다.

· **식탁을 치우다** 收拾餐桌
식사가 끝난 후 나는 식탁을 치웠다.

식탁에 ~

· **식탁에 둘러앉다** 围坐在餐桌前
가족이 식탁에 둘러앉아 밥을 먹었다.

· **식탁에 마주앉다** 对坐在餐桌前
남편과 식탁에 마주앉아 차 한 잔을 즐겼어요.

· **식탁에 앉다** 坐在餐桌前
그들은 식탁에 앉아 식사를 하고 있었다.

· **식탁에 오르다** 上餐桌
된장찌개가 식탁에 올랐다.

Ⓐ + 식탁

· **넓은 식탁** 宽大的餐桌
그 홀에는 엄청 길고 넓은 식탁이 자리잡고 있다.

· **성대한 식탁** 丰盛的餐桌
성대한 식탁이 우리를 기다렸다.

· **풍요로운 식탁** 丰盛的餐桌
프랑스 가정처럼 풍요로운 식탁은 없다.

1351 **식혜** [시켸/시케](食醯)
食醯，甜酒酿(韩国传统饮料)

식혜 + Ⓥ

식혜를 ~

· **식혜를 마시다** 喝食醯，喝甜酒酿
식혜를 마셔 본 적이 있어?

1352 **신¹**
鞋

신 + Ⓥ

신을 ~

· **신을 벗다** 脱鞋
신을 벗고 올라가세요.

· **신을 신다** 穿鞋
새 신을 신었다.

1353 **신²**
兴致

신 – Ⓝ

· **신바람** 兴致，兴头

신 + Ⓥ

신이 ~

· **신이 나다** 兴高采烈
오랜만의 외출에 신이 난다.

1354 **신³** (神)
神

신 + Ⓥ

신을 ~

· **신을 섬기다** 供神
우린 어떤 신을 섬기고 따라야 하는 걸까요?

· **신을 찾다** 求神
사람들이 신을 찾는 이유는 다 똑같다.

1355 **신경** (神經)
神经

신경 – Ⓝ

· 신경과민 神经过敏

신경 + Ⓝ

· 신경 마디 神经节
· 신경 마비 神经麻痹
· 신경 세포 神经细胞
· 신경 쇠약 神经衰弱
· 신경 압박 神经压迫
· 신경 조직 神经组织
· 신경 중추 神经中枢
· 신경 질환 神经系统疾病
· 신경 체계 神经系统
· 신경 치료 神经治疗

신경 + Ⓥ

신경이 ~

· 신경이 가다 关注
아내는 집안일보다 다른 것들에 신경이 가 있었다.
· 신경이 곤두서다 神经紧张
오늘도 까닭없이 신경이 곤두서 있어요.
· 신경이 날카롭다 神经质
요즘 공부 때문에 신경이 날카로워졌습니다.
· 신경이 둔하다 反应迟缓
나도 여자치고는 키가 큰 편인데 운동 신경이 둔하다.
· 신경이 무디다 反应迟钝
나는 운동 신경이 무딘 편이다.
· 신경이 쓰이다 淘神
내가 간다는 말에 그 남자는 신경이 쓰이는 모양이다.
· 신경이 예민하다 神经敏感
신경이 예민해서 쉽게 잠이 오지 않는다.

신경을 ~

· 신경을 건드리다 触动神经
그는 자기 회사 물건을 사 달라고 신경을 건드렸다.
· 신경을 곤두세우다 绷紧神经
보고서를 신경을 곤두세우고 검토했다.
· 신경을 끊다 不关心
아이들도 신경 끊고 살고 싶어요.
· 신경을 누르다 压迫神经
사랑니가 신경을 누르고 있다.
· 신경을 쏟다 关注
주변 물건에 너무 신경을 쏟아요.
· 신경을 쓰다 费心
엄마는 항상 작은 일에도 신경을 썼다.
· 신경을 자극하다 刺激神经
병 회복을 빨리 하려면 부교감 신경을 자극해야 한다.

신경에 ~

· 신경에 거슬리다 让人心烦意乱
그의 행동이 신경에 거슬렸다.

Ⓐ + 신경

· 예민한 신경 敏感的神经
녹색을 바라보면 예민한 신경이 가라앉는다.
· 온 신경 整个神经
거울 앞에서 온 신경을 집중해 여드름을 짜낸다.

1356 신고 (申告)
举报, 申报

신고 + Ⓝ

· 신고 건수 举报件数
· 신고 의무 举报义务

신고 + Ⓥ

신고를 ~

· 신고를 받다 接到举报
경찰은 주민의 신고를 받고 출동하였다.
· 신고를 하다 登记
결혼은 혼인 신고를 하면 정식 부부가 된다.

1357 신념 (信念)
信念

신념 + Ⓥ

신념을 ~

· 신념을 가지다 抱有信念
이길 수 있다는 신념을 가지고 싸워라.
· 신념을 굽히다 连背信念
자신의 신념을 굽히지 않는 그의 용기가 부럽다.
· 신념을 지키다 坚守信念
당신은 당신의 신념을 지켜 나갈 수 있는가?
· 신념을 지니다 具有信念
강한 신념을 지니고 노력하고 있습니다.
· 신념을 품다 秉持信念
가슴에 신념을 품고, 행복만을 위해 살았다.

신념에 ~

· 신념에 차다 充满信念
그들의 공통점은 그 일을 신념에 차서 했다는 점이다.

Ⓐ + 신념

· 굳은 신념 坚定的信念
남의 평가와 관계없이 굳은 신념을 가지세요.

1358 신문 (新聞)
报纸，新闻

신문 + Ⓝ

· 신문 광고 报上登的广告
· 신문 구독 订阅报纸
· 신문 기사 新闻报道
· 신문 기자 报社记者
· 신문 내용 报纸内容
· 신문 노조 报社工会
· 신문 논설 报刊评论
· 신문 독자 报纸读者
· 신문 배달 送报纸
· 신문 보도 新闻报道
· 신문 부수 报纸份数
· 신문 사설 报纸社论
· 신문 수거 收报纸
· 신문 자료 报纸资料
· 신문 잡지 报刊杂志
· 신문 정치면 报纸政治版
· 신문 제작 制作报纸
· 신문 조각 报纸碎片
· 신문 지면 报纸版面
· 신문 통신 新闻通讯
· 신문 특파원 报社特派员
· 신문 편집 报社编辑

신문 + Ⓥ

신문이 ~

· 신문이 발간되다 报纸发行
하루에 한 번씩 신문이 발간된다.
· 신문이 오다 送来报纸
지국장 아저씨께서 오늘도 신문이 온다고 하였다.
· 신문이 전하다 报上报道

대통령이 죽었다고 이 신문이 전했다.
· 신문이 창간되다 报纸创刊
그 신문이 창간되었을 때는 몇 세기였나요?
· 신문이 팔리다 报纸销售
생각보다는 신문이 꽤 팔렸다.

신문을 ~

· 신문을 구독하다 订阅报纸
영어 공부를 위해 영어 신문을 구독한다.
· 신문을 돌리다 送报纸
눈이 오나 비가 오나 그는 신문을 돌린다.
· 신문을 뒤적이다 翻看报纸
아내보다 먼저 퇴근하여 신문을 뒤적인다.
· 신문을 들다 拿着报纸
왜 사람들은 화장실에 갈 때 신문을 들고 갈까요?
· 신문을 만들다 制作报纸
온 가족이 모여서 가족 신문을 만들었다.
· 신문을 발행하다 发行报纸
그는 인쇄소를 경영하는 한편 신문도 발행했다.
· 신문을 보다 读报
영어 신문을 보는 것은 공부에 도움이 된다.
· 신문을 이용하다 利用报纸
신문을 이용하여 수업하는 방법은 다양하다.
· 신문을 읽다 读报
아버지는 매일 아침 신문을 읽으셨다.
· 신문을 접다 折叠报纸
그는 맥없이 신문을 접으며 중얼거렸다.
· 신문을 찍다 印报纸
하룻밤에 수천 부의 신문을 찍어 냈어요.
· 신문을 팔다 卖报纸
그는 신문을 팔아 돈을 벌었다.
· 신문을 펴다 打开报纸
아버지는 신문을 펴서 읽으셨다.
· 신문을 훑어보다 浏览报纸
전철 안에서 신문을 대충대충 훑어보았다.

신문에 ~

· 신문에 게재되다 在报纸上刊登
신문에 게재된 관련 기사를 살펴본다.
· 신문에 나가다 在报纸上刊登
사진이 신문에 나가야 보상금을 탈 수 있다.
· 신문에 나다 在报纸上刊登
도대체 신문에 뭐가 났어요?
· 신문에 나오다 在报纸上刊登
부모를 버린 못된 자식 기사가 신문에 나왔다.
· 신문에 내다 在报纸上刊登
광고를 신문에 낸다.
· 신문에 보도되다 在报纸上报道
그런 일들이 종종 신문에 보도되기도 합니다.

· 신문에 **싣다** 在报纸上刊登
대통령의 연두사를 신문에 실었다.
· 신문에 **실리다** 登报
소년 가장에 대한 기사가 신문에 실렸다.
· 신문에 **연재하다** 在报纸上连载
제 글을 신문에 연재한다고 합니다.

Ⓐ + 신문

· **새로운** 신문 新报纸
요즘 새로운 신문이 대량으로 창간되었다.
· **좋은** 신문 好报纸
제가 요즘 좋은 신문을 좀 보려고 하는데요.
· **오래된** 신문 早期的报纸
우리 나라에서 제일 오래된 신문에 대해 알고 싶어요.

1359 **신문지** (新聞紙)
报纸

신문지 + Ⓥ

신문지를 ~

· 신문지를 **접다** 折报纸
신문지를 접어서 비행기를 만들었다.

신문지에 ~

· 신문지에 **싸다** 用报纸包
배추를 신문지에 싸서 보관한다.

1360 **신발**
鞋子, 鞋

신발 + Ⓝ

· 신발 **끈** 鞋带
· 신발 **바닥** 鞋底

신발 + Ⓥ

신발이 ~

· 신발이 **맞다** 鞋大小合适
새로 산 신발이 안 맞는다.
· 신발이 **미끄럽다** 鞋底滑
신발이 미끄러워서 넘어졌어요.
· 신발이 **벗겨지다** 鞋掉了

달리다가 신발이 벗겨졌어요.
· 신발이 **작다** 鞋小
신발이 작으면 키가 안 크나요?
· 신발이 **크다** 鞋大
신발이 커서 깔창을 샀는데 좋아요.
· 신발이 **편하다** 鞋舒服
이 신발이 무척 편하고 좋습니다.

신발을 ~

· 신발을 **끌다** 拖拉着鞋
목사님은 신발을 질질 끌어요.
· 신발을 **벗다** 脱鞋
어젯밤 바닷가에 신발을 벗어 두고 왔어요.
· 신발을 **신다** 穿鞋
그 사람의 신발을 신어 보아라.

1361 **신분** (身分)
身份

신분 + Ⓝ

· 신분 **계급** 阶级身份
· 신분 **계층** 身份阶层
· 신분 **관계** 身份关系
· 신분 **등급** 身份等级
· 신분 **사회** 身份社会
· 신분 **상승** 身份上升
· 신분 **세탁** 洗白身份
· 신분 **제도** 身份制度

신분 + Ⓥ

신분이 ~

· 신분이 **낮다** 身份低
출신이 미천하고 사회적으로 신분이 낮다.
· 신분이 **높다** 身份高
신분이 높으면 신분에 맞게 행동해야 한다.
· 신분이 **천하다** 身份低贱
가난하고 신분이 천한 것은 부끄러워할 것이 아니다.

신분을 ~

· 신분을 **감추다** 隐瞒身份
모자와 선글라스로 신분을 감췄다.
· 신분을 **결정하다** 决定身份
부모님의 신분이 나의 신분을 결정했다.
· 신분을 **구분하다** 划分身份
성적으로 신분을 구분한 초등학교가 있다.

· 신분을 숨기다 隐瞒身份
머리에 수건을 둘러 신분을 숨겼다.

신분에 ~

· 신분에 맞다 与身份相符
신분에 맞는 삶을 살자.

Ⓐ + 신분

· 높은 신분 很高的身份
왕은 조선시대 가장 높은 신분이다.
· 미천한 신분 卑贱的身份
그는 미천한 신분으로 태어났다.

1362 신비 (神祕)
神秘

신비 + Ⓝ

· 신비 세계 神秘世界
· 신비 체험 神秘体验

신비 + Ⓥ

신비를 ~

· 신비를 간직하다 珍藏神秘
제주의 섬들은 태고의 신비를 그대로 간직하고 있다.

1363 신세 (身世, 身勢)
身世, 命运

신세 – Ⓝ

· 신세타령 抱怨命运

신세 + Ⓥ

신세가 ~

· 신세가 처량하다 处境凄惨
제 신세가 너무 처량해서 눈물이 안 그쳐져요.

신세를 ~

· 신세를 갚다 还人情
형님에게 신세를 졌으면 신세를 갚아야지.
· 신세를 망치다 毁掉人生
한순간의 실수로 인해 신세를 망쳤다.

· 신세를 면하다 免除……命运
노총각 신세를 면하게 되었다.
· 신세를 지다 欠人情
친구 집에서 오랫동안 신세를 졌다.

1364 신세대 (新世代)
新一代, 年轻人

신세대 + Ⓝ

· 신세대 감각 年轻人的感觉
· 신세대 문화 青年文化
· 신세대 여성 青年女性
· 신세대 작가 青年作家
· 신세대 취향 年轻人的喜好

1365 신앙 [시낭](信仰)
信仰

신앙 – Ⓝ

· 신앙생활 信仰生活

신앙 + Ⓥ

신앙을 ~

· 신앙을 가지다 持有信仰
마음이 힘들고 괴로울 때 신앙을 가져 보세요.
· 신앙을 믿다 相信信仰
저희 엄마는 기독교 신앙을 믿어요.
· 신앙을 지키다 坚守信仰
그의 모친은 기도를 생활화한 신앙을 지키고 있었다.

신앙에 ~

· 신앙에 의지하다 依赖信仰
힘든 일이 있으면 신앙에 의지해 보세요.

1366 신용 [시뇽]
信用

신용 – Ⓝ

· 신용 카드 信用卡

신용 + N

· 신용 거래 信用交易
· 신용 보험 信贷保险
· 신용 불량자 信用记录不良者
· 신용 유지 维持信用
· 신용 제도 信用制度

신용 + V

신용이 ~

· 신용이 떨어지다 信用下降
신용이 떨어져서 신용카드 발급은 힘들 것 같아요.
· 신용이 없다 没有信用
신용이 없어서 신용카드도 만들지 못했다.

신용을 ~

· 신용을 쌓다 积累信用
서로 신용을 쌓다 보면 서로를 신뢰하게 되겠죠.
· 신용을 얻다 获得信用
신용을 얻으려면 우선 정직해야 한다.
· 신용을 잃다 失去信用
너는 돈보다 중요한 신용을 잃었다.
· 신용을 지키다 守信
신용을 지키려고 애씁니다.

1367 신입생 [시닙쌩] (新入生)
新生

신입생 + N

· 신입생 모집 招收新生
· 신입생 환영회 迎新会

신입생 + V

신입생을 ~

· 신입생을 모집하다 招收新生
우리 동아리에서는 신입생을 모집하고 있습니다.
· 신입생을 선발하다 选拔新生
이 두 학과는 올해 신입생을 선발하지 않는다.

1368 신청 (申請)
申请

신청 + N

· 신청 기간 申请期限
· 신청 마감 申请结束
· 신청 방법 申请方法
· 신청 서류 申请材料
· 신청 용지 申请表
· 신청 자격 申请资格
· 신청 접수 接收申请材料
· 신청 제도 申请制度

신청 + V

신청을 ~

· 신청을 받다 接受申请
교육부는 전국 대학을 상대로 신청을 받고 있다.
· 신청을 하다 申请
어디에 가서 실습 신청을 하면 될까요?

1369 신청서 (申請書)
申请书

신청서 + N

· 신청서 용지 申请表格
· 신청서 작성 撰写申请
· 신청서 접수 接收申请
· 신청서 제출 提交申请

신청서 + V

신청서를 ~

· 신청서를 내다 提交申请
수술 전에 신청서를 내야만 지원이 가능하다.
· 신청서를 쓰다 写申请
공모전에 나가기 위해 신청서를 썼다.
· 신청서를 작성하다 写申请
운동장을 사용하려면 신청서를 작성해야 한다.
· 신청서를 접수하다 接收申请
홈페이지를 통해 신청서를 접수하면 된다.
· 신청서를 제출하다 提交申请
급여 신청서를 제출하면 급여를 받을 수가 있어요.

1370 신체 (身体)
身体

신체 - Ⓝ

· 신체검사 身体检查
· 신체장애 身体障碍

신체 + Ⓝ

· 신체 기능 身体机能
· 신체 단련 锻炼身体
· 신체 동작 身体动作
· 신체 마비 身体麻痹
· 신체 부위 身体部位
· 신체 증상 身体症状
· 신체 질환 身体疾病

신체 + Ⓥ

신체가 ~
· 신체가 건강하다 身体健康
마음이 건강해야 신체가 건강하다.
· 신체가 튼튼하다 身体结实
신체가 튼튼하고 공부도 잘해요.

신체를 ~
· 신체를 보호하다 保护身体
옷의 중요한 기능 중 하나는 신체를 보호하는 것이다.

Ⓐ + 신체

· 건전한 신체 健全的身体
건전한 정신은 건전한 신체로부터 시작한다.
· 불편한 신체 不适的身体, 病体
나는 세 살 무렵부터 불편한 신체를 갖게 되었다.

1371 신호 (信號)
信号

신호 + Ⓝ

· 신호 대기 等待信号
· 신호 체계 信号系统
· 신호 위반 闯红灯

· 신호 램프 信号灯

신호 + Ⓥ

신호가 ~
· 신호가 가다 有信号
외국에 갔는데 그 친구한테 전화를 걸면 신호가 가요.
· 신호가 떨어지다 信号发出
마침내 출발 신호가 떨어지고 기차가 출발한다.
· 신호가 바뀌다 信号变换
신호가 바뀌고 사람들이 길을 건넜다.
· 신호가 울리다 信号铃响起
출발 신호가 울리고 선수들이 일제히 뛰쳐나갔습니다.

신호를 ~
· 신호를 기다리다 等待信号
신호를 기다리던 차가 움직이기 시작했다.
· 신호를 무시하다 无视信号, 闯红灯
교통 신호를 무시하고 달리던 차가 사고를 냈다.
· 신호를 받다 收到信号
사거리에서 직진 신호를 받았다.
· 신호를 보내다 发出信号
나는 웃으며 그녀에게 신호를 보냈다.
· 신호를 어기다 违反信号灯规定
신호를 어기고 과속으로 교차로를 건넜다.
· 신호를 위반하다 闯红灯
남동생이 운전하던 중 신호를 위반했다.
· 신호를 전송하다 传输信号
신호를 전송할 때 발생하는 전송 손실을 줄여야 한다.
· 신호를 지키다 遵守信号
교통 신호를 잘 지켜서 안전 운전을 합시다.
· 신호를 하다 发出信号
박PD가 웃으며 수고했다는 신호를 했다.

Ⓐ + 신호

· 확실한 신호 确切的信号
선물은 사랑의 확실한 신호다.

1372 신호등 (信號燈)
信号灯

신호등 + Ⓝ

· 신호등 설치 安装信号灯
· 신호등 체계 信号灯系统

신호등이 ~

· **신호등이 바뀌다** 信号灯变换
신호등이 바뀌자 사람들이 빠르게 거리를 건넜다.

· **신호등이 설치되다** 装有信号灯
도로 곳곳에는 신호등이 설치되어 있다.

· **신호등이 켜지다** 信号灯亮了
나는 붉은 신호등이 켜진 횡단보도 앞에 서 있어.

신호등을 ~

· **신호등을 건너다** 过路口
음악을 들으면서 신호등을 건넜다.

· **신호등을 기다리다** 等信号灯
그는 우산 없이 신호등을 기다리고 있었다.

· **신호등을 보다** 看信号灯
교차로를 건널 때에는 신호등을 잘 보고 건너야 한다.

신호등에 ~

· **신호등에 걸리다** 遇到红灯
신호등에 걸려 차가 멈췄다.

1373 **신혼여행** [신혼녀행](新婚旅行)
蜜月旅行

신혼여행을 ~

· **신혼여행을 가다** 去蜜月旅行
특별 휴가를 내서 신혼여행을 갔다.

· **신혼여행을 다녀오다** 蜜月旅行归来
4박 5일간의 신혼여행을 다녀왔습니다.

· **신혼여행을 떠나다** 出发去蜜月旅行
신혼여행을 떠날 때까지 너무 바빴다.

· **신혼여행을 마치다** 结束蜜月旅行
이 부부는 전 세계 13개국을 돌며 신혼여행을 마쳤다.

· **신혼여행을 즐기다** 享受蜜月旅行
남들과 다른 일정으로 호주 신혼여행을 즐겨 보세요.

1374 **실**
线

실이 ~

· **실이 가늘다** 线细
니트는 대개 실이 가늘고 조직이 촘촘하지요.

· **실이 끊기다** 线断了
십자수를 하는데 실이 자꾸 끊기네요.

· **실이 엉키다** 线缠绕到一起
미싱할 때 실이 엉켜요.

· **실이 풀리다** 线被理出
실이 풀리면서 연이 공중으로 날아올랐다.

실로 ~

· **실로 꿰매다** 用线缝
이불을 한 땀 한 땀 정성스레 실로 꿰매고 있다.

실을 ~

· **실을 꿰다** 穿线
실을 꿰서 바느질을 했다.

1375 **실감** (實感)
切身感受

실감이 ~

· **실감이 나다** 切身感受到
가을이 깊어 겨울 문턱이라는 실감이 났다.

· **실감이 들다** 切身感受到
처음으로 이곳이 한국이라는 실감이 들었다.

실감을 ~

· **실감을 느끼다** 有真情实感
영화는 대형 화면으로 보아야 실감을 느낄 수 있다.

· **실감을 하다** 切身感受到
여러분은 언제 나이가 들었다는 실감을 하시나요?

1376 **실내** [실래](室內)
室内

· **실내경기** 室内比赛
· **실내조명** 室内照明

· **실내 공기** 室内空气
· **실내 공간** 室内空间

人

· 실내 꾸미기 室内装饰
· 실내 녹화 室内录像
· 실내 수영장 室内游泳场
· 실내 온도 室内温度
· 실내 장식 室内装修

1377 실력 (實力)
实力

실력 - Ⓝ
· 실력대결 实力较量

실력 + Ⓝ
· 실력 발휘 发挥实力
· 실력 증진 增强实力
· 실력 차이 实力差距

실력 + Ⓥ
실력이 ~
· 실력이 늘다 实力提高
2년 동안 영어를 배웠지만 실력이 늘지 않았다.
· 실력이 모자라다 实力不够
그는 반 친구들에 비해서 실력이 많이 모자랐다.
· 실력이 없다 没有实力
저는 신입 사원보다 더 실력이 없습니다.
· 실력이 있다 有实力
저도 실력이 있으면, 도전해 보고 싶습니다.

실력을 ~
· 실력을 갖추다 具备实力
그는 상당한 영어 실력을 갖추고 있다.
· 실력을 겨루다 较量实力
열심히 연습한 아이들은 경연대회에서 실력을 겨룬다.
· 실력을 기르다 培养实力
우리 함께 실력을 길러 훌륭한 인재가 되자.
· 실력을 발휘하다 发挥实力
이번 시합은 너의 실력을 발휘할 좋은 기회이다.
· 실력을 쌓다 积累实力
실력을 쌓다 보면 회사나 가족에게 도움이 될 것이다.
· 실력을 지니다 具备实力
지위에 걸맞은 실력을 지니도록 노력을 해야 된다.

Ⓐ + 실력

· 엄청난 실력 强大的实力
상대는 엄청난 실력을 지닌 고수이다.
· 충분한 실력 足够的实力
그는 대학에 합격할 만한 충분한 실력이 없다.

1378 실례 (失禮)
失礼

실례 + Ⓥ
실례가 ~
· 실례가 되다 失礼
실례가 되었다면 너그럽게 용서해 주십시오.
· 실례가 많다 很失礼
제가 초면에 이것저것 너무 실례가 많았군요.

실례를 ~
· 실례를 끼치다 失礼
여러 가지로 실례를 끼쳐서 죄송합니다.
· 실례를 범하다 失礼
남녀가 유별한 줄 알면서도 실례를 범했다.
· 실례를 하다 失礼
나 역시 불쾌감을 숨기지 않는 실례를 했다.

1379 실망 (失望)
失望

실망 + Ⓥ
실망이 ~
· 실망이 크다 非常失望
아빠는 너한테 실망이 크다.

실망을~
· 실망을 안기다 让……失望
친구한테 실망을 안겨 준 것 같아요.
· 실망을 주다 让……失望
너는 내게 실망을 주지 않겠지?
· 실망을 하다 失望
크게 실망을 해서 화난 표정을 짓고 있다.

실망에~
· 실망에 빠지다 陷入失望
한번은 큰 실망에 빠진 적이 있습니다.
· 실망에 차다 充满失望

여기저기에서 실망에 찬 한탄 소리가 터져 나왔다.

· 적잖은 실망 不小的失望
결과가 좋지 않아서 적잖은 실망을 했다.
· 커다란 실망 巨大的失望
친한 동기로부터 커다란 실망을 겪었습니다.
· 큰 실망 极度的失望
친구에게 큰 실망을 했어요.

1380 실수 [실쑤](失手)
失手, 失误, 失利

· 실수 연발 失误连连

실수가 ~

· 실수가 나오다 出现失误
열심히 편집하고 했는데도 역시 실수가 나왔어요.
· 실수가 많다 失误多
시험에서 실수가 너무 많아서 점수가 좋지 않다.
· 실수가 많아지다 失误增多
판단과 집중력이 떨어져 실수가 많아진다.
· 실수가 없다 没有失误
사실 실수가 없는 사람이 어디 있겠는가?
· 실수가 있다 有失误
각 단원마다 여러 군데서 결정적인 실수가 있었다.

실수를 ~

· 실수를 거듭하다 失误不断
그 부서는 실수에 실수를 거듭하고 있다.
· 실수를 깨닫다 意识到失误
그녀가 그제야 자기 실수를 깨닫고 손바닥을 탁 쳤다.
· 실수를 되풀이하다 反复失误
더 이상 이런 실수를 되풀이해서는 안 될 것이다.
· 실수를 범하다 造成失误
그는 경기에서 큰 실수를 범해 눈물을 흘렸다.
· 실수를 저지르다 闯祸
당신 오늘 큰 실수를 저지른 줄이나 아세요?
· 실수를 초래하다 导致失误
불안한 마음은 큰 실수를 초래한다.
· 실수를 하다 失误
크고 작은 실수를 하고 나서야 후회하곤 한다.

· 커다란 실수 巨大的失误
이 점이 관리자가 범하는 가장 커다란 실수이다.
· 큰 실수 大失误
그 선수는 경기에서 큰 실수를 했다.
· 작은 실수 小失误
작은 실수로 자전거 사고를 냈습니다.
· 중대한 실수 重大的失误
이것은 사소한 실수가 아니라 중대한 실수이다.

1381 실습 [실씁](實習)
实习

· 실습 교육 实习教育
· 실습 기간 实习期间
· 실습 시간 实习时间
· 실습 효과 实习效果

실습을 ~

· 실습을 거치다 进行实习
방학을 이용해 현장 실습을 거쳤다.
· 실습을 나가다 去实习
실습을 나가다 보면 인맥이 쌓일 거예요.
· 실습을 하다 实习
실습을 해서 실력을 쌓으려고 합니다.

1382 실업자 [시럽짜](失業者)
失业者

· 실업자 구제 救济失业者
· 실업자 문제 失业者问题
· 실업자 보호 保护失业者
· 실업자 사태 失业者事件
· 실업자 생활 失业者生活

실업자가 ~

· 실업자가 늘어나다 失业者增多
실업자가 늘어나는 만큼 소비는 더욱 줄어들었다.
· 실업자가 되다 成为失业者
아버지는 실업자가 되었다.

실업자를 ~

· 실업자를 구제하다 救济失业者
국가는 실업자를 구제해야 합니다.
· 실업자를 채용하다 聘用失业者
여성 실업자를 채용한 기업은 장려금을 받는다.

1383 **실용** [시룡](實用)
实用

실용 + ⑩

· 실용 가치 实用价值
· 실용 교육 实用教育
· 실용 학문 实用学问

실용 + ⓥ

실용을 ~

· 실용을 중시하다 重视实用
요즘은 실용을 중시하는 시대이다.

1384 **실정** [실쩡](實情)
真实情况

실정 + ⓥ

실정을 ~

· 실정을 모르다 不了解真实情况
당신들이 현지 실정을 몰라서 그런 말을 하는 겁니다.
· 실정을 알다 了解真实情况
실정을 알면 이해가 되지요.
· 실정을 파악하다 掌握真实情况
지역신문을 봐야 지역 실정을 파악할 수 있다.

실정에 ~

· 실정에 맞다 符合真实情况
교육은 그 나라의 실정에 맞는 제도를 도입해야 한다.
· 실정에 밝다 了解真实情况
지역 실정에 밝은 인재를 선발하겠다.

· 실정에 어둡다 不了解真实情况
그는 국내 실정에 어둡다.

Ⓐ + 실정

· 어려운 실정 困难情况
저는 여러분들의 어려운 실정을 알고 이해합니다.

1385 **실제** [실쩨](實際)
实际, 现实, 真实

실제 + ⑩

· 실제 가격 实际价格
· 실제 가치 实际价值
· 실제 거래 实际交易
· 실제 과정 实际过程
· 실제 나이 实际年龄
· 실제 모습 实际样子
· 실제 사회 现实社会
· 실제 상황 实际状况
· 실제 수요 实际需要
· 실제 연구 实际研究
· 실제 이름 真实名字
· 실제 이유 真实理由
· 실제 자료 实际资料
· 실제 적용 运用到实际
· 실제 조사 实际调查
· 실제 크기 实际大小

1386 **실천** (實踐)
实践

실천 + ⑩

· 실천 가능성 实践的可能性
· 실천 과정 实践过程
· 실천 대상 实践对象
· 실천 방법 实践方法
· 실천 방식 实践方式
· 실천 방안 实践方案
· 실천 운동 实践运动

· 실천 활동 实践活动

실천이 ~

· 실천이 뒤따르다 紧接着实践
이론에서 실천이 뒤따르고 다시 실천으로 피드백한다.

· 실천이 앞서다 实践在前
말보다 실천이 앞서야 한다.

· 실천이 어렵다 实践难
믿음이 없으면 실천이 어렵다.

· 실천이 소중하다 实践可贵
구호나 계획보다 하나의 구체적 실천이 더 소중하다.

· 실천이 필요하다 需要实践
지구온난화를 막기 위해 작은 실천이 필요하다.

실천을 ~

· 실천을 동반하다 伴随着实践
꿈은 실천을 동반해야 이루어진다.

· 실천을 요구하다 要求实践
요즘은 끈질긴 실천을 요구하고 있습니다.

· 실천을 중요시하다 重视实践
기독교에서는 사랑의 실천을 중요시한다.

· 실천을 하다 实践，付诸实践
내가 어떤 실천을 하면 우리 가족이 행복해질까?

실천에 ~

· 실천에 옮기다 运用到实践
나는 그 방법들을 실천에 옮겨 보지는 않았다.

· 실천에 힘쓰다 致力于实践
배운 것은 실제 생활에서 실천에 힘써야 한다.

· 과감한 실천 大胆的实践
과감한 실천이 당신의 인생을 변화시킬 수 있다.

· 작은 실천 小小的实践
작은 실천이 세상을 바꾼다.

· 진정한 실천 真正的实践
평화를 위한 진정한 실천은 이제부터 시작입니다.

1387 **실체** (實體)
实体，真相

· 실체 규명 查明事实真相

실체가 ~

· 실체가 드러나다 真相暴露
사람들의 증언을 통해 그 실체가 조금 드러났다.

실체를 ~

· 실체를 드러내다 显露真相
김 씨 일가는 이번에 그 실체를 드러내고 있다.

· 실체를 밝히다 揭露真相
유전자의 실체를 밝히는 일은 어려운 일이다.

1388 **실패** (失敗)
失败

· 실패 가능성 失败的可能性
· 실패 소식 失败的消息
· 실패 원인 失败的原因
· 실패 요인 失败的主要原因

실패가 ~

· 실패를 가져오다 带来失败
성급한 행동은 결국 실패를 가져올 수밖에 없다.

· 실패를 거듭하다 不断失败
아버지의 사업이 실패를 거듭했다.

· 실패를 경험하다 经历失败
누구나 자신의 인생에서 성공과 실패를 경험한다.

· 실패를 극복하다 克服失败
실패를 극복하는 방법을 알아야 한다.

· 실패를 자초하다 导致失败
세상에는 실패를 자초하는 사람들이 있다.

· 실패를 통하다 通过失败
과학은 실패를 통해서만 진보한다.

· 실패를 하다 失败
IMF로 아버지는 사업이 실패를 했다.

실패로 ~

· 실패로 끝나다 以失败而告终
그 계획은 완전한 실패로 끝났다.

· 실패로 돌아가다 归于失败
하는 일마다 실패로 돌아가자 그는 자살했다.

· 작은 실패 小的失败
먼저 작은 실패부터 경험하세요.
· 참담한 실패 惨重的失败
첫번째 도전은 참담한 실패로 돌아왔습니다.

1389 실험 (實驗)
实验

실험 + N

· 실험 결과 实验结果
· 실험 과정 实验过程
· 실험 기구 实验器材
· 실험 도구 实验工具
· 실험 방법 实验方法
· 실험 장치 实验装备

실험을 ~

· 실험을 거듭하다 反复实验
실험을 거듭하여 마침내 새로운 항암제를 만들었다.
· 실험을 거치다 经过实验
과학은 실험을 거쳐 하나의 이론으로 굳어진다.
· 실험을 하다 做实验
3학년 때는 실험을 많이 안 했다.

A + 실험

· 간단한 실험 简单的实验
간단한 실험을 통해 알아볼 수 있다.
· 복잡한 실험 复杂的实验
왜 이 복잡한 실험을 하는 겁니까?

1390 심리 [심니] (心理)
心理

심리 + N

· 심리 검사 心理检测
· 심리 상태 心理状态
· 심리 치료 心理治疗

심리 + V

심리를 ~

· 심리를 파악하다 了解心理
다른 사람의 심리를 잘 파악해야 한다.

A + 심리

· 불안한 심리 不安的心理
학생들은 불안한 심리 상태로 지낸다.

1391 심사 (審査)
评审

심사 + N

· 심사 결과 评审结果
· 심사 과정 评审过程
· 심사 기준 评审标准
· 심사 위원 评审委员

심사 + V

심사를 ~

· 심사를 맡다 负责评审
김교수는 박사 논문 심사를 맡았다.
· 심사를 받다 接受评审
최종 심사를 받은 후에 마음이 편안해졌다.
· 심사를 하다 审查
공항에 도착해서 입국 심사를 했다.

심사에서 ~

· 심사에서 떨어지다 未通过评审
나는 이번 비자 심사에서 떨어졌다.
· 심사에서 탈락하다 未通过评审
내 노력과는 무관한 이유로 비자 심사에서 탈락했다.

A + 심사

· 공정한 심사 公正的评审
공정한 심사를 거쳐 선정하겠습니다.

1392 심장 (心臟)
心脏

심장 – Ⓝ

· 심장신경증 心脏神经官能症

심장 + Ⓥ

· 심장 박동 心跳
· 심장 소리 心跳声
· 심장 이식 수술 心脏移植手术
· 심장 질환 心脏疾病

심장 + Ⓥ

심장이 ~

· 심장이 멈추다 心脏停止跳动
그녀를 처음 보는 순간 심장이 멈추는 것 같았어.
· 심장이 멎다 心脏停止跳动
나는 심장이 멎는 듯했다.

심장을 ~

· 심장을 찌르다 钻心
가끔 심장을 콕콕 찌르는 것 같은 느낌이 드는데요.

慣

· 심장이 강하다 内心强大
그는 난처한 처지에서도 농담이 나올 정도로 심장이 강한 사람이다.
· 심장이 뛰다 紧张得心跳加剧
지금도 그 생각을 하면 심장이 뛴다.
· 심장이 약하다 胆小
사나이가 그렇게 심장이 약해 가지고 무엇을 하려고 그래?
· 심장을 찌르다 切中肯綮
그의 말에는 심장을 찌르는 예리한 면이 있었다.
· 심장에 새기다 铭记在心
그는 바른 사람이 되라는 선생님의 말씀을 심장에 새기고 살았다.

1393 심정 (心情)
心情

심정 + Ⓥ

심정이 ~

· 심정이 절절하다 心情迫切
고향에 대한 그리운 심정이 절절하다.

심정을 ~

· 심정을 모르다 不懂心情
친구야, 너는 나의 심정을 몰라.
· 심정을 알다 懂得心情
너의 심정을 잘 알겠다.
· 심정을 이해하다 理解心情
아빠는 왜 제 심정을 이해하지 못하죠?

1394 심판 (審判)
审判

심판 + Ⓝ

· 심판 판정 审判判决
· 심판 위원 审判委员

심판 + Ⓥ

심판을 ~

· 심판을 기다리다 等待审判
그때 나는 엄청난 심판을 기다리는 심경이었다.
· 심판을 내리다 做出判决
공정한 심판을 내려 주십시오.
· 심판을 받다 接受审判
범인은 법에 의한 심판을 받게 되었다.
· 심판을 하다 审判
그가 심판을 할 것입니다.

심판에 ~

· 심판에 맡기다 交给审判
선거에서 국민들의 심판에 맡기면 된다.

1395 싸움
打架

싸움 + Ⓥ

싸움이 ~

· 싸움이 나다 打起来
회사에서 싸움이 나면 어떻게 해야 되나요?
· 싸움이 벌어지다 展开打斗
친구들 사이에 큰 싸움이 벌어졌어요.

싸움을 ~

· 싸움을 걸다 挑衅
누가 싸움을 걸면 어떻게 해야 되나요?

· 싸움을 말리다 劝架
선생님들이 싸움을 말리려고 애썼다.
· 싸움을 벌이다 打架
둘은 큰 싸움을 벌였어요.
· 싸움을 붙이다 展开对决
소싸움은 두 소를 마주 세워 싸움을 붙이는 경기이다.

싸움에서 ~
· 싸움에서 이기다 在较量中取胜
자신과의 싸움에서 이겼다.
· 싸움에서 지다 在较量中落败
스스로와의 싸움에서 졌다.

1396 싹
芽, 萌芽

싹 + Ⓥ

싹이 ~
· 싹이 나다 发芽
며칠 전에 심은 '마늘'에서 싹이 났다.
· 싹이 돋다 发芽
나뭇가지에 싹이 돋고 있다.
· 싹이 트다 发芽
봄이 오면 싹이 트고, 여름이 되면 성장한다.

싹을 ~
· 싹을 틔우다 发芽
콩나물처럼 싹을 틔울 그런 희망을 가지고 있었어요.

Ⓐ + 싹

· 새로운 싹 新芽
봄이 오고 새로운 싹이 났다.
· 어린 싹 嫩芽
어린 싹이 자라 꽃을 피웠다.
· 여린 싹 嫩芽
이 여린 싹을 누가 밟으면 어떡해요?

惯

· 싹이 노랗다 毫无希望
벌써부터 어머니 지갑을 뒤지다니 그 아이도 싹이 노랗다.

1397 쌀
米

쌀 + Ⓝ

· 쌀 값 大米价格
· 쌀 소비량 大米消费量
· 쌀 수입 大米进口
· 쌀 시장 大米市场
· 쌀 풍년 粮食丰收
· 쌀 알 米粒
· 쌀 알갱이 米粒

쌀 + Ⓥ

쌀이 ~
· 쌀이 떨어지다 大米吃完了
여러분들은 쌀이 떨어져 굶은 적이 있습니까?
· 쌀이 나다 出产大米
마을에서는 쌀이 많이 난다.
· 쌀이 남아돌다 大米剩余
쌀이 남아돌아서 쌀값이 떨어졌다.
· 쌀이 없다 没有米
쌀이 없어 라면을 먹었다.

쌀로 ~
· 쌀로 만들다 用米制作
쌀로 떡을 만들어 먹었다.

Ⓐ + 쌀

· 비싼 쌀 昂贵的米
비싼 쌀이 정말 맛있을까?

1398 쌈
包饭 (传统料理)

쌈 - Ⓝ

· 쌈장 包饭酱

쌈 + Ⓥ

쌈을 ~
· 쌈을 싸다 用蔬菜包饭
우리는 고기나 회 등을 먹을 때 쌈을 싸서 먹어요.

1399 쌍 (雙)
一对

쌍 + Ⓥ

쌍을 ~
· 쌍을 이루다 成双结对
새가 쌍을 이루어 정답게 날아오른다.
· 쌍을 짓다 结对
구름 한 점 없는 창공 위로 황새가 쌍을 지어서 난다.

1400 쌍둥이
双胞胎

쌍둥이 + Ⓝ

· 쌍둥이 빌딩 双子大厦
· 쌍둥이 형제 双胞胎兄弟

쌍둥이 + Ⓥ

쌍둥이를 ~
· 쌍둥이를 낳다 生双胞胎
쌍둥이를 낳았다고 모두 기뻐했다.

1401 쓰레기
垃圾, 渣滓

쓰레기 - Ⓝ

· 쓰레기봉투 垃圾袋

쓰레기 + Ⓝ

· 쓰레기 공해 垃圾公害
· 쓰레기 더미 垃圾堆
· 쓰레기 매립장 垃圾填埋场
· 쓰레기 배출량 垃圾排放量
· 쓰레기 분리수거 垃圾分类回收
· 쓰레기 소각장 垃圾焚烧场
· 쓰레기 수거 垃圾回收
· 쓰레기 줄이기 减少垃圾

· 쓰레기 처리 垃圾处理

쓰레기 + Ⓥ

쓰레기를 ~
· 쓰레기를 담다 装垃圾
박스에 쓰레기를 담아 버렸다.
· 쓰레기를 모으다 积攒垃圾
쓰레기를 모아서 한꺼번에 버렸다.
· 쓰레기를 버리다 扔垃圾
여러 사람이 산에 쓰레기를 함부로 버린다.
· 쓰레기를 수거하다 回收垃圾
주민들이 쓰레기를 수거하고 있다.
· 쓰레기를 줄이다 减少垃圾
음식물 쓰레기를 줄여야 한다고 한다.
· 쓰레기를 줍다 捡垃圾
일요일 아침 청소년들이 쓰레기를 줍고 있었다.
· 쓰레기를 처리하다 清理垃圾
매일매일 골목에 쌓이는 쓰레기를 처리하고 있다.
· 쓰레기를 청소하다 清扫垃圾
주말에 마당 쓰레기들을 청소했다.
· 쓰레기를 치우다 收拾垃圾
쓰레기 치워주는 비용은 어떻게 지불하나요?

Ⓐ + 쓰레기

· 버려진 쓰레기 丢弃的垃圾
버려진 쓰레기를 치우는 데 많은 돈이 필요하다.
· 버린 쓰레기 扔掉的垃圾
우리가 버린 쓰레기는 어떻게 되나?

1402 쓰레기통
垃圾桶

쓰레기통 + Ⓥ

쓰레기통에 ~
· 쓰레기통에 버리다 扔到垃圾桶里
계란 껍질을 쓰레기통에 버린다.

1403 씨름
摔跤

씨름 + ⓝ

· 씨름 경기 摔跤比赛
· 씨름 대회 摔跤比赛
· 씨름 선수 摔跤运动员

씨름 + ⓥ

씨름을 ~

· 씨름을 하다 摔跤
단옷날에 남자들은 씨름을 한다.

1404 **씨앗** [씨앋]

种子

씨앗 + ⓥ

씨앗을 ~

· 씨앗을 뿌리다 撒种
씨앗을 뿌린 지 사흘이 지나자 싹이 나기 시작했다.
· 씨앗을 뿌리다 播种
날마다 정성껏 씨앗을 뿌리다 보면 꿈이 이루어진다.

1405 아가씨
小姐

Ⓐ + 아가씨

· 예쁜 아가씨 漂亮的小姐
그 작고 예쁜 아가씨말이군요.
· 젊은 아가씨 年轻的小姐
젊은 아가씨는 찾아볼 수 없다.
· 착한 아가씨 善良的小姐
혼자 벌어 식구를 부양하는 착한 아가씨더라구.

1406 아기
婴儿

아기 + Ⓝ

· 아기 울음소리 婴儿的啼哭声

아기 + Ⓥ

아기가 ~
· 아기가 울다 孩子哭
아기가 울지 않는 걸 보니 벌써 낯이 익은가 보다.
· 아기가 태어나다 孩子出生
그들 부부에게 귀여운 아기가 태어났습니다.

아기를 ~
· 아기를 가지다 怀孩子
건강한 아기를 가지고 싶다.
· 아기를 갖다 怀孕
결혼한 부부 10쌍 가운데 1쌍은 아기를 갖지 못하고 있다.
· 아기를 기르다 养孩子
아기를 기르다 보면 수면 시간도 제대로 지킬 수 없다.
· 아기를 낳다 生孩子
아기를 낳고 재미있게 산다는 소식을 들었다.
· 아기를 돌보다 看孩子
아기 돌봐 주는 개도 있었네요.
· 아기를 키우다 养孩子
아기를 키우다 보면 힘들 때가 많다.

1407 아내
妻子

아내 + Ⓥ

아내가 ~
· 아내가 되다 成为妻子
그녀 역시 한 남자의 아내가 되었다.
· 아내가 있다 有妻子
집에는 아내가 있다.

아내를 ~
· 아내를 달래다 哄妻子
주인집 남자는 날마다 일찍 들어와 아내를 달랬다.
· 아내를 믿다 相信妻子
난 내 아내를 믿는다.
· 아내를 사랑하다 爱妻子
첫 눈에 반해 아내를 사랑하게 되었다.
· 아내를 잃다 失去妻子
아내를 잃은 지 2년이 되었다.

아내로 ~
· 아내로 맞다 娶……为妻
그는 첫사랑을 아내로 맞았다.
· 아내로 맞이하다 娶……为妻
아름다운 미인을 아내로 맞이했다.
· 아내로 삼다 把……作为妻子
왕자는 공주를 아내로 삼았습니다.

Ⓐ + 아내

· 고생한 아내 受苦的妻子
그는 고생한 아내를 위해 직접 집을 지었다.
· 사랑스런 아내 可爱的妻子
사랑스런 아내와 아들이 남편을 기다리고 있다.
· 예쁜 아내 漂亮的妻子
착하고 예쁜 아내와 결혼을 했다.
· 평범한 아내 平凡的妻子
다른 평범한 아내들처럼 남편과 아이를 키우며 산다.

1408 아동 (兒童)
儿童

아동 + Ⓝ

· 아동 교육 儿童教育

· 아동 도서 儿童图书
· 아동 문학 儿童文学
· 아동 보호 保护儿童
· 아동 심리 儿童心理
· 아동 학대 虐待儿童

1409 아들
儿子

아들 - N

· 아들딸 子女

아들 + N

· 아들 녀석 臭小子
· 아들 내외 儿子两口子
· 아들 부부 儿子夫妻二人

아들 + V

아들이 ~
· 아들이 없다 没有儿子
그 집안에는 아들이 없었다.
· 아들이 있다 有儿子
내게 아들이 있다.

아들을 ~
· 아들을 낳다 生儿子
장가가서 아들을 낳아라!
· 아들을 데리다 带着儿子
세 살 난 아들을 데리고 혼자 산다.
· 아들을 돌보다 照顾儿子
남편이 죽고 홀로 아들을 돌보았다.
· 아들을 선호하다 更喜欢儿子
한국은 전통적으로 아들은 선호한다.
· 아들을 업다 背儿子
자기 아들을 업고 목욕탕에 가는 것이 제일 즐겁다.
· 아들을 잃다 失去儿子
보배 같은 아들을 잃은 슬픔에 잠길 겨를도 없는 듯했다.
· 아들을 출산하다 生儿子
이듬해 5월 아들을 출산했다.
· 아들을 키우다 养育儿子
나는 7살 난 아들을 키우고 있다.
· 아들을 편애하다 偏爱儿子
그는 드러내 놓고 아들을 편애한다.

A + 아들

· 건강한 아들 健康的儿子
건강한 아들을 보고도 부러워하지 않는다.
· 못난 아들 没出息的儿子
못난 아들이 이제야 돌아왔노라 인사를 드린다.
· 믿음직스러운 아들 为人忠厚的儿子
믿음직스러운 아들이 있었으니 부러울 게 없었습니다.
· 어리숙한 아들 傻头傻脑的儿子
부모님은 어리숙한 아들의 재롱을 좋아했다.
· 자랑스러운 아들 值得骄傲的儿子
부모님에게 자랑스러운 아들이 되기 위해 노력했다.
· 작은 아들 小儿子
아버지는 비가 오면 작은 아들 걱정을 했다.
· 잘난 아들 有出息的儿子
남의 잘난 아들을 보면 마음이 아리다.
· 착한 아들 乖儿子
너같이 착한 아들을 그렇게 놓아두겠니?
· 총명한 아들 聪明的儿子
결혼한 지 3년, 총명한 아들 하나를 낳았다.
· 큰 아들 大儿子
큰 아들은 반드시 아버지와 함께 살아야 한다.
· 튼튼한 아들 壮实的儿子
튼튼한 아들을 두었다.

1410 아래 [아래]
下面

아래 + N

· 아래 그림 下面的画
· 아래 내용 下面的内容
· 아래 눈시울 下眼眶
· 아래 예문 下面的例句
· 아래 이빨 下牙齿
· 아래 입술 下嘴唇
· 아래 표 下面的表格

아래 + V

아래를~
· 아래를 굽어보다 向下俯瞰
그는 높은 의자에 앉아 아래를 굽어보고 있었다.
· 아래를 내려다보다 往下看
누군가 아래를 내려다보며 상황을 지켜보고 있다.
· 아래를 보다 看下面

잠깐 매달려 있으면서 아래를 봤는데 캄캄했어요.
· 아래를 향하다 朝下
산 아래를 향해 몇 발자국을 옮기다가 멈추었다.

아래로 ~

· 아래로 가다 往下走
신문지에 싸서 뿌리가 아래로 가게 넣는다.
· 아래로 가라앉다 往下沉
갑자기 물 아래로 가라앉는 느낌이 들었다.
· 아래로 걸어가다 往下走
외할머니는 감나무 아래로 걸어가기 시작했다.
· 아래로 굴러 떨어지다 滚落下去
딸아이는 계단 아래로 굴러 떨어졌다.
· 아래로 내리다 放下
손을 아래로 내리면서 반대 방향으로 관절을 늘린다.
· 아래로 내려가다 往下走去
그는 박 목사를 따라 다시 언덕 아래로 내려갔다.
· 아래로 내려오다 往下走来
나는 산 아래로 내려왔다.
· 아래로 떨어뜨리다 掉到下面
그녀는 눈을 테이블 아래로 떨어뜨렸다.
· 아래로 떨어지다 掉到下面
왜 그곳에 올라가서 아래로 떨어졌을까?
· 아래로 뛰어내리다 往下跳
그는 짤막한 소리를 내고 아래로 뛰어내렸다.
· 아래로 처지다 往下垂
눈꺼풀이 아래로 처져 있다.

1411 **아르바이트** (〈독〉arbeit)
打工

아르바이트 + Ⓝ

· 아르바이트 경험 打工经验
· 아르바이트 광고 招临时工广告
· 아르바이트 자리 临时工工作
· 아르바이트 학생 打工学生

아르바이트 + Ⓥ

아르바이트를 ~

· 아르바이트를 하다 打工
그 학생은 도서관에서 아르바이트를 하고 있다.

1412 **아버지**
父亲

아버지 + Ⓝ

· 아버지 나이 父亲的年纪
· 아버지 눈 父亲的眼睛
· 아버지 눈치 父亲的眼神
· 아버지 노릇 父亲的职责
· 아버지 댁 父亲家
· 아버지 말씀 父亲的话
· 아버지 모습 父亲的样子
· 아버지 모양 父亲的模样
· 아버지 목소리 父亲的声音
· 아버지 묘 父亲的墓地
· 아버지 무덤 父亲的坟墓
· 아버지 산소 父亲的坟
· 아버지 생각 想念父亲
· 아버지 생신 父亲的生日
· 아버지 세대 父亲那一代人
· 아버지 손 父亲的手
· 아버지 얼굴 父亲的脸
· 아버지 역할 父亲的作用
· 아버지 연배 父亲那个年龄段
· 아버지 이름 父亲的名字
· 아버지 집 父亲的家
· 아버지 초상 父亲的肖像
· 아버지 친구 父亲的朋友

아버지 + Ⓥ

아버지가 ~

· 아버지가 돌아가시다 父亲去世
여덟 살 때 아버지가 돌아가셨다.
· 아버지가 돌아오다 父亲回来
아버지가 돌아와서 좋았다.
· 아버지가 되다 成为父亲
좋은 아버지가 되는 비결.
· 아버지가 떠나다 父亲离开
아버지가 떠난 뒤 가세가 기울기 시작했다.
· 아버지가 말씀하시다 父亲说
생각에 잠겨 있는데 아버지가 말씀하셨다.
· 아버지가 물려주다 父亲遗留
나에게 소중한 물건 중 한 가지는 아버지가 물려주신

시계다.
· **아버지가 쓰러지다** 父亲病倒
그러던 어느 날 아버지가 쓰러지셨다.

아버지를 ~

· **아버지를 그리워하다** 思念父亲
나는 항상 돌아가신 아버지를 그리워한다.
· **아버지를 닮다** 长得像父亲
나는 아무래도 아버지를 닮은 모양이었다.
· **아버지를 따르다** 跟着父亲
외교관인 아버지를 따라 프랑스에 갔다.
· **아버지를 떠올리다** 想起父亲
나는 여전히 살아 있는 아버지를 떠올린다.
· **아버지를 무서워하다** 怕父亲
나는 아버지를 무서워하면서 자랐다.
· **아버지를 모시다** 陪伴父亲
아버지를 모시고 병원에 갔다.
· **아버지를 뵙다** 拜见父亲
가끔 아버지를 뵈려고 내려갔다.
· **아버지를 사랑하다** 爱父亲
우리 가족 모두는 아버지를 사랑한다.
· **아버지를 실망시키다** 让父亲失望
나는 아버지를 실망시키지 않기 위해 부단히 노력을 했다.
· **아버지를 여의다** 失去父亲
일찍 아버지를 여의고 형이 거의 아버지 노릇을 했다.
· **아버지를 원망하다** 怨恨父亲
자식들에게 아무것도 남기지 않은 아버지를 원망했다.
· **아버지를 이해하다** 理解父亲
그것은 아버지를 이해한다는 것과는 또 다른 문제였다.
· **아버지를 잃다** 失去父亲
초등학교 때 아버지를 잃었다.
· **아버지를 존경하다** 尊敬父亲
누구보다도 아버지를 존경한다.

Ⓐ + 아버지

· **가난한 아버지** 贫穷的父亲
그는 가난한 아버지와 둘이 살았다.
· **꼼꼼한 아버지** 细心的父亲
꼼꼼한 아버지가 설계한 것이다.
· **돌아가신 아버지** 去世的父亲
돌아가신 아버지 생각에 쓸쓸하고 외로웠다.
· **자상한 아버지** 慈祥的父亲
자상한 아버지가 계셨다.
· **무뚝뚝한 아버지** 沉默寡言的父亲
무뚝뚝한 아버지는 어머니에게 사랑 표현을 안 하셨다.

1413 아쉬움
遗憾

아쉬움 + Ⓥ

아쉬움이 ~

· **아쉬움이 남다** 留有遗憾
가슴 속에는 놀라움과 아쉬움이 남았다.

아쉬움을 ~

· **아쉬움을 남기다** 留下遗憾
인생의 아쉬움을 남겨서는 안 되는 거죠.
· **아쉬움을 느끼다** 感到遗憾
잡지가 폐간된다는 사실에 적잖이 아쉬움을 느끼고 있다.

1414 아이
孩子

아이 + Ⓝ

· **아이 교육** 孩子的教育
· **아이 마음** 孩子的心
· **아이 머리** 孩子的头
· **아이 모습** 孩子的样子
· **아이 방** 孩子的房间
· **아이 생일** 孩子的生日
· **아이 손** 孩子的手
· **아이 아빠** 孩子的爸爸
· **아이 얼굴** 孩子的脸
· **아이 엄마** 孩子的妈妈
· **아이 옷** 孩子的衣服
· **아이 울음소리** 孩子的哭声
· **아이 이름** 孩子的名字

아이 + Ⓥ

아이가 ~

· **아이가 깨다** 孩子醒了
여자는 아이가 깨서 보채자 일어나서 서성거렸다.
· **아이가 들어서다** 怀上孩子
아이가 들어서는 데 용하다는 약이다.
· **아이가 없다** 没有孩子
그러자 몇 해째 아이가 없던 부인에게 태기가 생겼다.
· **아이가 울다** 孩子哭

나는 작은 아이가 우는 까닭을 알 것 같았다.

· **아이가 성장하다** 孩子成长
1년 동안 아이가 많이 성장했다.

· **아이가 생기다** 有了孩子
그리고 아이가 생기고, 겉으론 태평한 삶이 유지된다.

· **아이가 자라다** 孩子长大
이 다음에 아이가 자랐을 때 그것을 선물로 줄 것이다.

· **아이가 태어나다** 孩子出生
아이가 태어난 후에도 일을 그만둘 수가 없었다.

아이를 ~

· **아이를 가지다** 怀孩子
나는 또 둘째 아이를 가졌다.

· **아이를 갖다** 怀孩子
아이를 갖고 싶어서 무진장 노력을 했다.

· **아이를 기르다** 养孩子
그는 두 아이를 기른 엄마이다.

· **아이를 낳다** 生孩子
결혼하고 아이를 낳고부터 자기 이름은 사라진다.

· **아이를 달래다** 哄孩子
아이를 달랠 수 있는 방법은 무엇에든지 대우는 것이다.

· **아이를 데리다** 带着孩子
아내가 아이를 데리고 갈 수 있는 곳은 그 곳 뿐이었다.

· **아이를 돌보다** 看孩子
아이를 돌봐 줄 보모가 없다.

· **아이를 때리다** 打孩子
선생님이 아이를 때리고 있었다면서요?

· **아이를 맡기다** 把孩子托付给……
남편에게 아이를 맡기고 무작정 밖으로 뛰쳐나갔다 .

· **아이를 배다** 怀了孩子
아이를 배고도 하이힐을 신고 다녔다.

· **아이를 봐주다** 照看孩子
휴일이나 방학 때 아이를 봐주는 데가 없다.

· **아이를 안다** 抱孩子
자장가는 아이를 안고 재울 때 부르는 노래다.

· **아이를 야단치다** 训斥孩子
그녀는 또 아이를 야단치고 있다.

· **아이를 업다** 背孩子
또 다시 우는 아이를 업고 시험 공부를 해야 했다.

· **아이를 잃다** 失去孩子
아이를 잃고 사랑하던 사람으로부터 배신 당했다.

· **아이를 임신하다** 怀孕
첫 아이를 임신했을 때 입덧이 심했다.

· **아이를 입양하다** 收养孩子
7세 미만의 아이를 입양했다.

· **아이를 지우다** 打掉孩子
큰딸을 낳은 이후로 세 번이나 아이를 지웠다.

· **아이를 지키다** 守护孩子
나는 어떤 상황에서도 아이를 지킬 것이다.

· **아이를 찾다** 找孩子
온 집안이 그 아이를 찾아 나섰다.

· **아이를 출산하다** 生孩子
그녀는 건강한 아이를 출산했다.

· **아이를 키우다** 养孩子
아이를 키우는 엄마들 대부분이 이 이유식을 먹이고 있습니다.

Ⓐ + 아이

· **귀여운 아이** 可爱的孩子
귀여운 아이가 카메라를 향해 미소를 짓고 있는 사진이다.

· **고운 아이** 漂亮的孩子
너만큼 고운 아이는 본 적이 없다.

· **나쁜 아이** 坏孩子
부모님 말을 안 들으면 나쁜 아이이다.

· **내성적인 아이** 内向的孩子
그는 전혀 내성적인 아이가 아니다.

· **뛰어난 아이** 出色的孩子
그는 남보다 조금 능력이 뛰어난 아이다.

· **불행한 아이** 不幸的孩子
나처럼 불행한 아이는 없을 것이다.

· **약한 아이** 体弱的孩子
약한 아이들을 누가 건드리거나 하면 가서 혼내주었다.

· **어린 아이** 年幼的孩子
어린 아이 키우기가 쉬운 줄 아시나요?

· **영리한 아이** 聪明的孩子
선생님은 나를 영리한 아이라고 칭찬하셨다.

· **예쁜 아이** 漂亮的孩子
예쁜 아이가 둘 있다.

· **우수한 아이** 优秀的孩子
이 학교에 우수한 아이들이 많다.

· **용감한 아이** 勇敢的孩子
넌 참 용감한 아이구나.

· **이상한 아이** 奇怪的孩子
참으로 이상한 아이였다.

· **좋은 아이** 好孩子
좋은 아이들이니까 금방 회복될 거예요.

· **착한 아이** 乖孩子
착한 아이가 되라고 늘 말씀하셨다.

· **철없는 아이** 不懂事的孩子
철없는 아이처럼 그렇지 마.

· **총명한 아이** 聪明的孩子
아주 총명한 아이지요.

· **큰 아이** 大孩子
큰 아이에 대한 걱정이 둘째 아이보다 더 심하다.

· **튼튼한 아이** 壮实的孩子
나는 튼튼한 아이를 낳을 거다.

1415 **아이디어** (idea)

主意

아이디어 + Ⓥ

아이디어가 ~

· 아이디어가 떠오르다 想出一个主意
오늘 제법 그럴싸한 아이디어가 떠올랐다.

· 아이디어가 좋다 创意好
아이디어가 좋으면 쉽게 성공할 수 있다.

아이디어를 ~

· 아이디어를 내다 想出创意
이들이 아이디어를 내는 데는 긴 시간이 걸리지 않았다.

Ⓐ + 아이디어

· 새로운 아이디어 新的创意
새로운 아이디어를 낸다는 것은 엄청난 용기를 요구한다.

· 풍부한 아이디어 丰富的创意
어떻게 하면 그들처럼 풍부한 아이디어를 낼 수 있을까요?

1416 **아이스크림** (ice cream)

冰激淋

아이스크림 + Ⓝ

· 아이스크림 가게 冰激淋店

아이스크림 + Ⓥ

아이스크림이 ~

· 아이스크림이 녹다 冰激淋融化
이상하게 냉장고 아이스크림이 자꾸 녹아요.

아이스크림을 ~

· 아이스크림을 먹다 吃冰激淋
여름이 되면 사람들이 아이스크림을 많이 먹는다.

1417 **아저씨**

叔叔

아저씨 + Ⓝ

· 아저씨 부부 叔叔夫妇

Ⓐ + 아저씨

· 까다로운 아저씨 挑剔的叔叔
상대하기 까다로운 아저씨야.

· 낯선 아저씨 陌生的叔叔
낯선 아저씨가 찾아왔다.

· 뚱뚱한 아저씨 胖叔叔
뚱뚱한 아저씨가 생선을 사러 왔다.

· 이상한 아저씨 奇怪的叔叔
그 이상한 아저씨가 계속 나를 쳐다보고 있었다.

· 점잖은 아저씨 斯文的叔叔
점잖은 아저씨가 그런 말을 했다고요?

· 친절한 아저씨 亲切的叔叔
정거장에서 만난 친절한 아저씨의 도움을 받았다.

· 평범한 아저씨 平凡的叔叔
평범한 아저씨의 이야기다.

1418 **아주머니**

阿姨

Ⓐ + 아주머니

· 뚱뚱한 아주머니 胖乎乎的阿姨
뚱뚱한 아주머니가 옆자리를 차지했다.

· 젊은 아주머니 年轻的阿姨
젊은 아주머니가 승강기에 올라탔다.

· 착한 아주머니 善良的阿姨
얼마 전 우리 앞집에 착한 아주머니가 새로 이사 왔습니다.

· 후덕한 아주머니 心眼厚道的阿姨
후덕한 아주머니들이 두런두런 주고받는 말소리가 들렸다.

1419 **아침**

早晨

아침 - Ⓝ

· 아침나절 上半晌
· 아침노을 朝霞
· 아침밥 早饭

· 아침잠 懒觉
· 아침저녁 早晚

아침 + Ⓝ

· 아침 공기 早晨的空气
· 아침 기도 早晨祷告
· 아침 뉴스 早间新闻
· 아침 드라마 早间电视剧
· 아침 무렵 早晨的时候
· 아침 방송 清晨广播
· 아침 세수 早晨洗脸
· 아침 시간 早上的时间
· 아침 식사 早餐
· 아침 신문 晨报
· 아침 운동 晨练
· 아침 이슬 晨露
· 아침 인사 早间问候
· 아침 일과 早上必做的事
· 아침 조회 早晨召集
· 아침 체조 早操
· 아침 프로그램 早上的节目
· 아침 햇살 早晨的阳光
· 아침 행사 早上的活动
· 아침 회의 早会

아침 + Ⓥ

아침이 ~

· 아침이 되다 到了早上
길고 긴 밤이 지나고 드디어 아침이 되었다.
· 아침이 밝아오다 天亮了
올해 첫 아침이 밝아온다.
· 아침이 오다 到了早上
다시 아침이 오면 바쁜 하루가 기다리고 있다.
· 아침이 지나가다 早上的时间过去
아침이 지나가고 어느새 점심 먹을 시간이 되었다.

아침을 ~

· 아침을 거르다 不吃早饭
아침을 거르면 집중력이 떨어진다.
· 아침을 굶다 不吃早饭
아침을 굶으면 살이 더 찐다.
· 아침을 깨우다 早上叫醒
아침을 깨운 새들이 모두 산으로 날아갔다.
· 아침을 드시다 用早餐
그날 아빠는 혼자 외롭게 아침을 드셨다.

· 아침을 때우다 凑和吃早饭
커피에 빵 한 조각으로 아침을 때울 때가 많다.
· 아침을 먹다 吃早饭
서둘러 아침을 먹으러 식당으로 향했다.
· 아침을 보내다 度过早上
분주한 아침을 보내고 난 후 집안은 엉망이다.
· 아침을 시작하다 开始一天之晨
음악을 들으면서 아침을 시작한다.
· 아침을 준비하다 准备早饭
휴일에는 여유롭게 아침을 즐길 수 있어서 좋다.
· 아침을 챙기다 准备早饭
이른 아침에 일어나 아침을 챙겨 주었다.

Ⓐ + 아침

· 고요한 아침 寂静的清晨
시골에서 고요한 아침을 맞이했다.
· 맑은 아침 清新的清晨
바람이 살랑살랑 부는 맑은 아침이었다.
· 바쁜 아침 忙碌的早上
떡국으로 바쁜 아침 든든하게 챙겨 드세요.
· 상쾌한 아침 清爽的早上
상쾌한 아침을 맞이하고 있다.
· 조용한 아침 安静的早上
평화로운 조용한 아침이다.
· 청명한 아침 晴朗的早餐
기분 좋을 정도의 산들바람이 부는 청명한 아침이었다.
· 평범한 아침 平凡的早上
여느 날과 다름없는 평범한 아침이었다.
· 화창한 아침 阳光明媚的早上
오랜만에 맞이하는 화창한 아침이다.

1420 **아파트** (apartment)
公寓

아파트 + Ⓝ

· 아파트 건축 建公寓
· 아파트 경비 公寓保安
· 아파트 단지 公寓小区
· 아파트 분양 公寓开盘
· 아파트 신축 新建公寓
· 아파트 옥상 公寓房顶
· 아파트 주민 公寓住户

아파트 + V

아파트를 ~

· **아파트를 구하다** 找公寓
그는 회사 근처에 조그만 아파트를 구했다.
· **아파트를 분양하다** 销售公寓
이렇게 아파트를 분양하려는 것은 자금 사정이 좋지 않기 때문이다.
· **아파트를 사다** 买公寓
작년보다 아파트를 사겠다는 사람이 늘었다.
· **아파트를 임대하다** 租公寓
그는 작은 아파트를 임대했다.
· **아파트를 짓다** 盖公寓
6월 말 완공을 목표로 아파트를 짓고 있다.
· **아파트를 팔다** 卖公寓
아파트를 팔려고 내놓으니 살 사람이 없었다.

아파트에 ~

· **아파트에 거주하다** 住在公寓
지금 임대 아파트에 거주하고 있어요.
· **아파트에 살다** 住在公寓
나는 아파트에 살고 있습니다.

1421 **아픔**
伤痛

아픔 + V

아픔을 ~

· **아픔을 겪다** 经历伤痛
임신 후 무리한 신혼여행 스케줄로 유산의 아픔을 겪었다.
· **아픔을 견디다** 忍受伤痛
그는 지금까지 아픔을 잘 견뎌 왔다.
· **아픔을 경험하다** 经历伤痛
아픔을 경험해 보지 못하면 결코 성장할 수 없다.
· **아픔을 나누다** 分担伤痛
서로의 아픔을 나누다 보니, 마음도 한결 가벼워지는 느낌입니다.
· **아픔을 넘다** 跨越伤痛
역사의 상처와 아픔을 넘어 다시 희망의 미래로 전진한다.
· **아픔을 느끼다** 感到伤痛
내가 지금 죽으면, 누가 아픔을 느낄까?
· **아픔을 딛다** 踏着伤痛
민족 분단의 아픔을 딛고 일어섰다.
· **아픔을 씻다** 洗刷伤痛

세월이 그 아픔을 씻어 버린다.
· **아픔을 참다** 忍受伤痛
그는 아픔을 참지 못해 얼굴을 고통스럽게 찡그린다.

A + 아픔

· **뼈를 깎는 아픔** 钻心的痛
뼈를 깎는 아픔이 없었다면 이와 같은 글을 쓸 수 없었을 것이다.

1422 **악기** [악끼](樂器)
乐器

악기 + N

· **악기 연주** 演奏乐器

악기 + V

악기를 ~

· **악기를 다루다** 摆弄乐器
악기를 다룰 줄 아세요?
· **악기를 불다** 吹乐器
소라로 만든 악기를 분다.
· **악기를 연주하다** 演奏乐器
악기를 연주할 때는 강약을 잘 조절해야 한다.
· **악기를 울리다** 吹奏乐器
악기를 울려 음악을 연주한다.

1423 **악몽** [앙몽](惡夢)
噩梦

악몽 + V

악몽을 ~

· **악몽을 꾸다** 做噩梦
이것저것 생각하다 잠들었는데 악몽을 꾸었어요.

악몽에 ~

· **악몽에 시달리다** 被噩梦纠缠
밤이면 악몽에 시달렸다.

악몽에서 ~

· **악몽에서 깨어나다** 从噩梦中醒来
밤이면 악몽에서 깨어나 잠을 이루지 못했다.
· **악몽에서 벗어나다** 从噩梦中摆脱出来

이젠 그 악몽에서 벗어나고 싶다.

1424 악수 [악쑤](握手)
握手

· 악수 예절 握手礼

악수를 ~
· 악수를 건네다 伸手握手
악수를 건네면 미소로 답한다.
· 악수를 나누다 握手
안 교수는 웃으며 악수를 나누었다.
· 악수를 청하다 主动握手
그가 먼저 다가가 악수를 청했다.
· 악수를 하다 握手
그들은 어색하게 웃으면서 악수를 했다.

1425 안¹
里

안을~
· 안을 기웃거리다 探头探脑往里看
그들 중에는 건물 안을 기웃거리는 사람도 있었다.
· 안을 들여다보다 往里窥视
집 안을 들여다보았지만 아무도 없었다.

안이 ~
· 안이 들여다보이다 里面可以看得到
길가에서도 가게 안이 잘 들여다보였다.

안에~
· 안에 갇히다 被锁在里面
창고 안에 갇힌 적이 있다.
· 안에 계시다 在里面
안에 계세요?
· 안에 넣다 放到里面
그는 그것을 가방 안에 넣었다.
· 안에 들다 进到里面
너는 독 안에 든 쥐다.

· 안에 들어가다 进到里面
안에 들어가서 자야지.
· 안에 숨다 藏在里面
영화를 또 보려고 영화관 화장실 안에 숨어 있곤 했다.
· 안에 있다 在里面
치과는 저기 보이는 건물 안에 있다.

1426 안² (案)
方案

안을 ~
· 안을 내놓다 拿出方案
구체적인 안을 내놓았다.

안이 ~
· 안이 나오다 方案出台
학교 안에서 교내 흡연을 금지하자는 안이 나왔나.

1427 안개
雾

· 안개 속 雾中

안개가 ~
· 안개가 걷히다 雾散了
우리는 안개가 걷히기만을 기다렸다.
· 안개가 그치다 雾停了
안개가 그치고 햇살이 얼굴을 내밀었다.
· 안개가 끼다 下雾
지난 며칠 동안 짙은 안개가 끼었다.
· 안개가 날아오르다 雾气升腾
먼 산 위에 하얀 안개가 날아올랐다.
· 안개가 덮이다 雾气笼罩
수평선은 희부연 안개가 덮인 것처럼 희미하다.
· 안개가 사라지다 雾散了
안개가 사라지는가 싶으면 어느새 다시 비가 쏟아졌다.
· 안개가 서리다 雾气迷蒙
안개가 서리면 유리 밖이 보이지 않는다.

491

· 안개가 있다 有雾
검은 어둠 속에 단지 안개만 있었다.
· 안개가 자욱하다 雾蒙蒙
안개가 자욱하여 앞이 보이지 않는 거리.
· 안개가 짙다 雾大
안개가 짙어 대낮에도 어두컴컴하다.
· 안개가 피다 起雾
이른 아침에 강가에 안개가 피었다.
· 안개가 흐르다 雾气飘浮
바람이 불고 안개가 흐른다.

안개를 ~

· 안개를 가르다 冲破云雾
새벽안개를 가르며 기차가 달린다.
· 안개를 헤치다 冲破云雾
안개를 헤치며 아침 해가 힘차게 떠올랐다.

Ⓐ + 안개

· 새하얀 안개 雪白的雾
산봉우리에 새하얀 안개가 피어오른다.
· 자욱한 안개 迷蒙的雾
자욱한 안개에 휩싸인 바다.
· 짙은 안개 浓浓的雾
짙은 안개 때문에 앞이 잘 보이지 않았다.
· 축축한 안개 潮湿的雾气
축축한 안개가 가득 차 있었다.

惯

· 안개 속에 묻히다 成为一个谜团
그가 죽음으로써 그에 대한 소문은 영원히 안개 속에 묻혔다.

1428 안경 (眼鏡)
眼镜

안경 – Ⓝ

· 안경다리 眼镜腿
· 안경알 眼镜片
· 안경테 眼镜架

안경 + Ⓝ

· 안경 너머 眼镜上方

안경 + Ⓥ

안경이 ~

· 안경이 깨지다 眼镜碎了
김 교사의 안경이 깨지고 눈 주위에 피가 흘러내렸다.

안경을 ~

· 안경을 걸치다 架着眼镜
아줌마는 코끝에 안경을 걸치고 있었다.
· 안경을 끼다 戴眼镜
그는 가느다란 금테의 안경을 끼고 있었다.
· 안경을 닦다 擦眼镜
청년은 빗방울에 젖은 안경을 닦았다.
· 안경을 맞추다 配眼镜
안과에서 안경을 맞추었다.
· 안경을 벗다 摘眼镜
안경을 벗으면 앞이 거의 보이지 않을 정도이다.
· 안경을 쓰다 戴眼镜
그녀는 안경을 쓰고 있었다.
· 안경을 추켜 올리다 扶眼镜
그는 안경을 추켜 올리며 미소를 지었다.

Ⓐ + 안경

· 값비싼 안경 昂贵的眼镜
딸아이에게 값비싼 안경을 마련해 주었다.
· 검은 안경 黑眼镜
검은 안경 너머 날카로운 눈매가 인상적이다.
· 두꺼운 안경 厚厚的眼镜
직업에 어울리지 않게 두꺼운 안경을 꼈다.
· 새 안경 新眼镜
아버지께 새 안경을 마련해 드렸다.

1429 안내
向导, 指南

안내 + Ⓝ

· 안내 간판 告示板
· 안내 그림 宣传画
· 안내 데스크 咨询服务台
· 안내 말씀 广播
· 안내 방송 广播
· 안내 사무소 咨询服务办公室
· 안내 유인물 宣传画册
· 안내 전화 咨询服务电话
· 안내 지시 引导指示
· 안내 직원 引导员

· 안내 책자 宣传册
· 안내 포스터 宣传广告
· 안내 표지 指路标示

안내 + Ⓥ

안내가 ~
· 안내가 끝나다 介绍结束
안내원의 안내가 끝나면 동영상을 보여 준다.

안내를 ~
· 안내를 담당하다 负责引导
그는 대회장 안에서 안내를 담당한다.
· 안내를 맡다 负责引导
이들은 일반 관람객들의 안내를 맡는 일반 도우미들이다.
· 안내를 받다 听取介绍
영상을 통해 박물관에 대한 안내를 받을 수 있다.
· 안내를 부탁하다 拜托做向导
굳이 그에게 현장 안내를 부탁했다.
· 안내를 하다 做向导
가정방문을 가는 날, 아이들이 직접 길 안내를 했다.

Ⓐ + 안내

· 자세한 안내 详细的介绍
전시관에 대한 자세한 안내를 들을 수 있다.
· 친절한 안내 亲切的介绍
친절한 안내에 감사합니다.

1430 **안부** (安否)
平安与否

안부 + Ⓝ

· 안부 인사 问候
· 안부 전화 问候电话
· 안부 편지 问候信

안부 + Ⓥ

안부가 ~
· 안부가 궁금하다 想知道平安与否
나는 친구의 안부가 더욱 궁금해진다.

안부를 ~
· 안부를 걱정하다 挂念
안부를 걱정해 주신 분들께 정말 감사드립니다.

· 안부를 묻다 问候
우리는 서로의 안부를 물었다.
· 안부를 여쭈다 问候
편지로 웃어른께 안부를 여쭈었다.
· 안부를 전하다 转达问候
그 분께 제 안부를 전해 주세요.

1431 **안색** (颜色)
脸色

안색 + Ⓥ

안색이 ~
· 안색이 나쁘다 脸色不好
안색이 나쁘기는 했지만 별일 없을 거라 생각했다.
· 안색이 나빠지다 脸色变坏
당신 안색이 아주 나빠져서 걱정입니다.
· 안색이 달라지다 脸色变了
결혼하고 나서 얼굴 안색이 많이 달라졌다.
· 안색이 변하다 脸色变了
그것을 본 순간 그는 안색이 변했다.
· 안색이 좋다 脸色好
그러고 보니 안색이 별로 좋지 않군요.
· 안색이 창백하다 脸色苍白
그는 안색이 창백하게 변했다.

1432 **안심** (安心)
放心

안심 + Ⓥ

안심이 ~
· 안심이 되다 放下心来
그녀는 그의 말씨가 부드러운 것에 다소 안심이 됐습니다.

안심을 ~
· 안심을 시키다 让……放心
나는 그 친구와 통화를 하여 안심을 시켰습니다.
· 안심을 하다 放心
살인범이 잡히자 주변 사람들이 비로소 안심을 했다.

1433 안전 (安全)
安全

안전 - N

· 안전벨트 安全带
· 안전보장 安全保障
· 안전사고 安全事故
· 안전장치 安全装置

안전 + N

· 안전 검사 安全检查
· 안전 관리 安全管理
· 안전 대책 安全对策
· 안전 실태 实际安全情况
· 안전 협정 安全协定

안전 + V

안전이 ~

· 안전이 보장되다 安全受到保障
외국인에 대한 안전이 보장되고 있다.

안전을 ~

· 안전을 보장하다 保障安全
보행자와 자전서 이용사의 안전을 보장해야 한다.
· 안전을 유지하다 维持安全
국가는 사회 질서와 안전을 유지한다.
· 안전을 지키다 遵守安全
안전을 지켜야 하는 때가 수도 없이 많지요.

1434 안정¹ (安定)
稳定

안정 + N

· 안정 기금 稳定基金
· 안정 대책 稳定对策
· 안정 상태 稳定状态
· 안정 세력 稳定势力
· 안정 추세 稳定趋势

안정 + V

안정이 ~

· 안정이 되다 稳定
내년 경제 목표는 물가 안정이 되는 것이다.

안정을 ~

· 안정을 꾀하다 谋求稳定
변화가 두렵다 하여 안정을 꾀하면 발전을 기대할 수 없다.
· 안정을 유지하다 维持稳定
정부는 물가 안정을 유지하려고 노력하고 있다.
· 안정을 이루다 实现稳定
물가 안정을 어떻게 이룰 것인가?

1435 안정² (安靜)
平静

안정 + V

안정이 ~

· 안정이 되다 平静
심리적으로 안정이 돼서 자신감 있게 시험 문제를 풀 수 있을 거야.

안정을 ~

· 안정을 되찾다 找回平静
어머니는 차츰 마음의 안정을 되찾아 농사일을 시작했다.
· 안정을 잃다 失去平静
한 동안 마음의 안정을 잃고 지냈어요.
· 안정을 취하다 保持平静
몸과 마음의 안정을 취해 보자.

1436 안주 (按酒)
下酒菜

안주 + V

· 안주를 먹다 吃下酒菜
술과 함께 안주를 먹었더니 배 고프지 않아요.
· 안주를 시키다 点下酒菜
웨이터가 오자 술과 안주를 시켰다.

1437 알
蛋, 卵

· 알 껍질 蛋壳
· 알 모양 蛋形

알이 ~

· **알이 부화되다** 孵化
기쁜 마음으로 알이 부화되기를 기다린다.

· **알이 배다** 有卵, 有籽
알이 밴 게를 넣고 게 찌개를 끓였다.

· **알이 배다** 肌肉发达隆起
언덕을 오르내리는 동안 내 종아리에는 알이 뱄다.

· **알이 없다** 没有卵, 没有籽
가을 꽃게에는 알이 없다.

· **알이 차다** 长满卵, 长满籽
살이 오르고 알이 차서 게장 맛은 그만일 거야.

알을 ~

· **알을 까다** 破壳
새는 알을 까고 나온다.

· **알을 깨다** 打破蛋壳
넌 이제 알을 깨고 나와야 해.

· **알을 낳다** 产卵
연어는 알을 낳지만 그것으로 끝나 버린다.

· **알을 품다** 孵蛋
새는 둥지에 앉아 알을 품는다.

알에서 ~

· **알에서 깨어나다** 从蛋中孵化
알에서 깨어난 새끼들은 바다로 나가 새 삶을 개척한다.

· **알에서 나오다** 从蛋壳里出来
대체로 우리의 시조들은 알에서 나온 것으로 되어 있다.

1438 암 (癌)
癌症

· 암세포 癌细胞

· 암 검사 癌症检查
· 암 발생 癌症发生
· 암 진단 癌症诊断
· 암 치료 癌症治疗
· 암 환자 癌症患者

암을 ~

· **암을 예방하다** 预防癌症
야채나 과일을 많이 먹으면 암을 예방할 수 있어요?

· **암을 유발하다** 诱发癌症
스트레스가 암을 유발한다고 알려져 왔다.

· **암을 치료하다** 治疗癌症
수술하지 않고 암을 치료할 수 있는 방법이 있어요?

암에 ~

· **암에 걸리다** 患癌症
전에 그 분도 암에 걸렸다가 수술 후에 깨끗이 나았거든요.

1439 압력 [암녁](壓力)
压力

압력이 ~

· **압력이 낮다** 压力小
압력이 낮으면 물이 빨리 끓어요.

· **압력이 높다** 压力大
힘을 받는 면적이 좁을수록 압력이 높다.

압력을 ~

· **압력을 가하다** 施加压力
경찰서장이 직접 압력을 가했다고 한다.

· **압력을 넣다** 施加压力
야당에 압력을 넣지 말고 정부에 압력을 넣어야 한다고 말했다.

· **압력을 받다** 感到有压力
그 문제로 과장이 압력을 받는 모양이다.

1440 앞 [압]

前面

앞 – N

· 앞다리 前腿
· 앞뒤 前后
· 앞부분 前面部分
· 앞사람 前面的人
· 앞이마 前额

앞 + N

· 앞 단락 前一段
· 앞 문단 前面一段
· 앞 자음 前面的辅音
· 앞 절 前面一节
· 앞 줄 前面一排
· 앞 좌석 前面的座位

앞 + V

앞이 ~
· 앞이 가로막히다 前面被挡住
앞이 가로막혀 있어 답답하다.
· 앞이 보이다 看见前面
아저씨는 눈이 멀어 앞이 보이지 않는 것 같았다.

앞을 ~
· 앞을 가로막다 拦在前面
웬 젊은이가 앞을 가로막았다.
· 앞을 가리다 遮住前方
눈물이 앞을 가렸다.
· 앞을 내다보다 往前面看
한치 앞을 내다볼 수 없는 세상이다.
· 앞을 막다 挡住前面
담장이 앞을 막아서 돌아갈 수밖에 없다.
· 앞을 바라보다 望着前方
머리를 돌려 저 앞을 바라보았다.
· 앞을 향하다 朝向前方
늘 힘차게 앞을 향해 나가는 당신을 정말 사랑해.

앞에 ~
· 앞에 두다 放在前面
당사자를 앞에 두고 그렇게 말할 수 있어요?

A + 앞

· 맨 앞 最前面
행진 대열의 맨 앞에 서 있다.

惯

· 앞을 못 보다 眼睛看不见
그 악사 역시 앞을 못 보는 맹인이다.

1441 앞길 [압낄]

前途

앞길 + V

앞길이 ~
· 앞길이 막막하다 前途渺茫
군대를 갔다 왔지만 취업이 안 돼서 앞길이 막막했다.
· 앞길이 막연하다 前途渺茫
앞길이 너무 막연하다고 느꼈습니다.
· 앞길이 훤하다 前途光明
아무리 앞길이 훤한 사업이라 해도 투자 결정을 내리기가 쉽지 않다.

앞길을 ~
· 앞길을 막다 阻挡前途
너의 앞길을 막을 생각이 없다.
· 앞길을 망치다 毁掉前途
그 아이의 앞길을 망치면 정말 안 되죠.

惯

· 앞길이 멀다 路漫漫
앞길이 멀다 하더라도 원하는 꿈을 이루기 위해서 노력해야 한다.
· 앞길이 구만 리 같다 前程远大
우리는 앞길이 구만 리 같은 젊은이들이야.

1442 앞날 [암날]

未来

앞날 + N

· 앞날 걱정 担心未来

앞날 + V

앞날이 ~

· 앞날이 막막하다 未来渺茫
임용 고시에 떨어진 나는 앞날이 막막했다.

· 앞날이 창창하다 未来一片光明
넌 아직도 앞날이 창창해.

· 앞날이 캄캄하다 未来暗淡
실업자가 되고 나니 앞날이 캄캄하네요.

앞날을 ~

· 앞날을 기약하다 约定未来
그 두 사람은 앞날을 기약했습니다.

1443 애¹
孩子

애 + ⓥ

애가 ~

· 애가 떨어지다 落胎
자다가 놀라 애가 떨어질 뻔했네.

· 애가 서다 怀孕
부부는 애가 서지 않아 병원에 갔다.

· 애가 태어나다 孩子出生
애가 태어났는데 이름을 지어야겠어요.

애를 ~

· 애를 낳다 生孩子
오늘 동생이 애를 낳았다.

· 애를 떼다 堕胎
애를 떼고는 한약을 많이 지어 먹었다.

· 애를 배다 怀孕
처녀가 애를 배면 할 말이 많다.

· 애를 키우다 养育孩子
나는 혼자서 애를 키우고 살아갈 거야.

1444 애²
内心

애 + ⓥ

애가 ~

· 애가 타다 内心焦急
남자는 애가 타는 모양이었다.

애를 ~

· 애를 먹다 受苦

처음에는 한글을 읽을 수가 없어 애를 먹었습니다.

· 애를 쓰다 努力
사람은 행복해지기 위해 애를 쓴다.

· 애를 태우다 内心焦急
여태껏 남편으로부터 연락이 없어 애를 태우고 있다.

1445 애정 (愛情)
爱情

애정 + ⓝ

· 애정 갈등 情感纠纷
· 애정 관계 恋人关系
· 애정 표현 表达感情

애정 + ⓥ

애정이 ~

· 애정이 깊다 感情深
다들 음악에 대한 애정이 깊다.

· 애정이 식다 爱情已经冷却
남자친구의 애정이 식었다 싶은 느낌이 들어요.

애정을 ~

· 애정을 가지다 有感情
그들은 시민단체에 애정을 가지고 있다.

· 애정을 고백하다 表白感情
나는 그녀에게 솔직하게 애정을 고백했다.

· 애정을 느끼다 感到爱意
그의 눈빛에서 나에 대한 애정을 느꼈다.

· 애정을 쏟다 倾洒爱
하나뿐인 아이에게 모든 애정을 쏟았다.

· 애정을 잃다 失去感情
농민들은 이미 농사에 대한 애정을 잃었어요.

· 애정을 키우다 培养感情
그는 평생 동안 문학에 대한 남다른 애정을 키워 갔다.

ⓐ + 애정

· 남다른 애정 与众不同的感情
나는 스포츠에 남다른 애정이 있다.

· 따뜻한 애정 暖暖的爱意
그의 작품에는 따뜻한 애정이 그대로 묻어나 있다.

1446 **액세서리** (accessory)
首饰

· 액세서리 가게 首饰商店
· 액세서리 디자인 首饰设计

액세서리를 ~
· 액세서리를 걸치다 戴首饰
옷과 액세서리를 걸치고 학교에 갔다.
· 액세서리를 달다 佩戴首饰
옷깃에 액세서리를 달아요.
· 액세서리를 좋아하다 喜欢首饰
여자는 어릴 때부터 액세서리를 좋아한다.
· 액세서리를 착용하다 佩戴首饰
여자들은 다양한 액세서리를 착용한다.
· 액세서리를 하다 戴首饰
여름에 진주 액세서리를 하면 더워 보이나요?

1447 **액수** [액쑤](額數)
额度

액수가 ~
· 액수가 많다 额度大
대출 액수가 너무 많다.
· 액수가 적다 金额小
교통사고 후에 받은 보상금의 액수가 너무 적어요.
· 액수가 크다 金额大
그는 뇌물 액수가 커서 징역 10년 이상을 살아야 한다.

1448 **앨범** (album)
相册，唱片

· 앨범 녹음 录制唱片
· 앨범 제작 制作唱片

앨범을 ~
· 앨범을 꺼내다 拿出相册
다락에서 먼지가 잔뜩 낀 앨범을 꺼냈다.
· 앨범을 내다 出唱片
가수들이 앨범을 내듯 시집을 냈어요.
· 앨범을 보다 看相册
나는 오늘 다시 중학교 앨범을 봤다.
· 앨범을 제작하다 制作唱片
추억의 앨범을 제작하려고 한다.
· 앨범을 펴다 打开相册
그는 지금까지도 앨범을 펴 본 적이 없어요.

1449 **야간** (夜間)
夜间

· 야간열차 夜间火车
· 야간작업 夜间作业

· 야간 근무 夜间工作
· 야간 외출 夜间外出
· 야간 운전 夜间驾驶
· 야간 학교 夜校

1450 **야구** (野球)
棒球

· 야구 감독 棒球教练
· 야구 게임 棒球赛
· 야구 경기장 棒球比赛场
· 야구 구경 看棒球比赛
· 야구 대회 棒球比赛
· 야구 모자 棒球帽子
· 야구 선수 棒球运动员
· 야구 심판 棒球裁判
· 야구 시합 棒球比赛

· 야구 연습장 棒球练习场
· 야구 중계 转播棒球比赛
· 야구 코치 棒球教练

야구를 ~

· 야구를 좋아하다 喜欢棒球
야구를 좋아해서 사직구장에도 열심히 다녔다.

· 야구를 즐기다 喜欢棒球
여자라고 야구를 즐기지 말라는 법은 없잖아요?

· 야구를 하다 打棒球
점심시간에 친구들을 모아 야구를 한다.

1451 **야단** (惹端)

喧嚷, 挨训

야단이 ~

· 야단이 나다 吵闹
새벽이 되어 집안에 야단이 났다.

야단을 ~

· 야단을 떨다 大吵大闹
뭘 그렇게 야단을 떨고 그래?

· 야단을 맞다 挨训
학교에서 선생님한테 억울하게 야단을 맞았거든.

· 야단을 치다 大声吵闹
왜 야단을 치세요?

· 야단을 하다 喧嚷
'큰일났다!'고 야단을 했다.

1452 **야외** (野外)

野外

· 야외 공연 野外演出
· 야외 바비큐 野外烧烤
· 야외 연주회 野外演奏会
· 야외 촬영 野外摄影
· 야외 촬영장 野外摄影棚

1453 **야채** (野菜)

蔬菜

· 야채샐러드 蔬菜沙拉
· 야채수프 蔬菜浓汤

· 야채 가게 蔬菜商店
· 야채 가격 蔬菜价格
· 야채 반찬 蔬菜做的菜肴
· 야채 비빔밥 蔬菜拌饭
· 야채 장사 卖菜
· 야채 주스 蔬菜汁

야채를 ~

· 야채를 가꾸다 拾掇蔬菜
노인은 호박 등 야채를 가꾸며 활기찬 생활을 하고 있다.

· 야채를 다듬다 择菜
흙 묻은 야채를 다듬고 있다.

· 야채를 데치다 焯蔬菜
야채를 데친 물은 세척용으로 훌륭하다.

· 야채를 먹다 吃蔬菜
중년은 야채를 많이 먹어야 한다.

· 야채를 볶다 炒蔬菜
야채를 먼저 볶아 낸다.

· 신선한 야채 新鲜蔬菜
신선한 야채는 언제든지 추가 가능하다.

· 싱싱한 야채 新鲜蔬菜
싱싱한 야채를 아주 싸게 판다.

· 푸른 야채 绿色蔬菜
푸른 야채와 과일을 많이 섭취하면 건강에 좋다.

1454 **약**[1]

药

· 약 광고 药品广告
· 약 기운 药力
· 약 냄새 药味
· 약 사용량 药品使用量
· 약 상자 药品盒
· 약 성분 药品成分
· 약 이름 药品名字
· 약 처방 药品处方

약 + Ⓥ

약이 ~

· 약이 되다 起药物作用
술은 잘 마시면 약이 된다.

약을 ~

· 약을 구비하다 具备药
수천 종류의 약을 구비해야 한다.
· 약을 구하다 找药
부대 내에서 약을 구하기가 하늘의 별따기이다.
· 약을 끊다 停药
그날로 바로 약을 끊었다.
· 약을 달이다 熬药
이 물로 약을 달이면 약효가 배가 된다고 한다.
· 약을 만들다 制药
좋은 약을 만들어 내겠다.
· 약을 먹다 吃药
밥을 먹고 나서 약을 먹었다.
· 약을 먹이다 喂药
아이에게 쓴 약을 먹이기가 힘들다.
· 약을 바르다 涂药
상처를 소독하고 약을 발라 주었다.
· 약을 받다 拿药
병원에서 진료도 하고 약을 받을 수 있다.
· 약을 복용하다 服药
의사의 말대로 열심히 약을 복용해야 한다.
· 약을 삼키다 吞药
아이는 얼굴을 잔뜩 찌푸리며 겨우 약을 삼켰다.
· 약을 쓰다 用药
이런 증상에는 한방 약을 쓰는 것이 좋다.
· 약을 조제하다 调剂药品
약국에서 약을 조제하는 중이다.
· 약을 짓다 开药
약을 지어 집으로 왔다.
· 약을 처방하다 开处方
병원에서 불필요하게 많은 약을 처방해 준다.
· 약을 타다 取药
병원에서 약을 타 왔다.

· 약을 투여하다 下药
값비싼 약을 투여하는 사례가 많다.

약에 ~

· 약에 쓰다 用于药材
그런데 개똥도 약에 쓰려면 없다는 말이 있다.
· 약에 의존하다 依赖药物
약에 의존하는 사람은 평균수명이 짧다고 한다.
· 약에 취하다 药劲没过
그녀는 약에 취해 온전한 정신이 아니었다.

Ⓐ + 약

· 귀중한 약 贵重药品
원숭이의 간이 옛날부터 귀중한 약으로 인식되었다고 한다.
· 독한 약 药性强的药
독한 약을 먹기도 한다.
· 비싼 약 昂贵的药物
이런 비싼 약 비용을 무슨 수로 대란 말인가?
· 쓴 약 味道苦的药
입에 쓴 약이 몸에 좋다.
· 좋은 약 好药
용하다는 의원을 부르고 좋은 약을 다 먹었지만 병은 좀처럼 차도가 없었다.

1455 약²
气儿

약 + Ⓥ

약을 ~

· 약을 올리다 让人生气
약을 올리는 게 재미있었다.

약이 ~

· 약이 오르다 生气
생각하면 할수록 약이 오르는 일이었다.

1456 약국 [약꾹](藥局)
药房

약국 + Ⓝ

· 약국 점원 药店店员
· 약국 주인 药店老板

약국 + Ⓥ

약국을 ~

· 약국을 경영하다 经营药店
그 뒤 며느리는 약국을 경영하면서 생활을 꾸려갔다.
· 약국을 열다 开药店
서울 변두리에 조그만 약국을 열었다.

Ⓐ + 약국

· 작은 약국 小药店
지금 다니고 있는 곳은 선배가 하는 작은 약국이다.

1457 **약속** [약쏙](約束)
约定，承诺

약속 + Ⓝ

· 약속 금액 约定的金额
· 약속 날짜 约定的日期
· 약속 사항 约定事项
· 약속 시간 约定时间
· 약속 장소 约定场所

약속 + Ⓥ

약속이 ~

· 약속이 깨지다 约定被取消
그들과의 약속이 깨졌다.
· 약속이 되다 约上
친구와 만나기로 약속이 되어 있었다.
· 약속이 없다 没有约会
그날은 아무런 약속이 없었다.
· 약속이 있다 有约会
내일 중요한 약속이 있다.

약속을 ~

· 약속을 깨다 毁约
그가 먼저 약속을 깼다.
· 약속을 만들다 约人
쉬는 날 혼자 있는 것이 싫어서 굳이 약속을 만들곤 한다.
· 약속을 미루다 推迟约会
그는 일방적으로 약속을 미루었다.
· 약속을 받아내다 得到承诺
아이는 엄마에게 놀이공원에 데려 간다는 약속을 받아 냈다.
· 약속을 어기다 违约

그는 약속을 어기고 거짓말을 했다.
· 약속을 위반하다 违约
자네는 나와의 약속을 위반했네.
· 약속을 이행하다 履行约定
지금 그 약속을 이행하기 위해 여기까지 온 거요.
· 약속을 잡다 安排约定
그래서 서둘러 두 번째 약속을 잡아서 만났다.
· 약속을 저버리다 毁约
아무 거리낌 없이 약속을 저버렸어요.
· 약속을 정하다 约好
지난번에 4시부터 만나자고 약속을 정했잖아요.
· 약속을 지키다 遵守约定
너는 약속을 지키지 못했어.
· 약속을 취소하다 取消约定
갑자기 약속을 취소하면 어떻게 해요?
· 약속을 파기하다 毁约
마음먹기에 따라 언제든지 약속을 파기할 수 있는 것이다.
· 약속을 하다 约定
아이하고 손가락 걸고 약속을 했거든요.

Ⓐ + 약속

· 다른 약속 别的约会
다른 약속이 있어서 먼저 일어나 보겠습니다.
· 소중한 약속 珍贵的约定
결혼은 세상에 알리는 가장 소중한 약속입니다.
· 중요한 약속 重要的约会
중요한 약속이 있어 다섯 시에 만나자고 했다.

1458 **약수** [약쑤](藥水)
泉水

약수 - Ⓝ

· 약수터 有泉水的地方

약수 + Ⓥ

약수를 ~

· 약수를 마시다 喝泉水
이 약수를 마시고 효과를 보았다고 한다.
· 약수를 먹다 喝泉水
나도 그 약수를 먹었다.

1459 **약점** [약쩜](弱點)
缺点

약점 + Ⓥ

약점을 ~
· **약점을 건드리다** 碰触痛处
자꾸 다른 사람의 약점을 건드리지 마라.
· **약점을 노리다** 钻空子
약점을 노려서 상처를 주는 게 취미인가요?
· **약점을 드러내다** 暴露缺点
죄를 지은 이는 두려움 때문에 스스로 약점을 드러낸다.
· **약점을 들추다** 揭短
남의 약점을 들추어 낼 필요는 없습니다.
· **약점을 보완하다** 弥补缺点
자신의 약점을 보완해야 한다.
· **약점을 잡다** 抓住缺点
나는 그의 약점을 잡았다.
· **약점을 잡히다** 让……抓住缺点
그녀에게 약점을 잡히고 말았다.

1460 **약혼** [야콘](約婚)
订婚

약혼 − Ⓝ

· **약혼반지** 订婚戒指

약혼 + Ⓝ

· **약혼 선물** 订婚礼物

약혼 + Ⓥ

약혼을 ~
· **약혼을 취소하다** 取消订婚
그냥 이 약혼을 취소하면 안 됩니까?
· **약혼을 하다** 订婚
그는 다른 여자와 약혼을 하고 결혼을 했다.

1461 **양¹** (羊)
羊

양 − Ⓝ

· **양가죽** 羊皮
· **양고기** 羊肉
· **양모** 羊毛
· **양털** 羊毛

양 + Ⓥ

양을 ~
· **양을 기르다** 养羊
그는 양을 기르는 사람이다.
· **양을 잡다** 宰羊
사람들은 제물로 쓸 양을 잡았다.
· **양을 잡아먹다** 吃掉羊
늑대가 양을 잡아먹었다.

Ⓐ + 양

· **순한 양** 温顺的羊
순한 양이 갑자기 표독스러운 맹수로 돌변했다.
· **어린 양** 小羊
한 마리 길 잃은 어린 양을 이렇게 구할 수 있었다.

1462 **양²** (量)
量, 数量

양 + Ⓥ

양이 ~
· **양이 많다** 量大
혼자 먹기에는 지나치게 양이 많았다.
· **양이 적다** 量少
양이 적어 보였다.
· **양이 줄어들다** 量减少
소식을 하다 보면 양이 줄어든다.
· **양이 증가하다** 量增加
정보 사회에서는 정보의 양이 증가하고 그 중요성이
커진다.
양을 ~
· **양을 조절하다** 调节……量
나는 점점 술의 양을 조절할 수 있게 됐다.
· **양을 줄이다** 减少……量
음식 양을 줄이는 것이 역시 그에게는 큰 숙제이다.

Ⓐ + 양

· 많은 양 大量
많은 양의 눈이 내려 노면이 얼어붙었다.
· 엄청난 양 很多的量
엄청난 양의 쓰레기들이 흩어져 있었다.
· 적은 양 少量
아이에게는 적은 양의 독소라도 치명적이다.
· 적절한 양 适当的量
적절한 시간에, 적절한 양의 휴식만으로도 가벼운 병
은 쉽게 나을 수 있다.
· 충분한 양 充足的量
인간은 충분한 양의 잠을 자야 한다.

1463 양념
作料

양념 + Ⓝ

· 양념 간장 调味酱油
· 양념 고추장调味辣酱
· 양념 냄새 调料味儿（嗅觉）
· 양념 맛 调料味道（味觉）
· 양념 소스 调料汁
· 양념 요리 加作料的料理

양념 + Ⓥ

양념이 ~
· 양념이 들어가다 加作料
양념이 다 들어가 있는 김치가 맛있다.

양념을 ~
· 양념을 넣다 放作料
다진 양념을 넣고 끓인다.
· 양념을 만들다 做作料
불고기 양념을 직접 만들어 먹는다.
· 양념을 하다 调味
고기를 다져 양념을 해서 구워 먹는다.

양념에 ~
· 양념에 무치다 用调料凉拌
나물을 양념에 무쳐 먹는다.
· 양념에 버무리다 用调料拌
배추를 양념에 버무린 생김치.

Ⓐ + 양념

· 진한 양념 重作料
레드와인은 진한 양념의 육류와 잘 어울린다.

1464 양말
袜子

양말 + Ⓥ

양말을 ~
· 양말을 꿰매다 补袜子
구멍 난 양말을 꿰매 신었다.
· 양말을 벗다 脱袜子
구두와 양말을 벗고 나무에 오르기 시작했다.
· 양말을 신다 穿袜子
한여름에도 양말을 신고 잔다.

Ⓐ + 양말

· 깨끗한 양말 干净的袜子
깨끗한 양말을 신는다.
· 두꺼운 양말 厚袜子
초가을만 되면 두꺼운 양말을 신어야 된다.
· 헌 양말 旧袜子
헌 양말이 많다.

1465 양보 (讓步)
让步

양보 + Ⓝ

· 양보 운전 开车让行

양보 + Ⓥ

양보를 ~
· 양보를 하다 让步
그는 껄껄 웃더니 한 걸음 양보를 했다.

1466 양복 (洋服)
西服

양복 - Ⓝ

· 양복바지 西服裤子
· 양복저고리 西服上衣

양복 + Ⓝ

· 양복 가게 西服店
· 양복 소매 西服袖子
· 양복 윗도리 西服上衣
· 양복 조끼 西服马夹
· 양복 주머니 西服兜
· 양복 차림 西服裝扮

양복 + Ⓥ

양복을 ~

· 양복을 입다 穿西服
남자는 흰 양복을 입고 있었고, 검은 가방도 들고 있었다.
· 양복을 장만하다 置备西服
윤기 나는 고급 재질로 새로운 양복을 장만했다.

Ⓐ + 양복

· 깔끔한 양복 干净的西服
그 남자는 깔끔한 양복을 입고 있었다.
· 새 양복 新西服
형은 첫 출근을 위해 새 양복을 한 벌 맞췄다.

1467 양산 (陽傘)
阳伞

양산 + Ⓥ

양산을 ~

· 양산을 들다 拿阳伞
남자가 양산 들고 다니는 게 평범한 광경이 아니죠.
· 양산을 쓰다 打阳伞
나는 여름이면 양산을 쓰고 밖에 나간다.
· 양산을 접다 收起阳伞
그녀가 저만큼에서 양산을 접으며 걸어왔다.
· 양산을 펴다 撑开阳伞
양산을 펴서 볕을 가렸어요.

1468 양심 (良心)
良心

양심 - Ⓝ

· 양심선언 良心宣言

양심 + Ⓥ

양심이 ~

· 양심이 없다 没有良心
양심이 없는 사람은 쓰레기를 길에 버린다.
· 양심이 있다 有良心
우리도 양심이 있는 사람들이에요.

양심을 ~

· 양심을 속이다 昧良心
그 의사는 양심을 속이고 환자에게 많은 돈을 받았다.
· 양심을 지키다 恪守良心
인간은 양심을 지켜야 인간다운 것이다.
· 양심을 팔다 出卖良心
작은 일에 양심을 팔지 맙시다.

양심에 ~

· 양심에 맡기다 凭良心
잘하고 못하고는 모두의 양심에 맡기면 된다.
· 양심에 어긋나다 违背良心
양심에 어긋난 짓을 하면 언젠가는 벌을 받게 될 겁니다.

1469 얘기
(谈)话

얘기 + Ⓥ

얘기가 ~

· 얘기가 나돌다 风声四起
요즘 광우병 얘기가 나돈다.

얘기를 ~

· 얘기를 나누다 聊天
한번 만나 얘기를 나누고 싶다.
· 얘기를 하다 谈话
그 두 사람은 서로 만나기만 하면 장사 얘기를 한다.

1470 어깨
肩膀

어깨 - Ⓝ

· 어깨너머 肩头

어깨 + N

· 어깨 통증 肩膀疼痛

· 어깨 폭 肩宽

어깨 + V

어깨가 ~

· 어깨가 넓다 肩膀宽
그는 어깨가 넓고 허리가 가늘었다.

· 어깨가 벌어지다 肩膀开阔
어려서부터 여러 가지 운동을 하다 보니 어깨가 벌어져 있어요.

· 어깨가 쑤시다 肩膀疼痛
어깨가 쑤셔서 잠을 이루지 못한다.

· 어깨가 좁다 肩窄
어깨가 좁아서 고민을 하시는 남자 분들이 많습니다.

어깨를 ~

· 어깨를 감싸다 包着肩膀
그녀는 스카프로 어깨를 포근하게 감쌌다.

· 어깨를 기대다 靠着肩膀
어깨를 기대고 앉아 있다.

· 어깨를 두드리다 拍肩膀
선생님은 학생들의 어깨를 두드리며 격려해 주셨다.

· 어깨를 들먹이다 抖动肩膀
그 아주머니는 두 손으로 얼굴을 감싼 채 어깨를 들먹이고 있었다.

· 어깨를 움츠리다 蜷缩着肩膀
나는 낯이 뜨거워짐을 느끼며 어깨를 움츠렸다.

· 어깨를 으쓱하다 耸肩
칭찬을 받은 동생은 들뜬 표정으로 어깨를 으쓱했다.

어깨에 ~

· 어깨에 걸머지다 挎在肩上
그들은 배낭을 어깨에 걸머졌다.

· 어깨에 걸치다 披在肩上
검은 색 코트를 어깨에 걸쳤다.

· 어께에 메다 背在肩上
남자는 푸른 생수 통을 어깨에 메고 있었다.

· 어깨에 짊어지다 扛在肩上
그들은 무거운 짐을 어깨에 짊어졌다.

A + 어깨

· 넓은 어깨 宽厚的肩膀
그의 품 안은 따스했고, 넓은 어깨는 든든했다.

· 단단한 어깨 结实的肩膀
상대방 선수들의 단단한 어깨가 부딪쳐왔다.

· 듬직한 어깨 忠厚可靠的肩膀
아버지의 듬직한 어깨.

· 무거운 어깨 沉重的肩膀
우리나라 40대 가장의 무거운 어깨.

惯

· 어깨가 가볍다 担子轻
이 문제를 결정짓고 나니 어깨가 가벼워졌다.

· 어깨가 무겁다 感到沉重
막중한 책임에 어깨가 무겁다.

· 어깨가 으쓱하다 感到骄傲
누가 뭐라 추켜세워 주면 어깨가 으쓱할 때가 있잖아.

· 어깨가 처지다 无精打采
아이는 어깨가 처져서 집으로 돌아왔다.

· 어깨를 겨루다 一决高下
기업들은 어깨를 겨루고 시장 싸움을 벌이고 있다.

· 어깨를 걷다 肩并肩
학생들은 어깨를 걷고 거리로 나섰다.

· 어깨를 펴다 挺胸直背
오늘은 움츠린 어깨를 활짝 펴 본다.

· 어깨에 걸머지다 扛在肩上
그 일은 이제 자네가 어깨에 걸머질 차례네.

· 어깨에 힘을 주다 昂首挺胸
시험에 합격했다고 어깨에 너무 힘을 주는 것 아냐?

1471 어둠

黑暗

어둠 + N

· 어둠 속 黑暗中

어둠 + V

어둠이 ~

· 어둠이 깔리다 一片漆黑
우리는 어둠이 깔린 골목길을 함께 걸었다.

· 어둠이 걷히다 夜幕退去
어둠이 걷히고 벌써 아침이 밝아왔네요.

· 어둠이 내려앉다 夜色渐深
해가 기울어 밖에는 이미 어둠이 내려앉아 있었다.

· 어둠이 내리다 天色变黑
어느새 밖에 어둠이 내렸다.

· 어둠이 짙다 夜深
빛이 밝으면 어둠이 짙다.

어둠에 ~

· 어둠에 묻히다 淹没于夜色中
그 사람은 어둠에 묻혀 사라져 버렸어.

· 어둠에 싸이다 被夜幕笼罩
저녁이면 도시전체가 어둠에 싸인다.

1472 어려움
困难

어려움 + Ⓥ

어려움이 ~

· 어려움이 많다 困难多
그는 태어날 때부터 어려움이 많았다.

· 어려움이 없다 没有困难
부지런하면 천하에 어려움이 없을 것이다.

· 어려움이 있다 有困难
고대사는 자료가 많지 않기 때문에 역사를 재구성하는
어려움이 있다.

어려움을 ~

· 어려움을 겪다 经历困难
참고 문헌 목록을 작성하는 데도 많은 어려움을 겪었다.

· 어려움을 견디다 承受困难
그는 나약해서 어려움을 견디지 못한다.

· 어려움을 극복하다 克服困难
우리는 이런 어려움을 극복할 수밖에 없다.

· 어려움을 이겨내다 战胜困难
어려움을 이겨내다 보면 실력이 향상될 것입니다.

어려움에 ~

· 어려움에 빠지다 陷入困境
그 나라의 경제는 심각한 어려움에 빠져 들었다.

· 어려움에 처하다 处于困境
그는 어려움에 처한 친구들을 아낌없이 도와준다.

1473 어른
大人，长辈

어른 + Ⓝ

· 어른 노릇 大人的职责
· 어른 말씀 大人的话
· 어른 체면 大人的面子

어른 + Ⓥ

어른이 ~

· 어른이 되다 成为大人
사람은 어떻게 어른이 되는 것일까?

어른을 ~

· 어른을 공경하다 尊敬长辈
어른을 공경하는 전통을 지켜야 한다.

· 어른을 모시다 陪伴长辈
어른을 모시고 식사할 때에는 예의를 지켜야 한다.

Ⓐ + 어른

· 엄한 어른 严厉的长辈
어렸을 적에 엄한 어른 밑에서 자랐다.

1474 어머니
母亲

어머니 + Ⓝ

· 어머니 노릇 母亲的职责
· 어머니 마음 母亲的心
· 어머니 말씀 母亲的话
· 어머니 말투 母亲的语气
· 어머니 모습 母亲的样子
· 어머니 목소리 母亲的声音
· 이미니 생신 母亲的生日
· 어머니 역할 母亲的作用
· 어머니 이야기 母亲的故事
· 어머니 품 母亲的怀抱

어머니 + Ⓥ

어머니가 ~

· 어머니가 되다 成为母亲
인제 내가 어머니가 돼 줄 테니 날 어머니처럼 생각해요.

· 어머니가 생각나다 想起母亲
요새 와서 돌아가신 어머니가 자꾸 생각난다.

어머니를 ~

· 어머니를 닮다 长得像母亲
그녀는 어머니를 닮았다.

· 어머니를 모시다 陪伴母亲
나는 어머니를 모시고 병원에 갔다.

· 어머니를 여의다 失去母亲
그는 어머니를 여의고 홀아버지 밑에서 자랐다.

Ⓐ + 어머니

· 늙으신 어머니 年迈的母亲
늙으신 어머니를 업고 나들이를 나왔다.

1475 **어제**
昨天

어제 – N

· 어제저녁 昨天晚上

어제 + N

· 어제 새벽 昨天清晨
· 어제 아침 昨天早上
· 어제 일 昨天的事
· 어제 하루 昨天一天

1476 **어제오늘**
这一两天

惯

· 어제오늘의 일이 아니다 不是这一两天的事了
두 형제의 경영권 다툼은 어제오늘의 일이 아니다.

1477 **어휘** (語彙)
词汇

어휘 + N

· 어휘 구사력 词汇表达能力
· 어휘 연구 词汇研究
· 어휘 의미 词意

어휘 + V

어휘가 ~
· 어휘가 부족하다 词汇量不够
어휘가 부족하면 독해를 잘할 수 없다.
· 어휘가 풍부하다 词汇量丰富
이 사전은 어휘가 대단히 풍부하다.

1478 **언니**
姐姐

언니 + N

· 언니 방 姐姐的房间

언니 + V

언니가 ~
· 언니가 되다 成为姐姐
나도 빨리 언니가 되었으면 좋겠다.
언니를 ~
· 언니를 따르다 随从姐姐
막내 동생은 언니를 잘 따랐다.
언니처럼 ~
· 언니처럼 대하다 像姐姐一样对待
그동안 내게 친언니처럼 대해 주어 고마웠어.
· 언니처럼 보이다 看上去像姐姐
남들이 보면 시골서 올라온 동생을 만난 고향 언니처럼 보였다.

1479 **언덕**
山坡

언덕 + N

· 언덕 기슭 山麓
· 언덕 꼭대기 山顶
· 언덕 너머 山那边

언덕 + V

언덕을 ~
· 언덕을 내려오다 下山
언덕을 내려온 고모는 손에 꽃을 들고 있었다.
· 언덕을 넘다 翻山
언덕을 넘어 고향 마을에 도착했다.
· 언덕을 오르다 爬山
나는 언덕을 오르는 그녀의 뒷모습을 바라보았다.
· 언덕을 올라가다 爬上山
나는 힘들여 언덕을 올라갔습니다.

1480 **언론** [얼론](言論)
言论

언론 + Ⓝ

· 언론 기관 言论机关
· 언론 매체 言论媒体
· 언론 보도 言论报道
· 언론 자유 言论自由
· 언론 정책 言论政策
· 언론 탄압 言论镇压

1481 **언어** (言語)
语言

언어 + Ⓝ

· 언어 감각 语言感觉
· 언어 교육 语言教育
· 언어 구사 语言表达
· 언어 규범 语言规范
· 언어 규칙 语言规则
· 언어 능력 语言能力
· 언어 습관 语言习惯
· 언어 습득 语言习得
· 언어 예술 语言艺术
· 언어 장애 语言障碍
· 언어 통일 语言统一
· 언어 현상 语言现象

언어 + Ⓥ

언어를 ~
· 언어를 가르치다 教语言
우리 서로의 언어를 가르쳐 주는 건 어때요?
· 언어를 배우다 学语言
유학을 가려면 먼저 언어를 배워야 한다.
· 언어를 습득하다 学会语言
사람은 언어를 습득하는 능력이 있다.

1482 **얼굴**
脸

얼굴 - Ⓝ

· 얼굴근육 脸上的肌肉
· 얼굴색 脸色

얼굴 + Ⓝ

· 얼굴 모양 长相
· 얼굴 사진 脸部照片
· 얼굴 생김새 脸的长相
· 얼굴 윤곽 脸部轮廓
· 얼굴 표정 面部表情
· 얼굴 피부 脸上的皮肤

얼굴 + Ⓥ

얼굴이 ~
· 얼굴이 굳어지다 表情僵硬
나도 모르게 얼굴이 굳어지는 걸 느꼈다.
· 얼굴이 떠오르다 想起……的面容
어렴풋이 그의 얼굴이 떠올랐다.
· 얼굴이 빨개지다 脸红
사람들은 웃음을 참느라 얼굴이 빨개졌다.
· 얼굴이 알려지다 被大家熟知
방송을 통해 얼굴이 알려졌다.
· 얼굴이 타다 脸晒黑
햇빛 아래서 얼굴이 타는 것은 당연하다.
· 얼굴이 화끈거리다 脸上发烧
그때 그 실수를 생각하면 지금도 얼굴이 화끈거린다.
· 얼굴이 환해지다 表情明朗
마음이 밝아지는 듯 얼굴이 환해졌다.

얼굴을 ~
· 얼굴을 가리다 挡住脸
그녀는 부끄러워 두 손으로 얼굴을 가렸다.
· 얼굴을 내밀다 露出脸
아주머니는 거실 밖으로 얼굴을 내밀고 말했다.
· 얼굴을 들다 抬起脸
반사적으로 나는 얼굴을 들어 그쪽을 봤다.
· 얼굴을 마주하다 脸对脸
가족들의 얼굴을 마주하고 하루의 일들을 이야기해 보세요.
· 얼굴을 맞대다 面对面
두 사람은 얼굴을 맞대고 파일을 보며 이야기를 나누었다.

· 얼굴을 묻다 把脸埋起来
나는 두 손에 얼굴을 묻고 울음을 참았다.
· 얼굴을 보다 见面
아마 다시는 얼굴 볼 일 없을 걸.
· 얼굴을 붉히다 脸涨红
그녀는 수줍은 듯 얼굴을 붉히며 환하게 웃었다.
· 얼굴을 찌그리다 皱眉
다들 야근 차례만 돌아오면 얼굴을 찌그리고 머리를 흔들었다.
· 얼굴을 찡그리다 一脸愁云
아이들은 얼굴을 찡그리고 있었다.

얼굴에 ~

· 얼굴에 묻다 沾在脸上
얼굴에 묻은 땀과 먼지를 닦아낸다.

慣

· 얼굴에 먹칠을 하다 脸上抹黑
결국 제 얼굴에 먹칠을 하는 결과를 낳았다.
· 얼굴을 내밀다 露面
그날 이후 서섬에 한번도 얼굴을 내밀지 않았다.
· 얼굴을 들다 抬脸见人
부끄러워서 얼굴을 들고 다닐 수 없다.
· 얼굴을 붉히다 面红耳赤
그가 갑자기 얼굴을 붉히며 몹시 화를 내는 것이었다.
· 얼굴이 홍당무가 되다 脸红得像猴屁股一样
당황한 나는 얼굴이 홍당무가 되었다.

1483 얼마
不久, 多少

얼마 + Ⓝ

· 얼마 동안 不久
· 얼마 뒤 不久以后
· 얼마 전 不久前
· 얼마 후 不久以后

얼마 + Ⓥ

얼마가 ~

· 얼마가 되다 有多少
그는 번 돈이 얼마가 되든 모두 저축하였다.
· 얼마가 지나다 过多久
식전 운동 후 얼마가 지나고 밥을 먹어야 될까요?

1484 얼음 [어름]
冰

얼음 - Ⓝ

· 얼음찜질 冰敷

얼음 + Ⓝ

· 얼음 구멍 冰窟窿
· 얼음 덩어리 冰块
· 얼음 조각 冰雕

얼음 + Ⓥ

얼음이 ~

· 얼음이 녹다 冰融化
얼음이 녹으면 물로 다시 환원되는 것과 같다.
· 얼음이 얼다 结冰
벌써 얼음이 얼고 찬바람이 불어오는 초겨울이다.
· 얼음이 풀리다 冰化了
갑작스레 얼음이 풀리는 바람에 피해도 적지 않다.

얼음을 ~

· 얼음을 깨다 砸冰
강가 얼음을 깨고 낚시질한다.
· 얼음을 띄우다 放冰块
이 차는 얼음을 띄워 차게 마시면 더욱 좋다.

1485 엄마
妈妈

엄마 + Ⓝ

· 엄마 노릇 妈妈的职责
· 엄마 마음 妈妈的心
· 엄마 말 妈妈的话
· 엄마 말씀 妈妈的话
· 엄마 뱃속 妈妈的肚子里
· 엄마 속 妈妈内心
· 엄마 얼굴 妈妈的脸
· 엄마 젖 妈妈的奶
· 엄마 품 妈妈的怀抱

○

1486 업무 [엄무](業務)
业务

업무 + N

· 업무 계획 业务计划
· 업무 능력 业务能力
· 업무 수행 业务执行
· 업무 시간 业务时间
· 업무 처리 业务处理

업무 + V

업무가 ~
· 업무가 많다 业务多
연말이라 회사 업무가 많아 야근을 하고 있습니다.
· 업무가 바쁘다 业务繁忙
요즘은 업무가 너무 바빠서 책을 읽을 틈도 없다.

업무를 ~
· 업무를 맡다 承担业务
대신 업무를 맡아 주시겠어요?
· 업무를 보다 处理业务
비자 발급 업무를 보는 직업이 공무원이지요?
· 업무를 수행하다 执行业务
당사 영업부는 다양한 업무를 수행합니다.

1487 업적 [업쩍](業績)
业绩

업적 + V

업적을 ~
· 업적을 기리다 缅怀……业绩
스승이 불우한 삶 속에서 성취해 낸 불후의 업적을 기렸다.
· 업적을 남기다 留下……业绩
선생은 많은 저술과 업적을 남겼다.
· 업적을 쌓다 建立……业绩
세종대왕만큼 훌륭한 업적을 쌓은 이도 드물다.
· 업적을 이루다 做出……业绩
그는 나중에 자기 아버지보다 훨씬 더 큰 업적을 이루었지.

A + 업적

· 빛나는 업적 辉煌的业绩
용감하게 싸운 빛나는 업적을 찬양했다.
· 위대한 업적 伟大的业绩
위대한 업적을 남긴 사람들의 삶은 매우 특별하다.
· 큰 업적 巨大的业绩
그는 후진 교육과 교단의 향상에 큰 업적을 남겼다.

1488 엉덩이
屁股

惯

· 엉덩이가 가볍다 形容人很勤快
저는 엉덩이가 가벼워서 가만히 앉아 있지를 못해요.
· 엉덩이가 무겁다 形容人很懒
엉덩이가 무거워서 좀처럼 일을 시작하지 않는다.
· 엉덩이를 붙이다 坐在……
사무실에 엉덩이를 붙이고 있네요.

1489 엉망
乱

엉망 + V

엉망이 ~
· 엉망이 되다 乱七八糟
모든 일이 엉망이 되고 말았어요.

엉망으로 ~
· 엉망으로 되다 乱七八糟
모든 것이 엉망으로 되어 버렸어.
· 엉망으로 만들다 弄得乱七八糟
결혼은 그녀의 인생을 엉망으로 만들었다.

1490 엉터리
荒诞

엉터리 - N

· 엉터리박사 没有真才实学的人

510

엉터리 + N

- 엉터리 번역 蹩脚翻译
- 엉터리 서류 荒谬的文件
- 엉터리 의사 庸医
- 엉터리 정보 荒谬的信息
- 엉터리 해석 蹩脚的解释

엉터리 + V

엉터리가 ~

- 엉터리가 많다 不真实的很多
인터넷에 올라온 맛집의 정보는 거의 엉터리가 많다.

엉터리로 ~

- 엉터리로 일하다 糊弄着做事
지금처럼 엉터리로 일해서는 안 된다.
- 엉터리로 하다 糊弄
일을 엉터리로 해 놓고 퇴근한다.

1491 에너지 (energy)

能源

에너지 - N

- 에너지산업 能源产业
- 에너지자원 能源资源

에너지 + N

- 에너지 공급 能源供应
- 에너지 낭비 能源浪费
- 에너지 소모 能源消耗
- 에너지 소비량 能源消耗量
- 에너지 수요 能源需求
- 에너지 절약 节约能源
- 에너지 위기 能源危机
- 에너지 효율 能源效率

에너지 + V

에너지를 ~

- 에너지를 아끼다 节约能源
겨울 방학 숙제로 에너지를 아껴 쓰는 방법을 조사했다.

1492 에어컨 (air conditioner)

空调

에어컨 + N

- 에어컨 바람 空调风
- 에어컨 사용 使用空调
- 에어컨 시설 空调设施
- 에어컨 작동 空调运转

에어컨 + V

에어컨을 ~

- 에어컨을 가동하다 开启空调
호텔이나 쇼핑센터는 에어컨을 가동해요.
- 에어컨을 끄다 关空调
방이 좀 추운데 에어컨을 끌 수가 없어요.
- 에어컨을 켜다 开空调
에어컨을 켜니 금세 방 안이 시원해졌다.
- 에어컨을 틀다 开空调
날이 더우니 계속 에어컨을 틀 수밖에 없어요.

1493 엔진 (engine)

引擎, 发动机

엔진 - N

- 엔진브레이크 引擎制动器
- 엔진오일 发动机油

엔진 + N

- 엔진 개발 引擎开发
- 엔진 소리 引擎声

엔진 + V

엔진이 ~

- 엔진이 꺼지다 熄火
자동차가 달리다가 갑자기 엔진이 꺼졌다.
- 엔진이 작동하다 引擎发动
엔진이 작동하는 원리를 잠깐 살펴보자.

엔진을 ~

- 엔진을 고치다 修发动机
방금 엔진을 고쳤다.

· 엔진을 끄다 关掉发动机
차를 세우고 엔진을 껐다.

1494 엘리베이터 (elevator)
电梯

엘리베이터 + Ⓝ

· 엘리베이터 문 电梯门
· 엘리베이터 버튼 电梯按钮
· 엘리베이터 안 电梯里面
· 엘리베이터 앞 电梯前面

엘리베이터 + Ⓥ

엘리베이터가 ~
· 엘리베이터가 내려오다 电梯下来
학생들이 엘리베이터가 내려오기를 기다리고 있었다.
· 엘리베이터가 도착하다 电梯到达
그때 엘리베이터가 도착했다.
· 엘리베이터가 멎다 电梯停运
엘리베이터가 9층에서 멎었다.
· 엘리베이터가 올라가다 电梯上行
엘리베이터가 올라가는 동안 생각했다.

엘리베이터를 ~
· 엘리베이터를 기다리다 等电梯
많은 사람들이 엘리베이터를 기다리고 있다.
· 엘리베이터를 내리다 下电梯
그녀는 6층에서 엘리베이터를 내렸다.
· 엘리베이터를 타다 坐电梯
엘리베이터를 타고 로비로 내려왔다.

엘리베이터에 ~
· 엘리베이터에 갇히다 被关在电梯里
카메라가 엘리베이터에 갇힌 그의 모습을 비췄다.
· 엘리베이터에 오르다 上电梯
집을 나서기 위해 엘리베이터에 올랐다.

1495 여가 (餘暇)
余暇，休闲

여가 + Ⓝ

· 여가 문화 休闲文化

· 여가 산업 休闲产业
· 여가 상품 休闲商品
· 여가 생활 休闲生活
· 여가 선용 善用余暇
· 여가 시간 余暇时间
· 여가 활동 余暇活动

여가 + Ⓥ

여가를 ~
· 여가를 누리다 享受余暇
경제 발전으로 모든 사람들이 여가를 누리게 되었다.
· 여가를 보내다 度过余暇
현대인은 여가를 어떻게 보내고 있나?
· 여가를 이용하다 利用余暇时间
여가를 잘 이용하는 생활을 하도록 합시다.
· 여가를 즐기다 享受余暇
어떤 사람들은 낚시와 같은 여가를 즐긴다.
· 여가를 활용하다 利用余暇
많은 사람이 여가를 활용하는 방법은 TV 시청이다.

1496 여건 [여껀](與件)
条件

여건 + Ⓝ

· 여건 악화 条件恶化
· 여건 변화 条件变化
· 여건 조성 营造条件

여건 + Ⓥ

여건이 ~
· 여건이 나빠지다 条件变差
올해 경영 여건이 나빠지고 있어 불안하다.

여건을 ~
· 여건을 갖추다 具备条件
우리 회사는 큰 회사가 될 여건을 갖추고 있다.
· 여건을 마련하다 创造条件
그 나라는 개혁에 유리한 여건을 마련했다.

Ⓐ + 여건

· 어려운 여건 艰难的条件
그는 어려운 여건 속에서도 좌절하지 않고 열심히 살았다.

1497 **여관** (旅館)
旅馆

· 여관 숙박비 旅馆住宿费
· 여관 주인 旅馆主人

여관을 ~
· 여관을 구하다 找旅馆
나와 아버지는 시험장 주변에 여관을 구했다.
· 여관을 잡다 订旅馆
출발 전에 이미 여관을 잡았어요.

여관에 ~
· 여관에 묵다 住旅馆
청소년도 여관에 묵을 수 있나요?
· 여관에 투숙하다 住旅馆
미성년자도 여관에 투숙할 수 있나요?

1498 **여권** [여꿘]
护照

· 여권 갱신 新换护照
· 여권 발급 签发护照
· 여권 분실 护照遗失
· 여권 수속 办护照手续
· 여권 신청서 护照申请书

여권을 ~
· 여권을 발급받다 签发护照
해외 여행을 가려면 여권을 발급받아야 한다.
· 여권을 보이다 出示护照
공항 직원한테 여권을 보이고 나갔다.
· 여권을 신청하다 申请护照
여권사진을 찍고 서류를 준비하여 여권을 신청했다.

1499 **여기저기**
到处

여기저기를 ~
· 여기저기를 다니다 四处走
그는 차를 타고 여기저기를 다녔다.
· 여기저기를 돌아다니다 四处游
길거리 여기저기를 돌아다녔다.
· 여기저기를 살피다 四处张望
그는 방 안 여기저기를 살폈다.

여기저기에 ~
· 여기저기에 흩어지다 四处散落
속옷들이 거실 여기저기에 흩어져 있었다.

1500 **여동생** (女동생)
妹妹

여동생이 ~
· 여동생이 생기다 有了妹妹
나에게 여동생이 생겼다.
· 여동생이 태어나다 妹妹出生
여동생이 태어나자 나는 고모에게 맡겨졌다.

1501 **여름**
夏天

· 여름방학 暑假
· 여름휴가 夏季休假

여름이 ~
· 여름이 되다 夏天到了
여름이 되니 전기 걱정을 또 하지 않을 수 없게 됐다.
· 여름이 오다 夏天来了
봄이 가면 여름이 온다.

· 여름이 지나다 夏天过去
금년 여름이 지나면 키도 훌쩍 커 있을 거야.

여름을 ~

· 여름을 보내다 过夏天
무덥고 지루한 여름을 보냈다.

· 여름을 나다 过夏天
선풍기 없이도 여름을 날 수 있다.

· 여름을 지내다 过夏天
몸 건강히 여름을 지내고 있다.

1502 여부 (與否)
与否

여부 + V

여부가 ~

· 여부가 있다 有疑问
아, 그래요. 그야 여부가 있겠습니까?

여부를 ~

· 여부를 묻다 询问……与否
국민의 지지 여부를 묻는 국민 투표를 실시한다.

· 여부를 알다 知道是否……
혀 색깔을 보면 빈혈 여부를 알 수 있다.

· 여부를 확인하다 确认……与否
소변으로 임신 여부를 확인해 볼 수 있다.

1503 여유 (餘裕)
富余

여유 + N

· 여유 시간 富余时间
· 여유 자금 富余资金

여유 + V

여유가 ~

· 여유가 생기다 有富余
요즘에는 영화도 보고 음악도 들을 여유가 생겼다.

· 여유가 없다 没有空闲
그것까지 설명할 시간적 여유가 없다.

· 여유가 있다 有悠闲的心
생활이 안정되어 있고 마음에 여유가 있는 사람이다.

여유를 ~

· 여유를 가지다 悠闲自在
마음의 여유를 가진 그를 내심 부러워하기도 했다.

· 여유를 갖다 拥有一份怡然
취미는 일상사를 잊고 생활의 여유를 갖게 해 준다.

· 여유를 보이다 显得悠闲自在
콧노래까지 흥얼거리는 여유를 보였다.

· 여유를 주다 给充裕时间
먼저 1년의 여유를 주어 봅시다.

· 여유를 찾다 寻找闲暇
나는 드디어 내 자신에 관해 되돌아볼 수 있는 여유를
찾았다.

1504 여자 (女子)
女子

여자 + N

· 여자 가수 女歌手
· 여자 대학교 女子大学
· 여자 모델 女模特
· 여자 목소리 女子的声音
· 여자 배우 女演员
· 여자 아기 女婴
· 여자 아나운서 女播音员
· 여자 아이 女孩子
· 여자 어린이 女童
· 여자 선생님 女老师
· 여자 손님 女客人
· 여자 종업원 女营业员
· 여자 주인공 女主人公
· 여자 친구 女朋友
· 여자 화장실 女卫生间
· 여자 회원 女会员

여자 + V

여자를 ~

· 여자를 밝히다 拈花惹草
내가 여자를 밝힌다고요?

· 여자를 사귀다 交女朋友
모든 것을 희생할 각오로 그 여자를 사귀었다.

· 여자를 알다 懂得女人
그는 스물다섯의 이미 여자를 아는 젊은이였다.

· 여자를 유혹하다 诱惑女人
여자를 유혹하기 위해 이런 수고까지 하다니.

여자로 ~

· 여자로 태어나다 生下来是个女子
나는 왜 여자로 태어났단 말인가?

Ⓐ + 여자

· 다른 여자 别的女人
그 후 그는 다른 여자를 만나 사랑하고 결혼을 했어요.

· 단순한 여자 单纯的女人
그녀는 자신이 매우 단순한 여자라고 생각한다.

· 뚱뚱한 여자 胖女人
여기는 뚱뚱한 여자가 미인으로 통한다.

· 보통 여자 普通女人
그녀는 보통 여자와 다를 바 없이 가정생활을 충실히 꾸려나갔어요.

· 아름다운 여자 美丽的女人
당신이 얼마나 아름다운 여자였는지.

· 예쁜 여자 漂亮的女人
예쁜 여자는 거울을 보는 것을 특히 좋아한다.

· 우아한 여자 优雅的女人
교단에 서 있는 지적이고 우아한 여자를 꿈꾸었다.

· 순진한 여자 纯真的女人
남편 외에는 아무것도 없는 순진한 여자 말이야.

· 젊은 여자 年轻女子
그는 나이 차가 많이 나는 젊은 여자와 결혼했다.

· 좋은 여자 好女人
좋은 여자 있으면 소개 좀 시켜 주세요.

· 착한 여자 善良的女人
이 세상에는 순진하고 착한 여자들이 꽤 많아요.

· 총명한 여자 聪明的女人
퍽 낙천적인 인생관을 지닌 총명한 여자 같았다.

· 평범한 여자 平凡的女人
물론 '평범한 여자'라는 것도 좋은 타이틀이다.

· 행복한 여자 幸福的女人
지금 가진 것은 없고 세상은 험해도 난 세상에서 가장 행복한 여자라고.

1505 **여행** (旅行)
旅行

여행 + Ⓝ

· 여행 가방 旅行包
· 여행 가이드 旅行导游

· 여행 경비 旅行经费
· 여행 계획 旅行计划
· 여행 길 旅途
· 여행 동호회 旅行爱好者协会
· 여행 목적 旅行目的
· 여행 보험 旅行保险
· 여행 비용 旅行费用
· 여행 사이트 旅行网站
· 여행 상품 旅行商品
· 여행 서비스 旅行服务
· 여행 스케줄 旅行日程
· 여행 안내서 旅行指南
· 여행 이야기 旅行的故事
· 여행 업체 旅行社
· 여행 일정 旅行日程
· 여행 작가 旅行作家
· 여행 잡지 旅行杂志
· 여행 적금 旅行存款
· 여행 정보 旅行信息
· 여행 책자 旅行手册
· 여행 체험 旅行体验
· 여행 코스 旅行路线
· 여행 패키지 跟团游
· 여행 프로그램 旅行项目

여행 + Ⓥ

여행이 ~

· 여행이 끝나다 旅行结束
이번 여행이 끝나면 앞으로의 진로에 대해서도 고민할 참이다.

여행을 ~

· 여행을 가다 去旅行
해외여행을 갈 때는 국내에 있을 때보다 훨씬 더 조심해야 한다.

· 여행을 다녀오다 去一趟旅行
며칠 여행을 다녀올까 싶어.

· 여행을 떠나다 动身去旅行
신발만 운동화로 바꿔 신으면 바로 여행을 떠날 수 있는 자유인이 된다.

· 여행을 즐기다 喜欢旅行
이런 여행을 즐기는 사람들은 주로 20대, 30대의 미혼 남녀들이다.

· 여행을 하다 旅行
누구나 여행을 하지만 경험담을 글로 써내기란 쉽지 않다.

ⓐ + 여행

· 긴 여행 漫长的旅行
긴 여행을 마치고 고향으로 돌아왔다.

· 뜻깊은 여행 意义深远的旅行
그런 일은 분명 뜻깊은 여행이 되게 할 것이기 때문이다.

· 신나는 여행 欢快的旅行
신나는 여행을 어디 갈까 궁리하고 있다.

· 즐거운 여행 愉快的旅行
즐거운 여행이 되길 바랍니다.

· 지루한 여행 无聊的旅行
지루한 여행에 얼마나 수고가 많으십니까?

· 짧은 여행 短暂的旅行
비록 짧은 여행이었지만, 많은 생각을 하기에 충분한 시간입니다.

1506 역¹ (役)
角色

역 + ⓥ

역을 ~

· 역을 맡다 扮演角色
여주인공 역을 맡았다.

· 역을 맡기다 让……扮演角色
이 역을 맡기기에는 이미 나이가 너무 들었다.

1507 역² (驛)
站

역 + ⓝ

· 역 구내 车站内
· 역 근처 车站附近
· 역 대합실 候车室
· 역 부근 车站附近
· 역 이름 站名
· 역 주변 车站周围
· 역 플랫폼 月台

역 + ⓥ

역을 ~

· 역을 지나다 经过……站

약속 장소로부터는 겨우 일곱 개의 역을 지났다.

역에 ~

· 역에 나가다 去车站
좀 일찍 역에 나가서 기차를 기다렸어야 했어.

· 역에 도착하다 到达车站
역에 도착하자마자 기차가 막 출발하려 했다.

· 역에 닿다 抵达车站
기차가 어느 외진 역에 닿았습니다.

· 역에 멈추다 停在车站
열차는 어느 작은 역에 멈추었다.

역에서 ~

· 역에서 갈아타다 在……车站换乘
어느 역에서 갈아타야 합니까?

· 역에서 내리다 在……车站下车
출입문 쪽에는 이번 역에서 내리려는 사람들로 몹시 혼잡했다.

1508 역사 [역싸](歷史)
历史

역사 – ⓝ

· 역사의식 历史意识

역사 + ⓝ

· 역사 공부 学习历史
· 역사 교과서 历史教材
· 역사 교육 历史教育
· 역사 기행 历史记行
· 역사 문제 历史问题
· 역사 문헌 历史文献
· 역사 발전 历史发展
· 역사 변동 历史变动
· 역사 변혁 历史变革
· 역사 여행 探访历史遗迹
· 역사 연구 历史研究
· 역사 왜곡 歪曲历史
· 역사 인식 认识历史
· 역사 소설 历史小说
· 역사 시대 历史时代
· 역사 자료 历史资料
· 역사 창조 创造历史
· 역사 철학 历史哲学

· 역사 현실 历史现实

역사 + Ⓥ

역사가 ~

· **역사가 길다** 历史漫长
농업에 관한 전통은 다른 나라에 비해 그 역사가 길다.

· **역사가 깊다** 历史渊源深
역사가 깊은 민족일수록 예의범절이 까다롭게 마련이야.

· **역사가 반복하다** 历史重演
정치 고비마다 배반의 역사가 반복되고 있다.

· **역사가 없다** 没有历史
그건 클래식이라고 하지만 역사가 없는 클래식이죠.

· **역사가 오래되다** 历史悠久
음악원 가운데 가장 역사가 오래된 음악원이다.

· **역사가 유구하다** 历史悠久
올림픽의 역사가 유구하다.

· **역사가 있다** 有历史
미래의 역사가 있다.

· **역사가 시작되다** 历史拉开序幕
이때부터 남북으로 나뉘는 분단의 역사가 시작되었다.

· **역사가 짧다** 历史短
우리의 기술 평가 시스템은 역사가 짧다.

· **역사가 펼쳐지다** 历史展开新的一页
시대의 막을 내리고 새로운 역사가 펼쳐지게 되었다.

· **역사가 흐르다** 历史发展
오랜 역사가 흐르는 동안 핏줄도 많이 섞였다.

역사를 ~

· **역사를 가지다** 拥有历史
이곳은 성 소재지며 1백년의 역사를 가졌다.

· **역사를 기록하다** 记录历史
자기 집단의 역사를 기록하는 것과 같은 구실을 하는 춤과 노래도 있다.

· **역사를 돌아보다** 回顾历史
그리고 이는 역사를 돌아보면 볼수록 진리인 것이 판명됩니다.

· **역사를 되풀이하다** 重演历史
이번에야말로 우리는 실패한 역사를 되풀이하지 말아야 한다.

· **역사를 만들다** 创造历史
전쟁을 치르는 동안 치욕스러운 역사를 만들었다.

· **역사를 무시하다** 无视历史
역사를 무시하는 민족과 국가는 결코 앞으로 나아가지 못한다.

· **역사를 바로잡다** 纠正历史
우리가 해야 할 일은 왜곡된 역사를 바로잡는 것이다.

· **역사를 반복하다** 重现历史
수없이 많은 생물종들이 진화와 멸종의 역사를 반복해 왔다.

· **역사를 왜곡하다** 歪曲历史
그래서 누구도 역사를 왜곡할 수 없게 해야 한다.

· **역사를 살피다** 参阅历史
민주주의의 역사를 살피는 데는 이 저서를 참고하는 것이 좋다.

· **역사를 쓰다** 书写历史
그 위에 새로운 역사를 쓴다.

· **역사를 자랑하다** 对历史倍感自豪
5000년의 역사를 자랑하였다.

· **역사를 재현하다** 再现历史
주민들의 저항으로 퇴각했던 실제 역사를 재현하였다.

· **역사를 지키다** 守护历史
늘 역사를 지키고 있는 장사꾼으로밖에 보이지 않았던 것이다.

· **역사를 창조하다** 创造历史
새로운 역사를 창조하기 위해 떨리는 마음으로 이 자리에 섰습니다.

· **역사를 추적하다** 探寻历史
떠돌아 다니는 이들의 역사를 추적하는 일은 불가능하다.

· **역사를 편찬하다** 编撰历史
역사를 편찬하는 상실 기구가 6세기경 처음 출현하였다.

· **역사를 해석하다** 诠释历史
과거를 관찰하고 역사를 해석하기 시작했다.

역사에 ~

· **역사에 기록되다** 历史记载
역사에 기록된 묘청은 역적이다.

· **역사에 남다** 永载史册
그래서 역사에 남는 예술가들은 뭔가 새로운 것을 보여준 사람들이지.

Ⓐ + 역사

· **거대한 역사** 伟大的历史
거대한 역사 앞에 개인의 善意는 매몰될 수밖에 없었다.

· **거창한 역사** 浩瀚的历史
목적에 대한 사고 그 자체가 하나의 거창한 역사를 지니고 있다.

· **고유한 역사** 固有的历史
좀 거창하게 말하면 가정보다 더 큰 한 나라의 고유한 역사와도 이어진다.

· **구체적인 역사** 具体的历史
보편적 진리는 구체적인 역사 속에서 만들어져가는 것이다.

· **불행한 역사** 不幸的历史
불행한 역사를 되풀이하지 않기를 바란다.

· **새로운 역사** 崭新的历史
국민당의 참담한 패배라는 또 하나의 새로운 역사가 있었다.

· **슬픈 역사** 悲伤的历史

여기에 바로 슬픈 역사를 지니게 된 한국인의 마음이 있었던 것이다.

· **오랜 역사** 悠久的历史
오랜 역사에 비해 개발도, 발전도 이뤄지지 않았다.

· **유구한 역사** 悠久的历史
유구한 역사와 전통에 빛나는 우리 대한민국.

· **진정한 역사** 真正的历史
진정한 역사는 구체적 보편성을 실현하는 역사이다.

· **짧은 역사** 短暂的历史
짧은 역사에도 불구하고 한국의 자동차 산업은 크게 성장하였다.

惯

· **역사의 한 페이지를 장식하다** 谱写历史新篇章
이번 쾌거는 역사의 한 페이지를 장식할 사건으로 기억될 것이다.

1509 **역할** [여칼](役割)
作用，角色

역할 + Ⓝ

· **역할 구분** 责任划分
· **역할 분담** 分担责任
· **역할 상실** 失去作用
· **역할 수행** 履行职责

역할 + Ⓥ

역할이 ~
· **역할이 중요하다** 作用突出
가정에서 아버지의 역할이 중요하다.

· **역할이 크다** 作用大
집안을 다스리는 데는 아내의 바른 역할이 크다.

역할을 ~
· **역할을 다하다** 竭尽职责
각자 맡은 역할을 다하자.

· **역할을 하다** 起作用
경복궁은 조선시대에 무슨 역할을 했을까?

역할에 ~
· **역할에 충실하다** 忠于职责
역할에 충실한다는 것이 힘들기도 하다.

Ⓐ + 역할

· **중요한 역할** 重要作用

그는 우리나라의 연극 발전에 중요한 역할을 하였다.

1510 **연** (鳶)
风筝

연 + Ⓥ

연을 ~
· **연을 날리다** 放风筝
너는 왜 연을 날리니?

· **연을 띄우다** 放风筝
바람 높은 날에 연을 띄운다.

· **연을 올리다** 放风筝
어떻게 해야 연을 높이 올릴 수 있어요?

1511 **연간** (年間)
年间

연간 + Ⓝ

· **연간 매출액** 年销售额
· **연간 소득** 全年收入
· **연간 소비량** 年消费量
· **연간 수입** 年收入
· **연간 수출량** 年度出口量

1512 **연결** (連結)
连接

연결 + Ⓝ

· **연결 고리** 链环
· **연결 관계** 连接关系
· **연결 도로** 连接公路

연결 + Ⓥ

연결이 ~
· **연결이 되다** 连接
무선 연결을 하는데 연결이 되다 말다 합니다.

연결을 ~

· 연결을 맺다 连上
연결을 맺기 전까지 데이터를 전송 받을 수 없다.
· 연결을 짓다 连接
이 두 가지 일을 어떻게 연결을 지을 수 있을까요?
· 연결을 하다 连接
인터넷 연결을 할 줄 몰라요.

1513 연관 (連貫)
关联

연관 + Ⓥ

연관이 ~

· 연관이 깊다 有很大关联
스트레스와 질병은 깊은 연관이 있다.

· 연관이 없다 没有关联
그 사람은 저랑 아무 연관이 없어요.

· 연관이 있다 有关联
태양 흑점은 태양 내부의 열기와 깊은 연관이 있다.

Ⓐ + 연관

· 깊은 연관 很大关联
스트레스와 질병은 얼마나 깊은 연관이 있을까?

1514 연구 (研究)
研究

연구 + Ⓝ

· 연구 개발 研究开发
· 연구 결과 研究结果
· 연구 과제 研究课题
· 연구 기관 研究机构
· 연구 대상 研究对象
· 연구 사업 研究事业
· 연구 성과 研究成果
· 연구 활동 研究活动

연구 + Ⓥ

연구가 ~

· 연구가 진행되다 进行研究
흰머리 치료에 대한 연구가 진행되고 있습니다.

· 연구가 필요하다 有必要研究
체계적인 지역문화 연구가 필요하다.

· 연구가 활발하다 研究开展得如火如荼
서양에서도 녹차에 대한 연구가 활발하다.

연구를 ~

· 연구를 시작하다 开始研究
그는 요즘 새로운 연구를 시작했다.

· 연구를 하다 研究
그녀는 일 년 전부터 연구를 하기 시작했다.

연구에 ~

· 연구에 매달리다 专注于研究
수많은 과학자들이 연구에 매달려 있다.

· 연구에 몰두하다 致力于研究
공자는 평생을 학문 연구에 몰두하였다.

1515 연극 (演劇)
话剧

연극 – Ⓝ

· 연극배우 话剧演员

연극 + Ⓝ

· 연극 놀이 话剧游戏
· 연극 동아리 话剧社团
· 연극 무대 话剧舞台
· 연극 문화 话剧文化
· 연극 예술 话剧艺术
· 연극 이론 话剧理论
· 연극 작품 话剧作品

연극 + Ⓥ

연극이 ~

· 연극이 끝나다 话剧结束
연극이 끝난 후 많이 힘들었다.

연극을 ~

· 연극을 공연하다 演出话剧
연극을 공연하는 일은 결코 쉬운 일이 아니다.

· 연극을 관람하다 观看话剧
단체관람 쪽은 상대적으로 싼 값으로 연극을 관람할 수 있다.

· 연극을 끝내다 结束话剧演出
그가 막 연극을 끝내고 분장실로 돌아왔다.

· 연극을 하다 演话剧
연극을 하면 참 좋을 것 같아서 무작정 극단을 찾아갔다.

연극에 ~

· 연극에 매료되다 被话剧深深吸引
관객들은 연극다운 연극에 매료된다.

· 연극에 출연하다 出演话剧
그는 84년부터 연극계에 뛰어들어 6편의 연극에 출연했다.

Ⓐ + 연극

· 재미있는 연극 有意思的话剧
지금까지의 고정관념을 깰 수 있는 재미있는 연극이 된다.

惯

· 연극을 하다 演戏
네가 돈 있는 줄 알고 돈을 뜯어내려고 연극을 한 모양이군.

1516 **연기¹** (煙氣)
烟

연기 + Ⓥ

연기가 ~

· 연기가 나다 冒烟
아래층에서 냄새가 나고 연기가 났다.

연기를 ~

· 연기를 내다 冒烟
나무를 태워서 연기를 낸다.

· 연기를 내뿜다 释放烟雾
형은 담배 연기를 내뿜으면서 말했다.

· 연기를 피우다 生烟
연기를 피워 모기를 쫓는다.

Ⓐ + 연기

· 희뿌연 연기 灰蒙蒙的烟雾
화재 현장에는 아직 희뿌연 연기가 피어오르고 있었다.

1517 **연기²** (演技)
演技

연기 + Ⓥ

연기를 ~

· 연기를 하다 演戏
배우는 극본에 따라 연기를 한다.

· 연기를 펼치다 展现出……演技
무대 위에서 배우들이 멋진 연기를 펼쳐 보이고 있다.

1518 **연기³** (延期)
延期

연기 + Ⓥ

연기가 ~

· 연기가 되다 被延期
유치원 운동회가 연기가 되었다.

Ⓐ + 연기

· 무기한 연기 无限期延长
재판이 무기한 연기가 되었다.

1519 **연락** [열락](連絡, 聯絡)
联系

연락 + Ⓝ

· 연락 방법 联系方法
· 연락 장소 联系地点

연락 + Ⓥ

연락이 ~

· 연락이 끊기다 失去联系
한동안 연락이 끊겼다.

· 연락이 끊어지다 联系中断
나는 다른 학교로 전학을 가게 되었고 그녀와도 연락이 끊어졌다.

· 연락이 닿다 联系上
그의 도움으로 여러 사람과 연락이 닿았다.

· 연락이 되다 联系上
왜 이렇게 연락이 안 되는 거예요, 네?

· 연락이 뜸해지다 联系少
눈에서 멀어지니까 서로 연락이 뜸해졌지요.

· 연락이 없다 没有联系
그 뒤 오빠는 한동안 연락이 없었다.
· 연락이 오다 来电话
다음 날, 그에게서 다시 연락이 왔다.
· 연락이 있다 有联系
첫날 연락이 있었고 그 다음부터는 전혀 없었다.

연락을 ~

· 연락을 끊다 断绝联系
대학을 졸업할 무렵부터 연락을 끊었다.
· 연락을 드리다 联系您
또 연락을 드리겠습니다.
· 연락을 받다 得到联系
어느 날 식당에 불이 났다는 연락을 받았다.
· 연락을 주다 跟……联系
연락을 주면 제가 다시 모시러 오겠습니다.
· 연락을 취하다 取得联系
그 친구는 아우에게 이십칠 년 만에 연락을 취해 왔다.

Ⓐ + 연락

· 급한 연락 紧急电话
병원에서 급한 연락이 왔던 것이다.
· 중요한 연락 重要电话
매우 중요한 연락입니다.

1520 **연락처** [열락처](連絡處)
联络方式，通讯地址

연락처 + Ⓥ

연락처를 ~

· 연락처를 남기다 留下联系方式
그는 연락처를 남겨 놓지 않았다.
· 연락처를 적다 记联系方式
나는 수첩을 꺼내들고 그의 연락처를 적었다.

1521 **연령** [열령](年齡)
年龄

연령 + Ⓝ

· 연령 기준 年龄标准
· 연령 제한 年龄限制

연령 + Ⓥ

연령이 ~

· 연령이 낮다 年龄小
그 친구는 정신 연령이 너무 낮아요.
· 연령이 높다 年龄大
갈수록 결혼 연령이 높아 가고 있다.

1522 **연말** (年末)
年末

연말 – Ⓝ

· 연말연시 岁末年初

연말 + Ⓝ

· 연말 연초 年关

연말 + Ⓥ

연말이 ~

· 연말이 되다 到年末
연말이 되다 보니 좀 바쁘네요.

1523 **연설** (演說)
演讲

연설 + Ⓝ

· 연설 내용 演讲内容
· 연설 도중 演讲过程中
· 연설 요지 演讲概要

연설 + Ⓥ

연설이 ~

· 연설이 끝나다 演讲结束
연설이 끝나기 전에는 절대로 일어나지 마세요.

연설을 ~

· 연설을 듣다 听演讲
연설을 듣다 보면 한 시간도 길다는 생각이 드는데요.
· 연설을 마치다 结束演讲
그는 지지자들에게 감사의 말을 전하며 연설을 마쳤다.

· 연설을 하다 演讲
얼마 전에 동네 사람들을 모아 놓고 연설을 했다.

1524 연세 (年歲)
年纪

연세 + Ⓥ

연세가 ~
· 연세가 들다 上年纪
할머니께서 연세가 많이 드셔서 치아가 없어요.
· 연세가 많다 年纪大
할머니께서 연세가 많으십니다.
· 연세가 높다 年纪高
할머니의 연세가 높아서 쉽게 회복되기는 어렵다.

1525 연습¹ (練習, 鍊習)
练习

연습 + Ⓝ

· 연습 문제 练习题
· 연습 시간 练习时间

연습 + Ⓥ

연습이 ~
· 연습이 부족하다 练习不够
연습이 부족하면 출연하지 않습니다.
· 연습이 시작되다 练习开始
연습이 시작되기 전에 서로 이름을 대고 인사를 나누기는 했다.
· 연습이 필요하다 需要练习
여기에서도 긴 글을 이용한 연습이 필요하다.

연습을 ~
· 연습을 계속하다 继续练习
공연 일정이 촉박해서 연습을 계속합니다.
· 연습을 마치다 做完练习
지금쯤 연습을 마치고 내려오면서 날 찾을지도 몰라.
· 연습을 시키다 让……练习
자극을 통해 사물을 정확히 응시하는 연습을 적극적으로 시킨다.
· 연습을 하다 练习
한 달 동안 운동회 연습을 했다.

연습에 ~
· 연습에 들어가다 进入练习阶段
연출은 별다른 말없이 바로 연습에 들어갔다.
· 연습에 몰두하다 专心练习
국가대표선수들 못지않게 연습에 몰두했다.

1526 연습² (演習)
演练

연습 + Ⓝ

· 연습 경기 演练比赛

연습 + Ⓥ

연습이 ~
· 연습이 끝나다 演练结束
졸업식 연습이 끝나고 집에 갔다.

1527 연애 [여내] (戀愛)
恋爱

연애 - Ⓝ

· 연애결혼 恋爱结婚
· 연애편지 情书

연애 + Ⓝ

· 연애 감정 恋情
· 연애 관계 恋爱关系

연애 + Ⓥ

연애를 ~
· 연애를 걸다 谈恋爱
올해는 내가 먼저 반하여 연애를 걸고 싶다.
· 연애를 하다 谈恋爱
당신과 연애를 하고 싶어요.

1528 **연장** (延長)
延长

· 연장선 延长线

· 연장 공연 加时演出
· 연장 근무 加班

연장을 ~
· 연장을 하다 延长
계약을 1년 더 연장을 하려고요.

1529 **연주** (演奏)
演奏

· 연주 능력 演奏能力
· 연주 솜씨 演奏技巧
· 연주 실력 演奏水平
· 연주 준비 演奏准备
· 연주 연습 演奏练习
· 연주 활동 演奏活动

연주를 ~
· 연주를 하다 演奏
연주를 해 본 지 정말 오래 되었다.

1530 **연탄** (軟炭)
煤炭

· 연탄가스 煤烟
· 연탄공장 煤炭工厂

· 연탄난로 蜂窝煤炉
· 연탄집게 蜂窝煤夹子

· 연탄 냄새 煤炭味道
· 연탄 연기 炭火烟气煤烟

연탄을 ~
· 연탄을 갈다 换蜂窝煤
옛날에는 저녁마다 연탄을 갈아야 했다.
· 연탄을 때다 烧蜂窝煤
내가 살고 있는 집이 연탄을 때는 집이었다.
· 연탄을 쓰다 用蜂窝煤
예전엔 집집마다 연탄을 많이 썼다.
· 연탄을 피우다 烧炭
시골에서는 요즘도 연탄을 피운다.

1531 **연필** (鉛筆)
铅笔

연필을 ~
· 연필을 깎다 削铅笔
연필을 깎다가 칼에 베었다.

연필로 ~
· 연필로 그리다 用铅笔画
그의 초상화를 연필로 그려 벽에 붙여 놓기까지 했다.
· 연필로 긋다 用铅笔划
그것은 연필로 그은 것처럼 선명했다.
· 연필로 쓰다 用铅笔写
종이 위에 글씨를 연필로 쓴다.

1532 **열**[1] (熱)
热，烧，热情

· 열에너지 热能
· 열펌프 热泵

열 + N

· 열 손실 热消耗
· 열 자극 热刺激
· 열 전환기 热转换器

열 + V

열이 ~

· 열이 나다 发热
그는 열이 나는지 운동복에 달린 모자를 벗었다.
· 열이 내리다 退烧
아직 열이 안 내렸어.
· 열이 높다 高烧
열이 높고 숨을 못 쉬어요.
· 열이 많다 火力旺
몸에 열이 많은 사람에게보다 냉한 사람에게 효과적이다.
· 열이 오르다 发烧
열이 오르고 감기 기운이 돌았다.
· 열이 있다 发热
열이 있는 아이의 오줌은 누렇고 냄새가 심하다.
· 열이 심하다 发烧严重
그는 열이 심해서 아침식사도 거른 채 방에 누워 있었다.

열을 ~

· 열을 가하다 加热
3~400도의 열을 가해서 고기를 익힌다.
· 열을 내다 发热
땀을 내게 하려면 발열 중추를 자극하여 열을 내야 한다.
· 열을 내리다 退烧
병원에 가기 전에 일단 열을 내리는 것이 좋다.
· 열을 띠다 激烈
전통 문화의 유산에 대한 재평가가 다른 여느 때보다도 열을 띠고 진행되고 있다.
· 열을 받다 受热
냉각수가 새는 바람에 기계가 열을 받은 것 같다.
· 열을 식히다 散热
경기 전 물수건을 머리 위에 올려 열을 식히기도 했다.

열에 ~

· 열에 강하다 耐热
열에 강한 마루 바닥재가 다양하게 나오고 있다.
· 열에 약하다 怕热
비타민C는 열에 약하므로 고온 살균할수록 손상이 많다.

A + 열

· 강력한 열 极高的热量
지구 핵심에는 강력한 열을 발생시키는 충분한 방사능 물질이 있다.

· 뜨거운 열 火热
갑자기 얼굴로 뜨거운 열이 뻗쳤다.

惯

· 열을 내다 发火
어째서 당신이 그토록 열을 내어 흥분하는지 영문을 모르겠네요.
· 열을 받다 生气
사소한 것들에 열을 받고 있다.
· 열을 올리다 热情高涨
너나없이 영어 배우기에 열을 올리고 있다.

1533 열² (列)

队列

열 + V

· 열을 맞추다 一字排开
군인들이 열을 맞추어 걸어 간다.
· 열을 짓다 列队
지금 운동장엔 아이들이 열을 지어 달리고 있을 거야.

1534 열기 (熱氣)

热气

열기 + V

열기가 ~

· 열기가 식다 热气消散
요즘 젊은 층은 게임에 대한 열기가 식었다.

열기를 ~

· 열기를 뿜어내다 喷出热气
수많은 사람이 자리를 채워 뜨거운 열기를 뿜어냈다.

1535 열매

果实

열매 - N

· 열매채소 果蔬

열매 + ⓥ

열매가 ~

· 열매가 떨어지다 果实掉落
살구 열매가 다 떨어져 버렸네.

· 열매가 열리다 挂果
은행나무에 열매가 탐스럽게 열려 있다.

· 열매가 익다 果实成熟
꽃이 지고 열매가 익는다.

· 열매가 탐스럽다 果子惹人喜爱
봄에는 꽃이 화려하고 가을에는 열매가 탐스럽다.

열매를 ~

· 열매를 따다 摘果子
나무에서 빨간 열매를 따서 바구니에 넣었습니다.

· 열매를 따먹다 摘果子吃
열매를 많이 따먹었다.

慣

· 열매를 맺다 开花结果
그는 3년 동안 열심히 공부하여 합격이라는 열매를 맺게 되었다.

1536 **열쇠** [열쐬/열쒜]
钥匙

열쇠 + ⓝ

· 열쇠 구멍 钥匙孔
· 열쇠 고리 钥匙环
· 열쇠 꾸러미 钥匙串儿
· 열쇠 지갑 钥匙包

열쇠 + ⓥ

열쇠가 ~

· 열쇠가 되다 成为导火索
이 칩은 뒷날 '스카이네트'를 개발하는 열쇠가 된다.

열쇠를 ~

· 열쇠를 꺼내다 掏出钥匙
가방을 뒤적거려 열쇠를 꺼냈다.

· 열쇠를 꽂다 插钥匙
현관문에 열쇠를 꽂았을 때였다

· 열쇠를 맞추다 配钥匙
동생은 열쇠 가게로 가서 그것과 똑같은 크기의 열쇠를 맞췄다.

· 열쇠를 쥐다 握着钥匙
이 사건의 핵심 관련자로 지목 받아온 그녀가 결정적인 열쇠를 쥐고 있다.

열쇠로 ~

· 열쇠로 열다 用钥匙开
그가 복제한 열쇠로 문을 열고 들어왔다.

· 열쇠로 잠그다 用钥匙锁
서랍을 열쇠로 빠끽 잠갔다.

1537 **열정** [열쩡](熱情)
热情

열정 + ⓥ

열정이 ~

· 열정이 있다 有热情
열정이 있다면 어떤 일이든 할 수 있다.

열정을 ~

· 열정을 가지다 有热情
리더는 최고의 열정을 가져야 한다.

· 열정을 갖다 有热情
나도 너와 같은 열정을 갖고 싶구나.

· 열정을 기울이다 倾注热情
나는 온 열정을 기울여 소설을 쓰는 데 몰두했다.

· 열정을 다하다 投入全部热情
열정을 다하여 살아야 한다.

· 열정을 쏟다 倾注热情
일에 열정을 쏟다 보면 자연스레 재미가 더해진다.

· 열정을 품다 心怀热情
어떤 열정을 품고 살고 있습니까?

· 열정을 잃다 丧失热情
실패를 거듭해도 열정을 잃지 말아야 한다.

1538 **열차** (列車)
列车

열차 + ⓝ

· 열차 시간표 列车时间表
· 열차 여행 列车旅行
· 열차 운행 列车运行
· 열차 좌석 列车坐席

열차 + Ⓥ

열차가 ~

· **열차가 도착하다** 列车抵达
방금 춘천에서 오는 열차가 도착했다.

· **열차가 출발하다** 列车出发
승객들에게 열차가 출발한다는 것을 알리세요.

열차를 ~

· **열차를 타다** 搭乘列车
KTX 열차를 타면 서울에서 부산까지 2시간에 갈 수 있다.

열차에 ~

· **열차에 오르다** 登上列车
아이들이 손을 잡고 열차에 올랐다.

1539 **염려** [염녀](念慮)
担心, 挂念

염려 + Ⓥ

염려가 ~

· **염려가 있다** 有牵挂
대다수의 사람들에게 많은 염려가 있다.

염려를 ~

· **염려를 끼치다** 让人挂念
큰아이 문제로 염려를 끼친 것은 한없이 송구스럽다.

· **염려를 하다** 担心
어머니는 별별 염려를 다 하신다.

1540 **엽서** [엽써](葉書)
明信片

엽서 + Ⓝ

· **엽서 편지** 明信片信件

엽서 + Ⓥ

엽서가 ~

· **엽서가 오다** 寄来明信片
사촌 동생에게서 엽서가 왔다.

엽서를 ~

· **엽서를 띄우다** 寄明信片
우체국에서 친구에게 엽서를 띄웠다.

· **엽서를 받다** 收到明信片
일본 여류 작가로부터 한 장의 엽서를 받은 적이 있다.

· **엽서를 보내다** 寄明信片
드디어 한국으로 엽서를 보냈다.

· **엽서를 사다** 买明信片
오늘 국립중앙박물관에 갔다가 엽서를 샀어요.

· **엽서를 쓰다** 写明信片
오랜만에 세 통의 엽서를 썼다.

1541 **엿** [연]
麦芽糖

엿 + Ⓥ

엿을 ~

· **엿을 고다** 熬麦芽糖
이 물로 엿을 고아 먹으면 만병을 예방한다고 들었다.

· **엿을 녹이다** 使糖稀融化
잔기침이 심할 때 생강차에 엿을 녹여 드세요.

惯

· **엿 먹이다** (叫人) 吃苦头
너, 나한테 엿 먹이려고 거짓말한 거지?

1542 **영상** (映像)
视频

영상 - Ⓝ

· **영상통화** 视频通话

영상 + Ⓝ

· **영상 메시지** 视频留言
· **영상 매체** 视频媒体
· **영상 제작** 视频制作
· **영상 편집** 视频编辑
· **영상 회의** 电视会议

1543 **영양** (營養)

营养

영양 - Ⓝ

· 영양실조 营养失调

영양 + Ⓝ

· 영양 관리 营养管理
· 영양 보충 补充营养
· 영양 불균형 营养不均衡
· 영양 상태 营养状态
· 영양 섭취 吸收营养

영양 + Ⓥ

영양이 ~
· 영양이 풍부하다 营养丰富
달걀의 노른자는 영양이 풍부하다.

영양을 ~
· 영양을 공급하다 供给营养
건강을 지키기 위하여 어떻게 영양을 공급하죠?
· 영양을 보충하다 补充营养
보약을 먹어 몸의 영양을 보충한다.
· 영양을 섭취하다 汲取营养
어머니는 태아를 위해서 영양을 섭취한다.

1544 **영업** (營業)

营业, 营销

영업 + Ⓝ

· 영업 사원 营销人员
· 영업 실적 销售业绩
· 영업 부진 经营萎靡
· 영업 확장 扩大业务

영업 + Ⓥ

영업을 ~
· 영업을 시작하다 开门营业
내일부터 정상 영업을 시작합니다.
· 영업을 쉬다 停业

봉사활동을 위해 영업을 쉬었다.
· 영업을 하다 营业
몇 시까지 영업을 합니까?

1545 **영역** (領域)

领域

영역 + Ⓝ

· 영역 확대 扩大领域

영역 + Ⓥ

영역을 ~
· 영역을 넓히다 拓宽领域
요즘 영역을 넓혀 가려고 활동 중입니다.
· 영역을 지키다 守卫领域
모든 생물들은 자신의 영역을 지키며 살아간다.
· 영역을 침범하다 侵犯领域
짐승이나 초목도 제 영역을 침범하면 격렬하게 싸운다.

1546 **영웅** (英雄)

英雄

영웅 - Ⓝ

· 영웅신화 英雄神话

영웅 + Ⓝ

· 영웅 숭배 英雄崇拜

영웅 + Ⓥ

영웅이 ~
· 영웅이 되다 成为英雄
그는 그 나라의 영웅이 됐다.

1547 **영향** (影響)

影响

영향 + Ⓥ

영향이 ~

· **영향이 없다** 没有影响
맥주 한 병 정도의 소량 음주는 별다른 영향이 없다.

· **영향이 있다** 有影响
컴퓨터 게임은 공부에 영향이 있다.

· **영향이 심각하다** 影响严重
환경 오염의 영향이 매우 심각하다.

· **영향이 지대하다** 影响极大
TV하드웨어가 소프트웨어에 미친 영향이 지대하다.

· **영향이 크다** 影响大
그만큼 아동들의 인격 형성에 미치는 영향이 큰 것이
체험 학습이다.

영향을 ~

· **영향을 끼치다** 产生影响
환율 변동이 가계경제에 밀접한 영향을 끼친다.

· **영향을 미치다** 施加影响
낙선운동이 선거 분위기에 어떠한 영향을 미칠지도 관
심이다.

· **영향을 받다** 受到影响
아이는 주위의 영향을 받기 쉽다.

· **영향을 주다** 带来影响
또한 그 충돌은 우리에게도 영향을 준다.

Ⓐ + 영향

· **긍정적인 영향** 积极的影响
이 같은 긍정적인 영향만을 기대할 수는 없다.

· **깊은 영향** 深远的影响
이러한 인식이 그의 가치 체계에 깊은 영향을 준다.

· **나쁜 영향** 坏影响
여과 능력이 없는 청소년 시청자들에게 나쁜 영향을
줄 수 있다.

· **막대한 영향** 莫大的影响
이 사실은 신용경제에 막대한 영향을 미칠 것이다.

· **부정적인 영향** 消极的影响
이것이 부정적인 영향을 최소화하는 하나의 방법이다.

· **절대적인 영향** 绝对的影响
유전자의 기능 자체가 노화에 절대적인 영향을 미친다.

· **지대한 영향** 极大的影响
길을 닦는 기술은 역사의 발전에 지대한 영향을 주었다.

· **직접적인 영향** 直接的影响
이는 고용시장에도 직접적인 영향을 끼치게 된다.

· **치명적인 영향** 致命的影响
독성이 강해 가축이 먹으면 치명적인 영향을 미친다고
한다.

· **커다란 영향** 很大的影响
이러한 유형의 사고는 교육 제도에 분명히 커다란 영

향을 미치고 있다.

· **큰 영향** 大影响
이런 변화는 기업이나 소비자 모두에게 큰 영향을 미
칠 전망이다.

1548 **영향력** [영향녁](影響力)

灵响力

영향력 + Ⓝ

· **영향력 강화** 加强影响力
· **영향력 증대** 影响力增大
· **영향력 확보** 确保影响力

영향력 + Ⓥ

영향력이 ~

· **영향력이 있다** 有影响力
그는 가장 영향력이 있고 훌륭한 사람이다.

영향력을 ~

· **영향력을 미치다** 产生巨大影响
그 나라의 대중문화가 우리나라 대중문화에 엄청난 영
향력을 미쳤다.

· **영향력을 잃다** 失去影响力
그는 회사에서 영향력을 잃었다.

· **영향력을 주다** 给……带来影响
그에게 가장 영향력을 주었던 사람은 어머니일 것이다.

· **영향력을 지니다** 有影响力
인터넷 댓글은 영향력을 지니고 있다.

· **영향력을 행사하다** 施加影响
그는 큰 영향력을 행사한다.

Ⓐ + 영향력

· **큰 영향력** 巨大的影响力
그는 국내외적으로 큰 영향력을 지닌 인물이다.

1549 **영혼** (靈魂)

灵魂

영혼 + Ⓝ

· **영혼 구원** 拯救灵魂
· **영혼 상실** 丧失灵魂

영혼이 ~

· 영혼이 아름답다 灵魂高尚
그는 영혼이 아름다운 사람이다.

영혼을 ~

· 영혼을 가지다 有灵魂
사람은 다른 생물들과는 다르게 영혼을 가지고 있다.

1550 영화 (映畫)
电影

영화감독 电影导演

· 영화 개봉 电影首映
· 영화 관객 电影观众
· 영화 내용 电影内容
· 영화 대본 电影剧本
· 영화 배경 电影背景
· 영화 예술 电影艺术
· 영화 음악 电影音乐
· 영화 산업 电影产业
· 영화 소재 电影素材
· 영화 장면 电影场面
· 영화 제작 电影制作
· 영화 주인공 电影主人公
· 영화 줄거리 电影剧情
· 영화 진흥 振兴电影
· 영화 출연 演电影
· 영화 포스터 电影海报
· 영화 필름 电影胶片
· 영화 홍보 电影宣传
· 영화 화면 电影画面

영화가 ~

· 영화가 개봉되다 电影首映
영화가 개봉된 후 언론은 떠들어댔다.
· 영화가 끝나다 电影结束

영화가 끝나자 사람들은 모두 놀라는 것 같았다.
· 영화가 시작되다 电影开演
영화가 시작될 때까지 소녀가 그의 자리로 오지 않았다.

영화를 ~

· 영화를 감상하다 欣赏电影
공부하다 정 지루하면 영화를 감상해도 된다.
· 영화를 만들다 制作电影
미국은 인도를 돌며 수십 편의 연극과 영화를 만들었다.
· 영화를 보다 看电影
사이버 공간에서 영화를 보는 네티즌들이 많아지고 있다.
· 영화를 연출하다 演电影
이제까지 그녀는 다섯 편의 영화를 연출했다.
· 영화를 상영하다 上映电影
극장에서는 매일 영화를 상영한다.
· 영화를 제작하다 制作电影
나는 직접 영화를 제작한다.
· 영화를 찍다 拍电影
그는 이 영화를 찍으면서 무척 많이 맞았다.

영화에 ~

· 영화에 나오다 在电影中出现
실제 영화에 나오는 장면을 재현해 보여 주는 곳도 있다.
· 영화에 등장하다 在电影中出现
이 영화는 많은 배우들이 영화에 등장한다.
· 영화에 출연하다 出演电影
그동안 10편의 영화에 출연했다.

1551 옆 [엽]
旁边

· 옆 방 旁边的房间
· 옆 사람 旁边的人
· 옆 자리 旁边的位子
· 옆 좌석 旁边的座位
· 옆 집 邻居家

옆을 ~

· 옆을 돌아보다 转头看旁边
나는 슬그머니 옆을 돌아보았다.
· 옆을 떠나다 离开身边
누이가 그의 옆을 떠난 이유가 술 때문일 거라는 생각이 들었다.

· 옆을 스치다 擦肩而过
물결처럼 옆을 스치고 지나갔다.
· 옆을 지나다 从旁边经过
태풍이 이미 울릉도 옆을 지나 북동쪽으로 빠져 나갔다.
· 옆을 지키다 在旁边守护
한시도 안 떠나고 그 사람 옆을 지켰어.

옆에 ~

· 옆에 놓다 放在旁边
여자가 털 달린 코트를 벗어 방석 옆에 놓았다.
· 옆에 앉다 坐在旁边
바로 내 옆에 앉은 학생에게 그 이유를 물어 보았다.
· 옆에 오다 来到旁边
내 옆에 와서 앉는 아저씨를 뿌리치고 나왔다.
· 옆에 있다 在旁边
네 옆에 있으면 언제나 그랬어.
· 옆에 서다 站在旁边
군인 정복을 입은 두 아들이 가족들의 양 옆에 섰다.

옆으로 ~

· 옆으로 가다 去旁边
그녀는 팔짱을 낀 채 그의 옆으로 가서 서 있었다.
· 옆으로 다가오다 来到身边
그녀가 그의 옆으로 다가와 앉았다.
· 옆으로 비키다 往旁边躲
옆으로 비켜야지.
· 옆으로 오다 来到旁边
동생이 옆으로 와 앉았다.
· 옆으로 지나가다 从旁边经过
나는 여자 옆으로 지나갔다.

1552 옆구리 [엽꾸리]
肋下

옆구리 + ⓥ

옆구리가 ~

· 옆구리가 결리다 肋下疼痛
그는 옆구리가 결리는지 몸을 움찔움찔했다.

옆구리에 ~

· 옆구리에 끼다 夹在肋下
그는 책을 옆구리에 끼고 걸어 다녔다.

慣

· 옆구리를 찌르다 捅腰眼暗示
그는 나갈 때 같이 나가자고 내 옆구리를 찔렀다.

1553 예¹ (例)
例子

예 + ⓥ

예가 ~

· 예가 많다 例子很多
첫 번째 조건은 지켜지지만 두 번째 조건은 무시되는 예가 많다.
· 예가 없다 没有例子
그런데 한 번도 예정된 날이 지켜지는 예가 없다.
· 예가 있다 有例子
내 성격을 규정짓는 단적인 예가 있어요.

예를 ~

· 예를 들다 举例
몇 가지 예를 들면 다음과 같다.
· 예를 들어보다 举个例子
예를 하나 들어 보자.
· 예를 만들다 找例子
예를 만드느라 너무 수고했다.
· 예를 보다 看例子
이와 비슷한 성질의 것이지만 아래의 예를 보자.
· 예를 살펴보다 仔细看例子
답변의 예를 살펴보자.

예로 ~

· 예로 들다 拿……举例子
기존의 조사보고서를 예로 들며 보고서가 갖추어야 할 형식을 일러준다.
· 예로 들어보다 拿……举例子
내 경우를 예로 들어보자.
· 예로 보다 看……这个例子
맥주를 예로 보자.

⒜ + 예

· 간단한 예 简单的例子
간단한 예를 들어보자.
· 구체적인 예 具体的例子
그 구체적인 예는 다음과 같다.
· 다양한 예 各种各样的例子
교사는 다양한 예를 제공하면서 어린이의 사고의 깊이를 확장시켜 나간다.
· 단적인 예 明明白白的例子
단적인 예로 지난번 일만 해도 그렇다.
· 대표적인 예 代表性的例子
대표적인 예로 필자가 자주 찾는 웹 사이트 중 하나인 CNN을 꼽을 수 있다.

· **뚜렷한 예** 明显的例子
이 신념의 가장 뚜렷한 예를 할부 구입 체제에서 찾아
볼 수 있다.
· **비슷한 예** 差不多的例子
비슷한 예를 우리는 다른 나라에서 발견할 수가 있다.
· **유일한 예** 唯一的例子
그날의 전투를 통해 그것이 성공적인 탈출의 유일한
예였다.
· **성공적인 예** 成功的例子
예방 주사는 전자의 기능을 활용한 대표적이고 성공적
인 예입니다.
· **쉬운 예** 容易的例子
너무 추상적인 얘기 같으니까 좀 쉬운 예를 들어 가며
설명하기로 하겠다.
· **적절한 예** 合适的例子
설명하고자 하는 내용에 적절한 예를 들어야 한다.
· **전형적인 예** 典型的例子
위의 사건도 그 전형적인 예이다.

1554 **예²** (禮)
礼貌，礼仪

예 + Ⓝ

· **예 의식** 礼貌意识
· **예 사상** 礼仪思想

예 + Ⓥ

예가 ~

· **예가 아니다** 不讲礼貌
예가 아니면 보지도 듣지도 말라고 하셨다.

예를 ~

· **예를 갖추다** 礼貌相待
단순히 손님에게 예를 갖춘다는 차원에서 만나자고 한
것일까?
· **예를 배우다** 学习礼仪
예를 배우지 않으면 남 앞에 설 수가 없다.
· **예를 중요시하다** 重视礼仪
관사를 공경함은 바로 예를 중요시하는 까닭이다.
· **예를 지키다** 遵守礼仪
낙천적이고 예를 지키는 나라임을 말하고 있다.
· **예를 행하다** 行使礼仪
또 예를 행하는 데 있어 우선 이를 하고자 하는 마음가
짐이 있어야 한다.

1555 **예³**
从前

惯

· **예부터** 亘古以来
예부터 아는 것이 힘이라 했다.
· **예로부터** 自古以来
전래동화는 예로부터 전해 내려온 이야기를 일컫는다.
· **예나 지금이나** 从来
난 예나 지금이나 아주 정직하잖아요.

1556 **예감** (豫感)
预感

예감 + Ⓥ

예감이 ~

· **예감이 들다** 有预感
그 사람과 다시 만날 수 있다는 예감이 들어.
· **예감이 맞다** 预感准
나는 어릴 적부터 예감이 잘 맞았어요.
· **예감이 적중하다** 预感准
신기할 정도로 어머니의 예감이 적중했다.
· **예감이 좋다** 预感好
오늘은 왠지 예감이 좋다.

예감을 ~

· **예감을 갖다** 有预感
그는 실패한 인생이 될지 모른다는 불길한 예감을 갖
고 있다.
· **예감을 하다** 预感
감독은 처음부터 잘될 거라는 예감을 했어요.

Ⓐ + 예감

· **불길한 예감** 不祥的预感
왜 갑자기 불길한 예감이 들지?

1557 **예고** (豫告)
预告

예고 + Ⓝ

· 예고 방송 播放预告

예고 + Ⓥ

예고를 ~

· 예고를 하다 公示
해고 예고를 할 때 해고할 날짜를 명확히 해야 한다.

1558 예금 (預金)
存款

예금 + Ⓝ

· 예금 가입자 存款客户
· 예금 계좌 存款账户
· 예금 이자 存款利息
· 예금 통장 存折

예금 + Ⓥ

예금을 ~

· 예금을 찾다 提存款
은행에서 예금을 찾았다.
· 예금을 하다 存款
그는 자주 소액씩 예금을 한다.

1559 예매 (豫買)
预购

예매 + Ⓝ

· 예매 기간 预购期间
· 예매 수수료 预购手续费

예매 + Ⓥ

예매가 ~

· 예매가 가능하다 可以提前购买
영화제 시작 전까지 티켓 예매가 가능하다.

예매를 ~

· 예매를 하다 预购
마음이 내키지 않아서 예매를 하지 않았던 터였다.

1560 예방[1] (豫防)
预防

예방 + Ⓝ

· 예방 교육 预防教育
· 예방 대책 预防对策
· 예방 의학 预防医学
· 예방 접종 预防接种
· 예방 주사 预防针
· 예방 조치 预防措施
· 예방 캠페인 预防活动
· 예방 효과 预防效果

예방 + Ⓥ

예방이 ~

· 예방이 가능하다 可以预防
그런 부작용은 적절한 조절을 통해 예방이 가능하다.
· 예방이 제일이다 预防第一
수질오염 문제의 해결은 철저한 사전 예방이 제일이다.
· 예방이 중요하다 预防……很重要
위기발생 후의 처방보다는 사전의 예방이 더욱 중요하다.

예방을 ~

· 예방을 하다 预防
병은 예방을 하는 것이 가장 좋은 방법이다.

예방에 ~

· 예방에 좋다 对预防有好处
보리 녹즙은 성인병 예방에 좋다.
· 예방에 효과적이다 对预防很有效
생강을 오래 끓여 마시면 감기 예방에 효과가 있다 한다.

1561 예방[2] (禮訪)
礼节性访问

예방 + Ⓥ

· 예방을 받다 接受礼节性访问
추기경은 집무실에서 서울시장의 예방을 받고 환담했다.

1562 **예산** (豫算)
预算

예산 + **N**

· 예산 감축 削减预算
· 예산 결산 预决算
· 예산 배정 预算分配
· 예산 부족 预算不足
· 예산 적자 预算赤字
· 예산 증가 预算增加
· 예산 축소 预算缩减

예산 + **V**

예산을 ~
· 예산을 깎다 削减预算
국회의원들이 정부가 제출한 새해 예산을 많이 깎았어요.
· 예산을 잡다 定预算
결혼 비용 예산을 잡았다.
· 예산을 줄이다 削减预算
정부는 지방자치단체의 올해 예산을 크게 줄이기로 했다.
· 예산을 짜다 制定预算
오늘 결혼 예산을 짜 봤어요.
예산에 ~
· 예산에 맞추다 核对预算
예산에 맞추어 물건을 사야 한다.

1563 **예선** (豫選)
预赛

예선 + **N**

· 예선 경기 预选赛
· 예선 탈락 预选赛中落选

예선 + **V**

예선을 ~
· 예선을 거치다 经过预赛
두 사람이 과연 예선을 거쳐 본선 무대에 오를 수 있을까?
· 예선을 치르다 打预赛
예선을 치르다 보면 어려운 경기가 있게 마련이다.

· 예선을 통과하다 通过预赛
우리 팀은 예선을 어렵게 통과했다.

1564 **예술** (藝術)
艺术

예술 + **N**

· 예술 문화 艺术文化
· 예술 인생 艺术人生
· 예술 작품 艺术作品
· 예술 창작 意思创作
· 예술 활동 艺术活动

1565 **예습** (豫習)
预习

예습 + **V**

예습을 ~
· 예습을 하다 预习
예습을 하지 않고 학교에 갔다.

1566 **예약** (豫約)
预约，预订

예약 + **N**

· 예약 날짜 预约日期
· 예약 서비스 预约服务
· 예약 시간 预约时间
· 예약 시스템 预约体系
· 예약 제도 预约制度
· 예약 취소 取消预订
· 예약 확인 核对预订信息
· 예약 환자 预约患者

예약 + **V**

예약이 ~

· 예약이 가능하다 可预购
최고 60% 할인된 가격으로 예약이 가능하다.
· 예약이 끝나다 预约结束
전국 온천지역의 호텔 예약이 이미 끝났다.
· 예약이 되다 已经预约
예약이 되신 분은 이쪽으로 줄을 서 주세요.

예약을 ~
· 예약을 마치다 结束预订
이 지역 콘도시설도 1개월 전에 예약을 마쳤다.
· 예약을 받다 接受预订
오늘부터 식당 예약을 받기 시작했다.
· 예약을 취소하다 取消预订
신혼여행 예약을 취소했다.
· 예약을 하다 预订
주말에는 예약을 하는 게 좋죠.

1567 **예외** (例外)
例外

> 예외 + N

· 예외 규정 例外的规定

> 예외 + V

예외로 ~
· 예외로 하다 例外
이 규정에서 학생은 예외로 한다.

1568 **예의** (禮儀)
礼仪，礼貌

> 예의 – N

· 예의범절 礼节

> 예의 + V

예의가 ~
· 예의가 바르다 懂礼貌
무뚝뚝해 보이는 외모와 달리 친절하고 예의가 바르다.
예의를 ~
· 예의를 갖추다 有礼貌
예의를 갖추고 공부하는 학생들이 되길 바란다.

· 예의를 차리다 讲究礼仪
너무 예의를 차리다 보면 오히려 상대방을 더 불편하
게 만들 수 있다.
예의에 ~
· 예의에 어긋나다 失礼
그런 질문은 예의에 어긋난다.

1569 **예절** (禮節)
礼节

> 예절 + N

· 예절 교육 礼仪教育
· 예절 문화 礼仪文化

> 예절 + V

예절을 ~
· 예절을 지키다 遵守礼节
악수할 때도 예절을 지켜야 한다.
예절에 ~
· 예절에 맞다 符合礼节
그 일은 동양의 예절에 맞지 않는다.
· 예절에 어긋나다 违反礼仪
어른들에게 인사를 안 하는 것은 예절에 어긋나죠.

1570 **예정** (豫定)
预定

> 예정 + N

· 예정 시간 预定的时间
· 예정 장소 预定的场所

> 예정 + V

예정을 ~
· 예정을 미루다 推迟预定的时间
예정을 다음 달로 미루었다.
· 예정을 바꾸다 更改预定的时间
예정을 바꾸어 급히 돌아올 수밖에 없었다.
· 예정을 앞당기다 提前预定时间
나는 예정을 앞당겨 떠나기로 했다.

1571 옛날 [옌날]
过去

옛날 – N

· 옛날이야기 故事

옛날 + N

· 옛날 모습 过去的样子
· 옛날 애인 过去的恋人
· 옛날 영화 过去的电影
· 옛날 얘기 过去的事
· 옛날 사람들 过去的人们
· 옛날 사진 过去的照片
· 옛날 집 过去的房子
· 옛날 친구 过去的朋友

옛날 + V

옛날을 ~
· 옛날을 회상하다 回忆过去
노인의 얼굴은 옛날을 회상하는 듯하였다.

옛날로 ~
· 옛날로 거스르다 追溯过去
· 할아버지가 젊었던 옛날로 거슬러 올라가 그 얘기를 해보자.
· 옛날로 돌아가다 回到过去
예전처럼 순수했던 옛날로 돌아갈 수 있을 것만 같았다.

옛날과 ~
· 옛날과 같다 和过去一样
하나님, 우리 남편을 옛날과 같은 사람으로 만들어 주세요.
· 옛날과 다르다 和过去不一样
외양만 해도 옛날과 다른 분위기를 풍기고 있었다.

A + 옛날

· 까마득한 옛날 遥远的过去
이십여 년 전의 까마득한 옛날이야기다.
· 아득한 옛날 很久很久以前
마법성은 아득한 옛날부터 커다란 용이 지켜왔습니다.

慣

· 옛날 옛적에 很久很久以前
옛날 옛적에 할머니는 꽃가마를 타고 시집오셨다.

1572 오늘
今天

오늘 + N

· 오늘 밤 今天晚上
· 오늘 아침 今天早上
· 오늘 오전 今天上午
· 오늘 오후 今天下午
· 오늘 새벽 今天清晨
· 오늘 낮 今天白天
· 오늘 저녁 今天晚上
· 오늘 점심 今天中午
· 오늘 하루 今天一天

오늘 + V

오늘을 ~
· 오늘을 살다 生活在当下
이것은 오늘을 사는 현대인 모두의 문제이기도 하다.

오늘에 ~
· 오늘에 이르다 直到今天
두 분은 오늘에 이르기까지 아직도 다정한 부부이다.

慣

· 오늘따라 今天格外
오늘따라 지하철이 천천히 가는 것 같다.

1573 오락 (娛樂)
娱乐

오락 + N

· 오락 매체 娱乐媒体
· 오락 산업 娱乐产业
· 오락 시간 娱乐时间
· 오락 프로그램 娱乐节目

오락 + V

오락을 ~
· 오락을 즐기다 喜欢娱乐
오락을 즐기는 부부들이 많다.

· 오락을 하다 玩游戏
하루라도 전자 오락을 하지 않으면 불안감을 느낀다.

1574 오래간만
时隔很久

오래간만 + Ⓥ

오래간만에 ~

· 오래간만에 듣다 好久没听到
참으로 오래간만에 듣는 소리였습니다.
· 오래간만에 만나다 时隔好久见到
얼마 전에 고등학교 동창을 오래간만에 만났다.
· 오래간만에 모이다 久违重聚
오래간만에 모인 터라, 모두 기분이 좋았다.
· 오래간만에 오다 好久没来
오래간만에 오셨으니까 소주라도 한잔 같이 나누는 게
어떨까요?
· 오래간만에 즐겁다 好久没这么高兴
그날은 오래간만에 즐거웠다.

慣

· 오래간만이다 好久不见
너 오래간만이다.

1575 오랫동안 [오랟똥안/오래똥안]
很长时间

오랫동안 + Ⓥ

오랫동안 ~

· 오랫동안 계속하다 持续很长时间
이런 식의 추적이 오랫동안 계속되었다.
· 오랫동안 기다리다 等很长时间
마치 오랫동안 기다려 온 누구를 만난 것 같은 느낌이
었지.
· 오랫동안 기억하다 久久难忘
상대방이 오랫동안 기억할 만한 질문을 남겨야 한다.
· 오랫동안 버티다 支撑很长时间
오랫동안 버티려면 규칙적인 생활을 해야 해.
· 오랫동안 잊다 忘了很久
그녀와의 추억이 마치 오랫동안 잊고 있던 상처처럼
가슴을 파고들었다.

· 오랫동안 지속되다 持续很长时间
그리고 이러한 일은 매우 오랫동안 지속되었다.

1576 오렌지 (orange)
橙子

오렌지 + Ⓝ

· 오렌지 껍질 橙子皮
· 오렌지 재배 种植橙子
· 오렌지 주스 橙汁

오렌지 + Ⓥ

오렌지를 ~

· 오렌지를 짜다 榨橙子
오렌지를 짜서 주스를 마시면 진짜 맛있다.
· 오렌지를 까다 剥橙子
너무 배가 고파서 오렌지를 까서 먹었다.

1577 오른쪽
右边

오른쪽 + Ⓝ

· 오른쪽 구석 右边的角落
· 오른쪽 귀 右耳
· 오른쪽 끝 右边的尽头
· 오른쪽 눈 右眼
· 오른쪽 뇌 右脑
· 오른쪽 다리 右腿
· 오른쪽 무릎 右膝
· 오른쪽 문 右边的门
· 오른쪽 발목 右边的脚踝
· 오른쪽 뺨 右边的脸颊
· 오른쪽 어깨 右边的肩膀

오른쪽 + Ⓥ

오른쪽에 ~

· 오른쪽에 앉다 坐在右边
나는 그녀의 오른쪽에 앉았다.
· 오른쪽에 있다 在右边

상점으로 나가려면 오른쪽에 있는 출구로 나가면 된다.

오른쪽으로 ~

· 오른쪽으로 돌다 往右转
시계는 왼쪽에서 오른쪽으로 돈다.

· 오른쪽으로 돌리다 往右扭
손잡이를 오른쪽으로 돌렸다.

· 오른쪽으로 이동하다 往右移动
화면의 왼쪽에서 오른쪽으로 이동하는 것처럼 촬영해야 자연스럽다.

1578 오빠
哥哥

오빠가 ~

· 오빠가 있다 有哥哥
내게도 저런 자상한 오빠가 있었으면 좋겠다.

오빠를 ~

· 오빠를 닮다 长得像哥哥
넌 참 오빠를 닮았어.

· 오빠를 따라다니다 跟随哥哥
나는 오빠를 따라다니며 귀찮게 했다.

1579 오염 (汚染)
污染

· 오염 개선 改善污染
· 오염 문제 污染问题
· 오염 물질 污染物
· 오염 방지 防止污染
· 오염 유발 引发污染

오염이 ~

· 오염이 되다 被污染
우리나라도 오염이 많이 되었다.

· 오염이 심각하다 污染严重
1회 용품으로 인한 환경 오염이 심각하다.

· 오염이 심하다 污染严重

오염이 심한 공장의 문을 닫았다.

오염을 ~

· 오염을 막다 防止污染
환경 오염을 막을 수 있는 방법이 필요할 것 같다.

· 오염을 시키다 造成污染
더 이상 오염을 시켜서는 안 된다.

· 오염을 줄이다 减少污染
수질 오염을 줄이기 위해 샴푸 사용을 억제하자.

· 오염을 피하다 躲避污染
환경 오염을 피해 해외로 떠났다.

· 오염을 해결하다 治理污染
토양 오염을 해결하기 위해서는 우선 농약의 사용을 줄여야 한다.

· 오염을 해소하다 清除污染
정부가 대기 오염을 해소하기 위해 대책을 생각하고 있다.

1580 오전 (午前)
上午

· 오전 근무 上午上班
· 오전 수업 上午课程
· 오전 시간 上午的时间
· 오전 중 上午的时候
· 오전 오후 上下午

1581 오줌
小便

오줌이 ~

· 오줌이 마렵다 憋尿
아침에 일어나면 오줌이 마렵다.

오줌을 ~

· 오줌을 누다 排尿
술에 취해 길에다 오줌을 누었다.

· 오줌을 싸다 撒尿
아이들은 잠을 자면서 오줌을 싸기도 한다.

1582 **오해** (誤解)

误会

오해 + Ⓥ

오해가 ~

· 오해가 있다 有误会
사람들은 행복에 대한 몇 가지 오해가 있다.

· 오해가 생기다 产生误会
친구하고 오해가 생겨서 싸웠다.

· 오해가 풀리다 误会解开
무엇보다 오해가 풀려서 다행입니다.

오해를 ~

· 오해를 갖다 有误会
나는 리더십에 대해 몇 가지 오해를 갖고 있었다.

· 오해를 받다 被误会
그 일로 친구들에게 부자라고 오해를 받았다.

· 오해를 사다 引起误解
오해를 살 일을 하지 마라.

· 오해를 풀다 消除误解
모녀는 장담하면서 서로 간의 오해를 풀었다.

· 오해를 하다 误会
처음부터 오해를 하고 있었다.

1583 **오후** (午後)

下午

오후 + Ⓝ

· 오후 수업 下午课程
· 오후 시간 下午的时间
· 오후 일정 下午的日程
· 오후 햇살 下午的阳光

오후 + Ⓥ

오후가 ~

· 오후가 되다 到了下午
오후가 되어서 차가 심하게 막히는 것 같군.

Ⓐ + 오후

· 나른한 오후 慵懒的午后
나른한 오후를 즐기려던 참이었다.

· 늦은 오후 接近傍晚的时候
늦은 오후이지만 폭염이 여전하다.

1584 **옥상** [옥쌍](屋上)

屋顶

옥상 - Ⓝ

· 옥상정원 屋顶花园

옥상 + Ⓥ

옥상에 ~

· 옥상에 올라가다 上屋顶
옥상에 올라가면 멀리 남산이 보인다.

1585 **온도** (溫度)

温度

온도 + Ⓝ

· 온도 변화 温度变化
· 온도 상승 温度上升
· 온도 조절 调节温度

온도 + Ⓥ

온도가 ~

· 온도가 낮다 温度低
에어컨 온도가 낮으면 전기 요금이 더 많이 나올까요?

· 온도가 내려가다 温度下降
온도가 영하로 내려가면 물이 언다.

· 온도가 높다 温度高
덥지 않을 정도로 온도가 알맞게 높다.

· 온도가 올라가다 温度上升
갑자기 온도가 올라가 내린 눈이 녹고 있네요.

1586 **온라인** (on-line)

在线

온라인 + Ⓝ

· 온라인 서비스 在线服务
· 온라인 쇼핑몰 网上购物中心
· 온라인 예약 网上预约
· 온라인 주문 网上预订
· 온라인 회의 视频网络会议

1587 온몸
全身

온몸 + N

· 온몸 운동 全身运动

온몸 + V

온몸이 ~
· 온몸이 나른하다 浑身发软
온몸이 왠지 모르게 나른하다.
· 온몸이 떨리다 全身发抖
너무 슬퍼서 온몸이 다 떨릴 정도였네요.
· 온몸이 쑤시다 浑身疼
아침에 일어났더니 온몸이 쑤신다.

온몸을 ~
· 온몸을 떨다 浑身颤抖
나는 추위 때문에 온몸을 부들부들 떨고 있었다.
· 온몸을 휘감다 缠绕全身
택시에서 내리는 순간 빗줄기가 온몸을 휘감았다.

온몸으로 ~
· 온몸으로 퍼지다 扩散到全身
싱싱한 열대의 향기가 온몸으로 퍼졌다.

1588 올림픽 (olympic)
奥运会

올림픽 + N

· 올림픽 경기 奥运会比赛
· 올림픽 경기장 奥运会赛场
· 올림픽 대회 奥运会
· 올림픽 문화 奥林匹克文化
· 올림픽 정신 奥利匹克精神

올림픽 + V

올림픽이 ~
· 올림픽이 열리다 开奥运会
2018년에 평창에서 동계 올림픽이 열린다.

올림픽을 ~
· 올림픽을 개최하다 举办奥运会
각 나라마다 올림픽을 개최하려는 이유가 뭔가요?

1589 옷 [옫]
衣服

옷 - N

· 옷매무새 穿着
· 옷소매 衣服袖子
· 옷차림 穿着打扮

옷 + N

· 옷 가게 服装店
· 옷 색깔 衣服的颜色

옷 + V

옷이 ~
· 옷이 끼다 衣服紧
전보다 살이 쪄서 옷이 몸에 꽉 끼었다.
· 옷이 구겨지다 衣服皱
옷이 많이 구겨져 있었다.
· 옷이 낡다 衣服旧
더 이상 입을 수가 없을 만큼 옷이 낡으면 비로소 다른
옷을 하나 마련했다.
· 옷이 마르다 衣服干
옷이 마를 동안 바위에 올라가 앉아 있었다.
· 옷이 맞다 衣服合适
옷이 몸에 잘 맞는다면 남 보기에도 잘 어울려 보일 것
이다.
· 옷이 멋있다 衣服很时髦
옷이 아주 멋있네요.
· 옷이 어울리다 很适合……衣服
까만색 옷이 잘 어울려요.
· 옷이 작다 衣服小
이젠 이 옷이 작아서 입질 못하겠구나.
· 옷이 젖다 衣服湿
옷이 물에 젖어서 몸이 무거웠다.

옷을 ~

· **옷을 갈아입다** 换衣服
그녀는 방으로 들어가서 옷을 갈아입고 나왔다.
· **옷을 고르다** 挑衣服
좀 더 밝은 색깔 옷을 골라 보는 게 어때요?
· **옷을 빨다** 洗衣服
동생은 급한 마음에 우물에서 물을 길어 옷을 빨아 널었다.
· **옷을 만들다** 做衣服
누구 옷을 만드는 거예요?
· **옷을 벗다** 脱衣服
아이들은 모두 옷을 벗고 물에 들어가 뛰어다녔다.
· **옷을 잘 입다** 穿着得体
옷을 잘 입는다는 것은 결코 쉬운 일은 아니다.

Ⓐ + 옷

· **간편한 옷** 简单的衣服
나는 간편한 옷을 입고 일을 한다.
· **깨끗한 옷** 干净的衣服
그는 깨끗한 옷으로 갈아입고 나와서 정중하게 그녀에게 제안했다.
· **낡은 옷** 旧衣服
그들은 대부분 아주 낡은 옷들을 입고 있었다.
· **더러운 옷** 脏衣服
그때만은 더러운 옷을 입은 어린 아이들도 울음을 그쳤다.
· **비싼 옷** 贵的衣服
월급과 맞먹는 비싼 옷을 사달라고 한다.
· **얇은 옷** 薄衣服
환절기에는 얇은 옷을 여러 겹 겹쳐 입는다.
· **예쁜 옷** 漂亮的衣服
예쁜 옷 입고 웃는 게 왜 싫겠니?
· **새 옷** 新衣服
이거 새 옷은 아니지만 너한테 맞을 거야.
· **화려한 옷** 华丽的衣服
화려한 옷보다는 얼굴 표정이 더 중요할 수 있다.

慣

· **옷을 벗다** 辞职
일부 사람들은 '차라리 옷을 벗고 돈을 지키자'며 사표를 제출했다.
· **옷은 새옷이 좋고 사람은 옛 사람이 좋다** 衣服是新的好, 人是老朋友好
옷은 새옷이 좋고 사람은 옛 사람이 좋다는 말이 있다.
· **옷이 날개다** 人靠衣服马靠鞍
여성이 용모를 가꾸는 데 옷은 중요한 비중을 차지한다.

1590 **옷걸이** [옫꺼리]
衣架

옷걸이 + Ⓥ

옷걸이에 ~
· **옷걸이에 걸다** 挂在衣架上
그는 우선 양복을 벗어 옷걸이에 건다.

慣

· **옷걸이가 좋다** 衣服架子好. 形容身材好
옷걸이가 좋은 사람에게는 무슨 옷을 입혀도 괜찮아요.

1591 **옷차림** [옫차림]
穿着

옷차림 + Ⓥ

옷차림을 ~
· **옷차림을 하다** 穿着……
와인색, 회색, 보라색 옷차림을 하면 세련된 이미지를 줄 수 있다.
· **옷차림을 훑어보다** 打量穿着
그녀는 새삼 자신의 옷차림을 훑어보았다.

Ⓐ + 옷차림

· **깔끔한 옷차림** 整洁的穿着
신사분은 검소하지만 깔끔한 옷차림을 하고 있었다.
· **남루한 옷차림** 褴褛的穿着
세 아이들은 하나같이 몹시 남루한 옷차림을 하고 있었다.
· **단정한 옷차림** 端正的穿着
그는 항상 단정한 옷차림을 하는 세심한 성격의 남자였다.
· **수수한 옷차림** 朴素的穿着
수수한 옷차림을 한 그의 아내는 정숙해 보이는 여인이었다.
· **편안한 옷차림** 舒适的穿着
평소에는 편안한 옷차림을 즐겨 입는 편이죠.

1592 **와인** (wine)
红酒

와인 + Ⓝ

· 와인 문화 红酒文化
· 와인 산업 红酒产业
· 와인 바 红酒吧

와인 + Ⓥ

와인을 ~
· 와인을 마시다 喝红酒
와인을 마시며 음악 연주를 듣는다.

1593 **완성** (完成)
完成

완성 + Ⓝ

· 완성 단계 完成阶段

완성 + Ⓥ

완성이 ~
· 완성이 되다 完成
경기장이 완성이 되었다.

완성을 ~
· 완성을 하다 完成
이것저것을 하다 보니 이제서야 겨우 완성을 했다.

1594 **왕복** (往復)
往返

왕복 - Ⓝ

· 왕복표 往返票

왕복 + Ⓝ

· 왕복 교통비 往返交通费
· 왕복 기차표 往返火车票

· 왕복 승차권 往返车票
· 왕복 항공권 往返飞机票

1595 **외국** [외국/웨국] (外國)
外国

외국 - Ⓝ

· 외국사람 外国人

외국 + Ⓝ

· 외국 관광객 外国游客
· 외국 국적 外国国籍
· 외국 기업 外国企业
· 외국 노동자 外籍劳工
· 외국 대사관 外国大使馆
· 외국 대학 外国大学
· 외국 돈 外币
· 외국 문학 外国文学
· 외국 문화 外国文化
· 외국 상품 外国商品
· 외국 생활 外国生活
· 외국 선수 外国运动员
· 외국 업체 外国企业
· 외국 여행 出境游
· 외국 영화 外国电影
· 외국 유학생 外国留学生
· 외국 은행 外国银行
· 외국 음식 外国饮食
· 외국 자본 外国资本
· 외국 정부 外国政府
· 외국 제품 外国产品
· 외국 친구 外国朋友
· 외국 학자 外国学者
· 외국 항공사 外国航空公司
· 외국 회사 外国公司

외국 + Ⓥ

외국을 ~
· 외국을 방문하다 出国访问
외국을 방문하는 한국인이 늘어나고 있다.
· 외국을 여행하다 去外国旅行

나는 외국을 여행할 때 우선 지도부터 펴놓고 계획을
한다.

외국에 ~

· 외국에 가다 去国外
외국에 가서 공부를 해야 한다고 나는 마음먹었다.

· 외국에 나가다 到国外去
누구나 처음 외국에 나가면 애국자가 되게 마련이다.

· 외국에 체류하다 在国外滞留
검찰에 고발된 김 전 회장은 아직도 유유히 외국에 체
류하고 있다.

외국으로 ~

· 외국으로 나가다 去国外
이 짐들은 아마도 인천에서 큰 배에 실려 외국으로 나
갈 것이겠지요.

· 외국으로 떠나다 动身去国外
음반계의 불황으로 가수들이 외국으로 떠날 것 같다는
걱정도 있다.

· 외국으로 진출하다 打入国外市场
국내사정이 어려워지자 외국으로 진출하는 연주인들
이 늘고 있다.

慣

· 외국 물을 먹다 喝过洋墨水
김 과장은 해외 지사로 파견되어 외국 물을 먹고 돌아
왔다.

1596 외국어 [외구거/웨구거](外國語)
外语

외국어 + Ⓝ

· 외국어 공부 外语学习
· 외국어 교육 外语教育
· 외국어 능력 外语能力
· 외국어 대학 外国语大学
· 외국어 발음 外语发音
· 외국어 실력 外语水平
· 외국어 학원 外语补习班
· 외국어 학습 外语学习

외국어 + Ⓥ

외국어를 ~

· 외국어를 배우다 学习外语
외국어를 배우는 데는 현지인과 만나 직접 이야기를

나누는 것이 좋은 방법이다.

· 외국어를 쓰다 使用外语
외국어를 함부로 쓰지 말라.

· 외국어를 잘하다 外语说得好
내가 외국어를 잘한다면 유학도 갈 수 있어!

외국어에 ~

· 외국어에 능통하다 擅长外语
인터넷을 이용하려면 웬만큼 외국어에 능통해야 한다.

외국어로 ~

· 외국어로 되다 用外语写的
거리의 간판이나 상품이름 등에는 외국어로 된 것이
많다.

· 외국어로 수업하다 用外语授课
외국인 교사를 많이 채용해 외국어로 수업한다.

1597 외로움
孤独

외로움 + Ⓥ

외로움을 ~

· 외로움을 느끼다 感到孤独
나만 외로움을 느끼는 건가?

· 외로움을 이기다 战胜孤独
어떻게 하면 외로움을 이겨 낼 수 있어요?

· 외로움을 참다 忍受孤独
그가 외로움을 참다 못해 자살했어요.

· 외로움을 타다 怕孤独
외로움을 타니까 가족들이랑 같이 있는 게 좋다.

1598 외모 [외모/웨모](外貌)
外貌

외모 + Ⓝ

· 외모 콤플렉스 对于外貌的自卑感

외모 + Ⓥ

외모가 ~

· 외모가 깔끔하다 外貌整洁
구걸하는 사람치고는 외모기 너무 깔끔했다.

· 외모가 뛰어나다 外貌出众

특히 인상이 좋고 외모가 뛰어나서 많은 친구를 사귀고 있었다.

· **외모가 빼어나다** 容貌俊秀
외모가 빼어난 여자일수록 남자한테 인기가 좋다.

외모를 ~

· **외모를 가꾸다** 打扮外貌
맹목적으로 외모를 가꾸거나 해서 외모 콤플렉스를 벗어날 수는 없다.

· **외모를 꾸미다** 装扮外貌
외모를 꾸미기 위해서 치열한 노력을 했다.

· **외모를 자랑하다** 以外貌为荣
외모를 자랑하는 이들은 가는 곳마다 화제를 불러 일으켰다.

· **외모를 중시하다** 重视外貌
남자들이 여자보다 더 상대방의 외모를 중요시한다.

외모에 ~

· **외모에 신경을 쓰다** 注重外貌
평범한 여자들도 외모에 신경을 쓰고 여성다워지려고 한다.

· **외모에 집착하다** 执着于外貌
외모에 대한 열등감 때문에 다른 사람을 대할 때도 외모에 집착하게 된다고 한다.

· **깔끔한 외모** 整洁的外貌
모두가 깔끔한 외모 때문이라고 생각한다.

· **독특한 외모** 独特的外貌
이들은 자신들만의 독특한 외모를 고집한다.

· **뛰어난 외모** 出众的外貌
그녀의 뛰어난 외모는 곧 여러 사람의 눈에 띄었다.

· **매력적인 외모** 有魅力的外貌
매력적인 외모 덕분에 늘 여학생들에게 둘러싸여 있었다.

· **아름다운 외모** 美丽的外貌
평균보다 아름다운 외모를 가진 여자였다.

· **평범한 외모** 平凡的外貌
평범한 외모지만 생각이 깊다는 소리를 듣습니다.

· **화려한 외모** 华丽的外貌
항상 그녀의 화려한 외모에 대한 얘기만 풍성하다.

1599 **외상** [외상/웨상](外上)
赊账

· **외상 사절** 谢绝赊账

· **외상 술값** 赊酒钱

외상을 ~

· **외상을 긋다** 赊账
저는 수시로 외상을 긋고 식사를 합니다.

외상으로 ~

· **외상으로 구입하다** 赊账购买
7년 전쯤에 옷을 외상으로 구입했다.

· **외상으로 사다** 赊购
외상으로 차를 샀다.

1600 **외제** (外製)
外国产，进口

· **외제 담배** 进口香烟
· **외제 상품** 进口商品
· **외제 완구** 进口玩具
· **외제 차** 进口车

1601 **외출** [외출/웨출](外出)
外出

· **외출 금지** 禁止外出
· **외출 준비** 外出准备
· **외출 중** 有事外出
· **외출 차림** 外出时的穿着
· **외출 차비** 外出准备

외출이 ~

· **외출이 뜸하다** 外出少
겨울에는 아버지의 외출이 뜸하다.

· **외출이 어렵다** 外出困难
혼자서는 외출이 어려운 장애인의 경우 도우미가 배치되어야 한다.

· **외출이 잦다** 外出频繁

봄에는 아기와 외출이 잦아진다.

· **외출이 허용되다** 允许外出
외출이 허용되었어도 그녀는 갈 곳이 없었다.

외출을 ~

· **외출을 나가다** 外出
아마 어디 잠깐 외출을 나갔거니 생각했다.

· **외출을 삼가다** 避免外出
바람이 많이 부는 날은 외출을 삼간다.

· **외출을 준비하다** 准备外出
그날 오후에도 아내는 막 외출을 준비하고 있었다.

· **외출을 하다** 外出
그는 옷을 차려입고 오랜만에 외출을 했다.

외출에서 ~

· **외출에서 돌아오다** 从外面回来
외출에서 돌아오니 자동응답기의 메시지 버튼에 불이
들어와 있다.

1602 **왼쪽** [왼쪽/웬쪽]
左边

왼쪽 + N

· **왼쪽 가슴** 左侧胸部
· **왼쪽 겨드랑이** 左嘎吱窝
· **왼쪽 길** 左边的路
· **왼쪽 귀** 左耳
· **왼쪽 날개** 左侧翅膀
· **왼쪽 눈** 左眼
· **왼쪽 다리** 左腿
· **왼쪽 무릎** 左膝
· **왼쪽 방향** 左侧方向
· **왼쪽 뺨** 左脸
· **왼쪽 어깨** 左肩

왼쪽 + V

왼쪽에 ~

· **왼쪽에 놓다** 放在左边
큰 화분 하나를 왼쪽에 놓았다.

· **왼쪽에 앉다** 坐在左边
맨 왼쪽에 앉은 사람은 그들 중 가장 젊었고, 키는 가
장 컸다.

· **왼쪽에 위치하다** 位于左边
모든 차의 운전석은 왼쪽에 위치해야 한다.

· **왼쪽에 있다** 在左边
심장이 왼쪽에 있는 이유를 알아요?

왼쪽으로 ~

· **왼쪽으로 가다** 往左走
선생님이 왼쪽으로 가야 한다고 했어.

· **왼쪽으로 꺾다** 往左拐
길을 따라 오르다 능선에서 다시 왼쪽으로 꺾으면 정
상으로 통하게 된다.

· **왼쪽으로 돌다** 往左转
버스가 왼쪽으로 돌아 다리로 들어섰다.

· **왼쪽으로 돌리다** 往左转
그는 발길을 왼쪽으로 돌렸다.

· **왼쪽으로 돌아보다** 往左看
코끼리야, 미안하지만 왼쪽으로 좀 돌아봐 줄래?

1603 **요구** (要求)
要求

요구 + N

· **요구 사항** 要求事宜
· **요구 조건** 要求条件

요구 + V

요구를 ~

· **요구를 들어주다** 答应请求
판매원들은 고객의 요구를 잘 들어준다.

· **요구를 받아들이다** 接受要求
그는 우리의 요구를 받아들이지 않았다.

· **요구를 하다** 要求
우리에게 그런 요구를 할 근거가 없다.

요구에 ~

· **요구에 응하다** 答应要求
절대 상대방의 요구에 응해 주지 마세요.

A + 요구

· **지나친 요구** 过分的要求
그들은 지나친 요구를 하고 있다.

1604 **요금** (料金)
费用

요금 + N

· 요금 영수증 发票
· 요금 인상 提高金额
· 요금 조정 调整金额
· 요금 인하 下调金额
· 요금 동결 冻结金额

요금 + V

요금이 ~

· 요금이 비싸다 价格贵
잘사는 나라엘 갈수록 이발 요금이 비싸다.
· 요금이 오르다 价格上涨
다음 주부터 요금이 오를 것이다.

요금을 ~

· 요금을 내다 交费
비싼 요금을 내게 될지도 모른다.
· 요금을 받다 收费
종전 요금을 받고 택시를 운행하고 있다.
· 요금을 절약하다 节约费用
수도 요금을 절약할 수 있는 보너스 아이디어.
· 요금을 줄이다 减少费用
전기 요금을 큰 폭으로 줄일 수 있는 방법은 없다.
· 요금을 지불하다 支付费用
요금을 지불하고 차에서 내리는 그에게 운전사는 중얼거렸다.

1605 요령 (要領)
要领，技巧

요령 + V

요령이 ~

· 요령이 생기다 找到技巧
서너 번 해 보면 누구든지 요령이 생긴다.
· 요령이 있다 有技巧
그 사람은 요령이 있어서 일을 쉽게 하는 편이다.

요령을 ~

· 요령을 가르치다 传授技巧
사원을 모집해서 월부 판매에 대한 요령을 가르쳤죠.
· 요령을 배우다 学会技巧
친구들 가운데서 건축하는 사람이 있으면 요령을 좀 배워 오세요.
· 요령을 알다 了解技巧

그녀는 요령을 알자 곧 일을 빨리 해내는 축에 속하게 되었다.
· 요령을 익히다 掌握技巧
시험을 치르는 요령을 익히면 큰 도움이 될 수도 있다.
· 요령을 터득하다 掌握技巧
마침내 요령을 터득하게 되었다.

1606 요리 (料理)
料理

요리 + N

· 요리 맛 料理的味道
· 요리 방법 烹饪方法
· 요리 솜씨 烹饪手艺
· 요리 재료 做菜的食材
· 요리 전문점 料理专门店
· 요리 특선 精选菜
· 요리 학원 烹饪学习班

요리 + V

요리를 ~

· 요리를 만들다 做菜
그 요리를 만들려고 멀리 프랑스에서 배편으로 재료들을 실어오게 한다.
· 요리를 먹다 吃……料理
파리에서 제일가는 요리를 먹었기 때문만은 아니다.
· 요리를 잘하다 厨艺好
요리를 잘하는 사람은 내가 아니다.
· 요리를 하다 做菜
오랜만에 요리를 하면서 시간이 가기를 기다렸다.

A + 요리

· 맛있는 요리 好吃的菜肴
맛있는 요리를 먹으러 가자.
· 온갖 요리 各种料理
나는 온갖 요리를 다 맛보았다.

1607 요즘
最近

요즘 + N

· 요즘 교육 最近的教育
· 요즘 날씨 最近的天气
· 요즘 아이 现在的孩子
· 요즘 상황 最近情况
· 요즘 생활 现在的生活
· 요즘 세대 现在的这一代人
· 요즘 세상 现在这个社会
· 요즘 신문 近来的报纸
· 요즘 젊은이 现在的年轻人
· 요즘 청소년 现在的青少年
· 요즘 학생 现在的学生

慣

· 요즘에 들어서 近来
요즘에 들어서는 세태 탓인지 말이 생소하다.
· 요즘에 와서 直到现在
요즘에 와서야 그 말씀이 무슨 뜻인지 알아 가는 것 같다.

1608 요청 (要請)
请求

요청 + ⓝ

· 요청 사항 请求事宜
· 요청 전화 请求电话

요청 + ⓥ

요청이 ~
· 요청이 들어오다 收到请求
오늘 어떤 신문사에서 인터뷰 요청이 들어왔어요.
· 요청이 오다 收到请求
거래처에서 업무미팅에 참석해달라고 요청이 왔다.
요청을 ~
· 요청을 받다 接到请求
그는 연설을 해달라는 요청을 받았다.
· 요청을 하다 请求
보다 자세한 사항은 별도로 요청을 하시기 바랍니다.

1609 욕 (辱)
骂

욕 + ⓥ

욕을 ~
· 욕을 먹다 挨骂
그 배우는 연기를 못해서 시청자들에게 심한 욕을 먹었다.
· 욕을 퍼붓다 大骂
그는 욕을 퍼붓고는 전화를 끊어 버렸다.
· 욕을 하다 骂
그에게 뻔뻔하다고 욕을 했다.

1610 욕망 [용망](欲望, 慾望)
欲望

욕망 + ⓥ

욕망이 ~
· 욕망이 강하다 欲望强烈
현대사회에서 사람들은 성공해야 한다는 욕망이 강하다.
· 욕망이 생기다 产生欲望
일상에서 벗어나고 싶은 욕망이 생겼다.
· 욕망이 없다 没有欲望
동물에게는 본능적 욕망 외의 다른 욕망이 없다.
· 욕망이 있다 有欲望
인간은 누구나 욕망이 있다.
· 욕망이 크다 欲望强
나는 본질적으로 자아실현 욕망이 크다.
욕망을 ~
· 욕망을 채우다 满足欲望
인간의 욕망을 채워줄 영원한 것은 없습니다.
욕망에 ~
· 욕망에 사로잡히다 沉溺于欲望
물질의 욕망에 사로잡히면 삶은 불행해진다.

1611 욕실 [욕씰](浴室)
浴室

욕실 + ⓝ

· 욕실 문 浴室门
· 욕실 바닥 浴室地板
· 욕실 용품 浴室用品
· 욕실 청소 打扫浴室

· 욕실 환경 浴室环境

1612 **욕심** [욕씸](欲心, 慾心)
贪心

욕심 + Ⓥ

욕심이 ~

· **욕심이 나다** 看中
사실 뉴스라면 해 보고 싶은 욕심이 났다.

· **욕심이 많다** 很贪心
물론 욕심이 많다고 나쁜 어린이가 되는 것은 아닙니다.

· **욕심이 없다** 不奢求
소설가가 되겠다는 특별한 욕심이 없는 상태에서 썼던 거죠.

· **욕심이 있다** 有想头
새로운 분야를 두드려 보고 싶은 욕심이 있을 것이다.

· **욕심이 생기다** 起贪心
요즘도 욕심이 생길 때면 그때의 일기를 보며 반성한다.

· **욕심이 지나치다** 过于贪心
내 욕심이 지나친 건 아니겠죠.

욕심을 ~

· **욕심을 가지다** 贪心
헛된 욕심을 가져본 적이 있습니까?

· **욕심을 내다** 贪心
그는 게임 중 개인적인 욕심을 내지 않는다고 말한다.

· **욕심을 버리다** 放弃贪心
욕심을 버리고 조금씩 작업하는 것도 한 방법이다.

· **욕심을 부리다** 奢求
재주가 많다고 욕심을 부리면 두 가지 일에 혼란이 생깁니다.

Ⓐ + 욕심

· **많은 욕심** 过于贪心
나는 엄마가 너무 많은 욕심을 낸다고 화를 냈다.

· **물질적 욕심** 物质欲望
적어도 물질적 욕심이 없다.

· **이기적인 욕심** 贪心自利
그러나 나의 이기적인 욕심은 끝내 화를 불러일으켰다.

· **작은 욕심** 小的素求
그래서 저는 작은 욕심이 한 가지 생겼습니다.

· **진정한 욕심** 真正的欲望
노력하는 자만이 진정한 욕심을 채울 수 있는 거야.

· **큰 욕심** 奢求
그리 큰 욕심은 아니겠지요.

1613 **용건** [용껀](用件)
（应办的）事情

용건 + Ⓥ

용건을 ~

· **용건을 꺼내다** 提起事情
그는 단도직입적으로 용건을 꺼냈다.

1614 **용기**[1] (勇氣)
勇气

용기 + Ⓥ

용기가 ~

· **용기가 나다** 有勇气
그런데 선뜻 용기가 나지는 않았다.

· **용기가 없다** 没有勇气
나는 아니라고 말하고 싶었지만 용기가 없었다.

· **용기가 있다** 有勇气
젊은이는 용기가 있고, 늙은이는 지혜가 있다.

· **용기가 생기다** 产生勇气
나도 모르게 용기가 생기는 것 같았다.

· **용기가 필요하다** 需要勇气
네 번째는 되돌아갈 용기가 필요하다.

용기를 ~

· **용기를 가지다** 鼓起勇气
옳다고 믿으면 그대로 행할 용기를 가졌습니다.

· **용기를 갖다** 鼓起勇气
나를 믿고 자부심과 용기를 갖자.

· **용기를 내다** 拿出勇气
그는 드디어 용기를 내서 말했다.

· **용기를 북돋다** 增添勇气
어머니의 말씀이 내 용기를 북돋았는지도 모른다.

· **용기를 얻다** 获得勇气
용기를 얻은 그는 공장을 나와 봉제업을 시작했다.

· **용기를 잃다** 失去勇气
배달된 편지를 잘 간직했다가 용기를 잃을 때마다 꺼내 읽어본다.

· **용기를 지니다** 拥有勇气
불가능하더라도 꿈과 용기를 지닌다는 것은 아름답지 않은가?

<table>
<tr><td>

Ⓐ + 용기

· 대단한 용기 过人的勇气
관련된 모든 이들이 대단한 용기와 결의를 갖고 행동
했다.

· 상당한 용기 足够的勇气
나에게는 상당한 용기가 필요했다.

· 새로운 용기 新的勇气
나는 이 편지에서 새로운 용기를 얻었다.

· 진정한 용기 真正的勇气
신중할 줄 아는 것이 진정한 용기이다.

· 큰 용기 极大的勇气
무슨 큰 용기가 있어서가 아니야.

1615 **용기²** (容器)

容器

용기 + Ⓝ

· 용기 뚜껑 容器盖子
· 용기 속 容器里面

용기 + Ⓥ

용기에 ~

· 용기에 넣다 放到容器里
생선을 밀폐용기에 넣어 냉동한다.

· 용기에 담다 装到容器里
음식물은 도자기나 유리 용기에 담는 것이 좋다.

1616 **용도** (用途)

用途

용도 + Ⓥ

용도가 ~

· 용도가 다르다 用途不同
큰 그릇과 작은 그릇은 그 용도가 다르다.

· 용도가 없다 没有用处
자기 혼자만 가지고 있어서는 용도가 없다.

· 용도가 있다 有用处
이들 소형 토기는 아마도 특수한 용도가 있었을 것이다.

</td><td>

1617 **용돈** [용똔](用돈)

零用钱

용돈 + Ⓥ

용돈이 ~

· 용돈이 떨어지다 花完零用钱
엄마, 나 용돈이 떨어졌어요.

· 용돈이 모자라다 零用钱不够
씀씀이가 커지고 그래서 용돈이 모자란다.

· 용돈이 부족하다 零用钱不够
집에서 주는 용돈이 부족하다.

· 용돈이 없다 没有零用钱
용돈이 없으면 할머니에게 가곤 했다.

· 용돈이 있다 有零用钱
당신도 용돈이 좀 있어야 할 게 아니에요?

· 용돈이 적다 零用钱不够
간혹 용돈이 적다고 투덜댔다.

용돈을 ~

· 용돈을 모으다 攒零用钱
요즘 아들이 용돈을 모은다고 한다.

· 용돈을 받다 拿零用钱
매달 부모님에게서 용돈을 받아서 쓴다.

· 용돈을 벌다 挣零用钱
초등학교 다닐 때부터 자기 손으로 용돈을 벌어서 썼다.

· 용돈을 얻다 得到零用钱
아이는 용돈을 얻기 위해 항상 심부름을 한다.

· 용돈을 주다 给零用钱
내일은 꼭 잊지 말고 아이에게 용돈을 주어야겠다.

· 용돈을 타다 拿零用钱
일을 그만두고 용돈을 탈 것이냐?

1618 **용서** (容恕)

饶恕

용서 + Ⓥ

용서를 ~

· 용서를 구하다 求得原谅
다시 아주머니를 만나면 진심으로 용서를 구해야겠다.

· 용서를 받다 得到饶恕
어린이라고 해서 용서를 받을 수는 없다.

· 용서를 빌다 乞求饶恕
아이는 고개를 끄덕이며 용서를 빌었다.

</td></tr>
</table>

· 용서를 하다 饶恕
용서를 하면 마음이 편해진다.

1619 우려 (憂慮)
担忧

우려 + Ⓥ

우려를 ~

· 우려를 갖다 感到担忧
이 같은 변화에 대해 국제사회는 깊은 우려를 갖고 있다.

· 우려를 나타내다 显示出担忧
비용이 앞으로 더 늘어날 것이라는 데 대해 의원들은 우려를 나타내고 있다.

· 우려를 낳다 让人担忧
지구온난화로 수천 개의 빙산이 떨어져 나가고 있어 우려를 낳고 있다.

· 우려를 하다 担忧
우리가 괜한 것을 가지고 우려를 했네요.

Ⓐ + 우려

· 깊은 우려 巨大的担忧
이 같은 변화에 대해 국제사회는 깊은 우려를 갖고 있다.

· 심각한 우려 深深的担忧
대변인은 "심각한 우려를 낳게 하는 중대한 사태"라고 지적하였다.

1620 우물
井

우물 + Ⓥ

우물을 ~

· 우물을 파다 挖井
목마른 사람이 우물을 판다.

惯

· 우물에 가 숭늉 찾는다 到井边要茶喝，操之过急
우물에 가 숭늉 찾는다더니, 방금 주문 전화 해놓고 벌써 오길 바라니?

· 우물 안 개구리 井底之蛙
아이들을 우물 안 개구리처럼 키우지 말아야 한다.

1621 우산 (雨傘)
雨伞

우산 + Ⓝ

· 우산 꼭지 伞柄
· 우산 꽂이 伞架
· 우산 아래 雨伞下面
· 우산 상점 雨伞商店

우산 + Ⓥ

우산이 ~

· 우산이 망가지다 雨伞坏了
방금 산 우산이 망가졌다.

· 우산이 없다 没有雨伞
비가 이렇게 오는데 우산이 없잖아요.

· 우산이 있다 有雨伞
갑자기 비가 왔지만 그는 우산이 있었다.

우산을 ~

· 우산을 갖다 带雨伞
두 사람은 각각 우산을 갖고 있었다.

· 우산을 꽂다 插雨伞
나는 종업원이 가리키는 흰 통에 우산을 꽂았다.

· 우산을 들다 打雨伞
나가 보니 엄마가 빗속에 우산을 들고 서 계셨다.

· 우산을 빌리다 借雨伞
비가 와서 그런데 우산을 빌려 주실 수 있어요?

· 우산을 쓰다 打雨伞
우리는 신촌 거리를 우산을 쓰고 걸었다.

· 우산을 접다 收起雨伞
여자는 우산을 접은 채, 망연히 서 있었다.

· 우산을 펴다 撑开雨伞
누군가 우산을 펴서 위에다 씌워주었다.

Ⓐ + 우산

· 낡은 우산 旧雨伞
거기에는 낡은 우산이 몇 개 펼쳐져 있었다.

· 큰 우산 大雨伞
사실 이 큰 우산을 가지고 다니면 사람들이 구경을 할지도 모른다.

· 헌 우산 旧雨伞
나는 헌 우산을 쓰고 나갈 때부터 마음이 불안했다.

1622 **우선** (優先)
优先

우선 – Ⓝ

· 우선순위 优先顺序

우선 + Ⓝ

· 우선 과제 优先课题
· 우선 권장 优先推荐
· 우선 대상 优先对象
· 우선 사항 优先事项
· 우선 지원 优先援助
· 우선 채용 优先聘用
· 우선 협상 优先协商

우선 + Ⓥ

우선으로 ~

· 우선으로 삼다 放在首位
문학에 대한 접근은 문학이 보여줄 수 있는 사상을 우선으로 삼는다.
· 우선으로 생각하다 优先考虑
해결 방안을 논의할 때는 각국의 국가 이익을 우선으로 생각한다.
· 우선으로 선발하다 优先选拔
교사 채용에 있어 교육 전공자를 우선으로 선발했다.

1623 **우유** (牛乳)
牛奶

우유 – Ⓝ

· 우유병 奶瓶

우유 + Ⓝ

· 우유 냄새 牛奶味道
· 우유 단백질 牛奶蛋白质
· 우유 배달 送牛奶
· 우유 알레르기 牛奶过敏
· 우유 잔 牛奶杯子
· 우유 지방 牛奶脂肪
· 우유 통 牛奶瓶

우유 + Ⓥ

우유가 ~

· 우유가 상하다 牛奶变质
냉장고에 넣어 둔 우유가 상하는 일이 많다.

우유를 ~

· 우유를 끓이다 煮牛奶
아이에게 우유를 끓여 주었다.
· 우유를 넣다 放牛奶
볼에 우유를 넣고 잘 저어 섞는다.
· 우유를 마시다 喝牛奶
술에 취했을 때는 물이나 우유를 마시는 것이 좋다.
· 우유를 먹이다 喂牛奶
아기들은 두유보다는 우유를 먹이는 것이 좋다.
· 우유를 배달하다 送牛奶
그녀는 매일 아침 한 집 한 집 우유를 배달해야 한다.
· 우유를 타다 （饮料里）添加牛奶
커피에 우유를 타서 먹겠습니다.

Ⓐ + 우유

· 따뜻한 우유 热牛奶
따뜻한 우유는 자기 전에 긴장을 완화할 것이다.
· 신선한 우유 新鲜牛奶
유통기한이 많이 남은 것이 신선한 우유인가요?
· 찬 우유 凉牛奶
찬 우유가 피부를 매끄럽게 정돈해 주고 진정시켜 준다.

1624 **우정** (友情)
友情

우정 + Ⓥ

우정을 ~

· 우정을 나누다 共叙友情
누구라도 친구가 될 수 있고 우정을 나눌 수 있다.
· 우정을 쌓다 建立友情
그 친구와 정말로 오래도록 좋은 우정을 쌓고 싶다.

Ⓐ + 우정

· 깊은 우정 深厚的友情
우리는 훨씬 깊은 우정을 나눴었다.
· 돈독한 우정 牢固的友情
두 사람은 그 일로 인해 돈독한 우정을 맺었다.
· 두터운 우정 深厚的友情
더욱 두터운 우정을 쌓아갈게.

1625 우주 (宇宙)
宇宙

- 우주 개발 宇宙开发
- 우주 공간 宇宙空间
- 우주 과학 宇宙科学
- 우주 만물 宇宙万物
- 우주 비행 宇宙飞行
- 우주 산업 宇宙产业
- 우주 생명 宇宙生命

1626 우체국 (郵遞局)
邮局

우체국 + Ⓝ

- 우체국 건물 邮局大楼
- 우체국 사서함 邮局邮箱
- 우체국 저축 邮政储蓄
- 우체국 직원 邮局员工
- 우체국 창구 邮局窗口

우체국 + Ⓥ

우체국이 ~
- 우체국이 있다 有邮局
내가 이 길을 택한 건 거기 우체국이 있기 때문이다.

우체국에 ~
- 우체국에 가다 去邮局
다 쓰면 우체국에 가서 그 편지를 부친다.
- 우체국에 다니다 在邮局上班
위층엔 우체국에 다니다 퇴직한 공무원 부부가 살고 있다.
- 우체국에 들르다 順便去邮局
우리는 초코파이 한 상자를 사서 우체국에 들렀다.

우체국으로 ~
- 우체국으로 가다 去邮局
우체국으로 가서 소포를 부쳐라!

1627 우편 (郵便)
邮政

우편 – Ⓝ

- 우편번호 邮编
- 우편주소 通信地址

우편 + Ⓥ

우편으로 ~
- 우편으로 받다 收到邮政快递
나는 언니로부터 놀라운 선물을 우편으로 받았다.
- 우편으로 보내다 用邮政寄出
나는 졸업 엽서를 써서 우편으로 보냈다.

1628 우표 (郵票)
邮票

우표 + Ⓝ

- 우표 값 邮票价格
- 우표 발행 邮票发行
- 우표 수집 邮票收集

우표 + Ⓥ

우표가 ~
- 우표가 발행되다 邮票发行
올해 모두 22차례에 걸쳐 37종의 우표가 발행된다.

우표를 ~
- 우표를 모으다 集邮
그때부터 우표를 모으는 취미가 생겼다.
- 우표를 발행하다 发行邮票
아시안 게임 기념우표를 발행한다.
- 우표를 붙이다 贴邮票
봉투에 우표를 붙여 사서함에 넣었다.
- 우표를 수집하다 收集邮票
나는 예전에 우표를 수집했었어.

1629 운 (運)
运气

운 + Ⓥ

운이 ~

· 운이 나쁘다 运气不好
그 사람은 운이 나빴어.

· 운이 따르다 走运
운이 따라서 이번 경기에서도 이겼다.

· 운이 없다 没有运气
아버지는 지독히도 운이 없는 사람이었다.

· 운이 있다 有运气
그래도 운이 있었는지 서서히 해결책이 보이기 시작했다.

· 운이 좋다 运气好
운이 좋게도 첫 시험에 통과됐다.

· 운이 트이다 走大运
그는 최근에 운이 트였다.

· 운이 풀리다 福来运转
운이 풀리기를 절실히 기다리고 있을 수밖에 없었다.

운을 ~

· 운을 타고나다 天生运气好
난 아주 좋은 운을 타고났거든.

운에 ~

· 운에 맡기다 看运气
이 일은 확신이 없어, 운에 맡길 수밖에 없다.

Ⓐ + 운

· 좋은 운 好运
그녀는 이번에 좋은 운을 만났다.

· 특별한 운 特别的运气
특별한 운이 따를 것 같지도 않았고, 앞으로 진로에 대한 확신도 없었다.

1630 운동 (運動)
运动，活动，锻炼

운동 - Ⓝ

· 운동선수 运动员

운동 + Ⓝ

· 운동 경기 体育比赛
· 운동 기간 运动期间
· 운동 기구 体育器材
· 운동 능력 体育能力
· 운동 단체 运动团体

· 운동 방식 运动方式
· 운동 방향 运动方向
· 운동 법칙 运动规则
· 운동 부족 锻炼不足
· 운동 영역 运动领域
· 운동 용어 体育用语
· 운동 의학 运动医学
· 운동 이론 运动理论
· 운동 시간 运动时间
· 운동 신경 运动神经
· 운동 장애 运动障碍
· 운동 협회 体育协会

운동 + Ⓥ

운동이 ~

· 운동이 부족하다 缺乏锻炼
운동이 부족하기 때문에 변비에 걸리기 더욱 쉽다.

· 운동이 일어나다 运动爆发
그해에는 거기서 자유화 운동이 일어났다.

· 운동이 필요하다 需要运动
자기에게 맞는 적당한 운동이 필요하다.

운동을 ~

· 운동을 계속하다 持续锻炼
운동을 계속하실 거예요?

· 운동을 벌이다 开展运动
나머지 시민단체는 주로 지역밀착형 운동을 벌인다.

· 운동을 이끌다 引领运动
이들은 작년 말 낙선운동 기획 단계부터 운동을 이끌었다.

· 운동을 시작하다 开始锻炼
운동을 시작한 지 한 달이 되어 간다.

· 운동을 전개하다 开展活动
자연 보호 운동을 전개하였다.

· 운동을 좋아하다 喜欢运动
운동을 좋아해 함께 여가 시간을 즐길 수 있다.

· 운동을 추진하다 推行运动
야당 지도자들이 현재 총선 무효화 운동을 추진하고 있다.

· 운동을 탄압하다 镇压运动
민주통일 운동을 탄압하는 것이 '안정'이라는 뜻인가?

· 운동을 펴다 开展活动
쓰레기 줄이기 운동을 펴고 있다.

· 운동을 펼치다 开展运动
그들은 적극적으로 선거권 쟁취 운동을 펼쳤다.

· 운동을 하다 做运动
아침 일찍 운동을 하러 나갔다.

운동에 ~

· 운동에 나서다 参加活动
학교 동료들은 수술비 모금 운동에 나섰다.

· 운동에 동참하다 参与活动
처음에는 나도 이 운동에 동참할 마음이었다.

· 운동에 앞장서다 带动参加……活动
우리 동네 주민들은 1회용품 안 쓰기 운동에 앞장서고
있다.

· 운동에 참가하다 参加运动
일반인도 학생 운동에 참가했다.

· 운동에 참여하다 参与运动
그러한 비판은 이 운동에 참여한 이들에겐 억울한 것
이 아닐 수 없다.

Ⓐ + 운동

· 가벼운 운동 轻微的锻炼运动
가벼운 운동을 하고 하루의 일정표를 점검해 본다.

· 격렬한 운동 剧烈的运动
격렬한 운동을 하고 난 직후처럼 그의 온몸은 땀에 젖
어 있었다.

· 규칙적인 운동 有规律的运动
다이어트를 하려면 규칙적인 운동을 해야 한다.

· 과도한 운동 过度的运动
과도한 운동은 건강에 해롭다.

· 과격한 운동 过于激烈的运动
과격한 운동을 하면 쉽게 다칠 수 있다.

· 적절한 운동 适当的运动
규칙적인 식사와 적절한 운동이 중요하다.

1631 운동복 (運動服)
运动服

운동복 + Ⓝ

· 운동복 바지 运动裤
· 운동복 차림 运动服装束

운동복 + Ⓥ

운동복을 ~

· 운동복을 입다 穿运动服
아버지는 모자가 달린 운동복을 입고 있었다.

1632 운동장 (運動場)
运动场

운동장 + Ⓝ

· 운동장 시설 运动场设施
· 운동장 주변 运动场周围
· 운동장 한가운데 运动场正中间

운동장 + Ⓥ

운동장이 ~

· 운동장이 넓다 运动场很宽广
우리 학교 운동장은 매우 넓다.

· 운동장이 없다 没有运动场
운동장이 없는 학교는 생각할 수 없다.

· 운동장이 있다 有运动场
마당이나 운동장이 있는 곳이 좋다고 조언한다.

· 운동장이 좁다 运动场很小
운동장이 좁아서 아이들이 놀 곳이 없어 복도에서 뛰
고 난리를 쳤다.

운동장을 ~

· 운동장을 가로지르다 穿过运动场
운동장을 가로질러 본관으로 들어갔다.

운동장에 ~

· 운동장에 모이다 聚集在运动场
아이들은 지금 운동장에 모였을 거야.

Ⓐ + 운동장

· 넓은 운동장 宽广的运动场
학교 건물은 항상 넓은 운동장을 끼고 있다.

· 빈 운동장 空荡荡的运动场
텅 빈 운동장은 어둡고 무서웠다.

· 작은 운동장 小运动场
앞에는 작은 운동장이 있었다.

1633 운동화 (運動靴)
运动鞋

운동화 + Ⓝ

· 운동화 가게 运动鞋店
· 운동화 끈 运动鞋带

· 운동화 바닥 运动鞋底
· 운동화 색 运动鞋颜色

运动화 + **V**

운동화를 ~

· 운동화를 벗다 脱运动鞋
아저씨는 운동화를 벗고 들어갔다 .
· 운동화를 신다 穿运动鞋
그는 빨간색 운동화를 신었다.

A + 운동화

· 깨끗한 운동화 干净的运动鞋
씻어서 새 것처럼 된 깨끗한 운동화에 흙탕물이 튀는
것이 싫었다.
· 새 운동화 新运动鞋
딸이 새 운동화를 사달라고 울었다.
· 하얀 운동화 白色运动鞋
아저씨가 하얀 운동화를 신고 나섰다.
· 헌 운동화 旧运动鞋
그는 헌 운동화를 나에게 내밀었다.
· 흰 운동화 白色运动鞋
그는 흰 운동화를 신고 밖으로 나갔다.

1634 운명¹ (運命)

命运

운명 + **V**

운명을 ~

· 운명을 개척하다 开拓命运
자신의 운명을 개척해 나가는 데는 여러 가지 방법이
있다.
· 운명을 걸다 拿命来拼
선진국들은 과학기술 발전에 나라의 운명을 걸고 있다.
· 운명을 알다 知天命
운명을 다 알면 무슨 재미로 사나?
· 운명을 좌우하다 决定命运
그 판단이 내 운명을 좌우했다.
· 운명을 탓하다 怪命不好
그들은 운명을 탓하다가 생을 마감했다.

운명에 ~

· 운명에 맡기다 听天命
모든 걸 운명에 맡기자.

1635 운명² (殞命)

离世

운명 + **V**

운명을 ~

· 운명을 하다 离世
그날 할아버지께서 운명을 하셨다.

1636 운수 (運數)

运气

운수 + **V**

운수가 ~

· 운수가 나쁘다 运气不好
요새 너무 운수가 나빠요.
· 운수가 좋다 运气好
운수가 좋으면 복권에 당첨될지도 모른다.

1637 운영 [우녕](運營)

经营管理

운영 + **N**

· 운영 방법 经营方法
· 운영 방식 经营方式
· 운영 방안 经营方案
· 운영 예산 经营预算
· 운영 전략 经营策略

운영 + **V**

운영을 ~

· 운영을 하다 经营
부모님이 식당 운영을 하신다.

1638 운전 (運轉)

驾驶

운전 – ⓝ

· 운전기사 司机
· 운전면허 驾驶执照
· 운전면허증 驾驶执照
· 운전실력 驾驶技术

운전 + ⓝ

· 운전 연습 练习驾驶
· 운전 솜씨 驾驶技术
· 운전 중 正在驱车行驶

운전 + ⓥ

운전을 ~
· 운전을 배우다 学汽车驾驶
미리도 운전을 배우고 싶었으나, 그만한 시간이 없었다.
· 운전을 잘하다 开车技术好
남편은 운전을 잘한다.
· 운전을 하다 开车
나는 운전을 해야 해서 녹차를 주문했다.

운전에 ~
· 운전에 열중하다 集中精神开车
나는 조수석에 앉아 운전에 열중하고 있는 동생을 바라보았다.

1639 **울음** [우름]
哭

울음 – ⓝ

· 울음바다 哭声一片

울음 + ⓥ

울음이 ~
· 울음이 나오다 要哭
울음이 나오면 마음껏 우십시오.

울음을 ~
· 울음을 그치다 停止哭泣
장난감을 보고 아기가 울음을 그쳤다.
· 울음을 멈추다 停止哭泣
아이가 울음을 멈췄다.
· 울음을 참다 忍住不哭
끝까지 울음을 참았다.

· 울음을 터트리다(터뜨리다) 放声大哭
의사 선생님의 얼굴을 보고 울음을 터트렸다.

1640 **울음소리** [우름소리]
哭声

울음소리 + ⓥ

울음소리가 ~
· 울음소리가 들리다 传来哭声
갑자기 울음소리가 들렸다.
· 울음소리가 크다 哭声大
이 녀석 울음소리가 커서 나중에 큰 인물이 되겠구나.

1641 **웃음** [우슴]
笑

웃음 – ⓝ

· 웃음바다 笑声一片

웃음 + ⓥ

웃음을 ~
· 웃음을 띠다 面带笑容
선생님은 항상 얼굴에 웃음을 띠고 있다.
· 웃음을 멈추다 收起笑容
그는 웃음을 멈추고 깊은 생각에 빠졌다.
· 웃음을 터트리다(터뜨리다) 放声大笑
그 모습이 너무 귀여워 웃음을 터트리고 말았다.

Ⓐ + 웃음

· 따스한 웃음 温暖的笑
따스한 웃음을 나누기만 하면 된다.
· 해맑은 웃음 爽朗的笑
해맑은 웃음이 참 예쁘네요.

1642 **웃음소리** [우슴쏘리]
笑声

웃음소리 + ♡

웃음소리가 ~

· 웃음소리가 나다 笑声响起
집집마다 웃음소리가 났다.

· 웃음소리가 들리다 笑声传来
밖에서는 남자 아이의 웃음소리가 들렸다.

· 웃음소리가 터지다 爆发笑声
장내에는 한바탕 웃음소리가 터졌다.

웃음소리를 ~

· 웃음소리를 듣다 听到笑声
아이들의 웃음소리를 들을 수 있어 행복했다.

Ⓐ + 웃음소리

· 유쾌한 웃음소리 欢快的笑声
주부들의 유쾌한 웃음소리가 이어진다.

1643 **원** (圓)

圆

원 + ♡

원을 ~

· 원을 그리다 画圆
손으로 작은 원을 그린다.

1644 **원고** (原稿)

稿件

원고 – Ⓝ

· 원고용지 稿纸

원고 + Ⓝ

· 원고 청탁 约稿

원고 + ♡

원고를 ~

· 원고를 내다 交稿
간단한 스토리를 만들어 원고를 냈다.

· 원고를 쓰다 写稿
마감일이 임박해서 급하게 원고를 썼다.

1645 **원리** [월리](原理)

原理

원리 + ♡

원리를 ~

· 원리를 발견하다 发现原理
국내 연구진이 혈액을 분석하는 데 필요한 핵심 원리를 발견했다.

1646 **원서** (願書)

申请书

원서 + Ⓝ

원서 마감 申请截止
원서 접수 接受申请

원서 + ♡

원서를 ~

· 원서를 내다 提交申请书
나는 좋은 대학에만 원서를 냈다.

· 원서를 쓰다 填写申请书
원서를 쓰다 보니 질문이 생겼습니다.

· 원서를 접수하다 接收申请
그 대학교는 이번 시험부터 인터넷으로만 원서를 접수한다.

1647 **원수** (怨讐)

仇人

원수 + ♡

원수가 ~

· 원수가 되다 变成仇人
두 사람이 절친에서 원수가 됐다.

원수를 ~

· 원수를 갚다 报仇
이제서야 원수를 갚았다.

· 원수를 맺다 结下冤仇
어찌 그런 악독한 놈들하고 원수를 맺었어?

· 원수를 지다 结仇
동료와 원수를 진 관계가 됐다.

慣

· 원수는 외나무다리에서 만난다 冤家路窄
원수는 외나무다리에서 만난다더니 여기에서 너를 만나다니.

1648 **원숭이**
猴子

慣

· 원숭이도 나무에서 떨어진다 智者千虑, 必有一失
원숭이도 나무에서 떨어질 수 있단 말이 있듯이 너무 자신하지 마세요.

1649 **원인** [워닌](原因)
原因

원인 + ⓝ

· 원인 규명 查明原因
· 원인 분석 分析原因
· 원인 불명 原因不明
· 원인 설명 说明原因
· 원인 조사 调查原因

원인 + ⓥ

원인을 ~
· 원인을 규명하다 查明原因
시체를 해부하여 사망 원인을 규명했다.
· 원인을 모르다 不明原因
처음에는 기계 고장 원인을 몰라 많이 애먹었다.
· 원인을 조사하다 调查原因
동네에서 물을 오염시키는 원인을 조사했다.

1650 **원칙** (原則)
原则

원칙 + ⓝ

· 원칙 강화 加强原则

원칙 + ⓥ

원칙이 ~
· 원칙이 있다 有原则
우리 회사는 인력 채용의 원칙이 있어요.
원칙을 ~
· 원칙을 따르다 遵循原则
일을 하는 데 원칙을 따라야 한다.
· 원칙을 세우다 制定原则
그러자면 우선 원칙을 세워야 한다.
· 원칙을 준수하다 遵守原则
관리자는 법과 원칙을 준수해야 한다.
· 원칙을 지키다 坚持原则
원칙을 세우는 것도 좋지만 그 원칙을 지키는 것이 더 중요하다.
원칙에 ~
· 원칙에 어긋나다 违反原则
저는 원칙에 어긋나는 짓은 하지 않습니다.

1651 **원피스** (one-piece)
连衣裙

원피스 + ⓝ

· 원피스 자락 连衣裙下摆
· 원피스 차림 连衣裙装扮

원피스 + ⓥ

원피스를 ~
· 원피스를 벗다 脱连衣裙
원피스를 벗고 바지를 입었다.
· 원피스를 입다 穿连衣裙
오늘은 원피스를 입고 출근했다.

1652 월급 (月給)
工资

월급 - N

· 월급봉투 工资信封

월급 + N

· 월급 액수 工资数
· 월급 통장 工资账户

월급 + V

월급이 ~

· 월급이 나오다 发工资
오늘이 월급이 나오는 일이다.
· 월급이 많다 工资多
어쨌든 전 월급이 많다고 느껴요.
· 월급이 오르다 工资上调
해마다 월급이 오르고, 몇 년마다 승진도 했다.
· 월급이 적다 工资少
네가 맨 먼저 월급이 적다고 불평하더라고.

월급을 ~

· 월급을 깎다 削减工资
육아문제로 퇴근시간을 당기면 단체에서 월급을 깎는다.
· 월급을 모으다 攒工资
얼마 되지 않은 월급을 모아 내 학용품을 사 주셨다.
· 월급을 받다 领工资
오늘이 월급을 받는 날이다.
· 월급을 주다 给工资
월급을 주는 것만으로는 종업원의 '충성심'을 확보할
수 없다.
· 월급을 타다 领工资
월급을 타면 제일 먼저 책방에 달려가 책값을 지불했
다.

월급으로 ~

· 월급으로 살아가다 靠工资生活
월급으로 살아가고 있는 노동자는 많다.

A + 월급

· 첫 월급 第一个月工资
첫 월급을 받자마자 아버지께 내의를 한 벌 사드렸다.

1653 월드컵 (World Cup)
世界杯

월드컵 + N

· 월드컵 개최 举办世界杯
· 월드컵 경기 世界杯赛
· 월드컵 경기장 世界杯赛场
· 월드컵 기간 世界杯期间
· 월드컵 대표팀 世界杯代表队
· 월드컵 본선 世界杯决赛

월드컵 + V

월드컵을 ~

· 월드컵을 개최하다 举办世界杯
월드컵을 개최함으로써 우리가 얻을 수 있는 이득은
무엇인가?

1654 월세 [월쎄](月貰)
月租

월세 + V

월세를 ~

· 월세를 내다 交月租金
달 말마다 월세를 내야 한다.
· 월세를 놓다 出租收月租
아래층에도 대여섯 개의 방을 월세로 놓고 있었다.
· 월세를 받다 收月租金
오늘은 꼭 밀린 월세를 받으러 갈 테니 그리 아십시오.
· 월세를 살다 住月租房子
월세를 살 정도로 가정형편이 어렵다.

1655 월요일
星期一

월요일 + N

· 월요일 날 星期一
· 월요일 아침 星期一早上
· 월요일 오후 星期一下午

1656 위¹
上面

위 – Ⓝ

· 위아래 上下
· 위쪽 上方

위 + Ⓝ

· 위 내용 上面的内容
· 위 문장 上面的句子
· 위 예문 上面的例子
· 위 원칙 上面的原则
· 위 사항 上面的事项
· 위 세대 上一代人

위 + Ⓥ

위를 ~

· 위를 바라보다 往上看
· 아이는 고개를 쳐들고 당돌하게 위를 바라본다.
· 위를 쳐다보다 往上看
위를 쳐다보고 한눈을 팔며 걷는 사람.
· 위를 향하다 朝上
그녀가 위를 향해 소리쳤다.

위에 ~

· 위에 놓다 放在上面
그는 커피를 책상 위에 놓고 갔다.
· 위에 놓이다 在上面放着
테이블 위에 놓인 차는 다 식어 있었다.
· 위에 오르다 爬到上面
그는 언덕 위에 올라 마을을 굽어보았다.
· 위에 올려놓다 拿到上面
전화번호 수첩을 책상 위에 올려놓고 펼쳤다.

위에서 ~

· 위에서 내려다보다 从上面往下看
위에서 내려다봤을 때의 시각적인 만족감이 있다.
· 위에서 내려오다 从上面下来
누군가 위에서 내려오는 소리가 들렸다.
· 위에서 밝히다 上面指出
구체적인 내용은 위에서 밝힌 것과 같다.

위로 ~

· 위로 올라가다 往上走
연기란 위로 올라가기 마련이다.

위와 ~

· 위와 같다 和上面一样
· 이때는 위와 같은 방법으로 응급조치하면 된다.

1657 위² (胃)
胃

위 + Ⓥ

위가 ~

· 위가 비다 空腹
위가 비었을 때는 위액의 소화력이 증진된다.
· 위가 더부룩하다 胃胀
식사를 하고 나면 위가 더부룩하고 위에 부담이 생깁니다.
· 위가 쓰리다 胃刺痛
커피를 많이 마셨더니 나중에는 위가 쓰렸다.
· 위가 약하다 胃不好
선천적으로 체질상 위가 약한 사람이 있다.

1658 위기 (危機)
危机

위기 – Ⓝ

· 위기관리 危机管理
· 위기의식 危机意识

위기 + Ⓝ

· 위기 극복 克服危机
· 위기 대처 危机处理
· 위기 상황 危机状况

위기 + Ⓥ

위기를 ~

· 위기를 겪다 经受危机
외부의 지원이 없다면 그 나라의 경제는 큰 위기를 겪을 것이다.
· 위기를 극복하다 战胜危机
다른 사람들은 어떻게 위기를 극복했을까?
· 위기를 넘기다 渡过危机
저는 매번 위기를 넘겨 온 그분의 슬기를 믿어요.

○

· 위기를 맞다 遭遇危机
국내 회사가 올해 최대의 경영 위기를 맞고 있다.
· 위기를 벗어나다 摆脱危机
그녀는 기적적으로 위기를 벗어났다.

위기에 ~
· 위기에 몰리다 陷入危机
지방재정이 파탄의 위기에 몰리고 있다.
· 위기에 빠지다 陷入危机
그는 위기에 빠지면 오히려 더 열심히 일합니다.
· 위기에 처하다 处在危机时刻
양국의 관계는 일촉즉발의 위기에 처해 있다.

Ⓐ + 위기

· 심각한 위기 严重的危机
잘못된 경영으로 회사가 심각한 위기에 처했다.

1659 위로 (慰勞)
安慰

위로 + Ⓥ

위로가 ~
· 위로가 되다 感到安慰
제 편지가 누군가에게 위로가 될 수 있으면 좋겠다.
위로를 ~
· 위로를 받다 得到安慰
누군가에게 위로를 받고 싶다.
· 위로를 하다 安慰
시험에 떨어진 동생에게 뭐라고 위로를 할까?

Ⓐ + 위로

· 큰 위로 很大的安慰
정신적으로 큰 위로를 받고 있다.

1660 위반 (違反)
违反

위반 + Ⓝ

· 위반 혐의 违反嫌疑

위반 + Ⓥ

위반을 ~
· 위반을 하다 违反
공격 선수가 먼저 규칙 위반을 했다.

1661 위성 (衛星)
卫星

위성 - Ⓝ

· 위성사진 卫星照片

위성 + Ⓝ

· 위성 녹화 卫星录像
· 위성 방송 卫星广播
· 위성 중계 卫星转播
· 위성 통신 卫星通讯

위성 + Ⓥ

위성을 ~
· 위성을 발사하다 发射卫星
올해 4월에 위성을 발사할 계획이라고 발표했다.

1662 위아래
上下

위아래 + Ⓥ

위아래가 ~
· 위아래가 없다 没大没小
이 젊은 녀석은 나이의 위아래가 없었다.
· 위아래가 있다 有先有后
자네, 물도 위아래가 있는 법일세.
위아래로 ~
· 위아래로 구분하다 区分上下
지구는 어떻게 위아래로 구분하나요?
· 위아래로 훑어보다 上下打量
아무 말도 없이 그는 나를 위아래로 훑어보았다.

1663 **위치** (位置)
位置

· 위치 변동 变动位置
· 위치 선정 选定位置

위치를 ~

· 위치를 바꾸다 换位置
두 사람의 위치를 바꿔 보세요.

· 위치를 잡다 选位置
사진을 잘 찍으려면 위치를 잘 잡아야 한다.

· 위치를 옮기다 移位
제가 컴퓨터 위치를 옮기려고 하는데요.

1664 **위험** (危險)
危险

· 위험인물 危险人物

· 위험 구역 危险区域
· 위험 부담 承担风险
· 위험 요소 危险要素
· 위험 상황 危险状况
· 위험 수위 危险水位
· 위험 시설 危险设施
· 위험 신호 危险信号
· 위험 지대 危险地带
· 위험 지역 危险地区
· 위험 표지판 危险标志牌

위험이 ~

· 위험이 높다 危险系数高
· 횡단보도 신호등이 적어서 교통사고 위험이 높았다.

· 위험이 닥치다 危险来临

나에게 그런 위험이 닥치리라고 아무도 예상하지 못했다.

· 위험이 도사리다 隐藏着危险
대규모 기업형 축산에 위험이 도사리고 있다는 점이
있다.

· 위험이 따르다 伴随着危险
이런 생활은 늘 위험이 따랐다.

· 위험이 없다 没有危险
이 건물은 완고해서 무너질 위험이 없다.

· 위험이 있다 有危险
중독의 위험이 있어요.

· 위험이 적다 危险性小
이런 신발은 발바닥도 자극되고 넘어져도 크게 다칠
위험이 적다.

· 위험이 크다 危险系数大
10년이 넘는 놀이기구라서 사고 위험이 크다.

위험을 ~

· 위험을 감수하다 承受风险
생명을 담보로 그런 위험을 감수할 수는 없다.

· 위험을 극복하다 克服危险
그러면 어떻게 이 위험을 극복할 것인가?

· 위험을 느끼다 感到危险
위험을 느끼고 중간에 일을 그만둔 것이 아닐까요?

· 위험을 당하다 遭受危险
위험을 당해서는 막상 눈물이 없더니 고비를 넘기고
나자 눈물이 난다.

· 위험을 줄이다 减少危险
이때 보존료를 사용하면 이 위험을 줄일 수 있다.

· 위험을 증가시키다 增加危险
한 가지 위험을 줄이기 위한 행동은 다른 위험을 증가
시킨다.

· 위험을 지니다 带有危险性
이 낱말은 우리의 뜻과 전혀 다른 것이 될 위험을 지니
고 있다.

· 위험을 초래하다 导致危险
무리한 시스템 확장은 증권사의 수익구조에 위험을 초
래할 수 있다.

· 위험을 피하다 躲避危险
닥쳐올 재난과 위험을 피하려고 계략을 썼다.

위험에 ~

· 위험에 노출되다 暴露在危险之中
무방비 상태로 위험에 노출되기 쉽다.

· 위험에 빠지다 陷入危险
폭풍으로 배가 위험에 빠졌다.

· 위험에 직면하다 面对危险
지진에서 간신히 목숨을 건진 사람들은 또 다른 위험
에 직면했다.

· 위험에 처하다 处于危险之中
우리가 구출해내기 전에 그가 위험에 처할 수도 있다.

위험에서 ~

· 위험에서 벗어나다 从危险中摆脱出来
그는 이미 최선을 다해 위험에서 벗어나고 있었다.

Ⓐ + 위험

· 엄청난 위험 巨大的危险
정전은 엄청난 위험과 손실을 수반하는 사고이자 재난이다.

· 심각한 위험 严重的危险
이들 기관들은 다음과 같은 몇 가지 심각한 위험들을 안고 있다.

· 큰 위험 大的危险
두 강대국의 갈등은 국제 평화에 너무나 큰 위험이다.

1665 위협 (威脅)

威胁

위협 - Ⓝ

· 위협사격 警告射击

위협 + Ⓝ

· 위협 앞 威逼下

위협 + Ⓥ

위협을 ~

· 위협을 느끼다 感到威胁
그 일로 신변의 위협을 느꼈다.

· 위협을 당하다 受到威胁
그는 위협을 당해도 끄떡 없었다.

· 위협을 받다 受到威胁
그들은 지속적인 위협을 받고 있다고 느낀다.

· 위협을 주다 构成威胁
기후변화가 농민들에게 위협을 주고 있다.

· 위협을 하다 威胁
그는 주먹을 들고 아이를 위협했다.

위협에 ~

· 위협에 대비하다 应对威胁
공격 위협에 대비해야 한다.

1666 유리 (琉璃)

玻璃

유리 - Ⓝ

· 유리잔 玻璃杯

유리 + Ⓝ

· 유리 거울 玻璃镜
· 유리 구두 玻璃鞋
· 유리 항아리 玻璃缸

Ⓐ + 유리

· 깨진 유리 破碎的玻璃
깨진 유리에 발을 베였어요.

1667 유리창 (琉璃窓)

玻璃窗

유리창 + Ⓝ

· 유리창 너머 玻璃窗那边
· 유리창 파손 玻璃窗破损

유리창 + Ⓥ

유리창이 ~

· 유리창이 깨지다 玻璃窗破碎
저희 집 유리창이 깨졌어요.

유리창을 ~

· 유리창을 깨다 打破玻璃窗
유리창을 깬 사람은 제가 아닙니다.

· 유리창을 깨뜨리다 打破玻璃窗
동생이 유리창을 깨뜨렸다.

· 유리창을 열다 打开玻璃窗
유리창을 열고 환기를 했다.

1668 유머 (humor)

幽默

유머 + Ⓝ

· 유머 감각 幽默感
· 유머 센스 幽默感
· 유머 정신 幽默精神

유머 + Ⓥ

유머가 ~

· 유머가 넘치다 富于幽默
그는 유머가 넘치는 사람이다.
· 유머가 있다 幽默
나는 유머가 있는 사람을 좋아한다.
· 유머가 풍부하다 富有风趣
저 사람은 유머가 풍부해요.

1669 유물 (遺物)
遗物

유물 + Ⓥ

유물을 ~

· 유물을 발굴하다 发掘遗物
선사 시대의 유물을 발굴했다.
· 유물을 정리하다 整理遗物
할아버지의 유물을 정리했어요.

1670 유산¹ (流産)
流产

유산 + Ⓥ

유산을 ~

· 유산을 하다 流产
아이가 생겼지만 불행하게도 유산을 했다.

1671 유산² (遺産)
遗产

유산 + Ⓥ

유산을 ~

· 유산을 계승하다 继承遗产
시민의 힘으로 전통 문화의 유산을 계승한다.
· 유산을 남기다 留下遗产
어머니는 나에게 1억의 유산을 남겼다.
· 유산을 받다 得到遗产

그 소녀는 조부로부터 막대한 유산을 받았다.

1672 유적지 [유적찌] (遺跡地)
遗址

유적지 + Ⓝ

· 유적지 개발 遗址开发
· 유적지 답사 遗址实地考察
· 유적지 복원 遗址修复
· 유적지 주변 遗址周围

유적지 + Ⓥ

유적지를 ~

· 유적지를 둘러보다 参观遗址
5박6일 동안 유적지를 둘러보았다.

1673 유치원 (幼稚園)
幼儿园

유치원 + Ⓝ

· 유치원 교사 幼儿园教师
· 유치원 교육 幼儿园教育
· 유치원 선생 幼儿园老师

유치원 + Ⓥ

유치원이 ~

· 유치원이 끝나다 幼儿园放学
아이는 유치원이 끝난 후 집으로 왔다.

유치원을 ~

· 유치원을 경영하다 开办幼儿园
어린이집이나 유치원을 경영하고 싶다.
· 유치원을 그만두다 不上幼儿园
살림이 어려워져 아이가 유치원을 그만뒀다.

유치원에 ~

· 유치원에 가다 去幼儿园
아이가 유치원에 갈 나이가 되었다.
· 유치원에 다니다 上幼儿园
아이는 유치원에 다니고 있었다.
· 유치원에 보내다 送去幼儿园

올해 나는 아이를 유치원에 보냈다.

1674 유학[1] (留學)
留学

유학 - Ⓝ
· 유학비용 留学费用

유학 + Ⓝ
· 유학 생활 留学生活
· 유학 시절 留学的时候

유학 + Ⓥ

유학을 ~
· 유학을 가다 去留学
형은 유학을 간 적이 없다.
· 유학을 떠나다 动身去留学
지난 82년 외국으로 유학을 떠난 뒤 그는 고국 땅을 밟지 못했다.
· 유학을 보내다 送去留学
어머니가 딸을 미국으로 유학을 보냈다.
· 유학을 준비하다 准备留学
두 사람은 유학을 준비하기 위한 어학원에서 처음 만났다.
· 유학을 하다 留学
열두 살이면 유학을 하기에는 너무 어린 나이다.

유학에서 ~
· 유학에서 돌아오다 留学归来
선배는 외국 유학에서 돌아와 교단에 섰다.

1675 유학[2] (儒學)
儒学

유학 + Ⓝ
· 유학 사상 儒家思想

유학 + Ⓥ

유학을 ~
· 유학을 공부하다 学习儒家学说
유학을 공부한 선비들도 그를 찾아왔다.

1676 유행 (流行)
流行

유행 - Ⓝ
· 유행가요 流行歌谣

유행 + Ⓝ
· 유행 산업 流行产业
· 유행 컬러 流行颜色

유행 + Ⓥ

유행이 ~
· 유행이 되다 流行
무공해 세제를 쓰는 것이 유행이 되고 있다.
· 유행이 변하다 流行发生变化
정보가 실시간으로 유통되면 유행이 급속하게 변한다.
· 유행이 지나다 过时
유행이 지난 옷들을 그냥 버렸다.
· 유행이 나타나다 出现流行
하나의 유행이 퇴조를 보이면 다시 새로운 유행이 나타난다.

유행을 ~
· 유행을 따르다 追赶流行
나도 유행을 따르듯이 그 일을 함께 했다.
· 유행을 좇다 赶时髦
유행을 좇을 필요가 없다.
· 유행을 전파하다 传播流行
'생활 정보'라는 그럴 듯한 이름을 내걸고 유행을 전파하기에 바쁘다.
· 유행을 타다 有流行期限
패션은 유행을 잘 탄다.

유행에 ~
· 유행에 뒤떨어지다 过时
그는 유행에 뒤떨어진 머리 모양을 했다.
· 유행에 민감하다 对流行很敏感
현대인은 왜 유행에 민감한가?

유행처럼 ~
· 유행처럼 번지다 迅速泛滥
사회 전반에 보신주의 풍조가 유행처럼 번지고 있다.

Ⓐ + 유행
· 새로운 유행 最新流行
새로운 유행에 따라 양복을 고쳤다.

· 일시적인 유행 暂时流行
환경에 대한 관심이 일시적인 유행이라고 생각하지 않는다.

1677 유형 (類型)
类型

유형 + Ⓝ

· 유형 분류 分类

유형 + Ⓥ

유형을 ~
· 유형을 분류하다 分类
의문문 유형을 분류해 보면 다음과 같다.

1678 육교 [육꾜](陸橋)
天桥

육교 + Ⓝ

· 육교 계단 天桥楼梯
· 육교 밑 天桥下面

육교 + Ⓥ

육교를 ~
· 육교를 건너다 过天桥
집으로 가는 택시를 잡으려면 육교를 건너야 했다.

1679 육상 [육쌍](陸上)
陆地, 田径

육상 + Ⓝ

· 육상 경기 田径赛
· 육상 동물 陆路动物
· 육상 생활 陆地生活
· 육상 선수 田径运动员
· 육상 식물 陆地植物
· 육상 운송 陆路运输

1680 윷놀이 [윤노리]
尤茨游戏

윷놀이 + Ⓥ

윷놀이를 ~
· 윷놀이를 하다 玩尤茨游戏
설에 윷놀이를 한다.

1681 은행[1] (銀行)
银行

은행 + Ⓝ

· 은행 감독원 银行监督院
· 은행 관계자 银行相关人员
· 은행 거래 银行交易
· 은행 계좌 银行账户
· 은행 금리 银行利率
· 은행 대출 银行贷款
· 은행 보험 银行保险
· 은행 본점 银行总行
· 은행 빚 银行债务
· 은행 융자 银行融资
· 은행 예금 银行存款
· 은행 이자 银行利息
· 은행 적금 银行存款
· 은행 지점장 银行支行行长
· 은행 직원 银行员工
· 은행 차관 银行贷款
· 은행 창구 银行窗口

은행 + Ⓥ

은행을 ~
· 은행을 이용하다 利用银行
집 근처 은행을 이용할 수 있다.

은행에 ~
· 은행에 넣다 存入银行
이자는 적지만 안전한 은행에 돈을 넣어 두는 편이 낫겠다.
· 은행에 맡기다 存银行

그동안 알뜰히 모아 은행에 맡긴 돈을 한순간에 날려 버렸다.

· 은행에 예금하다 在银行存款
이자가 붙게 되니까 여유 있는 돈을 은행에 예금해 두는 게 좋아.

· 은행에 예치되다 存入银行
또 다른 은행에 예치된 돈이 더 있는지 여부는 확인되지 않고 있다.

· 은행에 입금하다 存银行
돈을 은행에 입금하러 갔다.

은행에서 ~

· 은행에서 빌리다 向银行借
아파트를 담보로 은행에서 돈을 빌렸다.

은행과 ~

· 은행과 거래하다 和银行交易
주로 외국계 은행과 거래했다.

1682 은행² [으냉](銀杏)
银杏

은행 - Ⓝ

· 은행나무 银杏树
· 은행잎 银杏叶

1683 음료수 [음뇨수](飲料水)
饮料

음료수 + Ⓝ

· 음료수 깡통 饮料易拉罐
· 음료수 박스 饮料箱
· 음료수 병 饮料瓶
· 음료수 캔 饮料罐

음료수 + Ⓥ

음료수를 ~

· 음료수를 마시다 喝饮料
나는 음료수를 마시고 나서 그녀에게 잘 마셨다는 인사를 했다.

Ⓐ + 음료수

· 시원한 음료수 凉爽的饮料
아이들이 냉장고에서 갓 꺼낸 시원한 음료수를 마시고 있다.

· 찬 음료수 凉饮料
얼음같이 찬 음료수를 냉장고에서 꺼냈다.

1684 음반 (音盤)
唱片

음반 + Ⓝ

· 음반 제작 唱片制作
· 음반 판매 唱片销售
· 음반 홍보 唱片宣传

음반 + Ⓥ

음반을 ~

음반을 내다 出唱片
3년 전 그는 음반을 내고 가수활동을 한 적이 있다.

1685 음식 (飲食)
饮食，饭菜

음식 + Ⓝ

· 음식 냄새 饭菜味儿
· 음식 맛 饭菜味道
· 음식 문화 饮食文化
· 음식 솜씨 烹饪手艺
· 음식 쓰레기 食物垃圾
· 음식 재료 食物材料
· 음식 찌꺼기 食物残渣，残羹剩饭

음식 + Ⓥ

음식이 ~

· 음식이 맛없다 饭菜不好吃
손님이 없는 집은 일단 음식이 맛없다는 증거라는 것이었다.

· 음식이 맛있다 饭菜好吃
집사람이 그 집 음식이 맛있다고 했다.

· 음식이 입에 맞다 饭菜合口味
여기 음식이 입에 맞습니까?

음식을 ~

· **음식을 가려먹다** 挑食
이런 아이는 커서 음식을 가려먹거나, 음식 투정을 하는 일이 없다.

· **음식을 권하다** 让菜
간단한 인사말을 하고 음식을 권했다.

· **음식을 남기다** 剩食物
그는 다음 날을 위해 항상 음식을 조금 남겨 둔다.

· **음식을 담다** 盛食物
음식을 접시에 담았다.

· **음식을 만들다** 做料理
음식을 만들어 파는 사람도 있다.

· **음식을 맛보다** 品尝饮食
새로 열린 음식점에 우리는 새로운 음식을 맛보러 간다.

· **음식을 먹다** 吃食物
이때, 스트레스를 제거해 주는 음식을 먹어야 한다.

· **음식을 배달하다** 送饭
중국 음식을 배달하는 일을 한다.

· **음식을 얻어먹다** 蹭吃蹭喝
남의 음식을 얻어먹는다는 것은 어쩐지 내키지 않았다.

· **음식을 익히다** 弄熟食物
최상의 콜레라 예방법은 음식을 잘 익혀 먹는 것이다.

· **음식을 섭취하다** 摄取食物
적당한 양의 음식을 섭취하는 것이 중요하다.

· **음식을 소화하다** 消化食物
음식을 소화하는 데 많은 물이 필요하다.

· **음식을 시키다** 点餐
음식을 시키고 나오기를 기다리는 동안 우리는 거의 말이 없었다.

· **음식을 장만하다** 准备食物
어머니가 음식을 장만하느라 늘 고생을 하셨습니다.

· **음식을 주문하다** 点餐
그는 얼마든지 좋으니까 맛있는 음식을 주문하라고 권했다.

· **음식을 차리다** 上菜
상다리가 휘도록 음식을 차렸다.

Ⓐ + 음식

· **간단한 음식** 简单的食物
간단한 음식을 만들어 파는 사람도 있다.

· **값싼 음식** 便宜的饭菜
우리는 서민들이 즐겨 찾는 식당에서 값싼 음식을 먹었다.

· **깨끗한 음식** 干净的食物
그곳에서도 깨끗한 음식을 먹을 수 있다.

· **뜨거운 음식** 热菜
너무 뜨거운 음식은 식도에 안 좋다.

· **맛있는 음식** 好吃的饭菜

사랑하는 이를 위해 정성을 다한 음식이 가장 맛있는 음식이 아닐까?

· **매운 음식** 辛辣的饭菜
짜고 매운 음식을 좋아한다.

· **비싼 음식** 昂贵的饮食
엄마가 비싼 음식을 시켜 주셨다.

· **신선한 음식** 新鲜的饭菜
신선한 음식을 먹어야 한다.

· **전통적인 음식** 传统饮食
국수는 곡분을 가공하여 만든 동양의 전통적인 음식이다.

· **해로운 음식** 有害的食物
그것은 시어머님의 고혈압과 당뇨병에 해로운 음식이다.

1686 **음악** [으막](音樂)
音乐

음악 + Ⓝ

· **음악 감상** 欣赏音乐
· **음악 경연** 音乐会演
· **음악 교육** 音乐教育
· **음악 교사** 音乐老师
· **음악 밴드** 乐队
· **음악 애호가** 音乐爱好者
· **음악 영화** 音乐电影
· **음악 소리** 音乐声
· **음악 스타일** 音乐类型
· **음악 시간** 音乐课
· **음악 장르** 音乐体裁
· **음악 천재** 音乐天才
· **음악 콘서트** 音乐会
· **음악 테이프** 音乐磁带
· **음악 평론가** 音乐评论家
· **음악 학교** 音乐学校
· **음악 활동** 音乐活动

음악 + Ⓥ

음악이 ~

· **음악이 그치다** 音乐停止
음악이 그치면 동작을 멈춘다.

· **음악이 나오다** 音乐响起
음악이 나오자 아이가 춤을 추었다.

· **음악이 들리다** 音乐传来

음악 소리가 경쾌하게 들린다.
· **음악이 흐르다** 传出音乐
사운드에서 감미로운 음악이 흐른다.

음악을 ~

· **음악을 감상하다** 欣赏音乐
주로 방에 틀어 박혀 음악을 감상하면서 휴일을 즐긴다.
· **음악을 녹음하다** 录制音乐
옛날에는 라디오에서 나온 음악을 녹음하여 계속 듣곤
했다.
· **음악을 듣다** 听音乐
이어폰을 귀에 꽂고 음악을 듣는다.
· **음악을 들려주다** 放音乐给……听
선생님은 우리에게 음악을 들려주었다.
· **음악을 연주하다** 演奏音乐
밴드가 민속 음악을 연주하기 시작했다.
· **음악을 전공하다** 主修音乐
대학에서 음악을 전공했다.
· **음악을 즐기다** 喜爱音乐
누구나 우리 음악을 즐길 수 있다.
· **음악을 틀다** 放音乐
좋아하는 음악을 틀어 놓고 책을 읽곤 했다.

음악에 ~

· **음악에 맞추다** 合着音乐
그가 음악에 맞춰 춤을 춘다.
· **음악에 심취하다** 被音乐陶醉
정말로 음악에 심취해 있는 표정들이다.

Ⓐ + 음악

· **경쾌한 음악** 轻快的音乐
다시 경쾌한 음악이 울려 퍼지고 연주가는 퇴장한다.
· **낭만적인 음악** 浪漫的音乐
밴드가 집집이 돌아다니며 낭만적인 음악을 연주하고
있다.
· **아름다운 음악** 美丽的音乐
아름다운 음악이 흘러 나왔다.
· **요란한 음악** 吵闹的音乐
실내에 틀어놓은 요란한 음악에 머릿속이 지끈거렸다.
· **시끄러운 음악** 嘈杂的音乐
시끄러운 음악을 들으면 스트레스가 풀린다는 사람도
있다.

1687 음주 (飮酒)
饮酒

음주 + Ⓝ

· **음주 단속** 查处酒后开车
· **음주 문화** 饮酒文化
· **음주 운전** 酒后驾车

음주 + Ⓥ

음주를 ~

· **음주를 즐기다** 畅饮
깊은 밤까지 음주를 즐겼다.
· **음주를 하다** 喝酒
어제 회사 동생이랑 음주를 했다.

Ⓐ + 음주

· **지나친 음주** 过量饮酒
이렇게 지나친 음주를 하시면 건강에 안 좋아요.

1688 응원 (應援)
助威

응원 + Ⓝ

· **응원 부대** 拉拉队
· **응원 열기** 呐喊助威的激情
· **응원 인파** 助威人群
· **응원 함성** 摇旗呐喊

응원 + Ⓥ

응원을 ~

· **응원을 보내다** 加油助威
선수들에게 힘찬 응원을 보냈다.
· **응원을 하다** 加油助威
관중들은 곧 자리에서 일어나 응원을 하기 시작했다.

Ⓐ + 응원

· **뜨거운 응원** 热情似火的呐喊助威
서울 중심가에 모여 뜨거운 응원을 펼쳤다.

1689 의견 (意見)
意见

의견 + Ⓝ

· 의견 교환 意见交换
· 의견 대립 意见对立
· 의견 수렴 收集意见
· 의견 일치 意见一致
· 의견 차이 意见相差
· 의견 청취 听取意见
· 의견 충돌 意见冲突

의견 + Ⓥ

의견을 ~

· 의견을 같이하다 达成共识
우리는 끝까지 의견을 같이할 것이다.

· 의견을 나누다 交流意见
학생들은 서로 의견을 나눈 뒤 이를 정리해 발표했다.

· 의견을 내다 提出意见
그는 현장 조사를 통해서 새로운 의견을 냈다.

· 의견을 듣다 听取意见
다른 사람의 의견을 들을 필요가 있다.

· 의견을 모으다 征集意见
함께 생각하고 의견을 모아 보아야 한다.

· 의견을 주고받다 交换意见
서로 편하게 의견을 주고받다 보니 더 빠르게 친해졌다.

의견에~

· 의견에 따르다 听……的意见
부모님이 자식의 의견에 따라 결혼을 허락했다.

1690 **의논** (議論)

商量

의논 + Ⓥ

의논을 ~

· 의논을 거듭하다 一再商量
긴 시간 의논을 거듭해 제안이 이뤄졌다.

· 의논을 하다 商量
먼저 그 남자와 의논을 해라.

1691 **의도** (意圖)

用意, 用心, 意图

의도 + Ⓥ

의도를 ~

· 의도를 알아채다 看出用意
동생의 의도를 알아챈 그는 미소를 지었다.

· 의도를 짐작하다 猜出用意
남자분의 의도를 짐작하기는 어렵지 않습니다.

· 의도를 파악하다 摸清用意
출제 의도를 파악하려면 문제를 꼼꼼히 읽는 것이 가장 중요하다.

1692 **의료** (醫療)

医疗

의료 + Ⓝ

· 의료 기관 医疗机关
· 의료 보험 医疗保险
· 의료 설비 医疗设备
· 의료 행위 医疗行为

1693 **의리** (義理)

事理, 道义, 情义, 义气

의리 + Ⓥ

의리가 ~

· 의리가 없다 不仗义
너는 의리가 없는 사람이다.

· 의리가 있다 仗义
우리도 의리가 있는 사람들이다.

의리를 ~

· 의리를 따지다 分辨事理
지나치게 의리를 따지다 보면 스트레스가 생기죠.

· 의리를 모르다 不懂义理
그는 의리를 모르는 사람이다.

· 의리를 지키다 讲义气
친구에 대한 의리를 끝까지 지켰다.

1694 **의무** (義務)
义务

의무 + ⓝ

· 의무 교육 义务教育

의무 + ⓥ

의무가 ~
· 의무가 있다 有义务
누구나 세금을 내야 하는 의무가 있다.
의무를 ~
· 의무를 다하다 尽义务
그는 죽음 앞에서 자신의 마지막 의무를 다했다.
· 의무를 지다 有义务
국민은 납세의 의무를 진다.
· 의무를 지니다 有义务
모든 국민은 납세의 의무를 지니고 있다.

1695 **의문** (疑問)
疑问

의문 + ⓝ

· 의문 제기 提出疑问

의문 + ⓥ

의문이 ~
· 의문이 나다 有疑问
그는 의문이 나는 점을 선생님께 여쭤 봤다.
· 의문이 들다 有疑问
내가 이 회사를 다녀야 할까 하는 의문이 들었다.
· 의문이 생기다 有疑问
나는 그가 말한 네 가지 관점에 의문이 생겼다.
· 의문이 풀리다 解开疑点
한 가지 의문이 풀리자 더 큰 의문이 생겼다.
의문을 ~
· 의문을 제기하다 提出疑问
그 판결에 대해 의문을 제기한 사람은 없었다.
· 의문을 품다 带有疑问
언제나 의문을 품고 살아간다면 무한한 기회가 펼쳐질 것이다.

Ⓐ + 의문

· 숱한 의문 很多疑问
우리의 주위에는 숱한 의문이 널려 있다.

1696 **의미** (意味)
意思，意义

의미 + ⓝ

· 의미 전달 传达意思
· 의미 파악 把握意义
· 의미 해석 释义

의미 + ⓥ

의미가 ~
· 의미가 있다 有意义
책 내용은 실생활에 이용해야 의미가 있다.
의미를 ~
· 의미를 갖다 具有……意义
스마트 폰은 전화 이상의 의미를 갖는다.

Ⓐ + 의미

· 큰 의미 很大意义
기념일이라는 게 그렇게 큰 의미가 있나요?

1697 **의사**[1] (意思)
意思

의사 – ⓝ

· 의사소통 沟通

의사 + ⓝ

· 의사 결정 决策
· 의사 전달 意思传达
· 의사 존중 尊重意思
· 의사 표명 表明意思
· 의사 표시 表示意思
· 의사 표현 表达意愿

의사 + Ⓥ

의사가 ~

· **의사가 없다** 没有……意思
나는 귀국 의사가 없다고 말했다.

· **의사가 있다** 有……意思
국민들이 투표에 적극적으로 참여할 의사가 있어야만
한다.

의사를 ~

· **의사를 밝히다** 阐明意思
이 비서관은 새 정부에 참여하겠다는 의사를 밝혔다.

· **의사를 말하다** 说出想法
사람들 앞에서 당당하게 자기의 의사를 말할 수 있어
야 한다.

· **의사를 묻다** 询问意思
그녀는 선생님의 의사를 물었다.

· **의사를 소통하다** 沟通
그는 서툰 일본어를 구사하였으나 우리는 서로 의사를
소통할 수 있었다.

· **의사를 전달하다** 传达意思
어떻게 하면 그녀의 기분을 다치지 않고 그런 의사를
전달할 수 있을까?

· **의사를 전하다** 转达意思
나는 기왕이면 저녁 식사를 함께하고 싶다는 의사를
전했다.

· **의사를 존중하다** 尊重意思
우리는 그의 의사를 존중해 주었다.

· **의사를 표명하다** 表明意思
그는 이런 방법에는 찬성하지 않는다고 명확하게 의사
를 표명하였다.

· **의사를 표현하다** 表达意思
짧은 영어 실력으로 자신의 의사를 표현하였다.

의사에 ~

· **의사에 따르다** 根据……意思
의견이 일치되지 않으니까 각자 의사에 따라 행동하기
로 합시다.

· **의사에 반하다** 与……意思相反
어떠한 경우라도 시민의 의사에 반하여 질문이 강요될
수 없다.

의사와 ~

· **의사와 무관하다** 与……意思无关
십년의 교직 생활을 본인의 의사와 무관하게 마무리하
게 되었다.

· **의사와 상관없다** 与……意思无关
그는 본인의 의사와 상관없이 대중문화의 혜택을 가장
많이 받았다.

1698 **의사²** (醫師)

医生

의사 + Ⓝ

· **의사 노릇** 医生的职任
· **의사 면허** 医生资格证
· **의사 역할** 医生的作用
· **의사 선생님** 医师
· **의사 출신** 医生出身

의사 + Ⓥ

의사가 ~

· **의사가 되다** 当医生
그 학교를 나와서 의사가 됐다.

의사를 ~

· **의사를 부르다** 叫医生
간호원, 의사를 좀 불러 줘요.

의사에게 ~

· **의사에게 보이다** 给医生看
우선은 환자를 의사에게 보이고 나서 차선의 강구책을
세우기로 했다.

Ⓐ + 의사

· **유명한 의사** 有名的医生
왕은 유명한 의사들과 점성가들을 초청해서 왕자를 살
펴보게 했습니다.

慣

· **의사가(도) 제 병 못 고친다** 医生治不好自己的病
속담에 '의사도 제병은 못 고친다'고 하잖아요.

1699 **의사소통** (意思疏通)

沟通

의사소통 + Ⓝ

· **의사소통 능력** 沟通能力

의사소통 + Ⓥ

의사소통이 ~

· 의사소통이 가능하다 可以沟通
중국인과 의사소통이 가능한가요?
· 의사소통이 되다 沟通
직원들과도 의사소통이 잘 돼야 한다.

Ⓐ + 의사소통

· 원활한 의사소통 顺畅的沟通
대중과의 원활한 의사소통이 필요하다.

1700 의식[1] (意識)
意识

의식 + Ⓝ

· 의식 개혁 意识改革
· 의식 격차 意识差距
· 의식 구조 意识结构
· 의식 공간 意识空间
· 의식 동향 意识动向
· 의식 변화 意识变化
· 의식 상태 意识状态
· 의식 세계 意识世界
· 의식 장애 意识障碍
· 의식 조사 意识调查
· 의식 활동 意识活动
· 의식 형태 意识形态

의식 + Ⓥ

의식이 ~
· 의식이 강하다 意识强烈
혈연 의식이 강한 민족이 한국인이다.
· 의식이 깨어나다 意识清醒
의식이 깨어나기를 기다리고 있었다.
· 의식이 돌아오다 意识恢复
그러던 어느 날 드디어 의식이 돌아왔다.
· 의식이 되살아나다 意识恢复
아내의 의식이 되살아난 것을 보고 남편이 병실을 나갔다.
· 의식이 들다 清醒
난 의식이 들면서 이 세상이 얼마나 평화로운가를 새삼스럽게 깨닫고 놀랐어.
· 의식이 바뀌다 意识改变
의식이 바뀌지 않는 한 변화를 바라는 것은 무리다.
· 의식이 불투명하다 意识不明朗

그러나 그녀는 아직 잠결이어서 의식이 불투명하다.
· 의식이 앞서가다 意识超前
대학에 다닐 때 나는 비교적 의식이 앞서가는 편이었다.
· 의식이 없다 没有意识
대부분은 의식이 없었던 순간을 기억하지 못한다.
· 의식이 약하다 意识薄弱
교육의 주체로서의 의식이 약합니다.
· 의식이 있다 有意识
그들에게는 즉흥적인 공동체 의식이 있다.
· 의식이 회복되다 意识恢复
통증을 느끼기 시작하면 곧 의식이 회복될 겁니다.

의식을 ~
· 의식을 가지다 有意识
늙어 죽을 때까지 신세대라는 의식을 가지는 것이 어떤가?
· 의식을 강화하다 加强意识
현대 사회는 남자의 자아의식을 강화하는 데 온갖 기회를 준다.
· 의식을 갖다 具有意识
그들은 같은 교실에서 같은 교육을 받는다는 사실에 집단의식을 갖는다.
· 의식을 느끼다 感受意识
어쨌든 조금씩 동생에 대한 죄 의식을 느끼기 시작했다.
· 의식을 바꾸다 改变意识
우리의 의식을 바꿔 놓은 것은 다름 아닌 외국 문물의 수용에서 비롯됐다.
· 의식을 잃다 失去意识
그러자 고통에 숨을 몰아쉬던 그녀는 의식을 잃는다.
· 의식을 지배하다 支配意识
전쟁은 아직도 우리들의 의식을 지배하고 있다.
· 의식을 회복하다 恢复意识
그럼 그 친구가 의식을 회복했단 말인가?

Ⓐ + 의식

· 뚜렷한 의식 明确的意识
그는 뚜렷한 의식으로 창 밖에 모여든 사람들을 구경했다.
· 몽롱한 의식 朦胧的意识
몽롱한 의식 속에 어머니의 얼굴이 어렴풋이 떠오른다.
· 비판적 의식 批判意识
비판적 의식은 소설가가 언어를 다루는 태도에 근본적인 변화를 가져 온다.
· 새로운 의식 新的意识
새로운 의식이 자리잡히면 개혁은 서서히 멈출 것이다.
· 소박한 의식 朴素的意识
이러한 자기중심적인 보편성은 소박한 의식의 전유물이 아니다.
· 희미한 의식 模糊的意识

그 소리를 희미한 의식 속에서 얼핏 들었다.

1701 의식² (儀式)
仪式

의식 + ⓝ

· 의식 절차 仪式程序

의식 + ⓥ

의식이 ~

· 의식이 거행되다 仪式举行
성대한 의식이 거행되었다.

· 의식이 끝나다 仪式结束
의식이 끝난 뒤에 그들은 신나게 노래 부르고 춤을 추며 논다.

의식을 ~

· 의식을 거행하다 举行仪式
옛 현판을 떼어내고 새 현판을 거는 의식을 거행했다.

· 의식을 치르다 举办仪式
사냥을 앞둔 날 저녁에는 남자들만 따로 모여 의식을 치르기도 했다.

· 의식을 행하다 举行仪式
차 의식은 차를 마시기 위한 것보다 의식을 행하는 쪽에 치중되었다.

ⓐ + 의식

· 경건한 의식 虔诚的仪式
나는 시어머니의 그 경건한 의식을 받을 면목이 없어서 눈물이 났다.

· 신성한 의식 神圣的仪式
그 신성한 의식은 원래는 농사가 잘 되게 해 달라는 굿이었을 것이다.

· 엄숙한 의식 严肃的仪式
어머니의 모습은 마치 엄숙한 의식이라도 치르는 수도사 같았습니다.

1702 의심 (疑心)
怀疑

의심 + ⓥ

의심이 ~

· 의심이 나다 起疑心
의심이 나면 확신을 구하라.

· 의심이 들다 产生疑心
갑자기 무시무시한 의심이 들기 시작했다.

의심을 ~

· 의심을 받다 被人怀疑
한번 의심을 받으면 되돌리기 어렵습니다.

· 의심을 사다 令人怀疑
남에게 의심을 사는 행동은 하지 마라.

· 의심을 품다 心存怀疑
그래서 그가 내 한 말에 의심을 품었군.

· 의심을 하다 怀疑
무슨 근거로 그런 의심을 하십니까?

1703 의욕 (意欲)
欲望，热情

의욕 + ⓥ

의욕이 ~

· 의욕이 넘치다 干劲十足
처음에는 의욕이 넘쳐서 무슨 일이든 다 할 수 있을 것 같았다.

· 의욕이 생기다 有欲望
목표가 확실하면 의욕이 생긴다.

· 의욕이 없다 没有欲望
그 사람과 헤어진 이후로 삶의 의욕이 없어졌다.

· 의욕이 크다 欲望强
의욕이 컸던 만큼 실망도 큰 법이야.

의욕을 ~

· 의욕을 가지다 有欲望
삶에 대한 의욕을 가져야 한다.

· 의욕을 보이다 显示出热情
사원들이 강한 의욕을 보이면 반드시 회사가 잘 돌아가게 된다.

· 의욕을 잃다 失去欲望
부모님의 죽음으로 그는 의욕을 잃었다.

의욕에 ~

· 의욕에 불타다 满腔热情
그 축구팀의 감독은 세계를 제패하겠다는 의욕에 불타 있다.

1704 **의자** (椅子)

椅子

의자 + N

- 의자 끝 椅子边儿
- 의자 등받이 椅子靠背
- 의자 밑 椅子底下
- 의자 아래 椅子下面
- 의자 앞 椅子前面
- 의자 옆 椅子旁边
- 의자 위 椅子上面
- 의자 커버 椅子罩

의자 + V

의자가 ~

- 의자가 놓이다 放着椅子
동생의 침대 맡에는 빈 의자가 한 개 놓여 있었다.

의자를 ~

- 의자를 놓다 放椅子
야외용 하얀색 플라스틱 탁자와 의자를 놓았다.
- 의자를 돌리다 转动椅子
국장은 의자를 돌려서 밖을 내다보았다.
- 의자를 옮기다 搬椅子
의자를 옮기느라 엉거주춤하게 서 있다.

의자에 ~

- 의자에 걸터앉다 跨坐在椅子上
그는 의자에 걸터앉아 앞을 주시하였다.
- 의자에 기대다 倚着椅子
그는 눈을 감고 의자에 기대었다.
- 의자에 앉다 坐在椅子上
할아버지 한 분이 의자에 앉아 계셨다.
- 의자에 주저앉다 一屁股坐在椅子上
그는 다시 의자에 주저앉았다.

의자에서 ~

- 의자에서 일어나다 从椅子上起身
그는 서두르는 척하며 의자에서 일어났다.
- 의자에서 일어서다 从椅子上站起来
그는 의자에서 벌떡 일어섰다.

A + 의자

- 긴 의자 长椅子
나는 할머니와 긴 의자에 앉았다.
- 낡은 의자 旧椅子

거기에는 낡은 의자가 하나 놓여 있었다.
- 딱딱한 의자 硬椅子
앉아 있기 불편할 정도로 딱딱한 의자는 조금만 움직여도 삐걱거렸다.
- 빈 의자 空椅子
공원에는 빈 의자가 거의 없다.
- 작은 의자 小椅子
되도록 작은 의자로 바꿨다.
- 좁은 의자 窄椅子
좁은 의자에 쪼그리고 앉아 계신 아버지를 보았다.
- 편안한 의자 舒适的椅子
편안한 의자에 앉아 서울야경을 보는 것만큼 낭만적인 데이트도 없다.
- 폭신한 의자 软椅
그 사람이 하라는 대로 그는 폭신한 의자에 앉았다.

1705 **의지**[1] (意志)

意志

의지 + V

의지가 ~

- 의지가 강하다 意志坚强
그녀는 의지가 강하고 자신의 의견을 솔직하게 말하는 사람이다.
- 의지가 있다 有意志
인간에겐 의지가 있다.

의지를 ~

- 의지를 보이다 表示意志
정부가 저작권 보호 의지를 보였다.

A + 의지

- 굳은 의지 坚定的意志
꿈을 향해 나아가는 굳은 의지를 배웠다.

1706 **의지**[2] (依支)

依靠, 依赖, 支撑

의지 + V

의지가 ~

- 의지가 되다 成为依靠
연금보험이 당신 노후의 의지가 될 것입니다.

의지를 ~

· 의지를 하다 依靠别人
그는 남한테 너무 의지를 해요.

1707 **이념** (理念)

理念

이념 + Ⓝ

· 이념 대립 理念对立
· 이념 논쟁 理念的争论

1708 **이동** (移動)

移动

이동 + Ⓝ

· 이동 전화 移动电话
· 이동 통신 移动通信

이동 + Ⓥ

이동을 ~

· 이동을 하다 移动
오늘은 장거리 이동을 한다.

1709 **이력서** [이력써](履歷書)

履历

이력서 + Ⓥ

이력서를 ~

· 이력서를 내다 投简历
그는 지금까지 30군데에 이력서를 냈다.
· 이력서를 쓰다 写简历
서식대로 이력서를 썼다.

1710 **이론** (理論)

理论

이론 + Ⓥ

이론을 ~

· 이론을 세우다 创立理论
사실을 근거로 이론을 세워야 한다.

1711 **이름**

名字

이름 + Ⓥ

이름이 ~

· 이름이 나다 出名
네 엄마는 어릴 적부터 똑똑하고 용감하다고 이름이
났었지.
· 이름이 나오다 名字出现
그녀는 아들 이름이 나오자 가슴이 뭉클해짐을 느꼈다.
· 이름이 높다 有名
마법성은 옛날부터 이름이 높았습니다.
· 이름이 바뀌다 名字更改
실제적인 문제는 단순히 이름이 바뀌었다는 데에 있지
않다.
· 이름이 불리다 被叫到名字
조회가 시작되고 얼마 안 가 그의 이름이 불렸다.
· 이름이 붙다 被命名
오천산은 5개의 샘이 있다고 해서 이런 이름이 붙었다.
· 이름이 새겨지다 刻着名字
언제부터 저런 봉투에 구청의 이름이 새겨지게 된 것
일까.
· 이름이 생소하다 名字生疏
새로운 음식들 이름이 생소하다.
· 이름이 알려지다 远近闻名
꽤 이름이 알려진 이란 감독의 영화였다.
· 이름이 예쁘다 名字漂亮
이름이 예쁘지요?
· 이름이 이상하다 名字很奇怪
그 술집은 이름이 이상하다.
· 이름이 적히다 写着名字
봉투에는 저자의 이름이 적혀 있었다.

이름을 ~

· 이름을 날리다 扬名

그 사람은 "80년대가 낳은 특출난 감독"으로 이름을 날렸다.

· 이름을 대다 提起名字
그가 이름을 댔는데도 그녀는 몰랐다.

· 이름을 떨치다 扬名
당시에는 일본이 마라톤으로 세계에 이름을 떨치고 있었다.

· 이름을 밝히다 吐露姓名
나는 특별검사에게 내 이름을 밝혔다.

· 이름을 부르다 叫名字
직함보다는 이름을 부르는 데 익숙하다.

· 이름을 소개하다 介绍名字
내 옆 테이블에 있던 그가 자기의 이름을 소개했다.

· 이름을 얻다 得名
그는 흉내를 잘 낸다고 해서 원숭이라는 이름을 얻었다.

· 이름을 적다 写下名字
답안지에 이름을 적었다.

· 이름을 짓다 起名
널리 세상을 도우라고 '진우'라고 이름을 지었다.

Ⓐ + 이름

· 괴상한 이름 奇怪的名字
나는 그가 말하는 그 괴상한 이름을 가진 나무를 식별할 수 없었다.

· 다른 이름 别的名字
그는 또 다른 이름을 갖고 있었다.

· 낯선 이름 陌生的名字
편지봉투 위에 낯선 이름이 적혀 있었다.

· 멋있는 이름 帅气的名字
그는 멋있는 이름을 가지고 있다.

· 새로운 이름 新名字
이때부터 그는 새로운 이름을 얻게 된다.

· 생소한 이름 生疏的名字
생소한 이름의 영상디자인이란 과목은 직업으로도 한번 해볼 만하다.

· 특이한 이름 特别的名字
특이한 이름을 믿을 수가 없는 모양이다.

慣

· 이름(이) 없다 无名
이번 성과는 이름 없는 직원들의 희생과 봉사로 이루어졌다.

· 이름(이) 있다 有名
이번 대회에는 이름 있는 선수들이 많이 참가한다.

· 이름을 걸다 挂名
그는 자선 단체에 이름을 걸어 두었다.

· 이름을 걸다 名誉攸关
학과의 이름을 걸고 하는 경기이니만큼 최선을 다해

주시기 바랍니다.

· 이름도 성도 모르다 一无所知
그 사람에 대해 이름도 성도 모릅니다.

· 이름을 팔다 盗用名字
모 기관의 선배 이름을 팔아 사기 행각을 벌였다.

1712 이마
额头

이마 + Ⓥ

이마가 ~

· 이마가 넓다 额头宽
이마가 넓다고 해서 얼굴이 커 보이는 건 아니에요.

· 이마가 훤하다 前庭饱满
앞머리를 까면 이마가 훤해 보이고 깔끔하다.

이마를 ~

· 이마를 찌푸리다 皱额头
그녀는 나의 행동을 보고 이마를 찌푸렸다.

Ⓐ + 이마

· 넓은 이마 宽额头
넓은 이마와 정기에 넘치는 눈이 첫눈에 보기에도 비범한 인물이었다.

1713 이모
姨妈

이모 + Ⓝ

· 이모 댁 姨妈家
· 이모 집 姨妈家

Ⓐ + 이모

· 작은 이모 小姨
어머니가 작은 이모의 손을 덥석 움켜잡았다.

· 큰 이모 大姨
지금 전화 받으시는 분이 큰 이모 아니세요?

1714 **이미지** (image)
形象

이미지 + Ⓝ

· 이미지 개선 改善形象
· 이미지 관리 形象管理
· 이미지 제고 提高形象

이미지 + Ⓥ

이미지가 ~

· 이미지가 나쁘다 形象坏
브랜드 이미지가 나쁘면 상품 자체도 혹평을 받기 쉽다.

· 이미지가 좋다 形象好
한국 대중문화에 대한 호감도가 좋을수록 한국에 대한 이미지가 좋다.

Ⓐ + 이미지

· 독특한 이미지 独特的造型
그녀는 독특한 이미지로 많은 사랑을 받고 있다.

· 좋은 이미지 好形象
어떻게 남들에게 좋은 이미지를 만들 수 있나요?

1715 **이민** (移民)
移民

이민 + Ⓝ

· 이민 사회 移民社会

이민 + Ⓥ

이민을 ~

· 이민을 가다 移民去
그가 뉴질랜드로 이민을 갔습니다.

· 이민을 떠나다 去移民
그가 오늘 미국으로 이민을 떠났습니다.

· 이민을 오다 移民来到……
나는 미국에 이민을 왔다.

1716 **이번** (이番)
这次

이번 + Ⓝ

· 이번 개정안 这次修订案
· 이번 기회 这次机会
· 이번 달 这个月
· 이번 대선 这次大选
· 이번 방학 这次放假
· 이번 여행 这次旅行
· 이번 역 这一站
· 이번 일 这次的事
· 이번 사건 这次事件
· 이번 사고 这次事故
· 이번 사태 这次事态
· 이번 선거 这次选举
· 이번 수사 这次搜查
· 이번 정상회담 这次首脑会谈
· 이번 주 这周
· 이번 취재 这次采访
· 이번 평가 这次评价
· 이번 학기 这个学期
· 이번 행사 这次活动

이번 + Ⓥ

이번이 ~

· 이번이 마지막이다 这是最后一次
그녀는 이번이 마지막이라고 다짐했다.

· 이번이 처음이다 这是第一次
TV 출연도 이번이 처음이다.

1717 **이별** (離別)
离别

이별 + Ⓥ

이별을 ~

· 이별을 하다 分别
사랑하는 사람들과 이별을 해서 매우 슬프다.

A + 이별

· 영원한 이별 生离死别
죽음은 영원한 이별인가?

1718 이불
被子

이불 - N

· 이불자락 被子角

이불 + N

· 이불 보따리 铺盖卷儿
· 이불 속 被子里
· 이불 한 채 一床被子

이불 + V

이불을 ~
· 이불을 개다 叠被子
매일 아침에 이불을 개고 방을 청소한다.
· 이불을 깔다 铺被子
이불을 깔고 누워 있는 걸 보면 꾀병은 아닌가 봐요.
· 이불을 덮다 盖被子
이불을 꼭 덮고 자라.
· 이불을 뒤집어쓰다 把被子蒙在头上
나는 집에 돌아와 이불을 뒤집어쓰고 엉엉 울었다.
· 이불을 차버리다 把被子踢掉
이불을 차버리고 자는 모습을 발견하였다.
· 이불을 펴다 把被子铺开
우리는 이불을 펴고 누웠다.

A + 이불

· 두꺼운 이불 厚被子
두꺼운 이불을 덮어야 잠이 잘 온다.
· 따뜻한 이불 暖和的被子
따뜻한 이불 속으로 들어갔다.
· 얇은 이불 薄被子
얇은 이불을 덮고 눈을 꼭 감았다.

1719 이사
搬家

이사 + N

· 이사 업체 搬家公司

이사 + V

이사를 ~
· 이사를 가다 搬去
우리 집은 강남으로 이사를 갔다.
· 이사를 오다 搬来
하루아침에 나는 낯선 동네로 이사를 왔다.
· 이사를 하다 搬家
회사와 가까운 남쪽으로 이사를 했다.

1720 이상¹ (以上)
以上

이상 + V

이상을 ~
· 이상을 차지하다 占……以上
절반 이상을 차지한다.

이상에서 ~
· 이상에서 보다 从上面内容来看
이상에서 보면 복식으로 계층을 구별한 것으로 보인다.
· 이상에서 살펴보다 从上面内容来看
이상에서 살펴본 지원체제를 그림으로 나타내면 다음과 같다.

이상과 ~
· 이상과 같다 和上面内容相同
이상과 같은 현상들은 지구환경의 위기를 단적으로 보여주는 사례들이다.

1721 이상² (理想)
理想

이상 + N

· 이상 국가 理想国家
· 이상 사회 理想社会
· 이상 생활 理想生活
· 이상 세계 理想世界

이상 + Ⓥ

이상이 ~

· 이상이 없다 没有理想
꿈과 이상이 없는 삶은 금방 시들 수밖에 없다.

· 이상이 있다 有理想
이상이 있는 현실주의자만이 참다운 현실주의자라고
할 수 있다.

· 이상이 실현되다 理想被实现
이 이상이 실현되려면 엄청난 시간이 필요하게 마련이다.

이상을 ~

· 이상을 가지다 拥有理想
오늘날에도 아름다운 이상을 가지고 숨쉬고 있다는 것
을 확신합니다.

· 이상을 실현하다 实现理想
이곳이 아이들을 향한 나의 꿈과 이상을 실현할 곳이
구나.

· 이상을 좇다 追寻理想
비현실적인 사람만이 이상을 좇는 것으로 치부한다.

· 이상을 추구하다 追求理想
대학인의 진정한 특권이 있다면, 그것은 높은 이상을
추구하는 데 있을 것이다.

이상에 ~

· 이상에 가까워지다 接近理想
조금은 이상에 가까운 교육을 할 수 있을 텐데 하는 공
상을 해본다.

이상과 ~

· 이상과 다르다 与理想完全不同
사실 사람이 살아가는 현실은 이상과 다릅니다.

Ⓐ + 이상

· 고상한 이상 高尚的理想
운명적 만남은 고상한 이상일 뿐입니다.

· 높은 이상 崇高的理想
젊은이여, 높은 이상을 가져라.

1722 이상³ (異常)
异常

이상 + Ⓝ

· 이상 증세 异常症状
· 이상 현상 异常现象

이상 + Ⓥ

이상이 ~

· 이상이 나타나다 出现异常
몸에 이상이 나타나기 시작하였다.

· 이상이 없다 没有异常
그가 볼 때는 별 이상이 없어 보였다.

· 이상이 오다 出现异常
얼마 있지 않아서 몸에 이상이 왔다.

· 이상이 생기다 出现异常
사무실 컴퓨터에 이상이 생기면 언제나 그를 호출했다.

1723 이성¹ (理性)
理性

이성 + Ⓥ

이성을 ~

· 이성을 되찾다 找回理性
남편은 이제서야 이성을 되찾았다.

· 이성을 잃다 失去理性
유족들은 이성을 잃고 울부짖기 시작했다.

1724 이성² (異性)
异性

이성 + Ⓝ

· 이성 교제 异性交际
· 이성 친구 异性朋友

1725 이야기
谈话，故事

이야기 – Ⓝ

· 이야기꽃 谈笑风生

이야기 + Ⓝ

· 이야기 가운데 谈话内容中
· 이야기 구조 故事结构
· 이야기 내용 谈话内容

- 이야기 방법 谈话方法
- 이야기 소리 谈话声音
- 이야기 솜씨 谈话技巧
- 이야기 전개 故事情节
- 이야기 줄거리 故事梗概
- 이야기 형식 故事形式

이야기 + Ⓥ

이야기가 ~

- 이야기가 끝나다 故事结束
이야기가 끝나고 나서도 나는 못내 잠을 이룰 수가 없었다.
- 이야기가 나오다 谈起……
군대 이야기가 나오면 그는 항상 흥분한다.
- 이야기가 들려오다 传来消息
어느 날 방송을 듣다보니 기막힌 이야기가 들려온다.
- 이야기가 떠오르다 想起……故事
그가 들려주었던 이야기가 떠오른다.
- 이야기가 있다 有很多故事
거기에는 여러 가지 이야기가 있다.
- 이야기가 전해지다 故事流传下来
적군은 이순신의 군대가 많은 것으로 알고 달아났다는 이야기가 전해진다.
- 이야기가 재미있다 故事很有趣
이야기가 재미있는 모양입니다.

이야기를 ~

- 이야기를 계속하다 继续谈话
잠시 사이를 두었다가 그들은 다시 이야기를 계속했다.
- 이야기를 꺼내다 提起话题
갑자기 감이 먹고 싶어 감 이야기를 꺼냈다.
- 이야기를 꾸미다 编造故事
재미있는 이야기를 꾸며 연속되는 장면을 그려보자.
- 이야기를 나누다 聊天
이야기를 나누는 사이 해가 졌다.
- 이야기를 듣다 听讲
회담 전문가나 학자들을 초청해 이야기를 듣고 있다.
- 이야기를 시작하다 开口说话
남자가 먼저 이야기를 시작하면 여자의 기분은 이미 반은 풀린다.
- 이야기를 주고받다 交谈
작품에 대해 이야기를 주고받을 사람은 그리 많지 않다.
- 이야기를 퍼뜨리다 高谈论阔
그는 상대편의 주장에 자신의 의견을 뒤섞어 전혀 다른 이야기를 퍼뜨렸다.
- 이야기를 하다 聊天
이런저런 이야기를 하면서 더욱 친해졌다.

이야기에 ~

- 이야기에 끼어들다 插话
나는 두 사람의 이야기에 끼어들고 싶지 않아 잠자코 듣고만 있었다.

Ⓐ + 이야기

- 긴 이야기 很长的故事
그 긴 이야기를 끝까지 다 들었다.
- 따뜻한 이야기 暖人心的话
다른 이들의 따뜻한 이야기를 계속 느끼고 싶습니다.
- 슬픈 이야기 悲伤的故事
슬픈 이야기는 끝이 없다.
- 아름다운 이야기 美丽的故事
이 청동 조각에는 아름다운 이야기가 전해져 온다.
- 어려운 이야기 难以启齿的话
어려운 이야기일수록 더 오래 꾸물꾸물 뜸을 들인다.
- 옛 이야기 故事
나의 고향은 어린 시절과 함께 추억 속으로 밀려나서 옛 이야기가 되었다.
- 좋은 이야기 吉言
새해에도 많은 이들에게 사랑받을 수 있도록 좋은 이야기 들려주세요.
- 중요한 이야기 重要的话
무슨 중요한 이야기가 있는 것일까?
- 짧은 이야기 短小的故事
커피에 관한 짧은 이야기.

慣

- 이야기꽃을 피우다 谈笑风生
식구들은 식탁에 둘러앉아 이야기꽃을 피우고 있다.

1726 **이용** (利用)
利用，使用

이용 + Ⓝ

- 이용 금지 禁止使用
- 이용 방법 使用方法
- 이용 방식 利用方式
- 이용 제한 使用方式

이용 + Ⓥ

이용이 ~

- 이용이 가능하다 可以使用

한국휴대폰은 중국에서도 이용이 가능하다.
· 이용이 편하다 使用方便
미니버스는 일반버스보다 이용이 다소 편하다.

이용을 ~

· 이용을 당하다 被利用
그는 이용을 당하고 있다고 여긴다.
· 이용을 제한하다 限制使用
앞으로 인터넷 뱅킹 이용을 대폭 제한할 것이다.
· 이용을 줄이다 减少使用
돈을 모으려면 택시 이용을 줄여야 한다.

1727 이웃 [이욷]
邻居

· 이웃 나라 邻国
· 이웃 동네 邻村
· 이웃 마을 邻村
· 이웃 민족 邻邦
· 이웃 아저씨 邻居大叔
· 이웃 아줌마 邻居大妈
· 이웃 사람 邻居
· 이웃 사랑 对身边人的爱
· 이웃 주민 周围的住户

이웃이 ~

· 이웃이 되다 成为邻居
저의 이웃이 되지 않으시겠어요?

이웃을 ~

· 이웃을 돕다 帮助周围的人
기회만 된다면 사는 날까지 이웃을 돕겠다.

이웃에 ~

· 이웃에 가다 去邻居家
할아버지는 이웃에 가서 라디오를 빌려 왔다.
· 이웃에 살다 住邻居
이웃에 살면서도 서로 모르고 지냈다 .

· 가까운 이웃 近邻
가장 가까운 이웃은 멀리 떨어져 있었다.
· 가난한 이웃 周围生活艰难的人

그에게 힘을 주는 것은 가난한 이웃들이었다.
· 불우한 이웃 周围不幸的人
나는 그걸 보고 불우한 이웃이 보이면 도와 주겠다고
생각했다.
· 어려운 이웃 周围生活困难的人
바쁘다는 평계로 주위의 어려운 이웃을 그냥 지나쳐
버리곤 했다.
· 외로운 이웃 周围那些孤独的人
그러면 외로운 이웃이 조금은 줄 텐데 하는 생각도 든다.

· 이웃이 사촌보다 낫다 远亲不如近邻
'이웃이 사촌보다 낫다'는 말처럼 어려운 일이 있을 때
마다 이웃의 도움을 받곤 했다.

1728 이유 (理由)
理由

이유가 ~

· 이유가 되다 成为理由
혹시 이런 성격 차이가 이혼의 이유가 되나요?
· 이유가 없다 没有理由
내가 남을 행복하게 하는 데 주저할 이유가 없다.
· 이유가 있다 有理由
법원의 이런 판단은 나름의 이유가 있을 것이다.

이유를 ~

· 이유를 대다 找理由
모든 사람들이 인정하고 이해가 되는 일이라면 굳이
이유를 댈 필요가 없다.
· 이유를 묻다 询问原因
그는 이유도 묻지 않고 돈을 빌려 주었다.

· 정당한 이유 正当理由
근로기준법상 해고에는 정당한 이유가 있어야 한다.

1729 이익 (利益)
利益

- 이익 감소 利润减少
- 이익 분쟁 利益纷争
- 이익 추구 牟利
- 이익 확보 确保收益

이익 + Ⓥ

이익이 ~

- 이익이 걸려있다 与……利益相关
공동의 이익이 걸려있다.

- 이익이 남다 有利润
이익이 남는 회사는 주주들에게 이익을 배당하거든.

- 이익이 되다 有利
장기적으로 보면 회사에도 이익이 될 것이다.

- 이익이 많다 收益颇丰
힘은 들지만 이익이 많다.

- 이익이 생기다 产生利润
그러다 보면 이익이 생길 게 아냐?

- 이익이 없다 无益
말기가 되면 환자는 더 이상의 이익이 없어 보이는 검사와 치료를 거부한다.

- 이익이 있다 有益
백 가지 이익이 있고 한 가지 손해가 있다.

이익을 ~

- 이익을 남기다 获利
그는 그 물건들을 내다팔아 이익을 남겼다.

- 이익을 내다 盈利
해외건설은 점차 이익을 내지 못하는 사업구조로 전락하고 말았다.

- 이익을 대변하다 代表……的利益
노동부가 노동자의 이익을 대변해야 한다고 생각한다.

- 이익을 보다 盈利
기업은 단기적으로 이익을 보겠지만, 그 결과 지역사회 전체에 불이익을 초래한다.

- 이익을 얻다 获利
봉사할 줄 아는 사람이 진정 자신의 이익을 얻을 수 있는 사람이라고 할 수 있다.

- 이익을 위하다 为了利益
가장 어리석은 일은 어떤 이익을 위해 자기의 건강을 희생하는 일이다.

- 이익을 주다 带给利益
불법지원광고들은 각 당에 이익을 주었다기보다는 오히려 해를 끼쳤다.

- 이익을 지키다 维护利益
우리의 이익을 지켜야 한다.

- 이익을 챙기다 谋取利益
그는 사소한 이익을 챙기는 일에 결코 소홀히 하지 않았다.

- 이익을 추구하다 谋求利益
공익단체는 공공의 이익을 추구하는 단체이다.

이익에 ~

- 이익에 부합하다 符合……的利益
공동의 이익에 부합할 수 있는 행사가 되기를 바란다.

Ⓐ + 이익

- 막대한 이익 巨额收益
그럴 경우 막대한 이익이 보장된다.

- 큰 이익 巨大的利益
만약 그것이 제대로 들어맞는다면 큰 이익이 될 수 있지.

1730 이자 (利子)
利息

이자 + Ⓝ

- 이자 돈 带息款
- 이자 부담 承担利息

이자 + Ⓥ

이자가 ~

- 이자가 붙다 生息
은행에 예금을 하게 되면 안전하다는 것 이외에도 이자가 붙게 되니까 좋아.

- 이자가 비싸다 利息高
이런 경우를 사채라고 하는데 이자가 비싸다.

- 이자가 싸다 利息低
사채보다는 이자가 아주 싸단다.

이자를 ~

- 이자를 갚다 还利息
은행 이자를 갚고 남길만한 장사는 그다지 많지 않다.

- 이자를 물다 支付利息
빚을 내다가 이자를 물었다.

- 이자를 받다 收利息
은행에서도 돈을 빌려 주면서 이자를 받아.

- 이자를 찾다 取出利息
이자를 아무 때나 찾을 수 있다.

1731 이틀
两天

이틀 + Ⓝ

· 이틀 동안 两天期间
· 이틀 뒤 两天后
· 이틀 사이 两天期间
· 이틀 전 两天前
· 이틀 정도 两天左右
· 이틀 후 两天后

이틀 + Ⓥ

이틀이 ~

· 이틀이 걸리다 需要两天
거기까지 당도하는데 꼬박 이틀이 걸렸다.
· 이틀이 지나다 过了两天
이렇게 런던에서의 이틀이 지나갔다.

이틀을 ~

· 이틀을 넘기다 超过两天
내일은 올 거예요, 늦어도 이틀을 넘기진 않을 거예요.
· 이틀을 묵다 停留两天
그곳에서 이틀을 묵고 10일에야 서울에 도착했다.
· 이틀을 보내다 度过两天
우리는 심한 말다툼을 하며 이틀을 보내었습니다.

惯

· 이틀이 멀다하고 三天两头
직장에 이틀이 멀다 하고 지각을 하는 사원이 있다.

1732 이해¹ (利害)
利害

이해 – Ⓝ

· 이해관계 利害关系
· 이해득실 利益得失
· 이해타산 利害打算

이해 + Ⓝ

· 이해 당사자 利益当事人
· 이해 대립 利益对立
· 이해 집단 利益集团

1733 이해² (理解)
理解

이해 + Ⓝ

· 이해 능력 理解能力
· 이해 방법 理解方法
· 이해 방식 理解方式
· 이해 부족 理解不够
· 이해 수준 理解水平

이해 + Ⓥ

이해가 ~

· 이해가 가다 可以理解
물론 그런 점은 충분히 이해가 가는 일이다.
· 이해가 가능하다 可以理解
말은 청자를 앞에 두고 하기 때문에 빠른 이해가 가능하다.
· 이해가 되다 能够理解
이 정도의 설명이면 이해가 되겠지요.
· 이해가 부족하다 理解不够
경영자와 노동조합은 이런 상황을 맞고도 현실에 대한 이해가 부족했다.
· 이해가 빠르다 理解得快
번거로움을 피하기 위해서 위의 간단한 도표를 보면 이해가 빠를 것 같다.
· 이해가 쉽다 容易理解
도메인은 이름으로 생각하면 이해가 쉽다.
· 이해가 필요하다 需要理解
언어의 의미를 분석하기 위해서는 각 단위에 대한 이해가 필요하다.

이해를 ~

· 이해를 구하다 큐求理解
저도 알 수 없었으니 누구에게 이해를 구할 수 있겠습니까?
· 이해를 높이다 提高理解力
과학 상식을 만화로 살피면서 과학에 대한 이해를 높인다.
· 이해를 넓히다 拓宽理解
서로 이해를 넓혀 살아야 한다.
· 이해를 돕다 辅助理解
괄호를 친 부분은 문맥상 이해를 돕기 위한 것이다.
· 이해를 못하다 无法理解
만약 학생들만이 아직도 이해를 못하고 있다면 어떻게 할 것인가?
· 이해를 증진하다 增进理解

○

대화를 통해 상호 이해를 증진하고 가치인식을 변화시킬 필요가 있었다.
· 이해를 하다 理解
혹시 그렇다 하더라도 이쪽에서 이해를 해야만 했다.

1734 이혼 (離婚)
离婚

이혼 + Ⓝ

· 이혼 가정 离婚家庭
· 이혼 경력 离婚经历
· 이혼 서류 离婚文书
· 이혼 소송 离婚诉讼
· 이혼 수속 离婚手续
· 이혼 위자료 离婚赔偿

이혼 + Ⓥ

이혼을 ~
· 이혼을 하다 离婚
결국 1년 뒤 나는 그 사람과 이혼을 했다.
이혼에 ~
· 이혼에 동의하다 同意离婚
선뜻 이혼에 동의할 수 없었다.
· 이혼에 합의하다 协议离婚
두 사람은 이혼에 합의했다.

1735 인간 (人間)
人，人类

인간 - Ⓝ

· 인간관계 人际关系

인간 + Ⓝ

· 인간 사회 人类社会
· 인간 세상 人世
· 인간 중심 以人为本

인간 + Ⓥ

인간이 ~

· 인간이 되다 成为……人
평생토록 행복하기를 원한다면 정직한 인간이 되어라.
인간을 ~
· 인간을 지배하다 支配人类
컴퓨터가 인간을 지배하는 시대가 되었다.

1736 인격 [인껵](人格)
人格

인격 + Ⓝ

· 인격 성장 人格成长
· 인격 수양 人格修养
· 인격 형성 人格养成

인격 + Ⓥ

인격이 ~
· 인격이 없다 没有人格
인격이 없는 사람은 생명이 없다.
· 인격이 있다 有人格
사람에게 인격이 있듯이 노력해서 번 돈은 돈 자체에도 격이 있다.
인격을 ~
· 인격을 갖추다 具备人格
기능적인 지식보다는 인격을 갖춘 실력자가 중요하다.
· 인격을 존중하다 尊重人格
참다운 우정은 서로의 인격을 존중하는 데서 더욱 다져지는 것이다.

Ⓐ + 인격

· 고매한 인격 高贵的人格
선생님 같은 고매한 인격자도 부부싸움을 한다는 사실에 놀랐어요.
· 건전한 인격 健全的人格
대학교육은 건전한 인격을 갖춘 교양 있는 지식인 양성을 목표로 한다.
· 성숙한 인격 成熟的人格
이 일을 통하여 그는 성숙한 인격으로 한층 발돋움했다.

1737 인공 (人工)
人工

인공 – ⓝ

· 인공위성 人造卫星
· 인공호흡 人工呼吸

인공 + ⓝ

· 인공 수정 人工授精
· 인공 유산 人工流产
· 인공 장기 人造器官
· 인공 조미료 人工调味料
· 인공 지능 人工智能
· 인공 호수 人工湖

인공 + ⓥ

인공이 ~
· 인공이 가해지다 被人类染指
상류는 아직도 인공이 가해지지 않은 자연 그대로의 상태이다.

인공을 ~
· 인공을 가하다 被人类染指
모든 곳에서 인공을 가한 흔적을 쉽게 찾아볼 수 있다.

인공으로 ~
· 인공으로 만들다 人造
비닐을 써서 농작물에 알맞은 재배환경을 인공으로 만들었다.

1738 **인구** (人口)

人口

인구 + ⓝ

· 인구 감소 人口减少
· 인구 문제 人口问题
· 인구 밀도 人口密度
· 인구 분포 人口分布
· 인구 비율 人口比例
· 인구 정책 人口政策
· 인구 조사 人口调查
· 인구 증가 人口增加
· 인구 이동 人口移动

인구 + ⓥ

인구가 ~
· 인구가 급증하다 人口激增
최근 2~3년 사이에 인구가 급증하였다.
· 인구가 늘다 人口增多
인구가 늘어 도시가 커지면서 환경이 오염되고 있다.
· 인구가 늘어나다 人口增加
자연 사망률이 낮아 인구가 계속 늘어난다는 얘기죠.
· 인구가 많다 人口众多
땅이 좁다거나 인구가 많다거나 하는 이야기는 사실과 거리가 멀다.
· 인구가 밀집하다 人口密集
서울은 1000만이 넘는 인구가 밀집해 있다.
· 인구가 적다 人口稀少
시골은 인구가 적다.
· 인구가 줄다 人口减少
선진국에서는 금연 캠페인을 벌인 결과 흡연 인구가 크게 줄었다.
· 인구가 증가하다 人口增加
노인 인구가 증가하는 추세를 보이고 있다.

1739 **인기** [인끼](人氣)

人气

인기 + ⓝ

· 인기 가수 受欢迎的歌手
· 인기 관리 维护人气
· 인기 드라마 受欢迎的电视剧
· 인기 만화 受欢迎的漫画
· 인기 메뉴 受欢迎的菜肴
· 인기 배우 受欢迎的演员
· 인기 연예인 受欢迎的艺人
· 인기 영화 受欢迎的电影
· 인기 상품 人气商品
· 인기 소설 受欢迎的小说
· 인기 작가 受欢迎的作家
· 인기 절상 人气大增
· 인기 절정 红极一时
· 인기 직업 受欢迎的工作
· 인기 코미디 受欢迎的喜剧演员
· 인기 탤런트 受欢迎的电视剧演员
· 인기 폭발 人气火爆
· 인기 프로그램 受欢迎的节目

인기 + Ⓥ

인기가 ~

· **인기가 높다** 人气旺
잘생긴 얼굴 탓에 학원에서 가장 인기가 높았다고 한다.
· **인기가 떨어지다** 人气下滑
올해 들어 프로야구 인기가 뚝 떨어졌다.
· **인기가 많다** 很有人气
연애 시절 남편은 내 친구들에게 인기가 많았다.
· **인기가 없다** 没有人气
곡이 뜨지 않고 인기가 없어 밤무대를 돌아다닌 것이다.
· **인기가 있다** 有人气
아직 인기가 있을 때 한발 물러나는 지혜가 필요하다 .
· **인기가 좋다** 很受欢迎
과연 누가 더 인기가 좋을까?

인기를 ~

· **인기를 끌다** 吸引人
남성용 화장품이 국내는 물론 유럽에서 선풍적 인기를 끌고 있다.
· **인기를 누리다** 倍受青睐
요즘은 10대 가수들이 최고 인기를 누리고 있다.
· **인기를 모으다** 积攒人气
그 드라마는 방영 첫날부터 인기를 모았다,
· **인기를 얻다** 获得人气
이 제품은 신세대들을 중심으로 인기를 얻고 있다.

Ⓐ + 인기

· **높은 인기** 很高的人气
그의 작품은 한국에서도 높은 인기를 누리고 있었다.
· **대단한 인기** 极受欢迎
이런 움직임은 대단한 인기를 끌고 있다.
· **대중적 인기** 广泛的人气
그것만으로는 역시 대중적 인기를 얻는 데 한계가 있다.
· **선풍적 인기** 旋风般的人气
티백 홍차는 홍차 파동이 일어날 만큼 선풍적인 인기를 끌었다.
· **큰 인기** 高人气
이 노래는 발표되자마자 큰 인기를 누렸다.
· **폭발적 인기** 火爆的人气
그 춤은 초등학생과 중학생들 사이에서 폭발적 인기를 얻고 있다.

1740 인도¹ (人道)
人行道

인도 + Ⓝ

· **인도 위** 步行道上

인도 + Ⓥ

인도를 ~

· **인도를 걷다** 走步行道
· 나는 도로 맞은편 쪽 인도를 걷는 사람들을 쳐다봤다.
· **인도를 지나다** 过步行道
그는 빠른 걸음으로 인도를 지나 횡단보도를 건넜다.

1741 인도² (引導)
引导

인도 + Ⓥ

인도를 ~

· **인도를 받다** 受指引
맹인은 나의 인도를 받아 출입문 쪽으로 갔다.

인도에 ~

· **인도에 따르다** 在……指引下
교회에서 성령님의 인도에 따라 행동한다.

1742 인류 [일류](人類)
人类

인류 + Ⓝ

· **인류 공동체** 人类共同体
· **인류 문화** 人类文化
· **인류 사회** 人类社会
· **인류 역사** 人类历史

1743 인물 (人物)
人物

인물 + Ⓝ

· **인물 됨됨이** 为人
· **인물 묘사** 人物描写

· 인물 사진 人物写真
· 인물 이야기 人物故事

인물 + Ⓥ

인물이 ~

· 인물이 좋다 长相好
그는 젊어서 얼마나 인물이 좋았는지 마을의 화젯거리
였다.
· 인물이 없다 长相不好
상대방이 너무 인물이 없는 게 영 마음에 걸렸다.

인물을 ~

· 인물을 그리다 刻画人物
등장인물에 선입관을 가지고 그 인물을 그리면 안 된다.

Ⓐ + 인물

· 큰 인물 伟大人物
이제 이 고을에서도 자랑스러운 큰 인물이 난 겁니다.
· 훌륭한 인물 优秀人物
우리가 존경하는 훌륭한 인물을 생각해 봐.

1744 **인사** (人事)
寒暄, 问候

인사 - Ⓝ

· 인사말 问候语
· 인사치레 客套

인사 + Ⓝ

· 인사 한마디 一句问候语

인사 + Ⓥ

인사가 ~

· 인사가 끝나다 打完招呼
인사가 끝나자 배 선생이 물었다.

인사를 ~

· 인사를 건네다 打招呼
그는 작별 인사를 건네고 일행과 함께 출국장 안으로
들어갔다.
· 인사를 나누다 互致问候
인사를 나누었지만 서로 어색한 얼굴이었다.
· 인사를 드리다 致以问候
나는 그의 부모님께 정식으로 인사를 드리러 갔다.

· 인사를 받다 得到问候
그 학생의 인사를 받는 순간 너무나 기분이 좋았습니다.
· 인사를 올리다 致以问候
웃어른들께 인사를 올렸다.
· 인사를 하다 打招呼
나는 허리를 굽혀 공손하게 인사를 했다.

Ⓐ + 인사

· 따뜻한 인사 亲切的问候
따뜻한 인사 한마디를 건네는 것이 얼마나 중요한 일
인지 새삼 깨달았다.
· 정중한 인사 郑重的问候
우리는 가끔 만날 때 정중한 인사를 하곤 했지.

1745 **인삼** (人蔘)
人参

인삼 - Ⓝ

· 인삼차 人参茶

인삼 + Ⓝ

· 인삼 가루 人参粉
· 인삼 공사 人参公社

인삼 + Ⓥ

인삼을 ~

· 인삼을 재배하다 种植人参
인삼을 재배하는 농가가 줄고 있다.

1746 **인상**[1] (人相)
面相

인상 + Ⓥ

인상을 ~

· 인상을 쓰다 皱眉
그는 뜻밖이라는 듯이 인상을 잔뜩 쓰며 말했다.
· 인상을 짓다 愁眉苦脸
그는 마땅찮다는 인상을 지었다.
· 인상을 찌푸리다 眉头紧锁
그는 자신의 담배연기에 스스로 인상을 찌푸리며 창문

을 열었다.
· **인상을 찡그리다** 大皱眉头
나는 집사의 버릇없는 말투에 인상을 찡그렸다.

· **깔끔한 인상** 很干净的印象
깔끔한 인상에다 영리한 여자라는 걸 금방 알 수 있었다.
· **선한 인상** 面善
꽤 선한 인상을 풍기는 남자였다.
· **좋은 인상** 好印象
나는 그 부인의 좋은 인상 때문에 더 이상 따지지 못했다.
· **평범한 인상** 普通的印象
그저 평범한 인상이다.
· **험한 인상** 凶相
그 험한 인상에 그토록 환한 웃음을 담은 것도 처음이
었다.

· **인상을 긁다** 愁眉苦脸
가뜩이나 못생긴 얼굴, 그렇게 인상 긁지 마라, 보기
흉하게.
· **인상을 쓰다** 眉头紧锁
그렇게 인상 쓰지 마시고 그만 화를 푸세요.

1747 **인상²** (印象)

印象

인상이~
· **인상이 깊다** 印象深
한국에서 가장 인상 깊게 본 것이 무엇입니까?
· **인상이 남다** 留下印象
그는 여전히 미소년 같은 인상이 남아 있었다.
· **인상이 달라지다** 印象变了
그녀는 성형수술 후에 인상이 확 달라졌다.
· **인상이 좋다** 印象好
누구나 웃으면 인상이 좋아 보이고 그래서 마음이 사
로잡히는 것이다.

인상을 ~
· **인상을 남기다** 留下印象
친절은 강한 인상을 남기면서 오랫동안 기억에 남기
마련이다.
· **인상을 받다** 给人留下印象
안심을 하고 있다는 인상을 받았다.

· **인상을 심다** 加深印象
'고급차'라는 인상을 심어 고객들이 자부심을 갖게 한다.
· **인상을 지우다** 抹去印象
아줌마들의 춤은 흥겨웠지만 왠지 서글픈 인상을 지울
수 없었다.
· **인상을 주다** 给人印象
큰 키에 약간 마른 듯한 체구로 약간 날카로운 인상을
준다.

인상에 ~
· **인상에 남다** 印象深刻
가장 인상에 남는 것은 하얀 머리의 모습이었다.

· **강렬한 인상** 强烈的印象
피부색이나 신분을 초월한 끈끈한 유대감이 강렬한 인
상으로 남는다.
· **강한 인상** 深刻的印象
친절은 강한 인상을 남기면서 오랫동안 기억에 남기
마련이다.
· **깊은 인상** 很深的印象
이사장은 많은 사람들에게 깊은 인상을 심어 줬다.
· **나쁜 인상** 不好的印象
사람들에게 나쁜 인상을 줄 필요가 없을 것 같아 나는
그의 말에 따랐다.
· **좋은 인상** 好的印象
아이들에게 좋은 인상을 심어 주려고 노력해요.
· **첫 인상** 第一印象
하지만 그는 첫 인상이 좋았다,
· **친절한 인상** 亲切的印象
선량하고 친절한 인상이 마음에 들었다.

1748 **인상³** (引上)

上调

· **인상 가능성** 上升的可能性
· **인상 폭** 上升的幅度

인상을 ~
· **인상을 하다** 上涨
일시에 높은 인상을 하는 건 문제가 많습니다.
인상에 ~
· **인상에 반대하다** 反对上涨

등록금 인상에 반대해 데모를 하는 등 적극적인 대학
생활을 보냈다.
· **인상에 항의하다** 抗议上涨
등록금 인상에 항의하는 대학생들의 시위가 전국적으
로 확산되었다.

1749 **인생** (人生)
人生

인생 + Ⓝ

· **인생 목표** 人生目标
· **인생 역정** 人生历程
· **인생 항로** 人生路程

인생 + Ⓥ

인생을 ~
· **인생을 걸다** 拿人生打赌
사랑에 인생을 건다는 것이 얼마나 어리석은 건지 잘
알지요.
· **인생을 살다** 过……人生
그들도 나름대로의 인생을 산다.
· **인생을 즐기다** 安享人生
그들은 인생을 즐기기 위해서 땀을 흘리는 것이다.

Ⓐ + 인생

· **새로운 인생** 新的人生
이 순간만 지나면 새로운 인생이 시작되리라 믿었습니다.

1750 **인쇄** (印刷)
印刷

인쇄 + Ⓝ

· **인쇄 공장** 印刷工厂
· **인쇄 잉크** 印刷墨

인쇄 + Ⓥ

인쇄를 ~
· **인쇄를 하다** 印刷
나는 레이저 프린터로 인쇄를 했다.

인쇄에 ~

· **인쇄에 들어가다** 进入印刷程序
곧 바로 인쇄에 들어간다.

1751 **인식** (認識)
认识，认知

인식 + Ⓝ

· **인식 능력** 认知能力
· **인식 대상** 认知对象
· **인식 방법** 认知方法
· **인식 방식** 认知方式
· **인식 변화** 认知变化
· **인식 부족** 认识不足
· **인식 전환** 认识转换
· **인식 차이** 认识差异
· **인식 태도** 认知态度

인식 + Ⓥ

인식이 ~
· **인식이 높아지다** 认识提高
주민들 사이에 공해에 대한 인식이 높아졌다.
· **인식이 바뀌다** 认识改变
만화에 대한 인식이 바뀌고 있다.
· **인식이 부족하다** 认识不足
당시 일본 학교에서는 민족교육에 대한 인식이 부족했다.
· **인식이 없다** 不懂
처음에 나는 보험에 대한 인식이 없었다.

인식을 ~
· **인식을 가지다** 有认识
독자들은 보다 더 유연하고 폭넓은 인식을 가질 수 있
게 되었다.
· **인식을 갖다** 有认识
그들은 정치·사회적 현안에 대해 어떤 인식을 갖고 있
을까?
· **인식을 같이하다** 达成共识
쌍방은 힘들었으나 서로 인식을 같이 하는 부분을 발
견할 수 있었다.
· **인식을 높이다** 提高认识
국민들의 환경에 대한 인식을 높이기 위해 환경의 날
제정을 제안했다.
· **인식을 바꾸다** 改变认识
오락적 가치에 대한 부정적 인식을 바꾸는 것도 필요
할 것이다.

589

· 인식을 심어주다 加深认识
주식의 30%를 사원들에게 분배하여 '우리 회사'라는
인식을 심어주었다.

· 인식을 하다 认识
외국인들도 김치에 대해 새로운 인식을 하게 되었다.

인식에서 ~

· 인식에서 출발하다 出于对……的认识
이 캠페인은 자전거가 곧 환경 살리기 운동이라는 인
식에서 출발한다.

Ⓐ + 인식

· 새로운 인식 新的认识
역사에 대한 새로운 인식을 가져 주었으면 한다.

· 올바른 인식 正确的认识
사회에 대해 올바른 인식을 갖고 있는가?

· 잘못된 인식 错误的认识
잘못된 인식을 바꾸어야 한다.

1752 인심 (人心)
人心

인심 + Ⓥ

인심이 ~

· 인심이 각박하다 人心刻薄
인심이 각박하여 하루 한 끼 얻어먹을 수 있으면 다행
이었다.

· 인심이 야박하다 人心不古
아무리 세상인심이 야박하다지만 사람이 죽어 가는데
도 못 본 체할 수 있습니까?

· 인심이 좋다 心地好
물론 도시 사람 중에 인심이 좋은 사람도 있죠.

· 인심이 후하다 人心宽厚
그는 인심이 후했다.

인심을 ~

· 인심을 쓰다 发善心
신바람이 나서 오가는 사람들에게 온갖 인심을 다 쓰
더라고요.

· 인심을 얻다 得人心
서동은 이때부터 인심을 얻어 마침내 왕위에 올랐다.

· 인심을 잃다 不得人心
이곳에서 인심을 잃으면 이런 장사는 불가능했다.

Ⓐ + 인심

· 넉넉한 인심 心地宽厚

안주인의 넉넉한 인심이 여행객의 피로를 말끔히 풀어
준다.

· 후한 인심 心地厚道
이런 후한 인심도 모두 옛이야기일 뿐이다.

1753 인연 (因緣)
缘分

인연 + Ⓥ

인연이 ~

· 인연이 깊다 情谊深厚
그들은 우리 민족과 인연이 깊다.

· 인연이 되다 结缘
그게 인연이 되어 그와의 만남은 계속 되었다.

· 인연이 시작되다 结缘
그때부터 선생님과의 인연이 시작되었다.

· 인연이 없다 没有缘分
좋은 학점은 언제나 나와 인연이 없었다.

· 인연이 있다 有缘分
인연이 있으면 다시 만나겠지요.

인연을 ~

· 인연을 끊다 切断缘分
신앙의 차이로 그들은 오랫동안 서로 인연을 끊고 지
내는 중이다.

· 인연을 맺다 结缘
교직과 인연을 맺은 지 5년이 되었다.

Ⓐ + 인연

· 깊은 인연 深厚的情谊
그들처럼 한국, 한국인들과 깊은 인연을 갖고 있는 미
국인은 드물 것이다.

· 질긴 인연 割不断的情谊
두 사람 사이는 질긴 인연을 맺고 있다.

惯

· 인연이 멀다 关系不大
그는 상류 사회와는 인연이 먼 사람이었다.

1754 인정[1] (人情)
人之常情, 人情

인정 - Ⓝ

· 인정사정 情面和处境

인정 + Ⓥ

인정이 ~

· 인정이 많다 富有人情味
그는 나이에 맞지 않게 자상했고 인정이 많았다.

· 인정이 없다 没有人情味
그를 인정이 없는 매정한 사람이라고 생각했다.

· 인정이 있다 有人情味
그는 이기적인 것 같으면서도 인정이 있는 사람이다.

인정을 ~

· 인정을 베풀다 恩赐
서로 인정을 베풀고 도움을 받을 수 있는 풍습이 있다.

Ⓐ + 인정

· 따뜻한 인정 温情
타향에서 고생하는 그들에게 따뜻한 인정을 베풀기도
했다.

· 훈훈한 인정 融融温情
참 훈훈한 인정이 넘치는 세상이구나 생각했다.

1755 **인정²** (認定)
认证

인정 + Ⓝ

· 인정 기관 认证机构

인정 + Ⓥ

인정을 ~

· 인정을 받다 得到认可
선생님들한테도 인정을 받는 아이였다.

· 인정을 하다 认可
서로를 이해하고 인정해 주는 미덕이 필요하다.

1756 **인터넷** (internet)
（计算机）互联网

인터넷 + Ⓝ

· 인터넷 가입자 网民
· 인터넷 강국 网络强国
· 인터넷 검색 网络检索
· 인터넷 게임 网络游戏
· 인터넷 공간 网络空间
· 인터넷 방송 网络广播
· 인터넷 사용자 网络用户
· 인터넷 사이트 网站
· 인터넷 서비스 网络服务
· 인터넷 서점 网上书店
· 인터넷 속도 网速
· 인터넷 쇼핑몰 网上购物中心
· 인터넷 신문 网络新闻
· 인터넷 정보 网络信息
· 인터넷 주소 网址

인터넷 + Ⓥ

인터넷을 ~

· 인터넷을 사용하다 使用网络
인터넷을 사용하는 사람들 간의 의사소통이 활발하게
이루어진다.

· 인터넷을 쓰다 上网
인터넷을 쓰는 시간이 한 달에 몇 시간인지 계산해 본다.

· 인터넷을 통하다 通过网络
이 제품들은 주로 인터넷을 통해 판매된다.

· 인터넷을 하다 上网
가족들은 각자 자기 방에 틀어박혀 인터넷을 한다.

· 인터넷을 활용하다 应用网络
대학생들이 인터넷을 활용하여 다른 대학 도서관의 자
료를 열람하고 있다.

인터넷에 ~

· 인터넷에 연결되다 连接在网络上
인터넷에 연결된 다양한 정보 가운데서 필요한 정보를
찾아낸다.

· 인터넷에 올리다 上传到网上
학생들은 과제를 작성해 인터넷에 올린다.

· 인터넷에 접속하다 与互联网联网
LAN으로 집안의 어디에서라도 자유롭게 인터넷에 접
속한다.

1757 **인터뷰** (interview)
采访

인터뷰 + Ⓝ

· 인터뷰 기사 访谈报道
· 인터뷰 요청 采访请求

인터뷰 + Ⓥ

인터뷰를 ~

· 인터뷰를 하다 采访
한 번도 언론과의 인터뷰를 한 적이 없다.

인터뷰에 ~

· 인터뷰에 응하다 接受采访
더 이상 인터뷰에 응하고 싶지 않았다.

1758 인형 (人形)
玩偶

인형 + Ⓝ

· 인형 가게 玩偶商店
· 인형 공장 玩偶工厂
· 인형 모양 玩偶模样

인형 + Ⓥ

인형을 ~

· 인형을 만들다 做玩偶
인형을 만들고 있으면 그는 곧잘 칭찬을 했더랬는데…

인형처럼 ~

· 인형처럼 예쁘다 像娃娃一样漂亮
그녀는 인형처럼 얼굴이 예뻤다.

Ⓐ + 인형

· 예쁜 인형 漂亮的娃娃
그 아이는 예쁜 인형 하나를 들고 있었습니다.

1759 일
工作

일 – Ⓝ

· 일자리 工作
· 일터 工作单位

일 + Ⓥ

일이 ~

· 일이 끝나다 工作完结
소년은 일이 끝나는 아버지를 언제나 빵가게 앞에서 기다렸다.
· 일이 많다 工作很多
전교조 일 외에도 그는 하는 일이 많은 교사다.
· 일이 발생하다 事情发生
밤거리를 혼자 나서면 가끔 위험한 일이 발생하기도 한다.
· 일이 벌어지다 事情发生
왜 이런 일이 벌어졌는가?
· 일이 일어나다 事情发生
정말 놀라운 일이 일어났군.
· 일이 있다 有事
급히 상의할 일이 있으니 만나자.
· 일이 생기다 出事
그런데 설마 하던 일이 생기고 말았다.
· 일이 중요하다 事情重要
백성에게는 먹는 일이 가장 중요하다.
· 일이 진행되다 事情进展
일사천리로 일이 진행됐다.
· 일이 터지다 事情爆发
무슨 일이 터지면 즉시 모이는 시스템이 되어 있어요.
· 일이 풀리다 事情进行得顺利
필요할 때 행정 지원만 하면 순조롭게 일이 풀려 나갈 것이다.

일을 ~

· 일을 겪다 经历事情
부임 첫해에도 그와 비슷한 일을 겪은 적이 있었다.
· 일을 계속하다 继续工作
결혼 후에도 일을 계속할 상이다.
· 일을 꾸미다 密谋事情
이번 사건은 그가 주장하여 일을 꾸민 것이다.
· 일을 끝내다 结束工作
일을 끝내고 그는 늦어서야 인천시가로 돌아왔다.
· 일을 당하다 遇上事情
그러던 어느 날 혈압이 오를만한 일을 당했다.
· 일을 돕다 帮忙
그 학생이 일을 돕겠다며 나섰다.
· 일을 되풀이하다 重复工作
그들은 멍하니 어제 일을 되풀이하며 첫째를 돌아보았다.
· 일을 마치다 结束工作
그는 일을 마치고 이제야 돌아온 눈치다.
· 일을 만들다 制造是非
기획과정에서부터 방송이 나갈 때까지 끊임없이 일을 만든다.

- **일을 맡다** 承担工作
우리 협회에서 이 일을 맡아 추진하고 있을 뿐이다.
- **일을 맡기다** 把工作交给……
일꾼에겐 부담 없이 일을 맡길 수 있었다.
- **일을 부탁하다** 托付事情
그에게 사후의 일을 부탁하였다.
- **일을 시작하다** 开始工作
일을 시작한 지 삼사 개월쯤 되었을까?
- **일을 시키다** 让……做事情
내가 자네에게 너무 많은 일을 시켰나?
- **일을 저지르다** 肇事
넌 지금 엄청난 일을 저지르고 있는 거야.
- **일을 처리하다** 处理事情
신중하게 일을 처리해야 한다.
- **일을 찾다** 找工作
그는 과감히 회사를 박차고 자신의 일을 찾았다.
- **일을 하다** 工作
결혼 후에도 일을 하고 싶어요.

Ⓐ + 일

- **가능한 일** 可能的事情
과연 그게 가능한 일이냐?
- **놀라운 일** 令人吃惊的事情
그녀가 헬스기구를 다루는 것은 놀라운 일이 아니다.
- **급한 일** 着急的事情
洪수석은 무슨 급한 일이 터진 줄 알고 서둘러 인터폰을 받았다.
- **기쁜 일** 高兴的事情
당시에는 그런 단역이라도 주어지는 것이 기쁜 일이었다.
- **당연한 일** 当然的事情
법무사들의 항의가 줄을 잇는 것은 어쩌면 당연한 일이었는지도 모른다.
- **무관한 일** 无关的事情
이 사업은 우리 회사와 전혀 무관한 일입니다.
- **무의미한 일** 没有意义的事情
결론도 없는 이야기를 자꾸 하는 것은 무의미한 일이다.
- **무슨 일** 什么事情
무슨 일인지 궁금했다.
- **불가능한 일** 不可能的事情
그들은 불가능한 일을 하도록 요구받았다.
- **불미스러운 일** 见不得人的事情
어선의 출입이 빈번한데, 가끔 불미스러운 일들이 발생하곤 해요.
- **안타까운 일** 遗憾的事情
세계문단에서 제대로 평가를 받지 못한다는 것은 분명 안타까운 일이다.
- **어려운 일** 很难的事情
그의 마음을 돌리는 것은 어려운 일이 아니었다.

- **엄청난 일** 惊天动地的事情
그런 일이었는데 언론에서는 엄청난 일로 터져나간 겁니다.
- **위험한 일** 危险的事情
도메인 등록건수만으로 인터넷 파워를 평가하는 것은 매우 위험한 일이다.
- **이례적인 일** 很罕见的事情
이기주의가 판치는 현재의 현실 속에서 이는 극히 이례적인 일이다.
- **사소한 일** 琐碎的事情
사소한 일도 말다툼으로 비약되기 일쑤.
- **새로운 일** 新的工作
CEO들에게 이메일을 통한 업무보고, 결제는 더 이상 새로운 일이 아니다.
- **서러운 일** 伤心的事情
가난하다는 이유로 서러운 일도 많이 겪으셨다는 아버지.
- **쉬운 일** 容易的事情
옷을 잘 입는다는 것은 결코 쉬운 일은 아니다.
- **슬픈 일** 悲伤的事情
꽃봉오리가 떨어졌으니 얼마나 슬픈 일인가.
- **작은 일** 小事
그는 작은 일에 쉽게 분노한다.
- **좋은 일** 好事
정부가 국민들에게 꿈과 희망을 주는 것도 좋은 일이다.
- **중요한 일** 重要的事情
그 따위 경제적 이익은 노혁명가에게 별로 중요한 일이 아니었다.
- **즐거운 일** 高兴的事情
1년에 한 번 쯤은 해외로 여행을 떠나보는 것도 즐거운 일입니다.
- **특별한 일** 特别的事
특별한 일이 없는 한 늦어도 9월초까지는 결정하게 될 것입니다.
- **행복한 일** 幸福的事
새로운 일로 새 시대에 동참한다는 것은 행복한 일이지요.
- **힘든 일** 难办的事
보람된 일도 있는 만큼 힘든 일도 있었을 텐데.

1760 일기¹ (日氣)
天气

일기 + Ⓝ

- **일기 변화** 天气变化
- **일기 예보** 天气预报

일기 + Ⓥ

일기가 ~

· 일기가 좋다 天气好
10일 가운데 7일 정도는 일기가 좋지 않은 것이 흠이다.
· 일기가 흐리다 天阴
아침 다섯 시에 일어나 보니 일기가 흐리었다.

1761 일기² (日記)
日记

일기 + Ⓝ

· 일기 내용 日记内容
· 일기 쓰기 写日记
· 일기 형식 日记形式

일기 + Ⓥ

일기를 ~

· 일기를 읽다 读日记
일기를 읽고 눈물을 흘려?
· 일기를 쓰다 写日记
그 뒤로 나는 일기를 거의 매일 쓰고 있다.
· 일기를 적다 记日记
이런 일기를 적는 사람도 있다.

1762 일기예보 (日氣豫報)
天气预报

일기예보 + Ⓥ

일기예보를 ~

· 일기예보를 듣다 听天气预报
어떻게 불지 모를 바람 때문에 일기예보를 들어야 한다.
· 일기예보를 믿다 相信天气预报
일기예보를 정말 믿을 수가 없어요.

1763 일등 [일뜽] (一等)
第一名

일등 + Ⓝ

· 일등 공신 一等功臣

일등 + Ⓥ

일등을 ~

· 일등을 하다 得第一名
다음엔 열심히 해서 일등을 해야지.

1764 일반 (一般)
一般

일반 – Ⓝ

· 일반인 一般人

일반 + Ⓝ

· 일반 가정 普通家庭
· 일반 국민 老百姓
· 일반 버스 普通公交车
· 일반 사람들 普通人
· 일반 서민 老百姓
· 일반 시민 普通市民
· 일반 전형 普通遴选
· 일반 학교 普通学校

일반 + Ⓥ

일반에 ~

· 일반에 알려지다 众所周知
이 산은 일반에 널리 알려져 있다.

일반에게 ~

· 일반에게 공개되다 公之于众
이러한 기록이 일반에게 공개된 것은 극히 일부분이다.

1765 일부 (一部)
一部分

일부 + Ⓝ

· 일부 기업 部分企业
· 일부 내용 部分内容

· 일부 업체 部分企业
· 일부 지역 部分地区
· 일부 품목 部分品种
· 일부 학자 部分学者

일부 + Ⓥ

일부가 ~

· 일부가 되다 成为……的一部分
· 컴퓨터는 우리 생활 문화의 일부가 되었다.

일부를 ~

· 일부를 이루다 构成……的一部分
화가 개인의 스타일은 유파, 민족, 시대의 스타일의 일부를 이룬다.

일부에 ~

· 일부에 불과하다 仅是一部分
그가 실제로 방문한 곳은 극히 일부에 불과하였다.

· 일부에 지나지 않다 不过是一部分而已
실제 서비스 혜택을 받을 수 있는 층은 일부에 지나지 않는다.

1766 **일상** [일쌍](日常)

日常

일상 - Ⓝ

· 일상생활 日常生活

일상 + Ⓝ

· 일상 언어 日常用语

일상 + Ⓥ

일상이 ~

· 일상이 되다 成为日常
영화는 언제 어디서든지 볼 수 있는 일상이 되었다.

일상을 ~

· 일상을 살다 过平凡日子
많은 시간이 흐른 뒤 나는 평범한 일상을 사는 아줌마가 되었다.

일상에 ~

· 일상에 묻히다 陷于日常琐事
일상에 묻혀 사는 것은 무료한 일이었다.

· 일상에 지치다 因日常琐事而感到疲惫

이제 일상에 지치고 왠지 떠밀려 다니는 기분이 들어.

일상에서 ~

· 일상에서 벗어나다 摆脱日常生活
일상에서 벗어나기 위해 여행을 떠나죠.

일상으로 ~

· 일상으로 돌아가다 回归日常生活
이제 다시 반복되는 평범한 일상으로 돌아가야 한다.

· 일상으로 돌아오다 回到日常生活
다시금 일상으로 돌아와서 사람들과 어울려 살고 싶다.

1767 **일생** [일쌩](一生)

一生

일생 + Ⓝ

· 일생 동안 一生
· 일생 일대 一生一世

일생 + Ⓥ

일생을 ~

· 일생을 마치다 结束一生
최치원은 관직을 버리고 유랑생활로 일생을 마쳤다.

· 일생을 바치다 奉献终身
학문 연구에 일생을 바치며 평생 독신으로 늙어 갔다.

· 일생을 보내다 度过一生
시골에 내려가 학문으로 일생을 보냈다.

1768 **일손** [일쏜]

人手

일손 + Ⓝ

· 일손 돕기 援助之手
· 일손 부족 人手不足
· 일손 찾기 找人手

일손 + Ⓥ

일손이 ~

· 일손이 달리다 缺人手
일손이 달리는 농촌에서는 뾰족한 대안이 없다.

· 일손이 모자라다 人手不够

일손이 모자라 농사를 포기해야 할 지경에까지 이르렀다.
· **일손이 바쁘다** 繁忙
농촌은 모내기철로 접어들어 농가들의 일손이 바쁘다.
· **일손이 부족하다** 人手不足
일손이 부족하던 차에 얼마나 고마웠는지 모른다.

일손을 ~

· **일손을 구하다** 找人手
일손을 구하지 못해 주인이 자신의 승용차로 음식을
배달하는 경우도 있다.
· **일손을 돕다** 帮工
모자라는 일손을 돕기 위하여 학생들을 불렀다.
· **일손을 멈추다** 停下手里的活
모두들 깜짝 놀라 일손을 멈추고 바라본다.

Ⓐ + 일손

· **부족한 일손** 不足的人手
농촌에서는 부족한 일손을 여성들이 대신 채우고 있다.
· **젊은 일손** 年轻的劳动力
농촌에서는 젊은 일손이 많이 빠져나갔다.

慣

· **일손이 잡히다** 有心思干活
대표단의 움직임에 신경을 쏟느라 도무지 일손이 잡히
지 않았다.
· **일손을 놓다** 放下手不干活
가장으로서 무작정 일손을 놓고 있을 수는 없었다.
· **일손을 잡다** 上心干活
공사 현장에서는 직원들이 당장 일손을 잡지 못하고
있는 형편이다.

1769 **일요일** (日曜日)
星期日

일요일 + Ⓝ

· **일요일 날** 星期日
· **일요일 낮** 星期日白天
· **일요일 밤** 星期日晚上
· **일요일 아침** 星期日早上
· **일요일 오후** 星期日下午
· **일요일 새벽** 星期日凌晨
· **일요일 저녁** 星期日傍晚
· **일요일 휴무** 星期日休息

1770 **일자리** [일짜리]
工作岗位

일자리 + Ⓝ

· **일자리 불안** 工作不稳定
· **일자리 알선** 介绍工作
· **일자리 창출** 创造就业机会

일자리 + Ⓥ

일자리가 ~

· **일자리가 늘어나다** 就业机会增加
새로운 일자리가 늘어나고 있다.
· **일자리가 생기다** 有工作
마침 나에게 일자리가 생겼다.
· **일자리가 없다** 没有工作
일을 하고 싶어도 일자리가 없다.
· **일자리가 줄어들다** 工作岗位减少
제조업의 일자리가 계속 줄어들고 있다.

일자리를 ~

· **일자리를 구하다** 找工作
다른 도시로 와서 일자리를 구했어요.
· **일자리를 알아보다** 找工作
여기저기 일자리를 알아보았지만 선뜻 받아주는 곳은
없었다.
· **일자리를 얻다** 得到一份工作
내년 봄에 일자리를 얻을 전망은 결코 밝지 못하다.
· **일자리를 잃다** 丢掉工作
입사 8개월 만에 너무나 허망하게 일자리를 잃게 되었다.
· **일자리를 찾다** 找工作
새로운 일자리를 찾았다.

Ⓐ + 일자리

· **다른 일자리** 其他工作
당분간 이대로 살다가 다른 일자리를 알아보려고.
· **새 일자리** 新工作
새 일자리를 얻고 결혼까지 했다.
· **새로운 일자리** 新工作
정보혁명으로 새로운 일자리가 늘어나고 있다.

1771 **일정** [일쩡](日程)
日程

일정 + Ⓥ

일정이 ~

· **일정이 끝나다** 日程结束
여기 일정이 모두 끝났어요.

· **일정이 변경되다** 日程改变
현지 상황에 따라 일정이 변경될 수 있다는 사실을 분명히 밝혔잖아요.

· **일정이 없다** 没有日程安排
이날 김 대표는 특별한 일정이 없었다.

· **일정이 잡히다** 日程有安排
아침 일찍부터 일정이 잡혀 있었다.

일정을 ~

· **일정을 마치다** 结束……日程
촬영 일정을 마치고 집으로 돌아왔다.

· **일정을 미루다** 推迟日程
이번 휴가에는 모든 일정을 다 미루고라도 꼭 제주도에 가려고 한다.

· **일정을 변경하다** 更改日程安排
그때는 일정을 변경하기가 불가능했다.

· **일정을 앞당기다** 提前日程
하루나 이틀쯤 일정을 앞당길 수도 있다.

· **일정을 잡다** 安排日程
1박 2일의 빠듯한 일정을 잡았다.

· **일정을 짜다** 安排日程计划
오후 4시 이전에는 하산할 수 있도록 일정을 짜야 한다.

일정에 ~

· **일정에 맞추다** 根据日程
어린이들은 공식 일정에 맞춰 다양한 행사나 게임에 참여한다.

· **일정에 쫓기다** 日程紧张
시장으로서 바쁜 일정에 쫓기는 것은 충분히 이해한다.

Ⓐ + 일정

· **바쁜 일정** 紧张的日程
한 달도 채 못 되는 도쿄 체류 기간에 그는 바쁜 일정을 보냈다.

1772 **일치** (一致)
一致

일치 + Ⓥ

일치를 ~

· **일치를 보다** 达成一致

두 사람은 가까운 교외로 나가기로 의견의 일치를 보았다.

· **일치를 보이다** 显示出一致性
두 가지 정보가 거의 일치를 보이고 있다.

1773 **일행** (一行)
一行

일행 + Ⓝ

· **일행 중** 一行人中

일행 + Ⓥ

일행이 ~

· **일행이 있다** 有同行人
신용카드에 계산된 금액을 보면, 일행이 있었을 것 같았다.

1774 **일회용** (一回用)
一次性

일회용 + Ⓝ

· **일회용 기저귀** 一次性尿布
· **일회용 라이터** 一次性打火机
· **일회용 면도기** 一次性剃须刀
· **일회용 용기** 一次性容器
· **일회용 종이컵** 一次性纸杯
· **일회용 칫솔** 一次性牙刷
· **일회용 카메라** 一次性照相机

1775 **임금** (賃金)
工资

임금 + Ⓝ

· **임금 격차** 工资差距
· **임금 노동자** 工薪人员
· **임금 동결** 工资冻结
· **임금 인상** 工资提高

· 임금 인상률 工资上涨率
· 임금 협상 工资协商

임금 + Ⓥ

임금이 ~

· 임금이 높다 工资高
남편의 임금이 높으면 남편이 전적으로 사회노동을 맡는 것이 좋다.
· 임금이 싸다 工资低
외국인 노동자의 임금이 싸다.
· 임금이 오르다 涨工资
파업이 있은 후부터 공장마다 임금이 오르고 작업시간은 줄었다.

임금을 ~

· 임금을 받다 领工资
광부들은 그 당시 최고 임금을 받는 근로자였다.
· 임금을 주다 发工资
높은 임금을 주고 짧은 시간 일하게 했다.
· 임금을 지급하다 支付工资
근로자들에게 정당한 임금을 지급해야 한다.
· 임금을 체불하다 拖欠工资
이들 업체들은 임금을 체불하고 있다.

Ⓐ + 임금

· 낮은 임금 低工资
동종 타 업체보다 20퍼센트나 낮은 임금을 지급해왔다.
· 높은 임금 高工资
높은 임금을 주는 것만으로 인재를 끌어들이던 시대는 지났다.
· 밀린 임금 拖欠的工资
일부 업체에서는 사장들이 밀린 임금을 주지 않고 있다.

1776 **임무** (任務)

任务

임무 + Ⓝ

· 임무 수행 执行任务

임무 + Ⓥ

임무가 ~

· 임무가 부여되다 赋予任务
지금이라도 내게 어떤 임무가 부여되면 그것을 행동으로 실천해야 합니다.

임무를 ~

· 임무를 맡다 接受任务
아주 중요한 때에 새로운 임무를 맡고 취임하게 됐습니다.
· 임무를 수행하다 执行任务
· 그 분은 아주 중요한 임무를 수행하고 계셨다.
· 임무를 완수하다 完成任务
그들은 부여받은 임무를 완수해야 했다.

임무에 ~

· 임무에 충실하다 忠实于任务
이제부터는 맡은 임무에 더욱 충실해야겠어.

Ⓐ + 임무

· 막중한 임무 重大任务
나는 그런 막중한 임무를 수행할 적임자가 아닌 것 같소.
· 맡은 임무 肩负的任务
부대로 복귀해 맡은 임무를 수행하라는 명령이 떨어졌다.
· 주어진 임무 赋予的任务
주어진 임무를 잘 수행했다.

1777 **임시** (臨時)

临时

임시 + Ⓝ

· 임시 거처 临时居所
· 임시 계약직 临时合同工
· 임시 국회 国会临时会议
· 임시 매장 临时卖场
· 임시 정부 临时政府
· 임시 주주 총회 临时股东大会

임시 + Ⓥ

임시로 ~

· 임시로 빌리다 临时借用
교실을 임시로 빌렸다.
· 임시로 짓다 临时搭建
이 집은 임시로 지은 것입니다.

1778 **임신** (妊娠, 姙娠)

妊娠

임신 - N

· 임신부 孕妇

임신 + N

· 임신 기간 孕期
· 임신 반응 妊娠反应
· 임신 중 有孕在身
· 임신 중반기 怀孕中期
· 임신 중절 绝育
· 임신 초기 怀孕初期
· 임신 후반기 怀孕后期

임신 + V

임신이 ~

· 임신이 되다 怀孕
이 환자는 한 달 후에 정상 임신이 됐다.

임신을 ~

· 임신을 하다 怀孕
보통 임신을 하면 신 음식을 많이 밝힌다던데.

1779 입

嘴

입 + N

· 입 냄새 口臭
· 입 모양 嘴型
· 입 안 嘴里
· 입 속 嘴里
· 입 주변 嘴周围
· 입 주위 嘴周围

입 + V

입이 ~

· 입이 크다 嘴大
몸통에 비해 입이 큰 놈이다.

입을 ~

· 입을 막다 把嘴捂上
이 경우, 손수건으로 코와 입을 막고 대피해야 한다.
· 입을 맞추다 接吻
왕자가 입을 맞추기 전까지는 공주는 잠에서 깨어날

수 없었다.

입에 ~

· 입에 넣다 放到嘴里
위험하지 않은 것이면 입에 넣고 냄새를 맡게 한다.
· 입에 들어가다 进到嘴里
입에 들어가는 밥술도 제가 떠 넣어야 한다.
· 입에 물다 叼在嘴里
그는 조심성 없이 담배를 입에 물었다.

A + 입

· 무거운 입 说话谨慎的嘴
그는 드디어 무거운 입을 열었다.
· 벌어진 입 张开的嘴
벌어진 입을 다물 수 없다.

慣

· 입이 굳다 张口结舌
답변을 재촉하지만 입이 굳었다.
· 입이 높다 总是吃高档的东西
저 친구는 입이 높아서 고급 음식점이 아니면 가지도 않는다.
· 입이 닳도록 嘴磨破皮
얼마나 거창한 준비가 필요한지를 입이 닳도록 말씀하셨지요.
· 입이 떨어지다 启齿
도와달라고 손을 내밀어 보고도 싶지만 차마 입이 떨어지지 않는다.
· 입이 막히다 三缄其口
옛날은 입이 막혀서 불만이었는데 지금은 너무 열려서 또 불만이다.
· 입이 무겁다 嘴紧
알고 보면 아주 입이 무거운 애야.
· 입이 벌어지다 瞠目结舌
다음날 주가는 정부의 입이 벌어질 만큼 사상 최대 폭으로 뛰어올랐다.
· 입이 찢어지다 嘴被撕裂
난 입이 찢어져라 하품만 해댔다.
· 입이 열이라도 할 말이 없다 百口难辨
나로서는 입이 열이라도 할 말이 없는 노릇이었다.
· 입이 타다 嘴唇干裂
책임 때문인지 입이 바짝 타서 그는 혀끝으로 입술을 적셨다.
· 입을 다물다 闭嘴
게다가 평소 친하던 경찰들도 한결같이 입을 다물었다.
· 입을 떼다 开口
내가 입을 뗄 때마다 그의 두 눈이 점점 가늘어졌다.
· 입을 막다 把嘴堵住
그의 입을 막으려고 뇌물을 준걸까?

· 입을 맞추다 统一口径
그 일이 탄로 나지 않으려면 우리가 입을 맞춰야만 해.
· 입을 모으다 异口同声
팬들은 그가 이미지 변신에 성공했다고 입을 모은다.
· 입을 벌리다 目瞪口呆
진실로 믿을 수 없어 나는 입을 벌리고 멍하니 바라보고만 있었다.
· 입을 씻다 装蒜
설마 그가 입을 씻고 모른 체하지는 않겠지?
· 입에 거미줄 치다 揭不开锅
이 집에서 쫓겨난다면 입에 거미줄 치게 될 것으로 생각했다.
· 입에 거품을 물다 唾沫横飞
두 사람이 입에 거품을 물고 싸우고 있다.
· 입에 달고 다니다 成天挂在嘴边
그녀는 아프다는 말을 입에 달고 다닌다.
· 입에 담다 说出口
우리도 입에 담기 힘든 욕을 서슴지 않고 한다.
· 입에 달다 不离口
늘 사탕을 입에 달고 있던 동생은 충치로 고생하고 있다.
· 입에 대다 从来不沾（吃喝的东西）
그분은 술은 한 모금도 입에 대지 못하는 분이었다.
· 입에 맞다 合口味
그는 만든 죽은, 의외로 그의 입에 잘 맞았다.
· 입에 발린 소리 甜言蜜语
그는 입에 발린 소리를 잘하니 그의 말을 모두 믿지는 마라.
· 입에 붙다 挂在嘴边
그녀는 바쁘다는 말이 입에 붙었다.
· 입에 쓴 약이 몸에 좋다 良药苦口利于病
입에 쓴 약이 병에는 좋다잖아요.
· 입을 열다 开口说话
그가 잠시 생각에 잠겼다 입을 열었다.
· 입에 오르내리다 让人说三道四
그는 자신의 과거가 남의 입에 오르내리는 것이 싫었다.
· 입에 침 바른 소리 甜言蜜语
입에 침 바른 소리 할 것 없이 정말로 하고 싶었던 말을 하기 바란다.
· 입에 침이 마르도록 赞不绝口
사람마다 밀레의 그림을 입에 침이 마르도록 칭찬하였다.
· 입에 풀칠하다 糊口
내가 받는 월급으로는 입에 풀칠하기도 어렵다.
· 입만 아프다 白费口舌
말해야 내 입만 아프니 그만두지.
· 입만 살다 油嘴滑舌
저 친구도 입만 살았지. 막상 일을 하니 형편없지 뭐야.

1780 입구 [입꾸](入口)
入口

입구 + ⓝ

· 입구 앞 入口前
· 입구 옆 入口旁
· 입구 쪽 入口处

입구 + ⓥ

입구가 ~
· 입구가 넓다 口儿宽
입구가 넓은 병을 준비한다.
· 입구가 막히다 入口被堵住
서로 빠져나가려고 하는 바람에 입구가 막혀 버렸다.
· 입구가 열리다 入口被打开
입구가 열린 통로 안으로 들어갔다.
· 입구가 좁다 入口很窄
입구가 좁고 긴 술병처럼 처음엔 길고 좁지만 점차 들어갈수록 넓어졌다.

입구를 ~
· 입구를 막다 封口
관리인이 입구를 막고 못 들어가게 했다.

1781 입국 [입꾹] (入國)
入境

입국 + ⓝ

· 입국 비자 入境签证
· 입국 수속 入境手续
· 입국 심사 入境检查
· 입국 절차 入境程序

입국 + ⓥ

입국이 ~
· 입국이 거절되다 被拒绝入境
김 기자는 비자를 발급받지 않았다는 이유로 입국이 거절됐다.
· 입국이 허용되다 被允许入境
부인은 두 시간 만에 겨우 입국이 허용됐다.

입국을 ~

· 입국을 거절당하다 被禁止入境
여러 곳을 다녔지만 입국을 거절당한 적은 없네.
· 입국을 하다 入境
어쨌든 나는 일행에 속해 있다는 사실이 증명되어 영국으로 입국을 했다.
· 입국을 허용하다 允许入境
정부는 전문가 실사팀의 입국을 즉시 허용하고 최대한 편의를 제공했다.

1782 **입대** [입때] (入隊)
参军

입대 + ⓝ

· 입대 영장 参军通知书
· 입대 전 参军前

입대 + ⓥ

입대를 ~
· 입대를 앞두다 即将入伍
나의 입대를 앞두고 친구들이 모였다.
· 입대를 하다 服兵役
입대를 하려면 아직 몇 달 더 기다려야 했다.

1783 **입력** [임녁](入力)
输入

입력 + ⓝ

· 입력 형식 输入方式

입력 + ⓥ

입력을 ~
· 입력을 하다 输入
참고자료를 토대로 컴퓨터에 입력을 하였다.

1784 **입맛** [임맏]
口味

입맛 + ⓥ

입맛이 ~
· 입맛이 까다롭다 嘴刁
사실 나는 입맛이 까다로운 편이다.
· 입맛이 까다롭다 爱挑剔
입맛이 까다로운 시청자들의 눈길을 붙잡는 데 그다지 성공적이지 못했다.
· 입맛이 당기다 胃口大开
어머니의 정성스런 솜씨만으로도 마구 입맛이 당긴다.
· 입맛이 떨어지다 胃口差
입맛이 떨어졌을 때 어릴 적 먹던 옛날 음식이 생각난다.
· 입맛이 없다 没有胃口
아침마다 입맛이 없어 고생하는 남편들을 위해 솔잎떡을 준비해 두자.

입맛을 ~
· 입맛을 돋우다 增加胃口
맛있는 밥만큼 입맛을 돋우는 것도 없다.
· 입맛을 잃다 没胃口
입맛을 잃어 고생할 때 좋은 음식이다.

입맛에 ~
· 입맛에 따르다 根据口味
입맛에 따라 다양하게 조리해 먹을 수 있는 감자.
· 입맛에 맞다 合胃口
가족들의 입맛에 맞는 음식을 마련하기가 쉽지 않다.

惯

· 입맛에 맞다 对味儿
독자들은 저마다 자기 입맛에 맞는 작품을 선택해 읽는다.
· 입맛을 다시다 咂嘴
오 반장은 입맛을 다시며 못마땅하다는 표정으로 나를 쳐다봤다.
· 입맛이 쓰다 心里不是滋味
나는 입맛이 써서 아무 대꾸도 하지 않았다.

1785 **입사** [입싸](入社)
进公司

입사 + ⓝ

· 입사 동기 入职动机
· 입사 면접 公司面试
· 입사 시험 入职考试
· 입사 이후 入职以后
· 입사 지원 入职申请

입사를 ~
· 입사를 하다 入职
공고를 졸업하고 바로 입사를 했다.

1786 입술 [입쑬]
嘴唇

입술 + Ⓝ

· 입술 끝 嘴角
· 입술 모양 嘴唇形状
· 입술 사이 唇间

입술 + Ⓥ

입술이 ~
· 입술이 두툼하다 嘴唇厚
그는 이마가 넓고, 입술이 두툼했다.
· 입술이 부르트다 嘴起泡
그는 입술이 부르트고 얼굴이 수척해졌다.
· 입술이 터지다 嘴唇裂
단번에 입술이 터져서 피가 흐른다.
· 입술이 트다 嘴唇干裂
이 약은 입술이 트거나 갈라질 때 사용하면 좋다.

입술을 ~
· 입술을 깨물다 咬嘴唇
억울한 생각에 입술을 깨물었습니다.

Ⓐ + 입술

· 마른 입술 干裂的嘴唇
마른 입술을 침으로 적시고 나서 단도직입적으로 물었다.

1787 입시 [입씨](入試)
入学考试

입시 – Ⓝ

· 입시제도 入学考试制度

입시 + Ⓝ

· 입시 공부 复习升学考试

· 입시 교육 升学考试辅导
· 입시 부정 高考作弊
· 입시 요강 考试大纲
· 입시 전문가 高考补习专家
· 입시 학원 高考补习学校

입시 + Ⓥ

입시를 ~
· 입시를 앞두다 面临考试高考
입시를 앞둔 학생들이 긴장하고 있다.
· 입시를 치르다 参加高考
대부분의 대학들이 동시에 입시를 치른다.

1788 입원 [이붼](入院)
住院

입원 + Ⓝ

· 입원 기간 住院期间
· 입원 소식 住院的消息
· 입원 수속 住院手续
· 입원 치료 住院治疗
· 입원 환자 住院患者

입원 + Ⓥ

입원을 ~
· 입원을 거부하다 拒绝住院
그는 한사코 입원을 거부하였다.
· 입원을 시키다 让……住院
아이를 즉각 입원을 시키지 않으면 안 되었다.
· 입원을 하다 住院
어느 날 할아버지 한 분이 입원을 했다.

1789 입장¹ [입짱](入場)
入场

입장 + Ⓝ

· 입장 금지 禁止入场
· 입장 불가 不可以入场
· 입장 불허 不允许入场

· 입장 요금 入场费

1790 입장² [입짱](立場)
立场

ㄱ
ㄴ
ㄷ
ㄹ
ㅁ
ㅂ
ㅅ
ㅇ
ㅈ
ㅊ
ㅋ
ㅌ
ㅍ
ㅎ

입장 + Ⓝ

· 입장 변화 立场变化
· 입장 차이 立场不同
· 입장 표명 表明立场

입장 + Ⓥ

입장이 ~
· 입장이 강하다 立场强硬
정부는 대화를 갖는 게 바람직하다는 입장이 강하다.
· 입장이 난처하다 处境为难
그가 그렇게 나올수록 나는 입장이 더 난처했다.
· 입장이 다르다 立场不同
입장이 다르기는 하지만 모두들 조금씩 양보하기로 했다.
· 입장이 되다 站在……立场
이 이야기를 읽으면서 주인공의 입장이 되어 보자.
· 입장이 바뀌다 立场改变
경우에 따라서는 얼마든지 서로 입장이 바뀔 수도 있잖을까요?
· 입장이 변하다 立场变化
그러나 60년대에 들어와서 입장이 변한다.

입장을 ~
· 입장을 가지다 采取立场
그는 자신의 시에 대해 뚜렷한 입장을 가지고 있다.
· 입장을 견지하다 坚持立场
그쪽은 이들 문제에 관해서 강경한 반대 입장을 견지하였다.
· 입장을 바꾸다 改变立场
개막 후 48시간 내에 기존 입장을 바꾸기는 어렵다.
· 입장을 밝히다 阐明立场
申의원은 자신이 몸담고 있는 민주당에 대해서도 입장을 밝혔다.
· 입장을 변명하다 解释立场
그러고는 그의 입장을 변명하기 시작했다.
· 입장을 보이다 采取立场
이에 대해 김 씨도 분명한 입장을 보였다.
· 입장을 유지하다 维持立场
정부는 확고한 입장을 유지하고 있습니다.
· 입장을 주장하다 主张立场
주변 세력들은 독자적인 입장을 주장하였다.

· 입장을 지지하다 支持立场
교장 입장을 지지하는 선생님이 더 많다.
· 입장을 취하다 采取立场
본인은 이를 비판하는 입장을 취하였다.
· 입장을 표명하다 表明立场
야당은 대체로 반대 입장을 표명했다.
· 입장을 표시하다 表示立场
그들은 정부의 정책에 반대 입장을 표시했다.

입장에 ~
· 입장에 서다 站在……立场
지금까지 여러분은 수동적 입장에 서 있었다.

Ⓐ + 입장

· 개인적 입장 个人立场
저의 개인적인 입장입니다.
· 공식적인 입장 正式的立场
우리나라에서는 아직 공식적인 입장이 없는 편.
· 구체적인 입장 具体的立场
아직 구체적인 입장을 밝힐 입장이 아니라고만 말하고 있다.
· 난처한 입장 为难的立场
모르겠다고 잡아떼기도 난처한 입장이었다.
· 분명한 입장 明确的立场
이에 대해 김씨도 분명한 입장을 보였다.
· 확고한 입장 坚定的立场
이에 대해 회사 측은 확고한 입장을 보이고 있다.

1791 입장권 [입짱꿘](入場券)
入场券

입장권 + Ⓝ

· 입장권 추첨 抽取入场券
· 입장권 판매 出售入场券

입장권 + Ⓥ

입장권이 ~
· 입장권이 매진되다 入场券卖光
프로야구 개막전 입장권이 아주 빨리 매진되었다.

입장권을 ~
· 입장권을 구입하다 购买入场券
입장권은 시내 주요 예매처에서 구입하실 수 있습니다.
· 입장권을 구하다 弄张入场券
입장권을 구하려는 열성 축구팬들로 장사진을 이뤘다.

· 입장권을 사다 买入场券
입장권을 사는 일 자체만도 훌륭한 기부행위다.

1792 **입학** [이팍] (入學)
入学

· 입학시험 入学考试

· 입학 경쟁 入学竞争
· 입학 신청 入学申请
· 입학 원서 入学申请书
· 입학 자격 入学资格
· 입학 정원 入学名额

입학이 ~
· 입학이 되다 入学
법학과에 입학이 되었다.

입학을 ~
· 입학을 하다 入学
딸이 대학에 입학을 했다.

1793 **잎** [입]
叶子

· 잎 끝 叶子梢儿
· 잎 모양 叶子的形状
· 잎 색깔 叶子颜色

잎이 ~
· 잎이 나다 长出叶子
싹이 트고 잎이 났다.
· 잎이 나오다 长出叶子
콩 씨에 잎이 나왔습니다.
· 잎이 넓다 叶子宽

공원에 키가 크고 잎이 넓은 나무들이 많다.
· 잎이 돋아나다 叶子长出来
나무는 한 주일이나 늦게 잎이 돋아났습니다.
· 잎이 떨어지다 叶子掉落
늦가을 오후 감나무 잎이 마당에 떨어져 있다.
· 잎이 지다 叶子凋谢
잎이 져서 엉성히 가지만 남은 나무.
· 잎이 피어나다 长出叶子
그 은행나무에서는 결코 잎이 피어나지 않았다.

잎을 ~
· 잎을 피우다 长叶子
잎을 피우기 무섭게 애벌레가 달려들어 먹어 치웠어요.

· 마른 잎 干叶
어디서 마른 잎 태우는 것 같은 고소한 냄새가 났다.
· 무성한 잎 茂盛的树叶
마치 무성한 잎을 달고 있는 나뭇가지가 머리에 닿는 느낌이었다.
· 새 잎 新叶
그 자리에 새살 돋듯 연초록 새 잎이 고개를 내민다.
· 작은 잎 小叶子
작은 잎은 적을 때는 다섯 장에서 많을 때는 열세 장에 이른다.
· 큰 잎 大叶子
더 큰 잎은 더 커졌다.
· 푸른 잎 绿叶
푸른 잎 채소를 같이 먹어야 한다.

1794 **자**
尺子

자 + Ⓥ

· 자로 재다 用尺子量
높이를 자로 재서 기록했다.

1795 **자가용** (自家用)
私家车

자가용 + Ⓝ

· 자가용 승용차 私家轿车
· 자가용 헬기 私人飞机

자가용 + Ⓥ

자가용을 ~
· 자가용을 몰다 开私家车
자가용을 몰고 일찍 출근한다.
· 자가용을 타다 开私家车
자가용을 타고 다니는 사람들이 늘었다.

1796 **자격** (資格)
资格

자격 – Ⓝ

· 자격시험 资格考试

자격 + Ⓝ

· 자격 기준 资格标准
· 자격 미달 资格不够
· 자격 요건 资格条件
· 자격 정지 停止资格

자격 + Ⓥ

자격이 ~
· 자격이 없다 没有资格
나는 아직 소년이어서 입대 자격이 없었다.

· 자격이 있다 有资格
35세 이하의 여성 독자만 참가하실 자격이 있습니다.

자격을 ~
· 자격을 갖다 具有资格
그는 목사 자격을 가졌다.
· 자격을 갖추다 具备资格
일정한 자격을 갖춘 사람이면 누구나 진출할 수 있다.
· 자격을 따다 获得资格
법률을 공부한 뒤 변호사 자격을 땄다.
· 자격을 주다 给资格
노인들에게 무임 승차 자격을 준다.
· 자격을 취득하다 取得资格
기능사 자격을 취득하면 취업은 쉽다.

1797 **자격증** [자격쯩](資格證)
资格证

자격증 + Ⓝ

· 자격증 발급 颁发资格证
· 자격증 소지자 资格证持有者
· 자격증 시험 资格证考试
· 자격증 제도 资格证制度
· 자격증 취득 获得资格证

자격증 + Ⓥ

자격증이 ~
· 자격증이 있다 有资格证
자격증이 있는 직원들이 상담과 치료를 맡고 있다.

자격증을 ~
· 자격증을 가지다 持有资格证
이들은 대부분 자격증을 가진 기술 분야로 가게 된다.
· 자격증을 따다 取得资格证
학교를 그만두고 사회 복지사 자격증을 땄다.
· 자격증을 얻다 获得资格证
서울에서 학원을 다니면서 1급 자격증을 얻었다.
· 자격증을 취득하다 取得资格证
자격증을 취득하는 것은 전문가가 되어가는 과정이다.

1798 **자극** (刺戟)
刺激

자극 + Ⓥ

자극이 ~

· 자극이 강하다 刺激性强
어떤 쪽이 더 자극이 강할까?

· 자극이 되다 起刺激作用
열심히 공부하는 친구의 모습이 자극이 되었다.

· 자극이 필요하다 需要刺激
늘 새로운 자극이 필요하다.

자극을 ~

· 자극을 받다 受到刺激
시장의 변화에 자극을 받아 새로운 상품을 개발했다.

· 자극을 주다 带来刺激
취미와 일거리는 침체된 정서에 건전한 자극을 준다.

Ⓐ + 자극

· 건전한 자극 有益的刺激
건전한 자극이 되는 취미와 일거리.

· 신선한 자극 新鲜的刺激
해외 풍물 여행은 신선한 자극이 되었으리라 믿는다.

1799 **자금** (資金)
资金

자금 + Ⓝ

· 자금 사정 资金状况
· 자금 수요 需要资金
· 자금 압박 资金压力
· 자금 운용 资金运营
· 자금 조달 资金筹措
· 자금 지원 资金支持
· 자금 추적 资金追踪
· 자금 출처 资金出处
· 자금 회수 回收资金
· 자금 흐름 资金流向

자금 + Ⓥ

자금이 ~

· 자금이 유입되다 资金流入
대규모의 외국인 자금이 유입되었다.

자금을 ~

· 자금을 대다 出资

자금을 댄 사람이 위험 부담이 크다.

· 자금을 모으다 筹措资金
다른 제작사에서도 자금을 모은다.

· 자금을 조달하다 筹集资金
낮은 금리의 자금을 조달할 수 있다.

· 자금을 지원하다 资助
정부는 대학생들에게 창업 자금을 지원하였다.

· 자금을 회수하다 回收资金
투자자들이 자금을 회수하면서 달러 수요가 급증했다.

Ⓐ + 자금

· 막대한 자금 雄厚的资金
정부는 막대한 자금을 투입하였다.

1800 **자기** (自己)
自己

자기 − Ⓝ

· 자기모순 自相矛盾
· 자기반성 自我反省
· 자기소개 自我介绍
· 자기주장 自我主张, 己见

자기 + Ⓝ

· 자기 개발 自我开发
· 자기 모습 自己的样子
· 자기 몫 自己的那一份儿
· 자기 생각 自己的想法
· 자기 소개서 自我介绍
· 자기 인생 自己的人生
· 자기 일 自己的事
· 자기 자랑 自我炫耀
· 자기 자신 自己
· 자기 혼자 独自

慣

· 자기도 모르게 不知不觉地
그 표정이 너무나 천진하여 자기도 모르게 웃음이 나왔다.

1801 자녀 (子女)
子女

자녀 + N

· 자녀 교육 子女教育
· 자녀 문제 子女问题
· 자녀 양육 养育子女
· 자녀 학비 子女学费

자녀 + V

자녀가 ~
· 자녀가 있다 有子女
그에게는 세 명의 자녀가 있다.

자녀를 ~
· 자녀를 낳다 生子女
자녀를 많이 낳는 것을 장려한다.
· 자녀를 두다 有子女
그녀는 두 자녀를 둔 평범한 주부였다.
· 자녀를 키우다 养育子女
자녀를 키우다 보면 힘들 때가 많습니다.

1802 자동 (自動)
自动

자동 – N

· 자동카메라 自动相机
· 자동판매기 自动售货机

자동 + N

· 자동 응답기 自动应答机
· 자동 응답 서비스 自动应答服务
· 자동 지급기 自动取款机

1803 자동차 (自動車)
汽车

자동차 + N

· 자동차 길 汽车道
· 자동차 대리점 汽车代理店
· 자동차 매연 汽车废气
· 자동차 문 汽车门
· 자동차 바퀴 汽车轮胎
· 자동차 배터리 汽车电池
· 자동차 번호판 汽车车牌
· 자동차 보유량 汽车保有量
· 자동차 보험 汽车保险
· 자동차 부품 汽车零部件
· 자동차 사고 汽车事故
· 자동차 생산 汽车生产
· 자동차 산업 汽车产业
· 자동차 소리 汽车声音
· 자동차 소음 汽车噪音
· 자동차 수리 汽车修理
· 자동차 수출 汽车出口
· 자동차 시장 汽车市场
· 자동차 엔진 汽车引擎
· 자동차 운전 汽车驾驶
· 자동차 전시장 车展
· 자동차 정비 汽车维修
· 자동차 판매 汽车销售
· 자동차 학원 驾校
· 자동차 회사 汽车公司

자동차 + V

자동차가 ~
· 자동차가 달리다 汽车行驶
자동차가 달리는 도로는 아이들에게 위험하다.
· 자동차가 멈추다 汽车停止
골목길을 달리던 자동차가 갑자기 멈췄다.
· 자동차가 지나가다 汽车经过
멀리 자동차가 지나가는 것이 보인다.

자동차를 ~
· 자동차를 구입하다 购买汽车
나는 중고 자동차를 구입했다.
· 자동차를 개발하다 开发汽车
5억여 원을 투자해 새로운 자동차를 개발했다.
· 자동차를 몰다 开汽车
자동차를 몰고 다니니까 몸이 편해졌다.
· 자동차를 운전하다 驾驶汽车
자동차를 운전하면서도 라디오는 들을 수가 있다.
· 자동차를 타다 乘坐汽车

자동차를 타고 가면 2 분밖에 걸리지 않는 거리였다.
· **자동차를 팔다** 卖汽车
작년 한 해에 미국 시장에 많은 자동차를 팔았다.

1804 **자랑**
骄傲

자랑 + Ⓥ

자랑이 ~
· **자랑이 되다** 骄傲
남과 다르다는 것이 별로 자랑이 되지 않았다.
· **자랑이 아니다** 不是骄傲
가난한 사람을 돕는 것은 자랑이 아니다.

자랑을 ~
· **자랑을 늘어놓다** 不停地炫耀
제가 너무 건방지게 제 자랑을 늘어놓고 말았군요.
· **자랑을 하다** 炫耀
사람들을 만나면 빼놓지 않고 아들 자랑을 한다.

자랑으로 ~
· **자랑으로 삼다** 当作骄傲
그는 그것을 자랑으로 삼아 왔다.
· **자랑으로 여기다** 感到骄傲
그는 올림픽 금메달을 자랑으로 여긴다.

1805 **자료** (資料)
资料

자료 – Ⓝ
· **자료화면** 资料画面

자료 + Ⓝ
· **자료 검색** 资料检索
· **자료 공개** 资料公开
· **자료 부족** 资料不足
· **자료 수집** 资料收集
· **자료 정리** 资料整理
· **자료 제시** 出示资料
· **자료 제출** 提交资料

자료 + Ⓥ

자료가 ~
· **자료가 되다** 成为资料
이 책은 그의 작품을 이해하는 데 중요한 자료가 된다.
· **자료가 없다** 没有资料
정확한 자료가 없으면 사장의 죄를 입증할 수 없다.
· **자료가 있다** 有资料
이를 입증할 수 있는 자료가 있다.

자료를 ~
· **자료를 구하다** 找资料
자료를 구하는 데 많은 시간을 투자해야 한다.
· **자료를 만들다** 制作资料
이 자료를 만들기 위해 많은 노력을 했다.
· **자료를 모으다** 搜集资料
그 시대에 관한 여러 자료를 모으기 시작했다.
· **자료를 분석하다** 分析资料
관련 자료를 분석하는 등 충분한 검토를 마쳤다.
· **자료를 수집하다** 收集资料
다양한 방법으로 자료를 수집한다.
· **자료를 정리하다** 整理资料
교사는 소재를 발굴하고 자료를 정리하여 인쇄한다.
· **자료를 제공하다** 提供资料
필요한 자료를 제공하는 일을 한다.
· **자료를 준비하다** 准备资料
4명이 함께 자료를 준비했다.
· **자료를 찾다** 找资料
자료를 찾기 위해 곳곳으로 뛰었다.

자료로~
· **자료로 남다** 留作资料
그의 연구는 귀중한 자료로 남았다.
· **자료로 삼다** 当作资料
이런 글은 시 쓰기 지도의 자료로 삼을 수 있다.
· **자료로 활용하다** 作为资料使用
이 영화는 수업 자료로 활용할 수 있다.

Ⓐ + 자료
· **귀중한 자료** 宝贵的资料
귀중한 자료가 되는 비석이다.
· **생생한 자료** 生动真实的资料
일상생활에서 볼 수 있는 생생한 자료를 사용하였다.
· **필요한 자료** 所需资料
필요한 자료를 찾아서 읽어야 한다.

1806 자리¹
位置，座位，场合

자리 + ⓥ

자리가 ~

· 자리가 나다 有位置
비행기표는 무려 닷새 뒤에나 겨우 자리가 난 것이었다.

· 자리가 마련되다 安排······场合
그에 관한 학술적 논의를 하는 자리가 마련되었다.

· 자리가 되다 成为······场合
이번 모임은 대화의 자리가 될 것이다.

· 자리가 비다 位置空缺
자리가 비었으면 합석해도 괜찮겠니까?

· 자리가 생기다 有机会
그 사람하고 한번 인사할 자리가 생기면 좋겠다.

· 자리가 아니다 不是······场合
내가 참석할 자리가 아니었다.

· 자리가 없다 没有位置
지하철에는 노약자석 외에 자리가 없었다.

· 자리가 있다 有位置
중간고사라 도서관에 자리가 있을리 만무했다.

자리를 ~

· 자리를 뜨다 离开座位
구경꾼들도 하나씩 둘씩 자리를 뜨기 시작하였다.

· 자리를 마련하다 安排
선생들과 학생들이 자리를 마련했다.

· 자리를 옮기다 换地方
점심을 먹고 난 뒤 찻집으로 자리를 옮겼다.

· 자리를 잡다 占座位
우리는 창가에 자리를 잡고 앉았다.

· 자리를 지키다 看守地方
어떤 애들은 아예 텐트를 가지고 가서 밤샘을 하며 자리를 지킨다.

· 자리를 찾다 找座位
그녀는 자리를 찾다가 내 옆자리에 앉았다.

자리에 ~

· 자리에 앉다 坐在座位上
하루 종일 자리에 앉아 일을 하면 허리가 아프다.

자리에서 ~

· 자리에서 일어나다 从座位上起身
관중들은 곧 자리에서 일어나 응원을 하기 시작했다.

ⓐ + 자리

· 설 자리 立足之地

금연 운동으로 담배회사는 설 자리를 잃었다.

· 일할 자리 工作岗位
빨리빨리 다시 일할 자리를 알아보아야 할 것 아냐?

· 앉을 자리 坐的地方
의자에는 앉을 자리가 없었다.

· 좋은 자리 好位置
버스 종점 근처에 좋은 가게 자리가 하나 났네.

慣

· 자리가 생기다 空出一个岗位
수행 실장이라는 자리가 새로 생겼다.

· 자리가 있다 有岗位
얼마나 더 좋은 자리가 있었길래 훌쩍 사표를 던질 수가 있었을까?

· 자리를 옮기다 换岗位
모교로 자리를 옮겨 아이들에게 컴퓨터 지도를 하고 있다.

· 자리를 잡다 找到工作
그는 초등학교 교사로 자리를 잡았다.

1807 자리²
床铺

자리 + ⓥ

자리를 ~

· 자리를 깔다 铺席子
나무 그늘에 자리를 깔고 앉았다.

· 자리를 펴다 打开被褥
나는 자리를 펴고 누웠다.

자리에~

· 자리에 눕다 躺下
나는 불을 끄고 자리에 누웠다.

· 자리에 들다 就寝
아버지는 식사 후 자리에 드셨다.

1808 자본 (資本)
资本

자본 + ⓝ

· 자본 시장 资本市场
· 자본 이득 资本利益

자본이 ~

· 자본이 부족하다 资本不够
창업을 위해서는 자본이 부족하다.

자본을 ~

· 자본을 끌어들이다 引进资本
경제특구에 외국 자본을 끌어들인다.
· 자본을 유치하다 引进资本
운영자금은 다양한 자본을 유치해 조성할 계획이다.
· 자본을 축적하다 积累资本
자본을 축적하기 위해 직원을 뽑지 않았다.

· 막대한 자본 庞大的资本
막대한 자본을 들여 지방에다 현지 지사를 세웠다.

1809 자부심 (自負心)

自豪感

자부심이 ~

· 자부심이 강하다 自信心强, 自尊心强
학생 때의 그는 당당하고 자부심이 강한 청년이었다.
· 자부심이 대단하다 无比自豪
자신의 작품에 대한 자부심이 대단했다.
· 자부심이 크다 自豪感强烈
내가 직접 만들었다는 자부심이 큰 것 같아요.

자부심을 ~

· 자부심을 가지다 感到自豪
나는 중요한 일을 하고 있다는 자부심을 가지고 있다.
· 자부심을 갖다 感到自豪
오빠는 자신의 직업에 큰 자부심을 갖고 있습니다.
· 자부심을 느끼다 感到自豪
나는 한국인임에 큰 자부심을 느낀다.

· 큰 자부심 强烈的自豪感
이것은 우리 모두가 큰 자부심을 가질 수 있는 일이다.

1810 자살 (自殺)

自杀

· 자살 기도 企图自杀
· 자살 사건 自杀事件
· 자살 소동 自杀骚乱
· 자살 시도 试图自杀
· 자살 예방 防止自杀
· 자살 충동 自杀冲动

자살을 ~

· 자살을 결심하다 决心自杀
그는 자살을 결심한 사람의 말투로 대답했다.
· 자살을 기도하다 企图自杀
자살을 기도했는데 실패했나 봐.
· 자살을 시도하다 试图自杀
그는 2번이나 자살을 시도했다.
· 자살을 하다 自杀
환자 중에 자살을 한 사람은 없다.

1811 자세 (姿勢)

姿势, 姿态

· 자세 교정 姿势矫正
· 자세 변화 姿势变化

자세가 ~

· 자세가 되다 成为……姿势
척추가 올바른 자세가 되도록 교정을 받았다.
· 자세가 되다 有态度
수업을 제대로 받을 자세가 되어 있지 않다.
· 자세가 비뚤어지다 姿势不当
자세가 비뚤어졌을 때 아이는 운다.
· 자세가 중요하다 姿态很重要
상대의 입장에 서 보는 자세가 중요하다.
· 자세가 필요하다 需要态度

노력하는 자세가 필요하다.
· 자세가 흐트러지다 姿势歪斜
앉은 자세가 흐트러지면 곧바로 일으켜 세운다.

자세를 ~

· 자세를 가지다 有……姿态
이른바 평생 학습의 자세를 가져야 한다.
· 자세를 갖다 有……姿态
좀 더 겸허한 자세를 갖고 준비하는 것이 좋을 것이다.
· 자세를 갖추다 具备……姿态
바다를 보호하려는 자세를 갖추어야 한다.
· 자세를 견지하다 坚守……姿态
떳떳하고 당당한 자세를 견지해야 한다.
· 자세를 고치다 矫正姿势
가끔씩 자세를 고쳐 앉았다.
· 자세를 바꾸다 变换姿势
자세를 바꾸는 등의 간단한 방법이 도움이 될 수 있다.
· 자세를 보이다 摆出……姿态
최선을 다하는 경기 자세를 보이고 싶었다.
· 자세를 취하다 作势, 采取……姿态, 摆出……姿势
한발 물러서는 자세를 취했다.

Ⓐ + 자세

· 겸허한 자세 谦虚的态度
항상 겸허한 자세를 유지하도록 해야 할 것이다.
· 소극적인 자세 消极的态度
우선 소극적인 자세를 버려야 한다.
· 신중한 자세 慎重的态度
직접 만난 후에 결정하겠다는 신중한 자세를 보이고 있다.
· 안일한 자세 闲怠的态度
기업들의 안일한 자세가 경제 위기의 큰 원인이다.
· 앉은 자세 坐姿
두 사람의 앉은 자세가 똑같다.
· 엎드린 자세 趴的姿势
엎드린 자세로 두 손으로 싹싹 비는 시늉을 한다.
· 올바른 자세 端正的姿势
올바른 자세가 갖추어져야 한다.
· 유연한 자세 游刃有余的姿态
필요한 유연한 자세를 갖추고 일을 해야 한다.
· 적극적인 자세 积极的态度
매사에 적극적인 자세를 취하지 못하고 있다.

1812 자식 (子息)
子女

자식 + Ⓝ

· 자식 걱정 担心子女
· 자식 교육 子女教育
· 자식 노릇 子女的责任
· 자식 농사 养儿育女
· 자식 뒷바라지 照料子女
· 자식 사랑 对子女的爱
· 자식 자랑 夸耀子女

자식 + Ⓥ

자식을 ~

· 자식을 낳다 生孩子
다른 남자와 결혼해서 자식을 낳고 잘 산다고 한다.
· 자식을 돌보다 照顾孩子
자연히 부모는 자식을 돌보아 주어야 한다.
· 자식을 두다 养孩子
자식을 잘 두었다는 칭찬을 듣는다.
· 자식을 잃다 失去孩子
그녀는 전쟁으로 자식을 잃었다.
· 자식을 키우다 养育孩子
열심히 자식을 키우고 가정을 지키면서 살고 있다.

Ⓐ + 자식

· 나쁜 자식 坏孩子
나쁜 자식, 네가 뭔데 사람을 울려?
· 못난 자식 没出息的孩子
이 못난 자식을 매일 기다렸다고 한다.
· 어린 자식 小孩子
어린 자식을 위해서 회사 일을 그만두기도 한다.

1813 자신 (自信)
信心, 自信

자신 + Ⓥ

자신이 ~

· 자신이 생기다 产生信心, 有了信心
모든 일에 자신이 생겼다.
· 자신이 없다 没有信心
큰소리쳤지만, 솔직히 자신이 없다.
· 자신이 있다 有自信
나는 사업에는 자신이 있었다.

자신을 ~

ㅈ

· 자신을 가지다 有信心
나는 다시 돌아온 학교생활에 자신을 가지고 있었다.
· 자신을 갖다 有信心
사실, 그것은 자신을 갖는 것과는 전혀 무관했다.
· 자신을 잃다 喪失信心
모든 일에 자신을 잃고 소극적인 아이가 되었다.

자신에 ~

· 자신에 차다 充满信心
목소리가 명랑하고 자신에 차 있었다.

1814 자신감 (自信感)
自信心

자신감 + V

자신감이 ~

· 자신감이 넘치다 充满自信
나는 자신감이 넘치는 표정으로 말했다.
· 자신감이 생기다 产生信心
며칠 지나면서 자신감이 생겼다.
· 자신감이 없다 没有信心
사장이 자신감이 없다면 힘을 발휘하지 못할 것이다.
· 자신감이 있다 有信心
저런 여자는 자신감이 있어서 일도 잘할 거야.

자신감을 ~

· 자신감을 가지다 有信心
한번도 100 자신감을 가지고 일한 적은 없었다.
· 자신감을 갖다 有信心
자신감을 갖는 학생들을 보면서 보람을 느꼈다.
· 자신감을 보이다 显示出信心
어느 때보다 강한 자신감을 보이고 있다.
· 자신감을 얻다 获得自信
이젠 자신감을 얻었어요.
· 자신감을 잃다 失去信心
끝까지 할 수 있다는 자신감을 잃지 마라.

자신감에 ~

· 자신감에 넘치다 充满自信
자신감에 넘치는 소리로 대답했다.
· 자신감에 차다 信心十足
언제나 자신감에 차 있고 당당했다.

1815 자연 (自然)
自然

자연 + N

· 자연 과학 自然科学
· 자연 법칙 自然法则
· 자연 생태계 自然生态界
· 자연 자원 自然资源
· 자연 조건 自然条件
· 자연 현상 自然现象
· 자연 환경 自然环境

자연 + V

자연을 ~

· 자연을 개발하다 开发自然
인간은 경쟁적으로 자연을 개발했을 것이다.
· 자연을 보호하다 保护自然
자연을 보호하자는 캠페인 영화를 만들었다.
· 자연을 오염시키다 污染环境
자연을 오염시키는 피서객들의 행위를 금지해야 한다.
· 자연을 지배하다 支配自然
인간이 자연을 지배한다는 우월감을 버려야 한다.
· 자연을 파괴하다 破坏自然
인류는 삶의 편의를 위해서 자연을 파괴하고 있다.
· 자연을 훼손하다 毁坏自然
개발에 치중하여 자연을 훼손시킨다.

자연에 ~

· 자연에 순응하다 顺应自然
인간은 자연에 순응하며 살아야 한다.
· 자연에 적응하다 适应自然
자연에 적응하고 환경을 개척하여 문화를 이룬다.

자연으로 ~

· 자연으로 돌아가다 回归自然
자연으로 돌아가야 한다는 의견이 많다.

A + 자연

· 수려한 자연 秀丽的自然
우리의 수려한 자연을 후손에게 그대로 물려주자.
· 아름다운 자연 美丽的自然
아름다운 자연을 그대로 표현했다.
· 깨끗한 자연 纯净的自然
깨끗한 자연을 위해 천연 원료를 사용하였다.

1816 자원¹ (自願)
自願

자원 + Ⓝ
· 자원 봉사 志愿服务
· 자원 봉사자 志愿者
· 자원 봉사활동 志愿服务活动
· 자원 활동 志愿活动

자원 + Ⓥ
자원을 ~
· 자원을 하다 志愿
저마다 가겠다고 자원을 했다.

1817 자원² (資源)
资源

자원 + Ⓝ
· 자원 개발 资源开发
· 자원 낭비 资源浪费
· 자원 보호 保护资源
· 자원 재활용 资源回收利用

자원 + Ⓥ
자원이 ~
· 자원이 부족하다 资源不够
한국은 지하 자원이 부족하다.
· 자원이 풍부하다 资源丰富
수산 자원이 풍부한 이점도 있다.
자원을 ~
· 자원을 낭비하다 浪费资源
불필요한 자원을 낭비하지 말아야 한다.
· 자원을 이용하다 使用资源
자원을 이용해서 돈을 버는 나라가 많다.
· 자원을 절약하다 节约资源
자원을 절약하는 일이 경제를 살리는 길이다.

1818 자유 (自由)
自由

자유 + Ⓝ
· 자유 경쟁 自由竞争
· 자유 무역 自由贸易
· 자유 민주주의 自由民主主义
· 자유 시간 自由时间
· 자유 시장 自由市场

자유 + Ⓥ
자유가 ~
· 자유가 보장되다 自由得到保障
언론의 자유가 보장되어야 한다.
· 자유가 없다 没有自由
자유가 없다면 무슨 아름다움이 있을 수 있겠는가?
· 자유가 있다 有自由
저희들은 좋아하는 것을 좋아할 자유가 있습니다.
자유를 ~
· 자유를 만끽하다 享尽自由
젊은이들은 자유를 만끽하고 싶어한다.
· 자유를 보장하다 保障自由
언론인들에게 언론활동의 자유를 보장해야 한다.
· 자유를 누리다 享受自由
누구나 책을 낼 수 있는 자유를 누리게 되었다.
· 자유를 얻다 获得自由
자유를 얻기 위해서는 대가를 치러야 한다.
· 자유를 찾다 得到自由
그들은 자유를 찾아 한국으로 왔다.

1819 자율 (自律)
自律, 自主

자율 + Ⓝ
· 자율 신경 自律神经
· 자율 신경계 自律神经系统
· 자율 학습 自主学习

자율 + Ⓥ
자율이 ~

· 자율이 보장되다 自主得到保障
정부는 자율이 보장될 수 있는 교육을 해야 한다.

자율에 ~

· 자율에 맡기다 凭自觉
시험은 시험 감독 없이 학생들의 자율에 맡긴다.

1820 **자전거** (自轉車)
自行车

자전거 + N

· 자전거 도로 自行车专用车道
· 자전거 뒤 自行车后面
· 자전거 보관소 自行车存放处
· 자전거 위 自行车上面
· 자전거 페달 自行车脚踏
· 자전거 핸들 自行车车把

자전거 + V

자전거를 ~

· 자전거를 끌다 推自行车
그는 자전거를 끌고 산길을 올라가기 시작했다.
· 자전거를 타다 骑自行车
아버지는 항상 자전거를 타고 출퇴근을 하신다.

1821 **자정** (子正)
午夜

자정 + N

· 자정 무렵 子夜十分

자정 + V

자정이 ~

· 자정이 가깝다 临近午夜
자정이 가까운 시각이었다.
· 자정이 넘다 过了半夜12点
전화는 주로 자정이 넘어서 걸려왔다.
· 자정이 되다 到了半夜12点
자정이 되어 집에 왔다.
· 자정이 지나다 过了半夜12点

자정이 지난 후에도 영업을 하는 식당이 많다.

자정을 ~

· 자정을 넘기다 超过半夜12点
시계를 보니 자정을 넘긴 12시 25분이었다.

1822 **자존심** (自尊心)
自尊心

자존심 + V

자존심이 ~

· 자존심이 강하다 自尊心强
그녀는 자존심이 대단히 강한 여학생이다.
· 자존심이 상하다 自尊心受到伤害
직장 상사의 반말에 무척이나 자존심이 상했다.
· 자존심이 약하다 自尊心薄弱
정서적인 문제는 자존심이 약한 사람들에게서 일어난다.
· 자존심이 없다 没有自尊心
그런 자존심이 없으면 내가 좋아하지도 않지.
· 자존심이 있다 有自尊心
내게도 상처 받지 않으려는 자존심이 있었다.

자존심을 ~

· 자존심을 건드리다 刺伤自尊心
선생님의 자존심을 건드릴 생각은 없었어요.
· 자존심을 걸다 牵涉自尊心
두 팀은 자존심을 걸고 한판 대결을 펼치고 있다.
· 자존심을 세우다 树立自尊心
남자 친구의 자존심을 세워 주었다.
· 자존심을 지키다 守护自尊心
그는 자존심을 지키고 싶었다.
· 자존심을 회복하다 恢复自尊心
그것은 최소한의 자존심을 회복하는 문제였다.

1823 **자체** (自體)
自身，自主

자체 + N

· 자체 개발 自主开发
· 자체 브랜드 自主品牌
· 자체 제작 自己制作，自制

1824 자취¹
痕迹

| 자취 + Ⓥ |

자취가 ~
· 자취가 남다 留有痕迹
 한인 자취가 남아 있는 곳이 연해주이다.
· 자취가 없다 没有痕迹
범인의 자취가 없었다.
· 자취가 있다 有痕迹
유적 중에는 웅장한 왕궁과 신전의 자취가 있다.

자취를 ~
· 자취를 남기다 留下痕迹
이들은 한국사회에 굵직한 자취를 남겼다.
· 자취를 찾다 寻找痕迹
천하를 다 뒤져도 그 자취를 찾을 수가 없었다.

| 慣 |

· 자취를 감추다 无影无踪
3월이 지나 4월이 오면 복어도 자취를 감춘다.

1825 자취² (自炊)
自炊，自己开伙

| 자취 + Ⓝ |

· 자취 방 自己开伙做饭的房子
· 자취 생활 自己开伙过日子

| 자취 + Ⓥ |

자취를 ~
· 자취를 하다 自己开伙
대학 때는 서울에서 친구 셋과 한 방에서 자취를 했다.

1826 자판 (字板)
键盘

| 자판 + Ⓥ |

자판을 ~
· 자판을 두드리다 敲键盘，打字
그는 컴퓨터를 켜고 자판을 두드리기 시작한다.

1827 자판기 (自販機)
自动售货机

| 자판기 + Ⓝ |

· 자판기 커피 自动售货机咖啡

| 자판기 + Ⓥ |

자판기에서 ~
· 자판기에서 뽑다 在自动售货机上买
나는 그녀에게 자판기에서 커피를 뽑아 주었다.

1828 작가 [작까/자까] (作家)
作家

| 작가 + Ⓝ |

· 작가 작품 作家作品
· 작가 정신 作家精神
· 작가 지망생 想当作家的人

| 작가 + Ⓥ |

· 작가가 되다 当作家
작가가 되는 것이 꿈이었다.

| Ⓐ + 작가 |

· 유명한 작가 有名的作家
어떤 일본의 유명한 작가가 쓴 글이다.

1829 작년 [장년] (昨年)
去年

| 작년 + Ⓝ |

· 작년 가을 去年秋天
· 작년 겨울 去年冬天

· 작년 말 去年末
· 작년 봄 去年春天
· 작년 상반기 去年上半年
· 작년 여름 去年夏天
· 작년 이맘때 去年这个时候
· 작년 일 去年的事
· 작년 하반기 去年下半年

1830 **작문** [장문](作文)
作文

작문 + Ⓝ

· 작문 교과서 写作教材
· 작문 능력 写作能力
· 작문 숙제 作文作业
· 작문 시간 写作时间

작문 + Ⓥ

작문을 ~
· 작문을 쓰다 写作文
대학입시 출제에 작문을 쓰라는 문제가 있었다.
· 작문을 하다 写作文
아버지가 내 주는 주제로 작문을 했다.

1831 **작업** [자겁](作業)
工作

작업 + Ⓝ

· 작업 공간 工作空间
· 작업 과정 工作过程
· 작업 시간 工作时间
· 작업 중 工作中
· 작업 환경 工作环境

작업 + Ⓥ

작업이 ~
· 작업이 끝나다 工作结束
작업이 끝나는 대로 임금이 지불된다.
· 작업이 시작되다 工作开始

원고 수정 작업이 시작됐다.
· 작업이 진행되다 进行工作
현재 교통부를 중심으로 실무 작업이 진행되고 있다.

작업을 ~
· 작업을 끝내다 结束工作
앞으로 두어 시간이면 작업을 끝낼 수 있을 것 같았다.
· 작업을 마치다 结束工作
늦은 작업을 마친 사람들이 올라오고 있었다.
· 작업을 시작하다 开始工作
목적을 정하고 작업을 시작해야 한다.
· 작업을 중단하다 中断工作
나는 여러 차례 작업을 중단하고 다른 일을 했다.
· 작업을 하다 工作
아마 사진 작업을 하고 있을 거예요.

작업에 ~
· 작업에 들어가다 开始着手工作
지난해 부지를 마련하고 기초 작업에 들어갔다.
· 작업에 착수하다 着手工作
실질적인 연구 작업에 착수했다.

Ⓐ + 작업

· 힘든 작업 艰难的工作
그렇게 힘든 작업을 하기에 시간은 모자랐다.

1832 **작용** [자공](作用)
作用

작용 + Ⓥ

작용을 ~
· 작용을 하다 起作用
이들은 식욕을 돋우는 작용을 한다.

Ⓐ + 작용

· 큰 작용 大的作用
학생들에게 학교 분위기가 큰 작용을 한다.

1833 **작품** (作品)
作品

작품 + Ⓝ

· 작품 내용 作品的内容
· 작품 선정 作品选定
· 작품 세계 作品世界
· 작품 소개 作品介绍
· 작품 전체 全部作品
· 작품 전시회 作品展
· 작품 제목 作品题目
· 작품 활동 作品创作活动

작품 + Ⓥ

작품이 ~

· **작품이 나오다** 出作品
많이 쓰다 보면 혹시 좋은 작품이 나오지 않을까?
· **작품이 되다** 成为作品
아주 짧은 시지만 꽤 괜찮은 작품이 될 것 같았다.
· **작품이 발표되다** 发表作品
이 작품이 발표되었을 때 크게 호평을 받았다.
· **작품이 선보이다** 作品亮相
대학생들의 참신한 작품이 선보였다.
· **작품이 전시되다** 作品被展出
세계 각국에서 온 작품들이 전시되어 있다.

작품을 ~

· **작품을 만들다** 创作作品
어떤 작품을 만들어 낼 수 있을지 주목된다.
· **작품을 발표하다** 发表作品
그 뒤로 그는 활발하게 작품을 발표하였다.
· **작품을 선보이다** 展出作品
홈페이지를 만들어 독자들에게 그의 작품을 선보이고 있다.
· **작품을 쓰다** 撰写作品
하나의 작품을 쓸 때는 상상력이 중요하다.
· **작품을 읽다** 阅读作品
이 작품을 읽다 보면 뜻밖의 감동을 만나게 된다.
· **작품을 전시하다** 展示作品
외국에 작품을 전시하는 일을 한다.

Ⓐ + 작품

· **좋은 작품** 好的作品
좋은 작품을 쓰기 위해서는 긴 시간이 필요하다.

1834 **잔** (盞)
杯子，酒杯

잔 + Ⓥ

잔이 ~

· **잔이 넘치다** 溢出杯
술을 너무 많이 따라 잔이 철철 넘쳤다.
· **잔이 비다** 杯空
주인은 손님들의 잔이 비면 얼른 다시 따라 주었다.

잔을 ~

· **잔을 건네다** 递杯
그는 내게 잔을 건넸다.
· **잔을 들다** 举杯
나는 잔을 들고 건배를 제의했다.
· **잔을 받다** 接酒杯
제 잔을 받으십시오.
· **잔을 부딪치다** 碰杯
둘은 잔을 부딪쳤다.
· **잔을 채우다** 续满杯
그는 스스로 빈 잔을 채웠다.

Ⓐ + 잔

· **두 잔** 两杯
커피 두 잔을 주문했다.
· **몇 잔** 几杯
맥주 몇 잔 마셨어?
· **한 잔** 一杯
자, 술이나 한 잔 듭시다!

惯

· **잔을 비우다** 喝干
그는 단숨에 잔을 비웠다.

1835 **잔돈**[1]
零钱

잔돈 + Ⓥ

잔돈이 ~

· **잔돈이 없다** 没有零钱
그는 잔돈이 없다며 차비도 내지 않고 내렸다.

잔돈으로 ~

· **잔돈으로 바꾸다** 换成零钱
잔돈으로 바꾸어 주세요.

1836 잔돈² (殘돈)
零头，零钱

잔돈을 ~
· 잔돈을 거스르다 找零头
아주머니는 잔돈을 거슬러 주셨다.

1837 잔디
草地，草坪

잔디 + Ⓝ

· 잔디 위 草地上面

잔디 + Ⓥ

잔디가 ~
· 잔디가 깔리다 铺上草坪
잔디가 깔린 마당에서 아이들이 공놀이를 한다.
· 잔디가 자라다 草坪长高
잔디가 자라 흙이 떠내려가지 않을 정도가 되었다.

잔디를 ~
· 잔디를 깎다 修剪草坪
봄에는 꽃을 심고, 여름에는 잔디를 깎는다.
· 잔디를 심다 种植草坪
요즘은 건물 옥상에 잔디를 심기도 한다.

Ⓐ + 잔디

· 마른 잔디 干草坪
마른 잔디에 불을 놓으면 바람을 타고 불이 번졌다.
· 푸른 잔디 绿色的草坪
경기장의 푸른 잔디를 내려다본다.

1838 잔치
宴会

잔치 + Ⓝ

· 잔치 마당 宴会场
· 잔치 분위기 宴会气氛

· 잔치 음식 宴会饮食
· 잔치 자리 宴会场合
· 잔치 준비 宴会准备

잔치 + Ⓥ

잔치가 ~
· 잔치가 끝나다 宴会结束
잔치가 끝나기도 전에 나는 집으로 향했다.
· 잔치가 벌어지다 举行宴会
그 나라에서는 일 년에 한번 큰 잔치가 벌어진다.

잔치를 ~
· 잔치를 벌이다 举行宴会
좋은 일이 생겨서 잔치를 벌이고 있던 참입니다.
· 잔치를 베풀다 摆宴
신라 시대부터 단옷날에 큰 잔치를 베풀어 왔다.
· 잔치를 열다 举行宴会
호텔에서 아버지 환갑잔치를 열었다.
· 잔치를 치르다 举办宴会
이제 이들은 어머니 회갑 잔치를 치른다.

Ⓐ + 잔치

· 성대한 잔치 盛大的宴会
아주 성대한 잔치가 되었습니다.
· 작은 잔치 小型宴会
그날 밤, 우리는 공터에서 작은 잔치를 벌였다.
· 큰 잔치 大宴会
50억의 큰 잔치가 벌어진다.
· 흥겨운 잔치 欢乐的宴会
그의 집에서 흥겨운 잔치가 벌어지고 있었다.

1839 잘못 [잘몯]
错误

잘못 + Ⓥ

잘못이 ~
· 잘못이 아니다 不是错
잘못이 아닌 것을 잘못으로 시인했다.
· 잘못이 없다 没有错
그렇다면 아무도 잘못이 없는 셈이다.
· 잘못이 있다 有错
잘못이 있다면 책임을 지겠다고 하였다.
· 잘못이 크다 错误严重
제 잘못이 큽니다.

잘못을 ~

· **잘못을 깨닫다** 认识到错误
잘못을 깨닫고 반성해야 한다.

· **잘못을 뉘우치다** 反省错误
그는 여전히 자신의 잘못을 뉘우치지 않고 있다.

· **잘못을 범하다** 犯错误
때로 사람들은 작은 일들을 무시하는 잘못을 범한다.

· **잘못을 빌다** 赔礼道歉
학생들은 선생님께 잘못을 빌었다.

· **잘못을 시인하다** 承认错误
학생들은 선생님께 잘못을 시인했다.

· **잘못을 저지르다** 犯错
그제야 나는 아주 큰 잘못을 저지른 것을 알았다.

· **잘못을 인정하다** 承认错误
자기의 잘못을 인정하는 것은 어려운 일이다.

· **잘못을 하다** 做错事
순간 나는 지나친 잘못을 한 것 같다는 후회를 느꼈다.

잘못으로 ~

· **잘못으로 돌리다** 归罪于……
반성은 하지 않았고 무조건 남의 잘못으로 돌렸다.

A + 잘못

· **무슨 잘못** 什么错
무슨 잘못을 해도 다 용서해 주겠다는 표정이다.

· **큰 잘못** 大错
무분별하게 보도한 언론에 더 큰 잘못이 있다.

1840 **잠** (睡)
觉

잠 + N

· **잠 속** 睡觉中

잠 + V

잠이 ~

· **잠이 깨다** 睡醒
시끄러운 소리에 잠이 깼다.

· **잠이 달아나다** 睡意全无
그 소리에 잠이 확 달아나는 것 같았다.

· **잠이 들다** 入睡
잠깐 동안 휴식을 취하다가 깜빡 잠이 들었다.

· **잠이 많다** 觉多
그녀는 유달리 초저녁잠이 많았다.

· **잠이 모자라다** 觉不够
늘 시간에 쫓기고 잠이 모자랐다.

· **잠이 부족하다** 睡眠不足
잠이 부족한 듯 그의 눈은 붉게 충혈되어 있었다.

· **잠이 쏟아지다** 困意袭来
택시 안에서 왜 그렇게 잠이 쏟아지는지.

· **잠이 오다** 困了
눈을 감았지만 잠이 오지 않았다.

잠을 ~

· **잠을 깨다** 睡醒
밤에는 추워 잠을 깨기도 한다.

· **잠을 깨우다** 叫醒
잠을 깨운 건 전화벨 소리였다.

· **잠을 설치다** 没睡好
여름이면 모기가 잠을 설치게 한다.

· **잠을 이루다** 睡着觉
결과가 나오기까지 잠을 이룰 수 없었다.

· **잠을 자다** 睡觉
교실에서 잠을 잤다.

· **잠을 재우다** 哄睡
목욕을 시키고 잠을 재운다.

· **잠을 쫓다** 赶走睡意
아이는 눈을 깜박거리며 잠을 쫓았다.

· **잠을 청하다** 想睡着
한 번 잠에서 깨면 다시 잠을 청하기가 힘들었다.

잠에 ~

· **잠에 곯아떨어지다** 熟睡
그는 차 속에서 잠에 곯아떨어져 있었다.

· **잠에 떨어지다** 入睡
옷을 입은 채 눕는 대로 잠에 떨어진다.

· **잠에 빠지다** 入睡
그런 생각을 하며 어느새 잠에 빠졌다.

· **잠에 빠져들다** 入睡
피곤했던 탓인지 곧 깊은 잠에 빠져들었다.

· **잠에 취하다** 没睡醒
그의 목소리는 잠에 취해 있었다.

잠에서 ~

· **잠에서 깨어나다** 从睡梦中醒来
누군가 부르는 것 같은 소리를 듣고 잠에서 깨어났다.

A + 잠

· **깊은 잠** 酣睡，熟睡
피곤했던지 새벽까지 깊은 잠을 잤다.

· **밀린 잠** 不足的睡眠
낮 동안에는 밀린 잠을 자야 한다고 했어.

· **편한 잠** 踏实的觉
나는 집을 나온 다음 편한 잠을 자 본 적이 없다.

1841 잠바 (jumper)
夹克上衣

잠바 + N

· 잠바 주머니 夹克口袋
· 잠바 차림 夹克装束

잠바 + V

잠바를 ~
· 잠바를 걸치다 披上夹克
잠바를 걸치고 노트를 손에 든 사람들도 있었다.
· 잠바를 입다 穿上夹克
날씨도 쌀쌀한데 할아버지는 얇은 잠바를 입고 계셨다.

1842 잠옷 [자몯]
睡衣

잠옷 + N

· 잠옷 차림 穿着睡衣

잠옷 + V

잠옷을 ~
· 잠옷을 입다 穿睡衣
잠옷을 입게 되면서부터 침실의 풍속도 바뀌었다.
잠옷으로 ~
· 잠옷으로 갈아입다 换上睡衣
잠옷으로 갈아입은 큰애는 도로 잠옷을 벗는다.

1843 잠자리 [잠짜리]
睡铺

잠자리 + V

잠자리가 ~
· 잠자리가 불편하다 睡榻不舒服
잠자리가 불편해 자꾸 잠에서 깨곤 했다.
잠자리를 ~
· 잠자리를 같이하다 同床共枕

아내와 잠자리를 같이한 지 어느새 일주일이 넘었다.
· 잠자리를 바꾸다 换地方睡觉
여행을 가서 잠자리를 바꾸면 잠을 못 이룬다.
잠자리에 ~
· 잠자리에 눕다 躺下
잠자리에 누웠지만 잠이 오지 않았다.
· 잠자리에 들다 就寝
오후 10시를 전후해 잠자리에 드는 것이 좋다.

1844 잡지 [잡찌](雜誌)
杂志

잡지 + N

· 잡지 광고 杂志广告
· 잡지 기사 杂志报道
· 잡지 모델 杂志模特

잡지 + V

잡지를 ~
· 잡지를 구독하다 订阅杂志
요즘은 거의 잡지를 구독하지 않는다.
· 잡지를 만들다 制作杂志
좋은 잡지를 만들려는 부단한 노력이 있어야 한다.
· 잡지를 발간하다 发行杂志
그 모임은 계속해서 잡지를 발간하고 있다.
· 잡지를 발행하다 发行杂志
양사 모두 여러 개의 잡지를 발행하였다.
잡지에 ~
· 잡지에 기고하다 给杂志社投稿
자신의 작품을 문학과 연극 관련 잡지에 기고했다.
· 잡지에 발표하다 在杂志上发表文章
잡지에 발표한 소설을 모아서 출판했다.
· 잡지에 실리다 刊登在杂志上
학생 잡지에 실린 내 작품을 읽었다고 한다.
· 잡지에 연재되다 在杂志上连载
그 작품은 잡지에 연재될 당시부터 큰 반향을 모았다.

1845 장¹ (場)
集市，市场

장 + ⓥ

장이 ~
· 장이 서다 有集市
장이 서는 날 가야만 볼거리가 풍부하다.
· 장이 열리다 开集市
이곳에서는 아침 장이 열리고 있었다.

장을 ~
· 장을 마감하다 收盘
이날 주식 시장은 소폭 내림세로 장을 마감했다.
· 장을 마치다 收盘
29일 종합지수는 상승세로 장을 마쳤다.
· 장을 보다 去市场买菜
나물 재료는 도매시장에서 신선한 것으로 장을 본다.

장에 ~
· 장에 나가다 去市场
오늘 아침 일찍 내가 장에 나가서 생선을 좀 사 왔어.

1846 장²(腸)
肠

장 – Ⓝ

· 장운동 肠运动

장 + Ⓝ

· 장 기능 肠功能
· 장 질환 肠疾病
· 장 파열 肠破裂

장 + ⓥ

장이 ~
· 장이 튼튼하다 胃肠很健康
아이는 위와 장이 튼튼하므로 식욕이 왕성하다.
· 장이 약하다 胃肠弱
갓난아기들은 장이 약하니까 항상 주의해야 한다.

1847 장³(醬)
酱

장 + ⓥ

장을 ~
· 장을 담그다 做酱
할머니는 요즘도 집에서 장을 담근다.

1848 장가 (丈家)
娶妻

장가 + ⓥ

장가를 ~
· 장가를 가다 娶媳妇
지난주에 형이 장가를 갔다.
· 장가를 들다 娶媳妇
나는 아직 장가를 들 나이가 아니다.
· 장가를 보내다 让儿子娶妻成婚
장가를 보내면 일 년에 한두 번 만나기도 힘들다.

1849 장갑
手套

장갑 + ⓥ

장갑을 ~
· 장갑을 끼다 戴手套
그녀는 검정 장갑을 끼고 있었다.
· 장갑을 벗다 摘手套
그녀는 장갑을 벗고 왼쪽 손을 내 앞으로 내밀었다.

1850 장관¹(壯觀)
壮观

장관 + ⓥ

장관을 ~
· 장관을 이루다 蔚为壮观
가을이면 빨간색의 단풍이 장관을 이룬다.

1851 장관² (長官)
长官, 部长

장관 + Ⓝ

· 장관 회담 部长会谈
· 장관 회의 部长会议

장관 + Ⓥ

장관을 ~

· 장관을 지내다 担任部长
현 정권 초기에 과학기술부 장관을 지냈다.
· 장관을 역임하다 曾任部长
88년부터 92년까지 교육부 장관을 역임했다.

1852 장구 (杖鼓)
长鼓

장구 + Ⓝ

· 장구 소리 长鼓声音

장구 + Ⓥ

장구를 ~

· 장구를 치다 打长鼓
장구를 치며 우리의 장단을 배울 수 있어서 좋다.

1853 장기¹ (將棋, 將碁)
象棋

장기 - Ⓝ

· 장기판 象棋棋盘

장기 + Ⓝ

· 장기 알 象棋棋子

장기 + Ⓥ

장기를 ~

· 장기를 두다 下象棋
동네 노인들이 그 나무 아래에 앉아 장기를 두었다.

1854 장기² (臟器)
内脏器官

장기 + Ⓝ

· 장기 기증 器官捐赠
· 장기 이식 器官移植

장기 + Ⓥ

장기를 ~

· 장기를 기증 받다 得到器官捐赠
자신과 맞는 타입의 장기를 기증받아야 한다.
· 장기를 기증하다 捐赠器官
7명에게 장기를 기증하고 26세의 아까운 삶을 마감했다.
· 장기를 이식하다 移植器官
그 의사는 안정적으로 장기를 이식할 수 있다.

1855 장기³ [장끼](長技)
特长

장기 + Ⓝ

· 장기 자랑 才艺展示

장기 + Ⓥ

장기를 ~

· 장기를 살리다 发挥特长
자신의 장기를 살릴 수 있는 방법을 찾아야 한다.

1856 장난
淘气

장난 - Ⓝ

· 장난꾸러기 淘气鬼
· 장난감 玩具

장난 + Ⓝ

· 장난 전화 恶作剧电话

장난 + Ⓥ

장난이 ~

· 장난이 심하다 很淘气
평소 장난이 심해 꾸중을 많이 들었다.

장난을 ~

· 장난을 치다 调皮
친구와 장난을 치다가 넘어졌다.
· 장난을 하다 调皮
식탁에서 장난을 하다가 아이가 그릇을 깼다.

慣

· 장난 삼아 闹着玩儿
장난 삼아 던지는 돌멩이에 얻어맞은 개구리의 상처를
어떻게 생각하는지요?
· 장난이 아니다 不是闹着玩儿的, 不可小觑
땅값이 장난이 아니다.

1857 **장난감** [장난깜]

玩具

장난감 + Ⓝ

· 장난감 가게 玩具商店
· 장난감 권총 玩具手枪
· 장난감 자동차 玩具汽车
· 장난감 총기류 玩具枪支

1858 **장단** (長短)

拍子

장단 + Ⓥ

장단을 ~

· 장단을 맞추다 合着音乐节拍
멜로디에 장단을 맞춰 고개를 흔든다.

장단에 ~

· 장단에 춤추다 按照节拍跳舞
도대체 어느 장단에 춤춰야 할지 모르겠다.

慣

· 장단이 맞다 合拍, 合得来
그 아버지에 그 아들이라더니, 아주 장단이 척척 맞는
구나.
· 장단을 맞추다 合拍
목적을 달성하려면 여러 가지 장단을 맞추어야 하는
것이 틀림없다.
· 장단에 맞추다 合拍, 迎合别人
남들 장단에 맞춰 사느라 피곤하다.

1859 **장래** [장내] (將來)

未来, 前途

장래 + Ⓝ

· 장래 비전 未来蓝图
· 장래 희망 未来希望

장래 + Ⓥ

장래가 ~

· 장래가 보이다 未来光明
문화 대국의 장래가 보인다.
· 장래가 보장되다 未来保障
그녀는 음악가로서 장래가 보장되었다.
· 장래가 불투명하다 未来不明朗
그들은 장래가 지극히 불투명한 커플이었다.
· 장래가 촉망되다 大有前途
어릴 때 누구보다도 장래가 촉망되던 아이였다.

장래를 ~

· 장래를 생각하다 考虑到将来
그러니 아비는 너의 장래를 생각해서 그러는 게야.
· 장래를 염려하다 担忧未来
부모님은 항상 내 장래를 염려했다.

慣

· 장래를 약속하다 约定结婚
만난 지 몇 번이나 되었다고 벌써 장래를 약속하겠어요.

1860 **장례** [장녜] (葬禮)

葬礼

장례 + N

· 장례 절차 葬礼程序
· 장례 행렬 葬礼队伍

장례 + V

장례를 ~

· 장례를 모시다 操办葬礼
어머니는 아버님 장례를 모신 뒤 과로로 입원하셨다.
· 장례를 치르다 操办葬礼
아버지 장례를 치르던 날, 눈물을 많이 흘렸다.

1861 장마
梅雨

장마 - N

· 장마철 梅雨季节

장마 + N

· 장마 기간 梅雨季节
· 장마 동안 梅雨期间
· 장마 때 梅雨时期
· 장마 전선 雨季前锋
· 장마 영향 梅雨的影响

장마 + V

장마가 ~

· 장마가 끝나다 梅雨结束
8월초에 장마가 끝났다.
· 장마가 시작되다 梅雨开始
6월 말부터 본격적인 장마가 시작된다고 한다.
· 장마가 지다 下梅雨
장마가 져서 비가 많이 왔다.
· 장마가 지나다 梅雨过去
장마가 지나고 무더위가 찾아 왔다.

A + 장마

· 지루한 장마 烦人的梅雨
지루한 장마가 지나고 나면 무더위가 계속된다.

1862 장면 (場面)
场面

장면 + V

장면이 ~

· 장면이 떠오르다 场景浮现
언젠가 보았던 드라마의 한 장면이 떠올랐다.
· 장면이 벌어지다 发生……场面
그곳에서 볼만한 장면이 벌어지고 있었다.

장면을 ~

· 장면을 떠올리다 想起……场面
소설의 마지막 장면을 떠올리곤 눈물을 흘린다.
· 장면을 목격하다 目睹……情况
거기에서 그 장면을 목격했다.
· 장면을 보다 看到……场面
그 장면을 보고 깊은 감동을 받았다.

1863 장미 (薔薇)
玫瑰

장미 + N

· 장미 가시 玫瑰刺
· 장미 꽃바구니 玫瑰花篮
· 장미 다발 玫瑰花束
· 장미 잎 玫瑰花叶

장미 + V

장미를 ~

· 장미를 사다 买玫瑰
나는 한 송이의 장미를 샀다.
· 장미를 선물하다 送玫瑰
그는 여자들에게 언제나 장미를 선물했다.

A + 장미

· 노란 장미 黄玫瑰
주머니를 털어 노란 장미 한 송이를 샀다.
· 마른 장미 干玫瑰
문에는 마른 장미 스무 송이가 매달려 있었다.
· 빨간 장미 红玫瑰
그녀는 늘 빨간 장미만을 사갔다.

1864 장소 (場所)
地点，场所

장소 + Ⓝ

· 장소 변경 变更地点
· 장소 선정 选定地点
· 장소 약속 约定地点

장소 + Ⓥ

장소를 ~
· 장소를 찾다 쿄找地点
어울리는 장소를 찾기 위해 사전 답사를 했다.
· 장소를 옮기다 迁移地点
파티 장소를 2층으로 옮겼다.

Ⓐ + 장소

· 적당한 장소 合适的地点
소풍가기에 적당한 장소를 찾고 있어.

1865 장수¹
商贩，商人

장수 + Ⓝ

· 장수 아저씨 商贩大叔
· 장수 아주머니 商贩大婶，商贩阿姨

1866 장수² (長壽)
长寿

장수 + Ⓝ

· 장수 기록 长寿记录
· 장수 마을 长寿村
· 장수 비결 长寿秘诀
· 장수 시대 长寿时代
· 장수 식품 长寿食品
· 장수 요인 长寿因素
· 장수 지역 长寿地区

· 장수 프로그램 长寿节目

장수 + Ⓥ

장수를 ~
· 장수를 기원하다 祝愿长寿
부모님의 장수를 기원하는 잔치를 베풀었다.
· 장수를 빌다 祈求长寿
옛날에는 환갑이 되면 장수를 비는 제사를 드렸다.
· 장수를 위하다 为了长寿
건강과 장수를 위해서는 매일 운동해야 한다.
· 장수를 축하하다 祝贺长寿
자식들이 부모의 장수를 축하했다.
· 장수를 하다 长寿
그들은 대부분 장수를 했다는 특징을 가지고 있다.

1867 장수³ (將帥)
将帅

Ⓐ + 장수

· 무서운 장수 吓人的将领
실로 장비는 무서운 장수가 아니던가?
· 용맹한 장수 勇猛的将领
그는 용맹한 장수가 되었다.
· 힘센 장수 身高力大的将领
그는 가장 힘센 장수였다.

1868 장식 (裝飾)
装饰

장식 + Ⓝ

· 장식 무늬 裝饰花纹
· 장식 소품 小装饰品

장식 + Ⓥ

장식을 ~
· 장식을 하다 裝飾
가죽신에 금·은 장식을 하여 호화로움을 나타냈다.

1869 **장애** (障礙)
障碍

장애 + N

· 장애 요인 障碍因素
· 장애 환자 有障碍的患者

장애 + V

장애가 ~

· 장애가 되다 阻碍
장애가 되는 것은 역시 육아 문제이다.
· 장애가 일어나다 产生障碍
환자는 학습과 기억의 장애가 일어날 수 있다.
· 장애가 있다 有障碍
그 아이는 정신적 장애가 있었다.

장애를 ~

· 장애를 가지다 身体有障碍
그는 장애를 가진 동생을 두었다.
· 장애를 극복하다 克服障碍
문화의 차이 때문에 생기는 장애를 극복하기 어렵다.
· 장애를 일으키다 引起障碍
여름에는 수면 장애를 일으켜 건강을 해칠 수도 있다.

1870 **장점** [장쩜](長點)
优点

장점 + V

장점이 ~

· 장점이 되다 是长处
알뜰하다는 건 장점이 될 수 있다.
· 장점이 드러나다 优点突显
여기서 배아 줄기세포의 장점이 드러난다.
· 장점이 많다 优点多
단점보다 장점이 많은 여자이고 싶다.
· 장점이 있다 有优点
너는 어렸을 때부터 남이 갖지 못한 장점이 있었다.

장점을 ~

· 장점을 갖다 有优点
신세대는 훨씬 더 솔직하다는 장점을 갖고 있다.
· 장점을 갖추다 具备优势
그는 장점을 고루 갖춘 완벽한 사람이다.

· 장점을 발견하다 发现优点
되도록 남의 장점을 발견하여 칭찬해 주자.
· 장점을 배우다 学习优点
두 사람은 서로 장점을 배워 단점을 보완했다.
· 장점을 살리다 发挥长处
그는 장점을 살려 직장을 옮겼다.
· 장점을 지니다 具备优点
컴퓨터의 교육적 활용은 많은 장점을 지닌다.
· 장점을 찾아내다 发现优点
교사는 학생의 장점을 찾아내야 한다.

장점으로 ~

· 장점으로 꼽다 称作优点
건강에 좋다는 점을 검도의 장점으로 꼽는다.
· 장점으로 꼽히다 被称之为优点
그녀의 유머 감각은 장점으로 꼽혔다.
· 장점으로 내세우다 主打优点
즉석 식품은 편리함을 장점으로 내세운다.

A + 장점

· 많은 장점 很多优点
그는 많은 장점이 있었지만 결국 실패했다.
· 큰 장점 大的优点
플레이에 기복이 없는 것이 그의 큰 장점이다.

1871 **장치** (裝置)
裝置，设备

장치 + N

· 장치 마련 准备装置
· 장치 설치 安装装置

장치 + V

장치를 ~

· 장치를 마련하다 准备……措施
이런 일이 없도록 제도적인 장치를 마련해야 한다.
· 장치를 설치하다 安装装置
사고 발생을 알리는 연락 장치를 설치한다.
· 장치를 하다 安装
바닥에 난방 장치를 했다.

1872 **장학금** [장학끔](奬學金)
奖学金

장학금 + ⓝ
· 장학금 전달식 奖学金颁奖仪式

장학금 + ⓥ
장학금을 ~
· 장학금을 받다 获得奖学金
이번 학기에 드디어 장학금을 받게 되었다.
· 장학금을 지급하다 发放奖学金
재학생 109명에게 장학금을 지급했다.

1873 **재능** (才能)
才能

재능 + ⓥ
재능이 ~
· 재능이 뛰어나다 才能突出
여동생은 글쓰기에 유난히 재능이 뛰어났다.
· 재능이 없다 没有才能
원래 연주 쪽에는 재능이 없었어요.
· 재능이 있다 有才能
그 친구는 그림에 뛰어난 재능이 있었다.

재능을 ~
· 재능을 가지다 有才能
모든 사람이 똑같은 재능을 가지고 태어난다.
· 재능을 발휘하다 发挥才能
자유로움 속에 그는 피아니스트로서 재능을 발휘했다.
· 재능을 보이다 显示才能
특정 분야에만 재능을 보이는 영재들도 많다.
· 재능을 살리다 发挥才能
여성도 재능을 살리면서 일을 할 수 있어야 한다.
· 재능을 썩히다 淹没才能
그는 집에서 지내면서 뛰어난 재능을 썩혀 있다.

ⓐ + 재능
· 뛰어난 재능 出众的才能
뛰어난 재능을 가질 수는 있으나 천재일 수는 없다.
· 특별한 재능 特殊的才能
부모는 아이의 특별한 재능을 찾아 줘야 한다.

1874 **재료** (材料)
材料

재료 + ⓝ
· 재료 공급 材料供应
· 재료 구입 购买材料
· 재료 선택 选材
· 재료 수집 收集材料

재료 + ⓥ
재료가 ~
· 재료가 되다 成为材料
그 소나무들은 거북선을 만드는 재료가 되었다.

재료를 ~
· 재료를 넣다 放材料
팽이버섯을 뺀 나머지 재료를 넣고 물을 붓는다.
· 재료를 섞다 混合材料
재료를 한데 섞어 양념장을 만든다.
· 재료를 준비하다 准备材料
넷째 주는 재료를 준비해 와서 직접 해 먹기로 했다.

재료로 ~
· 재료로 쓰다 用做材料
씨앗을 재료로 쓰기 때문에 영양이 풍부하다.
· 재료로 쓰이다 被用做材料
민들레 잎은 서양에서는 샐러드 재료로 쓰인다.

ⓐ + 재료
· 값비싼 재료 昂贵的材料
기업들은 값비싼 재료를 아낌없이 사용한다.
· 다양한 재료 各种各样的材料
이 영화는 다양한 재료가 '비빔밥'처럼 뒤섞인 영화다.
· 좋은 재료 好的材料
좋은 재료가 훌륭한 맛을 낸다.

1875 **재미**
趣味，意思，收获

재미 + ⓥ
재미가 ~
· 재미가 나다 有意思

중국의 옛날 얘기에 재미가 나서 밥조차 잊었다.
· **재미가 쏠쏠하다** 饶有兴趣
각 캐릭터의 행동 하나하나가 주는 재미가 쏠쏠하다.
· **재미가 없다** 没有意思
전공 공부는 별로 재미가 없단다.
· **재미가 있다** 有意思
골라보는 재미가 있다.
· **재미가 좋다** 很有意思
책을 읽는 재미가 좋아요.

재미를 ~
· **재미를 느끼다** 感到兴趣
글을 읽는 재미를 느끼게 하는 것이 중요하다.
· **재미를 붙이다** 对……有兴趣
그는 시골 생활에 새로운 재미를 붙였다.

재미로 ~
· **재미로 살다** 以……为乐
지금까지 사람들은 돈을 버는 재미로 살았다.
· **재미로 하다** 作为兴趣
공부도 재미로 하면 능률이 오른다고 하지 않는가?

Ⓐ + 재미

· **쏠쏠한 재미** 小有收获
그는 새로 식당을 개업해 쏠쏠한 재미를 보았다.
· **짭짤한 재미** 收获颇丰
출판사들은 영화에서 짭짤한 재미를 보았다.

惯

· **재미를 보다** 尝到甜头
고급 브랜드 화장품을 팔아 톡톡한 재미를 보고 있다.

1876 **재산** (財産)
财产

재산 + Ⓝ

· **재산 공개** 财产公开
· **재산 관리** 财产管理
· **재산 규모** 财产规模
· **재산 등록** 财产注册
· **재산 목록** 财产目录
· **재산 보유** 持有财产
· **재산 분배** 财产分配
· **재산 분쟁** 财产纠纷
· **재산 소유** 财产所有

· **재산 소유자** 财产所有人
· **재산 신고** 财产申报
· **재산 총액** 财产总数
· **재산 피해** 财产损失

재산 + Ⓥ

재산이 ~
· **재산이 되다** 成为财富
어릴 때 읽은 책은 평생의 재산이 된다.
· **재산이 많다** 财产多
부친으로부터 물려받은 재산이 많은 것으로 알려졌다.

재산을 ~
· **재산을 공개하다** 公开财产
공직자는 재산을 공개해야 한다.
· **재산을 날리다** 挥霍财产
수년 간 쌓아올린 재산을 다 날렸다.
· **재산을 늘리다** 增加财产
그들은 재산을 늘리기는커녕 지킬 줄도 모릅니다.
· **재산을 등록하다** 财产登记
국회의원은 법률에 따라 재산을 등록해야 한다.
· **재산을 몰수하다** 没收财产
국가가 김 씨의 재산을 몰수하였다.
· **재산을 물려받다** 继承财产
부모님께 재산을 물려받아 사업을 시작했습니다.
· **재산을 물려주다** 把财产遗留给下一代
자식에게 재산을 물려주는 대신 지혜를 가르쳤다.
· **재산을 보호하다** 保护财产
그들은 재산을 보호하기 위해 노력했다.
· **재산을 은닉하다** 隐瞒财产
이들은 재산을 은닉하기 위해 불법을 저질렀다.
· **재산을 처분하다** 处理财产
전 재산을 처분해 사회에 기부했다.
· **재산을 축적하다** 积累财产
이들은 기업의 자산을 빼돌려 개인 재산을 축적하였다.
· **재산을 털다** 倾尽财产
이곳에 마지막 재산을 털어 이 건물을 지었다.

1877 **재생** (再生)
再生，循环利用

재생 + Ⓝ

· **재생 능력** 再生能力
· **재생 버튼** 播放按钮

· 재생 종이 再生纸
· 재생 화장지 再生手纸

재생 + Ⓥ

재생이 ~

· 재생이 가능하다 可再生
종이컵은 재생이 가능하지만 쓰레기양을 증가시킨다.

· 재생이 되다 可以再生
그 세포는 다 상했다가도 재생이 될 수 있다.

1878 재수¹ (財數)
运气

재수 + Ⓥ

재수가 ~

· 재수가 없다 倒霉
나는 왜 이렇게 늘 재수가 없을까?

· 재수가 좋다 运气好
오늘은 재수가 좋은 날이야.

1879 재수² (再修)
复读

재수 + Ⓝ

· 재수 시절 复读时期
· 재수 학원 复读补习班

재수 + Ⓥ

재수를 ~

· 재수를 하다 复读
나는 일 년 재수를 했고, 결국 명문대를 합격했다.

1880 재정 (財政)
财政

재정 + Ⓝ

· 재정 긴축 财政紧缩

· 재정 부담 财政负担
· 재정 상태 财政状态
· 재정 수입 财政收入
· 재정 운용 财政运作
· 재정 적자 财政赤字
· 재정 지원 财政支持
· 재정 지출 财政支出
· 재정 확충 财政扩充

재정 + Ⓥ

재정이 ~

· 재정이 어렵다 经费不足
정부 재정이 어려워도 국방비는 줄일 수 없다.

· 재정이 열악하다 财政情况恶劣
재정이 열악한 대학은 해마다 등록금을 인상한다.

· 재정이 풍부하다 经费充足
지자체의 재정이 풍부해서 복지 시설이 많다.

재정을 ~

· 재정을 지원하다 财政扶持
정부가 적극적으로 재정을 지원하는 것이 필요하다.

· 재정을 충당하다 充抵经费
이 곳은 개인의 자발적인 성금으로 재정을 충당하고
있다.

· 재정을 확보하다 确保经费
기업은 상품과 서비스의 판매로 재정을 확보한다.

1881 재주
才能

재주 + Ⓥ

재주가 ~

· 재주가 뛰어나다 才能突出
그는 어릴 때부터 총명하고 재주가 뛰어났다.

· 재주가 많다 多才多艺
제 아무리 지혜가 깊고 재주가 많더라도 별수가 없다.

· 재주가 없다 没有才能
나는 글쓰기에는 재주가 없었다.

· 재주가 있다 有才能
내게도 한 가지 재주가 있다.

재주를 ~

· 재주를 가지다 有才干
그는 이야기에 뛰어난 재주를 가진 사람이었다.

ㄱ
ㄴ
ㄷ
ㄹ
ㅁ
ㅂ
ㅅ
ㅇ
ㅈ
ㅊ
ㅋ
ㅌ
ㅍ
ㅎ

· 재주를 부리다 显本领
여러 가지 재주를 부릴 줄 알면 돈벌이가 된다.
· 재주를 피우다 耍把戏
영화에서 난쟁이가 재주를 피우는 장면을 보았다.

1882 재채기
喷嚏

재채기 + N

· 재채기 소리 打喷嚏声音

재채기 + V

재채기가 ~
· 재채기가 나오다 打喷嚏
재채기가 나오고 콧물이 나왔다.

재채기를 ~
· 재채기를 하다 打喷嚏
발이 차가우면 재채기를 하게 된다.

1883 재판 (裁判)
审判

재판 + N

· 재판 결과 审判结果
· 재판 과정 审判过程
· 재판 기록 审判记录
· 재판 도중 审判过程中
· 재판 방청 旁听审判
· 재판 연기 审判延期
· 재판 절차 审判程序
· 재판 제도 审判制度
· 재판 판결문 审判判决书

재판 + V

재판이 ~
· 재판이 끝나다 审判结束
재판이 끝나고 텅 빈 법정에 소년 혼자 서 있었다.
· 재판이 벌어지다 开审
아직 재판이 벌어지려면 시간이 좀 남아 있다.

· 재판이 시작되다 审判开始
한 달이 흐르고 재판이 시작되었다.
· 재판이 열리다 进行审判
곧 재판이 열릴 예정이라고 안내 방송이 나왔다.
· 재판이 진행되다 进行审判
재판이 진행되면 최소한 이십 일은 걸린다.

재판을 ~
· 재판을 끝내다 结束审判
3시간을 기다려 재판을 끝내고 나오는 그를 만났다.
· 재판을 마치다 结束审判
한 시간이 지나 재판을 마치고 나왔다.
· 재판을 받다 接受审判
박 의원은 곧 재판을 받을 예정이다.
· 재판을 진행하다 进行审判
변호인의 출석 없이 재판을 진행할 수 없다.
· 재판을 하다 审判
법관이 공정한 재판을 하지 않았다.

재판에 ~
· 재판에 회부하다 交付审判
몇 년 뒤 아내는 남편을 재판에 회부했다.

A + 재판

· 공정한 재판 公正的判决
두 의원은 공정한 재판을 기대한다는 입장을 보였다.

1884 재학 (在學)
在读

재학 + N

· 재학 시절 在读时期
· 재학 중 在读
· 재학 증명서 在学证明书

1885 재활용 [재화룡](再活用)
回收利用

재활용 + N

· 재활용 쓰레기 可回收垃圾
· 재활용 쓰레기통 可回收垃圾桶
· 재활용 운동 回收利用运动

· 재활용 캠페인 回收利用活动

재활용이 ~
· 재활용이 가능하다 可以回收利用
재활용이 가능하다.
· 재활용이 되다 可回收利用
다 쓴 종이는 재활용이 된다.

1886 저고리
韩服上衣

저고리 + Ⓝ

· 저고리 고름 韩服上衣飘带
· 저고리 소매 韩服上衣袖子
· 저고리 앞섶 韩服上衣前身
· 저고리 차림 韩服上衣装束

저고리 + Ⓥ

저고리를 ~
· 저고리를 입다 穿韩服上衣
그들은 일제히 검정 치마에 흰 저고리를 입었다.

1887 저금 (貯金)
存款

저금 + Ⓝ

· 저금 통장 存款账户

저금 + Ⓥ

저금을 ~
· 저금을 하다 存款
아이들도 한 달에 천 원씩 저금을 해야 했다.

1888 저녁
傍晚，晚饭

저녁 - Ⓝ

· 저녁노을 晚霞

저녁 + Ⓝ

· 저녁 때 傍晚的时候
· 저녁 무렵 傍晚时分
· 저녁 밥 晚饭
· 저녁 식사 晚餐
· 저녁 약속 约好共进晚餐

저녁 + Ⓥ

저녁이 ~
· 저녁이 되다 到了晚上
저녁이 되자 날씨가 선선했다.
저녁을 ~
· 저녁을 굶다 没吃晚饭
결국 모두 저녁을 굶고 작업을 계속해야 했다.
· 저녁을 대접하다 招待晚宴
어머니는 할아버지에게 따뜻한 저녁을 대접했다.
· 저녁을 때우다 凑和晚饭
컵라면으로 저녁을 때웠다.
· 저녁을 들다 用晚餐
마침 시댁 어른들이 집에 오셔서 함께 저녁을 들었다.
· 저녁을 먹다 吃晚饭
저녁을 먹고 설거지를 하고 있을 때 전화벨이 울렸다.
· 저녁을 사 주다 请吃晚饭
제가 친구들에게 저녁을 사 주었습니다.
· 저녁을 준비하다 准备晚饭
차를 드시는 동안 저녁을 준비하겠습니다.
· 저녁을 짓다 做晚饭
어머니는 자식들을 위해 항상 져녁을 지었다.
· 저녁을 차리다 准备晚饭
아이들의 저녁을 차리느라 부엌에 있을 때였다.

Ⓐ + 저녁

· 늦은 저녁 过点吃的晚饭
부부는 늦은 저녁을 먹기 위해 식탁에 앉았다.

1889 저울
秤

저울 + Ⓝ

ㅈ

· 저울 눈금 秤星

저울 + Ⓥ

저울에 ~
· 저울에 달다 上秤称
닭을 저울에 달자 3킬로그램이 나왔다.
저울로 ~
· 저울로 달다 用秤称
과일을 저울로 달아 팔았다.

1890 저축 (貯蓄)
储蓄

저축 + Ⓝ

· 저축 가입자 储户
· 저축 상품 储蓄商品
· 저축 예금 储蓄存款

저축 + Ⓥ

저축을 ~
· 저축을 늘리다 增加储蓄
대부분의 개인은 소비를 줄여 저축을 늘릴 수 있다.
· 저축을 하다 储蓄
하루에 단 돈 천원이라도 모아서 저축을 했다.

1891 적성 [적썽](適性)
适合与否

적성 + Ⓝ

· 적성 검사 适性检查

적성 + Ⓥ

적성이 ~
· 적성이 맞다 适合
법학과에 입학했다가 적성이 안 맞아 학과를 바꿨다.
적성을 ~
· 적성을 살리다 发挥特长
개인적 적성을 살려 일하겠다는 사람이 늘었다.

적성에 ~
· 적성에 맞다 正合适
제 적성에 맞는 직장을 골랐습니다.

1892 적용 [저공](適用)
适用、应用

적용 + Ⓝ

· 적용 기준 适用标准
· 적용 대상 适用对象
· 적용 방법 应用方法
· 적용 방식 应用方法
· 적용 범위 适用范围

적용 + Ⓥ

적용이 ~
· 적용이 가능하다 可以应用
현실적인 적용이 가능한 기술을 개발해야 한다.
· 적용이 되다 适用于……
이러한 구분은 남녀, 시간, 장소들에도 적용이 된다.
적용을 ~
· 적용을 하다 应用……
새로운 약을 작용을 했지만 낫지 않았다.

1893 적응 [저긍](適應)
适应

적응 + Ⓝ

· 적응 과정 适应过程
· 적응 기간 适应期
· 적응 능력 适应能力
· 적응 훈련 适应训练

적응 + Ⓥ

적응이 ~
· 적응이 되다 适应
이제는 새로운 직장에 어느 정도 적응이 되었다.
· 적응이 안 되다 不适应
그 곳 생활에 적응이 안 되는 모양이구나.

적응을 ~

· **적응을 못하다** 不能适应
고등학교에 들어가서 적응을 못해 성적이 뒤처졌다.

· **적응을 잘하다** 十分适应
그는 첫날부터 적응을 잘했다.

· **적응을 하다** 适应
나는 현재 새로운 직장에서 잘 적응을 하고 있다.

1894 전¹ (前)
前

전 + Ⓝ

· **전 남편** 前夫
· **전 단계** 前阶段
· **전 대통령** 前总统
· **전 사장** 前任社长
· **전 이사장** 前任理事长
· **전 장관** 前任部长
· **전 차관** 前任副部长
· **전 총장** 前任校长
· **전 회장** 前任会长

전 + Ⓥ

전에는 ~

· **전에는 없다** 前所未有
그런 일이 전에는 없었다.

전과 ~

· **전과 같다** 一如既往
우리의 수업 방식은 전과 같았다.

· **전과 다르다** 与以前不同
전과 달라진 오빠의 태도가 마음에 들지 않았다.

· **전과 똑같다** 与以前相同
생활은 전과 똑같지만 내용은 판이하게 달라졌다.

· **전과 마찬가지다** 与以前一样
전과 마찬가지로 열심히 일하고 있습니다.

· **전과 비교하다** 与以前相比
이는 10년 전과 비교해 10%나 늘어난 수치다.

1895 전² (煎)
饼

전 + Ⓥ

전을 ~

· **전을 부치다** 煎饼
나는 전을 부쳐 식탁 위에 차려 놓았다.

· **전을 지지다** 烤饼
프라이팬에 전을 지지기 시작했다.

1896 전공 (專攻)
专业

전공 + Ⓝ

· **전공 과목** 专业科目
· **전공 분야** 专业领域
· **전공 서적** 专业书籍
· **전공 수업** 专业课
· **전공 지식** 专业知识
· **전공 학점** 专业学分

전공 + Ⓥ

전공을 ~

· **전공을 바꾸다** 换专业
대학원 가서 전공을 바꿀 수도 있다.

· **전공을 살리다** 学以致用
그는 전공을 살려서 작가가 되었다.

· **전공을 심화하다** 深造专业
나는 전공을 심화하여 대학원에 갈 예정이다.

1897 전구 (電球)
灯泡

전구 + Ⓥ

전구를 ~

· **전구를 갈다** 换灯泡
사무실에 내려가 전구를 갈아 달라고 했지요.

· **전구를 달다** 安装灯泡
거리 양쪽 가로수에 무려 30만 개의 전구를 달았다.

1898 전기¹ (電氣)
电

전기 - ⓝ

· 전기난로 电暖气
· 전기밥솥 电饭锅
· 전기장판 电褥子

전기 + ⓝ

· 전기 고문 电刑
· 전기 기타 电吉他
· 전기 요금 电费
· 전기 자동차 电动车
· 전기 충격 电击
· 전기 통신 电子通讯
· 전기 포트 电水壶

전기 + ⓥ

전기가 ~
· 전기가 끊기다 断电
정확하게 11시가 되자 전기가 끊겼다.
· 전기가 나가다 停电
결혼식장에서 갑자기 전기가 나갔다.
· 전기가 들어오다 来电
우리는 전기가 들어오기를 기다렸다.
· 전기가 흐르다 电流穿过
순간 손끝에서 발끝으로 전기가 찌르르 흘러갔다.
전기를 ~
· 전기를 절약하다 节约用电
전기를 절약하기 위해서 계단을 이용한다.
· 전기를 차단하다 断电
경비원이 전기를 차단해서 밖으로 나오지 못했다.

慣

· 전기를 먹다 耗电
일반적으로 가전제품 쪽이 많은 전기를 먹는다.

1899 전기² (傳記)
传记

전기 + ⓝ

· 전기 작가 传记作家

전기 + ⓥ

전기를 ~
· 전기를 쓰다 写传记
그 분의 전기를 씁시다.
· 전기를 읽다 阅读传记
위인의 전기를 읽으면 공부에 도움을 준다.

1900 전등 (電燈)
电灯

전등 + ⓝ

· 전등 불빛 电灯光
· 전등 스위치 电灯开关
· 전등 아래 电灯下

전등 + ⓥ

전등이 ~
· 전등이 꺼지다 灯关着
밤 8시가 되면 공원 안의 전등이 꺼진다.
· 전등이 켜지다 灯亮着
일층의 전등이 모두 켜졌습니다.
전등을 ~
· 전등을 끄다 关灯
그는 전등을 끄고 커튼을 걷었다.
· 전등을 달다 安装灯
어둡지 않게 문 앞에 작은 전등을 달아 놓았다.
· 전등을 켜다 开灯
비가 내리는 날에는 대낮에도 전등을 켜야 했다.

1901 전력 [절력](電力)
电力

전력 + ⓝ

· 전력 공급 供电
· 전력 부족 电力不足
· 전력 소비 消耗电

· 전력 소비량 耗电量
· 전력 수급 电力供应
· 전력 수요 电力需求

전력을 ~

· 전력을 공급하다 供电
정전 구간에 전력을 공급했다.

1902 **전망** (展望)
前景，展望

전망이 ~

· 전망이 나오다 有……前景
경기가 회복될 것이라는 전망이 나오고 있다.
· 전망이 밝다 前景明朗
인터넷 방송 전문가로의 길은 전망이 무척 밝다.
· 전망이 보이다 显示出……前景
공공요금의 인상 전망이 보인다.
· 전망이 어둡다 前景暗淡
해외 수출 전망이 어둡다.
· 전망이 좋다 视野好
그녀는 10층에서 가장 전망이 좋은 방을 택했다.

전망을 ~

· 전망을 가지다 有前景
그는 밝은 앞날의 전망을 가진 청년이다.
· 전망을 갖다 有前景
장기적인 전망을 갖고 농촌 교육을 살려야 할 것이다.
· 전망을 내놓다 阐明未来前景
언론들이 한국에 대한 낙관적 전망을 내놓고 있다.
· 전망을 보이다 显示未来前景
작은 것에도 희망이 있다는 전망을 보여 주고 있다.
· 전망을 세우다 制定远景目标
주변을 돌아보고 개인의 전망을 세우는 게 중요하다.
· 전망을 제시하다 提出未来前景
자료를 근거로 21세기에 대한 전망을 제시하고 있다.

· 밝은 전망 光明的前景
정부의 태도가 문제 해결에 밝은 전망을 보여 주었다.
· 어두운 전망 暗淡的前景
농업의 어두운 전망 때문에 젊은이들이 농촌을 떠났다.

· 전망이 없다 前景暗淡
나는 농사는 전망이 없다고 생각했다.
· 전망이 있다 前景看好
지난해보다는 다소간 나아질 전망이 있다.

1903 **전문** (專門)
专业，专门

· 전문대학 专科大学
· 전문직 专业性工作

· 전문 경영인 专职经营管理者
· 전문 분야 专业领域
· 전문 용어 专业术语
· 전문 인력 专业人才
· 전문 지식 专业知识
· 전문 직종 专业性强的工作

1904 **전문가** (專門家)
专家

· 전문가 교육 专家教育
· 전문가 수준 专家水平
· 전문가 양성 培养专家
· 전문가 집단 专家集团

전문가~

· 전문가가 되다 成为专家
여러분 모두가 전문가가 되어야 합니다.
· 전문가가 아니다 不是专家
전문가가 아니라서 확실한 답을 제시할 수 없었다.

전문가를 ~

· 전문가를 양성하다 培养专家
어느 나라나 전문가를 양성하는 곳은 따로 있다.

1905 **전보** (電報)
电报

전보 + ⓥ

전보가 ~
· 전보가 오다 来电报
고향에서 전보가 왔다.

전보를 ~
· 전보를 받다 接到电报
어머니가 돌아가셨다는 전보를 받고 내려왔다.
· 전보를 보내다 发电报
선원들도 건강하다고 전보를 보냈다.
· 전보를 치다 打电报
특별한 날이 되면 전화를 하거나 전보를 치기도 한다.

1906 **전부** (全部)
全部

전부 + ⓥ

전부가 ~
· 전부가 되다 成为全部
여성에게 가정은 삶의 전부가 되었다.
· 전부가 아니다 不是全部
선생님, 사실 소문은 그게 전부가 아니에요.

1907 **전선** (電線)
电线

전선 + ⓥ

전선이 ~
· 전선이 연결되다 连上电线
그 방에는 전선이 연결되지 않았다.
· 전선이 끊기다 电线断了
태풍이 불어와 나무가 쓰러지고 전선이 끊겼다.

전선을 ~
· 전선을 절단하다 切断电线
누군가가 전선을 절단한 모양이었다.

1908 **전설** (傳說)
传说

전설 + ⓝ

· 전설 속 传说中

전설 + ⓥ

전설이 ~
· 전설이 전해지다 流传着……传说
이 미륵에는 예로부터 전설이 전해지고 있었습니다.
· 전설이 있다 有……传说
우리나라에는 어느 시골에나 장수 바위의 전설이 있다.
· 전설에 나오다 传说中出现
전설에 나오는 도깨비들은 우리들에게 무서움보다는 친근감을 주는 존재들이다.

慣

· 전설이 되다 成为传奇
그의 이야기는 이미 전설이 되었다.

1909 **전세** (傳貰)
全税（房屋租赁方式）

전세 + ⓝ

· 전세 보증금 全税押金
· 전세 아파트 全税楼房
· 전세 자금 全税资金
· 전세 집 全税房

전세 + ⓥ

전세를 ~
· 전세를 놓다 全税出租
전세를 놓았지만 그 건물로 들어오려는 사람이 없었다.
· 전세를 들다 租全税房
결혼을 하면서 학교 근처 아파트에 전세를 들어 갔다.
· 전세를 살다 住全税房
현재 전세를 살고 있는데 아파트를 사려고 합니다.
· 전세를 얻다 租全税房
드디어 방 2개 달린 전세를 얻을 수 있었다.

전세로 ~

· 전세로 살다 住全税房
지금 아파트는 전세로 살고 있다.
· 전세로 얻다 租全税房
결혼을 해서 방 두 칸을 전세로 얻었다.

1910 **전시** (展示)
展览

전시 + Ⓝ

· 전시 공간 展览空间
· 전시 기간 展览期间
· 전시 일정 展览日程
· 전시 제품 展示产品

전시 + Ⓥ

전시가~
· 전시가 끝나다 展览结束
이번 전시가 끝나면 새로운 작업을 시작할 것이다.
· 전시가 열리다 举办展览
예술의전당 미술관에선 전시가 열리고 있다.

전시를 ~
· 전시를 기획하다 策划展览
새로운 전시를 기획하여 볼거리를 제공하고 있다.
· 전시를 하다 展览
이곳은 작품 전시를 하는 곳이다.

1911 **전시장** (展示場)
展览馆

전시장 + Ⓥ

전시장을 ~
· 전시장을 둘러보다 参观展览馆
외국 VIP들은 전시장을 둘러보며 감탄사를 연발했다.

1912 **전시회** [전시회/전시훼](展示會)
展览会，展会

전시회 + Ⓝ

· 전시회 준비 展览会准备
· 전시회 초대장 展览会邀请函

전시회 + Ⓥ

전시회가 ~
· 전시회가 끝나다 展览会结束
시립박물관 전시회가 끝나고 그는 밤 산책을 했다.
· 전시회가 열리다 开展览会
우리나라에서도 몇 년 전에 그의 전시회가 열렸었어.

전시회를 ~
· 전시회를 열다 举办展览会
회원들이 찍은 사진으로 전시회를 열었다.
· 전시회를 하다 开展览会
일 년 만에 두 번째 전시회를 했다.

전시회에 ~
· 전시회에 참가하다 参加展览会
전시회에 참가한 외국인은 2명 뿐이다.

1913 **전용** [저뇽](專用)
专用

전용 + Ⓝ

· 전용 도로 专用道
· 전용 면적 专用面积
· 전용 비행기 专用飞机
· 전용 세제 专用洗剂
· 전용 차선 专用车道

전용 + Ⓥ

전용을 ~
· 전용을 하다 专用
방송은 이미 완전히 한글 전용을 하고 있다.

1914 **전자** (電子)
电子

전자 - Ⓝ

· 전자레인지 微波炉
· 전자 우편 电子邮件

전자 + Ⓝ

· 전자 게임 电子游戏
· 전자 매체 电子媒体
· 전자 미디어 电子媒体
· 전자 부품 电子零部件
· 전자 산업 电子产业
· 전자 상가 电子商场
· 전자 상거래 网上购物
· 전자 자동차 电动汽车
· 전자 제품 电子产品
· 전자 통신 电子通讯

1915 **전쟁** (戰爭)
战争

전쟁 + Ⓝ

· 전쟁 때 战争时期
· 전쟁 영화 战争电影
· 전쟁 전 战争前
· 전쟁 중 战争期间
· 전쟁 포로 战争俘虏
· 전쟁 후 战后

전쟁 + Ⓥ

전쟁이 ~

· 전쟁이 끝나다 战争结束
지금은 전쟁이 끝난 지 오래되었다.
· 전쟁이 나다 发生战争
전쟁이 나는 바람에 가족과 헤어지게 되었다고 한다.
· 전쟁이 발발하다 战争爆发
6·25 전쟁이 발발하기 전의 일이다.
· 전쟁이 일어나다 发生战争
정말 전쟁이 또 일어날까요?
· 전쟁이 터지다 战争爆发
그런데 전쟁이 터지고, 그는 포로로 잡히고 말았다.

전쟁을 ~

· 전쟁을 겪다 经历战争
전쟁을 겪은 나라의 도시는 그들의 역사를 잃어버렸다.

· 전쟁을 선포하다 宣战
지난해 정부는 이른바 마약과의 전쟁을 선포했습니다.
· 전쟁을 치르다 进行战争
우리는 평화를 위해 또 한 번 전쟁을 치를 수 있을까?
· 전쟁을 하다 争战
인간은 다른 동물과는 달리 서로 전쟁을 한다.

1916 **전제** (前提)
前提

전제 + Ⓝ

· 전제 아래 前提下
· 전제 조건 前提条件

전제 + Ⓥ

전제가 ~

· 전제가 되다 成为前提
그것이 결코 평가의 전제가 되어서는 곤란하다.
· 전제가 있다 有前提
그런데 이러한 설명에는 하나의 중요한 전제가 있다.

전제로 ~

· 전제로 하다 作为前提
없다는 말은 있음을 전제로 한다.

1917 **전철** (電鐵)
地铁

전철 – Ⓝ

· 전철역 地铁站

전철 + Ⓝ

· 전철 안 地铁里

전철 + Ⓥ

전철을 ~

· 전철을 내리다 下地铁
전철을 내려 버스로 갈아탔다.
· 전철을 타다 坐地铁
나는 전철을 타고 곧장 집으로 향했다.

1918 **전통** (傳統)
传统

전통 + N

· 전통 무용 传统舞蹈
· 전통 문화 传统文化
· 전통 민속놀이 传统民俗游戏
· 전통 복식 传统服装
· 전통 사상 传统思想
· 전통 사회 传统社会
· 전통 예술 传统艺术
· 전통 음식 传统饮食
· 전통 음악 传统音乐
· 전통 한옥 传统韩式房屋
· 전통 한지 传统韩纸
· 전통 혼례 传统婚礼

전통 + V

전통이 ~

· 전통이 강하다 传统悠久
러시아는 발레의 전통이 강한 나라로 유명하다.
· 전통이 생기다 有了传统
그래서 장을 담그는 전통이 생기게 되었다.
· 전통이 없다 没有传统
서양 사람들은 녹용을 복용하는 전통이 없었다.
· 전통이 있다 有传统
영국의 동물 보호 운동은 역사와 전통이 있다.

전통을 ~

· 전통을 가지다 有传统
오랜 민주주의 전통을 가진 나라들이 거의 없다.
· 전통을 갖다 有传统
우리나라는 민족의 고유한 전통을 갖고 있다.
· 전통을 계승하다 继承传统
우리 문학 사상의 전통을 적극 계승해 이 책을 썼다.
· 전통을 잇다 延续传统
우리 민족은 발효 식품을 빚는 전통을 이어 왔다.
· 전통을 자랑하다 弘扬传统
한국은 문화적 전통을 자랑하는 나라이다.
· 전통을 지니다 具有传统
중국은 오랜 전통을 가진 나라이다.

A + 전통

· 오랜 전통 悠久的传统

김치는 오랜 전통을 가진 음식이다.

1919 **전화** (電話)
电话

전화 + N

· 전화 발신지 来电地区
· 전화 번호 电话号码
· 전화 벨 电话铃
· 전화 부스 电话亭
· 전화 상담 电话咨询
· 전화 서비스 电话服务
· 전화 요금 电话费
· 전화 인터뷰 电话访谈
· 전화 접속 电话报名
· 전화 카드 电话卡
· 전화 통화 通话

전화 + V

전화가 ~

· 전화가 걸려오다 打来电话
며칠 후 그 친구에게서 전화가 걸려왔습니다.
· 전화가 끊기다 电话被挂断
무슨 말을 하기도 전에 전화가 끊겼다.
· 전화가 빗발치다 电话接二连三
호텔로 문의 전화가 빗발치고 있다.
· 전화가 쇄도하다 电话不断
방송국에 1천 통이 넘는 항의 전화가 쇄도했다.
· 전화가 오다 来电话
그때 엄마에게서 전화가 왔다.
· 전화가 울리다 电话响了
그때 전화가 울렸습니다.

전화를 ~

· 전화를 걸다 打电话
갑자기 엄마가 생각 나 집에 전화를 걸었다.
· 전화를 걸어오다 打来电话
며칠 전 그가 전화를 걸어 만나자고 한 것이다.
· 전화를 끊다 挂断电话
나는 고맙다고 인사하고 전화를 끊었다.
· 전화를 기다리다 等电话
나는 그토록 그녀의 전화를 기다렸던 것이다.
· 전화를 놓다 安装电话
나는 당장 전화를 놓고 그럴듯하게 명함을 만들었다.

· 전화를 드리다 给······电话
아버님께 길이 막히니 들어가시라고 전화를 드렸다.
· 전화를 바꾸다 (换人)接电话
이어 아들 녀석이 전화를 바꿔 아이스크림이 먹고 싶
다고 한다.
· 전화를 받다 接电话
사실 저도 친구의 전화를 받고 무척 기뻤습니다.
· 전화를 하다 打电话
한 달에 한 번 정도는 전화를 해서 안부를 묻곤 한다.

전화로 ~

· 전화로 연락하다 用电话联系
뭐가 그리도 바빴는지 전화로 연락하는 것도 못했다.
· 전화로 예약하다 用电话预约
전화로 직접 예약하면 20%를 할인해 준다.

1920 전화기 (電話機)
电话机

전화기 + ⓝ

· 전화기 다이얼 电话机拨号盘
· 전화기 배터리 电话机电池
· 전화기 코드 电话线

전화기 + ⓥ

전화기를 ~

· 전화기를 끄다 关闭电话
연습 시간에는 전화기를 꺼 놓기도 한다.
· 전화기를 내려놓다 放下电话
나는 거기까지 이야기하고 얼른 전화기를 내려놓았다.
· 전화기를 들다 拿起电话
전화기를 들고 전화번호를 천천히 눌렀다.
· 전화기를 잡다 抓起电话
나는 겨우 몸을 일으켜 전화기를 잡았다.

전화기에 ~

· 전화기에 대다 对着电话
몇 번씩 전화기에 대고 사랑한다는 말을 했다.

1921 전화번호 (電話番號)
电话号码

전화번호 + ⓝ

· 전화번호 수첩 电话号码本

전화번호 + ⓥ

전화번호가 ~

· 전화번호가 몇 번입니까? 电话号码是多少?
집 전화번호가 몇 번입니까?
· 전화번호가 바뀌다 换电话号码
혹시 최근에 전화번호가 바뀌었나요?
· 전화번호가 어떻게 됩니까? 电话号码是多少?
회사 전화번호가 어떻게 됩니까?
· 전화번호가 적히다 写着电话号码
거기에는 집 전화번호가 적혀 있었다.

전화번호를 ~

· 전화번호를 가르쳐 주다 告诉电话号码
그쪽 전화번호를 좀 가르쳐 주시겠어요?
· 전화번호를 누르다 按电话号码
전화번호를 누르고 한참을 기다렸다.
· 전화번호를 알다 知道电话号码
그는 집 전화 말고도 나의 회사 전화번호를 알고 있다.
· 전화번호를 알아내다 打听电话号码
나는 114에 전화를 걸어 바뀐 전화번호를 알아냈다.
· 전화번호를 적다 记电话号码
전화번호를 적어 앞 유리에 끼워두었다.

1922 전환 (轉換)
转换

전환 + ⓥ

전환이 ~

· 전환이 되다 转变, 转换
이러한 외출이 노인에게 기분 전환이 되기도 한다.
· 전환이 일어나다 发生转变
스마트폰으로 우리 생활에 큰 전환이 일어났다.
· 전환이 있다 有转变
근본적인 생각의 전환이 있어야 한다.

전환을 ~

· 전환을 이루다 实现转变
발상의 전환을 이루는 새로운 영화를 만들고 싶다.
· 전환을 촉구하다 促进转变
정치인들에게 발상의 전환을 촉구하고 있다.
· 전환을 하다 转变
획기적인 편집상의 전환을 해야 신문이 팔릴 것이다.

1923 **전후** (前后)
前后

전후 + Ⓝ

· 전후 사정 前后情况

전후 + Ⓥ

전후를 ~
· 전후를 살피다 查看前前后后
전후를 살피다 보면 그 문제의 해답이 보일 것이다.
· 전후를 설명하다 讲前前后后
내가 일의 전후를 설명하자, 그는 고개를 끄덕였다.

1924 **절**¹
寺庙

절 + Ⓥ

· 절을 세우다 建寺庙
아름다운 산수가 있는 곳에 그들은 절을 세웠다.
· 절을 짓다 盖寺庙
그들을 위해서 사람들은 절을 짓고 불공을 드렸다.

Ⓐ + 절

· 큰 절 大的寺庙
큰 절을 짓기 위해 좋은 나무를 구했다.

1925 **절**²
礼, 礼节

절 + Ⓥ

· 절을 올리다 叩头行礼
신랑 신부가 부모님께 절을 올렸다.
· 절을 하다 行礼
중은 합장을 하고 공손히 절을 하였다.

Ⓐ + 절

· 큰 절 大礼
신혼여행을 다녀온 부부가 부모님께 큰 절을 올린다.

1926 **절망** (絶望)
绝望

절망 + Ⓝ

· 절망 가운데 绝望中
· 절망 끝 绝望之余
· 절망 속 绝望中

절망 + Ⓥ

절망을 ~
· 절망을 느끼다 感到绝望
나는 관료 사회의 비인간적 구조에 대해 절망을 느꼈다.
· 절망을 하다 绝望
그는 결코 절망을 하지는 않는다.
절망에 ~
· 절망에 빠지다 陷入绝望
아버지가 돌아가시고 난 뒤 나는 절망에 빠져 있었다.

Ⓐ + 절망

· 깊은 절망 深深的绝望
애인이 죽자 주인공은 깊은 절망에 빠진다.

1927 **절약** [저략](節約)
节约

절약 + Ⓝ

· 절약 운동 节约运动

절약 + Ⓥ

절약을 ~
· 절약을 하다 节约
그리 어렵지 않았음에도 우린 절약을 하며 살았다.

1928 **절차** (節次)
程序

절차 + Ⓝ

· 절차 간소화 程序简化
· 절차 문제 程序问题
· 절차 위반 违反程序

절차 + ⓥ

절차가 ~

· 절차가 간소화되다 程序简化
여권 발급 절차가 간소화되었다.
· 절차가 까다롭다 程序繁琐
또한 절차가 까다로울수록 일반 서민만 피해를 본다.
· 절차가 끝나다 程序结束
혼례 절차가 끝나고 신랑과 신부는 다시 헤어졌다.
· 절차가 많다 程序多
최종 인가를 받기 위해서는 밟아야 할 절차가 많다.
· 절차가 복잡하다 程序复杂
절차가 복잡할수록 더 많은 시간과 경비가 든다.
· 절차가 있다 有程序
배달 과정을 확인할 수 있는 절차가 있는지 살펴본다.

절차를 ~

· 절차를 간소화하다 简化程序
정부가 해외 취업 절차를 간소화하였다.
· 절차를 거치다 履行程序
재능이 우수한 학생은 일정한 절차를 거쳐 조기 졸업을 한다.
· 절차를 밟다 走程序
법 절차를 밟아 강제로 거주자를 내보냈다.
· 절차를 치르다 走程序
그녀는 이제 그 절차를 치르려는 참이었다.
· 절차를 통하다 通过程序
이 과정은 민주적인 절차를 통해 이루어져야 한다.

절차에 ~

· 절차에 따르다 根据程序
우리는 절차에 따라 조사를 할 뿐이다.
· 절차에 불과하다 程序而已
그것은 채용 전에 사람을 직접 만나보고 판단하기 위한 절차에 불과했다.

④ + 절차

· 간단한 절차 简单的程序
간단한 절차를 거치고 돈만 내면 된다.
· 까다로운 절차 繁琐的程序
프랑스 식사는 까다로운 절차로 유명하다.
· 번거로운 절차 繁琐的程序
물건 하나를 구입하는 데 번거로운 절차를 거쳤다.
· 복잡한 절차 复杂的程序
유학을 위해서는 복잡한 절차를 거쳐야 한다.

· 엄격한 절차 严格的程序
구속은 엄격한 절차에 의하여 집행된다.
· 적법한 절차 合法程序
그는 적법한 절차를 거쳐 회장에 당선되었다.
· 필요한 절차 必要的程序
그는 변호사를 만나 필요한 절차를 밟았다.

1929 점¹ (點)
点，斑点，痣

점 + ⓥ

점이 ~

· 점이 박히다 印有斑点
목에는 흰 점이 박힌 주황색 스카프를 둘렀다.
· 점이 있다 有痣
어머니는 귀 밑에 점이 있어서 이름이 점례였다.

점을 ~

· 점을 빼다 祛斑
얼굴에 점을 뺀 자리가 있었다.
· 점을 찍다 点点儿
다른 곳에 점을 찍고 구멍을 뚫었다.

④ + 점

· 검은 점 黑痣
나는 왼쪽 턱 위에 검은 점이 있다.
· 궁금한 점 困惑的地方
한 가지 궁금한 점이 있습니다.
· 나쁜 점 缺点
그는 나쁜 점보다는 좋은 점이 더 많은 사람이다.
· 다른 점 不同点
우린 다른 점이 너무 많아.
· 닮은 점 相像点
그곳 사람들은 우리와 닮은 점이 많다.
· 미흡한 점 不足之处
미흡한 점을 보완해서 다시 신청해야 한다.
· 배울 점 可以学习的地方
정말 배울 점이 많은 가수다.
· 불편한 점 不便之处
불편한 점이 있으면 언제든지 찾아오세요.
· 비슷한 점 相似点
주인공의 성격과 자신과는 비슷한 점이 많다.
· 아쉬운 점 遗憾之处
그러나 아쉬운 점이 없는 것은 아니다.
· 좋은 점 优点

그 분은 좋은 점들을 많이 가지고 있습니다.

1930 점² (占)
占卜

점 + Ⓥ

점을 ~

· **점을 보다** 看相算卦
그런데 왜 사람들은 점을 보려고 하지요?

· **점을 치다** 算命
나는 심심풀이로 점을 친 적이 있다.

1931 점검 (點檢)
检查

점검 + Ⓥ

점검을 ~

· **점검을 실시하다** 实施检查
이날 경찰은 모두 주차 차량에 대해 점검을 실시했다.

· **점검을 하다** 检查
작업을 하루 앞두고 마지막 점검을 하러 갔다.

1932 점수 (點數)
分数

점수 + Ⓝ

· **점수 차이** 分数之差

점수 + Ⓥ

점수가 ~

· **점수가 나오다** 分数出来
모두 똑같은 점수가 나왔다.

점수를 ~

· **점수를 따다** 得分
점수를 딸 때마다 "와!"하는 탄성이 터졌다.

· **점수를 매기다** 判分
그녀는 남자를 만날 때마다 점수를 매기고 있다.

· **점수를 받다** 得到分数
입시에서 좋은 점수를 받아 명문 대학에 입학했다.

· **점수를 주다** 给分
먼저 솔직한 자세에 높은 점수를 주고 싶군요.

· **점수를 얻다** 获得分数
대상은 가장 높은 점수를 얻은 학생이 수상했다.

Ⓐ + 점수

· **낮은 점수** 低分
시험에서 낮은 점수를 받은 학생이 많다.

· **높은 점수** 高分
공부 잘한 학생이 좋은 점수를 받아야 한다.

· **좋은 점수** 好的分数
가장 좋은 점수를 받은 팀에게 여행을 보내 준다.

· **후한 점수** 好分数
우리 팀이 가장 후한 점수를 받았다.

1933 점심 (點心)
午饭

점심 - Ⓝ

· **점심시간** 午饭时间

점심 + Ⓝ

· **점심 값** 中午饭钱
· **점심 도시락** 中午盒饭
· **점심 때** 中午的时候
· **점심 무렵** 中午时分
· **점심 식사** 午餐
· **점심 약속** 相约共进午餐
· **점심 전** 中午之前
· **점심 후** 中午之后

점심 + Ⓥ

점심을 ~

· **점심을 거르다** 没吃午饭
별로 먹고 싶은 마음이 없어 점심을 거르게 된다.

· **점심을 대접하다** 招待午饭
노인들에게 무료로 점심을 대접한다.

· **점심을 들다** 吃午饭
곧 점심때가 되니, 여기서 점심을 들고 가거라.

· **점심을 때우다** 凑和吃午饭
나는 분식집의 라면으로 점심을 때웠다.

· 점심을 마치다 结束午餐
점심을 마치고 시계를 보니 벌써 두 시었다.
· 점심을 먹다 吃午饭
오늘은 구내 식당에서 점심을 먹었다.
· 점심을 사다 请吃午饭
지점장이 찾아와 점심을 사 주었다.
· 점심을 준비하다 准备午饭
많은 학생들의 점심을 준비하기란 쉽지 않다.

Ⓐ + 점심

· 간단한 점심 简单的午饭
간단한 점심으로 끼니를 해결했다.
· 늦은 점심 用餐时间过后吃的午饭
우리는 늦은 점심을 맛있게 먹었다.

1934 점원 [저뭔](店員)
店员

점원 + Ⓝ

· 점원 노릇 店员职责

점원 + Ⓥ

점원으로 ~
· 점원으로 일하다 当店员
한때 나는 책방에서 점원으로 일한 적이 있다.

1935 젓가락 [전 까락/저까락]
筷子

젓가락 + Ⓝ

· 젓가락 끝 筷子头

젓가락 + Ⓥ

젓가락을 ~
· 젓가락을 내려놓다 放下筷子
그의 아내가 젓가락을 내려놓았다.
· 젓가락을 대다 动筷子
입에 맞는 갓김치에 젓가락을 대며 그가 대꾸했다.
· 젓가락을 들다 拿起筷子
아버지가 가장 먼저 젓가락을 들었다.

· 젓가락을 쓰다 用筷子
한국에서는 포크 대신 젓가락을 쓰고 있었다.

젓가락으로 ~
· 젓가락으로 먹다 用筷子吃
저는 밥을 젓가락으로 먹으면 맛이 없거든요.
· 젓가락으로 집다 用筷子夹
김치도 젓가락으로 집어 와삭와삭 씹었습니다.

Ⓐ + 젓가락

· 두어 젓가락 两口
어머니는 두어 젓가락 집어 본다.
· 몇 젓가락 几口
나는 밥을 몇 젓가락 뜨다가 그만두었다.
· 한 젓가락 一口
점잖게 냉면을 한 젓가락 집어 입에 넣는다.

1936 정(情)
感情

정 + Ⓥ

정이 ~
· 정이 가다 产生感情
나는 두 번 이곳을 찾았는데 볼수록 정이 가는 곳이다.
· 정이 떨어지다 感情变淡
텔레비전만 보고 있는 남편에게 정이 떨어졌다.
· 정이 들다 产生感情
처음에는 서로 어색해졌지만 벌써 이제는 정이 많이 들었어요.
· 정이 많다 有人情味
그 분은 정이 많고 자상했습니다.
· 정이 없다 没有人情味
어쩌면 그렇게도 정이 없을까?
· 정이 오가다 人情往来
부모와 자식 사이에는 애틋한 정이 오간다.

정을 ~
· 정을 끊다 斩断情缘
아이와 정을 끊기 위해 아이를 이웃집에 맡겼다.
· 정을 나누다 分享情意
두 사람은 친형제와 같은 정을 나누며 지냈다.
· 정을 느끼다 感到情意
다정한 이웃의 정을 느낄 수 있다.
· 정을 붙이다 喜欢上
과연 우리는 그곳에서 정을 붙이고 살 수 있을까?
· 정을 주다 付出感情

그는 내가 처음으로 정을 준 사람이다.

Ⓐ + 정

· **고운 정** 喜爱的感情
어릴 때 만나서 미운 정 고운 정이 다 들었다.
· **끈끈한 정** 剪不断的感情
우리 가족은 끈끈한 정을 가지고 있다.
· **깊은 정** 深厚的感情
깊은 정이 들어 헤어지는 것이 아쉬웠다.
· **따뜻한 정** 温情
고마운 이웃과 함께 따뜻한 정을 나눕시다.
· **미운 정** 怨恨的感情
미운 정이 무서운 법이라지.
· **애틋한 정** 真挚的感情
그 모습을 보자 잠시 잊었던 애틋한 정이 되살아 났다.

1937 **정권** [정꿘](政權)
政权

정권 + Ⓝ

· **정권 교체** 政权交替
· **정권 수립** 政权树立
· **정권 유지** 维持政权
· **정권 창출** 创立政权
· **정권 출범** 政权成立
· **정권 퇴진** 政权倒台

정권 + Ⓥ

정권이 ~
· **정권이 바뀌다** 政权更换
정권이 바뀔 때마다 새로운 변혁의 바람이 분다.
정권을 ~
· **정권을 무너뜨리다** 推翻政权
보수당 정권을 무너뜨리기 위해 파업을 선언하였다.
· **정권을 수립하다** 树立政权
자주적인 정권을 수립하였다.
· **정권을 잡다** 掌握政权
누가 정권을 잡았는지 별 관심이 없다.
· **정권을 장악하다** 掌握政权
결국에는 보수 세력이 계속 정권을 장악했다.
· **정권을 쥐다** 掌握政权
어느 파가 정권을 쥐느냐가 그리 큰 문제가 아니었다.

Ⓐ + 정권

· **현 정권** 现政权
이 문제는 현 정권이 나서서 해결해야 한다.

1938 **정기** (定期)
定期

정기 + Ⓝ

· **정기 검진** 定期检查
· **정기 국회** 定期国会
· **정기 공연** 定期演出
· **정기 노선** 定期路线
· **정기 예금** 定期存款
· **정기 이사회** 定期理事会
· **정기 점검** 定期检查
· **정기 휴일** 定期休假

1939 **정년** (停年)
退休年龄

정년 – Ⓝ

· **정년퇴직** 退休

정년 + Ⓝ

· **정년 퇴임** 退休

정년 + Ⓥ

정년이 ~
· **정년이 되다** 到退休年龄
정년이 되면 명예롭게 은퇴를 할 것이다.
정년을 ~
· **정년을 맞다** 退休
강 교수는 지난해 2월 정년을 맞아 대학 강단을 나왔다.

1940 정답 (正答)

正确答案

정답 + Ⓥ

정답이 ~

· 정답이 없다 没有正确答案
이 문제에는 정답이 없다.

정답을 ~

· 정답을 맞히다 找出正确答案
정답을 맞혀 볼까요?

· 정답을 찾다 寻找正确答案
답이 될 수 없는 것부터 지우면 정답을 찾을 수 있다.

1941 정당 (政黨)

政党

정당 + Ⓥ

정당을 ~

· 정당을 결성하다 创立政党
새로운 이름의 정당을 결성했다.

· 정당을 만들다 组建政党
기존 정당과 차별화되는 새 정당을 만들려고 한다.

1942 정도¹ (程度)

程度

정도 + Ⓥ

정도가 ~

· 정도가 다르다 程度不同
말은 변화의 정도가 다를 뿐 언제나 변한다.

· 정도가 지나치다 过度
친절도 정도가 지나치니까 이제는 귀찮다.

· 정도가 심하다 过度
그의 폭력성은 정도가 심하다.

정도를 ~

· 정도를 넘다 超过……程度
경쟁의 정도를 넘어 사활의 투쟁 단계에 이르렀다.

정도에 ~

· 정도에 그치다 达到……程度
관객은 이번에도 서울에서 5만 정도에 그쳤다.

· 정도에 따르다 根据……程度
장애 정도에 따라 등급이 결정된다.

· 정도에 맞추다 按照……程度
편지는 상대의 교양 정도에 맞추어 써야 한다.

· 정도에 불과하다 不过……程度
그 산은 높이가 고작 100미터 정도에 불과하다.

Ⓐ + 정도

· 어느 정도 多多少少, 一定程度
이제는 새로운 직장에 어느 정도 적응이 되었다.

1943 정도² (正道)

正道

정도 + Ⓥ

정도를 ~

· 정도를 걷다 走正道
그는 항상 정도를 걷는 사람이다.

· 정도를 밟다 踏上正道
정도를 밟고 있는 사람이 몇 사람이나 될까?

정도로 ~

· 정도로 가다 走正道
정치인은 항상 정도로 가야 한다.

1944 정류장 [정뉴장](停留場)

(公交、出租车) 车站

정류장 + Ⓝ

· 정류장 뒤 车站后面
· 정류장 맞은편 车站对面
· 정류장 부근 车站附近
· 정류장 앞 车站前面
· 정류장 옆 车站旁边
· 정류장 쪽 车站一侧

정류장 + Ⓥ

정류장을 ~

· 정류장을 지나다 经过公交车站
버스가 이십분 간격으로 이 정류장을 지나간다.
· 정류장을 향하다 朝着车站
우리는 버스 정류장을 향해 걸어갔다.

정류장에 ~

정류장에 나가다 去车站
나는 우산을 받쳐 들고 정류장에 나갔다.
정류장에 서다 停在车站
차가 정류장에 서고 사람들이 내린다.

정류장에서 ~

정류장에서 내리다 在车站下车
안내 방송이 나오고 다음 정류장에서 내릴 때였다.

정류장으로 ~

· 정류장으로 향하다 朝着车站
친구들은 버스 정류장으로 향했다.
· 정류장으로 가다 去车站
나는 시외버스 정류장으로 갔다.

1945 정리 [정니](整理)
整理

정리 + **V**

정리가 ~

· **정리가 되다** 整理好
이젠 사건도 어느 정도 정리가 되었을 듯하고 해서 전화를 했었지.
· **정리가 안 되다** 没整理好
자료는 정리가 안 되어 있었다.

정리를 ~

· **정리를 하다** 整理
며칠 전 방 정리를 했다.

1946 정말
真实, 真事

정말 + **V**

정말이 ~

· **정말이 아니다** 不是真的
정말이 아닐지 모른다는 생각도 들었고요.

1947 정면 (正面)
正面

정면 + **N**

· 정면 대결 正面对决
· 정면 돌파 正面突破
· 정면 충돌 正面冲突

정면 + **V**

정면을 ~

· **정면을 바라보다** 看正面
눈은 언제나 정면을 바라보게 되어 있다.

정면에 ~

· **정면에 보이다** 从正面看到
정면에 보이는 붉은 신호등을 보고 차를 세웠다.
· **정면에 있다** 在正前方
입구로 들어가면 큰 스크린이 정면에 있다.

1948 정문 (正門)
正门

정문 + **N**

· 정문 건너편 正门对面
· 정문 앞 正门前面
· 정문 옆 正门旁边
· 정문 쪽 正门一侧
· 정문 밖 正门外面

정문 + **V**

정문이 ~

· **정문이 닫히다** 正门关着
오늘 학교 앞에 가보니 정문이 닫혀 있었다.

정문을 ~

· **정문을 나서다** 出了正门
정문을 나서는 순간부터는 학생들은 사회인이 된다.
· **정문을 들어서다** 进了正门
학교 정문을 들어서면 학교 깃발이 보인다.
· **정문을 통과하다** 通过正门
학교 정문을 통과하자면 다리를 건너야 한다.

· 정문을 향하다 朝着正门
나는 정문을 향해 달리기 시작했습니다.

정문에 ~

· 정문에 도착하다 抵达正门
8시에 정문에 도착했다.

· 정문에 들어서다 进了正门
정문에 들어서자 학생들이 인사말을 건넨다.

1949 **정보** (情報)
信息

정보 + N

· 정보 기관 情报机关, 情报机构
· 정보 기술 信息技术
· 정보 사회 信息社会
· 정보 서비스 信息服务
· 정보 시대 信息时代
· 정보 시장 信息市场
· 정보 통신 信息通讯

정보 + V

정보가 ~

· 정보가 담기다 承载着信息
이 책에는 엄청나게 많은 정보가 담겨져 있다.

· 정보가 새다 信息泄露
기업들은 정보가 새나갔다면서 허탈해 하고 있다.

· 정보가 실리다 信息刊登
이책은 직업에 관한 정보가 실려 있는 책이다.

· 정보가 쏟아지다 信息涌入
여행 관련 전문 정보가 쏟아지고 있다.

· 정보가 필요하다 需要信息
그러기 위해서는 시간과 정보가 필요하다.

정보를 ~

· 정보를 검색하다 检索信息
인터넷을 통해 정보를 검색하고 다운로드 받는다.

· 정보를 공유하다 共享信息
양자는 서로 정보를 공유하고 협력할 필요가 있다.

· 정보를 교환하다 交换信息
정보를 교환할 수 있는 좋은 기회이다.

· 정보를 수집하다 收集信息
규격에 관한 정확한 정보를 수집해야 한다.

· 정보를 얻다 获得信息
관련 기관을 방문해 정보를 얻을 수도 있다.

· 정보를 전달하다 传达信息
꿀벌이나 개미들은 말로 정보를 전달한다.

· 정보를 접하다 接触信息
영화에 대한 정보를 접할 수 있는 홈페이지다.

· 정보를 제공하다 提供信息
다양한 서비스와 정보를 제공해 주는 생활공간이다.

· 정보를 주다 给信息
그들은 정보를 줄 때까지 움직이지 않았다.

· 정보를 찾다 搜集信息
정보를 찾거나 아는 것만으로 부족하다.

· 정보를 처리하다 处理信息
DNA 컴퓨터는 정보를 빨리 처리할 수 있다.

· 정보를 파악하다 掌握信息
그런 방대한 정보를 파악하는 건 쉬운 일이 아니다.

· 정보를 흘리다 泄露信息
그는 많은 정보를 적에게 흘리고 말았다.

A + 정보

· 다양한 정보 各种信息
유익하고 다양한 정보를 제공해 준다.

· 많은 정보 大量信息
너무나도 많은 정보가 끊임없이 쏟아져 나오고 있다.

· 상세한 정보 详细的信息
상세한 정보를 편안하게 제공받을 수 있다.

· 유용한 정보 有用的信息
고객에게 유용한 정보를 지속적으로 제공하고 있다.

· 충분한 정보 充分的信息
충분한 정보를 가지지 못하는 경우가 많다.

· 필요한 정보 需要的信息
우리에게 필요한 정보를 찾으려면 어떻게 해야 할까?

1950 **정부** (政府)
政府

정부 + N

· 정부 관계자 政府相关人员
· 정부 규제 政府规定
· 정부 기관 政府机关
· 정부 예산 政府预算
· 정부 인사 政府人事
· 정부 입장 政府立场
· 정부 정책 政府政策
· 정부 지원 政府援助
· 정부 차원 从政府的角度

정부 + Ⓥ

정부가 ~

· **정부가 개입하다** 政府介入
그것은 정부가 개입할 일이 아니라고 보았다.

· **정부가 나서다** 政府出面
정부가 나서는 게 1차적 대안이다.

· **정부가 들어서다** 政府上台
새 정부가 들어서면서 이제는 상황이 달라졌다.

· **정부가 수립되다** 组建政府
새 정부가 수립된 이래 실로 많은 사건들이 있었다.

· **정부가 앞장서다** 政府带头
정부가 앞장서 해결 방안을 찾아야 한다.

· **정부가 제공하다** 政府提供
언론은 정부가 제공하는 정보에 의존한다.

· **정부가 주도하다** 政府主导
정부가 주도해 온 학사 관리를 점점 강화해야 한다.

· **정부가 추진하다** 政府推行
새 정부가 추진하는 개혁이 불필요한 것이다.

· **정부가 출범하다** 政府上台
국민의 정부가 공식 출범한 지 2년 반이 되었다.

정부를 ~

· **정부를 규탄하다** 谴责政府
전국 각지에서 정부를 규탄하는 시위가 열렸다.

· **정부를 비판하다** 批判政府
이같이 정부를 비판하고 나서 주목을 끌고 있다.

· **정부를 세우다** 建立政府
민주 정부를 세우는 일이 중요하다.

· **정부를 수립하다** 成立政府
자치 정부를 수립하는 문제를 계속 협의키로 했다.

정부에 ~

· **정부에 건의하다** 向政府建议
재계의 의견을 수렴하여 정부에 건의했다.

· **정부에 의존하다** 依赖政府
그동안 정부에 의존하였던 연구 개발 활동.

· **정부에 제출하다** 提交给政府
연구 실적을 정리하여 정부에 제출했다.

· **정부에 촉구하다** 敦促政府
전면적인 노력을 펼칠 것을 정부에 촉구한다.

Ⓐ + 정부

· **새 정부** 新政府
새 정부가 출범했다.

· **현 정부** 现任政府
현 정부는 경제 발전 계획을 추진하고 있다.

1951 **정상**[1] (正常)
正常

정상 + Ⓝ

· **정상 기능** 正常功能

정상 + Ⓥ

정상이 ~

· **정상이 아니다** 不正常
그 여자의 꽃에 대한 집착은 정상이 아닙니다.

정상을 ~

· **정상을 되찾다** 恢复正常
하루 빨리 정상을 되찾아야 한다.

· **정상을 회복하다** 恢复正常
시간이 지나면서 학교는 빠르게 정상을 회복해 갔다.

정상으로 ~

· **정상으로 돌아오다** 恢复正常
남편의 혈압과 체온이 정상으로 돌아왔다.

1952 **정상**[2] (頂上)
山顶, 首脑

정상 + Ⓝ

· **정상 회담** 高峰会谈

정상 + Ⓥ

정상을 ~

· **정상을 향하다** 朝向山顶
나는 산 정상을 향해 올라갔다.

정상에 ~

· **정상에 서다** 站在山顶
이 산의 정상에 서면 확 트인 경관을 볼 수 있다.

· **정상에 서다** 身居高位
정상에 선 여성들의 당당한 개선을 기다린다.

· **정상에 오르다** 登上顶峰
마침내 산의 정상에 올랐다.

· **정상에 오르다** 权力登顶
그는 투철한 애국심으로 한국의 정상에 올랐습니다.

1953 정서 (情緒)
情思，情感

정서 + Ⓝ

· 정서 교육 情感教育
· 정서 불안 情绪不稳定
· 정서 안정 情绪稳定
· 정서 장애 情感障碍

정서 + Ⓥ

정서가 ~
· 정서가 다르다 情感不同
문화가 다르고 정서가 다른 사람들도 가끔 만났어요.
· 정서가 담기다 蕴含着情结
우리 민속 정서가 담긴 생활 소품들을 만들어냈다.
· 정서가 불안정하다 情绪不稳定
정서가 불안정한 사람은 작은 일에도 큰 걱정을 한다.
· 정서가 비슷하다 情感相似
우리는 중국과 정서가 비슷하다.
· 정서가 풍부하다 情感丰富
소설가는 낭만적이고 정서가 풍부한 사람이다.

정서를 ~
· 정서를 담다 饱含情感
우리의 정서를 담고 있는 전통 음악들을 소개한다.

1954 정성 (精誠)
精诚

정성 + Ⓥ

정성을 ~
· 정성을 기울이다 倾注全力
어머니는 자녀들에게 큰 정성을 기울였다.
· 정성을 다하다 尽全力
어머니가 정성을 다해 장만해 준 혼수였다.
· 정성을 들이다 花费全部心血
그는 음악에 자신이 시간과 정성을 들였다.
· 정성을 쏟다 倾注全力
집주인은 항상 나무에 정성을 다 쏟았다.

정성이 ~
· 정성이 깃들다 饱含诚意

차 한 잔을 내는 데에도 정성이 깃들어 있다.
· 정성이 담기다 饱含心意
너무나 많은 사랑과 정성이 담겨 있다.
· 정성이 들어 있다 蕴含心意
조그마한 빵이지만 엄마의 정성이 들어 있는 빵이다.
· 정성이 없다 没有诚心
제사상은 차리는 사람의 정성이 없으면 의미가 없다.
· 정성이 있다 有诚意
화초 한 포기라도 심고 가꾸는 정성이 있어야 한다.

Ⓐ + 정성

· 모든 정성 所有的心血
장맛을 내는 데 모든 정성을 다 쏟았다.
· 온 정성 全部的心血
온 정성을 기울여서 집을 짓고 나무 계단을 깎았다.
· 온갖 정성 全部的心血
어머니는 유독 나에게만 온갖 정성을 쏟았다.
· 지극한 정성 无尽的心血
그는 애완견에게 지극한 정성을 기울였다.

1955 정식¹ (定食)
定食，套餐

정식 + Ⓥ

정식을 ~
· 정식을 먹다 吃套餐
나는 우동 정식을 먹었다.

1956 정식² (正式)
正式

정식 + Ⓝ

· 정식 근무 正式工作
· 정식 이름 正式名字（大名、官名）
· 정식 요청 正式邀请
· 정식 종목 正式项目
· 정식 출범 正式出台

정식 + Ⓥ

정식으로 ~

· 정식으로 사과하다 正式道歉
선생님은 지난번 일을 저에게 정식으로 사과하셨어요.
· 정식으로 인사하다 正式问候
두 사람은 정식으로 인사한 적은 없었다.

1957 정신 (精神)
精神

· 정신 건강 精神健康
· 정신 능력 精神能力
· 정신 병원 精神病医院
· 정신 분열증 精神分裂症
· 정신 상태 精神状态
· 정신 이상 精神异常
· 정신 의학 精神医学
· 정신 장애 精神障碍
· 정신 지체 弱智, 智力障碍
· 정신 질환 精神疾病

정신이 ~
· 정신이 나가다 丢魂
울음이 섞인 목소리에 정신이 나간 사람 같았어요.
· 정신이 돌아오다 意识恢复
그는 어렴풋이 정신이 돌아오는 듯했다.
· 정신이 맑아지다 精神焕发
한숨 푹 자고 나면 정신이 맑아질 거야.
· 정신이 말짱하다 脑子很清晰
소주를 두 병 마셨는데도 정신이 말짱하다.
· 정신이 몽롱해지다 意识模糊
나는 누적된 피로에 정신이 몽롱해지기 시작했다.
· 정신이 아찔하다 精神恍惚
그때를 생각하면 아직도 정신이 아찔하다고 했다.
· 정신이 팔리다 溜号
노는 데만 정신이 팔려 있었다.

정신을 ~
· 정신을 가다듬다 振奋精神
고개를 흔들어 정신을 가다듬고 주위를 둘러보았다.
· 정신을 놓다 走神
정신을 놓아서는 안 된다고 스스로를 타일렀다.
· 정신을 쏟다 耗心神
그는 공부에만 정신을 쏟았다.

· 정신을 잃다 失去神智
어느 날 퇴근길 버스 안에서 정신을 잃고 쓰러졌다.
· 정신을 집중하다 集中精神
취미는 정신을 집중할 수 있는 것이 좋다.
· 정신을 팔다 溜号
매미는 노래만 부르며 놀기에 정신을 판다.

· 정신이 나다 精神饱满
아침에는 정신이 나는 듯싶다.
· 정신이 들다 清醒
밥 한 그릇을 다 먹은 후에야 정신이 조금 들었다.
· 정신이 없다 忙得不可开交
그동안 너무 분주해서 정신이 없었다.
· 정신을 차리다 打起精神
호랑이에게 물려가도 정신을 차리면 산다는 말이 있다.

1958 정원¹ (庭園)
庭院, 院子

정원을 ~
· 정원을 가꾸다 修整庭院
화원과 정원을 가꾸는 조경업에 종사한다.
· 정원을 꾸미다 装饰院子
이 정원을 꾸민 이는 무엇을 꿈꾸었을까?
· 정원을 만들다 建造院子
이담에 정원을 만들어 채소와 꽃을 심자.

정원이 ~
· 정원이 딸리다 带个院子
아담한 정원이 딸린 작은 집이 보였다.
· 정원이 있다 有院子
두 사람은 정원이 있는 조그만 집을 마련했다.

· 넓은 정원 宽敞的院子
그의 집은 넓은 정원을 갖춘 호화 주택이다.

1959 정원² (定員)
定员, 名额

정원 + Ⓝ

· 정원 미달 名額不满

정원 + Ⓥ

정원이 ~

· 정원이 차다 满员
오후 5시 클래스만 제외하고는 정원이 다 찼다.

· 정원이 초과되다 超员
이미 정원이 초과돼 더 이상 타는 것은 위험하다.

정원을 ~

· 정원을 넘다(넘어서다) 超员
32개 모집 단위가 모두 정원을 넘었다(넘어섰다).

· 정원을 줄이다 削减名額
3년째 정원을 줄였다.

· 정원을 초과하다 超员
정원을 초과하여 엘리베이터에서 삑삑 소리가 났다.

1960 **정장** (正裝)

正裝

정장 + Ⓝ

· 정장 차림 穿着正裝

정장 + Ⓥ

정장을 ~

· 정장을 입다 穿正裝
그는 정장을 입을 때도 젊어 보인다.

· 정장을 차려입다 正裝打扮
그 남자는 깔끔하게 정장을 차려입고 있었다.

· 정장을 하다 身着正裝
졸업식에는 정장을 해야 한다고 생각했다.

1961 **정지** (靜止)

停止

정지 + Ⓝ

· 정지 명령 停止命令
· 정지 상태 停止狀态
· 정지 신호 停止信号

정지 + Ⓥ

정지를 ~

· 정지를 하다 停止
그 순간 차가 정지를 했다.

1962 **정책** (政策)

政策

정책 + Ⓝ

· 정책 결정 政策決定
· 정책 방향 政策方向
· 정책 변화 政策变化
· 정책 수립 政策制定
· 정책 입안 政策立案

정책 + Ⓥ

정책이 ~

· 정책이 나오다 政策出台
이런 정책이 나오기까지에는 우여곡절이 많았다.

· 정책이 바뀌다 政策发生变化
장관이 바뀔 때마다 정책이 바뀐다.

· 정책이 실시되다 政策被实施
이 시기에 다양한 지원 정책이 실시되었다.

정책을 ~

· 정책을 세우다 制定政策
실천 가능한 정책을 세워야 한다.

· 정책을 수립하다 制定政策
정부는 적극적인 지원 정책을 수립하였다.

· 정책을 추진하다 推行政策
정부는 기술 혁신 정책을 추진하였다.

· 정책을 펴다 实施政策
정부는 개혁 개방 정책을 펴고 있다.

1963 **정치** (政治)

政治

정치 - Ⓝ

· 정치권력 政治权利
· 정치사상 政治思想

· 정치의식 政治意识

· 정치 단체 政治团体
· 정치 생명 政治生命
· 정치 생활 政治生活
· 정치 자금 政治资金
· 정치 제도 政治制度
· 정치 체제 政治体制
· 정치 활동 政治活动

정치를 ~

· 정치를 하다 从政
정치를 바꾸려면 직접 정치를 해야 한다.
· 정치를 펴다 开展政治
그는 새로운 정치를 폈다.

정치에 ~

· 정치에 참여하다 参与政治
각계의 유능한 인사들이 정치에 참여하는 것이 바람직하다.

1964 젖 [절]
乳, 奶

· 젖가슴 乳房

· 젖 냄새 奶味儿

젖이 ~

· 젖이 나오다 下奶
젖이 나오기 위해서는 출산 과정을 거쳐야 한다.

젖을 ~

· 젖을 먹다 吃奶
아기가 젖을 먹다가 토하는 일이 있다.
· 젖을 먹이다 喂奶
엄마는 음악을 들려주면서 젖을 먹인다.
· 젖을 물리다 叼住乳头

아기한테 젖을 물리고 잠이 들어버렸어요.
· 젖을 빨다 吸奶
아기는 젖을 빨다가 이내 잠이 든다.
· 젖을 주다 给奶
우는 아기에게 젖을 준다.
· 젖을 짜다 挤奶
아기가 젖을 다 먹지 못했을 때는 젖을 짜 내야 한다.

· 젖 먹던 힘을 다하다 使出吃奶的力气
젖 먹던 힘을 다해 용기를 내었다.
· 젖을 떼다 断奶
아이가 젖을 뗄 때까지 육아 휴가를 줘야 한다.

1965 제도 (制度)
制度

· 제도 개선 改善制度
· 제도 개혁 改革制度
· 제도 도입 引入制度
· 제도 실시 实施制度
· 제도 폐지 废止制度

제도를 ~

· 제도를 개선하다 改善制度
이번 사건이 현 제도를 개선하는 계기가 되었다.
· 제도를 도입하다 引入制度
이 제도를 도입하는 것은 불가피할 것으로 보인다.
· 제도를 마련하다 制定制度
새로운 제도를 마련해야 한다.
· 제도를 만들다 确立制度
합리적인 새 제도를 만들어 갔으면 한다.
· 제도를 없애다 废除制度
퇴직금 제도를 없애야 한다는 논의가 일고 있다.
· 제도를 폐지하다 废止制度
이 제도를 폐지하는 것에 대해 어떻게 생각하는가?

1966 제목 (題目)
題目

제목 + Ⓥ

제목이 ~
· 제목이 붙다 題目为⋯⋯
'아주 신나는 게임'이라는 제목이 붙은 책이었다.

제목을 ~
· 제목을 달다 起个題目
신문 기사는 자극적인 제목을 달고 있다.
· 제목을 붙이다 起个題目
선생님께서 내 작품에 제목을 붙여 주셨다.

1967 제비
签子

제비 + Ⓥ

제비를 ~
· 제비를 뽑다 抽签
사람들은 제비를 뽑아서 결정하자고 했다.

1968 제사 (祭祀)
祭祀

제사 – Ⓝ

· 제사상 祭祀桌

제사 + Ⓝ

· 제사 음식 祭祀食物

제사 + Ⓥ

제사를 ~
· 제사를 모시다 祭祀
그는 조상들의 제사를 모시기 위하여 땅을 팔았다.
· 제사를 지내다 祭祀
추석에는 조상의 묘를 찾아가 제사를 지낸다.
· 제사를 올리다 祭祀

제사를 올릴 때는 경건한 태도를 지녀야 한다.

1969 제안 (提案)
提案, 提议

제안 + Ⓥ

제안을 ~
· 제안을 받아들이다 接受提议
그는 순순히 그 제안을 받아들였다.
· 제안을 하다 提议
그가 여행을 가자는 제안을 했다.

Ⓐ + 제안

· 새로운 제안 新的提案
우리는 새로운 제안을 진지하게 고려해 볼 것이다.

1970 제약 (制約)
制约, 限制

제약 + Ⓝ

· 제약 요인 制约因素
· 제약 조건 制约条件

제약 + Ⓥ

제약이 ~
· 제약이 따르다 受制约
언론의 공익성의 실현에는 여러 제약이 따르고 있다.
· 제약이 많다 限制多
소주시장에는 여러 가지 제약이 많았다.
· 제약이 없다 没有限制
수필은 어느 장르보다도 제약이 없는 문학이다.
· 제약이 있다 有限制
이 연구는 자료 수집에 많은 제약이 있다.

제약을 ~
· 제약을 가하다 加以限制
당국에서 많은 제약을 가했다.
· 제약을 받다 受限制
그 일로 저는 현실적으로 많은 제약을 받았어요.
· 제약을 주다 限制
행동에 제약을 주는 불편한 겉옷은 피해야 한다.

1971 제의 (提議)
提议

제의 + Ⓥ

제의가 ~
· 제의가 들어오다 有提议
여러 방송사에서 제의가 들어왔지만 모두 거절했다.

제의를 ~
· 제의를 거절하다 拒绝提议
그는 단호히 그 제의를 거절했다.
· 제의를 받다 接到提议
여러 차례 영화출연 제의를 받았다.
· 제의를 받아들이다 接受提议
그녀는 가장 좋아하는 선생님의 제의를 받아들였다.
· 제의를 수락하다 接受提议
사장은 그 즉석에서 그의 제의를 수락했다.
· 제의를 하다 提议
학부모 회의가 있을 때 제의를 할 수도 있다.

1972 제일 (第一)
第一

제일 + Ⓥ

제일을 ~
· 제일을 자랑하다 高居首位
평균 수명이 75세로 유럽 제일을 자랑하고 있다.

제일로 ~
· 제일로 치다 首屈一指
한우 가운데 제일로 쳐 주는 것은 암소다.

1973 제자리
原地

제자리 – Ⓝ

· 제자리걸음 原地踏步

제자리 + Ⓥ

제자리를 ~
· 제자리를 잡다 步入正轨
교육이 제자리를 잡아야 나라가 바로 선다.
· 제자리를 찾다 恢复正常
하루빨리 이 슬픔을 딛고 제자리를 찾아야 한다.

제자리에 ~
· 제자리에 놓다 放到原处
쓰고 난 물건은 무엇이든지 제자리에 놓아야 한다.

제자리로 ~
· 제자리로 돌아가다 回到原位
그만 방황하고 이제는 제자리로 돌아가라.
· 제자리로 돌아오다 回到原位
아이는 수업이 시작되자 얼른 제자리로 돌아왔다.

1974 제작 (製作)
制作

제작 + Ⓝ

· 제작 과정 制作过程
· 제작 기술 制作技术
· 제작 목적 制作目的
· 제작 방식 制作方式

제작 + Ⓥ

제작을 ~
· 제작을 하다 制作
요즘은 개인이 PC로 영화 제작을 할 수 있다.

1975 제출 (提出)
提交

제출 + Ⓝ

· 제출 기간 提交期限
· 제출 마감일 提交的截止日期
· 제출 자료 提交材料

제출 + Ⓥ

제출을 ~
· 제출을 하다 提交

보고서는 이미 제출을 했다.

1976 제품 (製品)

产品

제품 + N

· 제품 가격 产品价格
· 제품 개발 产品开发
· 제품 광고 产品广告
· 제품 생산 产品生产
· 제품 판매 产品销售
· 제품 홍보 产品宣传

제품 + V

제품을 ~

· 제품을 개발하다 开发产品
한국인의 생활 방식 등에 맞는 제품을 개발한다.
· 제품을 만들다 制作产品
이 회사들은 저마다 가장 좋은 제품을 만들고 있다.
· 제품을 생산하다 生产产品
주문을 받아 제품을 생산한다.
· 제품을 출시하다 产品上市
올해 안에 총 9개국 버전의 제품을 출시할 예정이다.

1977 제한 (制限)

限制

제한 + N

· 제한 구역 限制区域
· 제한 규정 限制规定
· 제한 기간 限制期限
· 제한 시간 限制时间
· 제한 조치 限制措施
· 제한 품목 限制项目

제한 + V

제한이 ~

· 제한이 없다 没有限制
가입대상에 제한이 없다.

· 제한이 있다 有限制
여긴 나이 제한이 있어요.

제한을 ~

· 제한을 가하다 加以限制
배우러 오는 사람들에게 자격의 제한을 가하지 않는다.
· 제한을 두다 有限制
연령 제한을 두고 있다.
· 제한을 받다 受限制
경제특구 내 외국 기업들은 이런 제한을 받지 않는다.
· 제한을 하다 限制
부득이 방청권 제한을 할 수밖에 없습니다.

1978 조 (組)

组

조 + V

조를 ~

· 조를 이루다 组成小组
5 명의 선원이 한 조를 이뤄 새우를 잡았다.
· 조를 짜다 结成小组
세 명씩 조를 짜서 택시를 잡기로 했다.

A + 조

· 한 조 一组
네 명이 한 조가 되어 격일 근무를 했다.

1979 조각[1]

片儿, 块儿

조각 + V

조각이 ~

· 조각이 나다 成碎片儿
그 서류 여러 조각이 나 있어 볼 수가 없었다.

조각을 ~

· 조각을 내다 分成块儿
어머니가 사탕을 조각을 내서 주셨다.

A + 조각

· 한 조각 一块儿
나는 수박 한 조각을 집어 들었다.

1980 **조각²** (彫刻/雕刻)
雕刻

조각 – Ⓝ

· 조각품 雕刻品

조각 + Ⓝ

· 조각 작품 雕刻制品

조각 + Ⓥ

조각을 ~

· **조각을 새기다** 雕刻
그 사암에 정교한 조각을 새겼다.
· **조각을 하다** 雕刻
물이 흐르는 바닥에 어떻게 조각을 했을까 궁금하다.

1981 **조건** (條件)
条件

조건 + Ⓝ

· 조건 반사 条件反射

조건 + Ⓥ

조건이 ~

· **조건이 갖추어지다** 条件具备
우리 사회는 발전할 수 있는 조건이 갖추어졌다.
· **조건이 따르다** 附有条件
하지만 거기에는 몇 가지 조건이 따른다.
· **조건이 되다** 成为条件
언론의 자유는 민주사회의 전제 조건이 된다.
· **조건이 있다** 有条件
그러나 제의를 받아들일 경우 한 가지 조건이 있다.
· **조건이 좋다** 条件好
연애결혼도 조건이 좋은 상대와 하는 것이다.
· **조건이 충족되다** 条件充足
다음과 같은 조건이 충족되어야 한다.
· **조건이 필요하다** 需要条件
사람이 성공하기 위해서는 많은 조건이 필요하다.

조건을 ~

· **조건을 갖추다** 具备条件

행복의 조건을 갖추었다고 행복해지는 것은 아니다.
· **조건을 개선하다** 改善条件
궁극적 목적이 인간의 삶의 조건을 개선하는 데 있다.
· **조건을 구비하다** 具备条件
우리 회사가 훨씬 좋은 조건을 구비하고 있다.
· **조건을 내걸다** 提出条件
나는 딸아이에게 여행을 허락하는 대신 한 가지 조건을 내걸었다.
· **조건을 만들다** 创造条件
협상이 가능한 좋은 조건을 만들어야 한다.
· **조건을 받아들이다** 接受条件
그래서 나도 선뜻 조건을 받아들였다.
· **조건을 붙이다** 带有附加条件
헐값에 내놓는 대신 한 가지 조건을 붙였다.
· **조건을 제시하다** 提出条件
파격적인 조건을 제시했다.
· **조건을 충족시키다** 满足条件
이러한 조건을 충족시키는 장소를 찾기가 어렵다.

조건에 ~

· **조건에 따르다** 根据条件
측정할 때의 조건에 따라 몸무게가 다르게 나타난다.
· **조건에 맞다** 符合条件
그녀는 그 조건에 맞지 않았다.

조건으로 ~

· **조건으로 삼다** 看作条件
키 180을 결혼 조건으로 삼았다.

Ⓐ + 조건

· **불리한 조건** 不利的条件
불리한 조건을 무릅쓰고 그 대학에 입학했다.
· **아무런 조건** 任何条件
아무런 조건 없이 그를 풀어 주겠다고 결정했다.
· **어려운 조건** 困难的条件
그는 취직을 위해 어려운 조건을 모두 갖추었다.
· **유리한 조건** 有利的条件
자동차 수입에 유리한 조건을 확보했다.
· **좋은 조건** 好的条件
축제일로서 좋은 조건을 갖춘 날이었다.
· **주어진 조건** 现有的条件
주어진 조건 내에서 최선을 다해서 일을 했다.
· **충분한 조건** 充分的条件
그는 행복해질 수 있는 충분한 조건을 가졌다.
· **필요한 조건** 必需条件
비자를 받기 위하여 필요한 조건을 갖추어야 한다.

1982 **조깅** (jogging)

慢跑

조깅 + N

· 조깅 코스 慢跑路线

조깅 + V

조깅을 ~

· 조깅을 하다 慢跑
아침마다 조깅을 했다.

1983 **조명** (照明)

灯光，照明

조명 + N

· 조명 기구 照明器具
· 조명 장치 照明装置
· 조명 아래 灯光下

조명 + V

조명이 ~

· 조명이 꺼지다 照明熄灭
무대의 조명이 꺼졌다.
· 조명이 비치다 灯光照射
밤에는 다양한 공간의 조명이 비쳐 장관을 이룬다.
· 조명이 어둡다 光线暗
나는 혼자서 조명이 어두운 교실에서 공부를 했다.
· 조명이 켜지다 灯亮
시간이 되면 조명이 켜지고 음악이 나온다.

조명을 ~

· 조명을 받다 在灯光的映照下
가수는 수많은 조명을 받으며 노래를 부른다.
· 조명을 받다 受到关注
사극들과 희극들이 새로운 조명을 받고 있다.
· 조명을 하다 灯光照射
나는 어두컴컴하게 조명을 한 곳을 싫어한다.
· 조명을 하다 关注
최근의 전문가들은 이 소설에 새로운 조명을 하고 있다.

A + 조명

· 밝은 조명 明亮的灯光
밝은 조명에 비추어진 안내판이 보였다.
· 새로운 조명 新的关注
판타지소설도 새로운 조명을 받고 있다.
· 화려한 조명 绚烂的灯光
화려한 조명을 받으며 그가 무대로 입장했다.
· 환한 조명 绚丽的灯光
환한 조명을 쓰지 않고 노란빛이 도는 조명을 택했다.

1984 **조미료** (調味料)

调料

조미료 + N

· 조미료 냄새 调料味道

조미료 + V

조미료를 ~

· 조미료를 넣다 放调料
음식에 조미료를 넣었다.
· 조미료를 쓰다 用调料
이 식당은 화학 조미료를 전혀 쓰지 않는다.
· 조미료를 치다 放调料
조미료를 듬뿍 친 학교 앞 식당의 음식을 먹었다.

1985 **조사** (調査)

调查

조사 + N

· 조사 결과 调查结果
· 조사 기관 调查机关
· 조사 대상 调查对象
· 조사 보고 调查报告
· 조사 연구 调查研究

조사 + V

조사가 ~

· 조사가 끝나다 调查结束
몇 분 만에 조사가 끝났다.
· 조사가 이루어지다 进行调查
화재원인에 대한 조사가 이루어졌다.

· 조사가 진행되다 进行调查
이제 본격적으로 조사가 진행될 것이다.

조사를 ~

· 조사를 받다 接受调查
한 때 경찰의 조사를 받기도 했지요.

· 조사를 벌이다 展开调查
서면 조사를 실시한 뒤 현장 조사를 벌이기로 했다.

· 조사를 실시하다 实施调查
약 1천 명을 상대로 의견 조사를 실시한 바 있다.

· 조사를 하다 进行调查
우리는 절차에 따라 조사를 할 뿐입니다.

조사에 ~

· 조사에 응하다 配合调查, 接受调查
그는 조사에 응하겠다는 뜻을 밝혔다.

Ⓐ + 조사

· 면밀한 조사 缜密的调查
재산 형성 과정에 대해 면밀한 조사를 할 것이다.

· 철저한 조사 彻底的调查
의혹을 받고 있는 이상, 철저한 조사가 뒤따라야 한다.

1986 조상 (祖上)
祖先

조상 + Ⓝ

· 조상 묘 祖先的坟墓
· 조상 탓 祖先的过错

조상 + Ⓥ

조상을 ~

· 조상을 모시다 侍奉祖先
조상을 모시는 일에도 예를 다한다.

· 조상을 숭배하다 崇拜祖先
조상을 숭배하는 정신을 가져야 한다.

조상이 ~

· 조상이 물려주다 祖先传下, 祖先留下
조상이 물려준 것은 무엇이든지 소중하다,

Ⓐ + 조상

· 먼 조상 老祖宗
이것은 먼 조상 때부터 전해 내려오는 풍습이다.

· 옛 조상 老祖先, 先祖, 祖上

우리 옛 조상들이 가진 자세를 배워야 한다.

1987 조언 (助言)
指教

조언 + Ⓥ

조언을 ~

· 조언을 구하다 讨教
조언을 구하기란 말처럼 쉬운 일이 아닙니다.

· 조언을 듣다 向⋯⋯请教
선배와 전문가들의 조언을 듣는다.

· 조언을 받다 受到指教
이 과정에서 상담요원의 조언을 받을 수도 있다.

· 조언을 하다 指教
교사는 길잡이로서 조언을 하고 도움을 주어야 한다.

1988 조예 (造詣)
造诣

조예 + Ⓥ

조예가 ~

· 조예가 깊다 造诣深
그는 음악에도 조예가 깊었다.

1989 조정 (調整)
调整

조정 + Ⓥ

조정을 ~

· 조정을 하다 调整
일정 조정을 할 수도 있습니다.

1990 조직 (組織)
组织

조직 + N

· 조직 개편 组织重组
· 조직 구성원 组织成员
· 조직 폭력배 黑社会分子
· 조직 활동 组织活动

조직 + V

조직이 ~

· 조직이 있다 有组织
단합이 잘 되려면 조직이 있어야 합니다.

조직을 ~

· 조직을 만들다 建组织, 结成组织
협력 조직을 만들고 업무별로 협력하고 있다.

1991 조치 (措置)

措施

조치 + V

조치가 ~

· 조치가 따르다 实施措施
재발 방지를 위한 구체적인 조치가 따라야 한다.
· 조치가 있다 有措施
관련 공무원에 대한 엄격한 조치가 있어야 할 것이다.
· 조치가 필요하다 需要措施
무언가 획기적인 조치가 필요했다.

조치를 ~

· 조치를 내리다 下达措施
이미 출국금지 조치를 내렸다.
· 조치를 취하다 采取措施
회사는 이미 해고 조치를 취했다고 밝혔다.
· 조치를 하다 实施措施
의사가 의료 조치를 했다.

1992 조화 (調和)

和谐

조화 + V

조화가 ~

· 조화가 깨지다 破坏和谐

조화가 깨졌을 때 문제가 생긴다.

조화를 ~

· 조화를 이루다 协调, 实现和谐
전통과 첨단 문화가 조화를 이룬 도시를 소개합니다.

A + 조화

· 절묘한 조화 绝妙的和谐
과거와 미래가 절묘한 조화를 이루었다.

1993 족보 [족뽀](族譜)

家谱

족보 + V

족보를 ~

· 족보를 만들다 编写家谱
족보를 만들어 가문의 전통을 이어갔다.
· 족보를 따지다 追究家族渊源
굳이 족보를 따지자면 삼촌정도 된다.

1994 존댓말 [존댄말](尊待말)

敬语

존댓말 + V

존댓말을 ~

· 존댓말을 쓰다 用敬语
아이들은 야단맞을 때만 존댓말을 쓴다.

1995 존재 (存在)

存在

존재 – N

· 존재감 存在感

존재 + N

· 존재 가치 存在价值
· 존재 방식 存在方式
· 존재 양식 存在形式

· 존재 여부 存在与否
· 존재 이유 存在理由

존재가 ~
· 존재가 되다 成为……的存在
그는 나에게 특별한 존재가 되었다.
· 존재가 있다 有……存在
어느 조직이든 호랑이 상사와 같은 존재가 있다.

존재를 ~
· 존재를 부인하다 否认存在
시장 경제의 존재를 부인해서는 발전할 수 없다.
· 존재를 인정하다 承认存在
서로의 존재를 인정해야 대화가 가능하다.

· 특별한 존재 特别的存在
그녀는 나에게 특별한 존재가 되었다.
· 필요한 존재 必要的存在
누구나 남에게 필요한 존재가 될 수 있다.

1996 **졸업** [조럽](卒業)
毕业

· 졸업 뒤 毕业后
· 졸업 논문 毕业论文
· 졸업 사진 毕业照
· 졸업 시즌 毕业时节
· 졸업 앨범 毕业影集
· 졸업 후 毕业后

졸업을 ~
· 졸업을 앞두다 毕业前夕
나는 대학 졸업을 앞두고 있다.
· 졸업을 하다 毕业
졸업을 하고도 취업을 하지 못하는 젊은이들이 많다.

1997 **졸음** [조름]
困

· 졸음운전 疲劳驾驶

졸음이 ~
· 졸음이 몰려오다 睡意袭来
졸음이 몰려와서 일기장을 덮고 잠이 들었다.
· 졸음이 쏟아지다 睡意如潮
점심을 먹는 동안 주체할 수 없어 졸음이 쏟아졌다.
· 졸음이 오다 犯困
너무 조용하면 졸음이 와서 오히려 공부가 안 된다는
것이다.

졸음을 ~
· 졸음을 이기다 抑制困意
그는 졸음을 이길 수 없어 그냥 눈을 감았다.
· 졸음을 쫓다 赶走睡意
졸음을 쫓기 위해 낮잠을 자는 것도 효과적이다.
· 졸음을 참다 克制睡意
나는 졸음을 참으며 수업을 들었다.

졸음에 ~
· 졸음에 겹다 睡意朦胧
졸음에 겨운 목소리로 그녀가 대답했다.
· 졸음에 잠기다 沉浸在睡意之中
나는 몽롱한 졸음에 잠겨 있었다.

1998 **좀**
蠹虫

좀이 ~
· 좀이 슬다 虫蛀
의류는 습기가 차서 좀이 슬거나 상하기 쉽다.

· 좀이 쑤시다 心里痒痒
어떤 사람들은 하루라도 달리지 않으면 좀이 쑤셔서
못 견디겠다고 합니다.

1999 종 (鐘)
钟

종 – N

· 종소리 钟声

종 + V

종이 ~
· 종이 울리다 钟声响起
수업 끝나는 종이 울렸다.

종을 ~
· 종을 울리다 鸣钟
마차가 출발한다는 종을 울렸다.
· 종을 치다 敲钟
벽시계가 땡 하고 종을 쳤습니다.

2000 종교 (宗教)
宗教

종교 + N

· 종교 간 宗教间
· 종교 경전 宗教经典
· 종교 단체 宗教团体
· 종교 생활 宗教生活
· 종교 의식 宗教意识

종교 + V

종교가 ~
· 종교가 다르다 宗教不同
종교가 다르면 부부 생활에 불편한 점이 많다.
· 종교가 있다 有宗教信仰
응답자 중 종교가 있는 사람은 63.6%로 나타났다.

종교를 ~
· 종교를 가지다 有宗教信仰
많은 사람들이 종교를 가지고 있다.
· 종교를 갖다 有宗教信仰
나는 종교를 갖고 있지 않다.
· 종교를 믿다 信仰宗教
김 선생은 종교를 믿고 있다.

2001 종류 [종뉴](種類)
种类

종류 + V

종류가 ~
· 종류가 다르다 种类不同
지구와 달도 종류가 다릅니다.
· 종류가 다양하다 种类丰富
음식의 종류가 다양했다.
· 종류가 많다 种类多
야생화의 종류가 많다.

종류로 ~
· 종류로 구분하다 按种类划分
인간이 사용하는 글자는 7가지 종류로 구분한다.
· 종류로 나누다 按种类分为
모형은 기능에 따라 크게 다섯 종류로 나눌 수 있다.
· 종류로 나뉘다 按种类被分为……
한국의 방언은 5종류로 나뉜다.

A + 종류

· 다양한 종류 各种各样
건축물 중에는 사용 목적에 따라 다양한 종류가 있다.
· 많은 종류 很多种类
앞으로 더 많은 종류를 준비하겠습니다.
· 여러 종류 各种
그릇에도 여러 종류가 있지요.

2002 종이
纸

종이 – N

· 종이비행기 纸飞机
· 종이쪽지 纸条
· 종이컵 纸杯子

종이 + N

· 종이 가방 纸袋子
· 종이 값 纸的价钱
· 종이 문서 纸质文件
· 종이 봉지 纸口袋

· 종이 책 纸制书
· 종이 팩 纸盒

종이를 ~

· 종이를 구기다 把纸揉成一团
나는 난로 아궁이에 종이를 구겨 넣고 성냥을 켰다.

· 종이를 접다 折纸
나는 어렸을 때부터 종이를 잘 접었다.

· 종이를 찢다 撕纸
나는 스프링 노트에서 종이를 찢어 구겼다.

종이에 ~

· 종이에 싸다 用纸包起来
여기 종이에 싼 알약이 있네?

· 종이에 쓰다 写在纸上
그는 종이에 쓴 가사를 전해 주고 갔다.

· 종이에 쓰이다 在纸上写着
우리는 모두 종이에 쓰어 있는 내용을 읽기 시작했다.

· 종이에 적다 记在纸上
가계부를 종이에 적는다.

惯

· 종이 한 장의 차이 相差无几
독과 약은 종이 한 장의 차이입니다.

2003 **종합** (綜合)
综合

· 종합 병원 综合医院
· 종합 청사 综合办公楼

2004 **좌석** (座席)
坐席

· 좌석 버스 大巴
· 좌석 수 座位数

좌석이 ~

· 좌석이 비다 座位空着
좌석이 비어 있더라도 절대로 앉지 않는다.

좌석을 ~

· 좌석을 메우다 填满座位
2백 여 명이 좌석을 메웠다.

좌석에 ~

· 좌석에 앉다 坐在座位上
그 여학생이 바로 내 앞 좌석에 앉았다.

· 빈 좌석 空座位
나는 빈 좌석을 찾아가 앉았다.

2005 **좌우** (左右)
左右

· 좌우 대립 左右对立
· 좌우 대칭 左右对称
· 좌우 날개 左右翅膀
· 좌우 양쪽 左右两侧

좌우를 ~

· 좌우를 둘러보다 环视四周
맥주를 주문해서 마시며 좌우를 둘러보았다.

· 좌우를 살펴보다 查看四周
그는 차에서 내려 잠시 동안 좌우를 살펴보았다.

좌우로 ~

· 좌우로 흔들다 左右摇晃
그는 머리를 좌우로 흔들었다.

2006 **죄** [죄/줴] (罪)
罪

· 죄의식 犯罪感, 罪恶感

죄 + Ⓥ

죄가 ~

· 죄가 없다 无罪
죄가 없다면 도망갈 이유도 없었겠지.
· 죄가 있다 有罪
애들이 무슨 죄가 있습니까?

죄를 ~

· 죄를 짓다 犯罪
나는 죄를 지은 적이 없다.

2007 주거 (住居)

居住

주거 + Ⓝ

· 주거 공간 居住空间
· 주거 문화 居住文化
· 주거 여건 居住条件
· 주거 지역 居住地区
· 주거 침입 入室盗窃
· 주거 환경 居住环境

2008 주름

皱纹, 褶皱

주름 – Ⓝ

· 주름치마 百褶裙

주름 + Ⓝ

· 주름 예방 防皱

주름 + Ⓥ

주름이 ~

· 주름이 많다 皱纹多
가까이에서 본 경비원은 얼굴에 주름이 많았다.
· 주름이 생기다 出现皱纹
많이 웃는다고 주름이 생기는 것은 아니다.
· 주름이 잡히다 起皱纹

나이가 들면 얼굴도 목도 손도 다 주름이 잡힌다.
· 주름이 지다 起皱纹
웃으면 눈가에 많은 주름이 진다고 해요.

주름을 ~

· 주름을 잡다 打褶
그가 콧등에 주름을 잡으며 두 눈을 찡긋 감았다 떴다.
· 주름을 펴다 舒展褶皱
다리미질 대신 욕실 습기로도 옷의 주름을 펼 수 있다.

Ⓐ + 주름

· 가는 주름 细细的皱纹
그는 눈가로 가는 주름을 잡히며 웃는다.
· 굵은 주름 粗大的皱纹
이마에는 굵은 주름이 두세 개 잡혔다.
· 깊은 주름 深深的皱纹
이마에 깊은 주름이 파이고 머리가 희끗했습니다.

2009 주름살 [주름쌀]

皱纹

주름살 + Ⓥ

주름살이 ~

· 주름살이 가득하다 满脸皱纹
교장은 반백의 머리에 주름살이 가득했다.
· 주름살이 깊다 皱纹深
그의 이마에 주름살이 깊었다.
· 주름살이 늘다 皱纹增多
어쩌면 이렇게 주름살이 늘었니?
· 주름살이 지다 长皱纹
천연 팩을 바르면 주름살이 지는 것을 방지할 수 있다.

주름살을 ~

· 주름살을 펴다 舒展皱纹
모든 일을 마치고 주름살을 펴고 미소를 지었다.

2010 주말 (週末)

周末

주말 + Ⓝ

· 주말 드라마 周末电视剧
· 주말 부부 周末夫妻

· 주말 학교 周末学校

주말 + ♥

· 주말을 보내다 度过周末
즐거운 휴일과 주말을 보내시기 바랍니다.
· 주말을 이용하다 利用周末
주말을 이용해 가까운 곳으로 등산을 갔다.

ⓐ + 주말

· 이번 주말 这周末
이번 주말에는 가족과 함께 교외로 가자.
· 지난 주말 上个周末
지난 주말 팔당 근처에 있는 친척 댁에 다녀왔다.

2011 **주머니**
口袋，腰包

주머니 + ⓝ

· 주머니 사정 口袋里的钱
· 주머니 속 兜里

주머니 + ♥

주머니를 ~
· 주머니를 뒤지다 翻兜
그는 벗어 놓은 양복 주머니를 뒤져 지갑을 꺼냈다.
주머니에 ~
· 주머니에 넣다 放进兜里
얼른 반갑게 그 돈을 주워서 주머니에 넣었다.
· 주머니에 집어넣다 塞进兜里
나는 열쇠를 도로 주머니에 집어넣었다.

ⓐ + 주머니

· 가벼운 주머니 拮据的经济条件
학생들의 가벼운 주머니 사정을 이해해야 한다.
· 불룩한 주머니 鼓鼓的袋子
그는 일부러 구슬이 든 불룩한 주머니를 흔든다.

惯

· 주머니 사정이 안 좋다 口袋里的钱少
내가 사 주면 좋으련만 요즘은 주머니 사정이 안 좋아
마음뿐이다.
· 주머니를 털다 掏光身上的钱

주머니를 털어 노란 장미 한 송이를 샀다.
· 주머니 털어 먼지 안 나오는 사람 없다 没有人
两袖清风，一尘不染
요즘 세상에 주머니 털어 먼지 안 나오는 사람 있겠는
가?

2012 **주먹**
拳头

주먹 + ♥

주먹이 ~
· 주먹이 세다 拳头硬
그는 워낙 주먹이 세서 모두들 무서워했다.
주먹을 ~
· 주먹을 날리다 挥拳
그들의 얼굴에 주먹을 날리고 싶었다.
· 주먹을 쓰다 动拳头
주먹을 쓰는 일은 피해야 한다.
· 주먹을 쥐다 握拳头
나는 주먹을 불끈 쥐고 그들에게 외쳤다.
· 주먹을 펴다 松开拳头
소년은 꽉 움켜쥐고 있던 주먹을 폈다.
· 주먹을 휘두르다 挥拳
새아버지는 자식들에게 주먹을 휘둘렀다.
주먹으로 ~
· 주먹으로 두드리다 用拳头砸
그는 가게 문을 주먹으로 두드렸다.

2013 **주문** (注文)
预约，订货

주문 + ⓝ

· 주문 물량 订货量
· 주문 생산 接单生产
· 주문 제작 接单制作
· 주문 판매 订货销售

주문 + ♥

주문이 ~
· 주문이 들어오다 下订单

이제 세계 40여 개국에서 주문이 들어오고 있다.
· **주문이 밀리다** 订单量大
주문이 밀려 한 달을 기다려야 한다.
· **주문이 쇄도하다** 订单接踵而来
세계 각국으로부터 주문이 쇄도하고 있다.

주문을 ~

· **주문을 받다** 接受点餐
웨이터가 와서 주문을 받았다.
· **주문을 받다** 收订, 受令
고위인사로부터 "운동을 계속하라"는 주문을 받았다.
· **주문을 하다** 点餐
손님이 주문을 하면 음식을 만들어 판다.

2014 주사¹ (注射)
注射

주사 + Ⓝ

· **주사 바늘** 注射针头

주사 + Ⓥ

주사를 ~

· **주사를 놓다** 打针
최 의사는 급하게 주사를 놓았다.
· **주사를 맞다** 打针
병원에서 주사를 맞고 약을 타 왔다.

2015 주사² (酒邪)
耍酒疯

주사 + Ⓥ

주사가 ~

· **주사가 심하다** 耍酒疯
주사가 심해 걸핏하면 마누라를 쥐어 팼다.

2016 주소 (住所)
地址

주소 + Ⓥ

주소가 ~

· **주소가 적히다** 写着地址
수첩에는 최근에 써 놓은 주소가 적혀 있었다.

주소를 ~

· **주소를 알려 주다** 告诉地址
이사를 하면서 주소를 알려 주지 않았다.
· **주소를 알아내다** 打听地址
내가 그 주소를 알아낼 수 있는 방법은 이것뿐이었다.
· **주소를 옮기다** 换地址
강남구로 주소를 옮겼다.
· **주소를 적다** 写地址
서로 주소를 적어 주고 다음에 만날 약속까지 했었다.

2017 주스 (juice)
果汁

주스 + Ⓝ

· **주스 잔** 果汁杯

주스 + Ⓥ

주스를 ~

· **주스를 마시다** 喝果汁
오렌지 주스를 한 잔 마셨다.

2018 주식 (株式)
股份

주식 – Ⓝ

· **주식회사** 股份公司

주식 + Ⓝ

· **주식 거래** 股票交易
· **주식 매각** 股票出售
· **주식 매매** 股票买卖
· **주식 매입** 购买股票
· **주식 배당금** 股票红利
· **주식 보유** 持有股票
· **주식 시장** 股票市场

· 주식 투자 股票投资
· 주식 투자자 股票投资者

주식 + ⓥ

주식을 ~

· **주식을 매각하다** 卖出股票
대주주들이 보유 주식을 대량으로 매각했다.
· **주식을 매입하다** 买入股票
외국인이 이 주식을 매입했다.
· **주식을 보유하다** 持有股票
나도 이 회사의 주식을 보유하고 있다.
· **주식을 사다** 买股票
네트워크는 집에서 주식을 사고 팔 수 있게 해준다.
· **주식을 처분하다** 卖出股票
특히 외국인들이 계속 한국 주식을 처분했다.
· **주식을 팔다** 卖股票
김 회장은 자신이 가진 주식을 팔겠다고 밝혔다.
· **주식을 하다** 做股票
막내 남동생은 주식을 해 큰 돈을 잃었다.

주식에 ~

· **주식에 투자하다** 股票投资
퇴직금 전액을 주식에 투자하는 것은 위험이 크다.

2019 **주위** (周圍)
周围

주위 + ⓝ

· 주위 사람들 周围的人们
· 주위 시선 周围的视线
· 주위 환경 周围的环境

주위 + ⓥ

주위를 ~

· **주위를 돌다** 围着转
태양이 지구 주위를 돌고 있는 것처럼 보인다.
· **주위를 두리번거리다** 张望四周
나는 그를 찾기 위해 주위를 두리번거렸다.
· **주위를 둘러보다** 环视四周
주위를 둘러보면 도움이 필요한 사람들이 많다.
· **주위를 맴돌다** 在四周盘旋
어제도 여기 나타나서 자꾸 상자 주위를 맴돌았어.
· **주위를 배회하다** 在四周徘徊

그녀는 한동안 동네 소방서 주위를 배회하곤 했다.
· **주위를 살펴보다** 察看四周
그는 다시 한 번 주위를 살펴보았다.
· **주위를 서성거리다** 在周围踱来踱去
곁에 가만히 앉아 바라보다가, 주위를 서성거렸다.

2020 **주의** [주의/주이](注意)
注意，劝告

주의 + ⓝ

· 주의 사항 注意事项

주의 + ⓥ

주의가 ~

· **주의가 산만하다** 精力不集中
야외에 나오면 학생들의 주의가 산만해 진다.
· **주의가 요구되다** 应注意
여름철에는 영양 관리에도 각별한 주의가 요구된다.
· **주의가 필요하다** 需要注意
불안을 느끼지 않도록 세심한 주의가 필요하다.

주의를 ~

· **주의를 기울이다** 留心
조금만 주의를 기울여도 막을 수 있는 사고이다.
· **주의를 끌다** 引起注意
아이의 주의를 끄는 방법 중의 하나가 스마트폰이다.
· **주의를 받다** 被警告
조용히 하라고 주의를 받았지만 마찬가지였다.
· **주의를 주다** 劝告
여러 번 주의를 주었다.
· **주의를 하다** 注意
나는 그의 몸짓 하나하나 주의를 하며 지켜보았다.

2021 **주인** (主人)
主人

주인 - ⓝ

· 주인아저씨 店主大叔
· 주인아주머니 店主阿姨

주인 + ⓝ

· 주인 내외 主人夫妇
· 주인 노릇 主人之责
· 주인 집 主人家
· 주인 행세 以主人自居

주인이 ~
· 주인이 되다 成为主人
그녀는 18평 아파트의 주인이 되었다.
· 주인이 바뀌다 主人换了
그새 주인이 바뀌었는지 약사는 여자다.
· 주인이 없다 没有主人
이러한 문제는 주인이 없기 때문에 발생한 것이다.
주인을 ~
· 주인을 만나다 看见主人
개는 주인을 만나자 아주 기뻐 날뛰었다.
· 주인을 찾다 寻找主人
돈을 주웠으면 주인을 찾아 줘야 한다.

· 새 주인 新主人
대통령 선서를 하고 청와대의 새 주인이 되었다.
· 옛 주인 老主人
다시 옛 주인에게 소유권이 넘어가는 경우도 있다.

2022 **주일**[1] (週日)
周

· 두 주일 两周
아직 두 주일 이상이나 남아 있다.
· 몇 주일 几周
몇 주일 전의 일이다.
· 지난 주일 上周末
나는 지난 주일에 감동을 받은 일이 하나 있다.
· 한 주일 一周
또 어떤 기발한 생각으로 한 주일을 계획하게 될까?

2023 **주일**[2] (主日)
主日, 周日

· 주일 학교 主日学校
· 주일 예배 周日礼拜
· 주일 미사 周日弥撒

2024 **주장** (主張)
主张

주장을 ~
· 주장을 굽히다 屈从
어느 쪽에서도 주장을 굽히지 않았다.
· 주장을 펴다 阐述观点
그들은 다른 주장을 펴고 있다.
· 주장을 하다 主张
그는 이전 토론자들과는 다른 주장을 했다.

2025 **주제**[1]
自量

· 주제 파악 识相, 有自知之明

주제를 ~
· 주제를 모르다 不知道自己半斤八两
제 주제를 모르고 일만 벌여놓았구나.
· 주제를 알다 有自知之明
네 주제를 알아야지, 뭘 어쩌겠다는 수작이냐?

2026 **주제**[2] (主題)
主题

· 주제 강연 主题演讲
· 주제 발표 主题发言

주제 + Ⓥ

주제를 ~
· 주제를 정하다 定主题
주제를 정해 조사 연구를 한다.

주제로 ~
· 주제로 하다 当做主题
효를 주제로 한 작품을 전시한다.

2027 주차 (駐車)
停车

주차 + Ⓝ

· 주차 공간 停车空间
· 주차 관리 停车管理
· 주차 금지 禁止停车
· 주차 빌딩 停车大楼
· 주차 시설 停车设施
· 주차 요금 停车费
· 주차 위반 违章停车

주차 + Ⓥ

주차를 ~
· 주차를 하다 停车
주차장에 주차를 했다.

2028 주차장 (駐車場)
停车场

주차장 + Ⓝ

· 주차장 안 停车场里面
· 주차장 앞 停车场前面
· 주차장 옆 停车场旁边
· 주차장 뒤 停车场后面
· 주차장 입구 停车场入口

주차장 + Ⓥ

주차장에 ~
· 주차장에 세우다 停在停车场

차를 지하철 환승역 주차장에 세우고 지하철을 탔어.

주차장을 ~
· 주차장을 이용하다 利用停车场
상가 지하 주차장을 이용할 수 있다.

Ⓐ + 주차장

· 넓은 주차장 宽广的停车场
도로를 따라 1km쯤 들어가면 넓은 주차장이 나온다.

2029 죽 (粥)
粥

죽 + Ⓝ

· 죽 그릇 粥碗
· 죽 집 粥店

죽 + Ⓥ

죽이 ~
· 죽이 끓다 粥开锅了
죽이 끓기 시작했다.

죽을 ~
· 죽을 끓이다 煮粥
큰 솥에다 죽을 끓였다.
· 죽을 쑤다 熬粥
어머니가 매일 아침 죽을 쑤어 주셨어요.

慣

· 죽이 되든 밥이 되든 无论如何
일단 결정하면 죽이 되든 밥이 되든 그대로 한다.
· 죽을 쑤다 搞得一塌糊涂
그날 방송은 내용과 화면이 안 맞아 죽을 쑤었다.
· 죽도 밥도 안 되다 不伦不类
이렇게 시간을 보내서는 죽도 밥도 안 됩니다.

2030 죽음
死亡, 死

죽음 + Ⓥ

죽음을 ~

· 죽음을 당하다 遭遇死亡
조금 후면 죽음을 당할 소년이 가여웠습니다.
· 죽음을 맞이하다 迎接死亡
그는 끝내 집으로 돌아가지 못한 채 죽음을 맞이한다.
· 죽음을 면하다 免死, 不死
죽음을 면하고 싶은 자는 배에서 뛰어내려라!

2031 준비 (準備)
准备

준비 + N

· 준비 과정 准备过程
· 준비 기간 筹备期间
· 준비 단계 准备阶段
· 준비 운동 准备运动
· 준비 위원회 筹备委员会

준비 + V

준비가 ~
· 준비가 되다 做好准备
그가 무슨 말을 하든 들을 준비가 되어 있었다.
준비를 ~
· 준비를 하다 做准备
대학을 졸업하고 유학 준비를 하고 있다.

2032 줄
线, 行列, 绳子

줄 + V

줄이 ~
· 줄이 그어지다 被画上线
왼쪽 아래로 조금 가는 줄이 그어져 있었다.
· 줄이 끊어지다 线(弦)断了
그런데 잠시 뒤 악기의 줄이 툭 끊어졌다.
· 줄이 닿다 搭上关系
나도 어렵게 줄이 닿아 겨우 취직할 수 있었다.
줄을 ~
· 줄을 긋다 画线
그것은 마치 자를 대고 줄을 그어 놓은 듯 했다.
· 줄을 타다 攀着绳子

높은 건물에서 줄을 타고 내려오는 일도 할 수가 없어.
· 줄을 맞추다 排好队
아이들은 말없이 줄을 맞추어 섰습니다.
· 줄을 바꾸다 换行
이어지는 본문은 다시 줄을 바꿔 써야 한다.
· 줄을 서다 排队
은행에는 많은 사람들이 줄을 서서 차례를 기다린다.
· 줄을 잇다 一字排开
거리에는 아직도 택시들이 줄을 이어 달리고 있었다.
· 줄을 짓다 排队
아이들이 가지런히 운동장에 줄을 지어 서 있었다.
· 줄을 풀다 解开绳子
엉켜 있는 이어폰 줄을 풀고 음악을 들었다.
줄에 ~
· 줄에 들어서다 进入行列
나이는 어언 마흔 줄에 들어섰다.
· 줄에 묶이다 被绑在绳子上
강아지가 줄에 묶여 있어 잘 놀지를 못하는 것 같아요.
· 줄에 매달다 系在绳子上
집집마다 동태를 줄에 매달아 말리고 있었다.
· 줄에 매달리다 被挂在绳上
가는 줄에 매달린 은빛 귀고리가 반짝인다.

A + 줄

· 긴 줄 长队
예매를 하려면 긴 줄에 서서 시간을 보내야 한다.
· 첫째 줄 第一排, 第一行
첫 페이지 첫째 줄에 쓴 문장이 가장 중요하다.
· 한 줄 一排, 一行
한 줄에 네 명씩 앉았다.

2033 중간 (中間)
中间

중간 - N

· 중간고사 期中考试
· 중간발표 中期发表
· 중간보고 中期报告

중간 + N

· 중간 단계 中间阶段
· 중간 점검 中期检查
· 중간 정도 中间程度

· 중간 지점 中间地带
· 중간 크기 中号
· 중간 평가 中期评估

중간 + Ⓥ

중간에 ~
· 중간에 끼다 夹在中间
그는 이들의 중간에 끼어 난처한 처지라고 말했다.
· 중간에 끼어들다 插到中间来
아주머니가 이야기의 중간에 끼어들었다.

2034 **중계방송** [중계방송/중게방송](中繼放送)
转播

중계방송 + Ⓝ

· 중계방송 중 正在转播

중계방송 + Ⓥ

중계방송을 ~
· 중계방송을 하다 转播
마라톤 중계방송을 하기란 퍽 어렵다.

2035 **중독** (中毒)
中毒

중독 + Ⓝ

· 중독 상태 中毒状态
· 중독 증상 中毒症状
· 중독 증세 中毒症状
· 중독 환자 中毒患者

중독 + Ⓥ

중독이 ~
· 중독이 되다 中毒
카페인에 중독이 되었다.

2036 **중심** (中心)
中心, 核心

중심 - Ⓝ

· 중심인물 中心人物

중심 + Ⓝ

· 중심 내용 中心内容
· 중심 사상 中心思想
· 중심 생각 主要思想
· 중심 역할 枢纽作用

중심 + Ⓥ

중심이 ~
· 중심이 되다 成为中心
모든 사람이 중심이 되어 나부터 실천하면 됩니다.

중심을 ~
· 중심을 잡다 抓住核心
하루빨리 정치의 중심을 잡아야 한다.

중심에 ~
· 중심에 서다 站在中心
중국이 미국을 제치고 금융의 중심에 서게 될 것이다.

2037 **쥐**[1]
老鼠

쥐 + Ⓝ

· 쥐 피해 鼠害

쥐 + Ⓥ

쥐를 ~
· 쥐를 잡다 捕捉老鼠
우선 쥐를 잡으면 돼.
· 쥐를 잡아먹다 捕捉老鼠吃
고양이는 왜 쥐를 잡아먹을까?

惯

· 쥐 죽은 듯 鸦雀无声
밤이 되면 거리는 쥐 죽은 듯 고요하다.

2038 쥐² 抽筋

쥐 + Ⓥ

쥐가 ~

· 쥐가 나다 抽筋
손가락과 발가락이 뻣뻣한 게 쥐가 날 것만 같았다.

2039 증가 (增加) 增加

증가 + Ⓝ

· 증가 규모 增加规模
· 증가 추세 增加趋势

증가 + Ⓥ

증가를 ~

· 증가를 보이다 呈现出增长
매출 규모는 꾸준한 증가를 보이고 있다.

2040 증거 (證據) 证据

증거 + Ⓝ

· 증거 인멸 毁灭证据
· 증거 자료 证据资料
· 증거 확보 证据确凿

증거 + Ⓥ

증거가 ~

· 증거가 나오다 出现证据
그의 몸에서 마약을 복용한 증거가 나왔다.
· 증거가 드러나다 证据浮出水面
무기를 소지하고 다닌 사진 증거가 드러났다.
· 증거가 없다 没有证据
그를 범인으로 단정할 만한 직접적인 증거가 없다.
· 증거가 있다 有证据

무슨 증거가 있어?

증거를 ~

· 증거를 대다 拿出证据, 引据
그 이유로 체포할 거라면 확실한 증거를 대세요.
· 증거를 잡다 抓住证据
어떻게 증거를 잡을 수 있어요?
· 증거를 찾다 找到证据
구체적인 증거를 찾아야 한다.

증거로 ~

· 증거로 삼다 当作证据
증인의 증언을 가장 중요한 증거로 삼고 있다.

Ⓐ + 증거

· 확실한 증거 确切的证据
현재로서는 확실한 증거가 없어서 단정할 수 없다.

2041 증권 [증꿘](證券) 证券

증권 + Ⓝ

· 증권 감독원 证监会
· 증권 거래소 证券交易所
· 증권 시장 证券市场
· 증권 은행 证券银行
· 증권 투자 证券投资
· 증권 회사 证券公司

2042 증상 (症狀) 症状

증상 + Ⓝ

· 증상 완화 症状缓和

증상 + Ⓥ

증상이 ~

· 증상이 나타나다 症状出现
감염된 지 1주일 내에 증상이 나타난다.
· 증상이 사라지다 症状消失
증상이 사라지면 정상적인 일반 식사를 해도 된다.

· 증상이 심하다 症状严重
이 병은 발병 시 증상이 심하다.

증상을 ~

· 증상을 보이다 出现……症状
큰 사고 후 정신적 충격으로 다양한 증상을 보인다.

· 증상을 일으키다 引起……症状
이를 섭취할 경우 구토, 두통 등의 증상을 일으킨다.

· 증상을 호소하다 哭诉……症状
환자는 머리가 아프다는 증상을 호소한다.

2043 증세 (症勢)
症状

증세 + Ⓝ

증세가 ~

· 증세가 가볍다 症状轻
과거에 비해 증세가 가벼워 졌다.

· 증세가 나타나다 出现症状
자주 잊어버리는 증세가 나타나 결국 병원을 찾았다.

· 증세가 심하다 症状严重
증세가 심하면 의사의 치료를 받아야 한다.

· 증세가 생기다 症状出现
사람을 기피하는 증세가 생겼다.

· 증세가 악화되다 症状恶化
일반적으로 겨울에는 관절염 증세가 악화된다.

· 증세가 없다 没有症状
아무런 증세가 없어도 완치된 것은 아니다.

· 증세가 있다 有症状
위 검사 결과 위염 증세가 있었다.

· 증세가 호전되다 症状好转
특별한 치료 없이도 증세가 호전될 수 있다.

증세를 ~

· 증세를 보이다 出现……症状
보통 사람들도 그런 증세를 보일 때가 많다.

· 증세를 일으키다 引起……症状
신경 마비 증세를 일으키므로 조심해야 한다.

· 증세를 호소하다 哭诉……症状
겨울철에는 이 같은 증세를 호소하는 사람이 많다.

증세에 ~

· 증세에 시달리다 被……症状折磨
최근 온몸이 떨리는 증세에 시달리고 있다.

2044 지각¹ (知覺)
知觉

지각 + Ⓝ

· 지각 과정 知觉过程
· 지각 능력 知觉能力
· 지각 장애 知觉障碍

지각 + Ⓥ

지각이 ~

· 지각이 없다 没有知觉
도대체 무엇을 먹고 자랐기에 그렇게 지각이 없는가.

· 지각이 있다 有知觉
그 부인은 지각이 있고 예절바른 사람이었다.

2045 지각² (遲刻)
迟到

지각 + Ⓝ

지각을 ~

· 지각을 하다 迟到
5분 지각을 하였다.

2046 지갑 (紙匣)
钱包

지갑 + Ⓥ

지갑이 ~

· 지갑이 불룩하다 钱包鼓鼓
K는 늘 지갑이 불룩하다.

지갑을 ~

· 지갑을 꺼내다 拿出钱包
저마다 호주머니에서 지갑을 꺼내 돈을 낸다.

· 지갑을 열다 打开钱包
그녀는 돈을 내려고 지갑을 열고 있었다.

· 지갑을 잃어버리다 丢钱包
그 사람은 지갑을 잃어버려 차비가 없다고 하였다.

· 지갑을 찾다 找钱包
잃은 지갑을 찾기 위해 온종일 거리를 헤맸다.
· 지갑을 훔치다 偷钱包
백화점에서 지갑을 훔치는 경우가 있다.

지갑에 ~

· 지갑에 넣다 放到钱包里
주민등록증을 지갑에 넣고 다닌다.

2047 지경 (地境)
地步

지경 + Ⓥ

지경이 ~

· 지경이 되다 到了……境地, 到了……地步
어쩌다 이 지경이 되었는가?

지경에 ~

· 지경에 빠지다 陷入……境地
이 사건으로 대통령이 곤란한 지경에 빠지게 되었다.
· 지경에 이르다 到了……境地
기후 변화로 인한 피해가 심각한 지경에 이르렀다.

지경으로 ~

· 지경으로 만들다 弄到……地步
사태를 이 지경으로 만든 그가 미웠다.

지경까지 ~

· 지경까지 가다 到了……境地
도대체 어느 지경까지 간 것인가?
· 지경까지 이르다 到了……境地
어떻게 이 지경까지 이르렀단 말인가?

Ⓐ + 지경

· 심각한 지경 严重的地步
환경 오염이 심각한 지경에 이르렀다.

2048 지구 (地球)
地球

지구 + Ⓝ

· 지구 과학 地球科学
· 지구 궤도 地球轨道
· 지구 대기 地球大气

· 지구 마을 地球村
· 지구 반대편 地球另一端
· 지구 온난화 全球变暖
· 지구 표면 地球表面

지구 + Ⓥ

지구가 ~

· 지구가 둥글다 地球圆
그리스인들은 지구가 둥글다는 사실을 알고 있었다.
· 지구가 돌다 地球旋转
새벽이 오는 까닭은 지구가 돌기 때문이다.
· 지구가 멸망하다 地球毁灭
공해 때문에 이 지구가 멸망한다.
· 지구가 자전하다 地球自转
지구가 자전한다는 것은 증명되었다.

지구를 ~

· 지구를 살리다 拯救地球
지구를 살리자는 목소리가 높아졌다.
· 지구를 지키다 守护地球
지구를 지키기 위해 나섰다.
· 지구를 파괴하다 破坏地球
지구를 파괴하지 않고 살기 위한 지혜가 필요하다.

지구에 ~

· 지구에 살다 住在地球上
60억 명의 인구가 지구에 살고 있다.

2049 지붕
房檐

지붕 + Ⓝ

· 지붕 꼭대기 房檐顶上
· 지붕 밑 房檐底下
· 지붕 아래 房檐下面
· 지붕 위 房檐上面

지붕 + Ⓥ

지붕에 ~

· 지붕에 올라가다 上房顶
닭은 지붕에 올라가 소리를 질렀습니다.

지붕이 ~

· 지붕이 내려앉다 塌顶
금방 지붕이 내려앉을 듯싶었다.

· 지붕이 날아가다 房檐被掀开
바람이 불면 지붕이 날아가지 않을까 걱정해야 했다.

· 지붕이 무너지다 房檐倒塌
언젠가는 지붕이 무너져 버릴 것이 틀림없다.

지붕을 ~

· 지붕을 덮다 封顶
부잣집들은 기와로 지붕을 덮었다.

· 지붕을 얹다 搭屋顶
나무로 집을 짓고 지붕을 얹었다.

Ⓐ + 지붕

· 한 지붕 同一个屋檐下
한 지붕 아래서 살기에 기분 좋은 룸메이트이다.

2050 지난날
过去

지난날 + Ⓥ

지난날을 ~

· 지난날을 되돌아보다 回顾过去
지난날을 되돌아보고 앞날을 미리 내다보아야 한다.

· 지난날을 회상하다 回想过去
감회에 젖은 표정으로 지난날을 회상했다.

2051 지능 (知能)
智力, 智能

지능 + Ⓝ

· 지능 검사 智力检查
· 지능 발달 智力发达
· 지능 장애 智力障碍
· 지능 저하 智力低下
· 지능 지수 智商

지능 + Ⓥ

지능이 ~

· 지능이 낮다 智力低
그는 지능이 낮아서 학습능력이 부족하다.

· 지능이 높다 智力高
지능이 높은 아이도 대답을 못 한다.

· 지능이 발달하다 智力发达
지능이 가장 발달한 민족은 유대인이다.

지능을 ~

· 지능을 높이다 提高智力
음악이 지능을 높인다.

2052 지대 (地帶)
地势

지대 + Ⓥ

지대가 ~

· 지대가 낮다 地势低
이 곳의 지대가 낮아요.

· 지대가 높다 地势高
지대가 높아 기온이 무척 차게 느껴졌다.

2053 지도¹ (地圖)
地图

지도 + Ⓝ

· 지도 제작 制作地图

지도 + Ⓥ

지도를 ~

· 지도를 그리다 画地图
새로운 역사 지도를 그린다.

· 지도를 펴다 打开地图
이때, 일행 중의 누군가가 지도를 펴 들었다.

· 지도를 펼치다 开地图
공원의 위치를 찾기 위해 지도를 펼쳤다.

2054 지도² (指導)
指导

지도 + Ⓝ

· 지도 교사 指导教师
· 지도 방법 指导方法

지도 + Ⓥ

지도를 ~

· 지도를 받다 接受指导
현재도 5명이 지도를 받고 있다.
· 지도를 하다 指导
1~2학년 학생들을 대상으로 글쓰기 지도를 했다.

2055 지름길 [지름낄]
捷径

지름길 + Ⓥ

지름길을 ~

· 지름길을 택하다 选择捷径
무서운 생각에 지름길을 택해 집으로 내달렸다.

지름길로 ~

· 지름길로 가다 走捷径
지름길로 갈 수 있는 방법을 찾아야 한다.

2056 지리 (地理)
地理

지리 + Ⓝ

· 지리 조건 地理条件
· 지리 환경 地理环境

지리 + Ⓥ

지리를 ~

· 지리를 모르다 不熟悉地理环境
지리를 모르면 길을 잃는다.
· 지리를 알다 熟悉地理环境
그녀가 이 섬의 지리를 알 것 같지는 않았다.

지리에 ~

· 지리에 어둡다 不熟悉地理环境
아직 서울 지리에 어둡다.
· 지리에 익숙하다 熟悉地理环境
이 곳 지리에 익숙한 그를 앞세웠다.

2057 지시 (指示)
指示

지시 + Ⓝ

· 지시 내용 指示内容
· 지시 사항 指示事项

지시 + Ⓥ

지시를 ~

· 지시를 내리다 做出指示
학생들에게 관람 금지 지시를 내렸다.
· 지시를 따르다 遵照指示
총감독의 지시를 따르면 그만이다.
· 지시를 받다 接到指示
기다리라는 지시를 받았다.
· 지시를 하다 做出指示
위에서 지시를 했는데도 이 간부는 무시해버렸다.

지시에 ~

· 지시에 따르다 遵从指示
안내원들의 지시에 따르면 된다.

2058 지식 (知識)
知识

지식 - Ⓝ

· 지식수준 知识水平

지식 + Ⓝ

· 지식 습득 学习知识
· 지식 탐구 探究知识

지식 + Ⓥ

지식이 ~

· 지식이 많다 知识丰富
그는 지식이 많고 이해심이 풍부하다.
· 지식이 없다 没有知识
그는 과학 분야에는 전문 지식이 없다.

지식을 ~

· 지식을 가르치다 教授知识
대학은 지식을 가르치고 배우는 곳이다.

· **지식을 갖추다** 具备知识
폭넓은 국제적 지식을 갖춘 인력을 양성해야 한다.
· **지식을 배우다** 学习知识
전문가 초청 강좌를 통해 필요한 지식을 배운다.
· **지식을 습득하다** 学习知识
새로운 지식을 습득한다.
· **지식을 쌓다** 积累知识
독서는 지식을 쌓는 데 큰 도움이 된다.
· **지식을 얻다** 获得知识
선생님께서 지식을 얻는 법을 배운다.
· **지식을 익히다** 学知识
노인들도 컴퓨터 관련 지식을 익혀야 한다.

Ⓐ + 지식

· **풍부한 지식** 丰富的知识
그는 다방면에 풍부한 지식이 있다.
· **해박한 지식** 渊博的知识
그는 다양한 취미와 해박한 지식을 가지고 있다.

2059 **지역** (地域)
地域, 地区

지역 – Ⓝ

· **지역감정** 地区感情

지역 + Ⓝ

· **지역 갈등** 地区矛盾
· **지역 발전** 地区发展
· **지역 분쟁** 地区纠纷
· **지역 사회** 地域社会
· **지역 주민** 当地居民

2060 **지우개**
橡皮擦

지우개 + Ⓥ

지우개로 ~
지우개로 지우다 用橡皮擦擦掉
낙서를 지우개로 깨끗이 지워라.

2061 **지원** (支援)
支援, 援助

지원 + Ⓝ

· **지원 기관** 资助机构
· **지원 대상** 支援对象
· **지원 물품** 援助物资
· **지원 방안** 援助方案
· **지원 사업** 援助工作
· **지원 요청** 请求援助
· **지원 자금** 援助资金
· **지원 정책** 援助政策

지원 + Ⓥ

지원이 ~
· **지원이 끊기다** 援助中断
지원이 끊기자 심한 재정난에 처해 있다.
· **지원이 이루어지다** 获得援助
외국인 생활 편의 시설에도 정부 지원이 이뤄진다.
지원을 ~
· **지원을 받다** 得到援助
파트너로부터 적극적인 지원을 받고 있다.
· **지원을 요청하다** 请求援助
사업 계획을 설명하고 적극적인 지원을 요청했다.
· **지원을 하다** 给予援助
정부 차원에서 지원을 하는 것이 바람직하다.
지원에 ~
· **지원에 나서다** 参加援助
그는 실제로 선거 운동 지원에 나섰다.

2062 **지위** (地位)
地位

지위 + Ⓝ

· **지위 고하** 地位高低
· **지위 향상** 地位提高

지위 + Ⓥ

지위가 ~

· **지위가 낮다** 地位低
과연 이전에 그렇게 여자의 지위가 낮았던가?
· **지위가 높다** 地位高
사회적인 지위가 높은 사람인가 봐.
· **지위가 있다** 有地位
자신이 아무리 지위가 있어도 겸손해야 한다.

지위를 ~

· **지위를 가지다** 拥有地位
종교 개혁은 이 운동에서 중심적인 지위를 가집니다.
· **지위를 갖다** 有地位
그는 사회적 지위를 갖게 되었다.
· **지위를 누리다** 享受……地位
이 회사는 커피 시장에서 독점적 지위를 누려 왔다.
· **지위를 차지하다** 占有……地位
그는 확고한 지위를 차지하고 있었다.

지위에 ~

· **지위에 오르다** 上到……地位, 荣登……地位
여러 부인 중 아들을 낳는 자가 본처의 지위에 올랐다.

Ⓐ + 지위

· **낮은 지위** 地位低
여자들은 남자보다 더 낮은 지위에 있었다.
· **높은 지위** 地位高
자기보다 높은 지위에 있는 사람에게는 아첨한다.

2063 지적 (指摘)
指出，指责

지적 + Ⓥ

지적이 ~

· **지적이 나오다** 有……指责
검증이 필요하다는 지적이 나온다.
· **지적이 많다** 指责多
우리의 대응책이 바뀌어야 한다는 지적이 많다.
· **지적이 일다** 引起指责
육아 지원 제도가 달라져야 한다는 지적이 일고 있다.
· **지적이 있다** 指责
경찰의 대처 방식에도 문제가 있다는 지적이 있다.

지적을 ~

· **지적을 당하다** 受到指责
수업 시간에 지적을 당하는 것이 두렵습니다.
· **지적을 면하다** 免除指责
너무 무책임했다는 지적을 면하기 어려울 것이다.

· **지적을 받다** 受到指摘
선배들로부터 많은 지적을 받았다.
· **지적을 하다** 指出问题
좋은 지적을 해 주셨습니다.

2064 지지 (支持)
支持

지지 + Ⓝ

· **지지 기반** 支持基础
· **지지 세력** 支持势力

지지 + Ⓥ

지지를 ~

· **지지를 받다** 得到支持
그의 주장은 많은 사람들로부터 지지를 받고 있다.
· **지지를 보내다** 给予支持
지식인들은 열렬한 지지를 보냈다.
· **지지를 얻다** 得到支持
빈곤층의 절대적 지지를 얻었다.
· **지지를 하다** 支持
항상 옆에서 지지를 해 준다.
· **지지를 호소하다** 呼吁支持
선거에서 후보자가 자신을 알리고 지지를 호소한다.

Ⓐ + 지지

· **높은 지지** 大力支持
높은 지지를 받은 영화들을 재상영한다.
· **폭넓은 지지** 广泛支持
국민의 폭넓은 지지를 필요로 한다.

2065 지진 (地震)
地震

지진 + Ⓝ

· **지진 발생** 地震发生
· **지진 피해** 地震灾害

지진 + Ⓥ

지진이 ~

· 지진이 나다 发生地震
큰 지진이 났다.
· 지진이 일어나다 发生地震
지진이 일어나고 화산이 폭발했다.

2066 지출 (支出)
支出

지출 + Ⓝ

· 지출 규모 支出规模
· 지출 내역 支出明细
· 지출 명세 支出明细

지출 + Ⓥ

지출이 ~
· 지출이 늘다 支出增加
사교육비 지출이 늘었다.
· 지출이 많다 支出多
수입보다 지출이 많다.
· 지출이 줄어들다 支出减少
낭비성 지출이 크게 줄어들 것이다.

지출을 ~
· 지출을 늘리다 增加支出
교육비 지출을 늘린다.
· 지출을 줄이다 减少支出
불필요한 지출을 줄여야 한다.
· 지출을 하다 支出
과외를 시키는 데 많은 지출을 한다.

2067 지팡이
拐杖

지팡이 + Ⓥ

지팡이를 ~
· 지팡이를 짚다 拄着拐杖
수술을 하면 지팡이를 짚고 다녀야 한다.

지팡이에 ~
· 지팡이에 의지하다 依靠拐杖, 倚着拐杖
지팡이에 의지하여 그는 길을 떠났다.

2068 지하도 (地下道)
地下通道

지하도 + Ⓝ

· 지하도 입구 地下通道入口
· 지하도 계단 地下通道楼梯
· 지하도 층계 地下通道台阶

지하도 + Ⓥ

지하도를 ~
· 지하도를 건너다 穿过地下通道
백화점 앞에서 내려 지하도를 건넜다.

2069 지하철 (地下鐵)
地铁

지하철 + Ⓝ

· 지하철 공사 地铁施工
· 지하철 계단 地铁站上下阶梯
· 지하철 노선 地铁路线
· 지하철 노조 地铁工会
· 지하철 문화 地铁文化
· 지하철 승차권 地铁票
· 지하철 안 地铁里
· 지하철 약도 地铁图
· 지하철 역 地铁站
· 지하철 요금 地铁票价
· 지하철 입구 地铁入口
· 지하철 좌석 地铁座位
· 지하철 정거장 地铁站
· 지하철 정액권 地铁定额票

지하철 + Ⓥ

지하철이 ~
· 지하철이 끊기다 地铁末班车开走
지하철이 끊길 때까지 연습을 했다.
· 지하철이 들어오다 地铁进站
플랫폼에 도착하려는 순간 지하철이 들어온다.

ㄱ
ㄴ
ㄷ
ㄹ
ㅁ
ㅂ
ㅅ
ㅇ
ㅈ
ㅊ
ㅋ
ㅌ
ㅍ
ㅎ

지하철을 ~

· 지하철을 갈아타다 换乘地铁
지하철을 갈아타고 고속버스 터미널에 갔다.
· 지하철을 놓치다 错过地铁
지하철을 놓쳐 택시를 탔다.
· 지하철을 내리다 下地铁
지하철을 내리자마자 계단을 올라갔다.
· 지하철을 이용하다 乘坐地铁
그래서 나는 그 후로 되도록 지하철을 이용한다.
· 지하철을 타다 坐地铁
나는 지하철을 타고 출근한다.

2070 지혜 [지혜/지혜](智慧/知慧)
智慧

지혜 + Ⓥ

지혜를 ~

· 지혜를 모으다 积聚智慧
한시라도 빨리 해결의 지혜를 모아야 한다.
· 지혜를 발휘하다 发挥智慧
우리가 지혜를 발휘할 때입니다.
· 지혜를 배우다 学习……的智慧
더불어 사는 지혜를 배우고 있다.
· 지혜를 얻다 获得智慧
지혜로운 자와 동행하면 지혜를 얻는다.
· 지혜를 짜내다 绞尽脑汁，穷思极想
물과 전기를 아끼기 위해 온갖 지혜를 짜냈다.

2071 직업 [지겁](職業)
职业，工作

직업 + Ⓝ

· 직업 고등학교 职业高中
· 직업 교육 职业教育
· 직업 군인 职业军人
· 직업 여성 职业女性
· 직업 윤리 职业伦理
· 직업 의식 职业意识
· 직업 훈련 职业训练

직업 + Ⓥ

직업이 ~

· 직업이 되다 以……为职
취미가 직업이 되는 경우도 많다.
· 직업이 생기다 找到工作
빵 굽는 직업이 생겼다.
· 직업이 없다 没有工作
내가 만난 대부분의 여성은 일정한 직업이 없었다.
· 직업이 있다 有工作
세상에는 수없이 많은 직업이 있다.

직업을 ~

· 직업을 가지다 有工作
고등학생 때는 어떤 직업을 가지면 좋을지 몰랐다.
· 직업을 갖다 有工作
여성이 직업을 갖고 사회로 나와야 한다.
· 직업을 선택하다 选择工作
적성에 따라서 직업을 선택해야 한다.
· 직업을 구하다 找工作
이들은 직업을 구하기 위하여 발 빠르게 움직인다.
· 직업을 바꾸다 换工作
그는 직업을 바꾸는 데 거침이 없었다.
· 직업을 버리다 放弃工作
하루빨리 이 직업을 버려야 하겠다.
· 직업을 얻다 得到工作
비교적 안전한 직업을 얻을 수 있다.
· 직업을 찾다 找工作
좋은 대학 나오고도 전혀 엉뚱한 직업을 찾기도 한다.

직업에 ~

· 직업에 종사하다 从事……职业
다양한 직업에 종사하는 사람들과 친구가 되었다.

직업으로 ~

· 직업으로 삼다 当作职业
자신이 즐기는 부분을 직업으로 삼겠다고 생각했다.

Ⓐ + 직업

· 안정된 직업 稳定的工作
교사들은 자신이 하는 일을 안정된 직업으로 생각했다.
· 유망한 직업 有前途的工作
프로그래머는 요즘 유망한 직업이다.

2072 직장 [직짱](職場)
工作单位

· 직장 동료 单位同事
· 직장 상사 单位上司
· 직장 생활 职场生活
· 직장 여성 职业女性
· 직장 탁아소 单位托儿所
· 직장 후배 晚辈同事

직장을 ~

· 직장을 갖다 有工作
서울에서 첫 직장을 갖고 하숙 생활을 시작했다.
· 직장을 구하다 找工作单位
아무리 직장을 구하려고 해도 쉽지 않았다.
· 직장을 그만두다 辞职
누구나 직장을 그만두고 싶어 한다.
· 직장을 다니다 上班
일이란 꼭 직장을 다니며 돈을 버는 것만이 아닙니다.
· 직장을 떠나다 离开工作单位
그러나 박 씨는 직장을 떠날 필요가 없어졌다.
· 직장을 바꾸다 换工作
대기업으로 직장을 바꿨다.
· 직장을 얻다 得到工作
가만히 앉아 있을 수 있는 직장을 얻고 싶었다.
· 직장을 옮기다 换工作单位
제조업에서 서비스업으로 직장을 옮긴 사람...
· 직장을 잃다 失业
경제 위기로 많은 은행원들이 직장을 잃었다.
· 직장을 잡다 找到工作
그렇게 해서 나는 집 근처에 직장을 잡았다.
· 직장을 찾다 找工作
원하는 직장을 찾지 못했다.

직장에 ~

· 직장에 나가다 去单位
아마 죽어도 가기 싫은 직장에 나가는 기분이겠지.
· 직장에 다니다 上班
결혼한 뒤에도 직장에 다닐 거예요?
· 직장에 들어가다 就业
대학을 졸업하고 각자 직장에 들어갔다.

· 다니던 직장 原来的工作单位
6개월 전에 다니던 직장을 그만두었다.
· 다른 직장 别的单位
그는 할 수 없이 다른 직장을 알아보기로 했다.

· 새로운 직장 新单位
그녀는 이렇게 쉽게 또 새로운 직장을 얻었다.
· 안정된 직장 稳定的工作
보수가 높고 안정된 직장은 거의 없다.
· 좋은 직장 好工作
별로 좋은 직장이 아니야.

2073 **직접** [직쩝](直接)
直接

· 직접 개입 直接介入
· 직접 교류 直接交流
· 직접 교역 直接交易
· 직접 대결 直接对决
· 직접 선거 直接选举
· 직접 작용 直接作用
· 직접 전투 直接战斗
· 직접 제의 直接提议
· 직접 조사 直接调查
· 직접 조종 直接操纵
· 직접 지도 直接指导
· 직접 지시 直接指示
· 직접 참여 直接参与
· 직접 책임 直接责任
· 직접 체험 直接体验
· 직접 카피 直接复印
· 직접 통치 直接统治
· 직접 통화 直接通话
· 직접 투자 直接投资
· 직접 투표 直接投票

2074 **진급** (進級)
晋升

· 진급 대상 晋升对象
· 진급 심사 晋升审查
· 진급 인사 晋升人员

진급 + Ⓥ

진급이 ~

· 진급이 되다 晋升
특수 교육을 받고 와서부터 진급이 되기 시작했다.

진급을 ~

· 진급을 하다 晋升
남편이 진급을 할 때마다 가족사진을 찍었다.

2075 **진단** (診斷)
诊断

진단 + Ⓝ

· 진단 결과 诊断结果
· 진단 과정 诊断过程
· 진단 비용 诊断费用
· 진단 평가 诊断评价

진단 + Ⓥ

진단이 ~

· 진단이 내려지다 做出诊断
관절염으로 진단이 내려졌다.

진단을 ~

· 진단을 내리다 做出诊断
마침내 의사는 백혈병이라는 진단을 내렸다.

· 진단을 받다 接受诊断
일단 전문의의 진단을 받고 지시에 따라야 한다.

· 진단을 하다 做诊断
그릇된 진단을 해서는 안 된다.

2076 **진달래**
金达莱花

진달래 + Ⓝ

· 진달래 꽃 金达莱花
· 진달래 꽃망울 金达莱花花蕾
· 진달래 꽃잎 金达莱花花瓣

진달래 + Ⓥ

진달래가 ~

· 진달래가 만발하다 金达莱花盛开
개나리와 진달래가 만발해 울긋불긋해지기 시작했다.

· 진달래가 피다 金达莱花
가을에는 국화꽃이 피고 봄에는 진달래가 핀다.

· 진달래가 흐드러지다 金达莱花盛开
차창 밖은 개나리에 진달래가 흐드러지는 봄이었다.

진달래를 ~

· 진달래를 꺾다 摘金达莱花
산에 가서 진달래를 꺾어다가 꽃병에 담았다.

2077 **진동** (振動)
振动, 震动

진동 + Ⓥ

진동을 ~

· 진동을 하다 振动
그 소리에 유리창이 떨고 공기가 진동을 하고 있었다.

· 진동을 하다 (气味等) 弥漫
집 안에서 고기 타는 냄새가 진동을 했다.

2078 **진로** [질로](進路)
出路

진로 + Ⓝ

· 진로 모색 摸索出路
· 진로 상담 咨询出路
· 진로 선택 选择出路

진로 + Ⓥ

진로를 ~

· 진로를 결정하다 决定出路
학생들이 장래의 포부에 따라 자율적으로 진로를 결정한다.

· 진로를 모색하다 谋求出路
요즘 학생들은 다양한 진로를 모색하는 것 같다.

· 진로를 바꾸다 换出路
가수 데뷔 후 진로를 바꿔 패션모델이 되었다.

· 진로를 선택하다 选择出路
너의 목표와 진로를 선택하라.

2079 **진료** [질료](診療)
治疗

진료 + **N**

· **진료 기록** 治疗记录
· **진료 시간** 治疗时间
· **진료 환자** 治疗患者

진료 + **V**

진료를 ~
· **진료를 받다** 接受治疗
저 소득자는 무료로 진료를 받을 수 있다.
· **진료를 하다** 进行治疗
이틀 동안 정상 진료를 한다.

2080 **진리** [질리](眞理)
真理

진리 + **N**

· **진리 탐구** 探索真理

진리 + **V**

진리를 ~
· **진리를 깨닫다** 领悟真理
평범한 진리를 깨달았다.
· **진리를 탐구하다** 探索真理
연구는 흔히 진리를 탐구하는 것이라고 한다.
· **진리를 찾다** 寻求真理
아주 평범한 일상생활 속에서 진리를 찾는다.

2081 **진실** (眞實)
真相

진실 + **N**

· **진실 규명** 查明真相
· **진실 보도** 报道真实情况
· **진실 앞** 在真实面前

· **진실 탐구** 探寻真相

진실 + **V**

진실이 ~
· **진실이 드러나다** 真相大白
수사가 좀 더 진전되면 진실이 드러날 것으로 보인다.
· **진실이 밝혀지다** 真相被揭开
조사해 보면 진실이 밝혀질 것이다.

진실을 ~
· **진실을 감추다** 隐瞒真相
그가 진실을 감추고 거짓말을 했다는 걸 알게 되었다.
· **진실을 말하다** 说出真相
그는 용기를 내어 진실을 말했다.
· **진실을 밝히다** 查明真相
양심에 한 점 부끄럼 없이 진실을 밝혀야 할 것이다.
· **진실을 왜곡하다** 歪曲真相
진실을 왜곡해서는 안 된다.
· **진실을 탐구하다** 探索真理
학문은 진실을 탐구하는 행위이다.

2082 **진심** (眞心)
真心

진심 + **V**

진심을 ~
· **진심을 담다** 发自内心
나는 진심을 담아 말했다.
· **진심을 털어놓다** 吐露内心
그는 처음으로 자신의 진심을 털어놓았다.

진심으로 ~
· **진심으로 축하하다** 真心祝贺
나는 그의 당선을 진심으로 축하했다.
· **진심으로 환영하다** 真心欢迎
여러분 모두를 진심으로 환영합니다.

진심에서 ~
· **진심에서 나오다** 发自内心
그의 말이 진심에서 나온 것인지 알 수 없었다.
· **진심에서 우러나오다** 发自内心 由衷
선생님께 진심에서 우러나오는 감사의 말을 전했다.
· **진심에서 하다** 发自内心
자네 정말 진심에서 하는 말은 아니겠지?

2083 **진지**
饭（敬语词）

· 진지 상 餐桌

진지를 ~

· 진지를 드시다 用餐
아버님, 진지를 드셔야죠.
· 진지를 올리다 上饭
부모님께 따뜻한 진지를 올렸다.
· 진지를 잡수시다 用餐
진지를 잡수셨어요?

2084 **진찰** (診察)
诊察，检查

진찰을 ~

· 진찰을 받다 就诊
이 같은 경우에는 의사의 진찰을 받아야 한다.
· 진찰을 하다 诊察
의사는 여기저기 진찰을 한다.

2085 **진출** (進出)
进入，打入，进军

진출을 ~

· 진출을 모색하다 想办法开拓（市场等）
해외 교포들이 국내 진출을 적극 모색하고 있다.
· 진출을 하다 打入，进军
이들 업체들은 해외로 진출을 하고 있다.

2086 **진통**[1] (陣痛)
（产前）阵痛，阵痛

진통이 ~

· 진통이 시작되다 开始（产前）阵痛
밤중에 갑자기 진통이 시작되어 병원에 간다.

진통을 ~

· 진통을 겪다 经受阵痛
경제위기를 극복하는 데 상당한 진통을 겪었다.

2087 **진통**[2] (鎭痛)
止痛

· 진통 주사 止痛针
· 진통 효과 止痛效果

2088 **진행** (進行)
进行

· 진행 과정 进行过程
· 진행 방식 进行方式
· 진행 방향 进行方向
· 진행 상황 进展情况
· 진행 속도 进行速度
· 진행 중 进行中

진행이 ~

· 진행이 되다 进行
결혼식은 순조로이 진행이 되고 있었다.

진행을 ~

· 진행을 맡다 担任主持
그녀는 아침 프로그램의 진행을 맡았다.
· 진행을 하다 主持

아침 8시 뉴스 진행을 한다.

2089 질 (質)
质量

질이 ~
· 질이 낮다 质量低
질이 낮은 제품은 피하는 것이 좋다.
· 질이 높다 质量高
현실적으로 일본의 만화가 질이 높은 것은 사실이다.
· 질이 높아지다 质量提高
삶의 질이 높아지고 있다.
· 질이 떨어지다 质量下降
실직 이후 삶의 질이 떨어졌다.
· 질이 좋다 质量好
국산품 중에 제일 질이 좋은 거예요.

질을 ~
· 질을 높이다 提高质量
자유로운 경쟁은 상품이나 서비스의 질을 높인다.
· 질을 향상시키다 提高质量
경제 성장은 국민들의 삶의 질을 향상시킨다.

2090 질문 (質問)
提问

· 질문 공세 不断发问，发难
· 질문 내용 提问内容
· 질문 답변 回答提问
· 질문 사항 提问事项

질문이 ~
· 질문이 나오다 产生疑问
그 질문이 나오자 고개를 설레설레 저었다.
· 질문이 쏟아지다 接连提问
이전과 다른 질문이 쏟아졌다.
· 질문이 있다 有疑问
질문이 있다는 것은 관심이 있다는 의미이다.

질문을 ~
· 질문을 던지다 提出问题
이를 알아보기 위해 몇 가지 질문을 던졌다.
· 질문을 받다 接受提问
이 질문을 받고 어떤 답변을 해야 할지 모르겠다.
· 질문을 하다 提问
질문을 하고 나면 반드시 답변을 듣는다.

· 간단한 질문 简单的问题
난 간단한 질문을 한 것 같은데.
· 갑작스러운 질문 突然的提问
갑작스러운 질문에 그의 얼굴이 벌겋게 달아올랐다.
· 곤란한 질문 很难回答的提问
"그런 곤란한 질문 하지 마세요."
· 똑같은 질문 同样的问题
똑같은 질문을 계속해서 짜증이 났죠.
· 다양한 질문 各种不同的问题
읽기를 도와주는 다양한 질문과 함께 주었다.
· 쓸데없는 질문 无用的问题
그는 쓸데없는 질문을 계속해서 던졌다.
· 어려운 질문 很难的问题
대답하기 어려운 질문이 나올 수도 있을 것이다.
· 엉뚱한 질문 出乎意料的问题
그는 엉뚱한 질문을 받고도 당황하지 않았다.
· 좋은 질문 好问题
그래, 좋은 질문을 했다.

2091 질병 (疾病)
疾病

· 질병 예방 预防疾病
· 질병 진단 诊断疾病
· 질병 치료 治疗疾病

질병을 ~
· 질병을 앓다 患病
수만 명의 어린이가 각종 질병을 앓고 있다.
· 질병을 예방하다 预防疾病
이런 음식을 공급해 질병을 예방하는 기능을 한다.
· 질병을 치료하다 治疗疾病

나노 의학은 새롭게 질병을 치료한다.

질병에 ~

· **질병에 걸리다** 患上疾病
비만은 다양한 질병에 걸리게 한다

· **질병에 시달리다** 受疾病的折磨
그는 생전에 수없이 많은 질병에 시달렸다.

2092 **질서** [질써](秩序)
秩序

질서 + ℕ

· 질서 의식 秩序意识

질서 + Ⓥ

질서가 ~

· **질서가 무너지다** 秩序崩溃
생태계의 질서가 무너지고 있다.

· **질서가 없다** 没有秩序
우리 반 자습시간은 질서가 없다.

· **질서가 있다** 有秩序
승객들은 승하차 시에 질서가 있었다.

· **질서가 잡히다** 秩序稳定
부대 안은 어느 정도 질서가 잡혔다.

질서를 ~

· **질서를 깨뜨리다** 破坏秩序
그들은 평화와 질서를 깨뜨리는 폭군들이다.

· **질서를 세우다** 建立秩序
누가 이러한 질서를 세웠을까?

· **질서를 지키다** 遵守秩序
교통 질서를 지켜야 한다.

· **질서를 파괴하다** 破坏秩序
이것은 정당한 상거래 질서를 파괴하는 행위이다.

2093 **질투** (嫉妬/嫉妒)
嫉妒

질투 + Ⓥ

질투가 ~

· **질투가 나다** 嫉妒
그녀는 질투가 날 정도로 미인이었다.

질투를 ~

· **질투를 느끼다** 感到嫉妒
그녀의 아름다움에 질투를 느낀 것 같다.

· **질투를 하다** 嫉妒, 吃醋
질투를 하지 않으면 사랑을 안 하는 것일까?

Ⓐ + 질투

· **심한 질투** 强烈的嫉妒
그녀에게 심한 질투를 느꼈다.

· **약간의 질투** 微微的嫉妒
제가 약간의 질투를 보인 것은 사실이에요.

2094 **짐**
行李

짐 + ℕ

· **짐 가방** 行李箱
· **짐 꾸러미** 行李卷儿
· **짐 보따리** 行囊

짐 + Ⓥ

짐이 ~

· **짐이 가볍다** 行李轻
짐이 가볍고 간단했다.

· **짐이 되다** 成为负担
너무 비싼 선물은 오히려 짐이 된다.

· **짐이 많다** 行李多
짐이 많아서 죽는 줄 알았어요.

· **짐이 무겁다** 行李重
다른 이들보다 자신의 짐이 더 무겁고 커 보였다.

· **짐이 없다** 没有行李
싸간 짐은 없었는데도 가지고 나올 짐은 꽤 되었다.

· **짐이 있다** 有行李
날이 밝자 짐이 있는 곳으로 달려갔다.

짐을 ~

· **짐을 꾸리다** 捆行李
그녀는 해외여행을 하면서 항상 거창한 짐을 꾸렸다.

· **짐을 나르다** 搬行李
그들은 짐을 나르면서 불평도 불만도 없었다.

· **짐을 덜다** 减轻负担
"저라도 당신 어깨에 걸린 짐을 덜어 드릴게요."

· **짐을 들다** 提行李
무거운 짐을 들고 가는 할머니를 도와주었다.

· 짐을 맡기다 存放行李
식당 카운터에 짐을 맡기고 밖으로 나갔다.

· 짐을 메다 背行李
짐을 메고 할아버지는 집을 나섰다.

· 짐을 부리다 卸货
짐을 부린 다음, 차에 올랐다.

· 짐을 부치다 寄行李
소형 트럭을 빌려, 서울로 짐을 부치려 하고 있다.

· 짐을 싸다 打包行李
나는 책이며 옷이며 짐을 싸는 것을 도왔다.

· 짐을 싣다 装行李
이제 승강기는 짐을 싣고 내려오고 있었다.

· 짐을 옮기다 搬运行李
먼 곳으로 짐을 옮겼다.

· 짐을 이다 用头顶行李
할머니와 엄마는 다시 큰 짐을 이고 줄을 섰다.

· 짐을 정리하다 整理行李
아침식사를 마치고 서둘러 짐을 정리했다.

· 짐을 지다 背行李
아이구, 이렇게 무거운 짐을 지고 어디를 가?

· 짐을 찾다 取行李
우리는 프런트에 맡겼던 짐을 찾았다.

· 짐을 풀다 打开行李
그들은 가까운 서해안의 바닷가 호텔에 짐을 풀었다.

· 짐을 챙기다 收拾行李
슬슬 짐을 좀 챙겨야지

Ⓐ + 짐

· 가벼운 짐 轻的行李
가장 작고 가벼운 짐으로 여행을 떠나리.

· 무거운 짐 重的行李
오실 때도 그 무거운 짐을 가지고 오셨다.

· 큰 짐 大行李
할머니와 엄마는 다시 큰 짐을 이고 줄을 섰다.

2095 짐작 (斟酌)
估计

짐작 + Ⓥ

짐작이 ~

· 짐작이 가다 估计
누군지 짐작이 가요.

· 짐작이 되다 估计
자네, 마음의 상처가 얼마나 깊은지 짐작이 되네.

· 짐작이 들다 怀疑, 心里犯嘀咕
강원도에 갔을지도 모른다는 짐작이 들었다.

짐작을 ~

· 짐작을 하다 估计
그의 설명을 안 들어도 대강 짐작을 할 수 있었다.

2096 집
家

집 + Ⓝ

· 집 근처 家附近
· 집 마당 家院子
· 집 밖 家外面
· 집 주소 家地址
· 집 주위 家周围
· 집 주인 家主人
· 집 앞 家前面
· 집 안 家里面

집 + Ⓥ

집이 ~

· 집이 가난하다 家庭困难
어려서는 집이 가난하여 하찮은 직업들을 가졌습니다.

· 집이 그립다 想家
그는 집이 그리웠다.

· 집이 비다 房子空着
집이 빈 지 한 3년쯤 되었다고 했다.

· 집이 생기다 有了房子, 有了家
내 집이 생겼는데 안 좋을 리 없었다.

· 집이 없다 没有房子, 没有家
그들은 집이 없나?

· 집이 있다 有房子, 有家
새들도 집이 있다.

· 집이 좁다 房子小
집이 좁아 불편한 것은 정말 참기가 어려웠다.

집을 ~

· 집을 나가다 离家出走
네가 집을 나간 지 벌써 아홉 달이 됐구나.

· 집을 나오다 离家出走
그렇게 밤에 집을 나온 것이 이번이 벌써 세 번째였다.

· 집을 나서다 出门
옷을 갈아입고 서둘러 집을 나섰다.

· 집을 떠나다 离开家

집을 떠날 때마다 그는 나에게 말했다.
· **집을 비우다** 房子空着
그들의 가장 큰 부담은 오랫동안 집을 비우는 일이다.
· **집을 사다** 买房子
예쁜 집을 샀다고 좋아하셨다.
· **집을 짓다** 盖房子
집을 짓는 목수가 설계도 없이 집을 지을 수 없는 것...
· **집을 팔다** 卖房子
나도 이번 여름, 집을 팔고 새로 사기로 했다.

집에 ~

· **집에 가다** 回家
이따가 집에 가서 먹을래.
· **집에 놀러오다** 来家玩
너 일요일에 우리 집에 놀러오지 않을래?
· **집에 도착하다** 到家
오후 6시쯤 그가 집에 도착했다.
· **집에 돌아오다** 回家
집에 돌아와서도 걱정이 떠나질 않았다.
· **집에 들르다** 顺便去家里
언니 집에 들렀다가 저녁 먹고 오는 길이야.
· **집에 들어가다** 回家
나 오늘 집에 안 들어갈 거야.
· **집에 들어오다** 回家
그녀는 집에 늦게 들어왔다.
· **집에 없다** 不在家
그런데 그는 집에 없었다.
· **집에 오다** 到家
집에 오자마자 바로 그에게 전화를 걸었다.
· **집에 있다** 在家
집에 있을 때는 주로 독서로 소일하구요.

집에서 ~

· **집에서 가깝다** 离家近
집에서 가까운 초등학교를 몇 군데 찾아갔다.
· **집에서 다니다** 通勤
정 회사에 다니고 싶으면 집에서 다니거라.
· **집에서 멀다** 离家远
집에서 먼 대학에 진학했다.
· **집에서 나오다** 从家里出来
강의가 있는 날은 7시 쯤 집에서 나와 학교로 향한다.
· **집에서 쉬다** 在家里休息
집에서 쉬고 있으니 꼭 일요일처럼 생각되었다.

집으로 ~

· **집으로 가다** 回家
차를 몰고 집으로 갑니다.
· **집으로 바래다주다** 送到家
연애 초기 항상 그녀를 집으로 바래다주었다.
· **집으로 돌아가다** 回家

일행 중 세 사람이 각자 집으로 돌아갔다.
· **집으로 돌아오다** 回家
집으로 돌아오니 하늘이 노랗게 보였다.
· **집으로 오다** 来……家
우리 집으로 오지 않을래?
· **집으로 향하다** 朝着家
집으로 향하는 내 가슴이 몹시 답답해졌다.

Ⓐ + 집

· **가난한 집** 穷人家
하여튼 가난한 집에는 절대로 안 보낼 거야.
· **부유한 집** 有钱人家
부유한 집 맏딸이었다.
· **남의 집** 别人家
어쩐지 남의 집 같지가 않아요.
· **맛있는 집** 好吃的饭店
여기는 샌드위치가 맛있는 집이다.
· **빈 집** 空房子
텅 빈 집이 나를 맞았다.

2097 **집단** [집딴](集團)
集团

집단 + Ⓝ

· **집단 간** 集团之间
· **집단 구성원** 集团成员
· **집단 내** 集团内部
· **집단 사이** 集团之间
· **집단 생활** 团队生活
· **집단 의식** 团队意识
· **집단 이기주의** 集体利己主义
· **집단 행동** 集体行动

집단 + Ⓥ

집단에 ~

· **집단에 속하다** 属于……集团
한 개인이 항상 집단에 속해 있다.

집단을 ~

· **집단을 만들다** 组建群体
그래서 인간은 가족보다 더 큰 집단을 만들어 왔다.
· **집단을 이루다** 形成群体
사람들이 한 곳에 모여서 어떤 집단을 이루고 있다.
· **집단을 형성하다** 形成群体

사회 집단을 형성해서 살아갈 줄 안다고나 할까?

2098 **집안** [지반]
家庭

· 집안 간 家庭之间
· 집안 내력 家庭传统
· 집안 망신 有辱家门
· 집안 살림 家务
· 집안 식구 家属
· 집안 어른 (家里的)长辈
· 집안 형편 家境

집안이 ~
· 집안이 망하다 家亡
옛말에 암탉이 울면 집안이 망한다는 말이 있다.
· 집안이 좋다 家境(家庭)好
그는 인물이 잘 생기고 집안이 좋다.

2099 **집안일** [지반닐]
家务活

집안일에 ~
· 집안일에 매달리다 被家务牵绊
몇 년 동안 집안일에 매달렸다.

집안일을 ~
· 집안일을 거들다 帮着干家务
그는 학교에서 돌아오자마자 집안일을 거들었다.
· 집안일을 도맡다 当家, 家里的事包了
큰형은 온갖 집안일을 도맡아 했다.
· 집안일을 돌보다 操持家务
엄마대신 내가 집안일을 돌보지 않으면 안 된다.
· 집안일을 돕다 帮助干家务
남편이 집안일을 도와주시나요?

· 남의 집안일 别人的家务事
남의 집안일에 쓸데없이 참견하지 말아라.
· 온갖 집안일 所有的家务活
주인아주머니는 온갖 집안일을 다 시켰다.

2100 **집중** [집쭝](集中)
集中

· 집중 관리 集中管理
· 집중 단속 集中管制
· 집중 추궁 集中追究
· 집중 추적 集中追踪
· 집중 호우 大暴雨, 强降雨

집중이 ~
· 집중이 되다 集中
요즘 나는 수업에 집중이 되지 않는다.

집중을 ~
· 집중을 하다 集中
시끄러워서 공부에 집중을 할 수가 없었다.

2101 **집중력** [집쭝녁](集中力)
注意力

집중력이 ~
· 집중력이 떨어지다 注意力下降
집중력이 떨어져 실수가 많다.
· 집중력이 없다 注意力分散
생각이 산만하여 집중력이 없다.
· 집중력이 좋다 注意力集中
공연의 전 과정을 소화하려면 집중력이 좋아야 해요.

집중력을 ~
· 집중력을 기르다 提高注意力
이러한 방법으로 집중력을 기를 수 있다.

2102 짜증
火气

짜증 + Ⓥ

짜증이 ~

· 짜증이 나다 心烦
아침 일찍 걸려온 전화에 짜증이 났다.

· 짜증이 섞이다 有火气, 不耐烦
그의 목소리에 약간 짜증이 섞여 있었다.

짜증을 ~

· 짜증을 내다 发脾气
화가 덜 풀렸는지 그는 짜증을 냈다.

· 짜증을 부리다 撒气儿
오랜 병원생활에 지쳐 잠깐 짜증을 부렸다.

2103 짝
伴儿

짝 - Ⓝ

· 짝사랑 单相思

짝 + Ⓥ

짝이 ~

· 짝이 되다 结成伴儿
반에서 나는 정애라는 아이와 짝이 되었습니다.

· 짝이 맞다 成双
남학생과 여학생이 짝이 맞지 않았다.

· 짝이 있다 有伴儿
짚신도 짝이 있다는 말이 있다.

짝을 ~

· 짝을 만나다 找到另一半
착한 짝을 만나 행복해지기를 바란다.

· 짝을 맞추다 配对儿
신발은 어제나 짝을 맞추어 현관에 놓여 있어야 했다.

· 짝을 이루다 搭伴儿
나는 누구와 짝을 이루어야 할지를 몰랐다.

· 짝을 짓다 成双成对
연인들이 쌍쌍이 짝을 지어 앉아 있다.

· 짝을 찾다 找到另一半
제 짝을 찾아 결혼하면 행복하다는 거죠.

Ⓐ + 짝

· 한 짝 单个, 一只
양말을 한 짝 벗었다.

惯

· 짝을 맞추다 找对象
은행에 취직하면 은행원과 짝을 맞추어 준다고 했다.

2104 쪽지 [쪽찌](쪽紙)
纸条

쪽지 + Ⓝ

· 쪽지 시험 小测试
· 쪽지 편지 便签

쪽지 + Ⓥ

쪽지를 ~

· 쪽지를 남기다 留下纸条
그는 짤막한 쪽지를 남겨 놓고 떠나 버렸다.

· 쪽지를 쓰다 写纸条
나는 그 제의를 수락하는 쪽지를 썼다.

· 쪽지를 읽다 读纸条
그녀는 떨리는 마음으로 남편이 보낸 쪽지를 읽었다.

· 쪽지를 펴다 打开便条
방으로 들어와서 그 쪽지를 폈다.

쪽지에 ~

· 쪽지에 적다 写在纸条上
종이 쪽지에 몇 자 적었다.

· 쪽지에 적히다 纸条上写着
문패를 보니 쪽지에 적힌 대로다.

2105 찌개
汤

찌개 + Ⓝ

· 찌개 그릇 汤碗
· 찌개 국물 汤水
· 찌개 냄비 汤锅
· 찌개 냄새 汤味

찌개 + Ⓥ

찌개를 ~

· **찌개를 끓이다** 熬汤, 煮汤
반찬을 만들고 찌개를 끓여 밥상을 차렸다.

· **찌개를 데우다** 把汤热一热
남편을 위해 아내는 찌개를 데우고 있었다.

2106 차¹ (車)
车

차 – N

· 차바퀴 车轮

차 + N

· 차 값 车价格
· 차 뒤 车后面
· 차 뒷문 车后门
· 차 문 车门
· 차 밑 车底下
· 차 번호 车牌号
· 차 밖 车外
· 차 소리 车声
· 차 시간 乘车时间
· 차 안 车里
· 차 앞 车前面
· 차 옆 车旁边
· 차 열쇠 车钥匙
· 차 유리 车玻璃
· 차 트렁크 车后备箱

차 + V

차가 ~

· 차가 다니다 车行驶
이 길은 차가 다닐 수 없다.

· 차가 달리다 车辆行驶
차가 달리는 동안 사람들은 아무 말도 하지 않았다.

· 차가 대기하다 车在恭候
대문 밖에 차가 대기하고 있었다.

· 차가 떠나다 车离开
차가 떠난 뒤에도 그 자리에 우뚝 서 있었다.

· 차가 막히다 堵车
오후가 되어서 차가 심하게 막히는 것 같다.

· 차가 멈추다 车停
위험하니까 차가 멈춘 다음에 내리세요.

· 차가 밀리다 堵车
퇴근 시간이 되자 차가 밀리기 시작했다.

· 차가 생기다 有车
저도 조만간 곧 차가 생길 것 같아요.

· 차가 오다 来车
한참 기다리고 있으니까 차가 왔다.

· 차가 움직이다 车移动
신호를 기다리던 차가 움직이기 시작했다.

· 차가 출발하다 车出发
차가 다시 출발하고 우리는 다들 잠들었다.

차를 ~

· 차를 기다리다 等车
수업을 마치고 집에 가려고 차를 기다리고 있었다.

· 차를 대다 泊车
나는 항상 주차장에 차를 댄다.

· 차를 대놓다 停好车
차를 여기에 대놓으면 안됩니다.

· 차를 돌리다 调转车头
미끄러워서 아무래도 차를 여기서 돌려야겠습니다.

· 차를 몰다 驱车
나는 남편이 두고 간 차를 몰래 몰고 나갔다.

· 차를 사다 买车
한 5년 있으면 차를 사게 될 거 같아요.

· 차를 세우다 停车
우리는 휴게소에서 차를 세웠다.

· 차를 운전하다 驾车
차를 운전하며, 음악을 듣는다.

· 차를 출발시키다 开动车
택시 기사는 서둘러 창문을 올리고 차를 출발시켰다.

· 차를 타다 乘车
공항에서 호텔까지는 한 시간 정도 차를 타야 한다.

차에 ~

· 차에 부딪히다 撞到车上
두 달 전 차에 부딪혀 다리를 다쳤다.

· 차에 싣다 装在车里
어떤 젊은이가 얼른 짐을 받아 차에 실었다.

· 차에 오르다 上车
그들은 작별인사를 하고는 급히 차에 올랐다.

· 차에 치이다 被车撞到
그는 길을 건너다 차에 치일 뻔했다.

· 차에 타다 上车
저 차에 타시죠.

· 차에 태우다 载……上车
그는 나를 자기 차에 태웠다.

차로 ~

· 차로 데려다 주다 开车送
집까지 내 차로 데려다 줄게요.

· 차로 이동하다 乘车移动
그쪽 차로 이동하죠.

2107 차²(茶)
茶

차 + N

· 차 맛 茶的味道
· 차 스푼 茶匙
· 차 쟁반 茶盘
· 차 향기 茶香

차 + V

차를 ~

· 차를 끓이다 煮茶
그녀는 주방에서 차를 끓이고 있었다.
· 차를 나누다 喝茶
강의가 끝나고 학생들과 함께 차를 나누었다.
· 차를 따르다 倒茶
나는 내 잔에 차를 따르며 의자에 앉았다.
· 차를 들다 喝茶
차를 드시는 동안 저녁을 준비하겠습니다.
· 차를 마시다 喝茶
우리는 차를 마시면서 이런저런 이야기를 나누었다.
· 차를 만들다 制茶
그는 20년 넘게 차를 만들었다.
· 차를 시키다 点茶
차를 시키고 나서, 그들은 잠시 음악에 귀를 기울였다.

차로 ~

· 차로 마시다 当茶喝
그냥 뜨거운 물에 타서 차로 마셔도 좋다.

A + 차

· 따뜻한 차 热茶
따뜻한 차라도 마시고 싶어요.
· 뜨거운 차 热茶
겨울에 뜨거운 차는 건강에 좋다.

2108 차량(車輛)
车辆

차량 + N

· 차량 번호 车辆牌号

· 차량 점검 车辆检查
· 차량 통행 车辆通行
· 차량 행렬 汽车行列

2109 차례¹(次例)
顺序, 次序

차례 + V

차례가 ~

· 차례가 돌아오다 轮到……
내 차례가 돌아오기를 기다렸다.
· 차례가 되다 轮到……
이번에는 우리들의 차례가 되었다.
· 차례가 오다 轮到……
드디어 내 차례가 왔다.

차례를 ~

· 차례를 기다리다 等着轮到自己
은행에는 많은 사람들이 줄을 서서 차례를 기다렸다.

A + 차례

· 두어 차례 两次左右
두어 차례 만나본 일이 있다.
· 몇 차례 几次
몇 차례 힘든 고비를 잘 넘겼다.
· 서너 차례 三四次
이미 서너 차례 헤어졌다 재회한 그들이다.
· 여러 차례 多次
똑같은 경험을 여러 차례 했다.
· 한 차례 一次
다시 한 차례 같은 일이 되풀이되었다.
· 한두 차례 一两次
전에도 한두 차례 특강을 갔었다.

2110 차례²(茶禮)
祭祀

차례 + N

· 차례 상 祭祀桌子

차례 + V

차례를 ~

· **차례를 모시다** 祭祖
9년 만에 추석 차례를 모시러 가는 귀향길이었다.

· **차례를 지내다** 祭祖
추석이나 설날에는 차례를 지낸다.

2111 **차별** (差別)

歧视

차별 + Ⓝ

· **차별 대우** 区别对待

차별 + Ⓥ

차별이 ~

· **차별이 심하다** 歧视严重
여기는 인종 차별이 심한 곳이에요.

· **차별이 없다** 不存在歧视
여기에는 빈부 차별이 없다.

· **차별이 있다** 存在歧视
이 일에는 남자와 여자의 차별이 있어서는 안 된다.

차별을 ~

· **차별을 두다** 有区别
품질에 따라 가격에 차별을 두고 있다.

· **차별을 하다** 歧视
인종 차별을 해서는 안 된다.

2112 **차선** (車線)

汽车路线, 车道

차선 + Ⓥ

차선을 ~

· **차선을 긋다** 划汽车路线
도로에 새로 차선을 그었다.

· **차선을 바꾸다** 换车道
빈 택시가 차선을 바꿔 달려오고 있었다.

2113 **차원** (次元)

层次

차원 + Ⓥ

차원이 ~

· **차원이 낮다** 层次低
폭력은 차원이 낮은 싸움이다.

· **차원이 높다** 层次高
교수님의 강의는 차원이 높아서 이해할 수 없었다.

· **차원이 다르다** 层次不同
회사일과 가정일은 차원이 다르다.

2114 **차이** (差異)

差异

차이 + Ⓥ

차이가 ~

· **차이가 나다** 有差异
나라에 따라 항공료가 차이가 난다.

· **차이가 생기다** 产生差异
왜 이런 차이가 생겼을까?

· **차이가 없다** 没有差异
근본적으로 차이가 없다.

· **차이가 있다** 有差异
글쎄, 네가 보기엔 어떤 차이가 있는 것 같니?

· **차이가 크다** 差异很大
기후는 계절별 차이가 크다.

차이를 ~

· **차이를 가지다** 具有差异
언어는 공간적으로 서로 차이를 가진다.

· **차이를 갖다** 具有差异
아는 것과 느끼는 것은 커다란 차이를 갖는다.

· **차이를 나타내다** 显示差异
언어는 계층 간에 큰 차이를 나타내지 않았다.

· **차이를 느끼다** 感到差异
나도 벌써 세대 차이를 느낀다.

· **차이를 두다** 留有差别
비행기표는 성수기와 비수기에 차이를 두고 있다.

· **차이를 보이다** 显示差异
두 사람 사이에 의견의 차이를 보이기도 했다.

· **차이를 좁히다** 缩小差异
여행 장소에 대한 의견 차이를 좁히지 못했다.

차이에서 ~

· **차이에서 비롯되다** 来源于差异
싸움은 사소한 의견 차이에서 비롯된다.

· **차이에서 오다** 由差异而产生
언어나 문화의 차이에서 오는 어려움이 많다.

· **뚜렷한 차이** 明显的差异
한국 신문들은 서로 간에 뚜렷한 차이가 별로 없다.

· **미묘한 차이** 微妙的差异
발음의 미묘한 차이를 구분할 수 있어야 한다.

· **별 차이** 特别的区别
택시나 버스는 별 차이가 없다.

· **엄청난 차이** 巨大的差异
두 나라는 경제적으로 엄청난 차이가 난다.

· **유의미한 차이** 有意义的差异
다른 8개 항목은 남녀 간에 유의미한 차이를 보였다.

· **커다란 차이** 巨大的差异
아는 것과 느끼는 것은 커다란 차이를 갖는다.

· **큰 차이** 很大的差异
형과 동생은 키가 큰 차이가 난다.

· **현격한 차이** 显著的差异
부모 세대와 자식 세대는 현격한 차이가 존재한다.

2115 **차이점** [차이쩜](差異點)
不同点

차이점이 ~

· **차이점이 많다** 有许多不同点
한국인과 중국인은 차이점이 많다.

· **차이점이 없다** 没有区别
보통 식당에 가면 설렁탕과 곰탕은 차이점이 없다.

· **차이점이 있다** 有不同点
어떤 공통점과 차이점이 있는가?

· **많은 차이점** 许多的不同点
지역 간에는 많은 차이점과 공통점이 있다.

2116 **차창** (車窓)
车窗

· **차창 너머** 车窗外面
· **차창 밖** 车窗外

2117 **차표** (車票)
车票

차표를 ~

· **차표를 끊다** 买车票
나는 종착역까지의 차표를 끊었다.

· **차표를 사다** 买车票
서울행 차표를 샀다.

· **차표를 예매하다** 提前购票
내일 차표를 예매해야 돼요.

· **차표를 팔다** 售票
내일부터 추석 귀향길 차표를 판다.

2118 **착각** [착깍](錯覺)
错觉

착각이 ~

· **착각이 들다** 产生错觉
구름을 밟고 있는 듯한 착각이 들었다.

착각을 ~

· **착각을 느끼다** 感到错觉
그는 또 한번 전신이 얼어붙는 착각을 느꼈다.

· **착각을 일으키다** 引起错觉
나는 시인이 된 것 같은 착각을 일으키고 있었다.

· **착각을 하다** 弄错
그는 나를 다른 누구와 착각을 했다.

착각에 ~

· **착각에 빠지다** 坠入错觉
나는 환상을 보는 것 같은 착각에 빠졌다.

· 착각에 사로잡히다 陷入错觉
그는 대통령이 되었다는 착각에 사로잡혔다.

2119 찬물
冷水

찬물 + Ⓥ

찬물을 ~
· 찬물을 마시다 喝冷水
찬물을 꿀꺽꿀꺽 마셨다.

찬물에 ~
· 찬물에 담그다 泡在冷水里
여름에는 찬물에 발을 담그면 좋다.
· 찬물에 헹구다 用冷水漂洗
콩나물은 뚜껑을 덮고 데쳐 찬물에 헹군다.

惯

· 찬물을 끼얹다 泼冷水
좋은 일을 하겠다는 자식에게 찬물을 끼얹는 것은 부모의 도리가 아니다.

2120 찬성 (贊成)
赞成

찬성 + Ⓥ

찬성을 ~
· 찬성을 하다 赞成
저는 이 의견에 찬성을 합니다.

2121 참
真正的

참 - Ⓝ

· 참교육 真正的教育
· 참뜻 真正的意义
· 참맛 真谛

2122 참고 (參考)
参考

참고 + Ⓝ

· 참고 도서 参考图书
· 참고 목록 参考目录
· 참고 문헌 参考文献
· 참고 사항 参考事项
· 참고 자료 参考资料

참고 + Ⓥ

참고가 ~
· 참고가 되다 可供参考
선행연구자의 조언이 참고가 된다.

참고를 ~
· 참고를 하다 参考
이런 것을 다 참고를 해서 우리 나름대로 연구를 해야 할 것입니다.

참고로 ~
· 참고로 하다 作为参考
자료집의 내용을 참고로 하면 된다.

2123 창가 [창까](窓가)
窗边

창가 + Ⓝ

· 창가 자리 窗边的位置
· 창가 쪽 靠窗边

창가 + Ⓥ

창가에 ~
· 창가에 서다 站在窗边
그들은 회의실 창가에 서서 우리를 내다보았다.
· 창가에 앉다 坐在窗边
창가에 앉아 밖을 내다보았다.

2124 창구 (窓口)
窗口

· 창구 역할 窗口作用

2125 창문 (窓門)
窗户

· 창문 너머 窗户外面
· 창문 밖 窗外
· 창문 아래 窗下
· 창문 앞 窗户前面
· 창문 위 窗户上面
· 창문 쪽 靠窗

창문이 ~
· 창문이 닫히다 窗户关上
열릴 때보다 더 세찬 소리를 내며 창문이 닫혔다.
· 창문이 열리다 窗户打开
드르륵 창문이 열리고 아내의 얼굴이 나타났다.
창문을 ~
· 창문을 내리다 摇下窗户
택시의 창문을 내렸다.
· 창문을 두드리다 敲窗
그녀는 우리집 창문을 두드렸다.
· 창문을 닫다 关窗
창으로 들어오는 밤기운이 싫어 창문을 닫았다.
· 창문을 열다 开窗
창문을 열어 하늘을 보았다.
창문에 ~
· 창문에 비치다 映照在窗户上
창문에 비치는 밝은 빛.

· 닫힌 창문 关闭的窗户
닫힌 창문을 다시 꼭 밀어 본다.
· 열린 창문 敞开的窗户

열린 창문으로 별을 올려다본다.
· 작은 창문 小窗户
작은 창문을 열었다.

2126 창작 (創作)
创作

· 창작 활동 创作活动

창작을 ~
· 창작을 하다 创作
작가는 독자를 의식하고 창작을 하는 경우도 많다.

2127 채널 (channel)
频道

채널을 ~
· 채널을 바꾸다 换频道
그는 여러 번 채널을 바꾸더니 결국 전원을 껐다.
· 채널을 돌리다 调频道
아이는 이리저리 텔레비전 채널을 돌렸다.

2128 채소 (菜蔬)
蔬菜

· 채소 가게 蔬菜店
· 채소 장사 蔬菜生意

채소를 ~
· 채소를 가꾸다 培植蔬菜
아버지는 논을 갈고 채소를 가꾸는 농사꾼이었다.
· 채소를 다듬다 择菜

ᄎ

아내는 채소를 다듬고 있다.
· **채소를 심다** 种植蔬菜
형님은 땅을 사서 거기에 무공해 채소를 심었습니다.

2129 **채점** [채쩜](採點)
打分(数)

채점 + ⓝ

· **채점 기준** 打分标准

채점 + ⓥ

채점을 ~
· **채점을 하다** 打分数
빨간 색연필로 채점을 했다.

2130 **책** (冊)
书

책 – ⓝ

· **책값** 书的价格

책 + ⓝ

· **책 내용** 书的内容
· **책 속** 书里
· **책 제목** 书名
· **책 표지** 书皮

책 + ⓥ

책이 ~
· **책이 간행되다** 发行书
그 책이 간행된 이후 20년이 지났다.
· **책이 나오다** 书被印出来了
책이 나오자마자 서점으로 갔다.

책을 ~
· **책을 내다** 出书
지난해 그는 자신의 성공비결을 모아 책을 냈다.
· **책을 뒤적이다** 翻书
서점에서 책을 뒤적이면서 시간을 보냈다.
· **책을 만들다** 制作书

책을 만들기가 수월치 않다.
· **책을 번역하다** 翻译书
그는 이 책을 번역하는 데 1년이 걸렸다.
· **책을 보다** 看书
무슨 책을 봐요?
· **책을 빌리다** 借书
도서관에서 책을 빌린다.
· **책을 읽다** 读书
내용이 궁금하면 책을 읽어 보라.
· **책을 출간하다** 发行书
지금까지 쓴 글을 모아서 책을 출간했다.
· **책을 출판하다** 出版书
책을 출판할 때는 큰 기대를 하지 않았다.
· **책을 펴다** 打开书
책을 펴고 읽기 시작했다.
· **책을 편찬하다** 编书
가족사를 정리해 역사적인 사료로 편찬하고 싶었다.
· **책을 펼치다** 打开书
책을 펼쳐도 머리에 들어오지 않는다.

책으로 ~
· **책으로 만들다** 制成书
전쟁 기록을 모아 책으로 만들었다.
· **책으로 묶다** 编成书
월드컵의 감동을 책으로 묶었다.
· **책으로 엮다** 编成书
그동안 쓴 글들을 책으로 엮으면 얼마나 될까?
· **책으로 출간하다** 发行书
그동안 조사해온 내용을 책으로 출간할 예정이다.
· **책으로 펴내다** 出书
지금까지 발표한 논문을 모아 한권의 책으로 펴냈다.

책에 ~
· **책에 실리다** 书中收录
이 책에 실린 편지들은 소중한 역사의 기록이다.

ⓐ + 책

· **두툼한 책** 厚书
일주일 만에 책 한 권으로 써 냈다.
· **새 책** 新书
새 책이 풍기는 냄새가 향기롭다.
· **얇은 책** 薄书
얇은 책 한 권을 다 읽었다.
· **좋은 책** 好书
좋은 책 한 권은 한 사람의 스승입니다.
· **헌 책** 旧书
나는 헌 책을 팔려고 헌책방으로 갔다.

698

2131 **책가방** [책까방](冊가방)
书包

책가방 + Ⓥ

· 책가방을 들다 提书包
두 아이는 책가방을 들고 학교에 갔다.
· 책가방을 메다 背书包
그는 등에 책가방을 메고 있다.

2132 **책상** [책쌍](冊床)
书桌

책상 + Ⓝ

· 책상 모서리 书桌角
· 책상 밑 书桌底下
· 책상 서랍 书桌抽屉
· 책상 아래 书桌下面
· 책상 앞 书桌前面
· 책상 위 书桌上面

책상 + Ⓥ

책상이 ~
· 책상이 놓이다 放着书桌
방에는 책상이 하나 놓여 있었다.
책상을 ~
· 책상을 놓다 放书桌
창문 옆에 책상을 놓았다.
· 책상을 만들다 做书桌
나무를 쪼개서 책상을 만드는 일을 생각해 봅시다.
책상에 ~
· 책상에 놓다 放在书桌上
가방을 책상에 놓고 밖으로 나갔다.
· 책상에 앉다 坐在书桌上
책상에 앉아 책을 읽기 시작했다.
· 책상에 엎드리다 趴在书桌上
휴식 시간 10분 동안 책상에 엎드려 잠시 눈을 부쳤다.

Ⓐ + 책상

· 작은 책상 小书桌
오늘 당장 작은 책상을 하나 만들어 주려고요.

· 큰 책상 大书桌
서재에는 큰 책상이 놓여 있다.

2133 **책임** [채김](責任)
责任

책임 + Ⓝ

· 책임 경영 责任经营
· 책임 연구원 责任研究员

책임 + Ⓥ

책임이 ~
· 책임이 막중하다 责任庞大
따라서 수사를 맡은 검찰의 책임이 막중하다.
· 책임이 없다 没有责任
지도자는 책임이 없다고 말하면 안 된다.
· 책임이 있다 有责任
전 그 사실을 세상에 널리 알릴 책임이 있습니다.
· 책임이 크다 责任大
이번 일은 제 책임이 가장 큽니다.
책임을 ~
· 책임을 느끼다 感到责任
부모님에게 보답하기 위한 책임을 느껴야 한다.
· 책임을 다하다 尽责任
부모 부양에 책임을 다해야 한다.
· 책임을 맡다 承担责任
그는 우리 팀에서 중요한 책임을 맡고 있다.
· 책임을 면하다 免除责任
증인덕분에 그는 책임을 면하게 되었다.
· 책임을 묻다 询问责任
제게 책임을 묻는 것까지는 좋아요.
· 책임을 저버리다 抛弃责任
그는 자식으로서 책임을 저버리고 떠났다.
· 책임을 짊어지다 承担责任
그는 가족에 대한 책임을 짊어지고 집을 나섰다.
· 책임을 전가하다 转移责任
그는 부하직원에게 책임을 전가했다.
· 책임을 지다 负责任
그는 잘못이 있다면 책임을 지겠다고 했다.
· 책임을 추궁하다 追究责任
경찰은 그에게 책임을 추구했다.
· 책임을 회피하다 回避责任
그는 끝까지 책임을 피했다.

A + 책임

· **막중한 책임** 繁重的责任
그는 승진을 통해 막중한 책임을 맡게 되었다.
· **모든 책임** 所有的责任
그 모든 책임이 나에게만 있는 것으로 되어 있었다.
· **무거운 책임** 沉重的责任
이제부터는 무거운 책임을 나 혼자 져야 한다.

2134 **책임감** [채김감](責任感)
责任心

책임감 + V

책임감이 ~
· **책임감이 강하다** 责任心强
그는 부지런하고 책임감이 강한 사람이었다.
· **책임감이 없다** 没有责任心
자기업무에 책임감이 없다.
· **책임감이 있다** 有责任心
결혼한 남자는 책임감이 있어서 일을 잘한다.

책임감을 ~
· **책임감을 가지다** 具有责任心
책임감을 가지고 일을 해야 한다.
· **책임감을 갖다** 具有责任心
나는 장녀로서의 책임감을 갖고 열심히 생활했다.
· **책임감을 느끼다** 感到身上的责任
그는 장남으로서의 책임감을 느꼈다.

2135 **책장**¹ [책짱](冊張)
书页

책장 + V

책장을 ~
· **책장을 넘기다** 翻动书页
한번은 책장을 넘기다가 손을 베인 적이 있었다.
· **책장을 덮다** 合上书页
나는 책장을 덮고 밖으로 뛰어나갔다.
· **책장을 펼치다** 展开书页
책장을 펼쳐서 소리를 내며 읽었다.

2136 **책장**² [책짱](冊欌)
书柜

책장 + N

· **책장 문** 书柜门
· **책장 속** 书柜里

책장 + V

책장을 ~
· **책장을 열다** 打开书柜
나는 천천히 책장을 열고 책을 꺼냈다.

책장에 ~
· **책장에 꽂다** 插到书柜里
그 책을 아내가 책장에 꽂아 놓았다.
· **책장에 꽂히다** 被插到书柜里
수많은 책들이 책장에 꽂혀 있었다.

A + 책장

· **빽빽한 책장** 放满书籍的书柜
그 책을 빽빽한 책장 속에 끼워 넣는다.

2137 **챔피언** (champion)
冠军

챔피언 + V

챔피언이 ~
· **챔피언이 되다** 成为冠军
커서 꼭 세계 챔피언이 되겠다.

챔피언을 ~
· **챔피언을 차지하다** 夺得冠军
그는 지난해에 이어 올해도 챔피언을 차지했다.

챔피언에 ~
· **챔피언에 오르다** 登冠军宝座
한국선수로는 3년 만에 처음 챔피언에 올랐다.

2138 처리 (處理)

处理

처리 + ⓥ

처리를 ~

· 처리를 하다 处理
언제 사표를 냈는데 벌써 처리를 해?

2139 처벌 (處罰)

处罚

처벌 + ⓝ

· 처벌 규정 处罚规定
· 처벌 대상 处罚对象

처벌 + ⓥ

처벌을 ~

· 처벌을 받다 受到处罚
만일 반칙을 했으면 처벌을 받게 됩니다.
· 처벌을 하다 处罚
그 부분에 대해서 처벌을 하신다면 벌을 받겠습니다.

2140 처음

第一次, 头, 开始

처음 + ⓥ

처음이 ~

· 처음이 되다 成为第一次
그와의 직접적인 만남은 이번이 처음이 된다.
· 처음이 아니다 不是第一次
이런 시도는 처음이 아니다.

처음을 ~

· 처음을 시작하다 开个头
그와 나는 회사의 처음을 함께 시작했다.

처음부터 ~

· 처음부터 시작하다 从头开始
어린애가 걸음마를 배우듯이 처음부터 시작하자.

Ⓐ + 처음

· 맨 처음 最开始
맨 처음 도시의 아침을 여는 사람들이 누구일까?

惯

· 처음부터 끝까지 从头至尾
제 작품을 처음부터 끝까지 읽은 사람은 한 명도 없었습니다.

2141 처지 (處地)

处境

처지 + ⓥ

처지가 ~

· 처지가 되다 处境是……
지금은 오갈 데 없는 처지가 됐다.
· 처지가 아니다 不是……的处境
지금은 함부로 움직일 처지가 아닙니다.

처지에 ~

· 처지에 놓이다 处于……处境
대부분 은행 빚도 못 갚는 처지에 놓였다고 한다.
· 처지에 있다 处于……处境
이 마트는 사라지게 될 처지에 있다.

Ⓐ + 처지

· 딱한 처지 尴尬的处境
그는 나보다 더 딱한 처지에 놓여 있는 사람이다.
· 어려운 처지 艰难的处境
어려운 처지에 놓인 사람들을 도와야 한다.

2142 천둥 (天動)

雷

천둥 - ⓝ

· 천둥소리 雷声

천둥 + ⓝ

· 천둥 번개 雷电

천둥 + Ⓥ

천둥이 ~

· **천둥이 울다** 打雷
새파란 불빛이 번쩍하고 천둥이 울었다.
· **천둥이 치다** 打雷
우르릉 우르릉, 천둥이 쳤다.

2143 **천사** (天使)
天使

천사 + Ⓝ

· **천사 얼굴** 天使面孔

천사 + Ⓥ

천사가 ~

· **천사가 나타나다** 天使出現
꿈속에서 천사가 나타났다.
· **천사가 되다** 成为天使
시인은 이 세상에서 꼭 필요한 천사가 되려는 것이다.

천사와 ~

· **천사와 같다** 像天使一样
천사와 같은 면도 있고, 악마와 같은 면도 있다.

2144 **철**[1]
季

철 + Ⓥ

철이 ~

· **철이 바뀌다** 換季
철이 바뀔 때는 감기를 조심해야 한다.
· **철이 지나다** 过季
좀 철이 지나긴 했지만 단풍구경을 떠나고 싶다.

철을 ~

· **철을 만나다** 应季
요즘 철을 만난 과일이 많다.
· **철을 맞다** 到了季节
봄나들이 철을 맞아 백화점에 사람들이 많다.

慣

· **철을 찾다** 随季
음식은 역시 철을 찾아 먹어야 한다.

2145 **철**[2]
事理

철 + Ⓥ

철이 ~

· **철이 나다** 懂事
철이 나기 전에 어머니와 헤어졌다.
· **철이 들다** 懂事
그는 남보다 빨리 철이 들었다.
· **철이 없다** 不懂事
그때는 참 철이 없었어.

철을 ~

· **철(을) 모르다** 不懂事
철(을) 모르는 어린이들의 장난입니다.

2146 **철도**[철또](鐵道)
铁路

철도 + Ⓝ

· **철도 건널목** 铁路交叉口
· **철도 공사** 铁路施工

철도 + Ⓥ

철도를 ~

· **철도를 놓다** 铺设铁路
서울에서 가까운 항구까지 철도를 놓는다.

2147 **철학** (哲學)
哲学

철학 + Ⓝ

· **철학 분야** 哲学领域
· **철학 사상** 哲学思想
· **철학 책** 哲学书

철학이 ~

· 철학이 담기다 蕴含着哲学
그는 인생의 철학이 담긴 이야기를 내게 들려주었다.

철학을 ~

· 철학을 가지다 具有哲学
그는 자기 자신의 철학을 가지고 있다.

· 철학을 공부하다 学习哲学
우리는 인간을 이해하기 위하여 철학을 공부합니다.

2148 **청소** (清掃)
清扫

청소 + Ⓝ

· 청소 구역 清扫区域
· 청소 당번 清扫值日
· 청소 도구 清扫工具
· 청소 시간 清扫时间

청소 + Ⓥ

청소를 ~

· 청소를 하다 打扫
아침에 마을 청소를 하려고 일찍 일어났다.

2149 **청첩장** [청첩짱](請牒狀)
请柬

청첩장 + Ⓥ

청첩장을 ~

· 청첩장을 돌리다 发请柬
며칠 후에 청첩장을 돌릴 것이다.

· 청첩장을 받다 收到请柬
결혼 날짜를 일주일 앞둔 친구의 청첩장을 받았다.

· 청첩장을 보내다 发请柬
친구에게 청첩장을 보냈다.

2150 **체계** [체계/체게](體系)
体系

체계 + Ⓝ

· 체계 개발 体系开发
· 체계 내 体系内
· 체계 속 体系里
· 체계 안 体系里
· 체계 확립 体系确立

체계 + Ⓥ

체계가 ~

· 체계가 잡히다 体系形成
사람들의 일처리는 전혀 체계가 잡혀 있지 않다.

· 체계가 없다 没有体系
통일된 논리 체계가 없다.

· 체계가 있다 有体系
회사가 성장하기 위해서는 체계가 있어야 한다.

체계를 ~

· 체계를 구축하다 建构体系
최신의 정보를 제공할 수 있는 체계를 구축하였다.

· 체계를 갖추다 具有体系
새로운 운영 체계를 갖춘 커피 전문점이 등장했다.

· 체계를 세우다 建立体系
노숙인에 대한 지원 체계를 세울 필요가 있다.

· 체계를 이루다 形成体系
이러한 것들은 일관성 있는 체계를 이루지 못했다.

Ⓐ + 체계

· 명확한 체계 明确的体系
명확한 체계를 세워 결론을 설명해야 한다.

· 새로운 체계 新的体系
새로운 체계의 구축이 필요했다.

2151 **체력** (體力)
体力

체력 + Ⓝ

· 체력 관리 调整体力
· 체력 단련 锻炼体力

· 체력 소모 消耗体力

체력이 ~
· 체력이 강하다 体力强
그는 스포츠를 좋아해 남보다 체력이 강했다.
· 체력이 떨어지다 体力下降
경기 후반에 선수들의 체력이 떨어졌다.
· 체력이 약하다 体力弱
그는 체력이 약해서 자주 감기에 걸린다.
· 체력이 좋다 体力好
그는 남보다 체력이 좋았다.

체력을 ~
· 체력을 기르다 培养体力
수영은 체력을 기르는 데 좋다고 한다.

2152 체면 (體面)
体面, 面子

· 체면치레 顾面子

체면이 ~
· 체면이 서다 体面
비싼 옷을 입어야 체면이 선다.
· 체면이 있다 有面子
나도 체면이 있지.

체면을 ~
· 체면을 구기다 丢面子
그는 한국 시리즈에서 무참히 체면을 구기고 말았다.
· 체면을 보다 看面子
교수들의 체면을 보아 낮에만 수사를 해주십시오.
· 체면을 살리다 给面子
이와 같은 말을 통해 상대방의 체면을 살려 주고 있다.
· 체면을 세우다 给面子
간판타자가 팀의 체면을 세웠다.
· 체면을 유지하다 维持面子
그는 부문상을 받는 것으로 간신히 체면을 유지했다.
· 체면을 지키다 维持面子
아버지는 체면을 지키기 위해 최선을 다 했다.
· 체면을 차리다 爱面子
내가 이런 말을 하는 것은 체면을 차리기 위해서가 아

니다.

2153 체온 (體溫)
体温

· 체온 유지 保持体温
· 체온 조절 调节体温

체온이 ~
· 체온이 낮다 体温低
귀는 우리 몸에서 체온이 가장 낮은 곳이다.
· 체온이 높다 体温高
아기의 체온은 성인보다 체온이 높은 편이다.
· 체온이 떨어지다 体温下降
수면 중에는 체온이 떨어진다.
· 체온이 올라가다 体温上升
체온이 올라가서 열이 났다.

체온을 ~
· 체온을 재다 测量体温
간호사가 환자의 체온을 재었다.

2154 체육 (體育)
体育

· 체육 대회 运动会
· 체육 시간 体育课
· 체육 활동 体育活动

2155 체제 (體制)
体制

· 체제 개편 体制改革
· 체제 구축 建立体制

· 체제 붕괴 体制解体
· 체제 유지 维持体制

체제 + Ⓥ

체제를 ~
· 체제를 갖추다 具备……机制
119 구급대는 24시간 가동 체제를 갖추고 있다.

2156 체조 (體操)
体操

체조 + Ⓝ

· 체조 선수 体操选手

체조 + Ⓥ

체조를 ~
· 체조를 하다 做体操
모두들 팔다리를 흔들며 체조를 한다.

2157 체중 (體重)
体重

체중 + Ⓝ

· 체중 감량 减轻体重
· 체중 조절 调节体重

체중 + Ⓥ

체중이 ~
· 체중이 늘다 体重增加
지금은 알맞게 체중이 늘었고 자신이 넘쳐 보였다.
· 체중이 붇다 体重增加
운동부족으로 체중이 많이 불었다.
· 체중이 줄다 体重下降
남편은 눈에 띄게 체중이 줄었다.
체중을 ~
· 체중을 늘리다 增加体重
수술은 체중을 늘린 다음에 하기로 했다.
· 체중을 달다 测体重
체중을 달아 보고 굶기로 결심했다.

· 체중을 조절하다 调节体重
선수들은 땀을 많이 흘려 체중을 조절한다.
· 체중을 줄이다 减轻体重
그는 체중을 줄이려고 하루에 한 끼씩 먹는다.

2158 체험 (體驗)
体验

체험 + Ⓝ

· 체험 학습 体验学习
· 체험 활동 体验活动

체험 + Ⓥ

체험을 ~
· 체험을 통하다 通过体验
체험을 통해 더 넓은 세상을 이해할 수 있다.
· 체험을 하다 体验
저는 처음으로 귀중한 체험을 했습니다.

Ⓐ + 체험

· 새로운 체험 全新的体验
 그곳에서 관객들은 전혀 새로운 체험을 하게 됩니다.
· 생생한 체험 活生生的体验
그는 한국전쟁의 생생한 체험을 통해서 소설을 썼다.

2159 초¹
蜡烛

초 + Ⓥ

초가 ~
· 초가 녹다 蜡烛融化
심지가 타들어가 초가 녹는다.
초를 ~
· 초를 꽂다 插蜡烛
케이크에 초를 꽂고 불을 붙인다.
· 초를 밝히다 点燃蜡烛
식구들이 모여 초를 밝히고 파티를 했다.
· 초를 켜다 点燃蜡烛
초를 켜면 담배 냄새가 없어지거든요.
초에 ~

· 초에 불을 붙이다 将蜡烛点燃
그가 테이블 가운데 놓인 초에 불을 붙였다.

2160 초² (醋)
醋

초 + ⓥ

초를 ~
· 초를 치다 放醋
야채를 가늘게 썰어 초를 쳐서 먹는다.

慣

· 초를 치다 说伤气话
지금 형은 격려를 하겠다는 거예요? 아니면 초를 치겠다는 거예요?

2161 초대 (招待)
招待，邀请

초대 + ⓝ

· 초대 손님 招待客人
· 초대 약속 接到邀请
· 초대 장소 招待场所

초대 + ⓥ

초대를 ~
· 초대를 거절하다 谢绝邀请
어떻게 세 번씩이나 내 초대를 거절하지?
· 초대를 받다 接到邀请
이 사람으로부터 저녁 초대를 받았어요.
· 초대를 하다 邀请
그가 집으로 초대를 했다.

초대에 ~
· 초대에 응하다 答应邀请
거절하지 말고 그의 초대에 응하자.

2162 초대장 [초대짱](招待狀)
邀请函

초대장 + ⓥ

초대장이 ~
· 초대장이 날아오다 邀请函发来了
모든 아이들에게 초대장이 날아왔습니다.

초대장을 ~
· 초대장을 만들다 制作邀请函
컴퓨터로 생일 초대장을 만들었다.
· 초대장을 받다 收到邀请函
귀한 초대장을 받은 것을 영광으로 생각합니다.
· 초대장을 보내다 发邀请函
후배에게도 전시회 초대장을 보냈다.

2163 초보 (初步)
入门，实习

초보 + ⓝ

· 초보 단계 入门阶段
· 초보 수준 入门水平
· 초보 운전 新手驾驶
· 초보 운전자 新手司机
· 초보 티 刚入门的样子

2164 초점 [초쩜](焦點)
焦点

초점 + ⓥ

초점이 ~
· 초점이 되다 成为焦点
현재 관심의 초점이 되고 있는 사건을 찾아야 합니다.
· 초점이 없다 眼睛无神
눈에 초점이 없다.
· 초점이 흐리다 目光模糊
그의 눈빛은 초점이 흐려 있었다.

초점을 ~
· 초점을 맞추다 针对

작품은 그들의 사랑이야기에 초점을 맞추고 있다.

· 초점을 모으다 聚焦点
그는 눈의 초점을 모으느라고 연신 눈살을 찌푸렸다.

· 초점을 두다 把着重点放在……
나는 이 두 가지에 초점을 두고 글을 썼다.

· 초점을 잃다 目光模糊
술기운에 그의 눈은 이미 초점을 잃고 있었다.

2165 초청 (招請)
邀请

초청 + Ⓝ

· 초청 강연 邀请做讲座
· 초청 방문 邀请访问

초청 + Ⓥ

초청을 ~

· 초청을 받다 收到邀请
다른 대학의 초청을 받고 갔다.

· 초청을 하다 邀请
각계각층의 지도자들을 저희들이 초청을 했습니다.

초청에 ~

· 초청에 응하다 接受邀请
나는 초청에 응하기로 했다.

2166 촛불 [초불/촏뿔]
烛光, 烛火

촛불 + Ⓝ

· 촛불 시위 烛光集会
· 촛불 행진 烛光游行

촛불 + Ⓥ

촛불이 ~

· 촛불이 꺼지다 烛光熄灭
아이들은 촛불이 꺼지지 않도록 조심했다.

· 촛불이 켜지다 蜡烛被点燃
방안에 촛불이 켜져 있었다.

촛불을 ~

· 촛불을 끄다 熄灭烛火
촛불을 끄고 자리에 누웠다.

· 촛불을 불다 吹烛火
나는 케이크의 촛불을 불어 껐다.

· 촛불을 켜다 点燃烛火
촛불을 켜면 냄새가 사라질까?

2167 총 (銃)
枪

총 + Ⓥ

총을 ~

· 총을 겨누다 把枪对准
범인들은 경찰을 향해 총을 겨누고 있었다.

· 총을 들다 拿起枪
총을 든 군인들이 일반인의 출입을 막고 있었다.

· 총을 맞다 中枪
그는 현장에서 괴한에게 총을 맞았다고 주장했다.

· 총을 쏘다 射击
군인들이 먼저 총을 쏘았습니다.

총에 ~

· 총에 맞다 被枪击中
불행하게도 그는 총에 맞아 죽었다.

2168 촬영 (撮影)
摄影

촬영 + Ⓝ

· 촬영 감독 摄影总监
· 촬영 기사 摄影师
· 촬영 스태프 摄影组

촬영 + Ⓥ

촬영이 ~

· 촬영이 끝나다 拍摄完
촬영이 끝나자 질문이 쏟아졌다.

· 촬영이 시작되다 开始拍摄
지금 막 촬영이 시작되었습니다.

촬영을 ~

· 촬영을 마치다 结束拍摄

2주일간의 촬영을 마쳤다.
· **촬영을 시작하다** 开始拍摄
마침내 촬영을 시작했다.
· **촬영을 하다** 拍摄
밤샘 촬영을 하기 일쑤다.

촬영에 ~

· **촬영에 들어가다** 开始拍摄
새 영화는 7월부터 촬영에 들어간다.

2169 **최근** [최근/췌근] (最近)
最近

· **최근 들어** 近来
최근 들어 그 논쟁은 더욱 격렬해지고 있다.

2170 **최선** [최선/췌선](最善)
最佳, 全力

최선 + V

최선을 ~

· **최선을 다하다** 竭尽全力
내년에도 우승을 하기 위해 최선을 다하겠다.

2171 **최후** [최후/췌후](最後)
最后, 生命的最后

최후 – N

· **최후통첩** 最后通牒

최후 + N

· **최후 수단** 最后手段
· **최후 진술** 最后陈述

최후 + V

최후를 ~

· **최후를 마치다** 走完生命最后一程

그 이름에 부끄럽지 않게 최후를 마쳤다.
· **최후를 맞다** 迎接生命的最后旅程
내 인생을 정리하고 차분하게 최후를 맞고 싶었다.
· **최후를 맞이하다** 迎接生命的终结
가족 모두 비참한 최후를 맞이했다.

A + 최후

· **비참한 최후** 悲惨的结局
그 가족까지 비참한 최후를 마쳤다.

2172 **추석** (秋夕)
中秋节

추석 + N

· **추석 대목** 中秋佳节
· **추석 명절** 中秋节
· **추석 선물** 中秋节礼物
· **추석 연휴** 中秋节连休

추석 + V

추석을 ~

· **추석을 맞다** 迎接中秋节
추석을 맞아 민족대이동이 시작됐다.
· **추석을 쇠다** 过中秋节
추석을 쇠러 시골집으로 내려왔다.
· **추석을 지내다** 过中秋节
고향에서 추석을 지내려고 가고 있다.

2173 **추세** (趨勢)
趋势

추세 + V

추세가 ~

· **추세가 이어지다** 趋势持续
하반기에도 수출 증가 추세가 이어질 것이다.
· **추세가 지속되다** 趋势持续
4월 들어서도 이와 같은 추세가 지속되었다.

추세를 ~

· **추세를 보이다** 呈现趋势
소비가 차츰 늘어나는 추세를 보이고 있다.

추세에 ~

· 추세에 따르다 随着趋势
자유화 추세에 따라 무역 거래 형태도 다양화되었다.
· 추세에 맞추다 迎合趋势
노인 인구 추세에 맞춰 제도가 개선되어야 한다.
· 추세에 있다 处于趋势
개인 불안도 줄어들기보다는 늘어나는 추세에 있다.

2174 추억 (追憶)
回忆，记忆

· 추억 속 回忆中
· 추억 여행 记忆旅行

추억이 ~

· 추억이 깃들다 充满回忆
여기가 추억이 깃든 동네이다.
· 추억이 담기다 饱含着回忆
이 사진은 엄마에게 중요한 추억이 담겨 있다.
· 추억이 되다 成为回忆
아픔도 세월이 가면 아름다운 추억이 될 수 있다.
· 추억이 있다 有回忆
그 속에는 첫사랑 같은 애정이 있고 추억이 있다.

추억을 ~

· 추억을 가지다 拥有回忆
공부 때문에 학창 시절의 추억을 갖지 못했어요.
· 추억을 갖다 拥有回忆
모든 사라마은 고향에 대한 추억을 갖고 있다.
· 추억을 간직하다 珍惜回忆
어른들도 어린 시절의 추억을 간직하고 있다.
· 추억을 남기다 留下回忆
술은 좋은 만남을 축하하며 좋은 추억을 남긴다.
· 추억을 만들다 制造回忆
이번 여행에서 멋진 추억을 만드세요.
· 추억을 떠올리다 勾起回忆
추억을 떠올리는 그녀가 미소를 지었다.

추억에 ~

· 추억에 남다 留在记忆里
힘들었지만 가장 추억에 남을 것 같아요.
· 추억에 잠기다 陷入回忆
버들피리를 보며 아련한 추억에 잠겼다.

· 추억에 젖다 沉浸在回忆中
사진을 보며 추억에 젖었다.

추억으로 ~

· 추억으로 간직하다 成为回忆浮现在脑海里
학창시절의 경험을 늘 즐거운 추억으로 간직하고 있다.
· 추억으로 남다 留作回忆
지금 돌아보면 모두 아름다운 추억으로 남는다.
· 추억으로 떠오르다 作为回忆浮现在脑海里
우리끼리 큰 소리로 웃던 일이 추억으로 떠오른다.

· 아련한 추억 淡雅的回忆
커서 읽는 동화책들은 아련한 추억을 불러일으킨다.
· 아름다운 추억 美好的回忆
나에게는 항상 웃음을 주는 아름다운 추억이 있다.
· 옛 추억 从前的记忆
부모님을 모시고 옛 추억을 떠올리기 위해 여행을 떠나 보세요.

2175 추위
严寒

· 추위 속 严寒中

추위가 ~

· 추위가 닥쳐오다 严寒逼近
본격적인 겨울 추위가 닥쳐오고 있어.
· 추위가 몰아치다 严寒袭来
영하 11도의 추위가 몰아친다.
· 추위가 물러가다 严寒过去
2월 중순에 들어 추위가 물러갔다.
· 추위가 심하다 十分寒冷
바깥 추위가 심하다.

추위를 ~

· 추위를 견디다 耐寒
북극곰은 추위를 잘 견딘다.
· 추위를 느끼다 感到寒意
한겨울에 맨발로 다녀도 추위를 느끼지 않는다.
· 추위를 막다 阻挡严寒
추위를 막기 위해 두꺼운 옷을 입었다.
· 추위를 이기다 战胜严寒

추위를 이기기 위해서 털가죽 모자를 쓴다.

· 추위를 이겨내다 战胜严寒
살이 찐 사람은 추위를 잘 이겨낸다.

· 추위를 타다 怕冷
추위를 많이 타서 겨울에는 집에만 있다.

추위에 ~

· 추위에 강하다 耐寒
그는 추위에 강하고 더위에 약하다.

· 추위에 떨다 在严寒中瑟瑟发抖
영화를 보고 나서 추위에 덜덜 떨며 집까지 걸어갔다.

· 추위에 약하다 怕冷
그는 따뜻한 지역 출신이라 추위에 약하다.

· 추위에 얼다 上冻
강물도 추위에 얼어 붙었다.

Ⓐ + 추위

· 매서운 추위 刺骨的严寒
강원도의 겨울은 매서운 추위로 유명하다.

· 혹독한 추위 凛冽的严寒
밤이 되니 혹독한 추위가 몰려 왔다.

2176 **추천** (推薦)
推荐

추천 + Ⓝ

· 추천 도서 推荐图书

추천 + Ⓥ

추천을 ~

· 추천을 받다 被推荐
장학금을 받으려면 추천을 받아야 한다.

· 추천을 하다 推荐
좋은 영화가 있으면 누구에게나 추천을 하고 싶다.

2177 **추측** (推測)
推测，猜测

추측 + Ⓝ

· 추측 기사 推测性报道
· 추측 보도 推测报道

추측 + Ⓥ

추측이 ~

· 추측이 가다 可以猜到
나는 왜들 그러는지 얼른 추측이 갔다.

· 추측이 난무하다 有种种猜测
이번 참사의 원인을 두고 여러 가지 추측이 난무했다.

· 추측이 맞다 推测正确
역시 내 추측이 맞았다.

· 추측이 무성하다 有诸多猜测
그의 퇴직 이유를 두고 추측이 무성했었다.

· 추측이 틀렸다 推测错
그는 자신의 추측이 틀렸다고 믿고 싶었다.

추측을 ~

· 추측을 불러일으키다 引起猜测
그의 결석은 추측을 불러일으켰다.

· 추측을 하다 推测
그런 불확실한 추측을 해서는 안 돼.

추측에 ~

· 추측에 불과하다 推测而已
이러한 모든 것은 단지 추측에 불과했다.

· 추측에 지나지 않다 不过是推测而已
본인의 개인적인 느낌에 의한 추측에 지나지 않을 수도 있어.

2178 **축구** [축꾸](蹴球)
足球

축구 + Ⓝ

· 축구 감독 足球教练
· 축구 경기 足球比赛
· 축구 경기장 足球比赛场
· 축구 구경 看足球
· 축구 대표 팀 足球代表队
· 축구 대회 足球比赛
· 축구 선수 足球运动员
· 축구 시합 足球比赛
· 축구 열기 足球热情
· 축구 운동장 足球场
· 축구 협회 足球协会

축구 + Ⓥ

축구를 ~

· 축구를 싫어하다 讨厌足球
축구를 싫어한다고 하면 이상한 사람 취급한다.
· 축구를 좋아하다 喜欢足球
어릴 적부터 축구를 좋아했다.
· 축구를 하다 踢足球
어떻게 축구를 하게 됐어요?

축구에 ~

· 축구에 빠지다 沉浸在足球运动中
그는 요즘 축구에 빠져서 산다.
· 축구에 열광하다 热衷足球运动
한국인들은 축구에 열광한다.

2179 축소 [축쏘](縮小)
缩小

축소 + Ⓝ

· 축소 모형 缩小模型
· 축소 보도 轻微报道

2180 축제 [축쩨](祝祭)
庆典

축제 + Ⓝ

· 축제 분위기 节日气氛

축제 + Ⓥ

축제가 ~

· 축제가 벌어지다 举行庆典活动
그날 밤 춤의 축제가 벌어졌다.
· 축제가 열리다 举行庆典活动
밤에도 축제가 열리는 모양이었다.

축제를 ~

· 축제를 벌이다 举行庆典
우리는 모닥불 주위를 맴돌며 축제를 벌였다.

2181 축하 [추카](祝賀)
祝贺

축하 + Ⓝ

· 축하 메시지 祝贺短信
· 축하 인사 贺词
· 축하 파티 贺宴
· 축하 행사 祝贺活动

축하 + Ⓥ

축하를 ~

· 축하를 드리다 表示祝贺
결혼을 미리 축하를 드립니다.
· 축하를 받다 接受祝贺
사람들의 축하를 받으며 혼례를 올렸다.
· 축하를 보내다 表示祝贺
선거의 승자에게 축하를 보냈다.
· 축하를 하다 祝贺
결혼식에 꽃을 들고 가서 축하를 했다.

2182 출국 (出國)
出国

출국 + Ⓝ

· 출국 금지 禁止出国
· 출국 날짜 出国日期
· 출국 비자 出国签证
· 출국 수속 出国手续

출국 + Ⓥ

출국을 ~

· 출국을 하다 出国
남편을 따라 출국을 했다.

2183 출근 (出勤)
上班

출근 + Ⓝ

· 출근 버스 通勤车
· 출근 시간 上班时间
· 출근 전 上班前
· 출근 준비 上班准备

· 출근 카드 出勤卡

출근을 ~
· 출근을 하다 上班
요즘 나는 지하철을 타고 출근을 한다.

2184 출발 (出發)
出发，开始

· 출발 시간 出发时间
· 출발 신호 出发信号
· 출발 준비 出发准备
· 출발 지점 出发地点

출발이 ~
· 출발이 늦다 晚出发
비가 와서 비행기 출발이 늦어졌다.
· 출발이 빠르다 出发得早
일단 출발이 빨랐다.
출발을 ~
· 출발을 하다 出发
늦게 출발을 했다.

· 새로운 출발 开始新的征程
이제 60세는 새로운 출발을 하는 나이다.
· 좋은 출발 好的开始
좀 더 좋은 출발을 하지 못한 게 아쉽다.

2185 출산 [출싼](出産)
分娩

· 출산 예정일 预产期
· 출산 휴가 产假

출산을 ~
· 출산을 하다 分娩
그녀는 집에서 출산을 했다.

2186 출석 [출썩](出席)
出席

· 출석 점검표 花名册
· 출석 점수 出席成绩
· 출석 일수 出席天数

출석을 ~
· 출석을 부르다 点名
수업 첫 시간에 담임선생님이 출석을 부르셨다.
· 출석을 하다 出席
장마 속에서도 아이들은 씩씩하게 출석을 했다.

2187 출신 [출씬](出身)
出身，成分

· 출신 대학 毕业院校
· 출신 성분 出身阶层
· 출신 신분 出身成分
· 출신 학교 毕业学校

2188 출입 [추립](出入)
出入

· 출입 금지 禁止出入
· 출입 통제 出入管制

출입 + Ⓥ

출입이 ~

· 출입이 금지되다 禁止出入
중환자실은 외부인의 출입이 금지되어 있었다.

· 출입이 잦다 出入频繁
요즘 병원 출입이 잦다.

출입을 ~

· 출입을 막다 禁止出入
외부인들의 출입을 막았다.

· 출입을 삼가다 谨慎出入
아는 사람을 만날까 대낮에는 출입을 삼갔다.

· 출입을 하다 出入
나는 그당시 유행하던 전자오락실에 출입을 했다.

2189 출장¹ [출짱](出張)
出差

출장 + Ⓝ

· 출장 강의 出外讲课
· 출장 계획 出差计划
· 출장 기회 出差机会
· 출장 일정 出差日程
· 출장 준비 出差准备
· 출장 중 正在出差

출장 + Ⓥ

출장이 ~

· 출장이 잦다 出差频繁
그는 업무상 해외 출장이 잦았다.

출장을 ~

· 출장을 가다 去出差
다음 달에 남편이 긴 출장을 간다.

· 출장을 다녀오다 出一趟差
며칠 전에 부산으로 3일간 출장을 다녀왔다.

· 출장을 떠나다 去出差
중국으로 출장을 떠났다.

출장에서 ~

· 출장에서 돌아오다 出差回来
남편이 출장에서 언제 돌아오시나요?

2190 출장² [출짱](出場)
出场

출장 + Ⓝ

· 출장 정지 停止参赛
· 출장 기회 出场机会

2191 출퇴근 [출퇴근/출퉤근](出退勤)
上下班

출퇴근 + Ⓝ

· 출퇴근 거리 上下班路途
· 출퇴근 길 上下班路上
· 출퇴근 때 上下班时
· 출퇴근 러시아워 上下班高峰期
· 출퇴근 시간 上下班时间

출퇴근 + Ⓥ

출퇴근을 ~

· 출퇴근을 하다 上下班
아버지는 매일 자전거를 타고 출퇴근을 하신다.

2192 출판 (出版)
出版

출판 + Ⓝ

· 출판 기념회 出版纪念会
· 출판 사업 出版事业

출판 + Ⓥ

출판을 ~

· 출판을 하다 出版
이 책은 외국어로도 출판을 했다.

ㄱ
ㄴ
ㄷ
ㄹ
ㅁ
ㅂ
ㅅ
ㅇ
ㅈ
ㅊ
ㅋ
ㅌ
ㅍ
ㅎ

2193 춤
舞蹈, 跳舞

춤 + N

· 춤 솜씨 跳舞水平

춤 + V

춤을 ~

· 춤을 추다 跳舞
사람들은 노래를 부르며 춤을 추었다.

A + 춤

· 현란한 춤 绚烂的舞蹈
가수들이 현란한 춤을 추며 노래를 부른다.

2194 충격 (衝擊)
冲击, 震惊, 打击

충격 + N

· 충격 속 冲击中
· 충격 요법 冲击疗法
· 충격 효과 冲击效果

충격 + V

충격이 ~

· 충격이 가시다 冲击褪去
그는 아직까지 충격이 가시지 않은 듯 몸을 떨었다.
· 충격이 계속되다 冲击持续
치료를 받았지만 발목에 심한 충격이 계속되었다.
· 충격이 되다 受到冲击
이 일이 그분에게 또다른 충격이 될까 걱정이다.
· 충격이 심하다 打击严重
어렸을 때 충격이 심한 것 같더군요.
· 충격이 크다 打击很大
아마 충격이 컸을 것입니다.

충격을 ~

· 충격을 가하다 施加冲击
이번 사건은 사회에 새로운 충격을 가했다.
· 충격을 받다 受到打击
나는 뒤통수를 맞은 것 같은 충격을 받았다.

· 충격을 던지다 带来冲击
직원들이 잇따라 퇴사한 사건은 회사에 충격을 던져
줬다.
· 충격을 안기다 带来冲击
청년 취업률이 하락해 큰 충격을 안겨 주었다.
· 충격을 완화하다 缓解冲击
에어백은 교통사고의 충격을 완화해 준다.
· 충격을 줄이다 减少冲击
사회경제적 충격을 줄이기 위해 정부가 나섰다.
· 충격을 피하다 回避冲击
충격을 피하기 위해서 자리를 떠났다.
· 충격을 최소화하다 将冲击降低到最小
사고 충격을 최소화하기 위해 노력해야 한다.
· 충격을 흡수하다 吸收冲击
거미줄은 충격을 흡수하는 능력도 매우 뛰어나다.

충격에 ~

· 충격에 빠지다 陷入冲击
대형 사건, 사고로 인해 온 나라가 충격에 빠졌다.
· 충격에 휩싸이다 被冲击席卷
이번 사건으로 온 국민이 충격에 휩싸였다.

충격에서 ~

· 충격에서 벗어나다 从打击中摆脱出来
배신감 때문에 난 좀처럼 충격에서 벗어나지 못했다.
· 충격에서 헤어나다 从打击中缓解出来
그들은 패배의 충격에서 쉽게 헤어나지 못했다.

충격으로 ~

· 충격으로 다가오다 成为打击逼近过来
그 일은 내 삶에 큰 충격으로 다가왔다.
· 충격으로 받아들이다 当做打击
아이들은 강아지 죽음을 충격으로 받아들였다.

A + 충격

· 강한 충격 强烈的冲击
교통 사고로 강한 충격을 받았습니다.
· 신선한 충격 新鲜的冲击
그 제품은 업계에 신선한 충격을 던졌다.
· 심한 충격 严重的打击
우리 청년들은 심한 충격을 느꼈습니다.
· 엄청난 충격 巨大的冲击
나는 엄청난 충격 속에 휘말려들기 시작했다.
· 커다란 충격 巨大的冲击
인류에게 커다란 충격을 준 엄청난 사건이 발생했다.
· 큰 충격 很大的冲击
이 사건은 젊은 대학생들에게 큰 충격을 주었다.

2195 충고 (忠告)
忠告

· 충고 한마디 一句忠告

충고를 ~
· 충고를 듣다 听忠告
밤에 늦게 다니지 말라는 부모님의 충고를 들었다.
· 충고를 받아들이다 接受忠告
그 선배의 충고를 받아들였으면 좋았을 것이다.
· 충고를 하다 忠告
나는 그에게 몇 가지 충고를 했다.

충고에 ~
· 충고에 따르다 听从忠告
선배들의 충고에 따라 유학시험 공부를 했다.

· 간곡한 충고 真切的忠告
난 원장의 간곡한 충고를 받아들이기로 했다.
· 따끔한 충고 严厉的忠告
따끔한 충고에 감사드립니다.

2196 충돌 (衝突)
冲突, 碰撞

· 충돌 사고 碰撞事故
· 충돌 사건 碰撞事件

충돌을 ~
· 충돌을 일으키다 发生碰撞
네 대의 차가 한꺼번에 충돌을 일으켰다.
· 충돌을 하다 有冲突
그와는 거의 매번 의견 충돌을 했다.
· 충돌을 피하다 避免冲突
보다 중요한 건 충돌을 피하는 일이었다.

2197 충성 (忠誠)
忠诚

충성을 ~
· 충성을 다하다 尽忠
국민과 민족에 충성을 다했다.
· 충성을 맹세하다 发誓效忠
어느 쪽에 충성을 맹세할 것인가?
· 충성을 바치다 效忠
이런 당 지도부를 위해 누가 충성을 바치겠나?

2198 취미 (趣味)
兴趣

· 취미 생활 兴趣爱好
· 취미 활동 兴趣活动

취미가 ~
· 취미가 되다 成为兴趣
나는 여행이 취미가 되었다.
· 취미가 없다 没有兴趣
공부에 취미가 없어서 입학시험조차 치르지 않았다.
· 취미가 있다 有兴趣
아버지는 도자기를 수집하는 취미가 있었다.

취미를 ~
· 취미를 가지다 持有兴趣
나이를 먹으면 고상한 취미를 가져야지.
· 취미를 갖다 带有兴趣
무슨 일을 해도 취미를 갖고 하면 재미있을 것이다.
· 취미를 붙이다 产生兴趣
그는 공부에 취미를 붙였다.
· 취미를 지니다 带有兴趣
그녀는 뭐든지 수집하는 취미를 지니고 있었다.

취미에 ~
· 취미에 맞다 符合兴趣
개인의 취미에 맞는 강좌를 폭넓게 선택할 수 있다.

취미로 ~

· 취미로 삼다 作为兴趣
수집을 취미로 삼고 있는 경우가 많다.
· 취미로 즐기다 作为兴趣享受
여행을 취미로 즐길 수 있는 사람이 그리 많지 않다.
· 취미로 하다 作为兴趣
취미로 해 온 꽃꽂이에 재미가 붙어 직업을 바꾸었다.

Ⓐ + 취미

· 고상한 취미 高尚的兴趣
아주 고상한 취미를 가지고 계시네요.
· 엉뚱한 취미 不切实际的兴趣
엉뚱한 취미로 스트레스를 푸는 연예인도 있다.

2199 취업 (就業)
就业

취업 + Ⓝ

· 취업 경쟁 就业竞争
· 취업 비자 就业签证
· 취업 정보 就业信息
· 취업 준비 就业准备

취업 + Ⓥ

취업이 ~
· 취업이 되다 找到工作
졸업자의 대부분이 졸업과 함께 취업이 된다.
취업을 ~
· 취업을 알선하다 提供就业服务
여기서 취업을 알선해 주나요?
· 취업을 하다 就业
대학 졸업 후 취업을 하겠다.

2200 취재 (取材)
采访

취재 + Ⓝ

· 취재 기사 采访报道
· 취재 기자 采访记者
· 취재 대상 采访对象
· 취재 보도 采访报道

취재 + Ⓥ

취재를 ~
· 취재를 하다 采访
나는 현장을 찾아다니며 취재를 했다.
취재에 ~
· 취재에 응하다 接受采访
그는 기자들의 취재에 응했다.

2201 취직 (就職)
就业

취직 - Ⓝ

· 취직자리 就业岗位

취직 + Ⓝ

· 취직 시험 就业考试

취직 + Ⓥ

취직이 ~
· 취직이 되다 就业
회사에 취직이 됐다.
취직을 ~
· 취직을 하다 就业
난 신문사에 취직을 했다.

2202 취향 (趣向)
喜好

취향 + Ⓥ

취향이 ~
· 취향이 다르다 喜好不同
사람마다 취향이 다르다.
· 취향이 비슷하다 喜好相似
그와 나의 취향이 비슷했다.
취향에 ~
· 취향에 따르다 根据喜好
손님 취향에 따라 옷을 만들어 주고 있다.
· 취향에 맞다 符合喜好

간판을 젊은 여성의 취향에 맞게 화려하게 바꾸었다.
· **취향에 맞추다** 按照喜好
소비자들 취향에 맞춰 새로운 전략을 개발했다.

2203 **층** (層)
层

· **층을 내다** 分层
머리에 층을 내면 관리가 편하다.
· **층을 이루다** 形成层次
그것들은 층을 이루며 겹겹이 쌓여 있었다.

2204 **치과** [치꽈](齒科)
牙科

· **치과 병원** 牙科医院
· **치과 의사** 牙科医生
· **치과 질환** 牙齿疾病
· **치과 치료** 牙科治疗

치과에 ~
· **치과에 가다** 去牙科
오늘 낮에 치과에 가서 어금니를 빼고 왔어.
· **치과에 다녀오다** 去一趟牙科
시간을 내서 치과에 다녀왔다.
· **치과에 들르다** 顺便去牙科
출근하자마자 나는 치과에 들렀다.

2205 **치료** (治療)
治疗

· **치료 기간** 治疗期间
· **치료 방법** 治疗方法
· **치료 시기** 治疗时期

· **치료 효과** 治疗效果

치료를 ~
· **치료를 받다** 接受治疗
입원해서 치료를 받아야 해요.
· **치료를 하다** 治疗
치료를 하면 고칠 수 있는 병입니다.

2206 **치마**
裙子

· **치마저고리** 韩服裙子上衣

· **치마 길이** 裙子长度
· **치마 끝** 裙子边
· **치마 밑** 裙子下面
· **치마 속** 裙子里
· **치마 아래** 裙子下面
· **치마 위** 裙子上面
· **치마 차림** 穿着裙子

치마를 ~
· **치마를 벗다** 脱掉裙子
치마를 벗고 바지로 갈아입었다.
· **치마를 입다** 穿裙子
그녀는 항상 치마를 입고 출근을 한다.

· **짧은 치마** 短裙子
짧은 치마를 입은 여자들을 좋게 생각하지 않는다.

2207 **치아** (齒牙)
牙齿

· 치아 교정 矯正牙齒

치아 + Ⓥ

치아가 ~

· **치아가 가지런하다** 牙齒整齐
웃음을 띤 그녀의 치아가 가지런하다.
· **치아가 드러나다** 露出牙齒
웃을 때 하얀 치아가 드러났다.

치아를 ~

· **치아를 드러내다** 露出牙齒
그는 치아를 드러내고 환하게 웃었다.

Ⓐ + 치아

· **가지런한 치아** 整齐的牙齒
소년은 가지런한 치아를 드러내며 싱긋 웃는다.
· **하얀 치아** 洁白的牙齒
웃으면 하얀 치아가 예쁘게 드러나곤 했다.

2208 **치약** (齒藥)
牙膏

치약 + Ⓝ

· **치약 거품** 牙膏泡沫

치약 + Ⓥ

치약을 ~

· **치약을 짜다** 挤牙膏
치약을 짜 묻힌 칫솔을 입에 물었다.

2209 **친구** (親舊)
朋友

친구 + Ⓝ

· **친구 사이** 朋友关系

친구 + Ⓥ

친구가 ~

· **친구가 되다** 成为朋友
만나자마자 두 사람은 친구가 되었다.

· **친구가 없다** 没有朋友
학교에 가도 나는 친구가 없어.
· **친구가 있다** 有朋友
그때, 내게 다가온 유일한 친구가 있었다.

친구를 ~

· **친구를 만나다** 见朋友
20여 년 만에 고향 친구를 만났다.
· **친구를 사귀다** 交朋友
그는 많은 친구를 사귀고 있었다.

친구로 ~

· **친구로 남다** 保持朋友关系
그 이후에도 우리는 계속 친구로 남게 되었다.
· **친구로 두다** 把……当做朋友
널 친구로 둔 내가 부끄럽다며 전화를 끊어 버렸다.
· **친구로 삼다** 把……当做朋友
이놈을 친구로 삼아서 데리고 살자!
· **친구로 지내다** 作为朋友相处
연배가 비슷하니까 서로 친구로 지내.

친구와 ~

· **친구와 다투다** 和朋友吵架
아내는 친구와 다투었다고 했다.
· **친구와 만나다** 和朋友见面
친구와 만나기로 했다.
· **친구와 어울리다** 和朋友混在一起
나쁜 친구들과 어울려 담배를 피웠다.

Ⓐ + 친구

· **나쁜 친구** 坏朋友
나쁜 친구와 어울리지 말아라.
· **다정한 친구** 情真意切的朋友
다정한 친구 같은 엄마가 되고 싶다.
· **새 친구** 新朋友
새 친구를 사귀었어요.
· **소중한 친구** 宝贵的朋友
우린 서로에게 가장 소중한 친구였는데.
· **오랜 친구** 老朋友
오랜 친구를 만난 듯 반갑기만 하다.
· **옛 친구** 老朋友
나는 동창회에서 옛 친구를 만났다.
· **절친한 친구** 十分亲密的朋友
나에게도 절친한 친구가 있었는데.
· **좋은 친구** 好朋友
좋은 친구를 사귀려면 어떻게 해야 할까?
· **친한 친구** 亲密的朋友
친한 친구와 크게 다투었다.

2210 친선 (親善)

友好，友谊

친선 +

· 친선 경기 友谊比赛
· 친선 방문 友好访问

친선 +

친선을 ~
· 친선을 도모하다 谋求友谊
인간은 친선을 도모함으로써 불신을 없앨 수 있다.

2211 칠판 (漆板)

黑板

칠판 -

· 칠판지우개 黑板擦子

칠판 +

· 칠판 글씨 黑板上写的字

칠판 +

칠판을 ~
· 칠판을 지우다 擦黑板
주번인 내가 칠판을 지웠다.

2212 침

唾沫

침 +

침이 ~
· 침이 고이다 口水直流
생각만 해도 침이 고인다.
· 침이 넘어가다 流口水
떡은 보기만 해도 절로 침이 넘어갔다.
· 침이 마르다 口干
입안의 침이 말라서 말이 제대로 나오지 않았다.

· 침이 흐르다 流出唾沫
사탕이 녹아서 침이 흐르려 한다.
· 침이 흘러내리다 流口水
입가에서 침이 흘러내렸다.

침을 ~
· 침을 뱉다 吐唾沫
그는 고개를 돌리고 침을 뱉었다.
· 침을 삼키다 咽唾沫
긴장된 나는 입안의 침을 삼켰다.
· 침을 튀기다 唾沫横飞
침을 튀기며 열을 내서 말했다.
· 침을 흘리다 流口水
침을 흘리며 자고 있다.

慣

· 침 뱉다 啐唾沫
침 뱉고 돌아설 때 언제고 다시 왔어?
· 침이 마르다 赞不绝口
그녀는 늘 신랑 자랑을 입에 침이 마르도록 했다.
· 침을 삼키다 咽口水
음식을 보고 아이는 꿀꺽 침을 삼켰다.
· 침을 흘리다 垂涎三尺
그런 애들을 침을 흘릴 정도로 부러워했다.

2213 침략 [침냑](侵略)

侵略

침략 +

· 침략 전쟁 侵略战争
· 침략 행위 侵略行为

침략 +

침략을 ~
· 침략을 당하다 遭到侵略
우리 나라는 강대국에 침략을 당한 적이 있다.
· 침략을 받다 受到侵略
침략을 받으면 나라가 혼란스러워진다.
· 침략을 하다 侵略
먼저 침략을 하는 쪽은 전 세계의 이름으로 응징한다.

2214 침묵 (沈默)

沉默

침묵이 ~

· 침묵이 흐르다 沉默
한동안 침묵이 흐른 뒤 형이 입을 열었다.

침묵을 ~

· 침묵을 깨다 打破沉默
오랜 침묵을 깨고 마침내 그가 입을 열었다.

· 침묵을 지키다 保持沉默
그는 잠시 침묵을 지키다가 입을 열었다.

· 무거운 침묵 沉重的沉默
방안에 무거운 침묵이 흘렀다.

2215 칭찬 (稱讚)

称赞, 表扬

칭찬이 ~

· 칭찬이 자자하다 纷纷称赞
손님들의 칭찬이 자자합니다.

칭찬을 ~

· 칭찬을 듣다 受到表扬
선생님께 칭찬을 들었어요.

· 칭찬을 받다 受到表扬
사람은 누구나 칭찬을 받으면 기뻐한다.

· 칭찬을 아끼지 않다 赞不绝口
조그만 일에도 칭찬을 아끼지 말고 격려해 주세요.

· 칭찬을 하다 给予表扬
좋은 점을 찾아서 칭찬을 해야 한다.

2216 카드 (card)

卡, 卡片, 牌

· 카드놀이 卡片游戏

· 카드 가맹점 卡片加盟店
· 카드 번호 卡号
· 카드 청구서 信用卡账单
· 카드 회사 发卡公司
· 카드 회원 持卡会员

카드를 ~

· 카드를 꺼내다 拿出卡
그는 지갑에서 카드를 꺼냈다.

· 카드를 꺼내다 拿出王牌
대통령은 남북대화 카드를 꺼냈다.

· 카드를 내보이다 亮牌
마지막 카드를 내보일 때가 아직은 아니다.

· 카드를 만들다 办卡
새로운 카드를 만들었다.

· 카드를 받다 收到卡片
지난 성탄절 때 아들에게 카드를 받았다.

· 카드를 발급하다 发卡
은행에서 새로운 카드를 발급한다.

· 카드를 발급받다 办卡
대학생도 카드를 발급받을 수 있다.

· 카드를 빼들다 拿出卡
한번 부결됐으니 더 좋은 카드를 빼들어야 한다.

· 카드를 보내다 送卡
학교에서 아이들이 장난으로 카드를 보냈다.

· 카드를 분실하다 丢卡
카드를 분실하면 바로 신고를 해야한다.

· 카드를 사용하다 用卡
신용 카드를 사용할 수 있는 병원이 적다.

· 카드를 쓰다 写卡片
교장은 학생들에게 생일 카드를 써서 보낸다.

· 카드를 제시하다 亮牌
마지막 카드를 우리에게 제시한 것이다.

카드로 ~

· 카드로 결제하다 刷卡
대학 등록금도 카드로 결제할 수 있다.

· 강력한 카드 王牌
강력한 카드를 빼들었다.

2217 카메라 (camera)
照相机

· 카메라 가방 相机包
· 카메라 기자 摄影记者
· 카메라 렌즈 相机镜头
· 카메라 셔터 相机快门
· 카메라 앞 相机前面
· 카메라 앵글 相机角度
· 카메라 오디션 试镜
· 카메라 플래시 相机闪光灯

카메라가 ~
· 카메라가 돌아가다 相机拍摄
카메라가 돌아가니까 긴장이 되었다.
· 카메라가 설치되다 相机安装
이곳에는 과속 단속 카메라가 설치되어 있다.

카메라를 ~
· 카메라를 돌리다 转移镜头
기자는 다른 곳으로 카메라를 돌렸다.
· 카메라를 설치하다 安装相机
감시 카메라를 설치했다고 합니다.

카메라에 ~
· 카메라에 담다 拍到相机里
때 묻지 않은 자연풍광을 카메라에 담았다.
· 카메라에 잡히다 被相机捕捉到
이 장면이 카메라에 잡혔다.
· 카메라에 찍히다 被相机拍摄下来
사람들은 모르는 사이에 카메라에 찍히고 있다.

카메라로 ~
· 카메라로 찍다 用相机拍摄
휴대폰 대신 카메라로 찍어야 한다.

2218 카세트 (cassette)
卡式录音机

· 카세트테이프 录音机磁带

· 카세트 녹음기 卡式录音机

카세트를 ~
· 카세트를 끄다 关录音机
카세트를 끄고 그가 물었다.
· 카세트를 틀다 开录音机
출발하자마자 그는 카세트를 틀었다.

2219 칼
刀

칼을 ~
· 칼을 갈다 磨刀
그때 아버지는 숫돌에다 칼을 갈고 있었다.
· 칼을 대다 动刀
칼을 대는 수술은 무섭다.
· 칼을 빼들다 拔刀
나는 나를 보호하기 위하여 칼을 빼들었다.

칼로 ~
· 칼로 베다 用刀划
면도날처럼 칼로 벤 상처는 빨리 낫는다.
· 칼로 찌르다 用刀刺
그는 칼로 찔러 사람을 죽였다.

· 칼을 갈다 立志报仇
그때부터 보복의 칼을 갈았다.
· 칼을 대다 动刀
경영 시스템 전반에 칼을 대는 근본적인 해결책을 내놓아야 한다.
· 칼을 맞다 挨刀
남편은 불량배의 칼을 맞고 죽었어요.
· 칼을 빼들다 拔刀
당국이 칼을 빼든 이상, 그대로 밀고 나갈 테죠.
· 칼로 물 베기 夫妻吵架没有隔夜仇
부부싸움은 칼로 물 베기라고 하잖아요.

2220 커튼 (curtain)
窗帘

커튼 + Ⓝ

· 커튼 가게 窗帘店
· 커튼 고리 窗帘钩

커튼 + Ⓥ

커튼이 ~
· 커튼이 드리워지다 挂着窗帘
창문에는 여전히 커튼이 드리워져 있었다.
· 커튼이 쳐지다 拉着窗帘
창에는 커튼이 쳐져 있었다.

커튼을 ~
· 커튼을 닫다 拉上窗帘
잠깐 밖을 내다보고는 다시 커튼을 닫았다.
· 커튼을 달다 挂窗帘
방의 창문에 예쁜 커튼을 달았다.
· 커튼을 열다 掀开(拉开)窗帘
커튼을 열고 밖을 내다보았다.
· 커튼을 치다 拉窗帘
커튼을 쳐도 불빛이 새어나온다.

2221 커피 (coffee)
咖啡

커피 - Ⓝ

· 커피숍 咖啡厅
· 커피포트 咖啡壶

커피 + Ⓝ

· 커피 값 咖啡价格
· 커피 광고 咖啡广告
· 커피 맛 咖啡的味道
· 커피 메이커 咖啡机
· 커피 시장 咖啡市场
· 커피 자판기 咖啡自动贩卖机
· 커피 잔 咖啡杯
· 커피 전문점 咖啡专卖店
· 커피 향 咖啡的香味

커피 + Ⓥ

커피를 ~
· 커피를 끓이다 煮咖啡
커피를 끓이는 물은 무색무취가 좋다.
· 커피를 뽑다 取咖啡（指代在自动贩卖机上自助购买）
복도에서 자판기 커피를 뽑아 마셨다.
· 커피를 마시다 喝咖啡
다이어트를 위해서라면 블랙커피를 마시는 것이 좋다.
· 커피를 시키다 点咖啡
커피를 마실 수 있다고 해서 우리는 커피를 시켰다.
· 커피를 타다 冲咖啡
아주머니는 예쁜 잔에 커피를 타 주셨다.

Ⓐ + 커피

· 따뜻한 커피 热咖啡
따뜻한 커피를 마셔야 할 것 같았다.
· 뜨거운 커피 热咖啡
나는 뜨거운 커피를 입으로 혹 혹 불며 마셨다.
· 연한 커피 淡咖啡
우리 모두는 그녀가 말한 연한 커피를 주문했다.
· 쓴 커피 苦咖啡
쓴 커피를 단숨에 마셨다.
· 식은 커피 凉咖啡
전화를 끊고, 나는 마시다 만 식은 커피를 마셨다.
· 진한 커피 浓咖啡
나는 아주 진한 커피를 좋아한다.

2222 컨디션 (condition)
身体状态

컨디션 + Ⓝ

· 컨디션 관리 调整身体状态
· 컨디션 점검 检查身体状态
· 컨디션 조절 调整身体状态
· 컨디션 회복 恢复身体状态

컨디션 + Ⓥ

컨디션이 ~
· 컨디션이 좋다 身体状态良好
오늘은 무척이나 컨디션이 좋은 것 같습니다.

컨디션을 ~
· 컨디션을 조절하다 调整身体状态

대표 팀은 남은 기간 컨디션을 조절할 예정이다.

2223 **컬러** (color)
彩色

| 컬러 + ⓝ |

· 컬러 복사기 彩色复印机
· 컬러 사진 彩照
· 컬러 화면 彩色画面

2224 **컴퓨터** (computer)
电脑，计算机

| 컴퓨터 + ⓝ |

· 컴퓨터 그래픽 电脑图表
· 컴퓨터 기술 电脑技术
· 컴퓨터 게임 电脑游戏
· 컴퓨터 모니터 电脑显示屏
· 컴퓨터 바이러스 电脑病毒
· 컴퓨터 본체 电脑主机
· 컴퓨터 산업 计算机产业
· 컴퓨터 소프트웨어 计算机软件
· 컴퓨터 시스템 电脑系统
· 컴퓨터 전문가 电脑专家
· 컴퓨터 프로그램 计算机程序
· 컴퓨터 하드웨어 电脑硬盘
· 컴퓨터 회사 电脑公司

| 컴퓨터 + ⓥ |

컴퓨터가 ~
· 컴퓨터가 보급되다 电脑普及
전 세계적으로 컴퓨터가 보급되어 있다.
· 컴퓨터가 등장하다 电脑出现
새로운 컴퓨터가 등장했다.

컴퓨터를 ~
· 컴퓨터를 개발하다 开发电脑
컴퓨터를 개발하기 위해서 많은 노력이 투입되었다.
· 컴퓨터를 구입하다 购买电脑
컴퓨터를 구입할 때는 신중해야 한다.

· 컴퓨터를 끄다 关闭电脑
그는 컴퓨터를 끄고 일어섰다.
· 컴퓨터를 다루다 操作电脑
컴퓨터를 다룰 수 있는 능력이 있어야 한다.
· 컴퓨터를 배우다 学习电脑
컴퓨터를 배우기 위해 나는 아침 일찍 집을 나섰다.
· 컴퓨터를 설치하다 安装电脑
창구마다 초고속 컴퓨터를 설치했다.
· 컴퓨터를 이용하다 使用电脑
컴퓨터를 이용해 뭔가 생산적인 일을 해보고 싶다.
· 컴퓨터를 켜다 开电脑
다시 컴퓨터를 켰지만 사진이 모두 지워져 버렸다.

컴퓨터에 ~
· 컴퓨터에 매달리다 沉迷电脑
밤에는 컴퓨터에 매달렸다.
· 컴퓨터에 입력하다 输入电脑
비밀번호를 컴퓨터에 입력했다.
· 컴퓨터에 저장되다 被存储在电脑里
인터넷을 통해 다른 컴퓨터에 저장된 정보를 볼 수 있다.
· 컴퓨터에 저장하다 存入电脑
자신이 만든 정보를 컴퓨터에 저장한다.

2225 **케이크** (cake)
蛋糕

| 케이크 + ⓝ |

· 케이크 상자 蛋糕盒子

| 케이크 + ⓥ |

케이크를 ~
· 케이크를 자르다 切蛋糕
케이크를 자르고 음료수를 마시며 이야기꽃을 피운다.

2226 **코**
鼻子，鼻涕

| 코 + ⓝ |

· 코 끝 鼻尖
· 코 안 鼻子里
· 코 앞 鼻子前面

· 코 점막 鼻粘膜

코가 ~

· 코가 깨지다 鼻梁骨折
어렸을 때 넘어져서 코가 깨졌다.

· 코가 납작하다 鼻子扁平
눈을 떠도 반은 감은 눈같이 가늘고 코도 납작했다.

· 코가 낮다 鼻梁矮
동양인의 경우 대체로 코가 낮다.

· 코가 막히다 鼻塞
감기에 걸려 코가 막히고 목구멍이 아프다.

· 코가 시큰하다 鼻子一酸
코가 시큰하고 눈시울이 뜨거워졌다.

· 코가 오뚝하다 鼻梁高挺
속눈썹이 길었고 코가 오뚝했다.

· 코가 찡하다 鼻子一酸
코가 찡하고 눈물이 핑 돌았다.

코를 ~

· 코를 막다 捂住鼻子
코를 막고 화장실 앞을 지나갔다.

· 코를 박다 埋头
밤낮으로 두꺼운 책 속에 코를 박고 지냈다.

· 코를 벌름거리다 抽鼻子
관리인은 코를 벌름거리면서 물었다.

· 코를 싸쥐다 捂住鼻子
나는 코를 싸쥐고 어디 환기시킬 구멍이 있나 살폈다.

· 코를 풀다 擤鼻涕
그녀는 그가 내미는 손수건에 코를 풀었다.

· 코를 킁킁거리다 抽鼻子
나는 코를 킁킁거리기만 했다.

· 코를 후비다 抠鼻子
식당 주인은 코를 후비다가 주변을 둘러보았다.

· 코를 훌쩍이다 吸鼻子
아까부터 코를 훌쩍이며 울고 있었다.

· 높은 코 高鼻梁
선명한 옆선과 높은 코가 매우 인상적이다.

· 누런 코 黄鼻涕
코에서는 언제나 누런 코가 나왔다.

· 맑은 코 清鼻涕
그 여자는 맑은 코를 풀었다.

· 오뚝한 코 高高的鼻梁
오뚝한 코의 양옆으로 속눈썹 긴 눈이 그윽했다.

· 코가 꿰이다 被牵着鼻子走
그 사람에게 코가 꿰여서 도박에 아주 단단히 빠졌다.

· 코가 납작해지다 自信心大大受挫
그 일이 있은 후 그는 코가 납작해졌다.

· 코가 높다 眼光高
그녀는 코가 높아서 네가 상대하기 쉽지 않겠구나.

· 코가 땅에 닿도록 五体投地
아주 공손한 태도로 코가 땅에 닿도록 절을 했습니다.

· 코가 비뚤어지게 酩酊大醉
우린 아무 말 없이 코가 삐뚤어지게 술만 마셨지.

· 코를 골다 打呼噜
그는 금세 코를 골며 잠이 들었다.

· 코를 찌르다 刺鼻
가까이 가면 우선 고약한 냄새가 코를 찔렀다.

· 코에 걸면 코걸이 귀에 걸면 귀걸이 欲加之罪, 何患无辞
코에 걸면 코걸이 귀에 걸면 귀걸이라더니 그냥 아무 데나 갖다 붙인다고 다 말이냐?

2227 코너 (corner)
拐角，绝路

코너를 ~

· 코너를 돌다 拐弯
차가 코너를 돌기 위해 차 속도를 줄였다.

코너에 ~

· 코너에 몰리다 被逼上绝路
어쩌다가 내가 이런 코너에 몰리게 되었지?

2228 코드 (cord)
电源线

코드를 ~

· 코드를 꽂다 插电源线
어머니는 밥솥의 코드를 꽂아 놓았다.

· 코드를 빼다 拔电源线
어머니는 청소를 다하고 청소기 코드를 뺐다.

· 코드를 뽑다 拔电源线
그는 아예 전화기 코드를 뽑아 버렸다.

· 코트 주머니 大衣口袋
· 코트 차림 穿着大衣

코트 + ⓥ

코트를 ~
· 코트를 걸치다 披着大衣
겉에 분홍색 코트를 걸치고 있었어요.
· 코트를 벗다 脱下大衣
여자가 털 달린 코트를 벗어 방석 옆에 놓았다.
· 코트를 입다 穿上大衣
그녀는 두툼한 코트를 입고 있었다.

2229 **코스** (course)
路线，课程

코스 + ⓝ

· 코스 요리 套餐

코스 + ⓥ

코스를 ~
· 코스를 거치다 修课程
그는 최고 경영자 코스를 거쳤다.
· 코스를 따르다 按照路线
산책 코스를 따라 한 바퀴를 돌았다.
· 코스를 마치다 修完课程
정규 코스를 마친 졸업생이다.
· 코스를 밟다 修课程
대학에서 어학 코스를 밟고 있어요.

2232 **코트²** (court)
（网球）球场

코트 + ⓥ

코트에 ~
· 코트에 나오다 来到球场
선수들이 코트에 나오자 관중들은 환호하였다.

2230 **코치** (coach)
指点，教练

코치 + ⓥ

코치를 ~
· 코치를 맡다 担任教练
그는 한국 대표 팀 코치를 맡고 있다.
· 코치를 받다 接受指导
유명 강사한테서 코치를 받고 있다.
· 코치를 하다 指点
그들은 아이들에게 이래라 저래라 코치를 한다.

2233 **코피**
鼻血

코피 + ⓥ

코피가 ~
· 코피가 나다 流鼻血
나한테 맞아서 동생이 코피가 났다.
· 코피가 터지다 出鼻血
아침에 세수를 하는데 코피가 터졌어요.
· 코피가 흐르다 流鼻血
코에서 코피가 흐르고 있었다.

코피를 ~
· 코피를 닦다 擦鼻血
나는 화장지를 꺼내 코피를 닦았다.
· 코피를 쏟다 淌鼻血
그는 코피를 쏟으면서 일했다.
· 코피를 흘리다 流鼻血
나는 걸핏하면 코피를 흘리곤 했다.

2231 **코트¹** (coat)
大衣

코트 + ⓝ

· 코트 깃 大衣领子
· 코트 자락 大衣衣角

2234 콘서트 [콘써트](concert)
音乐会, 演唱会

콘서트 + Ⓥ

콘서트를 ~
· 콘서트를 열다 举办音乐会
이들은 전국 10개 도시를 돌며 콘서트를 열 계획이다.
· 콘서트를 하다 开演唱会
그는 국내에서만 30여 회 콘서트를 했다.

2235 콧대 [코때/콛때]
鼻梁, 威风

콧대 + Ⓥ

콧대가~
· 콧대가 세다 倔强
여자는 남자 앞에서는 콧대가 센 척한다.

콧대를 ~
· 콧대를 꺾다 杀威风
나는 지도 선생님의 콧대를 꺾고 싶었다.
· 콧대를 세우다 逞威风
일류 대학을 나왔다고 콧대를 세워서 대답할 수 없었다.

콧대

· 콧대가 높다 高傲
쟤는 왜 저렇게 콧대가 높냐?

2236 콧물 [콘물]
鼻涕

콧물 – Ⓝ

· 콧물감기 感冒流鼻涕

콧물 + Ⓥ

콧물이 ~
· 콧물이 나오다 出鼻涕
눈물이 나고 콧물이 나왔습니다.

· 콧물이 흐르다 流鼻涕
환절기만 되면 콧물이 흐르고 재채기와 기침을 한다.

콧물을 ~
· 콧물을 닦다 擦鼻涕
가방에서 휴지를 꺼내 콧물을 닦는다.
· 콧물을 들이마시다 吸鼻涕
여름 감기에 걸린 사람처럼 콧물을 들이마셨다.

2237 콩
大豆, 黄豆

惯

· 콩 심은 데 콩 나고 팥 심은 데 팥 난다 种瓜得瓜, 种豆得豆
콩 심은 데 콩 나고 팥 심은 데 팥 나는 법이다.
· 콩으로 메주를 쑨대도 안 믿다 无论如何都不信
내 말이라면 콩으로 메주를 쑨대도 안 믿지.

2238 콩나물
黄豆芽

콩나물 – Ⓝ

· 콩나물시루 发豆芽的笼屉

콩나물 + Ⓝ

· 콩나물 국 黄豆芽汤

콩나물 + Ⓥ

콩나물을 ~
· 콩나물을 기르다 发黄豆芽
콩나물을 길러서 아침저녁으로 시장에 나가서 판다.
· 콩나물을 다듬다 择黄豆芽菜
그는 쭈그리고 앉아 콩나물을 다듬고 있다.

2239 크기
大小

크기 + Ⓥ

크기가 ~
· 크기가 같다 大小相同
세 각의 크기가 같은 삼각형은 정삼각형이다.
· 크기가 다르다 大小不同
눈여겨보니 양쪽 귀의 크기가 달랐다.
· 크기가 작다 个头小
크기가 작고 예쁜 꽃들이 길가에 피어 있었다.
· 크기가 크다 个头大
상자들을 크기가 큰 순서대로 쌓았다.

크기를 ~
· 크기를 재다 量尺寸
신발을 맞추기 위해 발의 크기를 재어 본다.

2240 크리스마스 (Christmas)
圣诞节

크리스마스 – Ⓝ
· 크리스마스이브 圣诞前夜
· 크리스마스카드 圣诞卡
· 크리스마스캐럴 圣诞颂歌
· 크리스마스트리 圣诞树

크리스마스 + Ⓝ
· 크리스마스 때 圣诞节的时候
· 크리스마스 선물 圣诞节礼物
· 크리스마스 파티 圣诞宴会
· 크리스마스 휴가 圣诞休假

크리스마스 + Ⓥ
크리스마스를 ~
· 크리스마스를 보내다 过圣诞节
가족들과 함께 크리스마스를 보낸다.

2241 크림 (cream)
面霜，奶油

크림 + Ⓥ

크림을 ~
· 크림을 바르다 抹面霜
여름에는 자외선 차단용 크림을 발라야 한다.
· 크림을 바르다 抹奶油
빵에다가 크림을 발라서 먹고 있다.

2242 큰맘
决心

큰맘 + Ⓥ

큰맘 ~
· 큰맘 먹다 痛下决心
며칠 전에 큰맘 먹고 옷을 샀다.

2243 큰소리
大声，大话

큰소리 + Ⓥ

큰소리가 ~
· 큰소리가 나오다 大声训斥
그의 입에서 호통에 가까운 큰소리가 나왔다.

큰소리를 ~
· 큰소리를 내다 大喊
도서관에서는 큰소리를 내어서는 안된다.
· 큰소리를 치다 说大话
큰소리를 치고 집을 나오기는 했지만 갈 데가 없다.

큰소리로 ~
· 큰소리로 떠들다 大声嚷嚷
그들은 반가워서 큰소리로 떠들었다.
· 큰소리로 말하다 大声说话
주위가 시끄러워 큰소리로 말해야만 했다.
· 큰소리로 외치다 大声喊
주방에서 주방장이 큰소리로 외쳤다.

2244 큰아버지 [크나버지]
大伯

큰아버지 + Ⓝ

· 큰아버지 댁 大伯家

2245 **큰일** [큰닐]
大事

큰일 + Ⓥ

큰일이 ~
· 큰일이 나다 出大事
무슨 큰일이 났습니까?
· 큰일이 생기다 出大事
실직을 하면 그야말로 큰일이 생긴 것이다.

큰일을 ~
· 큰일을 맡기다 托付重大事情
그런 사람에게 어떻게 큰일을 맡길 수 있겠어요?
· 큰일을 하다 做了不起的事
나는 무슨 큰일을 한 것처럼 만족했다.

慣

· 큰일을 저지르다 闯了大祸
나는 하마터면 큰일을 저지를 뻔했다.

2246 **클래식** (classic)
古典音乐

클래식 + Ⓝ

· 클래식 음악 古典音乐

클래식 + Ⓥ

클래식을 ~
· 클래식을 듣다 听古典音乐
저는 클래식을 즐겨 듣습니다.

2247 **키¹**
个子

키 + Ⓥ

키가 ~
· 키가 껑충하다 个头高大
웬 키가 껑충한 한국 남자가 길을 물었다.
· 키가 낮다 身材矮小
여기에 키가 낮은 관목과 화초를 심기도 하였다.
· 키가 자라다 长个
1년 동안 나는 한 달에 1센티미터씩 키가 자랐다.
· 키가 작다 个子矮
난 우리 반에서 가장 키가 작다.
· 키가 작달막하다 个子矮小
이 라틴 민족은 키가 작달막하다.
· 키가 크다 个子高
얼굴이 길고 키가 큰 아이였다.
· 키가 훤칠하다 身材修长
외삼촌은 키가 훤칠한 미남자였다.

키를 ~
· 키를 재다 量身高
자로 키를 잰다.

Ⓐ + 키

· 작달막한 키 短小的身材
그녀는 작달막한 키에 통통하게 살이 쪘다.
· 작은 키 小个子
안경을 쓴 신사는 아주 작은 키였다.
· 큰 키 大个子
그는 큰 키에 약간 마른 체구이다.
· 훤칠한 키 修长的身材
그는 훤칠한 키에 선글라스를 끼고 있다.

2248 **키²**
舵

키 + Ⓥ

키를 ~
· 키를 붙잡다 掌舵
선장은 키를 붙잡고 있었다.
· 키를 잡다 把住船舵
남편은 키를 잡고서도 연신 담배를 피웠다.
· 키를 조정하다 调整舵
남편은 의자에 앉아서 키를 조정했다.

2249 키³ (key)
钥匙，关键

· 키워드 关键词

· 키 포인트 重点

키를 ~
· 키를 꽂다 插钥匙
그는 자동차에 키를 꽂으며 말했다.
· 키를 누르다 按动按键
이동할 땐 화살표 키를 누르면 된다.
· 키를 돌리다 转动钥匙
운전기사가 키를 돌려 시동을 걸었다.
· 키를 두드리다 敲打键盘
나는 다시 문자 키를 두드리기 시작했다.
· 키를 뽑다 取下钥匙
습관적으로 키를 뽑았다.

키로 ~
· 키로 열다 用钥匙打开
키로 현관문을 열고 들어왔다.

2250 키스 (kiss)
接吻

키스를 ~
· 키스를 나누다 接吻
두 사람은 점잖게 키스를 나누었다.
· 키스를 하다 接吻
나는 그녀의 입술에 키스를 했다.

2251 탁자 [탁짜](卓子)
桌子

· 탁자 모서리 桌子角
· 탁자 밑 桌子底下
· 탁자 앞 桌子前面
· 탁자 위 桌子上面

탁자를 ~
· 탁자를 놓다 放桌子
이 곳에 탁자를 놓아 임시 식당으로 사용했다.
· 탁자를 뒤엎다 打翻桌子
그는 탁자를 뒤엎고 술병을 내던진다.
· 탁자를 치다 敲桌子
별안간 교장은 탁자를 탕 치면서 고함을 질렀다.

탁자에 ~
· 탁자에 내려놓다 放到桌子上
그녀는 컵을 탁자에 내려놓았다.
· 탁자에 놓이다 桌子上放着
탁자에 놓인 물을 한 모금 마셨다.
· 탁자에 앉다 坐在桌子旁
네 사람이 탁자에 앉아 점심을 먹고 있었다.
· 탁자에 엎드리다 趴在桌上
그녀는 탁자에 엎드려 자고 있었다.
· 탁자에 올려놓다 放到桌子上
나는 술잔을 탁자에 올려놓았다.

2252 탈¹
面具

탈을 ~
· 탈을 벗다 摘面具
공연이 끝나고 탈을 벗었다.
· 탈을 쓰다 戴面具
탈춤은 탈을 쓰고 노래를 부르며 춤추는 놀이이다.

· 탈을 벗다 摘假面具
이제 음악 분야에서도 예술가는 그 신비와 천재성의
탈을 벗어야 하는 것이다.
· 탈을 쓰다 戴假面具
그게 어디 인간의 탈을 쓴 짐승의 짓이지 사람의 짓이

라고 할 수 있어?

2253 탈²

变故，毛病，问题

탈 + Ⓥ

탈이 ~

· 탈이 나다 出毛病
아침 먹은 것이 탈이 났나 보다.
· 탈이 없다 没问题
그이한테 말을 잘 하면 탈이 없을 줄 알았다.
· 탈이 있다 有问题
목사가 알면 탈이 있을까 봐 걱정이에요.

2254 탑 (塔)

塔

탑 + Ⓥ

탑이 ~

· 탑이 무너지다 塔倒塌
공든 탑이 무너지겠느냐?

탑을 ~

· 탑을 세우다 建塔
어떻게 저런 정교한 탑을 세울 수 있었을까?
· 탑을 쌓다 筑塔
벽돌로 탑을 쌓았다.

2255 태권도 [태꿘도] (跆拳道)

跆拳道

태권도 + Ⓝ

· 태권도 도장 跆拳道道场

태권도 + Ⓥ

태권도를 ~

· 태권도를 배우다 学跆拳道
어릴 때부터 태권도를 배웠다.

2256 태도 (態度)

态度

태도 + Ⓝ

· 태도 변화 态度变化
· 태도 표명 表明态度

태도 + Ⓥ

태도를 ~

· 태도를 바꾸다 改变态度
언론이 갑자기 태도를 바꿨다.
· 태도를 보이다 表明态度
회사는 적극적인 태도를 보이고 있다.
· 태도를 취하다 采取态度
그는 항상 애매한 태도로 헷갈리게 했다.

Ⓐ + 태도

· 신중한 태도 慎重的态度
그는 항상 신중한 태도로 사람을 대했다.
· 애매한 태도 模糊的态度
그녀의 애매한 태도 때문에 애인과 헤어졌다.

2257 태양 (太陽)

太阳

태양 + Ⓝ

· 태양 밑 太阳底下
· 태양 빛 太阳光
· 태양 아래 太阳下

태양 + Ⓥ

태양이 ~

· 태양이 떠오르다 太阳升起
아침이었는데 태양이 막 떠오르고 있었습니다.
· 태양이 뜨다 太阳升
내일은 또 내일의 태양이 뜨겠지.

Ⓐ + 태양

· 눈부신 태양 灿烂的太阳
파란 하늘에 눈부신 태양이 빛나고 있다.

· 둥근 태양 圆圆的太阳
수평선 위에 둥근 태양이 떠올랐다.
· 뜨거운 태양 火热的太阳
구름 한 점 없는 하늘에 뜨거운 태양이 떠올랐다.
· 붉은 태양 红太阳
붉은 태양이 힘차게 솟아오르고 있었다.

2258 태풍
台风

태풍 + Ⓝ

· 태풍 영향권 台风影响范围
· 태풍 전야 台风前夜
· 태풍 피해 台风灾害

태풍 + Ⓥ

태풍이 ~
· 태풍이 몰아치다 台风来袭
아무리 거센 태풍이 몰아쳐도, 무너지지 않았답니다.
· 태풍이 불다 刮台风
태풍이 부는 날에도 출근해야 한다.
· 태풍이 오다 来台风
아니 지금 곧 태풍이 온다고 하는데 무슨 작업이야?
· 태풍이 지나가다 台风经过
태풍이 지나간 뒤 바다가 깨끗해졌다.

태풍을 ~
· 태풍을 만나다 赶上台风
그들 일행은 지리산에 들어갔다가 태풍을 만났다.

2259 택배 [택빼](宅配)
快递

택배 + Ⓝ

· 택배 서비스 快递服务
· 택배 회사 快递公司

택배 + Ⓥ

택배로 ~
· 택배로 보내다 用快递寄
설 선물을 택배로 보내려고 한다.

2260 택시 (taxi)
出租车

택시 + Ⓝ

· 택시 문 出租车门
· 택시 번호 出租车号
· 택시 기사 出租车司机
· 택시 요금 出租车费用
· 택시 운전사 出租车司机
· 택시 정류장 出租车站
· 택시 안 出租车里
· 택시 회사 出租车公司

택시 + Ⓥ

택시가 ~
· 택시가 멈추다 出租车停车
잠시 후 그녀 앞에 택시가 멈춰 섰다.
· 택시가 오다 出租车来
택시가 올 때까지 막연히 앉아서 기다릴 수 없었다.

택시를 ~
· 택시를 기다리다 等出租车
횡단보도 앞에서 택시를 기다린다.
· 택시를 부르다 叫出租车
식당 주인은 어디론가 전화를 걸어 택시를 불렀다.
· 택시를 세우다 拦出租车
그는 얼른 지나가는 택시를 세웠다.
· 택시를 운전하다 开出租车
아버지는 택시를 운전하고 있었다.
· 택시를 잡다 打车
나는 가까스로 택시를 잡았다.
· 택시를 잡아타다 打车
아파트 단지 앞에서 택시를 잡아탔다.
· 택시를 타다 乘坐出租车
길을 모르면 무조건 택시를 타세요.

택시에 ~
· 택시에 오르다 上出租车
나는 서둘러 택시에 올랐다.
· 택시에 올라타다 乘上出租车
택시에 올라타자마자 잠이 들었다.

택시에서 ~
· 택시에서 내리다 从出租车上下来
어제 택시에서 내리는 것을 봤는데 아주 예쁘더라.

2261 터널 (tunnel)
隧道

터널 + Ⓝ

· 터널 공사 隧道施工
· 터널 밖 隧道外面
· 터널 속 隧道里面
· 터널 안 隧道里面
· 터널 입구 隧道入口

터널 + Ⓥ

터널을 ~

· 터널을 뚫다 开挖隧道
바다에 터널을 뚫기는 쉽지 않다.
· 터널을 빠져나오다 通过隧道
택시가 남산 터널을 빠져나왔다.
· 터널을 지나다 通过隧道
터널을 지날 때 차는 속력을 줄인다.

2262 터전
基地，家园

터전 + Ⓥ

터전을~

· 터전을 닦다 建立生活基地
부족함이 없이 살 수 있는 터전을 닦았다.
· 터전을 마련하다 创建生活基地
이곳에서 여생을 보낼 수 있는 터전을 마련할 계획이다.
· 터전을 만들다 建设家园
새로운 생활의 터전을 만들자.
· 터전을 잃다 失去家园
동물들은 제 터전을 잃고 쫓겨나고 있었다.

2263 턱
下巴

턱 + Ⓥ

턱이 ~

· 턱이 빠지다 下巴脱臼
선생님은 그가 던진 공에 맞아서 턱이 빠졌다.
· 턱이 뾰족하다 下巴尖
그 여자는 얼굴이 희고 턱이 뾰족했다.

턱을~

· 턱을 괴다 托下巴
누나는 양손으로 턱을 괴고 앉아 있다.

2264 털
毛

털 – Ⓝ

· 털모자 毛线帽
· 털목도리 毛围巾

털 + Ⓝ

· 털 스웨터 毛衣

털 + Ⓥ

털이 ~

· 털이 나다 长毛
원시인들은 원숭이처럼 몸에 털이 나 있습니다.
· 털이 자라다 长毛
몇 달만 지나면 그 자리에 다시 털이 자란다.

털을~

· 털을 깎다 剪毛
가축들은 털을 깎을 때만 사람 손이 간다고 한다.
· 털을 뽑다 拔毛
털을 뽑으면 아프다.

2265 테니스 (tennis)
网球

테니스 + Ⓝ

· 테니스 강사 网球教练
· 테니스 공 网球
· 테니스 선수 网球运动员
· 테니스 라켓 网球球拍
· 테니스 코트 网球场

테니스를 ~

· **테니스를 즐기다** 喜欢打网球
20대엔 테니스를 즐겼다.
· **테니스를 치다** 打网球
그의 취미는 테니스를 치는 것이다.

2266 **테러** (terror)
恐怖

테러 +

· **테러 분자** 恐怖分子
· **테러 사건** 恐怖事件
· **테러 위험** 恐怖危险
· **테러 조직** 恐怖组织

테러 +

테러를~

· **테러를 당하다** 受到恐怖袭击
흑인 교회가 폭탄 테러를 당했다.
· **테러를 하다** 制造恐怖事件
테러를 하려 한다는 첩보가 입수됐다.

2267 **테스트** (test)
测试

테스트 +

테스트를~

· **테스트를 거치다** 经过测试
이 제품은 엄격한 테스트를 거친 제품이다.
· **테스트를 받다** 接受测试
먼저 체력 테스트를 받아야 한다.
· **테스트를 통과하다** 通过测试
까다로운 테스트를 통과해야 취직할 수 있다.
· **테스트를 하다** 测试
마이크가 잘 나오는지 테스트를 했다.

+ 테스트

· **엄격한 테스트** 严格的测试

우리 엄격한 테스트를 통과한 제품만 판매한다.

2268 **테이프** (tape)
带子, 胶带

테이프 +

테이프를 ~

· **테이프를 끊다** 剪彩
그가 가장 먼저 테이프를 끊었다.

테이프로~

· **테이프로 붙이다** 用胶带粘
찢어진 책을 테이프로 붙였다.

2269 **텔레비전** (television)
电视

텔레비전 +

· **텔레비전 광고** 电视广告
· **텔레비전 뉴스** 电视新闻
· **텔레비전 드라마** 电视剧
· **텔레비전 리모컨** 电视遥控器
· **텔레비전 방송** 电视广播
· **텔레비전 안테나** 电视天线
· **텔레비전 채널** 电视频道
· **텔레비전 프로그램** 电视节目
· **텔레비전 화면** 电视画面

텔레비전 +

텔레비전을 ~

· **텔레비전을 끄다** 关电视
텔레비전을 끄고 창문을 열었다.
· **텔레비전을 보다** 看电视
저녁 먹고 나서 텔레비전을 보았다.
· **텔레비전을 켜다** 开电视
텔레비전을 켜자, 뉴스가 나왔다.

2270 토끼
兔子

토끼 + N

· 토끼 눈 兔子眼睛
· 토끼 사냥 猎兔

토끼 + V

토끼가 ~
· 토끼가 뛰다 兔子蹦跳
토끼가 산에서 깡충깡충 뛰어 다녔습니다.

토끼를 ~
· 토끼를 기르다 养兔子
토끼를 기르시나 보군요.
· 토끼를 잡다 抓兔子
사냥꾼이 살금살금 걸어가서, 토끼를 잡으려 합니다.
· 토끼를 쫓다 追兔子
산에서 토끼를 쫓기란 쉽지 않다.

2271 토대 (土臺)
基础

토대 + V

토대가~
· 토대가 되다 成为基础
그의 노력은 성공의 토대가 되었다.

토대를~
· 토대를 놓다 打下基础
고속도로 건설은 경제 발전의 토대를 놓았다.
· 토대를 마련하다 打下基础
대통령은 국가 발전의 토대를 마련하였다.

2272 토론 (討論)
讨论

토론 + N

· 토론 거리 讨论的内容

· 토론 과정 讨论过程
· 토론 문화 讨论文化

토론 + V

토론을~
· 토론을 벌이다 展开讨论
새로운 정책에 대해서 사람들이 토론을 벌이고 있다.
· 토론을 하다 进行讨论
이 문제에 대해서 같이 토론을 해 봅시다.

토론에~
· 토론에 들어가다 进行讨论
토론에 들어가기 전에 사회자가 간단한 설명을 했다.

A + 토론

· 열띤 토론 热烈的讨论
열띤 토론이 3시간 동안 지속되었다.

2273 토마토 (tomato)
西红柿

토마토 + N

· 토마토 스파게티 西红柿意大利面
· 토마토 주스 西红柿汁
· 토마토 케첩 番茄酱

토마토 + V

토마토를~
· 토마토를 따다 摘西红柿
작년에도 토마토를 따서 우리 집에 주셨다.
· 토마토를 먹다 吃西红柿
토마토를 먹는 데는 설탕보다 꿀이 좋아요.

2274 토요일 (土曜日)
星期六

토요일 + N

· 토요일 날 星期六那天
· 토요일 밤 星期六晚上
· 토요일 아침 星期六早上

- 토요일 오전 星期六上午
- 토요일 오후 星期六下午
- 토요일 저녁 星期六晚上
- 토요일 점심 星期六中午

2275 **토지** (土地)
土地

토지 + Ⓥ

토지를~
- 토지를 소유하다 拥有土地
그는 많은 토지를 소유하고 있다.

2276 **톱**
锯

톱 - Ⓝ

- 톱날 锯齿
- 톱밥 锯末

톱 + Ⓥ

톱으로~
- 톱으로 켜다 拉锯
톱으로 켜서 나무를 베었다.

2277 **통**[1] (桶)
桶

통 + Ⓝ

- 통 밑 桶下面
- 통 안 桶里面

통 + Ⓥ

통을 ~
- 통을 비우다 把桶倒空
환경 미화원이 쓰레기가 들어 있는 통을 비우는 소리

가 들렸다.

통에 ~
- 통에 넣다 放到桶里
이 통에 공을 넣어보자.
- 통에 담다 装到桶里
그는 만들어진 분유를 통에 담는 '포장 작업'을 한다.

Ⓐ + 통

- 큰 통 大桶
큰 통에 물을 가득 채웠다.
- 한 통 一桶
아이스크림 한 통을 다 비웠다.

2278 **통**[2]
袖(裤)筒, 度量

통 + Ⓥ

통이 ~
- 통이 넓다 宽裤腿
그는 통이 넓은 바지를 입고 있었다.
- 통이 좁다 袖筒窄
소매는 통이 좁은 것으로 활동하기 편리하다.
- 통이 크다 大手大脚
그는 몸집만큼 통이 큰 사람이었다.

2279 **통계** [통계/통게] (統計)
统计

통계 + Ⓝ

- 통계 결과 统计结果
- 통계 분석 统计分析
- 통계 수치 统计数据
- 통계 자료 统计资料
- 통계 처리 统计处理

통계 + Ⓥ

통계를~
- 통계를 내다 做出统计
사람들이 어디로 여행을 가는지 통계를 냈다.

2280 통로 (通路)

通道

통로 + Ⓥ

통로가~
· 통로가 되다 成为通道
솔직한 대화는 마음을 전하는 통로가 된다.
· 통로가 막히다 通道被堵塞
밖으로 나가는 통로가 막혀서 불편하다.

통로로~
· 통로로 삼다 作为通道
그녀는 결혼을 신분상승의 통로로 삼았다.

2281 통신 (通信)

通信

통신 - Ⓝ

· 통신판매 通信销售

통신 + Ⓥ

통신을~
· 통신을 하다 通信
그는 본부와 통신을 하면서 앞으로 이동했다.

2282 통역 (通譯)

口译

통역 + Ⓝ

· 통역 대학원 口译研究生院

통역 + Ⓥ

통역을~
· 통역을 맡다 担任口译
그는 이번 회의에서 통역을 맡았다.
· 통역을 하다 口译
강연 내용을 중국어로 통역을 해 주었다.

2283 통일 (統一)

统一

통일 - Ⓝ

· 통일신라 统一新罗

통일 + Ⓝ

· 통일 국가 统一国家
· 통일 전쟁 统一战争

통일 + Ⓥ

통일이~
· 통일이 되다 统一
독일은 엄청난 노력 끝에 통일이 되었다.

통일을~
· 통일을 이룩하다 实现统一
통일을 이룩하기 위해 국민 모두 노력해야 한다.
· 통일을 하다 统一
통일을 하기 위해 먼저 서로를 이해해야 한다.

2284 통장 (通帳)

账户

통장 + Ⓝ

· 통장 계좌번호 账户号码
· 통장 번호 账号
· 통장 비밀번호 存折密码
· 통장 정리 补登存折

통장 + Ⓥ

통장을 ~
· 통장을 개설하다 开帐户
통장을 개설해서 카드를 만들었다.
· 통장을 만들다 开帐户
아들 이름으로 통장을 만들었다.

통장에 ~
· 통장에 넣다 存到账户上
선생님, 통장에 돈 넣었어요.
· 통장에 들다 存在账户里
통장에 든 돈을 모두 꺼냈다.

· 통장에 입금되다 打入存折里
연휴 기간에 맡긴 돈은 자동으로 통장에 입금된다.

통장으로 ~

· 통장으로 들어오다 进到账户里
월급이 통장으로 들어온다.

· 통장으로 입금시키다 打入账户上
30만원을 통장으로 입금시켰다.

2285 통제 (統制)
管制

통제 + ℕ

· 통제 기관 管辖机关
· 통제 본부 管控中心

통제 + Ⓥ

통제가~

· 통제가 되다 被管控
올림픽 때문에 출입이 통제가 되었다.

통제를~

· 통제를 받다 受到管制
학생들은 선생님의 통제를 받았다.

· 통제를 풀다 解除管控
올림픽이 끝나고 정부가 교통 통제를 풀었다.

· 통제를 하다 管控
마라톤을 하면 도로 통제를 한다.

2286 통증 [통쯩](痛症)
疼痛

통증 + ℕ

· 통증 치료 治疗疼痛
· 통증 클리닉 疼痛诊所

통증 + Ⓥ

통증이~

· 통증이 가라앉다 疼痛减轻
이 약을 먹으면 통증이 가라앉을 겁니다.

· 통증이 가시다 疼痛消失

약을 먹어도 통증이 가시질 않는다.

· 통증이 심하다 疼痛严重
무릎에 통증이 심해서 걸을 수가 없다.

· 통증이 줄어들다 疼痛减轻
운동을 한 후에 통증이 줄어들었다.

· 통증이 퍼지다 疼痛蔓延
몸 전체로 통증이 퍼졌다.

통증을~

· 통증을 느끼다 感到疼痛
요즘 운동을 할 때 허리에 통증을 느낍니다.

Ⓐ + 통증

· 심한 통증 严重的疼痛
심한 통증 때문에 잠을 잘 수가 없다.

2287 통지 (通知)
通知

통지 + Ⓥ

통지가 ~

· 통지가 오다 来通知
어제 취직이 됐다는 통지가 왔어요.

통지를 ~

· 통지를 받다 收到通知
치료가 가능하다는 통지를 받았다.

· 통지를 하다 通知
며칠 전에 통지를 해서 준비를 하도록 한다.

2288 통화 (通話)
通话

통화 + ℕ

· 통화 버튼 通话按钮
· 통화 시간 通话时间
· 통화 요금 通话费用

통화 + Ⓥ

통화를~

· 통화를 하다 通话
선생님과 통화를 하고 싶습니다.

2289 퇴근 (退勤)
下班

퇴근 – Ⓝ

· 퇴근길 下班路上

퇴근 + Ⓝ

· 퇴근 시간 下班时间

퇴근 + Ⓥ

퇴근을~
· 퇴근을 하다 下班
일이 없어서 일찍 퇴근을 했다.

2290 퇴원 (退院)
出院

퇴원 + Ⓝ

· 퇴원 날짜 出院日期
· 퇴원 수속 出院手续

퇴원 + Ⓥ

퇴원을~
· 퇴원을 하다 出院
병이 다 나아서 퇴원을 했다.

2291 퇴직금 [퇴직끔](退職金)
退休金

퇴직금 + Ⓥ

퇴직금을~
· 퇴직금을 받다 拿到退休金
퇴직금을 받으면 무엇을 할 거예요?
· 퇴직금을 타다 领取退休金
아버지는 퇴직금을 타서 사업을 시작했다.

2292 투자 (投資)
投资

투자 + Ⓥ

투자를~
· 투자를 유치하다 引进投资
많은 외국인들의 투자를 유치했다.
· 투자를 하다 进行投资
부동산에 투자를 해서 큰돈을 벌었다.

2293 투쟁 (鬪爭)
斗争

투쟁 + Ⓝ

· 투쟁 방식 斗争方式
· 투쟁 운동 斗争运动

투쟁 + Ⓥ

투쟁을~
· 투쟁을 벌이다 展开斗争
대학생들은 등록금 인하 투쟁을 벌였다.
· 투쟁을 하다 进行斗争
많은 나라들이 독립을 위해 투쟁을 하고 있다.

Ⓐ + 투쟁

· 격렬한 투쟁 激烈的斗争
노동자들은 격렬한 투쟁을 벌였다.

2294 투정
（耍）赖，矫情

투정 + Ⓥ

투정을 ~
· 투정을 부리다 哭闹
아이는 배가 고프다고 투정을 부렸어요.
· 투정을 하다 挑食
이런 아이는 커서 음식 투정을 하는 일이 없다.

2295 투표 (投票)
投票

투표 – N

· 투표용지 选票

투표 + N

· 투표 결과 投票结果

투표 + V

투표를~

· 투표를 하다 投票
투표를 해서 반장을 뽑기로 했다.

투표로~

· 투표로 결정하다 投票表决
사람들의 생각이 달라서 투표로 결정하기로 했다.

투표에~

· 투표에 부치다 采用投票的方式
정부는 중요한 정책을 국민 투표에 부쳤다.

2296 트럭 (truck)
卡车

트럭 + N

· 트럭 운전사 卡车司机

트럭 + V

트럭을~

· 트럭을 몰다 开卡车
내 면허증으로는 트럭을 몰 수 없다.

· 트럭을 운전하다 开卡车
트럭을 운전하기는 쉽지 않다.

트럭에~

· 트럭에 싣다 装到卡车上
트럭에 짐을 싣고 출발했다.

2297 특급 [특끕](特級)
特级

특급 + N

· 특급 시설 高级设施
· 특급 열차 特快火车
· 특급 호텔 五星级酒店

2298 특별 [특뻘](特別)
特别

특별 – N

· 특별검사 特別检查

특별 + N

· 특별 기획 特別企划
· 특별 단속 特別管制
· 특별 대우 特別待遇
· 특별 보너스 特別奖金
· 특별 조치 特別措施

2299 특성 [특썽](特性)
特性，特征，特点

특성 + V

특성이 ~

· 특성이 드러나다 特征显现
집은 사는 사람의 특성이 드러난다.

· 특성이 없다 没有特点
신문들은 하나같이 자기 나름의 특성이 없다.

· 특성이 있다 有特点
뚜렷한 학과의 특성이 있는 곳은 인기가 많다.

특성을 ~

· 특성을 가지다 有特点
이 제품은 두 가지 특성을 가지고 있다.

· 특성을 살리다 发挥特点
자연의 재료가 지닌 특성을 최대한 살렸다.

ᄐ

· 특성을 지니다 拥有特点
신제품은 기존 모델과 다른 특성을 지니고 있다.

특성에 ~

· 특성에 따르다 根据特点
수필은 특성에 따라 몇 가지 종류로 나눌 수 있다.

· 특성에 맞다 符合特点
광고 제품의 특성에 맞는 광고를 만들어야 한다.

· 특성에 맞추다 按照特点
학습자 수준과 특성에 맞추어 가르쳐야 한다.

2300 특수 [특쑤](特殊)
特殊

特殊 – Ⓝ

· 특수교육 特殊教育
· 특수학교 特殊学校
· 특수문자 特殊文字
· 특수부대 特殊部队

特殊 + Ⓝ

· 특수 기능 特殊功能
· 특수 효과 特殊效果
· 특수 훈련 特殊训练

2301 특정 [특쩡](特定)
特定

特定 + Ⓝ

· 특정 계층 特定阶层
· 특정 대학 特定大学
· 특정 분야 特定领域
· 특정 상품 特定商品
· 특정 업체 特定企业
· 특정 인물 特定人物
· 특정 정보 特定信息
· 특정 지역 特定地区

2302 특징 [특찡](特徵)
特征

特징 + Ⓥ

특징이~

· 특징이 없다 没有特征
범죄자들은 겉으로 드러나는 특별한 특징이 없다.

· 특징이 있다 有特征
환자들은 오랫동안 담배를 피웠다는 특징이 있다.

특징을~

· 특징을 가지다 有特征
이 영화는 대사가 거의 없다는 특징을 가진다.

· 특징을 보이다 显示特征
한국인은 매운 음식을 좋아한다는 특징을 보인다.

2303 틀
框架，模型

틀 + Ⓥ

틀이~

· 틀이 좋다 有型
그는 모델로서 틀이 좋다.

틀에~

· 틀에 맞추다 循规蹈矩
틀에 맞추어 사는 것이 싫어 집을 나왔다.

· 틀에 박히다 一成不变
틀에 박힌 생활에서 벗어나야지.

慣

· 틀을 잡다 走上正轨
회사가 이제는 제법 틀을 잡았다.

· 틀이 잡히다 成型
그녀는 귀부인으로서 틀이 잡혀 있었다.

2304 틈
缝隙，漏洞

틈 + Ⓥ

틈이~

· **틈이 생기다** 出现裂痕
친구들 사이에 틈이 생겼다.

틈을~

· **틈을 노리다** 觊觎漏洞
그는 적의 틈을 노리고 있었다.
· **틈을 보이다** 露出漏洞
틈을 보이자마자 상대방이 공격을 시작했다.

틈에~

· **틈에 끼다** 夹在中间
학생들 틈에 끼어 공연을 관람했다.

2305 **티브이** (television)
电视

· **티브이 뉴스** 电视新闻

티브이를~

· **티브이를 끄다** 关掉电视
이제 티브이를 끄고 방에 가서 공부해라.
· **티브이를 보다** 看电视
티브이를 보면서 저녁을 먹었다.
· **티브이를 켜다** 打开电视
드라마 할 시간이니까 티브이를 켜 봐요.
· **티브이를 틀다** 打开电视
티브이를 틀어 봐라.

티브이에~

· **티브이에 나오다** 上电视
오늘 김 선생님이 티브이에 나온대요.
· **티브이에 출연하다** 上电视
그는 오늘 처음으로 티브이에 출연했다.

2306 **티셔츠** (t-shirt)
T恤

티셔츠를~

· **티셔츠를 벗다** 脱T恤
티셔츠를 벗어서 세탁기에 넣어라.
· **티셔츠를 입다** 穿T恤
우리 반은 내일 모두 노란색 티셔츠를 입기로 했다.

2307 **팀** (team)
团队

· **팀워크** 团队合作

· **같은 팀** 同一个团队
그들은 같은 팀에 속해 있있다.

2308 **파**
葱

파를 ~

· **파를 넣다** 放葱
국물에 마늘, 파를 넣고 소금으로 간한다.
· **파를 다듬다** 剥葱
아내가 파를 다듬으면서 티브이를 보았다.
· **파를 썰다** 切葱
빨간 고기에다 굵은 파를 썰어 넣었다.

· **다진 파** 葱末
양념장을 만들 때에는 다진 파가 필요하다.

2309 **파괴** (破壞)
破坏

· **파괴 본능** 破坏本能
· **파괴 행위** 破坏行为

파괴 + Ⓥ

파괴가~

· **파괴가 심각하다** 破坏严重
문화재의 파괴가 심각하다.

2310 **파도** (波濤)
波浪, 波涛

파도 + Ⓝ

· **파도 소리** 波涛声音

파도 + Ⓥ

파도가~

· **파도가 거세다** 波涛凶猛
파도가 거세서 배가 심하게 흔들린다.
· **파도가 밀려오다** 波涛涌来
파도가 밀려와 바위에 부딪쳤다.
· **파도가 부서지다** 波涛翻滚
파도가 부서지는 모습이 아름다웠다.
· **파도가 일다** 起浪
태풍의 영향으로 거센 파도가 일겠습니다.
· **파도가 치다** 波涛起伏
파도가 치는 소리 때문에 잠을 잘 수가 없었다.

Ⓐ + 파도

· **거센 파도** 汹涌的波涛
거센 파도로 사람들은 모두 멀미를 했다.
· **높은 파도** 大浪
높은 파도 때문에 배가 떠나지 못했다.

2311 **파일** (file)
文件

파일 + Ⓥ

파일을~

· **파일을 복사하다** 复制文件
중요한 파일을 복사하여 따로 저장해 놓으세요.
· **파일을 삭제하다** 删除文件
기록이 남지 않도록 파일을 삭제해야 한다.

· **파일을 저장하다** 储存文件
어디에 파일을 저장했는지 기억이 나지 않는다.
· **파일을 정리하다** 整理文件
회의에서 사용한 파일을 잘 정리하세요.

Ⓐ + 파일

· **중요한 파일** 重要的文件
중요한 파일은 보관에 주의해야 한다.

2312 **파출소** [파출쏘](派出所)
派出所

파출소 + Ⓥ

파출소에~

· **파출소에 신고하다** 向派出所报案
그는 이상한 사람을 파출소에 신고했다.

2313 **파티** (party)
宴会

파티 + Ⓝ

· **파티 때** 宴会时
· **파티 비용** 宴会费用
· **파티 석상** 宴席上
· **파티 장소** 宴会地点

파티 + Ⓥ

파티가 ~

· **파티가 벌어지다** 举行宴会
호화 유람선 선상에서 화려한 파티가 벌어졌다.
· **파티가 열리다** 举行宴会
수영장 앞에서 댄스 파티가 열리고 있었다.
· **파티가 있다** 有宴会
파티가 있는 날이면 집에 늦게 간다.

파티를 ~

· **파티를 벌이다** 举行宴会
그날도 친구들과 막걸리 파티를 벌였다.
· **파티를 열다** 举行宴会
각자 요리를 준비해서 작은 파티를 열었다.
· **파티를 하다** 举行宴会

우리는 함께 열여덟 번째 생일 파티를 했다.

파티에 ~

· **파티에 가다** 去宴会
파티에 갔다가 새벽 1시쯤 돌아왔다.
· **파티에 나가다** 去宴会
토요일 밤에는 자주 파티에 나갔다.
· **파티에 참석하다** 参加宴会
그날 우리는 친구의 파티에 참석했다.
· **파티에 초대받다** 受到宴会邀请
그날 난 생일 파티에 초청받았다.

2314 **판**
场面，局面

> 판 + **Ⓥ**

판이 ~

· **판이 깨지다** 局面被打破
당신이 그만두면 분명히 판이 깨질 겁니다.
· **판이 벌어지다** 出现……场面
고스톱 판이 벌어졌다.

판을 ~

· **판을 깨다** 打破局面
만일 그렇게 하지 않으면 그가 판을 깨고 말 것이기 때문이다.
· **판을 뒤집다** 掀翻棋盘
마지막에 판을 뒤집는 그의 기술은 놀라웠다.
· **판을 벌이다** 拉开局面
이왕 판을 벌였으니 끝을 봐야 될 것 아닌가?

판에 ~

· **판에 끼다** 参与
돈이 아니었으면 내가 그 판에 끼어드는 일은 없었을 것이다.

> **Ⓐ** + 판

· **새로운 판** 新一局
새로운 판을 벌였다.

> 惯

· **판을 치다** 嚣张
아무리 가짜가 판을 쳐도 사람의 생명이 걸린 식품만은 정직해야 한다.

2315 **판결** (判決)
判決

> 판결 + **Ⓥ**

판결이~

· **판결이 나다** 得出判决
재판에서 누가 범인인지 판결이 날 예정이다.

판결을~

· **판결을 내리다** 作出判决
법원은 그에게 유죄 판결을 내렸다.
· **판결을 받다** 被审判
그는 대법원에서 무죄 판결을 받았다.
· **판결을 하다** 审判
법관은 항상 공정하게 판결을 해야 한다.

> **Ⓐ** + 판결

· **공평한 판결** 公正的审判
그 판사는 공평한 판결로 유명하다.

2316 **판단** (判斷)
判斷

> 판단 + **Ⓝ**

· **판단 기준** 判断标准
· **판단 능력** 判断能力
· **판단 착오** 判断失误

> 판단 + **Ⓥ**

판단이~

· **판단이 들다** 得出判断
의사는 환자가 심각한 상태라는 판단이 들었다.
· **판단이 서다** 作出判断
어떻게 해야 할지 도무지 판단이 서지 않는다.

판단을~

· **판단을 내리다** 下判断
회사를 그만두겠다는 판단을 내렸다.
· **판단을 하다** 作出判断
문제 해결을 위해 도움이 필요하다는 판단을 했다.

2317 **판매** (販賣)
销售

판매 + Ⓝ

· 판매 가격 销售价格
· 판매 전략 销售战略

판매 + Ⓥ

판매를~
· 판매를 하다 销售
미성년자에게는 담배 판매를 하지 않습니다.

2318 **팔**
胳膊

팔 + Ⓝ

· 팔 근육 胳膊肌肉
· 팔 힘 胳膊力气

팔 + Ⓥ

팔이 ~
· 팔이 빠지다 胳膊脱臼
팔이 빠져서 병원에 갔다.
· 팔이 부러지다 胳膊断了
그는 대회 전날 팔이 부러져 출전을 포기해야 했다.

팔을 ~
· 팔을 끼다 挽胳膊
그녀는 그를 따라가서 팔을 끼었다.
· 팔을 벌리다 张开双臂
어머니가 나를 안기 위해 두 팔을 벌렸다.
· 팔을 뿌리치다 甩开胳膊
그는 차갑도록 단호하게 내 팔을 뿌리쳤다.
· 팔을 잡다 抓住胳膊
그때, 누군가가 재빠르게 내 팔을 잡았다.

Ⓐ + 팔

· 긴 팔 长胳膊
긴 팔은 농구선수의 큰 장점이다.
· 두 팔 两条胳膊
그는 두 팔을 힘없이 내려뜨렸다.

慣

· 팔이 안으로 굽다 胳膊往里拐
팔이 안으로 굽는다고 무의식적인 행동이었으니까 용서하세요.
· 팔을 걷어붙이다 挽起袖子
이런 상황이 닥친다면 어떤 사람이라도 팔을 걷어붙이고 나설 겁니다.

2319 **팔자** [팔짜](八字)
(生辰)八字，命运

팔자 + Ⓥ

팔자가~
· 팔자가 세다 命硬
예쁜 여자가 팔자가 세다는 옛말이 있다.
· 팔자가 좋다 命好
자네가 나보다 팔자가 좋군.

팔자를 ~
· 팔자를 고치다 改变命运
그녀는 성형수술을 통해 팔자를 고쳤다.

2320 **패션** (fashion)
时装

패션 – Ⓝ

· 패션모델 时装模特
· 패션쇼 时装表演

패션 + Ⓝ

· 패션 감각 时装感觉
· 패션 디자이너 时装设计

패션 + Ⓥ

패션에~
· 패션에 민감하다 对时装敏感
그녀는 패션에 민감해서 백화점에 자주 간다.

패션을~
· 패션을 주도하다 引导时装界
그는 세계 패션을 주도하는 디자이너다.

2321 팩 (pack)
面膜

팩 + Ⓥ

팩을~
· 팩을 하다 做面膜
햇빛에 탔을 때에는 오이로 팩을 해 보세요.

2322 팩스 (fax)
传真

팩스 + Ⓝ

· 팩스 번호 传真号码

팩스 + Ⓥ

팩스로~
· 팩스로 보내다 用传真发
서류를 팩스로 보내십시오.

2323 팬¹ (pan)
迷，粉丝

팬 - Ⓝ

· 팬클럽 粉丝团

2324 팬² (pan)
平底锅

팬 - Ⓝ

· 팬케이크 薄煎饼

팬 + Ⓥ

팬을~
· 팬을 달구다 把平底锅烧热
요리하기 전에 먼저 팬을 달구어야 합니다.

2325 팬티 (panties)
内裤

팬티 + Ⓝ

· 팬티 바람 只穿内裤

팬티 + Ⓥ

팬티를~
· 팬티를 벗다 脱内裤
아이들은 팬티를 벗고 물에 들어갔다.
· 팬티를 빨다 洗内裤
손으로 직접 팬티를 빨았다.
· 팬티를 입다 穿内裤
팬티를 입고 그 위에 바지를 입었다.

2326 페인트 (paint)
油漆

페인트 + Ⓝ

· 페인트 통 油漆桶

페인트 + Ⓥ

페인트가~
· 페인트가 벗겨지다 油漆脱落
페인트가 벗겨져서 보기에 흉하다.
페인트를~
· 페인트를 칠하다 刷油漆
담장에 파란색 페인트를 칠했다.

2327 편 (便)
一方

편 + Ⓥ

편을~
· 편을 가르다 分组
무슨 기준으로 편을 가를까요?
· 편을 나누다 分组
편을 나눠서 놀이를 시작했다.

· 편을 짜다 分组
아이들은 편을 짜서 게임을 했다.

ⒶA + 편

· 어느 편 哪一方
내가 어느 편에 속하는지 확실하게 해두고 싶었다.

2328 편견 (偏見)
偏见

편견 + Ⓥ

편견이~

· 편견이 심하다 偏见严重
어른들은 국제결혼에 대한 편견이 심하다.

편견을~

· 편견을 가지다 带有偏见
그는 남자에 대한 편견을 가지고 있다.
· 편견을 버리다 丢掉偏见
과학이 항상 옳다는 편견을 버려야 한다.

편견에~

· 편견에 빠지다 陷入偏见
장애인에 대한 편견에 빠지면 안 된다.
· 편견에 사로잡히다 陷入片面性
판사가 편견에 사로잡히면 공정한 판결을 내릴 수 없다.

2329 편지 (便紙, 片紙)
信

편지 + Ⓝ

· 편지 겉봉 信皮
· 편지 끝 信尾
· 편지 봉투 信封

편지 + Ⓥ

편지가 ~

· 편지가 오다 来信
시청자들의 전화나 편지가 오면 즐겁죠.

편지를 ~

· 편지를 띄우다 发信

그는 아내에게 편지를 띄웠다.
· 편지를 받다 收信
부모님께 편지를 받았다.
· 편지를 보내다 送信
졸업한 제자가 가끔 내게 편지를 보내곤 한다.
· 편지를 부치다 寄信
다 썼으면 우체국에 가서 그 편지를 부쳐라.
· 편지를 쓰다 写信
오늘 그 친구에게 편지를 쓰려고 합니다.
· 편지를 읽다 读信
편지를 읽고 바로 답장을 썼다.
· 편지를 주고받다 互相通信
그 후 두 사람은 많은 편지를 주고받았다.

ⒶA + 편지

· 반가운 편지 令人高兴的信
아침 까치가 짖으면 반가운 편지가 온다고 한다.

2330 평가 [평까](評價)
评价

평가 + Ⓝ

· 평가 기준 评价标准
· 평가 방법 评价方法
· 평가 보고서 评价报告

평가 + Ⓥ

평가를~

· 평가를 내리다 进行评价
아이들의 능력에 대해 함부로 평가를 내리지 마세요.
· 평가를 받다 获得评价
한국 영화는 좋은 평가를 받고 있다.
· 평가를 얻다 获得评价
그의 작품은 독창적이라는 평가를 얻고 있다.
· 평가를 하다 作出评价
사람들은 그를 대단한 사람이라고 평가를 한다.

2331 평균 (平均)
平均

평균 – Ⓝ

· 평균값 平均价格
· 평균기온 平均气温
· 평균수명 平均寿命
· 평균연령 平均年龄

평균 + Ⓝ

· 평균 득점 平均分数
· 평균 성적 平均成绩
· 평균 시속 平均时速
· 평균 점수 平均分数

평균 + Ⓥ

평균을~
· 평균을 구하다 求平均值
평균을 구해서 순위를 정했다.
· 평균을 내다 得出平均分
최고 점수와 최저 점수를 빼고 평균을 냈다.

2332 **평등** (平等)
平等

평등 + Ⓝ

· 평등 사회 平等社会

2333 **평생** (平生)
终生

평생 – Ⓝ

· 평생교육 终生教育
· 평생직장 终生工作单位
· 평생회원 终生会员

평생 + Ⓝ

· 평생 교육원 终生教育院

평생 + Ⓥ

평생을 ~

· 평생을 바치다 付出一生
전통 문화에 평생을 바쳤다.
· 평생을 살다 度过一生
서울에서 태어나 서울에서 평생을 살았다.

慣

· 평생을 맡기다 托付终身
남자친구에게 평생을 맡기기로 결심했다.

2334 **평소** (平素)
平常

평소 + Ⓥ

평소와 ~

· 평소와 같다 和平常一样
의사는 평소와 같은 친절한 태도로 환자를 대했다.
· 평소와 다르다 和平常不同
경찰의 대응은 평소와 크게 다르지 않았다.

2335 **평일**(平日)
平日

평일 + Ⓝ

· 평일 날 平日
· 평일 낮 平日白天
· 평일 밤 平日晚上
· 평일 오전 平日上午
· 평일 오후 平日下午
· 평일 저녁 平日傍晚
· 평일 점심 平日中午

2336 **평화** (平和)
和平

평화 – Ⓝ

· 평화통일 和平统一

ㅍ

평화 + Ⓥ

평화를~

· 평화를 깨다 打破和平
아침에 조용한 사무실의 평화를 깨는 사장의 호출이
있었다.
· 평화를 깨드리다 破坏和平
그들은 우리들의 평화를 깨뜨렸다.
· 평화를 유지하다 维持和平
가정의 평화를 유지하기 위해 그는 항상 희생했다.

2337 폐 [폐/페](弊)
麻烦

폐 + Ⓥ

폐가~

· 폐가 되다 带来麻烦
남에게 폐가 되는 행동은 피해야 한다.

폐를~

· 폐를 끼치다 添麻烦
이웃 주민들에게 폐를 끼쳐 죄송합니다.

2338 폐지 [폐지/페지](廢止)
废止

폐지 + Ⓥ

폐지를~

· 폐지를 하다 废止
법률 폐지를 하기 위해서는 많은 노력이 필요하다.

2339 포기 (抛棄)
放弃

포기 + Ⓝ

· 포기 각서 放弃保证书
· 포기 선언 放弃宣言

포기 + Ⓥ

포기를~

· 포기를 하다 放弃
아무리 힘들어도 포기를 하면 안 됩니다.

2340 포도 (葡萄)
葡萄

포도 – Ⓝ

· 포도송이 葡萄串

포도 + Ⓝ

· 포도 잼 葡萄酱
· 포도 주스 葡萄汁

포도 + Ⓥ

포도가~

· 포도가 익다 葡萄熟了
포도가 다 익어서 따 먹었다.

포도를~

· 포도를 따다 摘葡萄
포도주를 만들기 위해 포도를 땄다.

Ⓐ + 포도

· 신 포도 酸葡萄
신 포도는 먹기가 힘들다.

2341 포도주 (葡萄酒)
葡萄酒

포도주 + Ⓥ

포도주를 ~

· 포도주를 담그다 酿葡萄酒
포도를 따서 포도주를 담갔다.
· 포도주를 마시다 喝葡萄酒
친구들과 포도주를 마셨다.

748

2342 **포스터** (poster)
海报

포스터 + Ⓥ

포스터를 ~
· **포스터를 보다** 看海报
영화 포스터를 보고 극장에 가기로 했다.
· **포스터를 붙이다** 贴海报
뮤지컬 포스터를 벽에 붙였다.

2343 **포인트** (point)
积分

포인트 + Ⓝ

· **포인트 카드** 积分卡
· **포인트 제도** 积分制度

포인트 + Ⓥ

포인트를 ~
· **포인트를 쌓다** 攒积分
주유소에서 포인트를 쌓아서 선물을 받았다.
· **포인트를 적립하다** 累计积分
카드 포인트를 적립하면 현금처럼 쓸 수 있다.

2344 **포장** (包裝)
包装

포장 + Ⓝ

· **포장 박스** 包装盒
· **포장 상자** 包装箱
· **포장 재료** 包装材料
· **포장 재질** 包装材质

포장 + Ⓥ

포장이 ~
· **포장이 되다** 被包装
군데군데 포장이 되어 있지 않은 길도 나타났다.

포장을 ~
· **포장을 뜯다** 拆开
나는 선물의 포장을 뜯었다.
· **포장을 풀다** 打开包装
가위로 끈을 자르고 조심스럽게 포장을 풀었다.
· **포장을 하다** 打包装
아가씨가 익숙한 솜씨로 포장을 해서 건네주었다.

Ⓐ + 포장

· **예쁜 포장** 漂亮的包装
예쁜 포장은 받는 사람을 즐겁게 한다.

2345 **폭** (幅)
幅宽

폭 + Ⓥ

폭이 ~
· **폭이 넓다** 幅度宽
폭이 넓은 천을 보여 주세요.
· **폭이 좁다** 幅度窄
도로의 폭이 좁아서 자동차가 다니기 힘들다.

폭을 ~
· **폭을 재다** 测量幅度
옷을 맞출 때는 폭을 재야 한다.

2346 **폭력** [퐁녁](暴力)
暴力

폭력 + Ⓝ

· **폭력 사건** 暴力事件
· **폭력 사태** 暴力事态
· **폭력 조직** 暴力组织
· **폭력 행위** 暴力行为

폭력 + Ⓥ

폭력을 ~
· **폭력을 가하다** 施暴
먼저 폭력을 가한 사람이 누구입니까?
· **폭력을 쓰다** 使用暴力
아무리 화가 나도 폭력을 쓰면 안 된다.

· 폭력을 휘두르다 行使暴力
그는 취해 경찰에게 폭력을 휘둘렀다.

2347 폭소 [폭쏘](爆笑)
大笑

폭소 + Ⓥ

폭소가~

· 폭소가 터지다 引起哄笑
그의 대답에 녹화 현장은 폭소가 터졌다.

폭소를 ~

· 폭소를 터뜨리다 哄堂大笑
사람들이 또 와아 하며 폭소를 터뜨린다.

2348 폭탄 (爆彈)
炸弹

폭탄 – Ⓝ

· 폭탄선언 爆炸性宣言

폭탄 + Ⓝ

· 폭탄 테러 炸弹恐怖袭击

폭탄 + Ⓥ

폭탄이 ~

· 폭탄이 터지다 炸弹爆炸
건물에서 폭탄이 터져서 사람들이 다쳤다.

폭탄을 ~

· 폭탄을 터뜨리다 引爆炸弹
범인은 공항에서 폭탄을 터뜨리겠다고 협박했다.

2349 표¹ (表)
图表

표 + Ⓥ

표를 ~

· 표를 만들다 制表
간략한 평가 기준 표를 만들었다.

표로 ~

· 표로 나타내다 用表格表示
조사 결과를 표로 나타내야 한다.

· 표로 정리하다 用表格整理
이상을 표로 정리하면 아래와 같다.

2350 표² (票)
票

표 + Ⓥ

표가 ~

· 표가 매진되다 票都卖光了
벌써 표가 매진되었다.

표를 ~

· 표를 구하다 买票
소식이 전해지자마자 나는 비행기 표를 구했다.

· 표를 끊다 买票
지금 표를 끊어서 가도 되잖아.

· 표를 모으다 拉选票
젊은이들의 표를 모아야 선거에서 이긴다.

· 표를 몰아주다 拉票
같은 지역 출신에게 표를 몰아주면 안된다.

· 표를 사다 买票
매표소로 가 표를 샀다.

· 표를 얻다 获得选票
서울에서 많은 표를 얻어야 이긴다.

· 표를 예매하다 预购票
이 영화는 인기가 많아서 미리 표를 예매해야 한다.

· 표를 팔다 卖票
클래식 공연은 표를 팔기가 어렵다.

· 표를 행사하다 投票
김 할머니는 이날 제일 먼저 한 표를 행사했다.

Ⓐ + 표

· 많은 표 很多票
그는 부회장 선거에서 많은 표를 얻었다.

· 압도적인 표 绝对多的票
역대 선거에서 여당 후보가 압도적인 표를 받았던 곳이다.

惯

· 표를 던지다 投票
젊은이들은 이번 선거에서 야당에 표를 던졌다.

2351 표³ (標)
标记

표 + ⓥ

표가 ~
· 표가 나다 能看出来
얼굴에는 그가 부자라는 표가 났다.
· 표가 나타나다 能看出来
얼굴에 거짓말을 했다는 표가 나타난다.

표를 ~
· 표를 내다 表现出来
돈이 많아도 절대로 표를 내서는 안 된다.

2352 표면 (表面)
表面

표면 - ⓝ

· 표면구조 表面结构

표면 + ⓥ

표면을 ~
· 표면을 닦다 擦拭表面
물건의 표면을 닦아도 속은 닦을 수 없다.

2353 표시¹ (表示)
表现

표시 + ⓥ

표시가 ~
· 표시가 나다 表现出来
기분이 좋지 않다는 것이 얼굴에 표시가 났다.

표시를 ~
· 표시를 내다 表现
음식 맛이 없다고 얼굴에 표시를 냈다.

2354 표시² (標示)
标记

표시 - ⓝ

· 표시등 指示灯

표시 + ⓥ

표시가 ~
· 표시가 되다 有标记
생선에 수입산이라는 표시가 되어 있었다.

표시를 ~
· 표시를 달다 做标记
제품에 가격 표시를 달아 놓았다.

2355 표정 (表情)
表情

표정 + ⓥ

표정이 ~
· 표정이 굳다 表情沉重
너무나 뜻밖의 질문에 그녀의 표정이 굳어져 버렸다.
· 표정이 밝다 表情明朗
이삿짐을 싸면서도 아내는 표정이 밝다.
· 표정이 없다 没有表情
아버지는 아무런 표정이 없었다.
· 표정이 역력하다 表情历历在目
사람들의 얼굴에는 불쾌한 표정이 역력했다.

표정을 ~
· 표정을 가다듬다 整理表情
문득 정신을 차린 그녀는 표정을 가다듬었다.
· 표정을 감추다 掩盖表情
그는 놀란 표정을 감추며 다시 고개를 들었다.
· 표정을 바꾸다 改变表情
그러나 그는 이내 표정을 바꾸었다.
· 표정을 살피다 观察表情
그는 내 표정을 살피며 사고가 난 경위에 대해 물었다.
· 표정을 짓다 做出表情
그녀가 이상한 표정을 짓고 있다가 물었다.
· 표정을 하다 做出表情
내 말이 끝나자 그는 공포에 질린 듯한 표정을 했다.

표정에 ~

· **표정에 나타나다** 表情上显示出来
꼭 이기고 싶다는 의지가 표정에 나타났다.

· **표정에 드러나다** 表情上显露出来
손짓, 말투, 표정에 다 드러나요.

Ⓐ + 표정

· **굳은 표정** 僵硬的表情
손님들이 없을 때 그녀는 굳은 표정을 짓고 있다.

· **괴로운 표정** 痛苦的表情
그는 흐르는 땀을 닦으며 괴로운 표정을 지었다.

· **단호한 표정** 严厉的表情
엄마의 단호한 표정을 보자 아무 말도 할 수 없었다.

· **덤덤한 표정** 不在乎的表情
그가 하나도 놀라지 않고 덤덤한 표정을 하고 있었다.

· **곤혹스런 표정** 困惑的表情
그 소식을 듣고 그는 곤혼스러운 표정을 지었다.

· **난감한 표정** 难过的表情
그는 대꾸할 말을 잊고 잠시 난감한 표정을 지었다.

· **너그러운 표정** 和蔼的表情
아버지는 아주 너그러운 표정을 지어 보였다.

· **놀란 표정** 吃惊的表情
나는 또 한 번 놀란 표정을 짓고는 이렇게 말했다.

· **멍한 표정** 呆呆的表情
나는 어이가 없어 멍한 표정을 짓고 말았다.

· **멍청한 표정** 傻傻的表情
그는 연신 멍청한 표정을 지으면서 말했다.

· **무거운 표정** 沉重的表情
가족 모두 무거운 표정을 하고 앉아 있었다.

· **무뚝뚝한 표정** 冷冰冰的表情
아주 무뚝뚝한 표정을 지은 분도 보였다.

· **밝은 표정** 明朗的表情
그는 일부러 아무렇지도 않은 듯 밝은 표정을 지었다.

· **불안한 표정** 不安的表情
엄마는 불안한 표정을 감추지 못했다.

· **불쾌한 표정** 不愉快的表情
그는 하루도 불쾌한 표정이 아닌 날이 없었다.

· **송구스런 표정** 抱歉的表情
나는 매우 송구스러운 표정을 지으며 사과했다.

· **쓸쓸한 표정** 孤独的表情
그는 쓸쓸한 표정을 짓고 집으로 향했다.

· **시무룩한 표정** 不高兴的表情
그는 시무룩한 표정을 지으며 입을 다물었다.

· **신중한 표정** 慎重的表情
연출은 턱에 손을 대고 신중한 표정을 지었다.

· **싫은 표정** 不愿意的表情
나는 싫은 표정을 지어 보였다.

· **심각한 표정** 严重的表情
그의 심각한 표정이 너무 재미있어서 더욱 놀려주고 싶은 마음이 들었다.

· **아무런 표정** 任何表情
그 남자는 아무런 표정도 짓지 않았다.

· **어두운 표정** 阴暗的表情
그러나 그는 곧 다시 어두운 표정으로 변했다.

· **어색한 표정** 难堪的表情
아이는 카메라를 보며 어색한 표정을 지었다.

· **어리둥절한 표정** 莫名其妙的表情
이게 무슨 소린가 싶어 대개는 어리둥절한 표정을 짓게 마련이다.

· **얼떨떨한 표정** 糊里糊涂的表情
남자가 갑자기 얼떨떨한 표정을 지었다.

· **엄숙한 표정** 严肃的表情
침묵하며 엄숙한 표정을 짓던 그가 말을 꺼내기 시작했다.

· **우울한 표정** 抑郁的表情
그녀는 내 말을 듣고 난 후로 이내 우울한 표정을 감추지 못했다.

· **의아한 표정** 惊讶的表情
아이들이 드러내 보이는 의아한 표정을 그녀는 모르는 척 넘겨버렸다.

· **자신만만한 표정** 充满自信的表情
이번에는 제법 자신만만한 표정을 지었다.

· **짜증스런 표정** 不耐烦的表情
그때마다 그는 한 번도 짜증스런 표정을 짓지 않았다.

· **진지한 표정** 认真的表情
학생들은 진지한 표정을 짓고 선생님을 바라보았다.

· **차가운 표정** 冷淡的表情
최 의원의 차가운 표정이 다소 풀릴 듯했다.

· **착잡한 표정** 复杂的表情
그녀는 착잡한 표정을 지으며 말끝을 흐렸다.

· **흡족한 표정** 满意的表情
'귀빈'들이 흡족한 표정으로 자리에서 일어났다.

2356 표준 (標準)
标准

표준 - Ⓝ

· **표준편차** 标准偏差

표준 + Ⓝ

· **표준 규정** 标准规定
· **표준 발음** 标准发音

· 표준 시간 标准时间
· 표준 점수 标准分数

표준 + Ⓥ

표준으로 ~
· 표준으로 삼다 作为标准
그의 발음을 표준으로 삼고 연습해라.

2357 **표현** (表現)
表达，表现

표현 + Ⓝ

· 표현 방법 表达方法
· 표현 방식 表达方式

표현 + Ⓥ

표현이 ~
· 표현이 되다 表现出来
작품에 인물의 심리가 자세하게 표현이 되어 있다.

표현을 ~
· 표현을 하다 表达
자신의 느낌을 한국어로 표현을 하십시오.

2358 **풀**¹
浆糊，胶水

풀 + Ⓥ

풀을 ~
· 풀을 먹이다 上浆
옛날엔 옷을 빨고 풀을 먹여 다듬이질했다.
· 풀을 쑤다 打浆糊
도배를 할 때는 풀을 쑤어야 한다.

풀로 ~
· 풀로 붙이다 用胶水粘
편지 봉투를 풀로 붙였다.

2359 **풀**²
草

풀 - Ⓝ

· 풀뿌리 草根

풀 + Ⓝ

· 풀 냄새 草味儿
· 풀 향기 草香

풀 + Ⓥ

풀이 ~
· 풀이 나다 长草
봄이 오면 마른 잔디에 새 풀이 난다.
· 풀이 돋다 出草
비가 그친 후 풀이 돋기 시작했다.
· 풀이 우거지다 草茂盛
공은 풀이 우거진 경기장 바깥쪽에 떨어졌다.
· 풀이 자라다 草生长
비가 내리지 않아 풀이 잘 자라지 못한다.

풀을 ~
· 풀을 뜯다 啃草
들판에서 소들이 한가롭게 풀을 뜯고 있다.
· 풀을 먹다 吃草
소가 풀을 먹는 동안 소의 등을 어루만져 주었습니다.
· 풀을 뽑다 拔草
풀을 뽑아 주어야 꽃이 잘 자랍니다.
· 풀을 베다 割草
풀이 많은 곳을 찾아 풀을 베기 시작했습니다.

Ⓐ + 풀

· 마른 풀 干草
창고의 마른 풀 속에서 밤을 보냈다.
· 무성한 풀 茂盛的草
비 온 뒤에 솟구쳐 오르는 무성한 풀들.

2360 **풀**³
气焰

풀 + Ⓥ

풀이 ~
· 풀이 꺾이다 失去气焰
추위도 완연히 풀이 꺾였다.
· 풀이 죽다 无精打采
나는 풀이 죽어 아무런 대답도 하지 못했다.

2361 품
前胸，怀里

품 + Ⓥ

품이 ~
· 품이 크다 胸围大
이 옷은 품이 너무 크다.

품에 ~
· 품에 안기다 被抱在怀里
아기는 엄마 품에 안겨서 자고 있었다.
· 품에 안다 抱在怀里
아버지께서 나를 조용히 품에 안으셨다.

慣

· 품 안에 자식 未成年的时候是自己的孩子
자식도 품 안에 자식이지, 결혼하면 자식도 아니야.

2362 품목 (品目)
种类

품목 + Ⓥ

품목이 ~
· 품목이 다양하다 种类丰富
이 가게는 파는 품목이 다양하다.

2363 품행 (品行)
品行

품행 + Ⓥ

품행이~
· 품행이 단정하다 品行端正

그는 예의가 바르고 품행이 단정했다.
· 품행이 방정하다 品行方正
이들의 품행이 방정하여 타의 모범이 된다.

2364 품질 (品質)
质量

품질 + Ⓝ

· 품질 개선 改善质量
· 품질 관리 管理质量

품질 + Ⓥ

품질이 ~
· 품질이 낮다 质量差
값이 싸다고 품질이 낮은 물건을 사면 안 된다.
· 품질이 떨어지다 质量下降
값이 싸면 제품의 품질이 떨어진다.
· 품질이 뛰어나다 质量突出
우리 회사의 제품은 품질이 뛰어납니다.
· 품질이 좋다 质量好
이 제품은 품질이 좋고 가격도 싸다.

2365 풍경 (風景)
风景

풍경 + Ⓝ

· 풍경 묘사 风景描写
· 풍경 속 风景中

풍경 + Ⓥ

풍경이 ~
· 풍경이 달라지다 风景不同
초등학교 졸업식 풍경이 달라졌다.
· 풍경이 벌어지다 风景尽收眼底
매일 아침 출근시간만 되면 색다른 풍경이 벌어진다.
· 풍경이 펼쳐지다 风景一览无余
차창 밖으로 한적한 농촌 풍경이 펼쳐졌다.

풍경을 ~
· 풍경을 구경하다 欣赏风景
환자들은 아이들처럼 낄낄거리며 눈 내리는 풍경을 구

경했다.
· 풍경을 바라보다 眺望风景
봄비에 젖은 풍경을 바라보면서 생각해 본다.

풍경에 ~
· 풍경에 취하다 被风景陶醉
소년은 묵묵히 바다 풍경에 취해 있었다.

Ⓐ + 풍경
· 아름다운 풍경 美丽的风景
책에서 본 프랑스의 아름다운 풍경을 그려 봅니다.

2366 **풍속** (風俗)
风俗

풍속 - Ⓝ
· 풍속소설 风俗小说

풍속 + Ⓥ

풍속이 ~
· 풍속이 다르다 风俗不同
한국과 중국은 풍속이 다르다.

2367 **풍습** (風習)
习俗

풍습 + Ⓥ

풍습이 ~
· 풍습이 남다 习俗遗存
지금도 그 풍습이 남아 있다.
· 풍습이 다르다 习俗不同
환경에 따라 마을의 풍습이 다르다.
· 풍습이 생기다 出现习俗
아이들이 일찍 죽자 돌잔치 풍습이 생겼다.
· 풍습이 있다 有习俗
한국에는 설날에 떡국을 먹는 풍습이 있다.

풍습을 ~
· 풍습을 갖다 有习俗
한국은 추석에 송편을 먹는 풍습을 갖고 있다.
· 풍습을 받아들이다 接受习俗
이들만큼 외국의 풍습을 잘 받아들이는 민족은 없다.

Ⓐ + 풍습
· 오랜 풍습 古老的习俗
중국인들은 설날에 폭죽을 터뜨리는 오랜 풍습이 있다.
· 옛 풍습 旧的习俗
옛 풍습이 아직까지 지켜지고 있는 것으로 나타났다.

2368 **프로그램** (program)
程序

프로그램 + Ⓥ

프로그램이 ~
· 프로그램이 돌아가다 程序运行
새로 깐 프로그램이 잘 안 돌아간다.

프로그램을 ~
· 프로그램을 깔다 安装程序
제 컴퓨터에도 프로그램을 깔아 주세요.
· 프로그램을 설치하다 安装程序
프로그램을 설치한 후에 컴퓨터 속도가 느려졌다.
· 프로그램을 진행하다 运行程序
그녀는 아침 라디오 프로그램을 진행하고 있다.
· 프로그램을 짜다 编写程序
내일 발표회 프로그램을 다 짰습니까?

2369 **프린터** (printer)
打印机

프린터 + Ⓥ

프린터로 ~
· 프린터로 출력하다 用打印机打印
회의 자료를 프린터로 출력해서 복사했다.

2370 **플라스틱** (plastic)
塑料

플라스틱 + Ⓝ
· 플라스틱 그릇 塑料碗
· 플라스틱 컵 塑料杯子

플라스틱 + Ⓥ

플라스틱으로 ~

· 플라스틱으로 만들다 用塑料制作
이 장난감은 플라스틱으로 만든 것이다.

2371 **플러그** (plug)
插头

플러그 + Ⓥ

플러그를~

· 플러그를 꽂다 插入插头
전기 포트에 물을 반 정도 채우고 플러그를 꽂았다.
· 플러그를 뽑다 拔出插头
전기 포트의 플러그를 뽑았다.

2372 **피**
血

피 - Ⓝ

· 피검사 验血
· 피고름 脓血

피 + Ⓥ

피가 ~

· 피가 나다 出血
머리를 다쳐서 머리에서 피가 난다.
· 피가 묻다 沾上血
손에 피가 묻었다.

피를 ~

· 피를 닦다 擦血
그 선수는 피를 닦고 다시 일어났다.
· 피를 흘리다 流血
피를 많이 흘려서 수혈이 필요하다.

慣

· 피가 거꾸로 솟다 血液倒流
자기가 배신을 당했다는 소식을 듣고 피가 거꾸로 솟
는 듯했다.
· 피가 끓다 热血沸腾

그의 가슴 속에는 뜨거운 피가 끓고 있었다.
· 피가 되고 살이 되다 成为一笔财富
젊었을 때 고생이 피가 되고 살이 되어 오늘날 성공할
수 있게 되었다.
· 피를 말리다 心焦如焚
이번 경기는 승부가 나지 않아 감독들의 피를 말렸다.
· 피를 보다 见血
서로 피를 보지 말고 대화로 해결합시다.
· 피를 빨아먹다 吸血
나라의 관리들은 백성들의 피를 빨아먹고 산다.
· 피를 토하다 吐血
피를 토하는 열변이 쩌렁쩌렁 울려 퍼졌다.
· 피는 못 속인다 亲情是挡不住的
피는 못 속인다더니 너는 아빠랑 잠버릇도 똑같구나.
· 피는 물보다 진하다 血浓于水
피는 물보다 진하다고 그는 결국 친구대신 가족을 살
렸다.
· 피도 눈물도 없다 铁石心肠
그는 피도 눈물도 없는 사람처럼 부탁을 냉정하게 거
절했다.
· 피로 물들이다 被鲜血染红了
전쟁으로 인해 조용한 마을은 피로 물들었다.

2373 **피로** (疲勞)
疲劳, 疲惫

피로 + Ⓝ

· 피로 회복 恢复疲劳

피로 + Ⓥ

피로가 ~

· 피로가 쌓이다 疲劳堆积
야근을 자주 해서 그는 피로가 쌓였다.
· 피로가 풀리다 疲劳消除
푹 자고 나면 피로가 풀릴 거예요.

피로를 ~

· 피로를 풀다 消除疲劳
피로를 푸는 데는 잠이 최고다.

2374 **피리**
笛子

피리 + N

· 피리 소리 笛子声音

피리 + V

피리를 ~

· 피리를 불다 吹笛子
그 아이는 피리를 특히 잘 불었습니다.

2375 **피부** (皮膚)
皮肤

피부 – N

· 피부병 皮肤病
· 피부색 皮肤颜色

피부 + N

· 피부 질환 皮肤疾病

피부 + V

피부가 ~

· 피부가 거칠다 皮肤粗糙
날씨가 건조해서 피부가 거칠어졌다.
· 피부가 곱다 皮肤细腻
그는 나이가 들었지만 여전히 피부가 곱다.
· 피부가 좋다 皮肤好
그녀는 아이처럼 피부가 좋다.

慣

· 피부로 느끼다 切身感受到
요즘 경기가 나쁘다는 사실을 피부로 느낄 수 있다.

2376 **피서** (避暑)
避暑

피서 + N

· 피서 인파 避暑的人流

피서 + V

피서를~

· 피서를 가다 去避暑
어린 자녀와 함께 바닷가로 피서를 간다.
· 피서를 즐기다 避暑度假
피서를 즐기려는 사람들이 이 곳으로 찾아왔다.

2377 **피아노** (piano)
钢琴

피아노 + N

· 피아노 건반 钢琴键盘
· 피아노 곡 钢琴曲
· 피아노 교재 钢琴教材
· 피아노 콘서트 钢琴音乐会
· 피아노 독주 钢琴独奏
· 피아노 반주 钢琴伴奏
· 피아노 소리 钢琴声
· 피아노 연주회 钢琴演奏会
· 피아노 학원 钢琴学习班

피아노 + V

피아노를 ~

· 피아노를 배우다 学钢琴
5살때부터 피아노를 배우기 시작했다.
· 피아노를 연주하다 演奏钢琴
한 재즈 카페에서 피아노를 가끔 연주했다.
· 피아노를 치다 弹钢琴
4살 때부터 피아노를 쳤다.

2378 **피자** (pizza)
比萨饼

피자 + N

· 피자 집 比萨店

피자 + V

피자를 ~

· 피자를 먹다 吃比萨
그녀는 밥 대신에 피자를 먹었다.

2379 피해 (被害)
灾害, 损失

피해 + Ⓝ

· 피해 구제 救灾
· 피해 당사자 受灾当事人
· 피해 배상 受灾赔偿
· 피해 보상 受灾补偿
· 피해 보상금 灾害补偿金
· 피해 사례 灾害事例
· 피해 사항 受灾事项
· 피해 상황 受灾情况
· 피해 실태 受灾状况
· 피해 의식 灾害意识
· 피해 지역 受灾地区

피해 + Ⓥ

피해가 ~

· 피해가 가다 受灾
여러분에게 피해가 가는 일은 없도록 하겠습니다.
· 피해가 나다 遭受损失
대규모 지진이 발생해 엄청난 재산 피해가 났다.
· 피해가 발생하다 发生灾害
교통 사고로 인명 피해가 발생했다.
· 피해가 빈발하다 灾害频发
홍수 피해가 빈발하는 빈민가로 변해 있었다.
· 피해가 속출하다 灾害接连不断
환경 오염이 계속되면서 피해가 속출하고 있다.
· 피해가 심각하다 受灾情况严重
소음공해는 피해가 심각하다.
· 피해가 없다 没有损失
교통 사고가 났지만 인명 피해는 없다.
· 피해가 우려되다 担心受灾
비가 오면 큰 피해가 우려된다.
· 피해가 잇따르다 灾害接二连三
학원서비스 실태가 부실해 소비자 피해가 잇따르고 있다.
· 피해가 잦다 灾害频繁
일본은 지진 피해가 잦은 곳이다.
· 피해가 적다 灾害少
남부 지방은 지진 피해가 적은 지역이다.
· 피해가 크다 灾害大
수확을 앞둔 벼가 쓰러지는 등 농작물 피해가 컸다.

피해를 ~

· 피해를 끼치다 带来损失
그들은 우리에게 아무런 피해를 끼치지 않았다.
· 피해를 내다 造成损失
불은 2백여만원의 재산 피해를 냈다.
· 피해를 당하다 遭受损失
억울한 피해를 당한 사람들에게 사과할 것이다.
· 피해를 막다 阻止损失
특히 바람 피해를 막을 준비를 해야 한다.
· 피해를 보다 受灾
공해 때문에 피해를 보는 학교가 많다.
· 피해를 복구하다 挽回损失
피해를 복구하는 일에 정부와 국민이 힘을 합쳤다.
· 피해를 주다 造成损失
투자자들에게 막대한 피해를 주었다.
· 피해를 줄이다 减少损失
주민들의 피해를 최대한 줄여야죠.
· 피해를 예방하다 预防损失
인명 피해를 예방하는 방법을 모색해야 한다.
· 피해를 입다 遭受损失
당장 중소기업들이 직접적인 피해를 입었다.
· 피해를 입히다 给……造成损失
타인에게 피해를 입히는 경우 처벌키로 했다.
· 피해를 최소화하다 尽可能降低损失
피해를 최소화하기 위해서는 철저한 대비가 필요하다.

Ⓐ + 피해

· 막대한 피해 莫大的损失
사흘 동안 내린 큰 비로 막대한 피해를 보았다.
· 부당한 피해 不当的损失
부당한 피해를 입었을 때는 꼭 신고해야 한다.
· 심각한 피해 严重的灾害
홍수로 가장 심각한 피해를 입은 지역이 내 고향이다.
· 심한 피해 严重的损失
환경 오염 때문에 아이들이 심한 피해를 받는다.
· 엉뚱한 피해 莫名其妙的损失
담당자의 실수로 고객이 엉뚱한 피해를 입었다.
· 엄청난 피해 巨大的损失
언론의 추측보도로 엄청난 피해를 보고 있다.
· 큰 피해 大的损失
세월호 사건은 우리 사회에 큰 피해를 입혔다.

2380 필름 (film)
胶卷

필름 + Ⓝ

· 필름 카메라 胶卷相机

필름을~

· **필름을 맡기다** 洗照片
사진관에 필름을 맡겼다.

· **필름을 인화하다** 洗照片
카메라로 찍은 필름을 인화했다.

· **필름이 끊기다** 记忆断片
필름이 끊겨서 집에 어떻게 갔는지 기억이 안 난다.

· **필름이 끊어지다** 记忆断片
그는 필름이 끊어져서 친구한테 업혀 집에 돌아왔다.

2381 **필수**[1] [필쑤](必須)
必须

· 필수 영양소 必须的营养要素
· 필수 요소 必须要素
· 필수 조건 必要条件

2382 **필수**[2] [필쑤](必修)
必修

· 필수 과목 必修科目
· 필수 학점 必修学分

2383 **필요** [피료](必要)
需要, 必要

· 필요조건 必要条件

· 필요 경비 需要的经费
· 필요 물품 需要的产品
· 필요 요소 需要的要素
· 필요 인력 需要的人力
· 필요 자금 需要的资金

필요가 ~

· **필요가 없다** 不需要
그들을 수사할 필요가 없었다.

· **필요가 있다** 需要
인터넷의 본질적인 의미를 먼저 파악할 필요가 있다.

필요를 ~

· **필요를 느끼다** 感到需要……
사고 당시 상황을 자세히 알아볼 필요를 느꼈다.

· **필요를 충족시키다** 满足需要
정치는 국민의 필요를 충족시키는 일이다.

필요에 ~

· **필요에 따르다** 根据需要
공부는 본인의 필요에 따라 배워야 한다.

· **필요에 의하다** 根据需要
선거는 국민들의 필요에 의해 등장했다.

2384 **필요성** [피료썽](必要性)
必要性

필요성을 ~

· **필요성을 느끼다** 感到必要性
외국 여행을 하다보니 외국어를 배워야 할 필요성을
느꼈다.

2385 **필통** (筆筒)
笔筒

· 필통 뚜껑 笔筒盖

필통을 ~

· 필통을 덮다 合上笔筒
세 번째 시집을 내놓고 10여 년 간 필통을 덮었다.
· 필통을 열다 打开笔筒
단추로 필통을 열고 닫을 수 있게 만들었다.

2386 **핑계** [핑계/핑게]
借口

핑계 + Ⓥ

핑계를 ~

· 핑계를 대다 找借口
핑계를 대지 말고 질문에 대답하세요.

핑계로 ~

· 핑계로 삼다 作为借口
회의를 핑계로 삼아 술자리를 빠져 나왔다.

慣

· 핑계 없는 무덤 없다 无风不起浪
핑계 없는 무덤 없다고 모든 일에는 다 이유가 있는 법이다.

2387 **하늘**
天，天空

하늘 – Ⓝ

· 하늘나라 天国

하늘 + Ⓝ

· 하늘 아래 天空下

하늘 + Ⓥ

하늘이 ~

· 하늘이 높다 天高
하늘이 높아 보였다.
· 하늘이 내리다 天赐
부자는 하늘이 내린다는 말이 있다.
· 하늘이 맑다 天空晴朗
유난히 하늘이 맑아 보였다.

하늘을 ~

· 하늘을 날다 在天空飞行
하늘을 날고 있는 비행기를 보았다.
· 하늘을 바라보다 仰望天空
그는 창문을 활짝 열고 맑게 갠 하늘을 바라보았다.
· 하늘을 올려다보다 仰望天空
그는 고개를 들어 하늘을 올려다보았다.
· 하늘을 우러르다 仰望苍天
그는 하늘을 우러러 한 점 부끄럼이 없는 사람이다.
· 하늘을 쳐다보다 抬头望着天空
별이 빛나는 하늘을 쳐다보면서 시를 외우기도 했다.

하늘에 ~

· 하늘에 떠 있다 浮在天空
하늘에 떠 있는 별은 언제나 아름답다.

하늘에서 ~

· 하늘에서 떨어지다 从天上掉下来
빗방울 하늘에서 떨어지기 시작했다.
· 하늘에서 내려오다 从天上下来
환웅은 하늘에서 내려왔다고 한다.

하늘로 ~

· 하늘로 날아오르다 飞上天
일제히 수십 개의 화살이 하늘로 날아올랐다.
· 하늘로 올라가다 上天
담배 연기가 겨울 공기를 가르며 하늘로 올라갔다.
· 하늘로 치솟다 冲上天
한 덩어리의 연기가 하늘로 치솟아 올랐다.

Ⓐ + 하늘

· 맑은 하늘 晴朗的天空
황사가 이제 벗겨져 맑은 하늘이 보인다.
· 파란 하늘 蔚蓝的天空
그 위로 파란 하늘이 펼쳐져 있었다.
· 푸른 하늘 碧蓝的天空
푸른 하늘 위로 새가 날아간다.

慣

· 하늘이 노랗다 天旋地转
그 전화를 받았을 때, 갑자기 하늘이 노래지는 기분이었다.
· 하늘이 무너지다 天塌下来
며칠이 지나서 나는 또다시 하늘이 무너지는 듯 한 소식을 들었다.
· 하늘이 무너져도 솟아날 구멍이 있다 天无绝人之路
하늘이 무너져도 솟아날 구멍이 있다는데, 설마 이대로 무너질까?

· 하늘을 찌르다 气势冲天
기세가 하늘을 찔렀다.
· 하늘의 별 따기 比登天还难
인허가 받기가 하늘에 별 따기만큼 어렵다.

2388 하루
一天

하루 + Ⓝ

· 하루 일과 一天的事
· 하루 종일 一整天

하루 + Ⓥ

하루가 ~
· 하루가 걸리다 花一天
빨리 해도 하루가 걸리는 일이다.
· 하루가 지나다 一天过去
하루가 지났지만 아이는 돌아오지 않았다.
하루를 ~
· 하루를 보내다 度过一天
오늘도 나는 부지런히 하루를 보낸다.
· 하루를 시작하다 开始一天
우리는 그렇게 또 새로운 하루를 시작했다.

Ⓐ + 하루

· 긴 하루 漫长的一天
긴 하루를 마치고 우리는 각자의 집으로 돌아갔다.
· 바쁜 하루 繁忙的一天
밥 먹을 시간도 없을 만큼 바쁜 하루였다.
· 즐거운 하루 愉快的一天
가족과 함께 자연 속에서 즐거운 하루를 보냈다.

惯

· 하루가 다르다 日新月异
세계 자동차 산업은 하루가 다르게 변하고 있다.
· 하루가 멀다 하고 一日不见如隔三秋
아내는 하루가 멀다 하고 매일 면회하러 왔다.
· 하루에도 열두 번 一天十二遍（指很频繁）
골치 아파 그만두고 싶은 마음이 하루에도 열두 번입니다.

2389 하루아침
瞬间

하루아침 + Ⓥ

하루아침에 ~
· 하루아침에 유명해지다 瞬间流行起来
신문에 나간 뒤 그녀는 하루아침에 유명해졌다.

2390 하룻밤 [하루빰/하룻빰]
一夜之间

惯

· 하룻밤을 자도 만리장성을 쌓는다 一夜之间无比亲密
하룻밤을 자도 만리장성을 쌓는다고 그들은 하룻밤 사이에 친한 친구가 되었다.

2391 하숙 (下宿)
寄宿

하숙 - Ⓝ

· 하숙방 寄宿房
· 하숙집 寄宿家

하숙 + Ⓥ

하숙을~
· 하숙을 구하다 找寄宿房
하숙집을 구하러 부동산 사무실에 갔다.
· 하숙을 하다 住寄宿房
학교 근처에서 하숙을 합니다.

2392 하숙비 [하숙삐](下宿费)
寄宿费

하숙비 + Ⓥ

하숙비가 ~

· 하숙비가 밀리다 欠寄宿費
하숙비가 세 달이나 밀렸다.
· 하숙비가 오르다 寄宿費上涨
신학기부터 하숙비가 또 올랐다.

하숙비를 ~

· 하숙비를 내다 交寄宿費
하숙비를 제대로 냈나요?

A + 하숙비

· 비싼 하숙비 昂贵的寄宿費
비싼 하숙비를 내려면 아르바이트를 해야 한다.

2393 **하숙집** [하숙찝](下宿집)
寄宿家

하숙집 + N

· 하숙집 주인 寄宿家房东
· 하숙집 아주머니 寄宿家大婶

하숙집 + V

하숙집을 ~

· 하숙집을 구하다 找寄宿房
가장 먼저 한 일은 하숙집을 구했다.
· 하숙집을 옮기다 搬寄宿房
나는 그 여자의 집 부근으로 하숙집을 옮겼다.

2394 **하품**
打哈欠

하품 + N

· 하품 소리 打哈欠的声音

하품 + V

하품이~

· 하품이 나다 打哈欠
이야기가 지루해서 하품이 났다.
· 하품이 나오다 打哈欠
영화가 재미없어서 자꾸 하품이 나왔다.

하품을 ~

· 하품을 참다 忍着哈欠
하품을 참으면서 수업을 들었다.
· 하품을 하다 打哈欠
아이는 잠이 오는지 하품을 했다.

2395 **학교** [학꾜](學校)
学校

학교 - N

· 학교생활 学校生活

학교 + N

· 학교 교육 学校教育
· 학교 건물 学校建筑
· 학교 도서관 学校图书馆
· 학교 정문 学校正门
· 학교 선생님 学校教师
· 학교 성적 学校成绩
· 학교 수업 学校上课
· 학교 식당 学校食堂
· 학교 앞 学校前面
· 학교 운동장 学校运动场
· 학교 주변 学校周围
· 학교 후문 学校后门

학교 + V

학교가 ~

· 학교가 끝나다 放学
학교가 끝나면 집으로 안 가고 만화방으로 가요.
· 학교가 파하다 放学
학교가 파해도 교실이나 밖에 앉아 있었다.

학교를 ~

· 학교를 그만두다 辍学
그런데 건강이 안 좋아 학교를 그만두신 것 같아요.
· 학교를 다니다 上学
서울에서 학교를 다녔다.
· 학교를 보내다 送去学校
집에서 멀더라도 좋은 학교를 보내야 한다.
· 학교를 세우다 建学校
그는 고향에 학교를 세웠다.
· 학교를 졸업하다 毕业

학교를 졸업하고 대기업에 취직하였다.

학교에 ~

· 학교에 가다 去学校
방학이었지만 보충수업을 위해 학교에 갔다.

· 학교에 다니다 上学
난 언제 학교에 다닐 수 있을까?

· 학교에 보내다 送去上学
엄마는 아이들을 학교에 보내 놓고 집안일을 한다.

· 학교에 입학하다 入学
그해 나는 고등학교에 입학했다.

학교에서 ~

· 학교에서 돌아오다 从学校回来
학생들이 학교에서 돌아오고 있었다.

· 학교에서 배우다 在学校学习
학교에서 배웠던 것을 이렇게 직접 활용해 보았다.

Ⓐ + 학교

· 좋은 학교 好学校
서울대는 한국에서 제일 좋은 학교다.

2396 **학기** [학끼](學期)
学期

학기 + Ⓝ

· 학기 말 学期末
· 학기 중 学期中间
· 학기 초 开学初

학기 + Ⓥ

학기가 ~

· 학기가 끝나다 学期结束
벌써 학기가 끝났다.

· 학기가 시작되다 学期开始
3월에 새학기가 시작된다.

학기를 ~

· 학기를 마치다 结束学期
이번 학기를 마치고 나는 입대할 계획이었다.

· 학기를 보내다 度过学期
그렇게 한 학기를 보냈다.

Ⓐ + 학기

· 새 학기 新学期

새 학기가 시작되고 몇 주가 지났다.

· 한 학기 一学期
한 학기에 두 번 정도 발표 시간을 갖는 것도 좋다.

2397 **학문** [항문](學問)
学问

학문 + Ⓥ

학문을 ~

· 학문을 닦다 研究学问
그는 열심히 학문을 닦아서 훌륭한 학자가 되었다.

· 학문을 하다 做学问
저는 학문을 하는 사람을 존경합니다.

학문에 ~

· 학문에 정진하다 专致于学问
학문에 정진하는 것이 학자의 도리이다.

· 학문에 힘쓰다 埋头于学问
국가의 발전을 위해 학문에 힘써야 한다.

2398 **학벌** [학뻘](學閥)
学历

학벌 + Ⓝ

· 학벌 위주 学历第一

학벌 + Ⓥ

학벌이 ~

· 학벌이 낮다 学历低
학벌이 낮은 사장일수록 고학력 직원을 선호한다.

· 학벌이 좋다 学历高
그는 학벌이 좋을 뿐만 아니라 키도 크다.

학벌을 ~

· 학벌을 따지다 讲学历
사람을 하나 쓰는데도 학벌을 따졌다.

Ⓐ + 학벌

· 좋은 학벌 高学历
좋은 학벌을 가지고 취직을 해서 결혼을 했다.

·

2399 학부모 [학뿌모](學父母)
学生家长

학부모 + N

· 학부모 대표 学生家长代表
· 학부모 회의 家长会

2400 학비 [학삐](學費)
学费

학비 + V

학비가 ~
· 학비가 들다 花学费
대학교에 다니려면 학비가 많이 든다.
· 학비가 비싸다 学费贵
사립학교는 학비가 비싸다.

학비를 ~
· 학비를 내다 交学费
아르바이트를 해서 번 돈으로 학비를 냈다.
· 학비를 대다 垫学费
부모님께서 학비를 대 주셨다.
· 학비를 벌다 赚学费
대학생들은 학비를 벌기 위해 아르바이트를 한다.

학비에 ~
· 학비에 보태다 贴补学费
이거 얼마 안 되지만 학비에 보태 쓰게.

2401 학생 [학쌩](學生)
学生

학생 + N

· 학생 기숙사 学生宿舍
· 학생 대표 学生代表
· 학생 식당 学生食堂
· 학생 회관 学生会馆

학생 + V

학생이 ~
· 학생이 되다 成为学生
학생이 되더니 의젓해졌다.

학생을 ~
· 학생을 가르치다 教学生
그는 대학에서 학생을 가르친다.
· 학생을 모집하다 召集学生
우수한 학생을 모집하기 어렵다.
· 학생을 선발하다 选拔学生
우수한 대학은 우수한 학생을 선발해야 한다.

A + 학생

· 전학 온 학생 转学来的学生
9월 1일자로 전학 온 학생이 80명 정도나 된다.
· 좋은 학생 好学生
좋은 학교에는 좋은 학생이 많다.
· 우수한 학생 优秀的学生
이런 우수한 학생을 빼 가면 어떡합니까?

2402 학생증 [학쌩쯩](學生證)
学生证

학생증 + V

학생증을 ~
· 학생증을 꺼내다 拿出学生证
학생 할인을 받기 위해서 지갑에서 학생증을 꺼냈다.
· 학생증을 보여주다 出示学生证
학생 할인을 받으려고 학생증을 보여주었다.
· 학생증을 지참하다 携带学生证
학생증을 지참해 가지고 오시오.

2403 학습 [학씁](學習)
学习

학습 + N

· 학습 계획 学习计划
· 학습 과정 学习过程
· 학습 능력 学习能力
· 학습 동기 学习动机
· 학습 목표 学习目标

· 학습 방법 学习方法
· 학습 부진아 差生
· 학습 자료 学习资料
· 학습 태도 学习态度

학습 + Ⓥ

학습을~
· 학습을 하다 学习
1학년 때는 기초적인 내용에 대해 학습을 한다.

2404 학용품 [하공품](學用品)
学习用品

학용품 + Ⓥ

학용품 ~
· 학용품을 사다 买学习用品
개강을 앞두고 학용품을 샀다.

2405 학원 [하권](學院)
补习班

학원 + Ⓝ

· 학원 강사 补习班老师

학원 + Ⓥ

학원에 ~
· 학원에 가다 去补习班
학교가 끝나면 바로 학원에 간다.
· 학원에 다니다 上补习班
우리 아이는 요즘 피아노 학원에 다닌다.

2406 학위 [하귀](學位)
学位

학위 - Ⓝ

· 학위논문 学位论文

학위 + Ⓝ

· 학위 과정 学位课程
· 학위 수여식 学位授予仪式

학위 + Ⓥ

학위를 ~
· 학위를 따다 取得学位
이번에 어렵게 학위를 땄습니다.
· 학위를 받다 得到学位
저는 한국에서 국문학 학위를 받았습니다.
· 학위를 수여하다 授予学位
총장님께서 졸업생들에게 학위를 수여했다.
· 학위를 취득하다 取得学位
학위를 취득한 후에 회사에 취직했다.

2407 학점 [학쩜](學點)
学分

학점 + Ⓝ

· 학점 교류 学分交流
· 학점 취득 获得学分

학점 + Ⓥ

학점을 ~
· 학점을 따다 拿到学分
그는 학점을 따는 데에만 신경을 쓴다.
· 학점을 취득하다 获得学分
그는 열심히 공부해서 어렵게 학점을 취득했다.
학점으로 ~
· 학점으로 인정하다 承认学分
우리 학교는 봉사 활동도 학점으로 인정한다.

2408 학회 [하쾨/하퀘](學會)
研讨会

학회 + Ⓥ

학회가~
· 학회가 열리다 召开研讨会
매년 봄에 학회가 열립니다.

학회를 ~

· 학회를 개최하다 举办研讨会
암 예방을 주제로 한 학회를 개최했다.

2409 한¹ (限)
限度

한 + Ⓥ

한이 ~

· 한이 없다 没有限度
사람의 욕심은 한이 없다.

· 한이 있다 有限度
기다리고 참는 것에도 한이 있다.

2410 한² (恨)
怨恨

한 + Ⓥ

한이 ~

· 한이 맺히다 结怨
나한테 한이 맺힌 게 많아요?

· 한이 서리다 哀怨
그는 자신을 버린 어머니에게 한이 서려 있다.

· 한이 쌓이다 积怨
그녀에게 한이 쌓였는지 술을 많이 마셨다.

한을 ~

· 한을 풀다 解除怨恨
가슴에 맺힌 한을 술로 풀었다.

· 한을 품다 心怀怨恨
공부에 한을 품고 열심히 했다.

2411 한계 [한계/한게] (限界)
局限

한계 + Ⓥ

한계가 ~

· 한계가 있다 有局限性

적은 돈으로 어려운 사람을 돕는 것은 한계가 있다.

한계를 ~

· 한계를 극복하다 克服局限
장애의 한계를 극복하고 우승을 했다.

· 한계를 넘다 超越局限
그의 장난은 결국 내 인내심의 한계를 넘어섰다.

한계에 ~

· 한계에 부닥치다 到达局限
그들은 체력의 한계에 부닥쳤다.

2412 한국 (韓國)
韩国

한국 + Ⓝ

· 한국 경제 韩国经济
· 한국 대사관 韩国大使馆
· 한국 사람 韩国人
· 한국 식당 韩国饭店
· 한국 영화 韩国电影
· 한국 음식 韩国饮食

한국 + Ⓥ

한국에 ~

· 한국에 가다 去韩国
겨울 방학 동안 한국에 갈 계획이다.

· 한국에 살다 住在韩国
어머니는 한국에 살고 계신다.

· 한국에 있다 在韩国
남자 친구는 현재 한국에 있다.

2413 한글
韩文

한글 - Ⓝ

· 한글학교 学习韩文的学校
· 한글학회 韩文学会

한글 + Ⓝ

· 한글 강습 教授韩文

· 한글 박물관 韓文博物館
· 한글 소설 韓文小说

> 한글 + Ⓥ

한글을 ~
· 한글을 깨치다 学会韩文
그는 일찍이 한글을 깨쳤다.
· 한글을 창제하다 创制韩文
세종대왕이 한글을 창제하셨다.

2414 한눈¹
第一眼

> 한눈 + Ⓥ

한눈에 ~
· 한눈에 들어오다 一览无余
전망대에 올라가면 도시가 한눈에 들어온다.
· 한눈에 반하다 一见钟情
우리 부모님은 한눈에 반해서 결혼하셨다.

2415 한눈²
小差

> 한눈 + Ⓥ

한눈을 ~
· 한눈을 팔다 开小差
한눈을 팔지 말고 열심히 해.

2416 한마디
一句话

> 한마디 + Ⓥ

한마디로 ~
· 한마디로 거절하다 一口拒绝
그는 내 부탁을 한마디로 거절했다.
한마디를 ~
· 한마디를 하다 说了一句

조용히 하라고 한마디를 했더니 화가 난 모양이다.

2417 한문 (漢文)
汉字

> 한문 + Ⓝ

· 한문 공부 学习汉字
· 한문 연습 练习汉字
· 한문 선생 汉字老师

> 한문 + Ⓥ

한문을 ~
· 한문을 가르치다 教授汉字
그는 학교에서 한문을 가르치는 선생님이다.
· 한문을 배우다 学习汉字
예전에는 서당에서 한문을 배웠다.
· 한문을 이해하다 理解汉字
요즘은 한문을 이해할 수 있는 사람이 드물다.

2418 한복 (韓服)
韩服

> 한복 + Ⓝ

· 한복 원단 韩服面料
· 한복 차림 穿着韩服
· 한복 치마 韩服裙子

> 한복 + Ⓥ

한복이 ~
· 한복이 어울리다 很适合穿韩服
한복이 어울린다는 말을 자주 들었다.
한복을 ~
· 한복을 입다 穿韩服
옛날에는 항상 한복을 입고 다녔다.
· 한복을 차려입다 穿着韩服
설에는 한복을 예쁘게 차려 입는다.
한복에 ~
· 한복에 어울리다 和韩服很搭配
짧은 머리가 한복에 잘 어울린다.

A + 한복

· 고운 한복 漂亮的韩服
날아갈듯 고운 한복을 차려입고 있다.

2419 한숨¹
一口气

惯

· 한숨이 놓이다 松口气
시험이 끝나서 이제 한숨을 놓을 수 있게 되었다.
· 한숨을 돌리다 喘口气
잠깐 쉬면서 한숨을 돌리고 다시 일합시다.

2420 한숨²
叹气

한숨 + N

· 한숨 소리 叹气的声音

한숨 + V

한숨이 ~
· 한숨이 나오다 叹气
할 일은 많은데 시간이 부족해서 자꾸 한숨이 나온다.

한숨을 ~
· 한숨을 쉬다 叹气
걱정이 있는지 그는 자꾸 한숨을 쉬었다.
· 한숨을 짓다 唉声叹气
한숨을 짓고 있는 그의 얼굴이 좋지 않다.

2421 한옥 [하녹](韓屋)
韩国传统房屋

한옥 + N

· 한옥 마을 韩屋村

한옥 + V

한옥에 ~
· 한옥에 살다 住在韩国传统房屋中
부모님은 고향의 한옥에 살고 계신다.

2422 한자 [한짜](漢字)
汉字

한자 + N

· 한자 문화권 汉字文化圈
· 한자 성어 汉字成语
· 한자 이름 汉字名字
· 한자 표기 汉字标记

한자 + V

한자를 ~
· 한자를 알다 认识汉字
그는 한자를 알아서 중국어를 쉽게 배웠다.

2423 한쪽
一侧

한쪽 + N

· 한쪽 구석 一侧角落
· 한쪽 눈 一侧的眼睛
· 한쪽 의견 一方的意见

2424 한참 [한참]
很长时间

한참 + N

· 한참 동안 很长时间
· 한참 뒤 很长时间以后
· 한참 만에 时隔很长时间
· 한참 후 很长时间以后

한참 + V

한참이 ~

· 한참이 지나다 过了好一会儿
하지만 한참이 지나도 사람이 나오지 않았다.

한참을 ~

· 한참을 걷다 走了一会儿
다시 한참을 걷다가 뒤돌아보았다.
· 한참을 기다리다 等半天
한참을 기다려도 그는 나오지 않았다.
· 한참을 망설이다 犹豫半天
그는 한참을 망설이다가 아버지께 사실을 말씀드렸다.
· 한참을 울다 哭半天
나는 이불속에서 한참을 울었다.

· 한참을 모르다 一无所知
정말 몰라도 뭘 한참을 모르네요.

2425 **할머니**
奶奶

할머니 + N

· 할머니 댁 奶奶家
· 할머니 말씀 奶奶的话
· 할머니 등 奶奶的背
· 할머니 산소 奶奶的坟
· 할머니 손 奶奶的手

할머니 + V

할머니가 ~

· 할머니가 계시다 奶奶在
우리를 귀여워해 주시는 할머니가 이곳에 계신다.
· 할머니가 돌아가시다 奶奶去世
할머니가 돌아가시고는 고모댁에서 자랐고요.
· 할머니가 되다 成为奶奶
어머니도 어느새 할머니가 되어가고 있었다.

할머니를 ~

· 할머니를 모시다 陪奶奶
나는 설날마다 공항에 가서 할머니를 모시고 왔다.

2426 **할아버지** [하라버지]
爷爷

할아버지 + N

· 할아버지 댁 爷爷家
· 할아버지 말씀 爷爷的话
· 할아버지 산소 爷爷的坟
· 할아버지 생신 爷爷的生日

할아버지 + V

할아버지가 ~

· 할아버지가 계시다 爷爷在
나는 할아버지가 계신 사랑방으로 갔다.
· 할아버지가 돌아가시다 爷爷去世
전쟁 중 폭탄에 맞아 나의 할아버지가 돌아가셨다.
· 할아버지가 되다 成为爷爷
내가 아이를 낳자 아버지는 할아버지가 되었다.

할아버지를 ~

· 할아버지를 모시다 陪爷爷
어서 가서 할아버지를 모시고 오너라.

2427 **할인** [하린](割引)
打折，折扣

할인 + N

· 할인 가격 折扣价格
· 할인 마트 打折超市
· 할인 매장 打折卖场
· 할인 판매 打折销售
· 할인 혜택 打折优惠

할인 + V

할인을 ~

· 할인을 받다 得到折扣
이 카드로 물건을 사면 할인을 받을 수 있다.
· 할인을 하다 打折
지금 사시면 10% 할인을 해 드립니다.

2428 **합격** [합껵](合格)
合格

합격 + Ⓝ

· 합격 발표 公布合格人员
· 합격 통지서 合格通知书

합격 + Ⓥ

합격을 ~
· 합격을 하다 合格
그는 열심히 공부해서 시험에 합격을 했다.

2429 **합승** [합씅](合乘)
拼车

합승 + Ⓥ

합승을 ~
· 합승을 하다 拼车
한국에서 합승을 하는 것은 불법이다.

2430 **항공** (航空)
航空

항공 + Ⓝ

· 항공 사고 飞行事故
· 항공 산업 航空事业
· 항공 시설 航空设施
· 항공 여행 飞行旅行
· 항공 요금 机票费
· 항공 전문가 航空专家

2431 **항구** (港口)
港口

항구 - Ⓝ

· 항구도시 港口城市

항구 + Ⓥ

항구에 ~
· 항구에 정박하다 停泊在港口
배들이 항구에 정박해 있다.
항구를 ~
· 항구를 떠나다 离开港口
배가 항구를 떠났다.

2432 **항의** [항의/항이](抗議)
抗议

항의 + Ⓝ

· 항의 각서 抗议书
· 항의 방문 抗议访问
· 항의 서한 抗议书函
· 항의 시위 抗议示威
· 항의 전화 抗议电话

항의 + Ⓥ

항의가 ~
· 항의가 빗발치다 抗议接连不断
시끄럽다는 이웃 주민들의 항의가 빗발쳤다.
항의를 ~
· 항의를 받다 遭到抗议
이 문제에 대해서 많은 사람들에게 항의를 받았다.
· 항의를 하다 抗议
우리 모두 학교에 찾아가서 항의를 합시다.

Ⓐ + 항의

· 강력한 항의 强烈的抗议
일본에 대한 국민들의 강력한 항의가 잇따랐다.

2433 **해**[1] (해)
太阳

해 + V

해가 ~

· **해가 가다** 时间流逝
해가 갈수록 식구들이 불어났어요.

· **해가 기울다** 太阳下山
해가 기울고 바깥이 어두워질 때까지 기다렸다.

· **해가 나다** 太阳出来
어머니는 해가 나도 비가 와도 걱정이었다.

· **해가 떠오르다** 太阳升起来
동이 트고 해가 떠오른다.

· **해가 떨어지다** 太阳落山
해가 떨어질 찰나였습니다.

· **해가 들다** 阳光照进来
1층은 사계절 내내 한낮에도 해가 들지 않았다.

· **해가 뜨다** 太阳升起
겨울이면 아침 7시에 해가 뜬다.

· **해가 바뀌다** 进入新的一年
해가 바뀌면서 학교에 많은 변화가 생겼다.

· **해가 비치다** 太阳照
아침에는 저쪽으로 해가 비치기 때문이지요.

· **해가 저물다** 太阳西斜
해가 저물어가자 초조해지기 시작했다.

· **해가 지다** 太阳落山
협상은 해가 지고 자정이 넘도록 계속되었다.

해를 ~

· **해를 거듭하다** 年复一年
해를 거듭할수록 대회 참가자 수가 늘어났다.

· **해를 넘기다** 转到下一年
결국 결혼식은 또 해를 넘기게 되었다.

· **해를 등지다** 背着太阳
해를 등진 그녀의 갈색 머리카락이 아름답다.

A + 해

· **몇 해** 几年
몇 해 지나고 나는 재혼을 했다.

· **붉은 해** 红色的太阳
서산 너머, 무심히 붉은 해가 지고 있었다.

· **여러 해** 几年
한 가지씩 터득하는 데 여러 날 여러 해가 걸렸다.

· **한 해** 一年
새로운 한 해가 시작된다.

慣

· **해가 서쪽에서 뜨다** 太阳从西边出来
오늘 자네가 지각을 하지 않다니, 내일부터 해가 서쪽에서 뜨겠어.

2434 해² (害)
害

해 + V

해가 ~

· **해가 가다** 有害
몸에 해가 가지 않도록 담배를 끊어라.

· **해가 되다** 有害
음식도 사람의 체질에 따라 해가 될 수도 있다.

해를 ~

· **해를 끼치다** 加害
잘못 이용하면 사람들에게 해를 끼칠 수 있다.

· **해를 입다** 遭受损害
정신이 이상한 사람과 싸워서 큰 해를 입었다.

2435 해결 (解決)
解决

해결 + N

· **해결 능력** 解决能力
· **해결 방법** 解决方法
· **해결 방식** 解决方式

해결 + V

해결이 ~

· **해결이 나다** 得到解决
좋은 쪽으로 문제가 해결이 났다.

· **해결이 되다** 被解决
모든 문제가 해결이 되었다.

해결을 ~

· **해결을 보다** 着手解决
당장 해결을 볼 수 있는 문제가 아닙니다.

· **해결을 하다** 解决
이 문제를 어떻게 해결을 해야 할지 모르겠어요.

2436 해방 (解放)
解放

해방 + Ⓥ

해방이 ~

· 해방이 되다 解放
한국은 일본의 식민지에서 해방이 되었다.

해방을 ~

· 해방을 맞다 迎来解放
일본의 항복으로 우리나라는 해방을 맞았다.

2437 해석 (解釋)

解释

해석 + Ⓥ

해석이 ~

· 해석이 되다 解释
이 부분이 해석이 잘 안 돼요.

해석을 ~

· 해석을 내리다 作出解释
학자들이 다양한 해석을 내렸다.
· 해석을 하다 解释
사장님의 말이 무슨 뜻인지 해석을 잘 해야 한다.

Ⓐ + 해석

· 다양한 해석 各种各样的解释
이 작품에 대해서는 다양한 해석이 존재한다.

2438 해설 (解說)

解说，讲解

해설 + Ⓝ

· 해설 기사 解说记者
· 해설 자료 讲解资料

해설 + Ⓥ

해설을 ~

· 해설을 듣다 听讲解
선생님의 해설을 듣고 나니 이해가 되었다.
· 해설을 하다 做讲解
시험이 끝난 뒤 선생님께서 해설을 해 주셨다.

2439 해소 (解消)

消除，解除

해소 + Ⓝ

· 해소 방안 解决方案

해소 + Ⓥ

해소가 ~

· 해소가 되다 被消除
저는 음악을 들으면 스트레스가 해소가 됩니다.

해소를 ~

· 해소를 하다 消除
스트레스 해소를 하려고 여행을 떠났다.

2440 해안 (海岸)

海岸

해안 + Ⓝ

· 해안 경비 海岸警卫
· 해안 도로 滨海路
· 해안 지방 海边地区
· 해안 지역 海边地区

해안 + Ⓥ

해안에 ~

· 해안에 다다르다 抵达岸边
드디어 배가 해안에 다다랐다.

2441 해외 [해외/해웨](海外)

国外

해외 – Ⓝ

· 해외여행 国外旅行

해외 + Ⓝ

· 해외 거주자 国外定居者
· 해외 공연 国外演出

· 해외 공관 国外使馆
· 해외 교포 海外侨胞
· 해외 관광 国外旅行
· 해외 근무 在外国工作
· 해외 교민 海外侨胞
· 해외 도피 逃到国外
· 해외 동포 海外同胞
· 해외 사무소 国外办公室
· 해외 생활 海外生活
· 해외 수출 出口外国
· 해외 시장 海外市场
· 해외 연수 国外进修
· 해외 유학생 外国留学生
· 해외 이민 移民海外
· 해외 자본 海外资本
· 해외 자산 海外资产
· 해외 주재 驻外
· 해외 지사 海外分公司
· 해외 진출 打入海外市场
· 해외 출장 去国外出差
· 해외 취업 到国外就业
· 해외 취업자 在国外就业的人
· 해외 체류 在外国滞留
· 해외 투자 海外投资
· 해외 특파원 海外特派员
· 해외 파견 派到国外
· 해외 파병 海外派兵
· 해외 펀드 外国基金
· 해외 핫머니 海外热钱
· 해외 홍보 海外宣传
· 해외 활동 国外活动

해외 + Ⓥ

해외에 ~
· 해외에 거주하다 居住在外国
그는 현재 해외에 거주하고 있다.
· 해외에 매각하다 向外抛售
현대중공업 지분을 해외에 매각할 계획이다.
· 해외에 머무르다 停留在外国
지금 해외에 머물고 있는 사람들이 많다.
· 해외에 주재하다 在国外驻在
외교관은 항상 해외에 주재하고 있다.
· 해외에 체류하다 在国外滞留
앞으로 해외에 체류할 것으로 보고 있다.

· 해외에 입양되다 被外国领养
장은 23년 전 해외에 입양되었다.

해외에서 ~
· 해외에서 활동하다 在国外活动
또 이들 중 19 명은 해외에서 활동해 온 한국인들이다.

해외로 ~
· 해외로 나가다 到国外
지난해만 해도 2백만 명이 해외로 나갔다.
· 해외로 도피하다 逃到国外
그는 경찰을 피해 해외로 도피했다.
· 해외로 빠져나가다 流到国外
실명제를 겁낸 '검은 돈'이 해외로 빠져나간다는 소문
이 나돈다.
· 해외로 유출되다 流失到国外
은을 절약하고 해외로 유출되지 않도록 해야 한다.
· 해외로 진출하다 进驻国外
월드컵 이후 많은 한국선수가 해외로 진출했다.

2442 해외여행 [해외여행/해웨여행] (海外旅行)
出国旅行

해외여행 + Ⓝ

· 해외여행 경비 出国旅行经费

해외여행 + Ⓥ

해외여행을 ~
· 해외여행을 가다 去国外旅行
방학 때 부모님과 해외여행을 갔다.
· 해외여행을 다니다 去国外旅行
그는 여름이면 항상 해외여행을 다녔다.

2443 핵 (核)
核

핵 – Ⓝ

· 핵무기 核武器
· 핵미사일 核导弹
· 핵반응 核反应
· 핵분열 核分裂
· 핵실험 核试验

ㄱ
ㄴ
ㄷ
ㄹ
ㅁ
ㅂ
ㅅ
ㅇ
ㅈ
ㅊ
ㅋ
ㅌ
ㅍ
ㅎ

- 핵에너지 核能
- 핵전쟁 核战争
- 핵폐기물 核废料
- 핵폭발 核爆炸
- 핵폭탄 核炸弹

핵 + N

- 핵 발전소 核发电站

핵 + V

핵을 ~
- 핵을 보유하다 拥有核武器
북한은 핵을 보유하고 있다.

2444 핵심 [핵씸](核心)
核心

핵심 + N

- 핵심 그룹 核心集团
- 핵심 기술 核心技术
- 핵심 내용 核心内容
- 핵심 사업 核心事业
- 핵심 세력 核心势力
- 핵심 시설 核心设施
- 핵심 요소 核心要素
- 핵심 인물 核心人物
- 핵심 정보 核心信息

핵심 + V

핵심을 ~
- 핵심을 찌르다 切中要害
한 학생이 핵심을 찌르는 질문을 했다.

핵심에서 ~
- 핵심에서 벗어나다 不切题
그는 핵심에서 벗어난 이야기만 했다.

2445 핸드폰 (hand phone)
手机

핸드폰 + N

- 핸드폰 가게 手机商店

핸드폰 + V

핸드폰으로 ~
- 핸드폰으로 연락하다 用手机联系
핸드폰으로 연락하세요.

2446 햇볕 [해뼏/핻뼏]
太阳光

햇볕 + N

- 햇볕 정책 阳光政策

햇볕 + V

햇볕이 ~
- 햇볕이 강하다 阳光强
햇볕이 강한 날에는 모자를 써야 한다.
- 햇볕이 들다 进阳光
우리 집은 햇볕이 잘 드는 곳에 있다.

햇볕을 ~
- 햇볕을 쬐다 晒太阳
해가 나자 사람들은 햇볕을 쬐러 밖으로 나갔다.

햇볕에 ~
- 햇볕에 말리다 在阳光下晾晒
생선을 햇볕에 말렸다.
- 햇볕에 바래다 因阳光照射而褪色
집 앞 담장이 햇볕에 색이 바랬다.

A + 햇볕

- 따사로운 햇볕 温暖的阳光
따사로운 햇볕을 맞으며 산책을 했다.

2447 햇빛 [해삗/핻삗]
阳光

햇빛 + V

햇빛이 ~

· 햇빛이 비치다 阳光照射
창밖에는 따뜻한 햇빛이 비치고 있었다.

햇빛을 ~

· 햇빛을 가리다 遮住阳光
앞 건물이 햇빛을 가려서 방이 어둡다.

· 햇빛을 받다 接受阳光
바닷물이 햇빛을 받아 반짝이고 있다.

· 햇빛을 보다 看到阳光
귀중한 도자기가 드디어 햇빛을 보게 되었다.

· 햇빛을 차단하다 隔离阳光
커튼을 쳐서 햇빛을 차단했다.

2448 햇살 [해쌀/핻쌀]
阳光

햇살 + Ⓥ

햇살이 ~

· 햇살이 따갑다 阳光灼热
봄에는 햇살이 따갑다.

· 햇살이 따사롭다 阳光温暖
햇살이 따사롭게 비추고 있는 오후였다.

2449 행동 (行動)
行动, 活动, 行为

행동 – Ⓝ

· 행동반경 活动半径

행동 + Ⓝ

· 행동 범위 活动范围
· 행동 양식 活动方式
· 행동 지침 活动指南

행동 + Ⓥ

행동을 ~

· 행동을 같이하다 一起行动
두 사람은 언제나 행동을 같이했다.

행동에 ~

· 행동에 옮기다 付诸于行动
그는 자기가 한 말을 바로 행동에 옮기는 사람이다.

행동으로 ~

· 행동으로 보이다 用行动表明
자신이 달라졌다는 것을 행동으로 보여 주세요.

· 행동으로 옮기다 付诸于行动
계획을 했으면 행동으로 옮겨야지요.

Ⓐ + 행동

· 경솔한 행동 轻率的行为
저의 경솔한 행동으로 누를 끼쳐 죄송합니다.

· 난폭한 행동 粗鲁的行为
아버지의 난폭한 행동 때문에 어머니가 가출했다.

· 무례한 행동 失礼的行为
아이들이 식당에서 무례한 행동을 한다.

2450 행복 (幸福)
幸福

행복 + Ⓝ

· 행복 지수 幸福指数

행복 + Ⓥ

행복이 ~

· 행복이 가득하다 充满幸福
우리집은 행복이 가득하다.

· 행복이 넘치다 幸福四溢
행복이 넘치는 듯 활짝 웃는 아이가 귀엽다.

행복을 ~

· 행복을 누리다 享受幸福
가난해도 우리 부부는 행복을 누리며 살아간다.

· 행복을 느끼다 感受幸福
사람들은 작은 것에 행복을 느낄 줄 알아야 한다.

· 행복을 빌다 祈求幸福
좋은 사람 만나 잘 살고 있다면 행복을 빌어 주리라.

· 행복을 찾다 큐找幸福
그녀는 진정한 행복을 찾기 위해 노력했다.

· 행복을 추구하다 追求幸福
다들 자기 감정에 솔직하며, 행복을 추구한다.

행복에 ~

· 행복에 겹다 充满幸福
제주도에는 행복에 겨운 신혼부부가 많다.

· 행복에 젖다 沉醉在幸福之中
제주도를 여행하면서 행복에 젖는다.

· 행복에 잠기다 沉浸在幸福之中

책상에 앉아 커피를 마시면 행복에 잠긴다.

2451 행사 (行事)
活动

행사 + N
· 행사 계획표 活动计划表
· 행사 날짜 活动日期
· 행사 종목 活动项目

행사 + V
행사가~
· 행사가 개최되다 举办活动
이번 행사는 중국에서 개최되었다.
· 행사가 열리다 举行活动
행사가 열리는 동안 시민들의 협조가 필요하다.
행사를~
· 행사를 열다 举行活动
신입생들을 위한 몇 가지 행사가 열렸다.
· 행사를 취소하다 取消活动
비가 오면 행사를 취소할 예정입니다.
· 행사를 치르다 举办活动
한국은 두 번의 큰 행사를 치렀다.
행사에~
· 행사에 참가하다 参加活动
행사에 참가하기 위해 한국으로 갔다.

2452 행실 (行實)
行为, 举止

행실 + V
행실이~
· 행실이 나쁘다 为人不正派
그다지 행실이 나쁜 여자로 보이지 않았다.
· 행실이 바르다 为人正派
그는 행실이 바른 사람으로 알려져 있었다.
· 행실이 얌전하다 举止端庄
그 아이는 행실이 얌전하고 효성이 지극하다.

2453 행운 (幸運)
幸运

행운 + V
행운이 ~
· 행운이 따르다 运气好
팀을 옮기고 나서 행운이 따른다는 생각이다.
· 행운이 오다 走运
결국은 후에 그 산삼을 캐는 행운이 온다.
· 행운이 찾아오다 时来运转
복권에 당첨되는 행운이 찾아왔다.
행운을 ~
· 행운을 누리다 享受这份幸运
그는 복권에 당첨되는 행운을 누렸다.
· 행운을 잡다 抓住幸运
2천 500대1의 경쟁률을 뚫고 입문하는 행운을 잡았다.

A + 행운
· 큰 행운 大运
내 인생에서 가장 큰 행운은 아내와의 결혼이다.

2454 행위 (行爲)
行为

행위 + N
· 행위 예술 行为艺术

2455 행정 (行政)
行政

행정 - N
· 행정공무원 行政公务员
· 행정구역 行政区域
· 행정기관 行政机关

행정 + V
· 행정 경험 行政经验
· 행정 고시 行政考试

· 행정 관료 行政官僚
· 행정 부서 行政部门
· 행정 업무 行政业务
· 행정 착오 行政错误

2456 향 (香)
香味，盘香

향이 ~
· 향이 좋다 香味好
머리에서 나는 향이 좋다.
· 향이 타다 盘香燃烧
향이 타면서 연기가 났다.

향을 ~
· 향을 피우다 烧香
집에서도 향을 피우시는군요.

2457 향기 (香氣)
香味儿

향기가 ~
· 향기가 나다 有香味
약초 뿌리의 향기가 나요.
· 향기가 좋다 香气好
국산 수선화는 서양산과 달리 향기가 좋아요.
· 향기가 짙다 香味重
이제 아카시아 꽃 향기가 짙게 풍긴다.
· 향기가 풍기다 散发出香味
수건에서는 은은한 비누 향기가 풍겼다.

향기를 ~
· 향기를 맡다 闻香味
그들은 꽃향기를 맡으며 걸었다.
· 향기를 느끼다 感受到香味
누구나 산에 들어가면 꽃 향기를 느낄 수 있다.
· 향기를 풍기다 发出香味
오래된 것들은 추억의 향기를 풍긴다.

향기에 ~
· 향기에 취하다 沉浸在香气之中

잠시 달콤한 장미 향기에 취해 있었다.

· 그윽한 향기 幽香
그의 몸에서 그윽한 향기가 풍기었다.
· 은은한 향기 淡淡的香气
방 전체에서 은은한 향기가 난다.

2458 향상 (向上)
提高

향상이 ~
· 향상이 되다 提高
국민들의 소득 수준이 향상이 되었다.

향상에 ~
· 향상에 힘쓰다 努力提高
노동자의 권익 향상에 힘을 쓰고 있다.

2459 향수¹ (香水)
香水

· 향수 냄새 香水味道

향수를 ~
· 향수를 뿌리다 撒香水
외출하기 전에 향수를 뿌리는 습관이 있다.

2460 향수² (鄕愁)
思乡

· 향수병 乡愁

향수를 ~

· 향수를 달래다 抚慰乡愁
사진을 보면서 가족에 대한 향수를 달랬다.
· 향수를 불러일으키다 唤起乡愁
그 영화는 고향에 대한 향수를 불러일으켰다.

향수에 ~

· 향수에 젖다 沉浸在思乡之中
비가 오면 고향 생각이 나서 향수에 젖게 된다.

2461 **허가** (許可)
许可

허가 + Ⓥ

허가가 ~

· 허가가 나다 得到许可
공사를 진행해도 좋다는 허가가 났다.

허가를 ~

· 허가를 내주다 批准
구청에서 호텔을 지어도 좋다고 허가를 내주었다.
· 허가를 받다 得到许可
대학으로부터 입학 허가를 받았다.
· 허가를 얻다 获得许可
그 회사는 허가를 얻기 위해 많은 준비를 했다.
· 허가를 하다 许可
이 일은 제가 허가를 할 수 있는 문제가 아닙니다.

2462 **허락** (許諾)
允许，同意

허락 + Ⓥ

허락이 ~

· 허락이 나다 同意
부모님의 허락이 나기 전에는 결혼할 수 없다.
· 허락이 떨어지다 同意
외출해도 좋다는 의사의 허락이 떨어졌어요.

허락을 ~

· 허락을 구하다 请求同意
부모님의 허락을 구하기 위해 고향으로 내려갔다.
· 허락을 내리다 应允
아버지께서 우리에게 결혼 허락을 내리셨다.

· 허락을 맡다 得到许可
누구 허락을 맡고 들어 왔습니까?
· 허락을 받다 得到许可
아내에게 늦게 들어와도 된다는 허락을 받았다.
· 허락을 얻다 获得许可
전화로 허락을 얻은 후에 사무실을 방문할 수 있다.
· 허락을 하다 许可
부모님께서 혼자 여행을 가도 좋다고 허락을 하셨다.

2463 **허리**
腰

허리 - Ⓝ

· 허리띠 腰带

허리 + Ⓝ

· 허리 디스크 腰间盘突出
· 허리 부분 腰部
· 허리 사이즈 腰围
· 허리 운동 腰部运动
· 허리 통증 腰疼

허리 + Ⓥ

허리가 ~

· 허리가 꼿꼿하다 腰板笔直
키가 늘씬했고 허리가 꼿꼿했다.
· 허리가 구부정하다 腰弯背驼
이 병에 걸리면 먼저 허리가 구부정해진다.
· 허리가 굽다 腰弯
할머니는 허리가 굽었을 뿐 건강해 보인다.
· 허리가 길다 腰长
얼굴 길쭉하고 허리가 긴 여자가 들어왔다.
· 허리가 아프다 腰疼
나이가 들면 허리가 아프다.
· 허리가 약하다 腰不好
항상 앉아 있어서 허리가 약하다.
· 허리가 잘록하다 短
그녀는 허리가 잘록한 푸른 제복을 입고 있었다.

허리를 ~

· 허리를 구부리다 弯着腰
허리를 구부리고 땅에서 뭔가를 찾고 있다.
· 허리를 굽히다 弯下腰
나는 허리를 굽혀 공손하게 인사했다.

ㅎ

· 허리를 끌어안다 抱住腰
달려와서 허리를 (꽉) 끌어안는 아이들도 있었다.
· 허리를 다치다 腰损伤
교통 사고로 허리를 다쳤다.
· 허리를 삐다 腰扭伤
어머니가 허리를 삐셨다.
· 허리를 숙이다 弯腰
구청장도 내 앞에서는 허리를 숙이며 악수를 청한다.
· 허리를 펴다 伸腰
의사선생님이 허리를 펴며 말했습니다.

허리에 ~
· 허리에 차다 带在腰上
두 개의 훌라후프를 허리에 차고 돌리기 시작했다.

Ⓐ + 허리

· 날씬한 허리 细腰
그녀는 날씬한 허리를 갖고 있다.
· 잘록한 허리 短腰
그녀는 풍만한 가슴과 잘록한 허리를 갖고 있다.

慣

· 허리가 휘다 腰弯背驼
은행 빚도 몇 천 만원 졌기에 이자 갚기만도 허리가 휘어질 지경이다.

2464 허탕
白费(力气)

慣

· 허탕을 치다 落空
날은 허탕을 치고 그냥 돌아왔어요.

2465 헐값 [헐깝](歇값)
白费(力气)

헐값 + Ⓥ

헐값에~
· 헐값에 내놓다 廉价出让
아주 헐값에 집을 내놓았다.
· 헐값에 사다 廉价买下
점퍼를 헐값에 사서 작업복으로 입었다.

· 헐값에 팔다 廉价出售
오랫동안 집이 팔리지 않아 결국 아주 헐값에 팔았다.

2466 헝겊 [헝겁]
碎布

헝겊 + Ⓝ

· 헝겊 조각 碎布条

헝겊 + Ⓥ

헝겊에 ~
· 헝겊에 싸다 用布条包起来
할머니가 하얀 헝겊에 싼 것을 머리에 이고 돌아왔다.

헝겊으로 ~
· 헝겊으로 닦다 用碎布擦拭
냉장고 내부는 식초를 묻힌 헝겊으로 닦아야 한다.
· 헝겊으로 싸매다 用布条缠起来
할머닌 내 손목을 헝겊으로 싸매 주셨다.

2467 혀
舌头

혀 - Ⓝ

· 혀끝 舌头尖

혀 + Ⓥ

혀를 ~
· 혀를 깨물다 咬舌头
밥을 먹다가 혀를 깨물었다.

慣

· 혀가 꼬부라지다 说话模糊不清
그들은 혀가 꼬부라질 때까지 술을 마셨다.
· 혀가 짧다 舌头短
그의 대답은 혀가 짧은 듯 어눌한 발음이다.
· 혀를 굴리다 卷舌头
그는 일부러 혀를 굴려서 발음했다.
· 혀를 내두르다 张口结舌
친구들은 그가 독종이라고 혀를 내둘렀다.

779

2468 현관 (玄關)
玄关

현관 - N

· 현관문 玄关门

현관 + V

현관을 ~
· 현관을 나서다 走出玄关
그는 출근하기 위해 현관을 나섰다.

현관에 ~
· 현관에 들어서다 走进玄关
아버지는 현관에 들어서서 아이들의 이름을 불렀다.

2469 현금 (現金)
现金

현금 - N

· 현금인출기 提款机
· 현금자동지급기 取款机
· 현금카드 现金卡

현금 + N

· 현금 거래 现金交易
· 현금 서비스 现金服务
· 현금 영수증 现金发票
· 현금 흐름 现金运转

현금 + V

현금을 ~
· 현금을 보유하다 持有现金
경제 위기를 대비해서 많은 현금을 보유해야 한다.

현금으로 ~
· 현금으로 계산하다 用现金结帐
식사 후에 현금으로 계산했다.

2470 현상¹ (現象)
现象

A + 현상

· 새로운 현상 新的现象
환경오염 때문에 새로운 기후 현상이 나타났다.
· 특이한 현상 特殊的现象
주말에 거리가 한가한 것은 특이한 현상이다.

2471 현상² (現像)
显像

현상 + V

현상을 ~
· 현상을 맡기다 洗照片
집 앞 사진관에 사진 현상을 맡겼다.

2472 현실 (現實)
现实

현실 + N

· 현실 감각 现实感
· 현실 문제 现实问题
· 현실 사회 现实社会
· 현실 생활 现实生活
· 현실 세계 现实世界
· 현실 속 现实中

현실 + V

현실이 ~
· 현실이 되다 成为现实
그의 상상은 우연한 일로 현실이 되었다.
· 현실이 아니다 不是现实
이것은 현실이 아니라 꿈이었다.

현실을 ~
· 현실을 감안하다 着眼现实
반대 여론이 높은 현실을 감안해야 한다.

· 현실을 무시하다 忽视现实
어른들은 현실을 무시하고 아이들을 혼냈다.
· 현실을 바꾸다 改变现实
독서가 현실을 바꿀 수 있다.
· 현실을 반영하다 反映现实
문학이 현실을 반영하는 거울이다.
· 현실을 외면하다 无视现实
그러나 이는 현실을 외면한 얘기이다.
· 현실을 이해하다 理解现实
현실을 이해하고자 하는 독자의 호기심을 충족해야 한다.
· 현실을 인정하다 承认现实
이러한 현실을 인정하고 받아들여야 한다.
· 현실을 잊다 忘记现实
잠깐 현실을 잊고 술을 마셨다.
· 현실을 직시하다 直面现实
취직이 힘들다는 현실을 직시해야 한다.

현실에 ~

· 현실에 맞다 符合现实
우리 현실에 맞는 대책을 찾아야 합니다.
· 현실에 적응하다 适应现实
군대에서 나오자마자 현실에 적응했다.

현실로 ~

· 현실로 나타나다 成为现实
그가 바라던 꿈이 현실로 나타났다.
· 현실로 다가오다 成为现实
어쨌든 여행의 꿈은 그렇게 내게 현실로 다가왔다.
· 현실로 만들다 让……成为现实
그는 모든 사람의 꿈을 현실로 만들었다.
· 현실로 받아들이다 接受现实
인정하기 힘들어도 이제는 현실로 받아들여야 한다.

현실과 ~

· 현실과 괴리되다 与现实相脱节
그는 점점 현실과 괴리된 괴팍한 노인이 되어 간다.
· 현실과 동떨어지다 与现实相距甚远
현재 교육은 현실과 동떨어져 있다.
· 현실과 타협하다 与现实妥协
그는 결국 현실과 타협하였다.

2473 현장 (現場)
现场

현장 + Ⓝ

· 현장 간부 现场干部
· 현장 감독 现场导演

· 현장 교육 现场教育
· 현장 상황 现场状况
· 현장 실습 现场实习
· 현장 연구 现场研究
· 현장 조사 现场调查
· 현장 책임자 现场负责人

2474 현지 (現地)
当地

현지 + Ⓝ

· 현지 경험 实地经验
· 현지 공장 当地工厂
· 현지 법인 当地法人

현지 + Ⓥ

현지를 ~

· 현지를 답사하다 实地体验
소수 민족의 생활을 조사하기 위해 현지를 답사했다.

현지로 ~

· 현지로 떠나다 动身去现场
피해 상황을 취재하기 위해 기자들이 현지로 떠났다.

2475 혈액 [혈랙](血液)
血液

혈액 – Ⓝ

· 혈액검사 验血
· 혈액순환 血液循环

2476 협력 [혐녁](協力)
合作

협력 + Ⓝ

· 협력 관계 合作关系
· 협력 모델 合作模式

· 협력 방안 合作方案
· 협력 사업 合作事业
· 협력 회사 合作公司

협력 + Ⓥ

협력을 ~
· 협력을 하다 合作
두 회사가 협력을 한다면 성공할 수 있을 것이다.

2477 형성 (形成)
形成

형성 + Ⓝ

· 형성 과정 形成过程

형성 + Ⓥ

형성을 ~
· 형성을 하다 形成
여러 부족들이 연합하여 국가를 형성을 하였다.

2478 형식 (形式)
形式

형식 + Ⓥ

형식이 ~
· 형식이 다르다 形式不同
각 지역마다 제사를 지내는 형식이 다르다.
형식을 ~
· 형식을 갖추다 具备形式
부탁을 할 때에는 형식을 갖춰서 해야 한다.
· 형식을 따르다 根据形式
정해진 형식에 따라 작성해 주십시오.

Ⓐ + 형식

· 자유로운 형식 自由的形式
자유로운 형식으로 표현된 글이 높은 점수를 얻는다.

2479 형제 (兄弟)
兄弟姐妹

형제 + Ⓝ

· 형제 간 兄弟姐妹之间
· 형제 사이 兄弟姐妹之间
· 형제 우애 手足情
· 형제 중 兄弟姐妹当中

형제 + Ⓥ

형제가 ~
· 형제가 없다 没有兄弟姐妹
형제가 없는 자녀는 늘 쓸쓸해 보인다.
· 형제가 있다 有兄弟姐妹
꼭 형제가 있어야 행복한 건 아니잖아?
· 형제가 많다 兄弟姐妹多
부모님은 형제가 많으시다.

2480 형태 (形態)
形态

형태 + Ⓥ

형태가 ~
· 형태가 변형되다 形态发生变化
불 가까이에 두면 그릇의 형태가 변형된다.
· 형태가 특이하다 形态特别
옛날 사람들은 의복의 형태가 특이하다.
형태를 ~
· 형태를 갖추다 具备形态
소설의 형태를 갖추고 있지만 소설은 아니다.

Ⓐ + 형태

· 특이한 형태 特殊的形态
아이들은 밥을 먹기 전에 특이한 형태로 기도를 한다.

2481 형편 (形便)
情况, 条件

형편 + ⓥ

형편이 ~

· **형편이 나쁘다** 生活条件不好
형편이 나빠서 대학에 가기 어렵다.

· **형편이 딱하다** 家庭情况可怜
내 친구는 부모님도 안 계시고 형편이 딱하다.

· **형편이 어렵다** 经济情况艰难
형편이 어려운 사람들을 돕고 싶다.

· **형편이 좋다** 家庭条件好
그는 집안 형편이 좋은 편이다.

2482 혜택 [혜택/혜택](惠澤)
恩惠，待遇

혜택 + ⓥ

혜택을 ~

· **혜택을 누리다** 享受待遇
다양한 문화적 혜택을 누리면서 살았다.

· **혜택을 받다** 得到待遇
시골에서는 문화적 혜택을 받기 힘들다.

· **혜택을 보다** 得到待遇
항상 대기업만 혜택을 보는 거 아니에요?

· **혜택을 주다** 给待遇
다자녀 가족에게는 많은 혜택을 주고 있다.

· **혜택을 입다** 获得待遇
도시에 사는 사람들이 더 다양한 혜택을 입는다.

ⓐ + 혜택

· **다양한 혜택** 各种待遇
외국인 유학생들은 다양한 혜택을 받을 수 있다.

· **큰 혜택** 丰厚的待遇
기숙사에서 공짜로 살 수 있는 것은 큰 혜택이다.

2483 호감 (好感)
好感

호감 + ⓥ

호감이 ~

· **호감이 가다** 有好感
처음 보는 순간부터 호감이 갔다.

호감을 ~

· **호감을 가지다** 有好感
대부분의 여학생들이 그에게 호감을 가졌다.

· **호감을 갖다** 有好感
그녀가 내게 큰 호감을 갖고 있다는 것을 느낄 수 있었다.

· **호감을 느끼다** 产生好感
두 사람은 서로에게 상당한 호감을 느끼고 있었다.

· **호감을 사다** 获得好感
직원들의 호감을 사는 이유는 그것만이 아니지요.

· **호감을 주다** 留下好感
그의 태도가 사람들에게 더욱 호감을 주었다.

2484 호기심 (好奇心)
好奇心

호기심 + ⓥ

호기심이 ~

· **호기심이 강하다** 好奇心强
그는 호기심이 강한 사람이다.

· **호기심이 많다** 充满好奇
아이들은 호기심이 많다.

호기심을 ~

· **호기심을 끌다** 引起好奇
새 디자인이 고객들의 호기심을 끌 수 있을까요?

· **호기심을 보이다** 露出好奇
이곳 사람들은 외국인들에게 호기심을 보입니다.

· **호기심을 유발하다** 引起好奇心
그 장난감은 아이들의 호기심을 유발했다.

2485 호랑이
老虎

호랑이 + ⓝ

· **호랑이 굴** 老虎洞
· **호랑이 선생님** 厉害的老师

惯

· **호랑이 담배 피우던 시절** 旧黄历
이건 옛날 호랑이 담배 피우던 시절 이야기야. 지금은 달라졌어.

· **호랑이도 제 말하면 온다** 说曹操，曹操到

호랑이도 제 말하면 온다더니 저기 들어오네.

· **호랑이 없는 굴에 토끼가 왕 노릇 한다** 老虎不在家, 猴子称霸王

호랑이 없는 굴에 토끼가 왕 노릇 한다고 사장이 없으니까 자기가 사장인 줄 아나 봐.

· **호랑이한테 물려가도 정신만 차리면 산다** 临危不惧

호랑이한테 물려가도 정신만 차리면 산다니까 걱정하지 마.

2486 호박

南瓜

호박 – ⓝ

· 호박꽃 南瓜花
· 호박잎 南瓜叶
· 호박전 南瓜饼
· 호박죽 南瓜粥

慣

· **호박에 말뚝 박기** 使坏

그는 호박에 말뚝 박기처럼 심한 장난을 많이 한다.

· **호박이 넝쿨째로 굴러 떨어지다** 福从天降

갑자기 이렇게 큰돈을 벌다니 호박이 넝쿨째로 굴러 떨어졌네.

2487 호수¹ (湖水)

湖

호수 + ⓝ

· 호수 공원 有湖的公园
· 호수 위 湖上
· 호수 가운데 湖中间

호수 + ⓥ

호수가 ~

· **호수가 있다** 有湖
국내 곳곳에는 크고 작은 호수 1200여 개가 있다.

· **호수가 보이다** 看见湖
그 길을 따라 걷다 보면 길 양쪽으로 호수가 보인다.

· **호수가 내려다보이다** 湖水俯视可见
이층 베란다에서는 호수가 더 잘 내려다보였다.

호수를 ~

· **호수를 건너다** 过湖
배를 저어 호수를 건넜다.

· **호수를 보다** 看湖
그런 호수를 보는 것이 얼마만인가?

호수에 ~

· **호수에 비치다** 湖面
호수에 비친 달이 밝다.

호수처럼 ~

· **호수처럼 잔잔하다** 像湖水般平静
바다는 아무 일도 없었다는 듯이 호수처럼 잔잔했다.

Ⓐ + 호수

· **맑은 호수** 清澈的湖水
평상시에는 잔잔하고 맑은 호수 같다.

· **작은 호수** 小湖
그리 큰 강은 아닌데, 그 강은 작은 호수를 이루었다.

· **큰 호수** 大湖
끝이 보이지 않을 정도로 큰 호수가 나타났다.

· **커다란 호수** 巨大的湖
아래로는 커다란 호수가 내려다 보인다.

2488 호수² (號數)

房间号

호수 + ⓥ

호수를 ~

· **호수를 확인하다** 确认房间号
병실의 호수를 확인해 주세요.

2489 호주머니 (胡주머니)

口袋

호주머니 + ⓥ

호주머니를 ~

· **호주머니를 뒤지다** 翻找口袋
호주머니를 뒤졌지만 지갑을 찾을 수 없었다.

호주머니에 ~

· 호주머니에 넣다 放进口袋里
손을 호주머니에 넣고 걸었다.

호주머니에서 ~

· 호주머니에서 꺼내다 从口袋里拿出来
호주머니에서 휴대폰을 꺼냈다.

慣

· 호주머니가 가볍다 经济状况不好
요즘 학생들은 호주머니가 가볍다.
· 호주머니가 두둑하다 钱包鼓鼓
그는 집안이 부유해서 언제나 호주머니가 두둑하다.
· 호주머니 사정이 나쁘다 经济状况不好
그는 호주머니 사정이 나빠서 친구에게 돈을 빌렸다.
· 호주머니 사정이 좋다 有钱
호주머니 사정이 좋은 친구가 술값을 냈다.
· 호주머니를 털다 掏空口袋
슬픈 소식을 듣고 사람들은 호주머니를 털어서 그를 도왔다.

2490 호텔 (hotel)
酒店，宾馆

호텔 + Ⓥ

호텔을 ~

· 호텔을 경영하다 经营酒店
그의 최종 목표는 호텔을 경영하는 것이다.
· 호텔을 예약하다 预定酒店
서울에 있는 한 호텔을 예약해 놓았다.
· 호텔을 짓다 盖建酒店
강남에 새 호텔을 짓기로 했다.

호텔에 ~

· 호텔에 도착하다 到达酒店
호텔에 도착해서 체크인 했다.
· 호텔에 머무르다 住在酒店
그들은 항상 일급 호텔에 머물렀다.
· 호텔에 묵다 住酒店
그는 우리와 한 호텔에 묵었다.
· 호텔에 투숙하다 在宾馆下榻
그는 다른 사람의 이름으로 호텔에 투숙했다.

호텔로 ~

· 호텔로 돌아오다 回酒店
호텔로 돌아오는 길은 어둡고 한적했다.
· 호텔로 향하다 往酒店走

나는 택시를 잡아타고 호텔로 향했다.

2491 호흡 (呼吸)
呼吸

호흡 - Ⓝ

· 호흡곤란 呼吸困难

호흡 + Ⓥ

호흡이 ~

· 호흡이 거칠다 喘粗气
호흡이 거친 걸 보니 화가 많이 났구나.
· 호흡이 끊어지다 断气
의사들의 노력에도 불구하고 결국 호흡이 끊어졌다.

호흡을 ~

· 호흡을 가다듬다 调整呼吸
호흡을 가다듬고 천천히 이야기하세요.
· 호흡이 가쁘다 呼吸急促
뛰어왔더니 호흡이 아주 가쁘다.

慣

· 호흡을 같이하다 同呼吸共命运
그는 모든 일에 우리와 호흡을 같이한 사람이다.
· 호흡을 맞추다 配合
두 선수는 한 팀에서 오랫동안 호흡을 맞춰 왔다.
· 호흡이 맞다 默契
선수들의 호흡이 맞지 않아서 경기에서 졌다.

2492 혼자
独自，一个人

혼자 + Ⓝ

· 혼자 힘 一个人的力量

혼자 + Ⓥ

혼자가 ~

· 혼자가 되다 孑然一身
할머니가 돌아가시고 저는 완전한 혼자가 되었습니다.

2493 홈페이지 (homepage)
网页

홈페이지 + Ⓥ

홈페이지를 ~
· **홈페이지를 개설하다** 创建网页
학과 홈페이지를 개설하는 중이다.
· **홈페이지를 만들다** 制作网页
공원 홈페이지를 만들고 난 후에 방문객이 늘었다.
· **홈페이지를 방문하다** 浏览网页
연예인의 홈페이지를 방문하는 사람이 많다.

홈페이지에 ~
· **홈페이지에 들어가다** 进入网站
홈페이지에 들어가면 주소가 나와 있다.

2494 홍수 (洪水)
洪水

홍수 + Ⓝ

· **홍수 피해** 洪水灾害

홍수 + Ⓥ

홍수가 ~
· **홍수가 나다** 发洪水
한강 유역에 홍수가 나 우리 집이 물에 잠겼다.
· **홍수가 지다** 发大水
또 그해 9월에는 큰 홍수가 졌다.

홍수를 ~
· **홍수를 이루다** 形成洪潮
지구촌이 하나가 되어 정보의 홍수를 이루고 있다.
· **홍수를 피하다** 躲避洪水
사람들은 홍수를 피하여 높은 산으로 올라갔다.

홍수에 ~
· **홍수에 대비하다** 防备洪涝灾害
홍수에 대비하기 위해 도로를 정비했다.

2495 홍차 (紅茶)
红茶

홍차 + Ⓥ

홍차를 ~
· **홍차를 끓이다** 煮红茶
그의 취미는 홍차를 끓여 마시는 것이다.
· **홍차를 마시다** 喝红茶
겨울에 홍차를 마시면 건강에 좋다.
· **홍차를 타다** 沏红茶
선생님은 홍차를 타서 우리에게 주셨다.

2496 화 (火)
火气

화 + Ⓥ

화가 ~
· **화가 나다** 生气
하루가 지난 뒤에도 화가 나면 화를 내십시오.
· **화가 치밀다** 火气冲天
속으로 화가 치밀었지만 화를 낼 수도 없다.
· **화가 풀리다** 消气
이때까지도 나는 화가 풀리지 않았다.

화를 ~
· **화를 내다** 发火
깜짝 놀란 상대가 버럭 화를 냈다.
· **화를 삭이다** 消气
술을 마시면서 화를 삭였다.

惯

· **화가 머리끝까지 치밀다 (나다, 오르다)** 怒发冲冠
나는 화가 머리끝까지 치밀어 소리소리 질렀다.

2497 화가 (畵家)
画家

화가 + Ⓥ

화가가~

· 화가가 되다 成为画家
그의 꿈은 훌륭한 화가가 되는 것이다.

Ⓐ + 화가

· 유명한 화가 有名的画家
그는 한국에서 가장 유명한 화가이다.

2498 화면 (畫面)

画面

화면 + Ⓥ

화면이~

· 화면이 선명하다 画面鲜明
새로 산 텔레비전은 화면이 선명하다.

Ⓐ + 화면

· 큰 화면 大的画面
요즘은 큰 화면 텔레비전이 유행이다.

2499 화분 (花盆)

花盆

화분 + Ⓥ

화분을~

· 화분을 갈다 换花盆
봄이 되자 화분을 갈았다.
· 화분을 기르다 养花
그의 취미는 화분을 기르는 것이다.

2500 화살

箭

화살 – Ⓝ

· 화살촉 箭头

화살 + Ⓥ

화살이~

· 화살이 날아가다 箭飞过去
화살이 과녁을 향해 날아갔다.

화살을 ~

· 화살을 쏘다 射箭
화살을 쏘았는데 모두 빗나갔다.

화살에 ~

· 화살에 맞다 被箭射中
그는 전쟁터에서 화살에 맞아 죽었다.

惯

· 화살을 돌리다 调转茅头
이 문제는 내 실수라고 사람들은 비난의 화살을 나에게 돌렸다.

2501 화요일 (火曜日)

星期二

화요일 + Ⓝ

· 화요일 아침 星期二早上
· 화요일 오전 星期二上午
· 화요일 오후 星期二下午
· 화요일 저녁 星期二傍晚

Ⓐ + 화요일

· 다음 주 화요일 下星期二
검사 결과는 다음 주 화요일에 나올 거예요.
· 매주 화요일 每周星期二
강좌는 매주 화요일 오후 2~4시에 열린다.
· 지난 주 화요일 上个星期二
지난 주 화요일 파리행 비행기를 탔다.

2502 화장 (化粧)

化妆

화장 – Ⓝ

· 화장법 化妆方法

화장 + Ⓝ

· 화장 도구 化妆工具

화장 + Ⓥ

화장이~

· 화장이 진하다 化妆浓
화장이 너무 진한 것 같다.

· 화장이 짙다 化妆浓
오늘은 파티가 있어서 그녀의 화장이 매우 짙다.

화장을~

· 화장을 고치다 改妆
그녀는 화장실에서 화장을 고쳤다.

· 화장을 지우다 卸妆
화장을 지우는 것이 하는 것보다 중요하다.

· 화장을 하다 化妆
오늘은 화장을 하지 않고 출근했다.

2503 **화장실** (化粧室)
卫生间

화장실 + Ⓝ

· 화장실 냄새 卫生间气味
· 화장실 문 卫生间门
· 화장실 벽 卫生间墙
· 화장실 창문 卫生间窗户
· 화장실 휴지 卫生间卫生纸

화장실 + Ⓥ

화장실이 ~

· 화장실이 급하다 着急去卫生间
시내를 돌아다니다보니 화장실이 급했다.

화장실을 ~

· 화장실을 가다 去卫生间
하루에도 서너 번씩 화장실을 가는 아이들이 있다.

· 화장실을 나오다 出卫生间
30분이 지난 후에 화장실을 나왔다.

· 화장실을 다녀오다 去一趟卫生间
화장실을 다녀온 뒤였다.

· 화장실을 찾다 去卫生间
그는 담배를 피우기 위하여 화장실을 찾아야 했다.

· 화장실을 청소하다 清扫卫生间
아주머니가 화장실을 청소하고 있다.

화장실에~

· 화장실에 가다 去卫生间
배탈이 나서 계속 화장실에 갔다.

· 화장실에 다녀오다 去一趟卫生间
그것은 화장실에 다녀오겠다는 의사표시이다.

화장실로 ~

· 화장실로 가다 去卫生间
사무실에 도착하자마자 화장실에 가 손을 씻었다.

· 화장실로 들어가다 进卫生间
화장실로 들어가서 그는 물을 틀었다.

2504 **화장품** (化粧品)
化妆品

화장품 + Ⓝ

· 화장품 광고 化妆品广告
· 화장품 시장 化妆品市场
· 화장품 회사 化妆品公司

화장품 + Ⓥ

화장품을~

· 화장품을 바르다 涂化妆品
화장품을 바르면 피부가 좋아진다.

2505 **화재** (火災)
火灾

화재 - Ⓝ

· 화재경보기 火灾警报器

화재 + Ⓝ

· 화재 사건 火灾事件
· 화재 예방 预防火灾

화재 + Ⓥ

화재가~

· 화재가 나다 发生火灾
화재가 나면 119에 신고해야 한다.

· 화재가 발생하다 发生火灾
날씨가 건조하면 화재가 자주 발생한다.

화재를~

· 화재를 방지하다 防止火灾
화재를 방지하기 위해 항상 조심해야 한다.

2506 **화제** (話題)
话题

화제 + Ⓝ

· 화제 거리 话题素材

화제 + Ⓥ

화제가 ~

· 화제가 되다 成为话题
가장 먼저 화제가 된 것은 진돗개였다.

화제를 ~

· 화제를 돌리다 转移话题
갑자기 밝은 얼굴로 화제를 돌렸다.

· 화제를 낳다 制造话题
대통령의 결혼이 화제를 낳았다.

· 화제를 모으다 积攒话题
그런 일은 '참신한 경영'이라 해서 화제를 모았다.

· 화제를 바꾸다 更换话题
친구가 침묵을 깨고 화제를 바꾸었다.

· 화제를 불러일으키다 引起话题
그의 미모는 처음부터 화제를 불러일으켰다.

화제에 ~

· 화제에 오르다 成为谈论的话题
왜 그것이 화제에 올랐을까?

· 화제에 오르내리다 成为话柄
그 사건이 여학생들의 화제에 오르내렸다.

화제로 ~

· 화제로 등장하다 作为话题出现
우리 정치판에서 가장 큰 화제로 등장했다.

· 화제로 떠오르다 作为话题出现
그 영화는 대학생들에게 화제로 떠올랐다.

· 화제로 삼다 当作话题
그는 식사 때 텔레비전을 화제로 삼는다.

· 화제로 올리다 作为话题提出
김 대통령은 인사에 관련된 내용을 화제로 올렸다.

2507 **확대** [확때](擴大)
扩大

확대 - Ⓝ

· 확대해석 扩大解释

확대 + Ⓝ

· 확대 개편 扩大改组
· 확대 복사 扩印
· 확대 재생산 扩大再生产
· 확대 조치 扩大措施

확대 + Ⓥ

확대를~

· 확대를 하다 扩大
이 부분 좀 확대를 해 보세요.

2508 **확신** [확씬](確信)
坚信

확신 + Ⓥ

확신이~

· 확신이 들다 坚信
이번 시험에 합격할 것이라는 확신이 들었다.

· 확신이 서다 坚信
지금 집을 사면 손해라는 확신이 섰다.

· 확신이 없다 不敢肯定
합격할 거라는 확신은 없지만 최선을 다하겠습니다.

확신을~

· 확신을 가지다 坚信
이번 사업이 성공할 것이라는 확신을 가졌다.

· 확신을 하다 坚信
감독은 이번 영화가 성공할 것이라고 확신을 했다.

확신에~

· 확신에 차다 充满信心
그의 눈빛은 뭐든지 할 수 있다는 확신에 차 있었다.

2509 확인 [화긴](確認)
确认

확인 + Ⓝ

· 확인 결과 确认结果
· 확인 과정 确认过程
· 확인 버튼 确认按钮
· 확인 작업 确认工作
· 확인 전화 确认电话
· 확인 절차 确认程序
· 확인 조사 确认调查

확인 + Ⓥ

확인이 ~

· 확인이 되다 得到证实
본인 확인이 된 후에 입장이 가능하다.
· 확인이 안되다 无法确认
도무지 신원 확인이 안된다.
· 확인이 필요하다 需要确认
카드 결제를 위해서는 본인 확인이 필요하다.

확인을 ~

· 확인을 하다 确认
내 눈으로 직접 확인을 해야겠어.
· 확인을 해 보다 确认一下
당장 가서 한번 확인을 해 보세요.

2510 확장 [확짱](擴張)
扩张

확장 + Ⓝ

· 확장 계획 扩张计划
· 확장 공사 扩张工程

확장 + Ⓥ

확장이~

· 확장이 되다 被扩建
도서관이 확장이 되어 학생들이 편리해졌다.

확장을~

· 확장을 하다 扩张

도로 확장을 해서 길이 막히지 않는다.

2511 환갑 (還甲)
花甲

환갑 – Ⓝ

· 환갑잔치 六十寿宴

환갑 + Ⓥ

환갑이 ~

· 환갑이 되다 到花甲
어머니는 내년에 환갑이 되신다.
· 환갑이 지나다 过了花甲
할머니는 환갑이 지나셨는데도 건강하시다.

환갑을 ~

· 환갑을 맞다 迎来花甲
아버지께서 올해 환갑을 맞으셨다.

2512 환경 (環境)
环境

환경 + Ⓝ

· 환경 공해 环境污染
· 환경 문제 环境问题
· 환경 미화원 清洁工
· 환경 운동 环境运动
· 환경 캠페인 环境运动
· 환경 호르몬 环境荷尔蒙

환경 + Ⓥ

환경이 ~

· 환경이 개선되다 环境得到改善
교육 및 연구 환경이 개선되었다.
· 환경이 다르다 环境不同
살아온 환경이 다르지만 두 사람은 잘 어울린다.
· 환경이 바뀌다 环境发生改变
그것은 생활환경이 바뀐 때문이라 할 수 있다.
· 환경이 오염되다 环境被污染
버리면 썩지 않는 쓰레기, 우리의 환경이 오염됩니다.

· 환경이 파괴되다 环境被破坏
자연 환경이 파괴된 것은 언제부터였을까?

환경을 ~

· 환경을 개선하다 改善环境
각 대학은 실험실 환경을 개선하였다.

· 환경을 만들다 营造环境
그래서 살기 좋은 환경을 만들어야 한다.

· 환경을 바꾸다 改变环境
그럼 어떻게 학교 환경을 바꾸어야 할까?

· 환경을 보호하다 保护环境
환경을 보호하는 것은 우리 인류의 최대 과제이다.

· 환경을 보존하다 保存环境
환경을 보존하는 일에 주력해야 한다.

· 환경을 살리다 拯救环境
환경을 살리는 방법에 대해 함께 고민했다.

· 환경을 생각하다 考虑环境
깨끗한 환경을 먼저 생각합니다.

· 환경을 오염시키다 污染环境
환경을 오염시키는 제품의 사용을 자제해야 한다.

· 환경을 제공하다 提供环境
하지만 우리 사회, 깨끗한 환경을 제공하지 못한다.

· 환경을 지키다 守护环境
갯벌은 지구 환경을 지켜 줄 마지막 보루다.

· 환경을 파괴하다 破坏环境
자연 환경을 파괴하는 일은 피해야 한다.

환경에 ~

· 환경에 적응하다 适应环境
사람이란 변화된 환경에 다 적응하며 산다.

· 환경에 순응하다 顺应环境
환경에 순응하는 삶이 필요하다.

Ⓐ + 환경

· 새로운 환경 新环境
나는 새로운 환경 속에서 살아가고 있다.

· 어려운 환경 艰难的环境
그는 어려운 환경에서 힘든 작업들을 하고 있다.

· 열악한 환경 恶劣的环境
열악한 환경 속에서도 포기하지 말아라.

· 좋은 환경 好的环境
아무리 좋은 환경에서 살더라도 인생은 힘들다.

2513 **환대** (歡待)
款待

환대 + Ⓥ

환대를 ~

· 환대를 받다 受到款待
그는 가는 곳마다 환대를 받았다.

2514 **환상** (幻想)
幻想

환상 + Ⓥ

환상이 ~

· 환상이 깨지다 幻想破灭
서로에게 품고 있던 환상이 깨졌다.

환상을 ~

· 환상을 가지다 抱有幻想
청소년들은 연예인에게 환상을 가지고 있다.

· 환상을 버리다 放弃幻想
연예계에 대한 장밋빛 환상을 버리는 것이 좋다.

2515 **환영** (歡迎)
欢迎

환영 + Ⓝ

· 환영 만찬 欢迎晚宴
· 환영 파티 欢迎宴会
· 환영 행사 欢迎活动

환영 + Ⓥ

환영을 ~

· 환영을 받다 受到欢迎
선수들은 공항에서 큰 환영을 받았다.

Ⓐ + 환영

· 큰 환영 热烈的欢迎
대통령은 교민들에게 큰 환영을 받았다.

2516 환율 [화뉼](換率)
汇率

환율 + Ⓝ

· 환율 불안 汇率不稳定
· 환율 상승 汇率上涨
· 환율 안정 汇率稳定
· 환율 인상 汇率上涨
· 환율 하락 汇率下跌

환율 + Ⓥ

환율이 ~

· 환율이 낮다 汇率低
환율이 더 낮은 환전소를 찾고 있다.
· 환율이 내리다 汇率下降
환율이 내릴 때를 기다려서 환전을 하세요.
· 환율이 높다 汇率高
환율이 높아서 해외여행을 가는 사람이 줄었다.
· 환율이 오르다 汇率上涨
오늘 환율이 어제보다 올랐어요?

2517 환자 (患者)
患者

환자 + Ⓝ

· 환자 가족 患者家属
· 환자 자신 患者本人

환자 + Ⓥ

환자가 ~

· 환자가 생기다 出现患者
급한 환자가 생기면 자전거를 타고 달려갔다.

환자를 ~

· 환자를 돌보다 照顾患者
집에서 환자를 돌본다는 것은 어려운 일이다.
· 환자를 치료하다 治疗患者
그는 있는 힘을 다해 자기 담당의 환자를 치료했다.

2518 활기 (活氣)
活力

활기 + Ⓥ

활기가 ~

· 활기가 넘치다 活力四射
그는 언제나 활기가 넘치는 사람이다.
· 활기가 없다 没有活力
그녀는 항상 활기가 없어 보인다.
· 활기가 있다 有活力
교실은 아이들의 소리로 활기가 있었다.

활기를 ~

· 활기를 띠다 具有活力
최근 한국 경제가 활기를 띠고 있다.

활기에 ~

· 활기에 차다 充满活力
그는 항상 활기에 차 있다.

2519 활동 [활똥](活動)
活动

활동 + Ⓝ

· 활동 경력 活动经历
· 활동 무대 活动舞台
· 활동 범위 活动范围

활동 + Ⓥ

활동이 ~

· 활동이 어렵다 活动困难
요즘 다리를 다쳐서 활동이 어렵다.

활동을 ~

· 활동을 하다 活动
요즘은 어떤 취미 활동을 하고 계세요?

2520 회복 [회복/훼복](回復)
恢复

<table>
</table>

회복 + Ⓝ

· 회복 단계 恢复阶段

회복 + Ⓥ

회복이 ~

· 회복이 되다 得到恢复
몸이 회복이 될 때까지 움직이지 마십시오.

회복을 ~

· 회복을 하다 恢复
건강 회복을 하기 위해서 푹 쉬어야 한다.

2521 회사 [회사/훼사](會社)
公司

회사 + Ⓝ

· 회사 간부 公司干部
· 회사 경영 经营公司
· 회사 내 公司内
· 회사 노조 公司工会
· 회사 대표 公司代表
· 회사 대표이사 公司董事长
· 회사 동료 公司同事
· 회사 운영 公司运作
· 회사 이름 公司名称
· 회사 이미지 公司形象
· 회사 임원 公司领导
· 회사 일 公司的事
· 회사 사람들 公司的人
· 회사 사장 公司老板
· 회사 생활 公司生活
· 회사 설립 公司成立
· 회사 제품 公司产品
· 회사 주식 公司股份
· 회사 직원 公司员工
· 회사 측 公司方面

회사 + Ⓥ

회사를 ~

· 회사를 그만두다 辞掉公司
회사를 그만둔 지 1년 정도가 지났다.

· 회사를 다니다 在公司上班
미대 졸업 후 명동의 디자인 회사를 다니고 있었다.
· 회사를 떠나다 离开公司
아무도 그에게 회사를 떠날 것을 요구하지 않았다.
· 회사를 방문하다 拜访公司
마침내 여의도에 있는 그의 회사를 방문했다.
· 회사를 설립하다 成立公司
원산에 어업회사를 설립했다.
· 회사를 옮기다 换公司
그때 남편은 회사를 옮기고 힘들어하던 때였다.
· 회사를 운영하다 经营公司
그 돈으로 사업을 하거나 회사를 운영해 나가면 된다.
· 회사를 차리다 成立公司
몇 해 전에 광고회사를 차렸다.

회사에 ~

· 회사에 다니다 在公司工作
같은 회사에 다니는 친구야.
· 회사에 입사하다 进公司
건설 회사에 입사했다.
· 회사에 출근하다 去公司上班
정년퇴직 하신 뒤 지금은 작은 회사에 출근하신다.

2522 회사원 [회사원/훼사원](會社員)
公司员工

회사원 + Ⓥ

회사원이 ~

· 회사원이 되다 成为公司员工
그는 평범한 회사원이 되어 있었다.

2523 회원 [회원/훼원](會員)
会员

회원 + Ⓝ

· 회원 가입 加入会员
· 회원 관리 维护会员
· 회원 단체 会员团体
· 회원 모집 召集会员
· 회원 자격 会员资格
· 회원 카드 会员卡

회원 + Ⓥ

회원이 ~
· 회원이 되다 成为会员
그는 우리 동아리의 회원이 되었다.

회원을 ~
· 회원을 모집하다 征集会员
동아리 회원을 모집하기 위해 열심히 홍보를 했다.

2524 회의¹ [회의/훼이](會議)
会议

회의 + Ⓝ

· 회의 결과 会议结果
· 회의 기간 会议期间
· 회의 도중 会议中间
· 회의 때 开会时
· 회의 분위기 会议气氛
· 회의 일정 会议日程
· 회의 장소 会议地点
· 회의 참가자 与会者

회의 + Ⓥ

회의가 ~
· 회의가 끝나다 会议结束
예정보다 1시간 늦게 회의가 끝났다.
· 회의가 있다 有会议
내일 회의가 있다.
· 회의가 열리다 会议被召开
제3차 회담이자 마지막 회의가 열렸다.

회의를 ~
· 회의를 개최하다 召开会议
청와대에서 긴급회의를 개최했다.
· 회의를 끝내다 结束会议
방금 회의를 끝냈다.
· 회의를 소집하다 召集会议
일이 생기면 반드시 회의를 소집해야 한다.
· 회의를 열다 举行会议
기자들이 모여서 회의를 열었다.
· 회의를 하다 开会
어느 날 두 나라의 여성 대표들이 만나 회의를 했다.

회의에 ~

· 회의에 참석하다 参加会议
그는 국제학술 회의에 참석하기 위해 출국했다.

2525 회의² [회의/훼이](懷疑)
疑心，纠结

회의 + Ⓥ

회의가 ~
· 회의가 들다 感到纠结
갑자기 내가 하는 일에 회의가 들었다.
· 회의가 생기다 感到纠结
공부에 회의가 생겨서 그만두었다.

회의를 ~
· 회의를 느끼다 感到纠结
요즘 직장 생활에 회의를 느끼고 있다.
· 회의를 품다 感到纠结
인생에 회의를 품고 결혼을 포기했다.

2526 회장 [회장/훼장](會長)
会长

회장 + Ⓥ

회장이 ~
· 회장이 되다 成为会长
그는 고등학교 동창회 회장이 되었다.

회장을 ~
· 회장을 뽑다 选拔会长
우리는 투표로 회장을 뽑았다.

회장으로 ~
· 회장으로 선출되다 被选为会长
그는 이번 이사회에서 회장으로 선출되었다.

2527 회전 [회전/훼전](回傳)
旋转

회전 – Ⓝ

· 회전의자 旋转椅子

회전 + N

- 회전 그네 旋转秋千
- 회전 초밥 旋转寿司
- 회전 테이블 旋转餐桌

회전 + V

회전을 ~
- 회전을 하다 旋转
체조 선수는 공중에서 회전을 하고 내려왔다.

2528 횟수 [회쑤/휃쑤](回數)
次数

횟수 + V

횟수가 ~
- 횟수가 많다 次数多
12월에는 회식 횟수가 많다.
- 횟수가 적다 次数少
요즘은 술 마시는 횟수가 적다.
- 횟수가 줄어들다 次数减少
결혼한 후에 친구들을 만나는 횟수가 줄어들었다.

횟수를 ~
- 횟수를 늘리다 增加次数
운동 횟수를 늘려야 건강해집니다.
- 횟수를 줄이다 减少次数
식사 횟수를 줄이면 살이 빠질 겁니다.

2529 횡단보도 [횡단보도/휑단보도](橫斷步道)
人行橫道

횡단보도 + N

- 횡단보도 앞 人行橫道前面
- 횡단보도 건너편 人行橫道对面

횡단보도 + V

횡단보도가 ~
- 횡단보도가 있다 有人行橫道
곳곳에 육교 대신 횡단보도가 있다.

횡단보도를 ~
- 횡단보도를 건너다 过人行橫道
두 개의 횡단보도를 건넜다.

2530 효과 [효꽈](效果)
效果

효과 + V

효과가 ~
- 효과가 느리다 效果慢
한약은 효과가 느리기는 하지만 몸에 도움이 됩니다.
- 효과가 다르다 效果不同
몸 상태에 따라 약의 효과가 다를 수 있습니다.
- 효과가 빠르다 效果快
이 약은 효과가 빠른 감기약입니다.
- 효과가 없다 没有效果
이 약은 별로 효과가 없다.
- 효과가 있다 有效果
달리기는 심장을 튼튼하게 하는 데 효과가 있다.

효과를 ~
- 효과를 거두다 取得效果
이 일은 일석이조의 효과를 거둘 수 있는 일이다.
- 효과를 보다 取得效果
그는 매일 등산을 하면서 심장병에 효과를 보았다.

2531 효도 (孝道)
孝道

효도 + N

- 효도 관광 孝道旅游 (为尽孝道出钱让父母去旅游)

효도 + V

효도를 ~
- 효도를 하다 尽孝道
저는 커서 꼭 부모님께 효도를 하겠습니다.

2532 효자 (孝子)
孝子

효자 + Ⓥ

효자가 ~
· 효자가 되다 成为孝子
그는 마을에서 소문난 효자가 되었다.

2533 후배 (後輩)
晚辈, 后生

Ⓐ + 후배

· 어린 후배 年轻的后生
어린 후배 기자들을 볼 때마다 격려해 주었다.
· 새까만 후배 年龄相差悬殊的的后生
39년이나 아래인 새까만 후배와 희망을 이야기했다.

2534 후보 (候補)
候选人, 候补

후보 + Ⓝ

· 후보 명단 候补名单
· 후보 선수 候补运动员

후보 + Ⓥ

후보를 ~
· 후보를 사퇴하다 辞退候选人
그는 아들의 군대 문제로 후보를 사퇴했다.
후보로 ~
· 후보로 나서다 参加竞选
그는 이번 선거에 후보로 나섰다.
후보에 ~
· 후보에 오르다 进入候补名单
그 배우는 이번 영화제에서 최우수상 후보에 올랐다.

2535 후손 (後孫)
子孙后代

후손 + Ⓥ

후손에게~
· 후손에게 물려주다 留给子孙后代
아름다운 지구를 후손에게 물려주어야 한다.

2536 후춧가루 [후추까루/후춛까루]
胡椒面

후춧가루 + Ⓥ

후춧가루를 ~
· 후춧가루를 치다 撒胡椒面
수프에 후춧가루를 쳐서 드세요.

2537 후회 [후회/후훼](後悔)
后悔

후회 – Ⓝ

· 후회막급 后悔莫及
· 후회막심 后悔莫及

후회 + Ⓥ

후회가 ~
· 후회가 되다 后悔
부모님께 효도하지 못한 것이 후회가 된다.
후회를 ~
· 후회를 하다 后悔
지나간 일 후회를 한들 무슨 소용이 있을까?

2538 훈련 [훌련](訓練)
训练

훈련 + ⓝ

· 훈련 방법 训练方法

훈련 + ⓥ

훈련이 ~

· 훈련이 필요하다 需要训练
대회에서 우승하기 위해서는 훈련이 필요하다.

훈련을 ~

· 훈련을 받다 接受训练
선수들은 올림픽을 위해 힘든 훈련을 받았다.

ⓐ + 훈련

· 힘든 훈련 艰苦的训练
힘든 훈련을 통과해야 좋은 결과를 얻을 수 있다.

2539 **휴가** (休暇)
休假

휴가 + ⓝ

· 휴가 기간 休假期间
· 휴가 계획 休假计划
· 휴가 동안 休假期间
· 휴가 때 休假的时候
· 휴가 제도 休假制度
· 휴가 중 正在休假

휴가 + ⓥ

휴가가 ~

· 휴가가 끝나다 休假结束
연말연시 길지 않은 휴가가 끝났다.
· 휴가가 주어지다 被准假
우리에게 2박 3일간의 휴가가 주어졌다.
· 휴가가 없다 没有休假
우리업계에는 휴가가 따로 없다.
· 휴가가 있다 有休假
약 15일 뒤엔 휴가가 있어 집으로 돌아간다.

휴가를 ~

· 휴가를 가다 去度假
올해엔 또 어디로 휴가를 갈까?
· 휴가를 나오다 放假
9월 중순에 휴가를 나온다고 했지.

· 휴가를 내다 请假
나는 아내와 함께 고향에 가기 위해 휴가를 냈다.
· 휴가를 떠나다 去度假
이번 일이 끝나는 대로 그는 휴가를 떠날 계획이다.
· 휴가를 마치다 结束休假
그는 2개월간의 휴가를 마치고 귀국했다.
· 휴가를 반납하다 取消休假
여름휴가를 반납하고 아들과 자원봉사에 나섰다.
· 휴가를 받다 获准休假
황금 같은 휴가를 받고도 그냥 집에서 보냈다.
· 휴가를 보내다 度假
알찬 휴가를 보내십시오.
· 휴가를 얻다 获得假期
이제 얼마 안 있으면 첫 휴가를 얻게 된다.
· 휴가를 주다 给假
회사는 임신 출산 휴가를 주어야 한다.
· 휴가를 즐기다 享受休假
그는 지금 꿀맛 같은 휴가를 즐기고 있다.

휴가에 ~

· 휴가에 들어가다 进入假期
내일부터 휴가에 들어가 모레까진 쉰다.

휴가에서 ~

· 휴가에서 돌아오다 度假归来
일주일 간의 휴가에서 돌아왔다.

2540 **휴식** (休息)
休息

휴식 + ⓝ

· 휴식 공간 休息空间
· 휴식 시간 休息时间

휴식 + ⓥ

휴식이 ~

· 휴식이 필요하다 需要休息
바로 이 시기에 휴식이 절대적으로 필요하다.
· 휴식이 없다 没有休息
휴식이 없으면 건강도 없다.
· 휴식이 있다 有休息时间
6차전을 치르기까지는 하루의 휴식이 있다.

휴식을 ~

· 휴식을 취하다 休息
주말에는 충분한 휴식을 취해야 한다.

· 휴식을 하다 休息
식사 후에는 충분한 휴식을 한다.

2541 휴일 (休日)
休息日

휴일 + N

· 휴일 근무 休息日工作
· 휴일 아침 休息日早上
· 휴일 오후 休息日下午
· 휴일 저녁 休息日傍晚

휴일 + V

휴일이 ~
· 휴일이 끝나다 休息日结束
휴일이 끝나는 월요일은 항상 피곤하다.
· 휴일이 아니다 不是休息日
휴일이 아니었기에 극장 안은 텅텅 비어 있었다.
· 휴일이 없다 没有休息日
휴일 없이 24시간 교대 근무하고 있다.

휴일을 ~
· 휴일을 맞다 迎接休息日
경기장에는 휴일을 맞아 많은 사람들이 몰렸다.
· 휴일을 즐기다 享受休息日
모두들 휴일을 즐기느라 바빴다.

휴일로 ~
· 휴일로 정하다 定为休息日
많은 직장에서 토요일까지 휴일로 정했다.

2542 휴지 (休紙)
手纸

휴지 + N

· 휴지 조각 手纸屑

휴지 + V

휴지를 ~
· 휴지를 버리다 扔手纸
휴지를 함부로 버리지 마세요.

· 휴지를 줍다 捡手纸
학생들이 운동장에서 휴지를 줍고 있었다.

휴지로 ~
· 휴지로 막다 用手纸堵住
콧물이 나와서 코를 휴지로 막았다.

2543 휴지통 (休紙桶)
垃圾桶

휴지통 + V

휴지통이 ~
· 휴지통이 차다 垃圾桶满了
휴지통이 꽉 차서 비워야 한다.

휴지통을 ~
· 휴지통을 비우다 清空垃圾桶
휴지통 좀 비워 주세요.

휴지통에 ~
· 휴지통에 버리다 扔到垃圾桶里
쓰레기는 휴지통에 버리세요.

2544 흉내
模仿

흉내 + V

흉내를 ~
· 흉내를 내다 模仿
동생은 개그맨 흉내를 잘 낸다.

2545 흐름
水流，潮流

흐름 + V

흐름이 ~
· 흐름이 바뀌다 走向发生变化
갑자기 경기의 흐름이 바뀌었다.

흐름을 ~

· 흐름을 따르다 跟着潮流
스마트폰 시대의 흐름을 따라야 한다.
· 흐름을 막다 阻止流通
시중 자금의 흐름을 막아 경제에 나쁜 영향을 준다.
· 흐름을 좇아가다 追赶潮流
교사들도 흐름을 좇아가야 한다.

2546 흑백 [흑빽](黑白)
黑白，是非

· 흑백논리 逻辑颠倒
· 흑백사진 黑白照片
· 흑백영화 黑白电影

· 흑백 인쇄 黑白印刷
· 흑백 필름 黑白胶卷
· 흑백 혼혈아 白人和黑人生的混血儿
· 흑백 화면 黑白画面

흑백을 ~
· 흑백을 가리다 区分是非
좀 더 시간을 두고 이 문제의 흑백을 가려 봅시다.
· 흑백을 따지다 探个究竟
천천히 흑백을 따져 보고 이야기해요.

2547 흔적
痕迹

흔적이 ~
· 흔적이 남다 留有痕迹
도둑이 왔다 간 흔적이 남아 있다.
· 흔적이 없다 没有痕迹
흔적이 없어서 범인을 잡을 수가 없다.
· 흔적이 있다 有痕迹
과거에 사람들이 살았던 흔적이 있다.

흔적을 ~
· 흔적을 남기다 留下痕迹
우리의 흔적을 남기면 안 돼.
· 흔적을 없애다 消除痕迹
흔적을 없애고 자리를 떠났다.
· 흔적을 지우다 擦干痕迹
과거의 흔적을 지우기는 쉽지 않다.

2548 흠 (欠)
瑕疵，缺点

흠이 ~
· 흠이 나다 有瑕疵
훌륭한 조각품에 흠이 났다.
· 흠이 되다 成为缺点
아무리 좋은 일이라도 과하면 흠이 되기도 한다.
· 흠이 많다 缺点多
사실 나는 흠이 많은 사람이다.
· 흠이 없다 没有缺点
가구를 꼼꼼히 살펴봤지만 아무런 흠이 없었다.
· 흠이 있다 有缺点
그는 지나치게 술을 좋아하는 흠이 있다.

흠을 ~
· 흠을 잡다 找毛病
흠을 잡을만한 구석이라곤 전혀 없었다.
· 흠을 내다 损害
그는 선생님의 명예에 흠을 내려고 했다.

2549 흥미 (興味)
兴趣

· 흥미 검사 兴趣测试
· 흥미 만점 十分有趣
· 흥미 위주 趣味为主

흥미가 ~
· 흥미가 높다 很感兴趣

청소년들은 심리검사에 대한 흥미가 매우 높다.
· 흥미가 없다 不感兴趣
나는 외국어 공부에 흥미가 없는 학생이었다.
· 흥미가 있다 感兴趣
제목도 흥미 있었지만 내용도 재미있었다.
· 흥미가 진진하다 感到津津有味
두 판결은 너무 대조적이어서 흥미가 진진합니다.

흥미를 ~

· 흥미를 가지다 有兴趣
이 책에 흥미를 갖고 차근차근 읽어나가 보세요.
· 흥미를 끌다 吸引人
제목부터 내 흥미를 끌었다.
· 흥미를 느끼다 感到有趣
처음으로 학교 공부에 흥미를 느끼기 시작했다.
· 흥미를 보이다 显示出兴趣
나는 연예인들에 대한 별다른 흥미를 보이지 않았다.
· 흥미를 잃다 失去兴趣
나에게 흥미를 잃은 것일까?
· 흥미를 유발하다 引起兴趣
교실에서는 학생들의 흥미를 유발시키는 것이 중요하다.

2550 힘
力气

힘 – Ⓝ

· 힘줄 筋

힘 + Ⓥ

힘이 ~

· 힘이 나다 有力气
밥을 먹으니까 힘이 난다.
· 힘이 들다 累
나이가 많아서 그런지 요즘은 힘이 많이 든다.
· 힘이 세다 力气大
할아버지도 젊었을 때는 힘이 세셨다고 한다.
· 힘이 약하다 力气弱
그는 남자지만 힘이 약하다.

힘을 ~

· 힘을 기울이다 倾注力气
우리는 국가 발전에 힘을 기울여야 합니다.
· 힘을 쓰다 使劲儿
삼촌이 힘을 써 주셔서 취직이 되었습니다.
· 힘을 주다 用力
선생님께서는 힘을 주며 말씀하셨습니다.

· 힘을 쏟다 倾注全力
경제 발전에 힘을 쏟아야 합니다.
· 힘을 합치다 合力
여러 사람이 힘을 합치면 무슨 일이든 할 수 있습니다.

힘에 ~

· 힘에 부치다 力不从心
일이 많아서 제 힘에 부치는 것 같아요.

표제어 목록

표제어 목록

공공	82	과장[1]	92	교수	101	국가[1]	110
공군	83	과장[2]	92	교실	101	국가[2]	111
공급	83	과정[1]	92	교양	102	국기	111
공기	83	과정[2]	92	교외	102	국내	112
공동	84	과제	93	교육	103	국내선	112
공동묘지	84	과학	93	교장	103	국립	112
공부	84	관객	93	교통	103	국물	112
공사[1]	85	관계	93	교통사고	104	국민	113
공사[2]	85	관광	94	교환	104	국산	113
공식	85	관광객	94	교회	104	국수	113
공연	85	관광버스	94	교훈	105	국악	113
공원	86	관광지	95	구경	105	국어	113
공장	87	관념	95	구두[1]	105	국적	113
공중[1]	88	관람	95	구두[2]	106	국제	114
공중[2]	88	관련	95	구름	106	국제선	114
공중전화	88	관리	96	구리	107	국제화	114
공짜	88	관습	96	구멍	107	국화	114
공책	89	관심	96	구별	108	국회	115
공통	89	관점	97	구분	108	국회의원	115
공포	89	관찰	97	구석	108	군	115
공항	89	광경	97	구성	108	군대	116
공해	90	광고	98	구속	108	군인	116
공휴일	90	광장	99	구실[1]	109	굴[1]	116
과거[1]	90	괴로움	99	구실[2]	109	굴[2]	117
과거[2]	90	교과서	99	구역	109	굿	117
과목	91	교류	100	구조[1]	109	궁리	117
과외	91	교문	100	구조[2]	110	권력	117
과일	91	교복	101	구청	110	권리	118
과자	92	교사	101	국	110	권위	118

초점	706	춤	714	칼	721	키²	728
초청	707	충격	714	커튼	722	키³	729
촛불	707	충고	715	커피	722	키스	729
총	707	충돌	715	컨디션	722		
촬영	707	충성	715	컬러	723	〈ㅌ〉	
최근	708	취미	715	컴퓨터	723		
최선	708	취업	716	케이크	723	탁자	729
최후	708	취재	716	코	723	탈¹	729
추석	708	취직	716	코너	724	탈²	730
추세	708	취향	716	코드	724	탑	730
추억	709	층	717	코스	725	태권도	730
추위	709	치과	717	코치	725	태도	730
추천	710	치료	717	코트¹	725	태양	730
추측	710	치마	717	코트²	725	태풍	731
축구	710	치아	717	코피	725	택배	731
축소	711	치약	718	콘서트	726	택시	731
축제	711	친구	718	콧대	726	터널	732
축하	711	친선	719	콧물	726	터전	732
출국	711	칠판	719	콩	726	턱	732
출근	711	침	719	콩나물	726	털	732
출발	712	침략	719	크기	726	테니스	732
출산	712	침묵	720	크리스마스	727	테러	733
출석	712	칭찬	720	크림	727	테스트	733
출신	712			큰맘	727	테이프	733
출입	712	〈ㅋ〉		큰소리	727	텔레비전	733
출장¹	713			큰아버지	727	토끼	734
출장²	713	카드	720	큰일	728	토대	734
출퇴근	713	카메라	721	클래식	728	토론	734
출판	713	카세트	721	키¹	728	토마토	734